大连简志

中共大连市委党史研究室 编

方志出版社
Publishing House of Local Records

图书在版编目（CIP）数据

大连简志 / 中共大连市委党史研究室编. —北京 : 方志出版社, 2022.12

ISBN 978-7-5144-5593-9

Ⅰ. ①大… Ⅱ. ①中… Ⅲ. ①地方史—大连 Ⅳ. ① K293.13

中国版本图书馆 CIP 数据核字(2022)第 252572 号

责任编辑：罗滔
责任校对：刘玉霞
责任印制：梅中英
出 版 者：方志出版社
地　　址：北京市朝阳区潘家园东里 9 号（国家方志馆 4 层）
邮　　编：100021
网　　址：http://www.zgfzcb.cn
发　　行：方志出版社图书营销中心（010-67110500）
印　　刷：大连海大印刷有限公司
开　　本：889 毫米×1194 毫米　1/16
印　　张：42
字　　数：1098 千字
版　　次：2022 年 12 月第 1 版
印　　次：2022 年 12 月第 1 次印刷
定　　价：360.00 元

《大连简志》编纂人员

主　　审　李海洋　刘东立

主　　编　左　军

副 主 编　宋文官　李小刚

执行主编　孙　颖

责任编辑　（排名不分先后）

孙　颖　郑　彬　李学贵　高　山

孙建宏　郝谊忠　孙明汉　陈　敏

李蕊娜　徐　杰（特邀）

第一篇 政区 环境

❶ 清末时的复州古城，建于辽代

❷ 1894年时的金州副都统衙门，建于1843年

❸ 1945年10月时的中共大连市工作委员会办公楼

❹ 大连丘陵地貌形态

❺ 仙人洞赤松林

❻ 老铁山西岬黄渤海分界线

❼ 有“活化石”之称的水杉

第二篇 政治

❶ 1889年时的旅顺口

❷ 1894年9月17日，中日舰队在黄海展开激战

❸ 1894年10月24日至11月6日，日军第二军从花园口登陆。图为日军登陆时抢劫的船只

❹ 1894年11月，日军第二军占领金州城。图为日军强迫城内店铺开门营业

5

6

7

8

❺ 1894年11月21日，日军第二军攻入旅顺。图为旅顺大屠杀

❻ 1904年日俄战争爆发后，旅顺大坞内被日军击毁的俄舰

❼ 日俄战争中被炸毁的旅顺街区房屋

❽ 旅顺日俄监狱旧址 （1904年）

❾ 1923年12月2日，沙河口工场华人学会（1924年12月2日更名为大连中华工学会）成立。图为会议代表合影

❿ 1927年3月设立的大连地方党组织联络站——益记笔店

⓫ “九一八”事变后，庄复地区掀起波澜壮阔的抗日武装斗争。图为庄复地区农民抗日武装

⑫ 解放战争时期大连纺织厂生产军需品

⑬ 1955年1月9日，中国人民志愿军第三兵团（进驻旅大后恢复中国人民解放军第三兵团番号）从朝鲜回国接受驻旅大地区的苏军防务。图为苏军欢迎回国的志愿军

⑭ 1955年7月，苏军烈士纪念塔在斯大林广场（今人民广场）落成

⑮ 1955年5月8日，旅大市党政军民10万余人在斯大林广场（今人民广场）集会，欢送苏军回国

⑯ 1968年10月12日，旅大市首批4万余名知识青年上山下乡

第三篇 经济

❶ 1892年建成的旅顺老铁山灯塔

❷ 1879年开建的中国最早的城市供水工程——龙引泉

❸ 1890年11月16日，为北洋舰队修建的旅顺船坞竣工。图为建成后不久的旅顺船坞

❹ 1900年10月，旅顺驿站（俄建，今旅顺火车站）建成

5 1901年10月时的达里尼市全景

6 1901年，达里尼市工程师大街（今俄罗斯风情街）

7 1902年9月8日，第一艘船只驶进大连湾商港小船坞

8 1909年9月，有轨电车线路工程竣工

9 1909年建成的浪速町（今天津街）商业街

10 1911年时的永善茶园（今宏济大舞台）

⑪ 20世纪30年代的常盘桥（今青泥洼桥）
⑫ 1935年时的大连大广场（今中山广场）
⑬ 1945年时的大连港全景
⑭ 1947年，大连建新公司炮弹磨光车间
⑮ 1947年，苏联专家指导大连造船公司人员安装苏联生产的机床

16

17

18

19

⑯ 1948年重修的万忠墓

⑰ 1949年9月18日，大连工业展览会开幕典礼

⑱ 1946年7月1日，大连银行总行成立，1947年4月更名为关东银行总行。图为1949年10月新民主主义青年团关东银行支部成立

⑲ 1951年2月1日，中苏两国举行大连港移交中国签字仪式

⑳ 1951年11月28日，中苏造船公司成立大会召开

㉑ 1957年，大连工矿车辆厂试制成功中国第一台冶金车辆清罐车

22 20世纪50年代，苏联专家培养的新中国第一批女火车司机

23 1958年，大连造船厂建造的中国第一艘万吨远洋货轮“跃进”号

24 1961年，大连化学工业公司建成世界上第一套大型联碱生产装置

㉕ 1969年9月，大连机车车辆厂试制成功中国第一台4000马力电传内燃机车

㉖ 1971年11月30日，中国第一座海上石油钻井平台“渤海1号”由大连造船厂建成交工

㉗ 1975年，鲇鱼湾油港建成

㉘ 1976年5月3日，中国首台超大缸径18000马力船用柴油机在大连造船厂试制成功

25

26

27

28

29 1976年，正在建设中的大连新港

30 1978年改革开放初期大连普照街服装一条街

㉛ 20世纪80年代海洋捕捞作业

㉜ 20世纪80年代机械化养鸡场

㉝ 20世纪80年代苹果大丰收

㉞ 20世纪80年代温室蔬菜生产

㉟ 20世纪80年代大连港码头客运站

36

37

㊱ 20世纪80年代大连民航机场

㊲ 20世纪80年代初期中山区春和市场

㊳ 20世纪80年代大连港老港区

㊴ 20世纪80年代街心花园

㊵ 1984年10月15日，大连经济技术开发区奠基

㊶ 獐子岛鹰嘴岩

㊷ 碧流河水库

38

39

40

41

42

43 冰峪风光

44 20世纪80年代正在建设中的周水子立交桥

45 大长山岛上的北海浴场

46 王家岛人面崖与大象礁

47 金石滩龟裂石

48 安波温泉

49 20世纪80年代中山广场

50 仙浴湾海滩

47

48

49

50

第四篇 文化

❶ 辽代砖塔——复州永丰塔

❷ 青铜时代墓葬——白店子石棚

❸ 唐代鸿胪井刻石拓片

❹ 1894年，创办于1773年的南金书院（金州文庙西院）停办

5 1905年时的横山书院

6 1917年6月，孟天成创办的私营综合医院——博爱医院

7 1922年创办的旅顺工科大学

8 1923年，由爱国知识分子石三一创办的大连中华三一学校成立

9

10

9 明代修建的单拱石桥——挂符桥

10 1932年，刘长春参加第十届奥林匹克运动会

11 1946年1月16日，大连广播电台开始播音

12 1947年3月，旅大电气工程专门学校首届开学典礼全体教职员合影

11

12

13

14

⑬ 1947年5月，关东医学院成立。图为第一届毕业生合影

⑭ 1949—1958年，大连开展大规模职工扫除文盲运动。图为沙河口区万岁坊的识字班学员在学习

⑮ 1951年5月，人民文化俱乐部竣工

15

⑯ 1952年，旅大文艺工作团全体成员合影

⑰ 1953年，刘玉英在东北区田径、体操、自行车运动会大会上打破保持19年的女子100米跑全国纪录

⑱ 苏军进驻旅大期间举办的中苏排球友谊赛

⑲ 1954年，旅顺博物馆馆名正式启用。

20 1955年9月竣工的胜利塔

21 1956年10月11日竣工的中苏友谊塔

22 1957年7月，旅大市歌舞团演出的《花鼓舞》在第六届世界青年联欢节的舞蹈比赛中获金质奖章。图为《花鼓舞》演出剧照

23 苏联驻军业余歌舞团在劳动公园为大连群众演出

㉔ 1972年，庄河县三架山乡出土的金代官印——都统所印

㉕ 1976年，旅顺口区铁山镇出土的新石器时代炊具——红陶鬶

㉖ 1977年恢复高考。图为大连工学院1977年新生入学典礼

㉗ 1978年4月20日，旅大市科学大会召开

㉘ 大连机车厂机械二车间技术组在进行技术革新研究。1978年10月，该车间在全国铁路科技大会上被评为先进集体

㉙ 1979年，市政府修葺关向应故居

㉚ 1980年，旅大市兴起学习外语热潮。图为青年人在外语角学习交流

31 1981年9月，邹振先在第三届世界杯田径赛三级跳远比赛中获冠军

32 1983年9月，徐永久在第三届世界杯竞走赛女子10公里比赛中获冠军

33 1983年，新金县花儿山乡出土的西汉货币——马蹄金

34 1983年，大连杂技团演出的《水流星》在第九届蒙特卡洛国际马戏大赛中获“特别奖”。图为《水流星》演出剧照

35 1984年4月，大连女子职业高级中学成立。图为学生在上打字课

第五篇 社会

1 明清时期道观——响水观（又称响水寺）

2 19世纪20—30年代，东关街中国居民楼院

3 1929年，日本殖民统治时期日本人住宅

❹ 1945年大连光复后，大连市政府将没收的日本官吏和汉奸的房产分配给贫困居民。图为贫困居民搬进新分配的住宅

❺ 20世纪60年代建设的武汉街住宅楼

❻ 1984年11月29日，大连市第一个民族乡——复县老虎屯满族乡举行成立大会

❼ 1985年7月27日，大连市首届少数民族体育运动大会在劳动公园西体育场举行

❽ 20世纪70年代建设的华北路住宅楼

❾ 20世纪80年代末建设的转山屯小区

⑩ 20世纪80年代，大连市第一个农贸市场——荣盛市场

⑪ 20世纪80年代，金州五一路上骑自行车的市民

11

凡　例

一、本志以《地方志工作条例》为依据，编纂以马克思列宁主义、毛泽东思想、邓小平理论、“三个代表”重要思想、科学发展观、习近平新时代中国特色社会主义思想为指导，坚持辩证唯物主义和历史唯物主义的立场、观点和方法，力求客观记述大连市自然、政治、经济、文化、社会各方面的历史真实。

二、本志篇目设置，按事以类聚、类为一志要求，设政区 环境、政治、经济、文化、社会、人物6篇。志首置卷首照片、概述、大事记，志末设附录、编纂始末。

三、本志时间断限，上溯力近历史发端，下限至1985年。人物篇下限延至2000年。

四、本志体裁结构，述、记、志、传、图、表、录诸体并用，以志为主。志为章节体，分篇、章、节、目四个层次。篇为虚目，章下为实。大事记以编年体为主，兼纪事本末体。人物采用传体。

五、本志人物篇，以生不立传为原则。立传人物以在本行政区域出生为主，非本行政区域出生但长期定居本行政区域并有重大贡献或重大影响者也予立传。部分记述反面人物，以求警示世人、引以为戒。

六、本志纪年方法。中华民国之前各个时代或王朝使用中国历史纪年，同时括注公元纪年。中华民国元年以后采用公元纪年。大事记清代所载日月用的阿拉伯数字，已从夏历转换为公历。

七、本志采用现代语体文，主要采用记叙文体，力求语言简洁流畅、文风朴实。

八、本志称谓、标点符号、数字、计量单位等，按照国家法定的规范行文。《出版物上数字用法》（GB/T 15835—2011）对于部队番号的数字形式未做规定，本志部队番号的数字形式，除土地革命红军各方面军、抗日战争时期的八路军和新四军、解放战争野战军外，均用阿拉伯数字。

九、本志资料主要来源于首轮编纂的《大连市志》，同时参考各县（市）区志、《大连市情》、《大连百科全书》、《大连通史》、《大连四十年》、《大连五十年》、《中共大连地方史》、《大连近代城市发展史研究》、《大连人民反抗帝国主义侵略斗争史》等地方史志书籍，以及《中国通史》《辽宁通史》《中国行政区划通史》《中国行政制度史》等涉及大连的历史书籍和专业书籍，乃至大连档案资料。

目　录

第一篇　政区　环境

第二篇　政　治

第三篇 经 济

第四篇　文　化

第五篇　社　会

第六篇　人　物

概　述

概　述

大连地处中国东北地区最南部的辽东半岛南端，三面环海，东濒黄海与朝鲜半岛近邻，西临渤海与华北相望，南隔渤海海峡与山东半岛对峙，北依东北及内蒙古东部地区的广阔腹地，是沟通东北腹地和中原地区的桥梁与纽带，素有“京津门户”之称。改革开放后，被确定为中国首批沿海开放城市、国家计划单列市，是东北地区对外开放的窗口，中国重要的港口、工业、商贸、旅游、金融中心城市，享有苹果之乡、田径之乡、足球之城等美誉。

一

大连地区属低山丘陵半岛地貌，地势北高南低、北宽南窄，以中央为轴向东南和西北两侧倾斜。山地丘陵及台地面积占土地总面积的70%，有“六山一水三分田”之称。自然资源丰富，港湾众多。有岛屿礁砣226个，瓦房店长兴岛是中国长江以北最大的岛屿；海岸线长1906千米，约占辽宁全省海岸线总长的73%；海洋生物资源有游泳生物、底栖生物、浮游生物3大类群、209科、414种，约占辽宁省海洋生物类的48%，占全省海洋生物资源总量的86%；有植物162科、678属、1812种，约占东北地区植物种类的63%；矿产资源已探明56种，其中金刚石矿储量居中国金刚石矿之首，居世界第10位。自然环境优越，属暖温带半湿润大陆性季风气候，兼具海洋性气候特点，冬无严寒，夏无酷暑，气候温和，降水集中，空气湿润，季风明显，年平均气温10.5℃～14℃。

大连早在远古时代，已有先民在此繁衍生息。1981年，在复县（今瓦房店市）古龙山发现的旧石器时代晚期洞穴遗址，是大连地区迄今发现的最早的人类活动遗迹，距今已有1.7万年历史。距今约7000年，已有先民在大连地区定居生活，从事农业、渔业和狩猎活动。长海县的小珠山文化是大连地区迄今发现的最早的新石器时代文化遗存。距今约4000年前，大连进入青铜时代。位于大连市甘井子区大连湾的大嘴子遗址距今3000年左右，为大连地区青铜时代重要遗址之一。在大嘴子遗址中发现了碳化谷物——高粱和稻米，高粱种子是迄今中国东北地区发现最早的高粱实物标本，稻米的发现证实了朝鲜半岛和日本的水稻原由辽东半岛传入。

春秋时期，大连地区为貊人居地。战国时期，燕国于公元前300年击败东胡，控制了东北地区西南部广大地区，置上谷、渔阳、右北平、辽西、辽东5个郡，大连地区属辽东郡。燕国打通辽东地区与中原地区交往的通道，使辽东与中原的联系变得密切，从而促进了辽东地区社会经济的发展，原居民文化与中原文化开始交汇融合。大连地区迄今发现的战国货币窖藏遗址多达数十处，分布极广，数量很大，表明燕据时期大连地区的经济已相当发达，商贸活动十分普及。秦统一中国后因袭燕制，西汉建立后汉承秦制，秦汉时期大连地区仍属辽东郡。西汉元封四年（前107）置辽东郡，下设18个县，今大连南部地区属沓氏县（亦称沓县，治所在今普兰店区张店汉城），此为大连地区有记载的设县治之始。魏晋南北朝时期，大连地区先后为公孙氏政权、魏国、西晋、前燕、前秦、后燕、高句丽所据有，除曹魏、西晋时短期统一于中原王朝政权外，基本上隶属中国东北古代民族所建立的地方割据政权。隋唐时期，高句丽为地方政权和藩属，其虽表臣服又不时骚扰隋唐北方，为此隋唐多次出征高句丽，终于唐总章元年（668）灭高句丽，收复辽东。唐设安东都护府，大连地区隶属安东都护府积利州。辽金时期，契丹、女真人先后统一中国北部地区，建立民族政权，辽东之地为其占据。辽在大连地区设苏州、复州，为辽国据守南黄渤海口的军事重地。金灭辽后，初袭辽州县建制，设苏州和复州；后将苏州降为化成县，辖归复州；金末化成县又升州级，称金州。元初废金、复二州，后在金州城置金复州万户府。明初在得利嬴城（今瓦房店市境）设辽东卫指挥司，后改在金州城设定辽都卫指挥使司（后迁至辽阳），并建立金、复二州，后设金州卫、复州卫，实行州卫并存。再之后废除州制，专行卫制。明代在大连地区置都司卫所，主要防御来自倭寇的侵扰，其军事防御地位之重要日益显现。清初大连地区由于连年战乱，大批居民逃往山东和海岛避难，致使人烟稀少、土地荒芜，由八旗驻防城辖管。清顺治十年（1653）颁布《辽东招民开垦则例》后，人口和耕地迅速增加。康熙年间设旅顺水师营。至清中期，始置府、州、县，与八旗驻防区同城设治，设治有复州、宁海县，大连地区复现繁盛之景。1840年鸦片战争的爆发，开始引起清廷对大连地区军事战略地位前所未有的重视。为加强辽东的海防，道光二十三年（1843）清廷将熊岳副都统衙门移驻金州，升宁海县为金州厅，管辖金州、复州、海州、盖州各地的军事要务，金州成为辽东的政治中心和军事重镇。

中国近代史开端于1840年鸦片战争，而言中国近代史必绕不过大连。

1840年的鸦片战争虽肇始于中国南方，然而帝国主义国家对北方大连的觊觎已有端倪。鸦片战争期间，英国为打开中国北方的大门，多次派军舰到大连湾、旅顺羊头洼、复州湾巡弋。1856年英法联军发动第二次鸦片战争，在1860年进攻北京之前，法军屯兵于山东半岛，英军则屯兵于大连。英国先后有184艘军舰、运输船及万余名士兵，连同上千匹战马从大连湾登陆，屯兵于和尚岛、青泥洼、大孤山、羊头洼、寺儿沟等地，而后由此攻入天津、占领北京，火烧了圆明园。为拱卫京畿，1880年光绪皇帝责令北洋大臣李鸿章在旅顺、大连湾兴建海防工事，并定旅顺为北洋水师基地，投巨资，建军港，造船坞，同时开办传授现代军事技术的驾驶学堂、管轮学堂、水雷学堂，从欧洲国家购买洋枪洋炮和军舰。到1890年时，旅顺港已成为国内最大的军港，旅顺船坞成为国内最大的现代化的修造船厂，旅顺已成为与马尾、威海齐名的中国近代海军的兴起之地。随着军港的兴建，近代城市渐成雏形，在旅顺建成了国内最早的自来水等设施，铺设了经营口直通京畿的东北地区最早的电报线。然而，天然良港的资源优势和重要的军事战略地位，让大连一直为帝国主义国家所觊觎不怠。

1894年日本发动了蓄谋已久的侵略战争，史称中日甲午战争。战争中，黄海海战让北洋水师遭到重创，日军强占了金州、旅顺，制造了骇人听闻的旅顺大屠杀。之后日本强迫清廷与之签订了丧权辱国的《马关条约》，割让台湾、旅大给日本，并支付高达2亿两白银的赔款。由于此条约触犯了一直谋求称霸远东的沙皇俄国的利益，于是沙俄联合德国、法国“三国干涉还辽”，迫使日本放弃了对辽东半岛的占领。转而沙俄以干涉还辽有功自居，向中国提出“借地修路”的要求，并于1896年强迫清廷与之签订了《中俄密约》，攫取了东清铁路（即中东铁路）的修筑权。1897年复派军舰强占了旅顺和大连湾。1898年又逼迫清廷与之签订了《中俄会订条约》（又称《旅大租地条约》）和《续订旅大租地条约》，清廷允许将旅顺口、大连湾及附近水面租与俄国，租地期限25年，沙俄将旅大地区改称“关东州”。日本为了从沙俄手中夺回辽东半岛，于1904年2月8日在中国国土上发动了旨在争夺中国东北的日俄战争。日俄战争后，1905年双方签订了《朴次茅斯和约》，沙俄将旅顺口、大连湾以及附近领土领水的租借权无条件转让给日本。同年，日本与清廷签订《中日会议东三省事宜正约》及《附约》，迫使中国承认条约中俄国让与日本的各种特权，并将“达里尼”改称大连，从此开始了长达40年殖民统治旅大的历史。

第二次世界大战爆发后，世界组成了反法西斯统一战线。1945年2月11日，苏、美、英三国首脑签订《雅尔塔协定》。根据协定，苏军进入中国东北对日本作战。8月14日，中华民国政府与苏联政府签订《中苏友好同盟条约》，其中与大连有关的内容有中苏共管长春铁路30年，旅顺为共享海军基地30年，大连为自由港。1945年8月15日，日本宣布无条件投降。8月22日，根据《中苏友好同盟条约》及相关协定，苏联红军开始进驻旅大地区，大连光复。苏军进驻后对旅大实行军事管制。11月8日，大连市政府成立，这是大连地区第一个民主政权。在苏军支持下，中共旅大党组织建立党政警群机构，逐步使旅大地区变成名义上由苏军军管实际上是中共领导的特殊解放区。

1949年10月1日中华人民共和国成立，1950年2月中苏签订《中苏友好同盟互助条约》《关于中国长春铁路、旅顺口及大连的协定》《关于苏联贷款给中华人民共和国的协定》《关于中苏友好同盟互助条约的补充协定》，取消了1945年8月由中华民国政府与苏联政府签订的不平等的《中苏友好同盟条约》。同年12月1日，中央人民政府决定成立旅大市人民政府，为东北人民政府直辖市。1953年3月中央人民政府将旅大市改属中央直辖市，由东北行政委员会代中央政府进行领导和监督，翌年8月复为省辖市。根据《中苏友好同盟互助条约》与相关协定，苏军于1955年陆续撤出旅大。1981年2月9日，国务院批准旅大市改称大连市。1985年，大连市辖中山、西岗、沙河口、甘井子、旅顺、金州6个区，新金、庄河、长海3个县，瓦房店1个市，总面积12574平方千米，人口487万人，其中少数民族28个、18.39万人。

二

大连的经济发展得益于港口，港口是大连最大的优势所在。清代中期后，大连沿海已有大庄河坞、青堆子、长兴岛、旅顺、貔子窝、城子疃等颇具规模的城镇和港口兴起。庄河、复州地区开设的盐场蜚声国内，旅顺、复州湾、青泥洼、长海各地渔场远近闻名。清末，清廷将旅顺口辟为军港，并在大连湾建港设防。两港的开发建设开创了大连地区人工大规模建港的历史，从此旅顺、大连湾在辽东半岛的重要地位得以确立，为大连港口城市的形成奠定了基础。但由于帝国主义国家的入侵，中国的港口和城市发展的进程被完全打断了。19世纪末期沙皇俄国积极推行“远东政策”，即向远东移民、修筑西伯利亚铁路和寻求不冻港三大侵略政策，不冻港最终选定了中国的旅顺和大连湾。沙俄强租旅大后即在旅顺建军港、在大连湾建商港，并宣布大连港为自由港。在建港的同时修铁路、办航运，使大连港成为沟通欧亚两洲的交通枢纽和远东地区的一大贸易港。日本侵占旅大后不久，再度宣布大连港为自由港。日本殖民统治者出于掠夺东北资源、垄断东北经济、扩大对外贸易、建立推行“大陆政策”桥头堡等经济、政治、军事目的，对大连港建设不遗余力。“九一八”事变前后，是日本掠夺中国东北资源最疯狂的时期；“七七事变”发动全面侵华战争后的两三年，是日本大量进口军需物资最多之时。日本对大连港的控制不仅意味着控制了中国东北的对外贸易，也意味着部分地控制了中国的对外贸易权益。

大连自古以来就是中国南北水路的交通要津。汉魏时期，汉武帝派水师讨伐朝鲜右渠、魏明帝派司马懿发兵讨伐公孙渊，都是从山东半岛经大连沿海北上。隋唐时期屡征高句丽，也是于大连沿海登陆集结的。唐代鸿胪卿崔忻受命册封渤海郡王大祚荣，还是从长安出发经山东半岛渡渤海至都里镇（今旅顺口），并从原路返回长安的。明代大连地区为重要边防之地，明廷在此建立军事卫所的同时，设立了许多邮驿机构，驿路十分发达。沙俄、日本相继侵占旅大后，这里更成为东北地区重要的海、陆、空交通枢纽，尤其是铁路。沙俄强租旅大后，将中东铁路支线（即南满铁路）修到大连湾和旅顺。日本侵占旅大后，南满洲铁道株式会社（简称满铁）接手南满铁路。事实上，满铁并非普通的铁路运输企业，而是一个负有特殊使命的国家机关。自1906年成立至1930年末，其在中国东北地区的投资达9亿多日元，占日本全国在东北地区投资总额的半数以上。除了从事经济活动，它还直接策划和参与了“九一八”事变，是一个经济上、军事上奉行日本国家重要任务的殖民地开发机构。

大连以港兴市、城以港兴。作为近代城市的大连，它在兴起时即被打上了殖民统治的烙印。沙俄在建港的同时，开始了城市规划与建设，将城市中心区打造为欧式风格。日本殖民统治时期，不仅要将大连建设成为能够为推行“大陆政策”发挥基地和桥头堡功能的近代城市，而且要让“关东州”实现本土化，所以城市建设处处显现出殖民城市的特点，包括许多市街和市政设施都被冠以其本国惯用的名称，浓厚的殖民城市特点无处不在。

大连的商贸活动历史悠久。燕据时期已与中原地区发生贸易往来关系。从秦汉至明清，凡社会稳定时期就有港航发达、贸易活跃景象。清顺治年间颁布《辽东招民开垦则例》后，沿海地区人口聚集，商贸活动日益繁荣并渐成规模。近代以后与朝鲜、日本、东南亚诸国的贸易更加频繁，同国内其他地区的经济交流也以海上贸易为主，逐渐成为东北亚商业贸易的中心。日本殖民统治时期的大连商贸活动，呈现出殖民经济的畸形繁荣，大连进出口贸易逆差十分严重。日本殖民统治者还将本国资本引进大连，“七七事变”后和太平洋战争爆发后实行战时商业体制，使中国商户利益受到极大损害。

大连的工业有百余年历史。19世纪末，清廷将旅顺辟为北洋水师基地后在旅顺修船坞，建驾驶、管轮、水雷学堂，成为大连近代工业的企业雏形。俄国强租旅大后兴建一批工厂，以中东铁路公司为代表。日本侵占旅大后，为使其成为“大陆政策”的重要根据地，加快了殖民工业的发展进程。1912年，旅大地区工厂从1908年的77家增至204家。“九一八”事变后，日本帝国主义将旅大工业进一步推入军事经济轨道，1936年工厂增至823家。“七七事变”和太平洋战争的爆发，更使得旅大工业在此轨道上加速运行，1943年工厂增至1825家。到日本投降时，已初步形成以机车、船舶、化学、动力等为主的重工业和以盐业、食品、纺织等为主的轻工业的工业形态。其中铁路机车、船舶、特殊钢、瓦斯、电气等制造业完全由日本资本把持。满铁为日本国家垄断资本主义企业的典型代表。

大连自古就是盛产鱼盐之地。汉代由于犁耕技术广泛应用，农业生产水平已较发达。金代由于实行开放的经济政策，农具制作技艺接近中原地区水平，农业经济达到较高水平。但由于大连长期处于封建土地所有制下，又多历战乱，百姓流离失所、土地荒芜，纵观历史农业生产总体水平较为低下。沙俄、日本侵占旅大后，大肆强占中国人的房屋、土地、山林、荒地。1935年日本实行“满洲”移民政策后，有大批日本移民来到“关东州”，展开对农业资源的掠夺。到1940年，移民旅大的日本人达20.28万人。对旅大渔业和盐业资源的掠夺与垄断同样不择手段。五岛盐滩本为“关东州”租借地之外的复州所辖，日本侵占旅大后强行将其霸占，遭受同样命运的还有复州和庄河的盐场。

大连的古代文化长期处于多民族文化交会融合的过程中。战国后期到秦代，大连地区的夷文化始与中原文化接轨。两汉时期，汉文化在此扎下较深厚的根基。魏晋南北朝至隋唐时期，东北少数民族长期割据，极大地中断了大连地区与中原地区的交流，使大连地区与盛唐文化失之交臂。辽、金、元时期是东北地区各民族融合时期，居住在辽南地区的契丹人、女真人、蒙古人等虽保留一定的民族习惯，但由于较多地接受了中原文化的影响已逐渐汉化。明清时期，大连文化重新与中原文化接轨。明代于金州、复州设官办学校，出现了最早的官修《辽东志》和《全辽志》，清代在旅顺、大连湾兴建近代新式学校，大连逐步形成了以中原文化为主导、广泛吸收北方民族文化的文化格局，为近现代大连文化的形成和发展打下了基础。沙俄、日本侵占旅大后，外来文化开始强势输入，大连成为带有半封建半殖民地性质的中国近代教育发展较早的城市之一。日本殖民统治当局为推行殖民文化和奴化教育，强行将中国居民改为所谓的“满洲国人”，强令私人学校取名不可带有“中华”字样，并对中国人蓄意限制受教育机会。尽管日本殖民教育与文化猖獗一时，但靠武力和强权推行的殖民教育与文化终难在中华文化深厚的大连地区扎根，山东的秧歌、民乐、民歌，河北的皮影、梆子、评剧、评书，北京的京剧、昆曲，天津的曲艺、相声，东北的二人转、高跷、东北大鼓等艺术形式纷纷传入，反帝爱国的精神始终贯穿于大连地区文化的始终。五四运动后，《泰东日报》《新文化》（后改为《青年翼》）等进步报刊和大连中华青年会等爱国进步团体开始涌现，从此在大连兴起了以宣传新思想新文化、宣传马克思主义为旗帜的、以反帝反封建为主要特征的新文化运动。

大连的近代科技兴起于19世纪70年代末。其时，清廷在旅顺筹建北洋海军基地，随着建港和造船业的兴起，出现了近代科学技术。旅顺龙引泉水源工程，是中国最早的现代城市供水工程。沙俄、日本侵占旅大后，陆续建立一些科研机构。日本满铁中央试验所时为亚洲地区规模最大的科研机构，从事化学、机械、电气、土木、纺织等多门类、多领域研究与开发。

清代以前大连百姓求医治病皆问中医。19世纪末西方医学开始传入大连。旅顺在建北洋水师时，设立了大连最早的西医院——水师养病院。沙俄、日本侵占旅大后，创办西医院逐渐增多。西医院主要服务于外国人，中国人求医问诊依然仰赖中医中药。

大连体育历史悠久且基础雄厚。清末建旅顺

北洋水师时，西方近代体育已作为军事训练的辅助手段传入大连。日本侵占旅大时期，田径、足球、篮球、棒球、游泳、赛马、高尔夫球、军事体育等现代体育项目陆续传入大连，形成了民族传统体育与现代体育并存的格局。其时中国人极少能参加现代体育项目，为提高中华民族体育水平，1922—1932 年，大连中华青年会联合进步团体和各学校，以“中华”命名，连续举办了中国人参加的 10 届中华陆上运动大会和 10 届中华水上运动大会，成为“大连破天荒之盛举”。1932 年，大连运动员刘长春只身一人代表中国赴洛杉矶参加第十届奥运会，成为中国参加奥运会第一人。1933 年，刘长春参加中华民国第五届全国运动会，创下 100 米、200 米男子短跑全国纪录。同时期，史兴隆、史兴陆、史兴鹭、史瑞声（女）兄妹蜚声全国泳坛。

三

大连自古为兵家必争之地，人民屡受兵燹之害。尤其是近代沙俄、日本侵占大连后，人民遭受残酷的政治压迫、野蛮的经济剥削和旨在亡我中华的文化奴役，反对外敌入侵成为大连人民革命斗争的主线。无数爱国人士不畏强暴、前仆后继、不屈不挠，与入侵者进行了艰苦卓绝的斗争，为大连的解放乃至东北、全中国的解放做出了贡献。

大连历史上抵御外敌侵扰的著名战役是“望海埚大捷”。明永乐十七年（1419），倭寇进犯辽东沿海，辽东总兵刘江率军民在金州望海埚将倭寇“斩首七百四十二，生擒八百五十七”，声威远震，从此“倭不敢窥辽东”。大连历史上历时最长、斗争最久、反抗最烈的抵御外敌入侵的斗争是大连人民反对沙俄、日本侵占及其统治的反帝爱国斗争。

甲午战争期间，金州、旅顺等地军民的抗日斗争不断涌现：清军将士正定镇总兵徐邦道及其所部在敌众我寡的危急关头于金州石门子对进犯日军进行了英勇阻击；金州城失陷后曲氏一门妇女宁死守节；金州塾师阎世开无惧日军威逼利诱，坚决不为日军带路并痛斥侵略者，至死不屈。日军在旅顺进行的四天三夜的大屠杀行径甚至引起身处旅顺的外国人的愤慨与憎恶，英国人詹姆斯·艾伦在其所著的《在龙旗下——甲午战争亲历记》中，真实地记录了日本侵略者对旅顺人民犯下的滔天罪行和旅顺人民的奋起反抗。

沙俄强租旅大后，旅大人民与沙俄殖民统治当局进行了反扩界、反征地、反俄抗税的斗争。金州刘家店一带 2000 多名农民举行的反俄抗税斗争，最终迫使沙俄撤销“按站”，免收了当年的地亩税。旅顺海军修理工厂成为沙俄太平洋舰队基地后，其残暴的政治压迫和残酷的经济剥削引起了占工人总数 95% 的 2000 多名中国工人的反抗，举行罢工。拒俄同盟大罢工虽遭沙俄镇压，却首开了大连工人反帝罢工斗争的先河，为大连人民前赴后继地反抗帝国主义的侵略播下了火种。

日本殖民统治旅大长达 40 年，大连人民反侵略斗争更加风起云涌。其中，有民众自发的抗日武装，有武装抗日的革命党人，有反对日本经济侵略的民族工商业者。创办顺兴铁工厂的周文贵成为民族工商业反抗日本经济侵略斗争的最具代表性的人物。当旅大 25 年租期届满、应当归还中国之时，日本政府却无视中国主权断然拒绝中国政府按期收回旅大租地的要求，包括大连人民在内的中国人民多次掀起声势浩大的取消“二十一条”、收回旅大以及抵制日货运动。20 世纪 20 年代初，大连第一个中国教育团体——大连中华青年会和大连第一个工会组织——大连工学会相继成立，在大连人民的反帝爱国斗争中发挥了重要作用。由傅立鱼发起创办的大连中华青年会，自成立起便高举爱国反帝的旗帜，通过创办进步报刊《泰东日报》《新文化》和中国人学校，开展中国人体育运动，培养了大批爱国青年。《青年翼》成为五四运动后大连乃至东北地区最有影响的传播新文化新思想的进步刊物。中华工学会的前身是沙河口工场华人工学会，由傅景阳于 1923 年发起成立，1924 年改名大连中华工学会，它标志着大连工人阶级由分散的自发斗争转入有组织有领导的斗争新时期，揭开了大连工人运动史和大连人民反帝斗争史的新篇章。特别是在中国共产党组织和中国共产主义青年团的领导下，中国工人阶级以反抗帝国主义最坚决、最英勇、最强烈的姿态登上了政治舞台。1925 年五卅运动爆发后，大连成立了“沪案后援会”，开展了声势浩大的反帝爱国运动，出现学生罢课、工人罢工、商人罢市和游行募捐活动，并掀起大连工人阶级反抗日本资本家剥削和压迫的斗争。

1926 年 1 月中共大连地方组织建立后，与中华工学会共同领导了震惊全国的 1926 年“四二七”福纺纱厂工人反日大罢工。罢工斗争一开始，中共大连地委就因势利导，把群众自发的经济要求，引导到反奴役、争自由、争人权的自觉的政治斗争轨道，并得到全国的声援。罢工斗争持续百日之久，以大连工人阶级胜利而告终。“四二七”大罢工沉重地打击了日本帝国主义，与同期在南方发生的省港大罢工遥相呼应，其意义远远“超过了‘罢工’的意义之上”，促进了第一次国内革命战争时期全国人民革命高潮的持续发展。1931 年“九一八”事变是日本武装侵略中国东北的开始，但是中国共产党领导的大连人民反对日本帝国主义的斗争不曾停止。庄河民众武装“大刀会”和抗日谋略团的抗日斗争最为壮烈。大刀会的头领之一鞠抗捷，带领大刀会会员靠着手中的大刀长矛与日伪军开展游击作战，取得土城子大捷和红花岭战斗的胜利。抗日谋略团（俗称抗日放火团，又称国际情报组）这一国际性反法西斯组织，从 1935 年 6 月开始对日本在华军事目标实施放火、爆破等谋略破坏活动，至 1940 年 6 月被破获，5 年里在大连放火 57 次，给日军在华的后方基地以沉重打击。1927—1937 年，中共大连地方组织遭到 4 次破坏，但中共党组织和大连人民从未停止对日本侵略者的斗争。1937 年抗日战争全面爆发特别是太平洋战争爆发至第二次世界大战结束的一段时间，是日本在大连实行法西斯统治的最黑暗的时期，大连人民同日本法西斯展开了殊死搏斗。沈得龙电台，刘逢川、何汉清电台，为国际反法西斯组织提供了重要情报，产生了重大社会影响。沈得龙最后被日本宪兵从大连秘密押送到哈尔滨 731 部队做活体解剖试验，惨遭日军杀害。

日本殖民统治时期，反帝爱国的仁人志士舍身成仁者不胜枚举，虽然他们牺牲在日本侵略者的“铁蹄”之下，但是他们的精神却永远铭记在人民心中。

四

大连光复后，重新组建起中共地方组织，迅速建立起人民民主政权。在中共大连市委的领导下，完成反奸清算斗争、遣送日侨回国、开展居民住宅调整等运动，并粉碎了国民党接收旅大的阴谋，大连成为中国共产党的隐蔽后方和特殊根据地，有力地支援了全国解放战争。从此，在中国共产党的领导下，大连的经济建设和社会事业进入了一个全新的发展阶段，并以独特的地理、环境、人文条件，取得发展优势。

大连光复后，苏军进驻旅大，并迅速接管大连港。中华人民共和国成立后，根据中苏签订的《关于中国长春铁路、旅顺以及大连的协定》，中国政府于1951年1月1日正式收回大连港，结束了自开港以来半个世纪由外国人统治和管理大连港的历史。1960年6月1日，大连港第三次对外开放。海关、商品检验、船舶检验、动植物检疫、卫生检疫等口岸查验机关也相继建立。1976年7月1日，中国第一座现代化10万吨级深水油港——大连新港正式开港。1985年，大连港货物吞吐量4381万吨，东北腹地和内蒙古东部经海上运输的物资约有97%从大连港进出。

大连光复后，日本殖民统治的痕迹全部被及时清除，城市道路、广场、公园等市政设施的名称全部进行了更新。中华人民共和国成立后，于1958年编制完成第一个城市总体规划，大规模城市建设随之展开。1983年编制完成第二个城市总体规划，并于1985年5月经国务院批准实施，由此确立了大连“港口、工业、旅游城市”的城市性质。

大连光复后，开展了反奸清算、减租减息、分配“官地”等运动，以土地调剂的方式完成农村土地改革，使贫苦农民实现了“耕者有其田”。中华人民共和国成立后，农业生产体制历经两次重大变革，1956年土地所有制由私有制变为农民集体所有制，中共十一届三中全会后开始推行以家庭联产承包经营为主的生产责任制，到1983年上半年，实行家庭联产承包责任制的生产队普及率为96.7%。农村迅速形成农业、林业、牧业、渔业、工业、商业、建筑业、交通运输业等综合经济体，农村经济在全市经济中占比越来越大。乡镇企业成为异军突起的农村经济体。

大连光复后，大连的工业在殖民统治创伤的恢复中得到发展。1947年建立大型军工生产联合企业建新公司，给国内革命战争中的人民解放军以有力支持。中华人民共和国成立后，老工业门类与新工业门类齐头并进发展。20世纪50年代至70年代，大连生产出中国第一艘万吨级远洋货轮、第一座海上石油钻井平台、第一台大功率内燃机车、第一台橡胶密闭式炼胶机、第一套核工业轴承等工业产品，奠定了以工业为主导的国民经济基础。1978年后，有19户国有工业企业实行扩大经营管理自主权改革试点。至1985年末，全市共有工业企业（不含乡镇工业企业）1557家；有工业门类145个，占全国164个工业门类的88.4%，形成机械、化工、石油、冶金、纺织、轻工、电子、建材、电力、制盐、食品、医药等12大工业行业。大连机车车辆工厂成为中国最大的内燃机车生产基地，被誉为“中国机车的摇篮”；瓦房店轴承厂成为全国同行业三大骨干企业之一，瓦房店被称为“中国轴承工业的故乡”。1983—1985年，大连市获国家金、银奖工业产品总数连续3年居中国省辖市之首。

中华人民共和国成立后，经过对手工业、资本主义工商业进行社会主义改造，大连的社会主义商业逐步确立。改革开放尤其是1984年中共中央、国务院决定将大连市列为14个沿海开放城市之一，批准大连市自1985年1月1日起实行计划单列、并赋予大连市对外贸易自营权和省级对外经济贸易管理权限之后，大连商业进入繁荣、快速发展时期。到1985年，已形成以日用工业品商业、副食品商业、饮食服务业、粮油购销业、供销商业、医药商业、烟草专卖业、物资供应、城乡集市贸易为门类，以国有企业为主，集体、合资、外资、个体私营企业并存发展的商业格局；拥有粮油食品、土畜产、化工、机械、五金矿产、轻工业品、工艺美术品、纺织品8个进出口公司，结束了大连市单纯为外贸企业提供货源的历史；1984年9月25日，国务院正式批准建立大连经济技术开发区。商业繁荣带来旅游业发展，大连旅游业进入快速发展时期。

科技、教育、文化、卫生、体育事业得到极大发展。1978年全国科学大会以后，大连的科技教育事业进入兴盛时期。1979年迅速恢复和建立一批科研机构，科研方向开始转向直接为研究开发新产品、新技术、新工艺、新材料服务。1980—1985年，相继建立科研生产联合体40个。1984年国务院科技领导小组批准大连市为全国科技体制改革试点城市，科学研究领域由中华人民共和国成立初期的一般化工、机械领域扩大到现代多学科技术领域。其中催化基础及催化技术、化学反应工程及近代化工分离技术、以色谱为重点的近代分析化学等众多学科和技术已进入国内先进水平，部分达到国际先进水平。1977年恢复全国统一高考后，大连工学院（今大连理工大学）、大连海运学院（今大连海事大学）迅速恢复为全国重点高校，全市陆续建立起包括理工、海运、水产、财经、医学、师范、外语、税务、公安等专业门类在内的比较齐全的高等教育体系。1985年全市有全日制普通高等院校14所，在校本专科学生3万余人。大连文化以大连光复为新旧文化的分水岭。大连光复后，迅速地清除了法西斯文化和封建文化的影响，革命的新文化以崭新的面貌占领了文化阵地。中华人民共和国成立后，群众性的文化活动全面普及，20世纪50年代仅大连市内就有50支铜管乐队。改革开放后大连文化发展迎来历史上的黄金时期，文化艺术品种丰富多彩，文学艺术创作十分旺盛，涌现一批在国内有影响的作家、艺术家及优秀作品。戏剧、音乐、舞蹈、曲艺、杂技、美术、书法、摄影作品在全省和全国比赛评奖活动中屡获大奖。中华人民共和国成立后，全市城乡卫生组织大力开展疾病防治活动，到20世纪50年代中期，消灭了天花、霍乱、鼠疫等严重危害人民生命的传染病。中共十一届三中全会以后，医疗卫生事业得到迅速恢复和发展，全市城乡逐步健全了市、县、乡三级医疗卫生保健网。至1985年，全市有医疗卫生机构1203所，其中医院202所。全市形成15个医学重点专科，拥有6所医学教育机构、17所设施完备的疗养院。体育事业空前发展。1958年旅大市举行中华人民共和国成立后第一次马拉松比赛，1964年国家体委确定旅大市为全国发展足球运动的10个重点地区之一。1965年，由大连运动员组成的辽宁工人足球队进入全国足球甲级联赛，大连市中学生田径队获全省中学生运动会冠军。1979年，旅大市再次被国家体委确定为全国发展足球运动的16个重点地区之一。1982年，大连市被中华全国体育总会命名为田径之乡。1984年，大连青年足球队获全国足球乙级联赛冠军，同年晋级甲级队。1985年大连市建起中国第一所足球运动学校。全市参加体育活动的人口达170万人，占全市总人口的34.9%。

人民生活得到极大改善。1949年全民所有制职工的月人均工资收入18.8元，1965年增至57.2元；1984年全民和集体单位职工年人均工资959元，比1978年增长52.7%，扣除物价上涨因素，比1978年增长26.2%。同时，职工收入来源明显增多，非工资性收入大幅度增加。1950年城市居民储蓄存款余额174万元，1985年增至12.12亿元。1978年市区人均居住面积3.06平方米，1985年增至4.96平方米。1958年农民从生产队得到的人均收入48元，1985年在遭受严重自然灾害的情况下，农民人均纯收入达567元。1930年大连人均期望寿命为33岁，1945年为35岁。1985年，全市人均期望寿命提高到73.8岁，比1945年大连光复前增加38.8岁。

历史是一面镜子。至1985年，大连作为近代城市的历史不过百年，而被俄、日殖民统治的时间竟占近半个世纪。它虽饱经半封建半殖民地统治的磨难，却同时让人民在反帝反封建的革命斗争中得到锻造。重回祖国怀抱的40年里，大连发生了翻天覆地的变化。特别是改革开放后，国家更对大连寄予了厚望：1984年大连成为国家首批对外开放的14个沿海开放城市之一，同年被批准建立全国第一个经济技术开发区，1985年开始实行单列市的计划管理体制。从此，大连走向了一个更加美好、崭新的未来。

大事记

距今约 1.7 万年

据古龙山（今瓦房店市北部）旧石器时期洞穴遗址出土的大量动物化石和石器、骨器证明，今大连地区早在 1.7 万年前已有古人类活动。

距今 7000—6000 年

新石器时代，生活在小珠山（今长海县广鹿乡）的古人类已开始从事农业、渔业和狩猎活动，过着定居生活。

距今 5000—4000 年

据小珠山出土的彩陶证明，今大连地区与山东龙山文化交往密切。

距今 4000—3000 年

夏商之际的大嘴子遗址（今大连湾街道）是大连地区青铜时期最重要的遗址。

周

周赧王十五年（前 300）

燕昭王置辽东郡。今大连地区属燕国领地。

秦

秦始皇二十六年（前 221）

秦统一中国，今大连地区属秦辽东郡。

汉

西汉元封四年（前 107）

汉于辽东郡设 18 县，其中在今大连地区设沓氏县（亦称沓县）。

东汉初平元年（190）

公孙度据辽东并以襄平（今辽阳）为统治中心，分辽东郡，为辽西、中辽两郡，自立辽东侯、平州牧。今大连地区属之。

三国

魏青龙二年（234）

魏明帝派使封公孙渊为大司马、乐浪公，今大连地区复为魏国地。

魏景初二年（238）

司马懿率大军至辽东，灭公孙氏政权。沓县居民多由旅顺逃往山东。今大连地区沦为荒漠之地。沓县改为东沓。

晋

东晋咸和九年（334）

晋遣使臣王齐、徐孟从山东渡海至马石津（今旅顺口），北上册封鲜卑族首领慕容皝为平州刺史、辽东公。

东晋元兴三年（404）

东北高句丽地方政权据辽东郡，今大连地区属之。

隋

隋大业八年（612）

隋炀帝发大军113万人，水陆并进东征高句丽。水军从山东渡海至今旅顺、大连、长山列岛登陆。

隋大业十年（614）

隋将来护儿率军由登莱渡海，于都里镇（今旅顺口）登陆，攻卑沙城（今金州大黑山城），大败高句丽军，旋返。

唐

唐贞观十九年（645）

唐将张亮率水军自山东渡海至都里镇登陆，拔卑沙城。自此，高句丽军退出今大连地区。

唐贞观二十二年（648）

唐朝陕州刺史孙伏伽、莱州刺史李道裕储粮三山浦（今大连青泥洼一带）、乌湖岛（今山东隍城岛），作为东征高句丽的根据地。

唐总章元年（668）

唐平高句丽。在辽东设置州县。大连地区隶属安东都护府积利州（州治在今得利寺）。

唐开元二年（714）

唐遣鸿胪卿崔忻册封大祚荣为渤海郡王。其北上和返程南下均途经都里镇，于黄金山下凿井两口，并刻石记验。

辽

辽统和九年（991）

为防女真族通宋，辽于苏州（今金州）城南狭地筑哈斯罕关（位于今甘井子南关岭），置兵把守。

辽景福元年（1031）

辽置扶州（后改复州）怀德军，屯田镇守辽南，下设永宁县、德胜县。复州名始于此。

辽兴宗年间（1031—1055）

辽置苏州（今金州）安复军，领来苏县、怀化县。

辽重熙十三年（1044）

复州永丰塔建成。

金

金天辅元年（1117）

苏州、复州军民10万人举行反金起义，金派斜卯阿里率兵镇压。

金天会七年（1129）

金灭辽，将苏州降为化成县，隶属复州。

金明昌二年（1191）

金辽东提刑使王寂视察辽南，将自永康（复州城）赴顺化营（普兰店）的途中所见，载入《鸭江行部志》。

金贞祐四年（1216）

金升化成县为金州，金州名始于此。

元

元至元二十一年（1284）

元置金复州万户府于金州，发新附军 1281 户于忻都察置立屯田。

明

明洪武四年（1371）

七月　明置金、复、盖三州。

八月　置定辽都卫指挥使司，任命马云、叶旺为都指挥使，统兵 10 万由登莱渡海，于狮子口（由都里镇改）登陆，屯兵金州。因旅途顺利，改狮子口为旅顺口。

明洪武十年（1377）

金州卫指挥使韦富将金州土城包砖，方圆 6 里，高 3 丈 3 尺。

明洪武十四年（1381）

明置复州卫于复州城，领左、右、中、前 4 个千户所，属辽东都司。复州卫辖马军、步军、煎盐军、屯田军，计 3054 人。

明洪武十七年（1384）

金、复、海、盖州各设儒学学政一员、训导四员。各州皆立孔子庙。

明永乐四年（1406）

复州卫指挥使蔡真将复州土城改建为砖城。同年设辽东苑马寺，下辖六监，永宁监为其中之一，辖有复州、龙潭、清河、深河四苑。

明永乐十年（1412）

金州卫指挥使徐刚，将木栅建的旅顺北城改建为砖城，同时督修南城。

明永乐十三年（1415）

辽东沿海及险要处筑烽火墩台，以防倭寇袭扰。金复地区建有烽火墩台十余处，烽火墩、台、架 124 座。

明永乐十四年（1416）

自旅顺至辽阳设辽东驿站 12 处，其中大连地区设有 7 处驿站，分别是旅顺驿、木场驿、金州驿、石河驿、栾古（岚崮）关驿、复州驿、五十寨驿，用于传递军情及转运物资。

明永乐十七年（1419）

六月十四日，望海埚剿倭大捷。

明永乐二十年（1422）

为加强沿海防务，明于金州东北一百二十里（今普兰店区皮口镇）筑红嘴堡城，于金州东北一百六十里（今普兰店区城子坦镇）筑归服堡城。

明武宗正德元年（1506）

金州军民在金顶山望海埚北山丘修建得胜庙（俗称真武庙），供奉刘江（本名刘荣）塑像。

明嘉靖三十一年（1552）

金州卫有居民6万人，成为辽东重镇。

明万历四十五年（1617）

大连地区最早的石拱桥挂符桥建成。

明崇祯二年（1629）

明蓟辽督师袁崇焕将平辽总兵毛文龙诱斩于旅顺双岛湾。

明崇祯六年（1633）

明降将孔有德、耿仲明等引后金兵万余攻打旅顺。旅顺陷落，明总兵官黄龙自尽。

清

清顺治十年（1653）

清廷颁布《辽东招民开垦则例》，山东、江浙、齐鲁等地贫民陆续来辽东垦殖定居。

清康熙三十年（1691）

金州、复州沿海推行建滩晒盐法。

清康熙五十四年（1715）

旅顺水师营正式建成，出海巡哨。巡视海域南至山东，西至辽西。时属盛京将军统辖。

清乾隆元年（1736）

复州、宁海县建孔子庙，春秋祭祀。

清乾隆十八年（1753）

金州文庙西院建成学宫。1773年扩建成南金书院。

清乾隆二十七年（1762）

复州始养柞蚕。

清乾隆四十一年（1776）

乾隆帝追封（明朝）东江镇总兵官黄龙，谥号“忠烈”，在旅顺建显忠祠，殉难诸将俱供奉祭祀。

清乾隆四十四年（1779）

重修复州、宁海县城。翌年9月竣工。

清道光二十年（1840）

8月30日　因英军侵扰辽东半岛，道光帝命盛京将军耆英、驻熊岳副都统祥厚、驻锦州副都统道庆，率官兵抵复州、金州沿海防守。

8月　英军舰队“布朗底”号、“摩士底”号侵扰大连沿海，在长兴岛、老铁山、青泥洼、三山岛一带海面游弋，寻机刺探情报，偷绘海图，抢掠百姓。

清道光二十三年（1843）

3月7日　熊岳副都统、协领移驻金州，金州城守尉移驻盖州，盖州城守尉移驻熊岳。盖州、熊岳统归金州副都统兼辖。

7月1日　宁海县升为金州厅，鲍觐堂首任金州厅海防同知。金州时为辽南军政、经济及文化中心。

清道光二十四年（1844）

由复州知州章朝敕倡议，地方士绅胡绍庭等协助官府募化义捐，在复州城建横山书院。

清道光二十七年（1847）

复州发大水，冲毁耕地2000公顷。

清道光二十八年（1848）

复州湾沿海始建盐田。

清咸丰二年（1852）

8月　金州地区遭遇台风，“禾尽偃，第二年野有饿殍，赴堡就食者无算。”

12月　金州人隋汝龄纂成《辽海志略》，全书160卷，分24门类。手抄本64册。

清咸丰三年（1853）

金州、复州农作物因灾歉收，官府许旗民百姓往黑龙江双城堡谋生。

清咸丰五年（1855）

12月11日　金州发生5.5级地震，震倒城墙垛口20处、民房567间，压死7人。

清咸丰七年（1857）

7月　复州横山书院重修。

是年　英法联合舰队侵入大连湾窥测。

清咸丰八年（1858）

清政府加强大连沿海口岸防守。在羊头洼、小平岛、和尚岛、石槽、貔子窝等处海口修炮台，设大小炮23门，驻兵勇800余名。在旅顺水师营设大炮38门，驻兵丁水手700余名。

清咸丰十年（1860）

6月26日　英国军舰184艘，载兵万余人，侵入大连湾附近沿海口岸。英军登陆后，强占民宅、搭设帐篷、掠牲畜粮食，并举行军事演习。

7月2日　英国5艘军舰侵入旅顺口、羊头洼，四处抢掠粮食，附近2000余名乡民持械喊逐，令登岸英军惊窜回舰逃遁。7月4日，记名副都统、协领奇凌阿率领从奉天、辽阳、熊岳等处调拨的1000名官兵抵辽东半岛南端，加强沿海口岸防守。

11月7日　英军在大连湾驻兵侵扰近四个半月后，才全部起碇离开。

清咸丰十一年（1861）

7月19日　金州发生地震。城西门里城墙震倒1段，震倒房屋280余间。

清同治元年（1862）

貔子窝始建盐场。

清同治十年（1871）

金州、复州发生水灾，田禾颗粒无收。官府匿灾不报，许多灾民被迫流落他乡。

清光绪二年（1876）

岫岩通判升为岫岩州，辖今庄河北部。翌年，设庄河海防巡检司兼理刑事，在石城岛设巡检司，均隶属岫岩州。

清光绪三年（1877）

清政府设复州盐厘局、庄河盐厘局、金州盐厘分局，均隶属东三省盐务总局。

清光绪五年（1879）

11月9日　清政府为兴建旅顺军港，在旅顺北八里庄辟龙引泉水源，引水至旅顺口，向驻军和居民供水。这是中国北方最早的城市引水工程。

清光绪六年（1880）

春　貔子窝东老滩、夹心子和复州湾，改海水煮盐为设场制卤晒盐。

3月1日　光绪帝谕令李鸿章：“备齐战舰于大连湾、烟台等处，择要扼扎，以固北洋门户。”

3月21日　清政府调四川提督宋庆所部毅军4个营驻扎旅顺口、大连湾。

12月　清政府裁撤旅顺口水师营，设旅顺口北洋前敌营务处，由北洋大臣李鸿章直接统辖。

是月　清政府聘请德国少校汉纳根设计旅顺口炮台。

清光绪七年（1881）

6月　旅顺口第一座新式海岸炮台——黄金山炮台工程竣工。

10月　旅顺军港船坞工程破土动工，同时设北洋水师营务处旅顺工程局。年末，北洋水师选址旅顺口建港成为清廷正式决策。

清光绪八年（1882）

10月　直隶候补道员袁保龄取代北洋营务处道员黄瑞兰，接任旅顺工程局总办。

是年　复州长兴岛西部流行霍乱，发病120人，死亡50人。

清光绪九年（1883）

6月　旅顺船坞工程破土动工。

清光绪十年（1884）

6月23日　北洋大臣李鸿章会同张之洞、吴大澂、张佩纶率北洋舰船驶抵旅顺口，查勘海防工程，巡阅水陆各军。

9月　清政府调甘肃总兵雷正绾所部1000名兵员，驻守大连湾海口。

11月　清政府修建的由天津经山海关、营口至旅顺口的电报线路（有线）工程竣工。

清光绪十一年（1885）

1月　自旅顺口经凤凰城至朝鲜汉城（今首尔）的电报线路竣工。这是中国第一条国际电报线。

夏　清政府调提督刘盛休所部铭军12个营驻防大连湾。

7月　旅顺船坞工程局从德国引进的60吨级起重机器船零部件组装成功。

是年　旅顺设北洋海军提督署，丁汝昌任北洋海军提督。

清光绪十二年（1886）

6月16日　清醇亲王奕譞在李鸿章陪同下，乘船抵达旅顺视察诸炮台，并赴大连湾检阅驻防军。

是年　复州城德盛染坊开业，这是大连地区第一家手工染布作坊。

清光绪十三年（1887）

大连湾栈桥（亦称李鸿章栈桥）及大连湾炮台动工修建。

清光绪十四年（1888）

5月5日　北洋大臣李鸿章率周馥等官员乘船赴旅顺口、大连湾查勘海防工程，并巡阅水陆各军。

12月17日　北洋海军正式建军，旅顺军港辟为北洋海军基地。

清光绪十五年（1889）

7月　四川提督宋庆所部在旅顺后路的椅子山、案子山、测望台、松树山、二龙山、大坡山等制高点建筑炮台。

是年　旅顺设立水师养病院。这是大连地区较早的官办医院。

清光绪十六年（1890）

11月9日　旅顺船坞工程全部竣工，并通过验收。工程总耗银139.35万两，号称“东亚第一大船坞”。

清光绪十七年（1891）

5月21日　李鸿章率北洋海军进入大连湾，当夜检阅水雷艇演习。

6月　李鸿章与山东巡抚张曜到旅顺检阅海军，并查勘炮台和船坞。北洋海军提督丁汝昌率定远等11舰，广东水师副将余雄飞率“广甲”等3舰，南洋水师统领郭宝昌率“寰泰”等6舰齐集旅顺会操。

清光绪十九年（1893）

是年　和兴木铺成立。这是大连地区最早的

木器家具企业。

是年　清政府海关在旅顺老铁山岬之黄海、渤海交汇处设立铁山灯塔，塔高14.8米，射程25海里。

是年　黄山、老龙头山、和尚岛西、和尚岛中、和尚岛东、陆路徐家山6座炮台竣工，共配置火炮38门。

清光绪二十年（1894）

5月7日　李鸿章率员自天津启程，视察大沽、旅顺、大连湾、威海卫、胶州、烟台等处海防。

7月25日　日军发动侵略中国战争，在牙山口外丰岛附近海面突袭中国运兵船和护航舰。此时，旅大地区共驻清军30个营，约1.3万人。

8月1日　中日两国同时宣战，甲午战争爆发。

8月　清军毅军分统马玉崑率4个营从旅顺出发增援平壤。

9月3日　驻防旅顺的清军、四川提督宋庆率毅军5个营，赴九连城（今属丹东市）驻防。

9月12日　丁汝昌率北洋海军12艘军舰，护送5艘商船进入大连湾。

9月14日　清军淮军赵怀业率6个营接防大连湾。

9月16日　北洋舰队护送刘盛休所部11个营，从大连湾乘船进入大东沟赴朝鲜增援。

9月17日　北洋舰队由大东沟返航旅顺口途中，遭日本联合舰队12艘军舰袭击，中日海军黄海海战爆发。

9月下旬　清政府下令，将临阵脱逃、牵乱船伍的济远舰管带、左营副将方伯谦处斩于旅顺口。

9月30日　李鸿章令姜桂题募桂字4个营，程允和募和字3个营，卫汝成募成字6个营并所部马队2个营，正定镇总兵徐邦道募拱卫军3个营并所部马队、炮队各1营，自塘沽乘船赴旅顺口充实防务。

10月24日　侵华日军第二军在敌酋大山岩统领下，在花园口（今庄河市明阳镇）登陆，至11月7日登陆结束，共登陆2.4万人。

11月3日　侵华日军第二军第一师团由貔子窝出发，进犯金州。

11月5日　徐邦道率部在狍子山阻击日本侵略军先头部队。因寡不敌众，翌日退守旅顺。

11月6日　日本侵略军攻占金州城，守城清军400人与日军血战，大部壮烈殉国。日本侵略军进城后大肆奸淫烧杀。城内西街曲氏一家姑嫂7人为免受凌辱，怀抱3个幼儿一起投井殉节。后人称此井为“曲氏井”。

11月7日　日本侵略军进攻大连湾，守将赵怀业拥重兵而不发一弹，率部逃往旅顺。日本侵略军不战而得诸炮台、大炮、军械，并利用大连湾炮台轰击青泥洼一带渔村，屠杀无辜居民。

11月9日　金州南关岭三道沟（今甘井子区南关岭）塾师阎世开，因拒绝为日本侵略军进犯旅顺作向导，被日军残杀。

11月18日　日本侵略军向旅顺进犯，徐邦道会同姜桂题、程允和所部5000人，在旅顺北土城子一带阻击日本侵略军。

11月21日　日本侵略军总攻旅顺，徐邦道、姜桂题、程允和率部与日本侵略军英勇作战。是日，日本侵略军侵入旅顺市区，屠城四天三夜，野蛮屠杀居民近2万人，是为震惊世界的旅顺大屠杀。

12月6日　日本侵略军第二军第一师团乃木希典旅团侵占复州城。

清光绪二十一年（1895）

1月　日本侵略军将其杀害的旅顺居民的尸体集中焚化，埋于旅顺白玉山东麓。为掩其罪恶，立一木牌，上书“清军将士阵亡之墓”。

4月17日　李鸿章代表清政府与日本签订《马关条约》，将辽东半岛、台湾岛、澎湖列岛及附属岛屿割让日本。

4月23日　沙俄联合德国、法国“干涉还辽”，日本被迫归还辽东半岛。同年11月8日，李鸿章代表清政府与日本签订《交换奉天省南边地方条约》（亦称《中日辽南条约》）。日本通过此条约向清政府索取赎银3000万两。

12月25日　日军从大连湾撤走最后一批部队，清军接收旅顺、大连湾防务。

冬　前任山东登莱青兵备道贵池刘含芳从山东渡海勘收旅顺诸处，在黄金山发现唐代鸿胪井刻石，建石亭加以保护，并在原刻石一侧添镌铭文以记其事。

清光绪二十二年（1896）

1月　清政府调太原镇总兵马玉崑所部10个营驻扎大连湾，毅军总兵邱明礼所部3个营驻扎旅顺，金州副都统寿长所部4个营镇守金州。

11月　清直隶候补道员顾元勋在旅顺主持甲午战争中旅顺殉难同胞墓地立碑仪式，并于刻石亲书“万忠墓”。1905年日本再次侵占旅顺之后，此碑刻被日军盗走弃于旅顺医院（今旅顺海军后勤部），后砌于墙中。

清光绪二十三年（1897）

12月14日　沙俄5艘舰船侵入旅顺口。12月20日，1艘俄舰驶入大连湾。

清光绪二十四年（1898）

3月3日　沙俄以“干涉还辽”有功为由，向清政府提出租借旅大和修筑东省铁路南满支线到黄海沿岸大连湾、旅顺的要求。

3月27日　李鸿章代表清政府与沙俄代表巴甫洛夫在北京签订中俄《旅大租地条约》，沙俄强租旅大25年。

5月7日　中俄签订《续订旅大租地条约》，规定租地北界、隙地界线，东省铁路南满支线终点为大连湾、旅顺口。金州城仍归清朝廷“自行治理”。自此，普兰店湾以南的金州、大连湾、旅顺沦为沙俄租借地。

5月　中俄双方在圣彼得堡签订《东省铁道南满支线建设及经营契约》和《东省铁路南满支线合同》。俄国攫取修筑东省铁路南满支线权及经营权。9月开始修建长春至旅顺段铁路。

附：

8月16日　沙俄政府敕令，在旅顺设置关东州临时民政管理局，同时设关东监狱署。

是年　沙俄在普兰店设立远东盐税局，隶属俄关东州临时民政管理局，对中国人卖盐课以重税。

是年　沙俄在复州湾强行开采砟子窑、五湖嘴煤矿。

清光绪二十五年（1899）

2月2日　貔子窝俄国征粮队强迫刘家店（今金州区杏树屯镇台子村）农民一次性缴纳一年租税。2月5日，刘家店农民会首马成魁率2000余名农民举行抗租税暴动，遭俄军野蛮镇压，百姓死伤百余人。

春　大连湾宫开福、刘君弟率民众反抗沙俄当局征民田辟“无华人区”。

春　旅顺口水师营曹广金率2000余名农民集会抗捐，迫使沙俄当局减少地亩税。

5月7日　清政府与沙俄在北京签订《勘分旅大租界专条》，确定租地北界、隙地界线。

7 月 23 日　青泥洼一带 400 多名民众反对沙俄当局强征民房和土地筑港，怒砸沙俄征地办事处。

9 月 28 日　大连商港正式动工兴建。

是年　貔子窝市俄清学校成立。这是沙俄在关东州设立的第一所俄清学校。

附：

8 月 11 日　沙俄将青泥洼改称“达里尼”市，为俄财政部直辖市。沙皇尼古拉二世宣布达里尼港为“自由港”。

8 月 28 日　沙俄颁布《暂行关东州统治规则》，将州厅设在旅顺。关东州划分为旅顺、金州、貔子窝、亮甲店、岛屿 5 个行政区，旅顺、金州、貔子窝、达里尼 4 个市。

清光绪二十六年（1900）

4 月　山东到大连的劳工流行斑疹伤寒，并蔓延到铁路沿线各地，大连、旅顺发现患者 780 人，死亡 118 人。

7 月 27 日　沙俄单方撕毁《续订旅大租地条约》，武装占领金州城。

7 月　沙俄军队侵入复州。

8 月 11 日　庄河籍爱国名臣李秉衡在抗击八国联军通州战役中以身殉国。

10 月　东省铁路南满支线旅顺线终端站——旅顺火车站建成。

11 月 27 日　义和团 1000 余人在金州等地活动。

是年　俄军通译官、买办商人纪凤台在大连兴建戏院，作为俄军娱乐场所。市民称其戏院为“纪凤台大戏院”。

附：

8 月 21 日　沙俄殖民统治当局敷设旅顺到芝罘（烟台）的海底电缆完工。这是中国北方开通最早的海底电缆。

是年　沙俄殖民统治当局在行政街建达里尼市政厅办公大楼。

清光绪二十八年（1902）

5 月 29 日　大连实行特别市制。

10 月　旅顺发电厂开始向旅顺旧市街公用照明供电。这是大连地区和东北南满地区第一个供电网。

是年　大连港第一期建港工程基本完成，并正式开港。

是年　大连轮船修理工场（今大连造船厂前身）建成投产。

是年　大连港至山东诸港开辟定期航线。

是年　东清铁路公司在大连港附近海岸建成第一座瓦斯站，用于港口照明。这是大连第一座煤气生产站。

是年　莫斯科火灾保险公司在大连设立代表处，开办多项保险业务，成为最早进入大连的外国保险公司。

清光绪二十九年（1903）

7 月 14 日　沟通大连港与东北腹地的东清铁路全线（单线）正式通车。

是年　大连（达里尼）市街建设第一期工程完成，初步建起欧洲人市街（今二七广场至友好广场）、行政市街（今胜利桥以北）、中国人街（今北京街一带），面积 4.25 平方千米，市区人口 41260 人。

是年　大连市街开始安装电灯或电与煤油并用的路灯。

附：

8 月 12 日　沙皇颁布《暂行远东统治条例》，在旅顺设远东总督府，任命阿列克谢耶夫为总督。

清光绪三十年（1904）

2月8日　日本联合舰队突袭停泊在旅顺口外锚地的沙俄太平洋舰队。2月9日，沙皇尼古拉二世下诏对日宣战；2月10日，日本明治天皇下诏对俄宣战。日俄战争正式爆发。

2月12日　清政府宣布，在日俄交战中严守“局外中立”，划辽河以东为交战区，以西为中立区。旅大地区为主要战区。

2月　旅顺船坞2000余名中国工人举行大罢工，反抗沙俄统治。这是大连地区近代史上早期规模最大的反帝罢工斗争。

6月　沙俄将修筑旅顺东鸡冠山北堡垒的中国民工骗上“波罗”号船，驶至旅顺口外将船炸沉，千余名民工全部罹难。

12月30日　日军占领黄金山炮台。

是年　日本发行军用票1.9亿元，随其军队强行流通于大连及南满等占领地区。

是年　日本在大连建关东观测所（今大连气象台前身），内设地震观测站。1945年9月9日停止观测。

是年　日本敷设从佐世保至旅顺的海底电报线。翌年1月竣工。

清光绪三十一年（1905）

1月2日　日俄双方军事委员会在旅顺水师营会谈，俄方代表签署投降书。

9月5日　日俄双方代表在美国东北部缅因州基特里市附近的美海军基地朴次茅斯签订《朴次茅斯和约》。俄国背着清政府将其在旅大的租借权转让给日本。

12月22日　日本强迫清政府在北京签订《中日会议东三省事宜正约》及《附约》。清政府承认《朴次茅斯和约》中关于沙俄将旅大租借地和长春到旅顺间的铁路等一切权利转让给日本的条款。从此日本势力侵入东北三省，大连地区沦为日本殖民统治地区。

是年　受外轮船员影响，大连兴起足球运动。

是年　日本资本家在大连建大阪窑业株式会社。1937年改名营口窑业株式会社大连工厂（今大连耐火材料厂前身）。

是年　日本人在大连湾建印刷工厂和大田印刷所。这是大连地区最早的印刷企业。

附：

1月9日　日军设置旅顺要塞司令部，同月中旬设旅顺军政署。

2月11日　日本辽东守备军司令部改“达里尼”市为大连市。

5月19日　日本政府撤销辽东守备军司令部，在大连建立满洲军总兵站监部，6月迁至辽阳。

6月9日　日本在大连设置关东州民政署，隶属满洲军总兵站监部。

10月25日　日本关东州民政署公布《关东州土地税法》，开始征收地税，土地税陡然增长3倍余。之后又颁布《关东州杂种税规则》。据统计，仅强征土地税一项，日本侵占旅大40年中就夺走白银1.17亿两。

10月31日　日本在辽阳设立关东总督府，1906年5月迁至旅顺。该机构是日本侵略者在中国东北的最高权力机关。

清光绪三十二年（1906）

1月11日　大连至芝罘（烟台）间的海上邮路开通，开始办理民间邮政业务。

8月　大汉奸大资本家张本政在烟台创办政记轮船公司，经营大连至威海、芝罘、龙口、天津、营口、安东（今丹东）等航线的海上运输。

9月10日　美国在大连开设领事馆。

12月13日　清政府建立奉天省庄河厅。

是年　大连华商公议会会长刘肇亿等人创办宏济善堂和宏济医院。

附：

3月—7月　日本关东州民政署（隶属于关东总督府）相继颁布《关东州盐田规则》《关东州渔业取缔规则》《关东州营业税规则》《鸦片业及烟馆业营业税规则》等规定，急欲搜刮民财。

9月1日　日本在旅顺设立关东都督府。

11月13日　日本南满洲铁道株式会社（简称满铁）在东京召开成立大会。翌年3月5日，其总部移驻大连。4月1日，满铁正式营业。

是年　日本殖民统治当局成立关东州度量衡检查所，逐步推行日本的米突法和尺斤法。

清光绪三十三年（1907）

2月　复州人顾人宜率数百农民开展反清丈（重新丈量土地增加税赋）斗争。奉天省各地民众纷纷响应，迫使州衙停止清丈。

5月　日本财阀三井与营口的东永茂、西义顺两家企业合资创办的大型榨油工业企业——三泰油坊开业。

是月　满铁将南满铁路轨距由1067毫米改为1435毫米标准轨距。1908年5月30日标准轨铁路全线通车。

7月1日　日本与清政府签订《大连湾税关协约》，规定由日本人充任税务司最高长官，不征缴日货进口税。

7月1日　大连海关正式开办。名义是中国海关，实际由日本人操纵。

8月10日　大连至上海定期客货班轮通航。这是满铁经营大连港后开辟的第一条定期航线。后又先后开辟大连至芝罘、青岛、威海、龙口等定期航线。

是年　复州知州樊宝青主持编纂的《复州乡土志》完稿。

是年　日本小野田洋灰制造株式会社大连支社在大连泡崖子建设水泥厂（今大连水泥厂前身）。1909年6月1日竣工投产。

是年　大连市街道铺装柏油路面试验成功。自此，大连地区始有柏油马路。

是年　日本桥（今胜利桥）动工兴建。1908年3月竣工，桥宽22米，桥长106米，为钢筋混凝土结构。

是年　日本资本家始建西森造船所（今大连渔轮厂前身）。

是年　日本资本家始建大连铁工所（今大连橡胶塑料机械厂前身）。

是年　大连至天津、柳树屯（今大连湾）、貔子窝海上邮路开通。大连、旅顺、柳树屯开办公众电话业务。

是年　清政府为征收大连港关税，设立大清银行大连分号。

附：

3月25日　日本天皇下令，自4月1日起，在关东州施行日本国国税征收法。

6月26日　日本殖民统治当局为炫耀军国主义武功，在旅顺白玉山巅修建“表忠塔”和“纳骨祠”，征集2万余名中国民工施工。

10月5日　日本关东都督府创办满铁中央试验所（今大连化学物理研究所前身）。

10月　日本政府规定关东都督府财政收入和满铁营业收入一律改为金圆券，变相加大对东北地区的掠夺。

是年　日本殖民统治当局开始扩建沙俄在旅顺所建的“关东州监狱”。最终建成占地面积22.6万平方米，由253间囚室、4间暗牢、1座绞刑室、15座厂房组成的大型监狱。

清光绪三十四年（1908）

7月　满铁在大连沙河口新建工厂（今大连机车车辆有限公司前身）。1911年8月9日建成，工厂由胜利桥迁入新址，12月易名为满铁沙河口工场（原为沙俄于1899年在今胜利桥附近所建东省铁道机车制作所）。

10月　西岗子华商公议会成立。至年底，西岗中国人商户增至1200余家，10余万名商民集于西岗，时称“中国街”。

是年　日本海军大臣斋藤实将旅顺口鸿胪井刻石劫往日本，藏于宫内省怀天府。后日军旅顺口镇守府司令官富冈定恭于1911年在刻石原址重建石碑，刻“鸿胪井之遗迹”。

清宣统元年（1909）

8月9日　大栈桥（今大连港码头）至电气公园有轨电车线路工程竣工，9月25日开始营运。这是大连市第一条有轨电车线路，全长2.45千米。

清宣统二年（1910）

1月　电车工厂在敷岛广场（今民主广场）竣工，开始组装、维修有轨电车。

3月10日　满铁大连瓦斯作业所建立。

5月25日　旅顺高等女学校成立。

9月　大连商业补习学校开学，这是大连最早的职业学校。

12月　大连地区流行鼠疫，224名中国百姓染肺鼠疫死亡。

是年　浪速町（今天津街）建成。

是年　中国官办银行——大清银行大连分号大楼（今中山广场中信实业银行大楼）建成（1912年改称中国银行大连分行）。

清宣统三年（1911）

8月27日　庄河联庄会首潘永忠、隋守真等带领4000余众，武装攻克庄河城门，发起庄河抗捐斗争。

11月20日　复州联庄会会首顾人宜率革命军攻击清军复州李家卧龙（今普兰店市城子坦镇老古村）巡防队，打响辛亥革命在东北的第一枪。

11月27日　庄复革命军宣布“中华民国军政分府”成立。29日，革命军攻克复州水门子（今普兰店区莲山境内）。

是年　日商相生由太郎在大连寺儿沟南山北麓修建福昌公司华工收容所。日本人称之为“碧山庄”，中国人称“红房子”。1926年满铁接管后，更名福昌华工株式会社华工收容所。

是年　金州厅营城子西小磨子村人、贡生乔德秀修纂的《南金乡土志》成稿，1931年石印出版。

中华民国

1912年

（中华民国元年，以下直接采用公元纪年）

1月29日　中华民国首批北伐军先遣人员10余人乘船在庄河尖山口登陆，约600余人分别在貔子窝、大孤山等地登陆。

1月31日　孙中山派遣关外都督蓝天蔚坐镇大连指挥北伐军，命永田19号轮由烟台出发，至庄河登陆。

2月3—10日　庄复革命军在庄河霍家大山、半拉山等地攻击清军。

2月4日　顾人宜率领400余名民军配合北伐军在水门子（今普兰店区莲山境内）与清军巡防队交火，6日攻占瓦房店。

2月7日　蓝天蔚委任商震为关外军总司令，以顾人宜为关外军第一镇统。

2月10日　北伐军攻占庄河厅。

5月　在日本关东都督府支持下，宗社党人肃亲王善耆、恭亲王溥伟开始进行“满蒙独立”活动。

是年　大连至旅顺北路、大连至旅顺南路（今旅顺中路）、大连经金州至普兰店、金州至城子坦、普兰店至貔子窝5条公路干线基本建成。

1913年

2月　中华民国政府将清政府设置的金州厅、庄河厅、复州分别改为金县、庄河县、复县，隶属奉天省。金县由于被日本侵占，中华民国未能行使主权。

是年　日本资本家森川清始建森川造酒厂（今大连酒厂前身）。

是年　日本资本家始建满洲油脂株式会社大连油脂工厂（今大连油脂化学厂前身），主要生产硬化油、肥皂等。

1914年

2月　中国同盟会会员陈其美、戴季陶等在大连建立反对袁世凯的中华革命党第一支武装队伍。

是年　日本资本家在南沙河口兴建大连铁工厂（今大连重型机器厂前身）。

附：

3月　日本殖民统治当局撤旅顺镇守府，置旅顺要塞港部，简称“要港部”，归日本佐世堡镇守府管辖。

12月　日本殖民统治当局指定大连宏济善堂为关东州鸦片输入、制造及贩卖机构，变戒烟为贩毒，毒害民众。

1915年

2月　复县人李开祥研制的鱼胶在巴拿马万国博览会展出。

是年　大连民族油坊业处于全盛时期，共有业户56户，资本金342.2万日元，年产豆饼16705吨。

附：

3月　日本殖民统治当局在金州大魏家强占中国民田建“爱川村”日本人移居点，将日本山口县的爱宕村和川下村的19户民户移居此地。

1916年

3月10日　日本关东都督府设立旅顺高等学堂。

是年　大连民族资本家周文贵赴哈尔滨参加东北人民为反对“二十一条”卖国条约签订而发起的爱国储金运动，会上用刀砍断左手无名指，血书“储金救国，勿忘国耻”，并献现金3万元。

1917年

5月　日商安田在大连创立满洲制麻株式会社（今大连麻纺厂前身）。1919年2月投产。这是东北地区第一家近代麻纺织企业。

6月　中国台湾地区医学博士孟天成在大连宏济街开办博爱医院（今大连市第二人民医院前身）。时为大连地区规模最大的私营综合性医院。

是月　日本大连朝鲜银行大楼（今位于中山广场的中国人民银行大连分行办公楼）动工兴建，1920年6月竣工。

7月　日本南满硝子株式会社（今大连玻璃制品厂前身）成立。

8月　复县县立女子师范学校在复州城儒学旧址成立。

10月　沙河口变电所投入运行，安装350千伏安单相变压器3台。这是大连地区第一座降压变电所。

是年　复县知事公署筹银1.2万元，架设复州城至瓦房店间30千米电话线路。

是年　大连华商公议会与西岗子华商公议会修建大连贫民临时避寒所，附设粥厂。

1918年

1月20日　川崎大连出张所（今大连造船厂前身）110名中国工人和70名日本工人联合举行罢工，要求增加工资。罢工坚持2天，迫使厂方答应工人部分要求。

4月　大华电气冶金公司（今大连钢厂前身）在大连荣町（今大连火车站身后）成立。

是年　日本资本家木村淳在沙河口建立大连磷寸（火柴）株式会社。从此，日商垄断了中国东北的火柴市场。

是年　日本大连市役所大楼（今位于中山广场的大连市工商银行办公楼）竣工。

是年　大连至日本海上邮路开通。

1919年

7月　大连地区流行霍乱，感染者2035人，死亡392人。

10月6日　《泰东日报》编辑长、爱国知识分子傅立鱼在该报刊登《俄国劳农政府经过实况》，把俄国十月革命介绍到大连。11月28日，又刊登《六个月的李宁》（李宁即列宁），介绍十月革命的意义及列宁的历史作用。

10月　复县知事程廷恒、张素等人修纂的《复县志略》出版。

是年　日本满洲油漆股份有限公司（时称五色油房，今大连油漆厂前身）在大连成立。

附：

4月12日　日本政府废关东都督府，将原府下所设民政部改为关东厅，陆军部改为关东军司令部（1931年“九一八”事变后由旅顺迁至奉天）。

1920年

2月　日本大连股票商品交易所成立。

3月　金州三十里堡农民掀起反抗日本资本家霸占耕地的斗争，斗争持续5年多，取得部分胜利。

5月1日　满铁沙河口工场中日工人举行联合罢工，要求增加工资，罢工坚持40天，获得胜利。

7月1日　大连中华青年会成立，会长傅立鱼。该会传播新文化、新思想，是大连地区最早的爱国进步社会团体。

是年　大连中华青年会首建中华青年会足球队，在大连地区首开有组织的华人足球运动。

附：

是年　日本统治当局成立“关东专卖局”，从事输入、制造和贩卖鸦片活动。大连地区共设鸦片小卖所120余处，登记发证烟民2万人以上。

是年　日本殖民统治当局成立官办大连交易所，主要交易大豆、高粱、谷子、豆饼、豆油等。

1921年

10月10日　大连市民首次举行“双十节”庆祝大会，宣传“反奴为主”的爱国主义思想。

是年　日本资本家始建协盛胶皮工场（今大连橡胶厂前身）。这是中国橡胶工业最早的厂家之一。

是年　大连从日本鹿儿岛和朝鲜引入一批“巴

克夏”种猪，与新金县当地母猪“大民”“二民”杂交改良。大连光复后，经数年培育提纯成为知名畜产，定名“新金猪”。

是年　由王佐才、杨维嶓纂修的《庄河县志》（18卷本）由庄河永源书局铅印出版。

附：

4月　日本政府和关东厅下令将金票作为交易用币，受到中日商人抵制，引起罢市。中国商人罢市长达4个月，使日本贸易损失惨重。翌年9月，日本关东厅被迫宣布实施金银并用货币制度。

1922年

5月14日　大连中华青年会在满铁棒球场（今火车头体育场前身）举办首届大连中华陆上（田径）运动大会，500余名运动员参加。《泰东日报》称之为“大连破天荒之盛举”。

6月14日　大连中华增智学校成立。该校后来成为中共地方组织在大连早期活动的场所之一。

8月　大连中华青年会桌球（乒乓球）队成立。该球队是大连地区最早的一支乒乓球队。

10月　奉天省议会金州籍议员徐续生提出《收回旅大租借地提案》。翌年，中华民国参议院通过《旅顺大连收回建议案》。全国掀起收回旅大租借地运动。

12月　进步知识分子、《泰东日报》记者刘恂躬的夫人石三一创办大连中华三一学校，组织印刷工人学文化，传播新思想。中共党员关向应（当时名叫关致祥）、赵悟尘等在此接受启蒙教育。

是年　旅顺黄泥川隧道工程竣工。隧道全长254.5米，高555米，宽7.4米。

1923年

2月　由孙中山题名的《新文化》月刊出版。中华青年会会长傅立鱼任社长。1924年4月改名《青年翼》，1928年7月停刊。

4月1日　日本关东厅递信局于大山通（今上海路）安装并开通8500门交换机。这是东北地区最早、容量最大的自动电话局。

4月1日　公学堂南金书院补习科农业部改办金州农业学堂，西岗子公学堂补习科商业部改办大连商业学堂。

4月　日本资本家福岛始建满洲福岛纺绩株式会社（简称福纺纱厂，今大连纺织厂前身）。

夏　金州一带降暴雨，河水泛涨，溺死140余人、450余头牛马牲畜，民屋倒塌多处。

8月　中华青年会举办首次中华水上运动大会。这是大连地区首届游泳运动会。

12月2日　满铁沙河口工场华人工学会成立。发起人傅景阳被选为会长，会址设在沙河口黄金町107号（今沙河口区黄河路658号）。这是大连地区最早的工会组织。1924年12月成立全市性工会组织，定名为大连中华工学会。

1924年

1月　李大钊以“李守常”署名在《新文化》刊发《史学概论》。

1月末　中国早期工人运动领导者之一的李震瀛受中共中央派遣，于1923年底到大连后再次到大连从事革命活动。4月，介绍关向应、赵悟尘、董秀峰、张云峰等青年加入中国社会主义青年团。5月，离开大连去上海，并引荐关向应到上海参加革命工作。

3月31日　旅顺龙王塘水库工程竣工。

4月28日　大连中华印刷职工联合会成立，赵悟尘当选委员长。

6月　中国社会主义青年团大连支部正式成立，直属团中央领导。董秀峰任团支部秘书（即书记）。

是月　中国工人运动委员会书记邓中夏从上海到大连从事革命活动，一周后离开大连。

7月28日　胡适应大连中华青年会之邀，到大连演讲“新文化运动”。

8月31日　满铁沙河口工场华人工学会、中华印刷职工联合会、中华增智学校、中华觉民学校、电车铁道株式会社中华青年团（简称电铁青年团）、埠头青年团、中华青年会7个团体，组成大连中华团体有志联合会，推举傅立鱼为委员长。

10月　满蒙物资参考馆（今大连自然博物馆前身）正式开馆。

12月6日　满铁沙河口工场华人工学会举行第一届会员代表大会，通过新章程，并正式更名为大连中华工学会，傅景阳任委员长。这是当时东北地区最大的工会组织。

1925年

1月12日　社会主义青年团大连地方委员会成立，杨志云任秘书（书记）。同年2月上旬，改称中国共产主义青年团大连地方委员会。同年2月下旬，又改称中国共产主义青年团大连特别支部。

6月15日　大连中华青年会、中华工学会等五个团体联合召开代表会议，决定成立“沪案后援会”。6月21日，沪案后援会召开全市五卅殉难诸烈士追悼大会，并进行募捐活动。

7月　大连放送局（今大连广播电台前身）成立。8月9日开始试播音。这是东北境内第一座广播电台。

9月20日　维新派领袖康有为到金州文庙参加祭孔活动，后到响水观游览赋诗。

9月　小野田洋灰工场、大连福纺纱厂、大连机械制作所、昌光硝子工场、大连窑业、满洲船坞、大连电气等企业工学会分会宣告成立。

11月7日　共青团大连特别支部借俄国十月革命纪念日之际，以大连工学会名义，给苏联驻大连领事馆写贺信，表达大连工人阶级对十月革命的情谊，希望建立友好往来。此后，大连地下团组织与苏联驻大连领事馆建立联系。

是年　日商内外棉株式会社金州工场（今金州纺织厂前身）第一工场正式投产。这是大连市第一家近代机械棉纺工厂。

1926年

1月15日　中共大连地方组织——中国共产党大连特别支部建立，杨志云任特支书记。

2月初　在中共大连特别支部帮助下，国民党大连市党部成立，林升亭当选书记。中共党员杨志云、王少坡、傅景阳经组织批准，以个人身份加入国民党，分别任组织部部长、青年部部长、工运部部长。

3月初　昌光硝子工场工人在大连中华工学会领导下举行怠工斗争，持续到6月中旬斗争获胜，争取到三班倒、工作8小时等权利。

4月27日　满洲福纺株式会社（今大连纺织厂前身）千余工人举行大罢工。中共大连地委借势将工人自发的经济斗争引向了反虐待、争人权的政治斗争。罢工坚持99天胜利结束，被捕工人陆续获释，日本当局和厂主终于接受复工条件。8月4日工人正式复工。

4月　南满大连医院（1909年以前称满铁大连病院，今沈阳铁路局大连医院前身）从山城町迁址中山区解放街6号。时占地面积9.16万平方米，建筑面积3.66万平方米，拥有床位610张，是大连最大的一所综合性医院。

6月1日　日本南满洲电气株式会社在大连成立。此前大连电气事业归满铁管辖。

7月9日　中共北方区委派邓鹤皋、尹才一到大连领导党团工作。邓鹤皋任中共大连地委书记，尹才一任共青团大连特支书记。

7月30日　中华全国总工会声援大连福纺纱厂工人大罢工，向日本政府发出警告：“如不答复即告全国抵制日货。”同日，致电大连日本关东厅：“望速释放其余被捕者，圆满答复工人要求，否则通告全国一律抵制日货并停止日本进口轮船一切工作。”

10月　中共中央决定，中共大连地委由中共北方区委领导改为直属中共中央领导，邓鹤皋任书记。大连地区有党员95人。

1927年

4月　中共大连地委出版不定期机关刊物《大连人民》，在中共党员中秘密传阅。

6月　中共大连地委改称中共大连市委，直属中共中央领导，邓鹤皋任书记。

7月24日　满铁沙河口工场党支部召开会议，由于叛徒告密，支部书记等3人被日本殖民统治当局逮捕。25日，市委书记邓鹤皋被逮捕。至月底，日本军警共逮捕党团员和革命群众49人。大连党组织遭到第一次严重破坏。

12月28日　大连南关岭火车站300多名装卸工人为反抗日本殖民统治当局的压榨，自发掀起夜袭车站暴动，148名工人遭逮捕。

是年　大连市内电话全部改为自动电话，并开通大连至奉天、北京、天津等地长途电话。

1928年

1月20日　曲文秀、杜继曾、纪幼柏等人在益记笔店召开中共党员代表会议，组成中共关东县委员会，直属中共满洲省临时委员会领导。曲文秀任书记兼宣传部部长。至此，大连党组织遭受第一次严重破坏后重新组建。

4月29日　中共关东县委书记曲文秀被捕叛变，导致47名党团员被捕。大连党组织遭到第二次严重破坏。

5月　周恩来、邓颖超等赴苏联参加中国共产党第六次代表大会，途经大连。

6月28日　由大连中华工学会前副委员长唐宏经（唐韵超）和工学会会员、满铁沙河口工场工人朱秀春、王传璧、于治勋，以及团满洲省委书记张任光5人组成的中共满洲省委代表团，出席在莫斯科召开的中共第六次代表大会，唐宏经当选为候补中央委员（翌年3月增补为中央委员）。出生在大连金州在上海工作的关向应出席中共第六次代表大会并当选为中央委员。

12月29日　东三省保安总司令张学良通电全国：即日起，遵守三民主义，服从国民政府，改旗易帜。复县、庄河县随即改悬青天白日旗。

是年　中国运动队、日本运动队分别与先后抵达大连的美国田径队、法国田径队举行对抗赛。这是大连地区与国外田径队最早的一次比赛。

是年　张学良收购五湖嘴振兴煤矿，改称东北煤矿。同年，张学良在瓦房店、五湖嘴投资建立两所新民小学。

是年　旅顺汉代牧羊城遗址发掘。

1929年

2月5日　奉天省易名辽宁省。废道制，庄河、复县直属辽宁省。

2月14日　碧流河会抗日群众击毙日本关东州地方法院院长安住时太郎。

3月12日　满洲船渠株式会社旅顺工厂（今4810工厂前身）375名中国工人和37名日本工人举行同盟罢工。

10月　中共满洲省委派张干民（赵文栋）到

大连重新组建中共大连特别支部，隶属中共满洲省委领导，张干民任书记。至此，被破坏一年半之久的大连地方党组织又恢复起来。

1930 年

4 月 19 日　中共满洲省委遭到破坏，中共大连特别支部与上级失去联系。5 月末，中共满洲省委派省委委员王永庆到大连任中共大连特别支部（不久改为市委）书记。11 月，中共满洲省委派省委候补委员张乃文任大连市委书记。

是年　大连青年刘长春参加中华民国第四届运动会，获短跑项目冠军，并打破该项目全国纪录。他在 1933 年第五届全国运动会上创造的百米 10 秒 7 全国纪录，一直保持 25 年之久。

是年　大连市区每 10 万中国人中，患结核病死亡人数 224 人。

1931 年

3 月　中共中央派河南省委书记童长荣（张树华）任大连市委书记。7 月，中共大连市委改为中共大连特别支部。

7 月　大连窑业株式会社同旭硝子株式会社组成昌光硝子株式会社大连工场（今大连玻璃厂前身），同年 10 月 1 日开工生产。

9 月 18 日　“九一八”事变爆发。策划这一事件的是日本驻旅顺的关东军司令部。

9 月 19 日　复州城等师范学校学生集会游行，反对日本侵略中国。

9 月下旬　日本关东军侵占庄河县。

11 月 10 日　日本关东军挟持废帝溥仪离开天津，于 18 日抵达旅顺。

是年　修建旅大北路时，发现营城子汉代壁画墓等遗址。

1932 年

7 月 30 日　刘长春受到张学良资助，只身代表中华民国参加在美国洛杉矶举行的第十届奥林匹克运动会。这是中国运动员第一次参加奥运会。

7 月　中共中央同意满洲省委将大连特支改为市委的建议，批准建立中共大连市委，刘景新（张洛书）任书记。市委由满洲省委和奉天特委双重领导。

9 月　以凤城民众抗日救国军第二十八路军司令邓铁梅为总指挥的 5000 余人联合大军，向安东地区伪警备处驻地大孤山发起总攻，击毙日伪军营长以下 200 余人。

10 月　庄复各地抗日大刀会成立大刀会总团，定名联庄自卫团，总团部设在半截塔村。

12 月 16 日　庄河大刀会在土城子与日军展开激战，杀死日军大佐森秀树等 5 人，缴获一批武器、战马。

1933 年

2 月 10 日　张学良自北平派往东北进行抗日斗争的少将司令官孙耀祖等 20 名将校，途经大连时因叛徒出卖被日本当局逮捕，不久全部遇害。

5 月 30 日　日本满铁总裁山本条太郎发起建立满洲化学工业株式会社（今大连化学工业公司前身），1935 年建成。

5 月　中国人刘书琴在大连沙河口刘家屯开设“天盛炉”，主要生产泥抹。这是大连地区最早生产泥瓦工具的厂家。

10 月 20 日　中共大连市委书记张洛书由于叛徒告密被捕。至 11 月 13 日，日本军警共逮捕 80 余人，其中党员 37 人。大连地方党组织第三次遭到严重破坏。

10月25日　大连籍人史兴鹭、史兴陆、史兴隆三兄弟在南京横渡长江成功。

10月　大连籍人史兴鹭在中华民国第五届全国运动会上获400米、1500米自由泳两项冠军，并创下两项全国纪录。

11月5日　出生于旅顺铁山、时任中共满洲省委常委的金伯阳在赴南满游击根据地巡视时，于辉南县金川镇汉龙湾遇敌，在狙击敌人、掩护主力撤退时壮烈牺牲，年仅26岁。中共中央在1935年《八一宣言》中称金伯阳为抗日民族英雄。

是年　日商开办的“几久屋”商场（今天津街百货大楼前身）建成开业。

是年　满洲石油株式会社大连制油所（今大连石油七厂前身）开始兴建。

1934年

3月　大连西山水库竣工，库容量为1670万立方米。水库始建于1927年8月。

5月　地下抗日组织——国际情报组（俗称抗日放火团）开始在大连地区发展组织，搜集情报，实施放火行动。

附：

12月26日　日本政府颁布《关东局官制》，废除关东厅，改设关东州厅（设在旅顺），1937年6月迁至大连，受关东局统辖。

1935年

1月7日　中共满洲省委批准重建中共大连市委，张敬文任书记。

3月　中共胶东临时支部领导甘井子满洲化学工业株式会社3000多名工人举行罢工。罢工坚持一周，取得胜利。

4月2日　溥仪从大连港乘日本军舰“比睿丸”出发，于6日抵达东京访问日本。

6月25日　大连抗日放火团负责人之一邹立升指挥放火团成员高绪慎在满洲油漆株式会社放火，点燃了抗日放火团的第一把火。

7月　旅顺双岛湾盐场500名中国盐工举行罢工，要求场主发放拖欠工资。罢工坚持25天，取得胜利。

10月　中共胶东临时支部领导福昌码头3000名工人举行罢工，反对日本警察无故抓人。斗争坚持2天，日本警察被迫放人。

是月　中共满洲省委派哈尔滨市委书记张福生（夏尚志）到大连任市委书记。

是年　日商帝国制系株式会社田附商店等集资，在瓦房店建满洲制系株式会社（今瓦房店纺织厂前身）。1937年11月建成投产。这是当时全国第一家棉纺制线联合工厂。

1936年

1月　根据中共驻共产国际代表团的指示，中共满洲省委被撤销，分别成立南满、北满、吉东、东满4个省委。大连市委直属哈尔滨特委领导。

是月　中共大连第一个女工党支部成立，史桂兰（史淑芳）任书记。

10月　中共哈尔滨特委决定，海伦县委书记王清志（王群）与大连市委书记张福生对调，王清志接任大连市委书记职务。

是年　伪满洲国、满铁、满化、旭硝子（玻璃）、曹达（碳酸钠）、东洋拓殖、曹达晒粉同业组合等共同投资800万日元，在大连甘井子兴建满洲曹达大连工厂（今大连化学工业公司前身）。1937年8月建成投产。

1937年

1月2日　抗日放火团成员高绪琛放火焚烧

大连油漆厂一厂，烧毁厂房 2 处 34 间、原料仓库 1 处和其他物资。

4 月 17 日　由于中共哈尔滨特委于 4 月 15 日遭到破坏，日本殖民统治当局从中发现大连市委秘密通信地址后将大连市委书记王清志及宣传部部长李明武抓捕。依王、李供认，日本宪兵队于 8 月 2 日对大连市中共地下党进行大搜捕，共抓捕 111 人。中共大连地方组织遭到第四次严重破坏。

5 月 20 日　满铁大连驿（今大连火车站前身）竣工。建筑面积 12264 平方米。同年 6 月 1 日正式营业。1935 年 8 月动工兴建。

5 月　日本关东州厅由旅顺迁入大连新厅舍（今大连市人民政府址），建筑面积 12228 平方米。同年 6 月 1 日正式办公。

是月　抗日放火团成员在秋世显指挥下，烧毁了满铁码头仓库、码头二站的纸库。

7 月 12 日　日本关东军 12 万人连同坦克、大炮等辎重，从大连港、旅顺港分乘百余艘运输船，向京津驶进，同月 30 日侵占京津。

8 月　抗日放火团成员邹立升、孙玉成放火焚烧满铁码头草包仓库。

9 月　日本财团在大连开办三越洋行（今大连秋林公司前身）。

是年　日商在松树镇开设陈天号缫丝厂（今松树丝绸厂前身）。这是大连第一家近代机械缫丝厂。

1938 年

2 月　抗日放火团成员王金泰、陈根茂、秋世显、李化钧、洪德锡等受命先后在大连码头和周水子等地烧毁大批日军物资。

4 月 10 日　抗日放火团成员秋世显、吴成江、陆炳义在甘井子石油厂烧毁石蜡和石油 6 万桶，大火燃烧 16 个小时，将 15 号仓库化为灰烬，烧毁物资价值 700 万日元以上。

6 月　抗日放火团成员于守安在秋世显指挥下，对大连码头 124 号、126 号、128 号、130 号仓库实施放火，烧毁日军大量军用物资，其中 130 号仓库大火烧了三天三夜，在大连引起震动。

10 月 23 日　瓦房店滚球制造株式会社（今瓦房店轴承厂前身）动工兴建。1940 年 4 月 1 日建成投产。

11 月　大连常盘桥市场（今大连商场前身）建成营业。

是年　日本满洲铁道制造株式会社（今大连轧钢厂前身）在大连建厂。

1939 年

3 月 1 日　金州女子高等公学校开学。这是大连地区唯一的中国女子普通中学。

4 月　日本官立旅顺医学校在旅顺成立。这是大连地区第一所医科院校。1943 年改建为旅顺医科专门学校。

是年　大连港完成货物吞吐量 1070.4 万吨，其中输出 536.6 万吨、输入 533.8 万吨，为日本占领时期最高纪录。

1940 年

6 月　抗日放火团成员黄振先酒后失言，被日本特务探知放火团组织。当月凡在大连的放火团成员全部被日本当局逮捕。放火团负责人秋世显、姬守先也分别在奉天、上海被抓捕。

附：

4 月 15 日　日本关东局公布施行《关东州进出口许可规则》。规定 497 种货物不经关东州厅许可不得进出口。

是年　日本殖民统治当局强力推行对中国人的奴化教育，学校将日本语称为“国语”，称汉语为“满洲语”。

1941 年

12 月　日本发动太平洋战争后，旅顺船厂除了为日本海军修理舰船外，还赶制一批迫击炮弹和枪弹，大连船厂开始批量建造中、大型军用船舶。

是年　日本满洲重机株式会社金州工厂（今金州重型机器厂前身）动工兴建。

附：

1 月 15 日　日本关东局对米谷、杂粮、面粉、食油、豆油、豆腐、乳制品、砂糖等食用商品实行定量配给制度。4 月，关东州实行居民生活必需品配给制。

是月　日本殖民统治当局实行经济统制，低价强购农副产品，强征“出荷粮”，严禁农副产品自由交易。中国人吃大米按经济犯论处。

是年　日本统治当局强迫长山岛大型民船去中国台湾地区和日本运送物资，致使船民纷纷逃往外埠，或被迫就地拆毁民船。

是年　日本殖民统治当局在金州石河北海修建三菱镁株式会社石河工厂，生产军用产品。

1942 年

3 月 16 日　日本关东地方法院判处抗日放火团主要成员姬守先、黄振林、赵国文、秋世显等 12 人死刑。12 月 9 日，姬守先等 9 人在关东州刑务所（旅顺监狱）被杀害。

6 月 18 日　中共胶东大连支部成立，隶属胶东区党委领导，左友文任书记。

10 月　日本关东军在金州龙王庙修建名为陆军医院、实为以中国人为试验品的细菌工厂。在施工中，被摧残致死的中国劳工 8000 余人，龙王庙一带山沟被称为“万人坑”。1971 年 3 月 8 日，金县在此地建立阶级教育展览馆。

附：

3 月　日本殖民统治当局强迁旅顺三涧堡西洼子、梁家屯、左家屯一带居民，修建土城子军用飞机场，致使上百户农民流离失所。

是年　在伪满洲国统治下的复县、庄河地区，生活必需品实行配给制，并向农民征收“出荷粮”。凡是工农业产品与生活必需品，一律不许自由买卖。

是年　日本殖民统治当局在庄河石城岛强征载重 500 吨以上大帆船十余只，从庄河、安东装载枪械等军用物资运往台湾基隆港。船队行驶至台湾海峡时遇大风浪，其中 5 只大帆船翻沉，近百名船员罹难。

1943 年

3 月　大连港“红房子”发生伤寒病。至 6 月，共有 3520 名码头工人死亡。

春　胶东海外各界抗日同盟总会大连分会成立，在马栏屯开设隆兴茶庄为秘密联络点。张寿山任主任。

10 月 2 日　受苏联情报部门领导、设在黑石礁的沈得龙电台，被日本大连宪兵队侦破。11 月末，沈得龙等 4 人被押解到哈尔滨 731 细菌部队做活体试验致死。

10 月　大连机械制作所机械车间的 900 多名中、日工人举行联合罢工，反对资本家降低工资。罢工持续 3 天，获得胜利。

是年　聚居在香炉礁棚户区的万余民工因太平洋战争造成大批工厂停产而失业，陆续离开大连流亡外地。

1944 年

7 月 29 日　美国一架 B29 轰炸机炸毁大连山县通（今人民路）昭和制钢所出张所 5 层楼。同时封锁大连至日本的海上运输线。

12 月 3 日　1942 年由延安到大连建立秘密电台、向苏联提供日本占领军情报的何汉清、刘逢川等被日本警察逮捕，于 1945 年 8 月 16 日被杀害于旅顺监狱。

1945 年

1 月 19 日　由大连港驶往长山列岛的客船“宇佐丸”，在航行途中被美国潜艇误认为是日本商船击沉，200 余名旅客全部遇难。

2 月 11 日　苏、美、英三国签订《三国关于远东问题的协定》（简称《雅尔塔协定》），其中涉及大连的内容有：大连商港须国际化；苏联租用旅顺口海军基地；中苏共同经营中长铁路。

8 月 14 日　中华民国国民政府和苏联政府在莫斯科签订《中苏友好同盟条约》及《关于大连之协定》《关于旅顺口之协定》《关于中国长春铁路之协定》。规定：大连为自由港；中苏两国共同使用旅顺口海军根据地；中苏共同经营中长铁路。

解放战争时期的大连解放区

1945 年 8 月 22 日　苏联红军空降兵某部在旅顺土城子、大连周水子机场降落，进驻旅顺、金州、大连，解除日军武装，大连光复。

8 月 23 日　苏军接管大连港。

8 月 24 日　苏军接管日本大连中央放送局。

8 月 24 日　苏联红军进驻普兰店、貔子窝和城子疃。

8 月 28 日　大连大众书店成立。由进步青年白全武、车长宽等人筹建。

8 月下旬　胶东海外各界抗日同盟总会大连分会建立中共总支委员会，张世兰任书记。

9 月 2 日　唐韵超等在西岗明德小学（原中华青年会址）召开工人代表会议，宣告大连市总工会筹备会成立。唐韵超当选总工会筹委会委员长。11 月 10 日，经市委批准，大连市总工会筹委会改名为大连职工总会。

9 月 9 日　吕其恩、邹大鹏率领八路军“海上挺进东北先遣支队”从山东渡海解放庄河县城。12 日庄河县民主政府成立，隶属安东省。吕其恩任县长。

9 月中旬　苏军大连警备司令部在大广场、西岗子、沙河口、甘井子设立司令部，同时依据《中苏友好同盟条约》规定，宣布旅大地区不容其他国籍、任何党派在此组织或者派遣军队。

9 月 25 日　新金县政府成立，隶属安东省。陈云涛任县长。

9 月　苏军接管日本旅顺博物馆，改称旅顺东方文化博物馆。

9 月　苏军接管日本大连窑业株式会社、大华窑业株式会社、昌光硝子株式会社大连工厂和小野田洋灰制造株式会社。

10 月 1 日　中国国民党大连市党部成立。当月，被苏军大连警备司令部查封。

10 月中旬　韩光受中共中央东北局派遣，到大连组建中共大连市工委，11 月初，改称中共大连市委，直属中共中央东北局领导。韩光任书记。

10 月 25 日　复县政府成立，隶属安东省。11 月任命张涛为县长。

10 月 28 日　苏军大连警备司令官高兹洛夫中将发布第 11 号命令，宣布日本大连市役所及各市役所、出张所的日本行政官尽行退职。任命迟子祥为大连市市长，陈云涛为副市长。

11月1日　《人民呼声》报创刊。这是以大连职工总会名义发行的大连地方党报。

11月4日　大连职工总会第三次临时代表会议决定组建工人纠察队，保卫工厂及设备。3天后，全市组织7000余人的工人纠察队。

11月7日　大连市警察总局成立。地址在斯大林广场3号（今大连市公安局址）。机构设置分对内对外两种体制。对外称为总局，赵东斌为局长，韩光为训练处主任，设保安科、总务科、秘书室；对内设司令部、政治部、后勤部，赵东斌任司令员，韩光任政委。同月25日，改称大连市公安总局。

11月8日　大连市政府正式成立。市长迟子祥、副市长陈云涛宣誓就职。这是大连地区第一个民主政府。市政府在《大连市政府施政纲要》中宣布，解散大汉奸张本政操纵的大连地方治安维持会。

是日　山东军区司令员罗荣桓率八路军胶东部队于貔子窝登陆。

11月15日　大连市政府先后接收日本市立医院、卫生试验院、妇人医院、保健馆、传染病医院、白云山诊所6个卫生机构，以及火葬场、屠宰场、祭场、卫生管理所等有关机构；接收日本南满洲海洋渔业株式会社。

11月20日　大连市总商会成立。该商会是根据大连市市长命令，解散原大连市商会、西岗商会和西大连商会，重新组建而成。徐宪斋任会长。

11月25日　旅顺市政府成立。王世明任市长。

11月29日　大连市政府重新划定市内辖区12个：中央区、黑嘴子区（同年12月改为中山区）、南山区、西岗区、沙河口区、刘家屯区、寺儿沟区、老虎滩区、马栏屯区、星个浦区、香炉屯区、甘井子区。次日，划定市郊6区：革镇堡区、南关岭区、营城子区、栾家屯区、小平岛区、岔沟区。1946年1月，市郊6区及市内甘井子区划归大连县。同年2月，市政府决定将市内11个区归并为5个区，即中山区、西岗区、沙河口区、赤儿沟区、岭前区。

11月30日　大连市政府发布第一号公告。主要内容：没收敌伪公有财产，严惩罪大恶极的战争罪犯、汉奸、特务；实行公平合理的税收制度；废除苛捐杂税，免除附加及各种劳役；保护私人企业，奖励工商业，开展自由贸易，禁止囤积居奇、操纵物价、扰乱市场；建设公安部队，整顿警察，维持社会秩序；开展新文化运动。

11月　大连市政府在接收几久屋、浪华洋行、三越洋行、辽东商场、中华百货等日本企业基础上，陆续成立新华、辽东、民生、滨友、关东等公营贸易公司。华东、华北和东北等解放区也在大连先后开办大华、同利等较大公营企业。

12月1日　大连市政府颁布《对日本侨民施政纲要》。规定：对发动侵略战争的日本战争罪犯，没收其财产。所有日本公营工厂、仓库、军阀财阀等战争罪犯的财产，一律由政府没收接管，一般日本人民的私有房屋，未经政府批准不得任意强占。

12月8日　大连市政府接收日伪16家银行。

12月16日　金县政府成立。曹世科任县长。

12月19日　大连市政府接收日本大连中央放送局，筹建大连广播电台。1946年1月16日，电台正式播音。

12月　大连市政府接收日本关东州法院档案。

是月　关东电业局（又称关东电业公司）成立。由驻旅大苏军军管，局长由苏军军官担任。

1946年

1月4日　中共大连市委召开会议，发动群众全面开展反奸清算运动。

1月6日　大连市政府在市政府广场（今人民广场）举行战胜日本帝国主义胜利纪念碑揭幕

仪式。纪念碑后移至金州。

1月20日　大连市政府颁布《暂行劳动保护条例》。规定实行8小时工作制，禁止雇用童工，男女同工同酬等制度。这是大连光复后第一个地方性劳动保护法规。

1月26日　大连市公安总局破获国民党大连市党部东北行营辽宁先遣军第四独立团，抓获国民党特务200余人。

1月30日　大连市临时参议会首次举行会议，选举唐韵超为参议会议长。

1月30日　大连县政府正式成立。王西平任县长。

2月20日　大连市政府发布《关于禁止吸毒》公告。号召烟民登记，限期戒烟，并指定市立医院为戒烟医院。

2月24日　大连市中苏友好协会召开第一届会员大会。

2月　中长铁路大连铁路局成立，孙有庆、张心亭任副局长（局长由苏军军官担任）。

是月　旅顺市妇女建国会成立。这是大连地区建立的第一个妇女组织。

3月8日　大连市妇女建国联合会成立。

3月10日　大连市公安机关破获以原日本大连宪兵队宪兵田中竹男为首的一伙法西斯残余分子暴力团案件，即震动全市的"逢坂町案件"。

3月18日　大连市邮政局成立。4月1日，下属18个局（所）正式开办邮政业务。

3月18日　大连市第一中学和大连市立女子中学合并成立大连联合中学。

3月18日　大连市政府正式接管大连宏济善堂，并改造为城市收容救济中心。

3月　大连市政府接收日本关东州浅海养殖株式会社，成立临时养殖管理处。

4月1日　大连市政府接收日本大连交通株式会社，成立大连交通公司。

4月1日　大连县20所小学开学，万余名儿童入学。

4月5日　大连市政府召开粮商紧急会议，鼓励外购粮食，以解决由于国民党实行经济封锁粮源断绝问题。11日，中共大连市委作出《关于粮食问题的紧急指示》，号召各级党组织引导群众发掘出隐藏存粮者的大宗粮食，公平出售。

4月10日　大连朝鲜人学校成立。

4月中旬　中共大连船渠区委员会成立。

4月　大连市卫生局组建由60名医务人员参加的首批支援解放战争医疗队。

5月3日　大连市政府接管电报局、电话局。6月1日成立旅大邮电总局，管辖大连邮政、电报和电话局。

5月5日　中长铁路工厂（今大连机车车辆厂前身）青年技术学校成立。这是全国最早成立的技工学校之一。

5月31日　大连市政府发出布告：从6月1日起，更改市内255条旧街名，将日本殖民统治时期的旧街名一律改换为新街名。

5月31日　复县俭汤、安波、同益、万家岭、李官5个区及庄河县桂云花区划归辽南行署，新设万福县；庄河县青堆子、凤窝堡、黄岭、大孤山4个区划归安东省，新设孤山县。

6月1日　《人民呼声》报改称《大连日报》。

6月15日　苏军大连警备司令官高兹洛夫签署命令：道路通行由日本统治时期的左侧通行，改为右侧通行。

6月23日　中共大连市委划归中共辽东省委领导。7月初，中共大连市委改为中共旅大地委。10月31日，中共旅大地委划归中共中央东北局南满分局领导。

7月1日　大连中国工业银行、农业银行、商业银行合并，成立大连银行总行。

7月7日　中共旅大地委发出《关于开展大连

住宅调整运动的决定》。住宅调整运动从1946年8月开始，至1947年6月基本结束，先后分3次为1.6万户6万余名居民调整住房。

8月1日　大连市政府下发《奖励粮食进口暂行办法》，鼓励采购粮食。

8月1日　大连市政府发布《大连市敌产处理暂行条例》，规定敌伪之公私一切动产不动产，一律由政府接收。

8月1日　大连工业专门学校成立，乔传珏任校长。11月6日举行创校典礼。

8月10日　大连市政府、大连县政府联合发出通知，决定“八一四”为中苏两国签订友好条约纪念日，“八一五”为抗战胜利纪念日，“八二二”为苏军解放大连纪念日。

8月14日　驻旅大苏军指挥部创办的中文报《实话报》在大连发刊。1951年8月停刊。

8月22日　金县农民建国会成立。这是大连地区第一个农会。

8月　大连大众书店编辑出版《毛泽东选集》精装合订本，并呈送给毛泽东主席。1947年11月23日，毛主席复信大连大众书店表示感谢。

9月5日　中共旅大地委创办的旅大建国学院成立。韩光兼任院长。这是大连第一所培养干部的学校。

9月17日　大连市政府召开群众大会，公审大汉奸、国民党东北行营大连第四独立团副司令隋云尌。

9月29日　旅顺、大连、金县3地政府及群众代表举行联席会议，决定成立旅大金行政联合办事处（简称旅大行政联合办事处），辖大连市、大连县、旅顺市和金县。10月11日，旅大行政联合办事处正式办公。

10月20日　中共旅大地委发出《关于今后财经工作的决定》，指出旅大财经工作的总方针为组织生产、发展贸易、支援前线、改善民生。

10月26日　根据旅大行政联合办事处发布的命令，大连市政府决定遣送居住在大连市内的日本人回国。遣送工作自1946年12月开始，至1949年9月结束，先后分4批遣送日侨20.93万人，其中第四批1127人是从哈尔滨、沈阳、通化、鹤岗煤矿等地转移到大连，从大连乘船回国的。

11月9日　《大连青年》创刊。由大连民主青年联合会主办。1947年1月更名为《民主青年》。

11月19日　国民党军队进占庄河县。25日进占复县，26日进占新金县，并在庄河、复县重建政府。翌年6月6日，三县民主政府恢复工作。

11月21日　中苏友好剧团与白山艺术学校（原在安东）部分师生合编成立旅大文艺工作团。

11月　旅大行政联合办事处发布《关于调剂粮食的决定》，鼓励粮食进口，明令旅大地区的粮食一律不准外运。

11月　中共旅大地委决定成立新连实业公司筹备处，4月4日改为关东实业公司，统一管理地方国营工业企业。

12月1—5日　旅大第一届职工代表大会召开，成立旅大职工总会。唐韵超当选主席。1947年7月1日，改称关东职工总会。

12月　大连银行总行受大连市政府委托，代理发行大连市市政建设公债，推销额苏军通用币16014.75万元。大连银行大连县分行受大连县政府委托，代理发行大连县生产建设公债，推销额苏军通用币2220万元。

是年　大连市政府明令取缔妓院，妓女自找出路或被收容改造。经多次整顿与改造，到1951年，旧社会遗留的娼妓基本绝迹。

1947年

1月1日　宏济大舞台（1963年改名人民剧场，今宏济大舞台）重新开业。

1月2日　大连干部疗养院成立，开始接待各解放区的军政干部疗养。

1月8日　180名挑粪工人自发成立寺儿沟大粪合作社（又称“白玉江大粪合作社”）。同年，社长白玉江筹资创办胜民、王家屯、春华坊3所互助小学，总称“白玉江小学”。

1月15日　关东地方法院公开审判大汉奸张本政投敌祸国案，判处张本政有期徒刑12年（1951年6月改判死刑，剥夺其公民权利终身）。

1月17日　旅大行政联合办事处、旅大公安总局联合发布《关于收缴私藏军火的布告》，严禁私自买卖枪支、军火武器及重要军用物品。

2月1日　大连医学院成立。4月19日，改称关东医学院。

2月4日　新金、庄河两县划出5个岛屿成立长山列岛区，归金县管辖。

2月7日　关东电气工程专门学校成立。9月4日举行开学典礼。

2月14日　旅大行政联合办事处发出加强户籍工作的指示，开展户口清查与登记，建立户口管理制度，由旅大去解放区者由政府统一办理通行证。

2月25日　中共旅大地委发出《关于扩军扩警工作的指示》，指出：为有力地支援前线，各级组织要克服一切困难完成任务。

2月　大连市内各区及大连县接受为前线做军鞋任务。至1948年底，共做军鞋236.5万双，有力地支援了前线。

2月　中共旅大地委面对国民党的经济封锁，作出《关于开展大生产运动的决定》，同月，旅大行政联合办事处作出《开展大生产运动的决定》。自此，全区城乡人民群众投入大生产运动中。

3月　大连市立第一中学（今二十高中）成立。

是月　大连港开始承运晋察冀边区、山东军区、辽南军区、渤海军区在大连筹集的军火物资，以支援解放战争。

是月　大连市妇联办起妇女制鞋厂，女工最多时达600人。

4月3日　旅大地区各界人民代表大会在旅顺举行，通过成立关东公署的决议，宣布撤销旅大行政联合办事处。关东公署辖大连市、大连县、旅顺市、金县。

4月6日　关东公署交通厅召开各市县代表会议，成立关东地区公路建设委员会。

4月9日　关东公署任命徐宪斋为大连市市长，免去迟子祥大连市市长职务。

4月10日　中共旅大地委发出《关于加强中苏友好协会工作的决定》，要求各行各业普遍建立中苏友好协会。

4月21日　大连市政府发出布告，住宅调整后居住公房者分别享受所有权、使用权、租赁权。在市内5区，享受所有权者共8492户。1957年收回所有权。

5月1日　中共旅大地委党校成立（对外称关东公安总局训练处生产研究班）。

5月10日　关东通讯社成立。

5月18日　大连《新生时报》与旅顺《民众报》合并，改为关东公署机关报《关东日报》。

5月19日　关东公署发出通知，要求自5月23—27日，对苏军通用币和伪满洲国币加贴印花（又称贴帖），未加贴印花的一律停止流通（一元、五元不加贴可流通）。此举是为抵制即将到大连的国民党“视察团”。

5月20—21日　关东妇女第一次代表大会召开，成立关东妇女联合会总会。1949年5月改称旅大民主妇女联合会。

6月3日　国民党“视察团”一行12人到达旅顺。经中共大连地方组织和苏军当局有理有利有节的斗争，“视察团”接管旅大阴谋破产，于12日返回沈阳。

6月6日　东北民主联军解放复县、庄河县(隶安东行署）。

6月15日　关东教育界、艺术界、新闻界、出版界成立关东文化协会。

6月27日　中苏合营远东电业股份有限公司（简称远东电业）成立并开始营业。

6月28日　旅大市实业局召开统一度量衡座谈会，决定以万国公斤制（kg）为标准，统一大连市度量衡。

6月　中共旅大地委成立财经委员会，对外以大华公司名义办公。

是月　东北民主联军解放貔子窝、城子坦、瓦房店等地。

是月　新金县重获解放，隶属辽南行署。

7月1日　大型兵工联合企业大连建新公司（今国营五二三厂等工厂前身）建立。朱毅任经理。

8月3日　关东公署与苏联方面合办的关东渔业股份有限公司成立。

8月11日　中苏石油精制股份有限公司成立。

8月15日　中华民国政府决定，自即日起暂停开放大连港。此后外轮欲驶入大连港须经“行政院”特许。26日，苏联塔斯社奉命声明，苏联船只有权进入大连港。

9月23日　大连建新公司裕华工厂（炮弹厂）厂长吴屏周（原任华中军区军工部副政委），在甘井子龙头山下海边进行弹体爆破试验时牺牲，同时参加试验的建新公司宏昌工厂厂长吴运铎身负重伤。

9月　钱之光到大连开办中华贸易公司，租用外国船只，开辟大连至中国香港地区、朝鲜罗津之间海运航线。

10月15日　大连新声剧团成立。1949年12月，改为旅大文联京剧团。

11月1日　中共旅大地委决定，为纪念苏联十月革命，中央公园改名为列宁公园，市政府广场改为斯大林广场。

11月4日　大连工业总会成立。

11月17日　旅大公安总局与大连市公安局合署办公。

11月下旬　关东公署由旅顺迁至大连斯大林广场（今人民广场）1号，大连市政府由斯大林广场迁至中山广场。12月中旬，关东高等法院由旅顺迁至大连斯大林广场2号，与大连地方法院合署办公。

12月17日　旅大地区开展冬季社会主义教育运动，全市1700余名小学师生组成社教工作队，参加扫盲活动。

秋冬　庄河、新金、复县民主政府领导农民开展土地改革运动。

年末　全市工业生产恢复，大中型企业开工64家，生产总值207亿元（苏军通用币）。

是年　大连全区渔村进行反奸清算和减租减息，在城市进行民船改革，至1948年基本结束。

是年　大连铁道工厂、船渠工厂、交通公司电车工厂等企业工人在创模运动中提出300多条合理化建议。此项活动后来引起东北乃至全国的关注。

1948年

1月5日　关东公署下发布告，决定废除以粮食为标准的薪俸办法，实行统一的货币（元）薪资制度（农村另有规定）。

1月12日　中共旅大地委召开扩大会议，提出要克服一切困难，保证完成上级下达的生产20万发炮弹任务。

1月　大连化学厂(今大连化学工业公司前身)四分厂、五分厂同时建成投产，主要生产军工产品，支援解放战争。

2月28日　首届关东农民代表大会召开，正式成立关东总农会。

2月29日　关东公署发布《农村土地租佃关系调整暂行办法》《农村劳资关系调整暂行办法》。

2月　关东公署发布《关于禁毒工作的通知》，各级公安、民政部门一面动员烟民戒烟，一面查禁烟毒。

3月2日　旅顺地区枢纽变电所——66千伏旅顺变电所建成，投入运行。

3月25日　关东文法专门学校成立。1949年5月5日改为旅大高级师范学校。

3月27日　大连市文化界座谈会决定将文化公园改为鲁迅公园（后改为大连动物园）。同年10月19日，在园内举行鲁迅铜像落成典礼。

4月19日　中共中央东北局决定撤销南满分局，中共旅大地委划归中共中央东北局领导。旅大地委办公地址迁至大连市中山区金城街45号。

4月　国民党旅顺党部被摧毁。

6月30日　中共旅大地委发出《关于公营企业整编的决定》。规定按工业性质与任务，将公营企业划为军工、造船等12个系统，分别归党和政府集中经营管理。

7月10日　关东公署发出《关于整编与调整生产企业的指示》，同时成立工业整编委员会。

7月12日　中共中央东北局派欧阳钦任中共旅大地委书记。

7月24日　中共旅大地委根据中共中央东北局紧急指示，决定抽调200名县级干部支援解放区。12月31日，又抽调500名干部支援新解放区。

8月12日　关东公署决定，将渔业、盐业和水产养殖业合并，成立关东水产公司。

8月16日　第一届关东艺术活动月在火车头俱乐部（今铁路文化宫）开幕。在为期1个月的活动中，有来自工厂和农村的23个单位的1022名演职人员参加了74出戏剧的演出，并有90余人的绘画作品参展。

8月　大连港湾大楼信号台启用，并规定新的信号旗语。

是月　大连连章造纸厂成立。这是大连市第一家公私合营工厂。

9月8日　中共旅大地委发出《关于各公营企业及各解放区在连办事处机关黄金内地买卖及出口的决定》。

9月15日　关东俄语专门学校举行开学典礼。

9月17日　中共旅大地委发出《关于实行户籍登记工作的指示》，决定在旅大地区进行街名、门牌整顿，以及户籍登记。

9月17—19日　首届关东运动大会（后被定为大连市第一届运动会）于大连运动场（原市人民体育场前身）举行。

9月29日　中共旅大地委成立锄奸保卫工作委员会，周光任书记。

10月1日　旅大公安总局警察总队成立。1949年3月，改为旅大公安总队。

10月26日　中共旅大地委发出《关于发展党员的指示》，决定吸收一批工人、知识分子、农民和城市贫民中的积极分子入党。截至11月末，全区共有总支48个、支部643个，党员10132人。

10月29日　中共旅大地委根据中共中央东北局指示，决定创建大连大学。翌年4月15日，大连大学举行创校典礼，李一氓任校长。翌年7月6日撤销建制，分为大连工学院（今大连理工大学前身）、大连医学院（今大连医科大学前身）、大连俄语专科学校。

11月2日　东北全境解放。大连公安总局向沈阳派出200名干警，担任接收地区派出所所长及以上职务。

11月3日　中共旅大地委隆重举行各界人民庆祝全东北解放大会。

11月11日　中共旅大地委作出《关于进行币制改革的决定》。13日，又发出《关于实行关东地方货币改革的紧急指示》。14日，关东公署发布实行币制改革布告，决定由地方银行发行统一的关东币，兑回市场流通的苏军军用币。兑换时间11月15日至19日。兑换比值是规定限额内1∶1，超限额的10∶1。

11月28日　大连港380名码头工人由“红房子”迁到新改建的红星楼宿舍。这是大连光复后新建的第一处职工集体宿舍。

11月　旅顺“万忠墓”重修工程竣工，12月10日举行落成典礼。同时，举行了在中日甲午战争中被日军残杀的近2万名爱国同胞的纪念大会。

是月　旅大文化古物保管委员会成立。

是月　大连光复后第一条定期客运航线——大连至烟台客货班轮通航。担任首航任务的轮船是“兴华”轮。

12月30日　关东公署决定，大连海口管理处改为旅大交通检疫所，开始对驶进大连港的国际船舶实行正式国境检疫。

12月　万福县被撤销，其所辖北瓦房店（原称万家岭）、华铜（原称李官）区划回复县；俭汤、安波、岔沟（原称同益）区划归新金县；桂云花、荷花山、步云山区划回庄河县。

冬　金州古城开始拆除。至1952年末，基本拆完。

1949年

1月1日　关东公署发布《关东地区1949年至1950年两年经济建设计划大纲》，提出两年计划的总任务、总目标：“发展生产，改善民生；提高文化，培养干部”。

1月5日　金县消费合作社改为金县合作总社。庄河县、新金县、复县、旅顺市、大连县年内先后成立合作总社（联社）。

1月7日　滞留香港的民主人士李济深、茅盾夫妇、洪深、朱蕴山、章乃器、李泽民、邓初民、王绍鏊、马寅初、翦伯赞、施复亮、梅龚彬、孙起孟、吴茂荪、李民欣等，从香港乘船抵达大连，后转道北平。

1月16日　旅大地区第一届文艺工作者代表大会举行，成立关东文艺工作者协会（即大连市文学艺术界联合会前身），罗烽当选为主任。

1月18日　中共旅大地委扩大会议决定，建立全区文化组织体系。至6月底，全区建成文化宫1处、文化馆8处、文化俱乐部9处、文化站322处。

1月22日　东北行政委员会发布命令：自3月1日起，车、马、行人一律改为右侧通行。

1月25日　中共旅大地委下达《关于颁发居民证工作的指示》。至2月25日，居民证颁发完毕，有效期3年。

1月　关东公安总局发布《关东地区交通规则》等4个规定。3月25日，将交通指挥旗改为指挥棒。

2月13日　中共旅大地委发出《关于开展识字运动的决定》，要求在2年内基本消灭文盲。至同年6月末，参加识字运动的人数达19.6万人，占全区文盲总数的65%。至1951年3月，有15.2万人毕业，占学员总数的76%，2年内基本消灭文盲的任务完成。

2月21日　中共中央东北局决定，中共旅大地委改为中共旅大区党委。

2月22日　关东地区与东北地区的铁路开始运邮。

2月　关东银行设立保险部，开办保险业务。

3月3日　大连市政府决定将列宁公园改名为劳动公园。

3月20日　首届关东妇女体育大会举行，1566名运动员参加田径、跳绳、织网、拔河等项目的比赛。

3月25日　中共旅大区党委决定，自4月1

日起《大连日报》与《关东日报》合并，改版为《旅大人民日报》，为中共旅大区党委机关报。1956年1月1日改名《旅大日报》。1981年3月1日改名《大连日报》。

3月30日　关东公署主席会议决定：关东通讯社改为新华社大连分社，关东广播电台改为大连新华广播电台，均由新华通讯社东北总分社统一领导。4月1日，新华社大连分社宣告成立，与旅大人民日报社同址办公。

4月1日　大连市政府决定4月1—7日为全市植树运动周。此后，每年春季均开展植树造林运动。

4月1—3日　中共旅大区党委召开中共旅大区活动分子大会，宣布旅大地区党组织由秘密转为公开。区党委书记欧阳钦作《在目前形势下旅大党的任务》的报告。报告总结了旅大近3年来在政权建设、恢复工农业生产、支援前线、发展文教事业、改善人民生活方面取得的成绩。

4月4日　旅大儿童文化馆成立。

4月16—18日　关东地区第一届司法会议召开。会议通过《民刑政策草案》和《民刑案件处理暂行办法》。

4月20日　大连轮船公司成立。

4月21日　东北行政委员会决定成立辽东省，新金县、庄河县、复县划归其管辖。

4月27日　旅大地区第二届各界人民代表大会召开。大会决定将关东公署改为旅大行政公署，辖大连市、旅顺市、大连县、金县。韩光任旅大行政公署主席。

4月27日　关东高等法院改称旅大高等法院。12月7日，又改称旅大行政公署人民法院。

5月10日　私营大连建华汽车运输股份有限公司成立。全市266辆私有客货汽车中有234辆加入该公司。

6月15日　旅大行政公署下发《关于登记反人民反民主组织及其人员的布告》，全区开展登记清理反动党团及其特务分子工作。截至7月30日，全市共登记反动党、团、特务及其外围组织成员6349人；破案22件，依法逮捕案犯32名。

6月20日　旅大行政公署发布《旅大地区职工会与企业工厂签订集体合同基本要点》。要求全市所有企业都要签订包括工资与生产定额、工厂内部管理规则、保证与赔偿、工作时间、休息时间、劳动保护、社会保险、文化教育等内容的集体合同。

6月28日　旅大地区临时各界人民代表大会召开，选举产生出席东北人民代表大会的代表。

7月1日　中国新民主主义青年团旅大区委员会正式成立，刘南生兼任书记。

7月1日　大众书店、光华书店、友谊书店合并，组成大连市新华书店。

7月2日　经中共中央东北局批准，中共旅大区党委常委会由欧阳钦、韩光、胡忠海（傅忠海）、周光、袁牧化5人组成，毛达恂、左友文、朱新阳为旅大区党委委员。

7月13日　增补邹向轩为旅大区党委委员、常委。

7月18日　旅大行政公署颁布《旅大地区烟酒专制专卖暂行条例》。

7月21日　中共旅大区党委决定，全地区公营企业废除粮食工资制，全面推行七级工资制。

8月20日　中共旅大区党委、旅大行政公署联合指示：8月20日至9月20日为旅大地区“中苏友谊月”。

8月25日　旅大行政公署分别发出《关于解散反动会道门组织及停止其活动的布告》，对旅大地区的一贯道等封建会道门进行处理。至9月末，对61名反动会道门首要分子予以逮捕，依法判处并没收其财产。

8月26日　中共旅大区党委通过《关于克服

铺张浪费、厉行精简节约的决定》。从9月起至11月，在全区开展整编机构、清理资财、反对浪费工作。

8月26日　中共旅大区党委作出《关于实行土地改革的决定》。1950年1月中旬，以土地调剂为主要形式的土地改革运动在全区全面铺开。为时一个半月的土地调剂运动，共没收、征收地主、富农土地3.4万公顷、房屋5.5万间等，3.3万户贫雇农、5812户中农、4920户流动工人等分享土地调剂的成果。

8月26日　大连育才学校成立。1956年8月与大连第四初级中学合并，更名为大连第二十四中学。

8月　关东公署发出训令，市、县辖区政府改为区公所，为市、县政府的派出机构。1949年12月18日，又改为区人民政府。

9月9日　旅大行政公署第二十九次常务会议通过《关于旅大地区各级政府行文规则（草案）》，10月5日发布施行。

9月18日　大连工业展览馆建成（今市博览中心、职工大学址）并举行展览会开幕仪式。这是大连地区举办的历史上规模最大的工业展览会。展览会设有铁路、交通、机械、造船、纺织、化学等17个展馆，102个大型企事业单位以实物、模型、图表等形式，展示出大连光复后3年来工业生产恢复和发展、城市与文化建设等方面的重大成就。展览历时2个月，11月30日结束。其间，参观者30余万人次，其中来自北京、天津、上海等外地参观团181个、4000余人。

9月，瓦房店滚珠轴承厂（今瓦房店轴承厂前身）生产出中国第一套轴承——6310型号轴承。

中华人民共和国

1949年10月2日　旅大各界20多万人在斯大林广场（今人民广场）举行庆祝中华人民共和国诞生暨拥护世界和平大会，会后举行盛大游行。

10月27日　中国第一台5吨 ×16.4米焊接箱形吊钩桥式起重机在金属机械厂（今大连起重机器厂前身）制造成功。

11月10日　经东北人民政府批准，金县长山列岛区被撤销，成立长山县，隶属旅大行政公署。1953年1月31日改称长海县。

是日　旅大文艺工作团成立。

1950年

2月14日　中苏两国签订《中苏友好同盟互助条约》和《关于中国长春铁路、旅顺口及大连的协定》。15日，旅大各界人民代表2000余人举行庆祝大会。

2月16日　沙河口新华电影院失火，影院建筑及设备全部烧毁，损失折价关东币600万元。

3月8日　中国第一批女火车司机、大连铁路局田桂英、王宝鸿“三八”包车组组成，首次驾驶“三八”号机车由大连开往旅顺。

4月1日　中共旅大区党委改称为中共旅大区委。

4月2日　台湾民主自治同盟旅大特别支部举行成立大会。

4月9—12日　中共旅大区委第一次代表会议召开。

4月20日　中国新安轮由大连开往烟台途中，被美籍“加利福尼亚金熊”号轮撞沉，70人遇难。

6月1日　大连气象台成立。

6月15日　旅大行政公署决定，废止关东币，统一使用东北币。兑换比值为关东币1元兑换东北币270元。

6月19日　大连市各界人民代表会议举行第四次会议，成立大连市各界人民代表会议协商委员会。

10月14日　旅大市人民检察署成立。1958年12月，改称旅大市人民检察院。

10月17日　中共旅大区委改为中共旅大市委，欧阳钦为书记。

11月10日　中共旅大市委发出《关于全力动员抗美援朝、保家卫国的工作指示》，要求全市人民广泛开展抗美援朝、保家卫国运动。至1953年，旅大地区自愿报名加入中国人民志愿军的青壮年达7.6万人。

12月1日　旅大行政公署改为旅大市人民政府，隶属东北行政委员会，同时将旅大行政公署所辖的大连市政府并入旅大市人民政府，大连市、大连县建制撤销。

12月　旅大市根据东北人民政府及东北军的命令，建立专科战勤医院10所、专门分类医院1所，安排抗美援朝志愿军重伤员病床4000张，抽调干部和工人3430名、卫生学校学生540名，担任医生、护士和管理人员。至1953年，共建立战勤医院13所，收治伤病员2.24万名。

1951年

1月1日　根据1950年2月14日中苏两国政府签订的《关于中国长春铁路、旅顺口及大连的协定》，苏联政府将接管的大连船渠工厂（今大连造船厂前身）移交给中国政府。

1月1日　中国政府正式接收由苏联政府接管的大连港。2月1日，举行大连港交接仪式，大连海港管理局同时成立。

3月1日　中苏合营远东电业公司移交中国政府，旅大电业管理分局同时成立。

4月1日　根据政务院命令，旅大市实行币制改革，收回东北币，兑换人民币。兑换比值为东北币9.5元兑换人民币1元。

4月12—15日　旅大市第一届第一次人民代表会议召开，选举韩光为旅大市人民政府市长。成立旅大市各界人民代表会议协商委员会，选举欧阳钦为市各界人民代表会议协商委员会主席。

4月　旅大市开始开展镇压反革命运动。6月10日召开宣判控诉反革命分子公审大会，张本政被旅大市人民法院以反革命罪判处死刑，执行枪决。整个运动历时2年结束。

5月5日　人民文化俱乐部举行落成典礼。郭沫若题名。

5月13日　政务院总理周恩来和邓颖超到旅大休养，先后考察海港、旅顺口海军基地等处。

7月13日　旅大市人民政府发布《旅大市婚姻登记暂行办法》，开始办理结婚、离婚手续，恢复结婚登记制度。

7月30日　旅大市城市建设委员会成立。

8月15日　旅大图书馆正式开馆。

10月28日　旅大市首届中小学体育大会在市人民体育场举行。29所学校、1100余名运动员参赛。

11月　旅大地区抽调80名医务人员组成4个手术巡回医疗队，赴朝鲜前线医院进行救护治疗。

1952年

1月2日　旅大市人民政府和旅大市人民代表会议协商委员会举行联席会议，决定全面开展“三反”（反贪污、反浪费、反官僚主义）运动。至7月底，运动基本结束。

1月25日　梅兰芳剧团到大连，于人民文化俱乐部公演《霸王别姬》《贵妃醉酒》等剧目。

1月　中共旅大市委决定，在工商界开展“五反”（反行贿、反偷税漏税、反盗骗国家财产、反偷工减料、反盗窃国家经济情报）运动。至6月中旬，运动基本结束。

3月7日　旅大市防疫委员会成立。韩光任

主任委员。

3 月 20 日　旅大市人民政府发布《关于限期缴出鸦片烟毒及其他毒品的通告》，5 月成立旅大市禁毒委员会。

3 月 23 日　旅大市 26 万人举行示威游行大会，抗议美国侵略者在朝鲜散播细菌的暴行。大会一致通过反对美国侵略者进行细菌战的抗议书。

6 月 1 日　旅大市儿童医院正式开诊。

7 月　政务院总理周恩来考察旅大战勤第一医院（今沙河口区东北路小学）。

8 月 20—23 日　东北区首届游泳比赛大会在大连举行，旅大市代表队荣获冠军。

8 月　辽宁财经学院（今东北财经大学）成立。

10 月 21 日　旅大市人民政府发布《国家机关工作人员考绩暂行条例》。

1953 年

2 月 1 日　由旅大市人民政府制定的《旅大市私有房产租赁暂行办法（草案）》即日起施行。

2 月 22 日　以政务院总理周恩来为团长的中央人民政府慰问团抵达旅大，慰问驻旅顺口地区的苏军部队官兵。

3 月 12 日　中央人民政府政务院决定，旅大市为中央直辖市，由东北行政委员会代中央人民政府进行领导和监督。

3 月 20 日　旅大市第一届爱国卫生运动委员会成立。

3 月 20 日　大连海运学院（今大连海事大学）成立。

4 月 16 日　大连港务监督正式对外称中华人民共和国大连港务监督。

6 月　旅大市京剧团成立，1981 年更名大连京剧团。

7 月 1 日　第一次全国人口普查开始。普查结果，旅大市总人口为 120.8 万人，不含当时未划入旅大市的复县、新金县、庄河县。包括复县、新金县、庄河县在内的总人口为 282.6 万人。

10 月 2—7 日　旅大市女子短跑运动员刘玉英在全国田径、体操、自行车运动会上，以 12 秒 7 的成绩打破由焦玉莲保持了 19 年的全国女子 100 米纪录，以 27 秒 1 的成绩打破由李森保持了 18 年的全国女子 200 米纪录。

10 月　大连药品检验所成立。

11 月 1 日　中央人民政府文化部、中央人民政府人民革命军事委员会联合组织的慰劳驻旅大苏军艺术团抵达旅大，先后在旅顺、大连、金县等地慰问演出共 5 天 155 场。

1954 年

1 月　旅大市文联主办的《旅大文艺》月刊创刊。1957 年更名《海燕》。

2 月 11 日　《旅大人民日报》报道，全市农村建立农业、渔业生产合作社工作基本结束，共建立农业、渔业合作社 340 多个。

3 月 17 日　东北军区发布命令，在大连港设立港务军事交通运输代表办事处，正式开辟军运航线。

4 月 13 日　大连电网与东北电网联网运行。

6 月 1 日　私营明远铁工厂和国营大兴化学工业工厂实行公私合营。

7 月 27 日　中共旅大市委书记欧阳钦调离旅大，郭述申任中共旅大市委书记。

8 月 1 日　中央人民政府决定撤销东北大区一级机构，并撤销辽东、辽西两省建制，设辽宁省。同日，旅大市由中央直辖市改为辽宁省省辖市。旅大市辖中山区、西岗区、岭前区、沙河口区、营城子区、甘井子区、小平岛区，旅顺市、金县、长海县由省直辖。8 月 10 日，旅顺市、金县、长海县划归旅大市管辖。新金县、复县、庄河县归辽宁省直辖。

8月7—9日 旅大市第一届人民代表大会第一次会议召开，选举宋黎为旅大市市长。

9月15日 根据政务院命令，旅大市即日起实行棉花、棉布计划收购和计划供应。

10月中旬 以布尔加宁、赫鲁晓夫为首的苏联政府代表团到旅大访问。

10月25日 印度共和国总理尼赫鲁及其女儿英迪拉·甘地夫人到旅大访问。

12月8日 缅甸联邦总理吴努及其随员到旅大访问。

12月31日 中苏合营大连造船公司苏方股份移交中国交接仪式举行。1957年大连造船公司更名大连造船厂。

是年 旅大市消灭急性传染病天花。

1955年

1月9日 中国人民志愿军三兵团奉命由朝鲜回国，负责接收驻旅大苏军的防务。

2月4日 大连造船公司调出第一批干部和技工支援广州、沪东、武昌、芜湖等造船厂。

2月5—9日 全国人大常委会副委员长达赖喇嘛·丹增嘉措和政协全国委员会副主席、全国人大常委会委员班禅额尔德尼·确吉坚赞一行200余人到旅大参观。

2月22日 以彭德怀为团长，宋庆龄、贺龙、郭沫若、聂荣臻为副团长的中华人民共和国慰问驻旅顺口地区苏军代表团抵达旅大。

2月23日 中苏友谊塔奠基典礼于旅顺太阳沟举行。彭德怀、宋庆龄、贺龙、郭沫若、聂荣臻等参加典礼仪式。周恩来总理为奠基题字。

4月15日 中苏联合军事委员会举行辽东半岛协议地区防务交接签字仪式。自4月16日零时起，辽东半岛协议地区防务全部交中方负责。

5月7日 坐落于斯大林广场（今人民广场）的苏军烈士纪念塔举行落成典礼，各界代表1万余人参加。

5月8日 旅大市各界人士11万余人举行大会，欢送驻旅顺口地区苏军回国。

7月12—15日 政协旅大市第一届委员会第一次会议召开，选举郭述申为市政协主席。

7月 旅大市在党政机关、学校、国营企业、公私合营单位、手工业合作社职工中开展肃清反革命运动。至1959年6月末，运动结束。

9月3日 旅顺胜利塔举行落成典礼。

10月30日 大连造船足球队在北京迎战苏联泽尼特足球队。国家主席毛泽东观看比赛，并与全体队员合影留念。

11月4日 中国人民解放军第一次大规模抗登陆战役示范演习在庄河地区举行。刘少奇、周恩来、邓小平、彭德怀、贺龙、陈毅、聂荣臻等党和国家、军队领导人亲临现场观看演习。

12月4日 粮食、花生开始实行全市统购。农村开始实行粮食“三定”（定产、定购、定销）办法。

12月14—19日 中共旅大市委召开对私营工商业改造工作会议，研究确定对私营工商业改造的规划方案。1956年1月20日，旅大市人民委员会批准旅大市私营工业41个行业和私营商业56个行业实行公私合营。至此，旅大市私营工商业全部实现公私合营。

12月24日 德意志民主共和国政府总理奥托·格罗提渥率政府代表团到旅大参观访问。

1956年

1月20日 旅大市加入高级农业生产合作社的农渔户占农渔户总数的97.9%，实现社会主义农业合作化。

1月　旅大市农业生产合作社开始实行“五保”（保吃、保穿、保烧、保教、保葬）制度。

2月8日　辽宁省设锦州、辽阳、安东、铁岭4个专区，新金县、复县划归辽阳专区管辖，庄河县划归安东专区管辖。

2月26日至3月2日　辽南地区农民体育运动大会在金县金州镇北三里庄举行。

6月7—16日　中共旅大市第一次代表大会召开，选举郭述申为市委第一书记，宋黎、白清江、胡忠海（后经中央组织部批准改名傅忠海）为书记。

9月26日　大连机车车辆厂自行设计并试制成功中国第一台1-5-1型货运蒸汽机车。

9月28日　以阿尔巴尼亚劳动党第一书记霍查为团长的阿尔巴尼亚劳动党代表团到旅大参观访问。

10月5日　尼泊尔王国首相坦卡·普拉萨德·阿查里雅和夫人及其随行官员到旅大参观访问。

10月8日　印度尼西亚共和国总统苏加诺在国务院副总理陈毅等陪同下，到旅大参观访问。

10月28日　旅大市卫生局建成全市中心血库。

12月27—31日　旅大市第二届人民代表大会第一次会议举行，选举宋黎为旅大市市长。

12月30日　中共旅大市委、市人民委员会发布《关于开放农副产品自由市场的试行方案》。决定大连市内开放4处批发自由市场和12处零售自由市场，农村开放9处自由市场。

12月　庄河至岫岩国防公路建设竣工，公路里程50.28千米。

1957年

1月22日　辽宁省人民委员会批准旅大市发展国民经济第一个五年计划。4月9日，市人民委员会下达第一个五年计划的命令。

2月14日　中苏友谊塔在旅顺建成并举行落成典礼。

4月29日　中国自行设计的第一台140吨（加30吨）桥式铸造起重机在大连起重机器厂试制成功。

5月8日　金县望海乡小关家屯的小石棚、西岗区的天妃庙等79处文物古迹，被列为旅大市第一批文物保护单位。

5月18日　中共旅大市委召开整风运动大会。会后，整风运动在全市铺开。全市参加整风运动的单位565个28.5万人。至1959年2月，运动结束。

7月25—29日　中共旅大市委召开全市农村工作会议，要求在农村开展反右派斗争。

8月6日　中国第一台现代化机车——建设型蒸汽机车在大连机车车辆厂试制成功。

9月3日　旅大市红十字会成立。

是年　根据中央下放干部参加劳动锻炼的指示，旅大市分期下放干部参加工农业生产劳动，为期一年。至1965年，共下放21105人。

是年　大连造船厂足球队赴朝鲜访问和比赛。这是中华人民共和国成立后大连地区第一支出访的工人体育代表队。

1958年

1月22日　中共旅大市委召开一届六次全委（扩大）会议，发出“苦干三年，实现生产文化全面大跃进”的号召。3月初，市委召开全市“大跃进”誓师大会。3月19日，市委召开全面跃进大会，农业、工业等各条战线代表提出各自的“跃进计划”。

1月　旅大市工读学校成立。任务是收容改造顽劣儿童。

3月　金县大魏家人民公社敬老院建成。这是全市第一所收养五保老人的农村人民公社办敬老院（初称幸福院）。

6月15日　全市出动10万人参加农村抗旱。

6月20—22日　旅大市第三届人民代表大会第一次会议召开，选举宋黎为旅大市市长。

6月　大连电瓷厂自行设计制造成功X-4.5和X-4.5C悬式绝缘子，在全国率先实现悬式绝缘子更新换代。

8月1日　苏联驻旅大总领事馆关闭。

8月19日　以柬埔寨王国首相西哈努克为首的柬埔寨国家代表团，在国务院副总理陈毅陪同下到旅大参观访问。

8月24日　中共旅大市委召开"工业跃进"誓师大会，号召全党全民动员起来，"以钢为纲"，展开竞赛，苦战130天，为完成"跃进计划"而奋斗。

9月21日　根据中共中央指示精神，旅大市撤销乡（镇）人民政府，实行"政社合一"的人民公社体制。同时撤销乡（镇）辖行政村，建立生产大队。至11月改制结束。

9月26日　大连机车车辆厂成功制造出中国第一台自行设计的4000马力"巨龙"号干线货运电力传动内燃机车。

9月29日　大连机床厂试制成功中国第一台12吨大型高精度G8950型万能铲床。

11月27日　大连造船厂建造的中国第一艘万吨级远洋货轮"跃进"号下水。

是年　清北洋水师沿旅顺口沿岸修筑的20余座炮台被拆除，铁炮被"大炼钢铁"。

1959年

1月5日　辽宁省人民委员会撤销辽阳专区和安东专区，将原属辽阳专区的新金县、复县和原属安东专区的庄河县划归旅大市，实行市领导县体制。

1月　中国自行设计的2-80立式冷冻机在大连冷冻机厂试制成功。

4月1日　大连港务监督公布大连港新的水域界线：自黄白咀灯塔起，经大三山岛灯塔、小三山岛东端至韭菜坨子灯桩止，所引各连线为大连港港界线。自黄白咀灯塔起，至和尚岛东咀止，所引的直线为内外港的分界线，以西为内港，以东为外港。

4月10—12日　政协旅大市第二届委员会第一次会议召开，选举郭述申为市政协主席。

5月23日　大连棒棰岛宾馆开始建设。1966年8月3日建成投用。

5月　东北地区第一座县级博物馆——金县博物馆成立。郭沫若为该馆题写匾额。

6月7日　全国人大常委会委员长朱德、国家副主席董必武等领导到旅大考察。

6月15日　旅大市城市规划委员会成立。

6月29日至7月15日　中共旅大市第二次代表大会召开，选举郭述申为市委第一书记，胡明、白清江、傅忠海为书记处书记。

8月　中共旅大市委在庄河县、新金县、金县进行农村落后地区改造工作试点。至1961年末，"落改"工作基本结束，全市1042个生产大队中有539个被改造。

10月3日　蒙古人民革命党第一书记、部长会议主席泽登巴尔到旅大参观访问。

10月10日　沈阳军区转国防部电令，三兵团改为旅大警备区司令部。

11月18日　全国人大常委会副委员长、西藏自治区筹委会代理主任委员班禅额尔德尼·确吉坚赞和全国政协副主席、西藏自治区筹委会副主任帕巴拉·格列朗杰一行62人，到旅大参观访问。

12 月 28 日　大连仪表厂制造成功中国第一台大型液压调节器。

是年　旅大市先后抽调 3182 名技术工人支援首都“十大工程”和国家重点工程建设。

1960 年

1 月 7 日　撤销旅顺市建制，改设为旅顺口区。2 月 20 日，正式挂牌。至此，旅大市共辖 5 区 5 县：中山区、西岗区、沙河口区、甘井子区、旅顺口区；金县、新金县、复县、庄河县、长海县。

3 月 20 日　中共旅大市委召开文艺工作者誓师比武大会。同月 27 日，全市出动 6 万名“文艺大军”，掀起文艺宣传“新高潮”。

4 月 12 日　旅大市民航站成立。

6 月 1 日　经国务院批准，大连港正式对外开放，成为全国直接对外贸易的五大口岸之一。

6 月　根据中共中央《关于在农村开展“三反”运动》的指示，中共旅大市委成立“三反”运动办公室。农村落后地区改造工作同反贪污、反浪费、反官僚主义交错展开。

7 月 28 日　旅大市遭台风暴雨袭击。8 月 5 日，再次遭风暴袭击。台风暴雨造成农田受灾，房屋倒塌，海港损失严重，133 人伤亡。

9 月 1 日　庄河县石城岛、王家岛划归长海县管辖。

10 月 1 日　旅大市第一条无轨电车线路——大连火车站至泉涌街线路建成通车。1962 年 12 月 29 日，该线路由泉涌街延伸至马栏村，全长 7.3 千米。

1961 年

2 月　大连寺儿沟码头油罐安装工程竣工投产，接卸大庆原油。

6 月 10 日　中共旅大市委成立旅大市人口下乡支农委员会，开始动员城镇人口下乡和精减工作。此项工作至 1963 年末结束，全市城镇人口还乡生产 25.7 万人，精减职工 16.6 万人。

6 月 10 日　旅大市中医医院成立。

6 月 26—30 日　旅大市第四届人民代表大会第一次会议举行，选举许西为旅大市市长。

11 月 6 日　中国人民解放军驻庄河防空部队，于 19 时 3 分击落一架窜入庄河地区上空的美制台湾空军 P–2V 侦察机。

12 月 20 日　中共旅大市委批转《关于旅大地区工业战线的初步调整方案》。贯彻中央“调整、巩固、充实、提高”八字方针，针对工农业比例失调问题，调整出 5 万～ 7 万名劳动力支援农业。

12 月 20—24 日　政协旅大市第三届委员会第一次会议召开，选举郭述申为市政协主席。

是年　旅大市对城乡手工业和人民公社工业进行全面调整，将原有的 106 个合作工厂调整为 315 个厂、社（组）。

1962 年

3 月 26 日　中共旅大市委组织部《关于右派分子摘帽情况的报告》中显示，至 1962 年 2 月底，全市先后分 3 批为 1357 人摘掉“右派分子”帽子。至 1963 年 2 月，又为 400 人摘掉“右派分子”帽子。

4 月　中共旅大市委贯彻中共中央《关于加速进行党员干部甄别工作的通知》精神，对在“拔白旗”、“反右倾”、整风整社、民主革命补课运动中批判和处分错了的党员、干部、群众加以甄别平反。全市受到批判、处分的党员、干部、群众共 56334 人。至 9 月末，全市甄别 50587 人，纠正错案 18553 件。

6 月 4 日　国务院总理周恩来陪同柬埔寨王

国政府第一大臣宾努亲王到旅大参观访问。

10月20日　旅大市第一批知识青年上山下乡支援农业建设。至1980年，全市共有28.3万名知识青年上山下乡。

是年　旅大市工商局根据中央调整方针和市委指示，开始对个体工商业登记发证。

1963年

1月1日　旅大市海洋渔业公司成立。

2—6月　旅大市调整市内4个区街道体制及规模，保留区人民公社分社名义，恢复街道办事处体制。原21个市内区人民公社分社，调整为42个街道办事处。

5月1日　"跃进"号远洋货轮首航日本，因触礁沉没，59名船员乘救生艇避险，后被日本渔船搭救。

8月3日　胡明任中共旅大市委代理第一书记。

12月9—12日　旅大市第五届人民代表大会第一次会议召开，选举许西为旅大市市长。

12月29日　大连机车车辆厂组装成功第一台内燃机车。后命名为ND型、东风型，为中国第一代内燃机车。

是年　大连造船厂研制成功焊接结构的高压空气瓶，填补了中国舰船工厂的一项技术空白。

是年　瓦房店轴承厂生产的E540822四点接触向心球轴承，获国家级新产品奖；航天跟踪仪轴承B1-1002T2、B2-1003T2，与主机同获全国科技大会重大科技成果奖。

1964年

4月5日　大连沿海地区遭到8～11级大风袭击，在海上作业的584只渔船遇险，造成32人死亡。

6月29日　中共中央总书记邓小平和国务院副总理李富春、薄一波到旅大考察。

7月10日　大连气象台正式开始气象预报。

7月18日　从7月1日零时开始的第二次全国人口普查结束。旅大市总人口372.5万人，其中城镇人口153万人。

7月　金州重型机器厂试制成功中国第一台工业用直径800米绕带式高压容器。

9月12—20日　政协旅大市第四届委员会第一次会议召开，选举胡明为市政协主席。

9月　中国人民解放军守岛建岛纪念塔于长海县大长山岛落成。

10月2日　中共中央东北局和辽宁省委组织万人社教工作团，在金县全面开展"四清"运动。运动历时8个多月，至12月19日结束。

11月5—12日　中共旅大市第三次代表大会召开，选举胡明为市委第一书记（代）。

12月　大连石油七厂新建1万立方米油罐工程竣工。

是年　国家体委确定旅大市为全国发展足球运动的10个重点地区之一。

1965年

4月1日　拆除鲁迅路（中山广场至世纪街）、斯大林路（世纪街至港湾桥）有轨电车轨道1.4千米，改为铺建柏油路面。

4月　旅大市第一届计划生育委员会成立。

6月　大连机车车辆厂开始批量生产内燃机车，为全国第一个内燃机车制造工厂。

8月13日　大连起重机器厂减速器工段的设备和人员全部搬迁至宁夏银川机械修配厂，支援三线建设。

9月26日　大连冷冻机厂试制成功中国第一台乙烯冷冻机。

12月16日　辽宁省辽南专区成立，将金县、新金县、复县划归辽南专区。12月27日，将庄河县划归丹东市。

12月　旅大地区第一条农电送电线路——63千伏赞子河分线建成投运。

是年　中共旅大市委成立半工（农）半读教育委员会。

1966年

5月20日　中共旅大市委召开党员干部会议，决定在思想文化领域内首先开展批判斗争，标志着旅大市“文化大革命”运动开始。

5月26日　越南民主共和国主席胡志明到旅大参观访问。

10月　大连湾渔港建成投产。工程于1960年2月开工，投资3313万元。

1967年

3月28日　中国人民解放军旅大警备区根据国务院、中央军委指示，对旅大地区全面实行军事管制。同日，旅大市军事管制委员会成立。

1968年

6月1日　旅大市军事管制委员会决定，即日起对丝绸、胶鞋等25种商品实行凭票供应。

8月3日　经辽宁省革命委员会批准，旅大市革命委员会成立。8月6日，庆祝旅大市革命委员会成立大会召开（旅大市第八届人民代表大会追认此次会议为旅大市第七届人民代表大会）。旅大警备区司令员、军管会主任邓岳任市革命委员会主任。旅大市革委会由此替代党政机关和人民代表大会的一切领导权。

9月15日　旅大市三大派群众组织联合召开各派撤销组织大会。至此，全市群众组织解体。

12月26日　经国务院批准，金县、新金县、复县、庄河县重新划归旅大市。

1969年

3月2日　新金县同益公社人伍战士于庆阳在珍宝岛自卫反击战中壮烈牺牲。8月30日，被中央军委授予战斗英雄称号。

4月2日　大连红旗造船厂自行设计建造的1.5万吨“大庆27”号油轮下水。

4月11日　大连机车车辆厂试制成功中国第一台自行设计、制造的单节3000马力电传动内燃机车。

5月7日　旅大市“五七”干校在新金县大刘家公社成立。

5月13日　《旅大日报》转载《人民日报》发表的吉林省梨树县的《农村中小学大纲（草案）》。之后，全市农村小学改由大队办，中学由公社或社队联办，学校经费实行民办乡助，中小学实行九年一贯制，由贫下中农管理学校。

7月18日　渤海发生7.4级地震，震中烈度7度。大连地区地震烈度5～6度。

10月25日　旅大市革委会战备领导小组办公室成立。1973年4月5日撤销，成立旅大市人民防空办公室。

11月23日　旅大市革委会召开欢送首批插队落户干部奔赴农村大会。至1970年12月3日，全市下乡插队落户的干部、教师、医务工作者（统称“五七”战士）计3万余人。

1970年

3月29日　大连柴油机厂试制成功6缸90马

力新型柴油机。

3月31日　全长225千米的营（营口）瓦（瓦房店）连（大连）220千伏输电线路和容量7.5万千伏安的岔山一次变电所建成，投入运行。

8月13日　旅大市地震台成立。

是年　沈阳轻工学院由沈阳迁至大连，更名为大连轻工业学院。

1971年

4月16日　旅顺万忠墓展览馆建成。

7月　复县松树水库工程竣工，总库容9864万立方米。

9月　新金县刘大水库工程竣工，总库容1.08亿立方米。

11月30日　大连红旗造船厂建造的中国第一座海上石油钻井平台渤海1号建成交工。

1972年

3月2日　大连工学院等8所高校，在停止招生6年之后，首次从全国各地招收工农兵学员近2000名。

7月26日　3号台风袭击旅大地区，农作物受灾面积1.2万公顷。大连海区受损船只1172只，因灾死亡26人。

10月　庄河县英那河水库工程竣工，总库容5686万立方米。

是年　大连第一发电厂搬迁至建昌县，更名凌河发电厂。1973年6月7日，开始复建大连第一发电厂，至1974年12月26日竣工投产。

1973年

3月3日　民航大连站成立。4月6日，民航北京经沈阳至大连航线开航典礼在周水子机场举行。

4月28日　旅大市革委会成立碧流河水源工程领导小组，刘德才、崔荣汉任组长。翌年6月10日，成立市碧流河水库工程建设办公室。

5月16日　日本油轮“三雄丸”号满载1.15万吨原油驶离大连港。这是中国首次出口原油。

10月5日　旅大市革委会发布《关于加强蛇岛管理的通告》，决定将蛇岛列为自然保护区。

1974年

1月17日　大连石油七厂完成西蒸馏装置大改造，原油加工能力由每年50万吨提高到100万吨。翌年3月，进行第二次扩建改造，年生产能力从100万吨增至280万吨。

4月22日　大连红旗造船厂自行设计建造的中国第二艘2.4万吨油轮“大庆61”号下水。

4月　旅大市小客车出租站成立，14辆进口“菲亚特”牌轿车投入运营。

5月1日　旅大电视台正式开播。

7月　大连叉车厂试制成功中国第一台国产CPC—5型柴油液力传动平衡重式叉车。

9月　长海县獐子人民公社在旅大渔轮厂建造的第一对600马力钢壳渔轮投产，开创国内集体渔业企业经营大型渔轮先例。

9月　大连动物园首次繁殖成活东北虎1只。

11月　大连新港(鲇鱼湾港区)破土动工兴建。1976年4月30日竣工投产，7月1日正式开港。这是中国第一座10万吨级现代化深水油港。

12月　旅大市自来水公司大沙河水源扩建工程竣工。

1975年

2月4日　辽宁省海城县发生7.3级地震，

震中烈度9度。大连地区地震烈度5～7度。

5月21日　旅大市革命委员会组织造船厂、工矿厂、油脂厂、保温材料厂和交通公司等9个厂家，参加组装无轨电车大会战。至年末，共组装无轨电车35台，并投入客运。

5月　旅大电视台大黑山微波站建成，传输中央电视台和辽宁电视台节目。

8月29—30日　全市遭6号台风袭击，最大风力11级，农作物受灾面积9.1万公顷，损失船只707只，因灾死亡36人。

9月1日　铁岭至大连间原油地下运输管道工程（东北“八三”工程）建成投运。

9月8日　碧流河水库工程全面开工。工程一度停工，1981年重新复工。1982年8月26日，水库大坝截流成功。1983年8月26日，水库落闸蓄水。

10月24日　大连工学院与沈阳松陵机械厂共同研制成功中国第一台大型数控龙门铣床。

是年　金州重型机器厂试制成功24万吨尿素装置中的高压冷凝器，产品填补了国内空白。

1976年

6月26日　孤山县被撤销，其所辖青堆子、凤窝堡、黄岭区划回庄河县。

7月1日　中华人民共和国海关大连新港分关开关，隶属大连海关。

9月23日　由大连造船厂自行设计建造的5万吨远洋油轮“西湖”号建成交工。这是中国第一艘5万吨远洋油轮。

10月22日　中共旅大市委召开大会，庆祝粉碎江青反革命集团的伟大胜利。

12月8日　旅大市土地管理委员会成立。

是年　大连港开辟不定期国际旅游航线。

是年　国内首创的1/2彩色台式录像机在大连电子研究所研制成功。

1977年

4月12日　中共旅大市委召开欢送军代表回部队大会。

5月　辽宁省博物馆、旅顺博物馆联合发掘旅顺郭家村新石器遗址，以及于家村遗址和于家村砣头积石墓。

6月21日　大连市各民主党派、工商联活动恢复。

8月1—2日　全市普降大暴雨，雨水冲毁工程291处，死亡25人。

8月　大连民航站候机楼竣工启用，建筑面积6118平方米。

12月1—2日　旅大市5.3万名学生参加中断11年之久的全国普通高等学校统一招生考试。全市3884名考生被高等学校录取。

12月20日　上海海运局大连分局与中国远洋运输公司大连分公司合并，成立大连海运管理局，隶属交通部。

1978年

1月17日　中共辽宁省委决定，李荒任中共旅大市委第一书记。

2月14日　大连发电总厂成立，隶属东北电业管理局，辖大连第一、二、三发电厂。

4月20—24日　中共旅大市委、市革命委员会召开旅大市科学大会，对大连工学院教授钱令希等16名先进科学工作者、14个先进集体、303名先进个人进行表彰，283项科技成果被授予科学大会奖。

5月6日　中共旅大市委召开全市冤假错案平反工作会议，部署全市开展“三案”平反工作。

全市187件反革命性质集团冤假错案得到平反，共涉及8948人；占总数98.8%的反革命性质的个人冤假错案得到平反。“三案”平反复查验收工作到1979年底基本结束。

5月　全市上山下乡插队干部（“五七”战士）重新分配工作基本结束。

6月22日　中共旅大市委决定，成立旅大市人民检察院。

6月26—30日　政协旅大市第五届委员会第一次会议召开，选举白清江为市政协主席。

6月27—29日　旅大市第八届人民代表大会第一次会议召开，选举崔荣汉为市革命委员会主任。

6月30日　大连渤海饭店工程竣工。

7月27日　中共旅大市委外事领导小组成立。

10月5日　辽宁省博物馆、旅顺博物馆、长海县文化馆组成联合发掘队，对长海县上马石、高丽山城、吴家村、小尖山、柳条沟东山、王屯蛎碴岗等新石器时代遗址进行考古发掘。

10月　国家水产总局正式批准复县为全国第一个国家级对虾养殖基地。

11月15日　中共旅大市委成立贯彻中央“右派”分子全部摘帽实施方案领导小组。至1980年8月，对错划的右派改正工作基本结束。

12月20日　中共旅大市委、市革命委员会分署办公。

是年　城乡中、小学学制一律改为10年制，实行“五、三、二”分段教学。1980年和1982年分批将高中2年制改为3年制。1982年4月，小学学制改为6年制。

1979年

1月19—23日　中共旅大市委召开常委（扩大）会议。会议以学习、贯彻中共中央十一届三中全会精神为中心，决定把全市工作重点转移到现代化建设上来。

1月24日　旅大市出租汽车公司成立。

2月3日　中共旅大市委决定，旅大市“五七”干校改为旅大市干部学校。

2月11日　中共旅大市委发出《关于认真做好对地富反坏分子摘帽和地富子女改变成分工作的通知》。3月2日，又批准市公安局《关于复查平反已定敌性的冤、假、错案分工意见的请示报告》等文件。

3月9日　英籍“伊丽莎白女王2世”号豪华游轮载1500名游客抵达大连，创旅大市历史上接待国外游客之最。

3月16—19日　中共旅大市第五次代表大会召开，选举李荒为市委第一书记。

5月1日　旅大市与北九州市结为友好城市签字仪式在北九州市役所举行。这是大连市第一个友好城市。

5月　大连海运学院研制成功FDH-2型船用单边带发射机，为国内首创。

8月　大连石油七厂生产的3号喷气燃料和大连化工厂生产的工联牌工业碳酸氢铵，获国家金质奖章。

12月25日　大连造船厂自行设计研制的中国第一艘远洋油水干货补给船X615建成交工，填补了中国海军装备的一项空白。该船的海上高架索恒张力横向补给装置获1980年国防重大科技成果一等奖、国家银质奖和1985年国家技术进步一等奖。

12月　全市有50万平方米的新建城市住宅完成配套工程，创年新建住宅历史最高纪录。

1980年

1月5日　中国第一条ZHS-UX48连杆加工

装配自动线在大连组合机床研究所研制成功。

1月　大连远洋运输公司成立。

2月　由上海经大连港中转到东北腹地的中国第一条集装箱水陆联运线开始试运。1984年9月20日正式开通。

4月25日　金县公安局侦察员毛子圣被授予全国公安战线“二级英模”称号。

4月　中华人民共和国旅大市食品卫生检疫所成立。

6月30日　中共中央主席、中央军委主席华国锋到旅大考察。

7月1日　斯大林广场（今人民广场）第一期绿化工程竣工。

8月1日　中国第一条海上自办邮路在大连至烟台间开通。

8月6日　国务院决定将旅顺蛇岛、老铁山候鸟停歇站列为国家级自然保护区。

8月7日　旅大市八届人大二次会议召开。会议决定设立旅大市人民代表大会常务委员会、选举宋黎为市人大常委会主任；会议决定将旅大市革命委员会改为旅大市人民政府，选举崔荣汉为旅大市市长。

1981年

1月1日　旅大地区连降大雪，63条县级以上公路中断。全市动员2万余人奋战3天，清除积雪80余万立方米。

2月9日　经国务院批准，旅大市改称大连市。其行政区划、隶属关系不变。

3月10日　大连市政府决定成立水资源委员会，以加强水资源管理和保护工作。

3月24日　大连市煤气公司液化气贮配总站建成投产。

4月23日　大连地方海运第一艘万吨级货轮“黄金山”号首航香港成功。

4月　瓦房店郊区古龙山古人类遗址被发现。考古结论，遗址距今约1.7万年。

5月25日　经国务院批准，长海县为国家边境县。

6月27日　大连市八届人大九次会议审议通过《大连市关于非金属矿山反砂土采掘暂行管理实施细则》，为大连市第一部地方性法规。

7月26—28日　大连地区遭特大暴雨袭击。暴雨中心新金县同益公社3天总降雨量达664毫米。全市死亡348人，其中复县178人、新金县136人。

9月10日　横跨复县娘娘宫至长兴岛的海峡大桥建成通车。时为全国主跨径最大的现代化斜张桥。

9月14日　香港联成轮船有限公司向中国船舶工业公司订购的第一艘2.7万吨散装远洋货轮“长城”号在大连造船厂下水。该轮获1982年国家金质奖。

9月15日　经辽宁省人民政府批准，庄河县仙人洞划为森林自然保护区。

12月5日　大连市首次科技交易会于大连展览馆开幕。

是年　大连油脂化学厂研究所与轻工部设计院联合研制成功烷烃脱氢催化剂。此项成果填补了国内合成洗涤生产技术的空白。

1982年

1月1日　经国务院批准，政企合一的大连港务局划分为大连港口管理局和大连港装卸联合公司，均隶属交通部。

2月14日　大连市邮电局长途电话台技术改造（搬迁增容）工程竣工，电路由80条增至320条。

2月22日　经中共中央批准，胡亦民任中共大连市委第一书记。

3月　大连市农村推广家庭联产承包责任制。至1983年冬，全市实行家庭联产承包责任制的农户占总农户的97.5%。

4月29日　大连市春柳河污水处理厂工程开工，设计能力为日处理污水量6万吨。

5月26日　国家爱国卫生运动委员会授予大连港"无鼠害港"称号，成为全国第一个无鼠害港。

6月16—20日　大连市八届人大四次会议召开，选举曾宇为市人大常委会主任。

6月24日　马耳他共和国总理多米尼克·明托夫到大连访问。

6月　大连久旱无雨，10座水源水库贮水不足600万吨。

7月1日　第三次全国人口普查开始。普查结果，全市总人口为468.6万人。

7月28日　旅顺龙引泉石碑在旅顺龙眼水源地被发现，为研究大连地区自来水历史提供了有价值的资料。

8月22日　中共中央副主席、国务院总理赵紫阳到大连考察。

9月27日　大连市周水子南立交桥工程竣工通车。这是大连光复以后建设的第一座大型公路、铁路立体交叉桥。

12月24日　中国第一台东风4B型客运内燃机车在大连机车车辆厂试制成功。

是年　大连远洋运输公司"阳澄湖"号货轮首次由大连港直达美国旧金山港。这是中国货轮首次直达旧金山港。

是年　大连玻璃制品厂生产的水晶牌玻璃器皿、窑玻璃器皿，分别获国家金质奖、银质奖。

1983年

1月24日　中共大连市委、市政府召开工交、基建工作会议，提出对全市1800多户工交企业将按不同类型，实行6种经营承包责任制。

3月15日　中共大连市委、市政府召开财贸工作会议，提出对零售商业管理体制和农村供销社、商业批发、城乡商品流通体制等方面进行改革。

3月25日　中山区友好广场"姊妹楼"竣工，两楼高15层，为当时大连市区最高的住宅楼。

4月4—12日　政协大连市第六届委员会第一次全体会议召开，选举白清江为市政协主席。

4月5—11日　大连市第九届人民代表大会第一次会议召开，选举曾宇为市人大常委会主任，魏富海为大连市市长。

4月16日　由市政府拨款1000万元兴建的一批污水处理工程完工并交付使用。

4月20日　大连起重机器厂设计制造的20吨650米单主索中高速平移式缆索起重机在龙羊峡水电站试车成功。

4月29日　塞舌尔共和国总统弗朗斯·阿尔贝·勒内率政府代表团到大连访问。

6月1日　大连市实行第一步国有企业利改税，对全市572户企业试行国营企业所得税。

6月20日　大连市在旅顺口区龙塘公社进行政社分开、建立乡政府试点。至年末，全市124个农村人民公社全部实行政社分开，建立乡（镇）人民政府。

8月1日　金县被确定为世界卫生组织初级保健县。

8月14日　中央顾问委员会主任、中共中央军委主席邓小平到大连考察。20日，邓小平接见了中共大连市委、市人大常委会、市政府、市政协的领导。

8月26日　碧流河水库落闸蓄水。

9月22日　中共中央总书记胡耀邦，中央顾问委员会主任、中央军委主席邓小平到大连考察。

9月24日　大连运动员徐永久在第三届世界

杯竞走比赛中，获女子10公里竞走冠军并创该项目世界最好成绩。

10月6日　首届大连艺术节开幕。月季花、龙柏树分别被确定为大连市花、市树。

12月10日　经省政府批准，原大连工学院分院改建为大连大学，为综合性大学，学制2年。

12月27日　大连市“引碧入连”第一期工程(北段)全线竣工通水。“引碧入连”第一期工程(北南两段)全长166.92千米。

是年　大连数控研究所研制成功中国第一台高压静电防火灭火自动控制装置。

1984年

1月1日　大连石油七厂催化裂化车间气体分馏装置因液化气外泄发生爆炸起火。事故造成5人死亡、18人重伤。

4月6日　中共中央和国务院决定，大连等14个沿海港口城市实行进一步对外开放政策。

4月10日　国家计委批准大连市实行计划单列。国家将从制订1985年计划时起，把大连市视同省一级计划单位。

4月12日　大连市政府举行根治马栏河工程会战开工典礼大会。

5月　国家经委决定，在大连市全面试行厂长负责制。

6月25日　国务院重点工程项目——东北粮食中转站在大连建成。

7月13日　国务院批准大连市为经济体制综合改革试点市，并赋予大连市省级经济管理权限。

7月24日　旅顺蛇岛的青檀、龙王塘水库的星花玉兰、大连的日本铁松，被国务院环境保护委员会列入国家第一批《珍稀濒危保护植物名录》。

8月30日　海军大连高射炮兵预备役师成立。

8月30日　中国第一台制氧工业用总碳氧化物自动色谱分析仪，由大连化学物理研究所研制成功。

8月31日　辽宁省政府批准大连市29个乡改为镇制，7个乡撤销并入镇，并批准建立4个少数民族乡。

9月2日　大连石油七厂生产的3号航空煤油获国家金质奖。

9月17日　国务院批准，在大连市进行科技体制改革试点。

9月25日　国务院批准大连市在金县大孤山乡马桥子建立经济技术开发区，起步工程为3平方千米。10月15日，大连经济技术开发区破土动工。

9月29日　中国北方地区最大的船模试验水池在大连工学院建成。池长160米，宽7米，深4米。

10月26日　马尔代夫共和国总统穆蒙·阿卜杜勒·加尧姆到大连参观访问。

10月　大连联达船舶有限公司成立。这是大连市第一家外商投资企业。

11月20日　大连民航周水子机场跑道、停机坪第一期工程竣工。

11月20日　旅顺羊头洼港正式营运。

11月28日　大连海事法院成立。

11月　交通部批准的长海县大长山岛新建客运站码头开工建设。

12月28日　经经贸部批准，大连市进行对外经济贸易体制改革，成立外贸公司，拥有外贸经营权。

12月29日　大连经济技术开发区第一家中外合资企业——由金州服装总厂和香港大进国际贸易有限公司经营的东兴纺织有限公司正式签订合同。

12月　大连市地名委员会开展沿海岛礁地名和边境地区地名普查工作。全市5县5区共查明岛礁砣 670 个。

是年　复县横山书院修葺完工。

是年　位于新金县星台镇的吴姑城（原名巍霸山城）被列为省级文物保护单位。

1985 年

1 月 12 日　大连海运公司、辽宁外运公司和美国纽约华运公司合资经营的大连振兴船务有限公司开业。这是中国第一家中外合资的船务公司。

1 月 17 日　经国务院批准，撤销复县建制，设瓦房店市（县级），同年 4 月 1 日正式挂牌。

3 月 12 日　香港至大连包机首航。

3 月 16 日　大连至广州空中航线开航。

4 月 1 日　国家“七五”重点工程大连港和尚岛码头工程正式动工。

4 月 11 日　大连港至日本横滨、神户、大阪定期货运航线首航。

4 月 17 日　大连市与联邦德国不来梅州结为友好城市。

4 月 22 日　大连港与美国奥克兰港缔结友好港签字仪式在大连港举行。

4 月　金石滩国家旅游度假区在金县满家滩兴建，占地面积 20 平方千米。

是月　大连至东京直飞包机首航。

5 月 4 日　国务院批复《大连市城市总体规划》。

6 月 24 日　大连市重点住宅改造区——香炉礁小区改造工程开工建设。

6 月 26 日　国务院批准《关于大连市经济体制综合改革的实施方案报告》。

7 月 15—19 日　中共大连市第六次代表大会召开，选举毕锡桢为市委书记。

7 月 22 日　国务院总理赵紫阳到大连考察。

7 月 24 日　大连轮船公司被国家爱国卫生运动委员会授予“无鼠害船队”称号。为全国第一个无鼠害船队。

7 月 28—29 日　大连市首届少数民族体育运动大会举行。

8 月 1 日　大连市地方建设重点工程——大连北海头热电厂工程开工建设。

8 月 5 日　大连市内区开放菱角湾、金沙滩、银沙滩 3 处海滨浴场。

8 月 14 日　全国政协主席邓颖超在棒棰岛宾馆接见出席大连市妇女八届五次执委会的执委和部分妇女干部。

8 月 19 日　9 号台风袭击大连地区，全市受灾人口 31.4 万人，受灾农作物 31 万多公顷，因灾死亡 75 人，直接经济损失 11.47 亿元。这是 1945 年以来大连地区最严重的一次自然灾害。

9 月 21 日　新加坡总理李光耀到大连进行友好访问。

9 月　大连港与美国休斯敦港结为友好港。

10 月 6 日　国家“六五”期间大中型建设项目——香炉礁杂货码头全部建成。

12 月 5 日　国务院、中央军委批准大连周水子机场为对外开放机场。

第一篇　政区　环境

第一章　建置　区划

大连名称源于大连湾。大连湾原名褡裢湾。褡裢湾得名于褡裢岛。大连湾口外有三岛环立，其中两岛相连，形似褡裢，当地居民称之为褡裢岛，岛迤北海湾则称作褡裢湾。1860年英军舰队入侵褡裢湾并绘制海图，根据当地居民的发音，用英文将海湾标注为"Da lian Wan"。清末，清廷在大连湾沿岸及旅顺口修建海防工程。光绪五年（1879）十月，北洋大臣李鸿章给光绪皇帝的奏折中首次将民间称呼的"褡裢湾"写作"大连湾"。之后，大连湾成为官方规范性地名。"大连"作为特定地名和行政区概念单独使用，始于1905年。是年，日本取代沙俄的殖民统治后，将大连湾之名移植为城市之名，改达里尼市为大连市。

大连地区有文字记载的设县治的历史始于西汉。据《史记》记载，西汉元封四年（前107），置辽东郡，下设18个县，其中的沓氏县治位于今大连南部地区，为新金县花儿山乡张店村古城址。至于文县治在今大连地区北境说，尚有争议，未成定论。据《中国行政区划通史》记载，西汉时今大连地区有沓氏县，东汉末年增置北丰县，治今辽宁省瓦房店市。秦袭燕制、汉承秦制，辽东郡境今大连地区属县上自战国、下至秦汉，三代相承，变化不大。魏晋南北朝时期，大连地区先后为公孙氏政权、魏国、西晋、前燕、前秦、后燕、高句丽所据有。除曹魏、西晋时短期统一于中原王朝政权外，大连地区基本上隶属于中国东北古代民族所建立的地方割据政权。唐总章元年（668），唐征服高句丽，于辽东设安东都护府，大连地区属安东都护府积利州。之后，大连地区在契丹、女真、蒙古建立的辽、金、元三代政权统治下。辽代在辽东设东京道，东京辽阳府在大连地区设宁州、复州、苏州。金代大连地区属东京路，治下为曷苏馆路和复州。元代大连地区属辽阳路金复州万户府。明初，大连地区短暂为山东布政使司所辖金州、复州、盖州，后为辽东都司所辖金州卫、复州卫、盖州卫（1395年废州专行卫制）。清代大连地区属盛京奉天府复州、宁海县和岫岩州一部分，后析凤凰厅、岫岩州地置庄河直隶厅。道光二十三年（1843）金州设副都统衙门后，宁海县升为金州厅，隶属奉天府。俄、日殖民统治时期，大连地区行政区划被殖民统治者所变更，直到1945年大连光复。1945年8月15日大连光复，11月8日，大连地区历史上第一个民主政权成立，大连地区成为由苏军控制实为中国共产党领导的特殊解放区。从中华人民共和国成立至1985年，大连地区行政建置、隶属关系变化较大。初为东北人民政府所辖市，后为中央直辖市（由东北行政委员会代中央人民政府领导和监督），再为辽宁省辖市。1985年起实行计划单列，享受省级经济管理权限。

大连历代行政区划，随政权的交替而出现政区名称、层级、幅员、边界、地理分布的变化，但可变性的另一面是其承继性、延续性。燕秦时期，行郡县制，大连地区时设沓氏县治。秦袭燕制，汉承秦制，三代相因，变化不大。魏晋时期，大连地区先后为公孙氏、魏国、西晋所据有，魏初增置北丰县，魏末废东沓（原沓氏）、北丰二县。南北朝时期，大连地区先后隶属中国少数民族建立的统治政权前燕、前秦、后燕、高句丽，直至隋唐时期，域内再未置治，行政区划先后为平郭、西安平（安平）、武次等县所辖。辽代在大连地区广设州县，其中，复州辖永宁、德胜县，苏州辖来苏、怀化县。金代政区大致为路、府（州）、县三级，在大连地区设有曷苏馆路和复州，曷苏馆路（二级路）属高层政区，是首次在大连地区设置高层政区，其下不辖县；复州下领永康县（永宁）、化成县，后化成县升金州。元代政区大致为省、路（府、州）、县三级，元初废金所置金、复二州，并入盖州路，又并入辽阳路，属辽阳路辽阳县，后将金置金、复州地析出，置金复州万户府。以上可见元代前大连地区政区地名、层级的变化，至于幅员、边界、地理分布情况尚未见文献记载。明代始有政区幅员大小的记载，清代以后政区的幅员、边界等行政区划要素方趋于明晰。

第一节　历史建置

大连地区自古以来就是多民族杂居之地，建立统治政权的有汉、鲜卑、高句丽、契丹、女真、蒙古等民族。近代大连遭受外来入侵的沙俄和日本的统治达近半个世纪，直至大连光复。大连光复之初，由苏军实行军事管制。1949 年中华人民共和国成立后，建立起人民政权。

一、先秦时期

17000 年前，大连地区就有人类繁衍生息。古龙山洞穴遗址是旧石器时代晚期的古人类活动遗址，位于今瓦房店附近的古龙山，发现于 1981 年。约 7000 年前，大连地区出现人类聚居村落，长海县小珠山遗址下层是大连地区发现最早的新石器时代原始文化。距今约 4000 年前时，大连地区进入青铜时代。代表性遗址有位于甘井子区营城子后牧城驿的双砣子遗址、位于旅顺口区铁山镇的于家村遗址、位于甘井子区大连湾镇的大嘴子遗址。

据《史记·匈奴列传》记载，春秋时期，燕国开拓东北南部地区，燕“置上谷、渔阳、右北平、辽西、辽东郡以拒胡”。辽东郡治在襄平（今辽阳）。大连地区为辽东郡所辖治。

据《史记·刺客列传》记载，公元前 222 年，秦将李信率大军东进，“秦卒灭燕，虏燕王喜”，从此确立了秦对东北南部的统治。

大连地区由部落联盟进入国家统辖的地方行政区始于战国时期。其时大连地区为燕国辽东郡治下，县治不详。据推断，今新金县花儿山乡张店村古城址，当为燕辽东郡治下县治。

二、秦汉至魏晋南北朝时期

公元前 221 年，秦灭六国统一中国，建立了中央集权的以郡统县的制度，分天下为 36 郡。秦袭燕国旧制，置辽东郡，大连地区属之，至于辖治何县，史无明确记载。

公元前 202 年，西汉建立。汉沿袭燕、秦旧制，仍置辽东郡。

西汉建元元年（前 140），汉武帝为开发辽东，从山东、河北一带移民至辽东垦殖，在旅顺修建牧羊城等海防城堡。旅顺南山里是往返辽东半岛与山东半岛的重要港口。

西汉元封四年（前 107），设辽东郡，置 18 县，其中沓氏县在今大连地区南境，即新金县花儿山乡张店古城址，此为大连地区有确切记载县治之始。至于文（东汉以后称“汶”）县治，尚有争议，未成定论。有比定为今瓦房店市太阳升乡陈屯汉代古城者，有比定今营口汤池堡英守沟古城、营口大石桥南永安村、海城南析木城者。大连地方史籍多倾向比定于瓦房店太阳升乡陈屯址。《中国行政区划通史》《中国历史地图集》《辽东郡及其属县——中国东北与东北亚古代交通史》未作如此比定。东汉建立后，初将辽东郡由18县并为16县，后又并为11县，认定西汉大连县治有沓氏、文二县者，认定东汉县治与西汉同；非认定有文县者，认为东汉增设有北丰县。汉魏之际，中原战乱不息，大连地区处于割据辽东的公孙氏的统治之下。东汉末年，初平元年（190），公孙度自立辽东侯，称平州牧，分辽东郡为辽西、辽中、辽东3郡，隶平州，今大连地区属平州辽东郡。据《中国行政区划通史》记载，魏灭公孙氏后，于魏景初三年（239），在大连地区增设北丰县。其引据《魏志·三少帝纪》记载，景初三年（239），置新沓县于齐郡，“以居徙民”；正始元年（240），置新汶县、南丰县于齐郡，“以居流民”。在齐郡（治今山东淄博）立新沓县后，沓氏县改为东沓县，大连地区属魏幽州辽东郡东沓县、北丰县。魏末，东沓、平郭、北丰县被废。

西晋建立后，泰始十年（274），分幽州昌黎、辽东、玄菟、带方、乐浪5郡置平州。大连地区隶属平州辽东郡（277—283年改为辽东国）西安平县等。东晋时大连地区先后被少数民族建立的前燕（鲜卑慕容部）、前秦（氐苻氏）、后燕（慕容部）、高句丽据有。前燕时，复置平郭县，大连南部地区属辽东郡平郭县，北部地区属安平县（西安平改称）。前秦建元六年（370），承前燕置辽东郡，属幽州。建元十六年（380），昌黎、辽东、玄菟3郡改属平州，大连地区属辽东郡平郭、武次县。后燕燕元二年（385），承前秦置辽东郡，大连地区属辽东郡平郭县（汶县、武次县废）。公元404年，中国东北的古代少数民族高句丽割据辽东，大连地区在高句丽控制之下长达两个半世纪。高句丽占据大连时期建有卑沙城（大黑山山城）、魏霸山城（吴姑城）、龙潭山山城（得利寺山城）、城山山城等多处山城。

三、隋唐时期

公元581年，隋朝建立，高句丽称臣于隋。由于高句丽割据辽东，隋朝多次兴兴收复辽东之战，却无法对大连地区实施实际统治。

唐朝初年，高句丽仍臣服于唐，后时服时反，大连地区仍为高句丽割据。为此，唐朝三次征伐高句丽。唐总章元年（668），唐平藩属高句丽，以其地置安东都护府，正式收复辽东，今大连地区属安东都护府积利州。唐开元七年（719），改隶平卢节度使节度（后更名平卢淄青节度使）。

唐开元元年（713），朝廷派鸿胪卿崔忻册封渤海国，从山东青州出发，渡海到都里镇（今旅顺），经青泥浦（今青泥洼一带）、桃花浦（今皮口一带）、杏花浦（今金州杏树屯）、石人汪（今长海县石城岛）、橐驼湾（今丹东大洋河口），至乌骨江口（今鸭绿江口）逆江而上，最后抵达渤海国都（今吉林敦化敖东城），册封大祚荣为左骁卫员外大将军、渤海郡王。开元二年（714），崔忻回途经过都里镇，于黄金山凿井两眼，刻石纪念。此即唐鸿胪井刻石。

唐朝灭亡后，辽东南部地区一度处于无政府状态。

四、辽金元时期

公元916年，中国北方少数民族契丹族建立契丹国（947年改国号大辽，后复称大契丹。自契丹建国至1125年，习惯称辽），大连地区属契丹国势力范围。公元926年，契丹灭渤海国，建东丹国（东部契丹之意），大连地区属之。公元928年，契丹南迁东丹国都于东平（今辽阳），大连属东平郡治下。此间，“辽虑女真为患”，于是将原渤海国的女真人部分迁至今复州和金州一带，称为曷苏馆部（即熟女真）。其中，由渤海国扶余城（今辽宁省昌图县八面城）等地迁入今瓦房店西部的女真人称“扶州人”，后改“扶州”为“复州”；把从渤海国南苏城（今新宾县苏子河附近）迁入的女真人安置于今金县境内，称“苏州人”。东平郡升为南京后，大连地区归南京统辖。公元938年，契丹升幽州为南京，原南京改为东京，大连地区归属东京道管辖。辽统和二十九年（1011），东京辽阳府在大连地区设宁州，辖新安县（今瓦房店市永宁镇）；重熙十二年（1043），置复州，怀德军节度（1075—1084年改怀远军节度），辖永宁县、德胜县，前者与州同置，后者始置与治所不详（约在今瓦房店市以东）；重熙二十年（1051），置苏州，安复军节度，辖来苏县、怀化县（均在今大连市金县），前者与州同置，后者始置与治所不详（约在今金县以东）。辽天庆六年（1116），女真置曷苏馆路于辽阳府鹤野县长宜镇（今鞍山市东鞍山镇官墙子遗址），辖复州（今大连瓦房店）、苏州（今大连金州）（复州为怀远军节度，苏州为安复军节度）。今庄河县时属东京道东京辽阳府，北与东北部为开州属盐州和穆州会农县，南和西部为镇海府平南县，西北部为归州归胜县。

公元1115年，女真人建立金国。公元1125年，宋、金联合灭辽。据《金史·地理志》载：金“袭辽制，建五京，置十四总管府，是为十九路”。金袭辽在东北统辖区，于辽东设路、州、县。金天会七年（1129），将曷苏馆路（高层军政区）徙治宁州（今瓦房店市永宁镇），宁州遂废。曷苏馆路辖地与复州和金州重复，统辖女真猛安户，今大连市甘井子区南关岭附近的哈斯罕猛安户归其统辖（明昌四年废，其地入复州）。金皇统三年（1143），撤销辽苏州安复军，降为化成县，隶属于复州。复州下领二县，为永康县（旧名永宁）和化成县。金贞祐四年（1216），升化成县为金州，“金州”之名始于此。金天会三年（1125）灭辽后，庄河北部属东京路盖州岫岩县，东北部属婆速路，余地属曷苏馆路。公元1216年，蒙古军占据金、复、海、盖四州。大连地区被蒙古军控制。之后，蒙古军西征时，投降蒙古的原金将蒲鲜万奴又叛蒙古，据辽东，建东夏国。大连地区为蒲鲜万奴所控制。公元1233年，蒙古灭东夏国，大连地区复归蒙古辖地。

公元1271年，蒙古定国号为元。元初，废金所置金、复二州，并入盖州路，后又并入辽阳路，属辽阳路辽阳县。至元二十一年（1284）置金复州万户府（治所金州城），发新附军1281户于忻都察置立屯田，原金朝金州、复州一带从辽阳县析出。金复州万户府辖金州千户所、复州千户所、哈斯罕千户所（今大连市青泥洼一带），今庄河主要由婆娑府（治丹东）沿海巡防百户所管辖。至元二十四年（1287）立辽阳等处行中书省（简称辽阳行省）后，金复州万户府直属辽阳行省。至元二十六年（1289），分京师应役新附军1000人屯田哈斯罕关东荒地。至元三十年（1293），以玉龙帖木儿、塔失海牙2万户新附军1360户，并入金复州，立屯耕作。金复州万户府共有屯田户3641户，屯田2523顷。至顺元年（1330），金复州万户府更名为哈思罕总管府。

五、明代

明朝建立之初，元朝残余势力尚控制辽东大部分地区。明洪武四年（1371）二月，元辽阳行省平章刘益以辽东金、复、海、盖四州降明，明朝于得利嬴城（今瓦房店市得利寺镇西北龙潭山城）设辽东卫指挥使司（简称辽东卫），命刘益为指挥同知。五月，元将洪保保杀刘益，辽东处于战乱之中。明廷遂派马云、叶旺率10万大军自山东登莱渡海在狮子口（今旅顺口）登陆，屯兵金州境，与刘益部将配合作战，大败元将纳哈出。七月，明廷在辽东置定辽都卫指挥使司（简称定辽都卫），以马云、叶旺为都指挥使，治所在金州城（洪武六年，迁辽阳老城）。

明洪武五年（1372）六月，在辽南地区设立金州、复州，专理民政事务，隶属于山东布政使司辽海东宁道。

明洪武八年（1375）十月，定辽都卫改为辽东都指挥使司，简称辽东都司（与布政使司同级机构）。辽东都司在金州设金州卫，下领中、左、右、前、中左、后6个千户所，实行州、卫并行制。同年，将辽东卫改为定辽后卫，移治所于辽阳。洪武十四年（1381），在复州城置复州卫，下领前、左、右、中4个千户所。洪武二十年（1387），金州卫中左千户所调领旅顺。翌年，金州卫后所调义县。

明洪武二十八年(1395),罢废州制,专行卫制，直至明末。今大连地区隶属辽海东宁道金州、复州、盖州三卫。

归结起来，明廷在罢废州（县）前后，在大连地区先后设有辽东卫、定辽都卫、金州卫和复州卫。辽东卫，明洪武四年（1371）二月设于得利赢城（今瓦房店市复州得利寺山城），是明廷在东北地区设立的第一个军卫，洪武八年（1375）改为定辽后卫，移治所于辽阳。定辽都卫，明洪武四年（1371）七月设于金州城，洪武六年（1373）移治所于辽阳，洪武八年（1375），改称辽东都指挥使司（简称辽东都司）。金州卫（全称金州卫指挥使司），洪武八年（1375）设于金州城（今金州城内东北隅）；洪武二十年（1387），在旅顺设金州卫中左千户所。复州卫（全称复州卫指挥使司），洪武十四年（1381）设于复州城（今瓦房店市西北复州城）。辽东都司是军事机关，不理民政，所属金州卫、复州卫则是军政合一的地方基层政权，既是军事机构，又是政务机构，同时接受辽东都司和山东布政使司、按察使司统领。今大连地区南部归属辽东都司金州卫，北部归属复州卫，今瓦房店市北境和庄河市大部归属盖州卫。

明代在大连地区先后修筑有金州、复州两座规模较大的州城，旅顺南、北两座规模较小的海防城，以及有一定规模的辽东苑马寺永宁监城。

金州城，辽代为土城，明代筑为砖城，且规模比土城大许多。洪武五年（1372）金州（砖）城始筑，洪武十年（1377）筑成，是明代辽东地区修筑最早的州城，也是修筑延续时间最长的一座州城。州城周长六里，高三丈三尺，四面皆有城门，东为“春和”，西为“宁海”，南为“承恩”，北为“永安”。城墙外环以护城河（又称“池”），深一丈二尺，宽六丈五尺。

复州城，辽代为土城，蒙古汗国占领辽东后废置。明洪武十四年（1381），复州城在原土城上再筑，翌年竣工，仍为土城。洪武二十八年（1395），明廷废州设卫后，将土城改为石城。永乐元年（1403）复州（石）城始筑，至永乐四年（1406）筑成。明筑复州城周长四里三百步，高二丈五尺，东、南、北三面各有城门一座，东为“通明”，南为“迎恩”，北为“镇海”。城池深一丈五尺，宽一丈五尺。

旅顺北城，初筑于明洪武四年（1371）七月，定辽都卫都指挥使叶旺、马云率大军在狮子口登陆后，改狮子口为旅顺口，并命军士修成木栅城。永乐十年（1412），木栅城改筑为砖城。旅顺南城，修筑于永乐四年（1406），时为土城，永乐十年（1412）改筑为砖城。旅顺南北二城相距约200米。

辽东苑马寺初设于辽阳，后迁至复州，明弘治十六年（1503）移驻永宁监城。嘉靖二十七年（1548），辽东苑马寺卿由复州移驻金州，兼管金、复、海、盖四州的兵备、海运与边防。金州成为辽南地区的军政中心。

明代朝廷高度重视辽东半岛的战略地位，大力加强陆防、海防建设，在大连地区设金州卫、复州卫，修城池，屯重兵。因其时，倭寇屡犯辽东沿海。永乐十七年（1419）六月，辽东总兵官刘江（本名刘荣）指挥明军大破倭寇于金州城望海埚，歼敌近1600人，取得了明初抗倭斗争最大的一次胜利，此后百余年，倭寇不敢窥辽东。

六、清代

明末，后金攻占金、复二州。1633年，攻陷旅顺。1636年，后金改国号为清。清初，大连地区由于连年战争，人口逃散，城池荒废，沃野千里，有土无人。顺治初年，清廷实行招民垦殖政策，鼓励汉民进入东北垦荒，金州、复州人口逐渐增加。顺治十年（1653），朝廷迁都燕京（今北京），东北地区以昂邦章京辖管。同年，为鼓励汉族移民垦荒，始设府、州、县，东北形成旗民双重管理体制。顺治十年（1653）置辽阳府，辖辽阳、海城二县，大连地区属之。顺治十四年（1657），设奉天府，裁辽阳府，辖辽阳、海城二县，大连地区仍隶海城县。康熙三年（1664），大连地区改隶奉天府盖平县。时大连地区八旗驻防情况：顺治初年于金州设佐领，康熙十九年（1680）改设协领，康熙二十年（1681）改设防守尉。康熙二十六年（1687），改设金州城守尉。同年，设复州城守尉。康熙五十二年（1713），始设旅顺水师营。

雍正五年（1727），清廷始在大连地区置厅州县行政区划，与八旗驻防区同城设治，政区与驻防区交错分布。是年，移锦州府通判驻复州（复州通判治所在今辽宁省瓦房店西北复州城），为复州厅（县级），辖明代金州卫、复州卫地，管理民事，隶属奉天府尹。作为八旗驻防城的复州城、金州城、旅顺水师营，辖归熊岳副都统。

雍正十一年（1733），改复州厅为复州（县级），置宁海县（今金县），复州、宁海县归奉天府尹辖管，庄河时归岫岩通判。复州城、金州城守尉归奉天将军辖管。宁海县与金州城守同城设治。道光二十三年（1843），为加强辽东半岛防务，清廷将熊岳副都统衙门移至金州，称金州副都统衙门（又称“旗衙门”），驻金州城东街，统管金州、旅顺水师营、复州、盖州、熊岳八旗军政事务。同年，裁宁海县，设海防同知衙门（又称“民衙门”），是为金州厅，驻金州城西街，隶属奉天府尹，掌管金州“五社一岛”（即堆金社、积金社、雨金社、南金社、旅安社5个区和1个岛屿区）的民事务。复州、金州厅均隶属奉天府尹。清光绪六年（1880），裁撤旅顺水师营，设北洋前敌营务处，置道员级总办，隶属北洋大臣。

清末，八旗驻防先后裁撤，改以郡县制度管理地方社会，实行省、府、县三级制。清光绪三十二年（1906）十月，分凤凰厅、岫岩州地置庄河直隶厅，治大庄河，位于今庄河城，隶属奉天省兴凤道。至此，今大连地区分隶复州、金州厅、庄河直隶厅。“旗人”事务及大连地区军事由金州副都统衙门掌管，未编入旗籍的“民人”事务由州、厅统理。

七、中华民国时期复县、庄河县、新金县

中华民国时期，大连地区的复县、庄河县先后隶属北洋军阀政府（奉系）、南京国民政府、伪满洲国。

1913年2月，中华民国政府改金州厅为金县（时为日本占据，中国实际并未行使主权），复州为复县，庄河厅为庄河县，均隶属奉天省。1913—1928年，复县隶奉天省辽沈道，庄河县隶奉天省东边道，归北洋政府奉系军阀张作霖统治。

1929年2月5日，张学良改奉天省为辽宁省，同时废除道制，金县、复县、庄河县均隶属辽宁省。东北沦陷时期，1931年11月20日，改辽宁省为奉天省。

1932年伪满洲国成立后，复县、庄河县被分别划归伪满奉天省、安东省，直到1945年8月伪满洲国灭亡。

大连地区清代行政建制情况表（1644—1912 年）

表 1-1

<table>
<tr><th>统治年代</th><th>一级政区</th><th>二级政区
（驻防将军）</th><th>三级政区</th><th>四级政区</th></tr>
<tr><td rowspan="10">1636
—
1912
年</td><td rowspan="6">盛京总管
（1644 年）
盛京昂邦章京
（1646 年）
镇守辽东等处将军
（1662—1907 年）

盛京五部侍郎
（户、礼、兵、刑、工部。
1644—1875 年）</td><td rowspan="2">熊岳副都统
（1727—1843 年）</td><td>金州城守章京（1681—1687 年）</td><td></td></tr>
<tr><td>旅顺水师营协领（1713—1890 年）
复州城守尉（1687 年）
金州城守尉（1687—1843 年）
熊岳城守尉
盖州城守尉
岫岩城守尉</td><td></td></tr>
<tr><td rowspan="4">奉天府尹
（1657—1875 年）</td><td>海城县（1653 年）

岫岩</td><td>复州巡检司
金州巡检司（1661—1664 年）
（辖今庄河）</td></tr>
<tr><td>盖平县（1664 年）

岫岩</td><td>复州巡检司（1664—1726 年）
金州巡检司（1664—1680 年）
（辖今庄河）</td></tr>
<tr><td>复州通判（1727—1734 年）
岫岩</td><td>金州巡检司（1727—1734 年）
（辖今庄河）</td></tr>
<tr><td>复州（1734—1912 年）
宁海县（1734—1843 年）
岫岩通判（1733—1786 年）</td><td>（辖今庄河）</td></tr>
<tr><td rowspan="2">镇守奉天等处将军
（1875—1907 年）</td><td>金州副都统
（1843—1900 年）</td><td>旅顺水师营协领
金州协领
复州城守尉
盖州城守尉
熊岳城守尉</td><td></td></tr>
<tr><td>奉天府尹
（1843—1905 年）</td><td>金州厅（1843—1900 年）
复州
岫岩州</td><td>庄河巡检司、石城岛巡检司</td></tr>
<tr><td>东三省总督府
（1907—1912 年）</td><td>奉天省
（1907—1912 年）</td><td>奉天府</td><td>复州（辖水门子、长兴岛巡检）
金州厅（日本占据）</td></tr>
<tr><td></td><td></td><td>兴风道</td><td>庄河厅（1906 年至 1912 年 2 月，下辖孤山、石城岛巡检）</td></tr>
</table>

说明：镇守辽东等处将军后改为镇守奉天等处将军、镇守盛京等处将军，分别简称奉天将军、盛京将军

八、解放战争时期

由苏军军管、中国共产党领导下的特殊解放区

1945 年 8 月 14 日，中华民国国民政府同苏联政府签订了《中苏友好同盟条约》，同时签订了大连、旅顺口和长春铁路等协定。同年 8 月 22 日，苏军根据《中苏友好同盟条约》进驻旅大，日本对旅大地区 40 年殖民统治结束。依据《中苏友好同盟条约》，将金县石河驿到东西海岸一线为界的南部地区作为军事管制区域。10 月 28 日，苏军大连警备司令官高兹洛夫中将发布第 11 号命令，宣布日本大连市役所及各市役所、出张所的日本行政官尽行退职。同时承认大连市自治地方政府，任命迟子祥为大连市市长，陈云涛为副市长。11 月初，中共大连市委正式成立。旅大地区成为由苏军实行军事管制、中国共产党实际控制的特殊解放区。在苏军军管期间，为行署、县（市）两级的地方民主政权。

1945 年 11 月 8 日，大连市政府正式成立，市长迟子祥、副市长陈云涛宣誓就职。同年 11 月 25 日，旅顺市政府成立，12 月 16 日金县政府成立。1946 年 1 月 30 日，大连县政府成立。

1946 年 9 月 29 日，大连市、旅顺市、金县、大连县各地政府及群众代表共同举行会议，讨论通过成立旅大金行政联合办事处（后简称旅大行政联合办事处）。10 月 23 日，旅大行政联合办事处举行成立典礼。旅大行政联合办事处作为旅大地区临时最高权力机关，统辖大连市、旅顺市、金县、大连县。

1947 年 4 月 3 日，旅大地区首届各界人民代表大会在旅顺市召开，会议决定，撤销旅大行政联合办事处，成立关东公署，统辖大连市、旅顺市、金县、大连县。关东公署初设于旅顺，1947 年 12 月，

解放战争时期大连地区行政建制情况表（1945—1949 年）

表 1-2

<table>
<tr><th>国号</th><th>执政者
（及其执政范围）</th><th>大区政权</th><th>一级政权</th><th>二级政权</th><th>三级政权</th></tr>
<tr><td rowspan="8">中华民国
1912—1945年</td><td rowspan="5">中共领导的辽南解放区（1945 年 9 月—1949 年 9 月）</td><td>中共中央东北局（1945 年 9 月 21 日）</td><td>安东省</td><td>庄岫专署</td><td>复县　庄河县</td></tr>
<tr><td rowspan="3">东北行政委员会（1946 年 8 月 14 日—1949 年 8 月 26 日）</td><td rowspan="2">辽南行政公署</td><td>第五专区（1946 年 6 月—1948 年 2 月）</td><td>复县　庄河县
新金县　万福县</td></tr>
<tr><td></td><td>复县　庄河县
新金县　万福县</td></tr>
<tr><td>辽宁省</td><td></td><td rowspan="2">复县　庄河县　新金县　万福县（1948 年 9 月瓦房店由镇改市，翌年 7 月复改镇，属复县）</td></tr>
<tr><td>东北人民政府（1949 年 8 月 27 日）</td><td>辽宁省</td><td></td></tr>
<tr><td rowspan="3">中共领导的旅大特殊解放区（1945 年 8 月—1949 年 9 月）</td><td rowspan="2">中共中央东北局（1945 年 9 月 21 日—1949 年 9 月）</td><td>大旅行政联合办事处</td><td></td><td rowspan="3">大连市　旅顺市
金县　大连县</td></tr>
<tr><td>关东公署</td><td></td></tr>
<tr><td>东北人民政府（1949 年 8 月 27 日）</td><td>旅大行政公署</td><td></td></tr>
</table>

迁至大连市西岗区斯大林广场1号。

1949年4月27日，旅大地区第二届各界人民代表大会召开，决定将关东公署改称旅大行政公署，辖大连市、旅顺市、金县、大连县。

1949年8月27日，东北人民政府正式成立，旅大行政公署从行政上隶属东北人民政府领导，为东北大区的直辖市。同年11月，成立长山县（原为金县长山列岛区）。

今大连地区北部的新金县、复县、庄河县

解放战争时期，中国共产党在今辽宁地区实行省（含行署区）、专区、县三级政权。大连地区北部的新金县、复县、庄河县辽南解放区，初属安东省，后改隶辽南行政公署、辽宁省、辽东省。

安东省1945年11月3日成立。1946年1月，设庄岫专署，辖庄河县、新金县、复县（三县政府分别成立于1945年9月12日、9月25日、10月25日）。

辽南行政公署1946年6月成立，庄岫专署划归辽南行政公署，设第五专区，辖庄河县、新金县、复县、万福县（1946年5月由复县、新金县、庄河县划出部分地区成立，1948年12月撤销）。1946年10月至1947年6月，辽南大部分地区为国民党军队占领。1947年6月，中国人民解放军反攻胜利，庄河县、新金县、复县获第二次解放。1948年2月至8月，庄河县、新金县、复县、万福县直属辽南行政公署。

1948年7月11日，东北行政委员会发布命令，将辽南行政公署并入辽宁省（1945年10月12日成立），庄河县、新金县、复县、万福县改隶辽宁省。同年8月7日，正式合并。

1949年4月21日，东北行政委员会决定撤销辽宁省，成立辽东省。1949年5月1日辽东省正式成立，新金县、庄河县、复县隶辽东省，直至1954年7月。

1949年8月27日，东北人民政府正式成立，旅大行政公署隶属之，为东北大区直辖市。

九、中华人民共和国时期

1949年10月1日中华人民共和国成立后，旅大行政公署隶东北人民政府，辖大连市、大连县、旅顺市、金县、长山县（1949年9月27日旅大行政公署发文，原金县长山列岛区改县建制，11月10日正式成立）。同年12月18日，旅大行政公署所属各级政权一律改称人民政府（区公所不变），即大连市政府改称大连市人民政府，旅顺市政府改称旅顺市人民政府，金县政府改称金县人民政府，大连县政府改称大连县人民政府，长山县政府改称长山县人民政府。

1950年4月8日，旅大行政公署决定，大连市人民政府与大连县人民政府合署。

1950年12月1日，旅大行政公署与大连市人民政府合并，成立旅大市人民政府，为东北行政大区直辖市。同时撤销大连市、大连县建制。同年12月12日，将原大连市、大连县所辖12个区归并为旅大市人民政府7个直属区：中山区、西岗区、岭前区、沙河口区、甘井子区、营城子区、小平岛区。1950年12月16日，改区公所为区政府，为一级政权。

旅大市成立后的隶属关系：

中央直辖市时期（1953年3月12日至1954年7月31日） 1953年3月12日，中央人民政府将旅大市改属中央直辖市，由东北行政委员会代中央政府进行领导和监督。旅大市仍辖中山、西岗、岭前、沙河口、甘井子、营城子、小平岛7区，及旅顺市、金县、长海县不变。

辽宁省辖市时期（1954年8月1日至1985年12月31日） 1954年6月19日，中央人民政府决定撤销大区一级行政机构和合并若干省，东北行政委员会据此将辽东省、辽西省合并为辽宁省。8月1日，辽宁省成立，旅大市由中央省辖市改为辽宁省辖市。

中华人民共和国成立后大连地区行政建制情况表（1949—1985 年）

表 1–3

<table>
<tr><th>国号</th><th>大区政权</th><th>一级政权</th><th colspan="2">二级政权</th><th>三级政权</th></tr>
<tr><td rowspan="15">中华人民共和国</td><td rowspan="2">东北人民政府</td><td>旅大行政公署（省级）（1949 年 4 月—1950 年 12 月）</td><td colspan="2"></td><td>大连市　旅顺市　金县　大连县　长山县（1950 年 4 月，大连市与大连县合并）</td></tr>
<tr><td>旅大市（省级）（1950 年 12 月—1953 年 3 月）</td><td colspan="2" rowspan="2"></td><td rowspan="3">中山区　西岗区　岭前区
甘井子区　沙河口区　营城子区
小平岛区　旅顺市　金县
长海县（1953 年长山县改）</td></tr>
<tr><td rowspan="13">东北行政委员会（1952 年 11 月—1954 年 8 月）</td><td>旅大市（中央直辖市）（1953 年 3 月—1954 年 7 月）</td></tr>
<tr><td rowspan="3">辽宁省（人民政府）（1954 年 8 月 1 日—1955 年 2 月 11 日）</td><td colspan="2">旅大市（人民政府）（1954 年 8 月 1 日—1955 年 2 月 2 日）</td></tr>
<tr><td colspan="2">辽阳专区（1956 年 2 月 8 日）</td><td>新金县　复县</td></tr>
<tr><td colspan="2">安东专区（1956 年 2 月 8 日）</td><td>庄河县</td></tr>
<tr><td rowspan="5">辽宁省（人民委员会）（1955 年 2 月—1968 年 5 月）</td><td rowspan="3">旅大市（人民委员会）（1955 年 2 月—1967 年 3 月）（1967 年 3 月 28 日—1968 年 8 月 5 日旅大市军管会实行军管）</td><td>1955 年 2 月 3 日—1959 年 1 月 4 日</td><td>中山区　西岗区　岭前区
甘井子区　沙河口区
大辛寨子区　旅顺市
代省管金县　长海县</td></tr>
<tr><td>1959 年 1 月 5 日—1966 年 6 月 11 日</td><td>中山区　西岗区　岭前区
甘井子区　沙河口区
旅顺口区（1960 年 1 月由市改区）　大辛寨子区　金县
长海县　庄河县　新金县　复县</td></tr>
<tr><td>1966 年 6 月 12 日—1968 年 8 月 3 日</td><td>中山区　西岗区　甘井子区
沙河口区　旅顺口区　长海县</td></tr>
<tr><td>丹东市</td><td>1965 年 12 月 27 日—1968 年 12 月 26 日</td><td>庄河县</td></tr>
<tr><td>辽南专区</td><td>1965 年 12 月 16 日—1968 年 12 月 26 日</td><td>复县　新金县　金县</td></tr>
<tr><td rowspan="2">辽宁省（革命委员会）（1968 年 5 月 10 日—1980 年 1 月）</td><td rowspan="2">旅大市（革命委员会）</td><td>1968 年 8 月 3 日—1968 年 12 月 25 日</td><td>中山区　西岗区　甘井子区
沙河口区　旅顺口区　长海县</td></tr>
<tr><td>1968 年 12 月 26 日—1980 年 8 月 10 日</td><td rowspan="2">中山区　西岗区　甘井子区
沙河口区　旅顺口区　长海县
新金县　复县　金县 庄河县</td></tr>
<tr><td rowspan="2">辽宁省（人民政府）（1980 年 1 月—1985 年）</td><td colspan="2">旅大市（人民政府）（1980 年 8 月 11 日—1981 年 3 月 4 日）</td></tr>
<tr><td colspan="2">大连市（人民政府）（1981 年 2 月 9 日旅大市改称大连市，1981 年 3 月 5 日挂牌）</td><td>庄河县</td></tr>
</table>

1955年2月3日，旅大市人民政府改为旅大市人民委员会。

1955年6月26日，辽宁省人民委员会决定，旅大市所辖金县、长海县由旅大市代省管理，分别改称辽宁省金县、长海县。两县人口不计入旅大市人口总数。

1956年2月8日，新金县、复县改隶辽阳专区，庄河县改隶安东专区。

1956年8月4日，撤销小平岛区、营城子区，成立大辛寨子区。

1959年1月5日，复县、新金县、庄河县划归旅大市。

1959年8月，撤销岭前区，并入中山区；撤销大辛寨子区，其辖区分别划归旅顺市、甘井子区和沙河口区。

1960年1月7日，根据国务院决定，撤销旅顺市，改设旅顺口区。

1965年12月16日，辽宁省辽南专区成立，复县、新金县、金县改隶辽南专区。同年12月27日，庄河县划归安东市（今丹东市）管辖。至此，旅大市辖中山、西岗、沙河口、甘井子、旅顺口5个区和长海1个县。

1968年12月26日，辽南专区被撤销，复县、新金县、金县和丹东市所辖的庄河县复归旅大市。至此，旅大市共辖5区5县，即中山、西岗、沙河口、甘井子、旅顺口区，金县、长海县、庄河县、新金县、复县，直至1985年末。

1981年2月9日，旅大市更名大连市。

1984年9月25日，经国务院批准兴建大连经济技术开发区。

1985年1月17日，复县改为瓦房店市。

附：沙俄侵占旅大并实行殖民统治时期

清后期，中国沿海屡遭列强侵略，旅顺、大连未能幸免。1894年7月25日，中日甲午战争爆发。10月24日，日军从庄河花园口登陆，11月初侵占金州、大连湾。11月21日，日军攻陷旅顺，屠城四天三夜，屠杀居民近2万人，制造了震惊世界的旅顺大屠杀。辽东半岛尽陷。1895年4月17日，李鸿章代表清政府与日本签订了丧权辱国的《马关条约》，日本割占了辽东半岛。觊觎旅大已久的沙俄，联合德、法，“三国干涉还辽”，迫使日本归还了辽东半岛。1896年6月3日，沙俄与清政府签订《中俄密约》，获得中东铁路的修筑权；1897年12月，又打着“保护中国”的幌子，派军舰强占了旅顺口、大连湾。1898年3月27日，沙俄强迫清政府与之签订《旅大租地条约》（在北京），令清政府将旅顺口、大连湾及附近水面租与俄国，租期25年，期满仍可相商展限。同时商定租借地以北划一隙地，隙地内一切吏治全归中国管，唯中国军队非与俄国商明不得进入。同年5月，又强迫清政府与之签订《续订旅大租地条约》（在圣彼得堡），主要内容包括：将旅大租地北界扩展至普兰店湾北岸起向东至貔子窝湾一线；将隙地北界线定为从辽东西岸盖州河口起，经岫岩城到大洋河口止；清廷保留金州城内自行治理。从沙俄自1898年3月侵占旅大，到1905年日俄战争战败，共对旅大地区进行了7年的殖民统治。

沙俄侵占旅大后，即在旅顺、大连湾（今柳树屯）设立警察署，实行军事统治。

1899年8月，沙皇颁布《暂行关东州统治规则》，擅将旅大租借地冠名“关东州”，州厅设在旅顺。关东州划分为5个行政区和4个市，即旅顺（治所在水师营）、金州、貔子窝、亮甲店（治所在郭家岭）、岛屿5个行政区，旅顺、金州、貔子窝、达里尼4个市（“达里尼”俄语意为遥远）。1902年5月29日，达里尼实行由财政部直辖的特别市制，管辖区域分为达里尼市区、老虎滩区、沙河口区。

关于沙俄强占关东州租借地外之中国金州孤

城问题。1894 年日本侵占辽东半岛，11 月 6 日侵占金州城，设立金州军政署，实行军管。1895 年“三国干涉还辽”后的 12 月 15 日，清金州厅与金州协领衙门恢复建制。中俄签订《续订旅大租地条约》时明确规定，清廷保留金州城内自治。但在 1900 年 7 月 27 日，沙俄乘镇压中国义和团运动之机，派兵突袭金州城，逮捕了金州代理副都统福升、协领富伦、海防同知马宗武等中国官员，并押送至库页岛。从此，旅大地区完全被沙俄侵占。

1903 年 8 月，沙俄在旅顺置远东总督府，达里尼特别市改隶远东总督府。

1904 年 5 月 5 日，远东总督府由旅顺迁至奉天（今沈阳），同年 10 月撤回俄国。1905 年 1 月 13 日，达里尼特别市复隶属俄国财政部。

附：日本侵占旅大并实行殖民统治时期

清光绪三十年（1904）2 月 8 日深夜，日军突袭泊于旅顺口外的俄舰，日俄战争爆发。日俄战争历时一年半，清政府始终“局外中立”。战争以俄军失败而告结束，双方于 1905 年 9 月 5 日签订《朴次茅斯和约》。主要内容是，沙俄将从中国取得的旅顺和大连的租借权让给日本，俄国将长春到旅顺之间的铁路及其支线的权利让给日本。从此，日本取代俄国对大连实行了长达 40 年的殖民统治。

1905 年 12 月 22 日，在日本的胁迫下，中日双方代表在北京签订《中日会议东三省事宜正约》及《附约》。正约规定，中国政府承认日俄和约中俄国让与日本的各种特权。从此，大连成为日本殖民统治地区，直到 1945 年 8 月 15 日日本投降。

日本侵占大连后，沿用“关东州”名称，并逐步建立起一整套殖民统治的行政体系。按时间分，包括军政时期和民政时期。

军政时期（1904 年 5 月 26 日至 1919 年 4 月 12 日）　当日俄战争还在激烈进行之际，日本已在占领地区建立军政署。1904 年 5 月 26 日，日军攻占金州，27 日即建立金州军政署。5 月 31 日，建立青泥洼军政署（后改为大连军政署）。6 月，建立复州军政署。1905 年 1 月，建立旅顺军政署。

这个时期的军政署，先隶属于 1904 年 6 月 20 日于辽阳设立的满洲军总司令部（7 月 14 日迁至大连）。同年 8 月 14 日设立辽东守备军司令部后，改归辽东守备军统辖。1905 年 1 月 27 日，辽东守备军司令部发令：自 2 月 11 日起，改“达里尼市”为“大连市”。

1905 年 5 月，日本天皇敕令，废止辽东守备军司令部，改称满洲军总兵站监部，同时废除旅顺、金州、大连军政署。同年 6 月 9 日，新建关东州民政署，隶属于满洲军总兵站监部。6 月 23 日，设大连、旅顺、金州 3 个民政支署。

1905 年 9 月 5 日日俄签订《朴次茅斯和约》，满洲军总司令部设关东总督府（1905 年 10 月 31 日设于辽阳，1906 年 5 月迁旅顺），取代辽东总兵站监部职责。关东总督府直属日本东京大本营。关东州各民政署及东北其他地区所有日本军事和民政要务统归其掌管。到 1906 年 2 月，除统辖关东州民政署外，还统辖奉天、安东、营口等 8 处军政署。关东州民政署下辖大连、旅顺、金州民政支署。

1906 年 9 月 1 日，日本废除关东总督府，改立关东都督府（治旅顺）。除掌管旅大租借地和满铁附属地的行政权外，还有军事指挥权。内设陆军部、民政部。民政部下设大连、旅顺、金州 3 个民政署。同年 10 月 9 日，金州民政署下设貔子窝、普兰店民政支署。1908 年 11 月 10 日，金州降为民政支署，下辖貔子窝、普兰店出张所。

民政时期（1919 年 4 月 12 日至 1945 年 8 月 15 日）　1919 年 4 月 12 日，日本政府废除关东都督府官制，实施关东厅官制。原民政部改为关东厅，原关东都督府中的陆军部分离出去，成立关东军司令部。关东厅下设大连、旅顺民政署，大连民政署下设金州民政支署。同年8月18日，增设金州民政署，下辖貔子窝、普兰店民政支署。关东军司令部初设于旅顺，1931年“九一八”事变后迁至奉天（今沈阳），1932年伪满洲国成立后迁至新京（今长春）。

1924年12月25日，金州民政署改为民政支署，保留大连、旅顺民政署。大连民政署统辖金州、貔子窝、普兰店3个民政支署。1930年10月22日，民政署内警政分治，另建金州、旅顺、大连警察署，改民政二署为五署，即大连、旅顺、金州、貔子窝、普兰店民政署。

1931年“九一八”事变后，随着伪满洲国的成立，日本政府改变了在中国东北的行政机构。1934年12月26日，成立关东局，设在日驻伪满大使馆内，由日驻伪满大使总管关东局事务。同时废除关东厅，设关东州厅，受关东局统辖。

1937年6月，关东州厅由旅顺迁至大连（今大连市人民政府址）。同年12月，废除大连民政署，原大连民政署管辖区大部分划归大连市，另外部分划归旅顺和金州民政署。至此，大连市已成为与旅顺、金州、普兰店、貔子窝4个民政署并列的机构。

1938年4月，关东州厅下辖2个市4个民政署，即大连市、旅顺市，旅顺、金州、普兰店、貔子窝民政署，直至1945年8月15日日本投降。

第二节　行政区划

大连行政区划历代相沿承继，又随政权的交替而发生变化，包括政区名称、层级、幅员、边界、地理分布等变化。元代以前，大连地区行政区划中的政区名称、层级有见文献记载，幅员、边界、地理分布情况则未见文献记载。明代始有政区幅员大小的记载，清代以后政区的幅员、边界等行政区划要素方趋于明晰。

一、燕秦至隋唐时期

自燕秦设辽东郡始，大连地区即为辽东郡治之下。秦汉时有“百里之县”“千里之郡”之说，大意可知一郡约领十县之地。据此推断，西汉时辽东郡所辖范围大体是：北起今辽宁省铁岭市，南到辽东半岛南端的旅顺口，西止今辽西的医巫闾山，东到今朝鲜境内的清川江。辽东郡下大连地区的具体行政区划，史书无载不详。以大连地区有沓氏县治的结论来推断，今新金县花儿山乡张店古城一带以南地区当为沓氏县境。今大连地区北部的瓦房店、庄河当在汶县或平郭县境内。

东汉末期，三国时期魏在大连地区增设北丰县，至魏末皆废。西晋时期和被前燕、前秦、后燕、高句丽少数民族政权据有的东晋时期，直至隋唐时期，大连地区境内未设有县治，其间先后隶平郭、西安平（安平）、汶县、武次等县。唐灭高句丽后，大连地区属安东都护府（治所在平壤）积利州。安东都护府所辖范围大体是：北邻渤海，南界新罗（朝鲜半岛国家），西接契丹。积利州，或认为旧址在今瓦房店市得利寺镇西山的龙潭山山城；或认为在今凤城市以东大蒲石河口附近；或认为在今岫岩县娘娘城村山城。大连地区具体行政区划未见史书明确记载。

二、辽金元时期

辽代在大连地区广设州县。辽代初年，大连地区即为辽朝属地。据《辽史》记载：辽太祖二年（908）即“筑长城于镇东海口”（今大连市甘井子区南关岭）。镇东海口时称镇东关，兼有海关和边防要塞的作用。之后，大连地区随着辽朝行政区划的变更，先后属东丹国（北起黑龙江南至大连海滨的东北地区）、南京（今辽阳市）、东京（原南京改称，今辽阳市）。随着辽东京道的设立和南、北面分治体制的正式推行，大连地区出现了属于北面部族制管理的曷苏馆女直、南女直（辽代典籍中女真均作女直，宋人著书多作女真），属于南面州县制管理的顺化城、宁州、镇海府、苏州（今大连市金州）和复州（今瓦房店市复州城）。复州辖永宁、德胜二县；苏州辖来苏、怀化二县。

金代在大连地区设复州和苏州，后苏州一度降为化成县，所辖地区并入复州，金代末年又升化成县为金州。金初于辽阳府鹤野县长宜镇置曷苏馆路（属东京路的次一级路），后徙治宁州，即今瓦房店市复州城镇永宁城，曷苏馆路用于统辖女真猛安户，今甘井子区南关岭附近的哈思罕猛安户归其统辖。曷苏馆本为女真部族名称，辽朝初年由女真腹地迁至大连地一带，并被编入辽朝户籍，是为熟女真。生女真建立金朝后，曷苏馆女真归附了金朝。

元代大连地区属辽阳行省（行中书省的简称）。辽阳行省幅员辽阔，北抵外兴安岭，南至辽东半岛南端，东临日本海，西至嫩江以西，东北至黑龙江口及库页岛，东南在至正十六年（1356）前以双城一带与高丽为邻，辖区范围大体涵盖整个东北地区。行省下设路、府、州、县。辽阳路是为金代东京路。元代初年，金、复二州废，至元二十一年（1284），设金复州万户府（治金州城）屯田。至顺元年（1330），金复州万户府改称哈思罕总管府。金复州万户府下设千户所，如在青泥浦（今大连市青泥洼一带）设哈思罕千户所；千户所下设百户所，如在庄河沿海设有巡防百户，石城岛王家岛隶属之。

三、明代

明代辽东的地理概念是今辽宁的绝大部分，并包括今内蒙古、河北与辽宁相邻的部分地区。明初，大连地区设有金、复二州。金州治所设在金州城（今大连市金州区），管辖辽东半岛南端，包括今大连市金州、甘井子、沙河口、西岗、中山、旅顺口6个区和长海县以及近陆海域。复州（今瓦房店市复州镇），辖今瓦房店市、新金县及近陆海域。今庄河县大部及瓦房店市永宁镇等北部地区归盖州（治所今营口市盖县）管辖。洪武二十八年（1395）辽东州县尽废，明廷在罢废州县前后广置卫所。大连地区设金州、复州二卫，瓦房店市北境和庄河市大部则属盖州卫，三卫归辽东都司管辖。辽东都司治所在辽阳城，其管辖范围依清代顾祖禹《读史方舆纪要》的记载，为“东至鸭绿江五百六十里，南至旅顺海口七百三十里，西至山海关一千一十五里，西北至大宁废卫八百六十里，东北至故建州卫七百九十里”。据《明史·地理志》记载，金州卫“北距都司六百里”，复州卫“北距都司四百二十里”，盖州卫“北距都司二百四十里”，分别指金州卫治所金州城、复州卫治所复州城、盖州卫治所盖州城北距辽东都司治所辽阳城的距离。

四、清代

清代分三个时期，初期为1644年入关到1662年统一全国，中期为1662年到1840年鸦片战争爆发，后期为1840年到1912年中华民国成立。清中后期，大连地区设有复州、宁海县（后改金州厅）和庄河厅，总面积17681.5平方千米。州县政区与驻防城区呈交错重叠。

宁海县（金州厅）　清雍正十一年（1733），置宁海县，治金州。其行政区域为今碧流河东岸至普兰店湾以南的辽东半岛南部（又称金州半岛）。置县前为八旗驻防城区：顺治初年（1644）设佐领，康熙十九年（1680）设协领，康熙二十年（1681）

设防守尉，康熙二十六年（1687）设城守尉。

宁海置县时八旗驻防区界：以金州城为中心，向东90里为城子山，临海；向西3里，与海相接；向南12里为红土崖，临海；向北100里为横头河，与复州接界。宁海县与金州城守同城设治。时行政区界：以金州城为中心，向东北180里至毕里河（又称毕栗河，今碧流河），与岫岩接界；向西3里为海界；向南30里到柳树屯，临海；北向与金州城守相同，与复州接界。县区还包括大长山岛、小长山岛、光禄岛（今广鹿岛）、獐子岛、海洋岛及其所属岛屿和渤海水域的近海岛屿蚂蚁岛等。陆地总面积3300平方千米。宁海县西、南两面临海，且分别距海仅3里和12里，南北向几乎是东西向的2倍。宁海县东向是金州城守管界的2倍。乾隆中，宁海城八旗驻防区界：东至城子山90里为海界，西至海3里，南至红土崖12里海界，北至横头河100里为复州界，东南至海青岛50里海界，西南至鞍子山60里海界，东北至毕栗河（今碧流河）180里岫岩界，西北至石河驿60里海界。

清道光二十三年（1843），裁宁海县，置金州厅，将副都统由熊岳移驻金州。厅内设金州海防同知衙门（民衙门）和金州协领衙门（旗衙门），旗、民衙门，各管其民。金州厅辖境与宁海县同。金州海防同知衙门辖管区内“五社一岛”，即堆金社、积金社、雨金社、南金社、旅安社、光禄岛（今广鹿岛）。五社的区域：毕栗河（今碧流河）西岸至沙河（大沙河）东岸为堆金社；沙河西岸石河驿为积金社；石河驿至西海（渤海）为雨金社；老黑山（大黑山）东为南金社；金州城西南为旅安社（旅顺、大连湾）。社下设保，保下设甲。社称“乡约”，保称“保长”，甲称“甲长”。岛区包括今长海县大长山、小长山、广鹿、獐子、海洋等诸岛，以及新金县平岛、马牙岛和金县黑岛，计16岛。岛区治所在广鹿岛。金州协领衙门在金州厅辖区内设12旗，即满洲八旗、蒙古巴尔虎正白旗、汉军三旗。其驻防区域是：满蒙9旗分驻于金州城东（约略于今金县和新金县南部）；汉军3旗分驻于金州城西南（今大连市内4区及旅顺口区）。12旗署皆驻金州城内。

清光绪二十四年（1898），沙俄强行租借旅大时，规定金州厅城仍属中国。光绪二十六年（1900），沙俄军队袭占金州城，撕毁了《续订旅大租地条约》中金州城由中国自行治理的条款，金州厅建制从此被沙俄强行废弃。光绪三十一年（1905）日本继承权利并占领厅城。

复州 清康熙三年（1664）六月，复州地属盖平县。雍正五年（1727），移锦州府通判驻此，为复州厅，治今辽宁瓦房店市西北复州城，辖明代金州、复州二卫地，管理民事。雍正十一年（1733），改置复州，辖今瓦房店市全境及今金县部分地区。据《盛京通志》记载，雍正末年，复州行政区划：以治所为中心，东330里为岫岩界；西向30里至红崖子（今庄河），与海相邻；向南90里到捕拉店（今普兰店），与海宁县接界；向北90里至阿官坟，与盖平县相连。

复州城，清康熙二十六年（1687）设城守尉。乾隆中，复州城驻防区界：东至归化堡（亦称归服堡，今新金县城子疃）150里熊岳城守界，西至红崖子30里海界，南至缸窑（今复州湾）85里（海）界，北至永宁监50里熊岳界，东南至横头河85里宁海城守界，西南至长兴岛40里海界，东北至大龙口50里熊岳界，西北海至老爪岛40里海界。

1898年沙俄强占凤鸣、西中等岛屿，划入“关东州”租借地。时复州行政区域：东至归化堡75千米，熊岳城守界；西至红崖子15千米，海界；南至缸窑42.5千米，海界；北至永宁监25千米，熊岳城守界；东南至横头河42.5千米，金州厅（今金县）守界；西南至长兴岛20千米，海界；东北

清代大连地区行政区划与八旗驻防区划交错分布情况表

表 1–4

县以上行政区划（奉天府尹辖区）	区划设置时间	八旗驻防区划（盛京将军辖区）
	顺治初年（1644）	金州城　设佐领
	康熙十九年（1680）	金州城　设协领
	康熙二十年（1681）	金州城　设防守尉
	康熙二十六年（1687）	金州城　设城守尉 复州城　设城守尉
	康熙五十二年（1713）	旅顺水师营　设协领
置：复州厅（县级）	雍正五年（1727）	金州城　设城守尉 复州城　设城守尉
改：复州（县级） 置：宁海县（县级）	雍正十一年（1733）	金州城　设城守尉 复州城　设城守尉
裁：宁海县 设：金州厅（金州海防同知）	道光二十三年（1843）	设金州副都统　金州城守尉移驻盖州
沙俄租借：金州厅域 （厅城为中国主权）	光绪二十四年（1898）	
日本侵占：金州厅域及厅城	光绪三十一年（1905）	
置：庄河直隶厅 （析凤凰厅、岫岩州地置）	光绪三十二年（1906）	八旗驻防退出地方社会管理

至大龙口 25 千米，熊岳城守界；西北至老孤岛 20 千米，海界。总面积 7819 平方千米。

光绪三十二年（1906），复州东与新置的庄河厅为界。总面积仍为 7819 平方千米。光绪三十四年（1908），设 12 个社，辖 1694 个村。宣统二年（1910），12 社改为 1 城、2 镇、11 乡，辖 3290 个自然村。

庄河直隶厅　清光绪三十二年（1906）十月，析凤凰厅、岫岩州地置。治大庄河，即今辽宁省大连市庄河县。辖境东以大洋河（今东沟县）为界，与凤凰厅接壤；西以碧流河为界，与复州和“关东州”租界相连；西北以步云山山脉为界，与盖平县（今盖州市）毗邻；北及东北以高岭山脉为界，与岫岩州（今岫岩县）接壤。总面积 6562.5 平方千米。1906 年设治初始，行政区划采取“划区设警”，即划庄河城，大孤山、青堆子 2 商镇特别区，33 个警务区和自治乡会，全境共分 6 路、33 区。清光绪三十四年（1908），6 路、33 区易制为 33 乡。清宣统二年（1910）33 乡改划为 5 个区。同年冬，实行自治，划全境为 1 城、2 镇、12 自治乡。一城：庄河城；二镇：青堆镇、大孤山镇；十二自治乡（称乡自治公所）：城厢（驻庄河城下街）、福宁乡（驻青堆镇）、大孤山乡（驻大孤山镇）、太平岭乡（驻仙人洞庙）、高阳寺乡（驻王家染房）、肖家泊乡（驻马家庙）、一面山乡（驻长岭子庙）、桂云花乡（驻桂云花）、上达堡（驻上达堡）、凤窝堡乡（驻凤窝堡）、木耳山乡（驻木耳山）、石城岛乡（驻石城岛）。

五、中华民国时期的大连政区（1912—1945年）

1913年2月，中华民国政府将复州改称复县，庄河厅改称庄河县，金州厅改称金县（时为日本占领），均隶奉天省。1913—1928年，复县隶属奉天省辽沈道；庄河县隶属奉天省东边道，归北洋政府奉系军阀张作霖统治。1929年中华民国南京国民政府改奉天省为辽宁省，自此至1931年，复县、庄河县隶属辽宁省。1932年至1945年8月，复县、庄河县分别隶属伪满洲国奉天省、安东省。

金县 1913年，中华民国政府改金州厅为金县。因被日本侵占，未能行使主权。直至1945年8月日本投降，金县方回归中国。

复县 1913年，中华民国政府将复州易名复县后，于县下设区。至1924年，复县设9区、136村。1930年时改136个村为63村，下设669甲，6919牌（自然屯）。其中，一区位于复县中心，驻瓦房店，辖7村；二区位于瓦房店西南，驻复州湾，辖10村；三区位于瓦房店西，驻娘娘宫，辖5村；四区位于瓦房店西，驻复州城，辖8村；五区位于瓦房店西北，驻永宁涧，辖9村；六区位于瓦房店北，驻松树，辖5村；七区位于瓦房店东，驻莲花山，辖7村；八区位于瓦房店东北，驻一拉塔，辖7村；九区位于瓦房店东，驻复东镇，辖5村。伪满时期，沿用民国时期的行政区划，设9区、63村。1942年撤区，设瓦房店和复州2街及42村。

庄河县 1913年，中华民国政府将庄河厅易名庄河县后，7月，全境划为12个预警所。9月改组为12个保卫团。1916年，并12保卫团为6个保卫团。1918年裁撤保卫团，改为保甲，称6甲。1923年划全县为9区，辖1668个自然村。1924年，设自治区公所，划全县为9个自治区。1929年2月5日，奉天省易名辽宁省，庄河县直隶省属，施行新村制，将原223个行政村，划并为8区、2镇、83村。东北沦陷后，设庄河县公署，行政区划基本沿袭中华民国旧制，全境划8区、81行政村。1936年10月，实行新街区制，全县分8区、3街、62村、677屯、6956牌（自然屯）。1940年，全县划为7个警务区，下辖3街、31村、342行政屯（区），直至1945年8月。

六、解放战争时期的大连政区（1945—1949年）

1945年8月15日，日本宣布无条件投降。8月22日，苏联红军进驻旅大，旅大解放，对金县石河驿到东西海岸一线为界的南部地区实行军管。随着中国共产党领导的地方民主政权的建立，大连地区成为由苏联红军军管，中国共产党领导下的特殊解放区。

1945年11月至1946年1月，大连地区先后成立大连市、旅顺市、金县、大连县政府，实行地方分治。1946年10月，成立旅大行政联合办事处，作为旅大地区过渡性最高行政机关。1947年4月，成立关东公署，取代旅大行政联合办事处。1949年4月，关东公署改为旅大行政公署，辖大连市、旅顺市、金县、大连县。后行政区划几经调整变动，到1949年9月，旅大地区依然保持辖2市（大连市、旅顺市）2县（金县、大连县）的基本格局，下属36区、133坊、15镇、405村，总面积2399平方千米。

今大连地区北部的复县（1985年1月改称瓦房店市）、庄河县，在苏联红军出兵中国东北后迅速成为中国共产党领导下的解放区。1945年9月12日，庄河县首先成立民主政府。同年9月25日，复县东部地区与金县北部地区合并，组建新金县，成立民主政府。10月12日，复县民主政府成立。上述3县政府先后隶属安东省、辽南行政公署、辽宁省和辽东省，直到1959年1月划归旅大市。

旅大金解放区 大连光复初期，境域内实行中国共产党领导下的地方分治，时设大连市、旅顺市、金县、大连县。

大连市。1945年11月，大连市政府将日本殖民统治时期的市内124个区改制12个区，即中央区、黑嘴区（同年12月改为中山区）、南山区、西岗区、沙河口区、刘家屯区、寺儿沟区、老虎滩区、马栏屯区、星个浦区、香炉屯区、甘井子区；市郊划6个区，即革镇堡区、南关岭区、营城子区、栾家屯区、小平岛区、岔沟区（市郊6区及市内甘井子区于1946年1月划归大连县）。1946年2月，市内12个区合并为中山、西岗、沙河口、寺儿沟、岭前5个区，辖138坊、3786闾。面积约120平方千米，人口42.4万人。

旅顺市。1945年11月旅顺市政府成立后，废除日本统治时期市内的14个区，实行市、区、坊(村)三级制，设大众、文化、光明3个区（1948年1月，又将大众、光明2区合并，改称市内区）。市郊划分为5区，龙塘区、中心区、三涧区、双岛区、铁山区。至1949年9月以前，全市共设市内、龙塘、三涧、双岛、铁山、中心6区，辖12坊、162村。1949年10月，面积512.15平方千米，人口12.9万人。

金县。1945年12月金县政府成立后，全县划为8个区，即城区、刘家店区、南山区、二十里堡区、老虎山区、孤山区、董家沟区、玉皇区。1946年9月，三十里堡、亮甲店、登沙河3个区由新金县划归；同年又从三十里堡区分划出石河驿区。至此，全县辖12区、187村。1947年2月，从新金县和庄河县析出部分区和岛成立长山列岛区，划入金县。后行政区划几经调整，到1949年9月5日，长山列岛区由金县划出，更名为长山县。9月29日，金州城区与城郊区合并成立金州市（县辖市）。至此，全县共设1市（金州市）、12区（南山区、孤山区、董家沟区、登沙河区、杏树屯区、亮甲店区、华家屯区、玉皇区、三十里堡区、二十里堡区、石河驿区、老虎山区），辖8坊、8镇、170村。1949年10月，面积1412平方千米，人口32.3万人。

大连县。1946年1月大连县政府成立后，下设甘井子区、南关岭区、革镇堡区、西山区、营城子区、岔沟区、大山区、小平岛区共8个区，辖70村。后行政区划几经调整，到1949年，全县共设7区，辖4镇（村级）、31坊、42村，人口15.8万人。

复县（瓦房店市）　1945年10月25日，复县民主政府成立（大连光复后，原日关东州租借地交流岛、凤鸣岛、西中岛、骆驼岛、平岛归予复县），治瓦房店，隶辽宁省。同年11月，改隶安东省。1946年6月，隶辽南行政公署（1946年11月至1947年6月由国民党军占领）。1948年8月隶辽宁省，9月迁治于复州城。1949年4月复迁瓦房店，5月隶辽东省。后行政区划几经调整，到1949年9月，全县共设2镇（瓦房店镇、复州城镇）16区（松树区、太阳区、大龙区、平山区、西海区、长兴区、北海区、大河区、驼山区、石佛区、南极区、天台区、万家岭区、华铜区、永宁区、南海区），辖377村（街）。1949年10月，面积约3576.4平方千米，人口52.1万人。

庄河县　1945年9月12日，庄河县民主政府成立，治庄河，隶安东省。1946年6月，改隶辽南行政公署（1946年11月至1947年6月由国民党军占领）。1948年8月隶辽宁省。1949年5月隶辽东省。1945年实行区村制，全县划为15区，辖349村，村下以自然屯设闾。后行政区划几经调整，到1949年9月，全县共设27区（庄河区、石山区、小孤山区、吴炉区、黑岛区、徐岭区、太平岭区、长岭区、塔庙区、大营子区、高岭区、仙人洞区、隈子区、马道口区、平山区、城山区、大郑区、高阳区、花园口区、明阳区、石城岛区、桂云花区、步云山区、荷花山区、青椎子区、凤窝堡区、黄岭子区）1街，辖324村（里）。1949年10月，面积3891.76平方千米，人口54.2万人。

新金县 1945年9月，析金县、复县部分地置。25日，新金县人民政府成立，治貔子窝。1945年11月，隶安东省。1946年6月至1948年8月，隶辽南行政公署（1946年11月至1947年6月由国民党军占领）。1948年8月隶辽宁省。1949年5月隶辽东省。建置之初设3区：貔子窝区、普兰店区、城子疃区。后行政区划几经调整，到1948年12月，全县设21区（太平区、朝阳寺区、长山寺区、唐家房区、杨树房区、赞子河区、碧流河区、墨盘区、复东区、双塔区、星台区、骑河区、莲山区、郑窑区、沙河区、白山区、孤山区、四平区、安波区、俭汤区、岔沟区），辖3镇（普兰店镇、貔子窝镇、城子疃镇）、326村（街）。1949年10月，面积2769.9平方千米，人口48.7万人。

七、中华人民共和国时期大连政区（1949—1985年）

中华人民共和国成立后，大连地区的行政区划逐步由地方自治变为全市统管，逐步形成市、县（区）、乡（镇）三级行政区划体系。在城市：1953年3月，将城市区下设的坊改为街道居民委员会，1954年又改为街道办事处；1960年，城市各区合并街道，建立人民公社；1969年8月，改为区、公社、街道三级管理；1978年，撤销城市人民公社，恢复街道办事处。在农村：从1949年10月起，实行区、村制；1956年改为乡、村制；1958年9月，推行政社合一的人民公社体制；1983年8月，实行政社分开，改人民公社制为乡、镇制。

具体区划变动：

1949年11月至1950年12月，旅大行政公署辖2市、3县，即大连市、旅顺市，金县、大连县、长山县（1949年11月10日，经东北人民政府批准，金县长山列岛区撤销，成立长山县）。

1950年4月8日，大连县与大连市合署办公。

1950年10月，东北人民政府决定，将旅大行政公署改为旅大市人民政府。同年12月，撤销旅大行政公署和大连市（以及与大连市合署的大连县）建制，组建旅大市。旅大市辖2县、1市、7个直属区，即金县、长山县，旅顺市，中山区、西岗区、岭前区、沙河口区、甘井子区、营城子区、小平岛区。同时，撤销大连市寺儿沟区，并入中山区（大连县建制撤销后，所辖7个郊区除西山区并入沙河口区外，其余6区合并为3个区：南关岭区与甘井子区合并为甘井子区，小平岛区与岔沟区合并为小平岛区，革镇堡区与营城子区合并为营城子区。）12月16日，改区公所为区政府，区为一级政权。旅大市为东北大行政区直辖市。

1953年1月31日，长山县改名为长海县，辖属不变。

1953年3月12日，旅大市改为中央直辖市，辖属不变。

1954年8月1日，旅大市由中央直辖改为辽宁省辖。1955年，金县、长海县改为旅大市代省管理。

1956年8月，撤销营城子区和小平岛区，成立大辛寨子区。原两区所辖，除小平岛区的黑石礁街道外，全划归大辛寨子区，加上甘井子区棋盘乡划入，大辛寨子区共辖11乡。

1959年1月，原辽阳专区所辖新金县、复县和安东专区所辖庄河县划归旅大市管辖，实行市领导县体制。金县划归旅大市领导。至此，旅大市辖6区、1市、5县，即中山、西岗、岭前、沙河口、甘井子、大辛寨子区，旅顺市，金县、新金县、复县、长海县、庄河县。全市陆域总面积12573.85平方千米，总户数619960户，总人口3481336人。

1959年8月，撤销大辛寨子区。所辖营城子人民公社划归旅顺市管辖，凌水、棠梨沟人民公社划归沙河口区管辖，革镇堡人民公社划归甘井子区管辖。同年9月，撤销岭前区，所辖7个街道并入中山区。

1960年1月，旅顺市更名旅顺口区，仍隶属旅大市。

1960年9月1日，庄河县石城岛划归长海县。

1963年，旅顺口区营城子划入甘井子区。

1965年12月16日，辽宁省成立辽南专区，将金县、新金县、复县划归辽南专区管辖。同年12月27日，庄河县划归丹东市。旅大市辖中山、西岗、沙河口、甘井子、旅顺口5个区和长海县。全市陆域总面积1159.53平方千米，总户数268630户，总人口1344601人。同年9月，沙河口区凌水、红旗划入甘井子区。

1968年12月26日，辽宁省革命委员会撤销辽南专区，辽南专区所属的金县、复县、新金县和丹东市所属的庄河县重新划归旅大市。旅大市辖5区5县。即中山、西岗、沙河口、甘井子、旅顺口区；金县、新金县、复县、长海县、庄河县。

1981年2月9日，经国务院批准旅大市更名大连市，辖5区5县不变。

1984年4月，国家计划委员会批准大连市为国家计划单列市。

1985年1月17日，撤销复县建制，建立瓦房店市（县级），其所属行政区域不变。

至1985年末，大连市共辖5区、4县、1市（县级），总面积12573.85平方千米。

中山区 位于大连市区东南，东、南、北临黄海，西与西岗区接壤。

1949年10月，隶属旅大行政公署下辖的大连市。1950年12月1日，为旅大市直属区。1980年8月，中山区革命委员会改为中山区人民政府。1981年3月，改称大连市中山区。

区划变动：

1950年4月，将寺儿沟区并入中山区。同年12月，在城市区公所改为区人民政府的同时，调整行政区划。全区辖25坊（包括原寺儿沟区辖7坊）：王家屯、北斗、春海、春和、春德、兴和、桂林、武昌、昆明、武汉、华昌、友好广场、解放、枫林、青泥洼桥、永和、胜利桥、友好、菜市、天津、民生、民主广场、安乐、明泽、北海公园。

1953年6月，坊改制为街道居民委员会（简称居委会），辖25个街道居委会。

1954年初，25个居委会调整为18个街道办事处。

1959年9月，岭前区并入中山区。同时，25个街道办事处（含岭前区撤销后并入的7个街道）合并为10个：八一路、虎滩、桃源、葵英、青泥洼桥、天津、解放、民乐、春海、桂林。

1960年4月，成立中山区人民公社，辖区内10个街道办事处调整为6个分社：青泥洼桥、桃源、葵英、天津、春海、枫林。

1963年9月，撤销城市人民公社，恢复街道办事处。6个分社改为14个街道：青泥洼桥、桃源、葵英、天津、春海、枫林、八一路、虎滩、明泽、桂林、春和、民乐、民主、昆明。

1969年9月，街道相继改为人民公社革命委员会，同时调整部分区划。将八一路和民乐2个街道革委会划归西岗区管辖，辖内街道被调整为10个人民公社，下属71个街道。

1978年，撤销城市人民公社，恢复街道办事处，街道名称不变。其后增设虎滩、桂林、转山3个街道办事处。

1985年末，中山区土地面积40.10平方千米，辖12个街道办事处。

西岗区 位于大连市区中部，东与中山区接壤，西怀沙河口区毗邻，南与中山区相连，北濒黄海。

1949年10月，隶属旅大行政公署下辖的大连市。1950年12月1日，为旅大市直属区。1980年8月，西岗区革命委员会改为西岗区人民政府。1981年3月，改称大连市西岗区。

区划变动：

1950年12月，在城市区公所改为区人民政府的同时，调整行政区划。原辖24坊合并为14坊：大同、朱德、长春、九三、日新、市场、东关、北岗桥、英华、北岗桥街、荣华、松山、广和、水仙。

1953年3月，坊改制为14个街道居委会。

1954年8月，14个街道居委会改划为12个街道办事处。

1959年5月，12个街道合并为6个街道：东关、松山、黄河路、日新、北岗桥、长春路。

1960年3月，辖区内6个街道合并成3个分社：长春路、北京街、东关街。同年8月，成立西岗区人民公社后，3个公社改为分社。

1963年9月，撤销城市人民公社，恢复街道办事处。辖区3个分社改为7个街道：黄河路、北京街、日新、松山、长春路、东关、荣华。

1969年，街道相继改为人民公社革命委员会，同时调整部分区划。原属沙河口区的民运、香炉礁和原属中山区的八一路、民乐街道划归西岗区管辖。西岗区辖区内街道调整为10个人民公社，下属60个街道。

1978年，撤销城市人民公社，恢复街道办事处，名称不变。后又增设工人村、石道街、白云3个街道办事处，共辖13个街道办事处。

1983年4月，将西岗区管辖的沙河口火车站以西、大连机车厂第一职工宿舍以东、沈大铁路线以南、中长街以北的西域，划归沙河口区管辖。

至1985年末，西岗区土地面积23.94平方千米，辖13个街道办事处。

沙河口区 位于大连市区西部，东与西岗相连，西和北与甘井子区毗邻，南临黄海。

1949年10月，隶属旅大行政公署下设的大连市。1950年12月1日，为旅大市直属区。1980年8月，沙河口区革命委员会改为沙河口区人民政府。1981年3月，改称大连市沙河口区。

区划变动：

1950年12月，在城市区公所改为区人民政府的同时，调整行政区划。将西山区（辖13坊）并入沙河口区，沙河口区辖19坊：长兴、中山公园、民运、玉华、如意、大侯家沟、小侯家沟、香一、香二、香三、香四、车家村、三春柳、南沙河口、台山、北甸子、马栏子、泉涌、西山。

1953年6月，坊改制为街道居委会。1954年9月，撤销街道居委会，将19个街道居委会改为17个街道办事处。

1956年9月，原小平岛区黑石礁街道划归沙河口区管辖，沙河口区辖18个街道办事处。

1959年8月，原大辛寨子区的凌水乡和棠梨沟乡划归沙河口区管辖。

1960年4月，成立8个城市人民公社，2个农村人民公社。同年8月，成立沙河口区人民公社，将原8个城市公社合并为4个，2个农村分社（红旗、凌水）未变。

1963年，撤销4个城市人民分社，改为12个街道办事处：民运、白山路、民权、长兴、兴工、香炉礁、侯家沟、春柳、黑石礁、马栏子、南沙河口、中山公园。

1966年9月，红旗、凌水公社划归甘井子区。

1969年9月，街道相继改为人民公社革命委员会。民运、香炉礁公社划归西岗区。

1978年，撤销城市人民公社，恢复街道办事处，辖10个街道办事处。

1983年4月，原属西岗区管辖的沙河口火车站以西、大连机车厂第一职工宿舍以东、沈大铁路线以南、中长街以北的西域，划归沙河口区管辖。

1985年12月21日，增设富国、西山、泉涌、车家、莲花山5个街道（尚未组建完成）。

至1985年末，沙河口区土地面积34.71平方千米，辖16个街道办事处。

甘井子区　位于大连市区西和西北部，东与沙河口区相连，西与旅顺口区接壤，南临黄海，北濒渤海，东北与金县毗邻。

1949年10月，隶属旅大行政公署下辖的大连县。1950年4月，大连县与大连市合署办公后，改隶大连市。1950年12月1日，为旅大市直属区。1980年8月，甘井子区革命委员会改为甘井子区人民政府。1981年3月，改称大连市甘井子区。

区划变动：

1950年12月，在城市区公所改为区人民政府的同时，调整行政区划。设15坊：海茂、山中、新甘井子、老甘井子、厂矿、椒房、大盐、金家、上沟、中沟、下沟、周家、周水子、郭家、泡崖。

1953年3月，坊改制为街道居委会，辖12个居委会。

1954年12月，撤销街道居委会，辖7个街道办事处。

1955年9月，金家从椒房街道划出，增设金家街道办事处。

1958年8月，试办海燕、水泥2个城市人民公社。同年9月，撤销南关岭乡建制，改设南关岭街道办事处（该乡农业社并入农场）。

1959年3月，撤销椒房街道，并入金家街道。同年8月，大辛寨子区撤销，其所辖革镇堡人民公社划归甘井子区。

1960年4月，成立甘井子区人民公社，实行政社合一体制。下辖6个城市分社：海燕、金家、新甘井子、周水子、水泥、南关岭；1个农村分社：革镇堡。

1962年6月，将革镇堡划出一部分，增设辛寨子公社。

1963年2月，旅顺口区营城子人民公社划入甘井子区。同年9月，增设南关岭人民公社。

1963年，撤销城市人民公社，恢复街道办事处。6个城市分社划为9个街道：海茂、新甘井子、椒房、金家、周水子、泡崖、郭家、中沟、南关岭。

1966年9月，沙河口区红旗、凌水公社划入甘井子区。

1969年，改街道为人民公社革命委员会。原城区9个街道划为7个公社，下属39个街道。

1976年末，辖区有6个农村公社、7个城市公社，另辖2个农场（大连华侨果树农场、甘井子区农场）。

1983年，改农村人民公社为乡制，实行政社分开，以原公社为范围划为5个乡：革镇堡乡、辛寨子乡、营城子乡、红旗乡、凌水乡。

1984年1月26日，金县大连湾乡划入甘井子区。

1985年，撤乡改镇。

至1985年末，甘井子区土地面积451.52平方千米，辖5镇、2乡、10个街道办事处。

旅顺口区　1949年11月，隶旅大行政公署。1950年12月1日，隶属旅大市。1960年1月7日，国务院批准撤销旅顺市，改制为旅大市旅顺口区。1981年3月，改为大连市直属区。1981年4月，旅顺口区革命委员会改为旅顺口区人民政府。

区划变动：

1950年8月，旅顺市辖区以数序为称谓：市区改为第一区，铁山区为第二区，双岛为第三区，三涧区为第四区，中心区（水师营）为第五区，龙塘区为第六区。

1953年3月，城市区下辖坊改为街道居委会，后又改为街道办事处。

1955年6月，撤销市内区，建登峰、市场、得胜、光荣4个街道办事处。

1956年2月，撤销农村区，改划为乡，原5区划为18乡：土城子、柳树房、石灰窑、长岭子、水师营、龙头、盐场、黄泥川、北海、江西、龙塘、山头、台山、英歌石、方家、柏岚子、鸦鸬嘴、南山里。

1958 年 6 月，18 乡合并为 5 乡。同年末，撤乡建制，建立 5 个农村人民公社：铁山、双岛、三涧堡、水师营、龙塘。

1959 年 8 月，撤销大辛寨子区后，其原辖营城子人民公社划归旅顺市。

1961 年，调整人民公社规模，将农村 6 个人民公社改为 10 个人民公社：铁山、江西、双岛湾、北海、三涧堡、长城、水师营、龙头、龙塘、营城子，下属 124 个生产大队。

1976 年末，旅顺口区辖 1 个城市公社：海鹰，9 个农村公社：铁山、江西、双岛湾、北海、三涧堡、长城、水师营、龙头、龙塘，旅顺口区农场。

1983 年，改农村人民公社制为乡制，实行政社分开，以原公社范围划乡，设乡人民政府，将原生产大队改为村，设村民委员会，生产队改为村民小组。

1985 年，撤乡建镇。双岛湾、龙塘、长城、江西、铁山、三涧堡、龙头 7 乡改镇建制，保留水师营、北海 2 乡。

至 1985 年末，旅顺口区土地面积 512.15 平方千米，辖 4 个街道办事处、7 镇、2 乡、2 农场（旅顺国营农场、大连市奶牛场）。

金县 境内陆地南北最大纵距 46.13 千米，东西最大横距 55.13 千米、最小横距 5 千米，为南北长东西窄的狭长地形。

1949 年 4 月，隶属旅大行政公署。1950 年 12 月，隶属旅大市。1955 年 6 月，由旅大市代省管理，称辽宁省金县。1959 年 1 月 5 日，划归旅大市。1966 年 3 月 16 日，改隶辽南专区（6 月 12 日正式交接）。1968 年 12 月 26 日，复归旅大市。1981 年 3 月，为大连市直属县。1981 年 4 月，金县革命委员会改为金县人民政府。

区划变动：

1949 年 9 月 29 日，金州城区、城郊区合并，成立金州市（隶属于金县）。

1950 年 8 月，金县行政区改以数序排列区划，为 1 市 12 区。同年金州市撤销，改为第一区，原第一区（南山区）改为第十三区。

1955 年 9 月，区、镇恢复地名称谓，政区范围不变。一区改称金州镇。

1956 年 2 月，撤区并村划乡，撤销 13 个区，将 193 个村划成 33 乡、2 镇。至年末，区级建制撤销。全县共辖 4 镇 31 乡，即：金州、亮甲店、三十里堡、登沙河镇，三里、马桥子、大孤山、董家沟、满家滩、太山、湾里、大李家、得胜、望海、陈家、姜家堡子、棋杆、杏树屯、桃园、华家屯、大石棚、石河、友好、钓鱼台、三十里、岔山、二十里、四道河子、红旗、水源、大魏家、莲花、七顶山、大连湾、南山乡。

1958 年 9 月，原乡镇合并为 12 个政社合一的人民公社。同时撤销原乡下行政村，建立生产大队。1961 年 8 月，12 个公社调整为 19 个公社。此后行政区划又多次调整。1976 年 4 月，调整为 20 个公社（其中 2 个镇人民公社）、1 个农场（1969 年旅大市第二国营农场改为金县农场）。1980 年末，全县有 3 个镇、19 个公社、1 个农场。

1983 年 10 月，改农村人民公社为乡，实行政社分设。人民公社改为乡，生产大队改为村，生产队改为村民小组。全县除 3 个镇、1 个农场外，共建立 19 个乡，政区范围与原公社相同。

1984 年，行政区划调整较大：1 月 26 日，大连湾乡划归大连市甘井子区。8 月，改石河、登沙河、亮甲店乡为镇建制；同时撤销三十里堡乡，并入三十里堡镇；12 月，大魏家、杏树屯、董家沟乡改镇建制；七顶山乡改为七顶山满族乡；满家滩乡改为镇建制；国营农场改为乡农场。

1985 年 7 月，大孤山乡红岩、黑山、马桥子、凤岩 4 村划归大连经济技术开发区（非行政区划）。

至 1985 年末，金县土地面积 1352.54 平方千米，辖 10 镇、11 乡。即：金州、新港、三十里堡、董家沟、满家滩、亮甲店、登沙河、杏树屯、石河、大魏家镇，友谊、大孤山、湾里、大李家、得胜、向应、华家屯、四十里堡、二十里堡、七顶山满族、卫国乡。

瓦房店市（复县）　1949年10月，隶属辽东省。1954年8月，隶属辽宁省。1956年2月，隶属辽宁省辽阳专区。1959年1月，划归旅大市。1966年6月，改隶辽南专区。1968年12月，复隶旅大市。1981年3月，复县革命委员会改为复县人民政府。1985年1月17日，复县更名瓦房店市（县级），4月1日挂牌。

区划变动：

1950年8月，复县改以数序划区，设16区2镇（瓦房店镇、复州城镇）。同年10月，区、镇人民政府改称区、镇公所。

1951年6月，16区合并为12区，2镇不变。

1953年7月，瓦房店镇（复县治所）改为城关区。

1955年5月，区、镇恢复地名称谓，政区范围不变。

1956年3月，12区2镇改为6区、5镇、5乡，即岗崮、娘娘宫、五岛、复州、永宁、松树6区，瓦房店、复州城、松树、复州湾、华铜5镇，大四川、龙山、老皮铺、马莲、榆树房5乡。

1958年3月，撤区建制，改设34乡、5镇。同年9月，将34乡和复州城、复州湾、松树、华铜4镇划为政社合一的7个人民公社。同年11月，将盖县部分和永宁部分辖地组成许屯人民公社。

1959年11月，瓦房店镇改人民公社；华铜镇先改为永宁人民公社分社，后改属许屯人民公社，1961年改归李官人民公社。

1961年5月，共有28个农村人民公社。

1963年3月，瓦房店、复州城、复州湾、松树、华铜恢复镇建制。其中瓦房店镇保留公社名称。1970年划为东风、红旗2个人民公社，1976年恢复瓦房店镇人民公社。

1983年7月，实行政社分开，改人民公社为乡镇制。设28乡、5镇。

1984年11月，老虎屯、杨家、三台乡改为满族乡，许屯乡撤乡建镇。

1985年1月17日，复县改为瓦房店市（县级）。同年将松树、复州城、复州湾3乡并入所在镇，改得利寺等6乡为镇。撤销瓦房店镇、镇郊乡建制，分设7个街道办事处。

至1985年末，瓦房店市（复县）土地面积3576.4平方千米，辖11镇、17乡、7个街道办事处。即：得利寺、松树、万家岭、许屯、永宁、李店、炮台、谢屯、复州湾、复州城、华铜11镇，土城、李官、赵屯、阎店、西杨、驼山、东岗、胜利、三堂、横山、交流岛、泡崖、邓屯、太阳升、杨家（满族）、老虎屯（满族）、三台（满族）17乡，共济、文澜、岭东、铁东、新华、岗店、祝华7街道。

新金县　1949年10月，隶属辽东省。1954年8月，隶属辽宁省。1956年2月，隶辽宁省辽阳专区。1959年1月，划归旅大市。1966年6月，改隶辽南专区。1968年12月，复隶旅大市。1980年3月，新金县革命委员会改为新金县人民政府。1981年3月，改为大连市新金县。

区划变动：

1949年10月实行区村制，同年12月，将21区、3镇合并为17个区、1镇，即：貔子窝、赞子河、城子疃、复东、星台、双塔、俭汤、安波、岔沟、四平、孤山、莲山、沙河、朝阳、太平、唐家房、杨树房区，普兰店镇。

1950年8月，新金县改以数序排列划区，仍为17区、1镇。同年10月，

1951年2月1日，区（镇）人民政府改称区（镇）公所，行政村改为村人民政府。同年5月，将17区合并为11区，增设貔子窝镇。撤销杨树房、太平、复东、孤山、岔沟、城子疃6区，辖11区、2镇。

1953 年 8 月 10 日，新金县治所貔子窝镇改为城关区。

1955 年 5 月，区、镇恢复原地名称谓，政区范围不变。

1956 年 4 月，划 5 区、3 镇。11 月，新金县治由貔子窝迁至普兰店。

1958 年 3 月，撤区划乡，设 38 乡、3 镇。同年 7 月，再缩减为 25 乡 3 镇，即西城、赞子河、徐大屯、碧流河、源发、郭屯、墨盘、双塔、鸡冠山、俭汤、四平、乐甲、沙包、水门、夹河庙、元台、泡子、长店堡、矿洞、唐家房、大刘、杨树房、瓦窝、安波、大谭乡，貔子窝、普兰店、城子疃镇。同年 9 月，将 25 乡合并为政社合一的 8 个人民公社：普兰店、貔子窝、城子疃、星台、双塔、安波、四平、沙河人民公社。

1959 年 4 月，普兰店镇下设 7 个街道：铁西、久寿、和平、平安、丰荣、民主、南山。

1961 年 4 月，将 8 个人民公社调整为 31 个农村人民公社、3 个城镇公社。

1962 年 1 月 3 日，撤销貔子窝镇、城子疃镇，分别并入貔子窝公社和城子疃公社，保留普兰店镇建制。

1965 年 8 月 2 日，城子疃改名城子坦，貔子窝改名皮口。

后几经撤并和镇社制调整，到 1979 年 1 月，全县共辖 26 个人民公社、3 镇。

1983 年 9 月，改人民公社制为乡镇制，26 个人民公社改为乡。

1984 年 10 月，6 乡改镇。

1985 年 2 月，9 乡改镇。同年 9 月，新设马虎岛乡。

至 1985 年 3 月，新金县土地面积 2769.9 平方千米，辖 18 镇、10 乡。即：普兰店、皮口、城子坦、唐家房、双塔、安波、瓦窝、元台、莲山、四平、沙包、大谭、大刘家、杨树房、大田、夹河庙、徐大屯、星台镇，太平、花儿山、泡子、俭汤、同益、乐甲、赞子河、碧流河、墨盘、马虎岛乡。

庄河县　1949 年 10 月，隶属辽东省。1954 年 8 月，隶属辽宁省。1956 年 2 月，隶属安东专区。1959 年 1 月，划归旅大市。1966 年 3 月，改隶丹东市。1968 年 12 月，复隶旅大市。1981 年 3 月，为大连市直属县。1981 年 4 月，庄河县革命委员会改称庄河县人民政府。

区划变动：

1949 年 10 月，27 区改为 2 镇、18 区。即：庄河、青堆镇，庄河、黑岛、小孤山、青堆子、凤窝堡、黄岭子、大营子、限子、太平岭、仙人洞、步云山、平山、城山、长岭子、桂云花、大郑、明阳、石城岛区。

1950 年 4 月 26 日，区名改以数序排列，2 镇名不变。

1951 年 5 月，全县改划为 16 区，下辖 2 镇。

1952 年 3 月，撤区属镇，全县划为 1 镇（庄河镇）、15 区。同年 7 月，恢复青堆子镇（村级镇），仍为区辖。

1953 年 10 月 11 日，庄河镇改为城关区。

1955 年 5 月 13 日，区、镇恢复地名称谓，政区范围不变。

1956 年 4 月，并区划乡，全县划为 3 个县直属镇、3 个县直属乡、8 个区。下辖 91 个区辖乡、302 个乡属村。

1957 年 12 月，撤区划乡，设 2 镇、35 乡。

1958 年 5 月，凤窝堡区的新农、共和 2 乡划归安东市（今丹东市）安东县。5 月末，区划调整为 2 镇 25 乡。9 月，又调整为 1 镇（庄河镇）、19 乡。同时实行政社合一的人民公社体制，将原 1 镇 19 乡划为 16 个人民公社。

1960 年 9 月，石城人民公社划归长海县，同时增设芙蓉人民公社。

1961 年 6 月，缩小人民公社规模，将 16 个人民公社划为31个。

1964年10月，青堆人民公社城镇部分划出，成立青堆镇人民公社。

1976年10月，撤青堆镇人民公社，并入青堆人民公社。1979年1月，恢复青堆镇人民公社。

1983年8月，实行政社分开，改人民公社制为乡镇制。将全县32个人民公社改为2镇（庄河、青堆）、30乡。

1984年12月9日，撤销青堆乡，并入青堆镇。

至1985年末，庄河县土地面积3891.76平方千米，辖18镇、15乡，即庄河、青堆、小孤山、栗子房、大郑、明阳、蓉花山、长岭、大营、南尖、光明山、荷花山、黑岛、高阳、仙人洞、徐岭、城山、塔岭镇，花院、三架山、高岭、鞍子山、步云山、尖山、太平岭、桂云花、英烈士、横道河、石山、观驾山、平山、沙岭、兰店乡。

长海县　由112个岛、礁组成，统称外长山列岛。

1949年9月5日，经东北人民政府批准，金县长山列岛区改县建制。11月10日，成立长山县，隶属旅大行政公署。1953年1月，改为长海县，隶属旅大市。1981年5月，国务院批准长海县为边境县。1981年3月，长海县革命委员会改为长海县人民政府，同月，改为大连市长海县。

1950年8月，县辖各区以数序排列，设5区：一区为小长山区，二区为大长山区，三区为广鹿区，四区为獐子区，五区为海洋区。

1955年5月13日，区、镇恢复地名称谓，政区范围不变。

1956年3月，划5区为14乡：小长山、大长山、广鹿、獐子、海洋、蛸、乌蟒、哈仙、塞里、格仙、瓜皮、大耗子、小耗子、褡裢乡。

1958年6月，14乡合并为5乡：小长山、大长山、广鹿、獐子、海洋乡。同年9月，改为5个人民公社。

1960年9月，原庄河县石城人民公社划归长海县。

1961年10月，石城人民公社的王家岛大队改为人民公社建制。全县辖7个人民公社。

1980年12月，在大长山岛建四块石镇。至此，全县辖1镇、7个人民公社。

1983年9月，实行政社分开，改公社制为乡镇制。

1985年5月，獐子乡、王家乡改镇。12月，大长山乡与四块石镇合并，称四块石镇。

至1985年末，长海县土地面积156.89平方千米，辖3镇、4乡，即四块石镇、獐子镇、王家镇，小长山乡、广鹿乡、海洋乡、石城乡。

附：沙俄殖民统治旅大时期政区

清光绪二十四年（1898）3月27日，俄国强迫清廷签订中俄《旅大租地条约》，同年5月7日于圣彼得堡签订中俄《续订旅大租地条约》。清廷被迫将旅顺、大连湾及其附近海域各岛租与俄国，期限为25年。1899年5月，中俄又签订《勘分旅大租界专条及辽东半岛租地专条》，租地北界从辽东半岛西岸普兰店湾（俄称亚当湾）之北起，东至貔子窝北部划一直线，以南为俄国租借地，总面积3200平方千米。

1899年8月，俄国把旅大租借地命名为“关东州”。关东州州厅治所设于旅顺。关东州内设5个行政区、4个市。5个行政区：金州行政区、旅顺行政区、貔子窝行政区、亮甲店行政区、岛屿行政区。达里尼市（大连市）、旅顺市、金州市、貔子窝市，旅顺市、金州市、貔子窝市归关东州管辖，大连市初归俄国财政部管辖，因而又称达里尼（大连）特别行政区（特别市）。行政区下设联合村团（又称乡），村团下设村会，村会下设村屯。

1903年8月，沙俄在旅顺置远东总督府。关东州厅、达里尼（大连）市隶远东总督府。关东州下设5区、4市，达里尼市设3区。1904年5月5日，远东总督府由旅顺迁至奉天（今沈阳），同年10月25日撤回俄国。达里尼市复隶俄国财政部直辖。

五行政区　金州行政区，驻金州（不包括金州城），辖5个联合村团、15个村会、378个村屯。旅顺行政区，驻水师营，辖4个联合村团、12个村会、374个村屯。貔子窝行政区，驻貔子窝，辖4个联合村团、12个村会、326个村屯。亮甲店行政区，驻郭家岭，辖4个联合村团、12个村会、395个村屯。岛屿行政区，初驻大连湾，辖2个联合村团、29个村屯。1900年8月1日后，黄海近海岛屿包括大长山岛、小长山岛、广鹿岛、獐子岛、海洋岛等划归貔子窝行政区。渤海近海岛屿划归金州行政区。1901年，岛屿行政区行使职权。

市　达里尼特别市初隶俄国财政部，1903年后改隶远东总督府，1905年复隶俄国财政部。1898年8月11日，沙俄开始在青泥洼建市，驻行政区，并将在建的商港定位为自由港。达里尼特别市下辖市、老虎滩、沙河口3个区。市区包括行政区（也称市政区）、欧洲人区、中国人区3个街区。行政区位于今胜利桥以北，欧洲人区位于今劳动公园以东、铁路线以南，中国人区位于今劳动公园以西。旅顺市，1898年前一直隶属金州，沙俄租借后始建市，以今龙河为界，划东部为旧市街，划西部为新市街。俄关东州厅、远东总督府均设在旅顺市。金州市，辖区为金州城的20个街、屯。依据《续订旅大租地条约》，金州城由中国自行治理。1900年7月27日沙俄单方毁约，武装占领金州城。貔子窝市，沙俄租借旅大后，将今新金地区南部地区31个屯划入租借地，设貔子窝市管辖，驻地貔子窝。

附：日本殖民统治大连时期政区

日俄战争以俄国失败而结束。1905年9月5日，日俄双方代表在美国签订《朴次茅斯和约》。日本取代俄国对旅顺、大连湾及附近领土、领海行使租借权。从此，旅大变为日本殖民统治地。同年12月22日，日本政府强迫清政府签订《中日会议东三省事宜条约》及《附约》，将复州的凤鸣岛、交流岛、平岛、西中岛、骆驼岛划入关东州，从而使关东州北界扩至今新金县西北宫屯至碧流河西岸城子疃一线，面积由俄国租借时的3200平方千米扩展到3462平方千米。日本在殖民统治旅大的40年间，统治机构几经演变，大致可分为4个时期，即军政时期、关东都督府时期、关东厅时期、关东州厅与关东局时期。衙署初设旅顺，1937年6月移大连。1938年4月实行市制，设大连、旅顺2市，置市役所；另设旅顺、金州、普兰店、貔子窝4管区，各置民政署，直至1945年8月日本投降。

军政时期（1904年5月至1906年8月）　又分3个时期：军事占领阶段的军政署时期、满洲军总兵站监部所属关东州民政署时期、关东总督府所属关东州民政署时期。

日俄战争进行时，日本便在已占领地区实行军事管制。先后建立金州、复州、青泥洼、旅顺4个军政署。军政署初隶满洲军总司令部，后改隶辽东守备军司令部。金州军政署下设5个管区，即金州、柳树屯、亮甲店、普兰店、貔子窝。1905年5月废止辽东守备军司令部，改称满洲军总兵站监部后，旅顺、金州、大连军政署同时撤销。满洲军总兵站监部在大连建立关东州民政署，下辖大连民政署和旅顺、金州2个民政支署。1906年5月，关东总督府从辽阳迁至旅顺后，原属满洲军总兵站监部的关东州民政署和原属于满洲军总司令部辽东兵站监部的关东州以外的各地民政署，全部移交关东总督府管辖，关东州及东北长春以南铁路附属地所有的日本军事和民政要务，皆归其掌控。关东总督府成为日本在中国东北的最高权力机关。至1906年2月，关东总督府除统辖关东州民政署外，还统辖奉天、安东、营口等8

个军政署。关东州民政署下辖大连民政署和旅顺、金州2个民政之署。

关东都督府时期（1906年9月至1919年4月）

1906年9月1日，废除关东总督府，改为关东都督府，内设陆军部和民政部，各地军管署逐步撤销。民政部行使关东州民政署的职权，统辖大连、旅顺、金州个3个民政署。金州民政署下设普兰店、貔子窝2个民政支署。1908年11月，金州民政署降为民政支署，隶大连民政署，普兰店、貔子窝民政支署降为出张所，隶金州民政支署。

关东厅时期（1919年4月至1934年12月）

为军政分治阶段。1919年4月12日，废止关东都督府官制，都督府民政部改为关东厅，军政部改制组建关东军司令部。关东厅与关东军司令部治所均在旅顺。1919年8月，金州民政支署改升民政署，关东厅辖大连、旅顺、金州3个民政署，金州民政署下辖普兰店、貔子窝民政支署。1924年5月，市制正式实施，设大连、旅顺2市，时为非一级政权机构，分别归大连、旅顺民政署管理。1925年9月正式实行会制，旅顺民政署管辖农村，旅顺市役所管辖市区。民政署下设会，会下设屯。同年12月，将民政三署改二署，保留旅顺、大连民政署，金州、普兰店、貔子窝为民政支署，隶大连民政署。1930年10月，改设大连、旅顺、金州、普兰店、貔子窝5个民政署。

关东局与关东州厅时期（1934年12月至1945年8月） 1934年12月26日，日本政府公布成立关东局，设于日驻伪满大使馆内。同时，废除关东厅，设关东州厅，关东州厅受关东局管辖。

1936年5月，关东州厅由旅顺迁至大连新址（今斯大林广场）。同年，废除大连民政署，原大连民政署管辖区的老虎滩、岭前、西山、周水子、海猫屯5个会及地域划归大连市，革镇堡、岔沟、小平岛、栾家屯4个会及所辖地域一并划归旅顺民政署，南关岭、大连湾会及所辖地域划归金州民政署。至此，大连市成为与旅顺、金州、普兰店、貔子窝4个民政署并列的机构。1938年4月，关东州厅辖4个民政署2个市，即大连、旅顺（1924年设）2市及旅顺、金州、貔子窝、普兰店4个民政署。到1945年8月日本投降前夕，大连市市区共辖124个町区（街区），总面积143.7平方千米。

第二章 环境 资源

大连位于中国东北地区最南部，辽东半岛的南端，三面环海，西临渤海与华北相望，东濒黄海与朝鲜半岛近邻，南隔渤海海峡与山东半岛对峙，最近距离仅57海里，共扼渤海湾，素有京津门户之称。大连北部与营口盖州市、鞍山岫岩县、丹东东港市接壤，依广阔的东北腹地。境内有天然良港多座，是中国北方最大的港口城市。1985年，全市土地面积12573.85平方千米，其中市区2414.96平方千米，所辖县（市）10158.89平方千米；水域面积2.9万平方千米，占市辖土地面积的1.3倍。

大连地区山地丘陵多、平原低地少，整个地形北高南低、北宽南窄，地势以中央为轴向东南和西北两侧倾斜。境域内海拔200米以上的山丘100多座，500米以上的山峰18座。庄河步云山海拔1129米，为大连地区第一高峰。境域内集水面积20平方千米以上河流152条，100平方千米的河流33条，碧流河全长156千米，为大连地区最大的河流，其中流经大连地区河长 100 千米。海域内岛屿礁砣226个，东部与南部海域比较集中，约占全部岛屿礁砣的70%，以瓦房店长兴岛为最大，是中国长江以北最大的岛屿。海岸线全长 1906 千米，约占辽宁全省海岸线总长的 73%。

大连地区位于北半球中暖温带气候区内，属于大陆性季风气候，兼具海洋性气候特点。冬无严寒，夏无酷暑，气候温和，降水集中，空气湿润，季风明显。平均地面温度为 10.5℃～14℃。

大连地区自然资源较为丰富，植物系列有 162 科、678 属、1812 种，占东北地区植物种的 62.6%，其中有经济用途的约 1000 种。全区海洋生物资源十分丰富，有游泳生物、底栖生物和浮游生物 3 大类群，共计 209 科 414 种，约占辽宁省海洋生物类的 48%，占全省海洋生物资源总量的 86%。已发现的矿产资源有 56 种，产地有 500 余处，其中非金属矿产 46 种、金属矿产 8 种、能源矿产 2 种；已开发利用的 43 种，其中非金属矿产 38 种，以金刚石矿和石灰岩矿最为重要。土地类型有中山地、低山地、丘陵地、岗台地、沟谷地及滨海平原地等，其中山地、丘陵地、岗台地约占全区总面积的 70%，沟谷地、滨海平地占全区总面积的 30%。

第一节　地质　地貌

大连地区地质构造较为复杂。域内出露的地层以前震旦系、震旦系的分布最为广泛。整个陆地以山地丘陵为多，且海岸曲折，岛屿星罗棋布，呈现极为复杂的里亚斯式海岸地貌。

一、地质

大连地区位于华北地台东部，胶辽台隆的辽东半岛南部。境内发育有太古界和下元古界结晶基底，以及上元古界、古生界沉积盖层。中生界地层在一些小型断陷盆地中有零星分布。同时，发育有各构造期的侵入岩和喷出岩。大连地区有着与华北地台相似又独具特色的地质演化历史。

25 亿年以前的太古界经过鞍山运动所形成的碎屑沉积岩系变质杂岩出露在今大连地区的董家沟—城子坦一带。在董家沟—城子坦陆块两侧还形成有距今 25 亿年至 20 亿年间的太古界古陆壳裂陷吉南—辽东—胶东—朝鲜北部三叉裂谷海槽，即庄河北部和长海县一带下陷海槽，海槽中沉积了辽河群碎屑岩和碳酸盐岩地层。

距今 18 亿年至 10 亿年的中元古代，大连地区乃至辽东半岛升为陆地。在距今 10 亿年至 6 亿年的晚元古代，于今瓦房店市永宁涧到庄河步云山地区出现了裂谷断陷。随后，在其堆积中形成了陆源碎屑磨拉石建造——永宁群地层，继而在瓦房店西南部、大连—旅顺地区以及东西部海域形成复州—大连凹陷，使大连地区西部和南部地带变成一片汪洋、董家沟—城子坦一带为一片陆地的古地理环境。

距今 6 亿年前后进入古生代阶段，地壳发生震荡运动。上述广阔的浅海收缩成海湾或潟湖，沉积了在金石滩地区所能见到的寒武系第一个地层段——含石盐建造的大林子组地层。海洋生物群出现节肢类（如三叶虫）、腕足类、腹足类、古杯类、头足类、腔肠类、笔石类等物种。

距今 4.5 亿年左右，大连地区经历了加里东运动，海水退出金州、复州地域，大连及渤海地区联结成古陆。

距今 2.3 亿年前后的三叠纪时，大连地区发生了印支造山运动，使境域内的全套沉积盖层发生褶皱，出现早期的韧性伸展，晚期的韧性推覆剪切带，构成大连地区的中脊山地丘陵地貌轮廓，使整个辽南地盘上升，彻底脱离海洋环境。发生在距今1.95亿年前后的中生代侏罗纪的燕山运动，使得在曾被印支运动抬升的地盘上形成了若干小型断陷盆地。并相伴出现蕨类和松柏类陆生植物。

进入距今7000万年的新生代，受第三纪的温湿环境影响，亚热带植被得以发育。到了距今200万～300万年的第四纪以来，喜马拉雅运动使大连地区持续上升隆起，风化剥蚀。在11万年以前，曾出现较大规模的冰川，其间共发生4次大的冰期、间冰期运动，相应地发生4次海退和海侵。直至6000年前，由于冰后期的大面积海侵，冰川活动方告结束。渤海湖迎进海水，形成了现今的渤海。

在地质演进过程中，大连地区形成数个断裂带。从长度上看，最大的断裂带是金州断裂；其下依次是庄河断裂、皮口断裂、碧流河断裂、安波断裂、东岗断裂、北海断裂、董家沟断裂、曲家屯断裂。金州断裂带全长125千米，南起金州，经普兰店、瓦房店，北行上于万家岭（今瓦房店市北境）及九寨（盖州市南境）一带。曲家屯断裂带全长不到10千米，位于普兰店镇东。

大连地区属于华北地震区。由于受到金州断裂带、皮口断裂带、碧流河断裂带、庄河断裂带的控制，加之受到普兰店泡岸、北海龙王塘、大郑熊岳3条地震带活动的影响，与邻近地区相比，大连地区的地震活动程度处于中等水平。1855—1985年间，大连地区发生4级以上地震14次，其中5级2次，6级1次。地震活动主要分布在2个集中区和4条地震带上。集中区为大连地区北部万家岭与熊岳之间。自有记载以来，发生过5.8级地震1次，4级以上地震4次；大连西部渤海湾地区，历史上发生地震百余次，其中3级以上16次，未发生过4级以上地震。4条地震带中，金州—熊岳中强地震带，是历史上最强的地震活动带，主要的地震有1855年发生在金州的5.5级地震；1856年同样发生在金州的5.4级地震；1861年发生在普兰店的6.0级地震。熊岳—大王家岛中强地震带，1940—1985年共发生小于4.0级地震8次。东岗—登沙河中小地震活动带，至1985年底，有记载发生4.0级以下地震2次，北海—龙王塘小地震带，地震活动沿此带及两侧分布，发生4.3级地震1次。

二、地貌

大连地区属低山丘陵半岛地貌，是辽东丘陵山地的一部分。长白山余脉——千山山脉沿半岛走向纵贯全区，构成中央高、东西两侧低、北部高、南部低，尾端翘起的脊状地貌轮廓。大连地区正向地貌的海拔高度与起伏高度相差较小。习惯上，多以地形标高海拔线800米为中山与低山的界限，以海拔120米为丘陵与台地的界限。

地貌类型主要有：

中山　大连境域内的中山主要有步云山、老黑山、老帽山等。这些山体比高相差很大，山势陡峻，山坡坡度一般在25°～35°，构成山体的岩石主要为花岗岩和石英岩。山体在喜马拉雅运动的断块抬升中，接受强烈的侵蚀剥蚀作用，使山体上部多呈基岩裸露状态，山坡和山麓重力堆积典型，崩塌与滑坡分布普遍，山间流水地貌发育，侵蚀沟壑纵横。

低山　大连境域内的低山可分为中起伏低山和小起伏低山。中起伏低山一般连片分布，或呈孤岛状分布于丘陵之中。连片分布的有庄河北部的一面山、蓉花山、桂云花山、歇马山、栗子房山、黑石砬子山、普兰店的老边山、瓦房店的榆树砬子山、老尖顶子山、阴凉顶子山等；呈孤岛状分布的有金州的大黑山。小起伏低山的分布形式与中起伏低山相似，山体一般较为和缓，山顶高度比较齐整，构成夷平面，俗称“平山面”。小起伏低山有得利寺山、驼山、岚崮山、小黑山、北平山、蔡大岭、城山、老铁山、大连南山等。

丘陵 大连地区内丘陵无明显走向，山体呈浑圆和缓的地貌形态。分布很普遍，而且发育典型。丘陵多是林业用地、坡麓多为园地和耕地。

台地 大连地区的台地按成因可分为侵蚀剥蚀台地、洪积台地、海蚀台地、黄土台地、喀斯特台地等。按台面高度可分为高台地和低台地。高台地主要分布于大黑山山麓，低台地分布较为普遍，如夏家河子—牧城驿—双台沟一带等。

平原 因大连地区属长期抬升的古老地块，剥蚀切割有余，堆积展平不足，故平原很不发育，多规模不大，呈带状分布。河谷平原主要沿碧流河和复州河发育，洪积平原分布在大黑山和西高丽城山的山前洪积扇地带、碧流河谷盆地中，冲积平原分布在碧流河和复州河下游两岸，海积平原沿海岸呈带状分布，也包括海湾顶部潟湖平原和三角洲平原。

河谷 大连地区的河流多发源于北部或南部的低山区，分别流入黄海或渤海。本地区河流的形成和发育，因受构造断裂的影响，多数河流是在西北、东北以及东西向断裂控制下发育起来的断裂谷中，如碧流河、庄河、复州河和马栏河谷，都具有断裂谷性质。这些河谷中，深切河曲，锁链式谷地、断陷盆地以及断层三角面构造很为普遍。

岩溶 在大连地区的南半部和长大铁路以西地区，存在着各种形态的岩溶地貌。主要形式和类型有：石芽、溶沟、溶斗及滨海溶洞等。石芽、溶沟主要分布在长大铁路沿线的周水子、南关岭和后关村一带，溶洞岩溶地貌在金州平山、响水寺等地都有较好的发育。大连市郊的三道沟、金州大魏家等地的溶斗、黑石礁等地沿海石林，也是这一地区岩溶地貌的代表类型。

三、海岸与岛礁

大连地区三面环海，有着绵长而曲折的海岸线，海岸的类型复杂多样。海岸线东起黄海岸庄河市南尖子乡后王屯的二坨子，绕过旅顺老铁山岬，西止渤海辽东湾岸瓦房店市李官乡浮渡河口，全长1906千米，其中岛岸线长618千米，陆地岸线长1288千米。以旅顺老铁山岬角为黄海和渤海的分界线，属于黄海区域的岛岸线长471千米，陆岸线长607千米；属于渤海区域的岛岸线长148千米，陆岸线长680千米。大连是中国沿海海岸线最长的城市。大连境内专属海域面积6.4万平方千米，其中水深40米以内的浅海区域面积5240平方千米。

位于辽东半岛与山东半岛之间的渤海海峡，北起距老铁山角4千米，南至距蓬莱角7千米，总宽度105.6千米。海峡北部的老铁山水道是黄海海水进入渤海的最主要水道。海峡水深自北向南由深变浅，北深约40米，南深约20米。

大连境域内有大小港湾40余处，分三大类型：一是近似封闭的海湾，口小肚大，港口有屏障，港内风平浪静，如旅顺口港、海洋岛太平湾、普兰店湾等；二是半封闭海湾，口大澳深，不淤不冻，适用为渔港或商港，如大连湾、大窑湾等；三是敞口海湾，抗风浪能力差，水较浅，可用于水产养殖，如长海庙东湾、旅顺塔河湾、金县金州湾、瓦房店复州湾。

大连境域内岛屿众多。据统计，海域中岛礁226个，约70%集中在东部与南部海区，西部海区略少。岛屿中以渤海海域瓦房店市长兴岛为最大，面积223平方千米，是中国的第五大岛。东部黄海海域岛屿最为集中，构成了长山群岛和石城列岛，其中长山群岛又分为里长山列岛和外长山列岛。里长山列岛中较大的岛礁有大长山岛、小长山岛、广鹿岛等，外长山列岛中较著名的有獐子岛、海洋岛等。海洋岛是离陆地最远的岛。石城列岛位于里长山列岛的东北部，其中较大的岛礁包括石城岛、大王家岛等。在渤海海域诸岛中以蛇岛最为著名。

大连地区主要岛、礁、砣基本情况表

表 1-5

名 称	隶 属	位 置	面积（平方千米）	岸线长（千米）	主要特征
长兴岛	瓦房店市	复州湾南	223.00	83.60	中国第五大岛，海拔 100 米以上山峰 40 余座
凤鸣岛	瓦房店市	普兰店湾口	49.00	29.40	属交流岛乡，有商代文化遗址——哈皮地
西中岛	瓦房店市	普兰店湾口	47.00	43.00	属交流岛乡，近 700 公顷滩涂
石城岛	长海县	黄海北部	27.30	33.16	长海县第一大岛
广鹿岛	长海县	皮口南、黄海	25.64	43.27	长海县第二大岛
大长山岛	长海县	皮口南、黄海	25.64	44.00	长海县政府所在地
小长山岛	长海县	大长山岛南	18.27	35.80	
海洋岛	长海县	獐子岛东	18.03	35.70	
獐子岛	长海县	海洋岛西	8.85	26.27	
大王家岛	长海县	石城岛南	5.04	16.10	
哈仙岛	长海县	大长山岛南	5.02	12.31	
交流岛	瓦房店市	长兴岛南	5.00	—	
圆岛	大连市	大连港东南方	4.20	—	辽东半岛沿海最南端的孤岛，中国领海基线点之一，海拔 62 米
瓜皮岛	长海县	广鹿岛北	2.18	7.60	
小耗子岛	长海县	獐子岛东	2.12	11.19	
巴蛸岛	长海县	小长山岛东	2.07	10.52	
大耗子岛	长海县	獐子岛东	2.00	8.13	
乌蟒岛	长海县	巴蛸岛东	1.88	8.22	
塞里岛	长海县	大长山岛南	1.49	5.37	
小平岛	瓦房店市	谢屯乡、渤海	1.38	—	
簸箕岛	金县	金州区北、渤海	1.35	5.20	
平岛	新金县	里长山列岛	1.04	6.60	
猪岛	旅顺口区	旅顺北海	0.96	—	无人居住
三山岛	西岗区	大连湾口	0.74	0.40	无人居住，设航标站 1 座，是大连港屏障
褡裢岛	长海县	獐子岛东北	0.70	6.05	

续表 1-5

名 称	隶 属	位 置	面积（平方千米）	岸线长（千米）	主要特征
蛇岛	旅顺口区	旅顺西、渤海	0.64	3.20	属辽宁蛇岛老铁山国家级保护区，岛上盘踞约万条蝮蛇
海猫岛	旅顺口区	旅顺西、蛇岛南	0.40	3.40	位于蛇岛南，岛上多海鸥，当地俗称海鸥为海猫，故名。 岛上还有其他多种鸟类，故有鸟岛之称
格仙岛	长海县	广鹿岛北	1.00	—	
老人石礁	庄河县	庄河镇南、黄海	0.01	—	
瓦垄礁	长海县	石城岛西北海域	—	0.14	
银窝礁林	长海县	石城岛东北	0.2	—	
美人礁	长海县	大长山岛附近	—	—	
黑礁	长海县	石城岛西北	—	—	
南三辆车礁	金县	大窑湾东南黄海域	—	—	
大门顶礁	长海县	獐子岛附近	—	—	
万年船礁	长海县	四块石港西湾	—	—	
遇岩	大连市	大连港南 37 千米	—	—	礁石由震旦系石英岩构成，设有航标，大连海域的基线点之一
双狮岛	长海县	大王家岛北	0.15	—	又名长坨子
蚧巴坨子	长海县	大王家岛南	0.02	0.53	坨子形状酷似蛤蟆，海拔 68 米，设有航标灯
沙珠坨子	长海县	小长山岛东	—	—	

第二节 气候

大连地区位于北半球中纬度暖温带气候区内，属于大陆性季风气候，兼有海洋性气候的特色。主要特点是冬无严寒，夏无酷暑；气候温和，降水集中；空气湿润，季风明显；日照丰富，四季明显。

一、气温

大连是东北地区最温暖的地方，年平均气温 10℃。一年中 8 月最热，1 月最冷；历史上极端最高气温 38.1℃（今金州），最低气温 −26.6℃（今庄河）。20 世纪 80 年代与 50—70 年代相比，

1月平均升高1℃，极端最低气温升高5℃～6℃。

大连地区平均日气温高于5℃时，即是春季的开始；平均日气温高于20℃时，则是夏季的开始；平均日气温低于20℃则开始进入秋季；平均日气温低于5℃标志着冬季已经到来。春季大地回暖较快，多风少雨，空气干燥。夏季盛行东南风，湿度较大，温差小，气温虽高，但高温期短，且主要集中在7月下旬至8月中旬。秋季气温下降较快，气候凉爽，少雨，东南风渐转北风，时有寒潮，并伴有冰雹出现。冬季降水明显稀少，盛行偏北风，因受北方冷气团的控制，多晴朗干冷天气。全年0℃以上的持续日数，今金州区以南区域年平均为265天，今普兰店市以北区域年平均约250天。历史上，大连地区出现极端高温的情况少见，1972年6月10日，金州地区出现过38℃的高温；极端最低气温多出现在北部地区，1960年1月28日庄河县桂云花乡出现过-29.3℃，1970年1月4日市区出现过-21.1℃。

二、降水

大连地区年平均降水日数70～90天，年平均降水量在550～800毫米。降水量东部多于西部，北部多于南部。降水年际变化明显，多雨（水）年份可达800～1500毫米（1964年）；而少雨（水）年份仅有290～500毫米（1957年、1968年）。历史上1906—1925年和1946—1965年，两个20年内为多雨和少雨的交替出现阶段；1926—1945年、1966—1985年，两个20年则又是以少雨为主的阶段。大连地区的降水量四季分布相差悬殊，夏季最多，约占年降水量的60%～70%；冬季最少仅占年降水量的3%～5%；春、秋各占年降水量的12%和15%～19%。一年当中，7月降水日数最多，2月最少。大连地区降雪的时间多集中发生在11月至次年3月。在全市范围内，属于特大降雪较少，1951年至1985年间仅出现过3次，即1956年2月27日、28日；1964年1月11日、12日；1971年3月1日、2日。最大降雪量为30～60毫米。1971年3月1日、2日，市内积雪深37厘米，是大连市内历年来的最大值。

三、日照

大连地区年日照时数平均2636.9小时，瓦房店、大连市区、长海县的年日照时数高于平均值，一般在2750～2800小时，其他各县市区在2480～2580小时。其中瓦房店年日照时数最高，为2807.7小时；庄河年日照时数最低，为2479.2小时。1月的日照时数全年最低，月日照时数小于200小时。4月的日照时数全年最多，月日照时数在250～300小时。

四、相对湿度

大连地区年平均相对湿度在64%～72%。市区年平均相对湿度最小，为65%，庄河、长海年平均相对湿度最大，达70%以上。4月全年相对湿度最小，月平均最小相对湿度在50%；7月全年相对湿度最大，月平均最大相对湿度高达86%。

五、大风

大连地区冬季盛行偏北风；春季时北风渐少，南风渐多；夏季南到东南风占绝对优势；秋季偏南风渐少，偏北风渐多。平均风速沿海明显大于内陆，西部大于东部。大连地区平均风速较大，大风日数较多，大风连续出现的现象较频。风速尤以季节的变化最为明显。冬春两季风速最大，秋季次之，夏季最小。市区、长海县年平均风速在5米/秒以上，是中国北方地区年平均风速最大的地区之一。1955年在市区内观测到30米/秒，风向东南偏南；1985年8月20日在长海县观测到大连地区历史上最大的风速为32.7米/秒，风向为东南偏南。大连市区年平均大于或等于8级的大风日数为86天，而同纬度的天津只有40天左右。

六、无霜期

大连地区年平均无霜期以南部的长海县为最

长，以今庄河市北部山区为最短。长海县无霜期平均在220天，即每年11月上旬见初霜，到次年3月下旬终霜。市内及今金州、旅顺口区的无霜期平均在180天，即每年的10月中旬前后见霜，到次年4月中旬前后终霜。今瓦房店、普兰店、庄河南部等地区平均无霜期170天，即每年的10月上旬末见初霜，次年4月中下旬终霜。庄河北部山区无霜期年平均低于170天。大连地区无霜期南部地区平均在196～220天，北部地区平均在168～190天，是辽宁省无霜期最长的地区。

七、气象灾害

大连地区常见的自然灾害有旱、风、水、雹灾。据统计，1949—1985年，全地区发生伏旱24次；1951—1985年，受台风边缘影响，发生暴雨洪涝灾害39次，发生雹灾109次。大连地区自然灾害的时序特点及周期变化特征主要如下：

旱灾 1905年以来，大连地区伏旱、偏旱、伏不旱交替出现。从1905—1980年，伏旱年份占30%，偏旱年份占34%。其间，持续伏旱2年的频数占总年份的一半左右。1907—1926年是以伏旱为主的阶段，每隔1—2年出现一次；1927—1946年是以偏旱为主的阶段，一般连续偏旱3年以上；1947—1966年是以不旱为主的阶段；1967—1982年伏旱和偏伏旱相互交替出现，历时10年。1951—1980年间，有9年发生春旱，有6年发生春小旱，发生春旱和春小旱的概率占50%。春旱最长时间连续2年。1989年发生的伏旱，使池塘、水井、河流干枯，农作物旱死1.1万公顷，3万头大牲畜饮用水严重困难，农业减产60%，旱死13万株结果树和109万株小果树，直接经济损失十多亿元。

水灾 20世纪60年代以来，大连地区出现水灾最早的月份是4月21日（1969年），最晚的月份是9月12日（1964年），每年出现大暴雨最多的时间是7月中旬至8月上旬。暴雨强度以100～200毫米居多，300毫米以上少见。历史上时间最长的一次降雨是在1949年，自7月21日起，复县（今瓦房店市）连降40天大雨，河水出岸，造成全县10.2公顷农田颗粒无收，5000公顷农田减产五至七成，房屋倒塌1800间，牲畜死亡254头，人员伤亡35名，长大铁路交通中断12天。1981年7月28日发生的特大暴雨，最大降水量664毫米，为历史罕见。

风灾 大连地区的风灾多发生在每年的7—9月。有历史记载的风灾最早的是7月18日（1959年），最晚的是9月25日（1971年），7月下旬至8月下旬出现的频率占80%。1972年7月26日夜，3号台风袭击大连沿海地区，6艘中外籍船舶撞碰受损，港内损失33.5万元（不包括船舶）。大连海区内损坏或翻沉船舶1172艘，毁坏浮桥3座、高边桥1座、拉船坞道5条。1985年8月19日，9号台风登陆大连地区，横扫全境，平均风力9～10级，最大风力12级，伴有暴雨和特大暴雨，最大降雨量360毫米，一般降雨量200毫米。全市农作物受灾面积31.2万公顷，其中绝收8.3万公顷，减产粮食7.5亿千克。全市受灾人口314.85万人，其中特重灾民99.9万人。因灾死亡75人、重伤796人，倒塌房屋1.98万间。全市有211个市直企业和3600个乡镇企业一度停电。灾害造成损失11.47亿元。

雹灾 大连地区发生的雹灾常与雷阵雨天气相伴，多发生在4—11月，尤以9月、10月最多。雹灾进入大连地区的路径主要有5条，其中：或在岫岩龙潭山生成，经庄河市塔岭、高岭东南下，抵达票子房；或在庄河步云山、三架山山区生成，经仙人洞、大营南行至青堆子、黑岛等乡镇。每次雹灾并不都是走完全程。雹灾以北部山区次数为多。

雪暴灾 大连地区的雪暴灾多发生在每年的12月到次年3月，以瓦房店市居多，普兰店市、庄河市次之，市直属6区相对偏少，长海县最少。1956年2月28日，风雪大，气温低，造成旅大水产公司两艘木制渔轮甲板结冰，相继沉没在北纬38°、东经122°一带的海面上。两船21名船员全部遇难。

寒潮灾　大连地区寒潮灾多发生在每年的11月。1979年11月14日发生的强寒潮，致使没收获的大白菜被冻成冰坨，苹果被冻坏。大连地区的寒潮平均每年1～2次，最多是在1965年，一年出现6次。寒潮进入大连的路径有3条，都是经由蒙古国乌兰巴托、中国的二连浩特到达大连地区。

第三节　水文　土壤　植被

大连地区水资源较贫乏，地下蓄水能力严重不足，地表补给源主要来自大气降水。土壤构成具有广泛性的特点，具体可分为6个土类，16个亚类、66个土属，204个土种。植物区系则属于华北植物区系，物种较为丰富。

一、水文

由于大连地区为半岛低山丘陵区，北高南低，第四纪地质覆盖不均加之大部基岩裸露，造成即便降水也很快形成地表径流。汛期，洪水暴涨暴落；枯水季时，中小河流极易枯竭断流。境域内较大的河流有200多条，多为季节性河流，独流入海。集水面积在200平方千米以上的大河有9条，其中注入黄海的有碧流河、庄河、湖里河、清水河、登沙河、英那河、大沙河，注入渤海的有复州河、浮渡河。

大连地区地下水类型主要有3种：松散岩类孔隙水、岩溶水、基岩裂隙水，境域内地下水天然贮量8.84亿立方米，可供开采的资源约4.07亿立方米。由于开采不当，至1985年，部分区域已经引起海水倒灌。

二、土壤

大连地区的土壤在中国土壤区划中属于暖湿带东北南部和华北东端森林土壤地区、落叶阔叶林棕壤地带。具体可分为6个土类，即棕壤土、草甸土、风沙土、滨海盐土、沼泽土、水稻土。其下又可分出16个亚类、66个土属，204个土种。

棕壤土，又称棕色森林土。全市约有90.72万公顷，占全市土壤总面积的81.5%，主要分布于各县（市）区的低山、丘陵、漫岗和较高的阶地上，是大田作物的主要土壤类型。

草甸土，分布面积约12.1万公顷，占全市土壤总面积的10.9%。主要集中在低山和丘陵间宽谷平地，以及河流两岸的漫滩、低地和沿海平地上。

风沙土，分布面积约1.3万公顷，占全市土壤总面积的1.2%。主要集中在瓦房店市西北部及其他县（市）区河流两岸与近海地带。

沼泽土，即涝洼地土壤。全市仅为1300公顷，约占全市土壤总面积的0.1%，主要分布在瓦房店市的西南、西北部、今普兰店市南部和旅顺口区的北部等的低洼地间。

滨海盐土，全市共有8000公顷，占全市土壤总面积的0.7%，均分布在滨海地带。

水稻土，全市共有6.21万公顷，占全市土壤总面积的5.6%。集中分布在沟谷平地、河流两岸及沿海平地上。尤以今庄河、普兰店周边的沿海地带为集中。

三、植被

大连地区的植物区系属于华北植物区系。处于暖温带夏绿阔叶林地带北部的落叶栎林亚地带，辽东半岛亚区。野生和常见的维管束植物共有152

科、678属、1811种（包括亚种、变种、变型）。其中蕨类植物17科、25属、63种；裸子植物9科、23属、39种；被子植物126科、630属、1709种。

大连地区的自然植物区系，经受了自然历史因素、现代自然地理因素和人为因素等方面的综合影响，植物组成成分复杂多样。主要特征：一是华北植物区系成分占优势，标志种有赤松、油松、麻栎、栾树、赤杨等。二是长白植物区系成分渗入较多，标志种有红松、冷杉、黄菠萝、水曲柳等。三是亚热带植物有部分遗留。像枫树、山紫珠、八角枫等。四是特有植物较少。五是引进植物占一定比重。天然原始植被已不多见，取而代之的是大量的次生植被和人工植被，尤其是农业植被遍及全市各地。

植物群落分布：针叶林，赤松树主要分布在庄河北部山区。日本黑松、红松、日本落叶松等则是大连地区主要的近海丘陵和岛屿的造林树种。针阔混交林、人工黑松栎林分布于今瓦房店市、金县、旅顺口区和大连市区的朝阳山坡。落叶阔叶林、槲树林（俗称菠萝叶林）、人工阔叶林（像刺槐林、杨树林）等，遍布境域之内的低山丘陵。农业植被包括果园林和种植群落两种，分布于全市广阔的丘陵和平原地区。灌草丛（诸如白羊草灌草丛），主要分布于瓦房店、金县和旅顺口区一带低丘陵坡。丛生隐子草灌丛，主要分布于瓦房店市、金县和旅顺口区等，而黄背草灌草丛在大连地区分布尤为广泛，多生长在水分充足的丘坡下面。

第四节 自然资源

大连地区的自然资源可分为野生自然资源（这里包含了植物资源和动物资源）、海洋生物资源、矿产资源、土地资源、森林资源、水资源等几大类型。

一、野生自然资源

大连地区有植物152科、678属、1811种，占东北地区植物种类的62.6%，其中有经济用途的约1000种。按其用途分，纤维植物94种，油脂植物110种，淀粉、酿造植物73种，芳香油植物68种，鞣科植物60种，药用植物120种，野菜植物200种，蜜源植物70种，绿化植物111种。详见表1–6。

野生动物资源分为毛皮动物、药用动物、鸟类、淡水鱼类等资源。其中毛皮动物有狗獾、貉、黄鼬、狐、艾虎、草兔、狍等；药用动物有中国林蛙、东亚钳蝎、蝮蛇、尖海龙、日本海马、盘大鲍、牡蛎、金乌贼；鸟类资源是全国小区域鸟类种类最多的地区之一。全地区现有鸟类314种，主要有：白脸山雀、杜鹃、红尾伯劳、黑枕黄鹂、金腰燕、白腰雨燕、红隼、戴胜、普通鳾、斑啄木鸟、环颈雉、山斑鸠、大鸨、鹌鹑、榛鸡、毛腿沙鸡、岩鸡。沿海及海岛有银鸥、绿翅鸭、豆雁等。淡水鱼类主要分布在河流和水库中，有鲢、鲤、鲫、鳙、鲩等品种。

二、海洋生物资源

大连地区海域的海洋生物资源十分丰富，包括游泳生物、底栖生物、浮游生物3大类群，计209科、414种，约占辽宁省海洋生物类的48%，占全省海洋生物资源总量的86%。

游泳动物 大连近海水域出现的游泳动物超过230种，已采集到的样品约79科、155种。其中，脊椎动物鱼类57科、124种，甲壳动物虾类10科、14种，蟹类6科、9种，软体动物头足类1科、1种，哺乳动物类5科、7种。游泳动物中的主要经济种

大连地区野生植物资源一览表

表 1–6

类	种数	举 例	用 途
纤维植物	94	南蛇藤、卫矛、扁担木、野葛、紫穗槐、胡枝子、野大麻、芦苇、牛筋草、蝙蝠葛、野亚麻、田麻、荆条、洋槐、垂柳、马蔺等	纺织、绳索、包装、编织、纸张、塑料、炸药等原料
油脂植物	110	赤松、黑松、榛、麻栎、大叶朴、野大麻、五味子、山杏、山桃、山皂荚、野大豆、洋槐等	人类食物和工业原料，大部分在果实中含油脂，少部分在根、茎、叶、花中含油脂
淀粉、酿造植物	73	银杏、榛、板栗、麻栎、槲栎、辽东栎、蒙古栎、栓皮栎、山楂、山里红、草莓、山桃、稠李、东北杏、毛樱桃、花盖梨、酸枣、山葡萄、狗枣子、软枣猕猴桃等	食品原料和工业原料
芳香油类植物	68	紫杉、赤松、红松、黑松、杜松、天女花、五味子、香椒子、小茴香、藿香、薄荷、紫苏等	香精原料
鞣科类植物	60	日本落叶松、红松、油松、赤松、核桃楸、鹅耳枥、榛、辽东栎、蒙古栎、栓皮栎等	提取栲胶。栲胶是皮革工业、渔网制造业的主要原料
药用植物	120	银杏、麻黄、大麻、东北细辛、马齿苋、外麻、白头翁、鲜黄连、淫羊藿、天女花、北五味子、土三七、合欢、决明、白蘚、远志、刺五加、人参、柴胡、防风、连翘、龙胆、活血丹、益母草、薄荷、黄芩、枸杞、地黄、车前、苍耳、关苍术、党参等	中医入药
野菜植物	200	蕨、中华蹄盖蕨、荚果蕨、藜、猪毛菜、碱蓬、马齿苋、水芹、刺五加、刺儿菜、小根菜等	食用
蜜源植物	70	油菜、李、杏、山桃、梨、洋槐、紫椴、糠椴、沙枣、百里香、酸枣、山楂、山里红、苹果、紫穗槐等	酿蜜
绿化植物	111	芍药、多被银莲花、点地海、地榆、黄海棠、梅花草、水金凤、野凤仙花、打碗花、圆叶牵牛、翠菊、甘野菊、小红菊、天女花、花木蓝、山刺玫、迎红杜鹃、大字杜鹃、锦带花、海州常山、葛枣猕猴桃等	园林绿化

类有小黄鱼（黄花鱼）、蓝点马鲛（鲅鱼）、牙鲆（牙片、牙鲆鱼）、黄鲫（油扣）、高眼鲽（片口、长脖）、绿鳍马面鲀（皮匠鱼）、方氏云鳚（高粱叶子鱼，幼鱼称萝卜丝子鱼）、玉筋鱼（银针鱼）、黑鲪、红鳍东方鲀（河豚、廷巴走、蜡头棒子）、鲈鱼（鲈子）、中国对虾（对虾、东方对虾）、三疣梭子蟹（飞蟹）、长须鲸（长皱鲸）、斑海豹（海豹）等。

底栖动物 大连沿海生态条件复杂，底栖动物种类繁多，已采集到的有 115 科、213 种，其中软体动物占 51%，节肢动物占 21%，棘皮动物占 16%，环节动物占 6%，其他动物占 6%。按生活环境可以分为潮间带底栖动物（包括滩涂底栖动物和岩礁底栖动物）和潮下带底栖动物（包括浅水底栖和深水底栖）两类。滩涂底栖动物的经济品种有菲律宾蛤仔（沙蚬子）、文蛤（花蛤）、四角蛤蜊（白蚬子）、沙参（海蛆）、丰年虫（卤虫）；岩礁底栖动物的经济品种有皱纹盘鲍（鲍鱼）、刺参（沙口巽）、栉孔扇贝（扇贝、干贝）、大连紫海胆（刺锅子、光棘球海胆）、紫贻贝（海红，

干制品称淡菜）等。浅水底栖动物有71科、99种，经济种类有脉红螺（波螺、大海螺、瓷螺）、魁蚶（赤贝）、大连湾牡蛎（蛎头）等；深水底栖动物有30科、56种，经济种类有香螺（海螺）、紫石房蛤（天鹅蛋、大砚子）、刻肋海胆、日本蟳（赤甲红）等。

浮游生物 靠海水运动而位移浮动的生物。浮游生物包括浮游生物和浮游植物两大类。其中浮游植物大连水域出现种类达32个属、75种，优势种有虹彩圆筛藻、琼氏圆筛藻及格氏圆筛藻（圆筛藻属）、中肋骨条藻（骨条藻属）、密联角毛藻属（角毛藻属）。浮游生物出现种类有9类、41种，其中优势种类有糠虾（水杂虾）、中国毛虾（虾皮）、海蜇、强壮箭虫等。大连地区海域的海洋藻类有的属底栖生物，有的属于浮游生物、通常把底栖生物的海洋藻类，如红藻、褐藻和绿藻称海洋类资源。其经济种类有海带（江白菜）、裙带菜（海芥菜）、紫菜（紫叶菜）、石花菜（牛毛菜）、江蓠（龙须菜）、石莼（海白菜）、马尾藻（海蒿子）等。

大连地区沿海海水氯化钠含量较高，有丰富的盐资源，适宜晒盐的滩涂较多，使大连成为全国主要的海盐产区之一。

三、矿产资源

大连地区地质构造复杂，成矿条件优越。已探明的矿产56种。其中，金属矿产8种，非金属矿产46种，能源矿产2种。已开发利用的43种。

大连地区的金属矿产有铁、铜、铅锌、金（银）4种。多属小型矿床。金属矿产中尤以金（银）矿为最重要。金矿又分沙金矿和原生金矿，沙金矿主要分布于沿海河口，原生金矿，主要集中在普兰店和庄河市。已探明金储量约10.4吨，银储量162吨。

菱镁矿和滑石矿主要分布于庄河县和新金县境内。庄河县的菱镁矿已是大连地区出口矿产品的主要矿种之一。

非金属矿中以金刚石矿和石灰岩矿最为著名。金刚石矿分布在瓦房店境内，储量居中国金刚石矿之首，居世界第10位。石灰岩矿资源十分丰富，已知矿床21处，总储量20亿吨，主要分布在旅顺口区、金县西部和瓦房店市复州湾一带。非金属矿中占有一定比例的还有黏土矿、硅石矿、大理石矿、石棉矿、花岗岩矿等，这些矿点主要分布在金县、新金县、瓦房店市和庄河县。

四、土地资源

大连地区土地类型主要有中山地、低山地、丘陵地、岗台地、沟谷地及滨海平原地等。棕壤性土中山地和低山地集中分布在北部和中部，构成土地类型结构的最高层次（部位）；棕壤丘陵地围绕在山地周围，构成土地类型的第二个层次；棕壤平缓地和岗台地是围绕在丘陵周围向半岛两侧扩展，构成第三个层次；在岗台地外围是滨海草甸土平地和风沙地，构成土地类型的第四个层次；滩涂地为第五个层次，是陆域的后备土地资源。河川平地沿河谷分布，呈树枝状。以上5个层次的土地类型构成了半环状的阶梯形结构。其中山地、丘陵地及岗台地约占全区总面积的70%（山地占20%，丘陵地占25.9%，岗台地占24.1%），而沟谷地及滨海平地所占面积仅占全区总面积的30%。

五、水资源

大连境内河流属黄、渤海水系，多独流入海，河网发育状况较好。集水面积20平方千米以上的河流152条，其中，1000平方千米以上的3条，500～1000平方千米的3条，100～500平方千米的27条，100平方千米以下的119条。独流入海的主要河流25条，其中，入黄海16条、入渤海9条，属季节性河流。最大的河流是碧流河，在碧流河乡谢屯注入黄海；流域地处千山山脉余脉东侧，最高山脉步云山海拔1129米；流域面积

2814平方千米，其中大连境内1465平方千米；干流全长156千米，其中大连境内100千米；河道上游是辽南暴雨区之一。复州河是第二大河流，注入渤海，干流全长137千米，流域面积1628平方千米。

大连地区地表水的主要补给源是天然降水。多年平均径流量34.82亿立方米、径流深276.9毫米。多年平均降水量720毫米，总水量91亿立方米，自西南向东北递增。碧流河、复州河、大沙河、英那河、庄河、浮渡河、湖里河、清水河、登沙河9条主要河流流域年平均降水量657～874毫米，降水总量63.24亿立方米，其中大连境内50.13亿立方米，占全地区年降水总量的55%。地区间、流域间径流量差异较大。按行政区分：庄河县径流量占全市径流量的47%，人均1800立方米；新金县占21%，人均970立方米；瓦房店市占20%，人均690立方米；而金州以南地区仅占12%，人均仅有170立方米，不足庄河市人均的1/10。由此形成了东水西用的格局。按流域分：庄河境内的英那河、湖里河流域每平方千米产水量47万立方米，是西南部复州河流域产水量的2.1倍。

大连地区地下水的主要补给源是大气降水的垂直渗入，而天然降水又集中在7月、8月、9月，地表径流过于集中，河流短小，坡陡流急，只有少量雨水渗入地下，因此地下水资源较贫乏。地下水综合补给量为8.84亿立方米，其中山地丘陵区为5.19亿立方米，平原区为1.94亿立方米，岩溶区为1.71亿立方米，分别占总量的59%、22%和19%。可开采量为4.07亿立方米。

第二篇　政　治

第一章　中共大连地方组织

1921年7月中国共产党成立后不久，即派遣罗章龙、李震瀛、陈为人、邓中夏等到大连宣传马克思列宁主义，指导工人运动，筹建大连地方党组织。1924年4月，在大连地区建立了中国社会主义青年团大连特别支部。五卅惨案发生后，共青团大连特支按照中共中央和团中央指示，与大连各界爱国人士结成广泛统一战线，发动并开展了声势浩大的声援斗争。1926年1月15日，在社会主义青年团组织的基础上，组建中国共产党大连特别支部，直属中共北方区委领导。大连党组织建立后，与大连中华工学会等爱国团体一起，领导了“四二七”福纺工人大罢工等运动，从此，中国共产党加强了对大连工人运动和人民反帝爱国活动的领导，革命形势出现了新的局面。由于日本对大连的殖民统治日益严酷，并随着侵略战争的升级而变本加厉，大连地方党组织不得不长期处于地下状态。面对日本残酷的殖民统治，中共大连地方组织领导大连人民顽强斗争，不屈不挠，前赴后继，终于迎来了中国抗日战争和世界反法西斯战争的伟大胜利，迎来了大连的新生。

中共大连地方组织在公开前的23年间，由于4次遭到严重破坏，仅于1928年召开过一次一般不计入大连地方党组织党代会之数的党员代表会议（1928年会议组成中共关东县委，但其所领导的党团组织不久被彻底破坏）。1949年4月1日中共大连地方组织正式公开后，先后于1949年、1950年、1955年、1956年、1959年、1964年、1971年、1979年、1985年召开9次党代会。每次党代会都完成了会议预定的任务，行使了相应的职权。除了党员代表大会以外，中共大连地方组织还召开过其他各种会议数百次，其中重要会议近200次（三分之一以上集中在1976年10月至1985年12月间），包括市委全体会议、市委扩大会议、市委常委会会议、市委常委扩大会议、市委及其常委主持召开的各级党员领导干部会议和其他专项会议。历次党代会一般都听取和审查市委的报告，讨论本地区内的重大问题并作出决定；历次重要会议一般都听取和讨论市委领导的讲话，并根据其指示精神作出相应决定（或对已有决定作出必要的修正）。

第一节　组织沿革

1921年7月中国共产党成立后，同年委派罗章龙到大连考察满铁沙河口工场等地的工人状况。1923年3月，中共北京地委派遣李震瀛和陈为人到大连，了解大连的社会状况和工人运动情形。1924年，李震瀛和邓中夏先后受党中央派遣到大连开辟工作。1924年4月，大连建立社会主义青年团组织。1926年1月，由9名超龄团员转为中共党员建立的中共大连特别支部成立。2月，建立中共大连地方委员会。党组织建立后，组织建立工人、青年、店员等爱国团体，开办夜校，举办讲座，提高群众觉悟。1926年1月帮助建立国民党大连市党部，同年4月，成功地领导了“四二七”

福纺纱厂工人大罢工，领导店员工会开展增薪活动。开展农村工作，领导农民减税斗争。到1927年6月，大连地区已建立党支部23个，有党员200余名。之后至1937年8月的10年间，在日本殖民统治当局血腥镇压下，加之党内“左”倾路线的影响，中共大连地方组织先后4次遭受严重破坏，在大破坏中保存下来的部分基层党组织继续开展工作，他们隐蔽埋伏，发展组织，积蓄力量，等待时机，组织武装，迎接大连光复。1941年，左友文受中共胶东区党委委派，来到大连开展工作。翌年，胶东区党委大连支部成立，主要从事隐蔽斗争。1944年，中共胶东区党委派张世兰到大连，在胶东海外抗日同盟总会大连分会中建立党的组织。1945年8月22日，苏联红军进驻旅大，在中共中央东北局的领导下，重新建立了党的组织，并迅速建立人民民主政权，着手治愈殖民统治造成的千疮百孔，逐步把大连建成中国共产党的隐蔽后方和特殊根据地，有力地支援了全国解放战争。

1949年4月1日中共大连地方组织由半公开转向公开，从此开启了中国共产党在大连地区公开执政的历史时期。在新民主主义革命向社会主义革命的转变中，先后开展了土地调剂、支援抗美援朝和“三反”“五反”等运动。在社会主义革命和建设时期，先后开展了反右派斗争、“大跃进”、“四清”、“文化大革命”运动。中共十一届三中全会后，按照中国共产党的基本路线，把工作重点转移到以经济建设为中心的轨道上来，同时从1983年开始，进行了党政分开、政企分开和干部管理制度改革。

中共大连地方组织诞生后，在与日本帝国主义和国民党反动派的斗争中，在社会主义革命和建设中，不断地发展壮大。到1949年中华人民共和国成立前夕，党员人数从建党时的9名发展到21270名。中华人民共和国成立后，大连地区的党员数量呈直线大幅增长，1965年党员人数116892名，1979年党员人数229641名。

一、大连光复前的中共大连地方组织

中共大连特别支部　1921年7月中国共产党诞生，在中共中央和北方区委的领导下，1926年1月15日中国共产党大连特别支部建立。其时党与团的支部合二为一。中共大连特别支部隶属中共北方区委。大连特支书记杨志云，组织、宣传、工运、青运工作负责人分别是董秀峰、王少坡、傅景阳、王立功（团员），下有4个党团小组。

中共大连地方委员会　1926年2月，根据中共北方区委指示，中共大连特别支部改为中共大连地方委员会，仍属中共北方区委领导。组织机构未变。联络机关设在益记笔店（今西岗区大龙街152号）。5月30日，确定党与团从组织上分开，改选并健全了党团领导机构。中共大连地委书记杨志云，组织部部长董秀峰，宣传部部长张炽，工运部部长傅景阳，青运部部长丛秀峰；同时成立教育宣传委员会、工人运动委员会。共青团大连地委书记为王少坡，组织部部长由明堂，工运部部长王立功，宣传部部长魏长魁。1926年10月，中共大连地委改由中共中央领导，领导成员调整为：书记邓鹤皋，组织部部长杨青云，宣传部部长王少坡，工运部部长唐宏经，青运部部长兼团地委书记尹才一。

中共大连市委员会　1927年6月，中共大连地委改为中共大连市委，仍属中共中央直接领导，至此已建立23个党支部。组织机构不变，委员6人（减2人）。7月24日，市委书记邓鹤皋以及49名党团员和群众被日本殖民当局逮捕。大连地方党组织遭到第一次严重破坏。11月重建，有书记、宣传各1人，委员3人，下设4个支部。

中共关东县委员会　1927年末至1928年初，中共满洲省临委书记陈为人、组织部部长吴丽石、团省委书记张任光先后到大连指导工作，决定将中共大连市委改为中共关东县委。关东县委书记1

人，组织、宣传（书记兼）、秘书部（书记兼）、青运、工运（常委兼）负责人各1名，农民委员、候补委员各1人，常委3人，合计委员6人。下设10个支部。1928年1月20日，曲文秀、杜继曾、纪幼柏等人在益记笔店召开党员代表会议，选举产生中共关东县委员会，隶属中共满洲省临委。曲文秀、孟庆恩、杜继曾、张振忠、纪幼柏当选为委员。4月末，县委书记曲文秀被捕并叛变，47名党团员遭逮捕。中共大连地方组织遭到第二次严重破坏。

中共大连特别支部 1929年9月，中共中央和中共满洲省委先后派吴晓天、朱全盛到大连重建大连地方党组织，10月又派张干民到大连，共同组成中共大连特别支部，隶属中共满洲省委。大连特支有书记2人，宣传、工运负责人（由一书记兼任）各1名。大连特支联络机关在《泰东日报》社。1930年4月中共满洲省委遭破坏，5月，中共大连特别支部重建。有书记2人、委员2名。

中共大连市委员会 1930年11月，中共大连特别支部改为中共大连市委。有书记2人，组织、宣传工作负责人各1名。下设1个区委、3个支部。1931年3月，中共中央派中共河南省委书记童长荣到大连任中共大连市委书记。

中共大连特别支部 1931年7月，中共大连市委改为中共大连特别支部，联络点在侯家沟。有书记2人，委员3名，下设4个支部。11月，中共满洲省委调童长荣任东满特委书记，改派刘景新（又名张洛书）接任大连特支书记，特支改隶奉天特委。

中共大连市委员会 1932年7月，经中共中央同意，中共满洲省委将中共大连特别支部改为中共大连市委，由中共满洲省委和奉天特委双重领导。有书记及2名委员，下设7个支部。1933年11月下旬，由于脱党分子告密，80多名党员和群众遭日本宪兵队逮捕。中共大连地方组织遭到第三次严重破坏。1935年1月，中共满洲省委批准重建中共大连市委。大连市委有书记3人，组织部部长2人（书记兼），宣传部部长、妇女工作负责人各1名，下设13个支部。1936年1月中共满洲省委撤销后，改由中共哈尔滨特委领导。1937年4月15日，中共哈尔滨特委遭破坏，暴露了中共大连市委的秘密通信地址，8月，大连日本宪兵队对大连党组织进行全面围剿，100多名党员和群众遭逮捕。中共大连地方组织遭到第四次严重破坏。

中共胶东区党委大连支部 1942年春，中共胶东区党委派左友文到大连建立党组织。同年端午节召开党员会，成立中共胶东区党委大连支部，隶属中共胶东区党委。有书记1人，组织委员2人、宣传委员1人。这一时期，在大连坚持抗日活动的党组织还有中共旅顺刑务所支部、中共胶东海外各界抗日同盟总会大连分会总支委员会。

二、大连光复后的中共大连地方组织

中共大连市委 1945年8月大连光复，10月初中共中央东北局派韩光到大连地区开展工作，上旬组建中共大连市委，韩光被任命为中共大连市委书记。大连市委辖旅顺市委、大连县委、金县县委及寺儿沟、岭前、西岗、沙河口、甘井子区委。10月中旬，组成中共大连市委（初以“工委”名义开展工作，11月初正式称中共大连市委）。由于大连处于苏军的军事管制之下，为避免给苏联方面带来外交上的麻烦，市委采取不公开策略。中国共产党的许多活动都是通过以各种身份做掩护的党员和群众组织进行的。在苏军的配合与支持下，市委有效地控制了大连市政府、大连市警察总局等要害部门。市委建立初期，隶属中共中央东北局，1946年6月改属中共辽宁省委。

中共旅大地委 1946年7月，根据中共辽东省委决定，中共大连市委改为中共旅大地委（1947年一度称中共关东地委），辖大连市委、旅顺市委、

大连县委、金县县委及中山、寺儿沟、岭前、西岗、沙河口区委。中共旅大地委在1947年前隶属中共辽东省委，1947年后改属中共中央辽东分局，1948年中共中央辽东分局被撤销后，隶属中共中央东北局。

中共旅大区党委　1949年2月，根据中共中央东北局决定，中共旅大地委改为中共旅大区党委。同年4月1—3日，旅大区党委在市文化宫举行中共旅大区活动分子大会，向群众公开党的组织。

中共旅大区委　1949年10月1日中华人民共和国成立后，1950年4月，中共旅大区党委改为中共旅大区委。

中共旅大市委　1950年10月，中共旅大区委改为中共旅大市委，隶属中共中央东北局，辖旅顺市委，金县、长海县委，中山、岭前、西岗、沙河口、甘井子、营城子、小平岛区委。1954年8月撤销大行政区后，隶属中共辽宁省委。1951年3月，市委增设第二书记2人。1955年12月，市委设书记处，有书记4人。

1956年6月至1957年7月，市委第一届委员会增加候补委员11人。这一时期中共旅大市委辖旅顺市委，金县、新金县、复县、庄河县、长海县县委，中山、西岗、沙河口、甘井子、大辛寨子区委。

1959年7月至1964年11月，市委第二届委员会首次增设候补书记2人。1960年1月至1964年11月，届中调整和增补了第一书记及3名书记、3名候补书记、10名常委。其间，旅顺市委改为旅顺口区委，大辛寨子区委被撤销。

1964年11月至1967年3月为市委第三届委员会，委员增至44人，届中于1965年6月增补书记、常委1人。其间市委辖5个区委（同前）和长海县委。

1971年2月至1979年3月为市委第四届委员会，其间市委辖5个区委（同前）和金县、新金县、复县、庄河县、长海县委。届中于1973年3月增补常委9人；1976年10月调整后书记增至6人；1977年4月第三次调整后书记增至9人（另有第一、第二书记各1人），常委增至19人。

1979年3月至1985年7月为市委第五届委员会，初有第一书记及10名书记。届中于1980年3月至1982年9月增补6名常委和1名顾问；1983年市委常委缩至12人。其间市委辖5个区委（同前）、瓦房店市委及金县、新金、庄河县、长海县委。1985年7月市委第六届委员会产生，本届委员会至1990年5月结束。

中国共产党大连地方组织沿革一览表

表2–1

隶　属	组织名称	时　间	书　记	地　址
中共北方区委 1926年1月— 1926年10月	中共大连特别支部	1926年1月—1926年2月	杨志云	大连中华青年会 （今中山区天津街107号）
	中共大连地方委员会	1926年2月—1926年7月	杨志云	大连中华青年会分校 （今中山区常青街31号）
中共中央 1926年10月— 1927年7月	中共大连地方委员会	1926年7月—1927年6月	邓鹤皋	人和堂药房 （今西岗区东风巷3号）
	中共大连市委员会	1927年6月—1927年7月	邓鹤皋	益记笔店 （今西岗区大龙街152号）

续表 2-1

隶 属	组织名称	时 间	书 记	地 址
中共满洲省委 1927 年 11 月— 1928 年 4 月	中共大连市委员会	1927 年 11 月—1928 年 1 月	李稔年	益记笔店 （今西岗区大龙街 152 号）
	中共关东县委	1928 年 1 月—1928 年 4 月	曲文秀	益记笔店 （今西岗区大龙街 152 号）
中共满洲省委 1929 年 10 月— 1931 年 11 月	中共大连特别支部	1929 年 10 月—1929 年 12 月 1929 年 12 月—1930 年 4 月 1930 年 5 月—1930 年 6 月	张干民 朱全盛 姜煜元	《泰东日报》社 （今中山区民生街 76 号）
		1930 年 6 月—1930 年 10 月	王永庆	三泰油坊（原油脂总厂）
	中共大连市委员会	1930 年 11 月—1931 年 3 月	张乃文	同上
		1931 年 3 月—1931 年 7 月	童长荣	侯家沟 （今沙河口区侯家沟 310 号）
	中共大连特别支部	1931 年 7 月—1931 年 10 月	童长荣	
中共奉天特委 1931 年 11 月— 1932 年 7 月	中共大连特别支部	1931 年 10 月—1932 年 7 月	刘景新	志诚书房 （今沙河口区民权街 161 号）
中共满洲省委和奉天特委双重领导 1932 年 7 月— 1933 年 10 月	中共大连市委员会	1932 年 7 月—1933 年 10 月	刘景新	同上
中共满洲省委 1935 年 1 月— 1936 年 1 月	中共大连市委员会	1935 年 1 月—1935 年 10 月 1935 年 10 月—1936 年 10 月	张敬文 张福生	西岗新起街 61 番地高恒兴和西岗大龙街永聚成李元龙家
中共哈尔滨特委 1936 年 1 月— 1937 年 4 月		1936 年 10 月—1937 年 4 月	王清志	西岗富久町（今不老街）147 号李明武家中
中共胶东区党委 1942 年 6 月— 1945 年 10 月	中共胶东大连支部	1942 年 6 月—1945 年 10 月	左友文	德成商店 （今西岗区大同街 68 号）
	中共胶东海外各界抗日同盟总会大连分会总支委员会	1945 年 8 月—1945 年 9 月 1945 年 9 月—1945 年 10 月	张世兰 张寿山	隆兴茶庄 （今沙河口区马栏村 498 号）
中共中央东北局 1945 年 1 月— 1946 年 6 月	中共大连市委	1945 年 10 月—1946 年 7 月 1945 年 10 月—1945 年 11 月 （为工委）	韩 光	斯大林路（今人民路）2 号，后迁至市政府广场（今人民广场）3 号
中共辽东省委 1946 年 6 月— 1946 年 12 月	中共旅大地委	1946 年 7 月—1948 年 7 月	韩 光	1946 年 7 月迁沙河口区新华街 161 号，后迁至中山区金城街 45 号
中共辽东分局 1947 年— 1948 年 4 月				
中共中央东北局 1948 年 4 月— 1950 年 4 月	中共旅大地委	1948 年 7 月—1949 年 2 月	欧阳钦	1948 年 4 月迁中山区金城街 45 号
	中共旅大区党委	1949 年 2 月—1950 年 4 月	欧阳钦	1949 年 5 月迁中山区同兴街 25 号（今云山宾馆）

续表 2-1

隶 属	组织名称	时 间	书 记	地 址
中共中央东北局 1950 年 4 月— 1954 年 7 月	中共旅大区委	1950 年 4 月—1950 年 10 月	欧阳钦	中山区同兴街 25 号(今云山宾馆)
	中共旅大市委	1950 年 10 月—1956 年 6 月	欧阳钦 1950 年 11 月— 1954 年 7 月 郭述申 1954 年 7 月— 1956 年 6 月	中山区同兴街 25 号 1951 年迁至中山区斯大林路(今人民路)1 号
中共辽宁省委 1954 年 8 月— 1967 年 3 月	中共旅大市委	第一届 1956 年 6 月—1959 年 7 月	郭述申	1957 年迁中山区南山路 108—1 号
		第二届 1959 年 7 月—1964 年 11 月	郭述申 胡明(代)	
		第三届 1964 年 11 月—1967 年 3 月	胡明(代)	
	旅大市军管会	1967 年 3 月—1968 年 8 月	邓 岳	斯大林广场(今人民广场)1 号
辽宁省革委会 1968 年 8 月—1970 年 2 月	旅大市革委会	1968 年 8 月—1970 年 2 月	邓 岳 刘振华	
中共辽宁省革委会党的核心小组	中共旅大市革委会党的核心小组	1970 年 2 月—1971 年 2 月	刘振华 刘德才	
中共辽宁省委 1971 年 2 月—	中共旅大市委	第四届 1971 年 2 月—1979 年 3 月	刘德才 李 荒 (主持工作) 李 荒	
	中共大连市委(1981 年 3 月旅大市改大连市)	第五届 1979 年 3 月—1985 年 7 月	李荒(兼) 宋 黎 (主持工作)	
		第六届 1985 年 7 月—	毕锡桢	

第二节 历届党代会

中共大连地方组织建立 60 年来，先后召开过 9 次党代会。到 1949 年 4 月党的地方组织向全市人民公开前的 23 年间，由于中共大连地方党组织一直处于秘密状态，又屡遭破坏，仅于 1928 年 1 月 20 日在市委秘密联络机关益记笔店召开过一次党员代表会议。曲文秀、杜继增、纪幼柏等人参加会议，组成中共关东县委。由于出席会议人数极少，会后两个月关东县委及其领导下的党团组织又被彻底破坏，这次会议一般不计入历届党代会中。1949 年 3 月大连地方党组织决定公开后，于 4 月 1 日召开了中国共产党旅大区活动分子会议，向全市人民公开旅大党组织，名称虽然不是党员代表会议，实际上却是一次完全意义上的党代会。1950年和1955年分别召开过中共旅大区、中共旅大市代表会议，1956年至1985年20年间又先后召开过6届市党代会。

一、中共旅大区活动分子会议

1949年4月1—3日，在市文化宫（后改为群众剧场，今春藤歌舞厅）举行。大会向外界公开了旅大党组织。旅大区党委书记欧阳钦作《在目前形势下旅大党的任务》的报告，报告提出“发展生产、改善民生，发展文化、培养干部”两大中心任务，强调“在发展生产与文化两个任务中，生产是最基本的，占压倒一切的地位”，一切工作都应为经济建设服务。

二、中共旅大区委第一次代表会议

1950年4月9—12日，在市文化宫召开。旅大区党委书记欧阳钦作《切实地贯彻东北第一次党代表会议的精神到旅大地区工作中去》的报告，指出区党委在1950年的中心任务是发展经济建设，特别是按照国家优先发展重工业的战略，重点发展工业尤其是重工业。10月17日，中共旅大区委改为旅大市委，欧阳钦为市委书记。

三、中共旅大市代表会议

1955年5月20日至6月8日，在市人民文化俱乐部召开。会议听取并通过了市委书记郭述申作的题为《加强党的领导，提高政策思想水平，为完成1955年国家计划而奋斗》的工作报告；还听取了市委副书记胡忠海作的关于党的纪律检查工作的报告；选举产生了胡忠海为书记的中共旅大市监察委员会。会议通过《中国共产党旅大市代表会议决议》。

四、中共旅大市第一次代表大会

1956年6月7—16日，在市人民文化俱乐部召开。会议听取并通过了市委书记郭述申作的题为《全党动员起来，进一步开展先进生产者运动，为提前完成和超额完成第一个五年计划而奋斗》的工作报告和书记处书记宋黎作的《一年来肃反运动的情况和今后意见的报告》。会议通过了《中国共产党旅大市第一次代表大会决议》。6月19日一届一次全会选举郭述申为市委第一书记。

五、中共旅大市第二次代表大会

1959年6月29日至7月5日，在市委俱乐部召开。会议听取并通过了市委第一书记郭述申作的工作报告；选举郭述申为第一书记。此次会议肯定了市委一届九次全委（扩大）会议关于宋黎等人进行反党宗派活动的结论。会后又在全市进行了“反右倾”、改造落后地区运动，牵涉到一些党员干部。会后在全市开展“反右倾”“改造落后地区”运动，加之继续开展“大跃进”和人民公社化运动，全市经济（特别是农业）和人民生活出现严重困难。

六、中共旅大市第三次代表大会

1964年11月5—12日，在东山宾馆（今棒棰岛宾馆）召开。会议听取并通过了市委代理第一书记胡明作的工作报告和市委常委杨希萍代表市监察委员会作的工作报告。会议肯定了1959年以来进行的反右倾机会主义的斗争、两条道路斗争的教育和社会主义教育运动，并提出深入开展“社教”运动。会议选举胡明为第一书记（代理）。

七、中共旅大市第四次代表大会

1971年2月12—15日，在市人民文化俱乐部召开。会议听取并通过了市革委会主任刘德才代表市革委会党的核心小组作的题为《高举毛泽东思想伟大红旗，坚决执行毛主席的革命路线，为完成党的“九大”提出的各项战斗任务而奋斗》的工作报告；通过了《关于加强学习，反对骄傲自满，提倡谦虚谨慎的决定》和《中国共产党旅大市第四次代表大会关于市革命委员会党的核心小组工作报告的决议》。2月15日四届一次全会选举刘德才为第一书记。会后，市委按照中央的部署，先后开展了“批修整风”“批林批孔”“反击右倾翻案风”等运动。

八、中共旅大市第五次代表大会

1979年3月16—19日，在市人民文化俱乐部召开。会议听取并通过市委第一书记李荒作的题为《全党团结起来，为实现工作重点转移，加速我市社会主义现代化建设而斗争》的工作报告，通过了《中国共产党旅大市第五次代表大会关于市委工作报告的决议》和《中国共产党旅大市第五次代表大会关于撤销旅大市第三次、第四次党代表大会报告中一些错误结论的决议》。3月20日五届一次全会选举李荒为市委第一书记。会议批判了江青反革命集团的极“左”路线，讨论了如何实现党的工作重点转移，加快“四化”建设和加强党的建设等重大问题。

九、中共大连市第六次代表大会

1985年7月15—19日，在市人民文化俱乐部召开。会议听取并通过了市委书记毕锡桢作的题为《奋发进取，繁荣大连》的工作报告；审议并通过了市纪律检查委员会的工作报告等；通过了《关于撤销中共旅大市委向市党的第二届代表大会第一次会议所作的工作报告涉及宋黎等同志错案有关内容的决议》。7月20日，六届一次全会选举毕锡桢为市委书记。市纪委选举于桂荣为市纪委书记。会议明确了今后五年大连市经济建设的主要目标：繁荣大连，振兴辽宁，服务全国，走向世界。

第三节　重要会议与重大决策

在中共大连地方组织的发展历史进程中，除了召开党的代表大会之外，还召开过许多重要会议，做出许多重要决策。有些会议规模不大，却与大连地方党组织的生存与发展息息相关，对大连的发展起到了重要作用。这些会议和决议是党组织根据当时革命和建设的实际需要而举行的和做出的，其作用甚至比党代会的作用还突出。由于大连地方党组织诞生后的16年间曾4次遭到日本殖民统治当局的严重破坏，处于基本上没有活动的时间长达8年多，加上领导机构变动频繁和党员人数很少等原因，大连地方党组织建立到解放战争时期市委（包括“特支”“地委”“关东县委”）直接召开重要会议并做出的重大决策极少。

一、大连地方党组织建立到解放战争时期

1926年5月30日，中共北方区特派员张炽主持召开全市党团员联席会议，确定党与团从组织上分开，改选并健全党团领导机构。会议推选杨志云为中共大连地委书记，共青团大连地委书记为王少坡。

1927年5月17日，大连地委在沙河口小刘家屯毕庶通家召开支部书记联席会，地委书记邓鹤皋强调，要扩大组织，要向工人多讲些切身利益的事。会议决议，党支部要采取秘密活动方式，积极培训工人党员，把工学会变成党员养成所。

1927年6月20日，大连市委在中华增智学校召开扩大会议，传达党的五大会议精神，确定大连党组织当前的工作任务。要求党员理解中国革命，学好政治，认识真理，承认马克思主义，遵守铁的纪律，加速经济斗争。

1928年2月25日，关东县委在大连小岗子荣町韩希仁家召开全体委员会议，讨论组织分工、秘密工作、发展组织、党团关系、工人运动、农民运动、教育训练等问题。会议通过《关东县委会第一次全体会议决议案》，对发展党员、建立组织、开展工人农民运动等工作，提出了一些不切实际的计划。

1933年2月19日，中共大连市委在中央巡视员杨志远主持下召开会议。会议传达的中央“一·二六”指示信指出，党在东北的总策略方针是“建立民族的反帝统一战线，以有效地抗击日本帝国主义”决定恢复和建立基层党团和工会组织，发动工人群众开展反日斗争。

1942年6月18日，受中共胶东区委派遣的左友文在沙河口区小西果园召集从山东转移到大连的党员开会，成立党支部，并传达胶东区党委交给的任务：“隐蔽埋伏，发展组织，积蓄力量，等待时机。”

1945年8月14—15日，中共胶东区委大连支部在刘家屯召开支委会，根据胶东区委指示，决定建立工人武装，配合苏军解放旅大。16日，支部书记左友文在德成商店组织召开党员大会，会议决定派赵恩光发动周水子苦力工棚工人夺取敌人枪支，组织武装队伍控制铁路、保护仓库物资，派李彭华回金州发动盐场工人组织武装队伍。

1946年1月4日，中共大连市委召开发动群众斗争会议，指出斗争的主要任务是清洗敌伪残余势力，争取群众，巩固政权。之后，在城市开展了反奸清算斗争，在农村开展了与汉奸、恶霸的斗争。

1946年4月11日，由于国民党的封锁，铁路交通停顿，粮源断绝，奸商趁机抬高粮价，引起群众抢粮。中共大连市委作出《关于粮食问题的紧急指示》，号召党的各级组织引导群众转向有组织的粮食斗争，将存粮户所隐藏的大宗粮食发掘出来公平出售，将缺粮的市民组织起来并保障其供给。

1946年10月20日，中共旅大地委作出《关于今后财经工作的决定》，确定财经工作的总方针是“组织生产，发展贸易，支援前线，改善民生”。

1947年2月，中共旅大地委作出《关于开展生产运动的决定》。指出开展生产运动应紧紧掌握“靠山吃山，靠海吃海，靠地吃地，能大即大，能小即小”原则。自此，旅大城乡人民投入了大生产运动。

1947年4月10日，中共旅大地委召开干部会议。面对国民党政府委任旅顺和大连两市市长，准备“接收”旅大的紧急情况，地委书记韩光提出团结全区人民，建立实行政治经济民主、对抗四大家族统治的统一战线战略方针。工作中，要以服从苏方外交政策为主，保卫胜利果实。

1947年9月25日至10月10日，中共旅大地委召开执委会议。出席会议的除全体委员外，还请北满、辽南以及苏军驻大连当局代表参加。会议通过了地委书记韩光作的《关于目前形势与党的任务》的报告。确定旅大地区工作的总方针是发展生产，安定民生，巩固旅大战略要地，建设党的隐蔽后方。

1948年1月12日，中共旅大地委召开扩大会议，研究军工生产问题，提出要克服一切困难，保证完成东北局下达的生产20万发炮弹的任务。会议决定成立军工生产委员会，统一领导军工生产与支前工作。

1948年7月30日，中共旅大地委书记欧阳钦在地委会议上传达东北局常委《关于旅大工作任务的指示》。强调党在旅大的任务是多生产炮弹、发展纺织工业，这是关系全国解放战争的大事。

1949年3月1日，旅大区党委召开执行委员会紧急会议，决定把处于秘密状态的各级党组织向广大群众公开。各市、县（区）及厂矿企业的党组织采用口头形式，仅用5天时间就完成了向群众公开的任务。

1949年4月1—3日，中国共产党旅大区活动分子大会在大连市文化宫举行。出席大会的正式代表622人，列席165人。大会向全市人民公开了旅大党组织。区党委书记欧阳钦在所作的题为《在目前形势下旅大党的任务》的报告中指出，在发展生产与发展文化两个任务中，生产是最基本的，占压倒一切的地位，一切工作都应为经济建设服务。

1949年8月2日，中共旅大区党委召开会议，研究旅大地区进行土地改革问题。会议指出，土改的目的是消灭封建，发展生产。26日，旅大区党委作出《关于实行土地改革的决定》。

1949年9月18日，大连工业展览会开幕。中共旅大区党委书记欧阳钦、旅大行政公署主席韩光等旅大党政领导人及苏军军官出席了剪彩仪式。至11月30日结束，接待大连和外地参观者30多万人次。

二、基本完成社会主义改造时期

1949年12月19日，旅大区党委作出《关于农村土地调剂问题的决定》。翌年2月末，农村土地调剂工作完成。

1950年5月9日，区委召开常委会会议研究贯彻中共中央《关于在全党全军进行大规模整风运动的指示》。全区的整风运动于7月开始至11月结束。

1950年10月27日，市委召开常委会会议，确定旅大在抗美援朝、保家卫国斗争中的工作方针是动员人力、物力，克服任何困难，加紧生产，支援前线，一切为争取抗美援朝战争的胜利。

1951年8月，市委召开三次会议，要求大力开展增产节约运动。9月8日，市委召开领导干部会议，市委副书记韩光传达东北局干部会议关于开展节约，反对贪污腐化，反对官僚主义的精神。11月9日，市委发出《关于深入开展增产节约运动与反贪污浪费、反官僚主义斗争的通知》。12月17—19日，市委召开全委（扩大）会议，市委组织部部长胡忠海作《坚决贯彻反对贪污腐化、反对铺张浪费、反对官僚主义斗争》的报告，全市开始开展“三反”运动。

1951年12月10日，市委召开常委(扩大)会议，讨论农村“镇反”问题，决定今冬明春的农村工作以“镇反”运动为中心。

1952年3月26日，市委召开“五反”运动公开处理大会。市委副书记韩光宣布对3000余户工商业者的结案处理，同时宣布对12名拒不坦白、罪大恶极的大盗窃犯绳之以法，当场逮捕。至6月中旬“五反”运动基本结束。

1953年3月16日，市委召开党员干部大会，市委书记欧阳钦作《认真贯彻毛主席、党中央、东北局指示，坚决地在旅大地区开展反对官僚主义、反对命令主义、反对违法乱纪斗争》的报告。市委决定整党以党员比较集中的机关团体、厂矿企业为重点，结合“三反”运动，开展民主补课、思想批判等，最后进行党员登记、组织处理。这项工作至1953年3月基本结束。同年12月2日，市委召开党员干部大会，全市逐步实现社会主义工业化和对农业、手工业、资本主义工商业的社会主义改造运动由此展开。

1955年6月14日，市委召开全委会议，根据中央部署，在全市开展反对胡风反革命集团的斗争。

1955年7月11日，市委常委会会议传达贯彻中共中央《关于开展斗争肃清暗藏的反革命分子的指示》和省委《关于开展肃清反革命分子斗争的计划》，听取《关于本市反革命分子活动情况以及开展肃清反革命分子斗争计划的意见》。14日，常委会研究决定组成以宋黎为组长的肃反工作5人小组。至1958年末肃反运动结束。

1955年12月26日，市委召开农村工作会议，传达贯彻中共七届六中全会通过的《关于农业合作化问题的决议》和国家主席毛泽东有关合作化的指示，检查合作社运动进展情况，研究合作化的发展规划。

1956年1月17日，市委常委会决定春节前全市农渔业全部合作化。18日，市委发出指示，决定于1月21日前将全市私营工商业和个体手工业全部实行公私合营和合作化。

1956年3月26日至4月5日，市委召开知识分子问题扩大会议，传达中央关于知识分子问题的会议精神。研究加强党对知识分子工作的领导，更好地团结、教育和使用知识分子的问题。

三、开始全面建设社会主义时期

1957年2月5—8日，中共旅大市一届三次全委（扩大）会议召开，根据中共中央政治局《关于1957年开展增产节约运动的指示》精神，决定全面开展增产节约运动。5月6日，市委常委会根据中共中央《关于整风运动的指示》和省委部署，决定在市级机关党组织中开展以反对官僚主义、宗派主义和主观主义为内容的整风运动。18日，市委召开整风动员大会。会后，市级机关和市内各大专院校及部分工厂首批开展整风运动。5月31日，市委召开宣传工作会议，第一书记郭述申根据中央整风精神号召大家大鸣大放，帮助党整风。7月25—29日，市委召开农村工作会议，要求为争取丰收而努力，并在农村广泛深入地开展反右派斗争。11月16—21日，中共旅大市委一届二次会议召开，会议学习毛泽东主席在八届三中全会上的讲话，讨论农业发展纲要修正草案，研究关于深入开展紧缩编制、下放人员、加强基层、加速以建设为中心内容的整风运动问题，听取并原则通过市委领导作的《关于整风运动的报告》。

1958年1月22日至3月17日，市一届六次全委（扩大）会议召开。会议根据中央提出的反右倾保守、反浪费的指示，对全市的工作进行全面检查，并原则通过《旅大市发展经济文化建设的五年规划（草案）》《旅大市1958年至1962年农渔业发展规划（草案）》和《关于进一步推进以除“四害”为中心的爱国卫生运动，力争1958年实现“六无六净”的决议》（“六无六净”即无蝇、蚊、鼠、麻雀、蟑螂、臭虫和室内、院内、街道、公共场所、食具、衣服被褥干净）等议案，并发出“苦战三年，实现生产文化全面大跃进”的号召。

1958年3月12日，市委召开全市党员干部会议，贯彻中央南宁会议精神，大批反冒进。市委第一书记郭述申在讲话中号召党员干部大胆引火烧身，放手发动群众，争取反浪费、反保守运动的全胜，实现生产“大跃进”和文化“大跃进”。

1958年5月31日，市委召开县、区委书记会议，研究部署合并农业生产合作社的工作。

1958年12月2日至1959年1月24日，市委一届九次全委（扩大）会议召开，会议采取大鸣、大放、大字报的形式，对宋黎、厉男（副市长）等进行揭发和批判，并通过《关于宋黎在旅大勾结厉男、吕锡元、马荆宇进行反党宗派活动的决议》，给予宋黎等人以党内纪律处分。

1959年7月11日，市委召开全市党员干部会议，传达贯彻中央6月13日发出的《关于调整1959年主要物资分配和基本建设计划的紧急指示》。14日，批准市委工业领导小组提出的执行中央紧急指示的具体方案，就缩短基本建设战线，落实工农业生产计划等做出具体安排。

1960年2月26—27日，市委召开二届四次全委（扩大）会议。会议根据省委指示精神，研究反右整风、农村两条路线斗争和落后地区改造等问题。

1960年12月23日至1961年1月2日，市委召开二届五次全委（扩大）会议。会议贯彻中共中央《关于农村人民公社当前政策问题的紧急指示信》和省委常委会及省委扩大会议精神，揭露市委和各部委存在的“五风”（共产风、浮夸风、瞎指挥风、强迫命令风、干部特殊化风）问题，明确人民公社实行“三级所有，队为基础”的体制，纠正“一平二调”的错误。

1961年2月6日，市委召开二届八次全委（扩大）会议。会议分两个阶段进行，至6月2日结束。会议以反党反社会主义敌我性质问题，对市委书记处候补书记、副市长陈少景，市委常委、大连造船厂党委书记原宪千，市委常委、大连机车厂党委书记郭欠恒等一批市和部、局级领导干部进行揭发批判。省委监委书记张子衡出席会议。会议期间，市委组成专案组，对陈少景的历史进行审查。会后，陈少景被认定是混入党内的特嫌，经省委、东北局同意，决定将其清洗出党，1963年陈少景被捕入狱，在狱中时间长达17年。

1962年2月23日，市委召开党员干部会议，传达《中共中央关于一九六二年上半年减少城镇人口七百万人的决定》，指出辽宁省分配给旅大市上半年的精减指标是12.5万人。4月9日，市委召开县、区委第一书记会议，着重研究农业大包干和粮食问题。为完成精减指标，市委决定再关、停、并、转一批工厂，将浴池、理发等服务行业体制下放，实行自负盈亏。

1962年10月17日，遵照中央《关于加速进行党员、干部甄别工作的通知》，市委召开甄别工作会议。市委书记处书记傅忠海总结全市前段甄别工作情况。1958年“大跃进”以来，旅大市多次进行“反右倾”斗争，批判和处分党员、干部、群众共56334人。至1962年9月末，已甄别50587人，占总数的89.8%。纠正错案18553件，占已甄别数的37.6%。

1962年12月18—22日，市委召开农村社会主义教育工作会议。会议认为，目前农村两条道路的斗争很严重，必须抓好“社教”工作。旅大的“社教”始于是年11月，市委先后在7个公社、84个生产大队、531个生产小队进行试点。试点认为，不具备或基本不具备党员条件的党员占14.7%，落后党支部占25.9%。

1963年11月15日至12月7日，市委二届十七次全委（扩大）会议召开。会议以郭述申、傅忠海等一批领导干部犯了“袒护放纵反坏分子、阻挠对敌斗争”“否定八次扩大会议、带头掀起翻案活动”“攻击改造落后地区、否认旅大民主革命不彻底”等所谓“严重的政治立场和组织原则错误”为由，对他们进行了揭发批判。省委书记处候补书记徐少甫、省委监委书记张子衡等参加会议并讲话。会议通过《中共旅大市第二届委员会第十七次会议（扩大）决议》，给予郭述申撤销市委第一书记职务，傅忠海撤销市委书记处书记职务的党内纪律处分。

1964年1月15日，市委书记处书记白清江传达市委二届十七次（扩大）会议精神，宣布对宋黎错误处分的甄别结论，认为宋黎在旅大没有特殊性质的错误，没有进行反党宗派活动，受批判和斗争是冤屈的，撤销原处分。

四、社会主义现代化建设新时期

1976年10月22日，市委召开大会，庆祝华国锋任中共中央主席、中共中央军委主席，庆祝粉碎江青反革命集团的伟大胜利。至12月，市委又召开6次揭批江青反革命集团会议。

1977年1月4日，市委召开广播大会，传达贯彻第二次全国“农业学大寨”会议精神，号召全市城乡人民积极行动起来，为“普及大寨县”贡献力量。

1977年5月28日，市委召开党员干部会议，传达全国工业学大庆会议精神。

1977年11月6—8日，市革委会召开全市科技工作会议，传达全国和省科学大会预备会议精神。要求抓紧落实知识分子政策，尽快把科技工作搞上去。

1978年1月13日，市委召开党员干部会议，动员党员干部进一步打好揭批江青反革命集团第三个战役。

1978年2月19—25日，市委、市革委会召开旅大市农业学大寨工作会议。

1978年10月26日，市委常委会会议专门讨论真理标准问题，认为坚持实践是检验真理的唯一标准，对于实现社会主义四个现代化具有深远的历史意义。

1979年1月19—23日，市委召开常委（扩大）会议，全市县团以上单位的领导干部、公社主要领导和17级以上党员干部共6000多人参加会议。会议以学习贯彻中共十一届三中全会精神为中心，集中讨论如何把全市工作着重点转移到经济建设上来。

1979年3月1—10日，市委召开常委（扩大）会议，研究解决部分历史遗留问题。会议认为，市委二届八次会议、十七次全体（扩大）会议的指导思想是错误的，决定撤销两次会议的报告和决议；有关“旅大民主革命不彻底”的提法不符合历史事实，是错误的。会议决定为旅大市委书记处原书记赵希愚平反昭雪，恢复名誉。

1979年3月14日，中共旅大市四届八次全委会议召开。会议作出《关于撤销市委二届八次和十七次全体(扩大)会议有关文件的决议》。指出“两次会议所形成的陈少景案件和郭述申、傅忠海案件都是错案，受这两个案件株连的其他案件，也都是错案。陈少景案业经中央组织部批准予以彻底平反”。9月，郭述申、傅忠海案经中央批准予以平反。张树权等案也予以彻底平反。

1980年3月25—28日，中共旅大市五届二次全委（扩大）会议召开。会议中心议题是传达、贯彻中共十一届五中全会精神。市委第二书记宋黎在会上讲话提出，要抓紧培养和选拔接班人，建设好各级领导班子；要加强对党员和干部的教育，提高党员质量；要改进领导作风和领导方法，提高工作效率，把各项工作搞上去。

1981年3月8日，中共大连市委召开农村工作会议。市委书记任国栋到会作《认真总结经验，在调整中前进，为夺取1981年农业全面丰收而奋斗》的报告。市委第二书记宋黎就加强和改善党对农村工作的领导问题讲话。

1981年6月9—14日，市委召开县（区）委书记会议，研究完善生产责任制、发展多种经营问题。

1982年8月30日和9月6日，市委先后召开县级以上单位党员领导干部会议，传达国务院总理赵紫阳考察大连时关于发挥大连沿海城市作用，挖掘企业活力、提高经济效益，发挥科学技术的作用、发展工业等讲话精神。

1983年1月11—24日，市委、市政府召开工交、基建工作会议，决定从1983年开始，全市1800多个工交企业按不同类型进行以承包为主的经济责任制的改革。31日，市委召开常委会会议研究改革问题，指出改革应在“包、放、专、联”上做文章。“包”即实行各种承包经济责任制，打破“铁饭碗”；“放”即放宽政策，让基层单位有更大的自主权，把经济搞活；“专”即专业化，通过专业化实现社会化；“联”即发展各种联合体、一条龙，开展好各种协作。

1984年3月21日，市委召开县级以上党员领导干部及市、县两级整党办工作人员参加的会议，提出从7月起开始整党。整党准备工作是做好对“三种人”的核查；搞好党员队伍状况调查，摸清党内思想、作风和组织上严重不纯的表现。

1984年3月22—23日，市委召开知识分子工作会议。提出对全市落实知识分子政策情况进行大检查。检查的重点放在中青年业务技术骨干上，包括对归侨、侨眷中的知识分子和新近从国外和港澳台归来的专家、学者、留学生等安排使用情况。

1984年7月19—21日，市委五届九次全委（扩大）会议召开，会议指出，进行全面改革，实行进一步对外开放，搞好整党，是摆在全市党员和人民面前刻不容缓的重要任务。

1984年10月15日，市委召开否定“文化大革命”整党专题教育经验交流会。

1984年11月3日，市委召开彻底否定“文化大革命”，认真总结经验教训专题通报会。13日，市委再次召开彻底否定“文化大革命”专题教育经验交流会。

1985年3月12—13日，市委、市政府召开教育工作会议。会议中心议题是面向四个现代化、面向世界、面向未来，加速教育改革。提出到1990年，全市教育事业要实现“两个普及、三个翻番、一个改造”。即城市到1987年、县镇到1990年实现普及高中教育，农村到1990年普及初中教育；中等职业技术教育、地方高等教育的在校生数和各类专门人才的培养数量，要各翻一番；把全市三分之一的学校改造成为采取先进教学手段，科学管理水平较高的学校。

第四节　组织建设

大连光复之前，由于艰苦的斗争环境和不断变化的工作形势，中共大连地方党组织屡遭破坏，加之大连地区行政区划屡有变动，大连地方市级党组织的名称、隶属、领导机构、管辖范围及基层组织的数量、行业分布等情况也在不断变化。

1945年10月上旬以前，大连地方党组织的活动范围仅限于大连、旅顺两个城市，市委（地委、特支、县委）下属基层组织很少，有时还没有，组织机构不甚健全。1945年10月中旬新的大连市委组建后，各方面的情况迅速改观。

一、党员队伍建设

党员数量　1926年1月，中共大连特别支部建立，时有党员9人。1927年6月，党员人数增至230人，为大连光复之前历年中党员人数最多。同年7月，党组织遭到严重破坏，到11月组织重建时，仅有党员20人。1928年1月，党员发展到45人。同年4月末，党组织遭到第二次严重破坏，到1929年10月，党员减至15人。1930年11月、1931年7月、1932年7月分别有党员20、26、43人。1933年10月，党组织遭到第三次严重破坏，到1934年9月约有党员30人。1937年7月，有党员100人。1937年8月，党组织遭到第四次严重破坏后，绝大部分党员被捕入狱。1942年6月，胶东区委大连支部成立后，党员人数仍很少，到1945年8月光复前约有党员60人。此后，党员人数明显增加，1949年末突破2万人。1965年末，有党员11.6万余人。1985年末，党员人数发展到29万余人。

党员结构　中华人民共和国成立以前，大连地区党员的文化程度较低，绝大多数为工农群众。1926年党组织建立时，9名党员中有工人6名、小知识分子3名。1928年关东县委属下的45名党员中，有工人32名、农民1名、小商人3名，余为小知识分子。

中华人民共和国成立初期，大连地区的党员成分以工农为主，青年占主体，文化程度仍偏低。1949年末有党员21270名。从文化结构看，69%为小学文化程度，21%为文盲，中学、大学程度各占总数的9%和1%，党员队伍中工农群众仍为绝大多数。从年龄结构看，25岁以下的青年人占总数的51.1%，26岁以上45岁以下的中青年占总数的46.6%，46岁以上者占总数的2.3%。

基本完成社会主义改造和开始全面建设社会主义时期，大连地区党员数量大幅增长，结构也有明显变化。到1965年12月，党员总数为116892名。从文化结构看，小学文化程度的占总数的59.1%，中学程度的占30.6%，大学程度的占3%，文盲占7.3%。从年龄结构看，26岁以上45岁以下的占总数的80%，25岁以下和46岁以上的分别占3.4%和16.6%。

到1985年底，党员总数中45岁以下者和64岁以上各占一半，具有大学文化程度的增至9.5%，文盲降至4.2%，小学文化程度的党员占35.3%。

二、干部队伍建设

干部管理 1945年11月，中共大连市委组成后，干部工作由党委组织部门统一管理。到1953年，分别由市委组织部和市人事局（1951年5月成立）按干部管理权限负责管理。市委组织部管理党、群机关和国营企业党委副处长、科长，市政府正副处长以及相当职务的干部。市人事局代市人民政府管理行政科长、副科长、秘书以及相当职务的干部。1953年底起实行在市委组织部统一管理下，分部分级管理干部的制度（1964年10月26日以后对科技干部的管理亦照此办理）。“文化大革命”开始后，干部管理工作停止。1976年12月恢复市委组织部。1984年10月1日起，原由市委组织部代市委统管的处级干部管理权限下放给所在单位或部门党委（党组）。

大连光复后，干部队伍不断壮大。1949年干部总数为13972名；1956年发展到58726名，其中技术干部12488名；1965年发展到81639名，其中技术干部28959名；1978年发展到116237名，其中在职干部113228名，非在职干部3009名，技术干部40820名。1985年干部总数为159109名，其中以中共党员和共青团员为多，但无党派及民主党派人数亦占有一定的比重（1949—1952年、1972—1975年及其1979年均超过干部队伍中共党员与共青团员人数之和）。从文化程度看，1949年小学以下占70.7%，大学占2.2%；1956年，小学以下占31.2%，大学占7.1%；1978年小学以下占16.9%，大学占18%；1985年大学占26.8%，无小学以下者。

干部培养选拔 大连光复前，北满、胶东、晋察冀等解放区分别派一些干部到大连开展革命工作。大连光复后，东北局和胶东区党委陆续派大批干部到大连。1949年后，为适应发展生产、改善民生、支援前线和各地建设的需要，市委开始大力培养、提拔干部，其中提拔干部7077名。1951年，中共旅大地委改称中共旅大市委之后，全市贯彻“巩固国防，发展生产，普及文化、培养干部”的方针，提拔干部5310名。1976年粉碎江青反革命集团拨乱反正后，从1977年下半年开始，市委对各级领导班子多次进行整顿和调整。

1980年至1982年4月，各级领导班子普遍得到调整和充实，全市共提拔193名中青年干部和93名各类专业技术干部进县以上领导班子，并推荐900多名县以上后备干部。1983年上半年，根据中央和省委部署，按干部队伍革命化、年轻化、知识化、专业化标准，调整市直各部门领导班子。1985年市委常委班子13人，平均年龄47.3岁，比调整前降低6.6岁，大专以上文化程度的占69.2%，有专业职称的占53.8%；市政府班子8人，平均年龄46.3岁，大专以上文化程度的占75%，有专业职称的占87.5%。市直单位以及县区党委和政府班子的年龄结构均有降低，文化程度皆有提高。

干部培训教育 为加强对干部的培养和教育，党组织适时举办各类培训班，以促进干部全面素质的提升。1945年10月至1946年4月，市委举办5期训练班，培训工人干部千余名。1946年9月创办旅大建国学院，吸收学员1607名，毕业后全部投入革命和建设工作。市委还创办医学、电气、文法、俄文等高等院校，培养了一批专业技术人才，输送到全国各地。大连大学从1949年4月15

日创建到1950年7月撤销，其间共培训各类技术干部2756人。1947年5月1日，中共大连地委党校成立，到1949年10月，举办训练班5期，培训党员干部1418人。

中华人民共和国成立后，干部培训教育工作渐入正常化。1950—1956年，全市共培训各类干部30余万人次。其中，市委党校培训干部11793人次。市委每年还选送一批领导干部到中共中央东北局党校和中共辽宁省委党校深造。

市委下大气力加速提高工农干部的文化素质。1950年成立了大连工农速成中学，主要招收享受供给制、有3年以上革命经历的工农干部。1952年末成立了工农干部文化补习学校，学制2年，主要培养厂矿工段长、车间主任、科长以上的工人出身的干部和区委委员，机关中“九三”前参加革命工作的老干部以及一般干部中的先进工作者、劳动模范。1956年全市加强干部业余文化教育，共建立中级业余政治学校18所，业余高中、初中、小学班和识字班600多个，参加文化学习的干部达22393人。全市还兴建15所培养各种专业技术干部的中等专业学校。

1959年7月以后，市委代省委举办领导干部自修班6期，350名省管以上领导干部参加了学习。同年，工农文化干校并入市委党校。1959年2月至1960年，市委党校先后举办7期由各民主党派基层领导人和企业、事业单位高级知识分子参加的社会主义理论班，共培训749人。1960年，全市建立100多所业余党校。1962年1月11日，市委对全市县以上机关、企事业单位科级和农村人民公社生产队以上党员干部分期分批进行轮训。1957年至1963年，共举办干部轮训班12期，轮训县委书记和相当职务的领导干部9610人。至1966年5月，全市共培训干部16万人次，其中县级以上干部1327人次，处（科）级干部15116人次，专业技术干部15284人次，其余为一般干部。

1979年，市委党校和10个县（区）委党校全部恢复。原市“五七”干校更名为市干部学校（1983年11月改为大连管理干部学院），主要培训工交、基建、财贸企业和农业系统管理干部，并开办了县和公社级领导干部经济管理班。1977—1980年，全市通过各种形式培训干部64163名，占全市干部总数的49.7%，其中脱产培训26797名，占全市干部总数的20.8%。1982年9月，市委党校、干校和基层党委办班培训县、公社级领导干部1.6万余人，占干部总数的四分之三。1983年，全市干部培训工作由短期培训逐步走向正规化、制度化的轨道。市委组织部制定了《大连市干部培训八年规划要点（1983年至1990年）》。全市广大干部踊跃参加脱产、半脱产、业余培训，到电视大学、业余大学、函授大学、职工大学等接受各种专业的学历教育。1984年，全市开展了“外向型”干部的培训教育工作。

中共十一届三中全会后，根据中央提出的干部队伍“革命化、年轻化、知识化、专业化”方针，大连市实行干部新老交替制度。到1981年6月，全市有离休干部315人。1982年4月，市委成立老干部工作领导小组办公室。随后，各基层党委普遍成立老干部工作领导小组，部分市直机关和各县（市）、区以及一些较大的企事业单位相继成立专门办事机构，各级老干部活动室陆续建立。1985年12月19日，市委老干部工作领导小组办公室改称市委老干部局，归口市委组织部。全市各单位根据中央《关于建立老干部退休制度的决定》，按照干部离、退休年龄界限，及时办理干部离、退休手续，妥善安置离、退休老干部的生活，落实各项待遇。到1985年，全市离休干部近2万名，其中市直机关部局级以上离休干部274人。

第五节 宣传教育

中共大连地方组织自初创期直至大连光复前，基本上都有专人负责宣传工作。1945 年 11 月至 1985 年底，专设市委宣传部。宣传工作主要是针对不同时期的形势特点，对党员干部进行思想政治教育、理论教育、素质教育，开展新闻宣传，加强文化艺术管理等。改革开放后，于 1983 年 4 月 25 日成立市“五讲四美三热爱”活动委员会。翌年 6 月，成立市精神文明建设研究中心。1985 年 2 月，“五讲四美三热爱”委员会办公室与研究中心合署办公。

一、思想政治教育

第一次国内革命战争时期，大连特支主要是开展统一战线的宣传教育。1926 年 3 月 12 日，大连地委同大连中华团体有志联合会举行了有 5000 余人参加的孙中山逝世一周年纪念大会，号召人们继承孙中山遗志，大会提出“取消不平等条约”“打倒帝国主义”“世界被压迫民族联合万岁”等政治口号，散发传单和宣传材料万余份。4 月，大连福纺纱厂工人举行大罢工，地委决定将工人自发的经济斗争引向“反虐待、争人权”的政治斗争，通过对广大工人进行工人阶级权益和历史责任教育，鼓舞斗志，坚持斗争百日，最终取得胜利。

抗战时期，党组织积极宣传中共抗日救国主张，激发群众爱国热情，积蓄力量，迎接大连光复。1945 年 8 月大连光复后，党组织围绕各项民主改革特别是市政府颁布的《大连市政府施政纲要》，广泛开展阶级教育、人民当家作主教育等思想政治教育活动，对稳定局势、使旅大成为支援东北和全国解放战争的特殊后方基地起到了巨大作用。

1946 年 6 月，面对国民党的经济封锁，旅大地委确定了恢复与发展工业生产的方针，开展了生产教育活动。1947—1948 年，党组织开展的思想政治教育工作主要是消除对国民党的幻想，回忆抗战史以提高人民的民族意识和阶级觉悟，通过纪念“八一五”等活动进行爱国主义、加强中苏友好的教育等。

中华人民共和国成立后，1949—1956 年，党组织开展的思想政治教育主要是抗美援朝、保家卫国教育，“三反”“五反”教育，过渡时期总路线与总任务教育，社会主义和加速社会主义建设宣传教育，独立自主、艰苦奋斗和增产节约宣传教育。1958 年，市委宣传部提出宣传工作也要“大跃进”，并组织由 20 人组成的宣传队到城乡进行社会主义建设总路线教育。1962 年冬，开展加强阶级教育和社会主义教育。1963 年，在掀起学雷锋热潮的同时，开展“三史”（厂史、家史、个人史）教育。1964—1965 年，进一步开展社会主义教育，强调“以阶级教育为纲”。1966 年 2 月，开展学习王杰、学习焦裕禄的宣传教育活动并掀起高潮。

1976 年 12 月 29 日，市委恢复市委宣传部建制，党的思想政治教育工作围绕改革开放和现代化建设的中心，开展了以党的基本路线、改革开放、现代化建设、道德文明教育为主要内容的思想政治教育。1978 年 4 月，全市广泛开展深入学习、宣传新时期总任务活动。1980 年 4 月、8 月和 12 月，市委先后三次召开宣传工作会议，要求通过深入细致的思想政治工作，把群众的思想统一到党的路线、政策上来。1984 年 4 月以后，市委主要抓改革开放、加快经济体制变革、法制教育及文明市民教育等。

二、理论教育

1926年5月，中共大连地委成立教育宣传委员会，对党员进行“共产主义ABC”教育。1928年3月，印刷《工人与政党》《共产主义》等书刊，供党员、干部学习。1945年8月，大连社会科学研究会成立，向进步青年宣传马列主义、毛泽东思想。1947年9月，旅大地委创办了第一所培养干部的学校旅大建国学院，以学习政治为主，进行革命人生观教育。

中华人民共和国成立初期，中共旅大区党委制定了《党的干部教育问题（草案）》，组织县级以上干部学习《社会发展史》《中国近代革命运动史》，树立历史唯物主义观点。1951年，组织全市干部开始学习马列主义经典著作。1952年，结合“三反”“五反”运动，市委组织高级干部学习《矛盾论》《实践论》。市委组成《毛泽东选集》学习小组，指导全市的学习活动。1953年，市委组织干部学习《联共（布）党史》、《经济建设常识》、列宁和斯大林论社会主义经济建设的部分著作以及《中共党史》及政治常识等。1955年，市委发布《关于在干部知识分子中组织宣传唯物主义思想，批判资产阶级唯心主义思想的演讲工作计划》，又发出通知，要求干部学习《改造我们的学习》等多篇文章。

1957年4月，市委组织干部学习毛泽东《关于正确处理人民内部矛盾的问题》。1958年7月，作出《关于加强马克思列宁主义理论研究工作的决定》，掀起学习马列主义理论的“跃进高潮”，全市共办党校100余所、红专学校1000余所。1959年，以学习马恩列斯论共产主义社会为内容，开展农村社会主义和共产主义教育运动并召开理论教育工作经验交流会。1960年，组织学习和研讨社会主义建设、国民经济发展等问题。1961—1962年，主要就社会主义基本原则等问题开展干部轮训。1963—1966年，组织干部重点学习毛泽东的《矛盾论》等哲学著作。

中共十一届三中全会以后，市委大力进行思想理论战线的拨乱反正，对加速全党工作重点从抓阶级斗争转移到现代化建设上来起到了推动作用。1978—1979年，市委宣传部组织全市干部进行真理标准问题讨论。从1981年4月开始，市委要求全市党员干部学习《陈云同志文稿选编》、《马克思关于再生产的理论》、薛暮桥《中国社会主义经济问题研究》3本书。1983年，市委党校、市管理干部学院举办轮训班和辅导讲座，学习中共十二大文件和《三中全会以来重要文稿选编》《陈云文稿选编》《邓小平文选》等。1984年，市委宣传部、讲师团组织干部学习《政治经济学教程》，学习和宣传《中共中央关于经济体制改革的决定》。1985年，市委宣传部组织在职干部学习《中国革命与建设的基本问题》一书。

三、新闻宣传

大连光复后，市委创办了《人民呼声》报（翌年改为《大连日报》）、《民众报》。1946年创办了《农民报》（初称《群众报》），苏军也出版了中文报纸《实话报》。1947年，市政府主办的《新生时报》与旅顺市委主办的《民众报》合并，出版了关东公署机关报《关东日报》。1949年中共大连地方组织公开，中共旅大区党委决定将《大连日报》与《关东日报》合并为《旅大人民日报》，为旅大区党委机关报。

1945年12月，中共大连市委派康敏庄、白全武等4人，以大连市政府的名义接收日本大连中央放送局。1946年1月16日电台正式开播，称大连广播电台。1951年，大连广播电台确定为旅大人民委员会的直属机构，受市委宣传部领导。

1947年6月，中共旅大地委建立了党报委员会，地委书记兼任书记。凡党报的宣传方针、报道的指导思想，加强报纸领导的各项措施等都由党报委员会讨论决定。市委书记韩光等市委领导在《旅大人民日报》上发表文章多篇，并采取具体措施，加强对新闻工作的领导。1949年7月15日，旅大区党委做出《关于全党加强党报工作的指示》，指出《旅大人民日报》最基本与最经常的任务是宣传马列主义、毛泽东思想，宣传党的政策，宣传苏联，宣传国际主义，反映旅大劳动人民首先是工人阶级的情绪和动态，提高广大干部与人民的思想政治觉悟，推动和指导旅大长期建设工作的前进。1949年12月1日，旅大区党委作出《关于确定各机关单位对党报工作的责任的决定》。1954年8月，中共旅大市委撤销了党报委员会，决定由市委直接领导报纸，并指定一名书记（多为第一书记）分管。此后，有关办报中的一些重大问题，直接由市委常委会讨论决定。1956年8月16日，《旅大人民日报》编委会开展报纸改革工作，报纸也改称《旅大日报》。同年9月，大连电台制定业务改革方案，并于11月5日起实施。

1961—1962年，《旅大日报》在市委领导下，对“大跃进”以来的新闻工作进行检查和总结，主要认识以往存在的缺点和错误。旅大电台以压缩广播时间、提高节目质量为内容，进行业务改革，加强了广播宣传的思想性和指导性；增加知识性、趣味性，扩大报道领域，办好文艺广播。1983年4月30日，创办《大连广播电视报》。1984年，创办《棒棰岛周报》。

四、文化艺术管理

1946年3月，东北文工团受东北局指示，组成30余人的文工团到达大连，传播老解放区特别是延安的革命文艺。在大连演出5个月时间，共演出《黄河大合唱》等革命歌舞、话剧数十场，观众15万余人次，在全市引起轰动。东北文工团还利用广播举办艺术讲座、组织音乐、戏剧培训班，编辑出版文艺丛书，广泛开展革命文艺活动，在青年中进行文艺启蒙教育，培养出一大批文艺骨干，播下革命文艺的火种。大连地区群众性的文艺活动由此空前活跃，专业性艺术团体不断涌现。1946年11月，市政府根据地委有关决定，利用新年春节大力开展新秧歌运动，通过举办新秧歌训练班，引导和推动各县区的群众文艺活动。

1947年以后，各工厂普遍建立了业余剧团，在“写现实，写群众”的口号下，产生了一批有影响的剧目。1948年10月15日，地委召开扩大会议，并吸收文艺工作者参加，通过了《关于开展文艺工作的意见》，成立文艺工作委员会。1949年1月16日，旅大地区第一届文艺工作者代表大会举行，成立关东文艺工作者协会，并决定出版会刊《文艺报》。至6月底，全区建成文化宫1处、文化馆8处、文化俱乐部9处、文化站922处。同年11月，旅大区委宣传部和文委决定，将原旅顺文工团、金县文工团等合编成旅大文艺工作团。

1950—1955年，旅大地区文艺工作者配合抗美援朝、镇反、增产节约、婚姻法宣传等运动，编演了一系列歌舞戏剧，并于1952年进行了文艺整风运动。1953年，东北地区第一届戏剧音乐舞蹈观摩演出大会在沈阳举行。旅大演出代表团荣获49项奖励。1954年，旅大市召开文艺创作会议。1956年，市委宣传部贯彻中国共产党关于文艺创作的“百花齐放，百家争鸣”方针。1958年，专业与业余文艺工作者开展举行“誓师比武”和文艺宣传“大跃进”活动。

1961年，市委组织学习国务院总理周恩来关于纠正文艺工作中“左”的倾向的讲话精神，贯彻《文艺十条》。1962年4月，市委宣传部召开会议，传达全国话剧、歌剧、儿童剧创作座谈会精神，传达周总理作的《关于知识分子问题的报告》及国务院副总理陈毅就艺术创作问题发表的意见。8月，中国作家协会在大连召开农村题材短篇小说创作座谈会。1965年，市群众业余文艺创作会议召开。

“文化大革命”中，文化艺术事业遭受劫难。中共十一届三中全会开始拨乱反正，端正思想路线和文艺路线，文艺事业焕发新的生机和活力。1980年召开旅大市第三次文代会，总结30年来文艺工作经验教训，较好地解决了历史遗留问题。市直剧团全年共排演剧(节)目40台，文学月刊《海燕》发行量增加到50万余份。1981年12月，市委、市政府召开文化工作会议，要求坚持马列主义、毛泽东思想，坚持为人民服务、为社会主义服务的方向，坚持四项基本原则，贯彻“双百”方针，管好城乡文化市场。1983年9月，市首届艺术节开幕。艺术节历时10天，有9个专业艺术团体，400余名演员参加演出，共展演了13台本地创作的新作品。

1984年8月19—27日，第二届“大连之夏”音乐会举行，来自全国20个省市的170多名音乐专家和业余文艺工作者参会。1985年，市委开始推动专业剧团等文艺团体进行体制改革。

五、精神文明建设

1982年以后，在中央有关部门倡议下，大连市积极开展了“全民文明礼貌月”“五讲四美三热爱”等群众性精神文明建设活动。1982—1984年，共开展3次“全民文明礼貌月”活动，市党政领导与广大市民和青少年一起参与治理环境、清理河道、整顿交通、种植花木等活动。全市不断掀起文明服务、济贫救困、尊老爱幼、学习先进和净化语言、普及文明用语、礼貌待人等活动高潮。

1982年，以整顿市容市貌为突破口，全市先后开展10次治脏行动，共有350万人次参加，清除垃圾16万吨，疏通沟渠26万米。4月，由市总工会、团市委、市妇联等9个团体发起，订立《大连市人民文明公约》。1983年，开展了以创造优美环境、建立优良秩序、搞好优质服务，学雷锋为主要内容的“三优一学”活动，全市23个系统或行业参加了全省13城市的竞赛活动。

1978—1983年，针对“文化大革命”中出现的家庭道德严重滑坡的现象，全市开展了社会主义思想道德教育。1984年以后，以加强思想道德教育和传播科学、文明知识为目的，以“爱我大连、爱我家”为主题，全市开展了“思想教育进家庭、美好道德进家庭、科学技术进家庭、雷锋精神进家庭、法律知识进家庭、文化娱乐进家庭”的“六进家”活动。

1982年，全市开展了创建文明小区活动。各住宅小区都成立了由街道牵头，产权单位、居民代表参加的小区管理委员会，全面协调和组织住宅小区的建设和管理。制定了小区管理、清洁卫生、安全防范、绿化美化、专项承包、小区居民公约等规章制度，有效地规范了小区的建设和管理。利用文明市民学校对居民进行文明礼貌、爱护公物、遵纪守法、助人为乐等教育，举办道德评述、道德赞美会和好媳妇、好婆婆、好妻子、好丈夫、好孩子等评比竞赛，开展学在家庭、乐在家庭、美在家庭、做在家庭等文化系列活动。建立老年人协会，办好老年活动室、老年健康教育学校，开展晨练、书法、绘画、扑克、象棋比赛等活动，促进了居民之间和睦相处，互助友爱。

第六节　统一战线

大连在建立党团组织初期，就根据斗争形势的需要开展统一战线工作。爱国知识分子、国民党人傅立鱼在大连建立中华青年会之后，中共中央和北方区派到大连视察的同志和大连党团组织利用傅立鱼的声望、身份及中华青年会的合法阵地从事革命活动，宣传中国共产党的主张。五卅惨案发生后，中国社会主义青年团大连特支根据上级指示，广泛发动各阶层群众，掀起反帝爱国斗争高潮。中共大连特支建立后，积极帮助组建国民党大连市党部，杨志云、傅景阳等人还以共产党员身份参加国民党，利用日本殖民统治当局对国民党地方组织限制比较宽松的条件，以国民党的名义开展工作。1942 年，中共胶东区党委统战部和胶东海外各界抗日同盟总会派人到大连建立了抗日同盟会组织，开展抗日活动。中华人民共和国成立后，1950 年，旅大区党委成立统一战线工作部。1968 年 8 月旅大市革命委员会成立后，统战工作先后由市民政局、市革委会办事组负责，直至 1977 年，市委统战部恢复工作。

一、统战理论政策宣传

1926 年 1 月下旬，中共党员吴竹邨以奉天代表的身份参加于广州召开的中国国民党第二次全国代表大会，返奉天途经大连，召开会议传达大会精神，阐述国共合作意义。会议一致同意组建国民党大连市党部。2 月初，在中华增智学校召开国民党市党部成立大会。参会的有以共产党员身份参加国民党的杨志云、傅景阳、王少坡、董秀峰等，会议由吴竹邨传达国民党二大会议精神，选举了国民党市党部领导成员：书记林升亭，组织部部长杨志云，工运部部长傅景阳，傅立渔为顾问。市党部直属国民党中央领导。

中华人民共和国成立后，市委更加重视宣传和贯彻统战政策。1949 年 12 月，组织全市干部学习《共同纲领》和政协文献。1951 年 6 月政务院发出《关于加强政府机关内部统一战线工作的几项具体规定》后，又在机关党支部设立统战委员，加强机关统战工作。“文化大革命”期间，统战工作遭到严重破坏。1977 年市委统战部重建后，把进行统战政策和民族政策的再教育作为重要任务。中共十一届三中全会后，市委进一步加强统战政策的宣传教育和统战理论的研究工作。通过召开全市统战工作会议，传达贯彻上级有关指示，总结、部署工作并强调统战政策的宣传教育。

统战政策宣传教育，主要是通过举办讲座、报告会和培训班等形式进行。新闻媒体配合统战宣传，《大连日报》开辟了“统一战线”专栏。同时，统战理论研究活动也逐步展开。1983 年 3 月，召开全市首次统战理论讨论会。1984 年 10 月，成立市和基层统一战线理论研究会，逐渐形成了一支较强的理论研究队伍。

二、民主党派统战工作

大连市有民革、民盟、民建、民进、农工民主党、致公党、九三学社、台盟 8 个民主党派。中华人民共和国成立后，中共大连市委贯彻党的“长期共存，互相监督”的方针，坚持同民主党派合作共事，充分发挥民主党派的作用。主要是推动民主党派慎重而稳妥地发展成员，整顿组织，逐步建立健全市一级领导机构；推荐其代表人物参加政协和政府工作；推动民主党派参加革命和建设事业；推动民主党派成员学习和自我教育。

1957 年，全市 7 个民主党派共错划右派 89 名，占成员总数的 12.3%，民主党派成员被戴上“资产阶级政党”的帽子。三年困难时期，中共纠正一些“左”的错误，局面有所好转。中共八届十中全会以后，“左”的错误进一步发展，“文化大革命”中各民主党派都被迫停止活动。

中共十一届三中全会后，中共大连市委贯彻“长期共存、互相监督、肝胆相照、荣辱与共”的方针，尊重民主党派在宪法范围内的政治自由、组织独立、法律平等的权利，不断发展同民主党派的合作，充分发挥其协商监督，调动服务，协调关系，自我教育的作用。协助各党派恢复组织，建立健全领导机构，稳步发展组织；组织其成员参政议政，有的担任了人大、政协和政府的领导，有的成为全国和省人大代表、政协委员或常委。1984 年起，中共大连市委每月召开一次民主党派负责人及党外知名人士协商座谈会（1985 年改为双月）。1985 年 11 月，下发《关于加强同党外人士合作共事的几点意见》。注重在廉政建设和经济、文化、教育、科技学方面充分发挥民主党派的作用，特别是利用民主党派在联系港澳台胞、海外侨胞和招商引资方面的优势。

三、党外知识分子工作

1946 年 4 月，中共旅大市委组织成立了辽东技术协会（市科协前身），通过这个协会，团结了大批科技界知识分子，为造船厂等单位解决了急需的科技人员，在恢复和发展工农业生产中起到了重要作用。自 1946 年 8 月成立关东工业专门学校等高校到创建大连大学，旅大市从国民党统治区和海外聘请了一批知名学者、专家、教授，为各地发展生产和经济建设培养了一大批人才。1947 年大连地区的高校毕业生输送到解放区的有 236 人，在建立与巩固民主政权，恢复、发展经济和培养人才等方面做出了贡献。1956 年 3 月，市委召开知识分子工作（扩大）会议，贯彻中共中央知识分子工作会议精神，强调要加强对知识分子工作的领导，更好地团结、教育、使用知识分子。党外知识分子在市政协一至六届委员会中约占委员总数的 40%；在一届至九届人民代表大会中约占代表总数的 9%；在一届至六届市人民委员会中约占委员总数的 48%。1957 年，一批党外知识分子被划为右派。1958 年，在“拔白旗”、批“白专道路”、破资产阶级权威运动中，一些知识分子受到批判。

中共十一届三中全会以后，知识分子重新得到重视。市委在统战部设知识分子工作机构，明确提出基层统战工作的重点是做党外知识分子工作，并通过一年一度的落实知识分子政策大检查，推动知识分子政策的落实。通过媒体大力宣传党外知识分子的重大贡献，并对功绩卓著者予以表彰。市委、市政府召开各种会议数十次，就知识分子反映强烈的热点问题听取意见和建议，同时建立高校、科研、大企业统战工作横向联系会。市委统战部建立党外优秀知识分子名录，并将优秀人物列为后备干部。1985 年以后，党外知识分子在企事业单位担任各级领导工作的比例增大，有的占到总数的三分之一。

四、工商统战工作

1945—1946 年，市政府在《大连市政府施政纲要》中规定：“保护并大力发展私营经济，奖励劳资合作，发展生产，使资本家获得正当利润。”1947—1948 年，全市私营工商业由 1170 户发展到 2960 户，贸易公司由 2 户发展到 45 户，粮商粮贩 800 余户，交易所由 48 处发展到 70 处。

1956 年实行公私合营后，市委对 4317 名工商业者全部包下来安排，其中安排做管理工作和担任领导职务的 824 人。据 1959 年统计，工商业者被评为先进生产（工作）者的有 1328 名，占其总数的 30.7%。1957 年、1958 年的政治运动，使一些工商界人士受到伤害。1959 年中央提出“五不变”政策后，工商界重归稳定。1962 年在工商界中开展“三个主义”教育和“三好”活动，调动了工商界人士为社会主义服务的积极性。1963 年对工商界作出“大反复”的估计后，在“社教”运动中又伤害了一些工商界人士。“文化大革命”中工商界人士普遍受到冲击，不少遭受严重迫害。

1979 年以后，市委按中央对原工商业者的政策，平反冤假错案，落实各项统战政策。首先落实中央《关于从原工商业者中区别小商、小贩、小手工业》（简称“三小”）文件，从全市 4317 名工商业者中区别出“三小”3731 人，占其总数的 86%。工商联组织得到恢复发展，在经济、社会生活和对外开放中发挥了重要作用。《中华人民共和国私营企业暂行条例》实施后，市委统战部、市工商局、市工商联和县（市）区统战部门多次对非公有制经济发展情况进行调查研究，同时，通过人大、政协会议和市委举办的座谈会、情况通报会，广泛听取非公有制经济人士意见，为促进非公有制经济发展创造条件。到1985年，全市非公有制经济已呈现规模渐大、人员增多、经营领域不断拓宽、上缴利税不断增加等特点。

五、落实统战政策

中共十一届三中全会以后，大连市落实各项统战政策，平反冤假错案，解决历史遗留问题。“文化大革命”中的2635件冤假错案全部得到平反纠正；10955件历史遗留案件全部复查，平反纠正10360件；需要安置的2662名平反改正人员全部做了安置，受株连的1105名亲属的遗留问题全部得到妥善解决。被挤占的576户（处）、28004.91平方米的房产（含工商联和宗教的房产），全部退还产权。1199人财物被查抄问题全部解决，其中退还原物的625人，作价赔偿的574人，共赔款404682.83元。1656人被错按退职退休处理而停减发的工资全部补发，共补发344.43万元。其中，对民主党派人士在“文化大革命”和历次政治运动中被定性敌我矛盾的331人全部平反，208名党派成员中的192名领导职务得到恢复或提升；对原工商业者在“文化大革命”中遭批斗的459人全部平反；对台胞47起冤假错案全部平反，被遣送农村的69人全部安置回城；对原国民党起义投诚人员，认定695人，92件冤假错案全部平反；对归侨及侨眷的411件冤假错案和16件历史遗留案件全部平反；对少数民族人士30件冤假错案和8件历史遗留案件全部平反；被遣送下乡的210人全部安置回城；对宗教界被打成“牛鬼蛇神”的神职人员全部平反，退还或重建宗教建筑28处；对错划右派的5728人，除9名右派未予改正外，其余均予改正，对1696名应安置者全部予以安置。

第七节 纪律检查

中共大连地方组织的纪律检查工作，始于中华人民共和国成立以后。1949年12月，中共大连纪律检查工作机构建立以后，针对不同时期党内出现的党风党纪问题，按照中共中央指示精神及时加以解决，以保证市委重大决策的贯彻落实，维护市委制定的重要规章制度。

一、组织建设

1949年12月13日，旅大区党委纪律检查委员会成立。1950年10月，旅大区纪委改为旅大市纪委。1952年10月，开始实行常委负责制，12月，增设市纪委秘书长。1955年5月20日至6月8日，中共旅大市党员代表会议选举13名委员和2名候补委员组成市监察委员会。1959年4月，市监察局并入市监委，市监委改称市委监委。1959年7月5日，中共旅大市第二届委员会第一次全体会议选举17名委员组成市委监察委员会。7月10日，市监委第一次全体会议选举了常务委员会和书记、副书记。1964年11月12日，中共旅大市第三届委员会第一次全体会议选举19名委员组成市委监察委员会。11月16日，市委监委召开第一次全委会，选举常务委员会和书记、副书记。“文化大革命”开始后，1967年3月市委监委停止工作。1973年，市革委会组织组内设立纪律检查处。1976年12月，恢复市委组织部，内设纪检处。1979年3月20日，中共旅大市五届一次全会选举41名委员组成中共旅大市委纪律检查委员会、常务委员会和书记、副书记。1983年3月，市委纪委改为市纪委。1985年7月15—19日，中共大连市第六次代表大会选举33名委员组成市纪律检查委员会。7月20日，市纪委第一次全体会议选举产生常务委员会和书记、副书记。

市纪检机构的人员配备，1949年成立时有专职纪检干部2名，到1984年底，市纪检机关编制已增至79人。

1950—1952年，各县（市）区纪检机构先后成立。

二、纪律教育和监督

1950年12月，市纪委印发东北局纪委制定的《关于党员干部和私商往来中应遵守之纪律的指示》，要求严格遵守文件中规定的10条纪律，违者严处。在依次开展的各种斗争中，市纪委一再强调并实施党纪教育，以使各级党组织及全体党员不断提高遵纪守法的自觉性。市纪委还抓住典型案例及时进行党纪教育。1952年3月，市纪委以1名副市长严重违法乱纪被开除党籍为例，对市直机关党员干部进行一次深刻的党纪教育。1955年1月，市纪委转发了金县纪委做好受处分党员教育工作的经验，要求平时加强对受处分党员的教育，对确已改正错误的及时取消处分。1956年12月，《旅大日报》发表市委监委撰写的社论《正确对待犯错误的同志》，宣传正确执行党的纪律，重视对受处分党员的教育工作。1959年2月，市监委就个别党员干部私买生猪屠宰后高价出售问题发出通报，严格禁止党员参与这种违反党的政策行为。1960年10月，市监委发出《关于对金县个别地方在改造落后地区工作中少数党员干部压制批评打击报复问题的通报》，要求党组织予以注意，一旦发现，严肃处理。1962年4月，市监委发出《关于私分、挪用奖售物资问题的通报》。1965年3月，市监委发出《关于农村社会主义教育、“四清”运动中，党员干部边反边犯情况的通报》，要求党员自觉遵守党的纪律，主动接受教育。1966年3月，市监委向省监委、市委上报《关于对犯错误党员干部考察教育工作情况的调查报告》，并提出加强工作的三项措施。

1979年市纪委创办《大连纪检通讯》内刊，对党员进行党风党纪宣传教育。同年7月10日，市纪委发出《关于转发中纪委〈关于在外事、外贸活动中随便接受和私自处理礼品的通报〉的通知》，要求严格遵守外事纪律。1980年1月，市委纪委发出通报，要求党员在调整工资中遵守纪律，抵制不正之风。同月还发出《关于严禁在招工、升学、入伍问题上弄虚作假、营私舞弊的通报》，批评违纪行为，要求党员同这种违纪行为做斗争。1980年4月初，市纪委会同市委组织部、宣传部联合发出《关于组织党员、干部认真学习〈关于党内政治生活的若干准则〉的通知》，提出4条明确要求。10月和次年2月，市纪委先后两次以市委名义召开领导干部学习《关于党内政治生活的若干准则》会议，动员全市党员干部深入学习《关于党内政治生活的若干准则》，增强纪律观念，切实端正党风。1981年9月，市纪委发出《关于制止节日商品供应中不正之风的通知》，要求各级党组织和广大党员严格遵守国务院有关规定。1982年12月，市委向全市批转了市委纪委的报告，要求认真纠正党员干部在非法建私房、分住房、“农转非”、乡进城和招收、调配职工中的违纪和不正之风问题。1984年7月，市纪委向全市转发中央纪委《纠正干部职工占欠公款歪风的通知》，要求清理占欠公款的问题。同年11月，市纪委下发《坚决制止乱涨价和抢购消费品歪风的通知》。同年12月，市纪委就制止党政机关和干部经商办企业等问题发出通知，要求认真清理这些“官办”企业。1980年6月至1985年10月，市纪委先后4次发出通报，禁止公款请客送礼、大吃大喝、游山玩水、铺张浪费、滥发服装、奖金及滥搞农电平调、摊派等行为，并批评发生此类问题的单位，有的还责令经济退赔。

三、违纪案件查处

中华人民共和国成立后，结合历次政治运动，市纪委（监委）直接查处或通过下级纪检组织及时查处党员违纪事件。1956 年 9 月，中共八大召开之前，违纪处分种类为开除党籍、留党察看、撤职、警告、劝告；八大通过的党章规定处分种类为开除党籍、留党察看、撤销党内职务、严重警告、警告。大连市在 1950 年到 1985 年（1966 年至 1978 年因市委纪检机构被撤销不计其内），查处案件数量最多的年份是 1960 年，共 3671 件；处分党员人员最多的年份也是 1960 年，共 2324 人；受处分者被开除党籍最多的年份是 1958 年，共 1123 人。以 1979 年为界，之前查处的案件中多为政治问题，之后则多为经济问题。“文化大革命”中纪检机构被撤销，出现了大量冤假错案及大量打砸抢等严重违纪案件，而违纪者逍遥法外。1979 年市纪委重建后即严肃查处“文化大革命”中的严重违纪案件及其他积案。1980 年，市纪委根据中国共产党章程和中共中央《关于党内政治生活的若干准则》，制定下发了大连市处分党员审批权限规定和案件检查工作细则，据此及时查处违纪案件，严肃党纪，端正党风，增强党的凝聚力、战斗力和纯洁性。

第八节　政法工作

中共大连地方组织的政法工作始于 1945 年。大连光复后，市委根据不同历史时期的政治形势和治安特点，组织领导各级政法部门开展政治保卫工作，对各种敌对势力、刑事犯罪活动给予坚决打击，在加强人民民主专政、保护人民群众生命安全等方面，工作卓有成效。

中共旅大市委政法工作部成立于 1957 年 4 月，1963 年 7 月撤销。1979 年 3 月，中共旅大市委政法领导小组成立，1981 年 4 月更名中共大连市委政法小组，1982 年 3 月更名中共大连市委政法委员会。1981 年 6 月，中共中央提出社会治安综合治理，12 月 9 日市委成立社会治安综合治理工作机构，社会治安综合治理开始被列入全市各级党委的主要工作。

一、打击敌对势力

1945 年 8 月大连光复后国民党企图接收旅大，派来特务进行破坏活动。11 月中共大连市委成立社会部（对外不公开），矛头直指特务间谍，致力于锄奸保卫。1946 年 1 月，潜伏的国民党大连市党部纠合敌伪残余，成立了地下武装——东北行营辽宁先遣军第四独立团（“暴力团”）。其时国民党大连市党部有党员 860 多人，地下武装 800 人左右，混入中共政权机关 175 人，其中混入公安机关 90 人。市委在获取线索、掌握证据后，指令公安人员于 1 月 27 日和 2 月 1 日进行两次大搜捕，共捕获案犯 200 余人，其中被判死刑 4 人，有期徒刑 24 人。4—7 月，旅大区党委组织领导公安机关开展对反动党、团及特务分子的登记工作，共登记反动党、团、特务分子及其外围组织成员 6349 名。通过登记，破案 22 件，将 32 名案犯逮捕归案。

中华人民共和国成立后，国民党敌对势力仍千方百计进行反革命活动。根据中共中央和东北局发出的关于镇压反革命活动的指示，大连地区于 1951 年 4 月开始开展镇压反革命运动，对土匪、恶霸、特务、反动党团骨干、反动会道门头子 5

个方面的反革命分子进行打击。至1953年3月，处理各种反革命分子4180人，其中判处死刑301人，判处徒刑1931人，管制1947人。大汉奸张本政、大特务迟子祥均在镇反运动中被判处死刑。

1955年7月初中共中央和省委发出肃清暗藏的反革命分子的指示，大连地区于1955年7月中旬到1959年6月，历时两年开展了肃反运动。共清理出反革命分子和其他坏分子6000名。肃反运动中，查清一些人的政治历史问题，破获一批破坏和破坏嫌疑事故，保卫了经济建设，加强了人民民主专政。

1960年1月，台湾国民党间谍飞机先后2次侵入长海县、庄河县、新金县等地上空进行“心战”和低空侦察活动，并在庄河县上空投下大量反动传单和“救济物资”。3月，大连市公安局党组向市委呈报了公安部关于打击美蒋空投活动指示的意见，并提出5项措施，即成立市反空投指挥部，加强对空监视工作，在敌机窜扰过的地区组织搜山战役，加强对逃亡国（海）外一切可疑分子的控制工作，开展群众性的反空投斗争。市委批转报告之后，由驻军部队、军分区、市公安局组成反空投斗争指挥部，设立联合办公室。

1960年 6月1日，根据中共中央决定，大连港对外开放。6月18日，市委批转了市公安局党组《关于大连港开放后几项工作的意见报告》，指出大连港对资本主义国家开放后，帝国主义和资本主义国家的间谍特务机关必定利用贸易的条件，千方百计地进行特务活动。要求各级党组织必须把同特务间谍的斗争视为重要政治任务，经常教育干部和群众提高警惕，严守国家机密；有关部门要迅速做好对内部人员审查、设立保卫机构、配备和训练保卫人员、建立健全保密制度等项工作。7月6日，市委作出深挖敌特工作的指示。到1962年，全市共新发现和清理特务分子73名、被特务利用分子156名，并查明186名特务分子的下落，破获了几起预谋投敌叛国的反革命集团案件。

二、打击严重刑事犯罪活动

大连光复初期，盗匪与各种反动势力相勾结，大肆进行盗窃和抢劫活动，甚至公开结伙行抢，造成流血事件，社会秩序极度混乱。1947年，全市共发生各类案件11455起。1948年1月至1949年10月，全市共捕获处理各种刑事案犯5167名，其中判刑1223名，劳动改造566名，此后社会秩序趋向好转。1948年发案率比1947年下降60%，1949年比1948年下降20%。

1954年，旅大市的刑事案件发案数比1953年上升108%。在发生的刑事案件中，流氓、盗窃案件约占93%。1955年1月，市公安机关逮捕犯罪分子156名，人民法院分别在大连、旅顺、金州等地召开宣判大会，对387名各类犯罪分子进行公开处理。2月又逮捕一批罪犯，市人民法院于3月召开第二次全市性宣判大会，公开依法判处了一批刑事犯罪分子。通过大张旗鼓地开展打击刑事犯罪活动，刹住了刑事犯罪的嚣张势头，社会治安明显好转。1957年，根据中央和省委指示，全市公安机关先后组织2次统一行动，共逮捕各种刑事犯罪分子313名，收容审查550名。

“文化大革命”中政法工作被严重破坏，刑事案件上升。粉碎江青反革命集团后，市委组织公安机关进行3次“破案战役”，破获了一大批案件。1978年4—5月，组织2次搜捕刑事犯罪惯犯的统一行动，共捕获各种案犯826名。1980年7月，开展打击流窜犯行动，共打击处理流窜犯134名。

1981年，市委组织领导了打击流氓、强奸犯罪行动。全市共破获强奸、轮奸、流氓案件126起，其中重大强奸案件70起，挖出51个流氓、强奸犯罪团伙，打击处理流氓、强奸犯罪分子108名。1981年11月至1982年6月，市委组织公安机关开展打击流窜犯的行动。全市共堵截流窜犯、在逃犯和其他违法犯罪分子 1068 名。

1981 年至 1983 年上半年，大连市刑事案件增长较猛，重大恶性案件时有发生。根据中共中央“从重从快，一网打尽”的指示，市委从 1983 年 8 月到 1985 年 7 月，组织领导了全市打击刑事犯罪活动 2 场战役，1985 年 8 月又组织领导了“严打”斗争的第三场战役。据不完全统计，1983 年 8 月至 1985 年底，共审结刑事案件 5498 件，依法惩办刑事犯罪分子 8590 人。1979—1985 年，共判处反革命案件 8 件，判处反革命分子 38 名。1982—1985 年，共审结各类破坏经济的犯罪案件 720 余件，依法判处犯罪分子 870 余人。通过“严打”斗争，社会治安状况明显好转，刑事案件发案率较“严打”前 3 年下降 28%。

三、社会治安综合治理

1981 年 6 月 29 日，市委召开常委会，专项研究贯彻中共中央关于社会治安综合治理的精神。7 月 9 日，市委召开全市党员干部会议，要求各级党委要统一思想，提高认识，发动全市共产党员和人民群众一起动手，进行综合治理，抓好社会治安。12 月 9 日，成立社会治安综合治理工作领导小组，并组成社会治安综合治理办公室。全市各县区和县以上单位也相继成立治安综合治理领导小组和办事机构，一些基层单位确定专人主管。

1983 年初，市委、市政府召开全市 1982 年治安综合治理工作总结表彰大会。会议强调要把社会治安综合治理纳入党委主要工作日程，实行党委统一领导下的社会治安分工包干责任制。5 月 28 日，市政府、市委政法委、市综合治理办公室联合召开全市县、团以上单位干部大会，贯彻省委紧急电话会议精神，在“五五”劫机事件后，进一步搞好治安综合治理。1983 年 12 月，市委治安综合治理办公室改为常设机构（处级），在党委直接领导下单独挂牌。公社级单位都设立了治安综合治理办事机构。

1984 年 4 月，市委、市政府召开治安综合治理工作月活动总结大会。11 月 26—28 日，市委连续召开城市治安工作承包责任制经验交流会和全市农村治安承包责任制经验交流会。

1985 年 4 月 19 日，市委召开政法工作会议，继续在城乡推行治安承包责任制，把治安综合治理工作与经济利益挂上钩，做到责、权、利相结合。12 月 21 日，大连市编制委员会和市委政法委联合发出通知，要求各县（市）区委要将社会治安综合治理办公室列为常设机构。

第二章　人民代表大会

1949 年 9 月召开的中国人民政治协商会议第一届全体会议确定，人民代表大会制度为中国的根本政治制度。在此前后，即 1945 年 10 月至 1950 年 6 月，大连（旅大）市召开过 2 次临时参议会、5 次各界人民代表会议。

旅大市第一届第一次人民代表会议于 1951 年 4 月召开，会议选举产生了旅大市各界人民代表会议协商委员会，作为各界人民代表会议的常设机构。到 1954 年 3 月，相继召开 5 次各界人民代表会议。各界人民代表会议及其协商委员会的建立，标志着大连地区的政权建设进入了一个新的历史时期，并为之后建立人民代表大会制度奠定了基础。

1953 年下半年起全市进行普选，自下而上逐级召开人民代表大会。在各县、区普选产生市人民代表大会代表的基础上，于1954年8月举行了旅大市第一届人民代表大会第一次会议，选举欧阳钦等12人为第一届全国人民代表大会代表，出席于1954年9月召开的第一届全国人大第一次会议。人民代表大会制度建立后，各级人民代表大会代表行使当家作主的民主权利，提出了大量提案，人民代表大会审议决定了许多重大事项，涵盖了旅大市社会主义工业化和对农业、手工业以及资本主义工商业的社会主义改造，稳定社会秩序，发展人民民主，加强社会主义法制等方面。

1957年下半年，因为反右派斗争的影响，旅大市第二届人民代表大会没到届满就提前换届。加之1958年“大跃进”以及随之而来的三年困难时期，国民经济遭到严重挫折，影响了人大工作的正常进行。从1958年6月至1965年12月，旅大市先后举行了市人大三届一次、四届一次、五届一次、六届一次4次会议。

“文化大革命”期间，旅大地方各级人民代表大会和人民委员会无法行使宪法和法律赋予的职权。1967年3月，中国人民解放军旅大警备区根据国务院、中央军事委员会的决定，建立了旅大市军事管制委员会，对旅大市实行军管。1968年8月，成立旅大市革命委员会（根据四届全国人大一次会议通过的《中华人民共和国宪法》规定，将旅大市革命委员会作为旅大市第七届人民代表大会），取代了旅大市人民代表大会和人民委员会。“文化大革命”结束后，各级人大逐步恢复工作。1978年6月，旅大市第八届人民代表大会第一次会议举行，被中断了13年的人民代表大会制度得到恢复。

1979年7月，五届全国人大二次会议制定了《中华人民共和国地方各级人民代表大会和地方各级人民政府组织法》，对地方政权组织形式作出重大改革，规定县级以上地方各级人民代表大会设立常务委员会。据此，市属县区地方人大开始设立常委会。1980年8月7—11日，旅大市第八届人民代表大会举行第二次会议，决定设立旅大市人民代表大会常务委员会。自此，大连市开始设置人大常设机关，在人民代表大会闭会期间，行使地方国家权力机关的职权。1983年4月5—11日，市人大九届一次会议举行。1985年7月27—29日，举行了市人大九届四次会议。至此，自1954年到1985年，大连市共召开9届人民代表大会。

第一节　人民代表选举

1953年，旅大市第一届人民代表大会的代表是以普选的形式产生的。此后自1954年到1985年，大连（旅大）市共举行9届人民代表大会，其中8届人大的代表由县区选举产生，被排列为市七届人大的市革命委员会的委员除外。人民代表由多种成分构成，并兼顾了区域分布因素。

一、代表选举方式

根据中央人民政府《关于召开全国人民代表大会及地方各级人民代表大会的决定》，1953年5—12月，旅大市依法进行人大代表普选。是年4月，成立了市选举委员会，制定了选举办法、工作计划和实施方案。全市共有662822名选民（不含部队）领到了选民证，630501名选民参加了选举。全市城乡选民以民主选举的方式选出人大代表6938名，其中城市区人大代表863名，村、镇人大代表6075名。经各县、区人民代表大会选出旅大市第一届人民代表大会代表341人。

此后，在1956年、1958年、1960—1961年、

1963年、1965年、1978年、1983年，先后依法选举产生市人大第二、三、四、五、六、八、九届代表。“文化大革命”期间，地方各级人民代表大会停止活动，未进行人大代表选举。根据1975年1月第四届全国人民代表大会第一次会议通过的《中华人民共和国宪法》第二十二条规定，旅大市革命委员会作为市第七届人民代表大会行使职权。

依据1979年《中华人民共和国全国人民代表大会和地方各级人民代表大会选举法》（1982年进行了修改）和《中华人民共和国地方各级人民代表大会和地方各级人民政府组织法》的有关规定，以及中共中央、全国人大常委会的决定及辽宁省选举工作实施细则，1980年以后大连市的县、乡两级人大代表以直接选举的方式产生。

二、代表人数及构成

大连市9届人民代表大会的代表由中共党员、民主党派和爱国人士、工人、农（渔）民、干部、解放军、知识分子、归国华侨、少数民族、妇女构成（第一届人大代表中还有私营工商业者25人），并在区域分布上予以充分考虑。

1980年4月至1981年4月，全市县、乡两级直接选举工作完成，选举产生县、区人大代表3180名，社、镇人大代表15450名。1983年12月至1984年3月，县、乡两级人大换届选举继续采取直接选举方式完成，全市共选出县、区人大代表3057名，乡、镇人大代表13849名。

大连（旅大）市历届人民代表大会代表构成情况表

表2-2　　单位：人

代表构成	第一届	第二届	第三届	第四届	第五届	第六届	第八届	第九届
代表总数	341	315	307	405	447	447	660	531
中共党员	186	111	133	193	209	215	502	340
民主党派和爱国人士	12	12	16	17	49	44	26	53
工人	114	89	93	101	104	93	204	132
农（渔）民	46	14	20	56	80	85	169	85
干部	38	38	40	48	48	52	122	105
解放军	9	10	10	10	10	11	33	27
知识分子	77	93	88	126	139	132	88	124
归国华侨	1	2	2	2	2	2	4	5
少数民族	11	11	12	13	11	14	27	45
妇女	77	67	62	83	96	101	152	134
私营工商业者	25							

第二节　人大代表会议

1953年普选产生市人大代表以后，1954年举行了旅大市第一届人民代表大会第一次会议，标志着人民代表大会制度在旅大市建立起来。旅大市人民代表大会是旅大地方国家权力机关，依法行使各种职权。自一届一次会议至九届四次会议期间（1954年至1985年），共举行28次会议。

在每次人大会议期间，人大代表的主要工作是：审议报告；提出议案；提出质询案；提出罢免案；提出提案、建议、批评和意见；进行选举；通过决议、决定。闭会期间，人大代表的活动主要有：小组活动；视察活动；议政活动。

根据相关法律规定，市一届人大第三次会议至市九届人大第三次会议，均设立代表资格审查委员会。市八届人大第三次会议和市九届人大第四次会议又另设立议案审查委员会。市八届人大第三、四次会议和市九届人大第一、二、三次会议还设立了预算审查委员会。

一、旅大市第一届人民代表大会

旅大市第一届人民代表大会于1954年8月至1956年8月共举行4次会议。

第一次会议1954年8月7—9日举行。听取审议并一致通过副市长厉男、于谷莺的有关报告及副市长乔传钰传达的中央人民政府的有关决定；一致通过《关于拥护中华人民共和国宪法草案的决议》《关于旅大市当前几项主要工作的报告的决议》《关于拥护中央人民政府〈关于撤销大区一级行政机构和合并若干省、市建制的决定〉的决议》；选举欧阳钦等12人为一届全国人大代表。大会一致通过给毛泽东主席的致敬电。会议收到代表提案41件。

第二次会议于1955年1月31日至2月3日举行。听取审议并通过了市长宋黎关于《旅大市人民政府1954年工作基本总结和1955年工作任务的报告》，通过了《关于坚决反对美蒋战争条约，支援解放台湾的决议》；选举于谷莺等60人为出席省一届人大会议代表；选举宋黎为市长，李林、乔传珏、于谷莺、厉男、李东潮为副市长，31人为市人民委员会委员，曾化东为市人民法院院长。会议根据中央有关法律规定，改旅大市人民政府为旅大市人民委员会。

第三次会议于1955年12月23—27日举行。听取审议并通过了宋黎、李东潮、胡忠海、于谷莺分别所作的有关报告，听取了旅大军分区副司令员陈美福《关于贯彻执行中华人民共和国兵役法的报告》。会议收到代表提案228件，合并为101件，并通过了大会提案审查委员会主任委员于青峰《关于提案审查的报告》。

第四次会议于1956年8月6—9日举行。听取乔传珏传达一届全国人大第三次会议精神，听取审议并通过了李东潮、厉男所作的有关报告。会议收到代表提案239件，合并为197件，并通过了于青峰所作的《关于提案审查的报告》。

二、旅大市第二届人民代表大会

旅大市第二届人民代表大会于1956年12月至1958年3月共举行3次会议。

第一次会议于1956年12月27—31日举行。听取、审议并通过了市长宋黎的政府工作报告和市中级人民法院院长曾化东的工作报告；选举产生市第二届人民委员会组成人员，宋黎为市长，乔传钰、于谷莺、厉男、李东潮为副市长，34人为委员。会议收到代表提案438件，合并为289件。

第二次会议于1957年5月25—28日举行。

听取审议并通过了李东潮的财政预决算报告。收到提案247件，合并为191件。

第三次会议于1958年3月18—21日举行。听取审议并通过了副市长厉男的工作报告和市爱委会主任徐慎关于卫生工作的报告；讨论了市委提出的《旅大市发展经济文化建设五年规划（草案）》和《旅大市1958—1962年农渔业发展规划（草案）》；通过了《撤销右派分子乔传珏、吴襄、彭少逸、简仁南等人的全国、省、市人大代表资格和罢免乔传珏、简仁南等职务的决议》；补选徐慎为副市长。会议收到代表提案385件，合并为312件。

三、旅大市第三届人民代表大会

旅大市第三届人民代表大会于1958年6月至1960年8月共举行4次会议。

第一次会议于1958年6月20—22日举行。听取审议并通过了副市长厉男的政府工作报告、副市长李东潮的财政预决算报告和市中级人民法院院长曾化东的市中级人民法院的工作报告；选举产生了市三届人民委员会组成人员，宋黎为市长，于谷莺、厉男、李东潮、徐慎、张毅、姜培禄为副市长，刘转连等34人为委员，曾化东为市中级人民法院院长；选举48人为省二届人大代表。会议收到代表提案361件，合并为318件。

第二次会议于1959年3月28—30日举行。听取审议并通过了副市长于谷莺的政府工作报告及财政预决算报告（书面）、市中院工作报告（书面）；通过免去宋黎、厉男正副市长及市人民委员会委员和撤销其省二届人大代表资格的决议；补选胡明为市长，陈少景、王新华、辛東为副市长，于志刚等5人为市人民委员会委员，苏杰为省二届人大代表。会议收到代表提案390件，合并为312件。

第三次会议于1959年12月16—18日举行。听取审议并通过了市长胡明《关于旅大市人民委员会工作报告》；通过了关于撤销宋抚民省二届人大代表资格的决议。会议收到提案334件，合并为266件。

第四次会议于1960年8月5日举行。听取审议并原则通过了市长胡明的政府工作报告和另外两个书面报告（经济计划、财政预决算）。

四、旅大市第四届人民代表大会

旅大市第四届人民代表大会于1961年6月至1962年12月共举行4次会议。

第一次会议于1961年6月26—30日举行。听取审议并通过了市长胡明的《政府工作报告》，史笑谈代表曾化东院长的法院工作报告，听取审议了财政预决算和关于选举工作两个书面报告；选举了市四届人民委员会组成人员，许西为市长，李东潮、谭松平、王新华、徐慎、张毅、辛東、江明、姜培禄为副市长，于志刚等32人为委员；补选巩里为市中级人民法院院长，于连亭、李东潮、董良玉为省二届人大代表。会议收到提案769件，合并为344件。

第二次会议于1961年12月21—24日举行。听取、审议并通过了市长许西的政府工作报告及财政预决算报告（书面）。收到提案730件，合并为381件。

第三次会议于1962年7月25—28日举行。听取审议并通过了市长许西的政府工作报告。收到提案657件。

第四次会议于1962年12月22—25日举行。听取审议并通过了市长许西的市人民委员会工作报告和财政预决算报告，收到提案365件。

五、旅大市第五届人民代表大会

旅大市第五届人民代表大会于1963年12月、1964年12月举行2次会议。

第一次会议于1963年12月9—12日举行。听取审议并通过了市长许西的市人民委员会工作报告、巩里的市中级人民法院工作报告以及财政预决算报告（书面）；选举产生市五届人民委员会组成人员，许西为市长，李东潮、王新华、徐慎、张毅、辛東、江明、姜培禄为副市长，33 人为委员，巩里为市中级人民法院院长，于殿忠等 102 人为省三届人大代表。会议收到提案 567 件。

第二次会议于 1964 年 12 月 7—11 日举行。听取审议并通过了市长许西的市人民委员会工作报告以及财政预决算报告。收到提案 283 件、人民来信 17 件。

六、旅大市第六届人民代表大会

旅大市第六届人民代表大会于 1965 年 12 月 16—20 日举行第一次会议（只举行这一次会议）。会议听取审议并通过了市长许西的市人民委员会工作报告、市财政局局长江明的财政预决算报告（书面）、市中级人民法院院长巩里的工作报告（书面）；选举产生市六届人民委员会组成人员，许西为市长，李东潮、王新华、张毅、辛東、江明、姜培禄为副市长，30 人为委员。收到提案 311 件。

七、旅大市革命委员会

“文化大革命”中市人大工作停止。市革命委员会于 1968 年 8 月成立，由 80 名委员组成，邓岳为主任，马忠全等 14 人为副主任。根据 1975 年 1 月四届全国人大第一次会议通过的宪法有关规定，将市革委会排列为市七届人大。

八、旅大（大连）市第八届人民代表大会

旅大（大连）市第八届人民代表大会于 1978 年 6 月至 1982 年 6 月共举行 4 次会议。

第一次会议 1978 年 6 月 27—29 日举行。听取审议并通过了市革委会主任李荒的市革委会工作报告；选举崔荣汉为市革委会主任，曾宁等 9 人为副主任，67 人为委员，张克为市中级人民法院院长，齐杰为市人民检察院检察长。收到提案 239 件。

第二次会议于 1980 年 8 月 7—11 日举行。传达了国家主席华国锋考察旅大所作的指示，听取审议并通过了市革命委员会主任崔荣汉的政府工作报告、市革命委员会副主任兼计委主任康积惠关于经济计划工作的报告（书面）、市财政局局长姜润宽的市财政预决算报告（书面）、市中级人民法院院长张克工作报告和市检察院检察长齐杰市检察院工作报告。会议根据国家有关法律规定，设立了市人大常委会，并将市革委会改为市人民政府。大会选举宋黎为市八届人大常委会主任，乔传珏等 10 人为副主任，马大英等 30 人为委员；选举崔荣汉为市长，魏富海等 10 人为副市长。会议收到提案 732 件。

第三次会议于 1981 年 5 月 5—9 日举行。听取审议并通过了副市长魏富海的政府工作报告及康积惠、姜润宽、郭欠恒、张克、齐杰分别作的经济计划、财政预决算、人大常委会工作、市中级人民法院工作、市检察院工作报告。会议收到提案 178 件，建议、批评、意见 122 件，代表和群众来信 78 件。

第四次会议于 1982 年 6 月 16—20 日举行。学习讨论了宪法修改草案，听取审议并通过了市长崔荣汉的政府工作报告及康积惠、姜润宽、郭欠恒、张克、齐杰分别作的有关工作报告。大会通过阮途辞去市人大常委会副主任的请求的决议；补选曾宇为市八届人大常委会主任，王秀琴等 3 人为委员，唐启舜为副市长。会议收到提案 136 件，建议、批评、意见 195 件，代表来信 52 件。

九、大连市第九届人民代表大会

大连市第九届人民代表大会于 1983 年 4 月至 1985 年 7 月举行 4 次会议（1985 年以后召开 2 次会议）。

第一次会议于 1983 年 4 月 5—11 日举行。听取审议并通过了崔荣汉的政府工作报告及康积惠、姜润宽、曾宇、张克、齐杰所作的有关报告。选举产生市九届人大常委会组成人员，曾宇为市第九届人大常委会主任，江明等10人为市九届人大常委会副主任，26人为委员；选举魏富海为市长，唐启舜等6人为副市长，谷振春为市中级人民法院院长，齐杰为市检察院检察长；选举112人为出席省六届人大会议代表。会议收到代表提出的建议、批评和意见578件。

第二次会议于1984年5月6—9日举行。听取审议并通过了魏富海的政府工作报告及唐启舜、姜润宽、曾宇、谷振春、齐杰的有关报告。会议收到提案424件。

第三次会议于1985年3月22—26日举行。听取审议并通过了市长魏富海的政府工作报告及王玉惠、田欣毅、江明、谷振春、齐杰的有关报告。会议收到提案262件。

第四次会议于1985年7月27—29日举行。审议了市人大常委会提出的关于调整市人大常委会部分组成人员的议案、关于调整市检察院检察长的议案及市长魏富海提出的调整副市长的议案，并通过相应决议；另有通过《关于议案的若干暂行规定》。会议接受江明、徐挺湘、辛東、王海廷、郭欠恒、沈涛辞去市九届人大常委会副主任的请求，接受胡定华等5人辞去市人大常委会委员职务的请求，同意齐杰辞去检察院检察长职务；补选郭凯、杨惠民、康积惠为市人大常委会副主任，11人为市人大常委会委员，张书惠为副市长，张本金为市检察院检察长。

第三节 人大常委会会议

根据《中华人民共和国地方各级人民代表大会和地方各级人民政府组织法》关于“县级以上的地方各级人民代表大会设立常务委员会”的规定，旅大市第八届人民代表大会第二次会议于1980年8月11日依法选举产生了旅大市第八届人民代表大会常务委员会，作为人大的常设机构。

市八届人大常委会在1980年8月至1983年4月的任期内，共举行26次常委会会议。市九届人大常委会在1983年4月至1985年12月的任期内，共举行21次常委会会议。会议议程包括：传达学习贯彻国家和省重要会议精神；听取审议市政府、市法院、市检察院工作报告及市人大常委会主任会议提出的议程；作出决议、决定。根据实际情况，有些会议也请市政府、政协、法院、检察院领导及县区人大常委会负责人列席。

一、常委会组成

1980年8月11日，大连市八届人大第二次会议依法选举产生了市八届人大常务委员会，常委会由41人组成，主任先后为宋黎、曾宇，副主任有辛東等10人。市九届人大常委会由37人组成，主任为曾宇，副主任有江明等10人（1985年7月九届人大第四次会议调整了部分副主任及委员）。

市人大常委会内有中共党组（包括书记、副书记及其他成员）。常委会是人大常设机关，对人大负责并报告工作，其办事机构和主要办事人员有：秘书长、副秘书长，办公厅和政法（法制）、经济、科教、人事（人事代表）4个办公室。

二、常委会会议

旅大市八届人大常委会第一次会议于1980年8月12日召开，通过市人大常委会办事机构设置意见和人事任免等事项。第二次会议于1980年9月2日召开，通过人事任免和市政府关于旅大市改称大连市的请示。第四次会议于1980年11月10—11日召开，听取和审议城市建设规划等3项报告。第七次会议于1981年3月26—27日召开，通过关于召开市八届人大第三次会议的决定。第十一次会议于 1981 年 11 月 12—14 日召开，通过关于进一步加强社会治安综合治理的决议。第十七次会议于 1982 年 6 月 5 日召开，通过关于召开市八届人大四次会议的决定、关于做好人口普查工作的决定。第二十次会议于 1982 年 10 月 21 日召开，通过《大连市人大常委会人事任免暂行办法》。第二十四次会议于 1983 年 1 月 5 日召开，通过《关于召开市九届人大一次会议的决定》。

大连市九届人大常委会第五次会议于 1983 年 11 月 8—9 日召开，通过《大连市常委会联系人大代表的暂行办法》。第七次会议于 1984 年 3 月 2—3 日召开，通过《关于召开市九届人大二次会议的决定》《关于补选市人大代表的决定》。第十次会议于 1984 年 8 月 28—30 日召开，通过关于建立代表接待日制度的决定和人事任免等事项。第十三次会议于 1985 年 2 月 27—28 日召开，通过《关于召开市九届人大三次会议的决定》和人事任免。第十六次会议于 1985 年 6 月 25—26 日召开，学习《中共中央关于教育体制改革的决定》，通过《关于拟定地方性法规草案的暂行规定》《关于议案的暂行规定（草案）》和人事任免。第十七次会议于 1985 年 7 月 17 日召开，通过《关于召开市九届人大四次会议的决定》和人事任免。第二十一次会议于 1985 年 12 月 19—20 日召开，通过《大连市人民代表大会常务委员会工作细则》《关于认真贯彻执行〈药品管理法〉的决议》。

第四节　人大监督

大连市人大常委会采取听取和审议工作报告，组织开展视察、调查、检查和评议活动等形式，对市“一府两院”和大连海事法院实施法律监督和工作监督。

一、法律监督

大连市人大常委会成立以后，听取和审议“一府两院”关于贯彻实施国家法律、法规和地方性法规情况的报告数十项。为使法律监督工作规范化、制度化，市九届人大常委会制定实施了《关于依法监督本市政法机关执行法律的试行办法》。《中华人民共和国宪法修改草案》公布后，1982 年 5 月，市人大常委会根据省人大常委会《关于在全省讨论修改宪法修改草案的决定》，在全市开展了历时 3 个月的学习讨论宪法修改草案的活动。通过宪法修改草案的学习宣传，使广大公民增强了宪法意识。

开展执法检查、调查和视察活动。市人大常委会对执法问题较多的《中华人民共和国食品卫生法（试行）》《中华人民共和国环境保护法》等法律的实施情况多次进行视察和检查，保证法律的贯彻实施。1982 年 9 月下旬，市、县区人大常委会联合组团，视察《中华人民共和国森林法（试行）》和土地法规贯彻实施情况。1983 年 7 月末 8 月初，市和县区人大常委会联合组团，视察贯彻执行《中华人民共和国食品卫生法（试行）》情况。1983—1985 年，市人大代表 2 次视察代表议案办理情况，2 次视察贯彻实施《中华人民共和国食品卫生法（试行）》，《坚决维护妇女儿童合法权益的决议》执行情况，及有关区县 9 个拆船场点贯彻实施环境保护法律法规情况。

二、工作监督

围绕经济建设开展工作监督。重点对计划、财政工作实施监督。市人大财经委员会和常委会有关办事部门经常对计划和预算执行情况进行调查研究，提出相应的建议。常委会每年都适时听取和审议市政府关于上半年国民经济和社会发展计划、财政预算执行情况的报告。同时加强了对维护经济秩序方面的工作监督。

围绕推动教育事业发展开展工作监督。大连市九届人大常委会十九次会议听取和审议市政府关于迎接教师节工作情况的报告。要求市政府以帮助教师解决一些实际困难作为活动的内容之一。市政府及有关部门召开专门会议，作出了为教师解决一批住房、医疗和交通等 8 个方面实际问题的决定。

围绕维护社会秩序开展工作监督。市八届人大常委会组织代表对城乡社会治安综合治理工作进行调查和视察，并听取和审议市法院、检察院、公安局、司法局的工作报告，作出《关于进一步加强社会治安整顿，搞好综合治理的决议》。市九届人大常委会四次会议听取和审议市政府关于严厉打击刑事犯罪分子情况的汇报。

围绕群众关心的热点问题开展工作监督。1980 年下半年，广大群众对物价和市场管理问题反映较强烈。市八届人大常委会抓住直接关系人民生活的副食品的价格和供应问题，进行了调查，听取和审议市政府关于物价和市场管理情况的报告。会议通过了《关于物价和市场管理问题的几项建议》。大连市政府和有关部门对此采取了加强物价管理、提倡社会主义商业道德、坚持公平交易、平价和议价分开供应等 4 条措施，来加强市场物价管理。为进一步贯彻执行国务院《关于严格控制物价、整顿议价的通知》和《辽宁省物价管理试行条例》，市八届人大常委会十二次和十五次会议，先后两次听取和审议市政府关于物价情况的报告。市人大常委会作出了《关于市人民代表参加物价监督检查的决议》，要求市人大代表努力学习党和国家的物价政策，对物价进行监督和检查。市人大常委会还作出《关于进一步加强物价管理的决议》，要求各级人民政府和企事业单位建立健全物价管理制度和物价管理机构，切实加强物价管理。1984 年春节前，市九届人大常委会根据市人大代表和广大群众的意见，对市场物价进行集中检查，重点检查违反供应政策和物价政策问题。市政府针对检查中发现的问题，作出了稳定节日市场价格的七项规定。1985 年 9 月，大连市遭受严重自然灾害，市人大常委会在中共大连市委的统一部署下，投入抗灾救灾斗争，组成视察团，分两路对金县、旅顺口区和甘井子区抗灾救灾情况进行了视察。市人大常委会听取和审议市政府关于抗灾救灾工作情况的报告，会议特别指出，在抗灾救灾过程中，要把蔬菜问题作为关系全市人民生活和安定的大事，切实抓紧抓好。

第三章　人民政府

1945 年 11 月 8 日，大连历史上第一个民主政府成立。自 1945 年光复到 1985 年，大连共成立 15 届政府。其间，市政府名称和管辖范围屡有变动，而其隶属关系、管理权限等也有几次变化。

中华人民共和国成立前，大连政府先后称旅大金行政联合办事处（后称旅大行政联合办事处）、关东公署、旅大行政公署；中华人民共和国成立后，1950 年 10 月 15 日，旅大行政公署改称旅大市人民政府。1955 年 2 月，旅大市人民政府改称旅大市人民委员会。1967 年 3 月 28 日，中国人民解放军旅大警备区奉命对旅大地区实行军事管制，成立旅大市军事管制委员会，由军事管制委员会代行旅大市人民委员会职责，直至1968年8月旅大市革命委员会成立，取代旅大市人民委员会职权。1980年8月，旅大市革命委员会改为旅大市人民政府。1981年2月9日，旅大市改称大连市，旅大市人民政府随之改称大连市人民政府。

大连市政府的施政纪要依据各历史时期的形势特点而各有不同。大连光复初期主要是建立政府，巩固新生政权。中华人民共和国成立后，重点是恢复经济，安定民生，巩固后方，支援前线。中共十一届三中全会确立改革开放的政策后，大连市以经济建设为中心的各项事业开始得到恢复和重振。

第一节　政府组成

1945年8月15日大连光复，11月8日大连市历史上第一个人民政府成立。到1985年，大连历史上共历经15届政府。在苏联红军军管时期，经苏军当局提名，第一届市政府市长由大商人迟子祥出任。至第四届政府，大连市市长始由共产党人韩光出任。

一、政府组成人员

大连市第一届政府——大连市政府（1945年11月至1950年12月）：市长迟子祥，副市长陈云涛（至1948年5月）。

大连市第二届政府——旅大行政联合办事处（1946年10月至1947年4月）：主任迟子祥，副主任刘辛垣，委员迟子祥、刘辛垣等19人，候补委员2人。

大连市第三届政府——关东公署（1947年4月至1949年4月）：主席迟子祥，副主席刘辛垣、乔传珏、韩光，委员15人。

大连市第四届政府——旅大行政公署（1949年4月至1950年12月）：主席韩光，第一副主席李一氓（至1949年10月），第二副主席乔传珏，常务委员韩光、李氓、乔传珏、任仲夷、周光，委员20人。

大连市第五届政府——旅大市人民政府（1950年12月至1955年2月）：市长韩光（至1952年12月）、欧阳钦（1953年1月至1954年7月）、宋黎（1954年9月），副市长乔传珏、周光（至1951年3月）、朱新阳（1951年4月始）、于谷莺（同前）、李林（1952年3月始）、冯秉天（1953年7月至1954年）、厉男（1953年10月始）、李东潮（1955年1月始），委员25人。

第六届政府——旅大市人民委员会（1955年2月至1956年12月）：市长宋黎，副市长李林（至1955年12月）、乔传珏、于谷莺、厉男、李东潮，委员31人。

大连市第七届政府——旅大市人民委员会（1956年12月至1958年6月）：市长宋黎，副市长乔传珏（至1958年3月）、于谷莺、厉男、李东潮、徐慎（1958年3月始），委员34人。

大连市第八届政府——旅大市人民委员会（1958年6月至1961年6月）：市长宋黎（至1959年3月）、胡明（1959年3月始），副市长于谷莺、厉男（至1959年3月）、李东潮、徐慎、张毅、姜培禄、陈少景（1959年3月始）、王新华（同前）、辛束（同前），委员34人。二届三次会议补选委员6人。

大连市第九届政府——旅大市人民委员会（1961年6月至1963年12月）：市长许西，副市长李东潮、谭松平、王新华、徐慎、张毅、辛束、江明、姜培禄，委员32人。

大连市第十届政府——旅大市人民委员会（1963年12月至1965年12月）：市长许西，副市长李东潮、王新华、张毅、辛束、江明、姜培禄、许光庭（1966年3月始），委员30人。

大连市临时权力机构——旅大市军事管制委员会（1967年3月至1968年8月）：主任邓岳、杨俊生，副主任马忠全、袁佩爵、宋景华、程登志、吕茂堂，委员18人。后增补委员2人。

大连市第十二届政府——旅大市革命委员会（1968年8月至1978年6月）：1968年8月至1976年10月，市革委会三易主任，副主任多达35人（含增补），中途退任者约三分之一。主任邓岳（至1969年10月）、刘振华（1969年10月至1970年3月）、刘德才（1970年3月始），副主任马忠全（至1969年7月）、任球（至1969年3月）、宣世明、魏富海、陈一震（至1968年12月）、杜博（至1973年3月）、石祥荣、张东瑞、王玉玲、刘淑珍、杨洪德（1969年9月）、李春（至1969年1月）、孙长恒、张永昌。后增补副主任张树德、曹国辰、戚长祥、程登志、牟立善、彤剑、冯达、杨国喜、蔡克德、崔荣汉、曾宇、王冰石、王冠五、杜李、白清江、张旗、许凤、孙宝泰、许文昌、郭世新、石传育（以上21人中有7人中途退任）。常委18人，后增补10人。1977年开始，根据国务院和中央军委决定，被结合到革委会的军代表陆续撤出，一批地方领导干部先后被充实到革委会领导层。到1977年末，基本改变了市革委会“三结合”的领导体制。1976年10月至1978年6月，市革委会的组成人员为：主任刘德才（至1977年11月）、李荒（1978年1—6月），第一副主任李荒（1966年4月至1978年1月），副主任宣世明（至1977年4月）、魏富海、石祥荣（至1977年5月）、张东瑞（至1977年10月）、王玉玲、刘淑珍、孙长恒（至1977年4月）、张永昌（同前）、戚长祥（至1977年12月）、崔荣汉、曾宇、杜李、白清江、张旗（至1977年3月）、许凤、孙宝泰、许文昌、郭世新、石传育（以上5人均至1977年4月）、杨国喜（至1978年4月）、江明（1977年11月始）、田子夫（1977年11月至1978年1月）、刘汉清、程义太、徐挺湘（以上3人均自1977年11月始）、史萍（1978年1月始）。

大连市第十三届政府——旅大市革命委员会（1978年6月至1980年8月）：主任崔荣汉，副主任曾宇、魏富海、文淑珍、徐挺湘、史萍、康光祥、康积惠、原宪千、范勇昌、辛束（1979年2月始）、郝正平（同前）、宋志新（同前），委员67人。

大连市第十四届政府——旅大市人民政府（1980年8月至1983年4月）：市长崔荣汉，副市长魏富海、原宪千、徐挺湘、史萍、康光祥、康积惠、范勇昌、宋志新、姜培禄、杨惠民、唐启舜（1982年6月始）。

大连市第十五届政府——大连市人民政府（1983年4月至今）：市长魏富海，副市长唐永舜、郭凯（至1985年7月）、汪师嘉、赵亚平、洪源栋、祝明仁、宫明程（1984年9月始）、张书惠（1985年7月始）。

二、政府组成机构

大连地区历届政府机构设置情况表（1945年11月至1985年12月）

表2-3

政府名称	机构设置
大连市政府 （1945年11月至1950年12月）	秘书处、社会局、教育局、财经局、卫生局、建设局、公安局，后增设工商局、交际处。其间，社会局改称民政局，财经局改称财政局，建设局改称公用局

续表 2–3

政府名称	机　构　设　置
旅大行政联合办事处 （1946 年 10 月至 1947 年 4 月）	秘书处、民政处、财政处、工商处、司法处、教育处、卫生处、海口管理处、旅大公安总局、民政工作研究委员会、工商工作研究委员会、财政工作研究委员会、教育工作研究委员会、卫生工作研究委员会、司法工作研究委员会
关东公署 （1947 年 4 月至 1949 年 4 月）	秘书处、财政厅、民政厅、工业厅、交通厅、商务厅、农业厅、教育厅、卫生厅、文物保管委员会、经济设计委员会、海口管理处、关东公安总局、关东高等法院、关东高等法院检察官室
旅大行政公署 （1949 年 4 月至 1950 年 12 月）	秘书处、民政厅、财政厅、工业厅、交通厅、商业厅、农林厅、教育厅、卫生厅、经济计划局、对外贸易管理局、海口管理处、旅大行政公署公安总局、旅大行政公署人民法院、旅大行政公署人民检察署、旅大合作社联合社
旅大行政公署 （1949 年 4 月至 1950 年 12 月）	办公厅、外事处、计划局、工业局、商业局、农林局、水产局、公用局、建设局、财政局、税务局、劳动局、教育局、文化局、卫生局、民政局、房地产管理处、公安局、人民法院、人民检察署、人民监察委员会
旅大市人民政府 （1950 年 12 月至 1955 年 2 月）	随后增设：财经委员会、政法委员会、文教委员会、人事局、工商局、粮食局、编制委员会、交际处、建筑工程局、对外贸易局、城市建设委员会、统计局、体育运动委员会、物资供应局
旅大市人民委员会 （1955 年 2 月至 1967 年 3 月）	办公厅、计划委员会、编制委员会、统计局、农林局、人事局、外事处、民政局、公安局、司法局、监察局、民族事务委员会、教育局、文化局、卫生局、体育运动委员会、宗教事务处、工业局、手工业管理局、劳动局、物资供应局、水产局、财政局、税务局、粮食局、商业局、对外贸易局、城市建设局、公用局、房地产管理局、工商管理局、政法办公室、文教办公室、工业办公室、财贸办公室、交通运输办公室、私营工商业改造办公室
	办公厅、计划委员会（含物价委员会）、经济委员会、科学技术委员会、财贸委员会、商业局（含供销社）、财税局、农林水产局、卫生局（含计划生育委员会和红十字会）、机械局、一轻局、二轻局、基本建设委员会、物资局、粮食局、教育局、文化局、外事办、交际处、人事局（包括编制委员会）、民政局、劳动局、统计局、商检局、海关、体育运动委员会、视察室、公安局、法院、检察院、民族事务委员会、安置城市青年下乡办公室
旅大市军事管制委员会 （1967 年 3 月至 1968 年 8 月）	军事管制委员会办公室、生产指挥办公室
旅大市革命委员会 （1968 年 8 月至 1980 年 8 月）	旅大市革命委员会成立初期设办事组、政治工作组、生产指挥组、人民保卫组
	1970 年 10 月开始，设党的核心领导小组办公室、战备领导小组办公室、办事组、政治工作组、人民保卫组、计划组、工交组、农业组、财贸组、盐务局革委会、邮局革委会、交通局革委会、基本建设局革委会、纺织局革委会、电子局革委会、电业局革委会、化工局革委会、一轻局革委会、二轻局革委会、机械工业局革委会、冶金工业局革委会、商业局革委会、粮食局革委会、文化局革委会、卫生局革委会、水产局革委会、物资局革委会、接待系统革委会、广播事业局革委会、旅大日报革委会、人民银行革委会、海关革委会及财税局革命领导小组、农机局革命领导小组、农业局革命领导小组、劳动工资局革命领导小组
	1973 年开始，将 2 个办公室和 7 个职能组进行改组，并恢复职能局。设办公厅、组织组、宣传组、文教组、计划委员会、经济委员会、科学技术委员会、基本建设委员会、公安局、人民法院、检察院、对外贸易局、财政局、税务局、统计局、水利局、供销社、工商行政管理局、广播事业局、人民防空办公室、编制委员会、邮电局、地震台、接待处、外事办公室、环境保护局、第一商业局、第二商业局、宗教事务处、农业电气化处、公用事业管理局、建筑工程局、建筑材料工业局、城市建设管理局、房产管理局、视察室、人事局、农业办公室、文教办公室、财贸办公室、气象局和气象台（一套机构）

续表 2-3

政府名称	机　构　设　置
旅大市人民政府 （1980 年 8 月至 1981 年 3 月）	办公厅、计划委员会、经济委员会、基本建设委员会、科学技术委员会、农业办公室、财贸办公室、文教办公室、外事办公室、进出口工作办公室、编制委员会（设在人事局）、公安局、民政局（内设下乡办公室）、人事局（内设军队转业办公室）、民族事务委员会，宗教事务处（与民族事务委员会合署办公）、侨务处（与外事办公室合署办公）、物价委员会（设在计划委员会）、统计局、劳动局、物资局、冶金工业局、机械工业局、化学工业局、纺织工业局、第一轻工业局、第二轻工业局、仪表电子工业局、交通局、盐务局、社队工业局、标准计量局、建筑工程局、城乡建设局、公用事业管理局、房地产管理局、环境保护局、建筑材料工业局、农业局、水利局、林业局、农机局、畜牧局、水产局、气象局（与气象台合署办公）、地震办公室（与地震台合署办公）、农业电气化处（设在电业局）、财政局、税务局（与财政局合署办公）、第一商业局、第二商业局、对外贸易局、供销社、粮食局、工商行政管理局、文化局、教育局、卫生局（内设爱卫会办公室）、体育运动委员会、计划生育办公室、知识青年上山下乡工作办公室、广播事业局（与人民广播电台合署办公）、人民防空办公室、视察室、接待处、工农教育委员会 随后增设：青少年教育办公室、司法局、规划管理局、进出口工作办公室
大连市人民政府 （1981 年 3 月至 1985 年 12 月）	办公厅、计划委员会（含物价委员会）、科学教育委员会、统计局、劳动局、人事局（含机构编制委员会）、标准计量局、民族事务委员会（含宗教处）、外事办公室（含侨务办公室），人民防空办公室、民政局、公安局、司法局、农牧业局、水利局、林业局、水产局、经济委员会（含港口办）、交通局、城乡建设委员会（含绿化办）、城乡规划建设局、环境保护局、公用事业管理局、房地产管理局、财政局、税务局、审计局、第一商业局、第二商业局、粮食局、对外经济贸易委员会、对外贸易局、工商行政管理局、文化局、教育局、卫生局（含红十字会）、计划生育委员会、体育运动委员会、广播电视局 随后增设：乡镇工业局、物价局、集体经济办公室、城乡规划局、城市建设管理局、口岸管理委员会、国家安全局、机械工业管理局、纺织工业管理局、第二教育局、侨务办公室、旅游局、农村工作委员会、土地局、轻工业管理局、监察局、经济体制改革委员会、教育委员会、经济技术协作委员会、蔬菜办公室、商业委员会、交际处、地震办公室

第二节　施政纪要

大连市政府的施政纪要，是依据不同时期的形势特点而确定的。大连光复后主要是建立政府，巩固新生政权。中华人民共和国成立后，重点是恢复经济，安定民生，巩固后方，支持前线。20 世纪 50 年代初至 70 年代末，大连市相继开展了以政治运动为主导的系列运动：土地改革运动，抗美援朝保家卫国运动，“大跃进”运动，人民公社化运动等。1978 年中共十一届三中全会确立改革开放的政策后，大连市各项事业得到恢复和重振。

一、建立政府，巩固政权

大连光复后，大连市政府于 1945 年 11 月 8 日成立。随后，旅顺市、大连县、金县也相继建立民主政权。市政府成立不久，基本上掌握了大连的政、警、舆论阵地、教育阵地和主要企事业单位的领导权。市政府颁布《大连市政府施政纲要》，没收敌伪财产，惩办罪大恶极的汉奸特务，取缔赌场、妓院和烟馆，社会秩序开始明显好转。同年，市政府决定实行遣送日侨回国，将日侨空出的洋房用来安置大连贫苦市民，始称居民住宅调整运动（亦称“搬家运动”）。1946 年 1 月，为加强政治民主化建设，使各阶层人士参加政府工作，成立了具有政权和统战双重职能的大连市临时参议会。

大连市、旅顺市、大连县、金县政府建立后，主要致力于摧毁敌伪政权、建设人民民主政治、恢复和发展经济。1946 年 9 月，各市县代表会议决定成立旅大行政联合办事处，作为旅大地区的临时权力机关，负责筹建旅大地区统一的政权组织以及统一全地区的财经工作，保证人民的粮食与燃料供给等。

1946 年末，国民党军队推进到石河驿苏军关卡以北，对旅大地区实行海陆封锁，给人民生活造成很大困难。1947 年 2 月，国共谈判彻底破裂。国民党加快了接收旅大的步伐，并委任了旅顺、大连两市市长。4 月，为迅速建立正式的旅大地区最高行政机关，在旅顺召开的旅大各界人民代表大会通过了成立关东公署的决议。6 月，国民党政府“视察团”到旅大地区活动，企图接收旅大，在中共旅大地委和各级政府的周密部署下，“视察团”到处受到抵制，接收旅大的图谋也告破产。

1949 年 4 月，旅大地方党组织公开。中共旅大区党委根据形势的发展，决定强化政权组织。4 月 27 日，召开旅大地区第二届各界人民代表大会，改组了关东公署并决定改为旅大行政公署，选举韩光为主席，李一氓、乔传珏为副主席。

旅大行政公署成立后，制定并实施 1949—1950 年经济计划，旅大地区的经济建设走上计划发展的道路。

二、发展经济，安定民生

大连光复后，为尽快恢复经济，旅大行政联合办事处提出：1947 年的工作是领导人民开展大生产运动，并制定了“靠山吃山，靠海吃海，能大即大，能小即小”的方针，决定增加农业生产，组织手工业生产，恢复渔业生产，组织中小规模的工业生产与极少数的大工业生产，对克服经济困难、打破国民党封锁起到了积极作用。关东公署成立后，进一步把“发展生产、安定民生”作为施政方针，制定了《关于关东地区一九四八年经济建设大纲》和恢复发展经济的各项计划。公署采取了改革工资制度，实行低薪制和实物供给制，工业整编，清理资财，币制改革，稳定物价，精简机构和非生产人员，节约资金，增加财政收入等一系列措施，全面恢复和发展了生产。

为保证民生，市政府采取减租减息、改造无业游民、遣送日侨回国、调整居民住宅等有效措施，稳定社会秩序，改善生产条件。在 1946 年和 1947 年三次居民住宅调整运动中，有 16838 户居民住上了条件较好的房屋。

三、巩固后方，支援前线

1947 年 10 月，中共旅大地委提出“巩固旅大战略要地，建设我党隐蔽后方”的方针，党组织和各级政府带领人民积极支援全国的人民解放战争。1945 年 10 月到 1949 年 9 月，旅大地区除直接动员和调出兵员 5.7 万余人参军参战以外，大连汽车学校和关东电气工程专门学校为部队培养了第一批近千名装甲兵骨干和 200 多名无线电机务工程技术人员。旅大人民为前线提供了 30 多万套军服、236 万双军鞋，以及大批医疗设备和药品。1947 年上半年，中共中央东北局和华东局决定利用旅大地区的有利条件，发展军工生产，建立了中国共产党领导下的第一个大型兵工联合企业——大连建新公司。解放战争期间，建新公司共为前线生产炮弹 50 多万发、引信 80 多万枚、无烟火药 450 余吨和迫击炮 1430 多门。上述军需物资对东北、华东的解放，特别是淮海战役的胜利，发挥了极其重要的作用。

四、土地改革

1950 年初，旅大行政公署采取的以土地调剂为主要形式的土地改革运动全面铺开，一个半月就完成了土地调剂任务。随后，引导翻身农民走互助合作化道路。至 1950 年末，全市成立互助组 1.25 万个，在此基础上，又组织成立了初级合作社 34 个。土地改革和合作化促进了农业生产。1951 年农业生产总值比历史最高水平的 1943 年增长 34.5%。

五、抗美援朝

1950—1953 年，市政府领导全市人民，开展了抗美援朝、保家卫国运动，先后有 7.6 万余人应征入伍；征调载货汽车 150 辆、司机和助手各 150 名奔赴朝鲜前线。各行各业开展劳动竞赛，为中国人民志愿军提供了大量军需物资。先后组建 13 个战勤医院，抽调 80 名医务人员，组成 4 个手术巡回医疗队奔赴朝鲜前线。1952 年 5 月，全市共捐献 410 亿元，可购买 27 架战斗机，超额完成了捐献飞机和组建“旅大机队”的计划。旅大地区成为支援抗美援朝的重要基地。

六、“镇反”“三反”“五反”运动和“三大改造”

1951—1953 年，大连地区开展了镇压反革命运动，对土匪、恶霸、特务、反动党团骨干和反动会道门头子等进行镇压和打击。同时，开展清理中层单位反革命和农村镇反运动。

1951 年下半年，全市开展了增产节约运动和反贪污、反浪费、反官僚主义斗争，经历了民主检查、发动群众、集中“打虎”、思想教育几个阶段。1952 年 1 月，在资本主义工商业者中间开展“五反”（反行贿、反偷税漏税、反盗骗国家财产、反偷工减料、反盗窃国家经济情报）运动。运动经过发动群众揭发，号召资本家坦白自首、突出重点、定案处理、退财补税等阶段，使广大工商业者受到了教育，认识到爱国守法是每一个私营工商业者必须遵循的职业道德。

“镇反”“三反”“五反”运动，打退了封建残余和资产阶级的进攻，进一步巩固了人民民主政权，纯洁了革命队伍，推动了增产节约运动，加快了国民经济的恢复。1951 年，全市工农业生产总值是中华人民共和国成立前最高的 1943 年 108.9%。1952 年，全市实现社会总产值 13.45 亿元（现价），按可比价计算，比 1949 年增长 1.2 倍。

从 1952 年开始，大连地区农民通过开展互助合作社运动，逐步走上集体化道路。到 1956 年，全市（不含现普兰店市、瓦房店市、庄河市）共建立高级农业生产合作社 168 个，入社农户 97% 以上，基本上实现了农业合作化。同时，对全市手工业、资本主义工商业进行了社会主义改造。到 1956 年春，全市组织起来的手工业者已达总数的 93%，实行了全行业的公私合营，基本上完成了对手工业、资本工商业的社会主义改造任务。至 1956 年，全市工农业总产值比 1955 年增长 24.4%，粮食产量超过“一五”计划的指标，工农业生产得到迅速发展。

七、“一五”计划和“大跃进”、人民公社化运动

1957 年，全市认真贯彻中共八大路线方针，超额完成第一个五年计划的指标，实现社会总产值 23.8 亿元，按可比价计算，比 1952 年增长 84.3%；各种主要工业产品产量大幅度提高，首次独立设计制造出机车、远洋船舶、冶金轧钢设备、新型机床、精密仪器仪表等产品；粮食单产也有较大幅度的提高。“一五”期间，全市平均每年完成投资 8630 万元，恢复了石油七厂、金州重型机器厂，改建了 745 家企业，新建了氯酸钾厂、塑料厂等。同时，为内地培养输送了 13158 名技术工人、5850 名管理人员和工程技术人员，并生产出大量机电设备和其他物资支援内地建设，发

挥了沿海老工业基地的作用。

自 1958 年起，全市范围内开展了“大跃进”和人民公社化运动，各级政府违反了客观经济规律，盲目追求高速度和“一大二公”，削弱了农业，挤掉了轻工业，搞乱了生产秩序，导致国民经济比例失调，人民生活面临极大的困难。1962 年，全市实现社会总产值 26.88 亿元，按可比价计算，比 1957 年减少 2.2%。在第二个五年计划期间（1958—1962 年），全市社会总产值出现负增长，年平均递减 0.4%。但在工业生产特别是在重工业建设方面取得一些成绩，成为大连工业赖以发展的基础。

八、国民经济调整时期

1960 年 9 月，中共中央提出“调整、巩固、充实、提高”的八字方针后，大连地区开始进行国民经济调整。1960 年冬，组织大批干部深入农村帮助安排农业生产和农民生活。1962 年，全市精减职工 11.4 万多人，城镇下乡、还乡 22 万多人，加强了农业战线。在工业战线，关停了 95 家企业，转换了一些企业的产品，加强了对农业的支援。通过压缩基本建设战线，腾出较多的人力、物力、财力去加强农业、轻工业等薄弱环节，使国民经济比例关系逐步协调起来。到 1965 年，全市区实现社会总产值 33.8 亿元，比 1962 年增长 37.6%。但此次调整并没有全面纠正“左”的错误。1959 年 8 月至 1961 年 12 月间，先后组织大批干部在农村开展改造落后地区工作，后期又与整风整社“新三反”结合进行。1964 年、1965 年，又再次集中大批干部赴金县、长海县和旅顺口区开展社会主义教育运动，在城市个别工厂和人民公社也进行了“社教”运动试点。这些运动虽然对解决个别干部官僚作风、贪污浪费等方面的问题有一定促进作用，但由于指导思想上的失误，把阶级斗争扩大化，使“左”的错误在部分地区和单位进一步发展。

九、“文化大革命”运动时期

市革委会成立后，提出发展国民经济的主要任务，以及“学大寨、赶昔阳，坚决打胜农业翻身仗”等口号。但 1970 年全市工农业生产经济指标并未达到预期指标。1969—1970 年，大连造船厂用国产钢材制造的 1.5 万吨油轮大庆 27 号和 28 号先后下水；大连机车车辆厂试制成功中国第一台自行设计、制造的单节 4000 马力电传内燃机车。至 1975 年，全市社会总产值达 79.28 亿元，按可比价计算，第三个五年计划和第四个五年计划期间，年均递增分别为 9.8% 和 10.8%。

十、两年徘徊时期和开始改革开放

1976 年 10 月至 1978 年末，根据中共中央的统一部署，大连地区开始纠正“左”的错误和恢复在“文化大革命”中遭到破坏的国民经济。根据 1979 年 4 月中央工作会议提出的“调整、改革、整顿、提高”方针，实行“对内搞活经济，对外实行开放”。对外开放主要是一些补偿贸易、来料加工等，虽然规模不大，水平不高，但进出口贸易等方面也有新的进展。经济体制改革主要是在农村开始建立以联产计酬为主要特点的多种形式的生产责任制。通过推行生产责任制和定额计酬制，落实按劳分配政策，大大调动了农民积极性。工业主要是抓了一个“活”字，通过企业整顿，改革工业结构，调整服务方向，广开生产道路，提高了生产技术水平和企业管理水平，经济效益有所改观。财贸战线通过体制改革，广开流通渠道，积极扩大购销，社会商品零售总额逐年大幅度增长。基本建设、科研、教育、文化、卫生等领域的改革也先后起步，并初见成效。1980 年社会总产值达到 98.6 亿元。工业总产值达到 75.5 亿元，创历史最高水平。轻工业产值比 1979 年增长 22.5%，在整个工业中的比重，由 1978 年的 30.3% 上升到 37.6%，各种生活日用品产量都大幅度增长。

“六五”期间（1981—1985年），在中共十一届三中全会精神和“对内搞活经济，对外实行开放”的总方针指引下，经过市政府和全市人民的共同努力，全面完成了《大连市国民经济和社会发展第六个五年计划》，整个经济和社会事业呈现持续、稳定、协调发展的良好前景。各项指标完成情况：

全市国民生产总值由49.3亿元增至72.7亿元，年均递增8.1%。国民收入总额由42.6亿元增至61.2亿元，年均递增7.5%。人均国民收入由935元增至1265元。工农业总产值由87.6亿元增至129.2亿元，年均递增8.1%。其中，工业总产值由75.5亿元增至115.9亿元，年均递增9%；农业总产值由12.1亿元增至13.3亿元，年均递增1.9%（含村及村以下工业产值则年均递增9.8%）。交通运输，大连港港口吞吐量由3264万吨增至4381万吨；铁路货物发送量由2688万吨增至2863万吨；公路货运量由816万吨增至1218万吨。固定资产年度投资由5.78亿元增至21.8亿元，五年总规模为55.4亿元。其中，基本建设年度投资由4.1亿元增至13.3亿元，总规模为33.9亿元；更新改造年度投资由1.68亿元增至8.5亿元，总规模为21.5亿元。全地区财政收入由22.4亿元增至34亿元，地方财政收入由10.17亿元增至14.6亿元，社会商品零售额由18亿元增长到35.4亿元，年均递增14.4%。出口商品收购额由8.2亿元增至10.7亿元，年均递增5.5%；1985年出口创汇4.4亿美元。年末职工人数由97.1万人增至116.8万人；工资总额由7.37亿元增至13.2亿元，年递增12.3%；全民独立核算工业企业全员劳动生产率由17549元增至19185元。全市人口由458.2万人增至485.3万人，人口自然增长率由8.63‰降至5.5‰。上述各项指标除出口商品收购额低于“六五”计划指标外，其余均提前完成。

这个时期，全市国民经济和社会发展各方面发生了较大的变化：

第一产业开始按“贸工农”型调整，由单一农业生产结构向农林牧副渔、工商建运服综合发展的产业结构转变。1985年的工商运建产值占农村社会总产值的比重已达50%以上。第二产业内部，轻重工业协调发展，重工业年均递增9.1%，略高于轻工业8.8%的发展速度。第三产业占国民生产总值的比重由20.5%升至28.2%。

引进技术改造现有企业共成交479项，成交额3.5亿美元，其中引进软件技术48项，成套设备242项、生产线93条、单机4318台。已投产的288项引进项目，基本达到20世纪70年代末、80年代初的国际水平。老企业技术改造，5年共完成3550个项目，使600多个企业得到不同程度的改造。全市共开发3687种新产品，增加花色品种2.8万种，优质产品产值率达25.4%，有112个产品获国家金银牌奖。

相继完成600多万平方米城镇住宅、碧流河水库工程、引碧入连一期工程、市政道路、煤气、污水处理、邮电通信、宾馆、旅游等设施建设。周水子机场经扩建后，延长了国内航线，开辟了国际航线。

国营、集体和个体商业零售额年均分别递增7.8%、31.4%和73.4%。1985年，城乡农贸市场达210处，新增92处。对石道街、白云山庄、春柳、金南路等9个新区和岭前、新开路、长春路等8个老区的网点进行了配套和充实，恢复和发展了2个市级商业中心。全市商业网点达到4.7万个。

科学研究围绕经济建设关键课题取得上千个科研成果，已推广运用417项。到1985年，全市科研生产联合体发展到41个，各种形式的联合单元发展到372个，初步形成一个科研、生产横向联合的网络群体。全市普及了小学教育，调整了中等教育结构，中专、技校分别由14所和31所增至24所和63所。职业学校从无到有，发展到106所。新建和扩建4所市属高等院校。

1983年9月，国务院批准大连成为继上海、天津后第三个扩权城市。1984年4月，在中共中央书记处和国务院召开的全国14个沿海港口城市座谈会上，决定对大连等14个沿海城市实行进一步开放，建经济技术开发区。1984年10月，经国务院批准，市政府开始在金县马桥子兴建大连经济技术开发区。至1985年末，起步区域主干道已通车；水、电、汽、热相继形成供给能力，地下管网基本接通。共完成投资1.7亿元。工作重点已转向对外引进和建厂阶段，并有13个“外资企业”项目开工建设。开发区基础设施建设初现规模。

1984年，国务院决定在大连进行城市经济体制综合改革试点，全面试行厂长（经理）负责制试点和科技体制改革试点，批准大连扩大利用外资、引进技术、改革现有企业的管理权限。从1985年起，大连市经济和社会发展计划在国家计划中实行单列，并由国家赋予省级经济管理权限。使大连成为辽宁乃至整个东北及内蒙古东部地区对外开放的窗口。“六五”时期，大连市进行了综合体制改革。以搞活大中型企业为中心的厂长（经理）负责制和任期目标责任制全面铺开，各项配套改革相继展开。

“六五”期间，共安排16.1万人就业，扩建医院3.22万平方米，增加床位3000张、卫生技术人员3000多人。职工工资总额由3.37亿元增至13.2亿元，年均递增12.3%。农民人均收入由298元增至567元，年均递增13.7%。城市人均居住面积由3.9平方米增至5.1平方米。广播和电视覆盖率分别达到50%和60%。城市煤气气化率由46.6%提高到48.2%。

全市财政收入由22.36亿元增至34亿元，年均递增8.7%。其中地方财政收入1985年达14.6亿元，比1984年增长29.9%。万元工业产值综合能耗由6.34吨降至4.79吨，年均递减5.5%。社会劳动生产率增至2354元，年均递增5.2%。

第三节　人事编制

1945年11月8日大连市民主政府建立，设人事机构。1947年关东公署成立（1949年改称旅大行政公署），于民政厅设人事科，负责制定并实施行政人员调动、任免、奖惩、考核、抚恤等各种条例和各项制度，以及各级政府及所属单位组织机构和编制工作。1949年中华人民共和国成立后，于1951年3月成立旅大市人民政府人事处，5月改称人事局，12月接管编制工作。1952年6月，旅大市编制委员会成立，下设办公室。1956年，市编制委员会办公室与人事局编制科合署办公。到1965年，人事编制制度逐步建立并不断完善，并建立起人事编制工作的基本框架。“文化大革命”时期，人事工作机构瘫痪，制度被废止。“文化大革命”结束后，人事工作逐步恢复（1955—1978年，人事机构随政府机构名称变化，先后改称旅大市人民委员会人事局、旅大市革命委员会政治工作组）。中共十一届三中全会以后，人事制度开始改革。1983年，撤销市人事局编制科，保留大连市编制委员会办公室。

一、人事

干部录用聘用　旧职员留用。1945 年 8 月大连光复，由苏军实行军事管制。11 月 8 日民主政府成立，市长由大商人迟子祥担任，副市长由共产党员陈云涛担任，政府的实际权力掌握在共产党手中。政府内设秘书处以及财政、社会、建设、教育、卫生 5 个局，共 29 个科、92 个股。其时新政权建设任务十分繁重，虽然中共中央东北局和其他解放区派一批干部到大连，但是机关、企业的管理和技术人员仍十分缺乏。为此，市政府一方面对旧政权职员（包括日籍人员）在团结、教育、改造的基础上予以留用，另一方面在社会上的工农群众中广泛招聘公务人员。市政府成立时人员最多有 2657 名，其中日占时期关东州厅和市役所的旧职员约 1500 名（日籍职员 780 名）。后政府机关经过 7 次整顿改组，到 1946 年 11 月职员减至 628 名。

干部吸收录用　1949 年，大连的日籍企业管理与技术人员陆续按政策被遣送回国，大连又肩负输送大批干部和人才支援全国解放战争和经济建设的重任，在干部紧缺情况下，1949—1959 年，全市共选拔干部 37679 名，其中从工人中选拔为主。还从社会闲散人员中录用干部，仅 1952 年上半年就吸收失学、失业青年与旧知识分子 695 名，经培训充实到干部岗位。“文化大革命”时期，原已建立起来的一整套干部吸收录用制度被弃用，为解决国家机关、事业单位和厂矿企业干部不足，各用人单位于是选调大批工人、农民在未办理吸收录用干部手续的情况下从事干部岗位工作，“以工代干”“以农代干”人员的大量增加，造成了干部管理工作的严重混乱。1978 年以后，干部吸收录用工作恢复正常。1981 年开始利用“以农代干”转干、“三警”改干、“以工代干”转干各渠道吸收录用干部。1981 年录用 1264 名农村公社“以农代干”人员；1981—1982 年为 1111 名“三警”人员办理改干手续；1984 年审批“以工代干”转干手续 30525 人；1985 年办理“以工代干”手续 495 人。从 1982 年起，开始录用“五大毕业生”（即广播电视大学、职工大学、函授大学、职工业余大学、夜大学毕业生）。1982—1983 年全市共有“五

部分年份大连市干部基本情况表

表 2-4　　　　　　　　　　　　　　　　　　　　　　　　单位：人

年度	干部总数	其中女干部	中共党员	共青团员	民主党派	大专以上
1949	13972	1162	6560	—	—	308
1953	55937	—	16138	12720	—	—
1954	59366	11219	21838	12679	111	4001
1961	80708	18645	37966	15671	308	9799
1978	129090	40408	60401	5406	209	24792
1982	160672	49898	74197	8392	558	39239
1984	191862	61674	83248	16116	744	52494
1985	203427	66728	93341	19724	842	59521

说明：1. 1966—1970 年干部统计中断

2. “—”处为未统计

大毕业生”3927人，到1984年5月，已由基层单位安排使用2943人。

干部聘用制度　1978年特别是1984年后，加快了干部人事制度改革。干部任用制度一改过去单一的录用制，出现录用制与聘用制并存的局面。聘用为干部的有“五大毕业生”和职业高中毕业生、在国家机关和所属事业单位干部岗位工作的工人，还在农村乡镇实行干部选聘合同制。

30余年间，大连市干部队伍发生深刻变化。从干部总数看，1953年、1961年、1984年、1985年人数明显增多；从政治面貌看，中共党员始终占据主体；从文化程度看，高学历干部占比逐年增大，1949年大专以上文化程度的占2.2%，1985年占到29%。

军队转业干部安置　中华人民共和国成立后，随着国民经济恢复发展和进入全面建设社会主义时期，大批军队干部开始转业到地方参加经济建设，大连开始接收安置军转干部。1949—1960年，全市安置东北局和辽宁省计划分配的军转干部5190人。1975年、1978年、1979年安置辽宁省计划分配的3批军转干部4814人。

1969—1975年大批军队干部按复员处理到地方。1980年1月，中共中央、国务院、中央军委决定，将1969年1月1日至1975年7月31日的军队复员干部改办转业。1980年2—11月，全市共办理复员干部改办转业手续5142人，改办为转业干部5021人，占97.6%；未予改办转业（本人不同意改办或因犯有严重错误不予改办）121人。

毕业生派遣分配　1953—1961年，市人事局对国家和省属大专院校毕业生进行统一派遣，共派遣13573人。1962年7月，大专院校毕业生派遣分配、调整等工作移交市教育局。1963年6月，由市教育局负责大专院校毕业生的派遣、市人事局负责接收分配。1949—1965年，大连市负责接收国家分配的大中专毕业生6943人，其中除1962年由市教育局接收分配2511人外，均由人事局负责接收。“文化大革命”时期，全国统一招生的制度与毕业生分配秩序均被打乱。1980年后，大中专毕业生分配工作重归人事局负责。1980—1983年，按照统一分配、面向基层、面向农村的原则分配大中专毕业生，分配到农村县区、轻纺电子工业和集体企业的毕业生占分配总数的51%。

干部调配交流　大连光复之初，作为全国解放战争稳固的战略后方基地，大连抽调了大批干部和人才支援解放战争和各解放区。中华人民共和国成立后，1949—1978年干部调配工作以解决国家重点建设项目所需干部和干部夫妻长期两地分居为重点。1978年中共十一届三中全会后，为积极引进人才、服务经济建设，大连市的干部调配工作重点开始转移到科技人才的调配上。1979年，从外省市调入大连市内1176人，其中科技干部829人，占70.5%；1982年，调入人数680人，其中科技干部527人，占77.5%；1985年，调入人数增至2069人，其中科技干部1875人，占90.6%。

1984年9月25日，国务院正式批准在金县马桥子兴建大连经济技术开发区。之前市人才开发交流中心于5月首次通过新闻媒体在全市范围内为开发区招聘急需人才。全市有79个专业的1924名科技人员报名应聘，当年调入35人，另对100人进行集中培训。1985年，市人事局先后在《光明日报》《辽宁日报》《大连日报》刊登5次人才招聘启事，包括土木建筑、城建规划、轻工食品、财政金融、计划经济、外经外贸等专业人才。

干部教育培训　1945年大连市政府建立之初，全市干部大专以上文化程度的仅占干部总数的2.2%，高中文化程度的占4.45%，初中及以下文化程度的占93.34%。为解决干部文化程度偏低的问题，政府通过创建专业学校、举办培训班等形式，对干部进行政治理论、文化和业务知识培训。据1950—1953年统计，全市共培训干部19.76万人次。其中，旅大行政干部学校（1950年5月创建）到1953年，共举办培训班6期，培训学员2030人。1957—1965年下放干部劳动锻炼成为干部教育的主要内容。1966年11月23日，旅大市首批245名干部被送进“五七”干校学习，至1970年末，全市共有29144名干部（时称“五七”战士）下放农村插队落户“走‘五七’道路”，参加劳动改造。到1979年，下放农村的“五七”战士基本调回市内安排工作。1985年，市人事局在大连大学开办人事管理专业大专班。同年，大连市将科技人员继续教育作为改革人才管理制度，落实知识分子政策的一项战略任务。

二、编制

1945年大连光复后，至1985年，大连市党政机构编制先后历经6次调整和改革。大连光复初期，主要是精减留用人员；1952—1953年，进行市区分工，迎接大规模经济建设；1955—1957年，解决机构与人员臃肿问题；1962—1963年，贯彻国民经济“调整、巩固、充实、提高”八字方针，撤并机构，精减下放干部；1982—1983年，主要是调整领导班子，解决干部队伍“四化”（革命化、年轻化、知识化、专业化）问题。历次机构调整精简，都在组织上不断地保证和强化了计划经济体制。

党、政、群机关及事业单位机构编制主要变化：

1949年4月27日，旅大地区第二届各界人民代表大会通过将关东公署改为旅大行政公署。市委设3个工作部门，编制人数160人。旅大行政公署设11个工作部门，编制人数596人。

1950年12月1日，旅大行政公署与大连市政府合并，改为旅大市人民政府。党、政、群机构编制为：市委设5个工作部门，编制人数158人；市政府设21个工作部门，编制人数1486人；有6个群众团体。

1955年2月3日，旅大市人民政府改为旅大市人民委员会。12月，党、政、群机构编制为：市委设10个工作部门，编制人数421人；市政府设33个工作部门，编制人数1489人；有5个群众团体，编制人数204人。

“文化大革命”期间，市编制委员会处于瘫痪状态，一些部门和单位出现随意增加人员情况。1970年根据上级指示，市革委会机关体制进行调整，设7组2办，27个局、行、系统，各组编制800人。

1980年8月11日，旅大市第八届人民代表大会第二次会议通过，将旅大市革命委员会改为旅大市人民政府。党、政、群机构编制为：市委设6个工作部门，编制人数404人；政府设61个工作部门，编制人数4253人；有7个群众团体，编制人数312人。

1981年2月9日，国务院批准旅大市改为大连市。年末，党、政、群机构编制为：市委设7个工作部门，编制人数433人；市人大设5个工作部门，编制人数45人；市政府设65个工作部门，编制人数4555人（含政法机关编制1009人）；市政协编制人数21人；民主党派7个，编制人数45人；有6个群众团体，编制人数322人。

1983年5月25日，市委、市政府机构进行改革和精简。调整后，市级机构工作部门由105个裁并为72个。市级机关的内部机构由426个缩减为380个。市级虚设和临时机构由91个压缩为53个。

1984年，国务院批准大连市计划单列。同年9月，市政府各委、办、局内部的科改为处。年末，党、政、群机构编制为：市委设12个工作部门，编制人数585人；纪委编制人数119人；市人大设6个工作部门（编制人数未见统计）；市政府设46个工作部门，编制人数2656人；市政协编制人数52

人；法院、检察机关编制人数分别为 127 人、210 人；民主党派编制人数 56 人；有 8 个群众（人民）团体，编制人数 282 人。市、县（市）区事业单位机构 3826 个，实有人数 119627 人。

第四节　外　事

中华人民共和国成立后，外交部在大连设立派出机构——旅大市人民政府外事处，负责旅大地区的外事接待、领事业务和专家管理等项工作。其时国家对外工作的重点是发展同社会主义国家的友好关系。由于苏联专家和工程技术人员到大连帮助搞建设的人比其他地区的多，来自苏联的外宾也比较多，来自东欧国家的外宾次之。据 1951—1957 年不完全统计，旅大市共接待来自 44 个国家的外宾 3100 多人，其中苏联和东欧国家 2000 多人，来自苏联的有 700 多人。1958 年以后，苏联方面撕毁合同、撤走专家，加之之后“大跃进”、三年困难时期、“文化大革命”的干扰，极大影响了旅大市的国际交往。这一时期来访的外宾明显减少。1958—1972 年的 14 年里，全市共接待外宾 3100 多人。1973 年，旅大市经国务院批准为对外开放城市（旅顺除外）后，接待外宾的数量逐年增多。1973—1978 年，共接待外宾 1313 批、21692 人，比开放前的 21 年（1951—1972 年）接待外宾的总和增长 2.5 倍。中共十一届三中全会以后，实行对内搞活经济、对外开放的政策，吸引了越来越多的外国人到大连参观访问。1979—1984 年，全市共接待外宾 16451 批、101674 人，比前 27 年（1951—1978 年）接待外宾的总和增长 3.86 倍。

一、接待重要来访

截至 1985 年，大连市共接待副总理以上的国宾 41 人，副部长级以上职务的外宾 226 人。其中有印度总理尼赫鲁、缅甸总理吴努、印尼总统苏加诺、尼泊尔首相阿查里雅、越南国家主席胡志明、柬埔寨国家元首西哈努克、斯里兰卡总理班达拉奈克夫人等。国务院总理周恩来先后 3 次陪同外宾到大连，听取市党政主要领导的工作汇报，并做出指示。

二、经济技术交流

1978 年以后，大连市外事工作开始转移到为经济建设服务的中心上来。开展对外宣传，坚定外宾对对外开放这一中国基本国策的信心；进行牵线搭桥，力促引进外国先进技术、开展科技交流和人才引进。1979—1984 年，先后有 3190 多名外国人到大连与市科技人员进行交流，有的已签订合作协议或达成合作意向。

三、建立友好城市

改革开放后，大连市开始与外国城市建立友好城市关系。1979 年与日本北九州市结为友好城市，1982 年与日本舞鹤市、美国奥克兰市结为友好城市，1985 年与法国勒阿弗尔市、联邦德国不来梅州结为友好城市。友好城市建立后，通过官方互访和民间交流活动，增进了双方的了解和友谊。5 个友好城市先后有 20 多批官方访问团访问大连，大连市有 7 批官方访问团出访。民间友好交流日益频繁。先后接待友好城市派来的经济、贸易、科技、文化等访问团（展览团）79 批、2460 余人，其中北九州市工业展览会展出了 100 多家厂商的 4300 多种产品，观展 9 万人，其间签订合同 140 份，成交额 260 余万美元；先后派赴日本、美国友好城市的访问团（组）43 批、350 人。

四、领事工作

大连光复之初，以苏联为主经办的企业有 24 家、管理人员 820 多人。1948 年在大连工作的日本侨民有2499人。中华人民共和国成立后，1950年共有14个企业聘请来自苏联的炼油、化工、机械、食品等行业的专家、工程师、技术人员300多人。1952年，在大连工作的苏联侨民有850人。1979年后，企业和高校聘用的外国专家逐年增多。1982年后，大连工学院聘用的外国专家共培训中国教师1810多人。

第四章　政治协商会议

1949年11月开始，旅大行政公署所辖各区市县陆续成立了各界人民代表会议协商委员会或常务委员会。1951年4月，旅大市各界人民代表会议协商委员会成立，并代行人民代表大会职权和人民民主统一战线组织的职能。

1954年9月，中华人民共和国第一届全国人民代表大会后，人民政协不再代行人民代表大会的职权。1955年6月28日，旅大市各界人民代表会议协商委员会被撤销，成立中国人民政治协商会议辽宁省旅大市委员会（简称“市政协”）。同年7月，市政协第一届委员会第一次全体会议决定撤销市辖区市县各界人民代表会议协商委员会或常务委员会。1955年和1959年，复县、庄河县先后建立人民政协（其他区县则于1980—1984年相继建立人民政协）。“文化大革命”期间，政协工作中断。

1978年6月，政协旅大市第五届一次全体会议召开，中断了12年的工作重新恢复。1981年，旅大市政协改为大连市政协。至1985年，市政协经历了6届。市政协根据《中国人民政治协商会议章程》的规定，通过召开全体会议、常务委员会会议、主席会议、常务委员专题座谈会以及各民主党派、无党派代表人士座谈会等形式，对党政机关制定的方针政策、地方重要事务、群众关心的重要问题进行政治协商，通过视察实行民主监督，通过办理提案来参政议政。

第一节　政协委员会组成

大连（旅大）市政协由中国共产党、各民主党派、无党派民主人士、人民团体、各少数民族和各界的代表，台湾同胞、港澳同胞和归国侨胞的代表以及特别邀请的人士组成。每届政协的参加单位、委员名额和人选，由上届委员会常务委员会协商决定。每届任期内，增加或者变更参加单位、委员名额和决定人选，由本届常委会协商决定。每届委员会设主席、副主席若干人和秘书长，设常委会主持会务。常委会候选人由参加政协的各党派、团体、各民族和各界人士协商提名，经全体会议选举产生。

一、旅大市各界人民代表会议协商委员会（1951年4月至1955年7月）

主席欧阳钦，副主席郭述申、乔传珏、赵宋祥(1952年7月免职)。秘书长张志诚。委员47名，其中，党派4名，群团4名，国家机关4名，工人3名，农渔民3名，教育界6名，科技界5名，文艺界2名，医药卫生界2名，工商界5名，工矿企业1名，合作社1名，军警2名，学生1名，少数民族2名，军属1名，街道居民1名。委员中中共党员23名，妇女12名，少数民族3名。

二、政协大连（旅大）市委员会（1955年7月至1988年1月）

第一届委员会（1955年7月至1959年4月）主席郭述申，副主席张志诚、乔传珏（1957年11月免职）、姜培禄。秘书长周美鑫。常务委员29名。其中，中共党员8名，占28%；妇女2名，占7%。

委员136名，由16个界别（24个方面）组成。其中，党派7名，群团8名，无党派1名，工人2名，农渔民2名，工商界19名，文艺界13名，体育界1名，科技界23名，教育界31名，新闻出版界1名，医药卫生界16名，归国华侨1名，少数民族2名，宗教界2名，特邀7名。委员中中共党员38名，妇女20名，少数民族8名。

第二届委员会（1959年4月至1961年12月）主席郭述申，副主席张志诚、张毅、张大煜、姜培禄、钱令希、周美鑫。秘书长周美鑫（兼）。常务委员51名。其中，中共党员14名，占27.5%；妇女4名，占7.8%。

委员225名，由14个界别（28个方面）组成。其中，党派24名，人民团体10名，职工6名，人民公社9名，教育界37名，医务界24名，文艺界13名，新闻界2名，科技界40名，工商界25名，少数民族4名，宗教界4名，归国华侨2名，特邀25名。委员中中共党员61名，妇女26名，少数民族11名。

第三届委员会（1961年12月至1964年9月）主席郭述申，副主席张志诚、张毅、张大煜、姜培禄、钱令希、周美鑫。秘书长、周美鑫（兼）。常委51名。其中，中共党员14名，占27.5%；妇女4名，占7.8%。

委员272名，由14个界别（28个方面）组成。其中，党派24名，人民团体12名，职工6名，人民公社10名，教育界49名，医务界32名，文艺界16名，新闻界2名，科技界56名，工商界27名，少数民族4名，宗教界4名，归国华侨3名，特邀27名。委员中中共党员69名，妇女35名，少数民族13名。

第四届委员会（1964年9月至1978年6月）主席胡明，副主席张志诚、张毅、张大煜、姜培禄、钱令希、周美鑫。秘书长周美鑫（兼）。常委51名。其中，中共党员17名，占33.3%；妇女4名，占7.8%。

委员279名，由14个界别（29个方面）组成。其中，党派24名，人民团体12名，职工8名，人民公社12名，教育界52名，医务界32名，文艺界16名，新闻出版界2名，科技界58名，工商界28名，少数民族4名，宗教界4名，归国华侨3名，特邀24名。委员中中共党员73名，妇女35名，少数民族15名。

第五届委员会（1978年6月至1983年4月）主席白清江，副主席李东潮、李光业、辛束、郝正平、蔡克德、姜培禄、钱令希、林纪方、胡国栋、黄启章、李祉川、乔传珏、赵龙韬（李东潮、辛束、姜培禄、李祉川、乔传珏、赵龙韬任职至1980年8月）、郭巩（驻会）、张树权、杨希萍、雷钦、苏风、马大英、刘世有、蒋永维（以上8人为1980年8月增选）、熊尚元、杨盛烈（以上2人为1982年6月增选）。秘书长郝正平（兼，1978年6月至1980年8月）、孙复民（1980年8月增选）。

常委115名。其中，中共党员47名，占41%；妇女14名，占12.2%。委员553名，由13个界别（24个方面）组成。其中，党派45名，人民团体32名，农民11名，科技界104名，教育界93名，医药卫生界54名，文学艺术界26名，体育界5名，新闻出版界3名，少数民族7名，归国华侨5名，宗教界6名，特邀162名。委员中中共党员286名，占51.7%；妇女86名，占15.6%；少数民族34名，占6.2%。

第六届委员会（1983年4月至1988年1月） 主席白清江（1983年4月至1985年7月，驻会）、任国栋（1985年7月增选，驻会），副主席康光祥（1985年7月驻会）、郝正平（1983年4月至1985年7月，驻会）、姜培禄、钱令希、黄启章、林纪方、胡国栋、马大英、蒋永维（驻会）、熊尚元、杨盛烈、方炎军（女，1983年4月至1985年7月，驻会）、杨奇（1985年7月增选）、范勇昌（同前）。秘书长方炎军（兼，1983年4月至1985年7月）。常委66名。其中，中共党员21名，占31.8%；妇女6名，占9.1%。

委员551名，由18个界别（32个方面）组成。其中，党派49名，无党派9名，群团23名，个体户4名，农民10名，工程技术界94名，科学研究界45名，社会科学界9名，教育界101名，医药卫生界54名，财贸界9名，文学艺术界21名，体育界6名，新闻界6名，社会福利团体3名，少数民族11名，归国华侨7名；宗教界6名，特邀84名。委员中中共党员203名，占37%；各民主党派成员121名，占22%；妇女82名，占14.9%；少数民族37名，占6.7%。

根据政协章程规定，市政协一届委员会于1957年1月成立了各界学习委员会和教育、工商、社会工作3个工作组。后又建立了党派、科技、卫生、文艺、归国华侨、民族、宗教7个工作组。第二、三届委员会期间，先后成立了联络、对台宣传工作、文史资料研究、“三好”（工作、学习、改造好）活动、生产福利5个委员会。第五、六届委员会期间，对专门委员会进行了调整。专门委员会正副主任人选由常委会决定；专门委员会成员和工作组正副组长由主席会议决定；工作组成员由委员会自愿报名产生。经会议讨论，还邀请有关党政部门、群团组长负责人和其他有关人士为专门委员会（工作组）成员。

1982年五届四次全会开始，临时性的提案审查委员会改为常设机构，1983年六届一次全会后改为提案工作委员会。六届一次全会后成立了工作组委员会，作为工作组的综合组织。“三好”活动委员会于1965年停止活动；生产福利委员会于1965年解散。市政协机关办事机构原只有秘书处，1958年增设学习办公室和联络处。1962年撤销联络处，并入秘书处。1978年设秘书处、宣传处。1983年增设工作组办公室、文史资料工作办公室。1984年设办公厅，下有秘书处、行政管理处、老干部工作处。

第二节 政协全体会议

自1951年大连市政协成立，到1985年，大连（旅大）市共历经6届政协。依据《中国人民政治协商会议章程》规定，市政协每年至少举行一次全体会议。全体会议的主要职权是：选举地方委员会的主席、副主席、秘书长和常务委员；听取和审议常委会的工作报告；讨论通过有关决议；参与对国家和地方事务重要问题的讨论，提出建议和批评。全体会议由常务委员会召集并主持，每届第一次全体会议由会议选举的主席团主持。

一、第一届委员会全体会议

第一次全体会议于1955年7月12—15日举行。列席代表26名。全会的主要任务是选举第一届委员会领导成员。选举欧阳钦为主席。会议通过了《关于旅大市各界人民代表会议协商委员会工作报告的决议》《关于旅大人民当前任务的报告的决议》《关于通过结束一市二县七个直属区各界人民代表会议协商委员会、常务委员会的建议案》。

第二次全体会议于1956年5月28日至6月2日举行。列席代表255名。全会的主要任务是动员全市知识分子努力学习马列主义理论，积极钻研科学技术，为提前和超额完成我国国民经济第一个五年计划而奋斗。

二、第二届委员会全体会议

第一次全体会议于1959年4月10—12日举行。列席代表143名。全会的主要任务是动员全市各界人士为完成和超额完成1959年跃进计划而奋斗。会议选举了第二届委员会领导成员。选举郭述申为主席。

第二次全体会议于1960年5月11—14日举行。列席代表132名。全会的主要任务是动员各界人士积极投入以技术革新和技术革命为中心内容的增产节约运动；发动各行各业大力开展支援农业活动，为提前实现农业发展纲要而奋斗。

三、第三届委员会全体会议

第一次全体会议于1961年12月20—24日举行。列席代表87名。全会的主要任务是动员各界人士努力学习毛泽东主席著作，加强自我改造，调动一切可以调动的积极因素，为完成和超额完成1962年各项调整任务而奋斗。会议选举了本届委员会领导成员。选举郭述申为主席。

第二次全体会议于1962年6月15—21日举行。列席代表126名。全会的主要任务是动员各界人士高举总路线、“大跃进”、人民公社三面红旗，为争取社会主义建设事业新的胜利而奋斗。

四、第四届委员会全体会议

第一次全体会议于1964年9月12—20日举行。列席代表166名。全会的主要任务是以阶级斗争为纲，推动各界人士积极参加城乡社会主义教育运动；广泛、深入地开展爱国主义、国际主义和社会主义教育运动，动员各界人士加强自我改造，积极为社会主义建设新高潮贡献力量。会议选举市政协第四届委员会领导成员。选举胡明为主席。

第二次全体会议于1965年12月15—21日举行。列席代表98名。全会的主要任务是进一步动员各界人士大学毛泽东主席著作，积极参加阶级斗争、生产斗争、科学实验三大革命运动，为胜利实现发展国民经济第三个五年计划多做贡献。会议期间，交流了活学活用毛主席著作的经验和参加城乡“四清”运动、“三大革命”运动与自我改造的心得体会。

五、第五届委员会全体会议

第一次全体会议于1978年6月26—30日举行。全会的主要任务是动员全市各族人民和各界爱国人士，贯彻中共十一大制定的基本路线和基本任务，进一步清算江青反革命集团的流毒和影响，调动一切积极因素，完成新时期的总任务。会议选举了第五届委员会领导成员。选举白清江为主席。

第二次全体会议于1980年8月6—12日举行。在旅大的全国政协委员、省政协常委列席会议。全会的主要任务是贯彻国民经济“调整、改革、整顿、提高”的方针，打好实现社会主义现代化第一个战役。

第三次全体会议于1981年5月5—10日举行。在大连的全国政协委员、省政协常委，各县、区政协领导人列席会议。全会的主要任务是动员全市各族人民、各民主党派、人民团体和各界爱国人士，贯彻党中央制定的在经济上实行进一步调整，在政治上实现进一步安定的重大方针，为经济调整和发展安定团结的大好形势做出新的贡献。

第四次全体会议于1982年6月15—21日举行。在大连的全国政协委员、省政协常委，各县、区政协领导人列席会议。全会的主要任务是在中共十一届六中全会精神指引下，团结调动全市各族人民、各民主党派、人民团体和各界爱国人士，为加速社会主义物质文明和精神文明建设，为发展爱国统一战线做出贡献。

六、第六届委员会全体会议

第一次全体会议于1983年4月4—12日举行。在大连的全国政协委员、省政协常委，各县、区政协领导人列席会议。全会的主要任务是贯彻中共十二大和全国人大、全国政协五届五次会议精神，团结和调动全市各族人民、各民主党派、人民团体以及各界爱国人士，同心同德，艰苦奋斗，为开创社会主义现代化建设新局面，为开拓爱国统一战线和人民政协工作的新局面而努力奋斗。

第二次全体会议于1984年5月4—8日举行。前届市政协副主席，各县、区政协领导人列席会议。全会的主要任务是协商讨论大连市两个文明建设、落实各项统战政策、开拓政协工作新局面等问题，调动一切积极因素，为胜利完成1984年国民经济计划和各项任务而奋斗。

第三次全体会议于1985年3月21—26日举行。市政协各专门委员会负责人和各县、区政协领导人列席会议。全会的主要任务是继续深入贯彻中共中央《关于经济体制改革的决定》和中共大连市委五届十次全会精神，团结全市各族人民和各界爱国人士，为振兴大连，实现新时期党的总任务、总目标而奋斗。

第四次全体会议于1985年7月29—30日举行。全会的主要任务是贯彻中共中央关于加速领导班子“四化”建设的指示精神，根据中共辽宁省委关于市级党政机关领导班子中中共党员任职年龄界限的规定，对市政协领导班子进行调整。

第三节　政协常委会会议

大连（旅大）市政协根据《中国人民政治协商会议章程》规定，常务委员会由主席、副主席、秘书长和常务委员组成。常务委员全体会议一般每季度举行一次，必要时可临时召集。市政协一届至五届委员会分别召开常务委员会（扩大）会议24次、27次、27次、14次、35次，第六届委员会至1985年底召开常委会21次。6届常委会会议重点摘要：

一、市政协一届常委会会议

1957年3月30日至4月3日，市政协一届九次常委（扩大）会传达学习毛泽东在第十一次最高国务会议《关于正确处理人民内部矛盾的问题》讲话和全国政协二届三次会议精神。1958年6月18日，市政协一届十五次常委（扩大）会协商讨论市长、副市长、市人民委员会委员候选人名单和出席辽宁省第二届人民代表大会代表候选人名单（草案）。1958年11月16日，市政协一届十九次常委（扩大）会讨论了市政协委员中被定为“右派分子”人士的处理意见和开展对台宣传工作问题。

二、市政协二届常委会会议

1959年7月16日，市政协二届六次常委（扩大）会通过关于调整、设立学习委员会和11个专门工作组及其成员名单的决定。1960年3月22日，市政协二届九次常委（扩大）会传达中共中央副主席刘少奇关于各民主党派、知识界、工商界人士努力学习，提高思想政治水平，加强自我改造的指示精神。中共旅大市委第一书记、市政协主席郭述申在会上讲了话。1961年12月6日，市政协二届二十五次常委会讨论并通过关于召开市政协三届一次全会方案，决定成立旅大市社会主义政治学校。

三、市政协三届常委会会议

1964年1月9—12日，市政协三届二十二次常委（扩大）会听取和讨论市委代理第一书记胡明关于当前国内外形势和任务的报告；市政协副主席张大煜、姜培禄、周美鑫分别传达全国人大二届四次会议、全国政协三届四次会议、辽宁省人大三届一次会议、辽宁省政协三届一次会议精神。会议期间，张毅、张大煜、钱令希等108名科技代表人士签名，向全市科技工作者发出“积极开展科学技术工作大协作的倡议”。

四、市政协四届常委会会议

1978年6月23—24日，市政协四届十四次常委（扩大）会讨论通过四届委员会常委会工作报告、第五届委员名单及召开五届一次全会的有关事项。

五、市政协五届常委会会议

1979年2月19—22日，市政协五届四次常委（扩大）会听取市委统战部部长郝正平传达中共辽宁省委关于落实党对民族资产阶级政策的十条决定；列席旅大市革委会八届二次会议，听取关于国民经济计划、财政决算和预算的报告以及中共辽宁省委书记任仲夷在省革委会五届三次全会上讲话的传达；协商增补乔传珏为旅大市政协副主席，孙复民为旅大市政协秘书长，免去郝正平兼任的秘书长职务，增补常委2名，提交下次全会追认。1979年8月4—9日，市政协五届七次常委会传达学习全国政协五届二次会议精神；列席市革委会全体委员会议，听取全国人大五届二次会议和辽宁省革委会会议精神的传达，听取关于旅大市经济调整规划和加强社会主义民主和法制建设等问题的报告；1980年7月14日，市政协五届十一次常委（扩大）会传达华国锋到旅大检查工作时的指示和沈阳军区、中共辽宁省委领导在中共旅大市委常委会上的讲话，并就旅大市环境卫生、旅游事业、邮电通信等工作进行了商讨。8月10日，市政协五届十四次常委会听取五届二次全会各小组酝酿协商副主席、常委增选名单和全会决议（草案）的汇报。1981年12月2日，市政协五届二十四次常委（扩大）会传达学习胡耀邦考察辽宁工作时的讲话。

六、市政协六届常委会会议

1984年6月20日，市政协六届十次常委（扩大）会传达全国人大、全国政协六届二次会议精神；听取大连市副市长唐启舜关于兴办大连经济技术开发区工作情况的报告；讨论开创政协工作新局面的问题。1985年7月31日，市政协六届十九次常委会学习全国政协主席邓颖超在市政协六届四次会议上的重要讲话。

第四节　提案办理

旅大市各界人民代表会议协商委员会时期，协商委员会及其各专门委员会协助市政府制定了一系列教育文化、城市管理、经济管理等条例、方案和措施，推动市政建设和国民经济的恢复与发展。市政协成立后建立了委员提案制度。提案在召开全体会议时征集，平时委员对党和政府工作提出的意见与建议，作为人民意见或来信来访处理。自1982年起，根据全国政协的要求，市政协取消了对委员提案征集工作中的限制，规定提案不限时间、内容、人数。政协提案委员会改为常设机构，每届选举一次，随时受理委员的提案。提案工作成为政协委员参政议政、行使民主监督权利的重要内容。

一、第一届至第四届政协提案

市政协第一届全会受理委员提案375件，第二届受理249件，第三届受理686件，第四届受理270件，提案内容涉及工农业生产、城市公用设施、文教卫生、商业财贸粮食、统战政协、政法、民族宗教、劳动工资、社会治安、侨务工作等方面。提案大多为对政府具体工作的意见和个人要求，涉及大政方针的较少。

二、第五届至第六届政协提案

1978年6月市政协五届一次全会召开时，由于政协组织刚恢复活动，没能征集委员提案。1980年五届二次全会时始有征集。市政协第五届全会受理提案841件，第六届受理2248件（至1987年末）。提案的一般性意见、建议和要求减少了，围绕中心任务，对改革开放和“两个文明建设”中的重大问题提出的意见批评和建议增多了。特别是经济体制改革，对外开放，城市规划和建设，市场、物价管理，改进办学条件、提高教学质量，加强社会治安管理和法制建设，加强精神文明建设，开拓对外联络活动等重大问题的提案明显增多。许多提案还提出了解决问题的办法和措施，反映出政协委员对改革、开放，对四化建设的责任感和参政议政的积极性。提案所提的意见、建议措施可行，被有关方面采纳或基本得到解决的，约占提案总数的35%。例如关于毛茔子排渣场不宜修建铁路专用线的提案，经市规划部门研究后被采纳，市规划部门决定取消“七五”计划中毛茔子排渣场铁路专用线项目，改为公路运输，为国家节约了大量土地和资金。

第五章　民主党派和工商联

大连的民主党派最早建立于1950年。1950年4月，中国台湾民主自治同盟旅大特别支部成立，标志民主党派从此在大连建立了地方组织。至1956年12月，中国国民党革命委员会、中国民主同盟、中国农工民主党、中国民主建国会、中国民主促进会、九三学社、中国致公党7个民主党派陆续在大连建立了地方组织（以下除标题外，各民主党派均采用简称）。“文化大革命”期间，7个民主党派组织均被迫停止活动，1978年后又陆续恢复活动。《中共中央关于坚持和完善中国共产党领导的多党合作和政治协商制度的意见》发表以后，民主党派大连地方组织不断发展壮大。1983年8月26日，致公党中央直属大连小组成立，至此，大连共有8个民主党派组织。到1984年6月26日，民革、民建、民进、农工党、九三学社、民盟6个民主党派分别召开成员（代表）大会。各民主党派及其广大成员积极参加政治、经济活动，参与政权建设和人民政协工作，在推进协商共事方面发挥了民主监督作用。

1952年12月，大连市总商会成立。“文化大革命”时期工作中断。1982年11月，重新恢复组织活动，并易名大连市工商业联合会。

第一节　民主党派

1950年4月，中国台湾民主自治同盟旅大特别支部成立。这是民主党派在大连最早建立的地方组织。至1956年12月，民革、民盟、农工党、民建、民进、九三学社、致公党7个民主党派在相对集中的时期内相继在大连建立地方组织。“文化大革命”时期，民主党派活动基本陷入停顿，成员受到不同程度的迫害。20世纪70年代末，各民主党派组织和活动才陆续恢复。1983年8月26日，致公党中央直属大连小组成立。至此，全国八大民主党派全部在大连建立地方组织。各民主党派基层组织（基层委员会总支部、支部和直属小组）和成员队伍不断发展。至1985年末，大连市8个民主党派的基层组织已由建立之初的22个发展到119个，党派成员由259人增加到2131人。

各民主党派大连地方组织成立后，坚持“长期共存、互相监督”的方针，与中共大连市委紧密合作，充分发挥民主监督和参政议政作用，在坚持和完善中国共产党领导的多党合作和政治协商制度，推进社会主义民主政治建设进程，促进大连市各项事业进步和发展方面，发挥了应有作用。

一、中国国民党革命委员会大连市委员会

1952年3月15日，民革东北临时工作委员会直属旅大小组成立，祭阳冰任组长。1956年7月7日，民革旅大小组扩建为支部并举行成立大会，会议选举产生了第一届支部委员会。1958年10月18日和1961年10月29日，民革旅大支部先后召开两次党员大会，选举产生了支部委员会。“文化大革命”开始后，民革旅大支部停止组织活动。1978年4月，民革辽宁省临时领导小组直属旅大支部临时领导小组成立，翌年恢复组织活动，时有党员8人。1981年11月，民革大连市第一届委员会成立，选举马大英为主任委员，成员30余人。1984年6月，民革大连市第二次党员大会召开，选举产生第二届委员会，选举马大英为主任委员。

民革旅大支部建立后，重点联系的社会人士有老同盟会会员、原四川省成都市参议会议长孙铸颜，原关东公署财政厅副厅长、旅大市政协驻会委员孙耀庭等，还有一些台湾人士。重新恢复活动后，民革市委积极为改革开放、经济和社会事业发展献计献策。1985年1月14日，民革副主委朱树代表民革市委在大连市各民主党派及有关团体为改革开放服务四化经验交流会上，作《发挥扰势，拾遗补缺，为改革开放献计出力》的大会发言。

二、中国民主同盟大连市委员会

1952年1月，民盟旅大市支部临时工作委员会建立，乔传珏任主任委员。1953年12月，中国民主同盟旅大市支部委员会成立。1954年9月，组建中国民主同盟旅大市分部，1956年5月改称民盟旅大市委员会。20世纪50年代，民盟旅大市委员会组织发展取得显著进展。“文化大革命”期间组织活动被迫停止。1978年9月，民盟大连市委开始恢复工作。1980年4月，民盟旅大市委第六届委员会成立，选举乔传珏为主任委员。

民盟旅大市地方组织建立后，在中共旅大市委领导下，积极推动盟员参加抗美援朝、镇压反革命、“三反”、“五反”思想改造运动、反右斗争和整风运动、社会主义教育运动。中共十一届三中全会后，协助中共党组织和人民政府落实各项政策，特别是落实知识分子政策，平反、改正冤、假、错案。积极参政议政，应邀参加中共大连市委举办的民主党派负责人和无党派爱国人士参加的座谈会、民主协商会，参与全市重大问题和重要人事安排的协商；参与视察活动，就经济建设和改革开放中出现的问题提出意见和建议。1980年6月9日，民盟市委提出《关于教育计划和教育体制改革的意见》。1982年和1985年，遵照民盟中央和盟省委的部署，对知识分子和教育体制改革等问题进行调查研究，并完成专题报告，为民盟中央献计献策。

三、中国民主建国会大连市委员会

1955年10月16日，中国民主建国会旅大会员小组成立，姜培禄任组长。1956年4月民建旅大市支部成立。“文化大革命”组织活动被迫停止。1978年9月，停止活动12年之久的民建旅大市委恢复活动。1980年4月和1982年11月，市民建先后召开了第六、第七次会员大会，选举产生了市民建第六届、第七届委员会。

民建大连市委恢复活动后，围绕全市的政治、经济和社会事业发展，履行参政议政，民主监督的职责，积极发动基层组织和会员，尤其是会员中的各级人大代表、政协委员共同参政议政，建言献策。

发挥人才和智力优势，支边扶贫，招商引资引智，开展安置下岗职工再就业、捐资助学、扶贫帮困、义诊等活动。先后援建希望小学8所，通过办饭店等形式，安置下岗职工2000余人，为社会公益事业捐款近千万元。20世纪80年代初期，民建市委适应形势发展需要，先后举办现代日语、英语培训班11期，培训536人次。民建大连市委发挥会员海外关系较多，联系广泛的特点，加强与港澳台地区和海外的联谊工作，开展反对分裂、反对“台独”势力，为祖国统一、实现中华民族的伟大复兴做出应有贡献。

四、中国民主促进会大连市委员会

1956年11月15日，民进旅大市委正式成立，年底有会员110人。1958—1984年，民进市委会先后召开第二次至第六次共5次会员代表大会，蒋永维一直当选主任委员。1956年至1985年30年间，基层组织和会员发展到39个支部、417人。

成立初期，民进旅大市委致力于推动会员积极参加技术革命和文化革命。“文化大革命”开始后民进旅大市委停止活动，1978年9月重新恢复活动。民进旅大市委恢复活动后，组织会员尤其是担任各级人大代表和政协委员的会员积极参政议政。为促进中小学教育计划调整和教育体制改革，孙常信副主委就学制问题提出改革方案，共63条意见，方案引起民进辽宁省委和市有关部门重视。1981年，民进市委会创办大连民进文化补习学校，开设文化和技术两类补习班，5年共培训学员近万人，为一些青年职工提高科学文化素养和待业青年就业创造了条件。适应改革开放形势需要，还开办了不同层次的英语、日语培训班，解决了大连对外语翻译人才的急需。民进大连市委十分重视“三胞”联谊工作。20世纪80年代初，会员中有台、港、澳关系的60多人，市委会通过召开形势报告会、座谈会，宣传中共中央关于开展海外统战工作的方针政策，鼓励“三胞”会员与台、港、澳和海外亲友加强联谊、增进了解，为大连市引进外资、引进技术、引进人才穿针引线。

五、中国农工民主党大连市委员会

1953年12月18日，中国农工民主党大连地方组织成立，1957年改建为农工党中央直属旅大市小组。1958年成立了农工党中央直属旅大支部。“文化大革命”期间，农工党旅大地方组织停止活动，直至1978年重新恢复活动。1981年，中国农工民主党大连市委员会正式成立，1982年举行第二次全体党员大会，杨烈宇当选为第一、第二届主任委员。1952年有党员5人，1985年党员发展到173人。

农工民主党大连地方组织自成立后，积极维护和巩固人民政权，参加社会主义改造和社会主义建设。改革开放后，围绕经济建设中心积极献策出力。先后开展了对口支边、定点扶贫、医疗义诊、科技咨询、办学兴教、职业培训、法律救助、书画捐赠等活动。在抗洪救灾、扶贫帮困等活动中，组织党员向社会公益事业捐款150多万元，建希望小学1所，完成扶贫项目9个。为促进祖国和平统一，农工党市委积极开展对港、澳、台及海外侨胞的联络工作。1984年开始，多次组织有“三胞”关系的党员参加座谈会，宣传中共中央统一战线的方针政策，介绍大连市经济与社会发展情况，增进了海外人士对大连的了解。

六、中国致公党中央直属大连小组

1983年8月26日，中国致公党中央直属大连小组正式建立，有党员9人。到1985年末，已有5个基层支部、67名党员。

致公党大连小组党员作为人大代表参加各级人民代表大会，针对大连市人口、环境、就业、扶贫等问题，提出议案或通过调查研究献计献策。组织党内基层支部和有专长的党员深入工厂、农村、学校，为弱势群体和下岗职工提供免费义诊，扶持辍学儿童复课，向贫困山区孤儿送物资献爱心。还通过社会办学、科技咨询为社会服务。致公党大连小组充分利用自身与海外有广泛联系的特点，加强海外联谊，积极招商引资，促成引进一批外资项目。

七、九三学社大连市委员会

1956 年 12 月 9 日，九三学社旅大直属小组成立，有基层小组 3 个、16 人。1957 年 4 月，九三学社旅大分社筹备委员会成立。“文化大革命”期间学社组织停止活动，1979 年 1 月恢复活动。1981 年 3 月，九三学社旅大分社委员会改称大连分社委员会。1984 年 5 月，九三学社大连分社委员会改称九三学社大连市委员会，选举胡国栋为主任委员。1985 年，基层小组发展到 8 个、支部 11 个，有社员 307 人。1958 年 10 月至 1984 年 6 月，先后召开第一至第五次共 5 次九三学社旅大（大连）分社委员会会议。

九三学社大连市委建立后，以经济建设为中心，积极参政议政。通过举办社员人大代表、政协委员座谈会、中青年社会座谈会等，鼓励和激励社员积极参政，先后有几十名社员被各级政协委员授予优秀提案者。1982 年，九三学社大连分社响应中共中央和九三学社中央“面向社会、面向生产、面向经济建设”的号召，以部分离退休老社员为骨干，成立九三大连科技咨询服务部，开办了财会、计算机、外语、园林等培训班，承担了有关科技、建筑设计及咨询服务等项目。还组织财会、医疗卫生等专业讲学团赴各县区义务讲学 40 余次，培训 7500 多人。为促进祖国和平统一和大连改革开放，1980 年第四届分社委员会成立了联络工作委员会，开展港、澳、台及海外侨胞的“三胞”联络。

八、中国台湾同盟大连委员会

1949 年 9 月 17 日，台盟旅大支部筹委会通过宣言。1950 年 4 月 2 日，台盟旅大特别支部成立。这是大连地区成立的第一个民主党派地方组织，成立初期有盟员 28 人，1985 年有盟员 65 人。

20 世纪 50 年代，台盟旅大特别支部成员积极参加抗美援朝、“三反”、“五反”运动及开展纪念台湾人民“二二八”起义，声援台湾人民的反帝爱国民主斗争等对台宣传工作。“文化大革命”开始后停止活动，1978 年 9 月恢复活动。中共十一届三中全会以后，台盟大连特别支部积极配合中共大连市委、大连市人民政府，对盟员和台胞在“文化大革命”中的冤假错案进行平反，并联系有关部门帮助解决盟员和台胞的生活、工作、入党、参军以及子女升学、就业等问题。

台盟大连市委为促进祖国和平统一大业，积极履行政治协商、民主监督、参政议政的职责。宣传“一国两制”构想，开展反“台独”、反分裂斗争；促进大连、台湾两地经济、文化等各项交流与合作，增进两岸同胞的相互了解；为到大连探亲、旅游、投资经商的台胞穿针引线，排忧解难。

第二节　工商业联合会

1945 年 11 月大连市政府成立后，即着手清理日本殖民统治当局遗留下来的旧商会组织，将旧商会一律解散，代表工商业利益的新商会组织随之建立。1945 年 12 月至 1946 年 6 月，大连市内先后成立大连市总商会、大连市商民建国联合会、大连市工业总会 3 个非统一商会组织。而后，大连市总商会先与大连市商民建国联合会合并成立大连市商会，之后大连市商会又与大连市工业总会合并，完成了大连商会机构的重组。1952 年 12 月，旅大市工商业联合会成立。大连市的商会组织历经了非统一商会到统一商会的根本转变，工商联组织不断壮大，在社会主义改造和建设时期发挥了重要作用。“文化大革命”时期，工商联合会组织瘫痪活动停止，直到20世纪80年代初重新组建恢复工作。在改革开放的形势下，工商联组织在队伍建设、搞活经济、外引内联、参政议政等方面发挥了越来越重要的作用。

一、组织沿革

1945年12月13日，大连市总商会成立，会员总数为4474户。总商会基本延续旧商会的格局，会员以工商大户为主。1946年6月，大连市商民建国联合会成立，会员总数为12297户。同年9月7日，大连市工业总会成立，会员总数为2118户。商民建国联合会和工业总会中已有地方公营企业入会并参与领导。1948年1月28日，大连市总商会与大连市商民建国联合会合并，正式成立大连市商会。

中华人民共和国成立后，大连市商会与大连市工业总会合并，于1951年7月26日成立大连市工商业联合会。至此，市内工业与商业群众团体逐步由分散趋于统一。1952年12月13日，旅大市工商界召开第一次会员代表大会，成立旅大市工商业联合会。这是大连历史上第一个统一的新型商会组织。

自1952年12月到1966年5月，市工商联共召开7届会员代表大会。“文化大革命”期间，工商联组织陷入瘫痪。直至1982年11月，大连市工商联第八次会员代表大会召开，停止工作15年的大连市工商联组织才又恢复活动。到1985年，大连市全市范围内陆续建立了工商联组织。

二、组织活动

大连光复后成立的大连市各商会组织，在大连光复初期为恢复经济与发展生产做了诸多有益工作。

1945年末至1947年末，大连市因国民党军队的海陆封锁，粮食、燃料等民需物品严重短缺，尤以粮食为甚。市政府指令商会组织私营粮商、代理店等积极采购粮食，协同政府取缔黑市活动，配合政府整顿市场，同时为扶持私营工业恢复生产，支持政府发行并认购爱国建设公债。

大连市商会成立后，对市区私营工商业实行了集中统一领导。主要是辅导私营工商业经营，协助政府对私营企业进行合理调整，开展募捐赈灾、识字运动、认购爱国公债等社会公益活动。1951年初，全市私营工厂由大连光复初期的400多户发展到2832户，私营商业（不含小商小贩）由3000余户发展到4417户。大连市工商业联合会成立后，在支援抗美援朝，开展以反对行贿、反对偷税漏税、反对盗窃国家财产、反对偷工减料、反对盗窃国家经济情报为内容的“五反”运动中，发挥了至关重要作用，基本上查清了全市私营工商业守法违法情况。

从1952年12月13日旅大市工商业联合会第一次会员代表大会召开，到1966年5月16日旅大市工商业联合会第七次会员代表大会召开，历时15年。其间，中国正处在社会主义革命和社会主义建设的高潮时期，国家政治、经济、社会生活都发生了巨大变化，在社会急剧变革的形势下，工商联组织应时势变化在不同时期发挥了自身的职能作用。其间，工商联合会协助政府完成了对私营企业的合理调整，完成了全行业公私合营和合作化，到1956年，全市资本主义工商业、个体手工业、小商小贩顺利实现全行业公私合营和合作化；支持政府发行并认购建设公债；开展拥军优属和生活互助等公益活动；兴办教育和参加扫盲运动；开展反右斗争等。

“文化大革命”期间，大连市工商业联合会组织陷入瘫痪。1982年11月1日，大连市工商业联合会第八次会员代表大会召开，中断了15年的大连市工商联组织正式恢复活动。市工商联合会恢复活动后，协助中共地方组织和政府落实原工商业者和知识分子各项政策，纠正错划的“右派”；调整组织机构，吸收新会员；开展经济技术咨询服务，1982—1984年，先后为县（市）区50多个中小企业和乡镇企业提供技术咨询服务项目98个。

三、会员代表大会

自1952年旅大市工商业联合会成立，到1985年，大连市工商业联合会共召开8次会员代表大会。

大连市工商业联合会历次代表大会基本情况表

表2-5

会　　别	召开时间	代表（人）	主任委员
旅大市工商业联合会第一次会员代表大会	1952年12月13—14日	320	姜培禄
旅大市工商业联合会第二次会员代表大会	1955年4月24日	320	姜培禄
旅大市工商业联合会第三次会员代表大会	1957年4月1—4日	328	姜培禄
旅大市工商业联合会第四次会员代表大会	1958年11月10日至12月1日	317	姜培禄
旅大市工商业联合会第五次会员代表大会	1961年11月22—25日	316	姜培禄
旅大市工商业联合会第六次会员代表大会	1964年1月24—29日	295	姜培禄
旅大市工商业联合会第七次会员代表大会	1966年5月16—19日	230	姜培禄
大连市工商业联合会第八次会员代表大会	1982年11月1—5日	323	姜培禄

第六章　群众团体

1945年8月大连光复后，苏军对旅大实行军事管制，中共地方组织尚未公开。在此期间，大连社会科学研究会、大连市总工会筹备会（不久改为大连职工总会）、大连民主青年联合会、大连市各界妇女建国联合会、中苏友好协会等社会团体相继成立，以公开的形式，引导人民群众参加民主建设，同各种反动势力作斗争。大连社会科学研究会从1945年8月成立到11月解体，在短暂时间里，在各种反动势力活动猖獗的复杂历史条件下，鲜明地举起科学社会主义的旗帜，团结教育了一批青年走上革命道路。大连市总工会筹备会于1945年9月2日成立后，号召工人组织成立基层工会，保护工厂，恢复生产。在短短一个月时间里，建立工会369个，有会员12.9万人。所举办的工人训练班，学员大部分成为党、政、群团的骨干。1945年9月成立的大连中苏友好协会，通过出版、发行书刊，放映电影、幻灯片，举行图片展览、报告会、纪念会，开办业余学校等形式，开展多种文化宣传活动。大连市各界妇女建国联合会于1946年3月8日成立后，组织妇女开展生产自救活动，并创办《大连妇女》专刊。大连民主青年联合会1946年8月1日成立后，于1947年召开关东（旅大）地区各界青年代表大会，成立了旅大地区统一的青年组织——关东民主青年联合总会。1949 年 3 月 17 日，中国新民主主义青年团旅大区团筹委会成立。自大连从光复到中华人民共和国成立的特殊解放期内，工会、共青团、妇联等人民团体组织工人、青年、妇女等各界人士开展了“反清算”、劳动竞赛、抗美援朝等运动。

中华人民共和国成立后到 1985 年，大连市除了工会、共青团、妇联三大群众团体之外，还建立起科学技术协会、哲学社会科学界联合会、文学艺术界联合会、归国华侨联合会等群众团体。各人民团体在中国共产党组织领导下，以宪法为根本活动准则，在大连的社会政治生活中继续发挥积极作用，带领人民群众投身到社会主义革命和建设事业中，在工农业生产中建立了许多功勋。

第一节 工 会

1923 年 12 月，大连工人阶级的第一个工会组织——沙河口工场华人工学会成立，从此揭开了大连工会运动历史的序幕。1924 年 12 月，沙河口工场华人工学会更名大连中华工学会。至 1945 年大连光复，大连先后建立起 10 余个行业性的非统一工会组织。这些工会组织在中共大连市委的领导下，很快由最初自发的对日本资本家压迫工人的反抗，变为有组织、有领导的自觉的反帝爱国的革命行动。震惊全国的“四二七”大罢工和大连抗日放火团，成为大连人民同日本殖民统治者残暴统治斗争的一面旗帜。1946 年 12 月，旅大职工第一次代表大会召开后，大连地区第一次建立起统一的工会组织——旅大职工总会。1981 年，旅大职工总会改称大连市总工会。市总工会及所属基层工会在不同历史时期开展了反帝爱国、反满抗日、社会主义建设等运动，发挥了维护、建设、教育、参与社会活动等作用。中共十一届三中全会之后，大连市总工会组织迅速发展。1985 年会员首次突破百万人大关。到 1985 年，大连市工会共召开 10 次代表大会。

一、组织沿革

1923 年 12 月 2 日，满铁大连沙河口工场华人工学会成立（1924 年 12 月改称大连中华工学会，1925 年 2 月又改称南满铁路大连工会，史上“大连中华工学会”之称最具影响，多以之称）。这是大连历史上第一个中国人的工会组织。1924 年 4 月 28 日，大连中华印刷职工联合会成立。中华工学会和中华印刷职工联合会是大连也是东北地区最早建立地方工会组织，还是大革命时期最有影响的工会组织。五卅惨案发生后，大连中华工学会创始人、中华青年会会长傅立鱼组织召开中华团体有志联合会，成立大连沪案后援会，举行数千人参加的五卅殉难烈士追悼会，募捐万余元，并发动大连的工人罢工、学生罢课，声援上海工人阶级的爱国反帝斗争。在五卅运动中，大连的工会组织力量迅速壮大，为中共东北地方党组织的建立和发展奠定了群众基础。当时的日本殖民统治当局认为，中国共产党在东北的萌芽是从大连中华工学会开始的。大连的工人运动是在中共大连地方组织的领导下成长起来的。五卅运动后，中国共产党把具有职业组合性质的团体——大连电铁中华青年团改造成地方行业工会组织，并在具有进步思想倾向的店员中积极培养发展党团员，于 1926 年 4 月 15 日成立了大连店员协会。之后，全国海员总工会大连办事处、大连油坊工会、大连市工会联合会、大连铁路赤色职工会等相继成立。以大连中华工学会、大连中华印刷职工联合会、大连电铁中华青年团、店员协会为骨干的大连工会组织，在中国共产党的领导下，举行数百次罢工，与日本殖民统治者展开了不屈不挠的反帝革命斗争。20世纪40年代初，大连工会遭到日本殖民统治者的扼杀，最后无一幸存。

1945年8月日本投降后，大连人民从日本殖民统治下解放出来。具有光荣革命传统的大连工人立即开始组织工会活动。原中华工学会发起人之一的唐韵超等建立了大连总工会筹备会（11月1日更名为大连职工总会），旅顺市职工会、金县职工会等相继建立。1946年12月1日，召开旅大职工第一次代表大会，正式建立旅大职工总会，实现了大连地区工会组织的统一。其间，以工人为主体的20多万名日侨，经大连市政府登记备案后，于1946年1月20日成立了大连日本劳动组合，直至大连日侨大批回国组织解体。

旅大职工总会成立后，由于行政区划变化等原因而几易其称。1947年7月1日更名为关东职工总会。1949年5月1日，恢复旅大职工总会原称，同年10月30日更名为旅大总工会。1950年12月29日，更名为旅大市总工会。1953年10月20日，更名旅大市工会联合会。1959年3月13日恢复旅大市总工会。“文化大革命”开始后，旅大市总工会停止工作，1968年9月为旅大市工代会所取代。1973年6月16日，旅大市总工会重新恢复名称。1981年3月5日，旅大市总工会更名为大连市总工会。

旅大职工总会成立时，所属基层工会有214个。中华人民共和国成立后，工会组织发展迅速。1950年，全市基层工会发展到433个，1961年增至942个。“文化大革命”期间，大连工会组织瘫痪，工会队伍解体。

中共十一届三中全会后，大连的基层工会组织得到飞速发展。1979年达到1987个，1982年达到2294个。这一时期，新型工会组织开始建立。1984年8月13日，大连市第一家“三资”企业工会——大连联达船舶供应有限公司工会委员会成立。同年11月8日，全市第一个街道工会组织——天津街街道工会委员会成立。同年11月28日，金州钻机厂民主选举产生了厂工会委员会，为大连市第一家乡镇企业工会。全市党政机关工会发展也于20世纪80年代中期出现高潮，市委、市政府机关70%的单位相继建立了工会组织。截至1985年末，全市产业工会、区（市、县）工会、直属事业单位工会等基层工会组织已达2457个。

1923年末，全市工会干部只有十多名（兼职），会员300多名。第一次国内革命战争时期，大连工会队伍最兴盛时有近百名干部（兼职），5000余名会员。大革命失败后，工会队伍几乎损失殆尽。第二次国内革命战争初期，大连工会队伍恢复到1923年末的状况。20世纪30年代中期，由于日本殖民统治当局的血腥镇压和中共党内王明“左”倾路线的影响，大连的工会队伍又一次全部损失。1945年大连光复后，工会队伍从小到大迅速发展起来。1946年12月，旅大职工总会成立时，有工会干部778人，会员62526人。中华人民共和国成立时，工会干部达到千人，会员近9万人。1964年，全市有工会专职干部1092人，会员30多万人。1978年中共十一届三中全会和中国工会十大之后，大连市工会队伍建设快速推进。1979年全市职工总数69.6万人，其中工会会员63.1万人，工会会员占职工总数的91%。到1985年，全市职工总数106.65万人，其中工会会员100.09万人，占94%。

二、工会运动

1894年中日甲午战争之后，大连开始遭受俄、日殖民统治几近半个世纪，而伴随着旅顺港、大连港及近代城市的建设和工业的发展，大连开始诞生现代产业工人阶级。大连工会即是大连现代产业工人队伍发展到一定历史阶段的产物。以大连中华工学会、大连中华印刷职工联合会等为骨干的大连工会组织自成立后，在中共大连市地方组织领导下，开展罢工数百次，进行反帝革命斗争。

大革命时期，大连工会因劳动争议而领导工人罢工几十起，其中规模和影响较大的十几起，尤以大连“福纺”纱厂“四二七”大罢工的规模最大、影响最大。“福纺”纱厂是1925年由日本纺绩株式会社投资兴办的企业，招收华工700余名，其中女工和童工占94%。纱厂生产条件恶劣，厂房阴暗，空气潮湿，尘土棉絮飞扬，工人日工作十几小时，而且经常遭受工头的侮辱打骂。饱受压迫的工人们对日本统治者充满了反抗的怒火。1925年3月1日，“福纺”纱厂日本工头无故杀害中国工人李吉祥。为此，“福纺”纱厂358名中国工人在大连中华工学会发起人之一侯立鉴的领导下举行罢工抗议，提出严惩杀人凶手，抚恤李吉祥家属，为李吉祥出大殡3项条件。4月14日斗争获胜，工人复工。这场殡葬活动，实际上是一次声势浩大的抗议日本帝国主义罪行的示威游行，也是不久之后发生的“四二七”大罢工的前奏。

1926年4月，日本殖民统治当局宣布金票（日币）涨价，每元金票换1.2元小洋（奉票）。4月25日，厂方开饷用小洋发给工人，却按金票扣工人饭费。这种赤裸裸的盘剥，激起了全厂中国工人的愤怒。经中共地委书记杨志云和中华工学会领导人傅景阳、唐宏经等研究，决定发起一场反奴役、争自由、争人权的大罢工。中共大连地委派工运部部长、大连中华工学会委员长傅景阳出面领导罢工，成立了罢工委员会。4月27日，千余名中国工人开始举行罢工。次日，大连中华工学会草拟了《“福纺”纱厂一千二百名工友泣告各界同胞书》，宣传单发送到市内各报社和工厂。月末，傅景阳在泰华楼饭店举行记者招待会，揭露日本资本家压迫、剥削工人的真相及破坏罢工的阴谋活动。6月24日，大连中华工学会召开声援“福纺”纱厂工人罢工大会，全市13家工厂近3000名工人和纱厂附近的许多农民参加了大会。会后举行了声势浩大的示威游行。次日，日本殖民统治当局逮捕了傅景阳等19名罢工领导者和骨干分子。这一行径激起了大连各界人民的愤怒，大连工人与进步人士发起“救出同志运动”，并派人到上海、广州、武汉等地求援。在斗争的紧急关头，中共北方区委负责人李大钊先后派张炽、邓鹤皋、尹才一等人到大连加强对罢工的领导。7月，上海总工会、天津总工会、全国铁路总工会、中华全国总工会、香港金属业总工会等纷纷来电声援“福纺”纱厂工人罢工。中华全国总工会还向日本政府发出“抑制日货”的严正警告。南方国民政府拨款2500元救助罢工工人。罢工持续3个多月，最后日方基本答应了罢工工人提出的条件。8月4日，坚持了100天的大罢工遂告结束。这次罢工，被新闻界称为“惊天动地之一场大风潮”，成为东北工人运动史上规模和影响最大的一次罢工。

大革命时期的大连工人运动为后来的中共东北地方党组织和工会组织培养了一批领袖人物。如大连中华工学会副委员长唐韵超1928年在莫斯科召开的中国共产党第六次全国代表大会上当选为中央候补委员，满洲省委六大代表团5人中有4人是大连工会骨干。大连中华工学会宣传教育部部长王立功1929年担任中共满洲省委书记。

大革命失败后，大连工会组织同中共大连地方党组织一起遭到严重破坏，无一幸存。1929年11月，大连码头工人建立了码头工人工会；1930年11月，成立了大连油坊工会和大连市工会联合会。1931年5月，大连油坊工会和大连市工会联合会在中共大连市委的领导下，举行“五一”国际劳动节纪念活动，号召大连工人团结起来，反对日本帝国主义压迫。第二次国内革命战争时期，大连的工会组织再次受到日本殖民统治当局的野蛮摧残，工人运动处于低潮。

1945年大连光复后，9月2日大连市总工会筹备会成立，大连工会运动又蓬勃开展起来。1945年9—12月，大连工会发动工人开展了“反奸清算”斗争，向日本资本家和包工头索赔战争特别津贴费及退职金、保险金、储蓄金、欠金等，索款1.2亿元（苏币），解决了十余万失业工人的生活困难。1947年下半年，大连工会发动职工开展“创模”（树立模范会员）运动，大连船渠（大连造船厂前身）、中长铁路大连工厂（大连机车车辆工厂前身）等企业职工提合理化建议300余条，创造价值8000多万元（苏币）。

三、职工代表大会

自1946年大连市统一工会组织旅大职工总会成立开始，到1985年，大连工会共召开10次代表大会。其中，1968年召开的旅大市革命工人代表大会后被列为市工会第七次代表大会。

四、发挥工会职能

大连工会成立初期，就把维护职工群众的切身利益作为最基本的职能，组织职能主要体现在维权、教育和参与社会活动方面。在维权方面。当发生劳动争议或工人利益受到侵害时，大连中华工学会、大连中华印刷职工联合会等工会组织坚决站在工人一边，利用工会团体的力量，以罢工、怠工斗争为主要手段，坚决维护工人的经济利益和政治权益。大革命时期，大连工会因劳动争议而领导工人罢工几十起，其中规模和影响较大的有十几起，如1925年，满日社印刷所、大连机械制作所（大连重型机器厂前身）因厂方无理开除工人而举行罢工；1926年，“福纺”纱厂（大连纺织厂前身）工人因资本家降低工人工资而举行罢工；1927年，大华窑业会社（大连电瓷厂前身）工人因厂方裁减工人而举行罢工，等等。在教育方面。大连中华工学会以组织夜校，提高工人文化、技术水平，启发大连工人提高阶级觉悟，推动大连工会运动第一个高潮的形成，为中共大连地方党组织的建立和发展奠定了群众基础。在参与社会活动方面。1924年8月，工学会、印刷工会、电铁中华青年团等工会组织，与中华青年会共同发起成立大连中华有志联合会，这是一个具有爱国反帝联合阵线性质的组织。大连工人积极参与了这一组织开展的社会进步活动。1924年9月，举行“九七”国耻纪念大会，号召大连人民不忘《辛丑条约》以来的国耻；1925年3月，召开追悼孙中山先生大会，号召大连人民继承孙中山先生联俄、联共、扶助农工的三大政策；6月成立大连沪案后援团，举行数千人参加的“五卅”殉难烈士追悼会，发动大连的工人罢工、学生罢课，声援上海工人阶级的爱国反帝斗争。

第二次国内革命战争时期至抗日战争时期，大连工会的职能主要是进行“反满抗日”。由于遭到日本殖民当局的疯狂破坏和中共党内“左”倾路线的干扰，工会活动遭受严重挫折和失败，主要领导人被捕或牺牲。

大连光复后，大连工会的职能由被统治阶级对组织的维护，变为领导阶级对全体人民利益和工人群众利益的维护。1945年自9月到年末，大连工会发动工人开展了“反奸清算”斗争；1947年下半年，大连工会发动职工开展了劳动竞赛、提合理化建议活动，并先后成立民生贸易合作社（1946年成立），开办7个工厂、8个商店和1个有4艘机帆船的海上运输队。同时，接管了一批关闭的日资工厂，将其改造成为生产人民生活急需用品的企业。1947年，大连工会拥有民需用品生产企业19家，职工1740余名。为保证特殊历史时期经济建设的正常进行，保卫新生的人民民主政权，旅大职工总会组织了一支5000余人的工人纠察队，使抗战胜利后的大连工厂设备基本上没有遭到破坏。自1946年起到1957年，大连工会多次发动全市职工开展劳动竞赛活动。如恢

大连市历次工会职工代表大会基本情况表

表 2-6 单位：人

会 别	召开时间	代表	代表会员
旅大职工第一次代表大会	1946 年 12 月 1—5 日	390	62526
旅大职工第二次代表大会	1949 年 10 月 30 日至 11 月 1 日	509	87609
旅大市工会第三次代表大会	1952 年 8 月 27—29 日	434	140000
旅大市总工会第四次代表大会	1955 年 12 月 12—17 日	285	220572
旅大市总工会第五次代表大会	1957 年 11 月 5—9 日	301	239194
旅大市总工会第六次代表大会	1961 年 10 月 30 日至 11 月 3 日	401	353243
大市革命工人代表大会（旅大市总工会第七次代表大会）	1968 年 9 月 8—16 日	1239	—
旅大市总工会第八次代表大会	1973 年 6 月 16—18 日	12151	500000
旅大市总工会第九次代表大会	1979 年 4 月 25—27 日	1300	631292
大连市工会第十次代表大会	1984 年 6 月 12—14 日	1012	940000

复和发展生产运动、创造生产新纪录运动、支援前线劳动竞赛、抗美援朝爱国主义劳动竞赛、以生产革新与合理化建议为主要内容的劳动竞赛、以先进生产者运动为中心内容的增产节约劳动竞赛等。

1973 年 6 月，旅大市总工会恢复组织后，大连一些基层工会相继恢复劳动竞赛活动。如工业学大庆劳动竞赛，以自选技术或管理关键项目攻关等为内容的竞赛，以保质量、保安全、保工期，工程质量好、任务完成好、配合协作好、安全生产文明施工好、服务作风和物资供应好的“三保五好”竞赛等。开展职工教育文体活动。如开展识字活动，开办文艺训练班、剧团、文工团，开展职工体育活动等。到 1985 年初，大连市有体育协会 247 个，专职体育干部 128 人，兼职体育干部 1956 人。当年全市坚持经常参加体育锻炼的职工发展到近 50 万人。在职工生活保障方面，大连工会采取互助储金会、生活互助队（组）等互助互济的方式，帮助困难职工战胜生活中遇到的困难；发展集体福利事业，如建职工住宅、办托儿所和食堂以及职工疗（休）养院（医院），不断改善和提高职工的生活水平，管理全市劳动保险业务。如开展对女职工“四期”(经、孕、产、哺乳期)的保护，维护女职工的合法权益。

第二节 共青团

1919 年在五四运动影响下，大连一批具有民主革命意识的青年知识分子开始积极传播新文化、新思想。1920 年大连中华青年会成立，这是大连在日本殖民统治时期最早建立的爱国进步青年社会教育团体。1924 年中国社会主义青年团大连支部成立，它的成立，促进了大连工人运动的发展，为大连工运组织、党组织的建立奠定了组织基础。

大连的团组织作为中共大连地方组织的有力支持，在日本殖民统治时期，先后成立了中华增智学校、中华三一学校等爱国团体，开展了广泛的抗日宣传教育活动。1949 年 7 月 1 日，关东青年联合总会在原有组织的基础上，成立中国新民主主义青年团旅大区委员会（后称旅大市委员会）。中华人民共和国成立后，在 20 世纪 70—80 年代，团组织在广大青年群众中组织开展了“争当新长征突击手”“双增双节”等竞赛活动，组织开展了参政议政、献计献策活动，组织开展了爱国主义教育以及文化、教育、体育等各项活动。至 1985 年，大连青年团组织共召开 10 次代表大会。

一、组织沿革

1920 年 7 月 1 日，大连中华青年会成立，追随孙中山革命的爱国知识分子傅立鱼当选会长。1924 年 4 月，大连第一个团组织——中国社会主义青年团大连小组成立。同年 6 月，改建为中国社会主义青年团大连支部。1925 年 1 月和 2 月，又先后更名为中国社会主义青年团大连特别支部、中国共产主义青年团大连特别支部。此后，大连的团组织几易其名。1926 年 2 月，更名为中国共产主义青年团大连地方委员会；1927 年 6 月，更名为中国共产主义青年团大连市委员会；1928 年 1 月，更名为中国共产主义青年团关东县委员会；1929 年 10 月更名为中国共产主义青年团旅大特别支部。后因支部负责人调离大连，团组织失去作用，直至 1932 年 10 月，中国共产主义青年团旅大特别支部再次成立。1933 年 10 月团组织遭到破坏。

1945 年大连光复后，1946 年 8 月 1 日大连市民主青年联合会成立。1949 年 7 月，中国新民主主义青年团旅大区委员会成立。

中华人民共和国成立后，1950 年 10 月更名为中国新民主主义青年团旅大市委员会，1957 年 5 月更名为中国共产主义青年团旅大市委员会。1967 年 3 月起，受“文化大革命”影响，团市委停止工作，全市团组织处于瘫痪状态。到 1973 年初，全市 89.4% 的团支部、60.8% 的基层团委、90% 的县区团委才又重新建立，98% 的团员恢复了组织生活。1981 年 3 月 5 日，中国共产主义青年团旅大市委员会更名为中国共产主义青年团大连市委员会。

青年团组织诞生后在 60 余年中队伍不断壮大。1926 年大连共有团员 43 人。1949 年 1 月，中共中央发出建立新民主主义青年团的决议后，基于旅大特殊解放区的实际，中共旅大地委顾及国民党政府与苏联的外交关系和苏联驻军旅大的特殊情况，在团的组织形式上仍保留了“青年联合会”的名义，实际上按《中国新民主主义青年团团章》来开展建团工作，并且有计划、有重点地吸收团员。到 1949 年 6 月末，旅大区 19.6 万青年中已有 4000 多人加入团组织。中华人民共和国成立后团组织建设更加强化。1952 年 10 月，全市有团支部 2019 个、团小组 6696 个，团员 4.7 万名；有少年儿童队（大队、中队、小队）9928 个，队员 73991 名。1964 年，全市有团支部 8180 个，团员 13.7 万名，有少先队员 28 万名。

中共十一届三中全会以后，共青团组织得到较快发展，团组织在工矿企业、学校、机关团体、商业贸易、农村、街道等各领域广泛建立。各级团组织广泛团结和带领全市广大团员青年积极投身于改革和经济建设事业，充分发挥了党的助手和后备军作用。

二、青少年活动

1919 年 5 月，爱国知识分子、大连中华青年会会长傅立鱼以《泰东日报》编辑长身份在该报刊登文章，介绍十月革命和革命领袖列宁。在十月革命和五四运动影响下，大连青年与工人阶级的罢工斗争接连不断。

1922年初傅立鱼等人开办大中印书馆，印刷发售革命进步书刊，如《共产党宣言》《俄国共产党党纲》《马克思资本论入门》《列宁传》等书籍和《新青年》杂志，马克思主义开始在大连传播。1922年起，大连中华青年会组织发起并连续举办了中国人参加的10届中华陆上运动大会和10届中华水上运动大会。据《泰东日报》记载，1924年第三届大会的参赛华人团体有25个、运动员1100名，被称为“大连破天荒之盛举”。1922年6月14日，爱国教育团体——大连中华增智学校成立。后该校成为中国共产党在大连早期活动的场所之一。同年12月，大连中华三一学校成立，共产党人关向应、赵悟尘等人都曾在此接受革命启蒙教育。

1923年2月，大连中华青年会创办《新文化》月刊，传播新文化、新思想，傅立鱼任杂志社社长，孙中山为创刊号题词“文化宣传”。同年4月，《新文化》更名为《青年翼》。同年末，共产党人李震瀛、邓中夏等来到大连着手组建中国社会主义青年团。此后，大连的青年团组织在中共大连地方组织领导下，展开了反抗日本殖民统治的革命斗争。1933年，中共大连市委书记张洛书被捕后，共青团旅大特别支部遭到破坏，37名党团员被捕，团组织在较长时期内停止活动。

1945年8月15日，日本宣告投降。1946年8月1日，大连市各界青年千余人举行纪念“八一”国际反战日大会。大会发表宣言，号召旅大各界青年团结起来，制止内战，争取独立、和平、民主，建设新旅大。

1949年7月1日，中国新民主主义青年团旅大区委员会成立。中华人民共和国成立后，在国民经济恢复和发展时期，青年团员积极投身经济建设活动中，开展技术革新活动，参加党政、工会领导的创造生产新纪录运动。在抗美援朝运动中，旅大区团委在工厂、企业中广泛开展国际主义和爱国主义教育，并联系工业生产实际，开展“抗美援朝、保家卫国”生产竞赛运动。

1956年1月21日，团市委与卫生局、教育局、农林局联合召开青少年除“四害”动员大会，从1月28日起10天内开展全市性的青少年除“四害”突击活动，并在全市形成了群众性运动。

20世纪60年代，团市委先后发出一系列向先进模范人物学习的决定，其中时间最长、影响最大的是学雷锋活动。1963年3月5日，毛泽东“向雷锋同志学习”的题词发表后，与旅大军分区开展了一系列向雷锋学习的活动。从此，学雷锋活动持续至今。

“文化大革命”时期，团市委停止工作，全市团组织活动处于瘫痪状态。

中共十一届三中全会以后，团组织的活动越来越丰富多彩。如革命传统报告会，五四运动纪念大会，老红军、老模范、老科学家座谈会，“七一”歌咏大会，“八一”篝火晚会，“一二·九”学生运动纪念大会等。中国少年先锋队恢复成立，少先队夏令营重新开营。20世纪80年代，青少年体育活动异常活跃。市少年宫成立了国际象棋队、中国象棋队、围棋队，基层学校也普遍成立棋队或暑期棋室，通过开展快乐棋室活动，举办擂台赛和“三棋”比赛大会等活动，青少年棋类博弈水平不断提高，多次在国家和省级赛事中取得好成绩。

三、青年团代表大会

1949年3月17日，中国新民主主义青年团旅大区团筹备委员会成立，同年7月1日召开第一次代表大会。至1985年，大连青年团组织共召开10次代表大会。

大连市历次青年团代表大会基本情况表

表 2-7　　　　单位：人

会　别	召开时间	正式代表
中国新民主主义青年团旅大区第一次代表大会	1949 年 7 月 1—2 日	276
中国新民主主义青年团旅大市第二次代表大会	1952 年 11 月 28—30 日	704
中国新民主主义青年团旅大市第三次代表大会	1956 年 3 月 16—19 日	518
中国共产主义青年团旅大市第四次代表大会	1959 年 4 月 7—9 日	964
中国共产主义青年团旅大市第五次代表大会	1962 年 2 月 14—18 日	584
中国共产主义青年团旅大市第六次代表大会	1964 年 11 月 27 日至 12 月 3 日	704
中国共产主义青年团旅大市第七次代表大会	1973 年 4 月 1—4 日	760
中国共产主义青年团旅大市第八次代表大会	1978 年 9 月 6—8 日	800
中国共产主义青年团旅大市第九次代表大会	1981 年 11 月 24—27 日	521
中国共产主义青年团旅大市第十次代表大会	1984 年 12 月 18—20 日	577

第三节　妇女联合会

1945 年 11 月大连市民主政府成立后，在《大连市政府施政纲要》中提出“男女一律以平等地位参加社会各种事业”，这是大连地区妇女破天荒获得政治上平等的权利。1946 年 3 月 8 日，大连市各界妇女千余人集会，宣告大连市各界妇女建国联合会成立。1947 年 5 月 20 日，旅大市第一届妇女代表大会召开，正式成立关东民主妇女联合总会，这是大连地区历史上第一个统一领导妇女运动的组织，对关东地区所属县（市）妇女联合会实行领导。从此，大连地区获得解放的许多妇女开始摆脱封建思想束缚，走出家门，走向社会，争取婚姻自由，参加识字运动、大生产运动、抗美援朝运动，在社会主义建设活动中成为生产骨干和劳动模范。“文化大革命”开始后，妇女运动遭到破坏，妇联组织随之解体。1973 年，市妇联重新组建。到 1985 年，共召开 8 届妇女代表大会。

一、组织沿革

1946 年 2 月，旅顺市妇女联合会成立。同年 3 月 8 日，大连市各界妇女建国联合会成立。1947 年 5 月 20 日，召开关东地区首次妇女代表大会，正式成立关东民主妇女联合总会，统一领导关东地区所属县（市）妇女联合会。同年 11 月，关东妇联与大连市各界妇女建国联合会合署办公。到 1948 年，全市普遍建立了妇女组织。1949 年 4 月，关东民主妇女联合总会改称旅大民主妇女联合会，1950 年 12 月又改称旅大市民主妇女联合会，1957 年 11 月再改称旅大市妇女联合会。“文化大革命”期间，市妇联组织瘫痪，活动停止，直至 1973 年才重新组建。1981 年 4 月，旅大市妇女联合会改称大连市妇女联合会。

1949 年，大连地区有各类女干部 1062 人，占干部总数的 7.6%；有女中共党员 2634 人，占党员总数的12.4%。1985年，大连市共有各类女干部53737人，占干部总数的33.8%；有女中共党员53448人，占党员总数的18.4%。

二、妇女运动

千百年来大连地区的广大妇女深受封建主义、夫权主义的束缚和压迫，俄、日侵占大连后，又遭受殖民统治者的压迫和剥削，社会地位十分低下。进入20世纪20年代，具有进步思想的妇女革命运动先驱石三一，与其丈夫一起开始在大连地区传播马列主义思想，并创办了大连中华三一学校。中共大连地方组织建立后，一批觉醒的女性开始走上革命道路。1935年，黄南波、高桂芝（又名高洁）在大连领导妇女运动。1936年6月，大连成立了第一个中共女工党支部。在抗日战争中，包玉侠、游文清等妇女参加了大连抗日放火团。

大连光复后，1946年1月30日，吴亚南和周福荣作为女参议员参加了大连市第一届临时参议会，妇女参政以前在大连从未有过。同年，市各界妇女建国联合会开办第一期妇女职业训练班，全市有12万多名妇女参加了识字班学习。

1946年，为粉碎国民党军队对大连的经济封锁，全市有6万余名妇女参加了农村以开荒种地、城市以生产自救为主要内容的生产自救运动。在织渔网、做军鞋、摊煎饼、拾煤渣、糊火柴盒等生产自救活动中，涌现全市第一个女特等劳动模范彭永花、女特等劳动英雄张桂兰。在1947年，为支援东北的解放战争，有3.3万名妇女为中国人民解放军做军鞋236.56万双，2.8万名妇女织渔网4584吨。

中华人民共和国成立后，大连地区许多妇女开始参加工农业生产，学习技术本领，参加识字运动。据1950年末统计，有2.2万多名妇女参加了工业生产，6.5万名妇女参加了农业生产；有8.6万名妇女参加了识字班学习，占全市学龄文盲妇女总数的71.5%。在抗美援朝运动中，全市妇女表现了高度的爱国热情，涌现出许多母亲送子、妻子送郎参加中国人民志愿军的动人场面，有525名妇女直接参加了抗美援朝的运输队、医疗队或军事干部学校，3000多名妇女参加了救护队，近1.9万名妇女制作军服70.2万件，4000多名妇女做军鞋10.2万双。在农业合作化运动中，全市有7.6万名妇女成为农渔业生产合作社社员，涌现出一批生产能手与劳动模范。1955年，全市评选出的农渔业劳动模范中有妇女32人，占劳模总数的

大连市历届妇女代表大会基本情况表

表2-8　　单位：人

会　　别	召开时间	正式代表
关东地区第一届妇女代表大会	1947年5月20—21日	113
旅大市第二届妇女代表大会	1949年6月10—11日	196
旅大市第三届妇女代表大会	1951年7月7—9日	324
旅大市第四届妇女代表大会	1956年5月24—27日	400
旅大市第五届妇女代表大会	1960年2月3—6日	540
旅大市第六届妇女代表大会	1973年6月28日至7月1日	673
旅大市第七届妇女代表大会	1979年4月4—5日	699
大连市第八届妇女代表大会	1983年6月27—29日	500

44%。在社会主义革命和建设事业中，涌现出工人赵桂兰、农民赵景霞等一批时代女性楷模。

改革开放以后，许多妇女大胆创业带头致富，有的致富后又带领群众致富，有的取得重大的科研成果，成为科技领域的拔尖人才。如新金县杨树房镇李桂莲带领当地85名妇女创办了杨树房服装厂，大连造船厂的电焊工、技师郭玲华焊接成品被誉为“像精雕细刻的工艺品”，大连工学院教授侯毓汾在绝缘材料、染料种子方面取得重大科研成果，成为中国著名的女化工专家。

三、妇女代表大会

大连市妇女组织于1946年成立后，自1947年5月20日召开首次妇女代表大会到1985年，共召开8届妇女代表大会。

第四节　科学技术协会

1945年大连光复后，中共大连市委派人先后筹建了辽东技术协会、东北自然科学研究会旅大分会、中华中医学会旅大分会、中国米丘林学会旅大分会等群众团体，并开展学术活动。1953年6月，大连地区统一的科协组织——旅大科学联合会成立后，科协活动更广泛地开展起来，并在学术研究与交流、科学普及、科技咨询各方面有所建树。

一、组织沿革

中华人民共和国成立后，1951年6月19日旅大科学联合会筹备委员会第一次常委会会议决定，成立物理、土木、农学、化学、造船、电机、纺织、机械、数学等10个专门学会。到1953年6月旅大科联成立时，全市已建立学会15个，分科学会20个，吸收会员1600多人。1959年4月市科协成立后，市级学会迅速发展，已有机械、化学、化工、金属、造船、医学、中医、护理、药学、解剖、防痨、微生物、生物、农学、畜牧兽医、水产、土木建筑、电机、电子、计量测试、纺织、数学、地理、物理共24个学会和151个分科学会、学组，拥有会员1.27万人，初步形成学科比较齐全、有广泛群众基础的专门学会体系。“文化大革命”期间，科协组织被解散，学术活动中断。1977年以后，随着市科协组织恢复，学会也迅速恢复。到1985年底，全市已有市级学会76个（包括科普团体），会员3.25万人。

二、学术研究与交流

大连科协组织在中共十一届三中全会以后，广泛开展了学术交流、应用技术研究、管理科学研究及科学考察，并取得许多重要成果。

1956—1962年，市农学会协同市农业科学研究所植物保护工作者共同探寻“夜盗虫”（黏虫）发生规律，其间考察组与中国科学院昆虫研究所等科研所协作，证实旅大地区的黏虫是从海面上由南到北迁飞过来的，根据这个规律提出了每年要事先采取捕蛾、灭卵等具体措施的建议。

1957年4月14日和同年9月13日，市科联先后2次组织微生物学会和地理学会对旅顺蛇岛进行考察，为1982年蛇岛被国家划定为全国自然保护区提供了第一手资料。

1979—1981年，市科协协助热处理学会连续进行离子轰击热处理技术的开发。其中“加套低温离子氮碳共渗新工艺”被辽宁省专家鉴定为“创造性先进工艺”，并在1980年全国热处理经验交流会上被评价为“填补国内空白，达到国际水平”，被交通部和辽宁省授予科技成果一等奖，获国家科技发明二等奖。

1981年8月，市科协组织专家对1981年7月26—28日清晨大连地区所降的一场百年不遇的特大暴雨成因进行现场考察，提出应充分利用灾害提供的资料研究气象演变、洪水泛滥等规律，为大连市的水利、电力、交通、建筑等行业建设提供依据的建议。

1982年，市科协组织有关学会围绕大连引水工程技术进行考察，并提供咨询和技术服务，向市委、市政府提出《关于引水工程管道内防腐的建议报告》，组织专家编制了《Φ900钢管内部防锈、防腐涂层施工工艺及技术》等书，及时解决了技术问题。

改革开放后，市科协组织专家开展调查并提出科技建议的还有能源综合利用、水资源合理开采利用、印染废水治理、城市性质与发展方向、大连发展战略等。在开展国际民间科技交流方面。1980年1月至1985年12月，市科协接待日本、美国、英国、新加坡、芬兰、丹麦、荷兰、新西兰、瑞士等国来宾和港澳台同胞971人，其中科技人员627人；举行学术报告会195场（次），中方参加人数1.06万人次；举行座谈会115场（次），中方参加人数1573人次。

三、科学普及

旅大科普协会在成立初期，多举办以破除迷信为主题的自然科学科普讲座，物理、化学等专业学会主要举办专业知识讲座，用以提升产业工人的素质。1964年，市科协与市农业局共同组织农业科技人员绘制了28幅良种培育、秋季选种、种子管理技术速成识图版，编印了2万多册有关玉米、水稻、花生、高粱、谷子、地瓜等作物的选种小册子和1万多份秋季选种技术资料，从8月初开始在全市农村流动展览了月余时间。同年，市科协与市农业局、供销社、市文化局、团市委等5个单位联合举办了植被保护展览，展时2个月，参观者10多万人。

1977年市科协恢复活动后，市科协组织科技人员在全市机关、企业、学校、驻军的领导干部中全面讲解农业、能源、材料、电子计算机、激光、空间科学技术、高能物理、遗传工程八大学科知识，办讲座51场。1980年举办电工学、小型电子计算机、无线电技术、液压、机械制图设计、统筹法等讲座和学习班59个，培训学员5900多人。从1982年春开始，市科协组织高级农艺师、畜牧师、兽医师、工程师、技术员现场讲解各种农业操作技术130多场，向6.3万人讲解果树栽培、地膜覆盖、白菜干烧心病防治和畜牧、家禽饲养技术；同时开展技术承包，咨询服务，举办为农业、农村和农民服务的“科普集市”。1980年，市科协先后将大连钢厂、大连电机厂、大连油脂总厂、大连市第四建筑公司等200多个单位作为科教电影宣传基地。1984年，市科协组织讲师团深入工厂、农村普及微电脑应用技术。

四、科技咨询

20世纪80年代，市科协开始进行科技咨询活动，学会内部设立33个科技服务小组，吸收200多名科技人员参加。先后为大连显像管厂煤气发生炉修复验算、无线电厂换间器加工、仪表厂铜焊等30多个单位的咨询项目提供了37项技术服务。1981年6月4日，市科协成立科技服务部（1985年2月更名大连市科学技术咨询服务中心）组成18个专业大组和52个专业小组，自9月至年末，开展活动12次，研讨课题32个，签订合同6份。

1981—1985年，市科协科技咨询服务中心所属的科技咨询机构完成科技咨询项目7936项，合同金额2817.2万元。市科学技术咨询服务中心的科技咨询服务首先面向中小企业，至1985年末，完成科技咨询合同8100多项，其中半数以上是与小企业签订的；其次为发展农村经济服务，为20多个乡、镇的300多项技术提供咨询服务。市县科协咨询服务有针对性地举办技术经济信息发布会，向农村发布信息500条。为省内外老、少、边、贫地区提供咨询服务1500项，约占全部咨询合同的五分之一，发挥了其技术辐射作用。

第五节　哲学社会科学界联合会

1978年2月，旅大市哲学社会科学界联合会(简称社科联)成立。市社科联作为中国共产党和人民政府联系社会科学工作者的桥梁和纽带，担负着联系和团结全市高校、党校、军校、社科团体和研究部门及党政群机关的社会科学工作，自成立后，主要组织开展了社会科学理论研究、理论宣传、学术交流、科学普及、社科成果评奖和团体管理等项工作。

一、组织沿革

自1919年五四运动后，大连人民受到马克思主义理论以及新文化、新思想的启蒙，获得了寻求自身解放的精神武器。1923年，大连中华青年会创办《新文化》月刊，翌年易名《青年翼》，该刊先后刊载了李大钊、恽代英撰写的有关启迪民意、宣扬科学的文章。此后，中华增智学校、觉民学校以及中华工学会、文化协会、益友社等教育机构和团体相继成立。1945年大连光复后，一些接触过马克思主义的有志青年自发组织起大连社会科学研究会，为群众性社会团体。这个研究会以讲习班形式公开宣传科学社会主义、宣传中国共产党的主张，学习马克思、列宁和毛泽东著作，进行思想启蒙教育。1946年，大众书店率先成立，随后大连光华书店、大连友谊书店、旅顺民众书店相继成立，后合并为旅大新华书店。旅大新华书店成为传播马克思主义理论的重要阵地，它先后出版发行了毛泽东的《论联合政府》《新民主主义论》，朱德的《论解放区战场》，刘少奇的《论党》以及艾思奇的《大众哲学》等革命理论书刊，并在1946年8月编辑出版了《毛泽东选集》精装合订本。

1949—1966年，大连地区哲学、经济学、科学社会主义和党史党建4个社会科学学术团体相继成立。这些学会举办了一系列专题研讨会，对社会主义建设中的重大理论和实践问题进行探索。“文化大革命”期间，社会科学学术团体自然解体。直至1978年2月，中共旅大市委批准成立旅大市哲学社会科学学会联合会(简称社科联)。

二、组织活动

市社科联成立后，于1979年1月10日创办《学习与研究》，作为社会科学学术交流、信息传播的重要载体。在理论研讨上，重点是发挥联系高校、党校、军校、社科团体和研究部门、党政群机关的力量，把研究大连的改革开放和社会主义制度现代化建设中的重大理论问题和现实问题作为主攻方向。1981年举办的影响较大的报告有日本神奈川大学讲师中田信哉到大连所作的日本商品价格与流通费用关系的报告，中央党校党史教研室主任廖盖隆和中国人民大学党史教研室主任胡华分别所作的《关于毛泽东思想和纪念建党60周年》《掀起学习和研究党史高潮》的报告，美国麻省理工学院的经济学教授埃夫赛·达维德·多玛所作的题为《市场与计划》的学术报告，美国加利福尼亚大学的苏联问题研究专家格雷戈里·格罗斯曼教授所作的题为《关于苏联经济和苏共二十六大》的学术报告。1983年，举行了纪念马克思逝世100周年学术报告会、纪念毛泽东诞辰90周年学术报告会。1984年，美国宾夕法尼亚大学经济系教授赫伯特·列文为大连市社会工作者作《关于苏联经济改革问题》的学术报告。1985年，讨论了关于社会主义时期的阶级斗争，当前中国社会的主要矛盾，群众、阶级、政党和领袖的关系，社会主义生产目的理论问题；召开了社会主义改造若干理论、经济社会发展战略、《宪法修改草案》、“两个文明”建设座谈会。举办学术报告会，邀请国内外著名的社会科学专家到大连作学术报告和讲座。

1983年2月，大连市第一届社会科学优秀学术成果表彰大会召开，会上确定每5年对社科优秀学术成果表彰一次。

第六节　文学艺术界联合会

1949年1月，关东文艺工作者协会成立。这是大连地区最早成立的文学艺术组织。中华人民共和国成立后，旅大文艺工作团、旅大京剧团、旅大杂技团、旅大歌舞团、旅大话剧团、旅大曲艺团、旅大吕剧团等专业艺术团体相继成立。“文化大革命”期间，市文联活动中断。1978年4月恢复组织和活动。

一、组织沿革

大连最早的文化团体出现在五四运动以后。1920年，大连中华青年会成立，这是大连第一个公开的爱国进步文化团体。此后，大连中华工学会、大连中华印刷职工联合会、大连店员协会先后成立，成为大连文化运动的先驱。抗日战争胜利后，1946年2月，大连市学术界、新闻界、文艺界、出版界进步人士联合成立了大连市文化界民主建设促进会。1947年6月，关东文化协会成立；1949年1月，关东文艺工作者协会成立，同年4月更名旅大文艺工作者协会。这些文化社团团结大连的广大文艺工作者组成了一支支活跃的文艺队伍。其中有1946年6月成立的大连职工总会文工团，同年8月成立的金县文工团。1949年11月，原旅大文工团、职工文工团、旅顺文工团、金县文工团、大连县文工团合并成立旅大文艺工作团（后改称旅大文工团）。1951年4月，旅大市文艺工作者协会更名旅大市文学艺术界联合会。同年12月，旅大文教局实验京剧团（后更名旅大京剧团）成立；1952年2月，旅大京剧团成立，同年8月，旅大杂技团成立。至20世纪60年代，大连地区已有专业艺术团体12个。“文化大革命”期间，市文联被解散。

1978年4月，市文联正式恢复工作。1980年6月，市第三届文代会召开，正式成立了文学、戏剧、音乐、舞蹈、美术、摄影、电影、电视、曲艺、书法、民间文学11个协会。至20世纪80年代初，全市已有专业艺术团体12个。后随大连市行政区划变化，旅大市文学艺术界联合会改称大连市文学艺术界联合会。

二、组织活动

1945年大连光复后，旅顺、大连、金县的文工团先后排演了《白毛女》《钢骨铁筋》《气壮山河》《李闯王》《升官图》《俄罗斯问题》《钢铁是怎样炼成的》等一批新剧目，用以宣传民众参加革命斗争。1947年10月，第一个京剧团体新声剧团建立，先后排演了阿英编写的《洪宣娇》、李一氓编写的《九宫山》、罗烽创作的《满江红》、根据郭沫若同名话剧改编的《孔雀胆》《棠棣之花》以及《九件衣》等，从京剧艺术的内容到形式都进行了创新尝试，受到观众欢迎。

1951年4月，旅大市文学艺术界联合会成立后，连续举办了11届群众艺术活动周，并举办各种形式的文艺会演，群众性的文艺创作和演出活动十分活跃，大连成为有名的“歌舞之乡”。金县的歌舞、音乐创作，瓦房店市的二人转和拉场戏，旅顺的话剧和歌舞，西岗区的曲艺，大连海港、大连电业、大连造船厂的京剧和话剧，以及工人美术、摄影、歌咏、器乐等活动长盛不衰，涌现出一批有影响的好作品。旅大歌舞团的舞蹈《花鼓舞》《养猪姑娘》，歌曲《摇篮曲》《俺是公社饲养员》，器乐曲《江河水》《百鸟迎春》《渔家组曲》等，在国内外产生较大影响。旅大话剧团创作演出了《人往高处走》《红旗》《曙光照耀莫斯科》等一大批包括中外名著的剧目。旅大京剧团除上演传统剧目外，还创作演出了《甘宁百骑劫魏营》《安业民》等新编剧目。旅大评剧团创作演出了《夫妻合作》《江姐》等剧目，受到观众欢迎。1957年，旅大歌舞团的《花鼓舞》参加第六届世界青年联欢节，获舞蹈比赛金质奖章。1980年6月，市第三届文代会召开后，正式成立了作家、戏剧家、音乐家、舞蹈家、美术家、摄影家、电影家、电视艺术家、曲艺家、书法家、民间文艺家协会11个。

文博及报刊图书、出版发行、电影发行业迅速发展。1951年，政府正式接管旅顺博物馆；1954年1月，旅大文联主办的《旅大文艺》（后改名《海燕》）创刊，成为发表文艺作品和文艺评论的重要园地；1981年，市文物管理委员会成立。

专业艺术人才。1972年大连艺术学校建立，学校设有京剧、杂技、音乐、舞蹈、话剧等专业，培养出杨赤、王玉兰等优秀青年艺术家。1983年后，大连市艺术研究所、戏剧创作室和市文联理论研究室相继成立，大连市开始建立艺术科研、艺术评论专业队伍。1983年和1985年，大连市政府相继举办第一届、第二届大连艺术节，共推出23台本地创作的新剧（节）目。大连话剧团排演的《仲夏的早晨》、日本话剧《饥饿海峡》等剧目多次获得省和国家级奖励。

第七章 政 法

大连地区自有建制设立官衙实施统治时，审判活动即告开始。清代之前，地方政权未建立独立的审判机构，审判事务由行政官员兼理。清代末年，清政府在大连地区先后设四衙门，即金州副都统（又称“旗衙门”）、金州厅海防同知（又称“民衙门”）、复州知州、庄河直隶厅。金州副都统衙门和金州厅海防同知衙门为大连地区最早设置的执行警察职能的机构。中华民国时期的大连地区，旅顺、大连、金州在沙俄和日本殖民统治之下，复县和庄河隶属中华民国统辖。1913年，复县知州衙门改为县知事公署，庄河直隶厅改厅置县，其下均设司法科，由县知事兼理审判事务，司法科长为承审员。1917年，复县设地方审判厅，始有专门审判机构，行政权、审判权从此分立。俄、日殖民统治大连期间，统治当局建立了警察、监狱等殖民统治机构。

1945年8月15日日本宣布投降，8月22日苏军进驻旅大后，根据《中苏友好同盟条约》及其附件《关于大连之协定》《关于旅顺口之协定》《关于中国长春铁路之协定》，苏军对旅大地区实行军事管制。此时日本警、宪、特残余分子，伪商会、伪区长等汉奸，以及企图接收旅大的国民党政府派遣人员等，各种反共势力活动十分猖獗。随同苏军进驻并配合接收旅大的东北抗日联军成员捷足先登，人民民主政权的司法机关迅速建立起来。1945 年 11 月 7 日，也即大连市政府成立之前一天，大连市警察总局成立（11 月 25 日改称大连市公安总局），到 11 月下旬，全市 9 个县（市）区都建立起人民公安机关。1946 年 1 月 30 日，大连市最高权力机构——大连市临时参议会成立，决定建立大连地方法院，法院内设检察庭。

大连光复之初，面临十分复杂的局势，各种政治力量纷纷登场。名义上隶属于大连市政府领导、实际上是中共大连市委和东北抗日联军辽东军区直接领导的公安总局（中共大连市委员会对外称大连市公安总局训练处），与大连地方法院密切配合，先后破获了国民党“东北海军陆战队”、妄图组织暴动的国民党地下武装——国民党东北行营、辽宁先遣军第四独立团（又称“暴力团”）等反革命案件，先后镇压了反革命“暴力团”分子随云尌，依法公审了大连伪商会会长、大汉奸张本政等一批汉奸特务案，捍卫了新生的人民民主政权。

中华人民共和国成立后，检察机关从人民法院中独立出来。1950 年 10 月 14 日，旅大人民检察署成立，同年 12 月，改称旅大市人民检察署。1955 年，旅大市司法局成立，两年后复又撤销，业务重归人民法院管理。1967 年，检察机关被正式撤销。1978 年中共十一届三中全会后，旅大市人民检察院恢复建立，1980 年旅大市司法局重新建立。

中华人民共和国成立之初，旅大市公安、检察、审判机关在 1951 年和 1955 年两次镇压反革命（简称“镇反”）运动中，逮捕并惩处了一大批土匪、特务、汉奸、恶霸、反动会道门头子和其他反革命分子，大汉奸张本政、反革命分子迟子祥等 99 名罪犯被判处死刑。两次“镇反”全市共判处反革命罪犯 4319 名，其中死刑 762 名。1959 年，受“反右倾”斗争严重扩大化影响，公安、检察、法院机关依法办案受到严重干扰。中共十一届三中全会以后，检察、审判机关对“文化大革命”期间判处的反革命案件进行了平反纠正。这个时期的经济案件和刑事案件大量增加，公安、检察、法院、司法各机关共同开展了打击经济领域违法犯罪活动和严厉打击严重刑事犯罪等活动。

第一节 公 安

清道光二十三年（1843），清廷鉴于鸦片战争后帝国主义对辽东半岛的侵略威胁，裁宁海县（今金县）置金州厅，将熊岳副都统衙门移驻于此，统辖熊岳、岫岩、复州等地的军政事务。这是大连地区最早设置的执行警察职能的机构。同年，在金州设置金州厅海防同知衙门，内设巡检，执掌三班、六房、捕盗营，行使警察职能。

清光绪二十四年（1898）沙俄强租旅大后，在大连湾设警察署，在旅顺设兼具警察署职能的审判所。在沙俄强租旅大期间，沙俄警察经常肆意残杀中国人。日本殖民统治下的警察机构自其建立起，就对大连人民实行了血腥镇压，随着日军对华侵略战争的扩大，镇压愈加疯狂。被逮捕的共产党人和爱国民众大多数被关押在旅顺刑务所，有的被判处死刑，有的被判监禁终身，许多不知名的爱国者被酷刑折磨致死。

1945 年日本投降后，苏联红军进驻旅大并对其实行军管。东北抗日联军派遣工作组协助苏军管理旅大地区社会治安。同年 11 月 7 日，大连市警察总局成立，11 月 25 日改称大连市公安总局。

公安总局名义上隶属于大连市政府领导，实际上是中共大连市委和东北人民自治军（1945 年 11 月 3 日，中共中央决定将东北抗日联军与挺进东北的八路军、新四军合并，改编为东北人民自治军。1946 年 1 月，又改称为东北民主联军）辽东军区直接领导的警察队伍。大连市公安总局成立前后，辖域公安局或公安分局相继成立。后随大连市政区的变化，大连市公安总局先后改称旅大公安局、关东公安总局、旅大行政公署公安总局。中华人民共和国成立后，改称旅大市人民政府公安局、旅大市公安局。“文化大革命”期间，中国人民解放军旅大卫戍区司令部奉命对旅大市公安局实行军管，直至1973年2月20日，恢复旅大市公安局。1981 年3月5日，旅大市公安局改称大连市公安局。人民公安机关建立后，承担着全市的政治、经济、文化、边防保卫，打击刑事和经济犯罪，以及治安管理、户籍管理、道路交通管理、消防、边防保卫等职能。

一、安全保卫

政治保卫 1945 年 8 月大连光复之初的地区形势极其复杂。日本政府虽已宣布投降，但日伪政权尚未立即解体。少数顽固的日本法西斯分子隐匿不出，于暗地里销毁罪证，一些作恶多端的日本警察、宪兵、特务则不时持枪袭击平民。大连伪商会会长、大汉奸张本政等人与日本人相勾结，纠集各地伪商会会长和伪区长，成立“大连地方自卫委员会”（苏军进驻后改为“大连中国人会”，后又改为“大连地方治安维持会”），网罗社会渣滓，设立自卫团，控制一部分警察武装，以维持社会治安之名，敲诈勒索民财，欺压百姓。国民党政府也千方百计阴谋染指大连。苏军进驻旅大后，蒋介石任命沈怡为大连市市长，遭到苏军拒绝后，又派遣汪渔洋任国民党大连市党部书记，到大连发展组织、扩张势力。他们凭借国民党政府与苏联政府签订的《中苏友好同盟条约》，经苏军大连警备司令部同意，于 10 月 1 日公开挂出中国国民党大连市党部牌子。他们搜集情报，发展国民党党员，在全市建立十几个国民党区党部，人数近千人。国民党大连市党部与大连地方治安维持会的头面人物组成了欢迎国民党党政军筹委会，制作国民党党旗，随时准备欢迎国民党接收大连。

中苏协定规定，战后任何国家的武装力量都不得进入大连市。因此及时组建人民警察队伍是安定大连社会秩序的当务之急，也是共产党同国民党争夺大连的重要手段。1945 年 11 月 7 日，在大连市政府成立之前日，由中共大连市委和东北人民自治军领导的大连市警察总局成立，为区别于日本统治时期的警察署，同月 25 日又改称大连市公安总局。人民公安机关建立后，把政治保卫、边防保卫摆在重要位置，清剿敌特分子，侦破间谍特务，打掉三青团、会道门等反动武装，保卫了新生的人民民主政权。主要破获了为国民党接收旅大做动乱准备的东北海军陆战队，国民党东北行营辽宁先遣军独立第四团（又称暴力团），清剿了日本法西斯残余暴乱分子，摧毁了图谋建立地下武装伺机东山再起的国民党大连市党部及金县党部、旅顺市党部，以及三青团地下武装组织，开展了镇压反革命运动，取缔了以一贯道、九宫道等为要的反动会道门。自 1945 年 10 月至 1949 年，共侦破妄图攫取旅大国防要地而建立特务组织、策反中共警政人员、架设潜伏电台、建立情报站、向敌特机关输送情报等国民党特务案件 60 余起，侦破的案件有美国中央情报局在中国的间谍机关四十四海外观测队（亦称 E.S.D44）、美国驻南朝鲜间谍机关（亦称 CIC）、美国驻大连领事馆、美国海军驻香港办事处等美国间谍案。

歼灭国民党暴力团，是大连光复后大连市政府粉碎国民党反动势力企图颠覆民主政权的一次斗争。1945 年 12 月，国民党大连市党部被苏军取缔后，余党转入地下进行活动。国民党成员汪逢玺从沈阳返回大连，受命组建东北行营辽宁先遣军第四独立团。汪逢玺任团长，下辖3个营、2个特务连、1个运输队。1946年1月25日，两名暴力团分子在岭前区桃源町一户日籍居民家中实施抢劫，其中1人被接到报案赶赴现场的公安人员当场捉获，从其身上搜出一支手枪和一张委任状。公安人员由此顺藤摸瓜，很快找到敌人指挥机关的地址，翌日，将聚集在指挥机关的暴力团头目全部抓获，并搜出短枪8支、子弹200发，以及各种文件印章、委任状和国民党组织的花名册、暴力团成员名单。查明该组织有国民党地下党员860人，其中有175人已潜入人民政权机关和公安机关内部，并窃据要职，掌握了部分武装，开始策划暗杀活动，准备公开夺取大连。经中共大连市委决定，1月27日立即进行全市性搜捕，1946年2月1日再次进行大搜捕，将暴力团案犯一网打尽。

中华人民共和国成立后，大连公安机关于20世纪50年代侦破了悬挂国民党旗帜、散发反动传单、组织反共游击小组等预谋投敌案，于60年代侦破了“反共救国小组”“中华民族党”“人民革命党”等一批图谋颠覆国家政权的反革命集团案，发生在1962年的图谋劫持客轮案，以及十余起反革命凶杀、纵火、投毒等暴力犯罪案。1978年改革开放后，侦破了“大中华帝国”“中华青年联盟”等图谋颠覆国家政权的反革命集团案等案件。

经济保卫　大连光复之初，混入厂矿企业重要岗位的敌对分子制造的破坏事故时有发生，大连市公安机关在经济领域的保卫任务重点是国家尖端企业、重点建设项目、重要科研部门、重要能源基地、广播电视和电信通信枢纽、重要金融、重要物资仓库及一些要害部位。机关、院校、企业事业单位也建立了保卫机构。

中华人民共和国成立后，公安保卫的重点任务是水道局、发电厂、钢厂、海军102工厂、建新公司等重要生产动力企业和军工生产企业。1954年，公安机关共确定要害部位776个，当年要害部位发生破坏事故81起，为中华人民共和国成立之初发生破坏事故最多的年份。除建立健全规章制度和加强技术防范外，公安机关对重点单位要害部位的工作人员适时进行审查清理，1961年对大连造船厂、401厂、523厂、空军16厂、1009部队2室5个国防军工生产企业占职工总数的51.2%的11680人进行了清理审查，1000人被调离。发生在厂矿企业单位的刑事犯罪活动，以盗窃犯罪的案件为最多，损失大、危害重。1964年，全市厂矿企业共发生刑事案件94起，其中盗窃案件80起，占85%。

1978年改革开放后，重大经济案件明显上升。据对20世纪80年代7个年度的统计，全市厂矿企业发生的3743起刑事案件中，盗窃案件占85%，其中重大案件712起，占19%，企业内部职工作案比重占60%。根据中共中央、全国人民代表大会常务委员会的统一部署，从1983年开始，全市公安机关连续3年开展了严厉打击严重刑事犯罪活动的斗争，基本上扭转了企业内部治安秩序混乱的局面。

军事要地保卫　大连光复后，在苏军驻地、机场等军事要地周围，一些不法分子乘乱混迹于居民之中，偷窃、倒卖要地军用物资，破坏军事设施。1950年10月，旅大行政公署公安总局按照中共旅大市委指示，做出《加强军事要地保卫工作的决定》，规定在军事要地、机场和团以上驻军周围划定区域警戒线，在警戒线外10米内禁种农作物，在50米内禁种半米以上农作物。1951年初，在机场周围的泡崖村、周水子、三里桥，旅顺的老爷庙村、吴家村、长岭庙村及金县马桥子村共7个村增设公安派出所。1954年，市公安局会同检察、工商、税务部门，对全市35家私营汽车零件贩卖业、31 家私营汽车修理业和 116 户私营照相业进行检查，发现存在盗窃军用物品销赃问题，市司法机关将其中构成犯罪的 33 名业主和 11 名盗窃分子逮捕法办。1971 年 9 月，小平岛被划定为军事禁区。

二、治安行政管理

禁毒、禁赌、禁娼和查禁淫秽物品　1945 年日本投降时，大连地区社会环境十分复杂。时日伪当局遗留下来的正式营业的烟馆有 59 户，全市有烟民 2 万余人；赌场遍布城乡，甚至有日本人专门对中国人开设的集烟、赌、娼于一体的“优待场”；有日本人、朝鲜人、中国人开设的妓院 200 余家，仅中国人开设的妓院就有妓女千余人。吸毒、赌博、卖淫嫖娼等恶习严重败坏社会风气。为根除帝国主义侵略者给中国人民带来的烟毒祸害和封建社会遗留下来的丑恶习俗，新成立的大连市政府在颁布的《大连市政府施政纲要》中发出了废除烟馆、杜绝鸦片来源，取缔各种赌局、赌场，保障人权、取缔妓院等禁令，大连市公安总局及所属各级机关依此开展了禁毒、禁赌、禁娼和查禁淫秽物品行动。市公安机关迅速取缔查封了所有烟馆和鸦片小场所，查封取缔了所有妓院，并于 11 月 23 日在西岗公学堂（今大连一中）当众烧毁查获的烟土 4000 两，处决了残害少女、逼良为娼的日本联络员刘大业。1947 年，市公安机关对无家无业的日本妓女、暗娼送收容所集中收容，后将她们遣送回国；对中国妓女、暗娼进行一年时间的收容改造，予以安置就业。全市娼妓基本绝迹。1950 年，为使吸毒者摆脱毒害，市民政局与公安局在市卫生局和妇联的配合下，成立了市戒烟所，强行戒烟和查禁烟毒同时进行，1952 年又大张旗鼓地发动了一次群众性的肃毒运动。历经七八年时间的禁毒，大连地区的吸毒、贩毒现象已杜绝。

进入 20 世纪 70—80 年代，大连市城乡黄、赌、毒丑恶现象有所泛起。1979 年，市公安机关在治安情况复杂地区发现卖淫嫖娼行为，进行了跟踪搜查和抓获；1981 年收缴淫秽书画和物品 1360 件、录音带 3593 盒、录像带 554 盘；1982 年，在市区端掉卖淫窝点 19 处，查获卖淫妇女 21 人；1984 年和 1985 年，在市区端掉卖淫窝点 22 处，查获卖淫妇女 190 人。组织妇女卖淫者和皮条客或被逮捕或被给予治安处罚。赌博旧习再度兴起且规模、赌资越来越大。1985 年，市公安局和市政府相继发布严禁赌博通告，并加大打击力度，市公安机关当年查破赌博案件 281 起，打掉赌博团伙 122 个，涉及 1639 人，抓捕设赌者和惯赌者 48 人，其中提请逮捕 18 人、劳动教养 30 人，处以行政拘留和罚款 2171 人。1981 年，城乡始见私种罂粟，当年市公安机关铲除罂粟 5000 余株，而后私种者见减，但很快复又增多，1984 年市公安机关对城乡 3699 户私种的 6028 株罂粟进行了铲除。

特种行业管理　大连光复后，市公安机关对旅店业、印铸刻字业、旧货业等特种行业的管理，除了责令各业依法经营外，还在于发现和查获偷盗、走私、偷税漏税、容留妓女卖淫、泄露国家机密等案件。1948 年关东公安总局破获的反革命案件中，“国民政府军事委员会辽宁先遣军第四独立团”“中国国民党大连特别市党部”等印章均系违反规定私刻的。1955 年 5 月，中国人民解放军进驻旅大地区，各军事机关、部队刻制印章和印刷文件颇多，有的交由私营厂社承制导致泄密。是年，市公安机关在对旅店业务的管理中，发现有不少军人在填写旅客登记簿时暴露军事机关名称、部队番号，甚至将枪支、弹药和文件包交旅店寄存等严重泄密现象。市公安机关对旧货业的管理，主要是作为犯罪分子销赃场所进行重点控制的。“文化大革命”期间，由于公安机关对特种行业的管理基本撂荒，致使旧货业、修理业等成为犯罪分子收赃、销赃的场所。20 世纪 70

年代末，在废品收购站，常常可见工业设备部件和原材料，经查，96% 是工矿企业失窃的物品。1985 年，为适应经济体制改革和对内搞活经济，对收购生产性废旧金属和依托寄卖行业仍列为特种行业管理。

危险物品管理 主要是公安机关对枪支弹药、爆炸物品等的管理。日本殖民统治时期，不少枪支弹药流散于社会，大连光复后，不法分子买卖枪支弹药、持枪抢劫等案件时有发生。为此，大连市政府成立时在颁布的《大连市政府施政纲要》中规定，凡敌军及伪满军之武器、弹药、装备、器材等一律没收，任何人不准破坏或隐匿。同年 12 月 1 日，又发布《对日本侨民施政纲要》，规定日本侨民一律不得保存或私藏武器、弹药、装备、军火等。此后，市政府和公安机关多次发布私存私藏枪支武器收缴通告，但是社会上枪支弹药一直多有流散。1947 年起，市公安总局对猎枪实行持证管理，1948 年又对非公安系统如机关、团体、企业配发和佩带枪支做出更明确规定。中华人民共和国成立之初，旅大地区易燃易爆物品造成的灾害事故年年有发生。1950 年至 1953 年，旅大地区共发生易燃易爆物品灾害事故 9 起，造成 4 死 14 伤。1958 年，全年发生采矿和工程爆破事故 11 起，造成 4 死 19 伤。此后，随着市公安机关对爆炸物品生产、储存、销售、使用单位加强检查和开展安全教育，事故减少。改革开放后，大连地区的枪支弹药管理更趋规范。

公共娱乐场所管理 大连光复之初，社会秩序十分混乱，公共娱乐场所一度全部停业。1948 年，关东公署发布电影戏剧演映登记条例，将娱乐场所作为特种行业管理。至 1949 年，全市有公共娱乐场所 24 家，包括电影院 14 家，戏剧院 3 家，舞厅 1 家，说书场 6 家。1955 年，根据国务院和省公安厅通知要求，娱乐场所不再被列为特种行业管理。“文化大革命”开始后，娱乐场所处于无人管理状态，继而演出活动停止。直到 1972 年 8 月，娱乐场所才陆续恢复演出活动。

20 世纪 80 年代初，陆续放开音乐茶座、电视录像、游艺等文化经营活动。营业性舞会和在公共场所举行自发舞会在 1984 年以后才被允许，全市时有 26 个单位可以出租场地举办舞会。

三、户政管理

大连光复后，日本殖民统治时期的户政制度被废除，大连市公安总局按行政区划设置了派出所，其主要职责之一是管理居民户口，派出所名称仍沿用当时的地名称谓。1946 年，大连市取消日本殖民统治时期的“通”“町”“番”，代之以中国人习惯的“路”“街”“巷”，派出所随之将其改为新名称。

1946 年 2 月 3 日，苏军大连警备司令官发布市内外户口调查登记办法，规定苏军地区司令官与公安分局于 2 月 5 日至 15 日负责市内居民户口调查，苏军当地司令官于 2 月 10 日至 20 日负责乡村户口调查。经各区公安分局与市政府社会局民政科的调查登记，截至 1946 年 5 月末，大连市区共有 116329 户、489795 人。1948 年 1 月 19 日，关东公安总局鉴于第一次户口登记不够准确和已有户口迁出未注销的情况，发通令重新登记户口。重新登记发现，户口迁出未注销和虚报户口问题严重，市内统计人口 262991 人，实际只有 248799 人，同时另有相当数量的无户口的“黑人”“黑户”。为此，市政府决定从 1948 年 12 月 16 日开始户口清查。经全市 81 个派出所组成的 324 个清查小组的 4 天清查，截至 19 日晚，全市共清查户口 6.6 万余户。1949 年 1 月，关东公署发布告，对关东地区内居住的中国公民，年龄在 15 岁以上者，颁发居民证（有效期 3 年）或临时居民证（有效期 3 个月）。

中华人民共和国成立后，市公安机关多次进

行户口普查登记。1956 年 11 月，市公安局根据公安部要求进行人口普查，并换发户口登记簿和户口簿，共换发 268721 户、1371573 人。1960 年 11 月进行历时 1 个月的人口普查，发现有 4216 人是虚报人口在冒领粮食、豆油、布票以及鱼、蛋、菜等副食品。“文化大革命”期间，户口管理陷入混乱状态。1978 年中共十届三中全会以后，户口管理工作重新恢复。1981 年，户口管理的重点是处理人户分离和无户口人员常住城市等问题。在城镇，户口登记的内容包括常住、暂住、出生、死亡、迁入、迁出、变更、更正 8 项；在农村，户口登记的内容包括常住、出生、死亡、迁入、迁出 5 项。7—11 月，对市内 5 区户口进行调查登记，查出漏登和应销未销户口 61464 人。是年，新金县、复县、庄河县始建户口簿。

改革开放以后，外来务工、经商人员和技术人员大量涌入大连，市公安机关根据形势变化，不断出台改进户口管理的办法。1985 年 1 月，首次为进城经商、办厂、开店的 56 户农民，包括家属和子女共 176 人，办理了自理口粮的集镇常住户口。同年 5 月，市公安局与市人事局、劳动局、粮食局、教育局联合下发通知，对经济技术开发区从外地招聘调入干部给予落户，户口在调入者居住地落户。7 月，再度放宽户口迁移大连市的条件。主要内容：（1）国家各部门和外地的驻大连机构、疗养院、内联企业的职工，正式调入大连市的予以落户，非正式调入的予以落寄住户口；（2）农民（含家属）进市区常年从事务工、经商、办厂、开店，投资在 10 万元以上或有特殊技艺（如经营名牌产品、传统风味美食等），经营时间在 1 年以上，有固定门店住所的，予以落自理口粮的常住户口；（3）港、澳、台胞和外籍华人、华侨，在大连开设工厂、开办商店，投资在 50 万美元以上，并要求将其在外地的亲属迁到大连市、镇参加经营活动的，予以落市、镇户口；（4）在市区工作的一般科技人员获得国家、省、市科技成果奖的，其在农村的配偶和在校就学的子女可以准予进城落户；（5）1980 年以来曾获得市级以上人民政府授予劳动模范称号的职工，其在农村的配偶和在校就学的子女，可迁入市、镇落户。

《中华人民共和国居民身份证试行条例》于 1984 年颁布后，大连市公安局于 1985 年在全市进行换发居民身份证工作。

四、打击刑事犯罪

大连光复后，社会秩序极度混乱，工厂停产、商店倒闭，大批工人失业，妓院、烟馆、赌场泛滥，刑事犯罪活动十分猖獗。一些武装土匪、惯盗惯窃、地痞流氓还与敌伪军政警宪等反革命势力相勾结，大肆进行杀人越货、打家劫舍、拦路抢劫、强奸妇女、盗窃诈骗等活动，对人民民主政权构成严重威胁，给人民群众生命财产造成极大危害。仅 1946 年 10 月至 1947 年 10 月间，全市就发生各种刑事案件 10822 起。其中，凶杀案件 92 起，伤害案件 179 起，盗匪抢劫案件 6526 起，诈骗等案件 3360 起，流氓案件 395 起，死伤 231 人。面对严峻形势，关东公署公安总局组织大批警力，集中收捕了一批敌伪军政警宪分子和为非作歹的惯盗惯窃，并大张旗鼓地进行公开处理。之后的 1948 年、1949 年发生刑事案件 4363 起、2557 起，发案数量明显下降。

中华人民共和国成立后，革命与反革命、改造与反改造的斗争非常激烈，刑事犯罪活动又开始上升。1950 年，全市共发生各种刑事案件 3223 件，其中凶杀、抢劫、盗窃案件略有下降，流氓、贩运毒品、私贩军火、赌博等案件大幅上升。面对严峻形势，大连市各级公安机关围绕“禁毒”“镇反”和“三反”“五反”等运动，连续几年对刑事犯罪给予了严厉打击。1951 年至 1965 年的 15 年间，除 1954 年全市刑事案件发生率高达 4112 起外，其他年份的刑事案件发案率均控制在 2000

起以下。1959年，新金县、复县、庄河县新划入，大连地区行政管辖范围和人口数量增加，在此情况下，全市公安干警昼夜奋战，共破获各种刑事案件855起，其中破获重大案件131起，破获的案件和重大案件均达到100%。社会治安秩序的好转，为社会主义改造的基本完成提供了安全保障。

1970—1976年，全市刑事案件年均发生2608起，其中刑事案件发生最多的年份是1973年，共发生3730起。在“文化大革命”的影响尚未消弭，社会又向开放过渡的时期，滋生出不少诱发犯罪的因素，导致刑事案件数量上升。1977年，全市发生各种刑事案件高达4413起，而后至1983年，每年发生的刑事案件均在3000起以上。针对刑事犯罪一直居高不下的严峻形势，中共中央和全国人大常委会做出了关于在全国范围内开展严厉打击刑事犯罪活动的决定，大连市公安机关经过三年连续斗争，收捕、惩办了一大批刑事犯罪分子。先后侦破了1980年“7·23”盗枪杀人案、1982年“2·27”盗枪杀害民警案、1983年“4·1”杀人碎尸案等一批重特大刑事案件。1984年，全市发生各种刑事案件2471起，其中公安机关破获重特大案件324起，破案率达92%；1985年，全市发生各种刑事案件2658起，其中公安机关破获重特大刑事案件406起，破案率达91.6%。

五、道路交通管理

标志、标线与交通指挥 大连光复后不久，1946年1月19日，大连市公安总局始设交通警察，管理城市交通。市政府与苏军军事管制当局就道路交通管理，如道路通行规则由左侧通行改为右侧通行等事宜，达成具体协议，并于6月10日以《大连市苏军警备司令官命令》的形式公布于众，公安总局据此制定了一系列地方交通管理的规定。1946年6月21日，大连市政府对日本殖民统治时期的旧路街名进行改换，将“通”“町”“番”改换为“路”“街”“巷”。到中华人民共和国成立之前，全市共有交通警察120名。公安机关管理城市交通的职能自此延续至今。

大连光复之初，市公安总局对道路交通标志、标线重新进行了施划，在市内主要路口，交通警察配合苏军交通兵手拿红色和绿色小旗指挥交通。1949年，市区始设中心道线、快慢分道线，在人车拥挤路段设置路面隔离设施，在世纪街、青泥洼桥、民生街、长春路恢复使用日本统治时期遗留的信号灯，交通警察指挥交通改用指挥棒。1950年，在市区设置灯光标志15处、右侧通行标牌600个，施划人行步道线18处、缓停线13处，恢复使用原有护栏8处，新建护栏8处，交通警察在交通岗亭内手工操作机械手控信号灯。1951年，交通警察由指挥棒指挥改为手势指挥，与信号灯同时并用，1955年，手势指挥又改回指挥棒指挥。20世纪70年代初，全市已有信号灯交通岗29处，信号机全为手工操纵。1979年和1980年，市公安局交通大队技术研究室相继研制成功一系列自控信号机并投入使用，到1983年，全市交通岗全部安装了自控式交通指挥信号，5个重点岗位安装了夜间行车自明信号。1985年，市公安局交通大队在青泥洼路段安装了5处人行横道指示灯。至年末，全市共有道路交通标志617个。

车辆与驾驶员管理 1945年大连光复之初，大连市共有机动车500多辆。同年11月，在市政府支持下，成立了大连货物汽车公会。1946年1月26日，市政府对日本殖民统治时期的机动车牌照进行了更换。之后几年，市公安机关对机动车建立了登记、检验和管理制度。到1949年，全市机动车增至1500辆。20世纪70年代，大连市机动车增加较多，1977年仅市区机动车就有27791辆，但自行车、畜力车等非机动车辆仍为主要交通工具。1984年5月，大连市汽车检测站建成，自此之后，机动车检测改变了靠耳听、眼看、手摸等土方法，开始使用仪器设备进行检测。1985年，市区机动车增至36137辆，并全部在公安交通部门建立了技术档案。

20世纪60年代中期以前，大连市每年发生交通事故二三百起。1978年改革开放后，从事专业运输的个体车辆遍及城乡，全市机动车保有量以15%的年增长率递增，其中个体汽车运输户大量涌现，一些驾驶员技术不高或违章驾驶，导致交通事故显著增多。1981年，仅市区发生的严重交通事故就有766起，伤591人，死亡50人，造成经济损失16万余元。1985年7—9月，全市个体车辆发生事故138起，伤108人，死亡15人，占机动车事故总数的42.5%。与此同时摩托车数量猛增，在一个时期内摩托热变成了摩托车害。

20世纪60年代前，大连市区机动车驾驶员主要靠企事业单位以运代训的方式自培。20世纪70年代末，随着机动车辆明显增多，机动车驾驶员培训学校应运而生。1985年，大连市公安局交通警察支队汽车驾驶员培训中心成立，开始对社会驾驶员实行集中统一培训。

六、公安消防

1905年日本殖民统治者建立了大连消防机构，1930年称大连消防署。1945年市政府成立后，大连市警察总局将大连消防署更名为大连市消防队。同年11月18日，市消防队改称消防局，对日伪时期的消防机构和人员进行接管和改造，设6个消防队。与此同时，105个工矿企业建立了自卫消防班。中华人民共和国成立后，针对城市经济迅猛发展，工业企业用火用电量大增、火警日益增多的实际，市公安总局把城市消防工作的重点转向工厂企业内部，于1950年率先在大连实业公司、远东电业局、大连海港等20个单位建立了专职消防队。到1953年，工业企业专职消防队已增至43个，有消防专职人员706人、消防车37台。1954年以后，按上级要求，工业企业消防队几次进行调整，到1958年，全市保留专职消防队13个。1978年改革开放后，随着经济加快发展，企业专职消防队增多。到1985年，全市企业专职消防队有32个，专职消防人员有1183名，消防车有113台，并增设消防艇1艘。1981—1985年，大连消防队共接出警3574次，实际灭火2240次，灭火成功率为97.8%，其中1985年接出警708次，灭火489次，灭火成功率为96%。

第二节　检　察

1898年沙俄强租旅大后，在关东州厅下设地方法院，在法院内设检察官。1937年，日本殖民统治当局在各检察局设置检察官、检察长，指挥监督检察局事务。这种机构设置延续到1945年日本投降。

大连光复后，1946年1月30日，大连市临时参议会议决定成立大连地方法院，法院内设检察庭，法院院长兼任首席检察官。1947年4月3日，大连地区各界人民代表大会决定成立关东高等法院，法院内设检察官室。1949年4月27日，关东高等法院改称旅大高等法院，12月7日又改称旅大行政公署人民法院，内设检察官室。人民检察机关创立之始，即展开同汉奸、特务、国民党间谍、恶霸等反革命分子的斗争，公诉了大汉奸张本正，大汉奸、原日本关东厅高等巡捕、暴力团副司令隋云尌等重大反革命案犯。

中华人民共和国成立后，1950年10月14日，旅大人民检察署成立，同年12月改称旅大市人民检察署。庄河、复县、新金县、旅顺市、金县随之相继建立人民检察署。检察署建立之初，主要承担镇压反革命（简称“镇反”）运动和“三反”“五反”等社会改革运动。在此期间，旅大人民检察署还开展了调查日本战争罪犯侵略中国、残酷迫害旅大爱国抗日志士罪行的工作，为国家依法审理日本战犯，严惩汉奸、特务，提供了大量的罪行事实和有力证据。

1954 年 12 月，依照《中华人民共和国宪法》和《中华人民共和国人民检察院组织法》，旅大市人民检察署改称旅大市人民检察院，并逐步开始全面承担审查批捕、审查起诉、出庭支持公诉等职责，行使侦查监督、审判监督职能。随之，庄河、复县、新金县、旅顺市、金县改称人民检察院，沙河口区、甘井子区、中山区、西岗区、岭前区、大辛寨子区、长海县人民检察院于 1956 年 9 月前相继组建。后因行政区划变更，岭前区、大辛寨子区人民检察院分别于 1958 年和 1959 年并入中山区、甘井子区人民检察院。这一时期，旅大市检察机关先后参加了“肃反”和“反右”运动。“文化大革命”开始后，旅大地区检察机关组织陷于瘫痪，大批政法干部被揪斗。1967 年 1 月，检察机关被造反派夺权；3 月，实行军事管制，12 月被正式撤销。检察机关的职能由公安机关行使。1978 年，第五届全国人民代表大会审议通过在国家体制中重新建立人民检察机关的决定。同年 8 月 1 日，旅大市人民检察院重新建立，市属 5 县 5 区的人民检察院也相继重建并对外办公。1981 年，旅大市改称大连市，旅大市人民检察院随之更名大连市人民检察院。

一、刑事检察

审查批捕　大连光复初期，大连地方法院检察庭和后来更名为关东高等法院的检察官室与公安机关、审判机关紧密配合，对帝国主义间谍、国民党特务、日伪汉奸、封建恶霸等反革命分子和其他严重危害社会秩序的刑事犯罪分子给予了重点打击。自 1946 年至 1949 年中华人民共和国成立前，在首席检察官由法院院长兼任期间，全地区共处理各种刑事犯罪案件 5800 余件。其中审查批捕的重大案件有国民党东北行辕辽宁先遣军第四独立团（又称暴力团）反革命案件，反动会道门制造谣言、蛊惑人心、阴谋复辟案等。在 1951 年“镇反”运动中，旅大市人民检察署主要担负对公安机关已逮捕的除特务、间谍以外的反革命犯的审讯，发现其中属逮捕不当的给予纠正；同时，检察、法院、公安三机关联合组织开展了对日本战争罪犯侵略中国、残酷迫害旅大爱国抗日志士罪行的调查。他们从日伪档案、书刊、报纸、照片等资料中搜集原始证据，从对在押犯的审讯、被害人的检举控告中获得直接证据，为 1956 年最高人民检察院对日本侵华战争罪犯向最高人民法院特别军事法庭提起公诉提供了有力证据。

1957 年及以后的 10 年中，刑事检察职能被削弱，正常办案程序被打乱，办案质量下降。“文化大革命”时期，旅大地区检察机关陷入瘫痪，刑事检察工作中断。1979 年 7 月 1 日《中华人民共和国刑法》《中华人民共和国刑事诉讼法》实施后，大连市检察机关与公安、法院通力合作，集中开展了打击刑事犯罪的斗争。1979 年，检察机关共批准逮捕 956 人，决定起诉 728 人，经复查，批捕准确率达 98.9%；1980—1982 年，批准逮捕 4222 人，其中大案 2152 人。1983 年起，开展了严厉打击严重刑事犯罪斗争，对制造、贩卖、传播淫秽物品以及赌博、盗窃等犯罪情节严重的犯罪分子给予了严厉打击，1985 年共逮捕 639 名罪犯。同时通过审查批捕，追捕罪犯 360 名。

审查起诉　1950 年至 1951 年，大连市检察署成立之初，除配合公安机关、法院处理大批案件外，开始试行审查起诉工作。1953 年，两级检察机关审查起诉重大刑事案件 5 件 35 人。1955 年 9 月 1 日，根据最高人民检察院、辽宁省人民检察院决定，凡经公安机关侦查终结需要追究刑事责任的案件，必须依法经过检察院审查起诉；检察机关自行侦查终结的案件，也必须经过审查起诉部门审查提起公诉。自此，市两级检察机关开始全面担负审查起诉工作。1956年，市检察院向市法院提起公诉1326人，经法院审理，裁定退回补充侦查66人，占全部起诉案件的9.1%。其中一起发生在停泊大连港的日本轮船上的凶杀案件，案发后3天即完成审查起诉公判。

出庭支持公诉 1946—1949年，大连地方法院检察庭、关东高等法院检察官室主要是针对日伪汉奸、特务、间谍等反革命案出庭支持公诉。1947年1月15日，旅大地方法院首席检察官就大汉奸张本政反革命案向大连地方法院提起公诉，并在法庭上指控张犯充当日军侵华先锋、奴化旅大人民思想、倡导汉奸理论、积极支援日军侵华战争、剥削同胞谄媚敌人、为效忠日军残害同胞、甘愿认贼作父、在日军投降后仍妄想死灰复燃八大罪状，法庭据此判处张犯有期徒刑12年，剥夺政治权利终身（1951年“镇反”运动中又改判死刑）。1955年起，市检察机关提起公诉的案件，不再由法院先开预审庭，而是直接出庭支持公诉。到1956年，出庭支持公诉率达到法院开庭公开审理案件的80%。1957年后，出庭支持公诉工作处于时断时续状态。“文化大革命”期间，出庭支持公诉工作中止。1978年恢复出庭公诉，1979年向法院提起公诉、出庭支持公诉362件。1980年《中华人民共和国合同法刑法》《中华人民共和国刑事诉讼法》实施，到1985年，凡是检察院提起公诉、法院公开审理的案件，检察院都派员出庭支持公诉。1980年，市两级检察机关出庭支持公诉案件814件，占向法院起诉案件的99%。1983年，在依法“从重从快、一网打尽”打击严重刑事犯罪中，由于案件骤增，检察机关人力不足，出庭率大幅下降。1984年后，出庭公诉率又明显上升。

二、经济检察

1946年，大连地方法院检察庭成立后，即承担大连地区的经济检察工作，负责查处贪污、贿赂、偷税、漏税等经济违法犯罪案件。1946年至1949年，市两级检察机关自办、协办、联办各类经济犯罪案件1168件。1950年以后，在“三反”“五反”和对农业、手工业和资本主义工商业的社会主义改造运动中，市检察机关在检察查处经济违法犯罪案件中发挥了积极作用。20世纪60年代初期，旅大地区的经济检察工作基本上处于停滞状态，“文化大革命”期间，经济检察工作因检察机关的撤销而中断。

1978年8月，旅大地区检察机关重建。1979年12月，市检察院设立了经济检察处，各县区检察院相继设立了经济检察科，经济案件从此作为一个明确的案类确定下来。

1980年后，国家实行对外开放、对内搞活的经济政策，在经济体制改革的形势下，市检察机关把打击经济领域严重犯罪作为重点。1982年依法从重从快公开处理了一批经济犯罪分子。市检察机关配合市法院召开公判大会21次，为国家、集体挽回经济损失119万余元。1985年，市检察院以查处数额大、危害大、腐蚀大的经济大案要案为重点，查处贪污、贿赂、挪用公款、偷税抗税、盗伐滥伐林木等经济犯罪案件136件，其中万元以上的大案要案73件，追缴赃款536万元，为国家、集体挽回经济损失749万元。

三、法纪检察

1946年，大连地区检察机关成立后，主要是配合时势依法开展法纪检察，查处国家公务人员侵犯公民权利、渎职和贪污受贿等违法犯罪案件。1953年，市、区（市、县）两级检察机关参加“镇反”“三反”“五反”和司法改革等运动，查处一批国家公务人员贪污受贿、农村基层干部利用职权侵犯公民权利等案件；1963—1965年，配合“五反”、城乡社会主义教育运动，查处一批法纪案件。“文化大革命”期间，法纪检察中止。

1978—1979年，重点查处了“文化大革命”时期制造的冤、假、错案，查处严重侵犯公民权利、造成致死致残的案件8件。1980—1981年，配合《中华人民共和国刑法》《中华人民共和国刑事诉讼法》的实施，受理法纪案件253件，其中立案侦查31件，起诉16件，免予起诉6件。1982年，围绕整顿社会治安和打击经济犯罪，重点查处刑讯逼供、非法拘禁、非法搜查、徇私枉法等案件，共受案107件，其中立案35件，起诉15件，免予起诉12件。1983—1985年，配合整党、经济体制改革和“双打”（严厉打击严重刑事犯罪和严厉打击严重经济犯罪）斗争，重点查处重大责任事故、玩忽职守、非法拘禁和非法搜查案，3年共受案396件，其中重大责任事故案205件，玩忽职守案件29件，刑讯逼供案14件，非法拘禁和非法搜查案21件。在查处的案件中，发生在乡镇的煤矿、黏土矿的事故案占有不小比重。1984年，中共中央关于1984年农村工作的通知下达后，大连地区的乡镇矿业企业急骤增加。是年，仅复县的复州湾和得利寺地区就有乡镇煤矿4处、黏土矿5处，联合经营的小煤窑、黏土井50余处，从业人员近万人。这些乡镇企业技术力量薄弱、缺乏安全防范、违章指挥冒险作业情况严重，全年发生重大伤亡事故8起，死亡18人，直接经济损失20多万元。在1984年至1985年3月受理的88起重大责任事故案中，属乡镇企业和集体企事业单位的41件，属小煤矿、小石矿和建筑部门的47件，分别占案件总数的46.6%和53.4%。

四、监所检察

1946年大连地方法院成立后，在大连、旅顺设立监狱，由法院内设的首席检察官和检察官室负责监所检察工作。

关东高等法院时期，大连检察机关把办理重新犯罪、追诉余罪作为监所检察的重要内容。1949年在旅顺、岭前劳动改造所开展普遍揭发运动，国民党大连市党部负责人王某向检察官3次揭发关东公署主席迟子祥的特务问题，为潜伏大特务迟子祥的落网提供了证据。

1950年市检察署成立后，将监所检察列为经常性工作之一。至1954年，旅大地区有金县、旅顺市等9个公安分局监所和法院监所。检察机关对这些监所的检察主要是配合“镇反”等政治运动进行的。

1955年11月和1957年10月，旅大市少年犯管教所和旅大市劳动教养院先后成立，至1960年，旅大市先后成立劳改队6个、看守所13处、教养院1处，市检察院对这些监所行使法律监督职责。“文化大革命”开始后，旅大地区监所检察工作因检察机关被取消而中断。

1978年大连地区检察机关重建后，监所检察工作随之恢复。1979年，市检察机关对看守所执行羁押时限情况进行两次集中检察，检察发现监所存在超时限羁押情况，如沙河口区检察院发现超时限羁押犯人37人，复县检察院发现超时限羁押犯人25人，分别占在押人犯总数的39.8%和43%，通过检察分别纠正26人和22人。1981年，全市共有看守所、劳改队、教养院等监管场所29个。1983—1985年，本着“从重从快，一网打尽”的方针，市两级检察机关重点打击了劳改、劳教人员重新犯罪的活动。1983年受理劳改犯重新犯罪案件61件64人，经审查起诉37件40人，受理教养院提请批捕案件62件63人，经审查批捕56人；1984年和1985年，受理劳改犯重新犯罪案件41件，其中起诉加刑31人，免诉2人，受理劳教人员犯罪案件17件，经审查批捕26人。

五、控告申诉检察

大连地区控告申诉检察工作始于1946年，时称人民来信来访。初期，检察部门自办案件只限于重大的、典型的和上级交办的申诉案件，大部分案件则转请有关部门查处。1950年开展“镇反”运动后，人民群众纷纷到检察机关检举揭发反革命分子。仅从1951年5月28日至6月2日的6天中，市检察署就收到人民群众来信来访1943件，并对其中的177件进行了调查处理。1966年“文化大革命”开始后，大连地区控告申诉检察工作被迫停止。

1978年大连地区检察机关重建后，受理对“文化大革命”期间制造的冤、假、错案的申诉案件激增。1979年，市两级检察机关共受理申诉案件8154件，其中不服捕诉的543件，不服判刑的1757件，不服劳动教养的914件，其他申诉案件4067件。1980年1月，市检察机关控告申诉检察部门正式设立并开始工作。检察机关首先对历史上经办的免予起诉的案件进行全面复查，重点平反纠正了“文化大革命”期间的冤、假、错案。是年，市两级检察机关共受理人民群众来信来访8696件，其中属检察部门自办案件439件。1981年下半年至1984年，市检察机关先后3次对全市检察系统历史上经办的1208件案件进行摸底核实，对其中598件予以纠正，占复查总数的48.8%。1983年8月9日，大连市启动严厉打击严重刑事犯罪活动第一战役，1984年市两级检察机关受理人民来信来告3219件，其中属自办案件585件，为刑事、经济、法纪检察部门提供案件线索225件。1985年，控告申诉检察部门除受理群众来信来告案件外，还在偏远山区乡镇、街道居民委分别建立信访联络点13个和40个。两级检察机关控告申诉检察部门走访136个单位、849人次，解决了一批历史积案。

第三节 审 判

清代以前，大连地区的审判事务由行政官员兼管。清代末期，清政府在大连辖区设金州副都统衙门、金州厅海防同知衙门、复州知州衙门、庄河直隶厅4个衙门。中华民国时期的大连地区，旅顺、大连、金州在日本殖民统治之下，复县、庄河归民国政府统辖。1913年，复州知州衙门改为县知事公署，庄河厅改厅置县，均设司法科，由县知事兼理审判事务，司法科长为承审员。1917年7月，复县地方审判厅建立，行政权、审判权开始分离。1931年“九一八”事变后，日本在复县、庄河县先后设伪法院。

俄日在殖民统治大连时期，设立了维护殖民统治的审判机构。大连光复后，1945年11月7日大连市警察总局成立，内设司法科，掌管大连地区的审判事务。同年12月，市政府附设地方法院接收委员会，负责普通刑事案件和民事案件的审理。1946年1月，大连地方法院成立。1947年4月，关东高等法院成立，辖大连市、金县地方法院及旅顺司法处、大连县司法科，建立二审终审制。大连地区一审终审制结束。1949年4月，关东高等法院改称旅大高等法院。

中华人民共和国成立后，1949年12月旅大高等法院改称旅大行政公署人民法院，翌年末改称旅大市人民法院。1955年2月，辽宁省人民委员会决定改旅大市人民法院为旅大地区中级人民法院，将营口市、复县、盖县、营口县、新金县人民法院划归其管辖；同年12月，又决定撤销旅大地区中级人民法院，同时将划归管辖的上述法院划出。1981年3月9日，旅大市中级人民法院改称大连市中级人民法院。1984年6月1日，大连海事法院成立，是国家在大连设置的专门审理海事、海商案件的审判机关，其管辖区域为东起鸭绿江口沿海水域，延向大连、营口、锦州，直至辽宁省与河北省交界处的沿海水域。

大连光复后至中华人民共和国成立前，人民法院先后审判了国民党大连市党部及其地下武装东北行辕辽宁先遣军第四独立团、日伪残余分子平野、田中等暴乱案件，以及张本政、邵尚俭等汉奸案件。同时，贯彻中共中央关于巩固关东战略要地、建设隐蔽后方、发展生产、安定民生、支援前线的指示，审理了一批涉及财产、土地、婚姻、劳资等纠纷案件。中华人民共和国成立初期，着重审理了土地调剂运动中出现的各种纠纷，镇压地主恶霸的破坏活动。1950 年 5 月，《中华人民共和国婚姻法》颁布实施后，许多不堪忍受封建束缚和虐待的妇女提出离婚，市两级法院与各级妇联联合到工厂、农村、学校、街道巡回办案。1950 年至 1953 年，共审结婚姻案件 1 万余件。20 世纪 50 年代初，在“镇反”运动中，市两级法院与公检机关紧密配合，逮捕了一大批土匪、特务、汉奸、恶霸、反动党团骨干、反动会道门头子和其他反革命分子。张本政、迟子祥等 99 名反革命罪犯被判处死刑。在“三反”“五反”运动中，市两级法院在文教、财贸、工资、基建等企事业单位和国家机关，成立了若干人民法庭，负责审理单位或系统内发生的贪污案件。1947 年反右斗争扩大化之后，1959 年庄河县、复县、新金县的公、检、法机关先后被撤销，合并成立了政法公安部，实行“下去一把抓，回来再分家”等违背法定程序的做法，办案质量下降。“文化大革命”时期，市中级人民法院的审判职能由旅大市革命委员会人保组承担，旅大市两级法院被撤销。1973 年 2—8 月，市法院及各县、区法院机构相继恢复。1978 年，中共十一届三中全会做出“平反假案，纠正错案，昭雪冤案”决定后，从 1979 年至 1982 年底，全市共平反、改判冤、假、错案 5447 件。1983 年 6 月以后，市、区（市、县）两级法院进一步扩大了案件复查面。截至 1985 年，市、区（市、县）两级法院 8 年共审结刑事再审案件 17200 余件，改判纠正冤、假、错案 6230 件，改判平反 6810 余人，其中宣告无罪 5114 人。国家实行改革开放后，经济纠纷案件日益增多，市两级法院对发生在经济领域的走私贩私、贪污受贿、投机诈骗、盗窃国家和集体财产等严重犯罪活动给予了严厉打击。除了经济体制改革给人们的经济生活带来重大变化，民事关系也发生新的变化，新类型案件逐渐增多。1977 年至 1985 年，全市两级法院共审结民事案件 34800 余件，年均调解结案率在 85% 以上。

大连地区两级法院建立之初，实行审判与执行合一制。1949 年 11 月，设执行室，实行审执分立。1985 年，设立执行庭。

一、刑事审判

大连市人民审判机关自大连光复后成立到 1985 年，审理的刑事案件主要包括反革命案件、严重危害社会秩序案件、经济犯罪案件等。

大连光复初期，大连地方法院重点审理了以妄图颠覆新生的人民民主政权的反革命案件。1946 年，先后审判了隋云尌组织的国民党东北行营辽宁先遣军第四独立团，张儒元组织的东北行营地方武装组织，日本特务残余分子竹之内凉、渡边光俊等组织的逢坂町暴动等数十起武装特务案。1946 年 9 月 17 日，法院依法将大汉奸、原日本关东厅高等巡捕、暴力团副司令隋云尌判处死刑。1947 年 1 月，在市政府礼堂开庭审判大汉奸张本政附敌祸国一案，判处张本政有期徒刑 12 年。1947—1949 年，大连地区共审理各类反革命案件 602 件。1950 年，在土地调剂运动中，市两级法院组成土地调剂人民法庭，专门审理土地调剂案件，仅一个半月时间，土地调剂人民法庭就审理破坏土地调剂案件 180 余起，使土地调剂工作得以顺利进行。1951年，在"镇反"运动中，人民法院将获刑后携家眷潜逃的大汉奸张本政再次抓捕归案，同年6月10日，在市人民体育场召开有10万余人参加的控诉反革命分子罪行大会，包括大汉奸张本政、刘雨田在内的53名犯罪分子被判处死刑。一大批土匪、特务、汉奸、恶霸、反动会道门头子和其他反革命分子被判处死刑、死缓、无期徒刑、有期徒刑之后，有449名反革命分子自首坦白。同年8月12日，大连市、旅顺市、金县、长山县分别召开宣判大会，迟子祥等46名反革命分子被判处死刑。第一次"镇反"共判处反革命罪犯3549人，其中判处死刑736人。1955年，在社会主义改造进入高潮时期开展了第二次"镇反"运动，此次"镇反"在适用死刑上十分慎重，判处死刑的罪犯仅占全部罪犯的3.38%。两次"镇反"运动后，反革命分子犯罪案件逐年递减。1961年审结1252件，1966年审结351件。"文化大革命"开始后，人民法院工作遭到冲击，出现一批冤假错案。中共十一届三中全会以后，通过拨乱反正，社会出现安定团结的政治局面，反革命案件显著减少。1979—1985年，共审结反革命案件8件，判处反革命分子38名。1983年11月，依法审理了罗列西、杨春光、刘德扬组织"中华青年联盟"的反革命集团案，罗列西被判有期徒刑15年。

大连光复之初，持枪抢劫、杀人、强奸、盗窃、诈骗等严重危害社会秩序案件时有发生。1946—1948年，市、区（市、县）两级人民法院共审结抢劫（即强盗罪）案件618件，位居刑事案件总数的12%。经过几年严打，罪案逐渐减少。1958年"反右倾"斗争后，刑事犯罪案件又急剧上升。1958年审结的刑事案件是1957年审结刑事案件的3.7倍。1959年后刑事案件发案率逐年下降，"文化大革命"开始后又逐步上升。1983年，市两级法院会同公安、检察等部门，在全市城乡开展了严厉打击严重刑事犯罪的斗争。1983年8月至1985年底，市两级法院共审结刑事案件5498件，依法惩办刑事犯罪分子8590人。

大连光复之初的经济犯罪案件，主要是犯罪分子利用经济困难进行贪污受贿、不法资本家勾结或收买企业中的日本人盗卖国家财产、诈骗等犯罪案件。1946年人民法院审结贪污、受贿案件141件，1950年至1953年共审结1049件；1947年审结盗卖国家财产案件28件；1954年1月至1955年4月，审结不法资本家违法案件137件；1946年至1949年，审结诈欺（即诈骗罪）案件407件。进入20世纪80年代，经济犯罪案件多是犯罪分子在经济体制改革时期利用多种经济成分并存而实施的经济犯罪。这个时期的犯罪特点是发案多，重大贪污盗窃、投机倒把、诈骗、走私等案件突出；手段多变，如买空卖空、倒买倒卖、行贿受贿、弄虚作假等；利用法人的合法外衣犯罪；涉及面广、牵涉人多。1982年至1985年底，共审结种类破坏经济的犯罪案件720余件，依法判处犯罪分子870余人。

1950年5月1日《中华人民共和国婚姻法》公布实施后，旅大地区开展了声势浩大的宣传贯彻《中华人民共和国婚姻法》活动，法院审理的侵犯妇女、儿童、老人合法权益的案件一时期进入高峰。1950—1955年，法院共审结此类案件893件。1956年以后审理的此类案件明显下降。

二、民事审判

大连市人民审判机关自大连光复后成立到1985年，审理的民事案件主要有婚姻家庭案件、继承案件、财产权益案件等。

大连光复之初，民事案件以调解为主。中华人民共和国成立后，对农业、手工业和资本主义工商业社会主义改造时期，民事案件大幅增加。1953年收案17947件，审结8321件（含旧存），均为历史上收、结案之最。1956年，国家基本完成对农业、手工业和资本主义工商业的社会主义改造，实现公私合营和农业、手工业合作化后，因私有制引发的民事纠纷逐渐减少。1958年实行人民公社化、“大跃进”、“刮共产风”，出现一些滥占个人房屋或其他生活资料，侵犯公民合法权益的侵权案件，但实际受案减少。1961年，法院审理的民事案件大幅回升，当年审结5412件。1967年3月至1973年3月，法院实行军事管制，民事审判工作陷入停顿状态。1970年，全市受理民事案件数降至212件，审结256件（含旧存）。中共十一届三中全会以后，尤其是1981年《中华人民共和国婚姻法》实施后，民事案件大幅增加。1984年，全市民事案件收案6240件，审结6343件（含旧存）。1977—1985年，全市共审结民事案件34800余件。

婚姻案件在民事案件中占有相当大的比重。1949年审结的823件民事案件中，婚姻家庭案件617件，占75%。此后，审结的婚姻案件逐年递增，1950年审结2054件，其中由妇女告诉的案件约占80%；1953年审结4605件，是历史上结案最高的年份，占当年审结民事案件的55.3%。20世纪60年代初，婚姻案件在民事案件中所占比例增大，1960年、1961年、1962年，审结的婚姻案件分别占民事案件总数的83.5%、83.5%和87.4%。1981年经过修正的《中华人民共和国婚姻法》实施后，法院审结婚姻案件逐年上升，全年审结1657件，占全部民事案件的40.8%。这个时期离婚的当事人中，青年人居多，婚龄短的居多。

民事案件中的“三费”（抚养费、扶养费、赡养费）案件因1950年《中华人民共和国婚姻法》的实施而增多。1950—1959年，两级法院共审结3135件，占同期审结全部民事案件48694件的6.4%，占同期审结婚姻家庭案件31403件的10%。审结“三费”案件的另一个高峰期是1977—1985年，共审结5297件，占同期审结全部民事案件34761件的15.2%，占同期审结婚姻家庭案件22882件的23.1%。1984年是人民法院建院以来审结“三费”案件最多的年份，共审结1089件，其中赡养案件853件。

民事案件中的继承案件，大连光复初期受案不多。1946—1949年，两级法院共审结63件，占同期审结的全部民事案件的2.6%。这时期所遵循的继承原则是民间习俗，按封建制度的亲祧和继嗣来继承。1950年《中华人民共和国婚姻法》颁布实施，规定“夫妻有互相继承的权利”“父母子女有互相继承遗产的权利”，继承案件逐年增加。1953年审结继承案件299件，是历史上审结继承案件最多的一年。1967—1976年，共审结继承案件97件，其中1971年只审结1件。中共十一届三中全会以后，落实各项政策，继承案件增多。1979年，审结继承案件93件。

民事案件中的财产权益案件，在大连光复之初是民事案件的主体。1946—1948年，共审结1215件，占审结的民事案件1672件的72.7%。1949年以后，婚姻家庭案件大幅上升，财产权益纠纷案件大幅下降。1953年审结3198件，是历史上审结财产权益纠纷案件最多的年份，但在审结的民事案件中只占38.4%。中共十一届三中全会后，财产权益纠纷案件始有增多。1982年审结2462件，为近30年审结最高年份，占民事案件的比重增至43.6%。此后，审理的财产权益案件逐年下降。1985年审结1747件。

财产权益纠纷案中的房屋纠纷案件。大连光复之初的房屋纠纷，主要是要求确认房屋产权和房屋买卖、典当等民事法律关系。日本投降后，日占时期日伪军政人员及日侨撤离后空置的房屋，有人从中投机取巧买卖房屋，引起纠纷。1953年是大连历史上审结房屋案件数量最多的一年，全年审结921件，占审结财产权益案件3198件的28.8%。1958年人民公社化、“大跃进”开始后，尤其是“共产风”和“一平二调”盛行期间，农村大办公共食堂，城市举办街道企业和社会福利业，任意占用或动迁一些私有房屋。这个时期公民合法权益被严重侵犯，但由于受“左”倾思想影响，公民正当权益得不到保障，法院受理与审结的房屋案件较少。1960年审结25件，1970年审结3件，1970年成为历史上审结房屋案件数量最少的年份。中共十一届三中全会以后，落实房屋政策，房屋案件收案逐年递增。1979年审结226件，1980年审结416件，1981年审结622件，1982年审结893件，后两年是历史上审结房屋案件的高峰年，1981年是历史上审结房屋案件占财产权益案件比例最高的年份，占比达37.3%。

财产权益纠纷案中的债务案件。大连光复后，1946年法院审结债务案件260件，占当年审结财产权益纠纷案件313件的83%，占审结民事案件404件的77.5%，是债务案件占财产权益纠纷案和全部民事案件中比例最高的年份。进入20世纪80年代，实行经济体制改革后，一部分人通过承包、租赁等形式取得了对公有财产的使用权、经营权，个人集资和联合经营等形式的经济实体不断涌现，引发的债务纠纷不断增多。1983年全市审结债务案件241件。

财产权益纠纷案中的损害赔偿案件。大连光复之初的损害赔偿案件较少发生，即便有纠纷发生也多由行政部门做了处理，法院开始受理损害赔偿案件是在1949年。1950年，法院受理的损害赔偿案件猛增，年审结360件，为多年累积案件的集中。“文化大革命”结束后，法院受理的损害赔偿案件大幅上升。1979年审结259件，占同年审结财产权益纠纷案件556件的46.6%；1980年审结611件，占同年审结财产权益纠纷案件1386件的44.1%；1982年审结954件，是历年审结损害赔偿案件的最高年份。

三、经济审判

1946年大连地方法院建院时，对劳资纠纷、租赁、不履行买卖契约和公私企业之间的经济纠纷，是作为一般民事案件来审结的。1978年国家实行对外开放、对内搞活经济政策后，经济纠纷案件开始大量增多。1979年5月，旅大市中级人民法院组建经济审判庭，将经济审判从民事审判中独立出来。从建庭到1981年7月，法院共审结经济纠纷案件83件，其中以和解、撤诉解决的73件，占结案总数的88%。

1982年，市法院开始明确经济审判的收案范围，主要包括经济合同纠纷案件、涉外经济纠纷案件、农村承包合同纠纷案件、经济损害赔偿纠纷案件、经济行政案件等。1980—1985年，市两级法院共审结经济纠纷案件1997件，结案争议标的金额8220.09万元。其中1983年收案319件，结案240件，结案争议标的金额488万余元；1984年收案471件，结案412件，结案争议标的金额1695万余元；1985年收案1250件，结案1071件，结案争议标的金额6035万元。1983年，大连市农村普遍实行家庭联产承包经营责任制，农村承包合同纠纷案随之发生。1984年，金县法院受理农村承包合同纠纷案件18件，占各类经济纠纷案件的36%。1985年后，农村家庭联产承包合同纠纷案件有增无减。市两级法院共受理农村承包合同纠纷案63件，审结47件。

1984年大连海事法院成立后，此前由大连市中级人民法院负责审理的对外贸易、中外合资经营、技术进出口等海事纠纷案件，转由海事法院理。

四、审判监督

再审案件以刑事审判居多。在1954年至1978年的25年中，市两级法院共受理刑事申诉案件2055件，平均年收案80件。复查纠正的刑事申诉案件主要是第二次“镇反”和内部肃反、“大跃进”、“文化大革命”3个时期判处的案件。1957年，刑事申诉收案115件，比1956年增长2.3倍；

1963年刑事申诉收案110件，比1962年增长1.4倍；1966年收案200件，比1965年增长1.6倍。1978年中共十一届三中全会后，通过平反冤假错案，申诉案急剧增多。1978—1985年，全市共受理刑事申诉案件18296件，平均年收案2287件，比25年的总和还超出11.3%。

定期复查的案件主要是第二次“镇反”和内部肃反、“大跃进”、“文化大革命”3个时期判处的案件。1956年，对第二次“镇反”运动中判处的反革命案件和部分普通刑事案件进行复查，复查反革命案件878件，占审结案件的99%。复查共发现冤、错案件103件，量刑畸轻畸重、定性错误、事实不清185件，均予改判。1962年，重点对1958年至1961年间所判处的反革命、坏分子案件及普通刑事案件进行复查，共复查4303件，占判处案件总数的18.2%，复查案件均予改判。1978年，对“文化大革命”期间判处的刑事案件进行复查，其间两级法院共判处政治案件891件、984人，复查改判837件、855人，复查案件占原判案件的85%。

第四节　司法行政

从1945年大连光复，至中华人民共和国成立后的1954年，大连地区的司法行政工作一直由人民法院管理。1955年5月23日，旅大市司法局成立，1957年12月23日撤销。旅大市司法局撤销后，司法行政工作由市中级人民法院管理。1980年11月18日，旅大市司法局重新建立，所属区县相继成立司法机构。1982年5月，根据国务院决定，原由司法行政机关承担的法院司法行政工作移交人民法院，原由市公安局管理的劳教业务移交市司法局。

大连市司法局成立后，主要承担了法制宣传、人民调解、公证、律师、劳动教养管理、劳动改造管理等职能。

一、法制宣传

中华人民共和国成立后，大连市两级人民法院对新颁布实施的法律组织开展了宣传。1950年5月1日《中华人民共和国婚姻法》公布实施，市两级法院组织街头宣传演出30余次，开办法律讲座，听众达3万余人次。1951年《中华人民共和国惩治反革命条例》颁布实施，两级法院组织开展了镇压反革命宣传活动。1954年《中华人民共和国宪法》、1955年《中华人民共和国兵役法》颁布实施，两级法院均组织了宣传活动。中共十一届三中全会以后，法制宣传逐步形成制度化。1980年，市司法局组织开展了《中华人民共和国刑法》《中华人民共和国刑事诉讼法》的宣传。1982年配合严厉打击严重刑事犯罪斗争，开展了《中华人民共和国刑法》的宣传。法制宣传的形式主要是印发宣传画，举办报告会、展览会，举行文艺调演等。1981年创办《法制宣传》，1983年设立“法制宣传日”，在群众中广泛普及法律识。

二、人民调解

1945年11月，大连市政府颁行《大连市调解委员会暂行组织条例（草案）》，此后，各区、村（坊）调解委员会陆续建立。中华人民共和国成立后的1951年，旅大市辖内26个区（直属区7个，金县13个区，旅顺6个区）共建立区级调解委员会19个，有调解委员108人；492个村建立村级调解委员会的280个，有调解委员1566人。1961年，全市有调处委员会（1959年调解改称调处）1395个，调处干部万余人。“文化大革命”期间，各级调处委员会相继被取消，人民调解工作停止。

1980年旅大市司法局重建后，人民调解工作相继恢复。1981年，全市有调解领导小组493个、调解委员会3787个、调解小组14004个，有调解人员73309人。部分厂矿企业也建立了自己的调解机构。

1950年1—9月，旅大地区区、村（坊）调解委员会共调解案件6601件，其中调解成功的6092件，调解未成功转至法院诉讼的509件。1962年，全市调处委员会或调处小组调解各类纠纷3.6万余件。1983年4月，中央改革政法体制，司法行政机关不再管理人民法院司法行政工作，专门管理和指导人民调解工作，各级调解组织在调解各种民事纠纷方面起到相当重要的作用。1985年，全市各级调解委员会共受理民事纠纷24957件，调解成功24164件，成功率为97%。

三、公证

大连光复后至中华人民共和国成立前，没有设公证机构。1949年12月，旅大行政公署人民法院成立值日审判室，兼办公证事务。1955年11月，旅大市公证处成立，隶属市司法局。1957年旅大市司法局撤销，公证处作为保留机构划归市中级人民法院。1967年，旅大市公证处解体。后于1973年开始办理涉外公证。中共十一届三中全会后，1980年3月3日，旅大市组建隶属市中级人民法院的市公证处。1980年，公证处划归市司法局。1981年2月9日，旅大市公证处改称大连市公证处。

中华人民共和国成立之初，旅大行政公署人民法院值日审判室办理的公证数量及种类少。1950年办理公证17件，1953年办理165件。公证事务主要有委托书、离婚、收养等公证，亲属关系、遗嘱、签字属实等认证。1954年，主要办理一批公私间经济合同公证，到1955年6月底，共办理公私经济合同公证1190件。同年，在旅大的苏联侨民大批回国，据不完全统计，旅大市人民法院共办理苏联侨民归国证明（离职证明、学历证明、俄文译文与中文译文相符等证明）公证1070件。1955年旅大市公证处成立后，办理国内民事公证110件，涉外公证239件。1982年4月15日，市公证处办理了自1980年3月恢复重建以来第一份经济合同公证。1983年，全市各公证机关办理经济合同公证332件。1985年，全市各公证机关共办理国内经济合同公证7285件，涉外事务公证2390件，民事权利义务公证10262件。

四、律师

大连地区光复初期，没有实行律师制度，法庭审理案件也不设辩护人。中华人民共和国成立后，1954年，旅大市开始试行辩护制。在市中级人民法院内部设公证辩护人，主要承担刑事案件的辩护。1955年旅大市司法局成立后，11月10日，旅大市法律顾问处成立并对外办公，律师制度正式实行。1957年市司法局撤销后，市法律顾问处划归市中级人民法院。1958年，在“大跃进”运动中，市法律顾问处实行刑事、民事案件“大包干”，在5月4—9日的一周时间里，有54起刑事案件出庭，占第一季度刑事案件出庭的46.7%。5月，除开展整风运动和“三天消灭麻雀”运动外，实际工作时间14天，咨询104人次，民事代理21件，刑事辩护83件。同年11月，旅大市法律顾问处被取消，律师业务随之中断。中共十一届三中全会后，1979年10月10日，旅大市法律顾问处成立，隶属市中级人民法院；1980年，旅大市法律顾问处改隶旅大市司法局。随后，市属县区相继成立律师机构。

大连市律师业务主要有刑事辩护、法律顾问、民事诉讼代理、非诉讼法律事务代理、法律咨询和代书、涉外律师业务等。

刑事辩护 1980年，旅大市法律顾问处的13名律师都承办了刑事辩护案件。当年办结各类案件274件，其中刑事辩护案件215件，占办案总数的78.5%。1982年以后，律师工作转移到配合公、检、法机关打击经济领域里严重犯罪的活动中。1982年全市律师共办结刑事辩护案件1072件，其中经济犯罪案件219件；1983年按照依法“从重从快”方针，全市律师共办结刑事辩护案件1303件，比1982年增长21.5%；1984年继续开展严打斗争，全市律师共办结刑事辩护案件1703件。

法律顾问 1981年8月21日，大连重型机器厂聘请市法律顾问处律师邹林德担任法律顾问，此为市律师机构恢复重建后首现的律师担任常年法律顾问。是年，全市有4家企事业单位聘请律师担任常年法律顾问。1983年，聘请单位增至23家，1984年聘请单位增至63家，并有52个个体户聘请了法律顾问。1985年，大连市律师开始为政府领导人或政府机关担任法律顾问。同年，律师邹林德、陈桂荣应聘担任中日合资大连国际酒店的常年法律顾问，首开大连市律师应聘担任“三资”企业常年法律顾问的先河。到1985年末，全市已有271家机关、企事业单位、经济联合体和专业户聘请了常年法律顾问。

涉外律师业务 1982年，市司法局开始对每年有近800起出口物品理赔业务和数起涉外经济纠纷案件的中国人民保险公司大连市分公司提出建议：聘请常年法律顾问，培养并聘请公司保险干部为兼职律师。1983年9月，对外经济贸易部在大连举办国际经济技术洽谈会，大连市8名律师被指派介入会议项目的业务指导。8名律师参与制定谈判方案7份，参与洽谈71人次，审查合同、意向书50多份。1984年，大连市律师参加涉外经济洽谈会4次，接待中外客商法律咨询80多人次，草拟涉外法律文书70多份，接受委托参与涉外经济纠纷的调解和代理诉讼7起，为中方索回赔款200多万元。1985年3月，大连市对外经济律师事务所正式成立并对外办公。

五、劳动教养管理

大连光复后，1947年1月创建了大连劝业工厂，中华人民共和国成立后改称旅大市生产教养院。1957年10月，市民政局在甘井子区南关岭石灰分厂创建了旅大市劳动教养院，翌年移交旅大市公安局管理。1961年11月，市民政局在金县友谊公社创建了旅大市收容、遣送、安置自由流动人口办公室教育大队，翌年移交旅大市公安局，改称旅大市公安局劳动教育大队（对外称旅大市南关岭采石场，后改称大连砖石厂）。1969年，旅大市革命委员会重建了强制劳动教育大队，命名为“中国人民解放军旅大市公安机关军事管制委员会强制劳动教育大队”（1971年该大队迁至大连第三水泥厂，到1973年先后在大连水泥厂、大连钢厂、大连麻纺厂各设1个中队，1973年强制劳动教育大队从第三水泥厂迁回大连砖厂），1974年改称旅大市公安局强制劳动教育大队（对外称大连砖厂），1981年改称大连市劳动教养院。1983年6月28日，市司法局正式接管大连市劳动教养院（对外仍称大连砖厂）。

不同时期劳动教养的收容范围：市生产教养院时期，是城市中的游民、贫民、灾民和不足判刑的轻微违法犯罪分子。市劳动教养院时期，1955年是依据中共中央《关于彻底肃清反革命分子的指示》规定，只收容从内部清理出来的“不够判刑，而政治上又不宜继续留用，放在社会上又会增加失业的”人，1957年根据国务院《关于劳动教养问题的决定》的规定，“既收容从内部开除出来的人，也收容社会上应当劳动教养的人”。1958年共收容劳动教养人员2114人，主要从事种田、采石、烧石灰、筑路等生产劳动。市收容、遣送、安置自由流动人口办公室教育大队时期，主要是从收容流窜于社会的自由流动人口中查出实属留队进行劳动教育改造的人。市公安局强制劳动教育大队时期，1964年是依照省公安厅规定，收容“城市中有劳动能力而长期不从事劳动并且有违法犯罪行为，屡教不改，社会上管不了的人”，1980年是依照中共中央、国务院决定，收容“家居农村而流窜到城市、大型厂矿作案的人”。1983年以后由司法局管理市劳动教养院时期，执行国务院转发公安部《劳动教养试行办法》规定。

市司法局接管市劳动教养院后，按照“教育、感化、挽救”的劳教工作方针，对劳动教养人员进行了入院教育、常规教育、出院教育，并于1985年7月成立了大连市劳动教养学校。劳教学校主要进行政治、文化、技术教育，其间，占劳教人员总数95.4%的1647名劳教人员参加了编班学习。

六、劳动改造

大连光复后，新生的人民民主政权建立了新的劳动改造制度，与俄日侵略者为维护其殖民统治用于镇压革命党人和爱国人士而建立的旧监狱有着本质区别。新的劳动改造机关是对罪犯实施惩罚和改造的机关，监狱对罪犯实行惩罚和改造相结合、教育和劳动相结合的原则，将罪犯改造成为守法公民。其间，大连地区劳改机构经过了1946年1月至1951年9月的法院管理时期、1951年9月至1962年12月的市公安局管理时期、1962年12月至1969年11月的省公安厅主管时期以及1979年后省司法厅和市司法局管理时期。犯人劳动改造的场所有旅大市监狱（由旅顺监狱与岭前监狱合并），以及由永顺昌砖窑和白灰厂等处开设的劳改场所。改造场所在不同时期多有更名。

1983年，中共中央决定将监狱、劳改、劳教的管理工作移交司法部后，大连地区的劳改工作机关有辽宁省大连劳动改造管教支队、辽宁省大连南关岭劳动改造管教支队、辽宁省瓦房店劳动改造管教支队、大连市劳改管教支队、新金县劳役所。劳改机构除对犯人进行政治思想、科学、文化、生产、技术教育外，还组织犯人参加生产劳动。

第八章　军　事

大连处于辽东半岛南端，东濒黄海，西临渤海，南隔渤海海峡与山东半岛遥相对峙，构成犄角之势，素有“京津门户”之称。独特的地理位置使之自古以来就成为中国北方的海陆交通重要枢纽、军事重镇和海防要地。公元前109—前108年，汉武帝在大连开辟辽东航线，屯兵戍守。公元前109年，汉武帝派兵进攻朝鲜，7000名水军从山东出发，经大连沿海前往鸭绿江口会合陆路军队，大连海口成为士兵登陆点和军需物资转运地。三国时期，公孙氏政权割据辽东，大连成为魏军与公孙氏和吴军混战的战场。隋炀帝和唐太宗对高句丽用兵，大连成为进军之路和主要战场。明清时期对辽东防御倍加重视。明洪武四年（1371），元辽阳行省平章屯兵于金州平顶山和瓦房店得利嬴城（今得利寺龙潭山城）。明廷派叶旺、马云为定辽都指挥使，率10万大军自山东登莱渡海，至狮子口（因渡海顺利，叶旺马云遂将狮子口改称旅顺口）登陆，屯兵金州，并以此为基地向北进兵，收复辽东。明洪武八年（1375），设辽东第一个军事中心金州卫，洪武十四年（1381）设复州卫，洪武二十年（1387）调金州卫中左千户所至旅顺港。永乐九年（1411），任命中军都督刘江为辽东总兵官。为抗御倭寇，刘江在大连沿海修建烽火墩台和城堡，当永乐十七年（1419）六月倭寇来犯时，在望海埚将近1600余倭寇一举全歼。万历三十年(1602)，在旅顺设水军。清康熙五十四年(1715)，清廷建立旅顺水师营。第一次鸦片战争之后，为加强旅大陆海防御，清廷于道光二十三年(1843)，将宁海县升为金州厅，设海防同知衙门，并将熊岳副都统衙门移驻金州。清代大连地区驻军有八旗兵、绿营、练军、防军、水师、北洋海军。

1840年至1860年两次鸦片战争期间，英法军队多次侵扰辽东半岛。为加强旅大防务，清廷从1880年开始在旅顺和大连湾修建海陆炮台防御工程，旅顺成为北洋海军基地。1894年中日黄海海战爆发，大连地区成为战争的主战场之一，日军在这场战争中制造了震惊中外的“旅顺大屠杀”惨案。中日《马关条约》的签订，给旅大带来遭受割让的屈辱，虽然由于俄、德、法“三国干涉还辽”迫使日本放弃对辽东半岛的占领，但是清廷为此付出了3000万两白银的代价。1897年12月，沙俄军舰在“保护中国”的幌子下，对辽东半岛实施军事占领。翌年3月，强迫清廷签订《中俄会订条约》（又称《旅大租地条约》），租借旅大25年；5月7日，又签订《续订旅大租地条约》。1904年日俄战争爆发，俄国战败后，又擅将旅大租借权转让日本。在日本殖民统治旅大40年间，设关东军、关东军司令部等军事机构，并驻有守备队、宪兵队、空军、海军等。

1945年8月15日，日本投降。8月22日，根据《中苏友好同盟条约》，苏联红军进入旅大。1945年8月至1954年12月，苏联红军陆军第39集团军、旅顺口海军基地、空军第55歼击军分别驻金州、旅顺、大连。1955年1月，以中国人民解放军第三兵团为主接收了苏军旅大防务，苏军撤离回国。自1949年10月1日中华人民共和国成立至1985年，先后有中国人民解放军第3兵团（旅大警备区）、第64军、海军旅顺基地、空军第3军等30多个团以上部队和海军大连舰艇学院、大连陆军学院等5个军队院校驻防大连地区。中国人民解放军驻大连部队组织了多次重要军事活动。1955—1985年，驻大连部队参加上级或自身组织的军事演习36次，野营训练11次。1955年11月4—14日，中国人民解放军举行辽东半岛抗登陆战役演习，1956年10月21—30日，沈阳军区在辽东半岛组织了海岸防御战役现地演习。

解放战争时期，中国共产党领导的东北民主联军第4纵队等部队和国民党军新6军部分部队驻扎在庄河境内。1946年10月，国民党军队向辽南地区发动进攻，并一度占领新金以北及庄河地区。东北民主联军第4纵队和辽南独立师经与之数战，第二次解放了新金、复县、庄河等地。

大连地区兵役制随时代而变。清初实行世袭兵役制，鸦片战争后逐步废除。中华人民共和国成立后，1955—1978年实行义务兵役制，1978—1984年实行义务兵和志愿兵相结合的兵役制，1955年起建立预备役登记制。1982年，组建预备役部队。

大连历史上经历了旧制民众武装、新式民众武装。清咸丰、同治年间，旧制民众武装实行保甲制，称保甲、巡警、保防、预警、乡防。中华民国初期，东北沦陷期间，仍实行保甲制。1934年5月以后，伪满洲国的保、甲设有自卫团。1940年建立中坚队（民众称“棒子队”）。1945年大连光复后，旅大组建工人纠察队，各地农村组建农民自卫队。中华人民共和国成立后，于1952年开始施行普通民兵制。1958年9月29日，毛泽东主席发布“大办民兵师”号召后，全市城乡普遍建立民兵组织。20世纪50—60年代，民兵主要是支前参战；70—80年代，主要是管护国防工程、维护社会治安、抢险救灾。

大连地区的防空战备最早建于日本殖民统治

时期。中华人民共和国成立后，对日建防空洞和防空地下室进行了改造和再建。1978年，人防工程开始实行平战结合，一些人防工程被改作粮库、油库、冷库。1985年，一些人防工程又被改作物资库、停车场、商场。人防专业人员每年参加驻军、民兵协同防空袭、巷战、坑道演习。

第一节 驻 军

大连地区历史上战火频繁、战乱不息，作为战争的主体和政权的守卫者，军队不可或缺地交战或驻守于此。明洪武初年，大连地区即设有军卫机构、卫所建制，在金州屯兵10万，万历三十年（1602）始在旅顺设水军。清代大连地区设有防守尉、城守尉、海防同知衙门等军事机构，驻有八旗兵、绿营兵、练军、防军、水师、海军。清康熙五十二年（1713），清廷在旅顺设水师营。沙俄、日本侵占旅大后，地区始有入侵外军驻扎。国内革命战争时期，由中国共产党领导的人民军队有东北民主联军第4纵队12师、辽南独立师、中共庄河县保安团、大连警察部队，在庄河境内驻扎；国民党军队有新6军第14师41团、42团，独立第9师27团，第184师550团，庄河县保安大队，在1946年至1947年于庄河境内驻扎。1945年大连光复后，苏联红军驻扎有近10年。苏军撤离后，大连地区在中国共产党领导下，有旅大公安总队、旅大警备区、海军旅顺基地、空军第3军、大连军分区等部队驻扎。

一、国内驻军

明代驻军 明代大连地区设有军卫，辽东卫、定辽都卫、金州卫、复州卫，以及复州卫以北的盖州卫，管辖范围南至旅顺口，北及今大连市北部部分地区。

军卫机构。辽东卫设于洪武四年（1371）二月，卫治在得利赢城（今瓦房店市得利寺镇西北龙潭山城），刘益为指挥同知。这是明朝廷在东北地区建立的第一个卫所，控制范围为故元哈斯罕总管府（原金复州万户府）、盖州、澄州巡检司（相当于今大连市全部及营口、鞍山、丹东三市之一部分）。

定辽都卫设于洪武四年（1371）七月，卫治在金州城，叶旺、马云同为都指挥使。洪武六年（1373）卫治北移辽阳（今辽阳老城中部东侧）。洪武八年（1375），定辽都卫改称辽东都指挥使司（简称辽东都司）。翌年，辽东都司辖今辽宁省大部，在明代大部分时间里实际统辖全东北地区。

金州卫设于洪武八年（1375）四月，卫治在金州城（今金州城东北隅）。金州城一向为辽南重镇，辽东卫曾设千户所于此，定辽都卫治所也曾设于此，洪武八年（1375）遂单独设立金州卫，以原袁州卫指挥同知韦富、赣州卫指挥佥事王胜率军驻守。

复州卫设于洪武十四年（1381）九月，卫治在复州城（今瓦房店市西北复州城）。辖区大约为今瓦房店市大部及今新金县中北部。

位于复州卫北的盖州卫设于洪武九年（1376）九月，卫治在盖州城（今营口市属盖州市城区中），今瓦房店市北境和庄河市大部属盖州卫。

卫所建制。明洪武七年（1374），明朝廷确定卫所建制：卫约5600人，分设5个千户所；1个千户所为1120人，下设10个百户所；1个百户所为112人，下辖2个总旗；1个总旗辖5个小旗，1个小旗有士兵10人。定制虽然如此，边远地区的实际情况则依州县行政区划或军事地理等不同，千户所及军兵的数量不一定尽如定制，甚或差异较大。金州、复州、盖州各自所设千户所的数量大体如制，每卫的在册人数则出入很大。如金州卫5个千户所军士曾超出定制2倍半多，为辽东各卫之冠。其原因主要是金州城和旅顺口在辽东陆防、海防战略地位十分重要，是东北地区与内地往来的南大门，故设重兵驻守。

金州卫、复州卫、盖州卫全称分别为金州卫指挥使司、复州卫指挥使司、盖州卫指挥使司，上统于辽东都指挥使司（辽东都司）。诸卫指挥使司有指挥使（正三品）1人，指挥同知（从三品）2人，指挥佥事（正四品）4人，镇抚司镇抚（从五品）2人。诸卫所辖各千户所有正千户（正五品）1人，副千户（从五品）2人，镇抚（从六品）2人。

金、复、盖州等辽东诸卫的内部机构和官员设置，与他地军卫的情况大不相同，即在军备系统之外又另设有政务系统的机构和官吏。诸卫皆置吏、户、礼、兵、刑、工6房（亦称6科），每房设令史、典吏等官吏一至二人，或三至五人不等。军卫中另设6房之制，是明代辽东金、复、盖州等卫独具“军政合一”特色的重要体现。

除陆军外，明朝廷在旅顺始设水军。明万历三十年（1602），为遏制日益崛起的后金的势力，辽东巡抚上奏朝廷在此设置水军，4年后明水军正式成立，时有兵员千余人。万历四十八年（1620），朝廷又分别从辽阳和江浙调来万余兵员，分驻金州、旅顺口诸港及沿海岛屿，以求外卫金复（辽宁金州、复州），内护登莱（山东登州、莱州）。

清代驻军 清代在大连地区设有军事机构和驻军，主要分布在旅顺口、大连湾、金州、复州。陆军海军，金州有金州城守尉、金州副都统衙门，复州有复州城守尉，旅顺口有旅顺水师营协领衙门（康熙五十四年即1715年设），金州协领衙门（道光二十三年即1843年设），北洋前敌营务处（光绪六年即1880年设），海军提督署（光绪十一年即1885年设）。驻军按军队称谓和军种分，陆军有八旗兵、绿营、练军、防军，水军有旅顺水师营、北洋海军。

1．八旗兵。顺治元年（1644）定鼎中原后，改盛京为留都，派八旗驻防。驻防将军为最高军事首领，驻防将军之下设副都统、城守尉、协领、佐领等驻防官。顺治初年以后，金州、复州皆有八旗驻防。

金州城。清顺治初年，设有佐领。康熙十九年（1680）设有协领。这一年设金州营，编入驻防军。翌年实行“编民入旗”，原金州营驻军改成八旗编制，驻防金州。满洲各旗设防御1员、骁骑校1员，隶金州城守章京统辖。康熙二十年（1681）设防守尉。康熙二十六年（1687），金州城改由城守尉统辖。康熙三十一年（1692），编蒙古巴尔虎正白旗，置佐领1员、骁骑校1员。康熙五十三年（1714），编制汉军镶黄、正黄、正白三旗，各旗置汉军佐领1员、骁骑校1员。由此，金州形成满、蒙、汉军12个旗军，皆隶金州城守尉。每旗置旗长（满军为防御，蒙、汉军为佐领）、骁骑校各1员，并置领催、兵勇等80余名。乾隆二十九年（1764），金州八旗驻军共有940名，其中满洲8个旗545名，蒙古巴尔虎1个旗154名，汉军3个旗241名。其驻防区域，满蒙9个旗分驻于金州城东（大约为今金县和新金县南部）；汉军3个旗分驻于城西，据《南金乡土志》记载：“由治城西至鞍子山为汉军镶黄旗界；鞍子山西至台子为汉军正黄旗界；台子西为汉军正白旗界。”12旗署皆驻金州城内。汉军八旗的后裔乃今大连地区满族的主要成分。道光二十三年（1843），鉴于第一次鸦片战争前后英国军舰多次侵入金州沿海，为加强金州、旅顺口、大连湾沿海防御，清廷将熊岳副都统衙门移驻金州城（同年于旅顺置协领）。光绪二十年（1894）中日甲午战争中金州城沦陷，金州副都统衙门撤离。日本“三国干涉还辽”之后，光绪二十二年（1896）恢复衙署。沙俄于1900年侵占金州城后衙门再度消亡。

复州城。康熙二十六年（1687），设城守尉，统辖复州满洲八旗兵和蒙古巴尔虎旗兵，管理城防及旗民事务。城守尉官兵由各地调拨。乾隆二十七年（1762），置世袭云骑尉，辖兵员686名，其中满洲兵员568名、蒙古兵员48名、巴尔虎蒙古兵员55名、汉军兵员15名。乾隆三十年（1765），经过移驻和裁兵，驻兵减至599名。

2.绿营。清顺治初年，依明代绿营规则，由各省招募汉人建立绿营（以绿色军旗命军）。绿营是清代第二支正规军。奉天捕盗营为绿营兵，在金州厅、复州驻有分队，置捕盗外委1人，兵员各20人。

3.防军、练军。太平天国农民起义时，清廷赖湘勇、淮勇镇压，之后仍以勇营屯驻，称为防军。防军之外，还有从绿营编制内选出编练的军队，称为练军［同治四年(1865)定名）］。后防军和练军改为巡防队，又改编为陆军。驻大连地区的防军和练军，均由金州副都统所辖。

4.边防军。北洋水师于光绪初年始建时，即将旅顺、大连湾、金州划为北洋防区，港口、炮台、防御部署等均由北洋水师统筹。为协调旅顺、大连湾驻防军之间事务，在旅顺设立前敌营务处。中日甲午战争爆发前，除驻旅顺北洋舰队外，旅大地区驻有陆防军32营、1.5万余官兵，其中旅顺20营1哨，大连湾12营；金州驻有步队3营、马队2哨。

5.水师。清康熙五十二年（1713），清廷在旅顺设水师营。康熙五十四年（1715），旅顺水师营建成，初隶盛京将军，雍正五年（1727）改隶熊岳副都统，道光二十三年（1843）又改隶金州副都统。初建时定员500人，其中水手470名。500人共编成左右2个营，有战船10艘。水师营建成后即开始巡哨，左右两队自老铁山至菊花岛往返巡哨。后又几度增兵和补修战船。道光二十三年（1843）四月，巡哨范围已南至山东隍城岛以北，东至大孤山与朝鲜交界处，西至锦州洋面与直隶交界之天桥厂。至清代中叶，由于多年无战乱侵扰，水师巡防松弛，旅顺水师营渐衰。光绪六年（1880），水师营被裁撤，转由李鸿章筹建北洋水师。

6.北洋海军。清光绪元年（1875）四月二十六日，清廷命李鸿章督办北洋海防事宜。光绪七年（1881），清廷批准李鸿章北洋水师基地选址旅顺口建港的奏请。光绪十一年（1885），成立海军提督署，任丁汝昌为提督，改三角形水师旗为长方形海军旗。历经十余载，旅顺口港口疏通，船坞建成，并先后设立鱼雷营、水雷营，鱼雷艇驾驶学堂、水雷学堂、管轮学堂，以及工程局、军械局、鱼雷局、电信局、煤厂、药房等。光绪十四年（1888），清廷发布《北洋海军章程》，北洋水师正式改称北洋海军，北洋舰队正式成军。同时，将海军提督署由旅顺移驻威海刘公岛。于旅顺设水雷营、鱼雷营等海军机构。

清光绪六年（1880），北洋大臣李鸿章主持筹建北洋海军后，清廷调四川提督宋庆及所部毅军3营驻扎旅顺。为协调水陆各营兵马，李鸿章在旅顺设置北洋前敌营务处，为驻天津北洋大臣在旅顺的派出机关，负责协调旅顺、大连湾、金州各地驻军事务。首任北洋前敌营务处兼旅顺船坞工程总办是候补道员刘含芳。前敌营务处于甲午战争结束后消亡。

中华人民共和国驻军　中华人民共和国成立后至1985年，大连地区先后有30多支部队在此驻防（驻大连军事院校不计入其内）。

二、驻扎苏联红军

1945年8月15日，日本宣布无条件投降。根据1945年2月11日苏、美、英三国首脑签订的《雅尔塔协定》，8月14日，中华民国政府同苏联政府签订了《中苏友好同盟条约》及《关于中国长春铁路之协定》《关于大连之协定》《关于旅顺口之协定》《关于中苏此次共同对日作战苏联军队进入中国东三省后苏联军总司令与中国行政当局关系之协定》。

依据《中苏友好同盟条约》规定，8月22日，苏联红军进驻旅顺和大连，接受日军投降，实行军事管制。其中，苏联后贝加尔方面军副司令伊凡诺夫中将率250名空降兵在旅顺土城子机场着陆，并就任旅顺警备司令；雅曼诺夫少将也率250名空降兵在大连周水子机场着陆，并就任大连警备司令（后由高兹洛夫中将接替）；苏军机械化师、坦克团、炮兵团、飞行团等部队进驻金州。金州也设置了警备司令部。8月23日，苏军近卫坦克第6集团军首批坦克部队抵达旅大地区，苏军太平洋舰队空降兵部队在旅顺降落。至8月底，苏联红军进驻旅大地区的兵力达1万余人。9月1日，苏军后贝加尔方面军第39集团军司令廖德尼科夫上将率司令部作战组飞抵旅顺。9月6日，苏军远东军总司令华西列夫斯基元帅、远东军第1方面军司令麦列茨科夫元帅、后贝加尔方面军司令马利诺夫斯基元帅、空军元帅诺维科夫、炮兵元帅契斯佳科夫以及其他将领到达旅顺。9月28日，苏军海军太平洋舰队舰只开入旅顺口，齐帕诺维奇海军少将任旅顺海军基地司令官。从此，苏军把旅顺口作为海军基地，对其实行军事管制。苏联空军第55歼击军驻扎黑石礁。

中华人民共和国成立后，中国政府与苏联政府于1950年2月14日签订《中苏友好同盟互助条约》，同时还签订了《关于中国长春铁路、旅顺口及大连的协定》，同年4月11日起生效。该条约取消了1945年8月由中华民国和苏联政府签订的不平等的《中苏友好同盟条约》。根据《中苏友好同盟互助条约》与相关协定规定，苏军于1952年底前从旅顺撤退，并移交一切代管或租用之财产。1950年6月朝鲜战争爆发后，根据形势变化，中苏双方于1952年8月议定，苏军撤退的时间予以延长。1953年7月27日朝鲜战争结束。1954年10月12日，中苏两国政府在北京会谈并发表《关于苏联军队自共同使用的中国旅顺口海军根据地撤退，并将该根据地交由中华人民共和国完全支配的协定》（旅顺口海军根据地即旅顺海军基地）的联合公报。中苏双方议定，苏军于1955年5月31日前撤出旅大。同年5月26日，进驻旅大地区苏联红军全部撤离完成，其中驻旅顺的苏军及其家属共计11万余人。

附：入侵外军

俄军 1897年12月14日（清光绪二十三年十一月二十一日），5艘沙俄军舰闯入旅顺口；12月20日，1艘沙俄军舰驶进大连湾。沙俄对旅大实行军事占领之后，于1898年3月27日逼迫清政府签订《旅大租地条约》，5月7日又签订《续订旅大租地条约》。1900年7月27日，沙俄军队武装占领金州城。俄国强租旅大后，在旅大地区实行关东州官制。沙皇任命阿列克谢耶夫海军中将为关东总督。

关东州俄国军事机构有陆军司令部、参谋本部、州陆军会议、州军法会议。

驻旅大地区俄国陆军。沙俄军队侵占旅大后，从符拉迪沃斯托克（中国称海参崴）不断向旅大地区派兵。1900年初，驻旅大陆军有2.3万人，包括8个步兵营、2个要塞炮兵营、3个野战炮兵连、1个哥萨克骑兵团、1个工兵连。日俄战争爆发时，驻旅顺口、大连湾等地的陆军第7、第4师团人数增至41780人，其中驻旅顺20350人、青泥洼2000人、大连湾4400人、貔子窝400人、金州750人。

驻旅大地区的俄国海军。包括太平洋分舰队

（太平洋第一分舰队）、旅顺军港司令部、东海水路研究部、关东水兵团。太平洋分舰队由波罗的海舰队、西伯利亚舰队抽调军舰组成，是俄国太平洋海军的主力军。1903年日俄战争爆发前，共有各种作战舰艇60余艘，其中装甲舰7艘、装甲巡洋舰4艘、巡洋舰7艘、驱逐舰3艘，总吨数达19.3万多吨。1904年2月日俄战争爆发时，海军各种舰艇增至72艘，装有各种口径的大炮220门。

日军　1904年2月8日深夜，日本联合舰队突袭驻旅顺口港外俄国太平洋舰队。2月9日，沙皇尼古拉下诏对日宣战。2月10日，日本明治天皇下诏对俄宣战。日俄战争正式爆发。翌年9月5日沙俄战败，与日本签订《朴次茅斯和约》，日本开始取代沙俄对旅大实行殖民统治。

日本侵占旅大后，日俄战争后留驻辽宁的日本侵略军称为关东军。“九一八”事变后，霸占中国东北的日军仍沿用此称。关东军在旅大的活动主要有：策划满蒙独立运动、迫使郭松龄倒戈失败、出兵山东制造济南惨案、制造皇姑屯事件、策划柳条湖事件等。

驻旅大的军事机构除关东军司令部、师团、旅团、独立守备队外，关东军司令部还下辖旅顺要塞司令部、旅顺重炮兵大队、关东军宪兵队本部、关东军陆军仓库、陆军运输部大连支部、卫戍医院、卫戍监狱等。

关东军司令部。1905年9月5日日俄签订和约后，满洲军总司令部设关东总督府（1905年10月31日设于辽阳，1906年5月迁移旅顺）。1906年9月1日，撤销军政署，改关东总督府为关东都督府。都督府设陆军部，掌握辖区陆军事务，同时将日俄战争之预备役军人编成守备队。1919年4月12日，日本政府撤销关东都督府，实行军政分立制，设关东厅，改陆军部为关东军司令部（虽然关东军司令部成立于1919年，但从1905年开始，关东总督和关东都督统率的军队实质就是关东军）。关东军司令部设在旅顺，关东军司令官对上接受日本内阁陆军大臣、大本营参谋总长的领导，对下统率、指挥驻扎在中国东北的师团和独立守备队以及旅顺重炮兵大队、关东宪兵队等。

旅顺要塞司令部。设于1905年1月9日。要塞司令官担任卫戍司令官，统辖旅顺的步兵联队、要塞炮兵联队、高射炮兵联队、重炮兵大队、军乐队。

旅顺重炮兵大队直属关东军司令部，主要负责旅顺要塞防备。

关东宪兵队。关东宪兵队组建于1904年日俄战争期间，本部设在旅顺，在各地派遣宪兵分队。1904年5月日本占领大连之初，设大连分遣所，1906年先后改称派遣分队、大连宪兵分队。“九一八”事变后，关东宪兵队升格为关东宪兵司令部，设在奉天，后迁长春。大连宪兵队于1938年12月升格为独立宪兵队，辖大连、旅顺分队和周水子、金州、大连埠头分队。

独立守备队。独立守备队设于1906年，由日俄战争之预备役军人编成。1909年4月建立独立守备队司令部，统辖各守备队。1916年3月守备队列为陆军编制，成员改为现役军人。

此外，驻旅大陆军机关还有关东陆军仓库、陆军运输部、卫戍医院。

日本海军。1906年9月，日本天皇敕令旅顺海域为关东海军区，设旅顺镇守府管辖。1914年4月，撤旅顺镇守府，关东海军区归日本佐世保镇守府管辖，在旅顺设要港部。1922年12月，撤旅顺要港部，保留防卫队。1925年定旅顺港属日本海军第3遣外舰队警戒区，常泊旅顺港，撤防卫队，改驻海军武官。1933年4月，复设旅顺要港部。1941年12月改设旅顺警备府，后改为旅顺方面特别根据地，隶属镇海警备府。

日本空军。初设航空运输部于大连周水子。

“九一八”事变前，驻飞行第 2 联合航空队，52 架飞机、620 人。1937 年，驻第 3 联合航空队，辖第 12、第 13 航空队。1945 年，第 2 航空军第 24 教育航空队驻金州三十里堡，有 100 式重教机 10 架。

除陆海空军外，日本当局还在大连地区建立了在乡军人（即复转军人）总会、义勇队，配备武器，临事参战。

第二节　军事设施

大连地区自古以来就是重要的战略要地。历代中央统治者或地方部族政权，以及外敌入侵者，都曾在此或筑建山城，或筑建城堡、修筑烽火台，或兴建海上防御等军事设施，以卫城池。自魏晋南北朝及至隋唐时期，作为中国古代东北地区的少数民族——高句丽，在汉魏之际逐步走向强盛，约于隋代始，筑起一批主要用作军事设施的山城。宋、辽、元、明、清历代以及俄日侵略者，在大连地区留下众多战争的历史遗迹。

一、隋唐时期大连山城

自东晋元兴三年（404）高句丽占据辽东后，兴建了许多山城。大连的高句丽山城大致建成于隋代，至今仍存十余处。这些山城的特点是依山势地貌，选建在水陆要冲，或河流谷道旁的高山陡崖处，或两河交汇的高山深谷处。山城遥相互望、关卡相连，烽烟相络，是高句丽部族政权拒守御敌的重要军事设施，并多为隋、唐、辽、金、元、明、清历代所沿用。

高句丽兴建的大连山城主要有：金州大黑山山城，又称卑沙城、卑奢城、毕奢城；瓦房店得利寺龙潭山山城，又称得利寺山城，在元、明时期曾称得利赢城；北瓦房店山城；普兰店魏霸山城，又称吴姑城；庄河城山山城；普兰店大城子山城；普兰店西山山城；普兰店老白山山城；瓦房店南马圈子山城；瓦房店城山山城；瓦房店岚崮山山城；庄河旋城山山城。

从古城的建筑特点及出土文物推定，金州大黑山山城应是大连地区建筑最早的山城。据明《辽东志》载：“大黑山城，金州城东十五里，山顶有古城……方约二里，内有二井，四面悬绝，惟南一门可上。”

从隋代四次收复辽东到唐代前三次收复辽东，高句丽均凭借山城重重屏障而据守，直到唐高宗时才正式收复辽东，足见包括大连地区在内的辽东山城的重要军事作用。

二、明代军事设施

明洪武四年（1371），在今大连地区先后置辽东卫、定辽都卫，并以军民之力先后修筑金州、复州两座规模较大的州城，修筑旅顺南北两座规模较小的海防城，还有颇具规模的永宁监苑马寺城。这些大小城池后来一修再修，坚固而完备，在御敌护民、保障官署行使公务等方面，起到重要作用。此外，在驿路沿线和关防要塞等处，修筑了一批军事城堡、哨所和烽火台（墩、架）。

金州城　位于今大连市金县金州城内。辽代已有，时为土城。明初金州城重修，仍为土城，但规模缩小许多。洪武八年（1375）建立辽东第一个军事中心——金州卫，金州土城改为砖城，于洪武十年（1377）竣工。砖筑金州城约呈方形，周长六里，高三丈三尺，四面各有一座城门：东门称“春和”，西门称“宁海”，南门称“承恩”，北门称“永安”。城墙外环以护城河（又称“池”），深一丈二尺，宽六丈五尺。嘉靖年间，倭寇、鞑鞑南北袭扰，辽南战事不断。于是，嘉靖四十二年（1563）金州城添建角楼4座，为守城官兵瞭望之所。明金州城存续200余年。明末后金势力南下，与明军反复争夺金州城，金州城多遭破坏。清初经过整修，乾隆再修，甲午战争中又遭日军破坏，战后重修增扩。至20世纪40—50年代初，金州城被拆除。

复州城 位于今大连市属瓦房店市西北复州镇城内。辽景福元年（1031）置复州怀德军，辖永宁县，兼领德胜县（今普兰店至金州一带），复州治所设于永宁县城，即后来的复州城，时为土城。金代沿置复州怀德军，治所在永康县（原永宁县）城，即复州城。明洪武五年（1372）六月，复州与金、盖、海州同时设置，治所仍在复州故城。其时复州土城已有300余年。洪武十四年（1381）九月，设复州卫，卫治仍在复州故城，始重修。复州城仍为土城，翌年竣工。洪武二十六年（1393）以后三年间，倭寇三犯金州等地。洪武二十八年（1395），废金、复、海、盖4州民政机关，专行卫制，为固复州卫，复州城由土城改筑为石城。筑城工程始于永乐元年（1403），至永乐四年（1406）竣工。新筑复州城，周长四里三百步，高二丈五尺，面积和高度稍逊金州城。石城的东、南、北三面各有城门一座：东门称“通明”，南门称“迎恩”，北门称“镇海”。城池深一丈五尺，宽一丈五尺。嘉靖四十二年（1563），复州城添设门禁，于城上增设敌台3座（东北2座，西面1座），3座城门外又增设护门台各1座，军事防御功能大大提升。明末，复州城在战乱中遭到破坏，但因其为石城所受破坏较轻。清初稍事修缮，到乾隆四十三年（1778），复州城由石城改建为砖城（内石外砖），乾隆四十五年（1780）竣工。20世纪70年代，复州古城被拆毁，仅余东门小段残墙。

旅顺城 旅顺城包括北城和南城，两城相距约200米。

明洪武四年（1371）七月，定辽都卫都指挥使叶旺、马云率军在狮子口登陆后，改狮子口为旅顺口，并命军士以树木为栅，修一座木栅城，留兵防守。此为旅顺北城。洪武二十年（1387），为防倭寇侵略金州沿海，明朝廷决定加强旅顺海防，将金州卫中左千户所调往旅顺驻守。永乐四年（1406），旅顺军民另筑一座新城，即旅顺南城，时为土城。永乐十年（1412），由金州卫指挥使徐刚督率军民，将木栅北城改筑为砖城。砖筑旅顺北城，周长一里二百八十步，护城河深一丈二尺，宽二丈。砖城南北各有一座城门，南称“靖海”，北称“威武”。同时，将旅顺南城改筑为砖城。旅顺南城比北城略大，周长一里三百步，护城河深一丈二尺，宽二丈五尺，南北各有一座城门，南门称“通津”，北门称“仁和”。明末后金南下时拆毁了旅顺北城，旅顺南城废于清代。

永宁监城 位于今瓦房店市北部永宁镇中心一带。明初朝廷设辽东苑马寺，专管辽东马匹牧养，苑马寺官署在辽阳城内，下辖六监，永宁监为其一。永宁监时有四苑：龙潭苑、复州苑、清河苑、深河苑。永宁监城修筑于永乐七年（1409），时为土城，周长三里八十步，高一丈七尺，东、西、南三面各设一门，东门称“寅宾”，西门称“聚泉”，南门称“日永”。护城河深一丈五尺，宽一丈二尺。明弘治十六年（1503），辽东苑马寺移驻永宁监城，盛时养马二三万匹。嘉靖十四年（1535），辽东苑马寺卿杨最征调盖州卫、复州卫、金州卫军民将永宁土城改筑为石城。到嘉靖四十四年（1565）巡按御史李辅主持编写《全辽志》时，辽东苑马寺所辖永宁之外五监及其属苑俱废，永宁监属龙潭、复州二苑也已废置。神宗万历五年（1577），永宁监城作为辽南地区的马政指挥中心再次修缮。至清代，随着苑马寺被废除，永宁监城不再是马政中心，而变为复州与盖州之间的一处州下机构——永宁监长社。

城堡 明朝廷在今大连地区修筑了许多具有关防和军事要塞功能的城堡，其中重要的有木场驿城、石河驿城、栾古关城、羊官堡城、归服堡城、红嘴堡城、望海埚堡城、黄骨岛堡城、五十里寨城、王官寨城、黄贵城、孛兰堡城、土城子城、城山堡、谦泰土城、盐城等十几座。这些军事城堡面积有大有小，但都有军事防御设施及驻守官兵营房、库房，多数城堡并设有驿站、烽火台等，有的还是将军或百户所驻地。

木场驿城（今名牧城驿） 在金州城西南六十里，为今大连市甘井子区营城子镇前牧城驿村。该城建于永乐十三年（1415）后，周长二里二百四十一步，高一丈五尺，东西南北四面各设城门一座，城墙用大灰砖和长方石混合砌筑，十分坚固。明代木场驿城位于金州城通往旅顺南北二城的交通要道的中段，既是军事要塞，又是驿站。清代曾改木场驿为木厂驿。

石河驿城 在金州城北四十里，为今大连市金县石河镇。该城建于永乐十三年（1415）前后，呈方形，砖石结构，实测遗址周长366米，四边长各91.6米，占地面积8400平方米。明代石河驿城是金州城通往复州城的重要军事和交通城堡，存续时间很长，直到清代仍为金州以北的重要驿站。

最有影响的是望海埚城堡（“望海埚”本作“望海呙”“海海坨”，后讹为“望海埚”），距金州城东北六十里，位于今金州区亮甲店镇泉水村赵王屯金顶山上。其地高平，东及东南距黄海不远，有登沙河、青云河入海。明初为防倭寇袭扰而建，石筑城墙，上部砖砌。城堡略呈椭圆形，北窄南宽，周长约200米，面积约2500平方米。城堡周围有18座烽火台（架），是金州城东北部一组非常重要的烽火台群。永乐十七年（1419）六月，辽东总兵官刘江（本名刘荣）曾据此堡大破倭寇，歼敌近1600人。

烽火台 又称墩堠、狼烟台。明代大连地区的烽火台基本上有两种：一种是修筑在沿海沿边地带的，称为边台；一种是为防御敌袭或便于官员巡视而修筑在沿途各地的，称为路台。边台和路台的形状一般为正方形，个别为圆形。方形烽火台多为土或土石结构，少数为砖石结构。大连地区是明代辽东烽火台密布区，共有大小烽火台130余座。这些烽火台大多修筑于永乐十三年（1415）至永乐末年的10年间，主要是为防御倭寇而建造。在大连地区众多的烽火台中，金州本城台和望海埚堡烽火台最为著名。

三、清代军事设施

清康熙五十三年（1714），在旅顺建水师营。翌年，水师开始春秋两次巡防，巡防范围为老铁山至菊花岛（辽宁兴城）之间的渤海海面。

1840年鸦片战争后，英、法、日军先后侵犯中国沿海，清廷于是开始加强海防建设。光绪元年（1875）四月二十六日，清廷着李鸿章督办北洋海防事宜，旅顺、大连湾、金州时为北洋防区，港口、炮台、防御部署等皆由北洋统筹。此为中国近代海军建设的肇始。到1894年中日甲午战争爆发时，清廷已对旅顺口和大连湾做了重点布防，对金州却疏于布防，使得战争爆发后，日军得以从后路先攻取金州，继而攻占大连湾和旅顺。

旅顺海陆防设施 旅顺口地处辽东半岛最南端，东西长32千米，南北宽28千米，面积约500平方千米。三面环海，以老铁山为界，东濒黄海，西临渤海，海岸线190余千米。清光绪六年（1880），旅顺被清廷选定为北洋海军基地后，即开始建军港、修船坞，同时按海岸和陆路两条防线构筑炮台。到1894年中日甲午战争爆发前，旅大海陆防已成相当规模。

旅顺港坞工程。工程历时10年。清光绪六年（1880）五月李鸿章确定在旅顺口开港筑坞后，光绪七年（1881）八月建立旅顺工程局。光绪八年（1882）港坞工程正式启动，不久因中法战争影响而停工。光绪十一年（1885）中法战争结束后，工程再次上马。光绪十二年（1886）九月，工程以125万两白银为价，承包给法国商人德威尼。光绪十六年（1890）九月工程竣工，北洋海军提督丁汝昌等官员进行验收。随之撤销旅顺工程局，成立北洋海军旅顺船坞局。船坞长132米，宽39米，深12米，用于供油和修铁甲战舰之用。东港港池东南北三面总长1314米，西面拦潮大石坝长298米，西北设有口门，用于兵船出入，周岸泊船供镶配整修用。坞边建有锅炉厂、机器厂、吸水锅炉厂等9座工厂。在旅顺元宝房、虎尾山、教场沟、馒头山等处建弹药库，其中南子弹库至今保存完好。旅顺船坞时为中国坞澳之冠，堪称东亚第一。

海陆防炮台。旅顺海防炮台（亦称海岸炮台）。海防以旅顺口为坐标，海防炮台依山势分建于东西两岸，口东所建炮台称黄金山炮台，口西所建炮台称威远炮台。光绪六年（1880），李鸿章确定在旅顺口开港筑坞，并在当年首筑黄金山炮台。至光绪十一年（1885）六月，在旅顺口东西海岸

清军在旅顺口的海陆防炮台及守将情况表

表2-9　　　　　　　　　　　　　　　　　　　　单位：门

炮台性质	防御区位	主要炮台	炮数	守兵	守将
海防炮台	东岸	黄金山炮台	17	庆字4营 约1600人	总兵黄仕林
		模珠礁炮台	8		
		崂嵂嘴炮台	11		
		田鸡台炮台	4		
	西岸	老虎尾炮台	5	庆字4营 约1600人	总兵张光前
		威远炮台	5		
		蛮子营炮台	6		
		馒头山炮台	6		
		城头山炮台	10		
陆路炮台	东部	松树山炮台	9	和字1营 约400人	总兵程允和
		二龙山炮台	8	桂字4营 约1600人	总兵姜桂题
		鸡冠山炮台	20		
		临时炮台	23		
	西部	椅子山炮台	2	和字2营 约800人	总兵程允和
		案子山炮台	10		
		望台北炮台	7		

共筑建永久性海岸炮台9座。口门以东依次为黄金山炮台、模珠礁炮台、崂嵂嘴炮台、田鸡台炮台，口门以西依次为威远炮台、蛮子营炮台、馒头山炮台、城头山炮台、老虎尾炮台。诸炮台共配备各种口径火炮72门。甲午战起，又增筑海防炮台4座，13座炮台共配炮81门。旅顺口陆路炮台，从光绪十五年(1889)起至光绪十九年(1893)建成。东起崂嵂嘴以北的白银山，经老头山、东鸡冠山，向西过望台山、二龙山、椅子山、案子山，直到西海岸的羊头洼，绵延25千米，呈半月形防线。陆路炮台共有17座，分东西两大堡垒团。东堡垒团以松树山、二龙山、望台山、鸡冠山、大坡山、小坡山等构成，共筑永久性炮台9座、临时性炮台4座。西堡垒团以椅子山、案子山为主体，筑有永久式和半永久式炮台4座，椅子山炮台是最重要的陆路炮台，其东南是小案子山炮台，西南是大案子山炮台,形成清军在旅顺西线防御的重点。

船坞附属设施和学堂。清光绪十四年（1888），位于旅顺港的老虎尾灯塔建成，这是大连海区第一座近代助航设施。还建立了鱼雷厂、水雷营，鱼雷艇驾驶学堂、水雷学堂、管轮学堂；设工程局、军械局、鱼雷局、煤厂、药房等。

大连湾海陆防设施 大连湾西南岬名黄山，迤东曰老龙头，东北岬曰和尚岛。湾东西长8海里，南北略等，周约24海里，湾口门宽约11千米，为黄海沿岸第一大湾。清光绪十三年（1887）三月，李鸿章派淮军提督刘盛休率所部铭军11营4000余官兵驻防大连湾，并承担建港工程。大连湾港主要工程建在北岸柳树屯（今大连湾镇）与和尚岛。光绪十七年（1891），在和尚岛炮台附近修建水雷营。至光绪十九年（1893），在大连湾北岸和西岸共建成海陆炮台6座，其中海岸炮台5座，分别是和尚岛炮台（分为西炮台、中央炮台、东炮台）、老龙头炮台、黄山炮台；陆路炮台1座，即徐家山炮台。在柳树屯海口内修栈桥1座，亦称“李鸿章栈桥”。

第三节 兵 役

大连地区的兵役制，自清代经中华民国到中华人民共和国，先后实行了世袭兵役制、幕兵制、抽丁制、志愿兵役制、义务兵役制、义务兵和志愿兵相结合的兵役制。一、世袭兵役制

清初，大连地区始行世袭兵役制。规定：凡年满16周岁以上的八旗男子，除独子和一家多男留一丁外，均编入军籍。入军籍者，少数驻防，多数屯田，农时耕种，农闲训练，居则为民，出则为兵，平时耕种，战时出征。驻防的旗兵，月给银饷，年给粮饷，不准旗人随便离开驻地和从事其他职业。

二、募兵制（雇佣兵制）

1840年鸦片战争后，世袭兵役制逐步废除，开始实行募兵制。各地招募新兵后加以训练，故称“练军”，亦称“绿营”。清光绪十一年（1885），北洋海军筹建时，于旅顺、金州等地招募新兵加以训练。伪满洲国成立后，也采用招募法补充士兵。

三、抽丁制

中华民国年间，始行抽丁制。民国14年（1925），复县抽民丁500名，编队后开赴奉天。1940年4月，伪满洲国规定，年满19岁男性为本年度征集对象，采取抽签办法征兵，入营后服役3年。到伪满洲国覆灭，仅庄河县就征“国兵”千余人，分赴通化、牡丹江、热河等地服役。

四、志愿兵役制

中国共产党领导的人民军队，在革命战争时

期和中华人民共和国成立后至1955年7月以前，一直实行志愿兵役制。

1945年大连光复后，翌年解放战争爆发。1946年7月，中共旅大地委下达扩军指示，大连地区党政群机关广泛动员广大青年响应号召参军参战，自愿报名参加中国共产党领导的东北民主联军。同年9月26日，中共旅大地委下达扩警指示（实即扩军）。1947年旅大地区再次扩警。

五、义务兵役制

1955年7月《中华人民共和国兵役法》颁布实施。此前，旅大市在金县、旅顺市和营城子区进行义务兵征集试点，有90%以上的青年自动报名参军，涌现出许多父母送儿子、妻子送丈夫、姐妹送兄弟、兄弟相争服兵役的场面。《中华人民共和国兵役法》颁布实施后，开始实行一年一度或春秋两季征兵。1958年开始在大连地区选调飞行员，1963年又增加选调滑行员。1966年大连地区选调的飞行员和滑行员为历年最多。1954年至1985年间，大连地区征兵最多的年份是1971年。

六、义务兵和志愿兵相结合的兵役制

1978年3月，国家实行义务兵和志愿兵相结合的兵役制。即在实行义务兵役制的同时，对义务兵服役期满5年且已成为技术骨干，又愿意继续在部队服役者，经批准可改为志愿兵。1980年征兵人数为1971年之后第二征兵高峰。

第四节 民 兵

清朝末年的大连地区，有民众武装的“乡兵”（又称团练）。中华民国初期到东北沦陷期间，时属伪满洲国辖地的大连庄复地区，成立有自卫团。1945年大连光复后，大连地区涌现出工人纠察队和农民自卫队，乃新式民兵组织雏形。中华人民共和国成立后，民兵组织不断发展壮大。

一、旧制民众武装

清咸丰、同治年间，大连地区建有地方地主武装，称“乡兵”，各乡实行保甲制。光绪三十一年(1905)，改保甲为巡警。宣统元年(1909)，改保甲为保防，次年改为预警，后改设乡防。

中华民国初期，按户抽丁编为预警。民国3年（1914)，改预警为保卫团，民国7年(1918)，又改为保甲，民国11年(1922)，改称自卫团。东北沦陷期间，庄河县、复县属伪满洲国管辖，实行保甲制。

二、新式民兵制

1945年8月22日，大连光复。11月4日，大连职工总会第三次临时代表会议决定组建工人纠察队。1946年反奸清算斗争和土改运动后，全市各地农村纷纷建立农民自卫队。

中华人民共和国成立后，1952年开始实行普遍民兵制。1958年9月29日，国家主席毛泽东发出“大办民兵师”号召后，全市城乡普遍建立民兵组织。1966年“文化大革命”开始后，民兵工作停止。1969年珍宝岛自卫反击战后，全市各级民兵组织相继恢复。1979年中越边境自卫还击战后，全市组建了多个民兵组织。1981年，民兵组织进行调整，全市民兵人数下降。从大连地区民兵人数看，1965—1980年为高峰值，1978年民兵人数最多。

民兵军事训练分为步兵训练、专业技术兵训练、海上民兵训练、学生军事训练、野营训练，适时参加军事演习、军事表演、阅兵和比武。步兵训练始于1953年，海上民兵训练、野营训练及军事演习、表演、检阅、比武等训练始于20世纪

50年代末60年代初，专业技术兵训练起步约在20世纪70—80年代。民兵组织在20世纪50—60年代的主要任务是支前参战、捕捉敌特、保卫海疆边防，在20世纪70—80年代的任务主要是管护国防工事、维护社会治安、抢险救灾。

抗美援朝时期，全市以民兵为骨干的民工赴朝参战，后方民兵修建机场和铁路。1961年，各级武装部始与驻军、公安机关建立联防组织。1964年，联防组织共进行大小演习1042次。1975年，辽宁海城、营口地区发生7.3级地震，旅大市民兵师赴营口地区辽河河畔参与抢修辽河河堤，并参加修建房屋、平整土地、修路、植树等活动。1977年，旅大市普降3次大到暴雨，雨量达80～230毫米，全市民兵参加防汛抢险。1979年，全市在厂矿、企业、机关、学校内部成立民兵巡逻队，民兵协助公安机关破获各种案件和制止不法行为6537起，守卫铁路和公路桥梁、隧道17条，水库、仓库及其他重点目标256个。1982年，大连地区发生严重旱情，全市民兵参加抗旱，保粮、保果、保菜、保油、保林，播种大田作物36.7万公顷，浇果树35.3万棵，浇小麦2533公顷。1985年大连遭遇强台风登陆，9座水库溢洪，全市民兵参加抢险，抢救遇难群众2174人、抢运物资1139吨、排地段险情95处。

第五节　重要军事活动

中华人民共和国成立初期，中国人民解放军在大连地区开展的重要军事活动主要有：开展对敌斗争，接收驻旅大苏军的防务，举行军事演习，组织民兵训练。

一、开展对敌斗争

朝鲜内战爆发后，美国派兵进行武装干涉，发动对朝鲜的全面战争。面对战争给中国带来的威胁，1950年9月，辽东省公安部在庄河设立第三边防公安局，下辖17个公安派出所。1952年6月，第三边防公安局及所属派出所改编为3464部队。边防公安局或3464部队在1952年4月到1960年6月期间，先后破获一批美国、南朝鲜、中国台湾等特务在大连地区从事的间谍活动案，如美国“远东6004情报局”特务活动案。

二、接收苏军驻旅大防务

大连光复后，苏联红军即进驻旅大，对旅大实行军管。中华人民共和国成立初期，苏军仍在旅大驻防，直到1955年由朝鲜战场奉命回国的中国人民解放军第3兵团接收驻旅大苏军的防务。

1954年10月12日，中苏两国政府在北京发表《关于苏联军队自共同使用的中国旅顺口海军根据地撤退，并将该根据地交由中华人民共和国完全支配的协定》。根据中苏联合公报精神，中苏双方共同组成了中苏交接联合委员会。中方主任委员是中国人民解放军海军司令员萧劲光，副主任委员是东北军区司令员邓华。苏方主任委员是从莫斯科来的苏军装备部部长，副主任委员是苏军驻旅顺口地区司令官什维佐夫上将。

1955年1月9日，中国人民解放军第3兵团奉命接收驻旅大苏军的防务。

1955年1月28日，中苏联合军事委员会在旅大召开第一次会议。会后，双方开始作交接防务的准备。1月31日，中央军委下达《关于接收旅大防卫区的决定》，命令除中国人民解放军第3兵团领率机关外，海军旅顺基地、空军第3军、陆军第64军、公安第1师，以及炮兵第7、10、11、31师，高炮第61师，炮兵第19团，高炮第608团，华北军区独立坦克团，工兵第22团，通信第2团，中国人民志愿军后勤第4分部等接防、接装的部队，开始进驻旅大地区。

2月16日，中苏联合军事委员会召开第二次会议，正式开始防务交接。

1955年4月15日13时，在中苏联合军事委员会会议上，辽东半岛协议地区防务交接签字仪式正式举行。中方签字代表为兵团副司令员曾绍山、海军旅顺基地司令员罗华生、空军第3军军长刘丰；苏方签字代表为第39集团军司令员什维佐夫、海军基地司令员古德利切夫、空军第55军参谋长切德利克。从4月16日零时起，旅大地区防务全部交中方负责。至此，中国人民解放军第3兵团及各陆海空军部队接替苏军第39集团军及所属部队执行自普兰店至大沙河口以西辽东半岛南部的防御任务。

接装工作从1955年3月7日开始。主要是接收飞机、舰艇、火炮、坦克、雷达、探照灯、汽车等技术装备和各种弹药、油料等物资，以及其他国内没有又无代用品，中国军队又亟需的武器装备。苏军的装备和防御设备，除某些防御设备、营房、营具等不动产系无偿移交外，武器装备、物资均为有偿移交。共接收陆军各种火炮1110门，坦克、自行火炮车357辆；空军各种飞机328架；海军水鱼雷机78架，各种舰艇58艘，岸炮66门，高射炮122门。陆海空军共接各种炮弹235万发，炸弹2624枚，各种车辆1684辆、雷达35部。全部有偿武器装备和物资共计72528万卢布（约合人民币93561万元）。无偿移交的设备包括营房50万余平方米，机场9个，仓库59座，医院9所，修理厂（所）116个，估价3亿多卢布（约合人民币3.87亿元）。至4月5日，大部分接装工作完毕，少部分装备于5月初接收完毕，5月16日汇总签字完成。

1955年5月24日，以邓华为首的中方代表团和以什维佐夫上将为首的苏方代表团在大连举行《关于苏联军队自共同使用的中国旅顺口海军根据地撤退并将该根据地交还中华人民共和国完全支配的交接证书》签字仪式。至此，中国人民解放军第3兵团及所属部队全部完成接防、接装工作。

1955年5月8日，旅大地区党政军民在斯大林广场举行欢送苏军驻旅大地区领率机关和部队回国大会。并于5月26日在大连火车站举行欢送仪式。至此，驻旅顺口地区的苏军部队全部撤离。

三、军事演习

中国人民解放军第3兵团自1955年进驻旅大地区接防到1985年，30余年间共组织团以上规模的军事演习30余次、野营训练11次。主要军事演习有辽东半岛军事演习、海岸防御战役现地演习、海洋岛岛屿防御实兵实弹试验性演习、南海湾地区抗登陆演习、旅大市城市防卫研究性演习等。

辽东半岛抗登陆演习 1955年11月4—14日，中共中央军委决定在辽东半岛的庄河县观驾山、大郑、平山、光明山、高阳、明阳等沿海地区组织实施在使用原子、化学武器条件下，集团军和军两级首长、机关带部分实兵的抗登陆战役示范演习。这是中华人民共和国成立后的第一次大规模的抗登陆军事演习。由总参谋部、军事学院组成导演部，元帅叶剑英亲任总导演。演习单位为陆军第3兵团，兵团副司令员曾绍山中将和沈阳军区副政治委员杜平中将担任演习集团军的司令员和政治委员；同时组织了全军多名高、中级干部随演习部队作业、参观、见习。在战役实施阶段的4昼夜，进行了抗敌登陆、反冲击、反空降等课目的演习。

中共中央和国家领导人刘少奇、周恩来、邓小平、彭德怀、贺龙、陈毅、聂荣臻，国防委员会副主席张治中、龙云，中共中央和国务院各部门负责人杨尚昆、习仲勋、王首道、黄敬、赵尔陆、吕正操、章伯钧以及高级将领黄克诚、谭政、王树声、萧劲光、许光达等亲临现场观看演习，并接见了演习机关、部队的指战员。苏联、朝鲜、越南、蒙古国四国军事代表团莅临参观。

海岸防御战役现地演习 1956年10月21—30日，沈阳军区在辽东半岛的庄河、丹东方向上组织了集团军和军两级首长、机关海岸防御战役现地演习。通过演习，重点研究海岸防御战役中反空降、反突击主要方向的指向和实施夜间反突击等课题。

海洋岛屿防御实兵实弹试验性演习 1964年6月21—26日，中国人民解放军外长山要塞区在长海县海洋岛组织了代号为“海洋一号”的试验性实兵实弹演习，演习包括6个科目。参观指导这次演习的有总参谋部、总政治部、总后勤部、军委炮兵司令部、高等军事院校、各大军区以及有关省军区、要塞区等50多个军以上单位的23名少将以上首长及其率领的参观人员共392人。

旅大市城市防卫研究性演习 1974年9月8—22日，旅大警备区和旅大市委、海军旅顺基地、旅大军分区等共同组织了旅大市城市防卫研究性演习，演习了反空袭、外围要点战斗、巷战和地道战3个科目。

四、击落蒋军P-2V型侦察机

1961年11月6日17时5分，由美国制造的中国国民党军队1架P-2V型侦察机，由南朝鲜群山机场起飞，直入辽东半岛庄河至皮口之间领空。17时35分，中国人民解放军驻庄河部队城子坦炮群接到敌机入侵情报，旋即做好战斗准备。18时55分，空军探照灯402团821站压缩开灯距离1千米后首先照中敌机，随即该团812、823、831、811站也接光照中，敌机慌忙下滑右转。18时55分4秒，空军高炮502团8连在距离1000米、9连在距离1300米时，首先开火射击。该团其余连队以及驻城子坦附近地区的陆军部队所属高炮、高机部队也先后开火射击。18时55分30秒，敌机中弹在空中起火，坠毁在城子坦以东4千米的钓鱼台附近。机上乘员国民党国防部第二厅技术研究组中校副组长叶林等13人全部毙命。

第六节 重要战事

大连历史上发生过多次战争，特别是社会动荡、政权更迭时，大连便成为争夺厮杀的战场。从三国时期的魏、吴的争战，到隋唐对高句丽的用兵，再到明朝抗击倭寇进犯，一场场血腥的厮杀让大连地区几度荒芜。给大连留下最大伤痛与屈辱的则是近现代发生的中日甲午战争和日俄战争。

一、古代战事

魏吴争战辽东 三国鼎立时期，割据辽东半岛的公孙氏政权成为魏、吴两国争夺的对象，公孙氏政权时而称臣于吴，时而附属于魏。公元238年，魏明帝命司马懿统领大军攻克襄平城（今辽阳），斩公孙渊父子，魏于是控制辽东。吴国军队于辽东半岛之沓渚登陆后，公孙渊残部7000余与孙权派来的水师一起同魏司马懿大军激战，魏军胜。大连地区因战争城毁人稀。

隋唐收复辽东 隋朝统一中国后，大连地区虽隶属辽东郡，但实际被东北少数民族高句丽部族占领无法实施统治。自隋至唐两代，从隋文帝到隋炀帝，再从唐太宗到唐高宗，曾先后10次对辽东用兵，历史达71年。高句丽统治辽东半岛地区长达264年，直至唐高宗总章元年（668），唐朝军队才正式收复辽东。

明朝收复辽东　明朝建立初年，辽东地区仍为元朝残余势力所控制。明洪武四年（公元1371），朱元璋招降元将刘益，收复辽东半岛上的金、复、海、盖四州。同年七月，任命马云、叶旺为定辽都指挥使，率10万大军自山东登莱出发，渡海至狮子口（今旅顺口）登陆，屯兵金州。在招降故元参政叶廷秀的同时，用半月余时间先后攻占辽阳、沈阳等地，基本上平定辽东半岛各地。到公元1387年，最后平定辽东。

明望海埚抗倭大捷　元末明初，正值日本封建诸侯混战时期，日本沿海地区一些失意的封建主纠集武士、浪人、海盗、走私商人等，携带武器，到中国沿海地区大肆骚扰，烧杀抢掠，无恶不作。中国沿海居民对这些打家劫舍的匪徒恨之入骨，称之为“倭寇”。明洪武二十年至洪武二十八年（1387年至1395年），倭寇4次进犯金州。为御倭保疆，明朝廷于永乐九年（1411）三月，任命中军都督刘江为辽东总兵官，镇守辽东。刘江是邳州宿迁（今江苏省宿县）人，本名刘荣，因替父参军冒用父名刘江。

永乐十四年（1416），刘江在大连地区黄海沿岸的望海埚（今金州城东北。“埚”疑似“郭”的讹用，方言读“wo”音。）修筑城堡，架设炮台，并在城外筑建18座烽火台，屯兵驻守。永乐十七年（1419）六月十三日晚，望海埚斥候（古军队中侦察兵或守卫）在侦察时发现，位于东南方向的王家山岛（今长海县广鹿岛）上有火光，并向马雄岛（今大连经济技术开发区大李家街道）方向移动，马上飞报。刘江料到倭寇将至，立即调兵遣将，严阵以待。次日晨，倭寇近1600人分乘兵船30余艘，从马雄岛登陆，至望海埚城下。明军在刘江的指挥下，突然跃出，从两翼夹击。此战，明军“斩首七百四十二，生擒八百五十七”。

明金辽南争夺战　17世纪初，明政权对东北地区的统治日趋衰落。兴起于建州的女真部落日渐强大，数年间攻占辽沈70余城。天启元年（1621），金州城被后金军攻陷。翌年，驻守金复州的后金将领刘兴祚欲降明将毛文龙，事情败露后，后金军借机屠杀金复州民众数万人。天启三年（1623）七月，毛文龙部将都司张盘率部在猴儿石（今金县杏树屯镇）登陆，救出4000余难民，张将其中青壮者编入部队，夜袭金州城。后金军无备，弃城而去。同年十月，张盘袭占复州，克永宁堡，因城中无粮，复退居旅顺、大连湾，金州以北全为后金军占领。明天启五年（1625），后金军6000人攻占旅顺，歼灭明军守备部队，毁城而归。同年，山东登莱巡抚派遣部将张攀守旅顺。崇祯二年（1629），明廷派遣兵部尚书袁崇焕督师蓟辽，毛文龙被袁诱杀，后袁亦被朝廷诬杀，致使明守军士气受挫，辽东将领相继叛降，抗金力量受到极大削弱。崇祯三年（1630），黄龙作为辽东总兵官镇守旅顺。崇祯四年（1631），明将耿忠明、孔有德叛明投金。叛军以黄龙家口为人质，逼迫黄龙降金，黄龙不为所胁，坚守旅顺，全家老幼均被杀害。后在无力据守的情况下，黄龙自刎殉国，旅顺终被后金军攻克。明廷闻报，追谥黄龙为左都督。后人在黄金山下为黄龙建显忠祠。

二、近代英法军侵扰旅大

清道光年间，英国已在大连沿岸地区行偷运和贩卖鸦片之事。金州之貔子窝、岫岩厅之大孤山等地成为明易货物、暗销烟土的据点。在以鸦片入侵的同时，英国侵略者又派舰队侵扰渤海各地，探听军事情报，寻找停泊港口，抢掠物资。

道光二十年（1840）6月初，第一次鸦片战争爆发后，英国舰队屡次侵入大连湾一带窥测。8月16日，英舰“布朗底”号、“摩士底”号、“衣那”号驶向辽东半岛西海岸。8月17日，侵华英军总司令乔治·懿律亲率“窝拉疑”号等英国舰队，分赴渤海湾、山东沿海和辽东半岛等地，“窥探各处海口出入路径”。据盛京将军耆英、副都统祥厚奏报，此间，复州洋面前后驶来3只夷船，后会同前在八岔沟外洋停泊的夷船驶往他处。8月20日，英舰窜入复州（今瓦房店市）所属洋面之长兴岛塔山以南外洋抛锚。8月末左右，英舰撤离复州湾海域。9月17日，2艘英船又窜入旅顺老铁山海域，先后在小平岛、和尚岛、棒槌（棰）岛、青泥洼、三山岛等处游弋或停泊。9月18日，2艘英船驶至小平岛停泊，五六名英军驾驶脚船傍岸，向岛内居民欲买牛羊鸡鸭等食物。此后半个月里，英国舰船陆续驶抵大连沿海十余舰次，在小平岛、棒槌岛（棒棰岛）、和尚岛、红土崖、三山岛附近游弋，上岸侦察、测量水情、打探清军动向、抢掠食物。

第二次鸦片战争期间，英法联军多次侵入大孤山、和尚岛（今大连湾）、红土崖（今金县友谊乡杨家村海滨）、青泥洼、羊头洼等处，进行军事窥视，并上岸抢劫。1860年2月，英国海军军官哈恩特受英海军司令何伯之命，率间谍船“萨普琳”号秘密潜入辽东半岛南部沿海地区，寻找适合海军舰队停泊和陆军驻扎的场所。2月21日，“萨普琳”号侵入大连湾。2月23日，英军驾小船驶至和尚岛，6名英军登岸。次日，小船至老挝子沟停泊，距岸三十里，试探水势，用千里镜窥看。2月28日，4艘英舰开至甘井子等处登岸，“寻买牛羊”未逞，登船驶离。清咸丰十年（1860）5月27日，英军根据间谍船“萨普琳”号在大连湾窃得的军事情报，派出先头部队抵达大连湾，占领和尚岛。6月17日，5艘英舰侵入大孤山海口，有200余名英军登岸，搭盖帐篷。25日起，包括陆军司令部在内的大批英军兵舰军事机关陆续入侵大连湾，并“分驶各口”集结。至7月中旬，入侵舰船已达180余艘（包括劫掠的中国商船经改造后为其所用）。入侵的1万余名陆军士兵及随船装运的700余匹军马、200余头牛，并大量枪炮器械、各式三轮、四轮车辆等分布大连湾。侵华英军地面部队分驻在青泥洼、大孤山、小孤山等处。英军侵犯期间，一面大肆进行抢劫，一面进行军事侦察和训练，还擅自测绘辽东半岛海图，且篡改中国地名、湾名、港名、山名等。如改青泥洼、黑嘴子一带为“维多利亚湾”（英国女王名字），改红土崖为“汉德湾”（间谍船船长名字），改旅顺口港为“亚瑟港”（英国女王丈夫名字）。英国人约翰·瓦尔德根据英军所测探的资料，绘制成《大连湾海图》，此图被收于1860年发行的《英国海图》。

当英军入侵大连湾之际，金州副都统希拉布闻之即报请盛京将军玉明派兵增援。玉明紧急从奉天调兵500人、辽阳调兵200人、熊岳调兵300人，共计1000人，由记名副都统奇凌阿率领，于7月4日增防金州。由于清廷对入侵英军心存幻想，企图妥协求和，令奇凌阿队“不得遽行攻剿”。英舰在大连沿海的登岸抢掠，引起了当地民众的坚决抵抗。同治九年（1870）7月中旬，当英军从旅顺口登陆继而窜至羊头洼一带抢劫食物时，旅顺、羊头洼两地乡民迅速聚集二三千人，他们持械呐喊，致使英军“惊窜回船，即刻驶出口外，不敢登岸”。

三、甲午战争旅大之役

1868年日本明治维新以后，制定了对外侵略扩张的“大陆政策”，并把侵略的目标指向朝鲜和中国东北。1894年1月，朝鲜全罗南道爆发东学党起义，作为清国的藩属国，朝鲜国王请求清廷出兵镇压。日本借口保护侨民和使馆，于同年6月出兵占领汉城（今首尔），并于7月突然袭击驻朝鲜清军，攻占清国驻朝鲜总理公署。1894年7月25日，日本联合舰队在朝鲜丰岛海面偷袭中国北洋舰队护送运兵船的“济远”号和“广乙”号舰，击沉了运兵船“高升”号。“丰岛海战”之后，中日两国于8月1日同时宣战，甲午战争正式爆发。

金州保卫战　1894年9月17日在黄海海战中夺得制海权后，日军随即转入陆军进攻中国的地面作战。为此，日本大本营于9月下旬组建了第2军，由陆军大将大山岩为司令官。新组建的日军第2军由第1师团和混成第12旅团组成。同年10月，日军开始进犯辽东半岛，揭开了甲午陆战金州、旅顺战事的序幕。

1．日军从花园口登陆。1894年10月23日8点，旗舰“桥立”率日本联合舰队从朝鲜大同江渔隐洞起锚先行，向花园口进发。9点半，日军第2军第1师团分乘14艘运输船，在联合舰队10余艘军舰护送下，向大连花园口进发。24日6时25分左右，天刚蒙蒙亮，日本联合舰队先于运输船到达庄河花园口。在陆军登陆前，日本联合舰队司令长官伊东祐亨命舰队本队“千代田”首先派出海军陆战队1小队由花园口北面登陆，以侦察清军防守情况。侦察发现没有清军防守，日军第2军开始大规模登岸。日军第1师团登陆后，立即派密探化装成中国人，分赴普兰店、金州、复州、盖平、大孤山等地四处刺探。同时，派工兵筑路、架桥。26日，大山岩到达花园口，开始筹划向金州进犯。鉴于花园口滩平水浅，登陆速度缓慢，大山岩命人再寻一个登陆点，遂派人前往貔子窝侦察。28日，防守貔子窝的捷胜营马队营官荣安率所部骑兵遭遇日军并与之交战，因寡不敌众，于当晚退向金州一带。貔子窝于是成为日军第二个登陆点，粮草、辎重大都由此上岸。11月1日，日军陆军在花园口登陆完毕。到11月7日，日军辎重、军械、马匹也完成登陆。自10月24日至11月7日，日军分3批在花园口登陆24049人，马匹2740匹，以及其他辎重武器。

日军在花园口登陆前，李鸿章已获知日军可能在辽东半岛登陆的消息，对日军的作战行动却无从知晓。日军在花园口登陆之后，清军才从日本间谍钟崎三郎口中得知，日军登陆后将攻占金州、大连湾、旅顺，而不是清军以为的袭击安东，断入朝鲜清军后路。

金州是辽东半岛连接东北腹地与青泥洼（今大连市）、旅顺的咽喉要地，自古为兵家必争之地。近代随着外患加剧，清廷开始在旅顺、大连湾一带加重布防，对金州却没有严密布防。甲午战争爆发时，金州副都统统辖的骑兵只有2哨，由驻扎貔子窝的防御荣安带领，城内旗兵只有洋枪队200人、抬枪队100人。荣安在得知日军在花园口登陆并准备进攻金州城后，赶紧派人报告金州副都统连顺。连顺急电李鸿章、龚照玙及奉天将军裕禄，请求速派北洋舰队来援，并请求遣驻旅顺陆军二、三营协助防守金州、大连湾。10月29日，李鸿章致电大连湾守将赵怀业，令其“各守营盘”“多设地雷”。裕禄回电连顺“无兵可援”。徐邦道也电请姜桂题、程允和派兵来援。接到连顺的求援电后，龚照玙拒绝抽调旅顺兵力支援，电请李鸿章将准备援助旅顺的福建提督程之伟所部大同军由营口派往大连湾支援。此时该部已到复州，距金州仅80千米。连顺函催程之伟火速前进援救金州，程之伟却滞留复州不前。

徐邦道，金州之补授正定镇总兵。1894年甲午战争爆发后，原驻守旅顺的宋庆率军赴防九连城，徐邦道受李鸿章派遣协助姜桂题守旅顺。10月12日，徐邦道率仓促编练的拱卫军4营由天津乘船前往旅顺，翌日抵达旅顺。他认为金州为旅顺后路咽喉，金州失守则旅顺难保，主张分兵支援金州，以固旅顺后路。时清军驻旅顺的6位统领，无有响应。24日，徐邦道率部到达大连湾。10月31日，率部赶赴金州防御，并一再请驻大连湾的赵怀业派兵支援，赵怀业遂派哨官周鼎臣率步队2哨往援金州。

徐邦道到金州后立即同连顺商定作战方案，连顺所部200余人步队及2哨马队驻守金州，他率所部拱卫军4营步、炮、马队，到金州城东部石门子以东台山和狍子山上修筑堡垒阵地，防守金州东路，又将赵怀业派来的2哨人马派往十三里台阵地，扼守金州北路。堡垒工事还未完成，日军开始向金州进攻。

2. 石门子阻击战。石门子位于金州城东3.5千米，地形险要，易守难攻，是日军自貔子窝南犯金州的必经之路。日军进攻金州城之前，徐邦道已率拱卫军驻扎在这里，并在台山和狍子山各修筑1座炮台，分别安放野炮4门。

11月2日，日军步兵少佐斋藤德明率领由步兵、工兵和骑兵组成的支队自貔子窝出发，边侦察，边修路，向金州城进犯。4日，日军到达刘家店后，遇清军骑兵约50名、步兵约200名，双方发生激战。不久清军不支退走，刘家店被日军占领。这是日军自花园口登陆后中日双方的第一次交战。同日，斋藤德明派两队骑兵分别前往复州和大黑山进行侦察。走到大黑山半山腰的日军，先后受到两伙清军骑兵的袭击，日军只得慌忙逃回刘家店。

11月5日上午8时，斋藤德明率骑兵中队前往金州方向侦察。刚到关家店后山，就被徐邦道军发现。徐军立即从台山、钟家屯大道和韩家屯南山3个方向主动出击，迫使日军退回刘家店。

同日上午，日军第2军第1师团长山地元治等人见拱卫军防御重点在石门子的狍子山、台山一带，决定避开石门子防线，将主力调至右翼的狍子山以北。山地元治命令旅团长乃木希典率步兵第1旅团第1联队的3个大队到达刘家店，以2个大队夹击大约50名清军骑兵。清军骑兵退往台山、钟家屯地区。日军第1大队又向台山、钟家屯清军发动进攻；第2大队自金州大道向狍子山清军发动进攻。徐邦道拱卫军用大炮、步枪自两垒连射，弹丸如雨，日军被打得只得藏身于山谷。双方激战大约4个小时，直至下午1时日军被迫停止进攻。午后3时，乃木希典指挥日军再次向台山、钟家屯、狍子山清军发动进攻。清军凭据天险，由高垒俯射，日军根本无法取胜，战至20时被迫退出战斗。见石门子战无胜望，日军第1师团长山地元治转而下达了进攻金州的命令。

11月6日凌晨3时，日军向金州发动总攻。乃木希典兵分两路，从刘家店出发，向石门子进军。5时，日军抵达台山脚下，并开始向台山发动进攻，防守台山的清军立即予以反击，台山之战打响。

台山位于石门子北2千米，高100米左右，西通狍子山，与狍子山共扼金（州）貔（子窝）大道，是通向金州的交通要道。徐邦道拱卫军在山上已修筑2座堡垒和胸墙。第一堡垒配备克虏伯野炮3门、山炮1门，第二堡垒配备克虏伯野炮1门、山炮3门，驻扎1营士兵防守。同时，拱卫军还在台山东南葛条沟与背阴寨一带布防1营，与台山遥对。台山之战打响后，乃木希典命令步兵3个大队夹击台山。清军毫不畏惧，顽强阻击。由于日军炮火猛烈，清军2座堡垒先后被日军攻破。5时30分，台山失守。

清晨6时，山地元治率日军自乾河子（今二十里堡）出发，向南岗（今十三里台）发动进攻。只有清军2哨的南岗很快失陷。与此同时，乃木希典与山地元治指挥日军夹击狍子山。清军拱卫军奋勇抵抗，双方激战异常激烈。狍子山清军在日军三面包围之下，为保存有生力量，退至三里庄子，狍子山失守。石门子之战结束。

3. 金州城之战。石门子阻击战之后，日军集中力量向金州城发动进攻。

金州城池坚固，但防守力量十分薄弱。防守金州城的清军有金州副都统连顺所辖旗内洋枪队200人、抬枪队100人，以及马队2哨，共500余人；大连湾派至金州的哨官周鼎臣所率怀字营2哨，约200人。在外围阻击日军的清军有徐邦道所部拱卫军4营、炮队1队，约2000人。在金州城防守和在外围阻击日军的清军一共有兵力2700

人。金州城墙东、北、西北三面安装大炮13门，城外埋设一些地雷。

11月6日8时，突破石门子防线的日军1个步兵联队、2个炮兵中队来到金州城外虎头山上和西崔家屯高地，向金州城发动进攻。连顺指挥清军一面炮击日军，一面组织400名步兵、80名骑兵从东、西、北3个门冲杀出去，准备乘日军立足未稳，给日军以沉重打击。因日军兵多势大，清军被迫退回城内。8时32分，日军用36门大炮向金州城猛轰，清军殊死防守，守城兵丁遭炮轰而亡。9时，城墙东面开始轰塌。日军冲到金州城的东面和北面，日军派工兵连续炸开永安门瓮门和内门，日军冲进城内。另一队日军逼近金州城西面，有的从高3丈余的城墙跃入城内。10时许，进城日军从城里面打开东城门，把东路日军放进城内。见金州城已破，连顺只得率余部从宁海门（西门）和承恩门（南门）突围。此时，尚有一哨清军坚守城内，与日军展开肉搏。金州失陷后，清军逃向旅顺，日军追至满家屯以南。金州城失陷时，赵怀业方率部始至，听闻金州已失陷，折返大连湾。

11月6日拂晓，日本联合舰队17艘军舰从花园口启程驶往大连湾。7日凌晨，舰队到达大连湾，准备从海上支援日军陆上行动。与此同时，日军第1师团从金州出发向大连湾驶进，凌晨2时发动攻击，天还没亮就攻占了和尚岛3座炮台，紧接着攻占了徐家山炮台。

大连湾沿岸炮台共有6座，除徐家山炮台为陆路炮台外，其余均为海岸炮台。和尚岛炮台是海岸炮台中最重要的炮台，分为东炮台、中炮台和西炮台，以中炮台最为雄伟，堪称严城巨防。正因如此，日军攻占大连湾前做了精心部署。日军决定兵分三路：第一路阻止从旅顺方向前来救援的清兵，第二路从正面进攻和尚岛炮台，第三路进攻徐家山炮台。此外，在大窑湾海面还有日舰准备从海上协同陆军进攻作战。

其时大连湾驻防清军有6哨。不久，李鸿章又命守军将领铭军统领赵怀业临时招募怀字军6营2哨。之前在金州之战吃紧时，徐邦道曾乞求赵怀业援手出击，赵怀业则正在大连湾码头自督勇丁运行李什物准备渡海逃跑。11月6日晚，赵怀业得知金州失守，料想日军必向大连湾大举进犯，于是不战而逃，率军奔向旅顺。11月7日，日军向大连湾发动进攻时，大连湾阵地只有少数清军在堡垒内遥放枪炮，随后自行退走。日军兵不血刃占领了大连湾各炮台，见状竟“木然自失良久”（日军随军记者亀井兹明在《甲午战争亲历记》中所记载）。清军军火库内储藏的129门火炮、246万发炮弹，680余枪支、3380余万发子弹，以及大批军备物资、粮食、马匹等，全部落于日军手中。

旅顺保卫战 日军进攻金州、大连湾，最终目的是夺取旅顺。日军侵占大连湾后，经过短暂休整便开始向旅顺进犯。

甲午战争爆发后，宋庆毅军陆续调往鸭绿江防线，旅顺后路空虚。清廷命临元镇总兵姜桂题招募桂字军、记名提督程允和招募和字军各3营半（后各增至4营，共计4000人）开赴旅顺。9月下旬，两部到达旅顺，程允和部驻守椅子山、案子山、望台北及松树山炮台；姜桂题部驻守二龙山、鸡冠山和蟠桃山等炮台。10月下旬，清廷又令记名提督卫汝成率成字军5营及马队1小队（共3008人）到达旅顺，作为旅顺后路和总预备队驻扎白玉山东麓。金州保卫战失败后，徐邦道的拱卫军1400余人，赵怀业的怀字军1800余人，刘盛休部铭字军6哨400余人，先后填防旅顺后路。张光前、黄仕林庆字军又各募1营，兵力由原来的各3营增至各4营（合计4100人）。旅顺清军总兵力达到14700人，其中11000人为临时招募的新兵。

1. 土城子阻击战。土城子位于旅顺北部，距旅顺口约15千米，金州至旅顺唯一的大道途经此地。清军在此对日军进行多次阻击战。

11月17日，日军前锋抵达营城子。11月18日，徐邦道、姜桂题、程允和所部5000人前往土城子迎敌。18日8时，日军200余人到达土城子北，发现清军马步200余人已占据土城子南方高地，且兵力迅速增至五六百人。秋山好古见状不妙，欲撤退已迟。当距日军约1000米时，清军发起进攻。此时，清军分三路向日军进攻。姜桂题部、徐邦道部分别从东西两路以钳形夹击日军。战斗刚一开始，日军骑兵中队长浅川敏靖大尉就被击伤。秋山好古见无力抵抗，率兵北逃，清军紧追不舍。此时，另一队日军从营城子出发向旅顺进军，接到秋山好古的求援报告后前往增援，不料刚到长岭子，就被从傅家甸和周家屯两路包抄过来的清军团团围住。双方又在长岭子进行了一场激战。清军在长岭子东南高地上架起2门大炮向日军猛轰。战至中午时分，日军因无力抵抗始向营城子方向撤退。清军紧追不舍，一直追到位于土城子东北约9千米的双台沟。之后，清军因补给不济，退守旅顺。

土城子阻击战是日军第2军从花园口登陆以后，清军第一次取得打退日军的胜利，给日军以沉重打击。日军死亡12人，负伤32人，另有2人死伤不明。

2. 石嘴子之战。土城子之战结束后，日军于11月19日清晨4时，从营城子一带出发，分两路再次向旅顺推进。

11月20日，旅顺守军决定先发制敌，将清军5000余人分两路，向日本右翼纵队第1师团步兵第2联队所在的石嘴子南侧三角山高地呈合围之势进攻，旅顺后路的松树山、二龙山、鸡冠山、椅子山等炮台纷纷开炮为步兵助威。日军步兵第2联队在高地上分队散开，依托山石作为掩体，迎击清军进攻。14时，日军炮兵在高地架设行营炮向清军进行炮击，旅顺守军各炮台的射击也更猛烈。由于清军士兵是从山下仰击而上，到距日军前沿近700米处才能射击，处于不利地位，加之日本士兵改散兵作战为列队齐射作战，对处于密集阵形的清军杀伤力较大。日军六七次齐射之后，清军先头攻击队渐渐不支，从半山腰向后退走。15时40分左右，另一支清军在石嘴子高地左侧，一队骑兵列在阵前、步兵跟随其后逼近日军阵地，距日军2000米时，清军开始射击。日军则用火炮向清军阵形齐射，在第四次炮击后致清军瓦解。战斗持续到日落西山，清军投入5000多兵力，日军投入1300余兵力，日军伤亡较少，清军阵亡100余人。

3. 旅顺口之战。11月21日，日军先后攻占椅子山、案子山、东鸡冠山等处炮台。旅顺后路所有炮台、堡垒皆被日军所占。

日军进攻旅顺市区的最大威胁是黄金山炮台。黄金山炮台的大炮“皆可旋转三百六十度，有八面射击之便”。防守黄金山炮台的是总兵黄仕林，黄仕林贪生怕死，不等日军进攻已乘船逃走。驻守黄金山炮台的部分爱国将士则同仇敌忾，对来犯日军给予了重炮还击。清军将士坚持到16时，才被迫放弃炮台。至此，旅顺口东岸的海岸炮台全部失陷。

旅顺口东岸的海岸炮台失守后，总兵张光前率部仍坚守在西岸各海岸炮台。旅顺海防西线馒头山、城头山守军和从旅顺后路撤回的清军，固守阵地与敌抗争，直到日落天黑。至夜，日军不明虚实，暂停进攻，拟次日再战。面对敌强我弱的形势，守军在徐邦道、张光前等带领下，乘黑夜经西海岸北折，取道南关岭退往金州。22日清晨，日军再次向西海岸炮台发起进攻，发现清军阵地已无人值守，上午9时30分，占领了西海岸炮台。

至此，旅顺完全沦于日军之手。清军各种武器弹药和水雷营、鱼雷营、船坞、粮饷等军事设施与装备全部为日军所占有。据日本统计：日军共死伤288人。

日军的暴行与旅大人民的英勇反抗 日军第2军自1894年10月24日在花园口登陆后便开始劫掠烧杀。在前往貔子窝的路上抓到几个农民，将他们剥下衣服活活打死。在貔子窝，抓到数十名青壮年农民，强迫他们剪去头发，穿上日军服装，为其打头阵、扫地雷。在金州城，沿街烧杀奸淫，杀死无数老百姓。在大连湾，用大炮轰毁青泥洼、转山屯一带的民宅，并进行一昼夜的搜查和屠杀。在营城子时，除抢掠财物外，还放火烧了一条街。攻陷旅顺口后，更是兽性大发，进行了四天三夜的野蛮大屠杀，上至白发苍苍的老人，下到嗷嗷待哺的婴儿，均遭其杀戮，市内遇难同胞约2万人，只有掩埋被杀同胞、演戏、逃跑的人幸免于难。日本侵略军制造了震惊世界的大惨案，当年目睹这一野蛮大屠杀的苏万君、鲍少武等老人，数十年后忆起日军当时的野蛮情景仍不禁声泪俱下。他们悲愤地回忆道，甲午战争时，他们亲眼看见日本鬼子把中国同胞抓到后，用绳索捆绑起来，逼到大医院前砍头后，把尸体推到大泡子里，水泡子变成一片血海。当时西大街家家户户都敞着门，里面横七竖八地堆满尸体。另一位目击者，英国海员艾伦《在龙旗下》一书中写道："一个才几个月的婴儿被钉在下面的柜台上，有一根锋利的铁钎刺穿他那小小的尸体。地板上的那些浓血和残存尸体的内脏有二三英寸厚。一些死者的手臂、大腿和头颅被砍了下来，扔得到处都是。"

面对日军的野蛮行径，一批爱国官兵和普通百姓进行了英勇反抗。金州城被围时，一个姓王的书吏单骑突围送信，坐骑中弹被俘，遭严刑拷打，未吐一词，最后破口骂敌，触石身亡。11月9日，日军在南关岭抓到私塾先生阎世开，令其带路，威逼与利诱兼施，皆无济于事。阎先生大义凛然怒斥日寇，说"宁做中华断头尸，不做倭寇屈膝人。"终被日军杀害。旅顺口水师营农民庄大（原名王忠福）与12名青壮年在旅顺危急时毅然参加清军。庄大是当地人，地形熟悉，善于骑射。日军进犯牧城驿时，一马队在村边休息，庄大率众突然袭击，打死打伤敌军十余人。在日军追杀庄大时，他又亲手砍杀4人，至中弹牺牲。旅顺南山岗有家"顺兴利"烧酒水果店，店主谢沛桐，会武术，日本兵持刀抢酒，谢踢掉日兵战刀，顺势捡起，杀死逞凶日兵。黄金山下有位姓苑的铁匠，50多岁，甲午战争爆发后，他把两个儿子送到徐邦道的拱卫军当兵，大儿子在保卫金州时战死，二儿子在旅顺失陷时阵亡。日军占领旅顺，挨门挨户屠杀，杀到他家时，他手持铁锤躲在门后，先砸死4个日本兵。后来日军踢开窗户，开枪击中铁匠，苑负伤后仍持铁锤奋力砸死来敌，最后流血过多而牺牲。织布机匠陈永海，当日军搜索到机房时，他举起斧头向日兵头上砍去，后与日兵同归于尽。日军窜至南山岗上的"和顺大戏院"，强迫演员演戏，演员张铁腿在演出中，突然灭灯，飞刀杀死在台上监视的日兵。为掩盖罪行，日军将被杀害的中国人尸体抬到岭南花沟，倒上煤油集中烧掉，将骨灰埋在白玉山麓，插上"清军将士阵亡之墓"的牌子以欺骗舆论。

1896年11月，清政府委派直隶道员顾元勋接收旅顺。顾元勋等到旅顺后，前往遇难同胞墓地祭扫，督建殿宇并命名"万忠墓"，亲写墓碑。日俄战争后，日军再度侵占旅顺，几次妄图毁墓灭证，均因旅顺人民的抗争未能得逞，于是将碑偷出并砌入医院墙中。1922年，万忠墓碑重建。日本投降后，在旅顺民主政府主持下，于1948年11月重修"万忠墓"，殿前金匾书写"永矢不忘"4个大字。

清军反攻金州 1894年11月21日，宋庆率援军约7000人反击金州城。此时金州城内留守日军约1200人。9时20分，宋庆指挥清军兵分两路向金州进逼。向日军左翼发动进攻的清军步兵约

4000 人，进攻日军右翼的清军 3000 人以上，另有骑兵 300 人。进攻日军右翼的清军冒着日军的枪弹猛进，逐渐登上日军占领的高地，并将日军少尉平野永次击毙。防守右翼阵地的日军拼死抵抗，但难以阻挡清军的进攻，日军见状马上派兵到右翼增援。与此同时，防守在金州城内的日军也用清军遗弃的火炮拼命向清军进行轰击。清军分一部向徐家山方向冲去，这时日军顾不上徐家山方向，而将主要精力放在对日军威胁最大的右翼。日军又将在城内担任守备的第 6 中队，除在 4 个城门留下卫兵外，将其余两个小队也派去支援右翼高地。下午 1 时 30 分，双方激战之际，日军攻占旅顺口消息传到金州，日军士气倍增，清军坚持不住，从占领的高地上退出并开始后撤。

11 时 15 分，向日军左翼第 1 大队发起进攻的清军，逼近日军防线。日军隐蔽在防御阵地山坡的背面，当清军前进到距日军 400 米距离时，突然开始全线射击，清军停止前进，就地向日军还击。战至 14 时 30 分，清军被迫向十三里台子撤退。

11 月 22 日晨，宋庆亲往前敌，在拟分兵牵制日军以缓旅顺之围时，方知旅顺已于 21 日陷落。24 日，宋庆奉朝廷之命放弃金州，率军退回普兰店以北。金州反击战最终以清军失败而告终。

12 月 1 日，大山岩将第 2 军司令部移驻金州，并派日军第 1 旅团长乃木希典率军北上进攻复州。12 月 2 日，日军占领普兰店。12 月 6 日 13 时，日军兵不血刃占领复州城。至此，旅大战事结束。

四、日俄战争旅大之役

1904 年 2 月 8 日至 1905 年 1 月 2 日发生在中国领土上的日俄战争，是日本和俄国为争夺中国东北和朝鲜而进行的一场战争。旅顺口是俄国在远东攫取的唯一不冻港，是其太平洋分舰队的主要基地。对旅顺口的争夺，是争夺对战争全局具有决定意义的制海权。战争在旅大地区进行了 328 天，给旅大人民带来了深重灾难。

战争起因 日俄战争是两个帝国主义分别为实现“大陆政策”和“远东政策”，扩大和争夺中国东北的侵略权益，重新划分势力范围，而在中国东北进行的战争。日、俄两国争霸亚洲的政策，是日俄战争的根本原因。沙皇俄国为实现其远东霸权政策，首要目标是建立“华俄帝国”，吞并中国。中日甲午战争后，俄国以其政治、军事实力为后盾，蚕食、渗透中国东北三省。

1895 年，俄国乘清朝廷无力支付战争赔款之机，以成立华俄道胜银行为条件，贷款给清廷，在金融财政上取得对清廷的控制权。1896 年，又强迫清廷签订《中俄密约》，取得西伯利亚铁路横穿中国东北的筑路权。1897 年底，俄军舰强占旅大。1898 年，强迫清政府签订《旅大租地条约》及《续订旅大租地条约》，规定租地及间隙地内中国不得驻军，俄国可自行修营房、筑炮台、部署军队，继而单方面把租借地改为“关东省”，进行统治，并以旅大为基地参加八国联军，侵入津京，同时侵入中国东北。随之逼迫清政府签订《奉天交地暂且章程》，开始驻兵盛京及其他各地。

日本在甲午战争中因俄、德、法“三国干涉还辽”后，加快发展军事力量，寻机对俄再战，夺回辽东。10 年间，日本大量增加军费，扩建军队，发展军事工业以更新军备。到 1903 年末，日本政府已迅速发行了 1 亿日元的军事公债，并接二连三地发布《紧急支出敕令》《战时大本营条例》《军事参议院条例》等法令条规，完成进行战争的所有准备。1904 年 2 月 4 日，御前会议决定对俄国开战方针，断绝同俄国的外交关系。在日本进行战争准备的同时，俄国也在积极扩军备战，修筑中东铁路，向中国东北增兵，将太平洋舰队集结到旅顺。到 1903 年末，驻旅顺俄国陆军增至 24 万人，旅顺及东北各地港口停泊舰艇 60 余艘。同年 8 月，宣布成立远东总督府，将关东州作为远东总督府的一个州。1904 年 2 月 8 日，沙皇尼古拉二世召集特别会议，讨论对日作战。是夜，日本派遣舰队突然袭击停泊在中国旅顺和朝鲜仁川的俄国太平洋舰队，并在仁川登陆。2 月 9 日和 10 日，俄、日两国先后宣战。2 月 12 日，清廷宣布“局外中立”，划辽河以东地区为日、俄两军的“交战区”。

日军偷袭旅顺口港　旅顺口港是俄国太平洋第 1 分舰队主要基地，其舰队主力常驻此港。日军认为，要保障海运安全，顺利进行朝鲜和辽东半岛登陆战，首先应占领旅顺口，夺取制海权。

1904 年 2 月 8 日下午，日本联合舰队司令官东乡平八郎海军中将率 6 艘装甲舰、14 艘巡洋舰和 35 艘驱逐舰组成的联合舰队驶向里长山列岛。午夜时分，在旅顺港外锚地停泊着俄国太平洋分舰队的装甲舰 7 艘、一级巡洋舰 4 艘、二级巡洋舰 3 艘、炮舰 1 艘、运输船 1 艘。日本驱逐舰避开俄国巡逻舰，根据灯塔和俄舰灯火修正航向，从近距离向俄舰突然发射鱼雷，俄国装甲舰“列特维占”号、“柴沙列维奇”号和巡洋舰“帕拉塔”号被当即击损。俄舰开炮还击，日驱逐舰乘夜幕退出战斗，有 2 艘受损。日俄战争正式爆发。

日本联合舰队两次袭击旅顺口俄国舰队，俄舰未完全丧失作战能力。俄国太平洋舰队司令斯达尔克下令所有舰艇都收泊于旅顺港内，港外布雷，以拒日舰。2 月 11 日、13 日，俄国的水雷运船“叶尼塞”号和巡洋舰“保雅林”号触雷沉没。

日军为歼灭俄舰，采取了在旅顺口敷设大量水雷、派舰艇在旅顺口外日夜巡逻、不断地向停泊在旅顺口内的俄国舰艇开炮轰击等多种措施。在旅顺口港仍久攻不下的情况下，开始实施沉船塞港、困住俄国舰队的办法。自 1904 年 2 月 24 日、3 月 27 日、5 月 3 日，日海军三次组织敢死队，分乘 21 艘（其中 4 船奉令返回）装满巨石或大块煤炭或水泥的旧船驶近旅顺口港，企图自沉后堵塞旅顺港出口航道，均遭俄军炮火打击，死亡百余人，17 艘船没有沉到预定位置。日军虽未将航道完全堵塞住，但俄军巡洋舰以上的舰只无法顺利出入。

3 月上旬，俄新任太平洋舰队司令马卡洛夫到职后，加强了旅顺防务，同时命令海参崴舰队在日本海袭扰日军海上交通线，以减轻对旅顺的压力。3 月 10 日，俄 4 艘驱逐舰组成 2 个编队，分别驶向辽东湾、里长山列岛。第 1 队在老铁山附近与日军海军 4 艘驱逐舰遭遇，双方炮战约 1 个半小时。第 2 队返航时与 4 艘日驱逐舰相遇，俄舰“守护”号被击沉，巡洋舰“诺维克”号和“巴扬”号前去支援，日舰离去。同日，日装甲舰 5 艘、巡洋舰 1 艘从老铁山后面炮击旅顺港内的俄舰 3 个小时，击伤俄舰 2 艘。3 月 22 日，日装甲舰 2 艘再次炮击旅顺口港，遭俄舰还击而退。日舰队为防俄舰从旅顺口向海参崴突围，便在航道上布雷。4 月 12 日夜，日本联合舰队 13 艘舰船偷入旅顺口海域布雷。俄 8 艘驱逐舰出海寻找正在企图做登陆准备的日军机动舰队，日舰避战。俄舰队返航途中，“勇敢”号和“可怕”号 2 艘驱逐舰因掉队被日舰击伤。俄太平洋分舰队司令官马卡洛夫率舰队出海营救，返航时旗舰“彼得巴甫洛夫斯克”号触雷爆炸，2 分钟内沉入海底。舰队司令官、参谋长以下 27 名军官和 620 名水兵丧生。装甲舰“胜利”号也触雷受伤。

金州之战与俄舰突围失败　日军偷袭旅顺口及之后的沉船塞港行动，旨在夺取黄渤海制海权，为陆军登陆作战创造条件。塞港行动未能如愿，日本政府极怕俄军南下增援并控制辽东半岛，遂派遣陆军第 2 军实施紧急登陆。日本陆军的进军路线与中日甲午战争时的进军路线基本相同。一路从朝鲜过鸭绿江，另一路从辽东半岛登陆。

5 月 8 日，日军在金州城北三十里堡龙口河与百余名俄军交火。10 日，日军全面控制了东自大沙河口、西至普兰店的狭长地带，从北面封锁了金州。15日，日军分中军、右翼、左翼3路，以野炮联队为佐助，向三十里堡进发。俄军东西伯利亚第4步兵师师长付克少将派出2支小部队，在十三里台和茶房台拦截日军。俄军在多座易守难攻的山上布防，日军的兵力则是俄军的10倍。16日清晨，日军冒漫天雨雾赶到关家店，遭到对面山上俄军的猛烈射击。直到中午，日军才在关家店北山建起了炮兵阵地。日俄两军在关家店展开炮战之际，日军向阎条沟后山发起突然攻击，遭到俄军痛击。日军又调派4个中队参战。历经7小时激战，日军最终占领了阎条沟各山和高地。在金州城的外围取得胜利后，日军抵近金州城。

南山（又名扇子山）位于金州峰腰地带，是东北腹地通往大连、旅顺的咽喉，也是阻击的一个制高点，俄军在南山设有3个防区。南山和金州城一带共有俄军17769人，54门野炮、77门200毫米口径的要塞炮布置于南山、金州城、苏家屯等地。第5狙击兵团是中坚部队，共有3800人驻守南山，配备65门大炮、10挺机枪。5月25日晨，日军对金州南山阵地发动多次进攻，并组成爆破队，可至次日凌晨2时30分，死伤89名爆破手，也没有成功。26日晨，日军攻陷金州城后，以198门大炮与南山俄军展开炮战，日本军舰4艘及鱼雷艇队也从金州湾海上炮击南山炮台堡垒，双方战斗异常激烈。至14时，俄军在数倍于己的日军的攻击下，开始逃离金州，向旅顺方向退却。5时，俄军将大房身弹药房放火烧毁后离去。此战，日军共投入步兵31个大队、骑兵5个中队、工兵12个中队，总兵力36400人，是南山俄军兵力的9倍多。日军野战炮198门、机关炮48门，是南山俄军大炮的4倍。据日方统计，日军共死伤4386人，乃木希典长子乃木胜典战死。俄军伤亡1403人。

5月27日晨，日军乘胜追击退往南关岭的俄军，俄军放弃抵抗，撤退旅顺。旅顺港附近海域也被日舰队封锁。次日，日军第2军直入大连市。5月29日至6月14日，以日本陆军中将军衔任侵华日军第3军司令官的乃木希典率第3军3万人在盐大澳登陆，担任围攻旅顺要塞和警戒第2军北上的任务。

日军第2军占领金州、大连湾和大连市，切断了旅顺要塞与俄国满洲集团军之间的联系，第3军对旅顺的进攻更使俄国统治集团陷入混乱。6月5日，阿列克谢耶夫命令满洲集团军总司令向旅顺派兵4个师（48个营），并配置必要的炮兵和骑兵。库罗巴特金违反命令，仅向旅顺派出32个营，炮98门，日本第2军则有48个营、6个炮兵团和216门炮，实力大大超过俄军。6月6日，俄军前卫部队击退日军先头部队，进占瓦房店火车站。位于瓦房店北面得利寺车站附近的龙潭山城自古以来是兵家争战的军事要地，俄军决定在此与日军激战一场。6月15日拂晓，日军以猛烈的炮火打响了战斗，俄军伤亡惨重，于11时30分全线撤退。得利寺之役，日军伤亡1163人，俄军伤亡3780人。旅顺要塞救援的可能就此断绝。

为保全旅顺基地的太平洋分舰队，俄远东总督阿列克谢耶夫命驻旅顺俄舰队向符拉迪沃斯托克（海参崴）突围。6月23日拂晓，接替马卡洛夫的俄舰队司令维特盖夫特少将下令装甲舰6艘、巡洋舰4艘、驱逐舰8艘进行突围。14时15分，12艘日舰驶近旅顺口港，双方互相炮击。17时许，大批日舰赶到，俄舰撤回旅顺港，首次突围失败。8月10日，太平洋分舰队准备再次突围。凌晨3时，日舰队获悉俄舰出航消息，派大批战舰驶向旅顺。8时15分，俄18艘舰艇出港，成单列纵队，装甲舰为前导，巡洋舰紧随，驶往老铁山角，发现远方日舰后俄舰不战，以135度航向前进。11时30分，日舰队主力出现在俄舰前方。12时20分日舰开火，俄舰实施规避机动并开炮还击。16时30分，日舰追上俄舰，集中火力攻击俄旗舰“柴沙列维奇”

号和“曙光”号。17 时 45 分，“柴沙列维奇”号中弹多发，维特盖夫特及舰长以下多人中弹身亡，舰队失去指挥。战至当夜，俄舰有 1 艘被击沉，10 艘返回旅顺港，7 艘驶往中立港被解除武装。战斗中，双方旗舰均受重创。俄舰突围失败后，把舰上中小口径的火炮搬到要塞炮台，海军炮兵皆调至岸上，以加强旅顺要塞的防御力量。至此，制海权掌握在日军手中。

旅顺要塞争夺战　日军第 2 军切断旅顺要塞与俄国满洲集团军之间的联系，又北上拦住俄国救援部队于得利寺后，旅顺要塞陷入了彻底孤立的境地。

俄日双方兵力。俄军为加强旅顺要塞防御，在旅顺后路防线上筑有永备炮台 22 个、独立炮台 5 个、永久堡垒 5 个、永久工事 3 个。前沿阵地以大孤山、小孤山、盘龙山、203 高地、利寺山、夹山等为屏障，掩护主防线。防御中心在水师营，由庙堡、水管堡、山岩堡掩护。主防线方向，与护城墙并列配备数十个要塞炮连和一些射界为 360 度的单门火炮。要塞备有火炮 646 门、机枪 62 挺。守卫要塞的部队有东西伯利亚第 4 师、第 7 师的 9 个团、 3 个预备营以及海军陆战队等 4.18 万人。驻旅顺的太平洋分舰队各类舰艇 36 艘，舰员近 1.2 万人。包围旅顺的日军第 3 军所辖第 1、9、11 师及第 1、4 预备旅，2 个野战炮兵旅共 4.8 万人，火炮 386 门。

攻打旅顺要塞必须先攻破旅顺后路的俄军防线，即旅顺通往大连的陆路防线，包括鞍子岭一线和龙王塘至双台沟一线两道防线。6 月 25 日，日军攻取了歪头山、鸡冠山、老墩山俄军阵地，次日占领了横山阵地和双顶山，夺得鞍子岭一线的防线。7 月 26 日，日军开始进攻龙王塘至双台沟一线的防线，于 30 日以日军伤亡 12000 人、俄军伤亡 5300 人的代价，突破了俄军第二道防线。至此，日军将旅顺后路外围的两道防线全线突破，完成了对旅顺要塞的包围。

8 月 19 日，日军对旅顺发起第一次总攻击。从 8 月 19 日至 24 日，双方经过 6 昼夜激烈争战，日军投入 5 万多兵力，死伤 1.86 万人，俄军死伤 1500 余人。日军的战果仅仅是占领了大顶子山及盘龙山东西两个小堡垒。

日军第一次总攻击伤亡惨重，遂转入长期围城。用一个月时间挖掘坑道堑壕，以逼近俄军前沿阵地。坑道有明道、暗道两种，明道在地面，暗道在地下。同时，补充兵员和武器弹药，近 1.5 万名新兵及多个预备营抵达前线，补充十几门大炮和大量炮弹。俄国也昼夜不停地抢修、加固阵地，并在工事前的死角盲区埋设地雷。又用大量炮弹壳及白铁做弹体，装上炸药和导火线，制大批手榴弹，还全线设计制造了雷炮和步枪齐射装置，弥补前沿阵地机枪的不足。

9 月 19 日，日军对旅顺发起第二次总攻击。这次日军采取避实击虚的战术，避开俄军东部防线，将 3 倍于俄军的兵员和火力（个别地段达 10 倍以上），直接用于攻击兵力较弱的北线和西线前沿阵地。在 9 月 19 日至 22 日日军发起的第二次总攻击中，日军伤亡 7500 人，俄军伤亡 1500 人，夺取了得利寺山、庙堡和水管堡，而日军攻击的主要目标 203 高地仍在俄守军手里。

10 月 26 日，日军发起对旅顺的第三次总攻击，攻击目标为东部阵地，以俄军 3 号堡垒和 3 号工事为重点。日军调来 280 毫米口径重型火炮，连续 4 天炮击俄军东部防线，俄军工事、旅顺市区和港口受到严重破坏。从 10 月 26 日至 30 日，日军对旅顺要塞的第三次全线攻击，以伤亡 1.45 万余人的代价，仅占领几个前沿堡垒。

11 月 26 日，日军对旅顺发起第四次总攻击。12 月 6 日，日军攻下 203 高地。12 月 5 日至 15 日，俄太平洋分舰队残存舰只相继被击沉，只有少数突围到青岛、烟台和其他中立港。12 月 19—31 日，日军先后占领东鸡冠山北堡垒、二龙山堡垒、松树山堡垒。1905 年 1 月 1 日，日军占领俄军东线的望台炮台，旅顺要塞全线溃破。

从 1904 年 2 月 8 日日本舰队袭击俄国舰队起至此，日俄两军在旅顺厮杀了 11 个月。从 6 月 6 日日军第 3 军开始围攻旅顺起，也经历了 7 个月。据日军参谋本部统计，日军在 7 个月的攻围战中死 15400 人，伤 44008 人，总计伤亡 59408 人，俄军伤亡 19656 人。

在俄军腹背受敌，内无给养，外无援兵，战舰瘫痪、陆防崩溃的情况下，俄军要塞司令斯特塞尔于1904年12月29日召开军事会议，决定投降。1905 年 1 月 1 日 15 时 30 分，俄军城防司令部参谋马尔琴柯准尉带着俄军降书来到水师营日本驻地，翌日乃木希典允降，全线停火。俄方代表在投降书上签字。1 月 5 日，日本第 3 军司令官乃木希典陆军大将与俄国关东防区司令斯特塞尔中将在旅顺水师营西北街居民刘宽一和李其兰的宅院里会见。1 月 13 日晨，日军第 3 军进入旅顺。翌日，日军举行隆重的入城式。日本从此开始了对大连地区的 40 年统治。

日俄战争中，日军累计参战兵力 13 万余人，伤亡近 6 万人；俄军伤亡近 2 万人，被俘 3 万余人。

日俄战争之灾难 日俄两国在中国领土进行的帝国主义争夺霸权的战争，给中国人民特别是旅大地区人民带来了深重的灾难。

早在战争爆发之前，日本政府就于 1904 年 1 月 15 日通过中国驻日公使转告清廷，一旦爆发战争要保持“中立”。战争爆发后不到半个月，腐败的清廷宣布严守“局外中立”。然而，日本要求的“中立”只是防止中国可能做出的有利于俄国的行动，日本则可无视“中立”肆意损害中国利益。日本海军在战争中封锁辽东半岛海域，旅大沿岸的渔场变成战场，中国渔船、商船无法出海，一旦出海只要遇上日本舰艇，不是被击沉，就是被没收，船上的人还往往被杀害。为便于作战，日军肆意毁坏百姓的房屋和庄稼，战区内居民或死于炮火，或冠以“奸细”等罪名惨遭杀害。日军将其占领地的房屋、马匹、粮食等一切物资都视为“战利品”任意夺用。战争使大连的文物古迹遭到严重破坏，如金州古城、金州台山明代烽火台等，均遭浩劫。旅顺、大连城内许多民房被毁，有的村屯家破人亡，尸横荒郊。

俄国政府同样无视中国的“局外中立”，要求中国地方官员承担保护铁路的责任，如有损失要中国赔偿。有碍军事行动的桥梁、道路、房屋均得损毁，甚至境内的中国军队也要听从俄军的调遣。在旅顺，俄军迫使 5000 余名中国人日夜为其修筑工事。为了制造堡垒周围的开阔地，在东自白银山、北至吴家村，再往西北延伸到三八里、水师营，又转至西和西南部的羊头洼、鸦户嘴的长达 30 千米的弧线上，凡俄军认为影响视线的村庄、房舍，大部被毁掉，所有树木、农作物都被荡平。东鸡冠山北坡下的吴家村，经俄军的毁坏和战火的洗劫，战后仅剩下五间房屋的残壁，于是吴家村改称五间房。

第七节 民众反帝爱国斗争

近代大连饱受帝国主义侵略和殖民统治，无论是甲午战争期间、日俄战争期间，还是俄、日殖民统治长达 47 年的时间里，大连民众的反帝爱国斗争一直持续不断，从未停止。有民众反抗入侵的斗争，有工人、店员为争取人权而同外国资本家进行的斗争，有农民反对侵略者横征暴敛而进行的抗税斗争，也有师生反对殖民统治者奴化教育的斗争，充分展现出大连人民面对帝国主义侵略者残暴统治不屈不挠的斗争精神。

一、第二次鸦片战争时期的反英斗争

清咸丰十年一月末（1860 年 2 月）起，英军舰队开始入侵大连湾，意欲在旅大沿海建立港口作为舰队的集结地。英军先后在和尚岛、青泥洼、大孤山、旅顺口、羊头洼等地登陆并劫掠。并且劫掠中国商船 20 余只，全部砍去桅杆改涂白色，充当其舰队辅助船。至 7 月 26 日，英军大部由大连湾起锚，赴烟台与法军会合，进而攻占天津和北京。英军在侵扰大连的几个月里，到处抢劫耕畜，烧拆民房。面对险恶局势，清廷从熊岳调 300 兵员增援金州，又调协领奇凌阿率 1500 名援兵由盛京赴金州、旅顺协防。然而大敌当前，驻金州、旅顺的清军将领依咸丰皇帝“非夷人大队深入，不得遽行攻剿”的谕旨，皆蛰伏于距敌较远之处，未对入侵者发一枪一炮，致使金州、旅顺成为英国入侵京津的后方和立足地。面对无恶不作的侵略者，大连湾及旅顺沿海的居民自发组织起来进行英勇的反抗。六七月间，当 5 艘英舰分别闯入旅顺口和羊头洼登陆抢劫时，羊头洼一带村民自发组织起二三千人的队伍，乡民们以刀矛棍棒和农具为武器，呐喊着冲向登岸抢劫的英军。在强大的民众反抗力量面前，侵略者闻风丧胆，抛下抢劫的耕牛和物资，仓皇逃回舰上遁去。

二、甲午战争时期的抗日斗争

日军从庄河花园口登陆后即向金州进犯，金州民众自发进行了英勇抵抗。金州农民陈宝财自幼练就一身武功，得知日军进犯辽东直逼大连，遂组织起 40 多人的“红枪帮”，伺机杀敌。11 月 3 日，当日军向金州亮甲店、陈家庄、刘家店一带进犯时，“红枪帮”突袭日军，杀敌 10 人，吓得日军仓皇逃窜。后日军以大部队围困，陈宝财等“红枪帮”45 人因绝粮而牺牲。

日军占领金州后派出侦察部队，窥探通往旅顺的道路、山川地形和清军防务，准备进犯旅顺。11 月 10 日，日军骑兵第一大队队长秋山好谷率队窜至金州城南中沟村西北时，路遇塾师阎世开，以重金劝诱令其充当向导。阎世开严词怒斥日军侵略行径。秋山不解汉语，递以笔砚纸张。阎世开奋笔疾书，痛斥日军无道，并坚定地表示自己“宁做中华断头尸，不做倭寇屈膝人”的决心。日军继之以战刀相逼，他面无惧色，抓起石砚朝秋山砸去。秋山恼羞成怒，将其剖腹挖心残杀。1895 年，清代著名诗人张之汉听闻其事，至为感动，作《阎生笔歌》以赞，大赞其“撑天地，泣鬼神”的大无畏的爱国精神和英雄气概。

旅顺陷落后，许多民众以铁锤、斧子、砍刀、扁担等作武器，同日军展开了殊死搏斗。复州城失守后，复州东山顾家岭会首孟传文组织乡民举办团练，拉起一支 3000 余人的乡勇队伍，时袭日本侵略军，使之昼无宁日，夜不安眠。

三、沙俄强租时期的反抗斗争

沙俄强租旅大后，旅大租地中俄勘界委员会于 1898 年 10 月成立，开始进行实地勘察划界。沙俄为霸占赞子河以北的大片盐滩，强行要把莫家屯一带划进旅大租地内，引起当地民众的坚决反抗。11 月 26 日，莫家屯民众 300 余人拿起武器冲向沙俄非法扩界的勘界者。由于清廷及其中方勘界首席代表候补知府福培的无能，终使俄方阴谋得逞，把旅大租地“向貔子窝湾北扩张 30 里，大片盐滩划入俄国租界”，但是民众反抗沙俄扩界的斗争并未停止。同年，沙俄在复州五岛埋立租地界碑，再遭民众的强烈反对和坚决抵制，马福连等民众自发抗俄义军多次对沙俄侵略者进行袭击。

按照中俄《旅大租地条约》规定，大连税收权应归清廷。但沙俄强租旅大后，公然违反中国税收主权，在旅大推行殖民地税制，强行征税，从而引发民众自发的抗税斗争。1899年2月，驻貔子窝的沙俄官兵2000余人，出动数十辆大车，荷枪实弹窜至金州城东杏树屯刘家店，强迫农民缴纳名目繁多的捐税。农民交不起高额税捐提出减缓，俄军便翻箱倒柜公开劫掠农民财物。60岁农民马成魁率众与俄军税官交涉，事情非但没有解决，反被抓走20余人，乡民怒不可遏。马成魁派人连夜联络村民近千人，于翌日拂晓冲向许茔山下沙俄税卡前，由乡民代表王天阶与俄军交涉放人和减缓缴税，结果人竟被俄军绑走。沙俄驻扎在貔子窝的马队200余骑兵闻讯前来镇压暴动的农民，枪杀数十人。马成魁临危不惧，挥舞大刀连砍数名俄兵，农民沙连月、马云祥、马成魁之子马文才等农民跟着冲入沙俄马队，喊杀之声撼天动地。乡民终难抵挡武装的俄军，百余农民遭到残杀。俄军的暴行激起中国人的民族义愤，经中国出俄公使杨儒等人与沙俄政府据理交涉，迫使沙俄向刘家店农民做出一些让步，免除农民一年粮税，对死者和伤者付给赔偿费。刘家店民众的抗税斗争，对沙俄在“关东州”的殖民统治是一个沉重打击，对大连农民的抗税抗捐斗争是一个极大鼓舞，旅顺水师营附近的农民在私塾先生曹光金的带领下，也举行了大规模的反俄抗税斗争。

中俄《续订旅大租地条约》第四款规定，租界内的“金州城自行治理”，归清廷奉天省管辖。时金州城内有旗民住户936家、5800余人，大小商铺228家、店员1162人。1900年沙俄背信毁约，乘镇压中国义和团运动之机，胁迫金州厅官员订立事实上使金州城自治名存实亡的协定，遭到金州厅官员的坚决抵制，沙俄借口清廷官员可能会“掀起暴动”，武装占领金州城，并将金州副都统阎福升等人流放到库页岛服重劳役，直到《辛丑条约》签订后才将他们放回中国。

1901年2月，沙俄政府向清廷提出约款12条，规定在中国东北有驻兵权和出兵“剿抚权”等，妄图把中国东北变成沙俄的殖民地。此举激起了中国人民的极大愤怒，由此展开一场大规模拒俄运动，使沙俄的野心未能得逞。在旅大人民拒俄运动中，工人的斗争最具锋芒。1904年2月日俄战争爆发后，沙俄殖民统治当局及旅顺船坞厂主加紧了对中国工人的政治压迫和经济剥削，在忍无可忍的情况下，船坞的2000余名工人举行了同盟大罢工。工人们不畏强暴，同前来镇压的俄军展开搏斗，60多人遭到俄军枪杀。此次罢工及沙俄的暴行在国内外产生很大影响，蔡元培于1904年3月3日在《警钟日报》上披露了旅顺海军工厂华工举行拒俄同盟罢工之事。罢工斗争虽遭沙俄血腥镇压，却首开了大连工人反帝罢工斗争的先河，为大连人民前赴后继地反抗帝国主义的侵略播下了火种。

四、日本殖民统治时期的反抗斗争

1906年7月，金州三十里堡大盐场农民吕永发不堪日本殖民统治当局压迫，组织了一支以12名农民为骨干的反日武装队伍。7月26日，吕永发率队奔赴四十里堡的郭家屯（今北乐镇境内），处死了为日本人效力的恶贯满盈的巡捕王明爽。翌日，聚集27名农民包围了老虎山（今七顶山乡）日本警察驻在所，先放火封住大门，然后向所内猛烈射击，当场击毙1名日本警察、击伤2名巡捕。慑于吕永发的反日武装，日本警察署被迫将驻在所撤回金州。其后，吕永发等反日武装频频袭击日本警察所，并进入复州境内打击入侵者。1908年7月，吕永发率部将效忠日本、为害乡里的貔子窝民政支署差役张俊昌处死，使汉奸们闻风丧胆。同年8月，其率部在三十里堡大盐场与日本警察大队遭遇，在双方力量悬殊的情况，击毙伪巡捕1人，伤敌数人。同年冬，吕永发迫于日军围剿，将队伍解散，隐居吉林海龙县，后被汉奸告密，遭日本军警杀害。

1920年3月，日本资本家和田笃郎勾结日金州民政署官员，强占金州三十里堡西甸子农民耕地200公顷，使百余户农民失去赖以生存的土地。农民韩吉贵和村长王忠玉等人组织百余名农民，躲过三十里堡火车站日本警察的堵截，辗转到大连游行请愿。《泰东日报》编辑长傅立鱼得知此事后，亲赴实地进行调查，亲自撰文，在《泰东日报》上揭露事实真相，并亲赴日本关东州厅代呈农民请愿书，指控和田笃郎强占农田和金州民政署官员的行径。金州民政署官员与和田笃郎沆瀣一气，责令三十里堡日本警察所对农民进行镇压。西甸子农民并未屈服，在《泰东日报》编辑长傅立鱼和日本人社长金子雪斋等人的声援帮助和社会舆论的压力下，和田笃郎最后不得不答应向农民让步。1921年9月，西甸子农民代表同和田笃郎方面代表签订协议：和田笃郎所占农田仍由原开垦户继续耕种，三七分成，农民得七，永不改佃，永不增租。西甸子农民的土地虽未要回，但争取到租佃权，并迫使和田较大幅度减租和永不增租，这在当时日本租界已属来之不易的胜利。至此，这场长达一年半之久的反占田斗争告一段落。

1920年，第一次世界大战后出现的经济危机席卷“关东州”，受到经济危机影响的大连最大的工厂——大连沙河口工场从4月开始预谋裁员，引发了中日工人的反裁员斗争。5月1日，全厂5000多名中日工人在沙河口体育场召开抗议失业大会并游行示威。5月3日，18名工人代表向满铁提出停止大量裁减工人的要求。面对会社的迟迟不回复，中日工人的怠工斗争发展成为公开的同盟大罢工。6月1日和6日，罢工工人又两次集会和举行游行示威。关东厅对沙河口工人的同盟大罢工如临大敌，从大连、旅顺抽调200余名警察和70余名日本宪兵把守工场的重要部位，之后公布解雇名单，1330名中国工人、540名日本工人、65名职员遭到解雇。慑于工人罢工的威力，日本资本家也做出较大让步，对被解雇的工人发给生活津贴，住工人宿舍的工人可延期半个月搬走。

1925年，上海五卅惨案发生后的第二天，《满洲报》《泰东日报》《关东报》3家中文报纸冲破日本殖民当局的封锁，迅速将沪案公之于众，并接连发表文章表示抗议和声援。共青团大连特支根据中共中央部署，立即决定发动大连各阶层人民支援上海人民的反帝斗争。6月15日，大连中华工学会、大连中华青年会、大连中华印刷职工联合会、中华增智学校、中华觉民学校共同发起成立沪案后援会，做出4项决议：学生罢课，工人罢工，游行示威，散发传单和组织演讲。6月16日，旅顺工大、旅顺二中的中国学生全部罢课；18日，旅顺师范附属公学堂和旅顺公学堂的中国学生举行同盟罢课。随后，市区西岗商业学堂、伏见台公学堂以及复县中师学校、庄河县立中学、普兰店公学堂等学生相继罢课。十余家工厂工人举行了罢工。学生罢课、工人罢工之后，举行了示威游行和募捐。6月21日，沪案后援会冲破日本殖民当局的阻挠和破坏，在永善茶园（后称宏济大舞台）召开了全市追悼五卅殉难诸烈士大会，参加大会的有工人、商人、教员、学生、市民。傅立鱼报告五卅惨案经过，各界代表宣读悼词。与会群众泣不成声，高喊“打倒帝国主义”“为殉难同胞报仇”等口号。会后，数千名群众举行大规模游行示威，散发传单，开展募捐活动。至同年10月，共募集捐款11648元，汇寄上海总工会。五卅运动把大连人民反帝爱国运动引向了新的发展阶段。

五卅惨案发生后，“关东州”内中国工人的反日罢工时有发生，大连机械制作所工人罢工成为影响较大的政治性罢工。大连机械制作所（大连重型机器厂的前身）是满铁沙河口工场的辅助性工厂。五卅运动后期，中华工学会酝酿以该制作所工会会员为主体，建立中华工学会南沙河口分会。1925年12月21日，制作所工人、工学会代表郭钦三在动员工人参加大连中华工学会时被日本工头发现，日本资本家将其解雇，引起中国工人的强烈不满。制作所工人、中华工学会副委员长石传锦等代表工人向厂方提出立即恢复郭钦三厂籍、不准克扣工人工资等要求，遭到拒绝，厂方并将石传锦解雇，中国工人义愤填膺，当即有工人相率罢工。大连中华工学会委员长傅景阳获悉此事后立即召开会议研究对策，决定支持工人罢工，同时与日本资本家交涉。22日，制罐工场、机械工场、木工场的157名工人举行了同盟罢工。日本资本家则采取强硬措施，宣布将罢工工人全部解雇。共青团大连特支及时召开会议，决定由傅景阳代表中华工学会出面交涉，并通过《泰东日报》披露罢工真相。12月26日，经傅景阳与日本所长谈判，日方决定接受工人提出的发给工人煤贴、允许有事请假、日本工头不准打骂中国工人等条件，持续6天的工人罢工基本取得了胜利。

之后发生的“四二七”大连福纺纱厂工人大罢工震惊全国。1926年4月27日，大连福纺纱厂（1925年日本人创办，今大连纺织厂前身）1000多名工人，因不满日本资本家用中国小银洋给工人开资、用正值涨价的日本金票收取工人的饭费，变相压榨、剥削中国工人，举行了大罢工。在中共大连地委领导下，中华工学会派代表向日本资本家提出不许欺压中国工人、增加工人工资、缩短劳动时间等5项条件。工人要求被日方厂主角野久造蛮横拒绝后，罢工工人拉下全厂总电闸，拉响了汽笛，1000多名工人冲出车间、奔向工厂大门，开始了声势浩大的大罢工。中共大连地委派工运部部长、大连中华工学会委员长傅景阳出面领导罢工，成立了罢工委员会。为争取罢工主动权，罢工的第二天，中华工学会草拟了《福纺纱厂一千二百名工友泣告各界同胞书》，累数日本资本家对中国工人野蛮压迫，宣传单发放到市内各报社和工厂，又在泰华楼饭店举行记者招待会，向与会新闻记者介绍福纺纱厂工人罢工的起因和经过，争取社会各界的支持。

6月24日，罢工委员会在福纺纱厂北门外召开了有沙河口工场、中村铁工所、昌光硝子等13家工厂近3000名工人和纱厂附近农民参加的声援罢工大会。会后举行了声势浩大的示威游行，工人们高呼“打倒日本资本家”等口号，并高唱《大连中华工学会会歌》。一厂罢工全市声援，显示出大连工人阶级的团结战斗力量空前高涨，令日本殖民当局惊恐万状，次日将傅景阳等19名罢工领导者和骨干分子逮捕。殖民当局的行径激起了大连各界人民的愤怒，大连工人与进步人士发起了营救行动。在罢工的艰难时刻，中共北方区委负责人李大钊先后派张炽、邓鹤皋、尹才一、张式沅到大连加强对罢工的领导，上海总工会、天津总工会、中华全国铁路总工会、全国总工会等先后来电声援，南方国民政府拨款2500元救助罢工工人。罢工坚持100天，日方被迫于8月初答应了罢工工人提出的复工条件。8月4日，中共大连工运部部长唐宏经（唐韵超）以大连中华工学会名义来到工厂，召开复工大会，罢工斗争宣告结束。翌年3月30日，傅景阳等人被无罪释放。这场坚持了100天的大罢工，被《泰东日报》称为“惊天动地之一场大风潮”，不仅波及全市，而且震动全国，促进了第一次国内革命战争时期全国范围内人民革命高潮的持续发展。

1931年“九一八”事变后，面对日本侵占中国东北的狼烟，庄河大地上的民众抗日武装风起云涌，涌现出东部的抗日救国军、西部的抗日便衣队、西北部的抗日保安团等抗日武装。这些抗日民众武装后被设在北平（今北京）的东北民众抗日救国会编入东北民众抗日救国军第40路军、第58路军，刘同先、刘震青分别为40路军和58路军司令。1932年3月16日，刘震青、刘同先等部抗日武装分东、西、北三路向庄河县城发动攻击，焚烧了伪县公署，砸毁了看守所，俘获了日本"庄河自治指挥部"助理葛西满男、伪县长王纯嘏等9人，同时缴获一大批枪支弹药。抗日救国军联络全县各法团发表抗日宣言，建立抗日政府，一时军威大振。民众抗日武装占领庄河县城的消息令日本殖民统治当局十分震惊，日军随之派3架飞机对庄河县城进行轰炸，炸死炸伤许多民众。为避免民众遭受伤亡和财产损失，抗日救国军及时押着俘虏撤离县城。第40路军撤出庄河县城后，在高岭、仙人洞等地继续开展武装抗日斗争。4月4日，在张店一带与日军遭遇并展开激战，毙伤敌军20余人，缴获长短枪20余支。4月8日，在双塔岭伏击日关东州守备队，毙伤敌军20余人。1933年9月29日，刘同先与邓铁梅、刘景文等人各率所部在庄河东红旗沟北街举行会议被日军探知，双方展开激战，战斗进行2个多小时，抗日救国军毙伤日伪军90多人、击伤230多人、活捉70余人，队员牺牲40人、被俘55人。庄河民众抗日救国军英勇抗击日本侵略者的斗争精神，极大地鼓舞了当地民众参加反抗侵略的斗争，纷纷参加抗日队伍。

1932年7月，庄河大刀会建立，为东北抗日义勇军组成部分。12月冬，日本关东军万余人分多路向庄河、岫岩、凤城三角地区进攻，扬言半月之内消灭各路抗日义勇军。西路讨伐队靖安游击队约500名步骑兵，由日军大佐森秀树带领，从复县向庄河进犯。12月15日深夜，庄河大刀会（亦称红枪会）在郭殿政、崔俊章、鞠抗捷带领下，袭击了屯踞在庄河太平岭土城子的日军靖安游击队骑兵第12联队。日伪军在睡梦中惊醒，乱作一团，大刀会会员趁势冲入敌阵，与之展开肉搏。森秀树突遇袭击，慌忙向驻院外逃窜，遭大刀会战士围截后又企图窜回院内，但院门已被里面的日军关上，陷入包围中的森秀树挥动战刀乱砍乱杀一阵后准备翻墙进院，爬墙之时被大刀会战士用红缨枪戳死于墙下。这个身经72战，双手沾满中国人民鲜血的刽子手，日本关东军中赫赫有名的骁将，最终被大刀会结果了性命。这次战役，被击毙的日军还有上尉副官木下谦太郎等4人，伤数十人，缴获战马30余匹、机枪和步枪30余支及一批弹药和粮食，等到驻扎在庄河的日军闻讯赶来时，大刀会的战士已撤离战场，安全转移。

抗日谋略团（又称国际情报组，俗称抗日放火团）是活跃在大连地区的又一支抗日组织。1934年秋成立，是共产国际在莫斯科建立的由一些国家抗日青年参加的，以破坏日本占领区的军事设施和战略物资为目标的国际性反法西斯组织。1934年，中共党员姬守先、黄振林、赵国文等人从莫斯科受训后回国，在上海设立指挥中心，并把大连作为战略破坏的重点区域。同年8月，在大连发展首个地方成员邹立升，之后放火团成员不断壮大。抗日放火团从1935年6月开始在满洲油漆株式会社点燃了抗日放火团的第一把火，之后在码头仓库、关东陆军仓库等10余处实施放火破坏行动。抗日战争爆发后，抗日放火团的斗争掀起高潮。从1938年2月至1940年6月，仅在大连港码头就烧毁日本军用纸库1座、大豆300吨，120、124、126、228号仓库储存的全部物资，137、303、305号仓库存放的价值1.5万日元的军用棉花和粮食，一架刚从意大利买来的飞机，37号仓库的砂糖，131号仓库的大批纸张，105号仓库的部分机器，102号仓库的杂谷。尤以1938年爆炸满洲石油株式会社制油所6万桶石油的打击最大。是年4月10日，大连放火团将位于甘井子的满洲石油株式会社的14号、15号仓库中储存的

6万桶石油和大量石蜡等化工原料烧为灰烬，大火燃烧了16个小时，损失价值700余万日元。日本《满洲日日新闻》报道称，现场大火漫天，“黑烟笼罩了大连湾的上空”，各地消防队被调往现场灭火，都无济于事。1940年6月，大连放火团被日本殖民统治当局破获，100余人先后遭逮捕。1942年3月，姬守先、秋世显等12名主要放火团成员被判处绞刑，惨死于旅顺日俄监狱中。据1941年日本关东军部统计，抗日放火团在1935年6月至1940年6月，5年在大连放火57次，给日军在华的后方基地以严重打击。

抗日战争时期，中国共产党和中国人民同苏联布尔什维克党和苏联人民并肩战斗，成为第二次世界大战中国际反法西斯统一战线中的重要力量。中共中央派出一批党员参加了由苏联布尔什维克党组织的反法西斯情报工作，其中就有沈得龙、刘逢川等人在大连设立的国际反法西斯秘密电台。1941年7月，沈得龙从莫斯科来到大连，以开办照相馆为掩护，建立秘密电台。电台位于大连黑石滩高砂町153番地（今黑石礁西村198号），是苏联红军参谋部和中共晋察冀中央局社会部领导的情报机构。1942年4月地下电台正式开机，至1943年10月，先后向苏联中央局发送了大连、沈阳、本溪县的日军调动情报，大连码头仓库和周水子关东陆军仓库军需品的数量及存放情况，日本在关东州内实施《朝鲜人征兵制》情况，以及日本在大连的军事、经济情况。由于电波发射频繁，被日本殖民统治当局察觉，电台于1943年10月被破获，沈得龙和他发展的7名情报人员全部被捕。1943年11月末，沈得龙、王耀轩、王学年、李忠善4人被日本宪兵秘密从大连押往哈尔滨石井细菌部队（即731部队）杀害。同期在大连活动的还有刘逢川、何汉清电台，于1944年12月被日本当局破获。1945年8月15日日本宣布投降，就在苏军即将光复大连之际，日本当局匆忙将刘逢川、何汉清杀害于旅顺监狱。

第八节　人民防空

中华人民共和国成立后，人民防空工作由旅大市公安局负责。1950年10月28日，成立旅大区防空司令部。同年12月20日，旅大市人民防空委员会成立，下设疏散委员会和防空总指挥部。此后，人民防空委员会又历经与公安部门的合并与单设，并几经更名。1984年，大连市成立战备委员会，与人民防空委员会系一套班子、两个名称。

1951年市防空总指挥部成立后，改造了大连地区历史遗留的防空洞和地下室，又修建一批防空洞和防空壕。1969年，中苏边界珍宝岛事件发生后，全市又掀起全民性人防备战建设高潮。1971年规划挖通环绕市区的10座大山坑道和市区10个地道网，并健全市区防空警报系统，1971年完成工程任务的一半。改革开放后，大连市人防工程建设开始转向开发利用和平战结合。

一、人防工程

工程建设　中华人民共和国成立后的大连地区人防工程建设经历4个时期：1950—1954年抗美援朝时期，构筑4.3万平方米人防坑道工程和环绕市区的若干简易掩体。1955—1966年结合基建进行人防工程建设时期，重点构筑2.1万平方米防空洞和4000平方米地下室。1969—1971年全民战备时期，组织107个企事业单位职工挖通10座大山坑道，组织街道、学校、机关、厂矿企业干部职工参与挖通市内10个地道网，至1971年底，共挖通5个大山坑道、5个市区地道网主干道。1972—1985年为国家计划时期，1972年人防战备纳入国家计划，在第二个五年计划时期，主要进行坑、地道工程配套，完成158个口部处理任务和地道加固改造；第三个五年计划时期，主要修建防空地下室60多处，平战结合大型人防工程主要用于商业、服务业、养殖业、加工业、冷冻冷藏业。

工程管理与利用　大连市人防工程在使用上坚持平战结合，实行谁建、谁管、谁用。自1969年至1978年，人防工程主要用于粮库、油库、冷库、麻库、车库、物资库、危险品库、生产车间等，利用项目共67项5万多平方米。1979年以后，人防工程使用转到重视战备、经济、社会三个效益上。1985年，人防工程开始用作车间、冷库、物资库、停车场、种植养殖基地、商场、旅馆、饭店、文体活动场所等。

二、通信警报

中华人民共和国成立后，大连地区初步建立起以防空指挥部为中心，既与东北防空司令部、苏军驻旅大部队相联系，又与各县、区、重要企事业单位相联系的指挥通信系统。1969年以后，大连地区的人防指挥通信建设快速发展，到1985年底，有线电通信敷设了地下电缆，建成地上地下两套自动电话设备，沟通党政军及各重要企事业单位的联络，战时可与防御要点的指挥位置保持联络。

抗美援朝战争爆发后，大连地区建立了空情接收站、防空监视哨和防空警报报知网。警报传递手段有有线电话和交换机、无线电广播、电动警报器等。1963年开始，全市更新电动警报系统，到1969年，开设对上的警报守听、无线电台、空情守听电台，对下的空情情报通信联络；建立与县（区）、重要厂矿单位、街道的有线电话专用联络网；安装无线电遥控警报器和有一定防护能力的组合电声报警器，警报音响覆盖面积达市区面积的85%。1978年人防通信警报建设逐步走上平战结合的道路，建立保密电话网，用人防电话交换台的空号，为平时利用坑道、地道的单位安装50多部民用电话，无线通信设施为防台风防汛服务，警报设施为地震报警服务。

三、防空袭演习

大连地区自建立防空指挥部以来，各时期都制订防空袭计划。1973年开始，防空袭预案趋于系统，到1982年，市内各区、各街道和大厂矿都分别制定防空袭预案。

1951年，市防空指挥部开始举办防空专业队成员训练班，1954年组建人防专业队伍。战备训练项目主要有消除大面积火灾，救护光辐射、放射性污染的伤员等。1978年成立抢修、救护、运输、通信、治安、消防、防化7个专业队伍。

中华人民共和国成立以来，大连市多次组织防空演习。在苏军驻旅大期间，配合苏军进行灯火管制、分散隐蔽和连续抢救演习。1974年，全国人民防空和城市防卫工作座谈会在大连举行，其间举行一次大规模的由驻大连陆海空军、民兵协同进行的防空袭、外围要点战斗和巷战、地道战演习。

第三篇　经　济

第一章 农 业

大连地区早在六七千年前有先民定居时，就开始了原始农业生产和家畜饲养。进入封建社会以后，从耕地看，农业生产在汉、元、明、清时期出现较快发展。西汉武帝时，由于向辽东移民垦殖，辽东人口激增，耕地面积大幅增加。两汉时期铁制农具的使用也相当普遍。元代，元世祖在大连地区置金复州万户府，实行屯田垦殖，奠定了后世大连地区农业的基础。明代，通过实行屯田垦殖，耕地面积继续扩大，正统初年的金州与复州耕地面积已达5.1万公顷，占全辽东耕地总面积的25%。明代的大连地区农业经济已相当繁荣。明末清初时，由于发生连年战争，大连地区百姓外逃、土地荒芜，农业生产遭到严重破坏，至清廷定鼎中原实行辽东招民垦荒政策后，大连地区再度人口渐集、耕地渐增。雍正七年（1729），金州耕地面积增至7200公顷，同治年间再增至6.7万公顷。清代大连地区逐步成为辽东农业发达地区之一。

俄、日殖民统治时期，大连地区的封建土地私有制已变成带有半封建半殖民地的特点。沙俄强租旅大后，一方面保有清代的封建土地所有制，一方面大肆掠夺强征土地。日本侵占旅大后，以没收俄国财产名义，将清代大量官地、荒地、山泽和铁路等用地全部划归日本官方所有，并且强占民地。大连光复后，开展了反奸清算、减租减息、分配“官地”（指学堂、寺庙、教会及军事设施等占用土地）等运动，在封建土地私有制势力受到削弱的基础上，于1950年以土地调剂的方式完成农村土地改革。通过土地调剂，全地区没收和征收地主富农土地3.5万公顷、粮食82.7万千克、耕畜5184头、农具31.4万件、大车2803辆、房屋5.5万间，使贫苦农民实现“耕者有其田”。

中华人民共和国成立后，大连地区农业生产体制历经两次重大变革。第一次变革是从1949年建立中华人民共和国至1956年，土地所有制由私有制变为农民集体所有制。1956年，全地区建立高级农业生产合作社780个，入社农户35.3万户，占总农户的95.8%。第二次变革是1978年中共十一届三中全会以后，改革人民公社政社合一体制，推行以家庭联产承包经营为主的生产责任制。1980年，全市农村建立各种生产责任制生产队10933个，占生产队总数的95%。1983年上半年，实行家庭联产承包责任制的生产队普及到96.7%。同年10月，取消人民公社，建立乡政府，乡建立农工商联合公司，村建立农业生产联社，生产队改为生产合作社。农业生产基层单位由1.1万个生产队变成80万农户。到1985年，全市农村共有专业户69559户，新经济联合体1107个。

大连地区以丘陵为主，地理构成为“六山一水三分田”。地质地貌决定了大连农业生产以“三水一花”即以水产、水果、水稻和花生为主。三面环海的地理环境，使渔业成为优势产业。

大连地区农业机械发展的历史，大致可以大连光复前后来区分，之前的农业生产以人力畜力为传统生产工具，之后的农业逐步走向半机械化乃至机械化生产。

从中华人民共和国成立至1978年以前，大连农村经济基本是单一的农业经济，在全市经济中所占份额很小。中共十一届三中全会后，农村经济发展迅速，形成了农业、林业、牧业、渔业、工业、商业、建筑业、交通运输业等综合经济体系，农村经济在全市经济中占比越来越大。乡镇企业成为特殊历史条件下异军突起的农村经济体。

第一节　种植业

大连地区种植业与六七千年前有人类定居的历史共生发展。大嘴子青铜时代遗址发现的炭化谷物，被中国农业专家认定是朝鲜和日本栽培稻最初由中国传入的实物证据，表明当时大连的种植业已经达到相当发达的程度。据《汉书·地理志》记载，汉代幽州之地（今大连地区在内）除了“谷宜三种”（黍、稷、稻）外，适宜种植的还有高粱、麦等粮谷作物。清代大连地区的复州、庄河已成为盛产玉米、高粱、大豆等农作物之地。俄、日殖民统治时期，大连地区种植的大宗粮油作物也是玉米、高粱、大豆，其中玉米播种面积最大时约占农作物播种面积的75%。中华人民共和国成立之初，种植的农作物仍以玉米、高粱、大豆为主，并有甘薯、马铃薯等薯类以及谷子、小麦等杂粮种植。

大连的农田构成特点是“七坡一洼二分平”。中华人民共和国成立后，大连先后于1959年10月至1960年2月和1980年3月至1984年10月进行两次土壤普查。通过土壤普查，调整作物布局和耕作方式。如1978年全市玉米与花生大豆的播种面积之比是100 ： 29，1984年比例调整为100 ： 37。作物耕作以轮作为主。一般粮油作物按年轮作，如水稻地年年种水稻。有些农作物实行轮作倒茬，如花生—杂粮—大豆、谷子—大豆—玉米、高粱—谷子—大豆—玉米，三四年一轮作。民间流传“头茬谷子，二茬豆，三茬苞米大丰收”。

大连环境和气候条件适合农作物生长，但由于以丘陵为主，耕地面积少，且呈逐年减少态势。从1949年、1969年、1979年3个年份看，1949年耕地总面积为714.8万亩，人均占有3.6亩；1969年耕地总面积628.9万亩，人均占有2.2亩；1979年耕地总面积565.8万亩，人均占有2亩。

大连地区蔬菜有规模种植始于清代。清康熙五十三年（1714）始建旅顺水师营时，出现商品菜园和私营蔬菜。俄、日殖民统治时期，俄国人、日本人曾带来新的蔬菜品种，经长期栽培有的已成为地方农家品种，如长紫茄子、小根白菜等。大连光复后，以生产蔬菜为主的社队在郊区逐渐形成，蔬菜播种面积和产量不断增加。1958年全市蔬菜播种面积47.4万亩，总产量68.9万吨。1959—1961年三年困难时期，粮食供应紧张，旅大市政府提出“瓜菜代”生产自救方针，全市平均蔬菜播种面积增至69.4万亩，总产量达88.6万吨。20世纪60年代中期，由于受“以粮为纲”思潮影响，蔬菜播种面积减少，1965—1975年，全市平均蔬菜播种面积仅有39.6万亩。1978年以后引进地膜覆盖技术，使蔬菜种植可以在冬季进行。蔬菜经营方式也发生极大变化，长期实行统购统销的计划经济逐步被商品经济所取代。1985年将蔬菜种类和价格全部放开，蔬菜经营出现国营、集体、个体多种所有制形式并存局面，形成多渠道、少环节、开放式的流通网络，蔬菜市场越来越繁荣。尽管1985年遭受严重自然灾害，蔬菜总产值仍达到7940万元。

大连地区果树生产历史久远。据明《辽东志》记载，唐代金州就出现了杏园、樱桃园。俄、日入侵后，统治当局利用大连地理、气候、土壤优势，鼓励移民引入经济价值较高的欧美果树品种，建立果园发展果树生产。到1941年，关东州果树栽培面积达10余万亩，占土地总面积的3.3%，水果年产量235.9万千克。中华人民共和国成立后，果树栽培面积继续扩大，1949年达20.3万亩，栽植果树338.6万株，年产量2.3万吨。三年困难时期和“文化大革命”时期，果树栽培面积与种植株数量减少、产量下降。1978年以后，果树生产得到恢复。苹果成为水果中大宗果品，产量占水果总产量的90%左右。

一、粮油作物

大连地区的粮食作物以玉米、水稻为主，油料作物以大豆为主。1949年，粮食及大豆播种面积665万亩，约占农作物播种总面积的93%。到20世纪80年代中期，随着农作物种植品种增多，粮食及大豆播种面积减至463万亩，占农作物播种总面积的比例降至82%。1980年，全市粮食总产量14.7亿千克，平均每公顷产量4485千克。1985年，全市大豆总产量4.84万吨，平均亩产82千克。

粮食作物 主要品种有玉米、水稻、小麦，还有少量杂粮和薯类。

玉米为粮食生产第一主栽作物。明朝末年玉米种植传入大连地区，最初仅为田畔园圃零星种植，18世纪以后始有大面积种植。日本殖民统治时期，玉米仍是农作物种植的主要品种。中华人民共和国成立之后的1949年，大连地区玉米播种面积为333万亩，由于种子质量原因，年产量只有22.3万吨，平均亩产67千克。20世纪50年代起，改变传统场上选种为田间棵选或穗选之后，玉米品种得到改良。玉米品种以二白、旅大红骨等为主。1966年开始引进玉米杂交品种。到1977年，玉米种植全部采用杂交品种，播种面积300多万亩。1980年是大连地区玉米产量和亩产最高的一年，当年玉米播种面积289.9万亩，其中由当地培育的优质品种旅丰1号播种面积占播种总面积的65%；年产量108.9万吨，平均亩产377.5千克。1985年，全地区玉米播种面积261.3万亩，其中旅丰1号播种面积增至126.5万亩，但由于遭受9号台风袭击，年产量只有42.1万吨，平均亩产161千克。

水稻是粮食生产第二主栽作物。大连地区水稻栽培的历史悠久。据大嘴子遗址考古发现，炭化谷物距今已3000多年。近代水稻的栽培始于清光绪年间，最初是利用自然的低洼易涝地进行耕种。清同治十三年(1874)，庄河水稻播种面积为4.5万亩，约占当地粮食作物种植面积的3%。

中华人民共和国成立之初十几年，水稻生产水平很低。1949年水稻播种面积仅11.1万亩，产量1.76万吨，平均亩产158千克。1956年播种面积增至29.5万亩，1958年又增至42.2万亩，因栽培技术水平低和水利工程质量差，年产量和亩产很低，1958年水稻年产量3.5万吨，平均亩产83千克。1963年开始，水稻播种由直播改为水育苗和温润育苗插秧，并尝试塑料薄膜育苗后，生产得以稳步发展。尤其是20世纪70年代末大兴农田水利基本建设，水稻生产发展迅速。1978年播种面积35.47万亩，年产量12.53万吨，平均亩产353千克。70年代的水稻种植品种以丰锦为主，1979年种植面积30.4万亩，占水稻种植总面积的74%。1981年开始利用地膜覆盖技术试行水稻旱种102.4亩，平均亩产312.5千克。1980—1985年，全地区水稻年均播种面积58万亩，其中60%的面积种植品种为中丹系列；年产量19.23万吨，平均亩产324千克。1985年水稻播种面积63.55万亩，因遭受9号台风袭击，年产量仅14.57万吨，平均亩产229千克。

杂粮主要有高粱、谷子。高粱、谷子在大连地区有着悠久的种植历史。据考古发现，早在新石器时代大连地区就开始栽植高粱和谷子。高粱尤为主要杂粮作物。中华人民共和国成立后，随着农作物种植品种的多样化，高粱、谷子的播种面积逐年减少。1949年高粱播种面积近70万亩，但产量降至4.8万吨，平均亩产69千克。此后，20世纪60年代年均播种36万亩，产量3.1万吨，平均亩产88.9千克；70年代年均播种43.6万亩，产量7.2万吨，平均亩产163.3千克；80年代初到1985年年均播种15.58万亩，年均产量3.07万吨，平均亩产190.5千克。其中1985年播种10.58万亩，产量9878吨，平均亩产93千克，播种面积、年产量为历史最低。

1949年谷子播种面积78.5万亩，占粮食作物种植总面积的13%，年产量4.1万吨，平均亩产51.5千克；1953年播种81.6万亩，为历年播种面积最大，但年产量及亩产水平均不高，产量3.63万吨，亩产44.5千克。受三年困难时期和三年国民经济恢复期的影响，1965年谷子播种面积减至31.8万亩，产量3万吨。1971年开始提出粮食生产消灭“五子”（谷子、糜子、笤帚糜子、稷子、稗子）后，谷子播种面积锐减至26.2万亩，约占粮食作物种植面积的6.6%，到1976年仅为5.7万亩，占粮食作物种植面积的1.2%。1978年以后，谷子播种面积逐步恢复并稳定在十几万亩水平，年均产量1.4万吨。1985年谷子播种面积10.39万亩，因受9号台风影响，产量及平均亩产分别低至7000吨、67千克。

薯类作物主要是甘薯（又名红薯，俗称地瓜）和马铃薯（又名山药蛋，俗称土豆）。大连的地瓜栽培始于清朝中期。中华人民共和国成立后，地瓜种植面积增大、产量增多。1949年种植面积26.36万亩，年产量4.82万吨，平均亩产183千克。20世纪60年代，大连地区粮食供应紧张，高产的地瓜种植又大面积增加，年均种植56.3万亩，产量8.12万吨，平均亩产144.8千克，是历史上种植面积大、产量高时期。20世纪70年代以后，随着小麦、花生等农作物的更多种植，地瓜种植面积相应减少，年种植面积32.24万亩，产量5.24万吨，平均亩产162.5千克。20世纪80年代初，地瓜种植面积减至20余万亩，年产量4万余吨。其时地瓜种植品种主要是胜利百号，年种植面积17万亩，占地瓜种植总面积的74%。1985年，全地区地瓜种植面积24.08万亩，产量3.12万吨，平均亩产130千克。

土豆亦粮亦菜。1949年，大连土豆种植面积13.6万亩，产量1.6万吨，平均亩产117.5千克；1958年种植面积最大，为26.14万亩，但产量只有1.32万吨，平均亩产50.5千克。20世纪60年代种植面积9.75万亩，年产量7676.5吨，以1962年为最少，仅1.94万亩，产量845吨。70年代种植面积及产量有所回升，80年代重又回降，种植面积6.77万亩，年产量8124吨。1985年全地区种植面积6.47万亩，年产量7912吨，平均亩产122千克。

油料作物 大连地区油料作物主要有大豆（通称黄豆）、花生。

大豆是大连地区的主要粮油作物，大连市区、复县、庄河县是大豆主要产区。1911年，复县、庄河县的大豆播种面积分别占当地粮食播种总面积的五分之一以上，其时旅大地区大豆播种面积占全地区粮食播种总面积的15%。

中华人民共和国成立后的20世纪50年代，大豆年均播种面积80.53万亩，年产量5.33万吨。种植面积较大的品种是转山青、海南青等，居首位的是转山青，年均播种面积15万亩左右。由于受气候影响，大豆退化严重，农民多选用生育期较长、产量较高的青豆种植，青豆占豆类播种面积的80%以上。其间最高单产年份是1954年，亩产为87.5千克。20世纪60年代，大豆年均播种面积73.58万亩，产量4万吨，平均亩产52.7千克，比50年代均有下降，主要是受50年代末到60年代初发生的连续三年严重自然灾害的影响。20世纪70年代，大豆年均播种面积62.6万亩，产量3.3万吨，平均亩产52.5千克，播种面积、产量、平均亩产持续下降的主要原因是从60年代末实行大豆与玉米间种，大豆生长在玉米行中间，不通风、不透光，不利于大豆生长。1975年开始种植大豆新品种铁丰18号，播种面积1万亩。1976年大豆恢复清种，并开始施用农家肥和磷肥、推广大豆掐尖技术，使大豆增产二至六成。中共十一届三中全会以后，由于实行家庭联产承包责任制，调动了农民的生产积极性，20世纪80年代的大豆产量及平均亩产高于70年代。1980—1985年，全地区大豆年播种面积59.15万亩，产量5.29万吨，平均亩产89.67千克。种植品种仍以铁丰系列为主，1980年铁丰18号播种面积46.7万亩，占大豆种植面积的81.9%。1985年，全地区大豆播种面积59万亩，产量4.84万吨，平均亩产82千克。

花生是大连地区的主要油料作物，有80多年的种植历史。栽培的花生品种有大、小粒之分。小粒花生于清代中叶从山东传入，大粒花生于20世纪初从日本传入。1945年大连光复后，由于遭到国民党军队的经济封锁，粮食更趋紧张，90%的耕地用来种植粮豆，花生播种面积很小。

中华人民共和国成立后，花生种植面积逐年增加。1949年全地区花生播种面积19.4万亩，占油料作物播种面积的98%。1959年播种面积128.8万亩，产量128.5万吨，是有史以来花生播种面积最大、产量最多的一年。种植的花生品种有本地农家品种伏茎大粒、立茎小粒、四粒红等。由于当年遭遇秋雨霜冻，导致冻害花生不能作种子，1960年播种面积和产量大幅下降，播种面积仅有27万亩，亩产降至30千克。20世纪60—70年代，由于采取花生与玉米等高棵作物间作种植，导致花生产量下降，1976年平均亩产仅12.5千克。中共十一届三中全会以后，旅大市制定了促进油料生产发展的政策，花生播种面积复有增加。1980—1985年，全地区花生播种面积保持在40万—50万亩，产量5万吨左右，其中1984年产量达到8万吨。花生获得高产的主要原因是1979年从国外引进的地膜覆盖栽培技术的广泛应用和海花1号等新品种的引用推广。1985年全地区采用地膜覆盖技术种植花生的面积40余万亩，占全部花生播种面积的72%；海花1号播种面积34.4万亩，占花生播种面积的61.9%。但1985年受9号台风影响，花生产量只有3万吨。

二、蔬菜作物

蔬菜种类与品种 明洪武年间，旅顺境内种植的蔬菜约有40种。19世纪末20世纪初，外来蔬菜品种始有传入。如从沙俄传入的甜根菜（俗称“红鼻子”）、辣根，从日本传入的牛蒡（为日本军舰军人专供品）、越瓜、蕨菜、花椰菜等，加之从中国山东引入的黄瓜、山药、香菜等。外来蔬菜品种的传入，使旅顺境内种植的蔬菜品种增至50余种。主要有韭菜、葱、蒜、白菜、芥菜、芹菜、菠菜、莴苣、茴香、辣椒、茼蒿、萝卜、胡萝卜、油菜、山药、黄瓜、南瓜、茄子、芸豆等。

中华人民共和国成立后，大连地区栽培的蔬菜种类和品种越来越多。到1985年，蔬菜种类已有根菜类、白菜类、甘蓝类、芥菜类、茄果类、豆类、瓜类、葱蒜类、绿叶菜类、薯芋类、芽菜类、食用菌类、水生类、野生类、多年生类15大类、80多个品种。其中优良品种主要有小根白菜、甘蓝、菜豆、芸豆、黄瓜、番茄、辣椒、紫茄、萝卜、雪里蕻，以及由菜农或农业科学研究所选育而成的变种。如小根白菜从日本传入后，经旅顺水师营小南村、西沟村菜农长期栽培，于1940年选育成功，成为地方农家菜品种。20世纪60年代，市农业科学研究所用地产小根白菜作自交选育，又有了小根3号白菜、连丰白菜等变种。金县菜农栽培的甘蓝，由市农业科学研究所选育，成了金早生甘蓝。

蔬菜耕种 清末的旅顺已有了近代城市的雏形，随着人口的增多，菜田面积也不断增加，时旅顺有菜田面积 5231 亩。1941 年太平洋战争爆发后，日本殖民统治当局实行战时经济统制政策，规定菜农不得自由销售蔬菜，统一由“农业组合”经营，致使种菜收入锐减，菜农纷纷改种菜为种粮，蔬菜耕地面积减少。大连光复后的 1948 年，由于国民党军队对旅大地区实行经济封锁，大连市民主政府为解决吃饭问题，采取了压缩蔬菜种植面积、扩大粮食播种面积的应急措施，使蔬菜耕地面积再度减少，旅顺、金州的菜田分别减至 4800 亩、2.62 万亩。中华人民共和国成立后，蔬菜种植区主要有庄河、金州、新金、瓦房店、甘井子。1956 年农业合作化运动后土地归集体所有，农村社员仅可留用少量自留地和菜地。1958 年实行人民公社化后，社员自留地又被取消，社员仅可保留房前屋后的菜地。三年困难时期，商品菜田大量增加，年均蔬菜耕地面积 10.72 万亩，比 1958 年增长 43%。“文化大革命”开始后，社员自留地被当作“资本主义尾巴”割掉。1978 年改革开放后，农户开始自主经营菜地，蔬菜生产逐步由自给型转向商品型。但由于城市建设用地的增加和海水倒灌的影响，20 世纪 80 年代的商品菜耕地面积不断减少，1980 年 8.77 万亩，1985 年 5.89 万亩。

蔬菜种植面积及品种随时变化。日本殖民统治时期种植的蔬菜品种主要有大萝卜、大白菜、大葱、茄子、韭菜、蒜头、黄瓜、甜瓜、西瓜、南瓜、马铃薯等 11 种，其中大萝卜、大白菜分别占蔬菜种植总面积的 29.6%、21.1%。中华人民共和国成立后，蔬菜种植面积不断增加。1949 年为 21.4 万亩，1955 年为 37.44 万亩。三年困难时期，百姓大多靠种菜来充饥，短短几年时间，蔬菜种植面积年均达 69.42 万亩。中共十一届三中全会以后，随着国民经济的恢复和发展，城市对蔬菜的需求量不断加大，商品菜种植面积不断扩大，细菜种植面积如辣椒、芹菜、马铃薯等成倍增加。1980 年蔬菜种植面积 53.57 万亩，其中商品菜种植 23.28 万亩，占 43%。1985 年蔬菜种植面积 47.9 万亩，其中商品菜种植 16.32 万亩，占 34%。除原有蔬菜品种外，新增有菠菜、油菜、甘蓝、芸豆、番茄、芹菜、辣椒、西葫芦、胡萝卜等品种，播种面积较大的有大萝卜、大白菜、甘蓝、黄瓜、大葱。

蔬菜产量 日本殖民统治时期，大连地区的蔬菜产量较低。中华人民共和国成立后，蔬菜产量逐年递增。1949 年蔬菜产量 32.4 万吨，平均亩产 1514.5 千克。农业合作化时期，蔬菜年均产量 71.77 万吨，平均亩产 1852.9 千克。1959 年，由于自然灾害使粮食大幅减产，在蔬菜播种面积激增的情况下，蔬菜产量突破 100 万吨，平均亩产 1917.5 千克。之后 20 余年，蔬菜产量未再超过百万吨纪录。1978 年改革开放，尤其是蔬菜产销政策放开后，蔬菜产量骤增。1979 年产量 96.86 万吨，1984 年产量 102.58 万吨。1985 年由于遭受严重自然灾害，蔬菜产量锐减至 69.9 万吨，其中商品菜产量 32.93 万吨。

蔬菜购销 清代，大连地区的蔬菜均由私人经营。清康熙五十四年（1715）水师营建成后，旅顺开始出现菜市街。光绪年间，随着清军驻军的增多，大连湾一带出现蔬菜供不应求局面，种植和经营蔬菜的专业户应运而生。1937 年“七七事变”后，日本殖民统治当局颁布了物价停止令，致使蔬菜等私营商贩骤减。

1945 年大连光复后，11 月 8 日大连市政府接管了市内全部副食品零售市场，其后对副食品零售市场进行了 3 次整顿。1947 年，成立国营旅大市菜果联合社，后又成立第一国营关东贸易公司（后改称旅大市土产公司）。土产公司解体后，成立旅大市食品公司，主要从事蔬菜等食品的货源组织和批发业务。截至1948年末，全市有私营蔬菜等副食品商品商店（包括小商贩）约3000家。1955年，根据国家关于国营商业与合作社商业城乡分开的规定，将城市和工矿区的消费社全部交归市商业局，并成立地贸公司，企业性质由集体改为国营。1956年2月，将旅大市食品公司经营的蔬菜部分划出，成立中国蔬菜公司辽宁省旅大市公司，主要经营蔬菜收购、批发、外采、外销、调拨、贮藏业务。至此，私营蔬菜等商业社会主义改造基本完成，蔬菜购销大部分掌握在国营商业手中。1956年以后，随着国营和合作商业的发展，私营蔬菜全部归于国营蔬菜公司或者合并成立的蔬菜合作小组、合作商店经营。"文化大革命"期间，实行国营蔬菜商店独家经营，私营蔬菜商贩不复存在。中共十一届三中全会以后，蔬菜产销体制实行改革。1984年秋，全市菜田全部承包到户。1985年4月，蔬菜市场全面放开。

三、水果作物

果树种类与品种 唐代大连已有杏、樱桃、桃等果树栽植。清代大连栽植的果树有沙果、海棠、杏、李、桃、山楂、梨、葡萄、枣等小型树种，以及干果核桃、板栗等传统树种。俄、日殖民统治大连期间，欧美果树品种被大量引进，尤以苹果居多。20世纪80年代，全地区栽植的果树（不含干果）共分为四大类：以苹果、梨、山楂为主的仁果类；以桃子、樱桃、杏、李子为主的核果类；以葡萄、草莓、桑葚为主的浆果类；以枣、柿子为主的枣柿类。果树计有260多个品种，其中苹果占40%以上。

苹果是大连最重要的水果品种，其中晚熟和中晚熟品种占比约98%。晚熟品种主要有国光、大国光、鸡冠、印度、青香蕉，中晚熟品种主要有红玉、黄元帅、红元帅、红星、红冠。1970年以后引进的新品种，有从日本引进的富士、津轻、王林，从美国引进后杂交育成的乔纳金，从加拿大引进的金矮生，从澳大利亚引进的澳洲青苹等。

大连桃树栽植历史悠久。早在1100年前，金州一带就有关于桃花浦和杏花浦的记载。1930年前后，日本殖民统治当局先后将太白桃、五月红（又名六月鲜）、黄金桃等桃子品种引入旅大。中华人民共和国成立后，大连本地培育出一批桃树新品种。1960年以后，由市农业科学研究所培育的桃子新品种主要有早凤、红甘露、黄露、红甜桃等。1978年，黄露桃获得全国科学大会重大科学成果奖，1983年又获国家银质奖。

樱桃大致分为毛樱桃和西洋樱桃两类。清末大连栽植的樱桃多为毛樱桃。日本侵占旅大后开始引进西洋樱桃。1960年，大连地区主要栽植的樱桃品种是由大连市农业科学研究所培育的红灯系列樱桃新品种，该品种由那翁与黄玉杂交育成，具有早熟、粒大、色艳、口感好等特点，在全国享有盛誉。

栽种面积、株数及产量 清末大连地区果树多为农户栽植于房前屋后，自给自足。俄、日殖民统治时期，随着大量移民带入经济价值更高的欧美品种，果树开始大面积栽植，除长海外，各地陆续建有专业果园。

1945年日本投降后，金县石河驿以北的国民党军占领区（即苹果主要产区新金、庄河、复县），果树生产遭到严重破坏。新金、庄河、复县人民政府成立后，开展土地改革，农民分得了土地和果树。中华人民共和国成立后的1958年，农民自营的果树全部实行作价入股，由集体统一经营管理。到1960年，全市共有果园面积57.2万亩，果树株数1020万株，水果产量17.3万吨。三年困难时期，由于粮食极度短缺，果园间作粮食过度，使果树生产遭受损失。1962年，全市果树株数比1960年减少22.8%，水果产量下降32.2%。1963年以后呈恢复性增长。"文化大革命"时期强调"以粮为纲"，一些自留树被当成"资本主义尾巴”割掉，出现毁树种粮现象。中共十一届三中全会以后，开始发展多种经济，土地利用实行“宜粮则粮，宜果则果”后，1979年全市果园面积增至97万亩，有果树2094万株，水果产量51.6万吨，其中苹果产量48.1万吨。到1985年，全市果园面积已达140万亩，果树3950万株，3年平均新栽植果树264.8万株，其中苹果株数2587万株。由于遭受9号台风，1985年水果大量减产，为29.1万吨，比近3年年均产量40.73万吨下降28.6%，其中苹果产量25.8万吨，比近3年年均产量下降31%。

果品购销 大连地区果品经营历史较久。日本殖民统治时期，大宗果品经营几乎全被日商——大连中央卸卖市场和大连青果统配株式会社所垄断。大连光复后，果品从1948年始由多家经营，以私营代理店为主体，国营商业和合作社经营数量很少。中华人民共和国成立后，果品经营依国家政策而发生变化。1955年以前允许果品自由交易；1956年实行统一管理、包购包销，果品除果农少量自留外，全部由国家收购。20世纪70年代中后期，国家对苹果实行全额收购。1983年，农村实行果树联产承包责任制以后，国家将苹果全额收购政策改为派购和议购，果农完成派购任务后可将剩余苹果议价卖给国家，也可自行销售。1984年，果品市场全部放开。

大连作为全国重要的苹果产区，除地销外，还用于外销、供应工业原料和出口。1965年起，年外调量约占65%，最高外调量为1979年，外调26万吨。1965—1985年，供应工业原料的苹果累计21.7万吨，年均供应量1.1万吨，最高年份为1.9万吨。大连金州的苹果早在20世纪30年代初就销往日本和东南亚、西伯利亚、欧洲市场，中华人民共和国成立后主要出口苏联，小部分出口蒙古国。20世纪60年代开始出口新加坡、马来西亚以及西欧一些国家。1985年，全市出口苹果2.4万吨。

第二节 渔 业

大连渔业生产条件优越。其三面环海，海岸曲折，港湾毗连，岛礁众多，滩涂、水域广阔。众多的岛屿与港湾构成53万公顷的浅海水域、6.5万公顷的沿海滩涂和16.4万公顷适宜增养殖的海底。加之无大洋流、大水团的影响，形成海洋生物栖息繁衍的良好场所和经济鱼虾天然的洄游通道，渔业资源十分丰富。已发现海洋生物403种，其中海洋动物361种，海洋植物42种，尤以鱼类为多，主要有黄花鱼、鲅鱼、带鱼、真鲷（加吉）等。

大连渔业生产活动源远流长。六七千年前人类开始在沿海掘地造屋，定居生存，驶独木舟捕鱼拾贝。大连沿海地区出土的箭头、网坠、鱼叉、鱼钩等大量石、骨、贝、陶器等文物，即为当时古人类原始渔猎活动的工具。战国时期，鱼盐已成为燕国财政收入的重要来源之一，据古文献记载，幽州“其利鱼盐”；又据《奉天通志》记载：“辽海渔业自魏晋时已兴盛”，属“天然渔产荟萃之地”。辽代大连已形成大连湾、旅顺湾、老虎滩湾、金州湾、普兰店湾、庄河湾等天然良港。清代渔场已遍布大连。

日本殖民统治时期，从生产、流通、分配各领域全面控制大连的渔业经济活动。日本人生产的鱼类加工产品主要供日本军需民用。在日本殖民当局控制下，旅大本地渔业经济萎缩，产量和产值只有日本人的十几分之一甚至几十分之一。

1945年大连光复后，市政府先后接管日本关东州水产配给统制株式会社、南满洲海洋渔业株式会社，成立国营大连渔业公司（1946 年 3 月 1 日并入中苏合营的中苏关东渔业股份有限公司），拥有渔轮 94 艘。1948 年 8 月，关东公署将旅大地区所有渔业、盐业企业合并，成立关东水产公司。中华人民共和国成立后，1951 年 2 月 15 日市政府接管中苏关东渔业股份有限公司，并将其与关东水产公司合并，组建旅大水产公司。1953 年，旅大沿海县区相继设立水产行政机构，并建起一批国营水产养殖场、修船厂、加工厂及水产研究所，为旅大地区渔业经济日后的发展奠定了基础。1953 年全地区水产品产量 9.1 万吨，超过日本殖民统治时期 1938 年产量最高年份的 22.5%。20 世纪 60 年代，全地区水产品年均产量 13.5 万吨，产量最高的年份 1960 年为 18.25 万吨，其中海水捕捞产量占 89%。20 世纪 70 年代初，大连在全国首批研制和建造了灯光围网钢壳渔船后，捕捞能力大增，以致 70 年代海洋捕捞强度大大超过渔业资源再生能力。到 80 年代，海水养殖业快速发展，渔业生产中海洋捕捞的比重降低。1985 年全地区水产品产量 44.9 万吨，其中海洋捕捞产量占 65%。

一、渔业环境与资源

水域 大连地区的水域包括海洋水域和内陆水域。

海洋水域。大连地区沿海属大陆架内浅海，沿海 40 米等深线内的海域面积 52.47 万公顷，其中黄海、渤海分别为 45.89 万公顷、6.58 万公顷。港湾面积 10.38 万公顷。辽东半岛将黄、渤两海分隔为两大渔业水域，即辽东湾渔场和海洋岛渔场。

内陆水域。大连地区有淡水水域面积 8466 公顷，其中大中型水库水域面积 7333 公顷，人工池塘水域面积 1133 公顷。境内河流均为独流入海的中小型季节性河流。流域面积 100 平方千米以上 33 条河流中，有 23 条汇入黄海，10 条汇入渤海。主要河流有碧流河、复州河、英那河、大沙河、庄河、浮渡河、湖里河、清水河、登沙河 9 条，多年平均径流总量 28.51 亿立方米。其中碧流河、复州河、英那河流域面积在 1000 平方千米以上。

滩涂 大连地区沿海滩涂总面积 11.6 万公顷，其中渔业面积 6.5 万公顷，盐业面积 5.1 万公顷。滩涂可开发利用面积 4.7 万公顷。沿岸滩涂质地由岸向海渐次由细变粗，形成不同潮位带滩涂质地的分异。尤其是黄海北部沿岸的滩涂，质地由岸向海的横向分异明显，高、中、低潮滩大致分别为黏土质粉沙、粉沙和沙质粉沙、细沙和粉质沙。沿海滩涂的底质结构大致分 4 种：平原淤泥质滩涂、基岩淤泥质滩涂、基岩沙砾质滩涂、基岩港湾滩涂。沿海滩涂的理化特性是：水浅陆岸多湾；滩面坡度小的地带冬季结冰；水温年差较大，年均温差变幅在 26℃以上；盐度呈夏低冬高，四季相差 8‰—10‰；底质为软泥、泥沙、沙贝、石砾、岩石等多种成分。

渔场 大连地区的渔场分为近海渔场、沿岸渔场两类。

近海渔场。大连地区东西两侧海域均属于大陆架内的浅海，水浅流暖，形成渤海辽东湾、黄海北部海洋岛两大近海渔场。渔场总面积 640 万公顷，其中辽东湾渔场 340 万公顷，海洋岛渔场 300 万公顷。近海渔场蕴藏冷温性和暖温性的生物物种，如高眼鲽、黄盖鲽、牙鲆、团扇鳐、鳕鱼、鳗鲡（俗称鳝鱼）、鲐鱼（俗称鲐鲅鱼）、小黄鱼、带鱼、中国对虾、蓝点马鲛（俗称鲅鱼）等。

沿岸渔场。大连地区的沿岸渔场环绕辽东半岛 40 米等深线内，为马蹄形浅海渔业生产作业带。渔业生产作业带水域面积 52.46 万公顷，其中黄海北部为 45.89 万公顷，渤海为 6.58 万公顷。东西两侧共有大窑湾、小窑湾、大连湾、鲇鱼湾、塔河湾、羊头洼湾、大潮口湾、营城子湾、牧城驿湾、金州湾、普兰店湾、双岛湾、复州湾等大小港湾38处，水域面积10.38万公顷。沿岸浅海约有22.43万公顷的水域可用于海珍品、深水贝类的底播增殖。

渔业生物 包括海洋生物和淡水生物，可分为脊椎动物和无脊椎动物等。

海洋生物中脊椎动物主要是海洋鱼类。全地区沿海共有海洋鱼类约220种，隶属于2纲、25目、95科、162属。其中，软骨鱼类约占12%，硬骨鱼类约占88%；近海温水性鱼类约占62%，暖水性鱼类约占25%，冷水性鱼类约占13%。近海温水性鱼类主要有小黄鱼（俗称黄花鱼）、鲈鱼、鮸鱼、梅童鱼（俗称大头宝）、鳀鱼（俗称鲅鱼食）、鳗鲡、孔鳐（俗称劳板鱼）、鲀（俗称廷巴鱼）、真鲷等。近海暖水性鱼类主要有带鱼（俗称刀鱼）、蓝点马鲛、鲐鱼、黄条鰤、银鲳（俗称镜鱼）、马面鲀（俗称皮匠鱼）等。近海冷水性鱼类主要有牙鲆鱼（俗称牙片鱼）、高眼鲽（俗称片口鱼）、鳕鱼（俗称大头鱼）、大泷六线鱼（俗称黄鱼）、黑鲪（俗称黑鱼）、银大马哈鱼等。海洋生物中的无脊椎动物大致可分为三类：岩相底质习见种类，主要有皱纹盘鲍（俗称四孔鲍或鲍鱼）、扇贝、牡蛎、海胆等；软相底质习见种类，主要有文蛤、香螺、毛蚶、梭子蟹、虾蛄（俗称虾爬子）、刺参（俗称海参）等；习见游泳种类，主要有海蜇、对虾、长蛸（俗称蛆蛸）等。海洋生物中的原索动物，主要有文昌鱼、海鳔蛸等；海洋植物主要是海带、裙带菜（俗称海芥菜）、鹿角菜等。

淡水生物中的脊椎动物主要是淡水鱼类。据1980年调查，内陆水域有淡水鱼类90余种，隶属于34科、79属；沿海岛屿有淡水鱼类14种，隶属于5科、14属。淡水鱼类主要有鲤鱼、鲫鱼、鲢鱼（俗称白鲢）、鳙鱼（俗称花鲢鱼、胖头鱼）、草鱼、青鱼等。

渔港 大连地区是中国北方的重要渔业基地，渔业港口沿海均有分布。主要渔港有大连湾渔港、滨海渔港、老虎滩渔港、东獐子渔港、羊头洼渔港、四块石渔港、龙王塘渔港、通水沟渔港等。大连湾渔港1960年2月开工兴建，1966年建成投产，港区水域面积60万平方米，陆域面积70万平方米；1969年以后经过两次扩建，水域面积增至120万平方米，陆域面积增至100万平方米。扩建后的大连湾渔港规模成为亚洲排名前列的渔港。

渔船渔具 渔船可分为非动力渔船与动力渔船。

大连地区在六千年前已有舟船。千百年来，大连地区的渔船都是靠人力、风力及潮流推动，适应天然港湾自然条件与捕捞作业要求的非动力渔船，其大小不一、式样各异，性能差异很大。常见船型有箭（尖）头子、排子、瓜篓、大榷子、小榷子等。日本侵占大连初期，从其国内调船迁民在大连从事捕鱼生产。中华人民共和国成立后，1949年全地区群众渔业拥有8370艘渔船，全是非动力渔船，至20世纪60年代渔业生产逐步实现渔船动力机械化后，非动力渔船大量减少，1980年仅为1750艘。

大连地区动力渔船肇始较早。1915年，日本统治者为了殖民利益派2艘捕鲸轮侵入海洋岛海域从事捕鲸生产。1949年中华人民共和国成立以后，除没收日本战败后交还的58艘动力渔船外，也开始建造大型动力渔船。1949—1957年，共新造88千瓦以上渔轮73艘，其中147千瓦的41艘。20世纪70年代初，大连柴油机厂生产的2100型16千瓦柴油机开始应用于木帆船改造，到1974年，全地区基本完成大中型木帆船动力化改造。小型木帆船改造1972年开始，1976年基本完成，共1024艘。20世纪70年代初，又先后建造一批灯光围网渔轮和411千瓦拖网渔轮，1979年大连渔轮厂建造了8154型尾滑道冷冻拖网渔轮，因其安全性能好而在全国推广应用。

大连地区的海洋捕捞渔网具种类有网渔具、

钓渔具、杂渔具三大类。

据考古发现，早在四五千年以前大连沿海地区就已普遍使用渔网从事海洋捕捞。网渔具主要有拖网、围网、刺网、建网、陷阱类渔具5种类型。拖网类渔具是海洋捕捞生产的主要渔具，特点是分布范围广、捕捞对象多、作业时间长，长期以来占总捕捞量的60%以上。大连的钓渔具距今已有6000多年历史。钓渔具适于捕获散群鱼，在1960年前是海洋捕捞作业的主要渔具，1960年以后随着渔船机动化、渔具大型化，传统性钓渔具在捕捞生产中已很少使用。大连的杂渔具主要有耙具、章鱼螺具、潜水器、捕鲸炮4种。作为捕鲸的专用猎具的捕鲸炮，在1980年联合国颁布限制捕鲸规定之后全面停用。

二、海洋捕捞

海洋捕捞业包括沿岸、近海捕捞和远洋捕捞。

沿岸、近海捕捞 从20世纪以来发掘的几十处贝丘遗址看，早在6000多年前的新石器时代，大连地区就有人类定居，他们以采捕滩涂贝类、沿岸浅海捕捞及从事农耕生产为生。自先秦到明清，大连两千多年的渔业生产基本以沿岸近海捕捞为主，清末时捕捞业已具有相当的规模。19世纪末20世纪初，沙俄和日本入侵大连后，海洋资源成为殖民统治者掠夺的重要资源。因对水产品的需求量增加，沿海村民陆续开始弃农从渔，以捕捞为业。因为水产资源丰富，日本殖民统治者又从其国内向关东州移民，其渔民主要从事底曳网、拐网、流网、张网、拉网等作业。日本殖民统治大连时期，中国人从事的渔业生产受到遏制，日本人经营的渔业发展迅速大获其利。由于过度捕捞，经济价值较高的鱼类资源出现大规模减少。

1945年大连光复后，市政府接管了南满洲海洋渔业株式会社，并于11月成立国营大连渔业公司，开始着手恢复渔业生产。1949年中华人民共和国成立后，全地区有动力渔船58艘，群众渔业的木质帆船、舢板6778艘，作业渔场拓展到海洋岛、石岛、烟台、威海等渔场。20世纪50年代，大连地区渔业生产以恢复为主，1950年水产品总产量4.87万吨，1953年9.07万吨。1961年市及各县区从事海洋捕捞生产的机帆船共有56艘经营亏损，接近机帆船总数的一半。“文化大革命”开始后，国营企业的海洋捕捞产量下降幅度较大。20世纪70年代，以441千瓦为主的大型钢壳渔轮和以99～135千瓦为主的中型渔轮开始投用渔业生产，加之木帆船逐步实现动力机械化，渔场作业范围扩大，捕捞产量大幅上升。1978年全地区已有大型渔轮54艘、中型渔轮90艘，实现海洋捕捞产量26.6万吨，动力渔船捕捞产量在捕捞总产量中所占比重由1969年的69%升至91%。片面强调高产的结果是导致海洋资源锐减。如20世纪50年代的小黄鱼年均产量1.62万吨，70年代降至3300吨；50年代带鱼年均产量1.29万吨，1978年降至9000吨。渤海和黄海北部传统渔场的小黄鱼和带鱼已形不成鱼汛。1979年以后经过调整渔业方针，减少近海作业，开辟海外渔场，减少底拖网渔船数量和作业时间，渔业资源得以恢复。1985年实行捕捞业、养殖业、加工业并举方针，允许国营、集体、个体一起上，水产业进入新的发展时期。全地区拥有动力渔船5650艘，总功率21.6万千瓦（其中294千瓦以上的大型渔轮228艘、9.95万千瓦），海洋捕捞年产量29.16万吨，其中拖网产量和定置网产量分别占56%和23%。

远洋捕捞 大连地区远洋渔业于20世纪80年代中期开始起步。1985年4月29日，辽宁省大连海洋渔业公司、辽宁国际经济合作公司与毛里求斯合资经营“恒新昌1号”钓钩船。同年9月，辽宁省大连海洋渔业公司从联邦德国购进1艘3675千瓦的大型单拖冷冻渔轮“耕海”号，并于11月12日首航太平洋白令海，从事捕捞生产。

三、水产养殖

水产养殖分为海水养殖和淡水养殖。大连地区的海水养殖产量占水产品养殖总产量的95%以上。

海水养殖　大连地区的海水养殖始于20世纪20年代中期。1907年日本殖民当局成立关东州水产试验场，从1925年开始至1934年，先后从事牡蛎、菲律宾蛤仔（俗称沙蚬子）、海带、紫菜、裙带菜（俗称海芥菜）试养。中华人民共和国成立后的50年代末，大连地区兴起海带人工养殖，70年代开始贻贝（俗称海红）人工养殖。1969年大连海带养殖产量占全国的93.5%。1980年，海带、贻贝两个品种产量占全市海水养殖产量的98.2%。1985年，全市人工养殖的海产品已有贝类、藻类、虾类、海参等。

海水养殖主要分为藻类养殖、贝类养殖、虾类养殖。

藻类养殖主要品种为海带和裙带菜养殖。海带原是于1927年由往来于大连与北海道之间的商船由日本传入，1932年由日本人在老虎滩沿海投石繁殖移植成功。海带在大连养殖取得巨大成功则是在中华人民共和国成立之后。1953年，旅大水产养殖场利用浮筏进行海带人工养殖获得成功，海带浮筏养殖产量比海底养殖产量提高5～6倍。1956年在6个县区的海区进行海带试养再获成功。1958年，大连成为全国海带人工养殖生产和苗种供应基地。1953年全地区海带养殖浮筏和产量分别为48台、526吨，1959年分别增至3.17万台、1.31万吨，1969年分别达到3.67万台、1.87万吨。1969年的海带产量已占全国海水养殖产量的93.5%。20世纪80年代，大连的海带人工育苗水平和养殖技术已达到世界先进水平。1985年，全地区海带养殖浮筏和产量分别为6.52万台、6.56万吨。大连地区裙带菜是1934年由关东州水产试验场从朝鲜移植试养成功，1944年最高年产鲜菜170多吨。中华人民共和国成立之初，由于城乡居民尚未形成食用裙带菜习惯，裙带菜养殖生产发展缓慢。海带浮筏养殖取得经验后，带动裙带菜养殖生产加快发展。1959年全地区浮筏育成裙带菜苗175台，20世纪80年代初加工盐渍裙带菜销往日本市场后产量大增。1985年，全市裙带菜浮筏养殖已有5939台，产量2506吨，其中50%用于出口。

贝类养殖主要是贻贝、扇贝、皱纹盘鲍、牡蛎、魁蚶（俗称血蛤或赤贝）以及滩涂贝类。大连是全国最早开展贻贝人工养殖生产的地区，品种为紫贻贝。20世纪70年代初，大连率先开发了紫贻贝人工增养殖技术，紫贻贝成为海水养殖的主要品种。1985年，全市贻贝浮筏养殖3.33万台，年产量80712吨，占全市水产品总产量的17.9%，占全国贻贝总产量的62.8%。大连沿海自然繁殖的扇贝品种为栉孔扇贝，20世纪70年代人工试养成功。1980年，全市贻贝人工养殖规模2.18万台筏、产量4.2万吨。在进行栉孔扇贝养殖的同时，20世纪80年代初又从日本引进虾夷扇贝进行筏式养殖和底播增殖，1985年采捕扇贝存活率为27.6%。大连特产皱纹盘鲍，素有“海味之冠”之称。20世纪50—60年代，野生鲍鱼主要是利用潜水器采捕。70年代，鲍鱼人工育苗试验成功后，投入底播增殖生产。1985年全市鲍鱼产量24吨。大连特产大连湾牡蛎（俗称海蛎子），20世纪50年代末人工试养成功，但因养殖技术未及推广，到80年代初全地区资源面积不足100公顷，资源量仅400吨左右。另有太平洋牡蛎，是20世纪80年代初从日本引进的品种，在逐步攻克人工育苗和海区采苗技术之后，养殖规模和产量逐年提高。大连是国内魁蚶主产区之一。20世纪80年代以前，全市魁蚶资源面积约133公顷，资源量1000吨左右，占全国50%以上，集中分布于市区南部海域、广鹿岛西侧。大连滩涂贝类有四大品种：菲律宾蛤仔、文蛤、四角蛤蜊（俗称白蚬子）、中国蛤蜊（俗称黄蚬子）。20 世纪 60 年代初，滩涂贝类养殖较为兴盛，1984 年夏，重点滩涂产贝区庄河县管养的滩涂贝类出现大面积死亡。

虾类养殖以中国对虾为主。大连地区养殖中国对虾的历史较早，沿海是中国对虾天然产卵场和洄游必经之路，也是盛产地和重点捕捞作业渔区。20 世纪 50 年代，只有少数渔民进行围坝港养，产量很低。70 年代末 80 年代初，人工养殖技术取得突破。1982 年全市养虾面积 1462 公顷，投苗约 1 亿尾，产虾 348 吨；1983 年养虾面积 2170 公顷，产虾 869 吨；1985 年养虾面积、产量均居全国第 4 位。

大连刺参人工养殖始于 20 世纪 70 年代，1975 年人工育苗试验成功，1979 年增殖生产试验成功。1984 年全地区有育苗室 8 处、404.4 立方米水体，育出 1 厘米以上稚参 128.98 万头。1985 年刺参产量 34.6 吨。

淡水养殖　淡水养殖主要是淡水养鱼。包括水库养鱼和池塘养鱼。大连淡水养殖生产主要是在中华人民共和国成立之后。20 世纪 50 年代后期，大连开始兴修水利，同时开始淡水养鱼；70 年代，淡水养鱼已形成规模。1975 年，全市淡水养鱼水面 6600 多公顷，年产量 960 吨。70 年代初期，养鱼作为水库管理单位和农业社队的副业进行粗养；70 年代后期，开始选择重点水库、池塘进行人工养殖。农村实行家庭联产承包责任制以后，池塘水面由以往集体统一经营转为专业承包，涌现一批养鱼专业户。1980 年，全市养鱼水面 6476 公顷，其中水库养鱼水面 5799 公顷，池塘养鱼水面 677 公顷，养殖品种主要有鲢鱼、鳙鱼、草鱼、鲤鱼、鲫鱼等。20 世纪 80 年代中期，市内大中型水库都实行了网箱养鱼。1985 年，全市已利用的淡水养殖水面 6757 公顷，其中水库养鱼水面 5579 公顷；产量 1225 吨，其中水库养鱼产量 835 吨。

1949—1985 年部分年份
大连地区水产品产量表

表 3-1　　单位：吨

年份	总产量	海洋捕捞产量	海水养殖产量	淡水养殖产量
1949	34080	34032	48	—
1953	90718	90607	111	—
1957	103504	102246	1258	—
1960	182487	162581	19906	—
1965	126745	115088	11571	86
1978	370988	266424	103897	667
1984	461925	274004	186783	1138
1985	449166	291605	156305	1255

四、水产品加工与购销

水产品加工　大连地区的水产品加工古已有之。采用低温保鲜和腌渍制干法加工和储存鱼品，很久以前就是大连地区居民的饮食习俗。日本殖民统治大连期间，大量捕获鱼类，加工成鱼糕、鱼卷、鱼饼、罐头等产品。大连光复后，1948 年中共旅大地委决定成立海利渔业公司，1958 年组建旅大水产加工厂。之后，陆续建成具有水产制药、冷冻、冷藏、制冰等门类的企业，奠定了大连地区水产加工业的基础。1985 年，全市有水产品加工厂（车间）47 个，主要是大连水产制品厂、大连水产养殖公司、大连海洋渔业公司。全年各类水产品加工产量 27.3 万吨（含人造冰）。

大连地区的水产品加工主要是水产食品，也有药品与保健品。水产食品分为干制品、盐渍制品、冷冻制品、鱼糜制品、调味制品，以及罐头制品、膨化制品、内脏制品、海藻凝胶制品等。

干制品大致分为鱼类、藻类、贝类 3 种干制品。鱼类干制品之盐干鱼是百姓比较喜爱的食品。20世纪30—40年代，全地区盐干鱼年产量在3000～10000吨，50年代以后最高年产量9万多吨。20世纪80年代初，水产加工企业开发了以马面鲀鱼或鳕鱼为原料的鱼类干制品新产品——烤鱼片。辽宁省大连海洋渔业公司生产的烤鱼片1983年获全国水产品加工业银奖，为该行业产品质量的最高奖。藻类主要有海带、裙带菜干制品，贝类主要有贻贝、扇贝、鱿鱼、鲍鱼等干制品。1985年全市盐干鱼产量2319吨、海带干制品产量18422吨。

盐渍制品在20世纪70年代以前，主要有盐渍鱼类和盐渍海蜇皮、海蜇头、海参等。80年代以后，始有盐渍裙带菜加工，主要出口日本。

冷冻制品在1960年以前，主要是鱼类和贝类的冷冻保鲜。20世纪80年代，随着人工养殖对虾产量的迅速增加，冻虾加工量也随之增加，并成为主要出口品种。

鱼糜制品作为规模性工业生产于20世纪60年代起步，80年代初生产工序全部实现自动化。制成品主要有用鱼肉制成的鱼香肠、鱼饼、鱼丸等。

罐头制品在日本殖民统治时期已有少量生产，主要供军用。中华人民共和国成立后，大连市成立市属国营罐头食品厂，年生产能力5000吨。此后每逢鱼汛期，都会集中生产红烧鱼、五香鱼等各类鱼罐头。20世纪60年代，旅大水产加工厂成立罐头车间，年生产能力500吨。1980年，大连海洋渔业公司成立罐头车间，主要生产红烧鱼、五香鱼、红烧贻贝、蚝油鲍贝、清蒸海胆等罐头。

水产膨化食品在20世纪50年代已有生产，即对虾片，但其中并无虾的成分。1976年，旅大水产加工厂生产出名副其实的对虾片，该产品于1983年获农业部优质产品奖。1985年又试制出彩色对虾片。

内脏制品主要有冰鲜海胆黄、海胆酱、盐渍鲱鱼子等。20世纪80年代，大连水产养殖公司和大连水产公司等单位先后开发出冰鲜海胆、盐渍海胆、海胆酱等新产品。

海藻凝胶制品主要品种有海藻蜇皮、海藻果冻、海藻冻粉等。海藻凝胶制品生产于20世纪40年代，是采用海藻为主要原料加工成的仿生食品，主要是冻粉。

大连地区生产的海洋药品主要有鱼肝油、维生素制剂、甘露醇制剂。

水产品购销 自中华人民共和国成立至1984年，大连地区水产品收购形式大致分为统购和派购两种，其中海水鲜鱼由于长期供不应求，收购政策变动较频。变动的全部是群众渔业的鲜鱼品，国营渔业企业的鱼品一直由市属水产品购销部门统购。20世纪50年代和70年代，群众渔业的鲜鱼品基本上实行统购；60年代和70年代末80年代初，实行的是按比例派购，且百余品种实行分类定购，派购比例至多为购六留四。对虾作为中国重要的出口商品，收购政策始终比较稳定，全部实行统一收购。海参、干贝、鲍鱼、鱼翅等海珍品收购政策，除个别年份有些调整外，基本上实行全额收购和统一收购。1985年3月起，鲜鱼、对虾、海带、海珍品全部停止派购，实行价格放开市场调节。

1956年以后，大连地区鲜鱼品销售一直实行“保证重点，统筹安排”的总政策。对不同的鲜鱼品种、供应对象，实行不同的销售政策。如“压缩内销、优先保证出口”“压缩地销、优先上调”“鲜活鱼品优先供应城市、盐干鱼品主要投放农村”“保证特需和居民节日供应”等。对虾销售，1962年以前因产量少以地销为主，其后按国家规定，除少量供应外宾、部队外，其余全部出口。20世纪70年代以前，海参、干贝、鲍鱼、鱼翅等海珍品主要是保证特需和重要需要，1978年开始在国内不作为门市销售商品。1985年3月，根据国家规定，所有水产品全部实行自由购销，市场调节。

第三节 林 业

大连地区素有“六山一水三分田”之称，山林面积占土地总面积的60%。历史上的大连，处于社会稳定、政治清明时期，林业生态处于自然生长环境下，山林树木繁茂，植被类型多样，动植物资源丰富；遭逢战乱和外敌入侵之时，林业生态环境则遭到极大破坏，树木多被砍伐和损毁。沙俄、日本入侵大连之后，由于战乱和无休止进行垦复、砍伐、开矿、建房、采煤等活动，林业遭受严重破坏，资源被疯狂掠夺。日俄战争后，清廷与日本签署《会议东三省事宜正约》之后，日本开始在南满铁路沿线勘探、采矿、伐木，以弥补日本国内自然资源的不足。

1945年大连光复后，大连山林回到人民手中。时有林地面积50多万公顷，林木蓄积量600多万立方米，森林覆盖率40%。中华人民共和国成立后，大连开始大面积植树造林、绿化家园。“大跃进”时期，出现砍伐树木大炼钢铁情况。“文化大革命”时期，一些地方毁林开荒，导致林地面积出现下降。1978年以后，由于广泛开展植树造林、护林防火、森林病虫害防治，实行林权制度改革，制止乱砍滥伐，林业得到全面复兴和加快发展。据1985年森林调查与林业区划调查结果显示，全市有林业用地42.4万公顷，占土地总面积的33%。其中林地34.29万公顷（不包括果树和村旁、路旁、河旁、宅旁“四旁”树木），占林业用地面积的81%，林木蓄积量266.4万立方米。“四旁”树木4000万株。全市森林覆盖率为28%（包括果树则为34.9%）。植物种类有54科、130属、327种，大面积生长的树木有槐树、松树、柞树、杨树等。大连的防护林、用材林、经济林、薪炭林、特种用途林在防风固沙、涵养水源、调节气候、美化环境、提供林木产品各方面发挥重要作用，取得了良好的生态、社会及经济效益。

一、森林资源

森林资源分布 大连地区的森林资源自然区域分布，总体是沿山脉和地势走向由北向南逐步减少的。森林资源集中在北部山区和南部沿海丘陵地带，中部低丘漫岗平原区和东部、西部沿海地带相对较少。

大连地区的植被类型，历史上属于针阔混交类型。19世纪以前，北部山区和中部、南部丘陵地带基本属于油松、赤松、栎树针阔混交林区。后几经变迁，已演变为以阔叶栎林为主的自然植物类型。

大连地区的自然植物区系，处于华北植物区系和长白植物区系的交汇地带，华北植物占主要成分。木本植物74科880种，野生草本植物129科665种。大面积生长的树种有槐树、松树、柞树、杨树等。1985年有刺槐5.8万公顷、松树3.4万公顷、柞树（不包括柞蚕场）6.6万公顷、杨树1.5万公顷，分别占各树种的31.7%、18.7%、36.2%和8.4%。

森林资源构成 大连地区的森林资源主要包括林木资源和野生动物资源。

林木资源主要由天然林和人工林组成。

天然林主要分布在北部山区。植被类型可分为阔叶林、针叶林、灌木林3种。据不同时期森林资源调查统计资料显示，1959年有天然林29.26万公顷（含柞蚕场12.44万公顷、封山育林地3.52万公顷），占森林面积的72.9%；1975年有天然林25.69万公顷（含柞蚕场16.99万顷），占森林面积的82.1%；1985年有天然林23.25万公顷（含柞蚕场 16.09 万公顷），占森林面积的 67%。天然林减少的主要原因是 20 世纪 50 年代始受松干蚧危害，到 70 年代初油松几乎灭绝。面积最大的天然林是位于庄河县的辽宁省仙人洞自然保护区，1985 年有天然林 1733 公顷，自然保护区内有各种树木 170 种、花草 600 多种。

大连地区的人工造林至少有千年历史。这是对甘井子区营城子镇永兴寺千年古银杏树考证后得出的结论。中华人民共和国成立后，人工林面积总体呈递增态势。1975 年人工林面积 9.65 万公顷，1985 年人工林面积 34.2 万公顷。按树种优势分，人工林主要分为阔叶林、针叶林、灌木林 3 种类型。阔叶林主要有刺槐、杨树、柳树、榆树、柞树、国槐、梓树、臭椿、槭树、枫杨、法桐、泡桐、银杏等；针叶林主要有黑松、落叶松、樟子松、侧柏、蜀桧、红松、冷杉、水杉等；灌木林主要有紫穗槐、胡枝子、沙棘、黄杨、小檗、连翘、木槿等。人工营造的经济林树种主要有板栗、胡桃、山楂、杏树、枣树、柿子、文冠果等。

大连地区野生动物资源丰富，种类繁多。据调查显示，无脊椎动物约 4850 种，野生脊椎动物 765 种，哺乳类 45 种。其中属于国家重点保护的野生动物有海豹、棱皮龟、东方白鹳、玉带海雕、白尾海雕、虎头海雕、白头鹤、丹顶鹤、白鹤等。大连是候鸟迁徙路线上的主要停歇地，鸟类种类和数量都比较多，种类占全国的四分之一。仅经过旅顺的候鸟、旅鸟每年就有 190 多种、40 多万只。

大连地区的古树名木共 26 科 56 种，有银杏、龙柏、紫杉、黑松、侧松、雪松、赤松、红松、落叶松、冷杉、桧柏、光叶榉、法桐、臭檀、五角枫、元宝槭、麻栎、皂角、胡桃、肖楠、星花玉兰、天女木兰、臭榆、柳树、小叶朴、大叶朴、蜡树、国槐、刺槐、龙爪槐、臭椿、紫藤、桑树、铁杉、泡桐、柞树、山茱萸、野山楂、梨树、棠梨、杏树、枣树等。其中百年以上的 44 种、1956 株。金县三十里堡的五角枫树龄长近千年，旅顺刁家村的小叶朴树龄有 600 多年。旅顺口区龙柏、侧柏最多，分别有 530 株、233 株；新金县安波镇银杏树最多，有 164 株；新金县同益乡天女木兰最多，共 500 株。

二、森林保护

大连地区的森林可划分为防护林、用材林、经济林、薪炭林、特种用途林 5 个林种。20 世纪 70 年代以前，经济林（含柞蚕场）和用材林所占比重较大。1975 年全地区有林地面积 31.3 万公顷，其中经济林 17.12 万公顷（含柞蚕场 16.99 万公顷），用材林 10.55 万公顷，分别占林地总面积的 54.7% 和 33.7%。1978 年改革开放后，防护林面积大大增加。1985 年全地区有林地面积 34.29 万公顷，其中经济林 16.34 万公顷（含柞蚕场 16.09 万公顷），防护林 6.7 万公顷，用材林 5.94 万公顷，薪炭林 4.3 万公顷，风景、国防等特种用途林 0.98 万公顷，分别占林地面积的 47.7%、19.5%、17.3%、12.6% 和 2.9%。

大连光复初期，森林乱砍滥伐、山林火灾、森林病虫害比较严重。1979 年中华人民共和国第一部森林法《中华人民共和国森林法（试行）》颁布实施后，大连的森林资源保护得到极大加强。除长海县外，各区市都建立了森林派出所和护林防火网、森林防护检疫机构和预测预报点，乱砍滥伐和山林火灾案件明显减少，森林病虫害得到有效防治。

大连的森林病虫害防治，20 世纪 50 年代以人工捕杀害虫为主，60 年代以人工捕杀与化学防治相结合，70 年代以化学防治为主。1985 年，全市有森林昆虫 800 多种，对林木有危害的 35 种；森林疾病 200 余种，对林木有危害的 10 种。在国家规定的 20 种森林植物检疫对象中，大连有松干蚧、紫穗槐豆象、白杨透翅蛾、松材线虫、美国白蛾等 12 种。美国白蛾于 1979 年在长海、庄河、普兰店等地首次发现。是年，森林病虫害面积 8.34

万公顷，占森林总面积（不含蚕场）的27.9%，其中虫害面积占95%，松毛虫危害面积最大，达2.4万公顷。美国白蛾防治，主要采取人工剪取网幕、捕蛾捉蛹、捆草把杀灭、仿生农药喷杀等措施，并取得苏云金杆菌BT869防治美国白蛾试验的成果。1981年至1985年，共防治受美国白蛾危害的树木2000万株，灾害基本得到有效控制。

三、植树造林

大连人工造林至少有千年历史。大连市甘井子区营城子镇永兴寺的千年古银杏树即为人工栽植。另据史书记载，辽会同五年（942），曾“诏诸道劝民种树”。又据《瓦房店市林业志》记载：民国8年（1919）清明，复县知事程庭恒率官员、农、商、警、学各界，于复州城天坛植树5500株。

中华人民共和国成立后，人工造林渐呈规模化。20世纪50年代，全市累计人工造林15万公顷，“四旁”植树1.66亿株，造林平均成活率为81.6%，人工造林成林面积6.3万公顷。60年代到1978年，全市累计人工造林19.64万公顷、“四旁”植树1.14亿株，年均造林1.03万公顷、“四旁”植树600万株。1978年中共十一届三中全会尤其是1981年开展全民义务植树活动后，植树造林不断掀起新的高潮，并取得显著成果。1979—1985年，全市植树造林9.72万公顷，“四旁”植树9054万株，分别等于1978年以前30年的34.5%和90%。其中1984年造林数量最多、质量最好，涌现出1000多个林业专业户，当年造林1.7万公顷（其中自留山、责任山造林1万公顷），“四旁”植树1450万株。1985年全市人工造林1.36万公顷，“四旁”植树1176万株。

林业选种育苗和造林方法。20世纪50年代以前，大连地区只有刺槐、银白杨、紫穗槐、枫树、樟树、松树等树木十余种。其时主要采取“沙地沙棘、泥地插柳、沟岔栽刺槐、坡岗造松林”等方法造林。60年代后，大连开始培育乡土树种和引进优良树种进行繁育推广。先后引进北京杨、沙兰杨等杨树品种39个，以及樟子松、红松、黄松、泡桐、枣树等其他树种，造林树种增至百余种。80年代初，开始建立日本落叶松、日本黑松、刺槐等采种基地。造林由平原转向荒山，并采取植容器苗造林和直播、植苗、飞播、封山育林并举措施，其中植容器苗造林成活率95%以上。

四、林场苗圃

1981年11月至1983年，大连市完成林业“三定”，即稳定山权林权、划定自留山、确定责任山。到1985年，共下放自留山33.3万公顷，承包责任山15.9万公顷（林权归集体和个人共有），83%的“两山”户领到了林权证和自留山使用证，90%签订了承包合同（30～50年）。全市有国营林场5处、苗圃2处，经营面积1.6万公顷；有合作林场91个，比1982年（时称社队林场）的392个减少301个。

第四节 畜牧业

古代大连地区地处幽州。据《汉书·地理志》记载，幽州之地“畜宜四扰”（“四扰”：马、牛、羊、豕）。大连传统畜牧业主要是养畜助农，饲养耕畜以使役；其次是养猪食肉、养禽食蛋；再次是牧马以营武，作为军事装备。明代复州永宁监（今瓦房店市永宁镇内）即为朝廷的边地马政中心之一。清廷定鼎中原后不久，颁发《辽东招民垦荒则例》，山东、河北等地移民大量涌入东北，垦荒种粮，畜禽倍增。

沙俄入侵旅大后，农民的土地不少被强征强

占，畜禽数量骤减。日本殖民统治时期，尤其是1941年12月太平洋战争爆发后，日本军国主义者在农村强征大量优良骡马以作军用，农村肉、蛋一律由“农业组合”“鸡卵共同贩卖组合”等经济统制机构按“官”定低价强行收购，农民不得自由买卖。加之农民生产的粮食大都交了“出荷”，饲料紧缺，畜牧业生产受到严重挫折。

中华人民共和国成立后，东北人民政府明令禁杀耕畜与母畜，国民经济恢复时期成为大连畜牧业生产发展的最快时期。1952年全市大牲畜达40余万头，为历史上饲养大牲畜最多的一年。“文化大革命”开始后，畜牧业发展受到阻碍。1978年以后取消对农民限养畜禽的规定，尤其是1982年农村实行家庭联产承包责任制后，原由集体饲养的大牲畜、母猪重新作价交由农民家庭饲养，牲畜交易市场也开始恢复，家庭饲养业又恢复发展局面，涌现出一大批畜牧业专业户和重点户。1985年，全市有养猪、养牛、养羊、养鸡、养貂等畜牧业专业户4246户，另有饲料加工专业户684户。

一、畜禽饲养

大连地区饲养的大牲畜主要是马、骡、驴、牛，中小型家畜主要是猪、羊、兔，家禽主要是鸡、鸭、鹅，还有一些特种经济动物。地方畜禽优良品种主要有金州马、复州牛、黑白花奶牛、新金猪、绒山羊、庄河鸡。

大连地区养马历史较早，辽代以蒙古马为主要牧养品种。古云“马政即国政”，明代的大连为官马牧养之地。明初官马牧养集中于中原地区，洪武三十年（1397）始行边地马政，辽东成为全国5个边地马政中心之一。永乐四年（1406），明廷于辽阳设辽东苑马寺，下辖六监，永宁监为其一，时辖龙潭、复州、清河、深河4苑。永乐七年（1409），永宁监城建成。同年，金州辟有牧马场，饲养军马。弘治十六年（1503），辽东苑马寺移驻永宁监城，盛时养马二三万匹。嘉靖二十七年（1548），金州向应大石棚、大魏家大玉山成为著名牧马场。明末清初，大连地区人迹罕至，养马业随之衰落。到康熙、雍正年间，随着大连地区居民增加，养马业再度兴起。金州登沙河马蹄子、满家滩曲家村等处官办牧马场重新恢复，民间养马者随之增多。1941年太平洋战争爆发后，日本殖民统治当局将大量骡马征作军用，养马数量渐少。中华人民共和国成立初期，由于国民经济基础薄弱，而养马费用昂贵，马的饲养量日趋减少。1966—1975年间政策调整后，养马数量增多，1975年全市有5.17万匹。由于养马成本高，1985年马的存栏下降至4.37万匹。马的用途也由限于拉车、耕地、乘骑之用，转为部分肉用。

金州马是大连的优良品种马。20世纪初，金州饲养的马主要是蒙古马。日本侵占大连后，为了侵略战争需要，于20世纪20年代到40年代中期，先后用日本种公马及引进的阿拉伯、诺尔曼、奇特兰、英纯血等种公马与当地蒙古马杂交，育成挽乘兼用型杂种马。中华人民共和国成立后，杂种马又经十几年繁育改良，育出挽乘兼用型优良品种金州马。金州马具有体形优美、力速兼备、持久力和适应性强等特点。公马骑乘1000米用1分30秒，母马最大挽力371千克。80年代，全地区共有金州马9000余匹。

考古发现，大连地区史前即是牛的栖息之地。大连的牛分为黄牛和奶牛。黄牛古时多为役牛，现代多用于肉食，奶牛以供乳饮。黄牛品种有满洲牛、蒙古牛、山东牛、朝鲜牛。明洪武年间，始对引进的朝鲜牛进行饲养繁殖。清乾隆、嘉庆年间，山东、河北一带移民将华北牛带到辽东半岛，与当地黄牛杂交，育成杂交后代。清末引进朝鲜牛，对当地黄牛进行改良。中华人民共和国成立后，又引进朝鲜牛，进行杂交改良。1962年，历经多次改良选育的黄牛被官方定名为复州牛。复州牛毛色为淡黄或淡红色，具有体形大、骨骼健壮、役用性能好、耐粗饲、适应性强、与良种肉牛杂交产肉性能好等特点。成年公牛平均体高149.4厘米，体斜长192厘米，体重842千克；成年母牛平均体高129厘米，体斜长151.4厘米，体重432千克。复州牛主要分布在复县、金县和新金县。1985年全市饲养7万多头。奶牛最早饲养于清光绪十一年（1885）旅顺大坞修筑时。中华人民共和国成立后，奶牛饲养发展较快，1953年为1272头。1978年以后，奶牛生产实行国营、集体、个体一起上政策后，农村出现奶牛专业户。1979年全市有奶牛6540头，牛奶产量1.7万吨。1985年全市有奶牛9495头，牛奶产量26250吨。

黑白花奶牛是大连地区乳用型奶牛的优良品种。20世纪50年代中期，在当地奶牛和原滨州牛与日本黑白花奶牛杂交的基础上选育而成，1983年被官方定名为辽宁黑白花奶牛。其毛色为黑白花，具有乳用型外貌特征，体质好，适应性强，遗传性基本稳定等特点。成年公牛平均体高156.4厘米，体斜长202.7厘米，体重1113.8千克；成年母牛平均体高135.4厘米，体斜长161.7厘米，体重618.9千克。年平均每头母牛产奶4.1吨，最高达10吨。主要分布于大连、沈阳、鞍山、锦州等地。

猪是大连地区驯养最早的家畜之一。大连光复后的1948年，由于国民党军队对大连地区实行经济封锁，造成粮食紧缺，年养猪数量只有1.4万头。中华人民共和国成立后的国民经济恢复时期，养猪生产发展较快，1952年生猪存栏46.9万头。三年困难时期，生猪生产步人低谷，1961年生猪存栏降到中华人民共和国成立后的最低点，只有14.2万头。1976年由于国家政策改变，生猪存栏增至181.1万头。中共十一届三中全会以后，随着农村改革的深入发展，出现了养猪专业户。1985年全市生猪饲养量243.3万头，生猪存栏143.7万头。

新金猪是大连地区的优良品种猪。20世纪以前，大连地区饲养的猪均为东北民猪。日本侵占大连后，从日本、朝鲜引入了巴克夏种猪。中华人民共和国成立后，除了饲养新金猪、复县黑猪外，又先后引进其他品种23个。新金猪是白黑花中型，属肉脂兼用型猪。20世纪40年代中期，在巴克夏猪与民猪杂交的基础上，经系统选育而成。具有耐粗饲、生长快、肉质好、母猪泌乳力强、遗传性稳定、杂交利用效果显著等特点。

大连有记载的养羊历史在清代。从清代至大连光复之前，养羊数量最多的年份是清宣统三年（1911），时关东州养羊1.78万只，山羊与绵羊之比约为二比一。以后由于缺少牧地，养羊数量减少，少则五六千只。1949年全市养羊3.64万只。三年困难时期，为解决粮食不足，农民竞相养羊，羊饲养量骤增，1963年达15.52万只，为大连地区历史上养羊最多的一年。“文化大革命”时期由于强调发展集体养羊，限制家庭养羊，加之封山育林，养羊量逐年减少。改革开放后取消对个体养羊的限制，养羊业又得到恢复，随着农村家庭联产承包责任制的落实，涌现出许多养羊专业户。1984年全市有养羊专业户374户。1985年全市羊存栏8万余只。

绒山羊是大连地区的优良品种羊。大连的庄河、瓦房店是辽宁绒山羊的饲养基地。1985年，庄河县14个乡镇共饲养绒山羊1.76万只，两地当年向省内外推广绒山羊种羊1.3万只。

鸡是大连地区家禽中饲养量最多的品种，占家禽总数的80%以上。大连光复后，全市养鸡数量一度减少，1946年只有17万只。20世纪70年代初以前，全市养鸡以分散家养为主，1973年开始举办集体养禽场，1976年兴起建设机械化养鸡场。农村实行家庭联产承包责任制后，养鸡生产得到快速发展。1985年全市有养鸡专业户2062个，占畜牧业专业户的48.6%；有养鸡联合体20个，占畜牧经济联合体的83.3%。

庄河鸡，又称大骨鸡，是卵、肉兼用型地方良种鸡。主要产于庄河县，在新金县、金县、复县等地也有分布。在山东寿光鸡与庄河当地鸡杂交的基础上，经选育形成。具有体大、蛋大、肉质鲜、适应性强等特点。年均产蛋160.5枚，蛋重63.7克。公鸡体重3千克，母鸡2.4千克。

二、饲料

大连地区传统的饲料主要来源于饲养者自有的粮食、饼粕、糠麸、糟渣，以及农作物的秸秆、野草、野菜等。

饲料构成 大连地区的畜禽饲料分为精饲料、青饲料、粗饲料、放牧饲料、动物性饲料五大类。其中精饲料包括谷物类、饼粕类、糠麸类等。1982年全市畜禽精饲料总产量（风干重）5.4亿千克，其中猪、禽生产所用精饲料占总量的80%。粗饲料是指农作物的秸秆、秧蔓、干草、树叶等，主要用于家畜特别是反刍家畜的饲料，1982年全市粗饲料总产量（风干重）14.9亿千克，占饲料总产量的51.7%。动物蛋白饲料主要来自屠宰场、皮革厂的下脚料，畜禽的羽毛、血，以及蚕蛹、蚯蚓、鱼虾等。1982年全市鱼粉产量200万千克，占饲料总产量的0.07%。

饲料生产与加工 中华人民共和国成立前，大连地区没有种植饲料的专门用地。1949年，金县、新金县最早开始种植饲料，播种面积34.9公顷。1956年，为解决生猪供应紧张，中央下令增加猪饲料生产，当年饲料播种面积增至423.3公顷，1958年再增至1233公顷（按1953年中央政令，农村留饲料粮6900万千克）。中共十一届三中全会以后，全市饲料播种面积长年保持在530公顷左右，农村留饲料粮年均1.7亿千克。1982年以后饲料粮留用情况不再统计。

在自然经济时代，大连地区无饲料加工业。日本侵占大连后，带入部分粮谷加工机械，城区开始用电磨粉碎粮谷。中华人民共和国成立初期，农村仍习惯于直接用原粮、野草、野菜和农副产品、泔水等喂养畜禽。1956年实行农业合作化以后，牲畜实行集体饲养，农村有电供应的畜禽饲养点开始增添粮食粉碎机械。中共十一届三中全会以后，农村发展起一批畜禽饲养专业户。1979年9月，旅大市饲料公司所属旅大饲料加工厂建成，占地面积4.7万平方米，建筑面积8334平方米，年生产能力4万吨。各县区饲料公司也开始兴建饲料加工厂。到1984年，全市已有规模较大的饲料加工厂42个，年产各种混合饲料10万吨，鱼粉2000吨。

饲料经营管理 清代以前大连无饲料经营行业。光绪二十四年（1898）之后，有小商贩在香炉礁一带开设草料铺进行零售。日本侵占大连后，牲畜逐渐增多，不少粮栈、油坊开始从事饲料经营。为强化经济统治，日本殖民统治当局于1942年对大连地区饲料业实行垄断经营，禁止自由买卖，对国人开办的主营杂货兼营饲料的商店实行限量配给。1945年日本投降后，经营饲料的日商全部倒闭，中商陆续复业。中华人民共和国成立初期，饲料自由经营，可根据需要随意购买。1950年，饲料和饲草由旅大粮食分公司管理经营。1959年4月，旅大市饲料公司成立，统一管理饲料供应工作，1964年公司撤销，1972年重新成立。1976—1983年，各区县粮食部门先后成立饲料公司，对商业、轻工业和粮食部门加工的牲畜用各种糟、渣、糠、麸、壳和土粮、泔水等实行统一管理。

三、畜禽疫病防治

据资料记载，明正德五年（1510），辽东大疫，死人8000余，牲畜无计。其时，无畜禽防疫和治疗设施。近代大连地区畜禽疫病仍十分猖獗，主要有牛瘟、牛肺疫、炭疽、马鼻疽、猪瘟、猪丹毒、鸡新城疫、禽霍乱、狂犬病、口蹄疫等。日本侵占大连后，曾在金州民政署设有兽医警察，但防治不力，疫病时有流行。

大连光复后，1947 年 8 月成立金县家畜预防所。20 世纪 50 年代，各县、公社相继成立畜牧兽医站，生产大队设畜牧防疫员，全市形成市、县、公社、大队畜禽防疫治疗网，每年开展有组织、有领导、有规划、有步骤的群众性防疫活动。坚持春、秋季预防注射和经常性免疫补针，使猪瘟等常年免疫密度保持在 95% 以上，有些畜禽疫病被基本消灭，有的得到有效控制或基本控制。20 世纪 80 年代，全地区发生危害畜禽健康、造成较大经济损失的畜禽疫病有 6 种：猪瘟、猪肺疫、鸡新城疫、鸡马立克氏病、禽霍乱、鸡球虫病。

第五节 农业机械化

大连早在旧石器时期就有人类活动，先民们在长期的生产实践中创造发明了种类多样的农业生产工具。从大连考古发掘的出土文物看，商周时期先民已使用青铜制农具，汉代铁犁日渐普及。而后历史上几次大的战乱和沙俄日本入侵，使得农业生产力水平受到极大束缚。1945 年大连光复前，农业生产全部依靠人力、畜力，所用农具约有 10 类 50 余种，部分农具一直沿用至今。较具代表性的整地农具有犁杖、镢头、铁锹、耙子、榔头、耢子等，播种农具有粪撮箕、耘耙、种篓、种斗、磙子等，田间管理农具有锄头、犁杖等，提水农具有辘轳、水车等，农田建设农具有尖镐、翘杠等，收割农具有镰刀、掐刀、二齿钩等，脱谷农具有石磙子、木锨、簸箕等，粮谷加工农具有石磨、碾子、笸箩等，贮藏设备有土仓子、地窖、囤子等。大连光复后，大辛寨子农业机械厂、旅顺农业机械修配厂、旅大农业机械厂先后成立。1948 年，改良农具和半机械化农具相继引进或试制成功并推广，如山地犁、水稻插秧机、铁斗式水车、手摇玉米脱粒机等。最早使用的机械化农具是拖拉机。之后，柴油机、汽油机、电动机、煤气机等动力机械及其配套农具相继出现并广泛使用。到 20 世纪 80 年代中期，大连市农业机械已成为农业生产的主要工具。

一、动力机械

大连地区使用的动力机械有拖拉机、电动机、柴油机、煤气机、汽油机、农用载重汽车等。随着动力机械及其配套农具的广泛使用，大连地区逐步实现农田作业和脱谷加工、运输、排灌等机械化。

大连地区最早使用的农用拖拉机是 1948 年从苏联引进的万能 3 型和纳齐—52 型 2 台轮式拖拉机。试制成功的第一台拖拉机是 1950 年 3 月由旅大行政公署人民法院所属劳动改造工艺机械厂生产的 29.4 千瓦拖拉机。1959 年金县、复县开始试用国产拖拉机，即洛阳产东方红—54 型链轨拖拉机。到 1980 年，全市有大中型拖拉机 6354 台，小型拖拉机 5202 台。柴油机在新金县、金县使用较早，1956 年有大连生产的 2105 型柴油机 3 台。1957 年复县开始使用柴油机。此后，各县（区）普遍使用，多为 2110 型、195 型柴油机，主要用作水利建设、水利排灌、农副产品加工等机械动力源。1974 年推广使用大连柴油机厂的改型产品 2100 型 16.2 千瓦柴油机，1976 年推广使用朝阳产 4110 型 29.4 千瓦～44.1 千瓦柴油机。1985 年，全市有农用排灌动力机械 26223 台，总动力 26.04 万千瓦；大中型拖拉机 7590 台，小型拖拉机

7036台。

二、农机田间作业

20世纪50年代初以前，大连地区耕地、松土、耙地、压地、播种、中耕、收割等重负荷田间作业，主要依靠人力、畜力，使用传统农具，仅大连县沙岗子农业试验场和金县荣军农场有少量机械化作业。1954年全地区机耕地面积800公顷，仅占全部耕地面积的6%。1960年以后，田间作业开始实行系列化机耕，由原来单项作业发展到翻地、播种、中耕、起垄、打药、收割、脱谷等多项作业。随着农机田间作业项目的不断增加，田间作业水平也相应提高，成本不断降低。“文化大革命”开始后，农业机械化的正常秩序一度受到影响。进入20世纪70年代后，全市农机田间作业项目和数量再次增加，1977年、1978年成为农业机械化作业程度最高的两个年份。1978年机播、机中耕、机翻地面积分别为14万公顷、11.6万公顷、27.2万公顷。1979年全市选出7个生产大队开展田间作业全程机械化试点，7个生产大队时有耕地面积856.7公顷，其中48%的耕地实现全程机械化作业。到1980年，全市农业粮谷脱粒、农副产品加工、饲料粉碎、农业运输基本实现机械化和半机械化。而后由于实行农村家庭联产承包责任制，承包地块变小不便于机械化作业，尽管农业机械拥有量仍在增加，但农田机械化作业水平却降低了，1981年全市机播面积仅为1.7万公顷，比1978年下降80%以上。1982年又重回1980年水平。

三、农业机具

大连地区的农业机具种类包括整地、播种、中耕、植保、排灌、收获、农田建设、农副产品加工、饲料加工、运输机械10大类。整地机械的主要机具是机引犁，20世纪50—60年代以牵引犁为主，70年代以后多用悬挂犁。中耕机械广泛应用于20世纪60年代以后。1948年以前，农作物排灌基本上采用古老笨重的提水工具，1949年开始将电动机、柴油机、汽油机作为动力，配上各种型号水泵，进行机械排水灌溉。20世纪60年代，潜水泵得到广泛使用。1970年，全市开始使用喷灌机，排灌动力机械有7326台5.77万千瓦。1982年实行农村家庭联产承包责任制后，由于地块划小，大型排灌机具不适用，小型抽水机具得到广泛应用。1985年，全市有农用水泵33656台，机引农具9404台，机引播种机1149台，机引犁2712台，机引耙1222台。

四、农业机械经营

大连地区使用拖拉机始于1948年，1954年始建国营拖拉机站。1954年7月，辽宁省农业厅在复县得利寺建立大连地区第一个国营拖拉机机耕队，隶属国营辽宁省盖平拖拉机站。同年8月，省农业厅在新金县赞子河乡建立国营新金县拖拉机站。由于机耕地增产增收效果明显，各县、区纷纷建立拖拉机站。到1958年末，全地区共有大中型拖拉机69台、机引农具398台（件）。1958年，国营拖拉机站的机具下放给人民公社经营管理。国民经济调整时期，在人民公社拖拉机站经营入不敷出的情况下，1962年恢复国营拖拉机站。20世纪70年代初，随着集体经济的巩固和发展，全市大部分社队通过自筹资金购买拖拉机，办起了社队拖拉机站。1972年起，拖拉机站再由国营变为社营。1974年，全市共有拖拉机4790台。中共十一届三中全会以后，大连地区农村实行家庭联产承包责任制，随着生产规模、经营形式和生产关系发生重大变化，农业机械的经营、使用也发生改变。全市除了农机供应和维修企业由国家经营外，农机具主要改由集体和个体经营使用，形成国家、集体、个人共同兴办农业机械化事业的局面。

第六节　乡镇企业

大连农村副业和手工业历史悠久，为现代乡镇企业的诞生奠定了原始基础。中华人民共和国成立后，现代乡镇企业于20世纪50年代起步。土地调剂时期，得益于《中华人民共和国土地改革法》对不属于封建剥削性质的农村工商业、运输业采取保护政策，大连地区农村手工业、商业、运输业得到促进发展。过渡时期在总路线精神指引下，1956年末大连地区组建了高级农业社179个，入社农户占农村总农户的94%，其中经营铁匠炉、修理铺、油坊等小手工业者或小养殖户建立了小工厂或副业生产组（队），成为后来人民公社所属的农村集体所有制企业（时称“社队企业”）。1960年，根据国家“调整、巩固、充实、提高”的八字方针，大连地区对在农村公社工业化中用“一平二调”办法办起来的企业进行清理，至1963年，社队工业企业减少三分之二。1963—1965年，在农村社会主义教育运动（即“四清”运动）中，部分社队工业、副业又被当作“资本主义尾巴”砍掉。1965年社队企业才渐次复苏。“文化大革命”开始后，城市的部分工业企业短暂停产，为农村社队工业的发展提供了特殊机遇，出现城市工厂与农村社队以挂钩协作形式建立的“厂社”“厂队”企业，其间建立的一批农机具修造厂后多成为乡镇机械工业的骨干企业。1977—1978年，由于新兴的社队企业在信息、资金、设备、技术、管理等方面存在诸多问题，企业再度步入低谷，全市约三分之二的社队工业企业处于停产、半停产状态。1978年中共十一届三中全会后，社队企业走出低谷并异军突起。1984年，为了与1983年废除农村人民公社体制相适应，中共中央、国务院联合转发农牧渔业部《关于开创社队新局面的报告》，将社队企业改称乡镇企业。同年，中共大连市委、大连市人民政府制定出台了扶持乡镇企业发展的政策措施，全市乡镇企业出现了多层次、多形式、多种所有制共存的局面。1985年，全市乡镇企业总数达48822个，比1978年的3305个增长14倍。其中，工业10261个、建筑2184个、商饮服务17214个、交通运输6264个、农业各类企业12899个，分别占比21%、4.5%、35.2%、12.9%、26.4%；从业人员723484人，比1978年的17.9万人增长3倍；年总产值387501.2万元，比1978年的39497万元增长8.8倍，其中乡镇工业产值占乡镇企业总产值的44.7%。

一、工业企业

大连地区乡镇工业始称社队工业（即人民公社和生产大队出资兴办的为农业生产配套服务的工业），起始于1958年“大炼钢铁”和“大办公社工业”运动。其时，旅大市组织10万人上山下乡，大炼钢铁。1960年旅大市国民经济调整后，农业重心转向粮食生产，社队工业企业由兴而衰，轰动一时的全民大炼钢铁运动很快偃旗息鼓。1961年全市农村公社办工业企业263个、1.17万人，1962年减少到115个、4056人，1963年5月再减至66个、2722人。1964年社队工业重又复苏并有所发展，是年全市社队工业企业增至201个、1.8万人。“文化大革命”时期社队工业快速发展，1970年企业增至529个，1975年增至1914个。因企业过多，出现盲目建厂、重复生产问题，许多企业处于“吃不饱、吐不出”的境地。1978年，约三分之二的社队工业企业或停产或半停产，许多产品尤其是机电产品严重积压，社队工业步入低谷。1979年，社队工业企业进行调整、整顿，之后企业发展突飞猛进。到1985年，全市乡村两级工业企业完成工业总产值148336万元，比1982年增长1.5倍。在乡村两级企业中，机械工业企业1351个，产值53396万元，占工业企业总产值的36%；冶金工业企业72个，产值5912万元；化学工业、橡胶制品工业、塑料制品工业、化学纤维工业和石油加工工业企业319个，产值11510万元；建材工业企业473个，产值19890万元；采矿工业企业419个，产值11867万元；纺织工业企业143个，产值9005万元；缝纫工业企业160个，产值2910万元；食品工业企业466个，产值15063万元；皮革毛皮制品工业企业29个，产值584万元；文教用品、造纸、印刷工业企业109个，产值4384万元；工艺美术品制造工业企业58个，产值1854万元；其他工业企业420个，产值9651万元。

二、农业企业

清末，大连地区城镇近郊农民除了种植粮油作物外，还经营果园、菜园和从事海上捕捞。此为农村乡镇企业的肇始。中华人民共和国成立后，农业合作社时期一些农村社员被安排从事副业生产，大连地区乡镇农业企业就是在人民公社化时期，公社、大队集体办的种植业、饲养业、养殖业和捕捞业基础上发展起来的，其有固定的从业人员和生产场地，实行独立核算、自主经营。1958年，全市社队两级农业企业9477个，从业人员180534人，总产值10258万元。其后几经起落，到20世纪70年代末80年代初实行改革开放后，以家庭联产承包责任制为主要形式的各种生产责任制的推行和多种经营的广泛开展，使农业企业出现发展生机。1983年，全市有乡村两级农业企业12899个，从业人员287433人，总产值83253万元。20世纪80年中期起，大连地区农业企业布局的演变趋势是：城镇郊区和沿海地区重点发展为城市服务的肉、禽、蛋、奶、渔、果、菜和为外贸服务的加工业；中部地区重点发展种植业、饲养业，北部山区重点发展林业、果树业、副业、牧业，农业企业由单一经营逐渐发展为畜禽饲养和水产养殖的综合基地，并向生产、加工、销售“一条龙”方向发展，出现各种经济联合体和中外合资兴办企业的新格局。

三、建筑企业

近代大连地区农村没有专业建筑队伍，只有分散的木瓦匠，农忙时种田，农闲时做工。中华人民共和国成立后，在1958年人民公社化运动中，生产队的能工巧匠组织起来成立了基建组（队），统称副业队，分为木工组、瓦工组、施工组。副业队从事兴修水利、修建民宅和校舍等施工，或以开展副业为由，到城市做零工。在“四清”运动和“文化大革命”中，副业队大多被视为变相单干或“黑包工”，受到批判或被解体。中共十一届三中全会以后，农村社队纷纷组建建筑工程队或建筑公司，除了承担本地区公共工程建筑、民宅工程及社队企业厂房建筑外，一部分进入市区或跨省市到外地承建国营建筑公司无意或无力承建的建筑工程，客观上成为国营基建力量的补充。1978年，全市农村办起建筑工程队112个，职工9880人，年施工面积45225平方米，竣工面积32847平方米，施工产值1365万元，利润201万元，税金40万元，固定资产原值558万元。1980年根据国家建委和农业部要求，大连地区对乡镇建筑企业进行为期一年的普查登记，并颁发营业执照。至1981年，全市有乡镇建筑企业145个，职工22484人。乡镇建筑企业进入建筑市场之初，受技术力量、设备条件、施工管理水平等限制，不能直接承担较大工程项目，只能作为“二包”“三包”，从国营建筑企业手中转手承包一些挖地槽、砌大墙、平整土地、修整道路等量少、分散、辅助性工程，收费低、收入少。随着在市场竞争环境中不断历练，乡镇建筑队伍逐渐跃进建筑市场的主体，与国营建筑企业共领建筑市场，在农村、矿山、油区等地从事国营建筑业无力承担的工程项目，进而实现与国营建筑企业的横向联合。1985年，全市7个县区的乡村已办建筑工程队（公司）2184个，职工105332人，年施工面积3411350平方米，竣工面积2685618平方米，施工产值65390万元，利润3975万元，税金1962万元，固定资产原值11908万元。

四、交通运输企业

中华人民共和国成立之初，国家对民营交通运输业实行扶持保护政策。1953—1956年社会主义改造时期，农村交通运输业户加入了当地运输合作社和海上运输社，并按行业归口原则分别划归运输公司、航运公司统一管理；部分农业、运输兼作户参加了农业社，成为副业生产组成部分。1958年建立人民公社后，社队办交通运输业开始兴起。到1962年，一些人民公社、生产大队相继购进拖拉机、汽车等机动车辆，主要拉运农副产品。“文化大革命”时期，社队交通业举步维艰，社队运输车辆进城搞运输被视为重副轻农，不务正业。中共十一届三中全会以后，国家对农村交通运输业制定了扶持政策。1978年，全市有社队交通运输企业528个，职工8997人，总收入3228万元，利润708万元，税金133万元，固定资产原值4948万元。1983年起，销声匿迹20余年的农村个体经营运输业户涌现出来，农村出现集体、联户、个体共同兴办交通运输业的局面。1985年，全市有乡镇交通运输企业6264个，其中公路运输企业6029个（货运、客运企业分别为5860个、169个）、海上运输企业235个（货运、客运企业分别为223个、12个）；完成货运量8258万吨，客运总量474万人次；企业总收入30825.7万元。

五、商业饮食服务企业

清乾隆年间，大连地区凭借傍海优势，商贸活动颇为兴旺，尤以复州湾、庄河、青堆子、大孤山、金州、柳树屯（今大连湾）等地为盛。史载，光绪五年（1879）大孤山有商户500户，由江南等地入港的舢船多至数百，商业饮食服务业之盛况堪称东边道各埠之冠。20世纪30年代，日本殖民统治时期出于经济掠夺、倾销日货和加重税收目的，一度采取抑工扬商之策；太平洋战争爆发后，殖民当局对生产资料和生活资料进行垄断后，中国人办大商号勉强支撑门面，小商贩大多倒闭，或在“统购”“配给制”夹缝里生存。1945年大连光复初期，由于国民党实行军事和经济封锁，地方工业大部分处于停产状态，工人失业增多。民主政府提出“组织生产，发展贸易，支持前线，改善民生”的财经工作方针后，全地区乡村商业、饮食、服务企业由大连光复前的2803户增至7448户。中华人民共和国成立后，国营和合作商业有计划地调整零售网点，让出私营商业、饮食、服务业发展空间。

1953年国家开始对私营商业、饮食和服务业进行社会主义改造，到1956年末，基本实现全行业公私合营和合作化。1958年人民公社成立后，商业、饮食和服务业作为相对独立的企业存在，但是发展缓慢。是年全地区乡村共有商业、饮食和服务企业675户，其中商业企业411户，饮食企业53户，服务企业211户。“文化大革命”期间，农村商业、饮食、服务业被作为资本主义遭到批判。中共十一届三中全会后，农村商业、饮食和服务业重又恢复发展，并出现个体商业。1978年，乡村两级个体商业、饮食和服务企业923户，职工总数4286人，销售收入4962.1万元，利润557.4万元，税金288.1万元，固定资产948万元。1985年，商业、饮食、服务企业猛增至17214户，职工36893人，销售收入39712.9万元，利润3595.4万元，税金1706万元，固定资产原值22059.3万元。

第二章　工　业

大连是中国重要的工业基地之一，工业是大连国民经济的重要支柱。

大连工业有百余年历史。19世纪80—90年代，清廷为建设北洋海军基地在旅顺修建船坞，出现大连近代工业的企业雏形。俄、日殖民统治时期，为了殖民利益，均兴建多种工业企业。

中华人民共和国成立后，大连工业在殖民创伤的恢复中得到发展。老工业门类经过生产恢复、企业扩建和新建，生产规模迅速扩大，产品品种和产量大幅度增加，技术水平得到很大提高，具备了独立制造机车、远洋船舶、矿山机械、冶金设备、电机、大型或特型起重机、各种新型机床和民用工业品的能力。新工业门类不断出现，先后开辟了精密合金、合成纤维、催化剂等新行业。机械、化工、石油、轻纺等行业得到重点发展。20世纪50—70年代，大连生产出中国第一艘万吨级远洋货轮、第一座海上石油钻井平台、第一台大功率内燃机车、第一台橡胶密闭式炼胶机、第一套核工业轴承等工业产品，奠定了以工业为主导的国民经济基础。20世纪70年代末以前，大连工业的产业结构长期比例失衡，特别是“大跃进”时期，轻、重工业之比为23：77；所有制结构偏重全民所有制，1957年全民所有制工业企业占全部工业企业的91.3%，其他为集体、合营、个体企业；1966年全民所有制工业企业更占到全部工业企业的92.2%，其他基本是集体企业，合营和个体企业几乎销声匿迹。

1978年中共十一届三中全会以后，全市有19户国有工业企业实行扩大经营管理自主权改革试点，大连工业的发展方向由过去外延式扩大再生产，转向内涵式扩大再生产，企业由主要依靠增加设备提高生产能力，转向依靠技术进步提高生产能力。至1985年末，全市共有工业企业（不含乡镇工业企业，下同）1557家，其中全民所有制企业510家，集体所有制企业1032家，合营企业15家；共完成工业总产值981013万元（按1980年不变价计算），其中全民、集体、合营企业工业总产值分别为753961万元、219726万元、7326万元，与1979年相比，工业总产值增长53.2%，工业净产值增长67.1%；全市共有工业门类145个，占全国164个工业门类的88.4%，形成机械、化工、石油、冶金、纺织、轻工、电子、建材、电力、制盐、食品、医药等十二大工业行业，其中机械工业企业占全部工业企业的56%；全市有110家企业被列为国家大中型企业，其中大部分是国内同行业的骨干企业；轻、重工业比例失衡的状况不断改善，二者之比由1978年的30：70调整为38：62；所有制结构发生明显变化，1979年全民企业、集体企业的工业产值分别占全市工业总产值的82.8%、17.2%，1985年分别占71.6%和28.4%。大连机车车辆工厂成为中国最大的内燃机车生产基地，被誉为“中国机车的摇篮”；瓦房店轴承厂成为全国同行业三大骨干企业之一，瓦房店被称为“中国轴承工业的故乡”。1979—1985年，大连工业产品获国家优质产品金奖15个、银奖107个，1983—1985年大连市获国家金、银奖产品总数连续3年居中国省辖市之首。

第一节　机械工业

大连是中国机械工业的主要基地之一，机械工业又是大连工业最早起步的行业，在国民经济中占有重要地位。

自1881年清廷在旅顺建立北洋海军基地，到1890年旅顺船坞建成，船坞内已陆续建起锅炉厂、机器厂、铜匠厂、铸铁厂等系列配套工厂，成为近代大连机械工业发展的肇始。沙俄、日本相继侵占旅大后，为了其殖民利益，修铁路、开矿山、建港口，陆续开办一批机械工厂。

1945年11月大连市民主政府成立后，多数工厂陆续恢复了生产。1946年秋，国民党军队对旅大地区从陆地到海上进行严密的经济封锁。为了支援解放战争，中共旅大地委根据东北局指示，成立地委军工生产委员会，支持军工生产。1947年7月，组建了大型军工生产联合企业——建新公司，其在甘井子建立的裕华（炮弹厂）、宏昌（引信厂）两个隐蔽工厂，以及从苏军手中接收的满洲化学、大华炼钢、进和、金属制品、制罐及曹达6家工厂，为中国共产党在解放战争中取得胜利和中华人民共和国成立立下重要功勋。1949年，全市机械工业实现总产值8700万元。1949—1952年，大连制造出中国第一台蒸汽机车、第一台5吨桥式起重机等。1954—1965年，机械工业已具相当规模，并且完成了产品从仿制到自行设计、制造的过渡。1965年，全市有机械工业企业312家，工业总产值6.18亿元。1976年，全市机械工业企业增至655个，工业总产值23.4亿元。1978年中共十一届三中全会后，大连机械工业取得新的发展，形成船舶、机车、冶金矿山、起重运输、石油化工机械、机床、电机、通用机械、农业机械等15大工业门类，成为有较多门类的中国机械工业基地。1985年，全市有机械工业企业860个，其中国家大中型骨干企业30多个；实现工业产值33.58亿元，占全市工业总产值的33%。

一、船舶

大连近代船舶工业发端于19世纪80年代初。清光绪七年（1881），清廷开始在旅顺口建军港、修船坞，1890年旅顺船坞建成，成为东亚第一大坞。1894年中日甲午黄海海战，北洋舰队战舰受创后即回旅顺大坞修理。俄、日殖民统治时期，为了攫取利益，统治者兴建船厂，用于修船、造船。

1945年8月大连光复后，苏军接管了大连船渠铁工株式会社（日本殖民统治时期大连船厂几易其名，大连光复前名为大连船渠铁工株式会社）和旅顺船厂，将旅顺船厂更名为一〇二工厂，专为苏联修理军船，大连船渠铁工株式会社更名为大连船渠修船造船机械工厂，主要为苏联修理商船。1955年苏军撤离旅大地区后，大连和旅顺的船厂皆收回中国经营（前者更名为国营大连造船公司；后者先后改称中国人民解放军四〇一工厂、辽东机械厂、中国人民解放军四八一〇工厂）。大连造船公司（1957年改称大连造船厂）成为国家远洋船舶和军用舰船的主要生产基地，1955年造船能力5万多吨。先后开发建造出新中国第一艘万吨级远洋货轮“跃进”号、第一台大功率船用低速柴油机、第一艘大型弹道导弹潜艇等十余种新产品。1969年，大连造船厂开始自行设计并批量建造大型油轮、货轮及专用船舶。20世纪70年代初，完成第二次技术改造和香炉礁新区扩建工程，成为国内唯一能够生产10万吨级船舶的厂家和最大的船舶生产基地。至1979年的10年间，开发建造出万吨级大舱口远洋货轮、5万吨级油轮、

30 米和 40 米自升式海上石油钻井平台、万吨级远洋油水干货补给船和导弹驱逐舰等新产品。1984 年，原属大连造船厂的 3 个分厂划分为独立的大连船用柴油机厂、大连船用推进器厂、大连船用阀门厂，船舶业向专业化生产迈进一步。

到 1985 年，大连造船厂主要造船修船设施有：10 万吨级半坞式造船台 1 座，6 万吨级、3 万吨级、5000 吨级以及钻井平台专用造船台各 1 座，1.5 万吨级和 6000 吨级船坞各 1 座；系泊码头总长约 2000 米，可停泊 10 万吨级以下的各类船舶；为船台、船坞、码头配套的起重设备有 100 吨高架旋臂起重机 4 台，100 吨浮吊、300 吨履带起重机各 1 台，起重能力在 75 吨以下的起重机 12 台，580 吨门式起重机 1 台。1949 年至 1985 年，共建造各类船舶 2106 艘，总吨位 177 万吨，其中 1985 年建造船舶 4 艘，总吨位 7.7 万吨，完成工业产值 2.81 亿元，建造的船舶有 7000 吨级滚装船、6.9 万吨成品油轮、11.5 万吨穿梭油轮。

二、机车

大连机车车辆工业发端于 19 世纪末 20 世纪初。1945 年 8 月日本投降后，苏军进驻沙河口铁道工场，易名为中长铁路大连铁路工厂。1950 年 5 月，工厂由中苏共管，易名为大连机车车辆修理工厂。1952 年 12 月改称大连机车车辆制造厂。1953 年结束中苏共管，工厂由中国独立经营。1955 年苏军撤走，工厂由中国收回管理。

1956 年，大连机车车辆制造厂试制成功中国第一台自行设计的和平型蒸汽机车（后改为前进型）。1958 年工厂定名为铁道部大连机车车辆工厂。同年，试制成功中国第一台大马力干线货运内燃机车。到 1961 年，先后设计了建设型、人民型、工建型、红旗型、上游型等十余种蒸汽机车。至 20 世纪 60 年代中期，共制造蒸汽机车 977 台，占全国蒸汽机车产量的 44%。1965 年 6 月，大连机车车辆工厂结束了制造和修理蒸汽机车的历史，成为国内最早转产客货运内燃机车的工厂。同年，生产东风型 1471 千瓦（2000 马力）电传动干线货运内燃机车 20 台。1969 年 4 月，研制成功中国第一代客运东风 3 型内燃机车；9 月，研制成功中国第二代货运东风 4 型内燃机车。到 1974 年上半年，工厂共制造出东风型、东风 3 型内燃机车 811 台，占全国同期内燃机车生产总量的 63%；下半年，东风 4 型内燃机车投入批量生产，年产量 10 台。1978 年改革开放后，工厂先后研制成功了重联机车、高原机车、客运机车、东风 5 型、东风 4B 型、东风 4C 型等十余种内燃机车，以及 6 缸、8 缸、12 缸、16 缸不同系列柴油机产品。1982 年，试制成功东风 4B 型内燃机车，成为中国内燃机牵引的主型机车，被国家列为替代进口产品，1984 年转入批量生产。1985 年 9 月，东风 4B 型机车的升级换代产品东风 4C 型机车研制成功。同年 12 月，研制成功东风 4 型高原机车。至 1985 年，该厂历年累计设计制造蒸汽机车 977 台、内燃机车 1744 台、各种车辆 51893 辆。

三、冶金矿山设备

大连冶金矿山设备制造业发端于 20 世纪 50 年代初。1953 年，大连工矿车辆厂（大连重型机器厂前身）试制出中国第一台冶金车辆（120 吨钢锭模搬运车）和中国第一台矿山车辆（60 吨气动翻车），填补了国家冶金矿山设备的两项空白。

大连重型机器厂的前身是 1914 年日本人兴建的大连铁工厂（位于今沙河口区汉阳街），1917 年改名大连机械制作所。初为满洲最大的一所民间制作所，太平洋战争爆发后日本殖民当局将其改为军需工厂。主要从事过铁路客货车辆、铁路线路的附属品、铁路桥梁等机械器具的加工制作和修理，生产过压路机、蒸汽机车、飞机零件、75 山野炮弹弹体等。1945 年日本投降后，工厂大部分设备被苏军作为战利品拆卸运走，工厂几乎成为废墟。同年 12 月，大连市政府将其易名为大连机械工厂。1946 年 11 月，大连公安总局接管了该厂。解放战争淮海战役中中国人民解放军使用的“大炮弹”即由该厂试制。

1953 年，大连机械工厂更名为大连工矿车辆厂。1953—1957 年“一五”计划期间，共研制成功填补国内冶金矿山设备空白的新产品 36 项。1959 年，大连在承担为国内重点工程提供成套焦炉机械设备和轧钢设备任务的同时，还承担了为朝鲜、越南等国家提供技术装备的援外任务，全年生产冶金矿山设备 86 种，其中轧钢设备完全依靠国内力量自行设计制造。“文化大革命”时期，大连的冶金矿山制造业生产虽然受到影响，但仍研制成功 380 马力（279.3 千瓦）内燃机车、1250 吨／小时堆取料机、5.5 米成套焦炉机械、12500 千伏安开口回转铁合金电炉等国产第一台（套）产品，用于北京地下铁道、攀枝花钢铁公司等国家重点建设项目。

1978 年，大连工矿车辆厂更名为大连重型机器厂。1980 年起，大连重型机器厂先后与德国、日本、英国、美国等 8 个国家的多家企业和国内重点科研院所进行技术合作，开发出世界上第一台三车翻车机、国内第一台 5000 立方米／小时排土机、110 米／秒高速线材轧机和薄板坯连铸机等一大批具有国际先进水平的新产品，支援了上海宝钢和秦皇岛等数十个国家重点工程的建设。产品还销往日本、美国等十多个国家。1985 年工业总产值 8712 万元，产品产量 1.9 万吨。

四、 起重运输设备

大连起重运输机械制造业发端于 20 世纪 40 年代末。1948 年 11 月，旅大中苏远东电业股份有限公司决定将金属构造、联合工具、氧气珐琅 3 个日本人工厂合并，成立金属机械厂（大连起重机器厂前身）。1949 年 10 月，工厂研制成功 5 吨吊钩桥式起重机，结束了中国不能生产起重机的历史。1951 年 3 月工厂更名为东北机械工业管理局第十七厂，1953 年 9 月更名为大连起重机器厂。20 世纪 50 年代，工厂试制出中国第一台吊钩门式起重机以及第一台 140 吨铸造起重机，陆续形成桥式、门式、冶金、特种起重运输设备 4 大类产品。1953—1957 年“一五”期间，工厂共为国家重点工程提供桥式起重机 1899 台，占全国桥式起重机产量的 93%。20 世纪 60 年代，先后为冶金、水电、航天等行业提供了急需的螺旋卸车机、多支点起重机、缆索起重机等 50 多种新产品。1973—1975 年，工厂进行了较大规模的技术改造和扩建，设计制造出 125 吨、225 吨铸造起重机、400 吨桥式吊钩起重机和圆形轨道堆取料机等新产品，还设计制造出中国首台螺旋焊管机组和输油臂等大型先进产品。80 年代制造的 30.5 吨 ×30 米铁路集装箱门式起重机，填补了中国铁路集装箱国际联运的空白；生产的 30.5 吨 ×22 米岸边集装箱桥式起重机和 30.5 吨 ×23.47 米轮胎式集装箱门式起重机，使国内港口首次采用国产集装箱装卸专用设备。至 1985 年，该厂共为冶金、矿山、机械、石油、水电、港口、航天、轻纺、造纸等行业制造起重设备 2 万多台，累计产量 88.26 万吨。起重设备主要用于国家重点工程，还远销朝鲜、巴基斯坦、菲律宾、摩洛哥、几内亚等国家。

大连市叉车制造业发端于 20 世纪 50 年代末。1958 年 6 月，大连机械制造一厂（前身为 1946 年始建的大新汽车公司，后更名关东公署公安总局消防车修理厂）研制出中国首台 5 吨汽油平衡重式叉车，这也是国内第一台国产内燃叉车。1960 年工厂更名大连汽轮机厂，1967 年成为叉车生产的专业厂。1969 年大连汽轮机厂易名大连铲车厂。1974 年该厂研制出中国首台 5 吨柴油液力叉车。1979 年，大连铲车厂、大连前进机械厂、大连锻造厂合并组建大连叉车总厂。1985 年生产叉车 680 台，完成产值 3405 万元。

五、机床

大连机床制造业发端于20世纪40年代末。1948年，关东公署大连实业公司在没收的大商人张本政政记铁工厂（大连机床厂前身）的基础上，将12个公营企业合并，在沙河口区鞍山路易地扩建工厂，并易名广和机械厂。工厂在生产纺织机零件和修理机床的基础上，开始试制车床。1949年，试制出大连市也是辽宁省第一台直径为480毫米6尺皮带车床。

中华人民共和国成立后，1950年广和机械厂试制成功全国第一台全齿轮车床。同年，工厂易名为东北机械管理局第十八厂。1953年3月，工厂改称为大连机床厂。1954年，大连机床厂试制成功C730、C720型多刀半自动车床，两种车床主要应用于大批量生产的汽车、拖拉机、轴承等制造行业。1955年，大连机床厂开始试制仿苏机床产品，当年试制成功中国第一台C8955型万能铲齿车床。1956年，大连机床厂开始设计制造组合机床，1957年自行设计并试制成功中国第一台卧式双面24轴UT001组合机床。1958年，原大连机械制造三厂经扩建后改为大连第二机床厂，在大连机床厂提供的专用镗床、粗精镗模的基础上生产普通机床，成为规模较大的机床制造厂家。1953—1959年，大连机床厂已生产出25种型号的车床9278台。

1960年，大连机床厂与大连组合机床研究所联合设计试制成功缸盖加工自动线，这是国内自行设计制造的第一条组合机床自动线。到1965年，形成设计制造液压多刀半自动车床、万能铲齿车床、仿形车床、组合机床4个系列38个品种的设计制造能力，年产量1598台。1978年，生产出中国第一台自动卸、自动换主轴箱的THK6380加工中心机床，填补了中国机床工业的空白。到1979年，大连机床厂共生产组合机床自动线87条925台，实现由厂所合作向自行设计的转变。改革开放后，工厂开始引进德、英、法、日等国家的先进设计制造技术。1981年，该厂自行设计并试制成功CW8925型铲齿车床，结束了20多年铲齿车床仿制的历史。1979—1985年，该厂共开发4种新型铲齿车床，使国家中小型铲齿车床系列全部更新换代。至1985年，全市共有机床专业生产企业26个，其中中型以上企业有大连机床厂、大连第二机床厂、瓦房店机床厂；年产机床6400台。

六、电机

大连电机制造业形成独立的机械工业门类起步于20世纪40年代中期。1946年4月，光华电气工厂（大连电机厂前身）成立，时为军工企业。中华人民共和国成立后，电机制造技术开始由仿美国转向仿苏联，仿美英制DS · FS电机改为仿苏公制KA · KAO型电机，成为大连市第一代电机产品。1950年3月，光华电气工厂更名为东北电工局二厂。1952年小型交流电机产量2万千瓦，比1949年提高4倍。1953年东北电工局二厂改称大连电机厂，正式转向生产中小型电机。试制成功A · A03-5号电机，并于1954年投入批量生产，同时仿苏KA · KAO型系列电机产品被淘汰。到1957年，大连电机厂交流电机年产量增至17.21万千瓦，初步奠定了中小型电机专业化生产的基础。1958年初，大连市电机制造业开始按照全国统一设计标准进行生产。1959年，大连电机厂试制成功J2 · J02系列电机并正式投产，年产量37.84万千瓦，同时仿苏A · AO系列电机被淘汰。为适应J02系列电机的发展，1963年先后对机座、转轴、装配等10条线进行改造，电机质量和产量迅速提升，到1966年产量达43.4万千瓦。1982年，工厂开始进行第四次电机主导产品更新换代，即用Y系列电机取代J02系列电机，电机制造业开始步入按照国家先进标准自行设计并实现机电一体化生产阶段。到1984年全面实现产品更新换代任务。1985年4月，引进国外先进技术，自行设计制造的Y112–4级进冲模投入使用，将电机定转子冲片次数由60万次提高到7000万次，质量达到国际先进水平，填补了国内同行业空白。Y系列电机投产后产量迅速增长。1985年全市实现电机产量137万千瓦，产品销往全国28个省、自治区、直辖市及港澳地区，并远销东南亚等51个国家。

七、通用机械

大连市通用机械主要有制冷设备、耐腐蚀泵、阀门等。

制冷设备 大连制冷设备制造业始于20世纪30年代初期。1930年8月，大连新民铁工厂（大连冷冻机厂前身）始建，以修理外国冷冻机和制作辅助设备为主。1945年大连光复后，工厂进行合并改组。1949年7月，私营企业新民铁工厂由旅大市民政局接管，并易名旅大市生产教养院劝业铁工厂；1953年再更名旅大市生产教养院冷冻机工厂，确定以生产冷冻机为主。1954年4月，工厂定名大连冷冻机厂，成为大连市冷冻机制造的主导企业，以维修进口的制冷、制冰设备为主。至1957年，制冷设备由少量仿制转为批量生产，由单一品种发展为多品种，当年氨制冷压缩机产量324台，位居全国制冷行业第二。1958年，制冷设备开始出口，是国内较早出口制冷产品的企业。20世纪70年代初期，开始自行设计制造制冷设备，先后研制了直径170、100系列部分开启式和半封闭式制冷压缩机，并投入批量生产。1976年，设计制造了中国第一台ASL–76单机双级氟利昂螺杆式制冷机。1978年后，工厂开始生产冰山牌系列制冷产品。1985年，首创带有经济器的螺杆式制冷压缩机组，填补了国内空白。

耐腐蚀泵 大连耐腐蚀泵制造业始于20世纪50年代后期。大连铸造厂始建于1953年，初名旅大市沙河口区铸造厂，1956年更名为大连铸造厂。1957年4月，该厂为锦州石油六厂试制成功中国第一台不锈钢工业用比例泵；1958年初，为东北制药厂试制成功仿苏KN型高硅铸铁泵，此为大连市耐腐蚀泵制造业的始端。1959年该厂生产耐腐蚀泵655台。1960年，大连铸造厂更名大连耐酸泵厂，成为中国第一个耐腐蚀泵专业化生产企业。1964年，该厂试制成功具有世界先进水平的稀土高硅球墨铸铁。20世纪60年代起，随着中国石油、化工、化纤、化肥、染料、军工等新兴行业的发展，耐腐蚀泵需求量不断增加。工厂通过技术改造扩大生产能力，至1965年，生产的耐腐蚀泵由最初的2个系列8个品种增加到13个系列34个品种。1966年耐腐蚀泵产品开始出口。1977年成立大连耐腐蚀泵研究所，隶属于大连耐酸泵厂。1978年将大连轴承厂和沙河口区耐酸阀门厂划归该厂，组建大连耐酸泵总厂。1985年工厂研制的GY型长轴液下泵广泛应用于石油、化工、制盐等行业，尤其是火电站建设工程填补了此类产品的国内空白。到1985年，企业累计制造工业泵5万余台，成为中国规模最大的耐腐蚀泵专业生产厂，耐腐蚀泵年产量约占全国产量的40%。

阀门 大连阀门制造业始于20世纪50年代。1953年，大连空气压缩机厂开始生产低压阀门产品。1956年，与大连水暖器材厂合并成立大连阀门厂，主要生产低压铸铁、低压铸钢和低压铸铜阀门，产品以仿制1948年苏联产品和来图加工为主，同年生产低压阀门5600套。1961年，试制生产出第一代高压阀门——高压氮肥阀，属仿苏产品。同年设计的6种30个规格的仿苏小口径锻钢高中压阀门投入批量生产，年产量1.7万套。1962年，大连阀门厂更名为大连高压阀门厂。1976年，该厂首次设计制造出可以替代进口的低温阀，产品质量达到国际同类产品先进水平。20世纪70年代末，工厂开始引进外国先进技术，开发国际市场需求量最大的API602标准系列阀门，1981年试制成功12个品种、26个规格的体盖焊接阀门。1985 年，生产高中压阀门产品 163 个品种、385 个规格。同年 10 月，与日本冈野阀门株式会社共同组建了全国阀门行业第一家中外合资企业——大连冈野阀门厂。

八、轴承

大连轴承制造业发端于 20 世纪 30 年代末。1938 年，日本殖民统治者在瓦房店北郊兴建了满洲轴承制造株式会社（瓦房店轴承厂前身），1940 年 1 月工厂投产。1945 年大连光复后，工厂更名为辽东铁工厂，担负为中国人民解放军修理枪械和制造手榴弹的任务。1946 年 11 月国民党军队占领瓦房店后，工厂易名瓦房店滚珠轴承厂。从 1947 年 6 月瓦房店二次解放到 1948 年 11 月，工厂先后易名辽南民众滚珠厂、新华机械厂、瓦房店滚珠轴承厂、东北机械工业管理局第 24 厂。1949 年 9 月，该厂生产出以 6310 为代表型号的中国第一套通用机械轴承，结束了中国不能制造工业轴承的历史。1954 年开始生产汽车轴承，1956 年开始生产军工轴承。1958 年工厂改称瓦房店轴承厂。1959 年以后，开始生产舰船不锈钢轴承，并为国家定点生产坦克特殊结构轴承、核工业石墨钢保持架轴承，以及航空、航天、军用通信、雷达和其他军工轴承。20 世纪 70 年代，开始生产大型和特大型轴承，如机床主轴轴承、铁路轴承、冶金轴承。1978 年生产轴承 587 万套，产品品种 1047 种，产值 1.56 亿元。1985 年生产轴承 564 万套，占全国轴承产量的 2.8%，产值 1.92 亿元。因工厂曾于 1950 年部分北迁成立哈尔滨轴承厂，1954 年援建洛阳轴承厂，1969 年创建西北轴承厂，得“中国轴承工业的故乡”之称。

九、汽车

大连汽车制造工业发端于 20 世纪 20 年代。1920 年，日本南满洲铁道株式会社所属铁道工厂试制出福特篷型汽车。大连光复后至 1957 年，大连汽车工业仍处寂寥状态，仅有一些从事简单零部件生产和车辆修理的个体手工业合作社。1958 年，旅大市沙河口区汽车修造厂（大连客车厂前身）、复县汽车修配厂（瓦房店客车厂前身）、新金县汽车修造厂（大连第二客车厂前身）等十几个汽车修造（配）厂相继成立，开始仿制货车生产。1960 年 3 月，旅大市沙河口区汽车修造厂更名大连汽车修造厂，翌年又更名旅大汽车修配一厂。1963 年 11 月，旅大汽车修配一厂首次试制出 JT660 型客车 3 辆，成为全国仅有的 3 家客车生产厂家之一。1966 年，该厂年自行设计生产客车产量可达 150 辆。1972 年 1 月，旅大汽车修配一厂更名为旅大汽车修造厂。1972—1978 年，旅大汽车修造厂共生产以农用为主的货车 501 辆。1980 年 3 月，旅大汽车修造厂更名为大连客车厂，改以客车生产为主。1985 年，大连客车厂经过较大规模技术改造，客车生产能力达到 4 个系列 8 个品种，年客车产量 621 辆，比 1980 年增长 73%。

第二节　石油化学工业

大连石油化学工业是大连工业的支柱产业之一，在全国同行业中占有重要地位。其包括石油工业与化学工业两大类。

化学工业发源于 20 世纪初期。1913 年，日本人在大连开办小型硫酸厂（后发展为满洲油脂株式会社大连油脂工厂，大连油脂化学厂前身）。以后，又相继建立了大和颜料合资会社（大连染料厂前身）、满洲油漆股份有限公司（大连油漆厂前身）、协盛胶皮工厂（大连橡胶厂前身）。石油工业发源于 20 世纪 30 年代。1933 年，日本人兴建了满洲石油株式会社大连制油所。

中华人民共和国成立后，大连石化工业在政府的支持和扶助下得到快速发展。由国家投资先后建立了大连氯酸钾厂、大连金光化工厂、大连磁带厂、大连化工实验厂等十几个中小型企业。大连化学工业公司发展成为中国最大的纯碱生产企业，纯碱产量占中国总产量的50%以上。大连染料厂成为中国染料生产基地之一。大连氯酸钾厂成为中国氯酸钾主要生产厂之一。大连石油七厂成为中国主要炼油厂之一。1985年，全市生产化工产品600多种，其中精细化工产品400多种；总产量680万吨，其中基本化工产品产量约占75%。1978年改革开放后，大连石油化学工业发展迅速，建立起较完备的综合性石油化学工业体系。1983年，大连石油七厂与大连有机合成厂合并，更名大连石油化工公司。

一、石油化工

大连的石油工业主要集中在大连石油化工公司。该公司是中国重要的石油产品出口基地，隶属于中国石油化工总公司，下设大连石油七厂和大连有机合成厂。

大连石油七厂是中国大型石油化工企业，其前身为成立于1933年的满洲石油株式会社大连制油所。1945年大连光复后，苏军对该厂实行军管。1947年，工厂易名中苏石油精制股份有限公司。中华人民共和国成立后，1950年3月，常减压蒸馏和酸碱洗涤两套装置开工生产，原油由苏方提供，当年加工原油4.9万吨。1951年1月工厂移交中国政府，并更名大连石油七厂。1952年，工厂热裂化装置试车成功，并正式投产。至1954年，减压蒸馏、溶剂脱蜡、糠醛精制、白土精制等装置先后试车成功，1955年初全部投产。1960年，工厂试炼大庆原油成功，结束了中国石化企业长期炼制国外原油的历史。1965年该厂的生产装置增至19套，年加工原油能力增至120万吨，可生产汽油、柴油、润滑油、石蜡等107个品种。20世纪70年代，该厂在国内首炼盘锦原油成功，并建成催化裂化、丙烷脱沥青和中国第一套多金属重整等装置，生产装置计有24套，原油年加工能力560万吨。1978年改革开放后，许多装置经过多次技术改造或改扩建，生产能力大幅度提高。1985年，工厂有码头2座、泊位4个，其中万吨级泊位1个、5000吨级泊位3个；有生产装置27套，生产产品167种，其中七星牌3号喷气燃料、石油甲苯、1000号船用内燃机油、150号润滑油基础油4种产品获国家金质奖。

大连有机合成厂是以大连石油七厂生产过程中产生的副产气体炼厂气为原料进行化工产品生产的厂家。动工兴建于1958年，始称大连有机合成化学纤维筹建处，1961年更名为大连有机合成厂。1963年开始承担石油气裂解深冷分离工艺生产乙烯的实验任务，并动工改造生产装置，1966年投产。1969—1977年，低压聚乙烯、破乳剂、环氧丙烷等生产装置相继投产。产品主要有乙烯、丙烯、乙二醇、丙二醇、环氧乙烷、环氧丙烷、聚乙烯、聚丙烯、防冻剂、破乳剂等。1978年产量2167吨，1984年增至3264吨。1985年，聚丙烷装置竣工试产，年产量3809吨。

二、基本化工

1985年，大连有基本化工主要生产企业5家，产品主要有纯碱、烧碱、硫酸、盐酸、硝酸、合成氨、氯酸钾、氯酸钠、氢氧化钠、氢氧化钾等20多个品种。大连化学工业公司主要产品纯碱产量为亚洲之最，被誉为“中国化学工业的摇篮”。大连氯酸钾厂是国内生产规模最大的氯酸钾生产厂。大连金光化工厂是中国硅酸盐生产的重点企业之一。

大连化学工业公司是中国基本化工原料重点生产企业之一，前身为大连化学厂和大连碱厂。大连化学厂的前身是满洲化学工业株式会社（同年定名满洲化学工业株式会社大连化学厂，简称“满化”），建于1933年5月，为满铁附属企业之一。大连碱厂的前身是满洲曹达株式会社（简称“满曹”），建于1936年，1937年定名满洲曹达株式会社甘井子工厂，1942年改称满洲曹达株式会社大连工厂（1943年大和染料株式会社并入）。1945年日本投降后，两厂被苏军接管。“满化”于1947年6月移交中国政府，定名为大连化学工厂；“满曹”于1951年移交中国政府，定名为大连碱厂。1952年两厂分别进行全面改、扩建。其间，大连化学厂自行设计制造了空气分离、氢气分离等装置，填补了中国深冷技术的空白，大连碱厂开发了连续法生产碳酸氢铵新工艺，成为中国第一个生产碳酸氢铵的厂家。1956年两厂改、扩建工程结束，当年合成氨产量9.1万吨、纯碱产量30.6万吨。1957年两厂合并，定名大连化工厂，1960年改称大连化学工业公司。1958—1966年，大连化学工业公司进入联合发展时期。1962年9月，国内第一座年产16万吨的联合制碱装置在大化建成投产。到1965年，公司的合成氨生产能力达到15万吨，纯碱产量47.65万吨。其间，举世闻名的“侯氏联合制碱工艺”完成了中间试验，中国第一套年产16万吨的联合制碱装置建成投产。“文化大革命”期间，公司建成硝酸镁法生产浓硝酸新装置。1975年生产合成氨19.3万吨、硫酸31万吨、纯碱68.3万吨。1985年，公司占地面积203万平方米，其中厂区占地140万平方米，有生产设备8550台（套），年生产纯碱70万吨，约占全国总产量的40%，居亚洲各化工企业之首。

除大连化学工业公司外，其余化学工业企业均是大连光复后相继建立并逐步发展起来的。1949年上半年，由5个化工类工厂合并成立了大连电化厂，1953年改称旅大氯酸钾厂。主要生产氯酸钠、氢氧化钾、高氯酸钾、有机制品、石墨制品。1954年主要产品氯酸钾产量370吨。1978年改革开放后，该厂生产的氯酸盐产品在国内市场的占有率达到65%。1981年，旅大氯酸钾厂改称大连氯酸钾厂。1985年氯酸钾产量6808吨，占全国总产量的10.9%。

三、精细化工

1985年，大连有精细化工主要生产企业10家，主要产品有染料3大类31个品种，油化涂料18类1000多个品种，以及分子筛、催化剂、油漆、磁带等。大连印染厂、大连油脂化学厂、大连油漆厂为重点企业。

大连精细化工行业起始于20世纪初。1913年，日本人建立了满洲油脂株式会社大连油脂工厂（大连油脂化学厂前身），1918年，建立了大和染料株式会社（大连染料厂前身），1919年，建立了满洲油漆股份有限公司（大连油漆厂前身）。由此初步形成以精细化工为主的早期大连化学工业。

1945年大连光复后，满洲油脂、满洲油漆两厂由苏军接管，1951年移交中国政府。满洲油漆于1950年改称大连油漆厂，满洲油脂于1951年改称大连油脂化学厂。大和染料由大连职工总会接管，由于设备、厂房已被破坏，工厂处于停产状态。1949年工厂改称大连染料厂。其时大连精细化工行业主要是进行恢复性生产。

中华人民共和国成立后，大连精细化工行业在国家的支持和扶助下得到发展。在国民经济三年恢复的基础上，大连油漆厂新建了年产6500吨的氧化锌生产线和年产3000吨的喷漆生产线。20世纪60年代，大连油脂化学厂建成精甘油生产装置并投产，结束了大连地区只能生产粗甘油的历史，建成年产5000吨合成脂肪酸工程并投产，开发了以合成脂肪酸为原料生产肥皂的新工艺。“文化大革命”期间，国家投入大量资金新上41个品种，主要用于发展人民群众生活所需的精细化工产品。其中大连油脂化学厂建成年产1万吨脂肪酸和年产1200吨脂肪胺的工程，大连染料厂建成年产2000吨的还原及分散染料工程，大连油漆厂建成年产400吨的钛白粉车间。1978年改革开放后，大连的精细化工行业得到迅速发展，成为大连市支柱产业之一。大连染料厂自1973年开始研制分散染料，到1978年产量达到182吨。1985年，大连染料厂生产的产品种类55种，总产量10万吨，其中硫化染料约占全国产量的25%，二异氰酸甲苯占全国产量的75%，氯化苦和苦味酸在国内是独家产品；大连油脂化学厂主要产品年产量：脂肪酸1.5万吨、脂肪醇7000吨、脂肪胺1000吨，均居国内企业首位。

四、橡胶制品

1985年，大连有橡胶制品生产企业7家，主要产品有汽车轮胎、自行车胎、运输带、传送带、医用手套、输血胶管、三角带、避孕套、雨衣胶布、橡胶劳保用具等18个大类。大连橡胶厂是国内轮胎生产的定点厂家之一，也是国内橡胶行业建立最早的两个厂家之一。大连橡胶制品工业的其他企业都是1958年以后从区街企业发展起来的。1978年改革开放后，大连橡胶工业已由只能维修、翻新和生产初级橡胶制品，发展成为以汽车轮胎和胶靴出口为主，能生产各种工业用橡胶杂件、乳胶制品等新兴橡胶工业。

大连橡胶制品行业起始于20世纪20年代初。1921年，中国人深贝康父子与日本人多智久松共同创建了协盛胶皮工厂，主要生产胶皮零件、胶鞋等。工厂规模很小。1931年工厂开始生产运动鞋、水袜子，日产量近300双。1945年日本投降后，工厂遭到严重破坏，市总工会组织职工护厂。1946年5月工厂恢复生产，改称南洋胶皮工厂，1948年又改称大连裕民胶皮工厂，1952年定名大连橡胶厂，当年生产胶鞋214万双。1949—1959年，先后生产产品122种、718个规格。“文化大革命”时期，开始生产各种规格的汽车轮胎和自行车胎。1975年起不再生产胶鞋。1980年轮胎产量9.45万套。1984年被列为全国60家生产轮胎的定点厂之一、7家生产出口轮胎厂之一。1985年生产各种规格轮胎13.86万套。

第三节 采矿冶金工业

大连地区采矿、冶金工业历史悠久。西汉时期已开始采用范铸法制造箭镞、镢等铸铁件。辽金元时期出现铸铁铜范。有确切记载的官办冶铁业始于明代，即金州卫、复州卫所设炒铁军。清代复州湾黏土矿被开采经营，这是大连最早的采矿业。其时中国资本家兴办有德和窑和顺发窑，生产红砖。

1905年日本侵占旅大后，为了攫取利益，统治当局相继建立和收购多个企业，用以开采石灰石矿、金矿、银矿和铜矿。

日本投降后，苏军进驻旅大接管了日本工厂。因设备遭到破坏，大部分工厂陷入停产。1947年1月，大华矿业株式会社更名大连炼钢工厂，进和商会更名大连金属制造工厂。同年7月，苏军将两家企业移交中国政府。1948年10月两厂合并，改称大连钢铁工厂（1953年改称大连钢厂）。

中华人民共和国成立后，大连在较短时间内先后建立起大连第二麻绳行业合作社（大连钢丝绳二厂前身）、大连柴油机厂铸钢车间（大连铸钢厂前身）、和平铁工厂（大连无缝钢管厂前身）、拔丝合作组（大连线材厂前身）、西岗区国华熔炼合作组（大连熔炼厂前身）5家企业。到1957年，采矿、冶金企业发展到12家。此后，又建立了金属材料改制厂、旅顺粉末冶金厂（大连硬质合金厂前身）、大连炼铁厂等企业。到20世纪70年代，大连采矿、冶金工业粗具规模。大连钢厂是冶金工业的重点企业。1978年改革开放后，大连的采矿、冶金工业得到新的发展。到1979年，已形成年产钢36万吨（其中特钢35万吨）、生铁10万吨、轧钢50万吨、金属制品4万吨、耐火材料5万吨、有色金属0.2万吨的生产能力。1979—1985年，大连采矿、冶金工业企业完成重大技术改造项目12项。1985年，市、区有所属采矿、冶金工业企业11家，产品以特钢和材料为主，包括冶炼、轧钢、耐火材料、金属制品、有色金属等。当年主要产品年产量：钢288129吨，生铁55015吨，钢材434246吨，耐火材料56545吨，金属制品20208吨，有色金属1249吨。

一、黑色金属冶炼

1985年，大连市黑色金属冶炼企业有大连钢厂和大连炼铁厂。

钢 日本殖民统治大连时期，进和商会株式会社和大华矿业株式会社主要生产高速钢、不锈钢和硬质合金。大连光复后成立的大连钢铁工厂，主要生产后膛炮弹用钢等军用品。1950年末，大连钢铁工厂大部分人员和设备迁至地处湖北省黄石市的华中钢铁公司（今大冶钢厂），工厂一度停产，直到1951年才又恢复生产。1953年工厂改称大连钢厂。1955年，大连钢厂在全国最早采用吹氧助熔新技术，次年炼钢成功并全面用于生产，开创了全国使用氧气炼钢的先例。1957年工厂具备了生产215个钢种、1860个规格产品的能力，年钢产量68487吨。1958年，大连钢厂开展“以钢为纲”运动，实现钢产量翻番，并兴建了年产25万吨转炉。1960年钢产量达到高峰期，为32.2万吨，合格率为98.24%。1961年，工厂调整生产结构，废弃转炉，兴建了全国第一个精密合金冶炼基地。1964年、1965年工厂又进行两次人员调出、设备大拆迁，支援贵阳钢厂、西安七五二研究所和钢丝车间建设。其中1965年迁走各种设备1119台（包括90%精密合金生产设备、30%钢丝生产设备），移交80%技术资料，随调技术人员和工人1501人。20世纪70—80年代，大连钢厂与北京钢铁学院共同研制成功一批科技成果。其中1978年研制成功并建成中国第一台真空氧氩炉外精炼装置；1980年研制成功钨钼系高速工具钢丝的热塑性项目，并于1984年获国家银质奖；1978—1981年开展的提高钨钼系高速工具钢产量研究获得成功，结束了高速工具钢以钨系为主生产的历史，改变了中国大量进口高速工具钢的局面，1981年高速工具钢热轧小型材获国家金质奖。1970—1975年，大连钢厂的钢年产量由27万吨增至32万吨，为第二个产量高峰期。1985年钢产量28万吨。

生铁 大连的生铁生产始于1970年。大连炼铁厂是大连市生产生铁的主要企业，1969年6月动工兴建，1970年2月高炉投产，但多年处于政策性亏损状态。1970年2月19日，该厂生产出用现代化设备生产的大连市第一炉铁水。1978年，复县许屯炼铁厂并入大连炼铁厂。1979年，大连炼铁厂与大连第二轧钢厂合并成立大连钢铁总厂。1981年3月，大连钢铁总厂一分为二，恢复原状。1983年，大连炼铁厂与市财政部门签订三年承包合同，企业当年扭亏为盈。1984年改建一座55立方米高炉，1985年生铁产量由1983年的43061吨增加到55015吨。

二、轧钢

特殊钢材 大连钢厂为中国最早生产特殊钢材的企业。

日本殖民统治时期，统治者为了攫取利益，在大连地区生产中型材。1945年中型材全部停产。1958年，大连钢厂建立中型轧钢车间后恢复中型材生产，年产量6.4万吨，1985年产量12.5万吨。

1948年大连开始生产小型材和线材。为支援解放战争，大连钢厂轧制出九二步兵炮弹用线材。1957年主要轧制出碳合工、碳合结、滚珠、弹簧等特殊钢材，年产量1万余吨。1964年开始生产直径8～20毫米圆形、方形、梯形、六角形及异形材，轧制钢种包括高速工具钢、不锈钢等8个特殊钢种及部分精密合金。

1961年11月大连开始生产特钢大型材，大型圆钢的规格为直径25毫米、80毫米、85毫米、90毫米4种。1985年特钢大型材规格发展到16种。

1985年，大连钢厂生产的高速工具钢8233吨，不锈钢7578吨，滚珠钢22492吨，碳素结构钢91849吨，碳素工具钢6363吨，合金结构钢38428吨，合金工具钢4375吨，弹簧钢27898吨，精密合金338吨，矽钢片841吨。

普通钢材 大连普通钢材的生产企业有大连轧钢厂和大连第二轧钢厂。

大连轧钢厂前身是建于1938年的满洲铁道制造株式会社，大连光复后改为公营企业福泉号，1948年更名为利华修铁厂。1946年福泉号开始生产直径9毫米普碳圆钢。1948年大连利华修铁厂开始生产直径6～8毫米线材，当年产量1105吨。中华人民共和国成立后，1958年工厂更名大连轧钢厂，当年产量5.5万吨；1962年产量8.26万吨，为历史最高水平。1962年，大连轧钢厂第五车间独立为钢材加工厂，定名金属材料改制厂，1963年更名为大连第二轧钢厂。1968年，受“文化大革命”运动影响，钢材产量降到历史最低水平。1981—1985年，两家轧钢厂生产的普碳钢材产量121.58万吨，年均24.32万吨。

特殊钢丝 大连钢厂钢丝分厂是国内重点特殊钢丝生产基地（前身见大连钢厂）。1928年，进和商会从日本购置拔丝机，开始拔丝制钉。同年，大华电气冶金株式会社购置4台拔丝机，拔制电阻丝、钢线。解放战争时期，大连钢铁工厂研制出炮弹和步枪用弹簧钢丝，用于支援中国人民解放军。1950年生产的钢丝品种有弹簧、碳结、电阻丝，产量13吨。1952年钢丝产量增至65吨。1954年，大连钢厂成立钢丝车间（后改为大连钢厂钢丝分厂），钢丝品种增加了合结、碳工钢丝，产量达449吨。1960年，大连特殊钢丝产量创历史最高，为2.11万吨。1981—1985年，大连市特殊钢丝产量6.4万吨，其中多用于航空、航天、兵器等领域。

三、金属制品

大连市冶金金属制品专业生产企业有大连钢丝绳厂、大连线材厂。

大连钢丝绳厂前身是大连第二麻绳生产合作社，始建于1951年12月。1965年工厂定名为大连钢丝绳厂，开始生产点接触钢丝绳，年产量321吨。1966—1970年，点接触钢丝绳总产量2110吨，年均产量422吨。1981—1985年，生产点接触钢丝绳9571吨，年均产量1914吨。

大连线材厂前身是由3家手工业联社合并而成的西岗区拔丝生产合作社，始建于1955年。工厂于1956年开始生产一般用途低碳钢丝。1964年工厂易地改建并更名大连线材厂，开始生产热镀锌低碳钢丝。1985年生产热镀锌低碳钢丝1.68万吨。

四、有色金属

1985年，大连冶金有色金属企业有大连熔炼厂和旅顺硬质合金厂。

大连熔炼厂前身是1956年由4家手工业者组成的旅大市西岗区国华熔炼生产合作组，同年更名为沙河口区国华冶炼厂，生产单一的有色金属合金锭。1963年更名大连国华金属熔炼厂。1968年定名为大连熔炼厂。1971年开始生产电解铜，1974年开始生产各种铜材。1974—1975年，工厂生产由铜冶炼扩大到铜加工，可生产各种规格、型号的铜棒材，年生产能力1000吨，填补了大连市以及辽南地区无铜材加工的空白。

旅顺硬质合金厂前身是1948年成立的大连钢铁厂硬质合金车间。硬质合金车间成立后即制造出中国第一代硬质合金。1950年生产出24个型号、257个规格的钨钴合金刀片和多种规格的拉丝模具及枪弹引生模具。1965年，大连钢厂硬质合金车间迁往旅顺，与原旅顺油毡纸厂合并建立旅顺粉末冶金厂。1966年定名为旅顺硬质合金厂。到20世纪70年代，共研制出14种硬质合金。

1985年，大连熔炼厂、旅顺硬质合金厂共生产电解铜829吨，铜材262吨，硬质合金158吨。

五、耐火材料

1985年，大连市冶金耐火材料生产企业主要有大连耐火材料厂、大连钢厂耐火分厂，生产黏土砖、硅砖、膨胀珍珠岩、硅酸铝耐火纤维等产品。

黏土砖 大连生产黏土砖始于1905年，而生产基础是1899年中国资本家开办的德和窑和顺发窑，其时两窑只生产红砖。1905年日本资本家强夺两窑后改名营口炼瓦制作所，除生产红砖外，还生产黏土砖。1937年企业更名营口窑业株式会社大连工厂。1945年大连光复后，工厂由苏军接管，1946年移交中国政府，并更名大连窑厂。中华人民共和国成立后翌年更名大连窑矿总厂，大连耐火材料厂为其下属企业。1956年10月，大连窑矿总厂撤销，分别成立大连耐火材料厂、大连窑厂。1957年，大连耐火材料厂黏土砖产量2.27万吨，产品以标准普通型为主。20世纪60年代，黏土砖年均产量4.01万吨，其中特异型砖和浇钢砖占五分之一。20世纪70—80年代，年均产量稳定在5万吨左右，其中特异型砖和浇钢砖比例占四分之一以上。

大连钢厂耐火分厂的前身是1934年始建的大华矿业株式会社炼瓦窑，1939年更名为大华矿业株式会社炉材厂。1945年日本投降后由苏军接管，一度停产。1947年7月企业移交中国政府，划归大连钢厂，1948年恢复生产。后经多次技术改造，生产能力不断提高。1981—1985年，生产黏土砖6.85万吨，年均产量1.37万吨。

硅砖 大连硅砖生产始于1936年，时由大华矿业株式会社炼瓦窑生产。中华人民共和国成立之初，硅砖只有少量生产，到1958年停产。1959年，大连耐火材料厂开始恢复硅砖生产，1960年产量5042吨；1971—1980年总产量79640吨，年均产量7964吨。1982—1984年，因市场萎缩一度停产。1985年又恢复生产。1981年和1985年共生产硅砖9630吨，年均4815吨。

膨胀珍珠岩 1966年大连耐火材料厂研制成功膨胀珍珠岩，填补了国内低温工程中轻质绝热材料的空白。1968年12月膨胀珍珠岩正式生产，1970年开始大批量生产。1970年珍珠岩粉产量2.85万立方米，1974年8.4万立方米。1975—1977年均产量增至10万立方米以上。1978年后由于技术扩散、市场缩小等原因，珍珠岩粉产量降至7万—9万立方米。1985年产量93730立方米。

六、冶金矿山

大连地区开矿历史悠久。早在辽金时期，复州湾黏土矿已被开采。明末，有在今瓦房店境内采石炼铜者。清代，有在山下河流淘金者。1985年，大连冶金矿山企业有大连甘井子石灰石矿、大连土城子石灰石矿、复州湾黏土矿、瓦房店华铜铜矿（前称为复县华铜铜矿）。

大连甘井子石灰石矿和大连土城子石灰石矿都是大型露天矿。

大连甘井子石灰石矿位于城市北部，前身是1932年由满洲制铁株式会社建立的大连甘井子采矿所。日本殖民统治大连期间，对其资源进行了掠夺性开采。大连光复后，矿山一度由中苏共管。中华人民共和国成立后，矿山发展迅速，1954年成为鞍钢冶炼用石灰石熔剂的主要供给基地。1956年探明 −50米以上储量为3.17亿吨。1957年采剥总量437万吨，1960年达729万吨，成为亚洲最大的石灰石矿。到1985年累计已开采1.28亿吨。

大连土城子石灰石矿是甘井子石灰石矿于1972年在旅顺口区长岭子新建的后续矿山。其石灰石资源圈定范围内有10亿多吨，以高镁低硅矿石著称。1980年土城子石灰石矿分离出来独立经营。1981—1985年，年均产量186.1万吨。

复州湾黏土矿开采于辽金时代。1887年，清廷海军衙门即用复州湾黏土制砖修筑旅顺船坞。1908年，日本人夺取复州湾黏土矿开采权。日本人经调查确认，此矿资源深部黏土为世界稀有的优质耐火材料。不久，日本人纷纷到复州湾开采黏土。1930年，中华民国政府收回采矿权，核准大连富商周文富开采黏土矿。周文富表面上组建辽宁官督商办复州湾黏土公司，暗中却与日本复州湾矿业株式会社缔结卖矿契约书，真相暴露后，民国政府将黏土矿交给东北矿务局经营。在东北矿务局准备接管之前，发生“九一八”事变，复州湾黏土矿复落入日本复州湾矿业株式会社手中，直至日本投降。苏军接管矿山后，将矿山全部生产设备拆走。中华人民共和国成立后至1956年，矿山处于停产状态。1957年恢复开采，年产量5.5万吨。1984建成北部矿区，形成7万吨生产能力。

瓦房店华铜铜矿开采于明代，清代当地居民在山下河流淘金。日本殖民统治大连后，日本资本家于1935年私人投资开采金银。1940年开采企业被伪满洲矿山株式会社收买，改名为满洲矿山株式会社华铜矿业所。中华人民共和国成立后，矿山易名复县华铜铜矿，于1950年投产。20世纪50年代，华铜铜矿在全国矿山中率先实现井下作业机械化。至1979年，该矿累计铜产量4.7万吨，铁精矿产量186.5万吨。20世纪70年代后期渐入闭矿期，80年代转产黄金。

第四节　建材工业

大连建材工业有近80年历史。1907年，日本资本家在大连兴建小野田洋灰制造株式会社大连支社（大连水泥厂前身）；20世纪10年代初，日本石棉株式会社关东州采矿所（金州石棉矿前身）建立；20世纪20年代，日本三菱财团旭硝子株式会社与日本南满洲铁道株式会社共同建立昌光硝子株式会社大连工厂（大连玻璃厂前身）。此后，中国的民族资本家和日本人相继建立德三号白灰厂（大连白灰厂前身）、永顺昌窑厂（大连砖厂前身）等百余家建材企业，其中以砖瓦、白灰生产厂家居多。中华人民共和国成立后，大连先后建立大连砖瓦厂、大连建新水泥厂、大连石英辉绿岩制品厂等30多家建材企业。到1985年，全地区有市及县（市）区属建材企业42家。

一、水泥与水泥制品

水泥　1945年大连光复前，只有小野田洋灰制造株式会社大连支社一家水泥企业，1907年动工兴建，1909年竣工投产。1934年小野田洋灰制造株式会社大连支社扩大规模并易名关东州小野田水泥制造株式会社；1938年归属日满商事株式会社。大连光复后工厂由苏军接管，1947年改为中苏合营，1951年移交中国政府，1955年定名为大连水泥厂。中华人民共和国成立后，又相继建成大连第二水泥厂、大连第三水泥厂、大连建新水泥厂等水泥企业。到1985年，市及县（市）区属水泥专业生产企业15个，当年水泥产量146.9万吨，占全市水泥总产量的73.9%，其中年产量在16万吨以上的企业有大连水泥厂、大连第二水泥厂、大连第三水泥厂、瓦房店水泥厂。

水泥制品 大连地区生产石棉水泥制品的企业主要是大连水泥制品厂。该厂始建于1949年，原称大连石棉制品厂。其时主要生产石棉绳和石棉垫，年产石棉制品20吨。中华人民共和国成立后，增加了石棉灰、石棉砖、石棉布、石棉板、石棉盘根等产品。1954年，原大连电化工厂碳酸钙车间划归该厂，又增加了轻体碳酸镁、碳酸钙、碳酸镁石棉粉和碳酸钙石棉粉等产品。1960年后开始生产石棉水泥瓦和水泥电柱。1985年产轻体碳酸镁1298吨、石棉水泥小波瓦900301标准张、水泥电柱30588根、预应力水泥管20余千米。

二、平板玻璃

1985年，大连的玻璃生产企业主要有大连玻璃厂和旅顺玻璃厂。

大连玻璃厂系中国大型平板玻璃生产企业，前身为日本资本家于20世纪20年代建立的昌光硝子株式会社大连工场。1931年产量30万标准箱。大连光复后工厂停产，1947年由中苏合营恢复生产，1950年移交中国。1951年产量59万标准箱。其后大连玻璃厂和旅顺玻璃厂经过多次技术改造，生产能力有较大提高，先后开发生产出7个玻璃品种。1985年，大连玻璃厂生产平板玻璃310万标准箱，占全国统配平板玻璃的7%；生产制板玻璃21万标准箱，为国内独家产品；生产玻璃棉7000吨，占全国同类产品的50%。1985年，市及县（市）区所属平板玻璃生产企业完成工业总产值5826万元，实现利润3087万元，分别占市及县（市）区所属建材企业工业总产值的27%、利润的44.2%。

三、石棉与石棉制品

1985年，大连石棉与石棉制品生产企业主要有金州石棉矿和大连石棉制品厂。金州石棉矿的前身是日本资本家于20世纪10年代初建立的金州石棉株式会社关东州采矿所，1912年开始露天开采，1926年开始下井开采。1915—1941年，共生产石棉2473吨，全部运往日本。大连光复后，企业由苏军接管，1947年交由中国政府。中华人民共和国成立后，金州石棉矿先后进行多次技术改造和矿山扩建。1949年与1959年，石棉产量分别为199吨和5200吨。1960年，该矿被列为国家发展石棉工业的重点企业。1960—1965年，新建沿脉斜井5座，大部分生产实现机械化和半机械化。1965—1985年，国家分两期对矿山进行总体改造和扩建，使石棉生产的机械化程度提高到71.5%，部分生产实现半自动化。到1985年，金州石棉矿和大连石棉制品厂共生产石棉9506吨，占全市石棉总产量的98.3%；生产石棉制品293吨，占全市石棉制品总量的78.3%。

第五节 电子工业

1985年，大连电子工业企业主要有大连电视机厂、大连录音机厂、大连无线电十三厂、辽宁无线电二厂、大连无线电厂等。

1934年，日本人在大连开设义昌无线电气株式会社，生产无线电通信机、整流设备、测向仪和扩音机等产品。大连光复后企业改由中苏共管，并更名为远东中苏电业股份公司旅大义昌无线电工厂。中华人民共和国成立后，工厂更名东北电工局二厂，不久又并入大连电机厂。1951年旅大市广播电台服务部开始生产集会用扩音机。1953年批量生产功率为100～500瓦的扩音机。

大连电子工业兴起于20世纪50年代末至70

年代，至80年代发展壮大。50年代末成立的都是无线电小厂。60—70年代建立起电子企业20多个，可生产收音机、录音机、电视机、录像机等电子产品。部分非电子行业的企业有的也生产电子产品，如大连金属制品研究所（大连无线电四厂前身）于1966年开始生产电容器；大连标牌厂（大连无线电七厂前身）1967年开始生产覆铜箔层压板。1979—1983年，先后成立了大连电视机厂、大连录音机厂、大连录音器材厂、大连磁头厂、大连电讯电机厂。80年代部分企业通过引进先进技术和设备，进行改造升级。1981—1985年，全市有17个企业从国外引进生产装配线25条、生产设备2260台。1985年全市主要电子产品产量：电视机17.8万台（其中彩色电视机1.57万台）、收音机67.2万台，收录机14.2万台，彩色录像机388台，彩色摄像机130部，微型电子计算机106台。1970—1985年，全市电子工业共完成产值130273万元，年均增长22.5%。1985年广播电视工业产品类产值22238万元，占电子工业总产值的70.3%。

一、消费类电子产品

家用音响 大连电子企业研制生产家用音响始于20世纪50年代，其时只能少量生产扩音机。1961年，大连无线电厂（今辽宁无线电二厂）研制出电子管交流收音机，定名渤海牌，投入小批量生产。20世纪60年代末，随着国内半导体器件的兴起，大连开始研制半导体收音机。1970年新组建的大连市无线电厂开始大批量生产半导体收音机。20世纪70年代，该厂自建装配生产线，改变手工作坊式生产，半导体收音机年生产能力从几千台增至36万台。20世纪70年代末80年代初，辽宁无线电二厂、大连无线电十三厂等电子企业也开始生产收音机。其时扩音机已被淘汰。1980—1985年，全市共生产收音机186.4万台，其中1985年产量67.2万台，比1980年12万台增长4.6倍。

1973年，大连无线电七厂研制生产出全市第一台盒式磁带录音机。1978年，大连无线电六厂、大连工具厂与之合并，成立大连录音机厂。1979年，该厂研制的DL—3型录音机投入小批量生产。20世纪80年代初，收录放机市场十分红火，许多电子企业转而生产收录放机。大连录音机厂福字牌、大连无线电厂歌星牌、大连无线电十三厂大连牌等收录放机，迅速形成批量生产并投入市场。1980—1985年，全市生产收录放机44.3万台，其中1985年产量14.2万台，比1980年2万台增长6.1倍。

电视机 新组建的大连市无线电厂1970年成立后，翌年试制成功35厘米电子管黑白电视机，并开始小批量生产。大连无线电十三厂1973年成立后，翌年研制生产出49厘米电子管式电源为晶体管式的混合型黑白电视机。1978年，旅大市仪表电子工业局研制出31厘米晶体管分立式和集成电路式两种黑白电视机。1979年，大连无线电八厂与大连电子仪器厂合并成立大连电视机厂。20世纪80年代初，随着广播电视业的迅速发展，电视机开始进入普通百姓家庭，大连电视机厂生产的星海牌黑白电视机一时供不应求，在全国黑白电视机产品排行中位居前列。1981年，大连电视机厂与大连电子研究所共同试制出20部全塑料壳35CJ1型35厘米彩色电视机。1984年，大连市彩色电视机研制进入散件组装与国产化阶段。1980—1985年，全市共生产黑白电视机53.3万台，其中1985年产量16.2万台，比1980年3.6万台增长3.5倍。1985年彩色电视机产量1.6万台，比1984年的4000台增长4倍。

录像机 1972年，大连电子研究所在全国率先试制成功便携式黑白专用录像机和摄像机。1973年，国家计委和第四机械工业部决定在大连设录像机定点生产厂，同年，在大连晶体管四厂基础上建立大连无线电十三厂，作为国内录像机生产的重点企业之一。1974—1980年，大连无线电十三厂共生产黑白录像机144部、黑白摄像机165部。1981年后黑白录像机、黑白摄像机停产。大连牌SL—297型彩色盒式录像机1980年获全国彩色录像机质量评比第一名，1983年获国家优秀新产品“飞龙”奖。1979—1985年，全市彩色录像机产量836部，彩色摄像机产量350部。

二、基础类电子产品

电子束管及配件 1975年大连显像管厂成立后即开始研制生产电子束管及配件。1983年，该厂被国家列为“六五”期间全国机电行业重点技改项目。1984年，引进日本东芝公司44厘米黑白显像管及其配件电子枪、金属零件的生产技术和设备，包括显像管装配线、电子枪装配线、电子枪金属零件生产线、纯水生产线，形成年产黑白显像管72万只、电子枪85万只、电子枪金属零件100万套的生产能力。

半导体器件 1965年大连晶体管厂成立。20世纪70年代，大连市涌现一大批半导体生产企业。至20世纪80年代初，全市仅保留大连半导体厂（大连322晶体管厂）、大连仪表元件厂、大连晶体管厂（大连无线电元件一厂）等12家半导体器件厂。大连市生产的半导体器件主要有半导体二极管和半导体三极管，主要品种分别是硅二极管、硅三极管。1970—1985年，全市共生产半导体二极管2753.2万只、半导体三极管1737.2万只。大连半导体厂生产的三极管先后为1970年中国发射第一颗人造地球卫星、1980年中国发射第一枚运载火箭、1982年中国发射太平洋地区运载火箭，提供了相关产品的器件。

电子元件及材料 1962年，专门从事电位器研制和生产的辽宁电位器厂成立，产品有碳膜、实芯、线绕、衰减器4大类。1966年，大连地区开始研制生产电阻器和电容器。1969年，大连电阻器厂正式投产碳膜电阻器和金属膜电阻器。同年，旅大市金属制品研究所成功研制小型电解电容器。20世纪70年代初，大连春和电位器厂开始生产碳膜电位器。其后，旅大无线电四厂开发了金属化纸介电容器、铝电解低压大容量和高压大容量电容器、涤纶电容器。1976年，涤纶、薄膜、电解3个品种电容器大量出口香港。1970—1985年，全市共生产电阻器17111万只、电位器3985万只、电容器10821万只。

光学镜头 1964年大连光学仪器厂成立后，即开始研制并生产坦克潜望镜、显微镜、电影机镜头。20世纪70年代，研制出望远镜和工业电视镜头。1970—1983年，全市生产显微镜3.2万台。1970—1978年，生产8.75毫米、16毫米、35毫米3种规格的电影机镜头5899只，1979年停产。1970—1981年，生产021望远镜79架，1982年停产。

三、投资类电子产品

雷达 大连研制生产的雷达产品有警戒雷达和船用导航雷达。警戒雷达研制生产始于1965年，全部为军工产品。至1973年，研制生产的主要品种有513中程警戒雷达、514中远程警戒雷达、582警戒雷达（1974年警戒雷达停产）。20世纪70年代初开始试制725型、755型船用导航雷达。755型船用导航雷达于1974年投入小批量生产。1985年，从日本引进小型船用导航雷达生产技术设备，生产工艺达到国际先进水平。同年，中国制造的10艘外贸出口船舶上安装的导航雷达均系该厂产品。1970—1985年雷达产量1488部。

通信产品 大连研制生产的通信产品包括无线对讲机、定位仪、电话机及配套设备等。1972年，大连无线电五厂开始研制DTX-27型VHF波段调幅式无线对讲机，当年仅生产2部。1974年，大连无线电八厂研制出DTX-AM100、DTX-AM500型VHF波段调幅式无线对讲机，并迅速投入批量生产。1974—1980年，大连地区共生产无线对讲机5851部。1981年，大连电视机厂暂停无线对讲机生产。1984年，从日本和光公司引进V800A、V600、V600A、U800、U4200五种无线对讲机进行SKD组装，并研制便携、车载、基地式调频无线对讲机，当年生产无线对讲机210部。1985年，无线对讲机产量1592部。

计算机　1970年新组建的大连无线电厂是研制生产计算机产品的专业生产厂，研制产品包括计算机、计算器。1972年，该厂成功研制出DJS-127型小型计算机，并投入小批量生产。1975年，研制出801型、DS-2型、DS-3型等简易型电子计算器，并投入批量生产。1978年，研制出DJS-154II型中型多功能电子计算机，并投入小批量生产。至1980年，共生产中小型计算机22部（1981年起中小型计算机停产）。1981年，推出DS-7型函数型电子计算器。1985年，共生产微型计算机55台、简易计算器102100台。

电子仪器　1962年，大连冷冻机厂无线电一分厂开始研制SBM—2型脉冲示波器，翌年投入小批量生产。1964年，大连无线电一厂研制生产的SBM—9型脉冲示波器，使示波器带宽由5兆赫提高到12兆赫。同年，大连无线电一厂、二厂合并，成立辽宁无线电二厂。1965年，辽宁无线电二厂开始研制SBT-3302型30兆赫同步示波器，从脉冲示波器跨入同步示波器阶段。1969年试制成功SD1型多用示波器。1972年，开始生产电视选行示波器和双踪示波器。1980年，研制并生产出SR13B型宽带双踪示波器和SZ11A/B型电视选行示波器。1984年，全市示波器产量818台，1985年增至1007台。此外，大连市生产的电子测量仪器还有元器件参数测试仪、电视技术参数测试仪、测速测长仪和激光扫描测径仪，由于产量低，20世纪70—80年代停产。

第六节　电力工业

大连的电力工业起源于19世纪末。1890年11月，清廷在旅顺兴建大石船坞电灯厂，大连成为除上海、广州、天津、北京之外，全国第五个有电的地区。俄、日殖民统治时期，为了殖民利益，统治当局兴建发电所和变电所。大连光复后，苏军对旅大地区的电业实行军管。1947年，中苏远东电业股份有限公司成立。

中华人民共和国成立后，于1951年成立旅大电业局。同年中苏远东电业公司移交中国政府，一号、二号发电厂合并为大连发电厂。其后十余年，大连重点进行电源开发和工业区供电设施建设，发电厂经过多期扩建，发电能力达到15.9万千瓦。20世纪60年代中期至70年代末，重点进行电网升压改造、电源开发和加速农村电网建设，使电网供电能力大幅度提高，农村通电的乡、村分别达到93.4%和97.2%。1980年11月，敷设中国自行设计施工的第一条总长15.1千米35千伏海底电缆，为国内最长的海底高压电缆，大连电网开始向长海县大长山岛供电。1985年，凤庄瓦（凤城—庄河—瓦房店）220千伏超高压送电线路竣工投入运行，大连市热电公司北海头热电厂动工兴建。至1985年，大连电业局经营的大连电网有220千伏变电所4座，容量为51.25万千伏安；66千伏变电所116座，容量为131.42万千伏安（含厂矿自备变电所）；农电变电所36座，容量为12.5万千伏安。大连电网有220千伏送电线路5条，399.51千米；66千伏送电线路99条，总长1346千米（含农电线路）；10千伏配电线路

407条，总长1万多千米。

一、发电

中华人民共和国成立后，大连第一发电厂经二期改建，大连第三发电厂经三期扩建，到1965年，全地区发电能力达15.9万千瓦，年发电量9.4万千瓦时。1977年12月，大连第一、第二、第三发电厂合并，成立大连发电厂，原发电厂改为电站。1978年5月，发电厂改为大连发电总厂，原电站又改为所属发电厂。

大连发电总厂所属各发电厂有不同的供电范围。第一发电厂主要担负市内各区工业和民用电，主要用户有大连起重机器厂、大连电机厂、大连重型机器厂等。第二发电厂主要担负甘井子区工业和民用电，主要用户有大连化学工业公司、大连钢厂、大连石油七厂、国营五二三厂和大连炼铁厂等。第三发电厂主要担负旅顺口区用电和沙河口区部分工业及民用电，主要用户有大连机车车辆工厂、大连造船厂等。1980年，大连发电总厂发电201460万千瓦时，其中第一、第二、第三发电厂分别发电36959万千瓦时、100553万千瓦时、63948万千瓦时。1985年，大连发电总厂发电180703万千瓦时，其中第一、第二、第三发电厂分别发电33030万千瓦时、80334万千瓦时、67339万千瓦时。

二、供电

1907年10月以前，大连地区发电所发出电力直配供出，发供电同时完成。同年10月1日，南满洲铁道株式会社开办的大连电灯营业所营业，地区发供电分开管理。1945年大连光复后，相继建成旅顺、金州、瓦房店、普兰店等66千伏变电所及相应的送电线路。1950年末，金县、旅顺、复县、新金县地区各自形成以66千伏变电所为供电中心的独立而又相互联结的22千伏供电网络。1967—1972年，旅大电业局进行电网升压改造，共改造供电线路1800千米，改建、新建变电所36座，撤掉了22千伏、3.3千伏和110伏三级电压，实现以66千伏为主的环形供电，电网供电能力提高35%。1973年，又对大连一次变电所4台主变压器进行增容改造，4台4.5万千伏安变压器均增容为6.7万千伏安，变电所供受电能力提高48.9%。1970—1978年，旅大地区先后建成岔山一次变电所等3座220千伏一次变电所，大连电网的220千伏V形网架业已形成。1984年7月，220千伏凤庄（凤城—庄河）线建成投产。

三、农电

1917年，侵华日军为满足柳树屯（今大连湾）驻军用电需要，架设了大连地区第一条向农村供电的配电线路，由金州发电所提供电源。20世纪30年代后，出于资源掠夺需要，日本殖民统治当局在大连地区铁路沿线村镇和公路主干路沿途重要村庄安设供电设施。大连光复后，苏军在其驻地农村，架设一批高压配电线路。日占和苏军进驻时期，大连农村借光得以通电的村屯极少，广大农村腹地根本无电。中华人民共和国成立之初，农电工业发展缓慢。1958年后，农村集体经济逐渐发展，大办农田水利热潮使电力需求增加，农村高压配电网络逐步完善，用电农民增多。1964年，全市农电系统新建高压配电线路1219.7千米，低压配电线路1248.5千米。

1963—1985年，大连地区先后进行三次农村电网改造。1963—1964年第一次农村电网改造，共改造配电线路128千米，并新建部分高低压配电线路。1965年电网改造向农村腹地延伸，年末建成大连市农电系统第一条66千伏送电线路——赞子河分歧线。至1965年末，全地区有64%的乡镇、40%的村屯和36.5%的农户实现通电。1972—1980年进行第二次农村电网改造。至1977年，全地区有94%的乡镇、97%的村屯和89%的农户实现通电。至1979年末，全市农电系统共有66千伏变电所27座，主变压器37台，总容量96050千伏安，66千伏送电线路达到286.58千米。1980年，35千伏长海、房身、獐子变电所建成并投产。同年11月，敷设完成中国自行设计施工的总长15.1千米的35千伏海底电缆，大连电网开始向长海县供电。1981—1985年进行第三次农村电网改造，主要解决农村电网主干配套、无功补偿和布局失调问题。新建35千伏送电线路26千米、66千伏送电线路53千米，新建和改建66千伏变电所6座共31050千伏安。至1985年，全市农电系统有35千伏变电所3座、主变压器3台，总容量7200千伏安，有35千伏送电线路63.6千米；高压配电线路7600.1千米，配电变压器10077台，总容量462484千伏安，低压配电线路10771.34千米。全地区通电乡镇、村屯、农户分别占地区总数的96.2%、98.7%和96.5%。

第七节 轻 工 业

轻工业起源于手工业，大连手工业历史可追溯到公元前。西汉时期，大连即出现铜、铁等金属制品制造业。辽金时期，已有用金银加工装饰品的手工业者。到明代，已出现金属制品、皮革、纺织等多种手工业，主要分散于农村。清代城市萌芽后，农村铁匠炉等手工业逐渐进入城市。沙俄侵占大连后，出于修筑中东铁路和军事设施的需要，陆续建立了木材加工、酿造、汽水等轻工厂。日本侵占大连时期，为大肆掠夺资源，陆续开办了油脂、搪瓷、玻璃制品、火柴、造纸、印刷、铅笔、皮革、服装、罐头食品、酱油、酿酒等企业。

1945年大连光复后，部分个体手工业者组建了服装、鞋帽、原皮、针织、化妆品等生产合作社，出现了个体私有变成集体公有、小生产变为大生产的私营企业。1949年，全市有轻工企业（未含食品）14个、手工业生产合作社6个。20世纪50年代后，相继建成保温瓶厂、玻璃仪器厂、玻璃纸厂、缝纫机厂、日用化工厂等轻工企业（归市一轻工业局），经手工业合作化组成锁厂、衡器厂、贝雕厂，以及5个鞋靴厂、12个服装厂、6个家具厂、4个塑料厂（归市二轻工业局）。到1966年，全市轻工业企业已有201家。1967—1978年，又先后建成自行车厂、钟表厂、手表厂、文教用品厂。

1978年中共十一届三中全会后，大连轻工业发展更快。到20世纪70年代末，已形成门类较为齐全、品种较多的轻工业体系。1979—1985年，先后建成洗衣厂、第二呢绒服装厂、第三呢绒服装厂、塑料彩印厂等轻工企业。1985年，全市有轻工业主要行业有纺织、盐业、食品、医药、日用机械、日用化工、日用金属、五金工具、硅酸盐制品、造纸、印刷、文教用品、塑料、服装、皮革鞋帽工艺美术制品、家具等。

一、日用机械

大连的日用机械产品主要是缝纫机、自行车及其辐条、钟表、手表、洗衣机。主要生产年代是20世纪50—80年代。1985年，大连地区日用机械、日用化工行业企业主要有大连钟表工业总厂、大连手表工业公司、大连洗衣机厂、大连辐条厂、大连日用化工厂5家，主要产品有机械木钟、手表、洗衣机、缝纫机、自行车、辐条等。

缝纫机 1958年，以生产插销、合页等小五金产品的大连小五金厂，成功试制出JB1—2型跃进牌家用缝纫机并投入生产，年产家用缝纫机127架。同年，工厂更名大连金属制品厂。1963年，又易名大连缝纫机厂，成为缝纫机专业生产厂。

1978年7月，成立大连缝纫机总厂。1981年7月，成立大连飞马缝纫机联合公司。自1958年家用缝纫机问世至1982年，25年间，全市共生产家用缝纫机286万架。1984年家用缝纫机停产。

自行车　1970年，由大连钢锹厂、大连第一机修厂、大连日用金属制品厂、大连钣金厂、大连力车厂、大连喷漆厂、大连电镀厂等14个工厂进行自行车试制生产。翌年，试生产出东风牌28型自行车1400辆。1972年，大连自行车厂成立，并于1974年开始自行车批量生产。1978年，大连自行车总厂成立。1981年，大连海燕自行车联合公司成立，同时撤销自行车总厂。1982年自行车产量45.56万辆，1983年为46万辆，1984年自行车开始滞销，1985年停产。从1972年自行车建厂到1985年，共生产海燕牌自行车12个品种211.9万辆。

钟表　1973年，大连钟表眼镜修造厂试制出大连历史上第一台TIA型15天报时台式机械木钟。1978年10月，大连钟表工业总厂成立，是轻工部确定的全国机械木钟定点生产厂。1980年木钟产量22.8万台。1985年，生产的木钟规格有37种，产量23.5万台。1981—1985年，累计木钟产量113.2万台。

大连手表工业是在修理钟表的基础上发展起来的。大连手表工业公司前身是大连钟表修造厂，1969年开始试制手表，1973年制造出第一批大连牌手表。1975年改称大连手表厂。1981年，大连电子设备厂、大连量具、刃具厂并入，组建大连手表工业公司，是轻工部确定的手表生产定点企业。1985年，生产的手表20余种花色规格，产量82.23万块。

洗衣机　1978年，大连起重附件厂研制出中国第一代XPB1.5—1型普通单缸洗衣机。1980年，大连起重附件厂与大连喷漆厂、大连金属家具厂合并组建大连洗衣机厂，为轻工部确定的洗衣机生产定点企业，其生产的XPB1.5—1型普通单缸洗衣机1984定名波浪牌。1984年，该厂实施技术引进和改造工程，安装配套洗衣机生产线5条，生产出XPD30—1S型双缸洗衣机。1980年生产单缸洗衣机4万台，1985年生产单缸、双缸洗衣机共16.22万台。

二、日用金属

大连日用金属制品生产始于20世纪初。1916年，旅顺建有新生炉，生产铁锹。1937年，日本人在大连建立满洲制罐株式会社，生产空罐。同年，中国人经营的满洲印铁制罐厂开始生产药品、化妆品等彩印包装罐。1945年日本投降后，大连相继出现生产铁锹、铣床的个体户。中华人民共和国成立后的1954年，十几家钢锹、铣床生产个体户共21人组建了旅大市第一个铣床生产合作社。到1956年，小手工作坊共组成50多个合作社。此后，在合作社基础上陆续建成一批小工厂，主要生产挂锁、日用铝制品、指甲钳等日用金属制品。1978年，日用金属业的20个小厂组成旅大市日用金属工业公司。至1985年，该公司从日本、意大利引进设备40多台，增加了洗衣机电机、金属伸缩窗帘架、定时器、电热蒸发器、电热锅、双母线防误锁、502型显现仪、散装排料位仪等产品。1985年有所属企业14个，其中全民所有制1家，集体所有制13家；主要产品产量为电风扇4614台，洗衣机电机30万台，定时器31.5万只，电器开关41.37万件，精铝制品801吨，铸铝制品251吨，锁557.2万把，旅行刀具161.91万把，金属窗帘架38.66万套。

三、五金工具

20世纪20—30年代，大连已有厂家开始生产锉刀、泥瓦工具、铜铁网等五金工具。中华人民共和国成立后，经过1956年开展合作化运动，原来分散经营的30多家五金工具手工业作坊组成了十几个合作社，后又改组成小型集体企业，主要生产手动静态衡器、机电结合式衡器、泥抹子、木工凿子、平锉、铁丝网、插销、合页、铁钉等。1978年，制钉厂、衡器厂、台秤厂、泥瓦工具厂、木工刃具厂等16家企业组成了五金工具公司。改革开放以后，五金工具行业迅速发展，光栅数字衡器、电子地中衡、自动缝焊桶、自动芝麻烘炒炉等新产品应运而生。1985年主要产品产量：大型专用衡器726台，台案秤26907台，泥瓦工具148.25万件，木工刃具65.3万件，电刨刃具23089平方米，双袖合页253.85万件，断线钳2.89万把，锉刀133.6万把，元钉5390吨，包装桶41.4万个，铁丝网16万平方米。

四、塑料

大连市塑料工业生产始于1956年，其时仅有从事酚醛热固性塑料生产的工厂1家，时称大连塑料厂（1959年更名大连第一塑料厂），年产量27吨。1957年开始生产热塑性产品。1958年，大连塑料二厂（后更名大连第二塑料厂）成立，主要生产聚氯乙烯硬管、层压板、酚醛塑料制品等。1963年，为与塑料制品业发展相配套，成立大连市塑料模具厂。到1978年，市属塑料企业已有12家，生产工艺也由手工操作提升到半机械化和机械化水平。1985年，市属塑料企业发展到17家。20世纪80年代，县区塑料制品业也开始兴起。1980—1985年即“六五”期间，塑料行业引进国外先进设备和技术的步伐明显加快。全行业共投资6088万元人民币、外汇755万美元，从日本、英国、挪威、民主德国、联邦德国等国家引进设备（线）72台（套），完成技术改造项目17项，并于1985年末全部投产。大连第一塑料厂引进的平顶发泡机、大连第二塑料厂引进的塑料苫布生产线、大连第三塑料厂引进的塑料管生产线和大型注塑设备、大连第九塑料厂引进的地面覆盖膜生产线、大连第十一塑料厂引进的中空容器生产线、大连塑料彩印厂引进的塑料彩印复合包装材料生产线等，都具有国际80年代初水平。1981—1985年，全行业共研究开发新产品117种，投产68种。1985年研究开发新产品25种，投产22种，产值占全年总产值的25%。同年，市塑料工业公司下设企业17家，其中塑料品生产14家，塑料彩印1家，塑料模具制造和塑料设备制造各1家。

五、家具

大连最早从事木器生产的作坊和兴木铺，建立于1893年。日本侵占大连后，有日本商人经营山叶洋行家具工场。至20世纪20年代，大连从事制材和木制品业的企业已有17家。20世纪40年代初，建材业有企业40家，木制品业有企业156家，大多数是中国人经营企业。生产的高档家具有雕花长几、八仙桌、太师椅等，低档家具有普通饭桌、板凳、木盆、木桶等。大连光复后到中华人民共和国成立，大连木器加工业全为个体经营者，有木匠铺（店）110家，主要生产各种低档家具及日用木制小商品。

中华人民共和国成立后，1952年开始组建手工业家具生产合作社。其时主要从事木材加工，制作工业用木桶、木箱、模型，农业用大车、木犁及其他木制小农具，以及公办用桌、椅、柜，家用衣柜、炕桌、炊具、沙发、板凳、木制钟壳等。1956年组建旅大市工艺竹木联社，下设6家集体所有制家具厂。翌年联社解体，1958年联社重建。1962年，成立市竹木制品联社（后改为市竹木制品工业公司），下辖17个家具生产企业。20世纪60年代，大连家具行业比较红火，产品门类齐全，种类30余个。1961年家具产量3.5万件，1966年超过5.2万件。1978年，恢复成立旅大市家具工艺美术工业公司，所属企业10家。后经整顿划编，1979年所属企业8家。改革开放后，大连家具行业及时进行技术改造。1981—1985年，市家具工艺美术工业公司所属企业共投资280万元，完成技术改造 3 项，增加新品种 240 个。其中 1985 年增加新品种 40 个，产值占全年总产值的 13.3%。开发出板式家具结构，人造板、钢木、全钢、软金属等得到广泛应用。薄木贴面装饰板成为国内首创。1985 年，全市家具企业主要产品产量：木制家具 14.6 万件，木制炊具 5 万件，纤维板 1874 立方米，细木板 988 立方米。

六、皮革鞋帽

20 世纪初，大连地区已经开始采用原始的烟熏法炮制皮革，制作靰鞡和皮革马具。日本侵占大连后，有日本商人先后在大连兴办梅本制靴店、阪本洋行靴店、大二号制靴工场等。1920 年，大连皮革鞋帽企业共有 19 家。1928 年以后，先后成立大连畜产株式会社、天兴昌皮革工厂、泰东皮革株式会社（金州制革厂前身）等企业。泰东皮革株式会社成立于 1938 年，由日本人和中国人合资经营。1940 年，皮革鞋帽企业增至 49 家，其中日本人经营 11 家。1941 年太平洋战争爆发后，日本殖民统治者对皮革原料实行严格管制，泰东皮革株式会社于 1942 年由日本关东军 581 部队接管，成为军用企业。至 1945 年日本投降前，整个皮革行业日趋衰败。日本投降后，皮革鞋帽业出现生机。1946 年，大连有制革和皮革制品业个体户 60 家，同年成立国营大连皮革工厂、国营大连皮革第二工厂和国营大连履新制鞋厂。至 1949 年，市属皮革企业共有缝纫机 33 台，年产皮鞋和布鞋 3 万双，重革 15.8 吨，轻革 550 平方米。1956—1976 年，先后成立大连中山皮鞋生产合作社（大连皮鞋三厂前身）、大连皮革制品厂、大连皮鞋二厂等 10 家集体企业。1978 年，成立旅大市皮革鞋帽工业公司，下属 12 家企业。1979—1985 年，市皮革鞋帽工业公司先后投资外汇 160 万美元，从捷克、联邦德国、意大利等国家引进设备 52 台，购置国产配套设备 145 台，共研发新产品 107 个、投产 64 个，试制新花样 2016 个、投产 706 个。1985 年主要产品产量：重革 452 吨、轻革 73.26 万平方米、皮鞋 230.98 万双、布鞋 131.37 万双、帽子 132.29 万顶、劳保手套 101.64 万副、人造革包 40.49 万个、旅行箱 4.28 万个。

七、印刷、文具、造纸

1905 年，日本商人最早投资建成的印刷工厂是小林又七印刷工场、太田印刷所。中国人最早开办的印刷企业是建于 1916 年的昌记印刷厂。1945 年大连光复后，民族印刷业得到复兴。1949 年 4 月，大连市私营印刷业共有企业 99 家。中华人民共和国成立后，人民政府于 1950 年初对接收的日本人印刷工场（所）进行整合，组建成旅大人民印刷一厂—五厂，以及旅顺印刷厂、金县印刷厂。其中印刷五厂是日本殖民统治时期的中文报《泰东日报》印刷厂，1945 年 10 月改为大连市政府机关报《新生时报》印刷厂，后改为《关东日报》印刷厂、市政府印刷厂。后经 1952 年对企业进行整合和 1956 年对民族资本主义工商业和手工业进行社会主义改造，到 1978 年，定名大连印刷工业总厂。20 世纪 80 年代，引进日本电子分色制版、四色高速胶印机等技术，对彩色印刷进行技术改造。1985 年，大连印刷工业总厂完成印刷量 321810 千印。

1952 年，旅大文教用品厂组建，设有铅笔、文具、印刷、化妆品分厂。1953 年，试制成功新文化牌金笔。1962 年文教用品厂解体，分厂各自独立。1978 年，以中山区 4 个街道工厂为基础组建大连文教用品厂，产品有墨水、墨汁、广告色、胶水、算盘、蜡彩笔等。1985 年，共生产铅笔 24300 万支、活动铅笔 72 万支、圆珠笔 234.3 万支、细铅芯 7928 万支。

1918 年日本商人在大连建立松浦制纸株式会社，1935 年中国人建立私营睦堂制纸工厂（1945 年停业），彼时的制纸业仅能生产烧纸和手纸。1945 年大连光复后，市政府接管日营裾野制纸所改为国营永胜纸厂，1947年更名国营连章造纸工厂，同年成功试制出文化纸。1948年10月，睦堂制纸工厂与关东裕民工业公司建立合营中大制纸工厂，同年11月，又与连章造纸工厂合并为公私合营连章造纸工厂。这是大连第一个公私合营工厂。1966年，连章造纸工厂改为国营大连造纸厂。20世纪60年代，造纸业主导产品有光纸、瓦楞纸、卫生纸、牛皮纸等，70年代以茶板纸、箱板纸为主导产品的工业包装纸投入大批量生产，年产量7195吨。大连玻璃纸生产始于50年代初，其试制的玻璃纸样品为中国第一张。大连玻璃纸厂正式成立于1959年，是国内较早建立的玻璃纸生产企业。1985年，造纸业共生产机制纸及纸板12591吨、玻璃纸1111吨。

八、工艺美术

大连工艺美术制品生产始于20世纪50年代。时有少数个体经营的店铺，自行设计制作刺绣、抽纱品、仰脸镜、石膏制品、蜡果工艺品和绢花工艺美术品等。1952—1953年，先后成立大连玩具厂（前身为竹藤生产合作社）、大连工艺制品厂（前身为市第一刺绣生产合作社）。1955年，成立旅大市多业生产合作社联合社（简称多业联社），下设4个企业。主要生产竹藤制品、清扫工具等。1958年，成立大连贝雕厂（前身为个体艺人组成的美术石膏社），是国内制作贝雕工艺品的第一家工厂。该厂在国内率先采用贝壳制成贝雕挂屏，其中《和平富贵》《花鸟争荣》两幅高2.45米的大型贝雕画1960年在人民大会堂辽宁厅陈列。20世纪60年代，成立羽毛工艺厂和工艺绣品厂。其时全行业生产的主要产品有抽纱工艺品、刺绣、贝雕画、玉雕、羽毛工艺品、眼镜、民用镜以及刷子、清扫用具等日用生活杂品。1971—1978年，大连贝雕画和玉雕美术品两项出口交货值累计达650.4万元，分别占各自总产值的81.68%和52.26%，产品除销往广东、浙江、吉林、黑龙江、河南、上海等地外，还销往美国、加拿大、荷兰、意大利、英国、日本等60多个国家和地区。1978年，成立旅大市工艺美术工业公司，下设12个企业。1982年，大连工艺美术厂制作的《鉴真东渡大花薰》《仿九龙壁》等6件高档玉雕艺术品在全国和辽宁省两次出口商品交易会上全部成交出口。1985年，全市生产贝雕画24.4万件，抽纱、刺绣品303万件，玩具112.8万件，人造花12.4万打。

第八节　纺织服装工业

大连棉花种植及土布生产最早出现于清朝初年。1859年，柞蚕放养技术由山东传入庄河，大连出现养蚕、缫丝、手工业织绸户。第二次鸦片战争后，营口被迫开港，洋布大量涌入，土布业受到排挤迅速衰落，但柞蚕丝对外旺销，促使庄河为代表的辽南缫丝业兴起，大连地区城镇涌现出一批纺织、印染等作坊或工场。到20世纪初，金州已拥有纺织工厂80余家，多为小手工作坊，主要纺织大尺布和粗布。大连也于同期出现裁缝铺，也称成衣铺。

日本侵占大连后，日本资本家建立一些服装纺织企业。1941年太平洋战争以后，日资纺织企业生产日趋萎缩，到1945年大连光复前工厂基本停产。

中华人民共和国成立后，大连纺织服装工业在恢复、整顿中发展。1949年，全市纺织工业有职工2.37万人，棉纺锭189572枚、棉织机3626台，麻纺锭3260枚、麻织机20台，针织设备121台、染整设备40台，年产棉纱13860吨，棉布5355万米、麻袋118万条、漂染布384万米。金州纺织厂成为中国大型纺织企业，大连纺织厂、瓦房店纺织厂成为全国重点纺织企业。从20世纪50年代起，纺织企业进行多次技术改造，初期主要是改造部件，改革开放后以更新整台设备为主，通过改造不断添加产品品种，产品档次不断提高。服装企业经过改组、新建厂房、购置设备，逐步建立起西装、衬衣、童装、时装等专业厂。

一、棉纺织

大连现代机械纺织工业始于1925年。是年，日资企业内外棉株式会社金州工场（1926年改称内外棉株式会社金州支店）一期工程和满洲福岛纺绩株式会社相继投产。1934年前，大连的棉纺织企业只能生产纯棉纱线，1935年内外棉株式会社金州支店开始生产棉布。1937年，日资满洲制丝株式会社建立，主要生产各种无光棉缝纫线。1942年8月，日本殖民统治当局将满洲制丝株式会社与奉天（今沈阳）德和织布场、德和染色场、复县得利寺编织厂等合并，改名德和纺绩株式会社，同年12月，被日本关东军指定为军需品生产厂。1945年大连光复后，东北民主联军第四纵队接管德和纺绩株式会社，改名为瓦房店纺织厂。1946年，苏军接管内外棉金州支店和福岛纺绩株式会社，1947年关东公署关东实业公司从苏军手中接管两企业，并分别更名金州纺织厂和大连纺织厂。

1949年中华人民共和国成立时，大连市共有3家棉纺织厂，即金州纺织厂、瓦房店纺织厂、大连纺织厂，共有棉纺锭189572枚，捻线锭21300枚，棉织机3626台，以及轴线机、针织机等非棉纺织设备69台，年产棉纱13860吨、棉布5355万米。20世纪60年代起，大连棉纺织行业开始实行技术改造。1963年，大连纺织厂在全国首创用棉纺设备生产中长纤维纱的先例。1964年开始批量生产涤棉混纺产品，1965年开始批量生产棉维混纺产品。到70年代中期，3家棉纺织厂于中华人民共和国成立前留下的老织机全部被国产标准织机所取代。1978年改革开放后，纺织企业开始引进国外先进设备和技术，增加产品品种，提高产品档次。1978年化纤纯纺、混纺纱产量11606吨，化纤纯纺、混纺交织布产量5691万米。20世纪80年代初，淘汰棉维布，试制生产涤棉维长丝织物和仿毛、仿绸全长丝织物。

二、麻纺织

大连是全国最早有麻纺织工业的地区之一。日本侵占大连后，1917年5月始建满洲制麻株式会社，1919年5月建成投产。1945年大连光复，1946年企业交由中苏合营，改称中苏渔业麻袋公司，时产麻袋和少量导火线，年产麻袋130万条。1950年12月，企业收归中国政府，改名大连麻袋厂，1958年5月定名大连麻纺织厂。1961年，因农业遭受自然灾害原料紧缺（主要原料为庄河等地生产的东北红麻），企业大幅度减产，1963年3月停产，到1964年5月又恢复生产。20世纪70年代初，大连麻纺织厂开始实行技术改造。到1973年建成化纤车间，纺聚烯烃扁丝，生产纯塑、麻塑编织袋。年均产麻袋759万条、麻纱线1067吨、化纤编织袋383万条。1985年，宽幅麻布、地毯基布、簇绒地毯先后投产，形成麻织品、化纤产品、簇绒地毯三大系列产品。当年生产麻袋852万条、麻纱线3677吨、化纤编织袋394万条、编织布209万米、宽幅麻布96万米、地毯基布164万平方米。近半产品销往国际市场。

三、丝绸

17世纪70年代末，一些山东籍农民在盖平（今盖县）饲养柞蚕，19世纪50年代末养蚕技术传至庄河。后来庄河仙人洞一带养蚕户用土法制丝。到20世纪10年代，庄河北部山区手工织绸已初成规模。1917年起，庄河大孤山地区相继开办泰记丝厂、中兴丝厂、同顺丝厂、永昌丝厂。1920年起，庄河青堆子地区先后开办公茂丝厂、源泉丝厂、乾元丝厂。1921年，复县开设贺昌永丝房。1923年，大孤山泰记等4家丝厂共有职工1320人，缫丝器1510台，煮茧锅50口，资本26.6万银圆。1926—1931年，复县又相继开设了益泰、和记、德生合记、福兴德、成顺祥、远东6家丝厂。1935年的大连缫丝工业以民族资本为主，处于较繁盛时期，仅庄河境内就有大小缫丝厂21家，年产柞蚕丝698箱（每箱50千克），废丝21.8吨，茧蛹210.9吨。1937年，日本资本家侵入大连缫丝业，在复县松树镇建立陈天号丝织厂（后改名丝绸厂）。1946年，辽南行署益民实业公司接收陈天号丝绸厂，改称民生绸厂（后改为松树丝绸厂）。

1950年，辽东省柞蚕丝织公司接管庄河县境内庄河、青堆子、德兴等5个缫丝厂，合并为辽东省缫丝十三厂（1980年定名为庄河丝绸厂），有木缫机520台，年产药水丝33.3吨。1964年，庄河县手工业管理局投资兴建庄河丝绸厂，1965年投产。1984年定名为大连织绸厂。20世纪60年代中期至70年代初，大连丝绸行业相继增设漂染和印花设备，成为制丝、织绸、漂染、印花等生产过程比较完整的行业。1978年开始第三次技术改造，缩小了与先进国家同行业的差距，主要生产技术达到国际20世纪70年代水平。1980年，全行业生产丝织品696万米，其中出口398万米，占57.2%。1985年，生产柞蚕丝462吨，其中出口39吨；丝织品1358万米，其中出口151万米。丝织品产量、工业总产值、上缴利税、全员劳动生产率均创历史最高水平。

四、针织

大连针织品生产起源于民族织袜业。1913年，中国商人郑集之在金州开设大连地区第一家织袜作坊。1923年，大连市内出现首家织袜作坊。其间针织行业产品有纯棉丝光袜、毛线袜、绢丝袜等。1937年，大连地区针织作坊发展到119家，生产各种袜子786万双、手套36万副、棉毛衫50.4万件、毛衣4.8万件。20世纪40年代初，日本资本家开始在大连建立针织厂。1945年大连光复后，日本厂主于1946年5月将企业以折股形式转让给厂职工，厂名改为新生编织厂。1947年工厂划归关东实业公司，改名丽光针织厂，1948年并入大连纺织厂，改名大连纺织厂针织分厂。1948年，由部分私营针织企业和针织作坊合并组建大连第一家集体所有制企业——大连市针织生产运销合作社。至年末，大连地区有私营针织厂和作坊203家，从业人员约800人。

中华人民共和国成立后，大连纺织厂针织分厂增添简易漂染、干燥等设备，实现针织品织造、漂染、成衣一条龙生产。1950年，64家私营针织厂和作坊组成3家集体所有制针织厂和7家合营厂。1951年，大连纺织厂针织分厂划出，成立大连针织厂（后改称旅大针织厂），成为大连首家独立经营的全民所有制针织厂。1952年，全市共有针织企业79家。20世纪50年代末，大连针织业增加毛衣裤、童帽等品种。60年代初由于原料紧缺，旅大针织厂经历改产小商品、停产、缩小生产规模的过程。1962年开始调整产品结构，增产横机针织物，开发出人造纤维经编织物新品种，企业得到恢复和发展。70年代，大连针织业开始大量使用各种化学纤维生产各种纯、混纺化纤服装和装饰织物。至1978年，先后新建旅大市第二针织厂、旅大市第四针织厂、瓦房店针织厂、旅顺针织厂、旅大市第五针织厂共5个厂。80年代以后，大连针织业得到迅猛发展。1979—1985年，大连针织厂使用外汇300万美元，从日本、英国、意大利引进棉毛机、高温高压染色机、印花机、定型机等设备140余台。其时针织业已生产出涤纶装饰布、棉涤交织内衣、锦涤交织外衣、锦氨纶交织弹力织物、经编绒面织物，以及涤盖棉、腈盖棉、锦盖棉运动服等产品。1985年，全行业销售针织内衣1289万件、毛衫46万件、混纺针织坯布78万吨。其中，市针织厂年产棉毛衫裤、汗衫背心、薄绒衫裤1068.5万件，产品销往日本、美国、联邦德国、加拿大等50多个国家和地区。1981—1985年，大连针织厂出口产品收购值均占各年总产值的一半左右。

五、印染

清光绪六年（1880），复州城开设德盛染坊，为大连地区第一家染铺。1909年，日资丸越染工部建成开业，为大连市内第一家染铺。1945年大连光复后，益盛、义昌两家染布工厂（分别建于1930年和1931年）恢复生产，后因藏匿敌产，于1948年被大连地方法院判决归公，合并改名为大连明华印染厂，1952年定名为大连印染厂。1952年，西岗区第一印染合作社成立，1956年有13家私营染坊和印花作坊并入，改名为大连明华印染厂。1958年西岗区针织厂并入后，改名西岗染织厂。1969年改名为大连第二印染厂。新金县印染厂和复县印染厂分别于1975年和1980年成立，后改称大连第四印染厂和大连第三印染厂。

20世纪30年代，布、衣印染方法为铁锅煮、陶缸染、自然晾晒。1952年，大连印染厂刚成立时，年产低档棉织布300万米。1952—1953年行业技术改造后，印染生产始由间歇式卷染变为连续式轧染，产量成倍增长，劳动强度大大降低。60年代末，开始生产中档纯棉漂色布，并在国内首创纳夫妥色由单层轧染变为双层轧染技术。1972年开发出化纤印染布。80年代引进日本、联邦德国、荷兰等印染及后整理设备，印染业生产能力有较大提高。1985年，大连印染厂印染服装面料3523万米、装饰布517万米，实现总产值10845万元，比1952年增长35倍。

六、服装

清末，有山东、湖北等地手工业者来到大连开设成衣铺，时多称裁缝铺。日本侵占大连后，日商投资兴建了大连工业株式会社服装厂、三越洋行服装厂等服装企业。

1945年大连光复后，大连市公安总局被服厂成立，主要制做警服和军服。1949年10月，更名大连被服厂。是年末，共生产警服和军服30万套。1949年末，大连服装企业增至421家。1950年抗美援朝运动开始后，大连被服厂以及25个公私营服装厂，合力为中国人民志愿军赶制军需用品，共生产棉军服86.07万件，棉被、棉帽、棉手套、棉袜14.59件（副）。1955年，服装军需品生产转向民需品生产，并扩大生产规模，大连被服厂先后兼并小服装厂18家。1956年起，全市90%的私营服装企业加入或组建为集体企业。1966年，大连被服厂解体，以车间为单位分别成立大连服装厂、大连衬衫厂、大连呢绒服装厂、大连服装机械厂、大连服装鞋帽研究所，并组建服装技工学校。是年，全市服装企业有12家，年产服装358.7万件。1978年，全市有服装厂22家，当年生产服装794万件，是1965年的2.1倍。1979年，大连市服装鞋帽工业公司改组，成立大连市服装工业公司，下属生产企业14家、研究所和技校各1所。大连第二呢绒服装厂、大连第三呢绒服装厂相继于1980年、1981年成立。20世纪70年代，全市有10家企业生产出口服装，到1980年，生产出口服装企业增至15家，年出口服装582万件，占服装生产总量的47.6%。至1985年，大连已相继建立了西装、衬衣、童装、时装、棉服、工装等专业服装加工厂。1985年，全行业年产服装1288万件，其中衬衫429.4万件、童装351.3万件、西服148.6万件、棉服26.3万件，当年出口服装543万件。

第九节 制盐工业

辽东沿海煮盐历史始于春秋战国时期，其时煮盐为燕国重要收入来源。《管子·海王篇》曾有“燕有辽东之煮”的记载。考古发现，距今3000多年的大连大嘴子遗址上层始有煮盐。古时沿海居民以铁器盛海水熬煮制盐，此法煮盐延续到辽代。辽代盐民进而行建场引海水入场，将海水晒后煮盐之法。至明代，建场将海水晒后煮盐者渐多。至嘉靖年间，金州卫东北、复州卫西沿海皆为煮盐盛区，仅金州卫就有世袭煮盐户1174家。清康熙三十年（1691），晒盐法在全国推广。至康熙四十八年（1709），貔子窝（今新金县皮口镇）东老滩孙姓富户辟有大连地区最早的盐田23.4公顷。此后大连地区沿海居民争相开辟盐田，今新金县皮口镇三官庙、庄河隈子屯、瓦房店复州湾等地成较大盐田。至清末，大连地区已有民营盐田3708公顷，制盐从业者4100余人。其时太阳蒸发结晶晒盐法已全面取代煮盐法。

19世纪末沙俄强租旅大后，将租借地内貔子窝东老滩的民滩（即民营盐田）强行改为官滩，大批海盐被运往其国内。日本侵占大连后，先后成立日本盐业、东洋拓殖、同和盐业、满洲盐业等企业，大肆开建盐田。大连光复后，于1947年6月成立辽南盐务管理局，复州湾、普兰店、貔子窝、庄河等地各盐场的生产相继恢复。

中华人民共和国成立后，盐田不断得到修复和扩建，制盐生产设备不断得到改进，海水制盐方法实行太阳和风力能源日晒制盐法。1985年，大连盐区共有盐田总面积3.1万公顷，其中盐田生产面积2.79公顷。复州湾盐场是全国七大盐场之一，盐田面积1.39万公顷，分布在瓦房店市西南部沿海，年产海盐70万吨，占全地区盐产量的一半以上。

一、海盐生产

大连盐业生产历史悠久。春秋战国时，大连沿海居民始采用海水日晒煮盐法。辽代以后，逐步演变为建场引海水入场再晒海水煮盐。至清康熙年间，天主教传教士传入天日晒盐法后，煮盐法被取代。日本侵占旅大后，出现了利用冬季低温冻结海水制卤方法。

大连地区最早的盐田是辟建于清康熙四十八年（1709）的貔子窝东老滩孙姓盐田，盐田面积23.4公顷。自清廷推行天日晒盐法200余年后，清末（1911）大连地区的民滩增至3708公顷。20世纪20—30年代，复州湾和庄河地区的民滩迅速增多，复州湾由1992公顷增至4480公顷，庄河由202公顷增至1102公顷，使全地区民滩总面积达到7083公顷。俄、日侵占旅大后实行经济掠夺政策，沙俄强行将租地内貔子窝东老滩31公顷的民滩改为官滩，日本殖民统治者则将五岛盐滩由复州划出并入其统治下的关东州，并开发新盐田。至1945年日本投降，日本当局先后分两批建盐田14289公顷，其中包括侵占和收买中国人盐田856公顷。中华人民共和国成立后，政府对盐田进行了修复、改造和扩建。1949年，全地区国营盐场共有盐田2.4万公顷，1985年盐田总面积增至3.1万公顷，其中复州湾盐场1.39万公顷，貔子窝化工厂1.01万公顷，金州盐场6005公顷，旅顺盐场923公顷，4大国营盐场分布在5个县（市）区。

中华人民共和国成立后，盐业生产水平明显提高。20世纪50年代，扒盐、归坨、堆积、储运装车（船）全靠人力挑、抬、扛。70年代初起，海盐生产的主要工序全部实现机械化。80年代起，开始大面积推行集中结晶和塑料苫盖新工艺后，提高了海盐中氯化钠含量，增加了海盐产量，提升了海盐质量。全盐区海盐年产量由40年代的53万吨增至140万吨，海盐中的氯化钠含量由中华人民共和国成立初期的80%提升到93%以上。1950—1985年，大连盐区共产盐4515万吨，其中国营盐场产量占90%以上。1985年食盐产量：精盐1.8万吨，粉洗盐1.6万吨，加碘盐13.4万吨，调味盐10万吨。

二、盐化工

中华人民共和国成立后，大连地区大力发展盐化工生产。在复州湾盐场，新建化工厂2座；在旅顺盐场，改扩建化工厂1座；在貔子窝，新建化工厂2座，并对老化工厂进行改造。改进生产工艺，如将蒸发罐引入氯化钾、氯化镁生产工艺中，取代锅熬制的落后方法，生产氯化钾、溴素、氯化镁、无水硝等产品。20世纪70年代，全市有独立的盐化工厂6个。20世纪70—80年代中期，全市盐化工企业设备改造获得重大成果几十项，特别是复州湾盐场研制成功的“反循环蒸发器”达到80年代初国际同行业先进水平。1985年，大连盐化工产品产量：氯化钾2300吨，溴素200吨，氯化镁31000吨，无水硝37000吨。

第十节　食品工业

大连食品工业生产发端于19世纪80年代。清同治十年（1871），私人合资在金州开设益昌糕点店，生产烧饼、麻花、寿桃、方脯和饼干。光绪元年（1875），始有黄酒酿造业。

中华人民共和国成立后，糕点业发展较快。1952年为支援抗美援朝战争，生产军用饼干和糖果1万余吨。20世纪50—60年代，食品工业生产门类逐步扩大，趋于齐全。1978年改革开放后，食品工业被列为全市工业的重点发展行业，得到快速发展。到1985年，已形成粮食、植物油、屠宰及肉类、水产品、食用盐、糕点、乳制品、罐头食品、发酵制品、调味品、酒及饮料酒等多门类加工企业，有各类生产加工企业300多家，生产设备220台（套）。主要产品产量：粮食加工3.44万吨，食用植物油4.46万吨，罐头2.99万吨，水产品加工12万吨，酒类9.59万吨，肉类加工2.14万吨。

一、粮油加工

中华人民共和国成立后，粮油加工业有很大发展。到1985年，全市共有粮油加工企业18家。其中大连油脂工业总厂是国内大型粮油综合性加工企业之一，中华人民共和国成立初期由广源油脂工厂、第一油脂厂、第二油脂厂、联东油脂厂、联合油脂厂等企业联合组成，食用油加工能力在全国同类企业中居首位。1985年，有各种设备1752台（套），其中中华人民共和国成立后制造的占95%；年产量13.85万吨，以供应市区居民食用粮油为主，本市销售的主要产品产量：面粉5.73万吨、大米1.2万吨、玉米面5380吨，成品食品707吨，食用植物油2.44万吨，白酒163吨。

二、罐头、糕点、糖果生产

1985年，大连市有罐头、糕点、糖果生产企业72家。主要企业有大连罐头食品厂、大连食品厂、大连糕点厂、大连糖果厂等。大连罐头食品厂前身是日本资本家于20世纪20年代兴建的兴业食品株式会社、满洲制罐株式会社等8个小厂，1946年合并为旅大罐头食品总厂（后更名大连罐头食品厂），一直是全市最大的罐头、糕点、糖果综合性加工企业。1985年全市共生产罐头2.26万吨、糕点6848吨、糖果1722吨，总产量居全省首位、全国第四位。大连食品厂糕点生产规模最大，年产量1万吨。

三、酒类生产

1985年，大连市有酒类生产企业38家。主要企业有大连酿酒厂、大连酒厂、大连渤海啤酒厂、大连啤酒厂、金州酒厂等。1985年，全市共生产各种酒9.59万吨，其中白酒1.51万吨、啤酒6.37万吨。大连酿酒厂前身为建于1934年的内野酿造所。金州酒厂前身是建于1943年的南满农艺化学株式会社，1945年改称金县苹果酒厂，1958年更名金县造酒厂，开始生产普通白酒，1973年研制生产出金州曲酒。大连酒厂、大连啤酒厂始建于20世纪50—60年代，1964年定名大连酒厂，1970年定名大连啤酒厂。1985年，大连酿酒厂生产酒精1.76万吨、小苏打8909吨，大连啤酒厂年产啤酒3.28万吨。

第十一节 医药工业

大连的医药工业起源于中华传统的中医中药。中药工业最早是在中药房前店后场的手工作坊从事中成药和中药饮片加工生产。日本殖民统治大连后，1906年日本卖药株式会社大连支店成立并附有制药厂。日占时期大多中药房因受日本殖民统治者限制、排挤以至倒闭。1945年大连光复后，中共中央从胶东等地部队抽调一批医药卫生干部赴大连接收敌产和药厂，组建大生化学制药厂、三三制药厂（前身是三井株式会社大连工场）、黎明卫生材料厂、双东医疗器械厂。1949年6月4家药厂迁往沈阳，合并成立东北化学制药厂（东北制药总厂前身）。

中华人民共和国成立后，市政府投资30万元兴建大连健康化学制药厂（1952年建成投产，1953年更名大连化学制药厂，1962年更名辽宁省大连制药厂，1968年更名大连制药厂）。1958年国家投资505万元在该厂兴建链霉素生产车间，1960年建成投产后，陆续开始红霉素、灰黄霉素等抗生素的大规模生产。同时成立大连医疗器械厂，医疗器械工业起步。

旅大市公私合营国药商店制药厂始建于1956年，是大连市第一家国营中成药生产厂家。1960年易名旅大市医药公司药品加工厂，1976年更名大连中药厂。1970年以生产中成药为主的普兰店制药厂成立。到20世纪70年代，大连中药工业基本形成工业化体系。1980年成立大连市医药联合公司，对全市医药工商业实行行业统一管理。1985年，大连医药工业主要产品产量：抗生素原粉261188吨，抗生素粉针22356.9万支，常用药类54.17吨，中成药类431.4吨。

一、中药工业

清代以前，大连人靠中医中药治疗疾病，中成药丸、散、膏、丹及药材、饮片加工，均由私营中药房后场手工作坊完成。私营中药房的手工作坊为一家一户式，生产分散、工具简陋、工艺简单。中华人民共和国成立前，大连地区规模较大的中药房如市内的德记全栈、大仁堂，金州康德记、旅顺大德堂等，开始进行部分中成药生产，主要品种有羚翘解毒丸、银翘解毒丸、玉红膏、紫金、十全大补丸、虎骨酒等。德记全栈生产的“女界福”“童宝”等中药有较高知名度。

中华人民共和国成立后，于20世纪50年代开始对资本主义工商业进行社会主义改造，由此打破了大连中成药生产的原有格局，建立起新型的中药生产企业，开始了中药工业化生产。1952年建成投产的大连健康化学制药厂，1960年建成链霉素生产车间，同时生产一些原药、中药、成药。1956年组建旅大市公私合营国药商店制药厂后，中药生产由分散的手工作坊式向集中的工业化生产转化。1969年企业更名大连中药厂。20世纪70年代，由国家投资对大连中药厂进行多次较大规模技术改造，基本实现中成药的机械化生产。在技术设备改造的同时，开发一些中药新品种、新剂型。在继承传统方剂基础上，先后研制生产出“牛黄解毒片”“龙胆泻肝片”“上清片”“养血安神片”等片剂，将“兰花药”散剂改为丸剂，根据民间秘方研制出“参茸鞭丸”“海洋胃药”等中药新品种。“中国鹿茸粉”“参茸鞭丸”“牛黄宁宫片”“牛黄清脑片”“海洋胃药”等产品在国际市场受到青睐。1985年主要产品产量：片剂320.4吨，水丸30.8吨，蜜丸、散剂19.7吨。

二、西药工业

大连健康化学制药厂建成初期，设备简陋、技术落后，仅能生产外用碘酒、红汞水等酊剂。20世纪50年代后期，逐渐增加片剂、粉针剂及中成药生产，时产160多个品种与制剂药品，其中医药用氯化钠、虎骨酒等药品进入欧洲、东南亚等国家。1960年，大连化学制药厂链霉素车间建成正式投产，年生产能力42吨。1966年、1967年，灰黄霉素、红霉素相继投入生产。1971年，创新霉素投入小批量生产。1960—1976年，大连制药厂生产的主要品种有双氢链霉素、硫酸链霉素、红霉素、灰黄霉素、维生素B12、硫酸镁、三硅酸镁、硫酸链霉素、四环素、赤霉素、庆大霉素、青霉素等。1977年12月，大连制药厂青霉素工程竣工，1979年投产，年产量7.44吨。至1985年，大连制药厂生产的药品新品种有乳糖酸红霉素粉针、青霉素钠盐原粉、青霉钠盐粉针、L—赖氨酸及菌种、硬脂酸红霉素等。主要产品产量：针剂15946.8万支，原料药261.2吨，片剂1676.4万片。大连制药厂成为全国抗生素生产的基地。

大连的医疗器械工业是中华人民共和国成立后，由一个小电机厂合营后逐步发展起来的，大连建新公司所属中华医药公司下设工厂及药房，建新公司撤销后，改建为医疗器械专业工厂，仅能小批量生产光学仪器，仪表、天平和玻璃仪器。1976年后，该厂先后研制成功十几种新产品，包括医用器械、成套光学、激光医疗等设备。

第三章　港口　口岸

大连海岸线绵长，东起庄河南尖，西至瓦房店李官，全长1906千米。沿岸蜿蜒曲折，港口资源丰富，有大连湾、大窑湾、小窑湾、青堆子湾、金州湾、普兰店湾、羊头湾、复州湾、营城子湾等海湾28处。大连湾为黄海沿岸第一大湾，三面低山丘陵环绕，湾口朝东南，湾口宽11千米，湾内海岸线总长约45千米，最大水深20米，大、小三山岛横列湾口，成为天然屏障。大窑湾与大连湾相邻，湾口亦朝东南，湾口宽4千米，最大水深15千米，水域由大孤山半岛和大地半岛环抱而成。大连湾、大连窑湾均无较大河流注入，较少泥沙淤积。大连港港区分布在大连湾南岸青泥洼及北岸大窑湾。

大连港湾地属暖温带湿润半温润季风气候区。冬季受西北内陆干冷的冬季风影响，大陆性气候显著，常风向为北风并多阵风，每月大风日数约

10天，风力一般为6～8级；夏季受东南海上的夏季风影响，海洋性气候明显，多南风或东南风，每月大风日数约5天，风力一般为6级。台风对港口影响不大。年平均气温10.5℃。大连湾港区潮汐属正规半日潮型，平均高潮间隙10时12分，大潮升2.91米，小潮升2.33米，平均海面1.63米；潮流属非正规半日潮流。大窑湾港区潮汐属正规半日潮型，平均高潮间隙10时，大潮升3.27米，小潮升2.63米，平均海面1.87米；潮流属非正规半日潮流。

大连港口历史悠久。距今约7000年前，大连出现原始港口雏形。距今约4000年前，大连与山东半岛海上航线初步形成，大连以自然港的形态成为通航的港口。距今约3000年前，大连成为中国稻作、青铜等技术及文化东传朝鲜、日本的口岸。及至汉代，武帝为开发辽东，从山东、河北大规模移民北上，大连成为移民登陆港和留居地。大连汉城遗址大都位于海湾附近，是大连地区港城关系的最早体现。三国时的沓渚，东晋时的马石津，隋唐时的三山浦、都里海口，辽金时的狮子口，明代的旅顺口，皆为大连古代著名港口。自明洪武年始，大连港口的海防地位逐渐显要，永乐十七年（1419）在大连沿海发生了抗击倭寇进犯的望海埚大捷。两次鸦片战争前后，英、法、美等列强的舰船一度染指大连港口，为防御外敌入侵，清廷于1881—1890年建成旅顺军港。1897年12月，沙俄舰队侵入旅顺口、大连湾，翌年与清廷签订《旅大租地条约》和《续订旅大租地条约》，并在青泥洼一带兴建商港。日俄战争后，大连港和旅顺军港转入日本侵略者掌中。1945年8月22日苏军进驻旅大并接管旅顺军港（1955年5月26日撤出），23日接管大连港，大连港自此由苏联代管。1950年2月14日，中苏签订《关于中国长春铁路、旅顺以及大连的协定》，1951年1月1日苏联政府将大连港移交中国政府，中国正式收回大连港，2月1日举行移交仪式，中苏双方代表在交接书上签字。至此，自开港以来半个世纪由外国人统治和管理大连港的历史结束。1960年6月1日，大连港正式对外开港。之后，大连港成为中国大陆仅次于上海港的第二大港，东北最大的出海口。

大连口岸是伴随大连港的兴建而发展起来的。在沙俄强租和日本侵占时期，统治当局为掠夺中国东北地区的农、林、矿产资源，将大连口岸的海关、船检、商检、动植物检疫、卫生检疫的主权全部把控。1945年8月15日大连光复后，苏军对旅大实行军管，口岸由苏、中双方共同管理。1951年后，大连地区分别成立了海口管理处、船舶管理处、东北商检局等机构，收回了口岸的相关主权，开始了自行管理港口的历史。1960年6月1日大连港对外开港后，可直接同资本主义国家和地区进行贸易和航运往来。大连口岸成为中国最早对外开放的五大贸易口岸之一。1978年改革开放以后，大连口岸进入新的发展时期，基础设施和服务水平发生深刻变化。1984年，大连口岸管理委员会成立。

第一节　港　口

大连港口主要有旅顺港和大连港。旅顺港为军港，故载于“军事”。大连港为商港，为本章之主述。下面分述大连港历史沿革、大连港规划和建设、港口设施、港口生产。

一、大连港历史沿革

大连是一座依港而兴的城市，城依港而建，

港依城而兴。自1899年9月大连开港建市起，大连港共历经沙俄、日本殖民统治，苏联代管，中华人民共和国自行管理4个时期。

苏联代管时期（1945—1950年）。1945年2月，苏、美、英三国首脑秘密签订《雅尔塔协定》。同年8月14日，中苏签订关于大连、旅顺口和中国长春铁路三个协定。由此，苏联取得无偿租用大连商港、进出口货物免税、使用旅顺军港、经营东北铁路等特殊权益。1945年8月23日，苏军进驻大连港，接管了日本南满洲铁道株式会社大连埠头局一切设施与事务。初设大连中苏自由港，港长及各部门要职均由苏联人担任。1948年，中苏自由港改称大连港湾管理局，实行由苏联控制的港长负责制。大连港苏军当局管理的范围主要是大连码头、寺儿沟码头和甘井子码头。

中华人民共和国自行管理时期（1951—1985年）。中华人民共和国成立后，中苏两国于1950年经过谈判，废除中华民国与苏联签订的旧条约，签署《关于中国长春铁路、旅顺以及大连的协定》，解决了大连港历史遗留问题。1951年1月1日，中国正式收回大连港。2月1日，大连市市长毛达恂就任大连港第一任中国港长，从此结束了自开港以来半个世纪由外国人统治和管理大连港的历史。大连港初由东北人民政府指定大连地方政府代管。1952年1月7日，大连港名称确定为中央人民政府交通部大连区港务局（1955年更名为大连区港务管理局），同年营口、安东（今丹东）两港划归大连港管辖。1957年7月，营口港、安东港划归辽宁省交通厅。1958年6月，大连港下放到辽宁省交通厅和大连地方政府。1961年2月，大连港再归交通部。1960年6月1日，大连港对外开放，可直接同资本主义国家和地区进行贸易和航运往来。此为大连港第三次对外开放。同年7月，大连区港务管理局更名为大连港务管理局。1982年1月1日，国务院批复大连港口管理体制改革方案，实行政企分开，原大连港务管理局一分为二，大连港口管理局为国家港口行政机构，大连港装卸联合公司为经济组织。到1985年，大连港已成为中国北方最大的综合性商港，有依托大连港建成并发展起来的地方港口和企业码头30多个。隶属于区市县的地方港口主要有旅顺羊头洼港、皮口港、庄河港，以及长海县各岛港口等。

附：沙俄殖民统治时期（1899—1904年）。19世纪末期，沙俄为侵占中国东北，推行了向远东移民、修筑西伯利亚铁路和寻求不冻港三大政策。在寻求不冻港的过程中，最终选择了旅顺口和大连湾。1897年12月，沙俄派太平洋舰队占领了两个港口。1898年3月，沙俄迫使清廷与之签订《旅大租地条约》，5月又签订《续订旅大租地条约》，强行租借旅大，攫取了大连港的修筑权和经营权。1898年6月10日，沙皇尼古拉二世下令兴建大连湾商港；1899年8月11日，宣布大连商港为自由港，向世界各国商船开放。1899年9月28日，大连港建港工程正式启动。1902年，一期工程基本完成并投入使用，年货物通过能力98万吨。1903年7月14日，东清铁路全线通车，通过西伯利亚铁路，将大连港与中国东北腹地、沙俄远东地区以及欧洲大陆连接起来，大连港区位优势显著提升。1904年2月始建二期工程，因日俄战争而中止。俄占时期的大连港已粗具规模，日俄战争中沙俄战败后，码头被毁严重。

附：日本殖民统治时期（1905—1945年）。1904年2月8日，日本海军舰队突袭驻旅顺口俄国舰队，日俄战争爆发。5月，日军占领大连，控制了大连商港，同年12月占领旅顺军港，从而控制了大连全境。战后，根据1905年日俄签订的《朴次茅斯和约》和《中日会议东三省事宜条约》，沙俄将大连港全部权益“转让”给了日本。1906年9月1日，日本殖民统治当局宣布大连港为自由港，向世界各国商船开放。大连港第二次成为对外开放的国际贸易港口。1907年4月1日，大连港由日本军政统辖改为由南满洲铁道株式会社（简称“满铁”）建设和经营，满铁下设大连栈桥事务所，同年10月改称大连埠头事务所（1940年4月改为大连埠头局）。大连港港政、航政归关东州管理。1912年，大连港取代营口港成为东北第一大港。

二、大连港规划和建设

俄、日殖民统治时期，统治当局为了殖民利益，对大连港进行规划和建设。1945年8月23日苏军接管大连港。1949年11月，将大连港一码头、二码头（包括甲、乙码头）合并为东部作业区，将三码头、四码头（包括丙码头）合并为西部装卸区。大连港实行对外开放。因日本投降前后部分仓库和机械设备已遭破坏，港口生产能力严重下降。1946年港口年通过能力400万吨。

中华人民共和国成立时，大连港尚由苏军管理，直至1951年交归中国。至1985年，大连港建设先后制定出4个规划：

《大连港五年（1953—1957年）扩建计划草案》1954年3月30日出台，重点是扩建黑嘴子码头。

《大连港1959—1962年发展规划》1958年7月编制完成，提出大连港扩建的3个方案，即甘井子方案、香炉礁方案、大港东部方案，最后确定采用扩建香炉礁码头方案。1959年8月，修订完成《大连港1959—1967年发展规划（草案）》。该规划草案将香炉礁方案分为三期：一期工程为恢复第三码头、乙码头1204米岸壁；二期工程为扩建二码头，建成后能同时靠泊5000～8000吨级船舶6艘；三期工程为扩建一码头、甲码头、丙码头、四码头、丁码头共2139米，建成后可同时靠泊3000—8000吨级船舶12艘。

《大连港“五五”期间（1976—1980年）新建码头方案》1974年6月编制完成。方案内容是在原大港区4个突堤码头基础上向东扩建，同时在香炉礁新建1个木材专业码头、4个万吨级泊位。

《大连港1979—1985年港口建设规划》1978年12月编制完成。内容包括新建东港区规划方案和新建香炉礁二码头（木材专业码头）规划方案。

大连港由中国自行管理后，老港区进行了多次改造。主要改造项目包括：1959—1962年，恢复之前停用的香炉礁码头4个泊位，形成年通过能力120万吨；1961—1976年，对寺儿沟码头先后完成3次扩建，使原油通过能力从60万吨增至1030万吨；1974—1979年，将大港区一码头2—3号泊位改造为进出口散粮机械化作业的专用泊位，新增年通过能力100万吨；1975—1980年，新建客运站1座，建筑面积1.65万平方米，核定设计能力为每次可接待载客量300～500人的国际客轮1艘；1980—1983年，对寺儿沟码头进行总体改造，使其装卸作业基本实现自动化，成为中国第一座现代化油品储运码头；1982—1983年，将大港区丙码头22号、23号两个杂货泊位改建为国际集装箱专用泊位，年通过能力2万标准箱；1982—1983年，对甘井子码头设备进行30项技术改造，使之成为除煤炭之外还可输出硬质沥青、散粮、水泥等货种的多功能码头；1982—1985年，新建香炉礁杂货码头万吨级泊位2个、7000吨级泊位2个，年通过能力96万吨。

在改造老港区的同时，从1973年开始大规模建港，先后新建了大连新港与和尚岛码头。大连新港位于金县东南部，大窑湾口西侧，水域面积180平方千米，面积1.57平方千米。1974年9月，大连新港被国务院批准为国家重点建设项目，同年11月破土动工。工程由中国自行勘察、设计、施工，并全部采用国产材料。1976年4月30日，中国第一座现代化10万吨级深水油港——大连新港建成，同年7月1日正式开港。建港总投资1.4亿元，设计年通过能力1500万吨。装船的栈桥码头长421米，共有2个泊位，其中东侧泊位设计水深 17.5 米，可停靠 10 万吨级油轮；西侧泊位设计水深 14 米，可停靠 5 万吨级油轮。码头西侧安装输油臂 8 台，装船总效率最高可达 1 万吨/小时。陆上建有总容积 35 万立方米的油罐 13 座，并设有含油污水处理设施。1984 年，新港货物吞吐量首次突破 1500 万吨的设计能力，达 1683 万吨。大连新港的建成与寺儿沟码头改造的完成，使大连港成为中国最大的原油和成品油出口基地。和尚岛码头位于大连湾北侧红土堆子湾，1983 年经国务院批准建设，1984 年 12 月正式动工，1985 年被列为国家“六五”计划期间大中型重点建设项目。

除大连港外，大连沿岸还有依托大连港而建的地方和企业码头。地方港黄海海域有大孤山渔港、皮口港、庄河港、长海县各港，渤海海域有娘娘宫港、羊头洼港、石河港。企业码头主要有大化集团储运公司码头、大连石油化工公司码头。庄河港濒临黄海北岸，海岸线长 215 千米，水浅滩多，由老港、新港、打拉腰港、青堆港港区组成。长海县港由四块石渔港、柳条沟渔港、庙底渔港、海洋岛渔港、东獐子渔港组成。大化集团储运公司码头始建于 1936 年，是日本殖民统治时期满洲化学株式会社在厂区海岸建成的钢架简易码头，供帆船由庄河、皮口等地盐区运进原盐卸货用，年运盐量数十万吨。大连光复后码头继续使用。1980 年 1 月，大连化学工业公司在工厂沿岸建新码头。到 1985 年，建成突堤码头和顺岸码头各 1 座，共 5 个泊位。

三、港口设施

大连港港口设施包括航道、锚地、航标、码头、防波堤、仓库、堆场、客运站，以及装卸机械、铁路设施、港务船舶以及供水、供电、通信、供热设施等。

航道 大连港航道包括自然水道、公用航道、企业码头航道。截至 1985 年，进出大连湾的自然水道有 3 条，分别是大三山水道、三山水道、小三山水道；进出大连港的公用航道有 6 条，分别是大港航道、甘井子航道、香炉礁航道、寺儿沟一栈桥和二栈桥航道、鲇鱼湾航道；企业码头航道主要有大化码头航道、石码头航道。中华人民共和国成立后，1954 年 3 月 1 日首部《大连港港章》公布大港航道界线为：大连港防波堤东口北灯塔 110° 线与大连港东口南灯塔 110° 线之间的水域。

锚地 沙俄因在修建大连港时发生日俄战争而未能划定大连港船舶锚地。1907 年 11 月，日本关东都督府公布《大连港港则》，首次以法规形式确定大连港水域界限及船舶锚地。苏联代管大连港期间沿用的是日本殖民统治时期划定的锚地。中国自行管理时期针对大港区，于 1954 年 3 月制定《大连港港章》，划定大连港船舶碇泊区和检疫锚地：自南砣子东向至和尚岛南端所引直线以南，大港北口东灯桩北向至南砣子所引直线以东，大港东口北灯塔东向至 110° 所引直线以北，港界线以西的水城。以后又多次划定、调整锚地。1985 年 2 月 1 日大连港船舶锚地重新调整，增设了第一货轮检疫锚地、第二货轮检疫锚地、油轮检疫锚地。

航标 1888 年，清廷修建了旅顺口老虎尾灯塔，1893 年修建了老铁山灯塔。俄、日殖民统治时期，为加强殖民统治，曾修建各种航标。中华人民共和国成立后，大连港移位建了圆岛灯塔、长兴岛灯塔，新建了沙砣子灯塔以及 3 座立标（1976 年拆除 2 座）、13 座灯浮标、6 座灯桩。到 1985 年，除停用和拆除的导航设施，大连港区水域内有灯塔 4 座，灯桩 21 座，灯浮标 17 座，立标 1 座。

码头（栈桥） 1951 年 1 月中国自行管理大连港后，对已有的大港区、寺儿沟港、黑嘴子港、香炉礁港、甘井子港等港区老码头进行改造的同时，新建了新港码头、香炉礁杂货码头。

防波堤 大连港大港区的码头防波堤由沙俄

始建。中国自行管理时期，于 1976 年 12 月建成新港防波堤（兼工作船码头）。

仓库 俄、日殖民统治时期，为方便其殖民统治，修建了一些仓库。中国自行管理大连港后，拆除、迁建、改造部分老旧仓库，并兴建新仓库。1965 年，寺儿沟港区新建危险品仓库 3 栋，面积 2283 平方米，容量 571 吨。1976 年，大港区拆除 1917 年建造的 13 号、14 号木结构仓库，新建钢筋混凝土仓库 2 座，面积由原 5949.8 平方米扩大到 6843 平方米。

堆场 满铁经营大连港之后，随着出口大豆、煤炭等大宗货物逐年增加，仓库容量不足，于是始建堆场（即露天堆场）。1951 年大连港移交中国政府时，堆场总面积 65.54 万平方米。20 世纪 70 年代，新建香炉礁港堆场 2.8 万平方米，80 年代建香炉礁杂货码头时建堆场 4 处。到 1985 年，大连港共有堆场为 79.55 万平方米，容量 78.61 万吨。

客运站 1902 年沙俄殖民统治时期，在甲码头附近建有木质结构小客运站。日本满铁经营大连港后，于 1922 年 7 月在二码头基部始建船客待合所（即客运站），1924 年 10 月竣工投入使用。中华人民共和国成立后，于 1975 年 5 月在原客运站西侧 200 米处动工兴建大连港客运站新站，1980 年 12 月工程竣工通过验收，建筑面积 16466 平方米。

四、港口生产

港口货运 俄、日殖民统治时期，为攫取更大的利益，统治当局扩大建港规模，增加货物运量。苏军代管时期，港口生产处于停滞状态。

中国自行管理港口时期，1951 年货物吞吐量仅 272.6 万吨，1959 年增至 1030.1 万吨。至 1985 年，货物吞吐量已达 4381 万吨，进出口货物以原油、成品油、粮食、钢材等为大宗，进出口石油 2628.5 万吨、粮食 543.9 万吨、钢材 379 万吨，其中石油吞吐量占 60%。东北腹地和内蒙古东部经海上运输的物资约有 97% 从大连港进出。大连港货物吞吐量主要由铁路、公路、管道集输运，铁路、管道输运量分别约占 30% 和 20%。石油长期是大连港货物吞吐量中最大的货种，油品运输主要通过寺儿沟港油码头。1951 年大连港石油吞吐量不足万吨，1965 年后大庆原油出口量加大，大连港原油吞吐量大增。1975 年建成全长 965 千米的大连—铁岭—大连港输油管道后，使年输送原油能力达 2000 万吨，当年吞吐量 1290.4 万吨。大连港转运的成品油长期以来占东北沿海港口成品油海运总量的 70%。1985 年大连港石油吞吐量 2628.5 万吨。煤炭也是大连港货物吞吐量中较大的货种，20 世纪 60 年代前以煤炭出口为主。吞吐量最大的 1959—1960 年为 578 万吨，其中在甘井子煤码头出口 270 万吨。20 世纪 60 年代以后煤炭出口停止后吞吐量大减。1985 年煤炭吞吐量 47.3 万吨。

港口客运 大连港的旅客运输始于沙俄殖民统治时期。俄、日殖民统治时期，为满足殖民统治需要，先后开辟多条客运航线。

苏联代管时期，原有航线大多停航，客运量极少。1948 年，大连至烟台海上定期客运航线正式恢复通航。1950 年，大连至塘沽、威海、龙口、青岛 4 条定期客货班轮通航。1952 年，大连至长山县（今长海县）客货班轮开通。

中国自行管理大连港后到 1956 年，港口客运渐由恢复期转为发展期，1950—1985 年，先后开通 8 条国内客运航线，其中大连至上海、广州等航线同时对外国旅客服务，并实行与铁路、公路联运。1978 年 10 月，大连港在全国首次进行客货滚装作业。1951 年大连港客运量 35.87 万人次，1962 年 183.49 万人次，1979 年 203.06 万人次，1985 年 334.31 万人次。

第二节　口岸查验

自清朝廷在旅顺兴建北洋水师基地后，凡经大连地区的商船管理业务即交由旅顺水师提督统理。其可视为大连最早的海上安全监督管理机构。自沙俄强租旅大后开港建市及至日本侵占旅大实行殖民统治后，大连开始陆续设立海关、商品检验、船舶检验、动植物检疫、卫生检疫等口岸查验机关。1945年大连光复后，口岸查验管理职能回归中国。1946年10月，大连海口管理处成立。1951年2月，苏军将大连港管理权移交后，大连口岸相继建立各类管理和服务机构。1960年6月1日大连港正式对外开港，可直接与资本主义国家和地区进行贸易和航运往来，与此相应，逐渐按国际惯例建立并完善口岸管理与服务配套机构。1984年，成立大连口岸管理委员会。到1985年，大连口岸查验机关共有6家，分别是大连海关、辽宁进出口商品检验、大连海上安全监督、大连船舶检验、大连动植物检疫、大连卫生检疫各机构。

一、海关

1907年7月，大连海关正式开关，被日本殖民统治者控制。1945年日本投降后，大连口岸海关主权回归中国。1945年11月8日大连市政府成立后，先后在黑嘴子港设海口检查所（由市财政局管理）、旅顺、金县海口检查所。1946年10月，将各海口检查所、大连工商管理局贸易运输股、大连船舶管理处、大连卫生检疫所组建为大连海口管理处。1947年4月，改称关东海口管理处，1949年4月又改称旅大海口管理处。中华人民共和国成立后，1950年2月27日旅大海口管理处改称旅大海关管理处，1951年2月10日定名中华人民共和国大连海关。1954年9月23日，大连港对日本开放。1960年6月1日，大连口岸正式对外开放。1966年11月至1980年2月，大连海关受海关管理局（海关总署前身）和辽宁省外贸局双重管理。1980年2月，大连海关归属海关总署。1985年2月和3月，丹东海关、沈阳海关分别划归大连海关领导。自1985年3月起，大连海关的管辖范围由大连、营口地区扩大到辽宁省全境。

监管　1907年大连海关开关后，始对海运船舶与货物进行监管。大连光复初期，大连海口管理处对粮食等生活必需品实施进出口管理。1949年中华人民共和国成立后，全国实现关政统一。1951年1月1日大连港由苏联移交中国管理，同年11月1日，大连海关不再承担对沿海运输船舶及其货物的监管，设在大连火车站的海关办事处和检查所也被撤销，改由海关随时派员监管。1969—1972年，海关不再办理海关监管手续。1972年8月，海关恢复对进出口货物的监管。1978年改革开放后，随着海运货物进出口增加，海关监管业务量随之增大。1979年监管进口货物655万吨、出口货物1173万吨。1980—1984年，共监管进出口货物11500万吨、船舶13000艘次、船员405000人次。1985年3月沈阳、丹东海关划归大连海关后，大连海关于4月在机场设办事处，开始承担对国际客货运输业务的监管。是年监管进出口货物3787万吨，船舶4176艘次、船员105941人次；火车72497辆次，服务人员38213人次；汽车9218辆次，服务人员9333人次；飞机54架次，机组人员440人次。

1907年，大连海关开办国际邮递物品监管业务。大连光复至中华人民共和国成立时期，海陆路被国民党军队封锁包围，难以维持正常的国际邮递物品业务，无国际邮递物品监管业务记载。

1950年9月，大连海关开办本地区国际邮递物品业务，当年监管进出口邮包152件。1956年，监管进出口邮包2045件。1976年，大连国际邮件交换局同瑞士、英国、法国、荷兰、德国建立邮件直封关系，成为国际邮件互换局，通邮范围由20世纪50年代对苏联等社会主义国家和中国港澳地区增加到160多个国家（地区）。到1979年，海关监管进出口邮包量达11279件。1981—1985年，共监管进出口邮包78656件；监管非贸易型印刷品422172件，查获违禁印刷品17028件。

关税征收 大连光复前，日本殖民统治者操控了关税征收权。1945年11月大连海口检查所成立后，对进出大连口岸的货物一律按5%征收捐税，1946年12月办法废除。从1945年11月到1951年，大连海关先后实施5种地方政府自定的进出口税则。1951年10月，大连海关开始吨税征收，是年征收关税391.7万元。1952年实施《中华人民共和国海关进出口税则》第一年，大连海关征收关税16万元，1955年征收38万元。1958年9月13日起，大连海关对进口外货代征工商统一税，大连光复初期由海关代征的货物税和商品流通税停征。1964年大连海关征收关税113.9万元，1973年229万元。1980年进行海关体制改革，是年征收关税3000余万元。1981年征收关税10976万元。1984年11月起，大连海关开征产品税、增值税。1985年7月起，开征进口调节税和车辆购置附加费。1985年共征收关税4.27亿元，比前4年总和增长13.2%。

查缉走私 大连光复之初，大连海关依据地方政权的法令法规，开始海关缉私。1947年发动群众查缉私货，仅11月份查获私货总价值就达4000万元关东币，折合黄金13千克。中华人民共和国成立后的20世纪50年代初，查缉走私活动由大连海关和公安机关负责。大连海关在大连港区、车站、邮局等作业场所进行查缉，其他地区的查缉走私工作由公安机关负责。这个时期查获的走私案件主要是船员和旅客走私。20世纪60年代初期，国内生活用品紧缺，大连出现居民参与走私、倒卖私货活动，但多为个人物品走私，数量小，案值较小。1978年改革开放后，外贸经营权限由单一的国营外贸企业扩展到多种形式的经贸单位，法人走私违法案增多，呈现法人走私多、劳改释放分子走私多、大宗私货南北贩运多的特点，走私范围之广、发展之快、渠道之多、规模之大，是大连光复以后所未有的。1981年，大连海关查获的走私案件高达799起，案值76万元。为此，大连海关经与公安、边防、工商、税务等有关部门配合开展反走私行动，走私贩私活动由公开转向隐蔽，由集中转为分散，走私发案开始减少。1984年，海关查获走私案件323起，案值114.4万元；1985年查获87起，案值860.35万元。

二、商品检验

1905年日本侵占旅大后，通过满铁和大连港，疯狂掠夺中国东北的农、林、矿产资源，操纵了进出口商品检验权。中华人民共和国成立后，收回了中国的商检主权，并在大连建立起独立的商检体系。1950年10月9日，东北商品检验局在大连成立，负责东北各省和内蒙古东部地区的商品检验工作，隶属中央人民政府贸易部。1951年6月，东北商检局增设衡量鉴定处，正式办理对外贸易公证鉴定业务。1956年2月15日，东北商品检验局撤销，同时成立大连商品检验局和哈尔滨商品检验局。大连商检局负责管理辽宁、吉林两省及内蒙古东部、河北省长城以北地区的进出口商品检验工作。1961年3月，内蒙古集宁商检局、天津商检局成立，5月，长春商检局成立，大连商检局的管辖范围基本限于辽宁省境内。1980年7月，大连商品检验局更名大连进出口商品检验局。1984年1月，大连进出口商品检验局改为辽宁进出口商品检验局。

法定检验　1950 年 10 月东北商检局成立后，主要业务是出口商品检验。当年检验出口大米、大豆、豆油 3 个品种，全部输往苏联。1951 年 2 月苏联将大连港移交中国，当年受理报检 716 批，其中出口商品 681 批。从 1952 年起，随着中国大规模经济建设的开始，大连口岸的出口商品数量迅速增长。1952 年共受理报检 3201 批，其中出口商品 3126 批。1960 年 6 月大连港全面对外开放后，大连口岸的进出口商品量骤增。当年共受理报检 128462 批，其中出口商品 128194 批。至 20 世纪 80 年代末，进出口商品除农副土特产品外，还有水产品、轻工纺织产品、石油化工产品、金属材料矿产品、机电产品等近千个品种。出口商品的输往国别发展到近 100 个国家和地区。开展对部分进出口商品的强制性检验，1980—1985 年共检验出不合格出口商品 6091 批，占检验数量的 2.17%。

大连口岸的进口商品检验始于 1951 年 2 月。当年受理进口商品报验 35 批，主要是工业制成品，来自苏联等国家。1951—1960 年的 10 年间，东北商检局共受理进口商品报检 1162 批。大连港全面对外开放后，特别是国家从 1961 年开始进口粮谷以来，东北商检局进口商品检验业务量猛增，当年受理进口商品检验 6240 批。除粮谷、大豆外，大宗商品还有棉花、黄麻、化纤、纸张、废钢铁、各类钢材、机电产品和成套设备等。1980—1985 年，大连商检局共检验商品 34405 批，其中不合格的进口商品 5374 批，占检验批数的 15.62%。根据合同规定和国际贸易有关规定，对不合格的进口商品向国外发货人提出索赔，合计索赔金额 1.46 亿人民币。

进出口商品鉴定　主要包括重量鉴定、残损鉴定、包装鉴定、集装箱鉴定、货载衡量等。重量鉴定工作始于 1950 年。1951 年办理的重量鉴定业务有衡器计重、水尺计重，翌年增加了容器计重。20 世纪 60 年代，大连港有少量植物油输出，容器计重量很少。1973 年 5 月，中国开始经大连口岸输出石油及液态石油产品后，容器计重成为重量鉴定业务中的重要内容。1980—1985 年，大连口岸经辽宁商检局进行容器计重的进出口商品有 3116 船次、8282.2 万吨，水尺计重的有 586 船次、943.4 万吨，衡器计重的有 12344 船次、3087.7 万吨。

进口商品残损鉴定始于东北商检局建立时。1951 年 6 月 6 日，东北商检局对外签发第一份残损鉴定证书，当年共进行残损鉴定对外出证 15 份。随着 1960 年大连港对外开放，特别是 1978 年改革开放以后，大连口岸海运进口货物量骤增，残损鉴定业务随之增加。1960—1966 年，大连口岸残损鉴定对外发证 1139 份；1980—1985 年，大连口岸残损鉴定对外出证 1631 份，通过商品残损鉴定索赔 927.36 万美元。

进出口商品监督管理　20 世纪 70 年代中期以前，东北商检局（大连商检局）对进口商品的监督管理主要是在计重方面。70 年代中期以后，对进口商品监督管理的重点是进口成套设备和其他重要进口商品。1975—1977 年，大连商检局采取派人驻厂参与检验的办法，对辽阳化纤厂、辽河化肥厂、清河发电厂、元宝山发电厂（时属辽宁省管辖）等进口成套设备进行监督管理，发现 31 种、413 台（件）设备有质量问题，退货 180 余万元人民币，索赔 300 余万元人民币。

20 世纪 50 年代中期至 60 年代末，东北商检局（大连商检局）对出口商品的监督管理的办法，主要是将出口商品移交生产者进行原始检验并进行监督检查，如据 1955—1959 年统计，先后将 266 种出口商品的原始检验工作转移给生产、加工和外贸经营部门；再有对粮谷、大豆、轻工、纺织等大宗出口商品实施重点查验。改革开放以后，对外贸易不断扩大，出口商品质量却有下降，国外索赔、退货屡有发生。对此，大连商检局（辽宁商检局）除了通过制定地方规章和规范性文件来强化口岸查验外，还于 1985 年 3 月 1 日起，对出口商品的生产企业实行登记，并随机进行监督检查。

三、海上安全监督

明万历三十年（1602），明朝廷在金州始设海防同知。这是大连海区由军队实施海上防卫并兼行港航管理职能的开始。1840 年鸦片战争后，随着外敌入侵，清朝廷加强了大连海上防务。清同治七年（1868），设海关海务科，对港口、船舶、航海设施进行管理。旅顺被辟为北洋水师基地后，大连口岸商船交由旅顺水师提督管理。沙俄强租旅大以后，于 1902 年 5 月设港务局，对港政、航政实施管理。日本侵占旅大之后，于 1907 年 11 月设立关东州海务局，控制大连港政、航政监管权。1945 年 8 月，苏联红军进驻旅大，接管了大连港港政和航政监管权。中华人民共和国成立后，1951 年 2 月苏军向中国移交大连港，大连港港政、航政监管权由大连港务局接管，大连港以外地方港口的港政、航政由地方政府管理。1982 年 1 月，大连港务监督权划归大连港口管理局，改设港航监督部。

船舶监管 日本侵占大连后，于 1907 年成立关东州海务局，开始对出入大连、旅顺、普兰店港船舶依据其制定的港口规则实施监管。1945 年 8 月苏军接管大连港后，根据中苏协议，苏联船舶由苏方管理，中国籍和其他外国籍船舶由中方管理。这一时期除苏联籍船舶外，没有其他国籍商船进出大连港。1951 年中国接管大连港口后，开始对港口船舶危险品装卸运输实施监管。1965 年 12 月 18 日，交通部颁布《关于改进我国国际航线船舶联合检查和签证办法的通知》。自接管大连港后至此，港区船舶秩序井然，安全状况良好。1966 年“文化大革命”开始后，大连港务监督对船舶进出港除保留对外国籍船舶和航行国际航线的国内船舶进出港口实施联合检查制度外，其余安全监管项目全部废止，船舶进出港只需申请信号。1972 年 1 月起，大连地区和大连港恢复船舶进出港签证制度，大连港务监督恢复对进出大连港 500 总吨以下的轮船、机帆船、渔船、拖船及其所拖木帆船、驳船的进出口签证和安全监管。1979 年 4 月，大连港务监督重新对进出大连港船舶实行签证监管。20 世纪 80 年代以后，进出大连的外籍船舶已扩展到县区和企业码头，由大连港务监督与涉外管理部门对其监管。大连港务监督于 1981 年开始对进出大连港的国内港口间航行的国际航线船舶实行签证监管，于 1985 年 7 月 1 日起对中国籍船舶实施安全检查。

港区水域监管 20 世纪初日本侵占大连后，关东都督府先后颁布《大连港港则》《旅顺港港则》《普兰店港港则》，划定港口的港区水域、锚地、航道范围，实行航行管理。1945 年苏军接管后，大连港港区水域、锚地、航道基本维持日本侵占时划定的范围。旅顺港后移交中国管理，其余县区小型港口由大连市政府和县区管理。1952 年 1 月，苏军撤离大连，大连港交中国自行管理。大连港务监督负责港区水域范围、锚地、航道的划定和监管。1954 年 3 月，大连港务监督正式对外公布《大连港港章》，第一次公布由中国政府划定的大连港水域界线、锚地和航道等。其后到 1985 年，随着船舶运输量的增大，大连港务监督 3 次修改大连港水域界线，多次调整、划分船舶锚地、航道。

船舶海事处理与海难救助 1910 年 6 月，日本殖民统治当局颁布《关东州船舶海上避碰预防处理规定》，建立关东州船舶职员惩戒委员会，对日常海上船舶碰撞事故进行处理，并由港务科负责海难救助。苏联接管旅大之后，船舶海事处理初期由旅大公安总局监管，后期移交东北航务总局。1951年3月，东北航务总局将海事监管工作移交大连港务监督。同年6月，原上海国营招商局“民306”远洋拖船及船员被调至大连港务局，执行海难救助任务（1952年末该船移交海防大队执行军事任务）。1951年9月，东北航务总局将海事监管工作移交大连港务监督办理，当年受理海事案件23件。1956年11月起，驻军海军部队协助大连港务局对相关海域的遇难船舶进行救护工作。1972年7月26日，大连地区遭遇3号台风袭击，损坏大小船舶1172艘。1973年12月，全国海上安全指挥部成立，1974年2月组建辽宁海上安全指挥部，负责全省海域的防台风、防止船舶污染海域、防冻破冰、海难救助工作。1984年，大连港务监督受理海事案件22起。1984年大连海事法院成立，海事监管由海事法院和大连港务监督共同负责。1985年，大连港务监督受理海事案件39起。

四、船舶检验

大连地区船舶检验始于日本侵占旅大之后。1906年8月22日，日本殖民统治当局宣布大连为自由港，于9月1日起，正式对世界各国船舶开放；1907年12月10日，公布实施《关东州船舶检查规则》；1908年11月1日，成立关东都督府海务局（后更名关东厅海务局、关东海务局），开始对船舶执行检验。1945年大连光复后，1946年4月市政府组建船舶管理处，负责管理除苏联以外船舶的检验。自1946年10月起，船舶检验机构名称及隶属关系多次变更，先后隶属大连港务管理局、中华人民共和国船舶检验局。1985年3月，船舶检验局大连办事处更名船舶检验局大连分局。

营运船舶检验 包括国内航行船舶检验和国际航行船舶检验。

日本殖民统治大连时期，船舶检验主要对象为中国国内航行的船舶。1945年大连光复后，1946年10月至1947年11月，大连海口管理处船政科（原大连船舶管理处）共检验国内航行船舶316艘。中华人民共和国成立后，20世纪50年代，船舶检验业务先后移交给大连区港务局、旅大市人民政府公用局，船舶检验业务以营运船舶检验为主。1964年，船检局大连办事处（1959年成立，隶属于大连区港务管理局）检验国内航行船舶615艘。“文化大革命”期间的1970年、1971年，没有对国内航行船舶进行检验，1972年恢复船舶检验工作。此后，国内航行船舶检验逐年缓慢上升，1979年为84艘。20世纪80年代，大连地区新开办一些航运公司，检验机构重点对购进的老龄船进行检验。1985年，检验国内航行船舶116艘。

1960年6月1日，大连港正式对外开放。1966年6月，船检局大连办事处首次检验国际航行船舶“红旗”号。至1970年，船检局大连办事处共检验国际航行船舶6艘，均为上海远洋运输公司的船舶。1974年，船检局大连办事处首次检验入级船舶39艘。1978年9月，大连船籍港船舶中首次出现入级船舶。1980年1月1日，大连远洋运输公司成立，当年购入货船、油船10余艘。同年，船检局大连办事处检验该公司大连船籍港船舶9艘。到1983年，大连船籍港的入级船舶增至41艘。1985年，船检局大连分局检验国际航行船舶276艘，总吨位293.3万吨。

1954年大连港对日本船舶开放，大连始办理外国船舶（以下称“外轮”）检验业务。1960年6月1日大连港正式对外开放后，当年船检局大连办事处检验外轮14艘。20世纪60年代末，开始开展代理船舶检验业务。1969年代理检验船舶12艘。20世纪70年代，来往大连港口的外轮数量激增，船检局大连办事处开始代理国际船级社协会多数成员社的船舶检验业务。1979年代理检验船舶141艘。

建造船舶检验 20世纪50年代，中国没有制定船舶规范。1956 年 4 月 26 日，大连区港务管理局船舶登记科制定的《大连区新造船申请技术监督暂行办法》经交通部批准生效，自此始有船舶设计图纸审查业务。1985 年 6 月 21 日，船检局大连分局成立审图中心，负责大连、天津、青岛、秦皇岛分局所属范围内 3000 总吨及 2205 千瓦以上入级海船设计图纸审批工作。同年，审批了将由中国建造的第一个现代化海上采油平台、装有钻井设备及采油设备的埕北油田 A 区（D/P）模块设计图纸。

大连地区国际航行船舶建造检验始于 1913 年。中华人民共和国成立后，1962 年 6 月，船检局大连办事处从苏联船舶登记局验船处接管了“跃进”号船舶的建造检验业务。1963 年 5 月 1 日“跃进”号在首航日本途中触礁沉没。1964 年 3 月 5 日，船检局大连办事处在建造检验完成后，给万吨级远洋货船“红旗”号签发了中国船检局的船级证书及法定证书。“红旗”号是中国建造入级船舶检验中第一艘持有中国船检局船级证书、航行于国际航线的远洋船舶，在大西洋航行中成功经受了考验。1971—1974 年，船检局大连办事处检验了大连造船厂建造的“大理”号等 4 艘 1.2 万吨大舱口货船（用于中国援建坦赞铁路运送机车等大件设备）。1974—1978 年，检验了中国自行设计建造的“大庆 61”号等 2.4 万吨油船 16 艘。1976 年检验了“西湖”号（后改称“大庆 254”号）5 万吨油船，是当时中国建造的最大油船。20 世纪 80 年代初，船检局大连办事处完成 7000 立方米木船“森海 1”号等 4 艘船舶的建造入级检验。这是中国自行设计建造的首批木材运输专用船舶。1985 年，大连船检局完成国际航行船舶的建造检验 13 艘。

大连地区国内航行船舶建造检验始于 1912 年，其时大连的造船业已随着港口的兴建而兴起。中华人民共和国成立后，1957 年 5 月 10 日，大连区港务管理局船舶登记科对开工建造的中国第一艘 4500 吨沿海油船“建设 9”号进行监督检验，并开始建立验船师驻厂检验制度。1968—1972 年，船检局大连办事处检验了大连造船厂建造的 3000 吨原油驳 33 艘；1969—1973 年，检验 1764 千瓦推船 11 艘（“长江 2027”号至“长江 2037”号）；1973—1976 年，检验 1227.5 千瓦拖船 33 艘。20 世纪 70 年代末以后，船检局大连办事处检验的国内建造航行船舶的数量锐减，1984 年检验 1 艘，1985 年无。

大连地区的船舶建造联合检验始于 1978 年改革开放以后。1980 年初，中国首次根据港商要求，按照英国劳氏船级社的钢船建造规范，由大连造船厂设计建造了 2.7 万吨散货船“长城”型船 8 艘，船检局大连办事处与英国劳氏船级社对该艘出口船舶进行了联合检验。“六五”期间（1981—1985 年），中国远洋运输总公司等航运公司在日本、英国、波兰等国家订购一批 ZC 船级的新型船舶，中国船检局委派大连办事处的验船师与外国船级社的验船师共同对订购的船舶进行了联合检验。如 1981—1982 年，与日本海事协会联合检验日立船厂为大连远洋运输公司建造的 2 艘 6 万吨油船；1982—1983 年，与法国船级社联合检验日本东北船厂为青岛远洋运输公司建造的 2 艘 3.4 万吨散货船；1984—1985 年，联合检验进出口船舶 20 艘，总吨位 39.5 万吨。

五、动植物检疫

大连口岸的动植物检疫始于大连港口建成之后。沙俄和日本侵占大连时期，垄断了大连的进出口贸易，操纵了大连的动植物检疫主权。中华人民共和国成立后，1950 年 10 月东北商品检验局组建，设动植物检疫机构即农畜检室，1951 年起，正式受理进出口动植物检疫业务。1956 年 2 月，东北商品检验局撤销，成立大连商品检验局。翌年 1 月，农畜检室分开，设农检室、畜检室，农检室与大连市植物检疫站合并办公。1965年10月，中华人民共和国大连动植物检疫所正式对外挂牌办公。“文化大革命”时期，大连动植物检疫所隶属关系几经变化：由旅大市代管、并入大连商检局、随商检局划归大连海关、归属辽宁省农业厅。1980年12月，大连动植物检疫所改隶农业部。

动物及其产品检疫　大连口岸的动物检疫业务始于1965年。其时大连口岸仅对船员携带的观赏动物进行检疫。20世纪70年代以前，大连口岸进出境动物检疫数量很少，进境动物仅以单数计，出境动物不过三五十头（只）。1974年起，大连动植物检疫所开始对进境动物产品进行检疫。1985年大连口岸检疫进境动物3批次6019头(只)、出境动物3批次10头（只），进境动物产品10批次（皮、鬃16196张，鱼粉28289吨）、出境动物产品1批次（蜂王浆0.4吨）。

植物及其产品检疫　大连口岸的植物检疫业务始于1952年10月。1952—1960年，检疫出口植物和植物产品主要是粮谷类、豆类、苹果以及花生米、苦杏仁等土特产品，每年4～5批次，每批次3000吨左右。1960年6月大连港对外开放后，进口植物及其产品检疫量骤增。1961—1964年，检疫进口小麦302批次498.1万吨、大麦46批次86.3万吨。20世纪70年代起，植物及其产品检疫又增有棉花、黄麻、剑麻、香蕉、原木、面粉、大米等，进出国别增加较多。到1985年，大连口岸出口植物及产品检疫计798批次182.5万吨，进口植物产品检疫计60批次160.6万吨，出口检疫量首次超过进口检疫量。

六、卫生检疫

大连口岸的卫生检疫始于沙俄侵占旅大开建大连港之后。大连光复后，1946年8月山东半岛发生霍乱，并通过海路由黑嘴子码头传播到全市。为遏制疫情蔓延，关东公署于1947年成立海口管理处，在黑嘴子码头设立分处，下设检疫股（后改检疫所），同时在马栏河、老虎滩、大孤山、西海口、小平岛设检疫站，并在中长铁路石河驿站设检疫站。

中华人民共和国成立后，苏军于1950年9月将大连港检疫业务全部移交中国政府，由旅大检疫所接管。1951年旅大检疫所改称旅大交通检疫所。1955年1月，旅大交通检疫所更名旅大卫生检疫所，1958年定名为大连卫生检疫所，至1985年，先后隶属旅大市卫生局、辽宁省卫生厅。

疾病监测　中华人民共和国成立后，疾病监测的重点是港区、码头、车站，发现病人及时处理和隔离。1950年大连检疫所从苏军手中接管大连港检疫工作后，每年在黑嘴子码头预防接种天花、霍乱约3万人次，在石河子车站预防接种天花、霍乱约4万人次，还对港口的工作人员进行按期预防接种。其间，检查出麻风病人20余例，斑疹伤寒病人10余例。抗美援朝战争开始后，为防止美国细菌战污染，在全市各港口、车站设置检测网点进行疾病监测。1964年，为防止副霍乱由海路传入大连，大连检疫机关派出专门检疫医生往来于上海、天津、青岛、烟台等港随船检疫。“文化大革命”期间，检疫部门主要采取巡回医疗的形式为国际海员进行疾病监测。1974年，根据卫生部指示，检疫所开始对远洋船舶上的食品进行监测。1980年，大连卫生检疫所派出医生随船对来自上海、天津等港口旅客和流动人员进行副霍乱监测，并于1981年7月在对上海至大连的轮船监测中检出1例副霍乱病人。1982年，通过采取分组包船方式调查8234人次，从115名腹泻病人粪便中检出1株埃尔托弧菌，并对来自疫区的11596人进行预防性投药。1985年，共对346艘船舶的1778人次进行体检，发现肺结核、皮肤病等疾病患者737人次，其中呈O抗阳性78人。

第四章 交通 邮电

大连是中国东北地区海、陆、空交通的重要枢纽，中国南北水路的交通要津，人与物流通的重要门户和通道。据史籍记载，西汉时期，汉武帝遣楼船将军杨仆率水师5万由山东半岛经沓津（今大连沿海）讨伐朝鲜右渠，从而打通被右渠阻塞60多年的中、朝、日航线。三国时期，魏明帝派司马懿发兵讨伐公孙渊，其中一路兵马由山东半岛泛海至旅顺牧羊城，再由水路溯辽河至襄平城下。古代大连的道路交通和邮驿事务史籍也有记载。据《隋书》记载，隋炀帝3次亲征高句丽，30万大军都是在大连沿海登陆后通过邮驿而集结的。唐代鸿胪卿崔忻受命册封渤海郡王大祚荣，即从长安出发，经山东半岛渡渤海至都里镇（今旅顺口），并从原路返回长安。明代大连作为重要边防之地，建立军事卫所，并设立邮驿机构。清代开始辟有大连通往其他地区的邮路，1884年还架设了山海关经营口抵至旅顺的东北第一条电报线，1885年又架设了自旅顺经凤凰城到朝鲜汉城的第一条国际电报线。

沙俄、日本侵占大连期间，在此修铁路、筑公路、建港口、修机场，在市内和郊区建立电报、电话、邮政和无线电报局。因殖民统治和经济掠夺需要，道路布局与邮路结构带有明显的军事与殖民色彩，如1898年沙俄强租旅大后修筑的东清铁路（后称中东铁路、中长铁路）哈尔滨经长春到大连的南满支线，成为俄、日殖民统治者侵略扩张和掠夺东北资源的重要工具。1945年8月日本投降前，大连地区的公路、铁路乃至邮路等交通及通信设施遭到严重破坏。大连光复后，大连市民主政府对各种交通通信设施及时进行了修复。1949年中华人民共和国成立后，交通邮电业得到恢复发展，尤其是1978年改革开放后，淘汰了落后陈旧的交通运输工具，改造扩建了港口和铁路，提高了运输能力，并开辟了民用空中航线，发展了海上远洋运输，形成了各种运输方式齐全，具有相当规模的公路、铁路、水路、航空、管道运输（大庆至大连输油管道分大庆至铁岭、铁岭至大连两段，其中铁大线是中国第三条长距离、大口径输油管道，1975年建成投产）等综合运输体系，以及相当的邮电通信能力。

第一节 公 路

秦汉时期，大连建有旅顺牧羊城至襄平（今辽阳）的古驿道。明清时期，除修建驿道外，还兴建不少石条桥和石拱桥。大连最早的石拱桥是金县三十里堡的挂符桥（又名寡妇桥）。它建于明万历年间，清乾隆年间重修，是东北地区目前仅存且仍在使用的一座明代建桥梁。近代公路的兴建于20世纪初。沙俄、日本侵占时期，为掠夺大连乃至东北地区的资源，倾力修建了公路交通网，如辽宁省第一条近代黑色路面公路——旅顺南路。1944年后半年日本陷入战争困境，大连地区的公路失修失养现象十分严重。1945年大连光复后，为支援东北乃至全国的解放战争，民主政府发动农民修路建桥。至1949年，建成各类公路815千米，其中黑色路面48千米，桥梁79座。公路密度为每百平方千米6.5千米。1958年开始重点开辟通往山区的公路。20世纪80年代初，大连市开始修建国家一级公路，沈大高速公路——中国兴建较早的一条高速公路于1984年6月27日开建。到1985年末，全市有各级公路227条，总里程3762千米。

清代以前，大连地区的交通工具一直是骑乘、人力车和畜力车。1907年起，日本统治当局为了殖民统治的需要，成立多个汽车运营公司。

1945年8月大连光复，1946年4月1日，大连市政府从日本当局手中接管大连都市交通株式会社，成立大连市交通公司。之后，恢复大连至金州、大连至旅顺南路、青泥洼桥至大辛寨子、旅顺至大连北路等客运线路，并组建成立大连市第一个运输行业的同业组织——大连货物汽车公会，统一货源，统一调配车辆，统一结算运费。到中华人民共和国成立前，先后改组成立了大连建华汽车运输股份有限公司，将大连市、大连县、金县的234辆私营汽车纳入集中经营、统一管理和"三统一"（统一资源、统一调度、统一运价）轨道；成立大连第一个民间运输合作组织——大连市县运搬合作社，码头工会组建了大连码头搬运劳动合作社，统一了搬运装卸行业的经营管理。随着汽车运输业的逐渐恢复，汽车维修行业也开始复苏。

中华人民共和国成立后，公路运输业得到较快发展。到1949年末，全市汽车保有量达到979辆，货马车1.2万辆，客马车719辆。大连运输公司、大连中转货运公司、大连长途客运公司相继建立，旅顺口区、金县、新金县、复县、庄河等区县也建立运输公司。1978年改革开放以后，公路运输业开始放宽、搞活，个体及联户运输开始兴起，形成由交通部门专业运输企业、专项运输单位、机关和企事业附属汽车队、个体运输组成的多形式运输结构。1985年，全市有专业运输企业18家，其中全民所有制企业4家，集体所有制企业14家；有客运企业1家，货运企业17家；有客运汽车2547辆，货运汽车2.41万辆。此外，有国家、省、市有关部门所属专门运输单位，机关、企事业附属汽车队，个体运输单位。

一、路桥建设

道路建设　秦始皇统一中国之后始行车同轨，对古代道路建设产生重大而直接的影响。秦汉时期，时属辽东郡的大连地区已建有旅顺牧羊城、营城子、木场驿（今牧城驿）、金州城、石河、复州城至襄平（今辽阳）的驰道，以及自金州经貔子窝（今皮口）、城子坦、庄河至安东（今丹东）的官道。隋唐时期，旅顺已成为长安（今西安）通往渤海国以及朝鲜、日本的水陆码头。出于朝廷多次征战辽东之需要，所建道路多作为重要的军事交通干线。辽金时期，由于贸易互市和文化交流活跃，促使道路交通得到开拓，除干线道路外，州、府、县、乡之间修筑了许多支线道路。辽代东京（今辽阳）至苏州（今金县）泛海到南唐的道路是辽宁地区8条交通干线之一。明代初年，朝廷多次对辽东用兵，旅顺至辽阳成为一条重要驿道。据《明太祖实录》记载，朱元璋派遣10万大军长期镇守辽东，军之粮饷供给全靠内地运送，兵船及粮饷自江南自海路抵达旅顺后，沿途经木场驿、金州驿、石河驿、栾古关驿、复州驿、五十寨驿、熊岳驿、盖州驿、耀州驿（今营口岳州）、海州驿（今海城市）、鞍山驿（今鞍山市西南旧堡）各驿站，终至辽阳。此条海陆驿道全长400余千米，是连接辽东半岛与山东半岛的重要通道。清代朝廷定都盛京（今沈阳）后，旅顺至辽阳的干线道路延伸到盛京，金州至九连城的道路也成为较大的车马大道，由山东渡海而来的移民和过往客商都从此道到达安东（今丹东），庄河至盖州（今盖县）的道路也成为民间往来的重要道路。

沙俄、日本侵占旅大后，殖民统治当局采取抢占土地、强迫群众赋役的办法，大规模修筑道路。大连光复后，大连地区的公路建设以整修为主，先后将旅大南线、旅大北线、大连至金州、金州至亮甲店、普兰店至庄河等线拓宽为主要干线公路，共整修公路44条1004千米。同时，新修旅大中路、磊河路、长石路3条公路共88.5千米。

中华人民共和国成立后，大连开始有计划地建设标准公路。20世纪50年代初期，先后完成山英线、黄五线、水西线、普熊线、复将线、安普线等路基工程700多千米，沈大公路的石河至复州、旅大中路、周水子至甘井子碎石路面工程，以及旅大南路河口至小平岛等3段35.5千米路面补修。20世纪50年代中期，重点修建了长海县海岛公路、庄河至盖县、庄河至岫岩等国防公路，同时开辟通往山区的公路27条161.8千米。到1960年末，全市共有公路里程2144千米，初步改变了山区没有公路、不通汽车的历史。到1965年，全市有公路里程2818.7千米，城乡公路网已具雏形。大连地区从1963年开始有计划修建沥青、渣油、油砂保护层等次高级路面。到1965年末，全市黑色路面里程增至186.4千米，是1962年的1.95倍。1976年，全市次高级路面已发展到453千米，国、省两级公路及主要县级公路已为黑色路面。

1978年以后，大连采取民办公助办法兴建和改建县乡公路，到1981年，全市共改、扩建县级以上公路52条、640千米，达到一级或二级公路标准。1980年9月，全市第一条一级公路——金家街至南关岭路段建成通车。1982年，周水子至南关岭路段一级公路又建成通车。1984年6月27日，沈大高速公路（大连段）正式开工兴建，这是中华人民共和国成立后辽宁省唯一纳入国家建设计划的公路建设项目，被誉为“神州第一路”。到1985年末，全市共有公路227条，总里程3762千米。其中国道3条，分别是瑷大公路（黑龙江瑷珲至旅顺口）、鹤大公路（黑龙江鹤岗至旅顺口）、庄林公路（庄河至内蒙古林西），大连境内515千米（柏油路面399.4千米，砂石路面115.6千米，黑色路面占77.6%）；有省道3条，分别是张庄公路（辽宁省凤城县张家堡至庄河）、盖亮公路（辽宁省营口盖县至金县亮甲店）、城八公路（新金县城子坦至长兴岛岔沟），大连境内261.6千米（柏油路面86.1千米，砂石路面175.9千米，黑色路面占32.9%）。

桥梁建设 大连古代修建的桥梁多为简易木桥或漫水石桥，今仅存一座石桥——挂符桥（又名寡妇桥）。此桥位于金县三十里村台山脚下，建于明万历年间（1573—1620年），是大连地区现存唯一的明代桥梁建筑，也是东北地区仅存的一座明代桥梁。此桥采用子母对齿法建成。桥身长5.6米，宽5.56米，桥面距沟底7.1米。桥基建于山谷两侧的岩石上，桥面平铺花岗岩石条，石条接合处凿成亚腰形石槽，以放置铁栓，使之牢固连接。桥旁15米处立有清乾隆三十一年（1766）三月重修碑一块，刻记建桥始末。日本殖民统治时期，随着公路的兴建，桥涵增多。其间修建的华铜桥（又名李官桥）、岚崮桥（又名平房桥）、复州河大桥等原为木桥，后改造成为永久性和半永久性桥梁。太平洋战争爆发后，大部分桥梁已破损严重。

中华人民共和国成立后，在修筑公路的同时，开始改造旧桥梁并兴建一批新桥梁，桥梁结构有拱桥、漫水桥、斜张桥、悬臂桥、T形桥等多种。其中的主要桥梁有：碧流河桥（石拱桥），1962年10月建成，全长320.46米；洼店桥（钢筋混凝土漫水桥），1966年续建而成，全长300米；小孤山桥（石拱桥），1969年5月建成，全长

302 米；华铜桥（钢筋混凝土 T 形桥），1969 年建成，全长 248.2 米；复州桥（钢筋混凝土双曲拱桥），1970 年建成，全长 182.2 米；姜老店桥（钢筋混凝土钢架拱桥），1979 年 10 月建成，全长 82.68 米；长兴岛桥（钢筋混凝土斜张桥），1981 年建成，全长 355 米；周水子南桥，1982 年 9 月 29 日建成通车，是大连市第一座大型公路与铁路立体交叉桥，是大连市区连接旅顺北路干线的交通枢纽；周水子北立交桥，是辽宁省第一座公路跨越铁路的立体交叉桥，1984 年 9 月建成，1985 年 4 月 23 日通过验收，全长 72.69 米。周水子北立交桥的跨度、斜度、宽度、荷载量等技术指标，在全国同类型立交桥中均居首位。1985 年，全市各级公路有永久性桥梁 938 座、2.7 万米。永久性桥梁中，大桥 36 座、6619 米（其中国家、省级公路通过的桥梁 20 座、3784.6 米），中桥 154 座、8862 米，小桥 748 座、1.15 万米。

隧道建设　大连地区最早的隧道开凿于 20 世纪 20 年代初。1921 年，日本殖民统治当局在修筑旅顺至大连南路时，分别在老座山和白银山各修建 1 座隧道，皆于翌年告竣。中华人民共和国成立后，先后修建了长岭、华铜矿等隧道。至 1985 年统计，4 座公路隧道总长 719.22 米。黄泥川隧道（始称老座山隧道）全长 254.52 米，洞高 5.5 米，洞宽 7.4 米；白银隧道全长 163.7 米，洞高 5.55 米，洞宽 7.4 米；长岭隧道（始称新开岭隧道）位于庄盖公路（庄河至盖县）桂云花山下，1955 年 12 月建成，全长 96 米，宽 7.5 米；华铜矿隧道位于瓦房店华铜矿至苇套乡级公路上，1970 年 12 月建成，全长 205 米，洞高 5 米，洞宽 5 米。

二、公路运输

客运　日本侵占旅大后，大连建成有轨电车客运线路和汽车客运线路。1945 年大连光复后，大连市交通公司在恢复市内交通的同时，陆续恢复大连至金州、大连至旅顺南路、青泥洼桥至大辛寨子、旅顺至大连北路等客运线路。至 1949 年末，恢复和开辟市内客运路线 13 条，营运里程 338.9 千米；新金县、复县、庄河县共恢复客运线路 23 条，营运里程 866.4 千米。20 世纪 50 年代末，大连始辟跨市客运线路，1957 年庄河至岫岩公路客运线路开通，里程 84.7 千米。1977 年以前，大连地区客运车辆除机动车外，尚有畜力车、人力车等投入客运，1977 年以后，客运车辆已全部变为机动车。

改革开放后，公路客运渠道拓宽。1982 年 7 月大连地区出现第一辆个体客运汽车，由复县徐大屯人经营，运行于瓦房店镇至西山里。1983 年以后，大连长途客运公司开始开辟旅游线路，有大连至旅顺、庄河至冰峪沟、旅顺一日游等。至 1985 年，全市城乡共有客运站 8 个，设长途客运站点 3803 处；有公路客运线路 294 条，其中市交通部门经营 201 条，营运里程 1.78 万千米。市交通部门经营的跨市线路有大连至丹东、大连至凤城、庄河至盖县、庄河至丹东、庄河到沈阳等 13 条。全市有公路长途客运汽车 602 辆，其中市交通部门运营客车 382 辆。1985 年全市交通部门和个体运输企业共完成客运量 5350 万人次，旅客周转量 11.6 亿人 · 千米，分别是 1978 年的 2 倍、2.5 倍。其中市交通部门完成客运量 4512 万人次，占全市客运量的 84.3%；旅客周转量 8.84 亿人 · 千米，占 76.2%。

货运　1923 年日本官办国际运送株式会社成立。1928 年在大连成立国际运输株式会社，控制大连公路货运业务。1941 年太平洋战争爆发后，日本陷入严重的经济危机，加之英美国家实行禁运，断绝了日本赖以进口的物资来源，导致公路货物运输几近瘫痪。中华人民共和国成立后，公路运输生产得到较快恢复。1949 年末，全市有货物运输汽车 695 辆，货马车 1.23 万辆，人力平车 2528 辆。1951 年 3 月，旅大搬运公司（今大连运输公司）成立，它是大连地区第一个以国有经济为主导的货运企业，共有货运汽车391辆，其中国有汽车172辆。1960年，市交通运输部门的货运量1260万吨，货物周转量1.12亿吨·千米，分别是1951年的4.1倍和7倍。1978年改革开放后，联运业务、集装箱业务等新兴货运业务出现，运输企业也由国营为主转向多渠道发展，出现国有、集体、个体企业相互竞争、相互补充的局面。1981年成立大连联运服务公司（始称联运站），为大连市建立最早、规模最大、服务项目最多的联运组织。1985年，全市有公路货运汽车2.4万辆，其中营业性车辆1.1万辆。营业性货运汽车中，市交通部门有1124辆。全市营业性货运汽车完成货运量2942万吨，货物周转量7.43亿吨·千米，其中市交通部门完成货运量1218万吨，货物周转量2.15亿吨·千米。大连联运服务公司已与26个省市、800多个水陆中转联运部门建立业务联系，中转各种物资26.31万吨。专用集装箱运输业务1984年起步，1985年完成运输量7154标准箱。

第二节 铁 路

俄、日殖民统治期间，统治者在旅大修建铁路，以达到其侵占旅大领土，掠夺东北经济的目的。1945年日本投降后，原中东铁路（西伯利亚大铁路穿过中国东北领土直达符拉迪沃斯托克）由中苏共同管理，其中原南满铁路（中东铁路自哈尔滨经长春到旅顺的铁路）长春至大连、旅顺段称中长铁路。成立大连铁路局，管辖长大线石河站及其以南路段和金城线杏树屯站及其以西路段的铁路。中华人民共和国成立后，于1950年5月成立中国长春铁路公司，下设大连铁路分局。1952年12月31日，苏联政府将中苏共管的中长铁路全部交还中国，中国长春铁路公司撤销，大连铁路分局由哈尔滨铁路管理局领导，1956年起由新成立的沈阳铁路管理局领导。几经变革，至1985年，大连铁路分局管辖营口、大石桥以南的全部铁路，营业里程500多千米。

一、铁路建设

铁路线路 自大连光复及至中华人民共和国成立，大连地区铁路得到修复并有新建。1947年1月至1952年11月，大连至旅顺、大连至杏树屯、大连至哈尔滨、杏树屯至城子坦的铁路相继修复通车。1958年12月，大连至大石桥间铁路复线修复通车。新建若干铁路支线、联络线、专用线。支线有1953年12月建成的田老支线（田家站至老虎屯站，后更名田五支线），1962年3月建成的白五支线（白水井站至五岛站，后更名白老支线）；联络线有1949年12月建成的二广联络线（二十里台站至广宁寺站），1954年建成的周七联络线（周水子站至七公里站），1982年10月建成的南革联络线（南关岭站至革镇堡站）；专用线主要是大连港专用线。1984年7月，城子坦至庄河地方铁路动工兴建。到1985年，形成以长大线为干线、连接5条支线的辽东半岛铁路运输网。沈阳铁路局大连分局所辖大连市境内线路总延展长度972.3千米，营业里程449.6千米。其中主要线路有：长大线（全段双线，延展长度328.7千米，营业里程162千米）、旅顺线（全线单线，延展长度50.8千米，营业里程52千米）、金城线（全线单线，延展长度101.8千米，营业里程102千米）、南甘线（全线双线，延展长度22千米，营业里程12千米）、田五线（全线单线，延展长度58.3千米，营业里程61千米）、白老线（全线单线，延展长度12.4千米，营业里程11千米）。

铁路站点　大连地区最早的火车站应东清铁路通车而配建，时有旅顺火车站、大连火车站。旅顺火车站建于1900年10月，出于军事和海陆联运需要，站址建于旅顺港码头附近。大连火车站建于1903年，为东清铁路通车时使用的临时火车站，位于达里尼（大连）市行政区东部（今中山区青泥洼桥之胜利广场北侧），站台位于线路北侧，是沙俄修建的东清铁路南满支线大连至旅顺的始发站和终点站。该火车站于1907年日本满铁进入大连后启用并重修。

中华人民共和国成立后，主要铁路枢纽和车站经过多次扩建和改建。到1985年，大连铁路分局管内有车站53个。大连枢纽沿长大线大连站一端30多千米路段分布，由11个枢纽专业站及若干条联络线、专用线组成。枢纽专业站分别是大连站、大连北站、大连东站、大连西站、甘井子站、南关岭站、革镇堡站、沙河口站、周水子站、大房身站、金州站。分局管内有办理客运业务的车站50个、旅客乘降所18个，其中大连市境内分别为41个和16个；有办理货运业务的车站51个，其中大连境内42个。

大连站是全国铁路客运编组站之一。1985年，车站占地面积4500平方米，主楼建筑面积8433平方米，其中旅客候车大厅和候车室2644平方米。有天桥63米，地下旅客通道85米，站台面积1.91万平方米，站前广场面积1.48万平方米。大连北站是大连枢纽货运编组站，承担长大线、金城线、旅顺线的列车解体编组和大连港及枢纽内部分取送作业。1985年，有货运装卸线1779米，货运站台面积5624平方米，仓库面积2973平方米，堆场面积2.48万平方米。大连东站是大连枢纽零担装卸专业车站。1985年，有货运装卸线1542米，货运站台面积3815平方米，仓库面积1.33万平方米，堆场2528平方米。甘井子站始建于1930年7月，为南甘支线终端站。南关岭站始建于1907年4月，是长大线中间站和南甘线接轨站。中华人民共和国成立后，两站多次扩建和改造，成为枢纽区小运转编组站或辅助编组站。

铁路机车　中华人民共和国成立之初，大连铁路分局的列车牵引动力全部为小型和杂型机车，由日本、美国、英国、比利时等国家制造，共16种机型。1950—1985年，客货列车机型共发生7次变化。长大干线直通货物列车主型机车，1950年为解放1型，1954年为解放2型，1959年为前进型（1956年出厂为和平型，1966年改为反帝型，1971年改为前进型）；干线旅客列车主型机车，1950年为胜利6型（由日本产后改名），1960年为人民型；干线摘挂货物列车主型机车，1950年为解放1型，1975年改为建设型；金城线、旅顺线货物列车主型机车，1950年为解放6型，1982年改为建设型。1985年，大连铁路分局蒸汽机车数量由光复之初的47台增至100多台，且均为国产机车，其中最大牵引功率为2980马力。从1985年下半年开始，大连机务段将蒸汽机车段逐渐改造成内燃机车段。

二、铁路运输

客运　中华人民共和国成立后，大连铁路分局旅客列车每日开行车次不断增加。1950年开行5对，1957年开行18对，1975年开行23对，1985年开行22对。大连至沈阳有特快列车，大连至北京、哈尔滨、齐齐哈尔、佳木斯等地有直快客车。1951年旅客发送量353.4万人，1957年为1312.5万人，1961年为3151.1万人，平均年递增24.5%。20世纪60年代初，受经济形势影响，客运量逐年下降。1965年旅客发送量1877.8万人，平均每年递减9.8%。1965年以后，旅客发送量以平均每年3.2%的幅度递增（不包括“文化大革命”期间红卫兵“串连”流量），1976年为2812.4万人，1984年为3409.7万人，1985年3277万人（因短途票价调整）。

货运 1945年大连光复前，大连铁路分局的货物运输能力输出大于输入，为的是满足沙俄和日本侵略者掠夺中国资源和侵略的需要。中华人民共和国成立后，大连铁路货物运输转向服务于社会主义建设，20世纪50年代起，货物发送量和到达量都有较快增长。货物发送量1952年为550.7万吨，1956年为1041.9万吨，1980年为2685.6万吨，1985年为2863.4万吨；货物达到量1953年为902.5万吨，1956年为1085.9万吨，1980年为3003.1万吨，1985年为3767.5万吨。"文化大革命"时期货运量呈下降趋势。大连枢纽的货物运输量在大连分局货物运输总量中占有大比重。1985年，大连枢纽货物发送量1916万吨、到达量2673万吨，货运量总计4589万吨，占分局货运总量69.2%。在大连市内集散的货物，发送量1202万吨、到达量1722万吨，货运量总计2924万吨，占枢纽货运量的63.7%。大连港转运货物发送量714万吨、到达量951万吨，货运量总计1665万吨，占枢纽货运量的36.3%。

第三节 海 运

大连有着优越的港口条件和特殊的地理位置，为从事海上运输奠定了良好基础。早在秦汉时期，大连就与山东半岛沿海地区有舟楫往来。20世纪初沙俄在大连建港后，大连成为东北的门户，海上运输由此渐频。日本侵占时期为大肆掠夺资源，海上运输十分频繁，海运成为日本攫取中国东北地区粮谷、大豆、煤炭等资源的重要渠道。1945年8月大连光复后，苏军控制了海运全部事务。1949年4月，大连轮船公司成立（1985年由交通部直属）。同年9月，国民党招商局商船"海辽"号起义，抵达大连，成为该公司"东方1"号轮。1954年，旅大航运公司成立，为地方经营的市属海运企业。1980年，大连远洋运输公司成立，拥有远洋运输船舶8艘，大连成为中国五大远洋运输基地之一。到1985年，大连共有海运企业3家，船舶67艘，其中大连轮船公司船舶26艘（客货轮13艘，货轮10艘，油轮3艘），总运载能力1.36万客位、5.79万吨；大连远洋运输公司在营远洋运输船舶25艘（原油轮4艘，成品油轮7艘，货轮14艘），总运载能力137.7万吨；大连海运公司船舶16艘，总运载能力5.24万吨。

一、海运航线

1945年大连光复后，开通的第一条海上客运航线是1948年11月"兴华"轮航行的大连至烟台航线。中华人民共和国成立后，大连地区恢复和发展的客运航线有渤海湾航线、区域航线、国际旅游观光航线、近岸游览航线。1951年，北洋区海运管理局把客运航线固定为大连至威海、大连至烟台等6条，1953年调整为9条。1956年开始，随着2000吨级新型客、货班轮的相继投入，大连成为东北和华东地区海陆联运中转枢纽，大连至烟台成为北方最繁忙的航线，客流量一直占全地区60%以上。1985年，由广州海运局开辟广州至大连定期客运航线，是国内最长的沿海客运航线，全长1348海里（中间挂靠青岛港）。

中华人民共和国成立初期，大连地区的货运航线主要有大连至安东、大连至营口、大连至秦皇岛、大连至天津、大连至龙口、大连至烟台、大连至威海、大连至石岛、大连至青岛、大连至连云港及这些港口邻近的中小港，还有市内沿海的庄河、长山诸岛的港口。1980年，大连轮船公司开辟了第一条不定期国际航线。1981年4月，大连海运公司“黄金山”号货轮首航香港。1981年5月，“辽海2”号首航广州，同年10月首航海口港。1985年4月，大连港至日本横滨、神户、大阪定期货运航线正式开通，是中华人民共和国成立后大连港第一条国际定期航线。同年7月，大连至香港的定期航线开通。

二、客货运输

客运　包括大连沿海客运和地区陆岛客运。

沿海客运。20世纪40年代以前，大连沿海客运以日资企业和政记轮船公司为主，其客运航线有大连至烟台、大连至威海、大连至龙口、大连至安东共4条。太平洋战争爆发后，政记轮船公司的船舶全部被日军征用，并相继被击毁、炸沉。大连光复之初，大连地区仅有少量木质帆船往来于山东半岛和辽东半岛之间。1949年4月大连轮船公司成立后，由同利贸易公司拨款购进了从海里打捞上来的1艘200吨木质机动船，定名为“东方6”号。这是大连轮船公司拥有的第一艘机动客船。同年6月，恢复大连至烟台客运航线。同年12月，又将1艘日本1921年建造的救助船打捞修复，命名为“东方5”号。这是大连轮船公司拥有的第一艘钢质客轮。20世纪50年代初，大连轮船公司恢复和开辟了大连至威海、大连至青岛、大连至石岛等6条航线。1955—1956年，2000吨级的客货班轮“民主10”号和“民主11”号等轮船陆续投入使用，客船增至7艘。1975—1985年，又先后投入9艘3000—5000吨内燃机新型客货班轮，增加运力4.2万吨、客位10887个。1985年，该公司有客货轮13艘、13636客位，经营的客运航线有大连至烟台、大连至龙口、大连至威海、大连至天津新港、大连经石岛至青岛、烟台至天津新港、龙口至天津新港。当年客运量251.7万人次，旅客周转量2.96亿人·海里。

陆岛客运。大连光复之初，大连地方海上客运只有1艘89客位的小型木质客船“烟海10”号，担负大连至长海五岛的客运任务。1952年4月，大连民船运输公司成立，经营并代理私营小型船舶，开辟了大连至长海五岛的定期航线。1954年，在大连民船运输公司基础上成立旅大航运公司（1955年改称辽宁省交通厅航运管理局旅大分局，1958年又恢复原称），除原经营业务外，开始独立经营国营运输船舶，并将“烟海10”号改为“连运56”号。1958年，将140马力、134客位的木质客船“连运55”号替代“连运56”号，运行于大连至长海航线。1964年，将旧游览船改造成660马力、时速9海里、有216客位的钢质客船“辽民1”号并投入运营后，客运量有所增加。1977年，由大连造船厂建造的900马力、时速12海里、有420客位的钢质客轮“辽民3”号运营于该航线后，地方海上客运交通难问题得到基本解决。1980年8月，旅大航运公司改称大连海运公司。1985年，该公司从事辽宁省沿海客运，有客轮2艘、1070客位，完成客运量18.7万人，旅客周转量834万人·海里。

大连陆岛客运航线还有大长山至皮口、大长山至庄河等航线。大长山至皮口航线20世纪50年代由民间小型木帆船从事客运，20世纪70年代后由大长山人民公社和航运队投入运营；大长山至庄河航线是大长山至石城岛、大王家岛航线的延伸，1966年起由135马力、时速7海里、131客位的“辽民2”号运营于该航线。

货运　包括国内沿海运输、远洋运输和地方企业海上运输。

国内沿海运输。1946年，中国国民党军队一度占据普兰店一带，对大连实行海陆封锁。旅大时为特殊解放区，其海上运输以军运为主，数以百计的木帆船、机帆船、汽船往来于东北和山东沿海各港，将大量的军用物资运往前线，支援解放战争中的中国人民解放军。1949年4月大连轮船公司成立后，修复了1艘国民党从营口撤退时烧毁的“宣怀”号货轮，载重量3000吨，改名为“东方2”号，该轮成为大连轮船公司的第一艘蒸汽机货船。同年9月，方枕流船长率国民党招商局商船“海辽”号起义抵达大连，改名为“东方1”号，加入大连轮船公司，该船载重量3000吨位。大连轮船公司后又购买“东方7”号等6艘货轮。1968年以后，大连轮船公司又先后在国内外建造和购买了“新华”号、“林海”号、“大庆”号等货(油)轮，扩大了船队规模。1985年该公司有货轮10艘、油轮3艘，载重量5.79万吨位，完成货运量222.2万吨，货物周转量7.39亿吨·海里。

远洋运输。大连光复之初，大连轮船公司有3艘货轮挂方便旗，航行于大连至香港间。1975年交通部决定在大连建立远洋运输企业，并于1978年成立大连海运管理局，1980年1月1日更名大连远洋运输公司。大连远洋运输公司成立之初有杂货船3艘，年底新增油轮5艘，形成以油运为主体的大型船队，当年开辟国际航线6条，完成货运量56.8万吨，货物周转量8.3亿吨·海里。1985年，大连远洋运输公司自有船舶总数26艘、载重量47.3万吨，加上代管大连海运院校等单位散装船4艘，共经营船舶30艘，总运力49.6万载重吨；开辟的远洋航线有日本、俄罗斯、朝鲜、韩国、菲律宾、新加坡、马来西亚、泰国、印度、印度尼西亚等16个国家和地区的近70个港口。

地方企业海上运输。1952年，大连民船运输公司经营和代理的私营木帆船有932艘、1.5万载重吨。1956年一度拥有安东归并后带来的拖轮和驳船。1958年，旅大航运公司接管第一艘钢质货轮“连运29”号、载重量840吨，结束了大连地方国营海运企业无钢质货轮的历史。大连光复之初，私人木帆船只在大连至庄河、大连至安东航线航行。1954年组建旅大航运公司后，地方船队开辟了大连至山东、大连至天津航线；1959年开辟了大连至上海、大连至江苏航线；1964年开辟了大连至福建航线；1969年开辟大连至浙江、大连至湖北航线；1981年在全国地方海运系统中又首辟大连至广东、大连至海南航线。至此，大连地方海运航线已达国内沿海及内河12个省市近80个港口。

三、海运企业

大连轮船公司　1949年4月20日成立。1950年3月改称大连航务局，有船舶30艘，总载重能力9679吨位、1455客位。1951年4月，大连航务局并入北洋区海运管理局。之后，先后归属于东北航务总局、交通部北洋区海运管理局、上海海运管理局，曾更名为上海海运管理局大连办事处、大连分公司、大连分局。1985年，从上海海运管理局划出，独立组成交通部直属的大连轮船公司，担负青岛以北的沿海客运、国内沿海货运、国际近洋货运业务。当年有船舶26艘，13636客位、57870吨位，年完成客运量251.7万人次、货运量222.2万吨。

大连远洋运输公司　1980年1月成立，时有远洋运输船舶8艘，其中油轮5艘、杂货轮3艘，当年完成货运量56.8万吨，货运周转量82742万吨海里。1981年末，运输船舶增至18艘，当年完成货运量488万吨。1985年，为交通部直属五大远洋运输企业之一，主要担负着中国石油对外输出和国际其他远洋航运业务，经营船舶30艘，总运力49.6万吨，全年货运量612万吨。

大连海运公司　1952年4月，隶属交通部北洋区海运管理局的大连民船运输公司成立，主要管理大连的民间船舶，并代管部分企业小型汽船，时管小型船舶200多艘、2万载重吨。1954年公司交由地方管理，成为大连第一个地方海运企业，并更名旅大航运公司，除原经营业务外，开始独立经营国营运输船舶，当年有船舶8艘、载重量

801 吨，完成货运量 2.8 万吨，货物周转量 728.6 万吨·千米。1977 年新造 1 艘新型钢质客轮“辽民 3”号、420 个客位，运营大连至长海航线。1980 年改称大连海运公司。1985 年，公司隶属于市交通局，承担大连沿海客运、国内沿海以及长江和珠江货运、国际间近洋货运业务，生产规模居辽宁沿海地方经营的航运企业首位，有各种运输船舶 16 艘，其中沿海船舶 12 艘（客轮 2 艘、1070 客位，货轮 10 艘、7000 吨位），近洋船舶 4 艘（4.54 万吨位）。

第四节　民　航

1972 年 10 月 6 日，经国务院、中央军委批准，在中国人民解放军空军大连周水子机场建立三级民用航空站，隶属于中国民航沈阳管理局。翌年 3 月 3 日，民航大连站正式组建，同年 4 月 6 日，大连—沈阳—北京航线首次开航。1975 年，民航大连站开始办理国际客货运输业务。1977 年，候机楼建成交付使用。1981 年 7 月，大连站由三级航站升为二级航站。1984 年 7 月，大连机场作为国际机场正式对外开放。1985 年，起飞 1583 架次，发送旅客 7.49 万人次，货邮发运量 1802 吨。

一、周水子机场

周水子机场位于大连市区西北部，原为清朝末年的跑马场。日本侵占大连后，于 1924 年动工将其改建为军用机场，1927 年 7 月建成，开辟东京—汉城（今首尔）—大连航线，成为日本侵略中国的航空基地。1945 年 8 月 22 日，苏军进驻并接管机场。

中华人民共和国成立后，1955 年 5 月，机场正式移交中国人民解放军空军，改称空军大连周水子机场。1972 年 10 月 6 日，大连民用航空站在空军大连周水子机场建立，机场为军民合用。1973 年 3 月 3 日，中国民用航空大连站正式组建，同年 4 月 6 日举行开航典礼，首航大连—沈阳—北京航线。其时机场跑道长 2040 米，宽 60 米，厚 0.18 米，水泥质。1977 年，候机楼建成交付使用。1978 年，建成中心发射台、远距离导航台和变电系统。1981 年 7 月，大连民用航空站由三级升为二级。1984 年 4 月，大连民航站对机场跑道、停机坪进行扩建，同年 11 月 20 日，工程竣工并交付使用。扩建后的机场占地面积 318 万平方米，其中有效使用面积 218 万平方米；混凝土跑道长 3200 米、宽 60 米（含道肩）、厚 0.37 米，可起降波音 747 等各类大型飞机；停机坪面积 4 万平方米，混凝土质，可同时停放五六架波音 747 或 MD—82 型大型客机。1985 年末，大连民航站购进 MD—82 型飞机 2 架作为驻场飞机（于翌年 1 月启用）；有地面设备 69 台（辆），通信、导航、航行管制设备 40 余台（部）。

二、客货运输

1973 年，北京—沈阳—大连航线开通，系民航大连站开通的第一条国内航线。该航线沿铁路线飞行，航程 1000 千米，每周 2 班。翌年 12 月，改为大连—沈阳、大连—北京（跨渤海飞行）航线，航程分别为 385 千米、575 千米。1982 年，开辟大连—青岛—上海航线，航程 1012 千米。1985 年，相继开通大连—广州、大连—北京—天津、大连—丹东、大连—长春—哈尔滨、大连—青岛—南京、大连—上海航线的国内航线，每周 32 班，同年还开通大连至香港地区包机航线，大连至日本东京、名古屋、福冈，大连至加拿大的国际包机航线。

1973 年，民航大连站飞机起飞 258 架次，完成旅客发运量 1060 人次，货邮发运量 71.8 吨；

1979 年，飞机起飞 741 架次，旅客发运量 1.69 万人次，货邮发运量 1012.3 吨；1985 年，飞机起飞 1583 架次，旅客发运量 7.49 万人次，货邮发运量 1802 吨。

第五节 邮 政

早在公元 6 世纪，大连地区已有以传递军情为主的烽燧通信和兼以推行政令的官方邮驿。隋末唐初，辽东统治者为屯兵戍边，在辽南筑起众多烽火台。唐代邮驿极盛，驿道四通八达，大连地区已有陆驿、水驿和水陆兼办驿馆。金代苏州（今金县）设驿馆、递铺，开辟了苏州至山东登莱通往宋都汴梁（今河南开封）的驿路。明代辽宁地区共有 4 条驿道，其中之一辽旅线，以辽阳为起点，经鞍山、海州（今海城）、耀州、盖州（今盖县），抵复州、金州（复州卫、金州卫），共 12 处驿站、405 千米，其中大连地区有驿站 7 处〔五十寨驿、复州卫城驿、栾古（今岚崮）驿、石河驿、金州卫城驿、木场驿（今牧城驿）、旅顺驿〕、递运所 7 处，驿程 225 千米。清中期辽南复州和宁海县（今金县）驿站被裁撤，设递铺 14 处、递运所 1 处（在旅顺）。光绪三十三年（1907）七月，递铺被裁撤。

光绪二十二年（1896），清廷开办大清邮政后，开辟了牛庄（今营口）至大连地区复州、金州、大连湾、旅顺的邮路，在金州、大连湾、旅顺等处设邮政局，于五湖嘴（今复州湾）等地设邮政代办所。北洋水师饬令舰船带运邮件，构成不定期的水路邮路，开始了近代邮政通信。俄、日殖民统治时期，为方便其殖民统治，建立了一些邮政设施。

大连光复后，1946 年 3 月，大连市政府接收日本关东递信官署之递信局及其所属大连中央邮便局和市内各邮便局，成立旅大邮政管理局；5 月，成立旅大电政总局；6 月，旅大邮政管理局与旅大电政总局合并，成立旅大邮电总局（1947 年 4 月改为关东邮电总局，1949 年 5 月 1 日改称旅大邮电管理局）。中华人民共和国成立后，1954 年旅大邮电管理局撤销，金县、旅顺市、长海县邮电局划归辽宁省邮电管理局，同时成立大连邮电局，只管市内邮政、长途电信和市内电话通信。1970 年 1 月邮政与电信分设，1973 年 10 月再次合并。1980 年 8 月 1 日，大连至烟台水道邮路开通。1983 年 4 月，辽宁省邮电管理局将金县、新金县、复县（今瓦房店市）、庄河县、长海县邮电局管理权下放归大连市邮电局。1985 年，大连市邮电局在各区县（市）设邮电局（所）185 处（含代办所 5 处），其中中山、西岗、沙河口、甘井子 37 处，旅顺口区、金县、新金县、瓦房店市、庄河及长海县 148 处；共有服务网点 1863 处。1985 年，大连地区有汽车邮路、铁道邮路、水道邮路、航空邮路 9500 余千米。

一、邮路

大连地区古代邮路称邮差邮路，包括步差、骑差、车马差。到近代，邮路已逐步发展为步班邮路、马班邮路、自行车邮路、汽车邮路、铁道邮路、水道邮路、航空邮路等多类邮路。步班邮路、马班邮路、自行车邮路、汽车邮路统称普通邮路，因皆以公路为邮路，姑且称之为公路邮路。

公路邮路是最早使用的邮路。清光绪二十八年（1902）七月，清廷开辟了牛庄（今营口）经大石桥、盖州至金州、大连湾、旅顺的普通邮路，由步班或马班邮差寄递邮件。日本殖民统治大连期间，在邮便局（所）间开通多条普通邮路。

1949年中华人民共和国成立后，旅大邮电管理局建立市、县、区、乡间邮路1877千米，其中80%为步班邮路，少部分为自行车邮路和汽车邮路。自20世纪50年代起，普通邮路由乡（镇）快速向下延伸。1958年普通邮路有1.48万千米，其中自行车邮路占三分之二以上，步班邮路锐减。至20世纪70年代后，步班邮路已基本被自行车邮路和汽车邮路所取代（大连地区于1956年首次出现自办汽车邮路）。1985年，大连地区有公路邮路3430千米，其中自办汽车邮路595千米，委办汽车邮路2835千米。

大连地区最早的铁道邮路，是光绪二十六年（1900）沙俄开通的旅顺到营口的铁道邮路。抗日战争胜利后，中国国民党对旅大地区实行封锁，致使大连至东北和全国的铁路停运，铁道邮路中断。1946年4月，有3条铁道邮路恢复通邮，1949年2月与东北地区的铁道邮路基本全面恢复。1975年1月，大连至长春火车专用邮厢运邮开通，半年后停运，1981年再恢复。1985年，大连地区铁道邮路1842千米，比1949年的135千米增长12.6倍。

大连地区水道邮路开通于清光绪年间。据《奉天通志》记载，其时往来旅顺、大连湾口岸的北洋兵船以及小平岛、旅顺往来烟台、蓬莱的商船，均带运邮件。大连光复后，先后于1949年开通大连至烟台、大连至长山县（后改长海县）小长山岛委办水路邮路。1973年，辽宁省邮电管理局投资建造机动船“辽邮1”号，开通大连到长海县（大长山岛）及其岛屿间的水道邮路，这是省内首次开通的自办水道邮路。为解决东北与山东半岛邮件运输问题，邮电部又于1980年投资建造“鸿雁1”号、“鸿雁2”号邮船，投入大连至烟台港之间自办水道邮路的邮件运输。1982年，2艘邮船开始担负大连至上海、宁波、温州等地滚存邮件抢运任务。1985年，大连地区有单程水道邮路395千米。

大连地区航空邮路开通于日本殖民统治旅大时期。中华人民共和国成立后，大连地区于1973年正式开办航空邮路，4月6日，开通大连—沈阳—北京航空邮路。1982年8月9日，开通大连—青岛—上海航空邮路。1985年3月16日，开通大连—北京、大连—广州航空邮路。1985年，大连地区有单程航空邮路3850千米。

二、邮政业务

清光绪四年（1878），清廷委令天津海关首次发行“大龙”邮票，成立海关邮务办事处，试办邮政。光绪二十二年（1896），清廷正式批准开办国家邮政——大清邮政。到1985年，大连地区已开办函件和包裹寄递、报刊发行、邮政汇兑和储蓄、集邮等邮政业务。

函件寄递　清光绪四年（1878），清廷始试办邮政，于牛庄（今营口）等通商口岸海关书信局向公众开办信函业务。1945年大连光复之初，邮件数量较少，随着解放战争的胜利和解放区的扩大，邮件数量大增。1949年中华人民共和国成立之年，出口信件达229.5万件，比1946年增长47.9倍，之后10年持续上升。1954年办理1013万件，1956年办理2099万件，1960年办理4240万件。1967年和1968年函件办理量骤减，年均办理1800万件。1970年以后，受知识青年上山下乡、干部进“五七”干校等因素影响，办理函件明显回升。1976年，大连实现与瑞士、英国、法国、荷兰、联邦德国的水陆直接通邮，经北京、上海、广州、丹东国际邮件互换局，与世界五大洲120多个国家和地区通邮。1985年，办理函件3900万件，其中国际函件32万件。

包裹寄递　中华人民共和国成立后，于1950年开办快递小包和按址投递业务。在1959—1961年经济困难时期，由于市场供应紧张，以食品为主的小件包裹邮寄数量增多。1959年办理小件包裹邮寄35万件，1962年增至45万件。20世纪70

年代，随着知识青年上山下乡、干部下放“五七”干校参加劳动，以食品和生活日用品为主的小件包裹邮寄数量再度翻增。1971—1978年，年均邮寄85.6万件，比1965年增长1.56倍。1978年中共十一届三中全会以后，由于知识青年和下放干部陆续返回城市，生产恢复发展，市场供应渐全，包裹邮寄量明显减少。1981—1985年，年均邮寄包裹降至62.8万件。

报刊发行 1945年大连光复后，关东邮电总局成立战时报刊发行体系，实行邮政、交通、发行“三位一体”。1948年5月1日，大连地区始行“邮发合一”，早于全国近两年，先后接收《大连日报》《新生时报》《关东日报》《实话报》的发行投递工作。1950年12月，旅大邮电管理局接办在旅大出版的《民主青年》杂志和《人民日报》《东北日报》等外埠报纸的发行投递。1951年，旅大邮电管理局发行报纸（含外埠）40种、杂志22种，期发报纸9.1万份、杂志3.28万份。1959—1961年经济困难时期，由于纸张紧缺，部分报刊实行限额发行，加上发行局（所）与零售亭（点）减少，个人订阅大幅下降。1978年，报纸累计期发突破1亿份，杂志期发838.7万份。1980年，报刊发行由以订阅为主转向订阅与零售结合。1985年，报纸、杂志分别累计期发2.12亿份和2277.6万份。

汇兑 沙俄侵占时期，关东州邮政电报局的汇兑业务主要是为其军人和随军家属办理汇款。日本侵占时期，1906年始向公众开办邮政汇兑业务。大连光复后，于1949年2月15日恢复办理区内（当时的旅大地区指石河至杏树屯以南地区）现钞保价汇款业务。中华人民共和国成立后，1950年7月开办东北及内蒙古东部地区汇兑业务，1951年1月开办全国汇兑业务。1959年4月，实行信用凭证——汇票汇款。自1949年恢复汇兑业务到20世纪50年代中期，大连地区一直是进口兑付汇款额超过出口汇款额。1956年办理汇兑72万件。1957年以后出口汇款超过进口兑付款。进入20世纪80年代，与经济信息相关的汇兑业务增多。1980年曾一度取消汇款限额，汇票的平均款额增加。1981年6月起恢复此前每张不超过5000元的限额。1985年，大连地区共汇兑119万件。

集邮 日本侵占大连期间，出售由日本递信省印制的普通邮票和特种（纪念）邮票。大连光复后，旅大邮政管理局于1946年4月1日发行“加印票”（也称“加盖票”），对日本递信省印制发行的3钱和6钱票“大日本帝国邮便”字样上加盖“旅大邮政”，暂作壹元、伍元。1949年4月，关东邮电总局发行由宁秀山设计、《大连日报》印刷厂印制，关东地区贴用的一套3枚普通邮票，这是1945年8月大连解放后首次发行的普通邮票。1946—1950年，旅大地区先后发行旅大贴用邮票20多套（次），史称“旅大区邮票”。1979年5月30日，中国集邮公司旅大分公司成立，1983年6月改称大连市邮票公司。1984年3月8日，成立大连市集邮协会。1984年5月11日，首届大连集邮展举办，参展邮品86部。1985年9月14—20日，举办“大连解放40周年邮票展”，参展邮品66部。

第六节 电 信

大连电信事业始于清代。清光绪十年（1884），北洋水师开办电报业务，同年7月，清廷修建了自天津经山海关、牛庄（今营口），直抵旅顺的东北第一条电报线，在天津设官电总局，旅顺、金州、大连湾设有官电分局。翌年又架设了自旅顺经凤凰城到汉城的国际电报线。沙俄、日本殖民统治时期，先后在大连地区建立电报、电话和无线电报局。1945年8月大连光复，苏军对旅大实行军事管制后，拆走了大连无线电信收发信所的全部设备以及岭前分局和甘井子电话局的交换机设备。1946年，大连市政府将日本统治的邮政、电报、电话局合并，成立旅大邮电总局（1947年4月改为关东邮电总局，1949年5月1日改称旅大邮电管理局）。中华人民共和国成立后，机构几次分合，几易其名。1954年旅大邮电管理局撤销，金县、旅顺市、长海县邮电局划归辽宁省邮电管理局，同时成立大连邮电局，只管市内邮政、长途电信和市内电话通信。1970年1月邮政、电信分设，1973年10月再次合并。1983年4月，辽宁省邮电管理局将金县、新金县、复县（今瓦房店市）、庄河县、长海县邮电局管理权下放归大连市邮电局。

一、电报业务

国内电报　清光绪十年（1884），朝廷为加强辽东防御，架设自山海关经营口抵旅顺的东北第一条电报线（旱线）。翌年3月，架设营口抵奉天的电报线，构建起自旅顺经营口北抵奉天、西经山海关达天津、北京的电报联络线。到光绪二十二年（1896），大连地区共有电报线路289千米。

中华人民共和国成立后，大连地区于1954年首次开通大连到沈阳的电传打字机电路。1959年，大连地区共有电报电路35条、电报机54部。1970—1978年，开通大连—哈尔滨、大连—北京传真电报电路，并首次安装汉字自动译码机，结束了自1884年开通电报以来延续90多年人工翻电码译汉文电报的历史。

1980—1982年，由大连地方投资120万元，敷设了从新金县皮口镇到长海县27.3千米的海底通信电缆；由邮电部投资333万元，敷设了从旅顺口到山东蓬莱159.3千米的海底通信电缆，分别开通24路载波电报、电话电路。1981年，安装200门用户电报交换机，开办用户电报业务。1985年9月7日，大连地区电报电路首次试用汉字电传打字机通报，电报汉字译码的应用始被汉字电传打字机代替。1985年，全地区有载波电报机26部，电传打字机340台（1978年为66台），用户自动电报交换机300门，五单位自动发报机110部；全市发出国内公众电报164.74万份（1949年为4万份），用户电报2.2万次，传真电报186次。

国际电报　清光绪十一年（1885）10月，朝廷建成自沈阳抵仁川、自旅顺经营口、辽阳、凤凰城抵朝鲜的东北最早的国际电报线。中华人民共和国成立后，1950年国际电报出口950份、进口2392份。20世纪70年代，国际及港澳电信业务始有增加。1973年出口国际及港澳电报3.76万份，1978年出口5.04万份，1980年出口9.19万份。1980年，大连开通人工接续用户电报。经北京、上海接转，进入国际电报网。翌年开通传真电报，并开通国际电报线6条。1985年，发往国际及港澳公众电报4.25万份，用户电报12.8万份，传真298次。

二、电话业务

市内电话　1949年中华人民共和国成立时，大连地区共有市内电话交换机17155门，其中市区14571门。1968年11月1日，市内电话五分局在甘井子区周水子前建成，安装1200门史端乔步进制自动交换机，这是大连光复后23年建立的第一个市内电话分局，也是大连市内电话第一次大规模增容。

20世纪70年代，电话交换机容量、杆路长度、电话机部数有较大增长。1978年，电话交换机容量2.98万门，电缆长度由1965年的18.1皮长／千米增至1574皮长／千米，增长86倍；载波终端机197部，增长3.1倍，其中12路载波终端设备从无到有新增37部。1984年6月，完成自大连光复以来最大的新建、更新改造市内电话工程，包括于岭前桃源街和沙河口区黑石礁同时建成的七、九两个电话分局，分别安装2000门和1000门纵横制交换机；更新改造的电话四分局，运行40多年的日制步进制交换机被淘汰，安装国产纵横制交换机4000门。各县（区）的市内电话也进行了更新改造。1985年，市内电话交换机容量38700门，市内电话52004部。

农村电话 1916年，中华民国复县公署架设从复州城至瓦房店30千米电话线，两地开通电话，于复州城建电话总局，于瓦房店建电话处。这是大连地区早期设立的农村电话。中华人民共和国成立后，1951年全地区建有农村电话交换点10处，分别是旅顺水师营，金县三十里堡、石河、亮甲店、登沙河，新金县普兰店、城子坦，复县复州城、松树，庄河县青堆子，交换机容量1135门。“二五”计划时期，农村电话发展迅速。1962年农村电话交换点增至123处，交换机容量4758门。1974年10月，市邮电局在凌水镇建电话四分局48支局，安装200门国产纵横制自动电话交换机，首次实现纵横制与步进制两种不同制式交换机的联网。1978年，金县石河镇率先在全地区淘汰人工电话交换机，安装200门纵横制电话交换机，建成辽宁省第一个农村自动电话交换点。1985年，全地区有农村电话交换点178处，交换机容量21240门，安装电话机11584部。

长途电话 1901年，旅顺电话交换局与达里尼（大连）中央电话交换局之间开通长途通话接续业务，是东北地区最早的长途电话。

中华人民共和国成立后，旅大邮电管理局于1950年11月架设完成沈大电信线路工程（沈阳到大连）大连到大石桥段200千米电信线。这是大连光复后首次进行的大型线路架设工程。同年，建成并开通大连到山东烟台特高频无线电台，构成大连与山东半岛及经烟台与华东地区的长途电信网。1960年，长途电话电路达到93条，比1957年的28条增长2.3倍，全年办理长途电话卡85.7万张。1981年，敷设新金县皮口镇到长海县大长山岛27.3千米的海底电缆，1982年建成旅顺口到山东蓬莱159.3千米的海底电缆。1982年，大连市邮电局将长途通信设备由上海路2号（1923年建局时市内电话与长途电话合用）迁至长江路134号胜利桥电信大楼，建筑面积由原来不到200平方米增至2000多平方米，长途电话交换由38坐席增至70坐席，记录、查询由20坐席增至32坐席，电路由160条增至320条。1985年8月，对长途电话和市内电话出中继线进行技术改造，出中继线由1968年的160条增至460条。1985年，办理长途电话业务量462.6万张，其中国内公众电话457.2万张。

大连地区国际公众电话业务始办于1928年。1928年6月，大连到朝鲜京城的有线电话开通，翌年又开通到朝鲜京城的无线电话。中华人民共和国成立后，于1951年4月开通大连经沈阳到苏联海参崴的国际电话。1963年7月，大连经沈阳到越南河内电话开通（1973年停用）。1979年，开通大连到北京短波无线国际电话电路。1981年3月，增设国际电话专线台，首批开通大连宾馆、大连棒棰岛宾馆、大连饭店、大连国际海员俱乐部等专线。1981—1985年，大连到波兰、英国、美国、日本、津巴布韦、莱索托、危地马拉、韩国、以色列等国家和地区的电话先后开通。1983年，大连地区办理国际及港澳长途电话1.95万张，1985年办理5.74万张。

第五章　商贸　旅游

大连的商业与对外经贸活动历史悠久。秦汉时期，旅顺口、羊头洼等自然港口已有航运贸易活动。唐代旅顺口是首都长安通往中国东北及高句丽、日本国的中转港。明代在大连地区广设驿站后，驿路途经之地商业兴隆，金州、复州成为辽东半岛政治、经济、文化中心。清代颁布辽东招民垦荒令后，旅顺、金州、复州城、貔子窝（今皮口）、归服堡（今城子坦）、红崖山（今庄河镇）、青堆子、大孤山等地的商贸活动日益繁荣并渐成规模。康熙五十二年（1713）设立旅顺水师营之后，水师营驻地十字街成为繁盛的商业街。光绪六年（1880）在旅顺建立北洋水师基地之后，驻地菜市街、西大街南部一带的商业活动十分兴旺。1945年8月大连光复之初，大连商业一度陷入混乱与衰退之中，呈现出殖民经济与半封建经济的混合形态。市政府成立后，开始没收敌产，整顿市场秩序，于11月20日宣布解散大连市商会、大连西岗商会、西大连商会。同年12月20日，大连市总商会举行成立大会。到中华人民共和国成立前，公营商贸公司及其所属商店成为商业支柱。中华人民共和国成立后，大连经过对手工业、资本主义工商业进行社会主义改造，社会主义商业逐步确立。1954年旅大市开始实行棉布、粮油统购统销政策。三年困难时期，有更多日用品、食品、副食品商品被纳入凭票供应。20世纪50年代，由于帝国主义对中国的封锁禁运，大连的对外贸易范围极有局限，仅与苏联、东欧、朝鲜、中国香港等国家和地区通商。20世纪60年代中苏关系恶化后，对苏联和东欧贸易的比重急剧下降。1978年改革开放后，大连地区商业与对外贸易进入历史上最为繁荣、快速发展的新的时期，多种经济形式得到发展，流通渠道得到拓宽，凭票证购买商品的历史陆续结束。1984年，中共中央、国务院决定将大连市列为14个沿海开放城市之一，批准大连市实行计划单列（1985年1月1日起实施），赋予大连市对外贸易自营权和省级对外经济贸易管理权限。到1985年，大连地区形成了以日用工业品商业、副食品商业、饮食服务业、粮油购销业、供销商业、医药商业、烟草专卖业、物资供城乡集市贸易为门类，以国有企业为主，集体、合资、外资、个体私营企业并存发展的商业格局。1985年全市城乡共有商业、饮食服务业网点53650个，进出口公司18家，有外贸分公司9家。

清代大连旅游已有盛名，而真正将旅游业作为城市产业的历史，则是在中华人民共和国成立之后的20世纪80年代。1980年大连市制定了旅游资源开发十年规划，开始大规模兴建旅游景区景点。1985年始将“旅游”与“港口、工业”一起定位为城市性质，旅游业从此进入快速发展时期。

第一节　商　业

西汉中期至东汉末期，位于辽东郡南部的大连地区社会相对稳定，海陆交通便利，经济比较繁荣。大连地区多处汉墓考古均发现许多五铢钱，表明这一时期以自然经济为基础的商业贸易和货币交换活动频繁。唐代大连地区的旅顺、大连湾、大孤山与山东半岛多有水上交通往来和商业贸易活动，闽、浙商船也有通达。明永乐年间在大连地区广设驿站后，金州、复州在城驿以及沿途驿站多现粮谷、杂货、饭庄、客栈、木匠铺等店铺，常年有米市、木市、猪市、马市、鱼市等集市贸易。清康熙五十二年（1713）旅顺设立水师营后，水师营驻地有米店、菜行、杂货铺及柴草、牲畜交易点，成为繁盛的商业街。乾隆元年（1736），普兰店（今新金县）夹河庙庙会成为大连地区规模最大的庙会，年客流多达20万人次、成交额110万元。乾嘉年间，庄河地区始见开业的中医和中药铺。道光年间，貔子窝已有较大绸缎庄、百货、杂货铺近百家，粮行、鱼行、盐商以数十计。光绪六年（1880）旅顺北洋水师基地开建后，官兵多携家眷居于此，带动商业贸易更加兴盛，菜市街、西大街南部一带多现绸缎庄和百货、杂货、粮谷等店铺。

1945年大连光复之初，带有封建色彩的行会制企业、殖民统治经济的“组合”、反统制经济的黑市混杂其间。各级民主政府成立后开始没收敌产，整顿市场秩序。在没收日本官僚资本企业和伪满商业企业的基础上，相继成立辽东、民生、关东、滨友、新华、中和等公营贸易公司和公营企业。各解放区相继在大连开办同利公司、大华公司、东顺昌、复丰商行、福泉号、华顺、裕大号、兴隆商行等商业企业。1947年4月关东公署成立后设立商务厅，主管大连地区的商业市场。同年末，全市拥有各类商场721家。1949年初，关东百货公司（今天百大楼）成立，此为东北地区第一家大型国营百货零售商店。其时，大连共建有百货、医药、粮食、土产、信托5家国营商业公司。中华人民共和国成立后，于1950年又建立煤业建筑器材、五金电料（后改称工业器材）、花纱布3个公司。此后，8家国营商业公司成为大连的骨干商业企业。1956年，国家对私营商业实行社会主义改造，到1957年，全市共有国营、公私合营、合作零售网点116个。“文化大革命”前，旅大市的日用工业品批发零售市场主要由国营企业经营。

1978年中共十一届三中全会以后，大连地区实行简政放权的商业管理体制和变统购包销为多渠道购销的流通体制改革，商业日益繁荣发展。大连市内已逐渐形成由天津街商业区、青泥洼商业区、斯大林路商务涉外服务街区、中山路商业区、西岗商业街区、西安路商业街区等构成的主要商业街。1985年，全地区共有商业零售网点38449个，比1980年增长6.8倍，平均每千人拥有网点7.9个，其中商业系统（包括第一商业局和第二商业局）拥有网点1642个；全地区社会商品零售额35.4亿元（不包括农民对非农业居民的零售额），比1980年增长96%，其中商业系统零售额13.2亿元，占社会商品零售总额的37.3%。

一、日用工业品商业

明清时期，大连地区经营的日用工业品有地产服装、鞋帽、手工业品等，也有沪、津、江浙等地的绸缎、布匹、五金。金州、庄河等地是东北、山东、江浙等地商品的集散地。俄、日殖民统治时期，大连的商业被殖民统治者所垄断，经营的商品主要是东北特产的玉米、大豆、大米、布料、砂糖、丝绸、棉布等，以及来自日本、朝鲜、中国台湾的商品。日本侵占时期，大批中国商品被运往日本国内，日本等外来商品则在大连倾销。中华人民共和国成立后的20世纪70年代中期，大连地区一度热销并十分抢手的日用工业品是自行车、缝纫机、手表，收音机、照相机，时称“三转一响一咔嚓”。1978年改革开放后，日用工业品市场发生极大变化，商品丰富，货源充足，品种多样。1985年，全地区日用工业品批发与零售网点265个，从业人员1.8万人，分别比1980年增长38.7%和27%；全年商品购进总额16.84亿元，销售总额18.2亿元，分别增长48.7%和46.9%。全年商品零售总额7.47亿元。

日用百货商品　明永乐年间，金州、复州、红嘴堡（今皮口）、红崖山（今庄河）、青堆子等地便相继有杂货铺、鞋帽铺开业。清康熙五十二年（1713）设旅顺水师营后，驻地十字街即成粮食、蔬菜、杂货、牲畜等交易市场。雍正年间，貔子窝多有商船往来，从事布匹、绸缎、杂货、蚕丝等交易。乾隆年间，普兰店夹河庙庙会年客流多达20万人次。俄、日殖民统治时期，开设了一些商店。

1945年大连光复之初，物资匮乏，市场混乱，市场上到处兜售从敌伪仓库流出的“战备物资”和日侨抛出的“荒货”，摊贩最多时达1.2万户。大连市政府等民主政府成立后，在没收日本官僚资产基础上成立的辽东、民生、滨友、新华等贸易公司和解放区，在大连开办同利、福泉号、裕大号、东顺昌等国营贸易商行，成为商贸活动的主体。1948年，各解放区开设的贸易商行陆续撤走或合并，仅保留同利公司。市政府及时组建了经营日用工业品的关东贸易公司（后划分为关东百货公司和关东医药公司，又改名为旅大百货公司和旅大医药公司）。关东百货公司开设的百货商店遍布大连市区。中华人民共和国成立后，1950年3月，旅大百货公司改为中国百货公司旅大分公司，基本控制了全市日用百货业的批发零售业务。1954年，全市有经营百货、日用工业品的国营零售商业网点39家，营业面积11690平方米，年销售额1亿元。“文化大革命”时期，集市贸易和个体商贩被取缔，粮、菜、肉及重要消费品由于物资匮乏而又限制外购导致供给不足而实行凭证凭票供应，化妆品、工艺品、钓鱼用具、文娱用具等商品被禁止经营。1978年实行商业流通体制改革后，日用工业品经营品种和数量逐年增多。1985年主要日用商品零售量：肥皂49.3万箱（1箱120块）、手表28.76万只、皮鞋251万双、化纤布1147万米、棉毛衣裤365万件、毛线581吨，分别比1978年增长57%、1.9倍、99%、2.8倍、64%、1.8倍。

零售百货商店主要有秋林公司、天津街百货大楼、大连商场，皆地处中山区。

大连秋林公司前身是三越洋行，1937年9月由日本财团开办。1945年8月，苏联驻军司令部接收其全部财产，并更名秋林股份有限公司大连分公司，隶属哈尔滨秋林总公司。1953年10月，公司移交中国政府，并更名国营大连秋林公司，隶属国营哈尔滨秋林总公司。

天津街百货大楼（又称天百大楼）前身是几久屋，1933年由日本人建成，时有一层地下室和三层楼体建筑，营业面积5200平方米。1945年，关东公署公安局将其接收，更名大连裕华商场，1949年更名为关东百货公司，后又几易其名。1982年商场扩建为6层，营业面积10200平方米。1985年销售额1.24亿元，占全市当年百货零售额的7.5%，位居全省大型百货零售商店的第二位。

大连商场前身是常盘桥市场（初名信浓町市场），1938年由日本人建成使用，占地面积6570平方米。1945年大连光复后改称大连商场。1958年改称国营大连市场商店。“文化大革命”期间，改称太阳升商店。1981年复更名为大连商场，建筑面积增至2.86万平方米，为经营日用工业品和副食品的大型综合性企业。

五金交电化工商品　明永乐年间，庄河、红嘴堡、大孤山、青堆子相继开埠，始有五金化工产品交换活动。清朝初年，庄河、貔子窝、青堆子等集镇在交通要道上设有铁匠炉，以打制、售卖马蹄铁掌等铁器为营，有些铁匠炉后成了地名，如宋炉、吴炉等。清朝末年，貔子窝、城子坦一带出现经营染料、画笔、蜡烛、纯碱、肥皂等化工产品的杂货铺。日本侵占大连后，日商先后开设满洲油漆株式会社（大连油漆厂前身）、大河染料株式会社（大连染料厂前身），开始大量生产油漆、涂料和染料，垄断了东北市场。1920年，始有中国人兴办的油漆及其他化工原料商行。

1945年大连光复后，五金、交电、化工产业逐步恢复经营。中华人民共和国成立后，1950年4月，国营东北五金电料公司旅大分公司成立，经营产品以生产资料为主，20世纪60年代转以经营小型、通用、民用商品为主，机电产品、机械设备等国家统配物资则移交给物资部门经营。其时产品购销被纳入国家计划，统一调拨和供应。“文化大革命”期间，部分国营工矿企业停产，社会需求量增加，五金、交电、化工主要商品供应紧张，电灯泡、自行车等一度凭票凭证供应，大连自行车厂生产的28型海燕牌自行车成为热销产品。1981年中共十一届六中全会后，五金交电化工商业开始打破国营企业一统天下、封闭式经营的格局。五金交电产品货源增加，销售逐步放开，彩色电视机取代黑白电视机成为销售热门。1984年，市交电公司与大连电视机厂联合建立联营公司，购进电视机21.5万台，销售21.3万台，其中彩电零售12.5万台。大连星海牌电视机销往东北三省及福建、江西、湖南、山东、深圳等地。翌年，日本索尼、东芝、松下等彩电进入大连市场。1985年，市五金公司、市交电公司、市化工原料公司实行以经理负责制为主要内容的企业改革，使企业自主权扩大，全市经营和兼营五金交电化工商品的网点达到494户，由于实行商品按需采购，销售大幅增长，年销售总额3.24亿元。

二、副食品商业

自明永乐十四年（1416）在大连地区广设驿站后，驿路所经之处人口渐多，集市随之形成，小平岛每逢农历初一、十五开市，从事蔬菜、肉蛋禽、豆腐、酱菜等农产品交易活动。清康熙年间，旅顺水师营建成后，蔬菜进入商品性生产。俄、日侵占大连后，蔬菜商品化程度逐渐提高。中华人民共和国成立后至1955年，蔬菜均由农民或个体商户经营。实行农业合作化后，蔬菜经营改由农业合作社统一经营。1976年后，蔬菜市场放开。到1985年，大连市副食品业有批发和零售网点1378个，经营品种万余个，全年购进总额10.42亿元，销售总额11.64亿元，实现利润2372万元。主要副食品零售企业销售额：市第一副食品公司2.47亿元，市第二副食品公司1.99亿元，民寿商场916.6万元，民勇商场1800万元。

蔬菜 清康熙五十四年（1715）旅顺水师营建成后，蔬菜生产开始逐渐进入商品性生产。清末，旅顺蔬菜种植面积348.7公顷。驻地十字街出现早市，有菜农售卖蔬菜。旅顺新市区和金州城有蔬菜水果专营店。俄、日殖民统治时期，专业菜园不断扩大，蔬菜的商品化程度提高，金州、甘井子已成城市蔬菜的主要供应基地。日本殖民统治当局利用批发市场控制蔬果价格，并将其变成日本蔬果的倾销地。

1945年大连光复后，蔬菜恢复自由生产和销售。中华人民共和国成立后，从20世纪50年代中期至70年代后期，蔬菜市场一直由国营商业统管，市蔬菜公司负责衔接产销计划、组织蔬菜上市。1978年改革开放后，蔬菜经营体制实行改革，产销逐渐放开。1979年将全部“统购包销”转为“大管小放”，郊区种植的韭菜、小白菜、西红柿、黄瓜等18个品种被定为“统购包销”品种，其他小品种蔬菜由菜农自销。其后，“统购包销”的品种逐年减少。至1985年，除对大白菜、大萝卜等8个品种实行统一收购外，其他品种全部放开，由菜农自行议价销售。蔬菜市场放开后，鲜菜提前上市，品种繁多，销售活跃。1985年，全市蔬菜供应量27.7万吨，其中国营占83%，自采自销占 7.2%，农贸市场占 9.8%。

肉蛋禽　日本殖民统治大连时期，设立公立市场经营肉蛋禽、鱼类、蔬菜等，后来又有专门的肉行、鲜鱼行、鸡鸭行等副食品店。太平洋战争爆发后，肉蛋禽经营被日商垄断，中国商人经营的店铺多数停业或倒闭。

中华人民共和国成立之初，大连地区由于农牧业生产得到快速恢复发展，肉、蛋、禽产品供应较充足。其时猪、牛、羊肉可自由交易，敞开购买，交易以猪肉为主。20 世纪 50 年代末 60 年代初，由于农村连年受灾粮食减产，加之大办食堂影响农民养猪积极性，猪、牛、羊等肉类产量减少，市场供应紧张，猪肉、牛肉、羊肉均实行计划限量供应。1961 年新年和春节，城市居民每人猪肉供应量仅为 0.25 千克，为历史最少年份。到 1964 年，肉类市场恢复敞开供应。“文化大革命”时期，城乡市场肉、蛋、禽类商品供不应求，实行“按人定量，凭票供应”。中共十一届三中全会以后，由于实行生猪“派养派购”政策，农民饲养畜禽积极性提高，肉、蛋、禽购销量逐年大幅增长。1979 年城市居民年人均猪肉供应量 12.25 千克，1984 年增至 22.5 千克。1985 年 4 月生猪派购取消，本地自给量充足不再外购。同年 5 月，肉、蛋、禽取消定量供应，敞开销售。

糖烟酒茶　辽、金时期，大连地区即有酒类和茶叶交易，南方茶叶主要是从苏州（今金县）关进入大连。元、明时期，大连地区集镇已有糖品交易市场。清光绪元年（1875），金州人王庆麟开办的宝兴居酒作坊，年产黄酒 4 吨。清同治十年（1871），金州人吴洪恩开办的益昌点心铺，日产蛋糕、糖果 100 多千克。

沙俄侵占旅大后，俄国人在旅顺开办酒精制造所，还有商人将欧洲的方糖、奶糖带入大连地区。日本侵占大连后，1907 年大连港始有食糖批量进口。1911 年，日本商人在大连开办东亚烟草株式会社大连分社生产卷烟。1927 年以后，进入大连港的商品中有大量卷烟、烟草、茶叶、砂糖，酒类零售店铺遍布城乡。1941 年太平洋战争爆发后，糖、茶、烟、酒以及糕点、罐头食品被日本殖民统治当局列为军需品，市场食糖奇缺，中国人贩运烟酒糖茶罐头被视为“经济犯”。

1945 年大连光复之初，市场少见卷烟销售，食糖批发与零售均为私营。1946 年关东贸易公司成立后，负责食糖批发业务，零售业务由私营商贩经营。1949 年 7 月旅大行政公署颁布《旅大地区烟酒专制专卖暂行条例》，翌年 5 月在财政厅内设专卖机构。中华人民共和国成立之初，大连地区茶叶经销主要以私人商贩为主，1952 年起茶叶经销归国营商业负责。1953 年，私营食糖批发行被取缔，食糖批发业务由国营专业公司统一负责，酒类实行“统购包销”。1956 年，糕点糖果业全部实现公私合营。20 世纪 60 年代初，糕点、食糖、卷烟、白酒实行凭证供应，茶叶缺货断档。1960 年春节，城市居民 1 ～ 4 人家庭每户 0.5 千克，5 人以上家庭每户 0.75 千克。“文化大革命”时期，烟、酒、糕点、糖果货源紧张，品种减少，市场供应时断时续。

1978 年中共十一届三中全会以后，旅大市恢复烟酒专卖机构。卷烟市场供应充足，过滤嘴香烟占据市场；酒类中白酒、啤酒、黄酒分别被定为统购、计划收购、订购商品；食糖货源增多，古巴糖进口量增加，红糖敞开供应；糕点、糖果品种多样，货源充足；茶叶货源增多，市场需求量逐年增加。1984 年 3 月，大连市烟草专卖局成立，市糖业烟酒公司从此结束经营烟草批发业务的历史。当年大连地区糖果、糕点、茶叶、罐头、奶制品实行多渠道经营，市场货源充足。到 1985 年，大连地区的烟、酒、糖、茶类商品购销逐步退出计划管理体制。

三、饮食服务业

明永乐年间，金州、复州等地设驿站后，周边集镇陆续出现饭庄、酒肆、茶房、理发、客栈、车店等行业。明末清初的连年战争，使以富庶著称的辽南地区一时野无农夫、路无商贾。清朝末年，大连地区再现客栈、理发、照相、洗染、浴池等行业。沙俄强租旅大后，随着建港筑路和兴建市区，饮食业开始兴盛，群英楼、泰华楼、共和楼、登瀛阁餐馆和万泉堂浴池名气较大，中国人饭庄、日式料理店、俄式餐馆纷纷开张。大连光复及至中华人民共和国成立后，饮食业几经兴衰起伏，至20世纪80年代空前兴旺。1985年，大连地区饮食服务业共有网点13535个，从业人员57124人，分别比1980年增长3.4倍和1.3倍；饮食服务经营收入1.05亿元。

饮食业 清代大连地区饮食业比较兴隆，烹饪技艺多受山东鲁菜系影响。大连光复后，大连市成立关东海外贸易服务社（后改为大连贸易公司），经营业务包括旅馆和饭店，为大连第一家国营饮食服务业机构。1947年后，又陆续开办私营贸易公司、代理店、集体性质的消费合作社。其时由于国民党对旅大地区实行封锁，工厂停产，一些失业工人为了谋生，开设了不少小饭店、小食铺、饮食摊。到1949年5月，市区共有饮食店（摊）1191家，从业人员2340人。中华人民共和国成立后，1956年社会主义改造时期，较大饭店都实行了全行业公私合营。到1957年，市内共有饮食网点661家，其中国营23家、公私合营74家、合作饭店564家。1958年"大跃进"时期，饮食店改分散为集中，公私合营饭店升级为国营饭店，合作饭店升级为公私合营饭店，到1960年，市内饮食网点锐减至208家。"文化大革命"期间，传统小吃和名菜受到限制，饮食店改以经营大众饭菜为主。到1976年，市内饮食网点再减至87家。

中共十一届三中全会后，大连的饮食业迅速恢复发展起来，企业多种经济成分并存、经营方式多种多样，饮食网点遍布城乡。1985年，全地区有饮食网点3652个、从业人员2.3万人，分别比1980年增长2.4倍和72.2%。其中，国营网点128个，比1980年下降51.2%；集体网点1010个，比1980年增长1.8倍；个体网点2513个，比1980年增长4.6倍。餐饮市场已经形成以辽鲁菜为母系，广东、四川、台湾等风味俱全，中外结合的饮食风格，并塑造出大连地方特色的海鲜菜系。

群英楼、海味馆、山水楼等成为大连饮食名店。群英楼位于天津街，始建于1892年，1918年成较大规模。1945年大连光复后，先后更名为造船职工消费合作社食堂、修竹饭店、反修饭店、厨师进修班，1983年恢复群英楼老字号。海味馆、山水楼建于20世纪50年代。群英楼、海味馆是以辽鲁菜为主的海鲜菜馆，历经几代厨师的技艺传承与创新，成为大连海鲜菜系的代表餐饮店。山水楼原是南菜馆，后形成集南北菜风味于一体的饮食风格。

服务业 明代辽东广设驿站后，金州、石河、复州、红嘴堡、大孤山等驿所及驿路沿途较大集镇设有客栈、车店，为过往官商提供歇息方便。清末大连地区已开设有客栈、酒肆、照相、理发、洗染、浴池等服务场所。

1945年大连光复后，大连地区服务业逐渐恢复。中华人民共和国成立之初，服务业以私营企业为主。1950年大连地区共有私营旅店280个，从业人员542人。1956年，私营服务业实现公私合营。1958年，服务业实行所有制升级，网点由小并大，数量减少。"文化大革命"时期，服务业网点持续减少。1977年6月，市区服务业户共176家，其中旅馆18家，照相馆 22家，理发店95家，浴池23家，洗染店18家。

1978年中共十一届三中全会以后，政府采取扶持政策，支持社会各行各业兴办服务业，集体、个体网点开办尤多，服务业市场异常繁荣活跃。1985年，全地区有服务业网点9883家，比1980年增长近4倍。服务业网点和从业人员的大幅增加，解决了群众吃饭难、住宿难、洗澡难、理发难等问题。服务行业分布为：旅馆858家，理发店962家，浴池50家，照相馆540家，洗染店27家，小修理及其他服务业7446家。

大连服务业企业主要有大连渤海饭店、大连宾馆、大连摄影社、红星理发厅、人民浴池等。大连渤海饭店位于繁华市中心青泥洼桥，是集旅店、餐饮、旅游、购物于一体的综合性饮食服务企业，1978年10月建成开业，建筑面积2.93万平方米。大连宾馆位于中山广场，是大连最早的宾馆，始建于1909年，时称大和旅馆，建筑面积1.14万平方米，古罗马式建筑风格。大连摄影社位于天津街，1956年建成开业，是大连市第一家最大的公私合营摄影社，营业面积800多平方米。红星理发厅位于青泥洼桥，始建于1920年，始称中央馆，是当时日本人在大连开设的最高级理发馆，大连光复后收归国有。人民浴池位于天津街，始建于1907年，由中国商人开办，取名万泉池，大连光复后改名天津街浴池，1966年更名为人民浴池，是大连最大的综合性特级浴池，营业面积2500平方米。

四、粮油购销业

大连粮油购销始于清代，其时粮食市场实行自由贸易。沙俄、日本殖民统治时期，粮食市场多为统治当局垄断。1931年以后，日本殖民统治当局为扩大侵华战争，在大连设立取引所，以大豆、高粱、豆油、豆饼等进行大宗期货交易、买空卖空，投机倒把。在农村实行“出荷粮”制，强行低价收购粮食；在市镇推行配给制，严禁农副产品自由交易，从而从中掠夺东北地区大批粮食。1945年大连光复后，粮食市场恢复自由经营，其时粮商小贩1200多家。1946—1947年，国民党军队对旅大地区实行封锁，全市粮荒严重。关东贸易公司和解放区设在旅大的贸易公司从外地采运粮食投放市场，帮助渡过难关。一时间市内粮食商贩多达3000多家，其中由关东公署工商局发证商贩1256家。1949年7月，撤销关东贸易公司，成立大连粮谷燃料公司，形成以国营为主、供销社为辅，与私营粮油经营商共存的粮食自由贸易商业网络。

中华人民共和国成立后，以国营为主的粮油业持续发展。到1951年，国营与供销社经营粮油的比重达88.5%，全市储粮能力约1.75万吨。1953年11月23日，国家政务院发布实行粮食计划收购和计划供应（即“统购统销”）政策。1954年5月，市政府宣布对粗粮、豆油实行定点供应、内部定量、凭证购买。直至1978年中共十一届三中全会后，粮油开始实行多渠道经营，改变了由国家粮食部门独家经营的局面。1985年4月1日起，取消粮食统购制，实行合同定购，粮食部门在完成合同定购任务后可实行多渠道经营，在购销价格上实行“双轨制”。

粮食征购 清代大连地区的土地分为民地、旗地，民地有米地、银地、新升科地、滋生地等项。米地即征米之地。以复州米地为例，清雍正八年（1730），每亩征米2升4合～4升4合不等，共征米地12.71万亩。

1945年大连光复后，由市财政部门以征收粮食实物代行农业税，通称公粮。1948年旅大地区粮食产量20.8万吨，征收公粮1.8万吨。中华人民共和国成立后，1949—1952年国民经济恢复时期，国家开始征收公粮，同时收购部分余粮。其时旅大地区由于农民开展互助合作运动，粮食产量逐年提高，公粮征收随之增多。1950年东北人民政府核定旅大地区公粮征收任务2.6万吨，旅大实际征收公粮2.81万吨、地方附加粮4207吨。

1952年旅大地区粮食产量64.31万吨，征收公粮4.6万吨，并收购一些余粮，此举对安定民生、促进国民经济恢复起到重要作用。1953年11月国家实行粮食统购统销政策，旅大市于11月中旬开始实行粮食计划收购试点，即由国家粮食部门统一负责粮食征购和城镇居民口粮、工业用粮、军需用粮供应。是年，旅大市计划收购粮食2000吨，实际收购3044吨，加之征收公粮6.6万吨，共征收粮食6.9万吨。1955年10月，根据中央指示精神，旅大市在农村实行定产、定购、定销（简称“三定”），农民负担相对稳定，生产积极性提高。1956年全市粮食产量78.17万吨，其中征购11.18万吨，比1952年多征6.58万吨。三年困难时期，粮食大幅度减产，全市3年平均产量仅47.79万吨。1965年10月，粮食征购实行“一定三年”政策，确定不变征购基数，实行超产超购超奖办法。1971年又改为“一定五年”政策，农民负担得到减轻。1976年，全市粮食总产量达到129万吨，为历史最高水平。

中共十一届三中全会以后，辽宁省两次下调旅大市粮食征购基数。调整后，年征购基数由9.25万吨降至8.75万吨。1979年3月，国家将粮食统购价格提高20%，超购加价幅度由原来的30%提高到50%，调动了农民增产粮食和交售余粮的积极性。1980年全市征购粮食30.66万吨，比1978年增长47.4%。根据国家政策，大连市从1985年起取消粮食统购，实行合同定购。合同定购以外的粮食允许生产者自由上市销售。是年，辽宁省下达给大连市粮食合同定购任务16万吨，对定购品种实行“倒三七”比例计价收购办法，即三成按统购价，七成按超购价。农民得到休养生息。

粮油贸易　1945年大连光复后，粮油市场皆为自由贸易，市内经营粮食的商贩有3000多户。1947年7—8月，由关东公署工商局发证的粮食商贩就有1256家。1946—1947年国民党军队对旅大实行封锁时，关东贸易公司利用苏军船只和民间帆船从外地采购调运粮食7.2万吨，各解放区派驻大连的同利公司等，也以贸易公司名义采购粮食，支援旅大。同时，各机关团体纷纷组成消费合作社，设立粮食代销专柜。1949年7月1日，大连粮谷燃料公司成立，1950年11月改为中国粮食公司东北区公司旅大分公司，专门经营粮食。至此，国营企业在粮食市场发挥主导作用。

1953年11月，国家对粮食实行计划收购和计划供应，开始对粮食市场实行统一管理，取缔私营粮商。1954年5月，旅大市对粗粮、食油采取定人、定点、定量供应，凭证购买办法，大连地区逐步建立粮食市场20多处。1955年4月，旅大市粮食公司撤销，成立市粮食管理局，县（区）相应成立粮食管理局（科）。农村以行政区为单位，设立粮食管理所；市内设立粮食供应站，直接向消费者供应粮食，共设粮食供应站147处，供应居民14.7万户。市内4区、旅顺市、金县、长海县的非农业人口每人每月定量13.45千克。“文化大革命”期间，将粮站下放到街道、公社的36个工农兵服务部管理，各县（区）关闭了粮食交易市场。

中共十一届三中全会后，大连城乡恢复了粮油集市交易，并可开展议价粮油购销业务，允许粮油实行多渠道经营。1985年4月，国家取消粮食统购统销，实行合同订购，允许农民自由买卖，农村粮油集市贸易逐渐活跃起来。是年末，全市共开设集市232个，其中城镇65个，农村167个；开设城乡粮店533个，其中城镇358个（市区283个），农村175个。全年城乡销售平价粮食8500万千克，供应城镇定量人口的细粮人均137千克，城镇人口的食油供应标准从1979年1月开始由150克提高到250克。

粮食储运　明清时期，大连金州设有民仓、旗仓各1处，征收粮谷存储其中。日本殖民统治时期，大连地区无粮食仓储设施，只在每年秋季征收“出荷粮”时设临时征收点。市内私营粮商一般利用民房保管或露天存储粮食。少数日商租用海港、铁路仓库保管粮食。1941年日本殖民统治当局实行粮食配给制时，因无粮食仓储设施，调用粮食靠租用海港、铁路仓库，临时储存或露天保管。直至大连光复之初，市内仍无粮食专用库。

中华人民共和国成立后，国家投入大量资金用于粮仓建设。20世纪50年代，旅大市先后在甘井子区、旅顺市、金县、新金县等地兴建一批房式仓，总仓储能力12.5万吨，其中1951年兴建的粮食专用仓库（即市第一粮库）仓容量1万吨。60年代，又在旅顺口区、长海县、金县、庄河县以及市郊兴建一批地下粮仓（防空洞），仓储能力为6.9万吨。70年代末至80年代初，主要发展机械化筒仓和大型散积仓，仓储能力约40.4万吨。1984年，以大连市第三粮库为基地，国家投资征地扩场15万平方米，兴建二线中转库，每年可中转粮食80万吨。至1985年，大连地区共有粮库107座，另有地下粮库25处，粮库总占地面积456.9万平方米。各式粮仓的仓储能力73万千克，有油池、油罐171个，容量38.5万千克。

大连素为地少粮缺之地，常年从外地输入粮食。20世纪50年代初至60年代中叶，调入粮食主要来自三个方面：一是南粮北调，由四川、湖南、湖北、安徽、浙江、江苏、河南、河北、山东等地调入大米（籼米）、小麦、面粉；二是北粮南调，由黑龙江、吉林、内蒙古及省内其他市区调入玉米、高粱、杂粮、大豆等；三是从国外进口部分小麦。1959年是粮油调入较多年份，全地区共调入粮食81.25万吨、油脂2.92万吨。1965年中共中央决定停止南粮北调，用进口小麦和黑龙江、吉林两省粗粮、杂粮，以及省内、市区内的水稻调剂市场。1977年以后，辽宁农业生产连年丰收，玉米、高粱、杂粮不再从黑龙江、吉林调入，转从省内铁岭、辽阳、鞍山等地调入。1979年全地区共调入粮食112.77万吨。1985年共调入粮食114.03万吨、油脂2.25万吨，其中从省内分别调入67.26万吨、7654吨。

粮油加工 清光绪十四年（1888），金州貔子窝协隆益油坊开业，此为大连地区最早开办的私人油坊。1910年，中国人兴办的福泉海磨坊开业，此为大连市内开设最早的粮谷加工企业。日本殖民统治时期，大连油坊工业一度出现快速畸形发展。

1945年大连光复后，苏军接管了日本人开设的日清、丰年、满洲大豆等油坊和瓜谷精馔等粮谷加工厂，市政府接管了三泰、天兴福等油坊，并将大东、协和分别改为联东、联合油脂厂。翌年，瓜谷精馔移交关东公署，成立大连市民精粮厂和大连民生精粮厂，以三泰油坊为基础成立国营广源油脂厂。中华人民共和国成立后，苏军于1950年2月将接管的油坊移交旅大行政公署。同年末，国营广源油脂厂更名旅大油脂工业总厂。1956年私营工商业社会主义改造后，私营油坊加工企业全部并入旅大油脂工业总厂。1956年前全市共有私营粮谷加工企业90家，私营工商业社会主义改造完成后，粮谷加工企业全部并入旅大粮谷加工厂。1965年5月旅大粮谷加工厂并入旅大油脂工业总厂（1981年3月改为大连油脂工业总厂），为粮谷加工车间。作为大连粮油加工的重要企业，大连油脂工业总厂从1976年后陆续进行技术改造，淘汰了笨重落后的设备。1978年采用连续式半自动平转浸出工艺后，日处理大豆600吨，是当时国内产量最高的连续性浸出生产车间。1984年，市及县（区）有面粉生产厂（库）8处，磨粉机88台，年产面粉22万吨。1985年，全市粮食加工产量3.32亿千克，其中大米9288万千克、面粉1.97万千克、杂粮4299万千克，植物油4188万千克，粮油加工总产值2.39亿元。

五、供销商业

日本殖民统治时期，满铁于1919年在南满铁路各火车站所在地成立10个南满洲铁道株式会社社员消费合作社，翌年又在旅顺关东厅设立消费合作社作为本部。这些殖民性质的合作社通过各种“组合”，对城市商业贸易进行控制，对农村农副产品和粮食进行垄断和掠夺。1945年大连光复之初，面对大连地区经济困难、粮食紧缺、百姓艰难的局面，民主政府发出成立合作社的号召。1946年春，先后在市内及金县、大连县、长山岛、旅顺先后成立53个农村供销合作社和8个城市消费合作社，入股社员7757人。城乡供销合作社成立后，面对粮食紧缺局面，在听从政府委托分配粮食的同时，冲破国民党军队封锁到外地采购粮食，以低于市价10%的价格售给群众，对缓解市场商品短缺、稳定物价起到作用。

中华人民共和国成立后，1949年11月9日旅大市合作总社成立。当年各类合作社发展到99个，拥有资金159万元（由东北币折合成新人民币），销售额1117万元。1950年，旅大市合作总社改称旅大市合作社联合社（简称市联社）。市联社以发展农业生产为首要任务，组织化肥、农药、种子等生产资料供应给农民，同时对农副产品进行收购、调运。到1953年，全市供销系统共有社员166.3万人，社员股金282万元，自有资金1730万元，职工总数1.32万人，商业服务网点1000多个，年商品总购进额5.49亿元，商品总销售额7.42亿元。1954年7月，旅大市合作社联合社召开首届社员代表大会。1955年4月，旅大市合作社联合社一分为三，成立旅大市供销合作社、旅大市城市消费合作社、旅大市手工业生产合作联社。1956年12月，市联社通过成立合作商店、合作小组、公私合营、退商为农等形式，完成对农村1294户私营工商业户、1446名从业人员的社会主义改造任务。1958年，旅大市供销合作社并入商业局，之后几经分合。中共十一届三中全会以后，明确了供销社经济性质是集体所有制，供销合作经济是农村商品流通的主渠道。1981年，全市供销社系统36.8%的商店实行经营承包责任制。1983年农村供销体制进行改革，全民所有制企业改为集体所有制企业，官办企业改为民办企业，恢复供销社社员股东的权利，并清理和归还陈欠股息123万元。通过改革，农民入社由1978年以前的38.2万户增至60.5万户，占全市总农户的84.5%；股金总额457万元，占基层社自由流动资金的7.2%。同年8月15日，将大连市供销社改称大连市供销合作社联合社。至1985年，市供销合作社联合社辖县（市）区供销联社7个，市级公司6个（农业生产资料、果品、土产杂品、物资回收、供销信托、农副产品贸易中心），县级公司54个，农村基层供销社126个。全市供销系统有入股社员60多万户，社员股金1003万元。

农业生产资料供应 1954年市供销合作社设立农业生产资料经理部，负责农业生产资料的采购、批发和供应业务。采购、批发、供应品种主要有化肥、农药、农膜、中小农具、耕畜以及家用动力机械等。供应化肥：20世纪50年代年均7.86万吨，20世纪80年代以后年均37.65万吨。供应农药：20世纪70年代前，以国产有机氯制剂和有机磷制剂（滴滴涕、666）为主，20世纪80年代以后以低毒、高效、低残留的农药为主，年均供应5800多吨，1985年供应1万吨左右。供应农膜：20世纪70年代开始在蔬菜和水稻育苗上应用，20世纪80年代以后年均5500多吨。供应中小农具：20世纪50—60年代主要有铁锨、镢头、镰刀、锄板、双轮双铧犁等，20世纪70年代以后主要是胶轮大车、力车圈、力车胎、双铧犁、机泵管理带等农业机械及水利排灌机械等。农业生产资料供应金额：1955年1010万元，1965年3292万元，1975年1.04亿元，1985年1.48亿元。充足的

农业生产资料供应，成为农业增产的重要保障之一。1949年全市粮食总产量47.6万吨，平均亩产61.5千克；1956年为78.1万吨，平均亩产114千克；1966年为67.4万吨，平均亩产138千克；1978年为122.4万吨，平均亩产240.5千克；1984年为127.7万吨，平均亩产271千克；1985年因遭风灾和水灾，粮食总产量下降，为68.1万吨，平均亩产151千克。

生活资料供应　1945年大连光复之初，生产尚未恢复，农村物资紧缺、物价波动，私商囤积居奇，农民生活极其艰难。1946年在民主政府号召下，农村建立数十个供销合作社，主要经营粮油、煤油、布匹、火柴、肥皂等生活必需品，并对入股社员所购商品给予低于市价7%～8%的优惠。中华人民共和国成立后，随着国民经济逐步恢复发展，供销合作社的零售网点又有增加，经营范围不断扩大。1950年有零售网点348个，比1949年增加124个；实现生活资料零售额437.2万元，比1949年增长2.2倍。1953年，城乡供销合作社的生活资料供应额3744.1万元，比1950年增长7.6倍，占农村社会商品零售额的80%。及至20世纪50年代末，供销社经济一直在农民生活中发挥重要作用。1959—1961年主要受自然灾害影响，物资匮乏，物价昂贵，市供销合作社对奇缺的生活必需品全部实行了凭证凭票供应。1962年，在“调整、巩固、充实、提高”方针指导下，恢复集市贸易，实行议购议销，商品供应情况好转。1962年全市生活资料供应额1.21亿元，比1955年增长1.12倍。1963年凭票定量供应的商品由84种降到14种。“文化大革命”期间，关闭自由贸易市场。1978年中共十一届三中全会后，工农业生产发展很快，商品越来越丰富，供应品种和数量不断增加。1980年，全市供销社系统生活资料供应总额2.98亿元，比1962年增长1.46倍，比1972年增长67%。生活资料供应品种增幅较大的有烟酒糕点糖茶类、针纺织品类、五金交电类。20世纪80年代后，随着农业生产的发展和群众收入的增加，生活资料供应由低档向中档、由单一品种向多品种转变，产品更新换代很快。

农副产品收购　1950—1954年，旅大市合作社联合社承担代购粮、油、棉业务，1952年收购各种粮食3946.49万千克、花生果2249.22万千克、花生仁13.69万千克、豆油1031.81万千克。1955年4月，粮油收购业务移交市粮食局。1979年以后参与粮油议购议销业务。1981—1985年，全市供销合作社系统收购议价粮6.65万吨、议价油247.1万千克，收购苹果121.41万吨、梨1.21万吨、桃子1.9万吨、葡萄2062吨。

六、医药商业

大连光复前，大连地区的医药商业基本为沙俄、日本殖民统治者垄断，民族医药商业只有几个小药房，1933年成立的大仁堂药房是其中之一。大连光复后，大连的医药商业逐步建立并发展起来。1948年组建了关东公署医药公司，是大连最早成立的国有医药商业企业，为解放战争和抗美援朝战争做出了贡献。中华人民共和国成立后，大连各县区先后组建了医药公司，设立了药品零售网点，初步形成遍布城乡的药品供应网络。1954年，市药材批发部成立，并相继建立多个药材试验场，进行野生动植物药材的家养和种植研究。地方生产的维生素类如鱼肝油丸、六合维生素，抗生素类如青霉素、金霉素、乳糖酸红霉素，中成药类如牛黄宁宫片、牛黄清脑片、海洋胃药等，受到普遍欢迎。

中共十一届三中全会以后，大连医药商业得到长足发展。1980年4月，在市药材批发部基础上组建旅大市药材公司，作为二级商业批发单位，主要经营中成药、中药饮片和中药材，扩大药材种植基地。到1983年，全市有药材种植专业户、重点户1500户，药材种植品种有土虫、酸枣、连翘、杜仲等，种植面积 333 公顷。市医药公司和市药材公司经营的中西药品、化学试剂、玻璃仪器、医药器械共 14 大类、1.2 万个品种。1985 年销售额超过 1 亿元，实现利税 536 万元。

大仁堂药房，始称京都大仁堂参茸药店，位于西岗区新开路，1933 年开业，是大连市成立最早的享有盛名的国有医药商店。1949 年以后实行公私合营，逐渐发展成为经营全国各地中成药、中药饮片、化学药品、医疗器械等 1400 个品种的综合药房，并可监制丸、散、膏、丹、药酒等 150 余种成药，其中有的在选料、炮制和配伍上承袭祖传秘方，具有独家特色。日客流量平均 500 人次。

七、烟草专卖

日本侵占大连后，于 1906 年 9 月宣布大连港为自由港，1907 年大连海关开始大批量进口烟草。1911 年，日本商人开办东亚烟草株式会社大连分社，开始生产卷烟，供应对象主要是日本军政人员。烟草仍以进口为主。1929 年从大连港输入卷烟金额 541 万元。1941 年太平洋战争之后，日本殖民统治当局对卷烟实行专卖。1945 年大连光复后，市场上极少见卷烟，苏军官兵多吸用纸卷烟。1945 年 11 月，大连市政府接收日本人的东亚烟草株式会社大连分社，整编后改称华胜烟草公司，兼并胜利烟草公司后，建立大连卷烟厂，迅速恢复卷烟生产。同年 12 月，对卷烟生产、销售实行计划管理。1949 年 2 月，东北行政委员会颁布《东北解放区烟酒专卖暂行条例》，设立东北专卖总局。

中华人民共和国成立后，旅大市烟酒专卖局于 1950 年成立。1954 年 8 月，大连卷烟厂迁址营口。大连地区销售的卷烟主要从沈阳、营口卷烟厂进货。1960 年起，辽宁省对城乡居民实行凭票供应卷烟，对外国友人、专家、留学生保证供应。1963 年 10 月起，旅大地区提高香烟销售价格，同时停止对居民的凭票供应。

1978 年中共十一届三中全会后，大连地区除了从沈阳、营口卷烟厂进货外，还从北京、天津、上海、河南、云南、广西等国内其他省市的 80 多家卷烟厂进货。1984 年 7 月 1 日，大连市烟草专卖局（大连市烟草公司）正式成立，对大连地区 6 个区市县烟草专卖局（分局）、8 个烟草分公司实行统一领导。1984 年全地区购进卷烟 5.7 万箱，1985 年购进 8.87 万箱；1985 年销售卷烟 8.35 万箱，人均消费卷烟 86.3 支。1985 年，全地区有卷烟零售网点 13182 个，比 1984 年增长 64.4%；卷烟批发网点 112 个，比 1984 年的 49 个增长 1.29 倍；实现利税 361 万元，比 1984 年增长 3.4 倍。

八、物资供销

清光绪二十四年（1898），沙俄修建哈大铁路、大连港，为物资进入大连打开了通道。1905 年，日本侵占大连后，依靠军事和经济势力，以大连为基地，设工厂、搞贸易，夺取资源，倾销商品，赚取高额利润。1937 年，日本侵华战争全面爆发后，殖民统治当局对大连经济逐步实行全面统治，各种“株式会社”和“组合”控制着物资的生产和流通。其时大连原料资源缺乏，除少量建筑材料，80% 的材料靠外地供应，产品在本地销售。1945 年 8 月大连光复后，民主政府没收了日伪财产，建立了公营企业，开展对外贸易和物资供销业务，担负物资供应和管理等各项工作，工业器材、五金交电、化工石油、煤炭建材等生产资料的供应始为市场经营。

中华人民共和国成立后，国家从 1950 年开始对钢材、煤炭、木材、水泥、纯碱、杂铜、机床、麻袋 8 种主要物资实行大区平衡分配，大连的物资分配由旅大市计委负责。之后纳入分配的品种逐年增加。1953 年，国家把分配物资分为统配物资、部管物资和地方划定分配的地管物资。同年 12 月 30 日，旅大市物资供应局成立，物资分配改由物资供应局负责。1957 年旅大市计划管理的统配物资和部管物资达 532 种。“大跃进”时期，许多驻连部（省）属企业下放大连，同时实行以地方管理和地方平衡为主的物资调剂制度。1961年提出“调整、巩固、充实、提高”的八字方针后，国家收回下放给地方的企业，加强了对物资的计划管理。同年10月24日，旅大市物资供应局改称旅大市物资管理局。到1964年，旅大市计划管理的物资品种为592种。1969年2月，旅大市物资系统革命委员会成立，同年12月，改称旅大市物资局革命委员会。中共十一届三中全会以后，国家实行计划经济为主、市场调节为辅的方针，开始逐步减少物资计划分配的品种。1979年4月，旅大市物资局革命委员会改称旅大市物资局，1981年3月改称大连市物资局。1983年6月，改称大连市物资总公司。20世纪80年代，在国家计划指导下，开始实行市场调节。1985年，国家统配物资仅23种，比1984年的256种减少233种，比1979年的791种减少768种。

1985年，大连市的生产资料供销机构除市物资局外，还有中国远洋运输总公司大连物资供应站、国家水产总局大连物资供应站、国家物资总局沈阳仓储公司大连仓库、中国第二机电设备公司东北一级站大连供应站、东北化工大连接运站。市物资局下设金属材料、机电设备、化工轻工、建筑材料、燃料、木材、生产资料服务7个公司，1个生产资料贸易中心。1985年，市物资局（不含各县区）进货额6.24亿元，销货额7.26亿元，分别比1979年的1.81亿元和2.06亿元增长2.4倍和2.5倍；实现利润792.1万元，比1979年的75.7万元增长9.5倍。

物资供应　20世纪50年代，旅大市物资供

1984年、1985年市物资局生产资料计划供应与市场调节情况表

表3-2

物资名称	计量单位	供应形式	1984年		1985年	
			供应数量	比重（%）	供应数量	比重（%）
煤炭（含民用煤）	万吨	计划	281.6	86.1	279.1	78
		市场	45.6	13.9	78.8	22
钢材	万吨	计划	12.8	52	12.8	47.4
		市场	11.8	48	14.2	52.6
木材	万立方米	计划	12.8	59.8	15.7	63.1
		市场	8.6	40.2	9.2	36.9
水泥	万吨	计划	11.9	29.8	23.9	62.9
		市场	28	70.2	14.1	37.1
玻璃	万标箱	计划	15.1	35	17.2	40.2
		市场	28	65	25.6	59.8
汽车	辆	计划	694	71.7	461	49
		市场	274	28.3	479	51
纯碱	万吨	计划	2.0	90.9	1.9	82.6
		市场	0.2	9.1	0.4	17.4

应局以新建的大连柴油机厂、大连冷冻机厂、大连棒棰岛宾馆等建设项目为重点，提供物资供应。1977年以后，以省重点建设项目碧流河水库、大连显像管厂等工程为重点项目，提供物资供应。为碧流河水库第一期工程供应钢材 1.99万吨、木材982立方米、水泥3000吨、有色金属254吨、焦炭50吨、沥青1600吨、琉璃丝布40万平方米、水泥电柱750根，以及机电设备等。1979年，以洗衣机、缝纫机等10种产品和建材、食品、日用化工等行业为重点，在物资供应上给予优先保证。1985年，对基建技术改造项目实行配套承包供应，为全市83个重点基建技术改造项目供应钢材2.2万吨、木材1.5万立方米，供应轻工市场所需钢材2.74万吨。

物资局还多方筹措并供应一些救灾物资。如1985年9号台风袭击大连，造成严重损失，市物资总公司组织木材9950立方米、水泥9500吨、玻璃1.24万箱、钢材5100吨、纯碱400吨、硝酸钠30吨、氯酸钾20吨、煤5000吨、汽车20辆等救灾物资。

物资市场 1978年中共十一届三中全会以后，国家计划调拨的生产资料种类和数量逐步减少，生产资料市场逐渐建立并扩大。从1980年开始，煤炭、钢材、木材、水泥、机电等产品已不同程度地进入生产资料市场，参与市场调节。1981年4月，成立大连物资商场，这是全国第一个面向生产企业和服务用户、实行市场调节的综合性生产资料交易场所。1985年，市物资总公司（不含各县区）物资供应总额7.26亿元，其中计划供应3.39亿元，市场调节3.87亿元，比例为6.7 ∶ 53.3。

九、集市贸易

旅顺、金州、皮口、复州等古镇是大连地区集市贸易最早的发祥地。清康熙年间旅顺水师营建立后，沿水师营十字街即始有粮食、蔬菜、杂货、柴草、牲畜等集市贸易。光绪年间旅顺北洋海军基地开建后，已被裁撤的水师营慢慢变成集市，到19世纪末水师营集市已成为有相当规模、商贾云集的农村集镇。清代金州城常年设有集市贸易市场，进城赶集相沿成习，以早市为盛。清雍正初年，貔子窝（今新金县皮口）辟为商埠，时有“北有没沟营（营口），南有貔子窝”之说。据《奉天通志》记载，貔子窝时为帆船第一码头，沿海一带以及山东、朝鲜之商贾咸来互市，颇为繁盛。清同治年间，复州城内设有粮谷、柴草、牲畜市场，交易十分活跃。

中华人民共和国成立后，大连城乡集贸市场稳定发展。1951年，大连市内以及旅顺市、金县共有公立市场26处，其中批发市场11处，综合零售市场13处，金银、布匹专业市场各1处。1953年始行统购统销政策，粮食、油脂油料由国家实行统购统销，城乡集市贸易品种及数量大为减少。1956年社会主义改造基本完成后，市内集贸市场如春和、民寿、岭前、民乐、中华、民勇、玉华等均改为国营零售商店，旅顺大众市场、金州西街市场、南门外市场改为国营门市或合作商店。“文化大革命”开始后，市内集贸市场全部关闭，农村集市贸易也大为凋落。1977年，全市只有农村集市65处，年成交额1348万元。

中共十一届三中全会以后，大连城乡集市贸易发生深刻变化。1979年在市内选择4处集贸市场进行开放试点，占地面积3万平方米、全市最大的交易市场——普兰店牲畜交易市场，占地面积7546平方米、全市唯一的大型家具市场——大公街家具市场建成开业；1980年，占地面积2860平方米、全市最大的日用工业品市场——普照街轻工市场，占地面积2250平方米、全市客流量最大成交额最多的农副产品市场——荣盛街农副产品市场建成开业；1981年，双兴街农副产品批发市场开业；1982年，市工商局、市水产局在沿海收购站点设水产品批发市场；1983年，西岗旧物市场开业；1984年，中山区新盛街饮食市场建成。到1985年末，全市城乡共有综合集贸市场176处，其中城市44处，农村132处。日入市万人以上的大型集市37处。全年集市贸易总成交量1.43亿千克，成交额2.74亿元，分别比1980年增长3倍、4倍，成交额占社会商品零售额的7.8%，比1980年提高4.75个百分点。

第二节 对外经贸

大连地区的对外经济贸易历史悠久。早在秦汉时期，濒临黄海、渤海的旅顺港就始有对外航运活动和贸易往来。唐代，旅顺口是长安通往中国东北及朝鲜、日本的中转港，时有外国贡使、商贾往来其间。元代、明代及清代前期，大连地区的旅顺、金州、貔子窝（今皮口）等地贸易活动已相当兴盛，北方的马、牛、羊与南方的茶、瓷器、丝绸等商品，在大连地区港口多有集散。

俄、日入侵大连后，大连成为入侵者经济掠夺的重要口岸。1902年大连港正式开埠，从此打开了大连与其他国家和地区的对外经济贸易的大门。1906年9月1日，日本殖民统治宣布开放大连港。1945年大连光复后，殖民统治下的对外经济贸易格局被彻底打破。1946年，为支援全国解放战争和大连经济尽快复苏，大连与朝鲜、苏联、蒙古国等国家及中国香港地区开始经济贸易往来，进口急需的军需、民需物资以及工业机械、原料，出口棉布、食盐。

中华人民共和国成立后，1949年11月25日旅大行政公署对外贸易管理局成立。1952年11月机构撤销，业务划归大连海关。1954年10月，重新成立对外贸易局。1960年10月1日，经国务院批准，大连口岸正式对外开放，成为中国直接对外贸易的五大口岸之一。1963年，辽宁省对外贸易局在大连设立办事处，其所属8个进出口公司设在大连。大连市主要为省外贸公司提供出口货源。1960—1965年，受中苏关系恶化以及三年困难时期影响，大连对新中国成立以后的主要出口国苏联及东欧国家的对外贸易量急剧下降。

中共十一届三中全会以后，大连对外经济贸易发展迅速。1984年4月，中共中央、国务院决定对大连等14个沿海城市实行进一步对外开放政策。1984年12月24日，国家赋予大连市外贸进出口自营权，大连市成立了粮油食品、土畜产、化工、机械、五金矿产、轻工业品、工艺美术品、纺织品8个进出口公司，从而结束了大连市单纯为外贸企业提供货源的历史。1984年9月25日，国务院正式批准兴办大连经济技术开发区，同年10月15日动工兴建。1985年3月，大连市人民政府决定，市对外贸易局与市对外经济贸易委员会合并，成立大连市对外经济贸易委员会，8个进出口公司接受大连市对外经济贸易委员会领导。同年成立9个外贸分公司，享有外贸自营权并直接承担国家单列的出口创汇计划，当年与50多个国家和地区的500多家客户建立了贸易往来。

一、对外贸易

清光绪二十四年（1898）沙俄强租旅大，1899年兴建大连港，并宣布大连港为自由港，将对外贸易作为经济掠夺的重要手段。日俄战争中沙俄战败，日本取代沙俄后，旅大对外贸易管理及经营权悉归日本。1908年后，日本殖民统治当局在沙俄建港的基础上，对大连港进行续建和扩建。

大连光复之初，面对工厂停产、市场混乱，

加之国民党军队对大连实行经济封锁粮荒严重的局面，中共大连市委提出“有计划地组织输出输入，保证粮食与工业原料之进口、成品之推销，争取出入贸易平衡”的方针。其时，中共旅大党组织尚未公开，于是通过在普兰店“中立区”设立辽南贸易局，成立以私人名义注册的裕大号，在关东贸易公司、海外贸易社、同利公司等商贸企业配合下，争取到了粮食和工业原料的进口权，以及棉布、食盐等出口权。对外贸易在辽南贸易局指导协调下得以有序开展。大连口岸进出口总值由1946年的65.37亿关东币增至1949年的1243.74亿关东币，增长18倍。其中出口额由16.48亿关东币增至1949年的666.52亿关东币，增长39倍。主要出口商品有面纱、棉布、纯碱、平板玻璃、食盐等，主要进口商品有五金原料、机械设备、粮食、军需物资等。主要贸易往来的国家和地区有苏联、朝鲜、蒙古国及中国香港。

中华人民共和国成立后，旅大行政公署成立了对外贸易管理局，下设东北输出口公司旅大分公司和东北东兴公司旅大分公司。1953年旅大市外贸收购总值6214万元，1958年增至2.47亿元。主要出口商品有大豆、植物油、食盐、平板玻璃、煤炭等，主要进口商品有金属及制品、化工原料、橡胶、机械设备及电工器材等。对外贸易的主要对象是苏联、东欧、朝鲜及中国香港等国家和地区，其中苏联贸易额占50%以上。1960年6月1日起，大连口岸正式对外开放，成为中国直接对外贸易的五大口岸之一。同年，受中苏关系恶化的影响，大连对苏联及东欧一些国家的贸易急剧下降。大连口岸对苏联及东欧国家的贸易比重由1959年的72%降至1965年的17.1%，其中对苏贸易的比重由1959年51.1%降至1965年的10.5%。其间对资本主义国家的贸易迅速发展，贸易往来的国家和地区由1959年的30个增至1965年的50多个。“文化大革命”期间出口商品收购总值大幅下降。

中共十一届三中全会以后，大连对外贸易迅速好转。1984年12月24日，国家赋予大连市对外贸易管理权和自营进出口经营权，从此结束了口岸城市只管收购、不管进出口的历史。1985年大连市提供出口商品货源总值7.74亿元，自营出口商品收购总值13.88亿元；进出口贸易总值8745万美元，其中出口总值7860万美元，进口总值885万美元。

二、对外经济

利用外资　俄、日侵占大连时期，统治当局从巩固其殖民统治和经济掠夺的需要出发，将其本国大量资本引进大连。到1945年日本投降前，先后在市内和旅顺、金州等地兴建铁路，修筑公路，扩建港口，建电厂，办邮电、通信、广播，占农田建苗圃，占滩涂建盐田，建立轻纺、印刷、食品、机械、化工、造纸、煤气等工商企业。

中共十一届三中全会以后，随着对外开放政策的贯彻落实，大连市利用外资开始逐步打开局面。初期主要以加工、装配、补偿贸易等形式间接利用外资，主要涉及电子、机械、服装等行业。1979—1983年，全市共批准加工、装配、补偿贸易等间接利用外资项目109项，合同金额2040万美元。1984年4月，国务院决定对大连等14个沿海城市实行进一步对外开放，由国家赋予一系列优惠政策，大连从此可自主审批限额以内的外商投资项目，直接利用外资开始起步。同年8月，由大连外轮供应公司同香港远达公司合资的大连联达船舶供应有限公司成立，这是大连市第一家外商投资企业，投资总额34.82万美元。其后，又与日本和中国香港、台湾地区的企业合资兴办19家企业，累计合同金额5189万美元。

1985年，全市批准兴办外商投资企业50家，其中合资企业37家、合作企业13家，合同金额2.17亿美元，合同外资1.42亿美元，实际使用外资1432万美元。50个合资合作企业中，有15家为当年批准、当年建成投产。是年，有28家合资、合作企业开业投产，实现产值和营业收入1638万元，利税239万元，出口创汇222万美元。合资合作对象以中国香港为主，并扩展到日本、美国、联邦德国、瑞典、英国、卢森堡、瑙鲁。在37个合作项目中，香港地区的项目占59.4%，日本的占32.4%，美国的占5%。

对外经济技术合作　大连对外经济技术合作起步于20世纪80年代。20世纪80年代中期以前，大连国际劳务合作主要是劳务输出和对外工程承包。1981年10月，大连港通过北京中国海员对外技术服务公司向中国香港远洋轮船有限公司派出33名海员从事劳务，是大连市首批出口劳务。1984年9月，经申报国务院批准，大连国际经济技术合作公司成立，是全市第一家具有国际经济技术合作经营权的企业，当年向日本、美国、比利时、马耳他、利比亚等十几个国家和地区共派出各类劳务人员613人，其中海员100人。其后，大连市对欧洲、东南亚、北美、南美等国际劳务市场开展调查，寻求扩大合作伙伴。1985年，全市共外派劳务人员462人（含海员386人），其中大连国际经济技术合作公司外派161人；至年末，全市共有外派劳务人员727人，其中大连国际经济技术合作公司外派234人；全市共签订对外承包工程和劳务合作合同14份，合同金额234万美元，营业额180万美元，其中大连国际经济技术合作公司签订合同11份，合同金额185万美元。

1984年10月，大连市在日本开办了第一家海外企业——T·D模具中心股份有限公司，为合资企业，总投资10万美元，其中中方投资4.9万美元，投资方为大连塑料工业公司。

对外经济技术援助　大连市开展对外经济技术援助始于20世纪60年代中期。主要援助国家有朝鲜、越南、坦桑比亚和赞比亚等。1962—1967年，大连机车车辆工厂援助越南铁路车辆制造项目，先后生产18立方米浓硫酸缶车、机车车轮对等机械。1966年3月，大连机械厂为阿尔巴尼亚人民共和国爱尔巴桑钢铁厂设计并建造的400毫米/280毫米/250毫米轧钢机全套机械设备正式投产，此为中国对外援助项目中首次出口的成套设备。1969年，大连机车车辆工厂接受援建坦赞铁路任务，1970—1975年，建造DLH16型轻油罐车、东风1型架桥铺轨机、干线机车、调车用液力传动内燃机车共132辆。

技术引进　中共十一届三中全会以后，大连开始实施技术引进工作。1979—1985年，以引进单机及小型机组为主，主要用于机械、服装、纺织、轻工等行业的改造。7年累计签订技术引进合同840项，金额3.79亿美元。其中，1979—1983年5年签订合同221项，金额8000万美元，引进技术设备7384台（套），有132个企业进行了不同程度技术改造。1984年，国家对大连市实施进一步对外开放政策后，大连市技术引进步伐随之加快。全年签订技术引进合同236项，金额1.47亿美元，比前5年合同总额增长83.8%。1985年，全市签订技术引进合同383项，金额1.52亿美元。技术主要引进于15个国家和地区，其中日本技术占48.8%，金额占45.6%。1979—1985年，全市共签订技术引进项目502项，到1985年末，已建成投产297项。通过技术引进，传统工业得到不同程度的改造。1979—1985年，市纺织工业局所属企业共签订技术引进项目31项，总投资额1.32亿美元，用汇2960万美元，引进设备943台（套），使88%的企业得到改造；服装行业从国外购置缝纫机、手纫机、锁眼机、蒸汽台、裁布机、定型机以及整套西装生产线共4000台（套），使行业剪裁、缝纫、整熨、包装等主要工序的机械化、自动化程度显著提高，其产品销往40多个国家和地区。

三、对外经贸交往

1984年大连实行进一步对外开放政策以后，同世界各国、各地区的经济贸易联系更加广泛。当年全市派出经贸团组148批、748人次，到17个国家和地区进行访问和考察，派出团组超出前3年总和，同时接待20多个国家和地区的客商5000多人次到大连考察，有22个外国商社在大连设立了办事处。1985年，全市共接待来自48个国家和地区以及2个国际组织的客商3676批、1.05万人次，同日本、美国、德国、澳大利亚、中国香港等国家和地区的1000多个商社建立经贸业务联系，在香港成立大连国际发展有限公司。至1985年末，累计批准外国商社在大连建立常驻代表机构41家。其中，贸易公司31家，银行8家，生产企业2家；日本33家，美国1家，奥地利1家，香港3家，中日合资企业2家，中美合资企业1家。1985年，大连市派出出国团组308批、1597人，先后赴日本、联邦德国、美国等24个国家和中国香港地区进行考察。

四、经济技术开发区

1984年9月25日，国务院正式批准设立大连经济技术开发区（以下简称开发区）。这也是全国第一个国家级开发区。开发区远景规划20平方千米，起步区3平方千米，选址在金县马桥子村一带。1984年10月15日，开发区动工兴建，到1985年末，已有36项基础设施工程开工，其中已竣工5项，完成投资额1.96亿元，累计施工面积23.16万平方米。

在进行基础设施建设的同时，外引内联工作已然展开。至1985年末，在开发区已正式立项140项；签订合资和引进合同16项，投资总额2.4亿元，其中合资合同11项，投资额1.78亿元，利用外资2112万美元。当年动工14个项目，其中合资企业6项，引进项目5项，内联项目3项。14个项目总投资额1.27亿元，其中6个合资项目投资额7138万元，利用外资479万美元。

第三节 旅 游

大连是一座与众不同的旅游城市。它是一座三面临海的海滨城市，海峡、海岸、海岛，山脉、森林、温泉，众多的自然景观为它提供了极其丰富的旅游资源。清代中期在金州设副都统衙门和海防同知衙门之后，金州、复州的名胜古迹开始吸引文人墨客等游人前来观光游览，清末始有“金州八景”“复州八景”之说。它又是一座被冠以百年历史的年轻城市，从它作为近代城市诞生之时起，便处于沙俄、日本的殖民统治之下，在近半个世纪的时间里，殖民统治者留下了众多战事遗址和城市建筑，它们成为一种特殊的历史遗存景观。大连市真正将旅游业作为城市产业的历史，始于20世纪80年代。1980年，大连市成立旅游资源开发领导小组，制定了《旅游资源开发十年规划（草案）》，开始大规模兴建旅游景区景点。1985年，国务院批准大连市城市总体规划，将“港口、工业、旅游城市”确定为城市性质，大连市的旅游业自此进入快速发展时期。

一、自然景观

大连依山傍海的地理条件，形成了丰富多彩的自然旅游资源。

滨海景观 包括海峡港湾、海水浴场、岛屿礁砣等。

大连沿海蜿蜒曲折的海岸形成了众多海峡和港湾，辽阔的海域上的岛屿、礁砣鬼斧神工，景观奇特壮丽。旅顺口海峡港湾的著名景观是老铁山西岬黄、渤海分界线。老铁山位于旅顺口区，地处辽东半岛西南部，为长白山系千山山脉余脉，东南至西北长9.6千米，东南最宽处约5千米，西南角称老铁山岬角。老铁山与山东蓬莱之间的海域为渤海海峡。老铁山水道位于渤海海峡北部，是黄海海水进入渤海的最主要的水道，水道宽22.8海里，水深42～78米。由于黄海与渤海的浪潮从海角两边汇聚一处，它们的海水深度和水色不同，黄海海水较蓝，渤海海水略黄，汇聚的海水无法完全融合，形成一道"泾渭分明"的水流，形成一道特殊的景观，即黄渤海分界线。

海水浴场主要分布在大连市区南部海滨，沿线主要有棒棰岛浴场、小傅家庄浴场、傅家庄浴场、银沙滩浴场、金沙滩浴场、星海湾浴场和星海公园浴场，棒棰岛浴场是闻名中外的大型天然浴场。大连市西北郊主要有夏家河子浴场和大黑石浴场，东部主要有金石滩海滨浴场，西部主要有旅顺黄金山海水浴场、塔河湾浴场、月亮湾浴场。大连地区北部辖县瓦房店市主要有仙浴湾浴场。

岛屿礁砣构成的天然景观，集中在大连地区东部与南部海区，西部海区略少。以渤海海域的瓦房店市长兴岛为最大，面积223平方千米，是中国第五大岛。东部黄海海域的岛屿数量约占全部岛屿的60%，构成中国著名的长山群岛和石城列岛。长山群岛分为里、外长山列岛。里长山列岛中较大的岛屿有大长山岛、小长山岛、广鹿岛、哈仙岛、塞里岛、格仙岛、瓜皮岛等。外长山列岛中较大的岛屿有獐子岛、海洋岛、小耗子岛、大耗子岛、褡裢岛等，其中海洋岛是离陆地最远的岛，距离庄河大陆61千米。石城列岛位于里长山列岛的东北部，较大的岛屿有石城岛、大王家岛、小王家岛、寿龙岛、元宝岛、井蛙岛、团圆岛、双狮岛、海龟岛、观象岛等，具名的后9个岛称海王九岛，是辽宁省著名的风景区之一，郭沫若诗赞海王九岛是"小屿珊瑚列画屏"。渤海海域的诸岛中以蛇岛最为著名。

山地风光　包括山脉、河流、温泉等。

大连地区山地大多是千山山脉的南延余脉，山体由东北至西南纵贯全区。全区名山主要有步云山、老黑山、北平山、蔡达岭、得利寺山、驼山、城山、老铁山、大连南山等。步云山东南距庄河市城区中心4千米，海拔1131米，为全地区第一高峰，因山顶常年多云雾缭绕，故得其名。其山势陡峻，峰峦起伏，森林覆盖率达70%～80%。老铁山境内的陈家村是著名的北方候鸟停歇站，每年春秋两季占全国四分之一、东北二分之一的鸟类约200万只都经此栖息迁徙。大黑山位于金州城东5千米，又名大赫山、大和尚山，是金州城东北的天然屏障。山间有卑沙城、响水寺、胜水寺、朝阳寺、唐王殿等名胜，为历代诗人吟诵的"金州八景"。

大连地区河流主要有碧流河、复州河、英那河、浮渡河、大沙河、湖里河、登沙河、庄河、小寺河、清水河。碧流河，古称毕栗河，又称毕利河、毕时河，是大连地区最大的河流，沿岸植被茂盛，河水清澈碧绿，景色十分秀美。英那河的一级支流小峪河，得称冰峪沟，两岸风光秀丽，有桂林山水之美。

大连地区的地下温泉资源十分丰富，主要分布在新金、瓦房店、庄河。高温泉有瓦房店许家屯龙门汤、普兰店安波汤温泉，水温均在63℃以上，属重碳酸盐型或弱碱性硫酸钠型地下热水；中温泉有庄河步云山温泉、普兰店俭汤温泉，水温在48～58℃，属偏碱性碳酸盐型地下水；低温泉有庄河横道河温泉、步云山谦泰村温泉、观驾山暖水村温泉，水温12～20℃，属碳酸盐型热水。安波温泉明万历年间已有泉涌，清咸丰年间出现自喷泉，疗病作用比较显著。

二、历史遗存

大连地区自汉代至明清有许多历史文化遗址，

而广为当代人知的是中日甲午战争、日俄甲辰战争留下的近代战争遗址。

历史文化遗址　迄今发现的最早和最有代表性的历史文化遗址有位于长海县的新石器时代的小珠山、位于甘井子大连湾的青铜时代的大嘴子、位于旅顺口铁山镇牧羊村的战国至汉代的牧羊城等洞穴遗址，位于旅顺口铁山镇牧羊村的青铜时代的坨头积石墓、遍布大连地区的青铜时代的石棚、位于甘井子营城子镇的东汉末期的汉代壁画墓等多处墓葬遗址；还有位于瓦房店市复州城的辽代永丰塔，位于金县大黑山的东晋末年高句丽人修建的卑沙城（又名毕奢城、大黑山山城），位于新金县双塔镇的金代望海摩崖造像，位于新金县赞子河乡的明代永安台，位于金县三十里堡的明代挂符桥，位于瓦房店复州城的清代横山书院，位于旅顺口水师营的清代龙引泉等。

营城子壁画汉墓于1931年发现并发掘，是研究汉代绘画的重要资料，1963年被列为省级文物保护单位。卑沙城是东晋末年在辽东兴起的高句丽人在大黑山修建的山城，是其时高句丽人统治大连时期的政治、军事中心，1979年被列为省级文物保护单位。

近代战争遗址　由于大连经历了中国近代史上两次帝国主义的侵略战争，留下了众多的炮台、堡垒，沙俄、日本殖民统治时期的欧式建筑，统称为近代战争遗迹。同时，还有大连人民英勇反抗侵略者的革命文物和遗址。

近代战争遗迹集中在旅顺口区，白玉山、老虎尾、猴石、老铁山、黄金山、太阳沟、东鸡冠山等景区共同构成战争遗迹群。其中有黄金山炮台、椅子山炮台、西鸡冠山炮台、东鸡冠山北堡垒、松树山堡垒等战场遗址；有万忠墓、苏军烈士陵园、苏军烈士纪念塔、胜利塔、中苏友谊塔、旅顺日俄监狱旧址等纪念遗址。在大连市区和旅顺口区主要是城市建筑遗存，如广场、公园、建筑、雕塑等。革命文物和遗址最具代表性的有大连中华工学会旧址、旅顺万忠墓、中苏友谊塔等。至1985年末，全市被列为国家、省、市级文物保护单位的共有61个，其中中苏友谊塔于1961年被列为国家级文物保护单位，大连中华工学会旧址、旅顺万忠墓1963年被列为省级文物保护单位。

中苏友谊塔位于旅顺口区太阳沟，是中国人民为欢送苏联红军回国而建的纪念性建筑物。1955年10月动工，1956年10月竣工。塔高22.2米，塔身为正十二边形。塔身雕有高1.2米、象征中苏两国人民友谊的雕像。时任国务院总理周恩来为奠基石亲笔题词。多年为中外游客参观游览的必经之所。

旅顺万忠墓位于旅顺口区白玉山东麓，为甲午战争中旅顺殉难同胞的墓地。1894年11月21—24日，日军在旅顺进行四天三夜的大屠杀，约2万平民百姓惨遭杀害。1895年2月，当地居民将死难同胞尸体分3处集中火化，骨灰丛葬于白玉山东麓。日军的残暴行径遭到世界舆论的谴责，日本政府为掩盖其罪行，谎称被杀害的是变装的中国士兵，于同年春，在殉难者骨骸集中火化埋葬之地插上“清国阵亡将士之墓”的木牌。1896年11月，清直隶候补道员顾元勋出面主持修建甲午战争遇难同胞墓，并亲书“万忠墓”三字刻于石碑。日本取代沙俄再次侵入旅顺后，石碑被日本殖民统治当局派人盗走。1922年旅顺华商公议会长陶旭亭等人主持重修万忠墓，重竖“万忠墓碑”。抗日战争胜利后，1948年旅顺口区人民政府在关东公署支持下重修万忠墓，再立第三块新碑。

大连中华工学会旧址位于沙河口区黄河路。日本殖民统治时期的1923年12月，大连沙河口铁道工厂工人傅景阳等人成立华人工学会（翌年更名大连中华工学会），共产党人李震瀛、邓中夏等人都曾在此宣传革命思想，指导工人运动，1926年领导的福纺纱厂工人大罢工在全国产生重大影响。大连光复后遗址辟为展览馆，成为大连市重要的爱国主义教育基地。

三、资源开发

1980年大连市开始重视旅游业发展，制定出《旅游资源开发10年规划》。同年，国务院将旅顺口区的蛇岛和老铁山一起命名为蛇岛老铁山国家级自然保护区。1981年9月，辽宁省人民政府将庄河仙人洞划为省级自然保护区。1984年3—5月，旅顺万忠墓、旅顺日俄监狱旧址经整修后对游人开放。同年7月，旅顺蛇岛的“青檀”、龙王塘的“星花木兰”、市区的“日本铁松”，被国务院环境保护委员会列入全国第一批珍稀濒危保护植物名录。

蛇岛，又称蟒山、小龙岛，位于旅顺口区北海乡大艾子村西10千米的渤海海域中，西北至东南长1.4千米，最宽处0.5千米，面积0.8平方千米。岛基为石英岩，是“胶辽古陆”的组成部分。岛上植被丰富，有昆虫和无脊椎动物上百种，为蝮蛇的生活繁衍地，共有蝮蛇1.8万条。老铁山自然保护区面积170平方千米，中心地带面积40平方千米，植被覆盖率达90%以上，是太平洋西岸东北亚大陆东部（南至澳大利亚，北至西伯利亚）候鸟南北迁徙的主要通道之一，有“候鸟栈道”之称。每年春秋两季，有上千万只候鸟在渡海前后到老铁山一带停歇，恢复体力，或北上避暑、繁殖，或南下越冬。从老铁山过路的鸟类大约有300种，约占全国鸟类种数的20%，东北鸟类种数的50%。

仙人洞自然保护区面积1627.5公顷，山间矿泉水、山泉水以及野生动植物资源丰富，已发现脊椎动物160余种、植物800余种，区内有仙人洞、通天洞等大小岩洞40余处，虎回头、八戒望仙、大关门、十八罗汉、神女峰等自然景观100余处。

四、旅游接待与出境旅游

明清时期到大连观光游览者多为少数朝廷赴任官员和文人墨客，来自中原地区到大连从事商贸活动的商人，以及云游各地传播宗教的僧侣。沙俄殖民统治时期，到大连旅游的中国人以商人居多，来自国外的游客主要是俄国人，还有丹麦、瑞典、英国等国家从事宗教活动的传教士。日本殖民统治时期，当局接待的国外游客主要是日本人。为配合日本国内军国主义教育，殖民统治当局大搞“圣地战绩游”活动，从日本国内组织军校学员、大中小学校学生、日俄战争阵亡者家属到旅大观光并参拜“表忠塔”“关东神宫”等日本人的建筑。1911—1935年，大连港共有入境人数157.3万人次，其中日本人达147.7万人次。苏联红军进驻旅大时期，到大连探亲旅游的主要是苏联红军家属。苏联还派出文艺团体、体育代表团，科技、文化、教育代表团等到大连演出、比赛、访问。1955年，大连市共接待外国游客2302人次。“文化大革命”时期，到大连观光的外国人极少。1978年改革开放后，大连市接待的国外游客日益增多。1979年3月18日，英国大型环球旅游船“伊丽莎白女王二世”载客908人首抵大连参观游览。1982年6月12日，由挪威、丹麦两家公司经营的巴拿马籍大型旅游船“北欧宝珠”首抵大连港，至11月13日，先后12次载有22个国家和地区的游客到大连观光旅游。

大连地区赴境外旅游的记载是在日本侵占旅大时期。其时殖民统治当局在日本人开办的中小学校内大搞“母国旅游”，企图让中国学生忘掉祖宗，把日本当作母国来顶礼膜拜。出国费用不足时，甚至由学校补助。大连光复后的30余年间赴境外旅游者极少，改革开放后才逐步开放境外旅游之途。1981年大连旅行社开始自主外联，开发旅游产业。1982年接待境外游客1万多人，是东北地区首先突破旅行社年接待万人的城市。

第六章　财税　金融

大连地区的财税金融历史可大略分为三个阶段：第一阶段是西汉始设县治后至清末以前。一千几百年里，大连地区实行的是封建财税金融制度。第二阶段是沙俄、日本侵占时期。俄、日次第侵占大连后，开始实行殖民财税金融制度，以财税手段，搜刮百姓钱财，为侵略战争和殖民统治提供资金支持，资助殖民开发；以金融手段，垄断和控制经济，掠夺大连乃至东北地区资源。第三阶段是大连光复后至中华人民共和国成立时期。大连光复初期，财税制度成为巩固人民民主政权，恢复发展经济建设的重要保证。中华人民共和国成立后，实行的是社会主义财税金融制度，特别是1978年改革开放后，财税金融政策为适应经济建设和社会发展需要不断调整，在社会主义国家的各项事业中发挥了重要作用。

第一节　财政　税务

西汉武帝元封四年（前107），在今大连地区设县治之后始有地方财政。辽代大连地区的财政收入主要来自奴隶劳动和邻国贡纳。金代在女真人统治区域，财税是按占有奴隶、牲畜的多少征收牛具税。元代税源主要源自土地、民田征税、官田收租，征收盐税较重。明代财政收入除靠税收外，还靠军队屯田补充财源。清代初年，奉天府作为清发祥地，行轻徭薄赋政策。道光年间，财政收入渠道渐于租税外添增纳捐。道光二十年（1840）后，内忧外患致清廷财政状况日趋困窘，纳捐不济急用，遂改为捐厘（即“商贾捐厘”）。简言之，光绪二十四年（1898）前，大连地区以田赋为主，间以多种杂税，以牲畜税、房屋契税、盐税为重。

1898—1945年，沙俄、日本先后对旅大实行殖民统治，在统治区内实行殖民统治财税制度，分为国库收入税（即国税）和地方税两大类。

复州（县）、庄河地区在1898—1945年，经历清代末年、民国初年、伪满洲国3个时期。民国初年沿用清末税制，后改为国税、省税、县税三级税捐。伪满洲国时期，先为军阀割据封建税制，后转向与殖民统治税制并轨的伪满洲国财政税捐制度。

1945年大连光复后，从11月大连市政府成立至1948年1月关东公署统一全地区税制之前，大连地区在废除旧税制、实施新税制的过渡期，各县（市）分别颁行税法。大连市政府成立时设财政局，废除日本殖民统治时期税种60余种，开征了税率较低的工商营业税等13种税（捐），实征8种。1945—1949年，旅大地区各县市民主政府根据本地具体情况，实行“统收统支、自求平衡”的财政管理体制。中华人民共和国成立后，于1951年起在全国范围内实行“划分收支、分级管理”的财政管理体制，旅大市地方财政管理权限扩大，财政收入与支出均有较大增长，由此奠定了重工业基地的基础。至1952年之前国民经济恢复时期，旅大地区税源发生重大变化：公营经济税收比重增长，私营经济税收比重下降；工业税收比重增长，商业比重下降。“文化大革命”时期财政体制极不稳定，总体上维持“统收统支”的财政体制。1980年以后，国家实行30多年的“统收统支”财政管理体制模式开始被打破，旅大市开始实行“划分收支、分级包干”的财政新体制，国营企业实行企业基金制度。1983—1984年，根据国务院统一部署，大连市对国有企业进行“利改税”改革。1984年，大连市实行“定收定支、收支挂钩、超收分成、节余留用”的过渡性财政体制。1985年，大连实行计划单列，享受省级经济管理权限，在财政管理体制上，主要与中央财政发生关系，确定为“划分税种、核定收支、分组包干”加“总额分成”的财政管理体制，所属各县（市）区实行同样体制。

自1949年中华人民共和国成立至1985年，大连地区财政与税务机构设置历经多次变化。市级税务机构主要变化：1950年12月1日，旅大市人民政府成立，设立财政局、税务局。1958年11月，市财政局、市税务局与市建设银行合并，称旅大市财政局。1961年10月，恢复成立旅大市税务局（1963年建设银行从市财政局划出）。1966年2月，市财政局、市税务局再次合并为市财政税务局。1980年9月，恢复旅大市税务局名称。1981年2月，旅大市税务局改称大连市税务局。

一、财政

财政收入　清末税制沿袭明代，以田赋为主，辅以牛马等牲畜税、房屋契税、盐税、当税等杂项税。清代大连地区有民田、旗地之分，民地又有银地、米地之别。雍正十三年（1735），复州有米地1.47万公顷，征米4220石。清末，金州、复州、庄河有银地5524.7公顷，按折中率，征银3072两。

沙俄殖民统治时期，财政收入来自税收。日本殖民统治时期，财政收入主要来源于租税、官产出租拍卖收入、鸦片专卖收入、大东亚战争特别税收入。

大连光复初期，财政收入主要有税捐收入（包括工商税、农业税、进出口税）、公营企业上缴收入（包括工业、农业、水产、贸易利润收入）、财产收入（包括房租、地租、没收品变价处理收入）、杂项收入（包括学费、公安司法罚款、医院收入），其中税捐收入占50%。1946年，旅大地区财政收入249.06万元，其中税捐收入123.9万元，公营企业上缴收入7.9万元，财产收入89.8万元，杂项收入27.1万元。此后税捐收入、公营企业收入明显增多。1948年，旅大地区财政收入4861.1万元，其中税捐收入3820万元，公营企业收入882.5万元，分别占财政总收入的78.6%和18.2%。1949年，受特大台风灾害影响，工农业严重减产，税收锐减，财政收入仅2251万元，其中税捐收入1754万元，公营企业收入225万元。1949年新金县、庄河县、复县归辽东省辖管，旅大地区财政总收入776.42万元（东北币）。

中华人民共和国成立后至1985年，财政收入分为各项税收和其他收入两大部分。前者包括工商税、工商所得税、个人所得税、关税、其他工商税、盐税、农牧业税、契税、滞纳补税罚款和其他；后者包括规费、国家物资管理、公产、罚没追回赃款赃物，以及前年度支出收回及其他杂项收入。其间，地方财政税收整体呈上升态势。1950年，旅大市财政收入5909万元，其中市本级5832万元，县（区）级77万元。1968年12月26日，复县、新金县、金县、庄河县划归旅大市后，1969年旅大市财政收入6.93亿元，其中市本级5.06亿元，县（区）级1.87亿元。1980年实行分税制财政体制之后，大连市财政收入实现快速稳步增长。按照“划分收支、分级包干”的财政体制，大连市财政收入分列中央级、省级、市本级三部分。1985年，全市三级预算财政收入39.24亿元，其中中央级23.34亿元、省级1778万元、市级15.71元，分别占59.5%、0.5%和40%。市级财政收入中，市本级13.19亿元，县（区）级2.52亿元。大连市上缴中央、省、市的财政收入额占全国财政收入总额的2.1%，在14个沿海开放城市中位列第三，在7个计划单列市中位列第五。财政收入中的国营经济成分占重要比重。在全市三级预算财政收入中，来自国营经济成分约31亿元，占79%；在市地方财政收入中，来自国营经济成分约9亿元，占57%，其中国营工业尤其是造船、机械、冶金工业企业利税是财政收入的主要来源。

1983年和1984年，国家对国有企业进行两步利改税改革。利改税之后，税收成为国家财政收入的主要形式，税种增多，税额增大。1980—1984年，大连市工商税上划省财政，地方财政仅有工商所得税，部分年度有少量工商税收入。1984年全市地方财政收入4.88亿元，其中工商税收入1.46亿元，占总财政收入的30%。1985年进行第二步利改税后，列入市地方财政预算的税种由1982年的7种增至23种，主要包括产品税、增值税、营业税、国营企业所得税、国营企业调节税、国营企业奖金税、工商所得税、资源税、盐税、建筑税、城市维护建设税、其他工商税、农牧业税、契税等。同时，上划省和中央的工商税再次下放地方。全年工商税收类收入13.86亿元，占财政收入的比重跃升至88%，成为财政预算收入的主要来源。

财政支出 俄日侵占大连时期的财政支出主要是用于侵略战争和殖民统治。1945年大连光复至1949年，旅大地区财政支出分为经常类、生产投资类、市政建设类三大类别。其间财政支出累计8779万元，为同期财政总收入的95.8%。其中，经常类支出4631万元，占52.8%；生产投资类支出3487万元，占39.7%；市政建设类支出660万元，占7.5%。1946年财政支出主要投向经常类，包括行政费、公安费、司法费、财务费、教育文化费、奖励救济费、补助费，支出占财政总支出的87.8%。1947年以后，开始逐渐增加工业、贸易、农业、水产方面的生产投资类支出。1947—1949年，市财政用于工业生产的投资1651万元，占生产投资类的47.3%。工业投资主要用于建立建新、光华电气、中华医药、关东实业、关东水产5大国

1979—1985年大连市财政支出情况表

表3-3 单位：万元

年 度	合 计	其 中				
		经济建设类	文教科卫类	行政管理费	社会保障类	其 他
1979	28175	18099	6585	2548	678	265
1980	38304	25973	7780	2959	851	741
1981	33063	19192	8173	2860	1756	1082
1982	39886	23959	10220	3292	1632	783
1983	42964	26106	10882	4062	1405	509
1984	52098	31968	12679	4877	1476	1098
1985	67366	37982	16686	5530	2218	4950

营工业企业。到中华人民共和国成立前，工业生产基本恢复。1949 年，市财政生产投资类支出占财政总支出的比重由 1948 年的 39% 升至 55.5%。

中华人民共和国成立后，大连市除了三年经济调整时期（1963—1965 年）财政支出下降外，国民经济恢复时期（1949 年 10 月至 1952 年底）及 6 个五年计划时期均呈增长态势。经济建设性支出占财政支出的比重最大，基本建设支出在经济建设性支出中占比最大。大连光复之初，基本建设主要是对原有企业进行恢复性建设。国民经济恢复时期基本建设支出 7317 万元，占同期财政支出的 47.9%。投资重点是以化学工业、造船工业、机械工业为主的工业。1952 年，市财政除了支持地方列入国家 156 项重点建设项目的建设外，还有计划地逐步加强了地方重点企业的投资和技术设备改造投资，由此奠定了大连重工业基地的基础。“一五”时期（1953—1957 年），国家在大连开始兴建一批重点骨干工业企业，如金州纺织厂、金州重型机器厂、大连纺织厂、大连化工厂、石油七厂、大连钢厂、大连机车车辆厂、五二三厂等。其间基本建设支出 6553 万元，占同期经济建设支出的 84.2%，占同期财政支出的 26.2%。“二五”时期（1958—1962 年），基本建设支出 2.87 亿元，占同期经济建设支出的 74.5%，占同期财政支出的 47.4%。“二五”时期基建投资比“一五”时期增长 3.4 倍，大规模和快速度的基建投资，造成国民经济比例严重失调，导致大连进入中华人民共和国成立以来的暂时困难时期。

改革开放后，大连市先后被国家列为 14 个沿海开放城市之一和计划单列市，大连经济进入快速发展时期。“六五”时期（1981—1985 年），大连市财政支出 23.75 亿元，其中经济建设性支出 13.92 亿元。经济建设性支出比“五五”时期（1976—1980 年）的 7.56 亿元增长 84%。其中基本建设支出 4.09 亿元，占同期经济建设性支出的 29.4%，占同期财政支出的 17.2%，比“五五”时期锐增 3.37 亿元，增长 4.7 倍。其间，引碧入连一期工程于 1981 年末开工，1983 年 12 月竣工，投资 1.1 亿元；一批污水处理工程于 1983 年动工兴建，由市财政拨款 1000 万元；大连经济技术开发区于 1984 年 9 月动工兴建；金石滩国家旅游度假区于 1985 年 4 月动工兴建。“六五”时期的文化教育科学卫生等部门事业费支出是市财政支出的重要部分。1985 年，全市地方财政总支出 6.74 亿元，其中经济建设性支出 3.8 亿元，占 56.4%。市地方财政支出中来自体制分成资金约 4.6 亿元。

二、税务

税制税种　清末赋税大体分为租赋正税、杂捐两类。租赋正税包括田赋（有民地、旗地之分，民地有米地、银地、新升科地、滋生地等）、契税、牙税、烟酒税、牲畜税、矿税、当税、斗秤税、统税（统捐）、木税、茧丝税、印子税、牲畜年捐、渔业税、盐厘等 16 种。杂捐包括亩捐、房铺捐、菜园菜市捐、车捐、船捐、斗秤捐、屠宰捐、烟膏捐、戏捐等 16 种。

俄、日侵占大连后，实行殖民统治税制，分国税和地方税两大类。大连光复后，1945 年 11 月大连市政府发布《大连市政府施政纲要》，宣布废除一切苛捐杂税，实行新税制，减轻人民负担。1946 年，民主政府对日本殖民统治时期的 67 种税废除 54 种。1946 年 4 月颁布新税 13 种，即法人所得税、个人所得税、地租、营业税、油脂税、家屋税、盐税、酒税、烟草税、土地家屋借用费、法人资本税、公共卫生费、货物出口税，执行中又免征法人所得税、法人资本税、家屋税、油脂税、盐税 5 种，实征减至 8 种。1948 年 1 月，关东公署统一全区税法，将税收分为正税和地方税。正税有营业税、所得税、出场税；地方税有财产捐、契税、舟车捐、摊床税、屠宰捐、渔业捐、车捐等（屠宰捐1947年开征，渔业捐、车捐1949年开征）。

中华人民共和国成立后，国家实施全国统一的税制。大连自1953年1月起开征商品流通税；于1958年9月开征工商统一税，将工商企业原来缴纳的商品流通、货物、营业、印花4种税合并为工商统一税；于1959年停征利息所得税。1962年集市交易税（1964年暂停征收）。1966年1月，财政部确定在旅大市进行征收国营企业工商税试点；1970年，辽宁省在大连市实行国营企业行业税征收试点。1973年1月，国家进行税制改革，进一步简化税制，将工商统一税及其附加税、城市房地产税、车船使用牌照税、屠宰税等合并为工商税，对国营企业只征收工商税，对集体所有制企业征收工商税和工商所得税。

1978年中共十一届三中全会后，国家开始建立适应有计划商品经济要求的工商税制体系。1981年，大连开征个人所得税。1982年，开征烧油特别税，试行增值税。1983年，开征建筑税、专项调节税、外国企业所得税，征收国家交通能源重点建设基金。同年，开始实施第一步国营企业利改税改革，对全市572户企业试征国营企业所得税，占应实行第一步利改税企业623户的91.8%。1984年10月实行第二步国营企业利改税改革，由市税务部门征收的税种（基金）为17个，分别是产品税、增值税、营业税、工商所得税、国营企业所得税、盐税、烧油特别税、建筑税、屠宰税（只对个人及不缴纳工商税者）、牲畜交易税、城市房地产税、车船使用牌照税、国家能源交通重点建设基金、工商统一税（涉外）、外国企业所得税、专项调节税（海关代征）、个人所得税，征收国营企业所得税的企业有730户。1985年起，新征收城市维护建设税、国营企业奖金税、集体企业奖金税、国营企业工资调节税、资源税、中外合资经营企业所得税，共23个税种。年末，全市实行利改税的国营企业达808户。

税收收入　日本殖民统治时期的关东州，税收的主要来源是租税收入，且收入基本呈逐年攀

1946—1949年旅大地区税收收入情况表

表3-4　　单位：万元

年份	合计	正税	地方税	盐税
1946	27831.8	20358.7	7350.1	123.0
1947	100497.7	88240.9	8962.1	3294.7
1948	406084.8	363032.9	29270.9	13781.0
1949	388323.7	338619.3	38051.5	11652.9

说明：1. 1946年、1947年税额系以苏军所发军用币为本币（关东币）折算之

2. 1950年6月关东币改换东北币，关东币1元兑换东北币270元

1953—1985年部分年份大连市工商税收收入情况表

表3-5　　单位：万元

年份	合计	工商税收	国营企业所得税	国家能源交通重点建设基金
1953	18329.3	18329.3	—	—
1957	26604.2	26604.2	—	—
1965	31934.1	31934.1	—	—
1970	66452.7	66452.7	—	—
1971	73736.1	73736.1	—	—
1975	70916.8	70916.8	—	—
1980	77100.9	77100.9	—	—
1981	79909.5	79909.5	—	—
1982	86322.8	86322.8	—	—
1983	169934.9	98155.3	64935.5	6844.1
1984	189351.7	115540.2	64846.9	8964.6
1985	270149.8	188920.2	65975.7	15253.9

升态势。1937年“七七事变”后和1941年太平洋战争爆发后，日本殖民统治当局为扩大侵略战争的需要，强化征税机构，扩大征税范围，开征了一批新税种并提高原有税种的税率。其时税负之重，使百姓生活和工商业者（包括中小企业）几陷于绝境。

从大连光复后到中华人民共和国成立前，民主政权时期的征收税种比日本殖民统治时期大为减少，分为正税、地方税，另有盐税。

1980—1984年，大连市工商税收分别比1979年增长4.3%、8.1%、16.8%、32.8%、56.3%，年均递增9.3%。1984年，工商各税收入115540万元，其中第二步利改税增收110381万元。其收入特点：1.工商税收增幅大于产值增幅；2.个体经济税收增幅大于集体经济，集体经济大于全民经济；3.县（市）区增幅大于市本级增幅。

1985年，大连市纳税户数44144户，比1984年增长79.1%；各项税收总收入270149.8万元，比1984年增长42.7%。其中工商各税收入188920.2万元，占69.9%；国营企业所得税收入65975.7万元，占24.4%；国家能源交通重点建设基金收入15253.9万元，占5.7%。年缴税1000万元以上的重点税源户有大连石油七厂、大连化学工业公司、大连钢厂、金州纺织厂、大连油漆厂、大连染料厂、大连纺织厂、大连电业局、瓦房店纺织厂、瓦房店轴承厂、大连手表厂。各项税收收入列入地方财政收入168986万元，占大连市财政总收入的96.7%。1985年大连市税收收入在财政部所列全国10个重点城市税收收入中，居于广州、武汉、沈阳之后，列第四位。

税收征管 清代大连地区的赋税无统一管理办法，田赋、盐税、常关税等主要赋税大抵相沿历代管理制度。沙俄殖民统治时期，捐税多为临时性强行滥派，无管理章法可循。日本殖民统治时期，多采用日本国内的税收管理制度，通过税收对中国人进行盘剥。1945年大连光复初期，税收征管也基本无章可循。

中华人民共和国成立后，大连地区的税收管理随着经济结构和税收制度的变化几经变化。1956年之前，以私营工商业税收管理为重点，之后渐以国营合作企业税收管理为重点。其征管形式演变如下：1947年1月开始采用地区专责管理，即对所管辖的私营固定工商业户按行政区划配备税务专责人员进行征税管理；1953年制定《旅大市工商业税专责管理试行方案》，对私营固定工商业户按区域编组、设置专责人员，依不同的征收方法，进行定员定额、查管统一的地区专责管理；1954年制定《旅大市私营工商业税务专责控制管理试行方案》，以行业结合地区，分别按工商业户分工，实行定员定额、各税统管（不包括地方税）的专责控制管理，又于1955年制定《旅大市私企税务查管工作方案》，对重点行业实行全行业各税统管；1958年起实行区分工商、区分经济性质、划业定员、税利统管、各税统管的管理形式。中共十一届三中全会以后，随着税收制度的改革，税收征管不断完善。1982年，制定《大连市工商税收征管制度试行方案》，重新规定对中央、省营企业改行税利分管。

到1985年，大连市已经建立起税务登记制度、纳税申报制度、纳税检查制度、税务专管员岗位责任制度、个体工商业税收征收管理规定、集市贸易税收征收管理规定、统一发货票管理暂行办法等税收征管制度，还建立了由税务、公安、工商行政部门联合办公制度。此外，每年开展税收大检查。1985年，对全市44862纳税户数检查60937户次，查出有偷漏税问题的11476户次，应补税额2664.3万元，应退税619万元。

第二节 金 融

19 世纪末，大连地区的金州、旅顺、貔子窝、庄河等地已出现为数不多的私营当铺、钱粮庄、银炉等旧式金融机构。沙俄、日本侵占旅大之后，为了攫取更大的利益，统治当局建多个金融机构。

1945 年 8 月苏军进驻旅大后即在旅顺、金县设立随军银行。同年 11 月，苏联远东银行大连支行成立，发行苏军通用票流通使用。由苏军接管的海港、铁路、机车、造船、石油、渔盐、水道、电业、粮谷、贸易等大型企业和中苏合营企业46家，皆在此银行开户。1945 年 11 月大连民主政府成立后，于 12 月接管了 16 家日伪银行，组建成立工业、农业、商业 3 个地方银行，1946 年 7 月又将 3 家银行合并为大连银行总行，1947 年大连银行总行更名关东银行。1947 年 5 月，为防止东北国统区废止流通的苏军通用票流入大连，对大连地区流通的苏军通用票和伪满币进行贴贴，时称“贴贴币”。1947—1948 年，关东公署批准成立 14 家钱庄。1948 年 11 月，关东银行发行关东币，作为大连地方本位币，按规定比价用关东币兑换“贴贴币”，建立起地方统一的货币体系。1949 年 2 月，关东银行成立保险部，开始承办保险业务。

中华人民共和国成立后，关东银行于 1950 年 6 月 15 日并入东北银行，称东北银行旅大分行，同时实行币制改革，实现与东北地区通汇。1951 年 4 月 1 日，东北银行旅大分行改称中国人民银行旅大市分行，同时再次实行币改，大连市金融业开始纳入全国统一的社会主义金融体系中。从 1950 年到 1955 年，大连地区共进行 3 次币制改革，实现地区币制与全国统一。“一五”时期，银行通过发行经济建设公债、开办定额有奖储蓄，大量聚集资金，支持经济建设，发放国营工业短期贷款支持企业扩大生产，贷款对粮食实行统购统销，为发展社会主义经济奠定了基础。1958 年建设银行撤销、银行业务并入财政部门后，基本建设投资开始失去控制。“文化大革命”开始后，银行的计划、信贷、拨款等机构被撤销。1973 年 2 月，中国建设银行旅大市分行正式恢复开业。

1978 年改革开放后，大连金融业步入兴盛时期。1979 年 10 月，中国农业银行旅大市分行恢复成立。1980 年 4 月，中国人民保险公司大连市分公司成立。同年，中国银行大连分行升格为省级行。1981 年 7 月，辽宁省国际信托投资公司大连分公司成立。1984 年 7 月，第一家城市信用社——中国人民银行大连市分行沙河口办事处金融服务部成立。同年 10 月，中国投资银行大连市分行成立。1985 年 1 月 1 日，中国人民银行大连市分行与中国工商银行大连市分行实行分设，中国人民银行大连市分行开始执行中央银行职能。同年 1 月，国家外汇管理局大连分局成立，与中国人民银行大连市分行合署办公。同年 1 月，日本东京银行大连代表处成立，是中华人民共和国成立后首家在大连设立的外资银行机构。

一、银行

1945 年 11 月 8 日，大连市财政局接收了日伪政权在大连的 3 个金融组合和 2 个无尽会社，12 月 8 日开始接管市内 16 家日伪银行机构，12 月 28 日分别成立大连中国工业、大连中国农业、大连中国商业 3 个地方性国家银行并于当日对外营业。1946 年 7 月 1 日，大连中国工业、农业、商业 3 家银行合并成立大连银行（1947 年 4 月 20 日改为关东银行，1950 年 6 月并入东北银行）。其间苏军对旅大实行军管，设立苏联银行 3 家，即驻旅顺、金州随军银行和苏联远东银行大连分行。

1949年中华人民共和国成立后，1951年4月，东北银行旅大分行改为中国人民银行旅大市分行。1953年2月，东北基本建设投资银行旅大分行成立，翌年10月改称中国人民建设银行旅大分行。1954年6月，中国银行大连办事处成立，办理国际金融业务。1960年6月1日大连港对外开放，6月18日，中国银行大连分行（对内称中国人民银行旅大市分行国外业务部）成立。1963年12月，中国农业银行旅大市分行成立（1965年9月撤销，于人民银行旅大市分行设立农村金融科）。中共十一届三中全会以后，大连金融机构如雨后春笋般涌现出来。1979年10月，中国农业银行旅大市分行恢复成立。1980年10月，中国银行大连分行升格为省局级机构，并建立国家外汇管理分局，对外挂中国银行大连分行和国家外汇管理总局辽宁分局2个牌子（1984年国家外汇管理局并入中国人民银行）。1984年，中国投资银行大连市分行成立；同年7月，第一家城市信用社金融机构——中国人民银行大连市分行沙河口办事处金融服务部成立。1985年1月，中国工商银行大连市分行成立，从此，人民银行大连分行专门行使中央银行职能。

至1985年末，除执行中央银行职能的中国人民银行大连市分行外，全市共有工商、农业、中国、建设4家专业银行，中国人民保险公司大连市分公司1家保险公司，其他金融机构有中国投资银行大连市分行、中国银行大连分行国际信托咨询公司、中国工商银行大连市分行信托投资公司、中国工商银行大连市分行管理的城市信用社。

二、钱庄

1945年大连光复后，外地商人纷纷到大连经营贸易，时有4个私营钱庄营业。同年，大连地区驻连后勤及贸易部门为增加副业收入支援前线，以私人名义出资集股经营钱庄银号。1947年有中孚银号1家。到1948年，大连地区的钱庄银号发展到14家。1948年11月，关东银行实行币改后，有13家钱庄银号因币改差额补缴不上，最后全部歇业。仅存的旅大区党委所属中和信托公司在1949年1月与关东银行合并。

三、典当

1905年，金州城内有和成达、天顺当2家当铺，均为中国人开设。20世纪20年代后期，受世界经济危机的影响，大连金融业陷入困境，典当行相继停业。

四、货币

1894年前，大连地区流通的货币有银锭、银圆、制钱、私贴等。俄、日殖民统治时期，大连地区流通的货币有卢布、日本银行金券和朝鲜金券等。1945年8月苏军进驻大连并实行军管后，其发行的苏军通用票始与朝鲜银行券、伪满中央银行券、日本帝国银行券同时在大连流通。币种多、币值乱，以致发生通货膨胀。对此，1947—1948年进行2次币制改革。第一次币改：1947年5月23—27日，对流通中的苏军通用票和日伪币加贴小票，以加贴的苏军通用币兑回其他多种货币。收兑总额2244732654元，其中兑出贴贴币1907125500元。第二次币改：1948年11月15—19日，由关东银行发行关东币，作为大连地区独立流通的地方货币，兑回苏军通用票即“贴贴币”和1元、5元的旧币。兑换结果为：共收回旧币54亿元，银行存款12亿元，计66亿元，折合新币47亿元。

中华人民共和国成立后，大连地区先后进行3次币制改革。第一次币改：1950年6月16—23日，以东北银行发行的东北币兑换关东币（以270元东北币兑换1元关东币），实现了东北地区的货币统一。兑换结果为：兑入关东币3678754901元，兑出东北币993263823270元。第二次币改：1951年3月20日，东北银行并入中国人民银行后以人民币兑换东北币（以1元人民币兑换9.5元东北币），人民币成为全中国的通用货币。兑换结果为：共兑回东北币124145000万元，兑出人民币1307亿元。第三次币改：1955年3月1日，中国人民银行开始发行第二套人民币，收回第一套人民币，第二套人民币与第一套人民币的比价是1：10000元。此次币改，共收回旧人民币3531亿元，发行新人民币3531万元。

1961年末，大连地区市场货币流通量10450万元，1976年市场货币流通量16800万元，1985年市场货币流通量55100万元。

五、存贷款

存款　日本殖民统治时期，以横滨正金银行、朝鲜银行、正隆银行、满洲银行为代表的大连日本银行处于金融垄断地位。1945年12月大连中国工业、农业、商业银行成立时，共接收16家日伪银行库存现金2226.28万日元。1947年4月大连银行改为关东银行后，旅大地区银行存款总额40948.9万元（苏军通用币），比1946年末的22715.3万元（苏军通用币）增长80.3%。1950年6月末，旅大地区存款总额44.9亿元（关东币）。

1949年中华人民共和国成立，1950年7月，大连地区银行开始执行东北人民政府关于现金管理、结算、信贷的规定，国有企业、机关团体、合作社相继在银行建立存款账户。到1952年末，大连银行各项存款6207万元（人民币）。"一五"时期，银行多方筹集资金，支持大规模经济建设。至1957年末，旅大市银行各项存款余额12699万元，比1952年增长1倍多。"文化大革命"时期，存款增减不稳定，总体仍呈上升趋势。

1978年中共十一届三中全会后，由于实行对内搞活经济、对外改革开放，企业自主权扩大，资金流通渠道增多，带来银行存款逐年递增。1978—1985年，全地区银行各项存款年末余额分别为91051万元、111429万元、138221万元、179603万元、196961万元、262293万元、362715万元、434915万元，年均递增20%以上。银行存款中，城镇储蓄存款和农村储蓄存款均有大幅度增加，表明城乡人民的生活水平不断提高。1978年城镇储蓄存款年末余额17169万元，1985年增至121223万元，增长6倍多；1978年农村信用社储蓄存款8025万元，1985年增至73037万元，增长8.1倍。

贷款　日本殖民统治时期，朝鲜银行、横滨正金银行、正隆银行、满洲银行4大银行贷款额占据大连金融业主体地位，并操纵着大连金融市场。1945年12月28日，大连中国工业、农业、商业3家银行成立当日开始办理贷款业务。至1946年6月末，3家银行合并前夕，贷款余额6873.5万元（苏军通用币）。同年7月1日大连银行成立后，银行贷款仍主要投向经济建设，用于稳定物价、安定民生，以及支持解放战争。

中华人民共和国成立后，1950年末大连地区信贷余额折合人民币322万元。1951年末增至9110万元，比1950年末增长27倍多。1958年因"大跃进"运动影响，年末信贷余额达48724万元，比1957年末增长86%。1961年中共中央提出"调整、巩固、充实、提高"八字方针后，企业流动资金实行分口管理制度，80%流动资金由财政部门按年拨给，20%由人民银行贷款，年末信贷余额97679万元，比1960年末减少13110万元。1962年，国家严令控制货币发行，至1964年末，信贷余额46704万元，比1961年末减少50975万元。"文化大革命"时期，企业物资积压严重，资金占用过多，银行贷款逐年大幅增加。

1978年中共十一届三中全会后，人民银行旅大市分行对全市信贷管理体制进行改革。1979年试行信贷差额控制；1980—1982年，工业信贷实行择优扶持，重点支持轻纺、电子工业等日用消费品工业生产；1981年开始投入大量外贸贷款，支持外贸企业发展；1983年根据国务院决定，企业流动资金改由人民银行统一管理，银行信贷重点支持机械工业调整产品结构。1983年6月，全市农村普遍实行家庭联产承包责任制后，银行农业贷款重点用于支持国营农、林、牧、副、渔各业发展和乡村集体农业发展商品生产。

1981年末，全市银行贷款余额465292万元，比1980年末增长19.3%。其中，工业贷款余额102902万元，占总额的22.1%；外贸贷款余额227806万元，占当年商业贷款的65.1%。1985年末，全市银行贷款余额796180万元，比1984年增长22.2%，比1978年增长1.8倍。其中，外贸贷款余额294447万元，比1984年增长29%，比1978年末增长2.2倍，占当年商业贷款的65.5%；农业贷款余额28840万元，比1984年增长29.4%，比1982年增长13.4倍；工业技术改造贷款余额51881万元，比1984年末增长59.8%。

六、外汇

1907年5月，日本与清廷在北京签订协定，在大连设置海关。1945年大连光复后，进出口贸易主要是以国内贸易为主，1947年始与朝鲜建立贸易往来关系，1949年中华人民共和国成立后，渐与日本、印度等国家和中国香港地区建立贸易往来关系。1946—1949年，大连地区进出口贸易总额为25251056.7万元（关东币）。其中，进口贸易总额13538530.1万元（关东币），国外进口贸易额占28.9%；出口贸易总额11712526.6万元（关东币），向国外出口贸易额占41.2%。1953年5月，人民银行旅大市分行开始办理审查信用证及装船单据。同年9月，始对苏联和东欧社会主义国家办理出口结汇。1954年，共办理对苏联及东欧各国协定记账结汇1230笔，金额25269万卢布；出口现金结汇36笔，金额581.1万美元。同年7月，中国银行大连办事处与香港、伦敦、新加坡等国家和地区联行建立业务代理关系，翌年开始独立进行对资本主义国家贸易项下审单和结汇。1956年审单2513笔，对资本主义国家出口结汇比上年增长30%。1960年6月1日，大连口岸正式对外开放。1965年，大连口岸国际结算业务议付8210笔、98356万美元，对资本主义国家出口来证281笔、10239万美元。

1978年中共十一届三中全会以后，中国银行大连分行开始办理保函业务和三项贷款业务，并在全国银行系统率先开展国际信托业务。至1985年末，中国银行大连分行与120个国家和地区的1086家银行的1749个总部和分支机构建立了业务代理关系，日本有6家银行在大连设立了办事处。中国银行大连分行全年共受理国外银行来证16936笔、39.6亿美元，进口开证3059笔、4.13亿美元；办理大连口岸外汇收入总额47.56亿美元，其中贸易外汇收入46.56亿美元，总收入和贸易外汇收入在全国五大口岸中均居首位；全年发放外汇贷款22651万美元，年末余额14255万美元，比1980年增长85%。

七、保险

1902年，沙俄强租旅大后始在大连开办保险业务。日本取代沙俄侵占大连后，也设立了保险代理机构。1945年8月日本投降后，苏联红军进驻旅大，保险业由苏联取代。1946年苏联国外保险管理局在大连设立总代表办事处，承保了中长铁路（大连至满洲里铁路线）、大连港、大连造船厂、大连海洋渔业公司等企业的财产险。1949年2月，大连关东银行成立保险部，开始承办保险业务。同年12月，大连保险公司成立，隶属东北银行大连分行，其时只开办火灾保险一种业务，年末承保1笔业务，保险金额为东北币32.4亿元（折合人民币3.4万元），保费收入东北币0.178亿元。1950年7月，大连保险公司更名中国人民保险公司旅大市分公司。1955年苏军撤离旅大后，其业务全部移交中国人民保险公司旅大市分公司。同年，大连正式承办涉外保险业务。1959 年 1 月，人民保险公司旅大市分公司机构撤销，停办国内保险业务，涉外保险业务交由人民银行旅大市分行办理（对外称中国人民保险公司旅大分公司，1964 年改为中国保险公司大连分公司）。1949—1958 年，大连地区累计保费收入 3526 万元，赔款 344 万元，拨付防灾费用 26 万元，上缴利润 2803 万元。1968 年，中国银行大连分行内设保险科，原由人民银行旅大市分行办理的国外保险业务移交给中国银行大连分行（对外名称不变，仍为中国保险公司大连分公司）。

1978 年中共十一届三中全会后，停办了 20 年的国内保险业务得到恢复。1979 年国务院批准恢复办理国内保险业务，1980 年 2 月，中国人民保险公司大连分公司获批成立（原中国银行大连分行国外保险业务同时划入），4 月正式恢复办理国内业务。当年开办国内企业财产险、家庭财产险、机动车辆险 3 个险种，共承保企业财产险 700 家、家庭财产险 2 户、机动车辆 1445 台，保险金额 4.785 亿元，保费收入 1208.8 万元。1983 年，大连地区农村开展家庭联产承包责任制后，保险公司扩大农村保险服务领域，试办农业保险新险种，为 11 户农民饲养的貂、鸡和大牲畜提供了保险服务；同年，恢复办理人身保险业务。当年全市共有 1583 家企业、11.68 万户居民、2 万多台机动车辆参加保险，保险金额 79.3 亿元，保费收入 1904.3 万元。1984 年 1 月 1 日，大连石油七厂发生大爆炸，市保险公司赔款 1017 万元，是其时全国恢复国内保险业务后保险公司最大的赔案。1985 年，市保险公司下设 10 个县（市）区支公司、1 个经济技术开发区分公司；共开办保险业务险种 25 个，其中投资险、“三来一补”险、拆船险、机器损坏险、展览责任险等国际险种 18 个；为企事业单位和个人提供保险保障 106 亿元。1980—1985 年，全市发生各种类型损失案件 2.92 万件，保险公司处理 1.17 万件，支付赔款 5156 万元。

第七章　城市建设

因港立市的大连，以 1945 年 8 月大连光复为时间点，分前后两个时期：沙俄、日本殖民统治时期，中国人民当家作主时期。

1898 年沙俄强租大连湾时，这里有东青泥洼、西青泥洼、黑嘴子、西岗子村几个渔村。在其规划兴建大连湾商港时，城市规划与建设也同时展开。日本侵占大连后，1905 年将达里尼改为大连，确定其城市规划与建设承袭沙俄侵占时期计划，继续实施港口和基础设施建设。1945 年 8 月大连光复后，民主政府在对城市道路、广场、公园以及火车站等市政设施进行修缮、维护、新建的同时，及时清除了殖民统治的痕迹，更改了原城市道路、广场、公园等市政设施的名称。

中华人民共和国成立后，从 1953 年开始编制城市总体规划，1958 年完成。这是中华人民共和国成立后大连市编制的第一个城市总体规划，其中包括工业、公用设施专项规划。规划确定大连的城市性质是“以机械、化工为中心的工业城市”。在编制规划的同时，大规模的城市建设也已展开。到 1965 年，城市道路、桥梁、园林绿化建设出现跃进式发展，甘井子工业区与大连港之间的干道网络基本形成；给排水、供水、公共客运能力稳步提高。

“文化大革命”时期，总体规划停止执行达十余年。

1978年改革开放后，大连城市建设步入较快发展时期。1979年大连市开始编制城市总体规划，1983年完成，1985年5月经国务院批准实施。这是大连市第二个城市总体规划、首个经国家批准的城市总体规划。规划确定大连的城市性质为“港口、工业、旅游城市”。其间，城市建设进入快速发展时期，环境保护工作得到加强。1982年，大连市第一座立交桥——周水子南桥建成，使旅顺北路与大连市内区间铁路交通长期阻塞的状况得到极大缓解。1985年，全长1.2千米的石道街中心大街建成。同年，碧流河水库工程竣工，向市内供水3050万吨。城市环境卫生状况普遍改善，公共厕所建设的经验在全国推广。环境保护得到重视，1979—1985年有46个污染企业从居民区迁出。1985年，市区道路总长480千米、面积517万平方米，柏油路面铺装率99.5%；全市供水总量1.03亿立方米，供水普及率98.1%；全市用电总量4.21亿千瓦时；全市煤气供应总量1.4亿立方米、液化气销售量1.38万吨，煤气、液化气普及率69%；全市有公共客运车辆796辆，客运线路24条，营运线路总长192.8千米，公共交通成为居民出行的主要方式。

第一节　城市规划

大连城市规划起始于19世纪末。1899年，沙俄规划兴建大连商港，同时开始大连城市规划与建设。城市规划包括达里尼（大连）市和旅顺市规划。大连商港与城市建设规划最初由中东铁路公司总工程师、后任达里尼市市长的萨哈洛夫设计完成。大连商港建设即采用了萨哈洛夫的设计方案，而他的城市建设规划则未被采用。达里尼市建设规划最终采用的是斯科里莫夫斯基的方案，其为东清铁路公司任职达里尼港口和城市建设的高级建筑师。斯科里莫夫斯基的城市规划依据大连的地质地貌特征和半岛条件，借鉴法国巴黎、德国柏林等欧美城市的规划，将大连市区划分为三大区，即行政区（也称市政区）、欧洲人区、中国人区；以欧洲人区和行政区为主，设定各类多功能广场；以广场为城市的核心，设计开放式、辐射状道路，并布局街区。1905年日俄战争结束后，日本殖民统治初期主要沿袭沙俄时期规划，但原规划中的公园绿地、景观道被大量缩减或取消。而后，日本殖民统治当局又先后编制了城市扩充规划、城市综合规划、关东州规划。除保持俄占时期开放式、辐射状道路及市街布局，以及功能广场外，对城市西部街区主要采用棋盘式方块状结构布局。

1949年中华人民共和国成立后，到1985年，大连市先后编制2个城市总体规划。第一个城市总体规划1953年开始编制，1958年完成。规划确定大连城市的性质是“以机械、化工为中心的工业城市”。规划的主要内容：新建和扩建甘井子、沙周路东侧、红嘴子至大连纺织厂、泡崖村、沿海造船、南沙河口、五一广场、荣华北岗、寺儿沟、凌水桥（学校实习）10个工业区；新辟甘西路、甘泡线、西凌线道路；解决水源问题，修建碧流河水库；新建住宅集中在新甘井子、沙周路、金家街、山中村、黑石礁等地；新建老虎滩工人疗养区和傅家庄海滨疗养区；新辟黑石礁至凌水文教区，内有大连工学院、大连海运学院、辽宁财经学院等高校。其时大连市建成区面积70.5平方千米，人口80万人；规划区面积为102.6平方千米，规划到1962年人口控制在100万以内，远景为130万人。“大跃进”时期受“左”的思想影响，出现“群众动手搞规划、全民搞规划”的混乱局面，原来的规划布局、功能分区始变混乱。1961—1965年国民经济调整期间，修订城市规划，确定新辟南关岭、革镇堡仓库区，打通石道街。“文化大革命”时期总体规划停止执行。1973年城市规划工作恢复后，开始编制城市总体规划大纲。其时虽未从根本上改变城市规划无序状态，但较大工程项目仍是按规划执行。1974年规划兴建鲇鱼湾油港，1976年建成投产，成为国内第一座现代化10万吨级栈桥式原油出口码头；规划兴建碧流河水库和引碧入连工程，1975年碧流河水库工程开工；规划建设国际海员俱乐部和大连港客运站；规划建设金南路。

1978年改革开放后，城市规划编制工作重新被重视。1979—1983年，大连市编制完成第二个城市总体规划，并于1985年5月经国务院批准执行，这是大连市第一个经国家批准的城市总体规划。规划确定大连的城市性质是“港口、工业、旅游城市”。规划的重点是市内4区（旅顺口区规划单独编制），规划期限20年。规划的主要内容：确定城市扩展方向是北部地区（长大铁路线以南），将凌水、南关岭、辛寨子、革镇堡等共约170平方千米的用地确定为城市规划控制圈；新建的大型工业项目放到小城镇建设，并搬迁分散在市内居住区或风景区的24个污染大、耗能多的工厂（车间），逐步形成寺儿沟、荣华北岗、五一广场、南沙、泡崖、甘井子、黑嘴子、沙东、王家沟、转山、友谊北、盐岛12个工业区；确定居住区采用组团式布局，老市区作为市中心区，结合旧区改造逐渐疏散人口，规划人口84万，金南路和三道沟一带作为新开发区，规划人口25万；城市绿化覆盖率达到50%左右，人均拥有公共绿地7平方米；加快老港区改造及和尚岛码头、大窑湾港建设；在金县马桥子兴建大连经济技术开发区。

附：沙俄占领时期城市规划

大连市区规划 沙俄强租旅大后，殖民统治当局即将达里尼的城市建设定位为世界重要贸易中心。1898年6月10日，经沙皇尼古拉二世批复同意，中东铁路公司在青泥洼开工兴建港口和城市。达里尼规划从1898年开始起步，1900年最终确定。其中，港口规划确定了东青泥洼为码头港区；城市规划确定为建设展现欧洲建筑风貌的海滨城市，按城市功能，划分为市政区（也称行政区）、欧洲人区、中国人区。

市政区是沙俄殖民统治机构所在地，位于今胜利桥北，占地面积0.436平方千米。西北临海，东接工厂及货站，南以铁路为界。达里尼市政厅及市长官邸、东清铁路公司职工住宅均设在此地，并规划了学校、医院、公园、警局、消防局、教堂等。

欧洲人区位于铁道线以南，占地面积4.55平方千米。东临港口，南至南山山麓，西以铁路沟与行政区划开，以城市苗圃、市立公园（今劳动公园）与中国区分界。包括商业区、居民区、别墅区3部分。商业区位于今中山广场至友好广场、青泥洼桥，斯大林路、中山路以北；普通居民区位于商业区以南，今永胜街及朝阳街以西；别墅区位于居民区以东。达里尼市中心在欧洲人区，欧洲人区的中心是直径213米的尼古拉耶夫广场，广场中央设计为东正教大教堂。广场效仿法国巴黎设计10条放射状大街，外附6个小广场，形成四通八达的交通网络。尼古拉耶夫广场周边规划设计有银行、医院、教堂等建筑，后因日俄战争爆发而未付诸实施，由日本人设计的欧式建筑所取代。欧洲人区以广场作为结构城市的核心，设计了多核心、开放式、辐射状街区；城市道路依地势作分级规划，分大街、街道、胡同3层次，莫斯科大街（今斯大林路）为最醒目的道路；还设计了景观大道、公园绿地、城市给排水等基础设施。

中国人区位于市立公园（今劳动公园）以西，占地面积5.25平方千米。1901年规划西部区界延伸接近马栏河。所谓中国人区规划，不过是草草划定的中国人居住区，并无具体设计而言。

旅顺市区规划 沙俄强租旅大时旅顺已显现近代城市雏形。旅顺明代已有南北二城和水师营房，清光绪年间建造了规模宏大的海防工程，出现了近代工厂、港口及其自来水、电力、电信等城市配套设施。1899年12月阿列克谢耶夫就任关东总督后，否定了原军政长官苏鲍季奇陆军少将的旅顺市街改建方案，以贯通市区的龙河为界，将旅顺划分为新、旧两个街区。

旅顺新街区位于龙河以西地区（中国人习称太阳沟）。按照沙俄种族隔离政策，划分为特权区、别墅区、欧洲新市街、中国新市街。特权区位于市街东北部，专供关东州官员居住，到日俄战争爆发前已建成住宅19户。别墅区位于黄金山一带，专供携带家眷的俄国高官居住，到日俄战争爆发前已建成别墅20多幢。欧洲新市街即欧式建筑街区，仿照欧洲城市以广场为中心连结放射状大街的模式，在广场和街道周边修筑官署和行政机构。主要建筑有关东州民政部、中东铁路公司船舶事务所、俄华银行、旅顺邮政局、海军军官俱乐部、旅顺要塞司令部、旅顺监狱和警察署、旅顺大狱等。

旅顺旧街区主要是中国人居住区及商贸、作坊的聚集区。

附：日本占领时期城市规划

大连市区规划 日本殖民统治时期，大连城市规划共经历4个阶段。

承袭沙俄殖民统治时期规划（1905—1919年）。1904年日俄战争尚未结束时，作为军事占领者的日本辽东守备军就发布号令，从1905年2月11日起将“达里尼”改称“大连”，确定城市规划承袭沙俄达里尼城市规划，即按功能划分法，将大连市区分为军用区、日本人区、中国人区。军用区为位于今民主广场的大连铁路东站，经中山广场至延安路，沿线以东的地区；日本人居住区为军用区以西到西公园一带以及市政区，即原沙俄统治时期欧罗巴区大部区间和市政区；中国人区为西公园以西的区域，基本是中国人原居住区。1905年9月日本政府允许其国内普通民众自由进入中国东北后，移居大连的日本人越来越多，殖民统治当局于是将军用区陆续转为民用。1909年西公园以东区域（含南山山麓及寺儿沟）、1910年伏见台（今西岗区一二九街一带）、1911年小岗子及以西地区（今西岗区属境）相继被纳入大连市区规划。这个时期的代表建筑有今中山广场周围建筑群中的大多建筑、日本桥（今胜利桥）等。

编制城市扩充规划（1919—1931年）。1919年，大连市区人口已超出沙俄殖民统治时期规划的10万人的预期规模，且人口仍在急剧增加。于是日本殖民统治当局于1919年6月实施市街扩张规划，将小岗子、伏见台以西至沙河口、马栏河区间约6.77平方千米的城区纳入市区规划，与原已规划的8.93平方千米的旧城区合并为一个区域进行统一规划，分为住宅、混合、工厂、商业4种地区。到1924年7月，大连西部旧城区的小岗子、沙河口扩张区域和南郊的岭前地区均被划入市区管理，城市区面积由16.67平方千米扩大到35.58平方千米。西部城区布局基本采取了由道路分割街区为方块形状的设计，并规划设计了长者广场（今斯大林广场）、花园广场、大正广场（今解放广场）、回春广场（今五一广场）等多个广场。到1931年“九一八”事变前，1919年城市规划方案基本实现，今劳动公园北部和天津街一带成为商业区，今中山路以南和南山住宅区地带成为商业和住宅的混合区。这个时期的代表建筑有大连市役所（今中国工商银行大连市分行办公楼）、满铁大连医院（今大连大学附属中山医院主楼）等。

编制城市综合规划（20世纪30年代）。1929年末，大连市区人口26万人，已接近1919年扩充规划时设定的30万人的城市规模。为应对人口仍将大量增加的未来，1930年起，日本殖民统治当局开始着手综合性大连城市规划，将城市规模设定为百万人口的“大大连”。到1933年，历时4年，对“经营满洲的根据地”大连市及其周边土地、气象、人口、铁道、轨道、道路交通、港湾、自来水管道、电气、煤气、市场、教育、公园、住宅、卫生、屠宰场、墓地、经济、财政、工厂、矿山等进行全面调查、测量、分析，形成大量统计资料。在此基础上，于1934年10月确定了城市规划区域：以常盘桥（位于今青泥街与中山路交会处，已拆除）作为大连市中心，以16千米为半径画一个圆，以此圆为基准，涵盖大连市以及老虎滩会、岭前会、西山会、岔沟会、小平岛会、栾家屯会、周水子会、海猫屯会、革镇堡会、南关岭会、大连湾会（会相当于今镇或乡），共1市11会，规划建设面积416.96平方千米，是其时大连市面积45余平方千米的9倍。其中195平方千米作为城市用地，其余为山岳、丘陵、水源地、森林、公园、绿地。1935年1月进一步明确以常盘桥为中心，10千米为半径的圆圈内的163.4平方千米的区域（包括大连市，老虎滩会、岭前会、西山会、海猫屯会，以及周水子会辖南山屯、周家屯、泡崖屯、周水屯、郭家屯）为一期规划范围。在编制城市综合规划的同时，还对黑石礁、寺儿沟、甘井子、夏家河等区域以及青泥洼桥火车站进行了具体规划。大连城市综合规划于1935年9月制定完成并具体实施。在制定城市综合规划的同时，还对黑石礁、寺儿沟、甘井子、夏家河等区域以及青泥洼桥火车站地区做出具体规划。规划将大连火车站迁移至今址，依照东京上野火车站所采取的旅客分层进出模式设计。1937年5月建成的大连火车站成为这个时期的代表建筑。

编制关东州规划（1941—1945年）。1935年大连城市综合规划制定完成不久，日本殖民统治当局即着手起草《关东州规划令》，1938年2月《关东州规划令》公布，1941年3月正式施行。构筑城市建设框架是关东州规划的重要环节，其中市区北部和南部马栏河区域规划使大连城市架构完全成型。

旅顺市区规划 日本侵占大连之初，殖民统治当局对旅顺市中心的规划仍沿袭俄制，以龙河为界，将市中心区域分为东、西两部分，龙河以东为旧市区，龙河以西为新市区。1907年，日本殖民统治当局对旅顺市规划进行了修订，主要是围绕关东都督府行政办公区和以龙河为界划分出的两大居住区、商业区、文化观光教育区。

第二节 市政建设

大连的城市建设于城市选址和初步规划后起步。沙俄殖民统治时期，大连已建成尼古拉耶夫广场（今中山广场）以及向外辐射的6个小型广场，形成广场与放射状大道相连接，同心圆式的多层环形道路。广场与放射形大道的设计理念，奠定了大连近代港口城市早期的市街格局和模式。

1945年11月大连市政府成立后，对市政设施进行了修缮和维护。1946年起，重点修复了当时被定为国防道路的中山路西段、沙周路、旅大中路，同时对市区内的长江路、中山路、斯大林路、黄河路、解放路、世纪街等40条主次干道进行修整，面积88.2万平方米，城市主要市政道路基本恢复。同时，对中山、友好、三八、二七4个大型广场以及劳动公园、大连火车站等进行了修整和改造。

1949年中华人民共和国成立后，大连先后修建和扩建了星海公园、劳动公园、儿童公园等公园，新建了老虎滩公园、友谊公园、金家街公园等公园，并建设一批城市道路、桥梁、排水、路灯设施。

一、城市道路

1900年，沙俄殖民统治当局强征土地辟建道路。日本殖民统治时期的主城区道路承袭了沙俄统治时期的规划。

大连光复之初，主要进行城市道路修复。1946年先后修复了被定为国防道路的中山路西段、华北路、旅顺中路，以及长江路、中山路、斯大林路、黄河路、解放路等40条主次干道，总面积88.2万平方米。1948年，对长江路东关街至北京街路段进行拓宽改建，拆迁民宅400多户，路面由10米拓宽为18米。1949年，对大连火车站周边的长江路、中山路、天津街、青泥洼桥以及胜利广场道路进行扩建和整修。

中华人民共和国成立初期，为支援抗美援朝，主要对马栏子至三八里等6条新辟为国防公路的道路和工业区内干道等进行修复，并有部分新建和改扩建道路。1950—1952年，共新建、改建、扩建道路14条，总面积25.57万平方米。1953—1957年大规模城市建设展开后，开始新建凌水文教区、香周路及居民区道路，并对中山、西岗、沙河口的街巷路进行修复。1950—1957年，累计维修道路395万平方米，柏油路面铺装率达62%。1958—1965年，共新建、改建、扩建道路13条，总面积47.5万平方米，维修道路总面积350万平方米，基本形成甘井子工业区与大连港间的干道骨架网络，先后建成促进路、友谊路（今迎宾路）、棒棰岛宾馆路、甘西路北段、太原街北段、滨海路中段等道路。“文化大革命”时期，市政建设受到冲击，道路新建不多。1967—1976年，新建柏油路主要有新生街，改建了贯穿市区西南部交通干线的红旗路和西北路中段，拆除中山路、解放路电车轨道翻建柏油路。

1978年中共十一届三中全会后，城市道路建设步伐加快。1978年4月，打通唐山街（今五惠路至花园广场），使之成为市区东西干道。同年，完成香周路第二次扩宽。1979年9月，新建太原街南段道路，成为贯通市区西南部地区的交通干线。1980年，开始对石道街住宅区道路进行规划建设，到1985年，打通了全长1.2千米的石道街中心大街。1974—1985年，全市共新建、扩建道路75万平方米，维修道路647.5万平方米。至1985年，市区道路总长480千米，面积517万平方米（不含宽度3.5米以下道路），其中柏油路面475千米、514万平方米，柏油路面铺装率达99.5%。中山路成为大连市区东西贯通的交通大动脉，长江路成为市区北部东西走向距离最长的交通大动脉之一，二路均横跨中山、西岗、沙河口3区。

二、城市桥梁

俄、日殖民统治时期，为了殖民利益的需要，均在大连地区修建桥梁。大连光复后，1946年对老虎滩木桥进行维修加固，1948年重建马栏河木桥，1949年修建甘北桥和杨柳桥。中华人民共和国成立后，1950年5月马栏河木桥改建为钢筋混凝土桥。1951年拆除老虎滩木桥，在原址重建为钢筋混凝土老虎滩桥。老虎滩桥全长30米，宽25米，是中华人民共和国成立后大连自行设计施工的第一座钢筋混凝土桥。20世纪50年代末60年代初，动工兴建10余座城市桥梁，先后建成王家桥、桃源东桥、棒棰岛桥、宋家桥、香周路桥、高尔基路桥、秀月街桥、无机化工厂桥、香炉礁二桥、促进桥、解放桥、春柳河桥、甘西桥等。1963—1978年，城市桥梁建设进入迟滞阶段，只建成文明巷桥、鲁迅公园桥等几座小型桥梁。

1978年中共十一届三中全会后，城市建设日新月异，建成几座大中型桥梁。1982年，建成大连市第一座立交桥——周水子南桥，也是大连市第一座大型公路、铁路主体交叉桥梁。周水子南桥这座大型立交桥的建成，使旅顺北路与大连市内区间铁路交通长期阻塞的状况得到极大缓解。1984年，周水北桥动工兴建，为大连市第一座全预应力混凝土桥梁。1985年，建成位于解放路、长兴街、兴工街、沙河口桥洞南和洞北的共5座人行天桥，行人与车辆混行、车行速度缓慢状况有较大缓解。

三、城市排水

俄、日殖民统治当局为了更好地殖民城市，修建了城市排水设施。中华人民共和国成立初期，市区排水设施建设主要是维修排水管道，防止泥沙冲积，加固防洪设施。其间敷设的排水工程主要有青泥洼桥一带的通江沟和通海沟、岭前一带的岭前沟和解放沟。“一五”时期，主要进行排水工程的新建、改建和扩建，排水工程投资占市政建设总投资的比重达40%左右。完成黑石礁至栾金村文教区、金家街住宅区、春柳住宅区、造船工人村、甘井子工业区的排水管道敷设。“二五”计划及国民经济调整期间，基本建设投资大力压缩，城市排水设施投资比重下降。其间主要进行污水利用、山洪排泄和沟谷治理。“文化大革命”时期，城市排水设施处于零星基建和局部维修状态。1978年改革开放后，排水设施建设投资显著增加。完成了春柳、金南路、石道街、白云新村各住宅小区的排水配套建设项目；完善了排水系统，将大连火车站西侧的通江沟明沟改暗渠，将五四路暗渠出口向马栏河延伸300米，在王家桥、周家桥等民房密集无排水设施的老市区安设下水道，在黑石礁、星海公园、马栏河等地带建设污水截流工程。为解决城市水污染日益严重问题，1982年春柳河污水处理厂开工建设。至1985年，全市下水道总长度535.5千米，暗渠总长度33.89千米，防洪沟总长度73.91千米；有7个排水区、26个排水系统；护岸、护坡6.8千米；防洪堤11.61千米。全市排水设施服务面积71平方千米，占城市建成区面积的94.7%，人均排水管道长度0.46米，排水管网密度为7.59千米／平方千米。大连市的排水防洪设施，按常年雨量可基本满足排水要求，但还不能适应大暴雨的泄洪需要。1961年、1973年、1985年3次暴雨都造成了局部地区的水患。

四、城市路灯

中华人民共和国成立后，开始了大规模路灯整修和建设。到1952年，全市路灯数量迅速增至5800盏，城市道路的照明范围和光照度得到明显改善。1957年市路灯管理所成立后，每年都安排新建和改建路灯照明工程，到1963年，全市路灯已增至9195盏。1964年，在市区主干道路开始安装长臂灯具，取代原来的马路弯灯，并开始使用第二代光源——高压水银灯，使市区道路照明度提高50%，当年安装高压水银灯350盏。“文化大革命”时期，路灯建设速度放缓。

1976年后路灯建设得到加强，全市有路灯13180盏，其中白炽灯8248盏、水银灯4932盏，专用路灯线路总长552千米。1979年8月，大连市启动最大的路灯改建工程——中山路路灯改建工程，起止路段为中山广场至解放广场。到1981年4月，将中山路的路灯架空线全部改为地缆线，路灯杆全部改成水泥杆，路灯灯具全换成1.2米的长臂灯具，光源全部为水银灯。1982年12月，开始在全市采用最先进的第三代路灯光源——高压钠灯，率先安装路段为中山路全路段。全年新增高压钠灯222盏、水银灯461盏。同时，将斯大林广场的路灯全部置换，8基小玉兰花灯全部改为大型组合花灯，使广场路灯照度提高10倍。1985年，由于遭受九号台风袭击，大连市区路灯专用线路和设备遭到较严重损坏。年末，全市路灯总数12651盏，其中白炽灯5399盏，水银灯5870盏，高压钠灯1382盏。路灯专用变压器140台、总容量3190千伏安，专用路灯杆1972基，专用路灯线路总长503.8千米。

五、城市环境卫生

沙俄、日本殖民统治大连时期，统治当局只对市中心和俄、日人居住区的环境卫生进行管理，中国人集中居住区则不被重视，香炉礁、寺儿沟、博爱市场等贫民区垃圾遍地、污水横流。1945年日本投降后，在尚无环境卫生机构的情况下，市民自发地组织起卫生队，负责挑运粪便和清运垃圾。中华人民共和国成立后，市政府颁布了一系列市容环境卫生法规，逐步扩大环境卫生专业队伍，更新专用车辆和设施，市容环境卫生面貌大有改观。

20世纪70年代前，市区道路清扫与保洁沿用道路人工清扫办法。1962年前清扫工人只清扫市内主要道路和广场，1963年开始实行清扫工人负责主干道和广场、群众负责小街小巷的办法，扩大了清扫保洁面积。1963年道路清扫面积576万平方米，1985年增至860万平方米。1985年，全市有清扫工人2000名，主要路街清扫保洁率为99%。

20世纪60年代前，市区垃圾收运以人力车、马车为主，由环卫工人拉平板车或用三轮车，摇铃走街串巷，挨门逐户把垃圾收集起来，运往垃圾转运站，再用汽车运往垃圾场。其时全市有大型封闭式垃圾转运站8个，露天垃圾转运站30多个、垃圾台20多个。70年代中期始用垃圾筐收集垃圾，夜间在街巷置垃圾筐，白天环卫工人将垃圾收运到垃圾自卸车上并运往垃圾场。1978年开始试验推广汽车、叉车、铁制垃圾箱配套的垃圾收运办法。到1981年国庆节前，全市已实现垃圾收运机械化。1985年，全市共收运垃圾51.9万吨。

1956年起，大连市开始实行城市粪便统一管理、统一掏运、统一分配。1959年大连开始使用火车运送粪肥下乡。20世纪70年代末，实行短途汽车与长途火车运粪下乡“一条龙”，并试行包干办法。1985年起，近郊农村所需要的粪肥数量逐年增多，从而结束了用火车送粪肥到外县的历史。1985年，全市清运粪便22.6万吨。

大连光复之初，市区有公共厕所22座。中华人民共和国成立后，在市区又新建或改建一些公共厕所。1982年共建公共厕所60座，仍不能满足需要。1983年，市政府将公共厕所建设纳入城市建设总体规划，再建32座、改建10座公共厕所，建筑形式、质量与环境大有改观，并配有管理间。1984年，建设部在全国推广了大连修建公共厕所的经验。大连成为全国第一个拥有创新型公共厕所的城市。

20世纪80年代前，大连曾在南大亭、北海头、富国街等废盐滩地带设置生活垃圾处理场，填埋深度一般为2～9米，垃圾中的炉渣成分占50%～70%。富国街垃圾处理场1981年5月启用后，城市工业残渣和基建残土等垃圾均由该垃圾场处理。1985年3月以后，富国街垃圾处理场改为城市居民生活垃圾处理场。

第三节 园林绿化

1898年俄国强租旅大后，在制定城市规划和进行城市建设时，都将公园和绿地作为不可或缺的重要组成。在斯科里莫夫斯基制定的城市规划中，公园、花园等绿地面积占欧洲人区和行政区总面积的一半以上，意欲将大连打造成一座花园城市。日本殖民统治时期，沙俄时期规划的公园绿地已大多改为功能区域。

中华人民共和国成立后，大连城市园林绿化建设几经波折，有过植物繁茂，也有过绿化尽毁。改革开放后，园林绿化建设迅速发展并取得显效。在公园、广场栽植大量常绿树、乔灌木、绿篱，铺设了草坪；在市区主要道路两旁栽植行道树，并栽植梧桐、银杏、雪松等新树种；建设城市小游园，利用市区街头巷尾、居民住宅区空闲地绿化栽植树木，增加了城市公共绿地面积。

到1985年，全市已建有公园16座，占地面积942.6万平方米；市区绿化总面积2446万平方米，绿化覆盖率30.9%；有公共绿地303万平方米，其中城市小游园和绿化广场91处、34.3万平方米，绿化道路310条、308千米。

一、城市公园

1898—1945年，俄、日殖民统治者在大连地区建有多个公园。大连光复后，市政府对日占时期的公园、广场进行更名。小村公园改为大连文化公园，圣德公园改为中山公园。中央公园内春日池改为绿山池，弥生个池改为映松池，镜个池改为明泽池。1948年10月鲁迅逝世12周年，由大连文化界、青年团捐款，在大连文化公园竖起鲁迅浮雕像，文化公园改为鲁迅公园。1949年初，中央公园改为劳动公园。

中华人民共和国成立后，市政府发动群众开展植树造林和修建公园的义务劳动，并开始在城市街心建设小游园。到1959年，先后修复了星海公园、劳动公园、儿童公园、中山公园、北海公园，新建了友谊公园、金家街公园、胜利公园、老虎滩公园。在斯大林广场修建了苏军烈士纪念塔和东西侧占地3.14万平方米的游园。新建了三八广

大连市主要公园基本情况表

表3-6

公园名称	始建年代（年份）	1985年占地面积（万平方米）	1985年游人（万人次）	前身名称
劳动公园	1898	54.0	320.0	市立公园（俄）、西公园（日）、中央公园（日）
旅顺植物园	1902	4.1	—	
星海公园	1909	16.0	891.0	星个浦公园（日） 今园为昔园一部分
儿童公园	1953	6.2	18.7	海港公园、明泽公园
大连动物园	1909	7.2	310.5	电气游园（日）、小村公园（日）、大连文化公园、鲁迅公园
大连植物园	1920	8.7	—	南山麓公园（日）、弥生个池公园（日）、南山公园、鲁迅公园
中山公园	1954	11.3	136.0	
老虎滩公园	1959	10.0	179.7	
傅家庄公园	1980	25.0	100.0	

场、五四广场和五一路等29处小游园和广场绿地，新建五惠路、兴工街林荫道以及甘井子防护林带，绿化了大连棒棰岛宾馆。1960年春，中共大连市委等在斯大林广场召开有5万余人参加的园林绿化誓师大会，开展上山植树活动。经过几年绿化，基本上做到凡是能栽树的行道、空地都栽上了杨、柳、槐等速生树种。1966年，鲁迅公园内鲁迅浮雕像移至南山公园，南山公园更名鲁迅公园（原鲁迅公园更名大连动物园，1980年鲁迅公园更名大连植物园）。

1978年改革开放后，唤醒了人民对城市绿化和美化的向往。1980年，修建了占地面积25万平方米的傅家庄公园，园内海水浴场为全市大型浴场之一。1982年，在劳动公园建成占地面积1万平方米的圆明阁，翌年又建成占地面积1.8万平方米的园中园作为花卉观赏区。1985年，开始辟建占地面积10万平方米的鸟笼山公园。到1985年末，全市共有公园16座，占地面积942.6万平方米。

二、城市广场

大连在城市建设之初，即规划和建设了星罗棋布的广场。早在大连开埠时期，沙俄根据欧洲古典主义规划手法编制的城市规划，把重点放在道路与街区布局上，采用圆形广场加放射线、对角线的路街设计，最能体现这种规划手法的是尼古拉耶夫广场（今中山广场）。日本侵占大连时期编制的城市规划，继续保留了城市广场的特色，但在规划手法上有所变化，逐步将原适应马车时代的圆形广场改为适应机动车行驶的方形广场加方格网、适当采用对角线的道路设计，最能体现这种规划手法的是长者广场（今斯大林广场）。

大连光复后，市政府对日占时期的广场进行更名。大广场改为中山广场，朝日广场改为朱德广场（今三八广场），千代田广场改名民生广场（今二七广场），驿前广场改名胜利广场，西广场改

大连主要城市广场基本情况表

表3–7

广场名称	始建年代（年份）	占地总面积（平方米）	广场形状	前身名称
中山广场	俄占时期	22680	圆形广场	尼古拉耶夫广场（俄）、大广场（日）
友好广场	俄占时期	9600	圆形广场	西广场（俄、日）
民主广场	俄占时期	21800	圆形广场	东广场（俄）、敷岛广场（日）
解放广场	日占时期	6400	圆形广场	大正广场（日）
三八广场	日占时期	7200	圆形广场	朝日广场（日）、英吉利广场（日）
斯大林广场	1924	92880	方形广场	长者广场（日）、市政府广场
二七广场	日占时期	6400	圆形广场	千代田广场（日）
五一广场	1953	3086	三角广场	
五四广场	1954	8231	圆形广场	
港湾广场	1956	21800	圆形广场	
金州解放广场	1964	16000	圆形广场	

说明：俄、日殖民统治时期名称加括号注明，大连光复后至中华人民共和国成立后的名称不括注

名解放广场（今友好广场）。1949 年初，市政府对中山广场、友好广场、朱德广场、民生广场等广场进行整修和绿化。

中华人民共和国成立后，大连市编制城市规划时仍以广场为基础，先后更新、绿化和新建了斯大林广场、胜利广场、五四广场、周水子南立交桥等大型绿地广场，以及五一广场、东关广场、港湾桥、鞍山路、花园广场、金家街、香周路、石道街及旅顺的列宁街、黄河路等 10 处小型广场。在城市广场内设花坛，种植树木与花木，铺种草坪。20 世纪 80 年代初，斯大林广场铺设草坪 4 万平方米，在新建的花坛、树池栽植月季、龙柏等花草树木，并安装上路灯。到 1985 年末，全市共有广场 11 处，占地面积 21 万多平方米。

地处中山区繁华商业中心的中山广场，已成为大连城市的地标。广场占地面积 2.26 万平方米，其中绿化面积 1.5 万平方米。沙俄殖民统治时期的规划是在广场中心建一座东正教堂。日本取代沙俄殖民统治后，在广场中心建了 1 座假山、4 个蘑菇亭，立有关东都督大岛义昌铜像，并将广场名称改叫“大广场”，俗称“大铜人广场”。1945 年大连光复后，象征着殖民统治的铜像被拆除。1948 年，广场的假山和蘑菇亭被拆除，修建起喷水池和九三胜利纪念塔，塔高 5 米，底座呈五角星形，修复了周围道路并进行绿化，定名为中山广场。以后广场又多次进行改建。1984 年喷水池改建成双频道音乐喷泉，广场内建有 8 个月季花坛、12 个树坛，树坛以龙柏、雪松等常绿树为主，搭配各种花灌木，树下铺有草坪。共有树木 1224 株，其中常绿树 564 株、落叶乔木 160 株、落叶灌木 500 株，月季花 2552 株，绿篱 664 米。

三、街心游园

20 世纪 50 年代，大连市开始在市区街头、巷尾、三角空闲地带因地制宜建设街心游园。到 1965 年，市区已建成比较完整的街心游园 36 处。1978 年以后，街心游园建设日益成为市区园林绿化的重要组成部分，尤其是 20 世纪 80 年代建设速度显著加快。到 1985 年，市区共有小游园 56 处，其中建于 20 世纪 50 年代的 22 处，建于 20 世纪 80 年代的 29 处；占地面积 1000 平方米以上的 31 处，其中中山路游园、富国街游园、春柳游园、斯大林广场东游园、斯大林广场西游园占地面积达 1 万平方米以上。集绿化、美化于一体的街心游园，已成为市民常常顾及的游览、休憩、学习、娱乐、健身之所。

四、道路绿化

沙俄殖民统治时期，在市区主干道旁开始种植行道树，95% 以上是刺槐，余者为杨、柳、槭树。1945 年大连光复时，市区有行道树 3 万余株。中华人民共和国成立后，中山路、斯大林路等 50 余条主干道路的行道树得到更新，病虫害严重的糖槭、枯老的刺槐被淘汰，更换为法国梧桐、银杏、毛白杨、国槐、丁香等树种。城市道路绿化逐步由市中心向外延区域扩展。1964 年，市区绿化道路 276 条、长 247 千米，植行道树 14 万株。1985 年 8 月 19 日，九号台风袭击大连，全市倒伏树木 6.3 万株，其中公共绿地倒伏树木 2.7 万株。年末，市区绿化道路 310 条、长 308 千米。

五、居住区绿化

大连市庭院绿化始于 20 世纪初。日本侵占大连后不久，即令日本普通民众自由进入中国东北，1915 年日本开始从其国内向旅大移民，之后大连的日本移民剧增。其时居住在今中山区南山一带七七街、岭前解放路，西岗区松山街、高尔基路，沙河口区星海和黑石礁一带，以及旅顺新市区等地的日本人居住区，大多有庭院绿化。1945 年日本投降后，20 余万日本侨民开始陆续回国，别墅式庭院住宅由民主政府分配给中国百姓居住，一户庭院住有几户人家，已失绿化环境基础。中华人民共和国成立后，政府无偿供应苗木，发动居民植树栽花，绿化庭院，其中有许多经济树种，如葡萄树、枣树、柿树、梨树、苹果树、桃树、杏树等。1964年，市区共绿化庭院5362处、302万平方米，种植树木17.9万株、绿篱5.8万米。到1976年，居民庭院的树木已由1965年17.9万株减少到4.4万株，绿篱由5.8万米减少到5000米。1978年以后，开展居民绿化庭院、美化环境活动。到1984年，市区的居民区绿化庭院已达9000余处、185万平方米。

六、古树名木

大连三面环海，气候温和，空气温润，四季分明，是东北植物种类最为丰富的地区，一些稀有和北限边缘的树种在这里都能良好地生长。加之长期受到俄、日殖民统治，一些欧美、日本的树种多有引进，故此近百年的古树名木为数不少，如旅顺的龙柏、红槲栎、悬珍木、星花玉兰、臭檀、欧洲方杉、黑杉，金县的朝鲜茱萸，劳动公园的光叶榉，庄河的赤松等。

第四节　公用事业

1879年清廷在旅顺动工兴建龙引泉水源工程，是为大连城市公用事业的源头。沙俄殖民统治时期，对龙引泉进行改造，并在马栏河等地新建水源，修建用于商港照明的煤气发生站。日本殖民统治时期，扩大了供水、供电、供气规模，并兴建有轨电车线路。1945年大连光复后，民主政府从日本殖民统治者手中接管了城市公用事业。中华人民共和国成立后，1950年12月成立旅大市人民政府公用局。1951—1965年，市政府加大对公用基础设施建设的资金投入，使城市供水、供气和公共客运能力迅速提高。1965年，年供水量5804万立方米，日供水量16.5万立方米，供水普及率为93.7%；1965年，年供气量5465万立方米，煤气普及率29%，1966年日供气量19万立方米，煤气用户5.28万户；1965年，城市公交车辆221辆，日均客运量54万人次。“文化大革命”时期，城市公用事业发展受到严重阻碍。改革开放后，城市公用事业得到空前发展。1979—1985年，财政用于公用事业建设的投资1.23亿元，是1978年以前30年的3.8倍。1985年，年供水量1.03亿立方米，是1949年的4.2倍，比1978年增长70%；年煤气供应量1.4亿立方米，是1945年的5.2倍，比1978年增长42.5%，液化气从无到有，年供应量1.38万吨；城市公交车辆796辆，是1949年的5.3倍，比1978年增长78%，年客运量8.75亿人次，是1949年的14.8倍，比1978年增长94%。

一、城市供水

大连城市供水设施始建于1879年。时清廷为筹建旅顺北洋海军基地，从各地征集大量民工，为解决驻军和居民饮用水，于光绪五年（1879）11月在北八里庄（今水师营小南村）凿石引泉，修建龙引泉水源工程。光绪八年（1882）一期工程完工，十四年（1888）刻碑“龙引泉”，十六年（1890）全部工程竣工。引水工程共敷设从龙引泉至旅顺口临海码头的输水管道6180米，砌筑暗渠728米，建造储水库1座、淡水库1座，凿井18眼，建水泵站1座、水泵18台，铺设配水管1353米，日供水量约1500立方米，供水2万余人。整个工程耗用白银3.65万两。此为中国最早兴建的自来水设施。

沙俄强租旅大后，开始扩建海军旅顺要塞，在修建港口、船厂、道路等基础设施的同时，改造龙引泉水源。日本侵占大连之后，随着人口增多、城区扩张、工矿业发展，用水量迅速增加，于是相继在旅顺、大连、金县、新金县开辟水源，兴建供水设施。

1945年大连光复后，8月26日苏军全面接管各水源地；11月8日，市政府成立后，接管日本关东州厅管辖的水源、水厂、泵站、管网等供水设施。旅顺水源、水厂由苏军接管。

中华人民共和国成立后，大连又陆续兴建许多供水工程。1950—1953年，修建旅顺东卡门水厂和白玉山配水池，铺设小孤山水库至东卡门直径为600毫米、长3.5千米的供水管道。1954—1955年，铺设北大河水库至三道沟水厂直径为900毫米的输水管道22.8千米，日供水能力6万立方米。1964—1966年，在甘井子区革镇堡挖掘水源井6眼，建加压泵站1座，日供水能力8000立方米。1969年，在金县大魏家和七顶山挖掘水源井15眼，建加压泵站、变电所各1座，铺设大魏家至三道沟直径为900毫米输水管道，日供水能力3.5万立方米。1973—1974年，扩建洼子店和大皇庄加压泵站，铺设洼子店至北大河水库直径为900毫米的输水管道，日输水能力由原7.5万立方米增至15万立方米。1975—1976年，新建鲇鱼湾新港给水工程，扩建阎家楼水厂，日供水能力2.1万立方米。1976年，全市平均日供水量20.8万立方米，大部分是工业用水；居民人均日用水量31升，用水普及率94.5%。

大连是一座严重缺水城市，为解决水源不足，1974年8月，国家水电部批准修建碧流河水库。1975年10月碧流河水库工程动工，1985年7月落闸拦洪。在修建碧流河水库期间，引碧入连第一期应急工程于1981年末动工，1983年12月27日竣工。其北段（碧流河水库至洼子店）输水能力38万立方米，南段（洼子店至大连市区）输水能力15万立方米。1984年春，水库向市内供水305亿立方米。碧流河水库的建成，缓解了大连市长达半个世纪的工业用水和人民生活用水的紧张状况。

1985年，大连城市供水水源河水、井水、库水的提水量分别占38.3%、9.4%和52.3%。市自来水公司所属供水设施设备有：水库10座，水井57眼，净水厂7座，高位配水池17座，送水机泵228台组，总装机容量5.09万千瓦，输水管道2797千米。全市供水总量1.03亿立方米，平均日供水量29.3万立方米；居民人均日用水量62升，用水普及率98.1%。

二、城市供气

大连城市煤气设施始建于1902年。沙俄侵占大连后，中东铁道公司在黑嘴子商港（今大连造船厂）附近建成一座规模不大的煤气发生站，所生产煤气供于港区照明。日本殖民统治大连后，为解决迁居于大连的日本侨民的炊用、取暖和工业用气，南满洲铁道株式会社（后为南满洲瓦斯株式会社）于1907年在大连火车站北青泥河畔兴建大连瓦斯作业所（1914年改为大连瓦斯制造所，今大连煤气一厂厂址）。

1945年大连光复后，南满瓦斯制造所收归国有，改称大连瓦斯制造所。国内解放战争期间，东北铁路运输中断，煤源供应中断，煤气工厂停产，工厂转产其他化工产品，更名大连化学工厂。1948年6月，大连化学工厂改为大连瓦斯工厂（1949年6月改称大连瓦斯公司，1956年5月改称大连煤气公司）。

中华人民共和国成立后，煤气工厂局部恢复对外供气。到1956年末，5座水平炉修复完成并投产，基本恢复到停产前的生产水平，日产煤气13.6万立方米，用户3.7万户，城市居民气化率为29%。1958年，国家投资610万元，建成大连煤气二厂。1966年，全市日生产煤气19万立方米，用户增至5.3万户，城市气化率达30.4%。20世纪60—80年代，先后建成重油裂解炉、重油催化裂解炉6座，炼焦炉1座，机械发生炉3座，半水煤气炉1座。1980年3月，大连煤气公司始建占地面积5.63万平方米、建筑面积4847平方米的液化石油贮配站，翌年3月竣工投产，成为经销大连石油七厂生产的液化石油气的公司，从此大连城市气源由过去人工煤气1种变为人工煤气和液化石油气2种。

到1985年末，大连煤气公司已有制气设备17座，日产煤气44万立方米（其中国内建造的重油催化裂解炉可产出高热值煤气，且自动化程度高、劳动强度低）；净化设备38台，日净化能力41万立方米；贮气柜8座、17.23万立方米，液化气球型贮罐6座。1985年，全市煤气供应总量1.4亿立方米（其中居民生活用气8810万立方米，占供气总量的63%，平均日供应量38.41万立方米），液化气销售量1.38万吨；煤气和液化气用户共26.2万户，其中煤气用户18.4万户，液化气用户7.8万户；“两气”用气普及率69%。

三、城市供电

中华人民共和国成立后，大连市市政生活用电始见文字记载。1949年末，大连市市政生活用电总量1.18亿千瓦时。其中上、下水道用电1389万千瓦时，占11.8%；电车用电696万千瓦时，占5.9%；居民照明用电4209万千瓦时，占35.6%；其他（包括交通运输、路灯、桥梁、海运、邮电等）用电5521万千瓦时，占46.7%。1951年，市政生活用电量增至1.44亿千瓦时，比1949年增长22%。抗美援朝时期的1952年6月23日，美军轰炸机对位于鸭绿江上中朝边境的水丰发电站进行轰炸，导致安东（今丹东）全市停电，25日大连发电厂因向安东送电，城市一度采取限电措施。1956年，全市市政和生活用电只有7001万千瓦时，不足1951年的一半。1957年水丰发电站恢复发电后，大连市市政生活用电量逐年缓速增加。1960年1.06亿千瓦时，1965年1.27亿千瓦时，1970年1.38亿千瓦时，到1972年才接近1951年的水平。1975年，市政生活用电量1.94亿千瓦时。

1978年3月大连第三发电厂建成投产后，城市用电量大幅增加。1978年，全市市政生活用电量2.32亿千瓦时，比1972年增长47%。1985年，市政生活用电量4.21亿千瓦时，比1978年增长82%。其中，上、下水道用电1.25亿千瓦时，比1978年增长42%；居民用电1.6亿千瓦时，比1978年增长1.27倍；其他用电1.36亿千瓦时（含电车），比1978年增长87%。

1985年8月，大连市北海头热电厂动工兴建。该电厂位于梭鱼湾南岸、香周路以东，是1983年经国家计委批准建设的压油节能项目，规划占地面积3万平方米，建筑面积3.5万平方米，主厂房建筑面积1.47万平方米。

四、城市公共交通

大连地区的城市公共交通始于清代。清末为马拉轿车。沙俄侵占旅大后，俄国人引进了俄式马车。1906年，日本人引进黄包车（亦称东洋车）。1909年9月，日本满铁在大连市内开通有轨电车。1914年，日本人开始经营出租汽车。1924年，旅大自动车株式会社开办公共汽车（1926年转让满电）。1945年日本投降后，市政府接管了大连城市公共交通，成立大连市交通公司（后改为关东交通公司、大连交通公司）。中华人民共和国成立初期，大连市有11条有轨电车线路，担负市内95%的客运量。1951年4月，大连交通公司改为旅大市交通公司。1955年9月，旅大市交通公司解体，分别成立旅大市电车公司、旅大市公共汽车公司，分别经营市内电车客运、长途和市郊公共汽车客运（1966年合并恢复前称）。20世纪60—70年代，无轨电车成为市内客运的主要交通工具，70年代末以后，公共汽车成为城市客运的主要交通工具。1979年，旅大市出租汽车公司成立，主要承担企事业单位、社会团体的外事、旅游、会议等工作用车。至1985年，大连市有公共客运车辆796辆，其中公共汽车580辆，有轨电车101辆，无轨电车115辆；客运线路24条，其中汽车线路19条，有轨电车线路3条，无轨电车线路2条；营运线路总长192.8千米，其中汽车线路163.5千米，有轨电车线路14.8千米，无轨电车线路14.5千米。有出租汽车189辆，日客运量69万人次。大连市已形成以火车站为中心的电车、汽车线路网络，有轨电车、无轨电车、公共汽车、出租汽车多种运输形式并存的交通运输模式。

电车客运 1908年，日本南满洲铁道株式会社投资铺设了大连市第一条有轨电车线路，1909年9月建成通车。大连光复后，市政府大力恢复有轨电车运营，到1948年5月已有运营线路6条，线路总长34.8千米。中华人民共和国成立后，电车线路增至11条。1951年国庆节前夕，旅大电车工厂制造成功全国第一台1001型"成功"号新型有轨电车。1958年，沙河口火车站至周水子火车站的有轨电车由单轨改成双轨。到1965年，共生产新型电车128台。20世纪60年代，有轨电车是大连市客运交通的主要工具，日均客运量47万余人，占全市日均客运总量的80%以上。1982年和1983年，大连市交通公司又分别研制出7000型和DL—621型铰接式有轨电车。随着无轨电车、汽车、轿车等客运交通工具不断增多，1985年，全市保留有轨电车线路3条，即201路（大连火车站—沙河口火车站）、202路（兴工街—黑石礁）、203路（大连火车站—寺儿沟），总长14.8千米；共有有轨电车101辆，占全市总运营车辆的13%；日均客运量58万人次，占全市公交日均客运总量的24%。

1959年，旅大市开始动工修建无轨电车线路。1960年10月1日，第一条无轨电车线路101路开通，运营线路为大连火车站至泉勇街（1962年延至马栏村），线路总长7.5千米。101路投入运营的车辆是1960年旅大电车公司电车工厂生产的京一型无轨电车。1974年起又投入运营该厂生产的DL-661型铰接式无轨电车。1977年，102路无轨电车线路开始运营，运营线路为青泥洼桥至老虎滩，线路总长7.0千米。102路投入运营的车辆45辆，全部为DL-661型铰接式无轨电车（由大连造船厂、大连重型机器厂、大连油泵油嘴厂、大连汽车配件厂、大连电车工厂等9家企业生产）。到1985年，共有运营无轨车辆115辆（有部分外购车辆），占全市总运营车辆的14%；日客运量43.1万人次，占全市公交客运总量的18%。

公共汽车客运 1924年，旅顺至大连和旅顺市内始有公共汽车运营。1928年，大连市内第一条汽车环行线路开始通车。到1945年日本投降时，公共汽车几乎全部失散或毁坏，汽车客运陷入瘫痪。1946年市政府接管公共交通后，首先恢复开通了大连至金县的客运线路，到1948年，营运车辆增加到25辆。1965年，市内公共汽车线路8条，1978年增至14条。20世纪70年代末以后，公共汽车已成为大连城市客运的主要交通工具。1979年，市内公共汽车线路已有19条，线路总长101.5千米，站点116个，形成了较为合理的公共汽车网络。至1985年末，市内公共汽车线路19条，线路总长163.5千米，站点173个；拥有客运汽车580辆，占城市全部客运车辆的73%；日均客运量138.6万人次，占日均客运总量的57%。

出租车客运 1974年，大连市始有出租汽车营业，时有营业汽车7辆，由市交通公司代管。1979年，组建成立旅大市出租汽车公司，有轿车、大客车61辆。开辟旅游线路1条，年客运量17.8万人次。1985年，有大、中、小型营业客车及轿车189辆，辟有旅游线路5条，年客运量68.99万人次。

第五节　环境保护

大连地区自然环境良好，沙俄、日本侵占之后，建起化学、机械、纺织、钢铁、冶金等近代工业企业，企业大多建在沿海或河道沿岸，对环境缺乏基本保护。日本南满洲铁道株式会社曾在沙河口工场（今大连机车车辆有限公司）建有1个污水处理场，而其他工业废水、废渣都未经处理直接排放。

中华人民共和国成立后到20世纪60年代前，由于大连地区人口少，工农业生产规模小，人类生活和生产活动中产生的污染大部分尚能被消纳和净化，环境质量总体良好。20世纪60年代，由于工业发展带来的污染物排放量逐年增加，加之许多企业在城市中心区域甚至公园绿地建厂，导致环境质量开始变差。到20世纪70年代初，近海海域石油、重金属等污染日益加重，市内马栏河、春柳河、自由河等十几条排水沟被污染变成臭水沟。

为解决日趋严重的环境污染问题，1972年，旅大市消烟除尘办公室、旅大市海域污染调查办公室先后成立，并对全市各项污染展开调查。调查发现，影响地区空气质量的主要污染物是石油、化工、冶金、建材等工业企业生产排放的废气，以及全市数千台炉窑燃煤排放的烟尘和机动车排放的尾气等。翌年3月，市消烟除尘办公室和市海域污染调查办公室合并成立旅大市三废（废气、废水、废渣）治理办公室（11月更名旅大市环境保护办公室，1979年5月改为旅大市环境保护局），对直接影响全市大气环境的烟煤型污染进行治理。1975年起，开始对重点污染企业的含油废水、化工废水、电镀废水、含酚废水进行处理。1976年7月，大连新港污水处理场建成。截至1979年12月，全市各大企业投资8000多万元，新建各种污染处理装置500多台（套）。20世纪80年代，开始加大对老污染源的治理力度。1984年全市最大的城市污水河——马栏河治理工程全面启动。1979—1985年，全市共有46个污染企业从居民区迁出。1980—1985年，全市建材行业先后建立144台（套）粉尘废气治理设施，年收尘量13.1万吨。

一、环境质量

水环境　主要包括海水、地面水、地下水。

1. 海域环境质量。大连市近岸海域主要包括大连湾、南部沿海、大窑湾、小窑湾、旅顺海湾、金州湾、红土堆子湾、复州湾、普兰店湾、庄河河口海域及长海县所辖岛屿附近的黄海北部海域。

大连湾沿岸是工业企业分布集中区域，大连化工厂、大连石油七厂、大连染料厂、大连钢厂、华能大连电厂、大连造船厂、大连港等企业每年向大连湾排放大量工业废水。同时，市内的青泥河、通海河、春柳河、甘周河、金家河5条泄洪河水也注入大连湾，使之成为全市主要纳污水体。1972—1985年，大连湾水质主要污染物是石油类和无机氮，年平均浓度全部超出最高标准限度。

大连南部沿海地区东起棒棰岛，西至小平岛，顺次排列有棒棰岛、石槽、老虎滩、傅家庄、银沙滩、马栏河口、黑石礁、凌水、七贤岭、河口等海域。排入南部沿海的污水有工业废水、生活污水、医疗污水。据1982年监测结果，该海域水质中石油类和无机氮均值均符合国家一类海水标准。1982—1985年，由于旅游业的开发和拆船业的发展，石油类污染呈加重趋势。

大窑湾海域主要污染物是石油类。据1981年监测结果，年均最大污染超过一类海水标准的1.2倍。1981—1985年经过治理，海域石油类浓度逐年递减，到1985年，已基本符合一类海水水质标准。

2. 地面水水质。主要包括碧流河、庄河、英那河、大沙河、复州河、登沙河，以及碧流河水库、英那河水库、朱隈子水库、松树水库、刘大水库、北大水库的水质质量。碧流河及碧流河水库是大连市的主要饮用水源地。据1980年8月的监测结果，碧流河水质基本符合国家地面水水质标准。1985年监测时发现，其水质受到一定程度的有机污染，主要是来自沿岸居民的生活污染和农田施用化肥造成的农业污染。

庄河发源于庄河市蓉花山乡老黑山南麓，主要污染源有庄河化肥厂、庄河啤酒厂、大连丝绸厂、庄河棉织印染厂等。1985年，庄河总体为轻度污染，中上游水质状况为良好。

复州河发源于新金县同益乡唐家屯，流经瓦房店市内和松树镇等地。1985年水质主要是有机类污染。

登沙河发源于新金县太平乡。由于金县工农业尤其是乡镇工业较发达，导致该河纳污量较大，水质受污染严重程度在所监测河系中居于首位。据1985年监测结果，登沙河高锰酸盐指数、pH值、挥发酚等均超标，其中高锰酸盐指数年均值129.87毫克／升，超过地面水三类标准20倍。

3. 地下水水质。大连市内四区地下水类型主要有裂隙岩溶水、裂隙水、孔隙水。金县以南滨海岩溶地下水量丰富，是城市供水集中开采区。自1968年起，由于工农业生产进行的开采，破坏了地下水的天然平衡，地下水位逐渐下降，形成十多个降落漏斗，其中水位下降最深的是甘井子区革镇堡，漏斗中心水位为-25.02米。地下水位的下降，造成了滨海岩溶水分布区的海水入侵。1981年氯离子含量最高为6806毫克／升，超标面积近130平方千米；到1985年，个别井水氯离子含量最高已达17万毫克／升，海水入侵面积148平方千米，海水入侵造成了水质污染，大片农田已不适于种植农作物而改作工业或建筑用地。1981—1985年，地下水中的主要污染物是无机氮，其次是氯离子和总硬度。

空气环境 包括自然降尘、总悬浮颗粒物及可吸入颗粒物、二氧化硫、二氧化氮、一氧化氮。大连地区于1958年开始对大气实行部分项目监测，至1985年，主要监测区域为市内四区。

1974—1980年，市内四区自然降尘年均值10.9～36.6吨／平方千米·月，超过标准的0.4～3.5倍。其中1974年均值最大，为36.6吨／平方千米·月；1977年最低，为10.9吨／平方千米·月。1981—1985年，市内四区自然降尘年均值26.6～30.0吨／平方千米·月，超过标准的2.5～2.7倍。其中1982年均值最大，为30.0吨／平方千米·月，1983年最低，为26.6吨／平方千米·月。各功能区一次值超标率工业区最高，为97.51%；其次是交通与繁华区，为94.23%；再次是居民区，为92.60%；清洁区最低，为46.12%。

1979—1985年，市内四区总悬浮颗粒物年均值0.34～1.19毫克／立方米，超过国家二级标准中总悬浮颗粒日均值浓度限值（0.30毫克／立方米）0.1～3.0倍，1979年均值最大，为1.19毫克／立方米。1981—1985年，各功能区一次值超标率交通与繁华区最高，为23.1%；其次是工业区和居民区，分别为12.83%和7.28%；清洁区最低，为2.68%。

1979—1985年，市内四区二氧化硫年均值0.05～0.11毫克／立方米，1979年均值最大，为0.11毫克／立方米。其中1979年、1982年、1984年二氧化硫年均值超过国家二级标准。1981—1985年，各功能区一次值超标率交通与繁华区最高，为1.88%；其次是工业区和居民区，分别为1.42%和1.15%；清洁区最低，为0.35%。

1979—1985年，市内四区氮氧化物年均值0.02～0.11毫克／立方米，1982年均值最大，为0.11毫克／立方米，超过国家二级标准（0.10毫克／立方米），其他年份均符合国家二级标准。

声环境　1985年以前，大连市城市声环保监测对象主要是城市功能区环境噪声和城市道路交通噪声。

城市功能区环境噪声。1979年对工业集中区进行声环境监测，抽查的30家工厂超过国家标准（100分贝）的有13家，占43%；市内190家校办工厂超过国家标准（85分贝）的35家，占18%。1982—1985年，市交通繁华路口、交通干线道路两侧、居民区、一类混合区、特殊住宅区的噪声平均值超过国家有关规定，其中海港、火车站噪声值较高。

城市道路交通噪声。1980年9月18—28日，对市区89条主要交通干线进行噪声定点监测，并设有2个固定点进行24小时连续监测。监测结果为：超过等效声级标准值75分贝的占46.1%。香周路、华北路、鞍山路的噪声污染最严重，有的高达78.5分贝。1981年，城市平均车流量为364辆／时，交通噪声等效声级平均为72.4分贝；1985年城市平均车流量增至420辆／时，平均等效声级略有下降，为72.2分贝。

二、污染治理

大连市从1980年始对环境污染进行统计，清查污染源主要有能源（燃料煤、燃料油）消耗、工业废水、工业废气、工业废渣、放射性辐射，以及医疗污水、生活污水和垃圾等。据1985年统计，全市燃料煤、燃料油消耗总量608万吨，工业废水排放总量3.2亿吨，工业废气排放总量637.69亿立方米，工业固体废物产生总量257.97万吨。

工业废水治理　大连市废水主要是工业废水，有含油废水、化工废水、电镀废水、印染废水等。由于废水中大量污染物被带入土壤、河流、海域，大连湾海域海洋生物几乎绝迹，市内马栏河、春柳河、自由河因污水注入变成臭水沟。

1975年，旅大市开始对大连海港、大连石油七厂、大连造船厂、大连化工厂、大连染料厂、大连钢厂、大连电镀厂等14个废水排放严重企业进行重点治理。1975年，大连石油七厂开始建含油废水处理场。1976年5月，大连新港油码头建成投产，日处理量2万吨的含油废水处理厂同时建成投产。1980年，大连染料厂化工废水处理装置建成投用。1985年10月，大连印染厂印染废水治理工程投入运行。20世纪80年代中期，化学还原法及中和沉淀法在电镀废水处理中得到广泛运用。

1981年，14个重点污染企业排放工业废水1.07亿吨，治理量2108万吨，处理率为22.1%。之后几年，废水治理量逐年增大。1983年治理量2800万吨，处理率35.8%；1984年治理量4500万吨，治理率59%；1985年治理量9988万吨，治理率达81.3%。

工业废渣治理　20世纪70年代之前，大连工业废渣基本处于无序排放状态。1972年全市工业废渣排放量36.5万吨，1979年增至70.7万吨。20世纪80年代初，开始对工业废渣进行治理。1982年和1983年，大化集团先后将三接硫、二接硫水力排渣改为干法排渣，每天可少排矿渣560吨，消除了矿渣淤塞航道的危害。1984年，金家街水力排渣场废液泵站建成投用。大连石油七厂、大连染料厂等企业通过改革生产工艺，减少或消除污染，有的实现废物利用。1985年全市工业废渣治理量178.5万吨，治理率达90%。1980年起，对超标排放污染物单位征收排污费，共征收7434万元。

大气污染治理　大连市空气环境污染主要是工业企业排放的废气、粉尘，机动车排放的尾气，以及冬季取暖时排放的烟尘。

工业废气主要来自大连化学工业公司的氧化氮、硫酸等废气，大钢集团的工业粉尘，以大连水泥厂为代表的建材企业排放的废气和粉尘。为减少大连化学工业公司有害气体排放，自1975年起对其工艺尾气进行治理，到1985年，先后建起15套工业废气治理装置，工业废气治理率由1979年的24.2%提高到85.5%。1985年，全市工业废气产生量87.73亿立方米，治理量38.6亿立方米，治理率为44%。

煤烟污染也是大气污染治理的重点。20世纪70年代，大连地区的锅炉皆为人工投煤、烟尘随意排放的手烧蒸气炉。为减少煤烟污染，1978年，对862台锅炉进行治理，在全市推行“上燃火反烧法”“双烟道反火箱法”等消烟除尘技术。1982—1985年，因采取集中供热和联片采暖，取缔老锅炉133台，减少了向大气排尘量。1979—1985年，共改造炉窑6312台，占全市炉窑总数的79.2%。1985年，全市工业粉尘回收量17.7万吨，回收率为59.1%。

机动车尾气污染管理始于1983年。1984年，对占全市机动车总量2.86%的1000辆机动车进行尾气检测，达标358辆，仅占35.8%。专业运输车辆情况好于非专业运输车辆。同年，市环保局和市公安局始对市区大企业和主要交通路线机动车尾气进行检测。

噪声污染治理　大连的噪声污染主要来自工业噪声、交通噪声、建筑噪声、生活噪声。工业噪声主要源自大连第十三塑料厂、大连机车车辆厂、大连玻璃制品厂等工业企业；交通噪声主要来自蒸汽机车露天落火放气及机动车辆用气喇叭、高音喇叭等。

工业噪声污染治理。1980年，市政府发布《控制和消除城市噪声的通告》，将噪声污染防治列为大连市环境保护的主要内容之一，对109个单位提出限期治理要求。到1981年末，市内超过规定噪声标准的173处噪声源已解决131处，占75.5%。至1985年末，全市先后治理噪声污染源249个，安装治理装置44台（套）。1980—1985年，对严重干扰居民生活的第二橡胶厂、第三橡胶厂、第三针织厂、第五针织厂、制钉厂、五金工具厂制刀车间等361处噪声源采取了限期搬迁、限时生产、限期治理等手段，或消除了噪声或降低了噪声声级。

实施交通噪声控制。1978年，旅大市革委会发布《机动车辆在市区使用喇叭的规定》，要求机动车辆禁止用气喇叭、高音喇叭。次年，实行交通干线噪声定点定时监测。1984年，市公安局发出《关于部分要道禁止鸣喇叭和降低喇叭声级通知》，规定市区43条总长112.5千米交通干线中的14条55.5千米道路禁鸣喇叭和喇叭声级不得超过105分贝。大连市成为继北京市之后全国第二个实行禁鸣喇叭的城市。

实施建筑噪声、生活噪声控制。20世纪80年代以后，建筑工地日益增多，扰民现象随之越来越重，为此，1985年市政府发布了《关于控制建筑施工噪声的通知》。

三、环境监测

大连市的环境监测始于20世纪70年代初，起初是对海域水质和底质进行监测，后相继展开空气、地表水、噪声、污染源等监测。

水质监测　1972年，旅大市海域污染调查办公室在大连湾内布设海域水质和底质监测站位22个，开始对大连地区近岸海域环境质量进行监测。1972—1979年，对金州湾、旅顺海湾、普兰店湾、复州湾水质进行监测。1983年，将黄白嘴、大小三山岛至大孤山南韭菜砣子连线范围定为大连湾海域的港界，并把大连市区近岸海域确定为大连湾、大窑湾及南部沿海3个海域，进行监测。1984年始对红土堆子湾海域进行例行监测（手工监测）。同年，全国海洋环境污染监测网成立，开始对碧流河口、庄河口、登沙河口等实施水质监测。

环境空气监测　1973年，旅大市卫生防疫站始对市区内空气环境进行例行监测（手工监测），监测项目主要是自然降尘量。1976年，市环保监测站始对市区大气中的自然降尘进行监测，监测周期为每月1次。1979年，监测项目已包括大气中二氧化硫、氮氧化物、一氧化碳、飘尘及飘尘中铅、砷、汞，硫酸盐化速率和自然降尘，监测周期为每季度1次。到1983年，市区设置大气例行监测点位14个，自然降尘点位37个。1985年12月，大连市大气环境地面自动监测系统建成，拥有1个中心站、5个子站，各子站分别具有监测4个污染因子（二氧化硫、氮氧化物、一氧化碳、总悬浮微粒）、5个气象因子（温度、气压、湿度、风速、风向）能力。

1982年，市环境监测中心开始进行降水监测分析，共设降水监测点5个，分析项目只有pH值。1984年，按照全国降水监测网要求，设置3个降水监测点，对镁、钾、钠、氯、氨、钙离子、硫酸、硝酸根和导电率等10个项目进行了降水监测分析。1984年，市环境监测中心站还对空气污染对植物的影响、机动车尾气进行监测。

噪声监测　大连市城市交通噪声监测始于1979年，监测范围为市内中山路、斯大林路、华北路、香周路4条主要干线，监测点位每条干线各设1个。1981年和1985年进行了2次交通噪声监测，监测道路范围有所扩大，监测点也有所增加。

大连市城市功能区噪声监测工作始于1982年。市区内共设置城市功能区噪声监测点位32个。

生物监测　1972—1979年，市环保监测站不定期地对近岸海域浮游生物和海域底栖生物进行监测。1981—1985年（1984年除外），市环境监测中心于每年7—10月对大连湾海域底栖生物进行监测，监测底栖生物种类有贻贝、蚬子、扇贝、牡蛎、海参、海螺等。并相继对地下水生物、酸雨、赤潮等进行监测。

四、污染预防

旅大市环境保护办公室自1979年5月成立到1985年，累计审批重点项目防污设施571项，审批执行率由1973年的17%增至98%。“六五”计划期间，全市共审批工程项目311项，总投资23.38亿元，其中环保设施投资8737万元，占总投资的3.7%。投产环保设备210套，年治理废水930万吨，年治理废气7.57亿立方米，年治理废渣40.55万吨，年回收粉尘14.5万吨。

五、自然生态保护

1980年8月，经国务院批准，辽宁蛇岛老铁山国家级自然保护区成立，这也是大连市第一个自然保护区。其位于大连市旅顺口区，包括蛇岛和老铁山两部分。

蛇岛又叫蟒岛、小龙山，位于旅顺口区西北部，距大陆最近处7海里，占地面积约0.73平方千米，主峰海拔215米。岛上主要动物是单一种类的黑眉蝮蛇，原有数量约2万条，另有昆虫58科117种，鸟类115种。蛇岛植被是次生阔叶落叶林，以乔木和灌木为主，林间生有以禾本科类为主的中生草本植物。蛇岛维管束植物53科201种，被子植物53科197种。1981年，辽宁蛇岛老铁山自然保护区管理处成立，加强了对自然保护区的环境保护。据1982年对蝮蛇的动态调查，蝮蛇生殖率为12%，1984年提高至19%。1985年因九号台风造成塌方，蝮蛇生殖率降至10%，有蝮蛇1.3万条。

老铁山保护区位于旅顺口区西部，北、西、南三面濒临黄海、渤海，占地面积170平方千米，属华北植物区系的植被，有维管束植物85科422种，自然植被覆盖率达80%，其中森林覆盖率为34.5%。历史上的老铁山是一个林木葱郁、山泉潺流、群兽出没、百鸟争鸣的沿海丘陵，区内海滩蜿蜒，湾口众多，沟野相连，水草丰茂，为太平洋西岸东北亚大陆候鸟南北迁徙的重要通道之一。

但因战争、火灾和早年有捕鸟、食鸟、斗鸟的民俗，丰富的森林资源遭到严重破坏。辽宁蛇岛老铁山自然保护区管理处成立后，1985 年捕杀候鸟的现象已杜绝。

第六节 特色建筑

大连城市建筑史与城市发展史如影随形。在沙俄和日本侵占大连之前，金州、复州已有城池，城内书院、官衙、庙宇等规模不大，尽显中国式建筑风格。沙俄在大连开埠建市及与日本先后对大连实行殖民统治后，大连开始步入东西方建筑风格相互交融的现代建筑业发展时期。大连的城市建筑于是在不同时期呈现不同的时代、民族、阶层等特征。1898 年大连开埠建市前的中国古典建筑，中规中矩、素朴庄重；俄日殖民统治时期欧美建筑风格席卷而来，哥特式、巴洛克式、文艺复兴式、浪漫主义、折中主义纷纷登场。此后，中国的与欧美的、古典的与现代的，多种流派的建筑风格齐聚大连。

中华人民共和国成立后，在社会主义革命和建设时期，大连城市建筑数量略有增加，却少有艺术升华；改革开放后，一座座城市建筑拔地而起，然而建筑风格与质量大多逊于老建筑。下列不同时期代表性建筑。

一、明清时期大连建筑

大连市成为近代城市之前，今大连市区还是青泥洼小渔村，而作为古老城池的金州、复州、旅顺已有许多中国式古建筑。于大连开埠建市前兴建到 1985 年仍保存下来的中国建筑主要有：横山书院、旅顺船坞、万忠墓、中华工学会、复州衙、金州副都统衙署、永兴寺、观音阁、石鼓寺、朝阳寺、三清观、仙人洞庙、响水观、清泉寺、报恩寺、关帝庙、天后宫、妈祖庙等。所存建筑以官衙和庙宇为多，从侧面印证了中国传统的重仕思想和民众对神明的信奉由来已久。

横山书院 坐落于复州城内，是清末辽南地区的最高学府，大连地区兴建最早的书院，也是辽南唯一保存下来的古代书院遗址。清道光二十四年（1844），复州知州章鞠人为了给州内准备科考者建修习之所，倡议地方绅士名儒协助官府募捐集资，利用原复州城守尉顾尔马诨将军府邸建一所书院，并以复州境内最高山“横山”之名冠于书院名前，以示复州最高学府。咸丰年间，知州王廷祯重修和扩建了横山书院，占地面积达 2516 平方米。从建院至 1905 年的 60 年间，考取科名近 300 人，清末大才子考取翰林的徐庚臣就曾就学于此。横山书院沿用至 1984 年。

金州副都统衙署旧址 坐落在金州城内，原建筑始建于明代，是一座四进院落，占地面积 2600 多平方米，有建筑 13 栋 60 余间，所有建筑沿中轴线对称排列。清道光二十三年（1843），清政府为加强金州、旅顺、大连湾海口防御力量，将熊岳副都统衙门移驻金州，改称金州副都统衙门，隶属盛京将军。置正二品衔副都统一员。金州副都统辖金州协领、旅顺水师营协领、盖平城守尉、熊岳城守尉、复州城守尉。清光绪二十年（1894）中日甲午战争爆发，金州城被日军攻陷，衙门被迫撤离。1895 年，俄、德、法“三国干涉还辽”后，金州副都统衙门恢复。1898 年沙俄强租旅大，金州副都统衙门辖区仅限金州城内。1900 年沙俄单方取消金州城自治，金州副都统衙门撤回奉天，从而结束了其 57 年的政治使命，只留金州副都统办事处虚名。1904 年日俄战争爆发后，日本占领金州后宣布成立金州军政署，驻金州副都统衙署内，后军政署改为民政支署，又改设金州警察署。1945 年大连光复后，金县公安局在此官衙办公半个多世纪。

二、中华人民共和国成立后建筑

1945 年 8 月大连光复后，大连市政府立即宣布没收并接管日本在大连的所有房产。到 1948 年，全市共有各类房产 622.3 万平方米，其中公有房产 435.3 万平方米，占 70%。

中华人民共和国成立后，特别是 1957 年国家对私有房产进行社会主义改造后，城市公有房屋比重逐年增加。1978 年，全市公有房产 1650 万平方米。1978 年中共十一届三中全会后，大连市房屋与建筑业得到快速发展。

中华人民共和国成立后大连建设的主要建筑有：人民文化俱乐部、大连工学院、大连海运学院、大连铁道学院、辽宁师范学院、辽宁财经学院、大连外轮公司大楼、大连渤海饭店、大连军人俱乐部、大连机车俱乐部、大连国际海员俱乐部、海港客运站、民航大连站候机楼、民航大连疗养院、中国农业银行大连市分行大楼、大连市卫生防疫站实验楼等。

人民文化俱乐部　坐落于中山广场 8 号，1950 年动工兴建，1951 年 4 月竣工。欧式建筑风格。它是中华人民共和国成立后大连市第一座由政府投资建造的大型剧场，也是环绕中山广场各建筑中最后建成的建筑。剧场正门上方的“人民文化俱乐部”由郭沫若题写。

大连渤海饭店　坐落于中山区青泥洼桥商业城，建于 1978 年 10 月，建筑面积 2.3 万平方米。欧式建筑风格。是集旅店、餐馆、旅游、购物、娱乐于一体的综合性饭店，大连市地标性建筑之一。

附：沙俄殖民统治时期建筑

1898 年沙俄强租旅大后，即拟制港口和城市建设规划。1904 年行政区基本建成，内有达里尼市政厅、中东铁路公司、政府官员和东省铁路俄籍员工宿舍等；商业区和俄国人居住区也成雏形，除海港和铁路外，市区建有银行、旅馆、医院、商店和住宅，共建房 161 栋、9.4 万平方米。沙俄殖民统治时期建设并保存下来的建筑主要有：沙俄达里尼市政厅、俄远东总督府、俄关东州民政厅、日本关东都督府等殖民政权旧址；旅顺日俄监狱、日本关东军司令部等军事司法机关旧址；日本关东厅长官官邸、沙俄达里尼市政厅官邸、沙俄康特拉钦柯官邸、沙俄太平洋舰队司令官邸等官邸旧址；东清轮船会社、东省铁路公司护路事务所等会社旧址；俄清银行旅顺分行、旅顺满蒙物产馆、旅顺大和旅馆、旅顺火车站等金融、商业、服务性经营机构旧址；沙俄旅顺赤十字医院、旅顺师范学堂、旅顺高公宿舍本馆、沙俄旅顺普希金小学、俄清学校等医疗、教育机构旧址；清·肃亲王善耆旧居。

沙俄达里尼市政厅旧址　坐落在今西岗区胜利桥北，始建于 1900 年，建筑面积 4889 平方米。俄式古典建筑，建筑风格为欧洲文艺复兴式，砖混结构，造型呈对称式，建筑中心突出。1902 年 5 月，达里尼市政厅正式挂牌。1904 年日俄战争爆发，沙俄在撤退前曾将它放火烧毁。1926 年，日本殖民统治者将其修复如初后改为满蒙资源馆。中华人民共和国成立后，1950 年市政府将它改名东北资源馆，1959 年定名大连自然博物馆。

中东铁路公司旧址　坐落在今西岗区胜利街，始建于 1902 年，建筑面积 1400 平方米。堪称近代欧式建筑的精品，建筑风格为自由式，砖混结构，造型为不对称式，建筑立面参差不齐，墙面高度与坡度高低错落，房屋的陡尖顶尤为触目，墙面、门窗、屋顶间采取红、白、黑三色搭配，更增添了造型的与众不同。沙俄殖民统治时期为海运公司经理住宅，日本殖民统治时期先后为大连民政署和日本桥图书馆。大连光复后，为东北资源馆的组成部分，后来为大连铁路局工人家属宿舍。

旅顺满蒙物产馆旧址 坐落于旅顺口区列宁街，为罗马复兴风格与新古典和式风格结合的折中主义建筑。砖石木框架结构，建筑构图突出中央，中央山花屋顶上面突起一个塔楼，入口采用巴洛克手法，雕饰凸起。在沙俄殖民统治时期是未建成的陆军将校军官会馆。1917年被日本殖民统治当局续建为关东都督府物产馆，1919年更名关东厅博物馆，1934年更名旅顺博物馆。1945年苏军接管大连后，更名旅顺东方文化博物馆。1951年苏联正式移交中国，初定名旅顺历史文化博物馆，1954年更名旅顺博物馆。

旅顺火车站旧址 坐落于旅顺口区井岗街，始建于1900年10月，是东清铁路南端终点站，时称“旅顺驿”。俄罗斯建筑风格。1905年沙俄战败后由日本殖民统治当局接手。1945年8月由苏军接管。1950年5月移交中国。至今仍在使用。

附：日本殖民统治时期建筑

1905年日本侵占旅大后，将沙俄侵占时期所建房屋全部占有，为缓解大批日本人移居大连造成的房屋紧张状况，每年又再建住房。日本人在大连所居房屋大多为1934年前建造的。到1945年8月日本投降时，日本在大连市共占有房屋423.7万平方米，其中日本官有房产45.7万平方米，日本铁路、电业、水产房产34.9万平方米，日本民有房产343.1万平方米。

日本侵占旅大后不久，即在沙俄规划的欧罗巴市街中心的尼古拉耶夫广场（今中山广场）周边相继建起9座欧式建筑，建筑风格有哥特式、巴洛克式、文艺复兴式、和风欧美折中主义等多种风格。此外，在今中山广场以东的斯大林路、世纪街、鲁迅路两侧，兴建了满洲日日新闻大楼（今大连日报社）、神明高等女子学校（今中共大连市委办公楼）、大连病院（今铁路医院）、南满洲铁道株式会社总部（今铁路分局）、满铁图书馆（今大连图书馆）等建筑；在今天津街和青泥洼桥一带商业区，兴建了几久屋（今天津街百货大楼）、三越洋行（今秋林公司）、麒麟啤酒大楼（今工人文化宫）、常盘桥市场（今大连商场）及火车站；在今西岗区中心地带，兴建了关东地方法院、关东州厅厅舍等政权机关大楼。日本高级住宅区则主要建在依山傍海、风景秀丽的南山、老虎滩、星海公园附近。

日本殖民统治时期建设并保存下来的建筑主要有：日本大连民政署、日本大连市役所、南满洲铁道株式会社、金州会事务所、日本金州民政署、日本旅顺市役所、日本旅顺高等法院、日本关东地方法院、日本关东州厅舍等殖民政权旧址；日本满铁大调查部、日本陆军奉天特务机关大连出张所、日本关东军693部队医院（细菌试验场）等军事机关旧址；王季烈旧居、文化台姊妹楼、伪满省长金碧东官邸、民国前总理潘复别墅、张本政旧居、韩云阶旧居、日本大连税关长官官邸、郭安娜（刘长春）旧居、日本关东州厅长官官邸等官邸或故居；满铁大连病院、满铁大连图书馆、南满洲工业专门学校、满铁中央试验所、沙河口公学堂、罗振玉大云书库等医院旧址；朝鲜银行大连支店、大清银行大连分行、横滨正金银行大连支店、台湾银行大连支店、英国汇丰银行大连支店、日本山下汽船会社大连支店等银行、会社旧址；日本大连递信局、日本大连中央邮便局、大连火车站等交通机构旧址；三越洋行大连支店、大连大和旅馆、辽东饭庄、宏济大舞台等饭店、商店、剧场旧址；苏联驻大连领事馆、大连中国税关、德国驻大连领事馆等外事机构；北京街基督教礼拜堂、西安街天主教堂、玉光街基督教礼拜堂、东本愿寺等宗教场所旧址。

日本大连民政署 坐落于中山广场2号，始建于1908年，建筑面积3350平方米。文艺复兴时期哥特式建筑风格。中山广场欧式建筑群中最具代表性的作品。由日本人前田松韵设计。日本殖民统治时期为大连民政署衙署。1922年大连民政署迁至大连市役所办公楼，该楼为大连警察局。1945年8月由苏联红军接管。1955年3月交中国人民解放军海军某部。1983年改作辽宁省对外经济贸易厅办公楼。

朝鲜银行大连支店 坐落于中山广场1号，始建于1918年，建筑面积4925平方米。欧美近代古典主义建筑风格。中山广场建筑群中有代表性的作品。由日本中村与资平事务所设计。日本殖民统治时期为朝鲜银行大连支店营业楼，1945年12月8日由大连市政府接管，改为大连中国工业银行办公楼。1946年7月1日，改为大连银行总行行址。1947年4月改为关东银行旅大分行行址。1950年6月改为东北银行旅大分行行址。1951年4月改为中国人民银行大连市支行行址。今为中国工商银行大连市中山广场支行行址。

大连大和旅馆 坐落于中山广场4号，始建于1909年，1914年竣工，建筑面积1.14万平方米。文艺复兴时期巴洛克式建筑风格。中山广场建筑群中有代表性的作品。日本殖民统治时期为大和旅馆。1945年8月至1955年5月，苏军驻大连警备司令部设在此处。1945年10月27日，苏军警备司令高兹洛夫曾在此召开大连各界代表会议，决定成立大连市政府。后曾为中国国际旅行社大连分社所在地。1956年改称大连宾馆。

大清银行大连分行 坐落于中山广场7号，始建于1909年，建筑面积1762平方米。折中主义建筑风格。此为中山广场建筑群中唯一由中国建筑设计师设计的作品，设计师也是一位留洋归来的建筑师。日本殖民统治时期为清朝在大连开办的官方银行。中华民国成立后，1913年改名为中国银行大连分行。大连光复后，为大连市教育局办公楼，今为中信实业银行大连中山广场支行。

第八章 水 利

大连地区属低山丘陵区。全境分为山地、丘陵、海岸阶地、岛屿4个基本类型，地理构成大致为“六山一水三分田”和“七坡二平一分洼”。境内河流多为季节性河流，河流短小，坡陡流急，暴涨暴落，独流入海。河流集水面积20平方千米以上的152条；河流集水面积200平方千米以上的9条，分别是碧流河、复州河、大沙河、英那河、庄河、浮渡河、湖里河、清水河、登沙河，最大河流为碧流河。

全地区年平均降水量600～800毫米。一般东部地区多于西部地区，北部地区多于南部地区，自东北向西南方向递减。降雨中心在庄河市东北部山区，降水量多在900毫米左右，金县以南和瓦房店市西南部降水量一般不足600毫米。年降水量四季分配差异悬殊，多集中在每年7—9月，正常年份降水量夏季占60%～70%，冬季占7%～10%，秋季略多于春季，分别占15%和12%。常出现春旱、秋吊现象，故有“十春九旱”“十秋五吊”之说。

境内地表水资源34.8亿立方米，地下水资源约12.3亿立方米。地表水资源人均占有量760立方米，低于全省人均占有量1000立方米，仅为全国人均占有量2700立方米的28.1%，属贫水地区。水资源分布极不均衡，人均占有量庄河县1900立方米，居全市之首，新金县1000立方米，瓦房店市730立方米，金县、甘井子区、旅顺口区、长海县约200立方米。河流径流量7—9月占全年

75%～80%，且多以洪水形式出现，难以充分利用。

中华人民共和国成立前，大连地区水利工程设施极少。沙俄侵占时期，在旅顺修建寺沟塘坝。日本侵占大连40年间，修建的水库均为城市用水水库，未建农用和防洪水库；修建的小型引水、提水工程和机电井专为日本人、朝鲜人种植水稻所用。中华人民共和国成立后，兴修水利日益得到政府重视，国家每年拨专款用于水利工程建设。1956年，在庄河地窨河支流上建成全市第一座农业灌溉用的老虎洞水库。1958年“大跃进”和20世纪70年代“农业学大寨”时期是大连地区修建水库的两个高潮时期，共修建水库184座。1973年7月，国务院总理周恩来考察大连，对旅大市革命委员会拟建碧流河水库及引碧入连工程的构想给予肯定。1975年10月，碧流河水库开始动工修建，1983年8月26日水库大坝落闸蓄水，1984年开始向城市供水。到1985年，全地区先后建成水库、塘坝、提水站、机电井等地表水资源工程10726项，其中水库238座。这些水利工程的建成，对大连地区除害兴利、改善农业生产条件、促进工农业生产发展和城市建设，起到至关重要的作用。

第一节　水　库

清代以前，大连地区没有水库。沙俄侵占后，于1900年在旅顺寺沟建成一座供水塘坝，有效库容量4000立方米（已废弃）。日本殖民统治时期，大连市共建中小型水库9座，皆为城市供水水库，其时未建有农用和防洪水库。王家店水库建于1914—1917年，是大连市修建最早的一座城市供水水库。

中华人民共和国成立后，政府对农田灌溉和城市用水水库建设都给予了重视。1956年，庄河县花院乡在地窨河支流上建成全市第一座农业灌溉用的老虎洞水库。“大跃进”和人民公社化运动中，大连掀起前所未有的兴修农田水利高潮。1958—1959年建成水库36座、塘坝222处、机电井585眼。中共中央提出“农业学大寨”号召后，掀起第二次农田水利建设高潮。从1972年起，每年秋冬有八九十万人上山，以治水改土为中心，对山、水、田、林、路综合治理，建设旱涝保收田。至1976年，新建水库136座、塘坝213座、机电灌溉站258处、机电井4108眼，新增有效灌溉面积2.93万公顷，治理水土流失面积11.87万公顷。1975年，碧流河水库及引碧入连工程动工，1984年向城市供水。到1985年，全地区共有大、中、小型水库238座，总蓄水量9.44亿立方米；建成塘堤769座，总蓄水量1357.78亿立方米。其中，库容在1亿立方米以上的大Ⅱ型水库4座，分别是碧流河水库、朱隈水库、转角楼水库、刘大水库；库容在1000万～1亿立方米的中型水库9座；库容在10万～1000万立方米的小型水库225座。从水库分布看，瓦房店市88座，庄河县43座，金县36座，旅顺口区33座，新金县26座，甘井子区8座，市农场3座，长海县1座。

一、大型水库

碧流河水库　位于碧流河中游干流上，坐落在新金县双塔镇与庄河县荷花山镇交界处的沙河口，距大连市区约170千米。1975年10月动工兴建，1983年8月26日落闸蓄水，1985年7月20日落闸拦洪，为辽东半岛南部最大的水库、大连城市用水的重要水源。集水面积2085平方千米。总库容9.34亿立方米，正常库容7.14亿立方米，死库容7000万立方米，是以城市供水为主，兼顾防洪、灌溉、发电、养鱼等综合利用的大Ⅱ型水库。水库保护下游农田3333.33公顷（5万亩），减轻了洪水对下游村镇的威胁。1985年8月，9号台风夹暴雨在大连地区登陆，水库入库洪峰流量达6250立方米／秒，经水库调蓄后，泄洪量只有1594立方米／秒，历史上常遭洪水淹没的下游新金县城子坦镇安然无恙。水库电站设计年发电量1197.4万度，1985年12月24日并网发电。1983年在水库上游建成淡水鱼养殖场，有鱼种池22.8公顷，每年可培育鱼苗约5万千克。1985年建成渔码头。

朱隈水库 位于庄河西支流上，坐落在庄河县太平岭满族乡双河村。1958年3月动工兴建，同年7月竣工；1968年又进行扩建，1969年5月竣工，为庄河城镇供水主要水源。集水面积260.1平方千米。总库容1.51亿立方米，兴利库容1.12亿立方米，是以灌溉为主，兼顾防洪、发电、养鱼、供水等综合利用的大Ⅱ型水库。水库保护耕地4133.33公顷、人口3.6万人、房屋2.4万间。设计灌溉水田9266.67公顷，有效灌溉面积6200公顷，1985年实际灌溉面积6066.67公顷。每年向城镇供水约500万立方米。1975年电站投入运行，年均发电72.4万千瓦时。有养鱼水面833.33公顷，1985年捕鱼量23万千克。有鱼苗培育池15公顷。

转角楼水库 位于湖里河西支流上，坐落在庄河县高岭乡周家村转角楼屯北。1958年10月动工兴建，1960年秋停工；1968年续建，1970年7月竣工。集水面积146平方千米。总库容1.38亿立方米，兴利库容1.1亿立方米，是以灌溉为主，兼顾防洪、发电、养鱼、供水等综合利用的大Ⅱ型水库。水库保护人口1.6万人、耕地3066.67公顷（4.6万亩）、丹普公路及3座高压电塔。水库原设计灌溉水田、旱田各6666.67公顷（10万亩），1981年改为设计灌溉水田8320公顷、有效灌溉面积6666.67公顷，1985年实际灌溉面积5066.67公顷。1982—1985年，电站发电1185万千瓦时。有水库养鱼水面624公顷，1985年捕鱼量12.5万千克 。有鱼种培育池11.53公顷。

刘大水库 位于大沙河中上游的新金县沙包镇刘大屯。1970年8月动工兴建，1971年9月竣工。1974年3月工程扩建，同年11月竣工。集水面积278.3平方千米。总库容1.08亿立方米，兴利库容5140万立方米，是防洪、灌溉、发电、养鱼、供水等综合利用的大Ⅱ型水库，新金县城普兰店镇供水的主要水源。设计灌溉面积5806.67公顷，有效灌溉面积5806.67公顷，1985年实际灌溉面积5220公顷。该水库保护下游耕地1.33万公顷，5万多人口免受洪水威胁。年平均发电量29万度，最高发电年份的1977年达66万度。1975—1983年，共向大连市内供水1.15亿立方米。1983年12月引碧入连供水工程建成后，该库作为调节库，向大连市自来水公司洼子店水厂供水，还向水库下游的瓦房店市的部分厂矿和新金县城供水。

二、中型水库

松树水库 位于复州河上游，坐落在瓦房店市松树镇高屯村境内。1970年5月动工兴建，1971年7月竣工。集水面积302.4平方千米。总库容1.39亿立方米，兴利库容6021万立方米，是防洪、灌溉、供水、发电、养鱼等综合利用的中型水库，瓦房店市主要水源地。水库下游保护农田6400公顷。水库设计灌溉面积1.09万公顷，有效灌溉面积6686.67公顷，1985年实际灌溉面积4680公顷。1981年7月26—28日，大连北部地区降特大暴雨。水库上游实测3日最大降雨644.2毫米，推算洪水总量1.27亿立方米，入库最大洪峰流量5450立方米每秒。经水库拦蓄调节后，泄洪量1270立方米每秒，削减洪峰76.7%，保护了松树镇5万人口和沈大铁路3座大桥安全无恙（1949年发生洪水时因无水库调洪，松树镇被洪水围困，沈大铁路被冲坏停运12天）。1983年，水库始向复县县城瓦房店镇供水。电站1975年投入运行，设计年发电155万千瓦时。水库养鱼水面460公顷。

永记水库 位于庄河县栗子房镇永记村地窨河上。1958年3月动工兴建，同年8月竣工。20世纪60年代，几经续建。集水面积37.9平方千米。总库容2710万立方米，兴利库容1400万立方米，以灌溉水田为主。

大梁屯水库 位于新金县莲山镇大梁屯清水河上。1958年3月动工兴建，同年7月竣工。集水面积45平方千米。总库容2604万立方米，兴利库容1187万立方米，以灌溉为主。

九龙水库 位于瓦房店市李店镇关家村岚崮河上。1958年4月动工兴建，同年7月竣工。集水面积156平方千米。总库容2695万立方米，兴利库容686万立方米，是防洪、灌溉、供水、养鱼等综合利用水库。

八一水库 位于瓦房店市永宁镇夏家村永宁河上。1958年5月动工兴建，同年9月竣工。集水面积61平方千米。总库容2912万立方米，兴利库容1603万立方米，是防洪、灌溉、供水、养鱼等综合利用的水库。

鸽子塘水库 位于金县三十里堡镇鸽子塘村三十里堡河上。1958年12月动工兴建，翌年7月竣工。集水面积53平方千米。总库容1876万立方米，兴利库容693万立方米，以防洪灌溉为主。

红旗水库 位于新金县星台镇小刘屯吊桥河中游。1968年10月动工兴建， 1969年8月竣工。集水面积93.5平方千米。总库容5024万立方米，兴利库容3500万立方米，以防洪、灌溉为主。

五四水库 位于新金县泡子乡北台村太山河上。1958年动工兴建，1968年续建，1970年8月竣工。集水面积26.5平方千米。总库容1181万立方米，兴利库容680万立方米，以灌溉为主。

英那河水库 位于英那河上游，坐落在庄河县塔岭镇塔岭村李席坊屯姜石磊子。1972年4月动工，1974年10月竣工。集水面积682.7平方千米。总库容6560万立方米，兴利库容1725万立方米，以灌溉为主。

三、小型水库

1956年，庄河县花院乡在地窨河上游老虎洞处修建全市首座农田灌溉小型水库。1958—1959年，全市共建小型水库34座，其中小Ⅰ型水库9座。1966—1976年，全市共建库容10万～1000万立方米小型水库122座，其中库容100万～1000万立方米的小Ⅰ型水库30座。到1985年末，全市共有小型水库225座，其中小Ⅰ型水库47座（总库容15365万立方米，兴利库容9059万立方米）。小型水库一般由公社（乡镇）、大队（村）发动群众会战建成，工程质量不高，防汛能力较弱。

第二节 引提水工程

大连市最早使用机电设备提水灌溉是在1915年。1942年始建拦河坝引水灌溉。中华人民共和国成立后，修建了大批水库引水工程、拦河闸（坝）引水工程和提水工程。至1985年，引水工程主要有转角楼、朱限等水库引水工程，沙岭、平顶山、杏树园、石嘴等拦河引水工程，以及栾店橡胶坝、黑岛橡胶坝、前赵橡胶坝、亭山拦河闸工程；有提水站1149座，其中机灌站247座、电灌站902座，总装机容量4.41万千瓦，有效灌溉面积3.51万公顷，实际灌溉面积1.8万公顷，其中水田1.53

万公顷；有机电井7922眼，其中机井2857眼、电井5065眼，总装机容量11.62万千瓦，有效灌溉面积4.17万公顷。

一、引水工程

大连地区引水工程包括水库引水工程和拦河引水工程。水库引水工程主要有转角楼水库跨流域引水工程、朱限水库引水工程、洼子店引水枢纽工程、引碧入连一期应急工程，拦河引水工程主要有沙岭拦河工程、平顶山拦河工程等。

转角楼水库跨流域引水工程 英那河水量大而英那河水库库容小，转角楼水库库容大而水量少，为充分利用英那河水资源，有劈山凿洞将水引入转角楼水库之举。转角楼水库跨流域引水工程位于庄河县塔岭镇小双塔岭。1970年11月动工兴建，1973年3月竣工。引水隧洞长880米，明渠长300米。当英那河水库水位56米时引水流量为7.8立方米／秒，水位69米时引水流量为16.9立方米／秒。设计年引水量7067万立方米，实际年引水量5000万～8000万立方米。

朱限水库引水工程 朱限水库建于庄河西支流上，库容大，水源不足，故有于庄河县蓉花山韩屯拦庄河东支流引水至朱限水库之举。其拦河部分为改建工程。原工程建于1968年，1979年被洪水冲毁，1981年重建。重建时拆除原拦河坝，新建长70米、高2米的橡胶坝；建长度为4200米的引水干渠。设计年引水量1628万立方米。因渠道多建于风化沙上，漏水严重，实际引水很少。

洼子店引水枢纽工程 位于新金县大刘家镇洼子店，初建于1938—1945年。在大沙河桥设手摇平板拦河闸，闸右侧设内径1.5米引水暗渠，引水入调整池，由扬水站提水入洼子店水库，加压后送至大皇庄泵站。经二次加压送到刘家沟隧洞入北大河水库，再由水库送水到三道沟水厂（三道沟水厂于1939年动工，1944年竣工，日净化能力8万立方米）。1973—1974年对该工程进行扩建，洼子店和大皇庄加压泵站日送水能力由日7.5万立方米增至15万立方米，并在洼子店、大皇庄与刘家店隧洞间和北大河水库与三道沟水厂间增铺1根管径900毫米的预应力钢筋混凝土管道。

引碧入连一期应急工程 1981年末动工，1983年12月竣工。输水线路长166.92千米，分北南两段。北段长81.82千米，由碧流河水库放水到宫家泡加压泵站加压，送至得胜加压泵站再加压后经隧洞入大沙河，流入刘大水库，再由刘大水库放入大沙河，流至洼子店水源地。南段长85.1千米，自洼子店水源地至大连市内。主要工程有引水隧洞2处、长10.72千米，输水管道长176.8千米，加压泵站8座、送水机泵48台、总装机容量31.33千瓦，变电所7座、装有变压器16台、总容量72.15千伏安，泵房8处。

拦河引水工程 1942—1943年，日本殖民当局为了日本移民开发水田，共建小拦河坝3座，分别是建于庄河县英那河孙堡屯处、庄河县庄河老虎洞处、复县复州河西蓝旗处拦河坝，坝长170米以下、高1.5米以下。

中华人民共和国成立后，在境内河流上修建一批拦河闸（坝），主要有沙岭拦河工程、平顶山拦河工程、杏树园拦河工程、石嘴拦河工程、栾店橡胶坝、黑岛橡胶坝、亭山拦河闸、前赵橡胶坝。沙岭拦河闸工程建于20世纪50年代，平顶山拦河工程、杏树园拦河工程建于20世纪60年代，石嘴拦河工程、栾店橡胶坝、黑岛橡胶坝、亭山拦河闸建于20世纪70年代，前赵橡胶坝建成于1980年。至1985年，全市共建有拦河闸坝47座，使区间水、回归水得到充分利用，扩大了灌溉面积。

大连（旅大）市部分年份灌溉提水站情况表

表 3–8

年份	合计		电灌站			机灌站		
	数量（座）	有效灌溉面积（万公顷）	数量（座）	装机容量（千瓦）	有效灌溉面积（万公顷）	数量（座）	装机容量（千瓦）	有效灌溉面积（万公顷）
1966	44	0.21	44	2273	0.21	—	—	—
1976	326	0.75	319	27229	0.72	7	840	0.03
1979	595	1.01	463	35867	0.87	132	4534	0.14
1980	690	2.88	539	36727	2.67	151	4617	0.21
1981	957	3.19	762	40224	3.02	195	4489	0.17
1982	1044	3.45	809	41079	3.27	235	5030	0.18
1983	1118	3.46	848	39747	3.22	270	5356	0.24
1984	1143	3.58	871	40325	3.33	272	5109	0.25
1985	1149	3.51	902	39614	3.28	247	4490	0.24

大连（旅大）市部分年份拥有机电井情况表

表 3–9

年份	合计		机井			电井			国家投资	
	数量（眼）	有效灌溉面积（万公顷）	数量（眼）	装机容量（千瓦）	有效灌溉面积（万公顷）	数量（眼）	装机容量（千瓦）	有效灌溉面积（万公顷）	当年（万元）	累计（万元）
1949	153	0.05	7	41	0.003	146	440	0.05	0	0
1958	818	0.47	103	2372	0.07	715	3942	0.39	0	14.34
1966	2336	0.11	253	3579	0.08	2083	15734	0.98	2.65	28.12
1976	8762	3.81	3118	36939	1.29	5644	80859	2.52	222.0	1013.32
1977	10160	4.43	4110	50693	1.50	5950	78937	2.94	308.0	1321.32
1978	12020	5.17	5676	75925	1.91	6344	88859	3.26	400.0	1721.32
1979	12049	5.16	5837	86978	1.68	6212	88383	3.48	119.5	1840.82
1980	10787	5.10	4966	90667	1.93	5821	85373	3.16	106.8	1947.62
1981	9581	4.74	4151	63175	1.71	5430	81629	3.03	291.74	2239.36
1983	9141	4.51	3649	51681	1.48	5492	83170	3.03	308.8	2709.46
1984	8584	4.32	3169	44063	1.35	5415	80836	2.97	48.64	2758.10
1985	7922	4.16	2857	38866	1.18	5065	77382	2.98	110.48	2868.58

二、提水工程

灌溉提水站　1943年，日本殖民当局为日本移民开发水田，在复州河修建西蓝旗拦河坝时，在右岸修建了大连首座灌溉提水站（今西蓝旗提水站前身）。

中华人民共和国成立后，复县于1954年在乡镇建2处提水站，装机容量均为11千瓦。1965年，中共中央提出“大寨精神，小型为主，全面配套，加强管理，更好地为农业增产服务”的水利工作方针后，大连地区结合水库灌溉配套，在渠道和河流上兴建一批电力提水站。到1969年，共建灌溉站65座，装机容量6241千瓦，但因治水治土不配套，有些工程效益不好，有效灌溉面积仅3280公顷。

1978年中共十一届三中全会后，围绕发展水田、菜田、果树经济，对提水站进行了维修改造。至1985年，全市已建提水站1149座，其中，机灌站247座、装机容量4490千瓦，电灌站902座、装机容量3.96万千瓦；有效灌溉面积3.51万公顷，实际灌溉面积1.8万公顷，其中水田1.5万公顷。

机电井　大连地区取井水灌溉农田有较长历史。早期靠人工拔、辘辘摇、吊杆提、柳斗打。1915年，日本殖民统治当局从日本国移民20户，在金县大魏家稻香村凿井开发稻田，始用机电设备抽水灌溉。其后又在复县、新金县、庄河县等地陆续凿井开发零星水田。

中华人民共和国成立之初，全地区有机电井153眼，灌溉面积526.67公顷。20世纪50年代末，地下水资源开发利用得到重视。1958年，大连开始兴建机械钻井专业队伍。1972年，国务院召开北方地区抗旱会议，把机电井建设纳入国家计划。1976年，全地区有机械钻井队57个，有各类钻井机138台、空压机12台。1973—1979年，新增机电井6715眼，其中机井4933眼、装机容量7.56万千瓦，电井1782眼、装机容量4.72万千瓦。由于机电井投资小、见效快，对抗旱保收，灌溉小块水田、菜田、果树和其他经济作物，见效比较明显。

1978年中共十一届三中全会后，在农村推行以家庭联产承包经营为主的生产责任制后，兴建小果园、小菜园、小苗圃、小块商品生产基地，农民始在承包田里和房前屋后挖塘坝、打机电井。1979年，全市共有机电井12049眼，有效灌溉面积5.16万公顷，其中机井5837眼、有效灌溉面积1.68万公顷，电井6212眼、有效灌溉面积3.48万公顷。20世纪80年代后，机电井数量缓慢减少，1985年末全市共有7922眼，有效灌溉面积4.16万公顷。

第三节　灌溉工程

20世纪40年代，大连地区共有小灌区3处，灌溉水田200公顷。1942年，日本殖民统治当局征用约4000名中国劳工，在庄河县大沙岭修建围海造田大堤、干渠及各种建筑物，而后从日本移民22户，种水稻160公顷。同时，在庄河县城南修建围海大堤、干渠及各种建筑物，围垦盐碱地，从日本移民39户，种水稻20公顷。1943年，日本“开拓团”在复县复州河下游西蓝旗，强迫当地农民为其修堤筑坝、开垦盐碱地，种水稻20公顷。

中华人民共和国成立后，大连地区农业灌溉迅速发展。1949年，全市有效灌溉面积7160公顷，实际灌溉面积7066.67公顷，其中水田6000

公顷。1957年有效灌溉面积增至1.79万公顷，实际灌溉面积增至1.78万公顷，其中水田1.39万公顷，分别比1949年增长1.5倍、1.5倍和1.3倍。1958年“大跃进”时期，有效灌溉面积、实际灌溉面积及灌溉水田面积分别增至2.65万公顷、2.42万公顷、2.05万公顷。由于在大批水源工程未配套的情况下大量开发水田，几年之后水田灌溉不足问题显现出来，1962年水田灌溉面积减至1.12万公顷。1965年后水源工程渠系逐步配套，加之大力平整土地，1969年有效灌溉面积增至4.31万公顷，实际灌溉面积增至3.77万公顷，其中水田2.83万公顷。1970年以后，大批蓄、引、提水工程相继建成，有效灌溉面积大幅增加，1977年达9.39万公顷，比1969年增长近1.2倍。

1978年中共十一届三中全会后，有关部门围绕发展水田、水果、菜田及两茬作物的灌溉，抓工程配套、挖潜、改造。采取库、塘、井、闸、站联合运用，并充分利用区间水、回归水，灌溉面积不断扩大。1979年灌溉面积为历史最高水平，有效灌溉面积11.74万公顷，实际灌溉面积7万公顷，其中水田2.72万公顷（均不含灌溉果树面积）。1985年有效灌溉面积10.54万公顷，实际灌溉面积6.6万公顷，其中水田4.44万公顷（均不含灌溉果树面积）。

全地区大中型灌区有朱隈水库灌区、转角楼水库灌区、松树水库灌区、刘大水库灌区、永记水库灌区、鸽子塘水库灌区、大梁屯水库灌区、九龙水库灌区、八一水库灌区、英那河水库灌区、红旗水库灌区、五四水库灌区。

一、规模灌区

朱隈水库灌区 位于庄河县中部，所属流域庄河。南北长35千米，东西宽30千米。1958年开始修建水库总干渠和东西干渠，1960年建成。1965年9月，开始修建平顶山拦河闸和改扩建原东西干渠，1966年5月建成。1973—1974年，在灌区内先后修建坡耕地灌溉提水站9座。1980年，修建了佟屯和中营橡胶坝。1985年设计灌溉面积9266.67公顷，有效灌溉面积6200公顷，实际灌溉水田6066.67公顷，受益乡镇11个。

转角楼水库灌区 位于庄河县东部，所属流域石嘴河。东与永记灌区相连，西与英那河灌区相接。1969年9月，开始修建石嘴拦河闸和东西干渠，1970年5月完成。1970年9月至1973年，又先后修建小核房拦河坝和西干渠、龙山渠道、胡沟拦河坝和干渠、卧龙提水站。1980年修建石山提水站。1985年设计灌溉面积8320公顷，有效灌溉面积6666.67公顷，实际灌溉水田5066.67公顷，受益乡镇7个。

松树水库灌区 位于瓦房店市，所属流域复州河。分旱田灌区和水田灌区。旱田灌区位于瓦房店市西北部，骨干工程于1972年9月动工兴建，1974年基本建成。有总干渠1条，干渠4条。水田灌区主要有杏树园拦河闸灌区和栾店橡胶坝灌区。杏树园拦河闸灌区建于1968年，1978年停工，1982年再次施工，1984年完工；栾店橡胶坝灌区及其引复渠建于1972年，1976年4月通水。1985年，全部灌区设计灌溉面积1.09万公顷，有效灌溉面积6686.67公顷，实际灌溉面积5346.67公顷，其中水田3466.67公顷、旱田1546.67公顷、菜田333.33公顷，受益乡镇11个。

刘大水库灌区 位于新金县中部，所属流域大沙河。1971年9月动工兴建，1979年完工。东西宽40千米，南北长50千米，呈人字形，横跨大沙河、清水河、赞子河、鞍子河4个流域。1985年，设计灌溉面积5800公顷，有效灌溉面积5800公顷，实际灌溉水田5220公顷，受益乡镇13个。

永记水库灌区 位于庄河县东部，所属流域地窨河。1959年起，边勘测、边设计、边施工，1960年基本建成。1965年进行改、扩建。1972年修建永丰提水站。1985年，设计灌溉面积

1333.33 公顷，有效灌溉面积 1693.33 公顷，实际灌溉水田 1353.33 公顷，受益乡镇 2 个。

鸽子塘水库灌区 位于金县境内，所属流域三十里河。1964 年始建，1965 年 5 月建成。工程有干渠 1 条、支渠 3 条。原设计灌溉面积 1726.67 公顷，因水源不足，1982 年调减至 933 公顷。1985 年设计灌溉面积 933.33 公顷，有效灌溉面积 1200 公顷，实际灌溉面积 473.33 公顷，其中水田 46.66 公顷、旱田 166.67 公顷、菜田 93.33 公顷、果树 166.67 公顷，受益乡镇 4 个。

大梁屯水库灌区 位于新金县中部，所属流域清水河。1960 年始建，时设计水田灌溉面积 366.67 公顷。1978 年作灌区扩大效益设计，1980—1981 年再作灌区补充设计。灌区分为渠灌和沿河补水灌。1985 年设计灌溉面积 980 公顷，有效灌溉面积 980 公顷，实际灌溉水田 980 公顷，受益乡镇 4 个。

九龙水库灌区 位于瓦房店市境内，所属流域岚崮河。1958 年九龙水库建成后，陆续开发九龙、夹河心、海岛 3 处水田灌区，灌区面积 466.67 公顷。但到 1963 年时，仅存海岛水田灌区。1976 年，在岚崮河修建望宝山橡胶坝。1985 年，设计灌溉面积 653.33 公顷，有效灌溉面积 413.33 公顷，实际灌溉面积 466.67 公顷，其中水田 333.33 公顷、旱田 133.33 公顷，受益乡镇 2 个。

八一水库灌区 位于瓦房店市永宁镇境内，所属流域永宁河。1964 年始建，1966 年建成总干渠和南北干渠，通水受益。1985 年设计灌溉面积 933.33 公顷，有效灌溉面积 600 公顷，实际灌溉面积 333.33 公顷，其中旱田 200 公顷，水田、菜田各 66.67 公顷。

英那河水库灌区 位于庄河县东部，所属流域英那河。南北长 30 千米，东西宽 25 千米。1974 年 10 月始建，1976 年通水，1982 年竣工。灌区分水库直接供水和沿河补水灌溉。水库直接供水，建有总干渠 1 条、干渠 2 条，总干渠长 5 千米。沿河补水灌溉，建有黑岛橡胶坝和沙岭拦河闸，黑岛橡胶坝引水干渠长 7.8 千米，沙岭拦河闸引水干渠长 5.7 千米。1985 年，设计灌溉面积 5506.67 公顷，有效灌溉面积 5506.67 公顷，实际灌溉水田 5566.67 公顷，受益乡镇 7 个。

红旗水库灌区 位于新金县东部，跨吊桥河、余粮河流域。1969 年 10 月开始边勘测、边设计、边施工，1973 年 10 月建成。灌区南北长 20 千米。1978 年对灌区主要技术指标作了调整。水库供水分为渠道自流、沿河补水、库区提水 3 个部分。自流灌区有总干渠 1 条、干渠 2 条，设计灌溉面积 906.67 公顷。沿河补水灌溉补给大小余粮河和邢家 3 座拦河闸，设计灌溉水田 880 公顷；补给金家哨提水站和向阳提水站，设计灌溉水田 860 公顷。库区内有 2 座提水站，设计灌溉面积 266.7 公顷。1985 年设计灌溉面积和有效灌溉水田均为 2913.33 公顷，实际灌溉水田 2066.67 公顷，受益乡镇 5 个。

五四水库灌区 位于新金县泡子乡境内，所属流域泰山河。1971 年始建。1985 年，由于水库坝基漏水，在长山河上修建橡胶坝 1 座。1985 年设计灌溉面积 866.67 公顷，有效灌溉面积 440 公顷，实际灌溉水田 106.67 公顷，受益乡镇 1 个。

二、灌区分布

大连地区的较大灌区主要分布在庄河县、瓦房店市、新金县。分布在庄河县的有朱限、转角楼、英那河、永记 4 个灌区，1985 年受益乡镇 27 个；分布在新金县的有刘大、红旗、大梁屯、五四 4 个灌区，1985 年受益乡镇 23 个；分布在瓦房店市的有松树、八一、九龙 3 个灌区，1985 年受益乡镇 13 个。另有分布在金县的较大灌区 1 个，即鸽子塘灌区，1985 年受益乡镇 4 个。1985 年，上述灌区灌溉引水量 3.83 万立方米，受益乡镇 67 个，灌溉水田约占全市水田面积的 80%。

第四节　防洪除涝

大连境内无大型河流，中小河流较多，总长约7800千米。中华人民共和国成立前，河流基本未得到治理，任其变迁泛滥。1948年，全地区仅有堤防13千米，大多是农民为保护自家土地而建，防洪效果甚微，常常“河东挡坝、河西受灾”。中华人民共和国成立后，经过不间断整治河道，多数河流筑起堤防，加之建起数以千计的蓄、引、提工程和大量的水土保持工程，有效地控制和减少了洪水威胁。1982年以后，大连地区多次降暴雨和大暴雨，都未造成大危害。

大连境内有低洼易涝耕地5.33万公顷，占总耕地面积的18%。其大多分布在沿河岸边和沿海平原，地势平坦，土质肥沃。中华人民共和国成立前，大连地区很少治理洼地涝地，1948年仅治理330公顷。中华人民共和国成立后，挖沟排水治涝收到一定效果，成为增产粮食的重要措施。

一、治河

中华人民共和国成立后，大连地区开始兴建治河防洪工程。20世纪50—60年代，以植树压柳为主，在重要河段修建堤防、护岸工程。到1962年，在碧流河流域的险工险段建起防洪堤2处、1万米，护岸挑水丁坝61处，顺水坝5处、2270米。1963年，在英那河左岸受洪灾严重的靠山屯至船坞屯，建起长10.5千米的大坝，被称为“辽南大坝”，后又在其南北河之间修建了长27千米的围堤，使蔡家大队的8个自然屯、400公顷耕地得到保护。

20世纪70年代，开展大规模治河活动。1970年，全市共修建堤防227.6千米，保护农田2.5万公顷。到1979年，全市新修、维修堤防566.7千米，新增农田保护面积2.15万公顷。其时的治河口号是“河靠山，路靠边，乱石沙滩造良田”。为与河争地，有些地方盲目裁弯取直、缩窄河道，导致遇洪水漫堤垮坝。新金县吊桥河、赞子河公社在1972年一次洪水中，两河堤坝决口126处，淹地2613.3公顷。庄河县长岭公社因将16千米长、100米宽的河道缩窄为75米，在1979年一场暴雨中，堤坝决口25处，淹没农田437.3公顷。

20世纪80年代，河道开始实行依法管理。1981—1983年重点修复水毁河段。1981年发生“7·28”特大洪水，全市河道堤防工程损毁严重。9月10日至10月1日，复县组织21个公社1.8万人、1700台车辆，抢修浮渡河，动用土石方55.4万立方米，清除乱石河沙97万立方米，疏浚河道18.5千米，修筑堤防37千米。9月27日至10月9日，新金县组织17个公社1万余人、138台拖拉机，抢修复州河上游同益公社境内的水毁河段，共动用土石方61万立方米，疏浚河道9千米，恢复耕地66.67公顷（1000亩）。同时，修建高2.5米、顶宽4米、长18千米大堤，修筑丁字坝11条、植树压柳133.33公顷。新建工程的防洪标准达到20年一遇。经1984年和1985年两次洪水考验，沿河6个村15个自然屯的4500人、566.67公顷（8500亩）耕地安然无恙。1984—1985年，新金县在大沙河流域的瓦窝、元台、大谭、泡子、唐家房等乡镇的重要河段清除阻水林66.67公顷（1000亩），伐树上万株，挖掉河内沙丘百余处，清除大量垃圾杂物，疏通了河道。

二、治涝

大连地区境内涝灾分为洪涝和内涝。洪涝区主要分布在碧流河、复州河、英那河、大沙河、庄河、湖里河、小寺河、板桥河、地窨河、三岔河、吊桥河、余粮河、赞子河、清水河、岚崮河等诸河两岸。大连地区治理涝洼地主要始于中华人民共和国成立之后。中华人民共和国成立初期，治理涝洼地主要采取挖沟排水的办法。20世纪60年代，主要采取高水高排、低水低排，修台田、条田的治涝措施。台上种旱田作物，台下种水稻或耐涝作物。新金县赞子河公社有380公顷涝洼地常年积水成灾，治理前全公社每年吃国家返销粮59万千克。1962年开始修台田、条田，少量改为水田后，翌年向国家交售粮食185万千克。到1976年，全地区共修台田、条田2.45万公顷，改水田2.06万公顷，涝区得到初步治理。20世纪70年代末至80年代，随着大批水利工程建成，各地根据灌区总体规划，以开发水田根治涝害。1977年秋，新金县组织碧流河、赞子河、城子坦3个公社近万人，会战大、小余粮河，治河、治涝、改水田，河道抗洪标准由2～3年一遇提高到10年一遇，沿岸约470公顷涝地荒滩全部改成水田，多年涝区得到根治，粮食连年增产。从1977年开始，全地区的水田面积突破长期徘徊在2万公顷左右的局面，每年递增3330余公顷（5万亩），1982年达到4.15万公顷。

第五节 水土保持

大连地区山脉属于千山余脉，纵贯南北，地貌呈鱼脊型，坡陡水急，极易造成水土流失。1945年，大连地区水土流失面积近70万公顷，占总土地面积的55%。中华人民共和国成立后，水土保持机构经年对水土流失进行了治理。尤其是20世纪80年代后，将水土保持与农田水利基本建设融合在一起，全面规划，统筹安排，取得明显成效。至1985年末，全地区治理水土流失面积26.99万公顷，占需治理面积的39.7%。

一、水土流失因素

大连地区植被覆盖率偏低，低山丘陵多，水力对土地的侵蚀极为广泛，重力、风力侵蚀次之。中华人民共和国成立初期，全境水蚀和重力侵蚀面积68万公顷，占水土流失总面积的97.7%。经年治理后，到1984年，水土流失面积减至43.2万公顷，其中庄河县、瓦房店市、新金县36.3万公顷，占84%。

水力侵蚀。由于坡度陡峭，沟壑密布，土质疏松，植被稀疏，岩层裸露，一遇暴雨即发生灾害性水土流失。1979年，全市仅6—7月受水冲沙压的耕地面积就达1.3万公顷。在1981年7月28日的特大降雨中，金县杏树屯公社牌坊大队308公顷5°～25°坡耕地，因水蚀形成沟壑180余条，冲走土体10万余立方米，平均冲走1寸厚表土，每亩流失土壤22立方米。

重力侵蚀。主要是突发性泥石流。1981年7月28日发生特大暴雨，山洪暴发形成泥石流，对山坡沟谷、河道、耕地侵蚀极为严重，涉及复县、新金县北部7个公社43个大队，总计滑坡16304处、面积307万平方米、体积284万立方米，流失土石方总量3562万立方米，平均每平方千米流失9.06万立方米，水冲沙压耕地6946.67公顷，冲毁房屋5773间。

风力侵蚀。全地区风力侵蚀面积1.6万公顷，占水土流失总面积的2.3%。大连地区年6级以上风日140天左右，冬春两季大风日占全年大风日的70%。冬春植被枯落，地表覆盖差，风与地表土直接接触，吹走表土。大风又将河沙和岩石风化物吹到平地和坡地，造成沙盖田和沙丘，危害农业生产。1980年4月16日起，连刮3天8级大风，复县闫店公社的600公顷农田平均被剥蚀深度0.5厘米。

水土流失造成地力减退。全地区水土流失区域耕地有机质含量1958年为2%，1985年降到1.02%。据1984年农业资源调查，全地区尚未治理的43.2万公顷水土流失区域，年水土流失总量834万吨，平均流失土层厚度1.5毫米。水土流失在减薄土层、减弱地力的同时，抬高了河床、淤积了水库，减弱了河道的行洪和抗洪能力。庄河县桂云花乡蛤蜊河桥的桥下泥沙1979—1981年淤积厚度达到1米，长岭乡官屯段河床1979—1981年抬高60厘米。庄河县8座小Ⅰ型水库正常库容82万立方米，1985年实测淤积量9.3万立方米，占正常库容的11%。金县龙口水库自1958年建成至1980年，淤积118万立方米，占正常库容的33%。碧流河水库年淤积量143.5万立方米，每年仅淤积水库减少库容就损失建库投资54.53万元。

二、水土流失治理

修坝埂、垒坝堰是大连地区农村历史沿用的保水、保土、保肥办法，受限于一家一户不成规模，水土流失状况得不到大的改变。中华人民共和国成立后，水土流失治理得到政府重视。特别是20世纪50年代中期，在农业合作化运动推动下，水土保持取得较明显的成效。1958年，各级政府开始有组织有计划地发动群众修坝埂、挖竹节壕、修坡式梯田。1949—1959年，全市共动用1389万个工日，完成土石方2074万立方米，治理水土流失面积5.47万公顷。1963年，市林业局建立水土保持站，金县、复县、庄河县、新金县建立8个基层水土保持站。复县老虎屯人民公社磊子山大队从1955年开始连续9年改造36个山头，修梯田226.67公顷，粮食产量连年翻番，由一个缺粮队变成余粮队。

在20世纪70年代“农业学大寨”运动中，大连地区以治水改土为中心，综合治理山、水、田、林、路。到20世纪80年代，水土保持的成效已较显著。1972年全市水土流失治理面积15.87万公顷，1980年治理面积增至25.33万公顷，其中水平梯田由5.2万公顷增至8.8万公顷，1972年因水土保持造林9.8万公顷，1980年增至15.73万公顷。经过治理的坡耕地，水土流失得到较好控制。1982年国务院颁布《水土保持工作条例》后，大连地区将水土保持与农田水利基本建设相结合，经过治理的区域，经济效益和生态效益明显提高。到1985年，全地区累计治理水土流失面积27万公顷，比1949年的1.58万公顷增长16倍。

第六节　城市供水水源

大连是中国最早建立供水系统的地区。城市供水工程始建于19世纪70年代末。1879年，清廷在旅顺修建龙引泉供水工程，日供水1500立方米，供驻军和居民2万余人用水。1901年后，沙俄在大连地区打水源井10眼，并修建广和街配水池和20千米配水管道，日供水1000多立方米。日本侵占大连期间，先后兴建中小型水库9座、泵站14座、水厂5座、配水池8座、挖掘水井17眼，到1945年日均供水量6万立方米。9座水库皆为城市供水水库，分别是王家店水库、龙王塘水库、大西山水库、牧城塘水库（今牧城驿水库）、凌水寺水库、老座山水库、小孤山水库、北大河水库、大沙河水库（又名洼子店水库）。王家店水库是大连市的第一座水库。

中华人民共和国成立后，大连续建了城市供水设施。1950—1953年，修建旅顺东卡门水厂和白玉山配水池，铺设小孤山水库至东卡门直径为600毫米的输水管道3.5千米。1954—1955年，铺设北大河水库至三道沟水厂直径为900毫米的输水管道22.8千米。1964—1966年，在甘井子区革镇堡挖掘水源井6眼，建加压泵站1座。1969年，在金县大魏家和七顶山挖掘水源井15眼，建加压泵站、变电所各1座，铺设大魏家至三道沟直径为900毫米的输水管道。1973—1974年，扩建洼子店和大皇庄加压泵站，铺设洼子店至北大河水库直径为900毫米的输水管道。1975—1976年，新建鲇鱼湾新港给水工程，扩建阎家楼水厂。

1978年后，大连市国民经济和城市建设发展迅猛，城市需水量大增。1981年，动工修建引碧入连第一期应急工程，1983年12月27日竣工。其北段（碧流河水库至洼子店）输水能力38万立方米，南段（洼子店至大连市区）输水能力15万立方米。碧流河水库的建成，使大连市区工业用水和人民生活用水紧张状况得到缓解。

一、水库供水

大连市城市用水以碧流河水库供水为主，辅之以1945年前修建的9座中小型水库供水。

王家店水库位于甘井子区红旗镇棠梨沟马栏河上游，集水面积32.9平方千米。修建于1914—1917年。正常库容534万立方米，日供水能力0.48万立方米。

龙王塘水库位于旅顺口区龙王塘镇官房村龙王河上，集水面积33.9平方千米。修建于1920—1924年。正常库容1578万立方米，日供水能力1.23万立方米。

大西山水库位于甘井子区红旗镇张家村西南马栏河谷内，集水面积28.9平方千米。修建于1927—1934年。正常库容1680.8万立方米，日供水能力1.27万立方米。

牧城塘水库位于甘井子区营城子镇前牧村黄苓河下游，集水面积20.8平方千米。修建于1933—1935年。正常库容450.5万立方米，日供水能力3500立方米。

小孤山水库位于旅顺口区，集水面积28.5平方千米。修建于1935—1937年。正常库容468.9万立方米，日供水能力4100立方米。

凌水寺水库位于甘井子区凌水镇凌水河上，集水面积12.3平方千米。修建于1936—1937年。正常库容128.3万立方米，日供水能力1300立方米。

老座山水库位于旅顺口区龙王塘镇黄泥川河上，集水面积19.4平方千米。修建于1937—1939年。正常库容393.5万立方米，日供水能力3100立方米。

北大河水库位于金县二十里堡镇钟家村，集水面积37.94平方千米。修建于1938—1942年。正常库容997.4万立方米，日供水能力8200立方米。1984年后成为引碧入连工程的调节库。

大沙河水库位于新金县大刘家镇洼子店西南角，集水面积9.1平方千米。修建于1939—1945年。原库容972万立方米，1950年将溢洪道加高1米，库容达到1203.2万立方米。1984年成为引碧入连工程的调节库。

二、水库引水

洼子店水库引水，即引沙入连工程。于洼子店取大沙河水加压后送大皇庄加压泵站，经北大河水库送至三道沟水厂。修建于1938—1945年。三道沟水厂建于1939—1944年，日净化能力8万立方米。1973—1974年扩建引沙入连工程，洼子店和大皇庄加压泵站日引水能力由7.5万立方米增至15万立方米。

碧流河水库引水，即引碧入连一期应急工程。修建于1981—1983年。输水线路长166.92千米，分北南两段。北段自碧流河水库至洼子店水源地，长81.82千米；南段自洼子店水源地至大连市内，长85.1千米。

三、水源井供水

中华人民共和国成立之初，大连市城市自来水水源井有19眼，日供水能力1.8万立方米。1960年有30眼，日供水能力3.5万立方米。1985年水源井增至57眼，但因水源不足，日供水能力由起初5.5万立方米降至3.2万立方米。供水工程主要有龙引泉供水工程、革镇堡水源工程、大魏家和七顶山水源工程。

龙引泉又名龙眼泉，系地下自流泉。位于旅顺口区水师营镇东南约2千米，与三八里村接壤。泉水汇流面积44.7平方千米。1879年，清廷开始修建龙引泉至旅顺供水工程，是中国早期自来水工程之一。沙俄侵占旅顺后，对工程进行了改、扩建。中华人民共和国成立后，龙引泉仍是旅顺口区主要水源地。1973—1985年，当地农民先后在龙引泉汇流面积内凿灌溉井90余眼，其中在水源地8平方千米之内凿井28眼，致使地下水位逐年下降，供水量逐年减少。

第九章 经济管理

大连地区的经济管理肇始于近代。1945年8月大连光复后，苏军进驻旅大并实行军事管制。同年建立的大连市民主政府在中共地下组织实际领导下，对国民经济活动进行监督与管理。1945年11月大连市民主政府成立之初，即在社会局和财政局分别设立农工商科和工商管理科，翌年设立市政府工商局。1947年成立关东公署经济设计委员会。1949年末在旅大行政公署经济计划局下设统计组。20世纪50年代，相继建立了物价、计量与标准化管理机构。1949年中华人民共和国成立后，大连市政府对宏观经济的监督与管理不断加强。尤其是中共十一届三中全会以后，大连市计划、统计、工商行政、物价、技术监督、审计等经济监督与管理部门根据国家政策，实行经济体制改革，指令性计划逐步缩小，市场调节范围扩大，实行多渠道流通，培育和完善市场体系，促进了国民经济的持续、快速、健康发展。

第一节 计 划

大连光复之初，私有经济占据主导地位，实行自由市场经济。1947年起，开始逐步实行计划经济制度和计划管理方法。1947年11月成立关东公署经济设计委员会，开始专门负责策划与制定经济建设计划与方案工作，自此开始了有组织有系统的国民经济计划编制与执行。到1957年第一个五年计划结束，实行计划经济制度的管理体系基本形成，统一计划、分级管理的计划管理办法初步建立。此后，计划管理体制（包括机构名称、任务、职能、编制）随国家计划管理体制和大连市行政区划变化而进行9次调整和改革。1950年至1954年7月，实行中央直辖市计划管理体制；1954年8月至1984年12月，实行省辖市计划管理体制；1985年1月起，实行计划单列市计划管理体制。实行中央直辖市计划管理体制期间，计划管理直接受东北人民政府财政经济委员会的领导，实行中央、大区、市、县（区）四级计划，以中央和大区计划为主。1950年编制的国民经济计划管理指标包括工业生产、贸易、铁路运输、农业生产、交通邮电、文教卫生、财政收支、基建投资8大类，1951年增至10大类34种，1954年再增至11类58种。实行省辖市计划管理体制期间，大连市计划管理纳入辽宁省综合平衡，执行国家计委《编制国民经济年度计划试行办法（草案）》和辽宁省计委《编制国民经济年度计划试行办法（草案）》，在中央、省、市、县（区）四级计划中以中央和省计划为主，1955年编制国民经济计划管理指标11类43种，1984年为9类55种。1984年，国务院赋予大连市省级经济管理权限，从1985年制订计划起，大连市国民经济、科学技术和社会发展计划在国家计划中单列户头。自此，大连市开始实行单列市的计划管理体制。1985年大连市编制的国民经济和社会发展计划管理指标13类60种（国家从“六五”开始正式把计划名称定为国民经济和社会发展计划）。

大连市编制和执行的国民经济计划包括年度计划、五年计划、长远规划、专项规划、农业区划。从1953年起开始制定并实施第一个五年计划至1985年，已实施6个五年计划。编制的长远规划有《旅大市发展国民经济十年规划纲要（1976—1985）》《大连市1982—1990年经济发展战略设想》。编制的专项规划有《大连市总体规划》和4个农业规划。还编制了县（区）农业区划。

一、国民经济年度计划的编制与执行

国民经济年度计划的编制 大连市从1948年开始对国民经济进行有计划地恢复和改造。1949年开始实施《关东地区1949—1950年两年经济建设计划大纲》。这是大连光复后大连地区第一个经济建设计划。计划确定了大连市经济建设要同全国和东北的解放连成一体来安排。1951年，大连市国民经济计划开始纳入中央与东北统一计划之内。在1950—1952年全国三年国民经济恢复时期，经济工作的重点是发展工业。1953年起全国进入全面的有计划的大规模经济建设时期，大连市确定了“一五”计划期各年度计划的基本方针和任务。其中1953年大力提高现有企业、事业经营管理水平，有重点、有把握地发展海水化学工业与鱼类及其他水产食品工业；1954年大连市由中央直辖市改为辽宁省辖市，国民经济计划纳入辽宁省统一计划内，力求经济建设稳定发展，基本保持在上年增长水平；1956年是围绕农业、手工业和私营资本主义工商业社会主义改造，开展国民经济建设。1956年“一五”计划指标大部分已基本完成，因之1957年计划安排速度有所减慢。1958—1960年国民经济发展以“大跃进”为总基调。1960年中共中央提出1961年国民经济实行“调整、巩固、充实、提高”八字方针后，大连市确定1961年的国民经济计划方针首先是以农业为基础，实行“三级所有、队为基础”政策；1963年把发展农业生产放在首位；1964—1965年继续大力推进农业生产建设，贯彻“以粮为纲”、多种经营的方针。“文化大革命”时期，大连市年度计划安排全部被打乱，只作纲要性安排，未形成完整的计划。1977年方针是“工业学大庆”“农业学大寨”，农业“以粮为纲”，工业“以钢为纲”。1978年中共十一届三中全会确定以经济建设为中心的指导思想，1979年中央工作会议提出国民经济实行“调整、改革、整顿、提高”方针之后，大连市恢复和加强了经济计划工作，着手编制了《1976—1985年国民经济与社会发展规划》，并编制各年度计划下达执行。1980年国民经济计划的任务是充分发挥重工业比重大的特点，立足于革新、挖潜、改造，协调国民经济各部门各方面的关系，加快轻纺、电子、建材工业和集体企业发展，建立以联产计酬为主的多种形式的

1950—1979 年大连市主要经济指标完成情况表

表 3-10 单位：万元

年份	农业总产值（现价）	工业总产值（1970 年不变价）	固定资产投资总额	社会商品零售总额	年份	农业总产值（现价）	工业总产值（1970 年不变价）	固定资产投资总额	社会商品零售总额
1950	—	38126	2486	11340	1965	37898	225513	6366	61249
1951	—	48429	2373	20057	1966	42988	265618	4585	65600
1952	19712	66033	5805	32156	1967	45090	221991	3835	66929
1953	21130	83150	8440	41665	1968	45523	156900	2768	58741
1954	24874	100429	8770	44974	1969	48467	282133	5522	72362
1955	23560	104485	8771	41529	1970	55666	380592	8362	70933
1956	26122	129957	9130	46566	1971	58877	433837	10414	72688
1957	26549	143248	8080	50422	1972	57588	468472	16664	78913
1958	32699	206162	26497	54649	1973	69324	517538	20958	89493
1959	40404	261484	25150	62444	1974	70715	575001	32294	99089
1960	49196	321323	25776	69123	1975	82158	636722	46032	107833
1961	36628	145399	8101	60199	1976	94760	674121	38059	118535
1962	43005	147595	5395	59093	1977	98401	622609	26150	124598
1963	32961	166330	8216	58411	1978	103284	680987	28454	127142
1964	36889	189718	10392	59530	1979	128302	694152	31194	149243

农业生产责任制。1981 年的基本任务是压缩基建投资规模，搞好工业调整，落实农业生产责任制。1982 年的基本任务是力争农业好收成，积极扭转重工业生产下降局面。1983 年、1984 年国民经济计划的指导思想是以提高经济效益为中心。1985 年大连市国民经济计划在国家实行单列享有省级计划权限后，其主要任务是贯彻执行对内搞活经济、对外开放的方针，加快利用外资、引进技术和企业技术改造的步伐，抓紧重点项目建设和前期工作，调整农村经济结构，搞活市场，繁荣城乡经济，在发展生产的基础上使人民生活得到改善。

国民经济年度计划的执行 从国民经济恢复时期计划执行看，工农业生产、基本建设、商业流通、交通运输业均有较大发展。1958 年起开展“大跃进”和人民公社化运动，打乱了整个经济正常秩序，年度计划难以制订和实行，工业生产以年均 30.8% 的速度增长，工业高速增长给整个国民经济发展带来不平衡，出现农、轻、重比例严重失调，1952 年工农业经济比重为 91.7 ∶ 8.3，1960 年变为 94.1 ∶ 5.9。1961 年起实行国民经济调整的八字方针后，农业经济得到恢复和发展，农业生产在遭灾的情况下，1961 年粮食产量比 1960 年增长 19.1%。工业生产速度连续 5 年持续下降，轻、重工业比重得到调整，由 1960 年的 22.8 ∶ 77.2 调整为 1965 年的 24 ∶ 76。1966 年国民经济开始回升，但受“文化大革命”运动影响，1967年生产开始下降。1970年生产逐渐恢复，至1975年持续增长。1976—1979年国民经济进行调整，工农业生产进入全面恢复阶段。1980—1984年是国民经济调整改革时期。此间，中共中央、国务院对辽东半岛实行对外开放，进行工业企业领导体制改革试点，实施经济体制综合改革试点，赋予省级经济管理权限。农业体制改革，打破了“三级所有，队为基础”的经营管理体制，普遍实行了家庭联产承包责任制；工业经过调整，由外延式扩大再生产转向内涵式扩大再生产，由封闭型向开放型转变；商业外贸通过流通体制改革，打破了长期统购包销体制，实行了计划收购、订购、选购、代销、联营、联销等多种购销形式，对外贸易额不断增加；交通运输、城市建设、文化教育等协调发展。1985年，国家对大连市实行计划单列，执行省级计划权限，纳入中央统一平衡。当年实现国内生产总值78.45亿元，农业总产值18亿元，工业总产值124.2亿元，固定资产投资总额21.81亿元，社会商品零售总额37.1亿元，对外贸易有了自主经营权，实现自营出口创汇7800万美元，实现利用外资1500万美元。

二、国民经济五年计划的编制与执行

“一五”计划（1953—1957年）　1953年，旅大市按照国家计划委员会和东北区人民政府的部署，编制了《旅大市国民经济发展第一个五年（1953—1957）计划（草案）》。计划分10个部分：①工业，②农业，③基本建设，④城市公用事业，⑤交通运输，⑥贸易合作，⑦劳动工资，⑧干部培养，⑨成本财务，⑩文化教育卫生。至1957年计划执行的主要情况：全市工业企业有557家，比1952年增长16%；实现工业总产值13.98亿元（按1980年不变价格计算），比1952年增长1.16倍；轻、重工业产值占工业总产值的比重由1952年的48.4∶51.6变为35.7∶64.3；各种经济成分创造的产值占工业总产值的比重发生极大变化，地方国营工业由1952年的63.2%升至1957年的77.9%，合作社营工业由1952年的3.9%升至1957年的14.2%，公私合营工业由1952年的10.7%降至1957年的5.8%，个体手工业由1952年的10.8%降至2.1%。实现农业总产值7306万元（按1952年不变价格计算），为年计划的178.8%，比1952年增长36.8%；粮食总产量因1955年、1957年受灾而减产，1957年完成13.3万吨，比年计划减产11%，比1952年增长18.8%。完成固定资产投资额8080万元，比1952年增长39.2%，其中用于工业建设6329万元，占78.3%；5年共完成投资额3.93亿元，平均每年投资7860万元。实现社会商品零售总额5.04亿元，超过国家计划38.8%，比1952年增长56.8%；国合商业零售额占全市社会商品零售总额的比重96.6%。各类学校1139所，在校学生53万人。全市职工总数25.5万人，职工年平均工资741元，比1952年增长39.8%，农村一个整劳动力年均收入400元。

“二五”与调整时期计划（1958—1965年）

国民经济第二个五年计划期为1958—1962年。由于头三年受“大跃进”和人民公社化运动影响，旅大市国民经济计划没有得到很好实施。1961—1962年，利用“二五”的后两年对国民经济实行了全面调整，后调整延续至1965年。故“二五”计划期基本分为1958—1960年“大跃进”和“人民公社化”运动阶段及1961—1965年国民经济调整两个阶段。

1957年，旅大市计划委员会提出《旅大市第二个五年（1958—1962）经济发展计划初步方案》。方案分8个部分：①工业，②农业，③商业，④基本建设，⑤城市公用事业及市政建设，⑥文教卫生，⑦公路运输，⑧财政金融。此计划仅为草案，国家和辽宁省均没有批文下达。少数专项规划经中共旅大市委扩大会议讨论通过，作为指导工作的依据。“二五”期间，全市工业建设投资5亿元，比“一五”时期增长15.9%，其中用于前3年的4.4亿元，年均投资近1.5亿元，比“一五”期间年均投资额增长70%。其间，大部分工业企业进行了不同程度的扩建和改造，工业生产又获高速增长，1960年全市工业总产值完成31.4亿元，比1957年增长1.2倍，年均递增30.1%。到“二五”期末的1965年，全市工业总产值完成22.02亿元，比调整前的1962年增长52.8%，比1957年增长57.5%，8年平均递增5.8%。在连续3年遭受自然灾害情况下，全市实现农业总产值4.32亿元，比1957年增长8.8%。交通运输业经过调整发展较快，1965年铁路货运量3331万吨，比1957年增长40.6%，8年平均递增4.4%；港口吞吐量1057万吨，比1957年增长77.6%，8年平均递增7.4%。1965年实现社会商品零售总额6.12亿元，比1957年增长21.5%，8年平均递增2.5%。

“三五”计划（1966—1970年）　由于1966年“文化大革命”影响，大连市“三五”计划只作了纲要性安排，未形成完整计划，也未切实执行。“三五”计划分为10个部分：①农业，②工业，③商业物价，④外贸，⑤交通运输，⑥城市建设，⑦文教、卫生、体育、科研，⑧物资，⑨人口与劳动，⑩财政金融。1967年和1968年，由于政治动荡，导致国民经济发展脱离原来轨道，工农业生产急剧下降。1968年全市工业总产值完

大连市“五五”“六五”期间主要经济指标完成情况表

表3-11

项　目	单位	1980年实际	1985年实际	“五五”累计	“六五”累计
国内生产总值（1980年不变价）	亿元	53.18	75.18	—	308.56
其中：第一产业	亿元	9.29	9.07	—	41.76
第二产业	亿元	30.85	41.45	—	171.15
第三产业	亿元	13.04	24.65	—	95.65
工农业总产值（1980年不变价）	亿元	87.57	129.02	397.49	523.23
其中：农业总产值	亿元	14.26	13.11	63.31	74.95
工业总产值	亿元	73.31	115.91	334.18	448.28
固定资产投资额	亿元	6.06	21.81	18.46	55.87
社会商品零售额	亿元	18.04	35.37	69.98	128.98
地方财政收入	亿元	10.61	15.72	83.10	43.86
职工工资总额	亿元	7.25	13.19	27.14	48.99
职工平均工资	元/人	757	1130	669	889
人均消费水平	元/人	401	762	305.8	575.6
港口吞吐量	万吨	3263	4381	13939	18624
公路货运总量	万吨	1243	1403	4540	5188
铁路货运总量	万吨	5689	6631	26500	29807

成 18.28 亿元，仅为年计划的 60%，比 1966 年下降 41.8%，比 1967 年下降 29.4%。下降幅度最大的是中央企业，仅完成工业产值 10.1 亿元，比 1966 年下降 46.6%，比 1967 年下降 32.4%。1969 年以后，国内政治局势趋于稳定，生产逐渐回升。1970 年全市工业总产值完成 37.16 亿元（按 1980 年不变价格计算），为计划的 106.2%，比 1965 年增长 68.8%，5 年平均递增 11%。

“四五”计划（1971—1975 年）　1970 年，旅大市编制了《旅大市第四个五年计划农业发展规划（草案）》和《旅大市 1971—1975 年中小学教育事业发展规划》，没有正式编制下达国民经济第四个五年计划，只在下达 1970 年国民经济计划要点的同时下达了旅大市发展国民经济第四个五年计划初步设想的要点。1975 年完成农业总产值 8.5 亿元（按 1970 年不变价格计算），比 1970 年增长 41.7%，5 年平均递增 7.2%；完成工业总产值 63.03 亿元（按 1970 年不变价格计算），比 1970 年增长 65.6%，5 年平均递增 10.6%；完成固定资产投资 4.6 亿元，比 1970 年增长 3.5 倍；实现社会商品零售总额 10.8 亿元，比 1970 年增长 52%，5 年平均递增 8.7%；实现财政收入 18.28 亿元，比 1970 年增长近 1 倍，5 年平均递增 14.8%；完成铁路货运量 6023 万吨、公路货运量 1373 万吨、港口吞吐量 2288 万吨，分别比 1970 年增长 36.1%、84.8%、51.2%，5 年平均递增分别为 6.4%、13.1%、8.6%。

“五五”计划（1976—1980 年）　旅大市没有形成完整的国民经济“五五”发展计划，仅对后 3 年做了全面安排。“五五”计划的实施是在不断修改和调整中进行的。1979 年和 1980 年是国民经济进一步调整和改革开放开始起步的两年，旅大市国民经济计划性得到加强。到 1980 年，全市完成工农业总产值 87.6 亿元（按 1980 年不变价格计算），比 1975 年增长 26.1%，5 年平均递增 4.7%，其中工业总产值 73.3 亿元、农业总产值 14.3 亿元，分别增长 19.7% 和 73.6%；完成基本建设投资额 4.1 亿元，比 1975 年下降 12%；实现社会商品零售总额 18.04 亿元，比 1975 年增长 67.3%；实现财政收入 22.36 亿元，比 1975 年增长 22.3%。“五五”计划期间，共完成基本建设投资 16.38 亿元，比“四五”期间增长 29.6%，主要基本建设项目有鲇鱼湾油港、碧流河水库、大连湾渔港等工程；国民经济比例关系发生较大变化，农业产值占工农业总产值的比重上升、工业产值占比下降，工业产值中轻工业占比上升、重工业占比下降。

“六五”计划（1981—1985 年）　1980 年，大连市根据国家“六五”计划要求，对国民经济和社会发展作了全面安排。“六五”时期，大连市得益于中共中央、国务院出台的许多政策，经济领域发生历史性变化。特别是中共中央、国务院提出发挥沿海城市作用，批准大连综合经济体制、科技体制改革试点，实行中央计划单列，建立经济技术开发区，引进技术改造老企业，扩大外贸经营自主权，实行计划体制改革等措施和决定的实行，使全市国民经济整体发生极大变化。全市“六五”计划实现超额完成，一些主要综合指标在 1984 年提前一年达到“六五”计划提出的目标。

三、国民经济长远规划

《旅大市发展国民经济十年规划纲要（草案）（1976—1985）》1978 年制定。内容大体分为 3 部分：第一部分，概述旅大市国民经济现状；第二部分，从农业、轻纺工业、基础工业、基本建设、能源交通、商业、城市建设、科研、文教卫生、物资节约等 11 个方面提出规划设想；第三部分，阐述实现十年经济发展规划的措施。纲要最终只停留在草案阶段，没有形成正式文本下达实施。

《大连市 1982—1990 年经济发展战略设想》

1982年制定。内容分2个部分：第一部分，提出对大连市诸方面的重新认识问题，包括港口作用、经济发展的核心、工业建设的道路、农业的发展方向、科学与人才培养、物质文明与精神文明的辩证关系；第二部分，提出战略目标和基本任务。发展战略实施步骤分两步走：第一步是1981—1985年，稳定经济，搞好国民经济调整，基本完成重点企业的整顿和技术改造；第二步是1986—1990年，完成整个国民经济的整顿、技术改造和经济体制改革，全面提高经济效益。

第二节 统 计

大连地区从事统计事务始于日本殖民统治大连时期，统计成为日本帝国主义者统治大连的重要工具。1945年8月苏军进驻旅大并对旅大实行军事管制后，未建立统计机构，但部分工业企业的统计工作没有中断，中苏合营企业按照苏联统计模式开展统计，有的企业仍沿袭日本的统计方法。大连口岸管理处履行海关职能，开展海关统计工作。1947年11月，成立关东公署经济设计委员会，下设统计调查科。1948年6月，成立中共旅大区党委财政经济计划委员会，内设调查研究室。1949年6月，为执行关东地区两年经济建设计划大纲和加强国民经济计划指导，撤销经济设计委员会，成立旅大行政公署经济计划局，年末下设统计组。这是大连光复后最早的政府部门统计机构。此后统计机构设置、名称、任务、职能等几经变化。

中华人民共和国成立后，随着国民经济的恢复和发展，统计工作得到充实和改进，逐步建立起统一的指标体系和统计报表制度。1953年3月，成立旅大市人民政府统计局后，在全市范围内建立起系统的统计制度和方法。其时除完成上级部门下达的统计报表任务外，还开展了私营工业普查、私营工商业普查、全国第一次人口普查等调查任务，并集中开展了较大规模的历史统计资料的收集、加工、整理。“大跃进”时期，浮夸风盛行，统计数字严重不实。“文化大革命”时期，各级政府部门的统计工作基本瘫痪。直至1970年3月，统计工作逐渐恢复，旅大市革委会在计划组内设统计组，恢复定期统计报表制度。1973年2月，旅大市统计局恢复成立。中共十一届三中全会以后，旅大市统计工作在恢复中发展。1984年6月，大连市城市抽样调查队和大连市农村抽样调查队先后组建，承担起大连市城市和农村的社会经济调查任务。

一、统计报表制度

包括国民经济核算统计、人口统计、劳动工资统计、农业统计、工业统计、交通运输邮电通信业统计、建筑业统计、固定资产投资统计、商业饮食业服务业统计、物资统计、对外经济统计、旅游统计、价格统计、环境统计、公用事业统计、文教体卫事业统计、自然科学技术统计等制度。略述如下。

国民经济核算统计 大连市国民经济核算统计是从第一个五年计划初期开始逐步建立起来的。1952年实行由国家统计局制定的工农业总产值和劳动就业2项调查。1953年，开始编制居民货币收支平衡表。1954年，开始计算国民收入。1957年，开始编制物资平衡表和财政平衡表。1960年，根据国家统计局制定的《国民收入计算方法（草案）》，编算了1952年、1957年、1958年的国民收入生产总额、消费总额、积累总额的统计资料。1980年，开始编制国民财产平衡表。

1983年，市统计局会同有关部门进行预算外资金一次性调查，建立综合财政平衡统计。1985年，大连市根据国家统计局修订的《国内生产总值计算方案》，开始国内生产总值统计。“六五”时期以前，大连市国民经济核算统计在较长时期内执行的是以物质产品平衡表为主的体系（即MPS体系）。

人口统计　1945年8月大连光复后，市公安总局设治安处户籍科管理户籍，人口统计制度随之建立起来。据旅大行政公署编印的《旅大地区统调资料》记载，其时人口统计年报表有3种：户籍统计情况、人口变动情况、居民职业分类统计。

中华人民共和国成立后，统计报表种类逐步增加。1954年，国家统计局在1953年第一次全国人口普查的基础上制定了统一的《人口统计制度》，大连市按此制度进行人口统计。“一五”时期，旅大地区人口统计年报表10种：人口变动、人口死亡原因、人口年龄分组、按年龄分组的死亡人口数、城乡人口、迁移状况、职业构成、文化程度、雇佣人口、民族构成。1965年人口统计年报表4种：人口变动情况、全市人口统计、镇人口统计、各民族人口统计。1975年人口统计年报表7种，新增了人口年龄、死亡人口年龄、无户口人员统计。“五五”时期，旅大地区人口统计年报表9种，新增了非农业人口增减情况、人口出生死亡自然增长情况。“六五”时期，旅大（大连）地区人口统计报表种类明显增加。1985年，人口统计年报表14种，即：人口及其变动情况，非农业人口增减情况，人口自然增长情况，农民进入城镇务工、经商、开厂、办店情况，现住城镇未落常住户口人员情况，人口年龄情况，五区（中山、西岗、沙河口、甘井子、旅顺口区）按男性分人口年龄情况，五区按女性分人口年龄情况，人口按年龄分死亡情况，按男性分死亡人口情况，按女性分死亡人口情况，集镇自理口粮常住人口、未落常住户口人员情况、镇人口及其变动情况。

劳动工资统计　大连地区于1951年开始劳动工资统计，时有工业、建筑业、运输业、商业以及国营农场等专业统计报表。1957年，执行国家统计局制定的《国民经济各部门职工人数、工资总额年报》，指标包括年末实有在册人数、年平均人数、工资总额和平均工资等。1959年，旅大地区将分散在各专业报表中的劳动工资统计表集中起来，建立了劳动工资统计报表制度，设综合年报表11种，分别是：职工人数与工资，职工劳动生产率，职工人数增减情况，主要产品实物劳动生产率，企业服务人员与其他人员年末人数，全民所有制各部门实支劳保福利与奖励费用，各部门附属非独立核算工业企业职工人数，工业企业按规模分组及其职工人数的分布情况，个体、私营、合作组织及城市街道民办企业产业劳动者人数，劳动力分配，按工种及技术等级分的建筑安装工人实有数。到1965年，劳动工资统计年报表共保留3种：国民经济各部门职工年末人数与工资、职工人数增减变动情况、城乡集体所有制劳动者及个体劳动者按部门分的年末人数（不包括农村公社）。1975年，劳动工资统计年报表有7种，其中6种为全民所有制单位或部门情况统计，包括职工人数与工资、职工平均人数与工资、职工劳保福利费用总额等，另外1种为集体所有制单位职工人数与工资和个体劳动者人数。

中共十一届三中全会以后，国家实施对外开放、对内搞活政策，由于产业结构调整，合同用工制度推行，劳动工资统计制度相应发生较大变化，其变化超过1949年之后的任何历史时期，劳动工资统计年报表随之发生变化。1980年，大连地区劳动工资统计年报表10种，比1975年增加4种。1985年，劳动工资统计年报表有12种，比1980年减少2表、新增4表。新增的内容有：各种合营、华侨或港澳工商业者经营和外贸经营单位职工人数、工资和劳保福利费用，各种合营、华侨或港澳工商业者经营和外贸经营企业职工人数，城镇集体所有制单位全部职工增加来源和减少去向变动情况，城乡劳动力资源与分配平衡表。

农业统计 1947年，旅大行政公署农林厅制定并使用了一套地方农业统计年报表，共11种。中华人民共和国成立后，自1951年起，大连地区农业统计由部门分散统计改由政府综合部门归口统计。“一五”时期，由县以上政府综合统计部门统计的农业报表12种，以及附表5种。此外，国家统计局另行制定农业统计报表3套，在乡、村人民委员会和农业合作社中实施。其后的农业统计年报数量、种类多有变化。1960年，大连地区农业统计年报表13种，1965年19种，1975年13种，1980年13种。到1985年，随着农村管理体制改革，农业统计指标设置发生较大变化，当年农业统计年报表11种，分别是：农村基层组织情况，耕地面积，农用化肥施用情况，农田水利和沼气池情况，农作物播种面积及产量，水果、蚕茧和园参生产情况，畜牧业生产情况，全民所有制单位农业生产情况，农村集体、个人住宅及年内竣工房屋情况，农村专业户、新经济联合体基本情况综合表，农村新经济联合体基本情况。

工业统计 1945年大连光复后，工业统计随着地区工业的恢复和发展逐步建立起来，先于全国其他地区。1946年，相继在41个中苏合营和国营工业企业内部开始推行苏联的统计模式。1950年，开始执行全国统一的公营及公私合营工矿企业年度总结表，分为工业生产和基本建设两部分，其中工业生产8种表。1952年，旅大地区在全国第一次工业普查的基础上建立工业统计报表制度，包括报表16种，其中国营和合营工业生产年报表10种、私营及个体工业年报表6种。“二五”时期，将主要原材料及燃料收拨与结存和主要原材料、燃料电力消耗情况2表移交给物资专业统计。1960年，将工业企业劳动工资方面的9种表移交给劳动工资专业统计，时年工业统计年报共10种表。1965年，市工业统计年报共有11种表。“文化大革命”期间，只保留了工业企业总产值和主要产品产量2表。1980年，旅大地区工业统计年报比1975年增加了内容，指标分组更细，共16种表。1985年，工业统计年报比1980年表式又有增加，各项分组变化较大，共14种表。新增了独立核算工业企业产品销售、独立核算乡（社）办工业企业重要指标、农村合作经营工业、城乡个体工业主要指标等7个表。

二、专门统计调查

大连地区的专门统计调查包括普查、抽样调查、重点调查、典型调查、问卷调查。

普查 中华人民共和国成立后，大连地区先后进行了人口普查、工业普查、私营工业普查、农业普查、科学技术普查、物资与机电设备库存普查、劳动工资普查、体育场地普查、民用机动车辆普查以及基本建设项目和挖潜、革新、改造措施项目普查。

人口普查。1953—1985年，国家共进行三次全国人口普查，分别是1953年、1964年、1981年，大连地区的三次普查项目分别有4项、8项、19项。第一次人口普查登记的标准时点为1953年6月30日24时，从8月20日开始全面登记，10月末结束。全市普查总人口为282.7万人，其中城镇人口90.6万人。第二次人口普查登记的标准时点为1964年6月30日24时，7月18日结束。全市普查总人口为372.5万人，其中城镇人口106.7万人，乡村人口265.7万人。第三次人口普查登记的标准时点为1982年7月1日零时，从7月中旬开始，至1984年4月结束。全市普查总人口468.6万人，其中城镇人口160.6万人，乡村人口308.0万人。第三次普查首次使用微机进行数据处理。

工业普查。1950年3月，旅大地区根据政务院命令开展了第一次工业普查，8月末结束。调查时间为1949年末。全市共普查108个企业，其中市营工业39个，中苏合营企业41个，机关生产企业28个。另于1984年12月完成对全市工业企业单位的清查摸底，并于1985年在136个企业进行试点，为在1986年第一季度进行第二次全国工业普查打下基础。

私营工业普查。1951年2月，旅大市根据东北人民政府《关于进行全东北私营工业普查的决定》，以节约检查委员会“五反”办公室的名义，对全市私营工业企业进行普查（“五反”普查），翌年6月末结束。普查时间是1950—1951年。普查对象是全市3073户私营工业企业（包括个体手工业），其中独资2000户、合资1073户、单营2410户、联营668户，在24个行业中企业数量居前3位的是金属制造业、木材加工业、食品工业，分别为737户、519户、340户。

农业普查。共2次。1958年末，旅大市对农牧业生产单位的基本情况和主要农产品产量进行了普查。1960年3月末，对全市农村人民公社食堂经营管理情况进行了普查。

科学技术普查。共3次。第一次以1960年11月30日为调查时点，对自然科学技术人员进行普查。第二次以1978年6月30日24时为标准时点，对全市科学技术人员进行普查。普查结果：全市共有科学技术人员38855人，其中全民所有制35404人，集体所有制3451人。第三次以1985年12月31日24时为标准时点，参加全国科技普查，于1986年3月结束。

物资与机电设备库存普查。共5次。第一次以1955年10月1日零时为标准时点，普查库存物资86种，翌年3月结束。第二次以1958年1月1日零时为标准时点，普查库存物资，4月上旬结束。第三次以1961年11月1日零时为标准时点，普查库存物资，翌年4月末结束。第四次以1975年6月1日零时为标准时点，对全地区未安装的库存电机设备进行普查，9月末结束。第五次以1975年12月1日零时为标准时点，对全地区金属材料库存进行普查，翌年3月结束。

劳动工资普查。共2次。第一次以1975年末为标准时点，翌年6月中旬结束。第二次以1977年7月30日24时为标准时点，对全地区全民所有制单位和集体所有制单位实际用工人数进行普查，9月末结束。

基本建设项目和挖潜、革新、改造措施项目普查。以1978年1月30日24时为标准时点，普查投资5万元以上的项目，8月中旬结束。

体育场地普查。以1982年12月31日为标准时点，对全地区体育场地建成交付使用情况进行普查，翌年5月10日结束。普查结果，全市共有体育场地2065个，其中篮球场地1342处，排球场地195处，足球及其他场地528处。

民用机动车辆普查。以1984年12月31日24时为标准时点，对单位和个人的民用机动车进行普查，翌年6月末结束。

抽样调查　1956—1965年，旅大市的抽样调查主要用于职工家计调查、农民家计调查和农产品产量调查。1980年，在上述两项调查的基础上，开展了城市住户调查、农村住户调查、物价调查等。1983年末，增加了人口变动情况抽样调查。此外在进行经常性抽样调查的同时，开展了一些临时性抽样调查。

农民住户抽样调查。1956年，在旅顺口区长城农业生产合作社和甘井子区前牧农业生产合作社分别对20户进行经常性农民家计调查。1958年，增加新金县30户，调查户总计70户。1960年，在全地区选定新金县一个调查点、30户农户为调查对象。此项调查范围和方法执行到1965年。“文化大革命”时期调查中断，1979年恢复调查。1979年，全地区共选出90个农村社员户作为农民生活调查户，其中新金县和复县各选30户农业户，金县选20户农业户，长海县选10户渔业户。1984年，农民住户抽样调查改用调查点抽选办法进行。全市共抽中7个县区48个点480户，其中甘井子和旅顺口区各50户、金县70户、新金和庄河县各80户、长海县60户、复县90户。

城市住户职工家计抽样调查。大连地区职工家计调查（1985年改为城市住户调查）从1956年开始建立。1956年3月，在一次性对3000户调查的基础上，抽选了经常性调查样本户296户。1962年，按机械抽样的方法，在全民企事业单位、机关、学校的职工家庭中抽选了50户经常性记账户作为调查样本。1980年9月，在一次性调查基础上，按照平均每人每月生活费收入、每户家庭人口数、每户就业人口数、职工平均工资4项指标，在市内抽选了190户作为经常性记账户。1984年9月，在一次性调查的基础上，抽选出经常性调查户300户，从10月份开始记账。1985年，全市职工家庭生活调查共有11种表，调查内容主要有城市住户基本情况、拥有现金、购买食品、购买非食用品、居住、实物收支等。

人口变动情况抽样调查。1984年，大连地区开始在庄河县、新金县、中山区、甘井子区所属14个乡镇和街道，44个村、居民组的8331人中进行抽样调查。调查内容主要有总人口数、人口变动情况（出生人口、死亡人口、迁入人口、迁出人口）、基本情况（户主姓名、与户主关系、户口登记状况、出生年月、婚姻状况、文化程度）等。之后每年进行一次。

重点调查 1955年对私营工业重点行业调查，1955年对私营商业及饮食业重点调查，1960年对农村人民公社经济情况重点调查。

典型调查 1954年5—8月，对10人以上私营工业企业基本情况进行典型调查；1959年3—8月，对人民公社用工情况和发放工资情况进行典型调查；1959年4—6月，对敬老院情况进行典型调查；1959年4—6月，对人民公社公共食堂进行典型调查；1965年1—3月，对生产队牲畜情况进行典型调查。

问卷调查 1985年4月14—21日，对全市300名职工进行生活时间分配情况调查。

三、统计分析

20世纪50年代初期，大连地区统计部门主要力量放在机构建设和统计资料的搜集整理上，统计分析工作开展得较少。1953年8月，市统计局开始着手统计分析工作（以报表文字说明和检查计划执行情况为主要内容）。到1955年，全市各级统计部门和大型工业企业都开展了定期统计分析活动，市统计局还建立了快速定期分析报告制度。1955—1958年，各级统计部门开始从一般的检查计划完成情况分析，转向统计专题分析研究阶段。市统计局还开展了国民经济发展情况的综合分析研究。“大跃进”时期，统计资料未能如实反映实际情况，统计分析变得徒有虚名。“文化大革命”期间，统计工作遭到破坏。1978年中共十一届三中全会以后，统计分析工作得到恢复和发展，统计分析研究的领域越来越宽，分析的内容趋于深层次、多元化。

第三节 工商行政管理

大连地区的工商管理始于清代。清中叶，官府已对工商企业进行登记管理，但管理方式粗放。清末手工作坊、私营企业、集市贸易日兴后，工商管理方式始有改变，对申请营业的工商企业须经核准后给予登记，发给营业执照。俄、日侵占大连期间，殖民统治者把工商管理作为经济剥削、资本掠夺和维护统治的手段，对企业不分经济性质和规模大小，均按行业进行登记发照和申报纳税。

1945年11月大连市民主政府成立之初，在社会局和财政局分别设立农工商科和工商管理科，负责工商行政管理。翌年4月1日，设立市政府工商局，此为大连光复后最早设立的工商管理专门机构。1947年关东公署成立（1949年改为旅大行政公署），工商管理由其工业厅和商业厅分管。其时工商管理主要职责是扶持有利于国计民生的私营工商业，使其在发展经济、安定民生、支援解放战争中发挥了重要作用。

中华人民共和国成立后，大连市政府与旅大行政公署于1950年12月合并成立旅大市人民政府，大连市政府工商局并入旅大市人民政府商业局。在国民经济恢复时期和第一个五年计划期间，工商管理的对象主要是市区私营工商业和自由市场。其间对私营工商业、个体手工业和商贩开始进行登记。1953—1954年，国家先后对粮食、油料、棉花、棉布实行统购统销后，市工商管理部门以维护统购统销政策为主要职责，对主要物资采购运销实行管控，确保了国营经济在市场上的主导地位。其间个体经济有了较大发展，1955年全市有个体工商业34493户，比1949年增长82.5%。1956年，完成对全市3000多户私营工商业的社会主义改造后，市工商管理局被撤销。1958年个体商贩全部被取缔，集市贸易被关闭。1962年9月，随着国民经济逐步得到恢复和发展，农村集市贸易开始恢复，城市自由市场重新开放。1963年2月，旅大市商业局工商管理处改为旅大市工商行政管理局。到1963年，农村集市贸易恢复69处，市内开放自由市场11处，个体商贩和手工业户发展到8764户。1965年市工商局再度被撤并。“文化大革命”期间，城市集市贸易全被关闭。1977年，农村集市贸易仅存61处，个体商贩仅余300余户。1978年5月，恢复成立市工商行政管理局。随之县（市）区相继成立工商行政管理机构。

1978年中共十一届三中全会后，大连市开始进入以经济建设为中心的新时期，工商行政管理领域不断拓宽。除了管理集市贸易、查处投机倒把以及负责企业登记、商标注册的职能外，工商管理局又被赋予了个体私营经济管理、经济合同管理、广告管理、纠正商品流通领域不正之风等职责。到1985年，全市已成立11个县（市）区工商行政管理局和81个基层工商（市场）管理所。

一、企业登记

清代大连地区以私营工商业和手工业作坊为主要经济形态。私营企业最早出现在金州、复州、旅顺、庄河、青堆子等沿海城镇。清末旅顺兴建军港，外来人口增多，工商业随之兴起。至清光绪年间，金州已有私营工商业311户。1945年日本投降后，民主政府接管的敌产后经调整变成国有企业。1946年建立群众性消费合作社和生产合作社，成为最早的集体企业。1946年至1978年的30余年间，全民企业、集体企业一直作为市场的主体而存在；1978年改革开放后，私营企业、个体企业得到极大发展，渐为国民经济的重要补充。

1945年8月23日起，大连市政府和苏联红军开始接管日伪敌产。市政府接管的敌产改作公营企业，日后成为全民所有制企业。自1945年11月至1946年上半年，市政府先后接管了三共制药、满洲化学第三工厂等10家工厂，以及日满商事、家产公社、杂谷组合、米谷组合等企业和经济统制机关；苏军接管了大连机械、东亚烟草、大连湾汽船等企业。1948年，市政府对公营企业按照苏方经营企业、中苏合营企业、中方经营企业进行注册登记。苏方经营企业主要有海港、铁路；

中苏合营企业主要有大连造船公司、中苏远东电业公司、中苏盐业公司（1946 年末至 1947 年初建立）；中方经营企业最初由政府部门、公安部门、群众团体共 29 个系统分别经营，1948 年重新划分为关东实业公司、关东水产公司、中华医药公司、华光电气系统、建新工业公司 5 个系统。时有地方公营企业 99 家，以公营工业为主导。1948 年，开工的较大公营工业企业有 75 家。据 1948 年 6 月末统计，产业工人由 1947 年的 2.3 万人增至 5.7 万人。

大连市最早的集体所有制企业是 1946 年涌现的群众性消费合作社和生产合作社。1946 年 10 月 1 日，大连织布行业的手工业者自发地组织起全市第一个生产合作社——旅大市群众合作社，成为众多手工业者的引领者。到 1948 年，全市已有 8 个行业 556 户个体手工业者按照自愿原则组织起铁匠炉运销、针织业推销、原皮、化妆品、棉织、麻绳、服装靴鞋 7 个生产合作社。同时，私营工商业在政府的保护政策下也得到发展。大连光复后，为尽快恢复和发展国民经济，安定人民生活，支援解放战争，民主政府把扶持和引导私营工商业复工复业作为首要任务。1948 年，全市登记私营（含个体）工商业 14367 户，比 1947 年增加 3068 户。

中华人民共和国成立初期，私营和个体工商户仍有发展，为企业登记的主要对象。1956 年社会主义改造基本完成后，全市私营工商业基本实现全行业公私合营。1955 年苏军撤出旅大，原苏营、中苏合营企业移交中国政府，成为国营骨干企业。实行资本主义工商业全行业公私合营和个体商业、手工业合作化后，企业均未进行登记。1958 年“大跃进”中开办的企业也有的未登记发照。1962 年 12 月国务院发布《工商企业登记管理试行办法》后，至 1963 年末，全市注册登记企业 9011 户，其中国营企业 1653 户，集体所有制企业（不包括农村企业）3028 户，农村公社、生产队办集体企业 3950 户，合营企业 380 户。私营工商业则逐年减少，1964 年 6047 户，1965 年 4387 户，1966 年后逐步被取缔。“文化大革命”时期，全市工商业注册登记工作全部停顿。

1978 年恢复工商行政管理后，始对工商企业进行重新审查发证。是年完成集体企业登记发证 2372 户。1981 年末，全市共登记工业企业 5108 户，全民、集体商业企业 8518 户。1982 年 8 月，国务院颁布《工商企业登记管理条例》后，大连市开始简化登记审批手续，加快审批速度，并下放了新办城镇集体企业审批权限。至 1985 年末，全市累计注册登记工商企业 28940 户，其中投资 1 万元以上、雇工 8 人以上的私营企业 3449 户。按区域分，城市 11047 户，农村 17893 户；按经济性质分，全民所有制 4506 户，集体所有制 24180 户，合营及其他企业（即全民与集体、全民与个人、集体与个人合营）254 户；按行业分，登记数量居前 3 位的是工业 11212 户、商业 10796 户、建筑业 1219 户。

1984 年，大连市被国务院批准为全国首批沿海开放城市之一。同年 8 月，大连外轮供应公司与香港远达公司合资兴办全市第一家合资企业——大连联达船舶供应有限公司。同年 9 月 25 日，国务院正式批准在金县马桥子兴建大连经济技术开发区。从 1984 年 11 月 20 日起，大连市工商局开始代办本地区外资企业登记管理工作，大连经济技术开发区工商行政管理局代办开发区内外资企业的登记核转手续。据 1985 年末统计，全市登记证（照）的中外合营企业有 70 家，其中合资经营企业 55 家，合作经营企业 15 家。按投资国别分，中国（香港）44 家，日本 20 家，美国 3 家，英国、卢森堡、秘鲁各 1 家。

二、个体经济

明清时的金州、复州已有煮盐、采煤、淘金、纺织、砖瓦窑、铁匠炉、豆腐坊、榨油、酿酒等手工作坊。以金州城为例，1898年有各类手工业作坊65家、店铺164户，还有数以千计的行商、摊贩。俄、日殖民统治时期，市区个体工商业有所发展。

1945年大连光复之初，为尽快恢复和发展国民经济，市政府对个体工商业采取保护和重点扶持政策。1946年，全市摊贩约有1.2万户。中华人民共和国成立个体工商业持续发展。1949年，全市有个体工商户18895户，1955年增至34493户。1956年社会主义改造完成后，个体工商户大减，1957年仅存3584户，1961年再减至1946户。1962—1965年国民经济调整时期，个体经济有所恢复和发展，1963年，全市登记发证的个体工商户6290户。“文化大革命”时期，个体工商业被作为“资本主义尾巴”全部加以取缔。

1978年中共十一届三中全会以后，个体经济迅速恢复和发展，工商部门中断了12年的个体工商业登记发照工作开始恢复。1978年，为全市城镇个体工商户登记发证242户，1981年登记发照6803户、8379人。特别是1984年10月中共十二届三中全会通过《中共中央关于经济体制改革的决定》，提出对个体经济采取大力发展、长期稳定发展、实事求是发展的方针之后，个体经济开始持续、稳步、快速地发展起来。1985年，全市共有个体工商户55145户，从业人员100453人，占全市总人口的2.07%，占全市就业人数的9%。从业人员中，原为待业青年的3933人，占3.9%；退休职工8751人，占8.7%；社会闲散人员11838人，占11.8%；农民（包括进城农民）75931人，占75.6%。个体经济资金总额20325万元，全年营业额47955万元，其中商品零售额31592万元，上缴国家税金2273万元。个体经济网点遍布城乡，涉及工业手工业、运输业、房屋修缮业、商业、饮食业、服务业、修理业七大行业。个体工商业网点中的农村网点36710户，比1983年增长1.68倍。据1985年第三季度统计，全市投资1万元以上、从业人员8人以上的个体经营户共有3502户。

三、集贸市场

历史上大连地区的金州城、复州城、貔子窝、青堆子等地的集市颇具盛名。明代的复州城、金州城已设有较大集市。清康熙年间，在旅顺水师营沿十字街设有粮食蔬菜杂货柴草牲畜等集市。清雍正初年，貔子窝（今新金县皮口镇）被辟为商埠后出现集市。清光绪年间，在旅顺北洋海军基地市街内设有集市。清光绪三十二年（1906），复州城已出现粮谷、柴草、牲畜分立的交易市场。日本侵占大连40年间，建立了一些零售市场。1941年太平洋战争爆发后殖民统治当局实施经济统制，遂使集市贸易全面衰落。

1945年大连光复后，民主政府对日占时期市场加以修缮后开设公立市场。到1946年4月，市内设公立市场6处、有经济商户486户，划定市内露天市场28处、有4998户摊贩在场内经营。同年，旅顺设立露天市场5处；金县在金州城南门外开设土产、水产交易市场，三十里堡、登沙河、亮甲店等设自由市场或牲畜市场；庄河县共设集市13处。到1949年9月，大连市内有公立市场18处，其中批发市场6处、零售市场12处。

中华人民共和国成立后，集贸市场出现几度起伏。1952年9月，市政府决定将公立市场内私商全部迁出，改为国营零售商场。1953年后，国家对粮食、食油、油料实行统购统销，对棉花、棉布实行计划收购和计划供应，对生猪、鲜蛋、重要中药材等实行派购或统一收购，城乡集市贸易活动范围大为缩小。1956年社会主义改造基本完成后，全国基本形成单一的公有制经济，大部分商品被纳入计划，集市贸易更加萎缩。1958年取消社员自留地和家庭副业，集市贸易从根本上失去存在的基础。到1959年8月，城镇有18处自由市场被关闭，有的名存实亡。国民经济调整时期，国家调整集市贸易政策后，1961年，恢复和新设农村集贸市场71处。1962年，开放市内零售自由市场12处。1963年末，城乡集市再度遭撤、管、限、并。“文化大革命”时期，市内集贸市场被全部撤销，农村集市受到严管。

1978年中共十一届三中全会以后，城乡集市贸易迅速发展。从全市城乡综合集贸市场看，1978年市场总数65处，皆为农村市场；1981年市场总数108处，其中城市20处、农村88处；1985年市场总数176处，其中城市44处、农村132处。综合市场经营品种以粮、油、肉、蛋、禽、蔬菜、水果、水产品为主，副食品为大宗，兼营日用杂品、小百货、手工业品，以及少部分生产资料。此外，还有牲畜、水产品、农副产品批发、小商品、旧物、家具装饰材料、粮食、机动车等专业市场。全市农村已形成一乡（镇）一集、大中小结合、门类配套齐全、分布比较合理的农村市场网络。集市贸易成为重要的商品流通渠道和人民生活用品供应的重要来源。

四、商标广告

日本殖民统治大连时期，报刊登载商品广告已极普遍，但实际使用注册商标者很少。1945年大连光复后，一个时期内曾实行商标地方注册。1947年6月，大连市政府公布实施《商标注册暂行办法》，是大连光复后第一部商标注册管理办法。除大连市外，旅顺市、金县、大连县政府分别对本地区商标进行注册。据1948年5月统计，关东地区经市、县政府注册的商标共127份，其中大连市72份、旅顺市40份、金县15份。中华人民共和国成立后，于1950年8月颁布《商标注册暂行条例》，开始实行商标全国统一注册，停止使用地方商标注册办法。到1957年11月，全市共有85家企业使用商标200种。“文化大革命”期间，商标注册处于瘫痪状态。1978年中共十一届三中全会以后，随着商品经济的发展，申请使用商标的越来越多。1980年，全市共有注册商标608个。1983年1月1日起，《中华人民共和国商标法》颁布施行。1985年，全市有获得商标专用权的企业601家，累计注册商标1133件，比1979年增长1.89倍；有使用商标的商品11672种，其中出口商品265种。同年，市工商局开展对32个医疗和医药经营单位、42个商业批发零售部门、24个印刷单位商标使用情况的监督检查，取缔非法交易226笔。

1905年日俄战争结束后，大连工商业出现畸形快速发展，随之商品广告发布十分活跃。“九一八”事变后，大连作为转口贸易港，工商业出现空前繁荣，广告更成了商业竞争的重要手段。1933年，日本殖民统治当局发布《广告物管理规定》，开始加强广告管理。中华人民共和国成立后至20世纪70年代末，处于民主革命和社会主义建设时期的大连地区，无广告经营机构，广告登记也无从谈起。1978年改革开放后，大连的广告业开始兴起。1980年，市长办公会决定成立旅大市广告理事会和大连广告公司，负责对全市广告经营单位和企业广告宣传进行指导。同年，市内第一家广告经营单位——大连广告包装装潢公司成立。同年，国务院决定由工商部门统一管理广告业务。1982年，市工商局对广告经营单位进行了全面普查，核发营业执照或许可证。1984年，市工商局对广告经营单位开展了全面检查，重点对医疗药品、电器、食品等涉及人民健康和生命安全的商品广告进行了从严审查。至1985年，全市有广告经营单位43家，其中专营公司10家，兼营单位33家，并成立了主要经营对外业务的辽宁省国际广告公司；有广告从业人员439人。广告媒体由初期单一的路牌广告发展到报纸、广播、电视、杂志、灯箱、橱窗、交通工具等20多种。

全年发布、制作、代办广告11330条，营业额4.82万元，比1980年增长47倍。同年出台《大连市广告暂行收费标准》和《大连市印制广告挂历、月历的管理办法》，杜绝了广告收费标准不统一和随意印制广告挂历、月历的混乱现象。

五、经济合同

大连地区的经济合同由政府部门管理始于中华人民共和国成立后。1956年以前，私营企业加工订货合同由市工商管理局管理，机关、国营企业以及合作社的经济合同由市政府财政经济委员会管理。1965年，市工商行政管理局设企业合同加工管理科。“文化大革命”时期经济合同管理中断。1978年4月恢复成立旅大市工商行政管理局，下设经济合同科。从1979年起，市和区（市）县工商局合同管理部门着手对商业部门与工业、农业及其他部门之间以及商与商之间的购销合同、加工订货合同加以管理，其他合同仍由各级经委及业务主管部门管理。同年11月，开展蔬菜、苹果、百货、五金、交电、化工等商品购销合同的管理试点。随着经济体制改革的深入，经济合同由购销合同发展到建筑工程承包、加工承揽、运输、保险、联营等十余种合同。经济合同不仅有法人和个体户之间、农村社员同法人之间签订的，还有中外合资、合作等涉外经济合同。1982年，经济合同检查形成制度。1984年，全市签订各类经济合同400万份，比1982年增长4.6倍。其中农村承包合同190万份，农副产品购销合同40万份，工矿产品购销合同150万份。同年，市工商行政管理局成立经济合同仲裁委员会，负责处理影响较大或争议金额在50万～500万元的经济合同纠纷。各县（市）区工商行政管理局也相继成立经济合同仲裁委员会，负责处理争议金额在50万元以下的经济合同纠纷案件。1985年，全市调解经济合同纠纷109起，争议金额1374万元；仲裁经济合同纠纷14起，争议金额331万元；确认无效经济合同348份，金额1.69亿元；追缴金额1.77万元，退回货款550.7万元；查处违法经济合同14份，金额1938万元，罚没金额27.7万元。

六、经济检查

中华人民共和国成立后，大连市开展的经济检查主要是查处投机违法活动。1949年开展了打击私商投机、维护市场物价活动。在1952—1953年的“五反”运动中，开展了打击资本家不法行为活动。20世纪60年代初国民经济处于困难时期，大连地区农业又遭受自然灾害，由于市场商品供应不足，黑市交易增多，甚至有少数盗窃国家物资到黑市出售者。1962年，旅大市政府多部门组成整顿市场办公室，组织开展了取缔黑市交易、打击投机倒把活动，全年办理案件5.9万余件。翌年，专门成立旅大市打击投机倒把领导小组并下设办公室，在全市开展大规模打击投机倒把活动。打击投机倒把活动从此长年成为市场管理的重要内容之一。1978年中共十一届三中全会以后，随着改革开放、搞活经济政策的实施，打击投机倒把的内容发生了历史性变化，如长途贩运由原来的重点打击对象变成被肯定为搞活经济的合法形式。但倒卖农副产品和日用工业品仍是1978—1979年查处的重点，在两年查处的1.4万余起案件中，倒卖农副产品和日用工业品的案件占95.5%。1980年起，倒卖重要生产资料、紧俏耐用消费品和计划内物资商品的投机违法案件成为查处重点。1981年共查处各类违章违法经济案件6843起。1983年开始对非法经营商品进行专项查处，全年查处各类违章违法经济案件9729起。1985年，全市共查处各类违章违法经济案件9800余起；立案查处投机违法案件3650起，其中非法获利1万元以上10万元以下大案65起，倒卖品种主要有钢材、有色金属、汽车、木材、化肥、煤炭、电视机、电子计算器等。

第四节 物 价

近代大连地区相继遭受沙俄、日本两个帝国主义国家的军事入侵、殖民统治和经济掠夺，伴随经济掠夺而来的是通货膨胀、物价飞涨，百姓生活极其困苦。日本殖民统治时期实行市场经济、市场价格，但当局多次颁布统制令、停止令等商品价格令和商品配给制，用于垄断物资、控制物价。以1936年零售物价指数为100，1943年指数为241.5%，年均上涨20.2%；1945年与1943年相比，生活资料价格以数十倍甚至上百倍速度骤涨，玉米上涨32.3倍、猪肉上涨56.4倍、白布上涨111倍。

1945年8月日本刚投降时，大连地区社会秩序十分混乱，市场物资十分匮乏，物价处于失控状态。市政府成立后，相继成立辽东、新华等公营贸易公司，千方百计组织货源，通过投放物资、打击投机、回笼货币等手段，抑制了物价上涨速度，对恢复生产、安定民生起到重要作用。不久，国民党军队对大连实行经济封锁，关东公署成立关东贸易、关东百货等公营贸易公司，迅速占领市场，利用掌控的物资实行压价抛售，对粮食等重要物资实行限价购销，使经济迅速好转，市场物价趋于平稳。1948年实行币制改革后，市场物价得以大幅回落，人民生活趋于安定。

中华人民共和国成立后，大连地区随着国民经济纳入计划轨道，开始实行计划价格；物价管理体制执行中央统一领导和地方分级管理的原则。

20世纪50年代初，大连地区国民经济中私营经济成分比重大，商品价格主要受资本主义市场经济支配，由供求关系决定，为控制通货膨胀、稳定市场物价，国家对部分主要物资规定了在几个大城市的批发牌价，1950年4月起，大连市执行由国家掌握的8大城市7种商品和华北7个中等城市5种商品的牌价。1953年起，贯彻国家“基本不动、个别调整”方针，对粮食、食用植物油、油料实行统购统销。1954年起，对棉花、棉布实行统购统销。自此，粮油、棉花等重要生活资料的市场价格进入相对稳定时期。三年困难时期，大连地区农业生产水平连续下降，粮、油、肉、菜、蛋、布等重要生活必需品严重短缺，市场供应紧张，物价上涨，为调节供需、回笼货币，1961年起，大连地区先后对糕点、糖果、名酒、进口卷烟、茶叶、钟表等实行高价销售敞开供应。至1965年，经济状况好转，物价趋于稳定。“文化大革命”时期，仅1969年对少数极不合理的工农业品价格进行了调整。1966—1977年，全市国营商业零售物价总指数仅上升1.2%，年均上升0.1%，物价冻结一直持续到1978年。

1978年中共十一届三中全会后，国家对价格体系和物价管理体制进行改革。自1979年起，大连地区先后较大幅度提高了主要农产品的收购价格，至1983年，农产品收购价格总水平比1978年提高了65.3%。1979年11月起，提高了猪肉、牛肉、鲜蛋、水产品、牛奶等8种主要副食品及其制品的销售价格，平均提价幅度为30.4%。除农副产品外，其后几年陆续调整的还有手表，闹钟，彩电，铁路、水路货运，煤气以及小商品等多种商品或服务价格。

1985年，主要调整了生猪购销政策和价格政策，放开了蔬菜等鲜活副食品价格，调整了农村粮食购销价格，提高了铁路短途运输价格，全市农副产品收购价格总指数比1984年提高11.9%。由于国家发放每人每月4.8元副食品价格补贴，加之提高职工工资，实行奖励制度，职工家庭每人每月生活费收入比上年提高40%以上，剔除物价上涨因素，实际收入比上年约增长30%，城市居民生活水平并未降低。除改革价格体系外，国家对物价管理体制也进行改革，适当下放物价管理权限。1982年，大连地区接受了原由国务院有关部门管理的工农业产品价格，并将小商品价格逐批放开实行市场调节。经过几年改革，计划价格范围日趋缩小，市场调节范围逐步扩大。1979年，全市议价议销商品有50种，1980年为150种，1983年增至400余种；市管计划价格品种，1979年为2018种，1984年减至404种，减少80%。以1978年全社会零售物价指数为100计算，1984年全社会零售物价指数升至122.4%。

一、市场物价

大连光复不久，国民党军即对大连地区实行经济封锁，导致大连地区粮食紧缺、商品供应不足，私商乘机囤积居奇，市场物价飞涨。1947年4月关东公署在全市城乡组织开展了大生产运动，鼓励私营商业外购粮食，实行粮食限价购销，对政府掌握的物资实行压价抛售等办法。1949年，旅大行政公署根据中共中央指示实行了币制改革和工资改革，清理了资财，增加了财政收入。至此，市场物价基本稳定下来。据统计，1948年玉米价格比1945年上涨57倍、煤炭上涨18倍、火柴上涨3.4倍；以1948年10月玉米价格指数为100.0，12月已降为59.7，1949年9月再降至23.0。1949年9月的物价水平比1945年下降9%。到中华人民共和国成立后的1950年9月，通货膨胀已得到制止，市场物价开始回落，1952年全市社会商品零售价格总水平比1949年下降28.7%，年均下降9.5%。

“一五”时期建立社会主义计划经济体制后，国家对主要商品价格开始实行计划管理。1953年起，大连地区对粮食、棉花、油料实行统购统销，对生猪、牛羊、烤烟、大麻、苹果、棉布、煤炭等重要工农业产品实行计划收购与供应，当年高粱、玉米、水稻、大豆、谷子、小麦收购价格平均提高12%，猪、粮比价达到1：6.5。其间，生产资料价格和轻工业产品出厂价格均有下降。1960年，受自然灾害和苏联撤走专家的影响，出现生产萎缩、财政减收、通货膨胀局面，消费品供应紧张，物价大幅度上升，集市贸易价格猛涨。1962年全市零售物价总指数比1957年上升27.8%。国民经济三年调整之后，工农业生产迅速发展，物价趋于稳定。1965年零售物价总指数

1953—1985年部分年份大连（旅大）市零售物价总指数情况表

表3-12　　单位：%

总指数＼年份	1953	1957	1965	1970	1975	1980	1985
以1952年价格为100	103.1	109.8	120.2	121.5	123.9	137.0	177.2
以1957年价格为100	—	—	109.5	110.7	112.8	124.8	161.4
以1965年价格为100	—	—	—	101.1	103.0	114.0	147.4
以1970年价格为100	—	—	—	—	101.9	112.8	145.8
以1975年价格为100	—	—	—	—	—	110.7	143.1
以1978年价格为100	—	—	—	—	—	107.2	138.6
以1980年价格为100	—	—	—	—	—	—	129.3

比 1962 年下降 17.4%。“文化大革命”初期，大连地区调价品种极少。1971 年根据国务院统一部署，大连地区对少数突出不合理的工农业产品价格进行调整，提高了油料、羊毛、糖料等农副产品的收购价格，降低了农药、化肥、柴油、煤油等支农产品的零售价格。长时间冻结物价导致物价极不合理，影响了正常的商品生产和流通。直至 1978 年中共十一届三中全会之后，情况得到根本改变。国务院决定自 1979 年起大幅度提高农产品收购价格。

1979 年，大连地区主要提高了粮食、油料、棉布等 18 类 200 多种主要农副产品的收购价格，平均提价幅度 24.8%；提高了猪、牛、羊、牛奶、水产品等 8 类 824 种副食品的销售价格，平均提价幅度 20.6%；上调了矿石、焦炭、生铁、钢锭、钢材、木材、水泥等农业生产资料价格。1981 年 11 月，下调了大连市生产的涤棉服装批发价格，提高了烟酒的销售价格。1983 年，降低涤棉布价格，提高纯棉布、针织品价格，降低手表、闹钟、彩电、胶鞋、照相胶卷、电风扇等价格。1985 年 3 月，将水产品价格全部放开；4 月 1 日，取消生猪派购；4 月 15 日，放开肉价以及蔬菜价格，实行市场调节。

二、物价管理

商品差价　大连地区对商品差价的管理，按国家规定的职权分工执行。对市级管理权限商品的差价，按照国家统一规定精神，结合地区实际自行确定。

购销差价。从工业品购销差价看。中华人民共和国成立初期，大连地区国营商业对工业品购销差价控制较紧，在 5% ~ 10% 之间；国营商业委托私营工业加工订货后，购销差价扩大至 11% ~ 14%。1956 年私营工业全行业公私合营后，工业品出厂价格和购销差价按照 1951 年 4 月全国物价会议所规定的“工大于商”的利润分配原则来协商定价，此后长期沿用此原则。1985 年，国营商业的工业品购销差价在 8% ~ 12%。从农业品购销差价看。大连光复前，农产品购销差价高，经营环节获利多。中华人民共和国成立后，为发展农业生产，国家实行缩小购销差价甚至价格倒挂办法，让利于农民。1961 年 4 月，根据国务院部署，大连地区大幅度提高农产品收购价格，6 种主要粮食的统购价格平均提高 25%，粮油购价提高后售价基本不变，经营企业亏损甚至价格倒挂，由国家财政补贴。以玉米为例，1962 年每 50 千克收购价 6.6 元，销售价 6.1 元。1966 年 8 月，根据国务院决定，大连地区再次提高粮食购销价格，6 种主要粮食的统购价格平均提高 20.8%，经营企业少数品种能够保本微利，大部分品种仍亏损倒挂，由政府财政补贴。以玉米为例，1968 年购销同价，为 8.2 元 /50 千克。1979 年 3 月，根据国务院决定，大连地区又全面大幅度提高农产品收购价格，200 多种农产品平均提价 36.4%，而销售价格未作变动，经营企业亏损倒挂由国家财政补贴。以玉米为例，当年每 50 千克收购价格 10 元，销售价 8.2 元，购销差为 −18%。同年 11 月，提高了猪肉、牛肉、羊肉、鸡蛋、家禽、水产品、蔬菜、牛奶共 8 类副食品销售价格，平均提价 30.4%，购销差价基本理顺。为了不影响职工生活水平，除规定粮食、食油等生活必需品销售价格不动，亏损由国家补贴外，职工每人每月发 5 元副食品价格补贴。1985 年 4 月，根据国务院统一部署，大连地区对粮食购销体制与价格、生猪购销体制与价格、蔬菜等鲜活副食品价格进行重大改革。粮食改统购为合同定购，定购以外部分实行市场调节、自由买卖。同时，对农民的返销粮取消补贴，实行购销同价（城镇不变）。将生猪派购改为议购议销，4 月 1 日取消生猪派购，15 日放开肉价，生猪收购价格由每千克 1.35 元升为 1.5 元。全面放开副食品购销价格，实行议购和多渠道经营，当年 4 月、5 月、6 月菜价分别比上年同期上升 95.7%、102%、88.6%。

地区差价。1953—1954 年，国家实行新税制，取消批发环节的营业税后，各地的地区差价较大，根据中央指示精神，大连地区缩小了与大中城市之间的差价，放宽了与中小城市之间和城乡之间的差价。1966 年，为缩小沿海与内地、城市与农村之间的差别，根据中央指示精神，大连地区调整了 44 种主要百货、文化用品、自行车、收音机、棉布、针棉织品、卷烟、石油等商品的地区差价。

批零差价。中华人民共和国成立初期，大连地区国营商业对供销社供应的商品实行优待价格，供销社零售价格略低于私商出售价格。1952 年末，为改变私营零售市场萧条状况，发挥私营商业作用，将工业品批零差率由 10% ~ 13% 扩大到 10% ~ 18%，将小商品批零差率由 14% ~ 18% 扩大到 18% ~ 25%。1956 年，私营工商业社会主义基本完成后，同一市场上不同企业之间的零售价格逐步趋于统一。

季节差价。1953 年，大连地区实行粮食统购统销后，取消了粮食季节差价。1954 年，又取消了棉花、花生仁、生猪的季节差价。

商品比价 大连地区工农业产品的比价多年存在着工业品高于价值、农产品低于价值的现象。1978 年中共十一届三中全会后，国家大幅度提高农产品收购价格，逐步扩大了农产品对工业品的交换比率，以促进工农业生产的均衡发展。1979 年以后，大连地区先后调整了矿石、焦炭、生铁、钢锭、钢坯、钢材、木材、水泥、玻璃、硫酸、纯碱等工业原材料价格，以及一些农业生产资料价格，降低了部分机械、电子产品和橡胶制品的价格，使原材料工业和加工工业之间的比价关系有所改善。1981 年 11 月，降低了涤棉布销售价格，提高了烟酒的销售价格。1983 年 11 月，提高了棉纺制品价格，降低了化纤制品以及手表、闹钟、彩色电视机、照相胶卷、胶鞋、电风扇等商品零售价格。

市管商品价格 1982 年以前，大连市管理的商品价格有 2018 种。1982 年分 2 批下放 325 种小商品价格，实行工商企业协商定价。1983 年又下放 684 种商品价格，市管价格保留 1009 种。1984 年再下放 605 种商品价格，市管价格已减至 404 种。

第五节 技术监督

秦始皇统一中国后，度量衡以法制推行天下，历时两千多年，相承沿袭后世。清末，清廷在旅顺修建北洋海军基地船坞过程中，全部实施清代度量衡制。近代大连地区随着帝国主义国家的入侵，英制、法制、俄制纷纷进入。沙俄侵占大连后，开始推行俄国计量制。日本侵占大连后，清市制（尺、斗、秤）、俄制、英制、美制、日制各种计量单位和量器同时流通。1945 年大连光复后，市政府于 1946 年 3 月成立大连度量衡检定所，4 月即发布公告，宣布停止使用日制度量衡。1947 年，关东公署宣布大连地区采用米制（又称公制），各种杂制被废除。中华人民共和国成立后，大连地区计量管理渐入规范。1952 年，旅大市商业局发布《旅大市度量衡管理暂行办法》，这是全国最早由地方政府专门制定的计量监督法规。1958 年起，全市开展了长度、力学、热学、电学 4 大类 50 多种标准器传递和计量器具检定工作，到 1966 年，已基本建立起长、热、力、电 4 大类计量传递、检测体系。

大连地区标准化监督管理起步于 20 世纪 50

年代末。1959年，旅大市计量处内设标准化科（后计量处改称计量标准处，1978年9月升格为标准计量管理局），全市有51个单位设立标准化机构。到1960年，全市标准化网的成员单位增至454个。1962年市计量标准处制定并组织实施了工农业产品技术标准，1963年组织工商部门制定出服装、食品等技术标准，其中服装系统技术标准成为全国服装业标准化的参考。“文化大革命”时期，大连地区的计量工作陷于停滞。1978年实施中医处方用药计量单位改革，从7月1日起，中医处方用药一律采用米制计量单位，废除1952年以来中医处方用药采用16两为1斤的旧制。1980年启动实施企业设备能源标准。1982年起实行《采用国际标准管理办法（试行）》，1983年有91种产品采用国际标准。

大连地区县（市）区计量检定机构成立最早的是复县计量检定所，成立于1952年，至1964年，各县（市）区计量检定所相继建立。大连地区厂矿企业计量工作于20世纪50年代最先在机床、造船、冶金、化工、石油等行业开展起来。到1966年，全市主要厂矿企业建立计量机构62个。到1985年，全市厂矿企业共建立计量科（室）150个。大连市生产计量器具的企业45家，生产品种82个。主要产品有各种仪表、衡器、电流互感器等。

一、计量监督

计量法制 俄、日殖民统治时期，大连地区处于多种计量制度混行状态。大连光复后，大连市政府于1946年宣布停止使用日制度量衡。1947年5月，关东公署宣布废除各国旧杂度量衡制，施行万国公制。中华人民共和国成立后，旅大市商业局于1952年发布《旅大市度量衡管理暂行办法》，规定以国际公制为标准。规定实行国际公制，以公尺、公斤、公升为基本单位，公制和市制均采用十进制；除了特殊需要，英制可以继续使用外，其余一律改为公制。1959年国务院发布《关于统一计量制度的命令》，确定公制为中国的基本计量制度，故大连地区实施国际公制早于全国其他地区。1978年1月，大连市计量标准处与市卫生局、商业局及旅大警备区后勤部联合发出《关于改革中医处方用药计量单位的通知》，进行中医处方用药计量单位改革，规定一律采用公制计量单位，同时废除旧杂制计量单位。1984年10月起，在全市开展在用仪器设备改制工作。1985年，大连市在贯彻《中华人民共和国计量法》过程中，完成电动计量加油机检定规程的起草工作。

流通领域计量监督 1951年4月，大连市开始有组织、有计划地整顿商业秩序，加强流通领域计量监督管理。1963年，对全市商业、粮食用秤进行全面检定，共检定计量器具3.4万件，合格2.2万件，占57%。“文化大革命”期间，市场使用的衡器普遍调高零点，缺斤短两现象严重。1977年，在对市内68个商业部门、393台台秤的检查中发现，调高零点的台秤有263台，占67%。1979年，全市组织18个部门对城乡商业使用的计量器具进行检查，共检查362个单位的1617件衡器，合格率为63%。此次检查引起社会普遍重视，有关单位开始设兼职计量员，许多商店、市场开始设立公平秤，年末共设公平秤130台。1982年12月，在全市开展“计量信得过”活动。到1983年，全市已有347个商业、粮食供销单位已设专、兼职计量管理人员1782人，设公平秤1337台、公平尺223把，在用计量器具检定率达96%。到1985年，全市已有95%以上的单位参加活动，被评为“计量信得过”单位74家。

计量管理 工业计量管理始于20世纪50年代。1952年，旅大市商业局发布《旅大市度量衡管理暂行办法》，按规定，此后工厂计量器具每年检定一次。1958年大炼钢铁期间，旅大市计量检定所组织大连钢厂、大连化工厂、大连造船厂等单位计量人员，分赴金县、旅顺等地为钢铁生产提供计量技术服务。同年，开始进行长、热、力、电传递标准器的检定。“文化大革命”期间，计量工作处于停滞状态，大部分企业计量标准器的受检率低，标准器超周期使用情况严重。1978年3月旅大市标准计量管理局成立后，于1979年7月开始对全市厂矿企业计量工作进行整顿，其中生产计量器具单位成为整顿重点，当年全市有生产计量器具的企业33家，其中有自行检定权的12家企业全部通过了整顿验收。1982年整顿企业110家，验收合格率为60%；1983年整顿企业70家，验收合格率为88.6%。1985年，对50家企业进行计量工作定级升级考核验收，大连五二三厂获得一级计量合格证书，产品可以使用“计量信得过”标志（JL）；由三级升为二级企业1家，定为二级的43家，定为三级的5家。

港口计量管理始于20世纪70年代。大连港是中国重要港口之一，但散装货物计量管理长期处于落后状态，如每年出口1000多万吨的油品全部依靠检尺的计量罐来计量。1974年，旅大市计量标准处与大连港务局、大连衡器厂等单位共同协作，成功研制出“10吨散粮自动定量秤”，4月正式投入使用，每小时称量60吨；1975年又成功研制出“海港轨道衡”，1977年大连港出口原油105船（次），港口计量数比船舶计量数少8.1万吨。1983年，在市标准计量局帮助下，大连港安装了精度为1/2000的衡器“30吨光栅地秤”。

能源计量管理始于20世纪80年代。1982年4月，大连市经委、市标准计量局、市科委共同制定下发《大连市企业能源计量器具装备及管理细则》，对全市年耗油3000吨、耗煤5000吨，日耗电5万千瓦时以上耗能企业的能源计量器具及其管理提出具体要求。同年4—8月，市标准计量局对全市耗标准煤2万～5万吨的35家重点企业进行检查验收，督促35家企业共配备能源计量器具（水表、电度表、衡器、蒸汽表）5417台（套），配套率达89%。1985年，市标准计量局对全市年耗标准煤5万吨以上的15家企业和年耗标准煤5万吨以下1万吨以上的54家企业进行单项抽查，共抽查50家企业，验收合格的49家，合格率为98%。

二、标准化管理

标准制定　大连地区自秦统一中国后，即开始实施统一的法律、度量衡、货币、文字，是最早的标准化管理。大连地区最早出现的正式的产品标准是在沙俄殖民统治时期。沙俄殖民统治者在大连从事生产和贸易活动的同时，带来了沙俄的计量标准及产品标准。在修筑铁路、海港、发电所等工程时都按照俄国标准进行。日本殖民统治时期，南满洲铁道株式会社系统采用的是满铁技术委员会制定的JIS标准，其他工业集团系统则根据自己的特点采用多国标准，其时产品标准有沙俄、日本、英国、美国等多种，没有统一的标准化模式。

中华人民共和国成立后，大连地区根据中央技术管理局要求，开始组织制订标准工作。1951—1952年，先后制定出钢铁、水泥、橡胶、棉花等原材料和产品标准。1952年成立私营工业产品质量检定委员会后，开始专门检定和处理不符合标准的产品，当年统一规定了47种主要产品质量及规格标准。这是大连地区自行制定的第一批标准。1964年，旅大市人民委员会发布《旅大市工农业产品技术标准管理办法》，进一步推进了标准的制（修）订工作。“文化大革命”期间，标准制（修）订陷入停顿，已有的标准不能贯彻执行，造成产品质量大幅度下降。1978年，旅大市标准计量管理局开始对全市现行技术标准进行全面清查整顿，共清查企业887个，在2728种主要产品中，执行标准的有2209种，没有标准的519种，所执行的标准水平又普遍较低，相当于国际上20世纪50—

60年代水平。1979年7月31日国务院颁布《中华人民共和国标准化管理条例》，推动了大连地区工业企业标准的制订、修订以及发布。1984年，市标准计量管理局对1979—1981年发布的860项技术标准进行复查和验收，确认继续执行的461项，修订167项，废止和被代替的232项。1979—1985年，全市共发布各类标准1667个，其中工业产品标准1517个，农业标准64个，能源标准32个。在1985年全市9大类重点产品（机械、化工、造船、纺织、冶金、电子、建材、轻工、食品生产）标准的统计中，产品标准采用率占所发布标准数的94%以上，其中采用国际标准约占现行标准的8%。

企业标准化 1953年，大连地区大中型企业开始成立标准组或设定标准化专职人员，一批国营骨干企业开始制订适用于本专业特点的技术标准和产品标准，部分企业还承担了国家部委下达的标准起草和制订工作。企业标准化基本上是套用苏联标准或稍加改动。1959年，全市共有51家企业建立了标准化室（组）或配备专、兼职人员，全市标准化网的成员单位达454个。“文化大革命”期间，企业所设标准化机构和配置人员以及有标准的产品大为减少。1982年，大连市开始对全市国营工业企业进行治理整顿，企业标准化工作作为一项重要内容，由市标准计量管理局组织实施整顿、考核。考核结果，全市1800家企业中，设立标准化专业机构的由1979年的13个增至42个，专职人员由134人增至340人，部分企业已经形成以产品标准为主，包括技术标准和管理标准在内的企业标准体系。从1983年开始，大连市机械、冶金、化工、电子等行业已开始采用国际标准和国外先进标准。到1985年末，全市企业累计采用国际标准520种。

能源标准化 大连地区属于能源较贫乏地区。除了瓦房店复州湾、岗店、砟窑，金县董家沟，新金县元台子，庄河县老金坨6个小型煤矿，就只能依赖于各大中河流和水库所建的水力发电站和市区内所建的火力发电厂。面对能源供应紧张、生产不足的情况，为降低能耗、节约能源，大连市从1980年开始启动能源标准化工作。市标准计量局会同市电业局、燃料公司、石油公司、市节水办公室组成工作组，重点抓了量大面广、占全市耗能近60%的主要耗能设备的耗能标准，在一年多时间里，制订出《搪瓷窑燃料技术规定》《水泥生产用能技术规定》《工业低压蒸汽锅炉耗煤技术规定》等11个用能节能标准。13个企业执行《锻件加热处理燃耗技术规定》标准后，6个月节约重油1.1万吨，价值137万元；22条隧道窑执行《隧道窑用燃料技术规定》标准后，一年节煤6730吨。到1985年，全市共制订能源标准32个，其中6个被定为省级标准。企业执行能源标准后，一年可节约重油3.28万吨、成品油1.66万吨、煤21.65万吨、电4919万千瓦时、水109万吨。

农业标准化 大连地区的农业标准化工作始于20世纪80年代初。1982年，大连市依照《辽宁省土地管理条例》，对境内1113546.96公顷的土壤进行普查，在此基础上，对市辖7个农业县(市)区（瓦房店市、新金县、庄河县、长海县、金州区、旅顺口区、甘井子区）进行了系统的农业调查，共调查554种农产品，其中有标准的288种，无标准的约占半数。翌年，市标准计量局会同市科委、市农委联合召开大连地区第一次农业标准化会议，下达6项农作物标准制订任务，包括蔬菜品种、种子及产品收购标准，饲料标准，花生地膜覆盖综合技术标准，扇贝养殖标准，水稻灌水标准，苹果收购、包装、贮藏标准。到1985年，已发布农业标准64个，其中花生地膜覆盖栽培技术规程影响较大。

三、质量监督

定期检验 自1984年起，大连市标准计量管理局以市级重点产品、省级以上优质产品为重点，编制了《大连市受检产品目录》，定期对全市列入受检目录的产品予以监督检验。1984 年列入检验计划 395 批次，1985 年增至 1818 批次。

监督抽查　1985 年 1 月，对 19 个企业生产的 38 种轻纺、电子产品进行了质量监督抽查，合格率为 76.3%。同年，对水泥、红砖、白灰等建材产品进行了监督抽检，全市 39 个水泥生产企业的产品出厂合格率由 1983 年的 80% 提高到 99%。还对全市 76 个服装生产企业进行了监督抽查，共抽查服装 228 件，其中一等品占受检总数的 22%，不合格品占受检总数的 8.3%。

优质产品复检　1981 年，大连市标准计量管理局对 1980 年以前 108 个获优质产品中的 100 个产品进行复查检验，其中质量下降的有 7 个。1982 年起，每月对黑白电视机、自行车、收录机等市政府确定的 10 个主要产品进行抽样检验。1984 年，对 1979 年以来获省以上优质产品的 170 个产品进行了复查检验，其中质量下降的有 9 个。

第六节　土地管理

大连地区自进入阶级社会以后，土地制度与中国历史上经历的几种土地制度大致相同。夏、商、周时期实行土地国有制——井田制。春秋时期井田制逐渐瓦解，战国时期井田制被废除，封建土地所有制开始确立。秦统一中国后，封建土地所有制在法律上得到确认和保护。此后，封建土地所有制形式延续了两千多年。近代大连地区相继遭受沙俄、日本两个帝国主义国家的入侵，土地被殖民统治者侵占、掠夺或强买，实行了长达 47 年的殖民统治的土地制度。大连光复后，日本侵占的土地被没收，殖民土地制度被废除，经过土地调剂和土地改革，彻底消灭了封建土地制度，实现劳动人民个体所有制。中华人民共和国成立后，经过农业社会主义改造，逐步建立起社会主义土地制度，即全民所有制和劳动者集体所有制。

一、土地制度

在两千多年的漫长历史中，大连地区历经的土地制度归结起来大致三种：封建土地制度、殖民土地制度、社会主义土地制度。

封建土地制度　战国时期，大连时属燕国辽东郡，时井田制被废除，封建土地所有制得以确立。秦汉时期，大连地区的封建土地私有制得到巩固和发展。唐代的大连地区为安东都护府所辖，实行的是均田制。辽代大连地区属东京道，实行公田、私田两种土地制度。金代沿用辽东京道统治大连地区，土地制度分为官田、授田、限田。元代大连地区属辽阳省辖境，土地所有制形式和前代比较起来没有大的变化。明初，面对北方出现的大量无主荒田，朱元璋下令农民归耕，承认已被耕种的土地归农民自有。洪武二十七年 (1394)，朝廷又发“额外垦荒，永不起科”诏令，此办法施行 70 余年，促进了农业生产的恢复和发展。明代实行屯田制，分民屯、军屯、商屯 3 种形式，以民屯、军屯规模较大。清顺治十年 (1653) ，朝廷颁发招民垦荒令，使民人渐集、耕地渐增。乾隆年间，始分“旗红册地”和“民红册地”，并对贵族圈占成为世袭的土地之外开垦的土地定为“余册地”。到同治年间，金州辖区有旗红册地 2.8 万公顷、民红册地 1 万公顷，旗余地 2 万公顷、民余地 9333 公顷，旗人所占土地占金州厅总耕地面积的 71.3%。中华民国时期，复县与庄河县实行旗、民地统一，保留封建土地私有制度。总之，清代以前大连地区的土地制度多有变化，但终为封建土地私有性质。

社会主义土地制度 大连光复后，民主政府通过土地调剂和土地改革彻底消灭了封建土地制度，农村土地实现农民个体所有。中华人民共和国成立后，经过农业社会主义改造，实现了社会主义土地公有制，即全民所有制和集体所有制。

进行土地调剂和土地改革，实现土地农民个体所有制。南部地区的土地调剂。1945年大连光复后，民主政府开始没收日本掠夺的土地和汉奸恶霸地主占有的土地，分给无地和少地的农民；没收日伪统治者和汉奸恶霸地主的果园，建立公有果园。1946年大连县没收土地5655公顷，1947年金县没收土地759公顷，1948年旅顺市没收土地317公顷。随后，中共旅大区委于1948年开展了土地调查。调查结果：南部地区共有土地134209公顷，其中大连县20401.4公顷、旅顺市23074.3公顷、金县90733.3公顷，分别占15.2%、17.2%和67.6%；地主富农占有南部地区土地的40%。1949年，旅大行政公署颁布了《旅大地区土地改革实施办法》及其细则，并将土地改革布告张贴于村屯，让广大农民懂得要彻底推翻封建制度，必须首先要彻底消灭封建土地制度，实行耕者有其田。中华人民共和国成立后，大连南部地区于1950年1月起开始进行土地调剂（此前在减租减息时已对土地作了一些调整，无地和少地的雇贫农已得到相当数量的土地），共没收、征收地主富农土地3450.6公顷，分配给了无地和少地的农民，由此变革了封建土地制度，实现了农民个体所有的土地制度。北部地区的土地改革。1945年10月，中共中央东北局指示各县发动群众开展“反奸清算”和“减租减息”斗争。大连北部地区庄河县、复县、新金县（时非隶旅大地区）相继召开控制汉奸恶霸斗争大会，处决了一批汉奸恶霸，没收其土地、房屋分给贫苦农民，复县清算出土地2014.9公顷，庄河县清算出土地17025.6公顷。1946年5月4日，中共中央发出《关于清算减租及土地改革问题的指示》（又称“五四指示”）后，北部各县的土地改革运动正式展开，由于11月国民党军队攻占北部地区，土地改革被迫中断。1947年6月北部地区二次解放后，土地改革继续进行，到1949年3月基本结束。根据《中国土地法大纲》（1947年10月中共中央颁布）6.2万公顷，新金县40万无地和少地农民分得土地93.3万亩，人均耕地3～5亩；庄河县分得土地70.17万亩，人均占有土地由过去0.88亩增至2.69亩。

土地从农民个体所有制转变为农民集体所有制。1946—1947年，旅顺市、金县开始建互助组。复县、庄河县、新金县在完成土地改革后，开始组织互助组。中华人民共和国成立后，中共中央于1951年12月15日做出《关于农业生产互助合作的决议》，1952年，大连地区开始试办以土地入股为特点的农业生产合作社（土地合作社）。1952年旅大地区（金县、旅顺市、大连县）试办初级农业社33个（金县23个、旅顺市5个、直属区5个），北三县试办初级社32个。到1955年，整个大连地区初级社发展到3742个，入社农户11.74万户，占全部农户的33.5%。1955年10月11日中共中央做出《关于农业合作化问题的决议》后，大连地区出现了农业合作化高潮。在不到两个月的时间里，大连地区的集体农庄、初级农业生产合作社、互助组和部分个体农户组成为780个高级农业生产合作社，入社农户353238户，占全市总农户的98.8%。1957年，780个高级农业生产合作社合并成一乡一社的大社128个。1958年8月29日中共中央做出《关于在农村建立人民公社的决议》后，政社合一、工农商学兵五位一体、农林牧渔统一经营的人民公社在全市建立起来。人民公社下设作业区、区下设生产队。1959

年改为公社、大队、生产队三级核算单位，1961年又改为三级所有、队为基础。人民公社成立后，全市实现了社会主义土地所有制，即全民所有和劳动群众集体所有两种形式。人民公社体制直至1983年在撤社建乡中解体。

土地使用制度改革。1978年中共十一届三中全会后，大连地区开始零星出现包产到户。1979年，庄河县平山公社旋成山生产大队前旋生产队将全队98户、433人的54.5公顷耕地划分为31个联产承包小组。1982年11月，全市开始推行农村家庭联产承包责任制。到1983年，农村家庭联产承包责任制已普遍实行，全地区1.1万个基层生产单位（即生产队）变为80万个家庭联产承包单位。随着农村人口培养变化，耕地承包使用权也发生变化。

附：殖民统治土地制度　沙俄、日本侵占大连后，开始在大连实行殖民土地制度。沙俄殖民统治旅大时期，将清政府国有土地全部掠夺为己有，并以廉价强买农民土地为其所有。1904年日本刚刚侵入大连时即以没收沙俄殖民者土地的名义，继续将大量官地、荒地、林地、山地以及铁路附属地据为己有，称之为“官田”。仅金州辖区就达2.42万公顷，占总面积的26.7%。同时自1915年始从其国内向大连移民，采取向中国农民强买或“参押”（以土地执照作抵押贷款）等办法掠夺民田。1915—1916年从日本山口县移民32户，在金州大魏家建日本“爱川村”，强占民田33公顷；后又向貔子窝和普兰店地区移民74户，以“开拓团”名义强占水、旱田181.5公顷。日本殖民统治当局还设满铁附属地，并不断扩大附属地范围。除“官田”外，日本殖民统治当局培植的汉奸和恶霸地主，通过强占、强买等手段，兼并大量土地，大汉奸刘雨田共霸占土地200公顷、房屋400余间。1945年大连光复前，大连地区90%的农民仅有30%耕地，且多为薄地。

二、土地税赋

清代以前，大连地区的田赋制度与历代全国统一的税制基本相同。大致为：夏、商、周时期的井田制，奴隶以种公田代赋；秦汉时期私有制的税亩，按亩计税；唐代的两税法，夏秋两征；辽代的均赋役，耕公田以租代赋、种私田按亩交赋；金代的课役户赋，有产课役户其土地要纳田赋；元代的以租代赋；明代的一条鞭法，即把原来征收的地税、贡纳、徭役、人头税皆归入田赋，按亩征收；清代（后金时）的摊丁入亩、计丁授田。

中华民国建立后，奉天省于民国3年（1914）制定了新的田赋规则，改变了清代旗地与民地的不同征税标准，实行统一税率，按亩征税，并一律征收银圆。

大连光复后，1946年旅大行政联合办事处发布《农业所得税征收暂行办法》，规定农业税税率以每亩土地平均产量为征收基数，每亩土地平均产量在100.5～112.5斤征1%，113～125斤征1.5%，125.5～137.5斤征2%，以此类推共38个征收基数。1951年根据《东北区统一调整农业税土地等级实施办法》，关东公署确定全市每标准亩产量为142.85斤。1952年依据中央关于农业税收工作的指示，旅大市发布了农业税征收具体办法，规定“本市农业税除棉田外，皆根据查田定产后之土地等级常年应产量（应征税的常年产量），按21%的税率计算征收，地方附加税一律取消”。棉田根据新定棉田常年应产量按13%征税，农业税按税率以户为单位计算征收。“稳定税率，鼓励生产”是社会主义制度下农业税制的一个重要特征。从1949年中华人民共和国成立至1960年，税率在18%～21%左右，1961年调整后税率平均下降至13.2%，以后未变。在1961年调整税率的同时，计税的常年产量也下调了。1959年大连市计税常年产量为81.74万吨，1961年下调后为64.61万吨，税率由1959年的18.5%

下调至12.5%，税额由1959年的13.96万吨下降至8.06万吨，减少43.3%。

三、耕地开发

自汉代至清代，大连地区出现5次较大规模的耕地开发。汉代武帝时，从山东、河北移民到辽河下游和大连地区开发农业。在创建辽朝的过程中，契丹统治者将渤海人迁至辽南宜耕地开发农业，出现“编户数十万、耕垦千余里”景象，使大连地区成为辽代重要的农业生产区。元代在金州城设金复州新附军（指南宋降附军兵）屯田耕垦，至元二十六年（1289）以新附军1000人屯田哈斯罕关荒地，至元三十年（1293）再调新附军1360户立屯耕作，屯户达3641户，共屯田1.68万公顷，户均耕地4.6公顷。明代实行移民垦殖政策和屯田制，使耕地面积大增。正统初年，辽东共屯田20.67万公顷，其中金州、复州耕地面积占近四分之一。明末清初大连地区由于连年遭受战乱，千里沃野有土无人，清定鼎北京后，于顺治十年（1653）发布《辽东招民开垦则例》，使民人渐集，耕地逐增。雍正七年（1729），金州辖区耕地增至 7200公顷。康熙二十年（1681）至雍正十二年(1734),复州起科耕地面积增至2.83万公顷。到宣统二年（1910），复州有耕地面积再增至9.67万公顷。

中华民国时期实行国有荒地承垦政策，复县、庄河县耕地面积逐年增加。仍以复县为例，1930年耕地面积12.64万公顷。

自大连光复后实行土地改革到中华人民共和国成立初期，由于鼓励农村开荒造田，使耕地面积大量增加。1949年，今大连地区范围内共有耕地面积 47.66万公顷，其中复县耕地面积13.87万公顷。1951年，大连地区耕地面积达到了历史最大值，为49.21万公顷。20世纪60—70年代，庄河县、复县、新金县大力开展了围海造田活动，复县开垦耕地 4171公顷,庄河县新造耕地565.2公顷。

四、地籍管理

明初，朝廷大力鼓励垦荒屯田，致耕地面积增加。为加强对耕地的管理，对耕地进行全面清查并建立黄册、鱼鳞图册，为征收田赋打下基础。此后每10年进行一次地籍调查。清代地籍调查频繁。康熙元年（1662）至雍正四年（1726），金州、复州均报起科土地。雍正五年（1727）对土地进行清丈，分建旗、民册地。道光二十七年（1847）开报滋生地，分旗、民两种地亩。据统计，仅雍正十三年（1735）至乾隆四十五年（1780）45年间，复州清丈就达14次。此外，康熙年间对私人开垦的土地确认其私有权，谁开垦归谁所有，鼓励农民开垦土地；乾隆三十三年（1768）对私人开垦的土地进行调查，确定地权征收租税。民国元年（1912），旗、民地划一。1914年，奉天省制订田赋章程，开展土地调查，对清出的浮多土地重新确权征赋。

1945年大连光复后，民主政府即对日伪和汉奸占有土地进行调查，并全面接收被日本侵占的土地，处理被汉奸恶霸地主占有的土地。到1948年7月统计，日本侵占时有官地、民地、满铁占有地共5655万平方米，汉奸恶霸地主占有土地4778平方米。为发展生产、安置民生，大连市政府对接收的土地变卖1.7万平方米、出租36.21万平方米、分配给无地和少地农民237.95万平方米。1947年开始对农村耕地、林地、山荒地进行清查，采取边清查、边丈量、边分配办法，于1950年春完成土地改革（北三县1949年结束）和土地调剂。据1949年清丈统计结果，全市（包括南部中山区、甘井子区、旅顺市、金县、长海县，北部庄河县、复县、新金县）共有耕地面积约47.66万公顷，主要分布于复县、新金县、庄河县，分别为13.87万公顷、11.98万公顷、9.75万公顷。

1979年以后，大连市及各县区农业区划委员会开始进行农业区划土地资源调查。调查内容包括土地面积、耕地面积、土质土壤等情况。查明全市土地面积134.29万公顷，其中耕地面积44.4万公顷、占33.1%，林地36.53万公顷、占27.2%；确定5个种植区域：西北部丘陵漫岗粮油种植区，北部低山丘陵以玉米为主的杂粮区，东部沿海水稻种植区，南部低山丘陵杂粮区，长山列岛杂粮区。

大连地区多年来由于农村兴修水利、种植果树、植树造林、农民建房等原因，加之土地缺乏科学管理，耕地保护意识不强，土地利用不尽合理，到1985年，全市耕地面积减至32.74万公顷，比1949年减少14.92公顷，下降31.3%。

第七节　审　计

1978年改革开放以后，伴随经济体制改革的不断深入和经济活动的日趋活跃，经济违纪违规现象开始出现，以经济检查为基本职能的审计机构应运而生。1983年5月，大连市成立审计局，县（市）区审计机关随之相继成立。1983—1985年，市属审计对象为县团级以上的全民所有制企事业单位，共813户。至1985年，共立案审计153户，查出违纪金额3382.1万元，上缴财政1474.7万元。1985年随着政府审计工作的迅速展开，企业、部门内部审计和社会审计组织相继组建。

一、年度审计

1983年市审计局成立后即开始试审，当年全市审计企事业单位3户，占应审计对象的0.4%，查出违纪金额40万元，上缴财政3万元。1984年审计领域逐步铺开，全年共审计48户，占审计对象的5.9%，查出违纪金额1626.6万元，上缴财政757.5万元。1985年共审计102户，占审计对象的12.5%，查出违纪金额1743万元，上缴财政715万元。

二、行业审计

1984年，全市共审计企事业单位48户，查出违纪金额。其中，工交系统15户，占31.3%，查出违纪金额33.5万元，全部上缴财政；商业、粮食外贸系统13户，占27%，查出违纪金额98.1万元，上缴财政57万元；财政、金融系统3户，占6%，查出违纪金额905万元，上缴财政100万元；基本建设系统9户，占18.8%，查出违纪金额579万元，上缴财政 567万元；行政、文教系统8户，占16.7%，查出违纪金额11万元。工交系统和商业粮食外贸系统违纪现象相对突出，财政金融系统和基本建设系统违纪金额较大。

1985年，全市共审计企事业单位102户。其中，工交系统22户，占21.6%，查出违纪金额607.8万元，上缴财政220万元，商业、粮食外贸系统8户，占7.8%，查出违纪金额243万元，上缴财政170万元；外贸系统5户，占4.9%，查出违纪金额12万元，上缴财政3万元；财政、金融系统10户，占9.8%，查出违纪金额568万元，上缴财政276万元；基本建设系统37户，占36.3%，查出违纪金额250万元，上缴财政3万元；行政、文教系统17户，占16.7%，查出违纪金额61万元，上缴财政46万元；农林水利系统3户，占2.9%，查出违纪金额1.2万元。基本建设系统和工交系统违纪现象相对突出，违纪金额较大的行业乃是财政金融系统和工交系统。审计查出的主要问题有隐匿、截留国家利润，滥发奖金、补贴，滥发服装、实物，滥摊派、乱收费，套办集体企业谋取小团体私利等，还存在科技三项费用使用不当、管理不严以及盲目引进造成严重损失浪费等问题。

第四篇　文　化

第一章 教 育

大连地区设立官办儒学最早的文字记载始于元代，时称金复州儒学。此证出自金州出土的刻于元顺帝至正十年(1350)的金州孔庙碑，又称“金复州儒学碑”。明代至清中期以前，大连地区沿袭的是传统私塾和乡学书院制度。清中期西方文化开始进入中国，清末，洋务派开始兴办旅顺水师学堂等近代学校。自俄、日入侵旅大并实行殖民统治之后，带有殖民特征的近代教育始在大连出现。大连成为带有半封建半殖民地性质的中国近代教育发展较早的城市之一。

大连地区有学校设置的明确记载始于明代。明洪武十七年（1384），金州、复州始设学署。洪武二十八年（1395）废州制、行卫制后，州学改称卫学。州（及其府、县）学或卫学，也称儒学或官学，均为地方官办学校。清沿袭明制。清代大连建有2处书院。南金书院于乾隆三十八年（1773）建于金州城孔庙内，横山书院于道光二十四年（1844）建于复州城内西街。儒学和书院均为科举预备学校。除儒学、书院外，明清时期城乡基础教育的学校形式是社学、义学和私塾。

清末鸦片战争后，中国逐步沦为半殖民地半封建社会。在帝国主义列强不断入侵和封建科举制度逐步陷于无法造就经世致用人才的困境之下，清廷提出实行“废科举，兴学堂”的教育改革，以李鸿章为代表的洋务派开始开发建设旅顺、大连湾，同时建起近代新式学校旅顺水师学堂，为北洋水师培养军事技术人才。在复州、庄河厅则兴办新式小学堂、中学堂和师范学堂。第一所小学堂是光绪三十一年（1905）在复州横山书院旧址建立的官立复州高等小学堂，第一所师范学堂是光绪三十二年（1906）创建的复州师范传习所，大连地区第一所普通中学是宣统元年（1909）庄河厅创建的庄河中学堂。至宣统三年（1911），复州、庄河厅共建新式初等小学堂173所，高等小学堂1所，两等小学堂8所，半日艺徒学校1所，共有学生5987人；建中学堂1所，师范学堂2所，共有学生140余人。同期，基督教传教会建教会小学校3所。

自1898年起至1945年，金州厅与复州所辖部分地区先后被沙俄、日本侵占，并被改称“关东州”，俄、日帝国主义从此在此进行殖民奴化教育长达47年。1945年大连光复后，大连市和尚未划归旅大市的复县、庄河县、新金县，在抗战胜利结束至1949年新中国成立前，经历了不同的教育发展阶段。日本投降后，原“关东州”范围即大连市的高等学校和所有中学全部解散，小学停课。苏军进驻后，小学陆续复课。11月后，刚刚组建的中共大连市委和民主政府在大力恢复生产、安定民生的同时，贯彻民族的、科学的、大众的新民主主义教育方针，开始创办人民教育事业，废止日本殖民统治时期的中小学教科书，由大连市教育局组织编写新教材，劳动人民子弟就学率得到极大提高。到1949年末，大连市有小学527所，在校生14.75万人，就学率86%，比“关东州”时期提高46个百分点；普通中学8所，在校生5581人；公私立幼儿园和工厂办托儿所13所，在园幼儿833人。庄河县、新金县、复县民主政府相继建立后，自1945年9月至1946年春，复县有170多所、庄河县有231所、新金县有193所小学陆续恢复开学。同时，庄河县联合中学、复县联合中学、新金县立中学相继建立。同时，民主政府组织农民开展了识字运动。1947年下半年和1948年，三县广泛开展了以支援解放战争和土地改革为主，扫盲识字为辅的冬学运动。1949年，复县、庄河县、新金县共有小学868所，学生183483人；中学4所，学生1583人。

中华人民共和国成立后，大连地区的教育事业呈现曲折发展。1957年上半年之前，教育事业发展兴旺，93%的学龄儿童实现就学。下半年开始“反右”斗争后，1690多名干部和教师被划为“右派”，严重挫伤了教师的尊严。1958年，在“大跃进”中开展了“教育大革命”，办学规模盲目扩大，师资水平和教学质量下降。经过1961—1962年的调整、整顿，教育事业恢复正常质量提高。1964年推行“半工半读、半农半读”两种教育制度、两种劳动制度后，1966年全市小学发展到4023所，其中耕读小学2524所。“文化大革命”时期，教育事业遭到严重破坏。城乡中小学实行九年一贯制，普通中学盲目发展，普通高校中断招生，1970年6月大连工学院和辽宁外语专科学校首先开始招收“工农兵学员”。

1978年中共十一届三中全会以后，大连教育经过恢复、整顿和改革，进入快速发展时期。调整教育管理体制，于1977年7月起，改变1969年起试行的“工厂管学，市、区统一领导”为县区直接领导，农村中小学由公社、生产大队分别领导改变为县区直接领导，县区和公社双层领导。改革办学体制，1985年全面实行各县区办高中、乡镇办初中、村办小学的“三级办学，分级管理”的体制。调整中小学学制，从1978年9月起，全市中小学学制由九年制改为十年制。恢复高考招生办法，1977年恢复高考招生，大连高校当年招收新生3884人。落实知识分子政策，平反冤假错案，1978—1984年5月，在城乡中小学教职工中平反和改正冤假错案4333件，其中改正错定“右派分子”1691件，恢复干部职务1722人。

第一节 幼儿教育

1946年6月，大连市妇女建国联合会办起大连光复后的第一所幼儿园，取名为三八幼儿园。中华人民共和国成立后，大连的幼教事业快速发展。1949年末，大连市（不含复县、庄河县、新金县）共有托幼园所22处，收托幼儿880人。1962年，旅大地区（含复县、庄河县、新金县）共有幼儿园170所，在园幼儿15587名。到1985年，全市城乡共有幼儿园1794所，在园幼儿140865名，教职工9406名。

一、民国时期的复县、庄河县幼儿教育

庄河县于民国6年（1917）在大孤山区立第二国民女校附设幼稚园1个班，于民国19年（1930）在区立第八小学附设幼稚园1个班。“九一八”事变后，1934年庄河县幼儿园增至4所，每所设保姆1人，收托幼儿三四十人。到1940年，全县共有幼儿园4所12个班，在园幼儿147人。复县于民国18年（1929）在复州湾煤矿创办1所幼稚园，至“九一八”事变后停办。另外，在民国14年（1925），满铁株式会社在复县创办幼稚园1所，专收日本幼儿，至1945年日本投降前停办。

二、大连光复至中华人民共和国成立后的大连幼儿教育

1945年8月大连光复时，原“关东州”幼儿园全部停办。1946年6月，大连市妇女建国联合会创办了大连光复后第一所公立幼儿园——三八幼儿园。1949年9月，大连育才学校附属大连育

才幼儿园和旅顺市立幼儿园成立。到1949年末，旅大地区共有托幼园所22处，收托幼儿880人。

中华人民共和国成立后，随着妇女解放，参加社会劳动的妇女越来越多，工厂、学校、医院、机关和县区陆续办起大小规模不等的托幼园所。1954年，全市各类托幼园所发展到269所，收托幼儿4902名。1957年，全市城乡较正规的幼儿园有91所，收托幼儿6752人，分别比中华人民共和国成立初的1949年增长22倍和29倍。1958年“大跃进”之后，随着人口迅速增加，农村、城区及各居民委员会几乎全都办起托幼园所（站），基层妇联、派出所组织起幼儿队。因设备、师资以及管理水平跟不上机构发展速度，保教质量低下。

中华人民共和国成立初期至1958年末，尚未划归旅大管辖的复县、新金县、庄河县，幼教事业发展较为缓慢。复县1957年有幼儿园5所，在园幼儿250人；新金县1957年9月在貔子窝（后改皮口）办起全县第一所幼儿园，收托幼儿80人。庄河县于1958年成立县立幼儿园，收托幼儿60名。

20世纪60年代初，幼教事业进行调整。到1962年，全市幼儿园减至170所，在园幼儿15587人；1965年又调整为166所，在园幼儿16270人。“文化大革命”期间，幼儿教育遭到严重破坏。教育部门所办幼儿园大多停办，厂矿企业所办园所大多变成纯福利机构。1977年以后，在“文化大革命”中遭受严重破坏的幼儿教育开始复苏。1978年，全市有幼儿园1234所，在园幼儿4.3万名；有教职工3948人，其中幼儿教师2674人。从1980年起，大连师范学校及14所职业高中先后开设幼师专业。从1982年起，全市幼儿园开始使用全国统编教材。从1983年起，幼儿园园长和教师由教育局组织培训，幼儿园保育员、保健医生和炊事员由卫生局组织培训。到1985年，全市有幼儿园1794所（班），在园幼儿140865人，有教职工9406人。市六一幼儿园、市政府机关幼儿园、中山区第一幼儿园、商业局星海幼儿园、石油七厂幼儿园、大连第一建筑工程公司幼儿园等幼儿园办园条件名列前茅。

1949—1985年部分年份大连市幼儿园基本情况表

表4-1

年份	幼儿园（所）	在园幼儿（人）	教职工（人）		年份	幼儿园（所）	在园幼儿（人）	教职工（人）	
			总计	其中教师				总计	其中教师
1949	4	303	80	14	1972	79	8711	—	449
1952	10	852	285	41	1974	81	10778	945	587
1953	16	869	570	—	1975	3892	92059	5505	4297
1955	45	2575	853	—	1976	6824	175816	9269	7252
1957	91	6752	—	363	1978	1234	43473	3948	2674
1958	948	41422	5968	—	1980	1434	88257	5518	3080
1959	474	58557	2109	—	1982	1363	91944	6169	3204
1960	3845	160978	—	4838	1984	1417	122530	8625	3426
1962	170	15587	—	—	1985	1794	140865	9405	4226
1965	166	16270	—	668					

附：日本殖民统治时期的“关东州”幼儿教育

“关东州”最早设立的日本人幼儿园是1907年4月由日本佛教寺院西本愿寺以慈善之名创办的私立大连幼稚园，当年收容满3岁至入学前幼儿82人。1908年，日本人又创办旅顺幼稚园。1913年，美国人利德尔（女）捐资创办新旅顺幼儿园。1914年以后，满铁在大连沙河口、寺儿沟、北公园（今北海公园）设立幼儿运动场，1922年改为幼稚园。“关东州”最早开办的中国人幼儿园是1922年4月由丹麦传道会旅顺基督教会设立的旅顺基督教信义会幼稚园，该园招收5～7岁中国儿童，入园不收费。1926年4月，中国商绅庞睦堂出资成立大连中华幼稚园（“九一八”事变后改称睦堂幼稚园）。1934年，大连本地人又开办了金州南金幼稚园、大连德纯家祠幼儿园。到1940年，“关东州”内共开办幼儿园20所，在园幼儿1456人，其中4所中国人幼儿园在园幼儿581人。

第二节 小学教育

13世纪中期，元代的大连地区始设儒学，儒学附设有小学及私家蒙塾。明清时期的大连，城乡基础教育的学校形式是社学、义学和私塾。明洪武年间，朝廷诏令设置社学，辽东地区多是“随卫建立”。清代，有金州贡生捐建义学的记载，而最为普遍的基础教育形式是私塾。清代遍布城乡的私塾，是少年儿童接受基础教育的主要场所。据史载，光绪三十二年（1906），复州、庄河厅皆有私塾200余处。

1840年鸦片战争后，清廷提出实行“废科举，兴学堂”教育改革，但教育制度改革未得真正实施。1898年和1905年，金州厅所辖旅大地区因先后被俄、日侵占，近代大连小学教育始被殖民化入侵。这个时期，旅大地区中国儿童的启蒙教育仍基本沿用传统的私塾形式，而在未被外敌入侵的复州、庄河厅则开始按新学制建立新式中小学堂，最早建立的是1905年在复州在横山书院旧址创建的官立复州高等小学堂。到1911年，复州、庄河厅共建新式初等小学堂173所、高等小学堂1所、两等小学堂8所。

1945年大连光复，各地民主政府相继建立后，城乡小学迅速建立并发展壮大。1946年末，旅大地区已建小学248所，到1949年增至527所，广大少年儿童有了极大的受教育机会。此后，在“教育大革命”时期因开展勤工俭学，在“文化大革命”时期因“停课闹革命”，小学教育教学质量受到很大影响。1978年中共十一届三中全会后，小学教育得到极大重视。全市有27所小学被列为省、市重点学校。1982年小学学制由5年改为6年。1984年，全市城乡已全部普及小学教育。1985年，全市有小学1531所，小学学龄儿童入学率达98.2%。全市约有70%的重点小学和中心小学办学条件达到《辽宁省普及小学教育规划》的基本要求。

一、民国初年至东北沦陷时期的复县、庄河县小学教育

民国元年（1912），中华民国南京临时政府教育部发布小学校令，规定小学校分初、高两等级。同年，奉天省私塾开始改组私立小学。1913年，复县共有小学171所，1915年庄河县共有小学280余所。1928年东北易帜后，复县和庄河县学龄儿童入学率明显提高。由张学良建立的“汉卿教育基金会”先后在复县、庄河县捐资建立3所新小学，即庄河新民小学、复县新民小学和新

华小学。

1931 年东北地区沦陷后，两县小学校全部停课或停办。到 1932 年，庄河县 340 余所区立初级小学仅有 150 余所复学，1933 年全县 2.3 万余名学龄儿童，入学率仅为 2% 左右。复县 1934 年有初级小学 452 所（含私立 4 所），就学率为 31.45%，比 1930 年下降 5.78 个百分点。

1937 年伪满洲国公布《新学制纲要》，自 1938 年 1 月起实行，标志着殖民奴化教育体制正式确立。两县初等、高等小学校据此分别改称国民学校、国民优级学校。复县（时属奉天省辖）1940 年末有公立国民优级学校、街（村）立国民学校、私立国民义塾 362 所，学生 37210 人，学龄儿童入学率为 41%。庄河县（时属安东省辖）1939 年有国民优级学校、国民学校、国民学舍、私立国民义塾 593 所，学生 24885 人。此外，庄河县还设有日本人在满国民学校 2 所，用于招收日本“开拓民”子女。

二、大连光复至中华人民共和国成立后的大连小学教育

1945 年 8 月日本投降后，旅大地区（原“关东州”范围）小学停课。苏军进驻不久，学校陆续开始复课，但复学率不足 20%。全地区（含大连、旅顺、金州）有小学 100 余所，学生 5 万人左右。同年，大连市政府、旅顺市政府、金县县政府、大连县政府相继成立后，在恢复生产、安定民生同时，全力组织小学生复学，并在城乡各地新建小学。到 1946 年末，旅大地区有小学校 248 所，在校生 6.3 万人。大连光复前，有私塾 202 所，学童 1 万人，约占当时小学阶段学生总数的 12%；大连光复后，随着公办小学迅速发展，私塾逐年减少，到 1949 年私塾基本绝迹。到 1949 年末，全地区有小学 527 所，在校学生 14.75 万人，有小学教师 3369 人。从大连光复到 1949 年，全地区小学生入学率逐年上升，适龄儿童入学率为 86%，比日本殖民统治时期的“关东州”时期（包括大连光复后划归辽南行政公署的新金县一部分和貔子窝）就学率提高 36 个百分点。其中大连市适龄儿童入学率 1945 年为 18.2%，1946 年为 33%，1947 年为 38.8%，1948 年为 61.4%，1949 年为 97.4%。

复县、庄河县、新金县于 1945 年 9—10 月相继建立民主政府后，接管全部小学。至 1946 年春，三县共 520 余所小学复课，学生 7 万余人。1946 年 11 月至 1947 年春季，国民党军一度占据三县，在人民解放军和国民党军相持作战期间，大多小学停课或时办时停。直到国民党退走三县，县、区、村各级小学才陆续复课。1949 年 4 月三县隶属辽东省，同年 9 月，三县共有小学校 868 所，学生 133483 人，教职工 2736 人。

中华人民共和国成立后，从 1950 年开始，贯彻“学校必须为工农开门”和“两条腿走路”的办学方针，旅大市实行 4 年制义务教育。到 1951 年，小学生就学人数 168055 人，其中劳动人民子女约占 84%。1953 年，根据“整顿巩固、重点发展、提高质量、稳步前进”的方针，减少小学 89 所，小学教育质量得到提高。1954 年，全市在校小学生 160491 人，入学率达 89%。至 1957 年，全市小学在校生增至 185241 人，学龄儿童就学率 93% 以上。1958 年，在“教育大革命”浪潮和人口增多的影响下，全市小学出现盲目发展，导致很多小学实行二部制，加之将劳动教育纳入教学计划，小学勤工俭学广泛开展，教学质量出现大幅下滑。1959 年 1 月新金县、复县、庄河县并入旅大市后，农村民办小学有很大发展。1960 年，全市小学在校生达到 623657 人，入学率为 96.5%。1961—1962 年，调整了发展速度，教学质量有所回升。1963—1966 年，根据中央大力发展耕读小学，加速普及小学教育的指示，全市兴办耕读小学 2524 所，较好地解决了广大农民子女入全日制小学问

1949—1985 年部分年份大连市小学基本情况表

表 4-2

年份	学校数（所）		学生数（人）		教职工数（人）	
	总计	其中原旅大地区	总计	其中原旅大地区	总计	其中教师
1949	1399	527	276967	147510	5931	3369
1953	1208	302	385964	171312	9595	5253
1958	1069	304	525014	208783	12000	5833
1959	1115	—	550735	—	—	—
1962	1247	—	476020	—	19776	15349
1966	4023	—	782240	—	—	20999
1968	1590	—	703799	—	—	—
1976	1581	—	620368	—	26532	23186
1978	1449	—	540072	—	24224	20545
1980	1503	—	527341	—	25373	21375
1982	1513	—	523169	—	26181	21913
1984	1522	—	514467	—	26202	21898
1985	1531	—	489296	—	26191	22362

说明：1966 年、1968 年的学校数包括耕读小学

题。1966 年农村小学普及率达 87.8%。1966 年“文化大革命”开始后，各小学校从下半年开始“停课闹革命”。其间大量创办“抗大”小学，城镇初中一年级学生大部分留在小学就读“戴帽初中”。

1976 年 10 月“文化大革命”结束，特别是 1978 年中共十一届三中全会以后，小学教育实施了一系列整顿和改革。1977 年 7 月，城镇小学教育管理体制由 1969 年实行的“工厂管学，市区统一领导”，改为由各区（县）直接领导。同年 9 月，“抗大”小学全部取消。1978 年 9 月，小学全部取消“初中”部分，全市确定省、市重点小学 27 所。1982 年起，全市小学取消二部制，学制由 5 年改为 6 年。1984 年，全市城乡普及小学教育，小学学龄儿童入学率达 98.6%，在校生年巩固率达 99.6%。1985 年，全市实行分级办学、分级管理体制，改革市内小学毕业生升初中办法，取消全市统考，毕业考试与升学考试一次进行，学生按学区就近上初中。是年，全市小学发展到 1531 所，其中城市 112 所，县镇 42 所，农村 1377 所；在校学生 489296 人，适龄儿童入学率 98.2%。旅大市实验小学、中山区解放小学、西岗区红卫小学、沙河口区中心小学、甘井子区周水子小学、旅顺口区九三小学、金县金州镇中心小学、新金县实验小学、复县延安小学、庄河县实验小学、长海县四块石小学等重点小学被确定为首批办好的省、市重点小学。

附：日本殖民统治时期的“关东州”小学教育

大连地区近代小学教育从建立伊始便带有殖民文化色彩。1898 年，沙俄在旅顺设立第一所小学——旅顺市立普希金初等学校，招收中国学生

40 名，实施殖民教育。1900 年，更名旅顺市立两级普希金学校。1899—1902 年，沙俄先后在貔子窝、金州、旅顺、大连建立4所俄清学校，为中国人学校。其中的旅顺俄清学校由旅顺市立初等普希金学校附设的中国特别班扩充为独立建制。

日本殖民统治时期，中国人初等教育学校主要是公学堂、普通学堂。光绪三十年（1904）5 月日军占领金州城后，于同年 12 月建起南金书院民立小学堂，1906 年 9 月改为官立，并更名为关东州公学堂南金书院。这是"关东州"内第一所较正规的中国人初等教育学校。1905 年，日本又分别在大连和旅顺设立大连公学堂（后改称大连伏见台公学堂）和旅顺学堂（后改称旅顺公学堂）。到 1917 年，共设立公学堂 7 所。公学堂是日本殖民统治当局对中国人子弟推行奴化教育的初、高两级小学。除公学堂外，日本殖民统治当局自 1910 年起，在农村、渔村设立了由私塾改造成的三年制蒙学堂或小学堂，后改为四年制初级小学——普通学堂。随着"关东州"人口的增多，学堂及其学生有所增加。1942 年公学堂有 20 所，学生 25650 人；普通学堂 126 所，学生 50460 人。1944 年，公学堂和普通学堂均改称公学校。到 1945 年 8 月日本投降前，"关东州"共有公学校 154 所（其中官立学校 21 所），在校生约 7.8 万人。

日本殖民统治时期中国传统的私塾教育，因被殖民当局认为推行奴化教育不力而受到限制，逐步退居次要地位。20 世纪初，旅大地区有 1 万余名儿童就学于 600 余所私塾中，其中金州最为集中，有 300 余所。日本侵占旅大后，1907 年"关东州"有私塾 561 所，在塾儿童 11807 人。到 1945 年，"关东州"仅有私塾 202 所，比 1907 年减少 359 所。但因殖民统治当局所建的公学堂、普通学堂满足不了学龄儿童就学要求，私塾教育形式仍得以继续存在，就学人数约占全地区小学生总数的 10%。

在日本殖民统治的 40 年间，中国儿童就读的初等学校除公学堂、普通学堂外，中国人按国内教育制度自办的私立小学极少。在 20 世纪 20 年代前后，所办学校不过十余所。学校虽少、校史较短，但多为先进知识分子所创办，具有鲜明的反帝爱国斗争精神。代表性学校有金州私立西小磨子公育两等小学校、大连中华青年会附属小学校、大连中华增智学校、大连中华三一学校等。金州私立西小磨子公育两等小学校创办于 1910 年春，创办人乔德秀，纂有《南金乡土志》乡土教材。大连中华青年会附属小学校创办于 1920 年 10 月，创办者为大连中华青年会，所用教材大多为商务印书馆和中华书局出版的中小学通用课本。1931 年"九一八"事变后，殖民统治当局强行将"大连中华青年会"改称"大连青年会"，学校也改称大连青年会附属小学校。1936 年又将学校改组为日中合办的私立明德公学校，教材改用公学堂教科书。大连中华增智学校创办于 1922 年 6 月，大连中华印刷职工联合会设于该校，是中国共产党地下活动场所之一。大连中华三一学校创办于 1922 年 12 月，大连《泰东日报》记者刘恂躬与夫人石三一创办。他们的公开身份是小学老师，白天教儿童读书，晚间办夜校教印刷工人学文化，讲革命道理。

在"关东州"内，中国人学龄儿童失学现象严重，其就学率 1912 年为 6.32%，最高年份的 1939 年为 51.3%，而且大部分只能读到初小毕业。殖民当局对日本人的初等教育则是最大限度地满足他们的就学要求，学龄儿童几乎都能受到 6 年或 8 年初等教育，1939 年日本人学龄儿童就学率达 99.88%，比已实行义务教育 50 年的日本本国同龄儿童就学率还高出 0.3%，而且大多数可以升学。

居住旅大地区朝鲜人，作为"鲜系"日本帝国"臣民"，其子弟也在日本人小学校就学。1940 年，在“关东州”内日本小学校就学的朝鲜儿童共有442人，入学率为93.93%。此外，日本人小学校中有极少数中国儿童就读，1945年约有200人。“关东州”内还开设欧美侨民子弟学校2所。

第三节 普通中学教育

1945年大连光复后，各民主政府贯彻新民主主义教育方针，创建与发展普通中学教育。到1949年中华人民共和国成立时，大连地区共有中学12所。20世纪50年代，中学教育出现波浪式发展。初中期，大连开始创办工农速成中学。“大跃进”时期教育规模盲目扩大，教育和教学水平不高。“文化大革命”期间，学校教育遭受严重破坏。1976年开始拨乱反正尤其是1978年中共十一届三中全会后，中学教育秩序逐步恢复正常。1978年，全市有13所中学被确定为辽宁省第一批重点中学。到1985年，全市有普通中学261所，在校生230260人，教职工21455人。

一、民国初年至东北沦陷时期的复县、庄河县中学教育

庄河中学教育始于清代末年。宣统元年(1909)，庄河厅创建大连地区第一所普通中学——庄河中学堂。民国元年（1912），庄河中学堂更名庄河县中学校。复县（包括今复县及新金县大部分）中学教育兴于民国初年。民国3年（1914），县政府于复州城内横山书院旧址创立县立中学校。民国12年（1923），庄河县和复县中学分别改称庄河县立初级中学、复县县立初级中学。1928年奉系军阀张学良宣布东北易帜后，奉天省始行国民政府的“三民主义”教育方针。民国18年(1929)，庄河县创设县立高级中学，成为奉天省5所县立高级中学之一。1929年，庄河县有公私立初级中学3所，其中公立2所；复县有公立初级中学1所。

“九一八”事变后，庄河县、复县中学教育陷于停顿。1932年3月伪满洲国成立后，在日伪当局强令下各中学相继复校，但在校生总数不及此前70%，到1934年始乃有所回升。1938年，伪满洲国实施旨在强化殖民奴化教育的新学制，废除两级中学，将普通中学分别改为国民高等学校和女子国民高等学校。对于日本殖民统治当局的奴化教育，爱国师生从未停止过抵制和反抗。由于庄河县教育局局长（也是庄河教育救国会会长）宋良忱拒绝使用伪满文教部编发的教材，庄河县立两级中学校直到1936年春，一直按原课程设置教学。1937年3月14日，宋良忱等5位爱国校长以“反满抗日”罪名被杀于沈阳南浑河岸边。

二、大连光复至中华人民共和国成立后的大连中学教育

1945年大连光复后，大连市政府于11月26日接管临时旅大金联合中学，改建为大连市立男子中学和大连市立女子中学。翌年4月，又将两校合并为大连市立联合中学（分男生部、女生部）；8月再将联合中学一分为三：大连市立高级中学（1947年4月改称关东高级中学，1948年3月又改为关东文法专门学校）、大连市立男子初级中学（1947年3月改为大连市立第一中学，并析出部分师生建起大连市第二中学）、大连市立女子初级中学（1948年10月改为大连市立初级师范学校）。1949年3月，新设立大连市第三中学。1945年12月，旅顺市创建旅顺市立中学，金县政府接管南金中学校，翌年3月改建为金县县立中学（后易名金县县立第一初级中学），同时将三文中学改建为县立第二中学（后易名金县县立第二初级中学）。1948年3月，金县增设县立第三

初级中学，大连县创建大连县立中学。到1949年末，大连市、旅顺市、金县、大连县共有普通中学8所，学生5581人，教师311人。

1945年9—10月，尚未划归市的庄河县、新金县、复县分别建立民主政府后，中学教育也有较快发展。1945年12月，庄河县政府组建起庄河县联合中学（校本部设在庄河镇，分部设在大孤山镇）。1946年3月，复县政府于瓦房店镇成立复县联合中学。同年4月，新金县政府于貔子窝镇创建新金县县立中学校。1946年10—11月，国民党军队占据庄河、新金、复县后，在庄河陆续恢复省立大孤山中学校、省立大孤山女子初级中学校、省立庄河中学校、省立庄河女子中学校等一批伪满时期中学校，又在复县先后设立耀湘高级中学、辽宁省复县初级中学、复州城士达中学等。1947年6月，国民从庄河县、新金县、复县撤退后，三县的中学教育逐步恢复。1948年4月，辽南建国学院附中在复县成立（后几易其名，1949年3月定为辽宁省立复县第一初级中学）；同年10月，复县在复州城设立县立初级中学（1949年5月更名辽东省立复县第二初级中学），新金县立中学校、庄河县联合中学也相继正式复课。到1949年9月，三县共有中学4所，在校生1466人。

到1949年末，大连地区（包括旅大地区和尚未划归旅大市的庄河县、新金县、复县）共有中学12所，学生7047人，教师325人。

中华人民共和国成立后，中学教育迅速发展。为提高工农子女的就学率，1950年创办了大连工农速成中学，翌年被东北教育部定为重点中学。1952年为适应经济建设高潮的到来，旅大市和庄河县、新金县、复县的普通中学增加到32所，在校生27579人，分别比1949年增加20所、20532人。1953年高中教育得到重点发展，1953—1956年，高中学生数年均增长39.6%，增幅比初中学生数年均增长高26.2个百分点。1953年，大连中学（后易名大连第一中学）和旅顺中学（后易名旅顺第一中学）被确定为国家重点中学。

1958年“大跃进”，教育规模盲目扩大。旅大市和庄河县、新金县、复县普通中学由1957年82所增至126所，在校生由73271人增至82540人，超越了国家财力、师资、设备和校舍的承受限度，教学质量明显下降。1961—1962年，贯彻中央提出的“调整、巩固、充实、提高”方针，对中学教育适当压缩规模，调整布局，减缓发展速度，教育质量开始回升。1964年起，实行全日制和半工（农）半读“两种教育制度、两种劳动制度”后，1965年有7所普通中学改为带有职业教育性质的半工（农）半读初中。是年，城市有

1945年10月至1949年10月旅大地区中学教育基本情况表

表4-3

年度	学校数（所）				学生数（人）				合计	
	大连市	旅顺市	金县	大连县	大连市	旅顺市	金县	大连县	学校数（所）	学生数（人）
1945	2	1	1	—	1333	207	260	—	4	1800
1946	3	1	2	—	1495	207	320	—	6	2022
1947	3	1	2	—	1624	448	575	—	6	2647
1948	2	1	3	1	2138	719	1007	247	7	4111
1949	3	1	3	1	2434	977	1794	376	8	5581

1949 年 10 月至 1985 年 10 月旅大地区中学教育基本情况表

表 4-4

年度	学校数（所）		上学年末实际毕业生数（人）		本学年初入学新生数（人）		在校生数（人）		教职工数（人）	
	总计	其中高中	总计	其中高中	总计	其中高中	总计	其中高中	总计	其中专任教师
1949	12	—	619	—	3133	—	7047	—	325	—
1952	32	—	2583	—	16837	—	27579	—	115	—
1957	82	—	21052	—	28642	—	73271	—	2680	—
1958	126	28	18137	—	44004	—	82540	—	3098	—
1962	149	42	20128	4302	32597	3751	75262	11670	5704	3956
1966	863	—	—	—	—	—	154379	—	7071	—
1968	299	—	—	—	—	—	136762	—	6935	—
1976	495	265	199347	81689	271044	107968	430364	182057	25650	21151
1977	331	265	146649	67982	233121	64357	478318	158869	27968	23874
1978	344	222	116516	62098	101934	—	429527	71949	25431	21130
1979	349	216	166261	45675	164643	71391	379596	92265	24644	20318
1985	261	73	64537	14110	91235	14081	230260	43634	21455	15045

说明：1.1958 年学校数、在校生数，不包括农业中学、职业中学校数、在校生数

2.1966、1967 年校数、在校生数，均包括农、职业中学校数、在校生数

3.1966—1971 年表中前三项，系无准确数字

4. 历年数字均为全地区口径，包括部分年份尚未划归旅大市的庄河县、新金县、复县

民办中学 30 所，在校学生 1.8 万人；有普通中学 127 所，在校生 105672 人。中等教育结构逐步趋于合理。“文化大革命”期间，普通中学教育遭受严重破坏。1966 年下半年，全市中学陆续“停课闹革命”，学生开始“大串连”。1968 年 8 月起，1966—1968 届城市初、高中毕业生，除极少数留城市进工厂外，其余被安排到旅大市、丹东市、盘锦地区农村“接受贫下中农的再教育”。

1976 年，开始教育领域拨乱反正。1977 年 7 月，中共旅大市委决定，改变“工厂管学，市区统一领导”体制，中小学由各区（县）直接领导。1978 年中共十一届三中全会后，贯彻“调整、改革、整顿、提高”方针，中学教育逐步恢复正常的教学秩序。1979 年，进一步整顿校风校纪，加强遵纪守法和共产主义道德品质教育，下大气力转化劣迹生、后进生，动员长旷生返校。同年，建立旅大市工读学校。1978 年 2 月，辽宁省革命委员会批准大连市 13 所中学为省第一批重点中学，1979 年 7 月增至 14 所。这些重点中学是：大连市第一中学、大连市第八中学、大连市第二十高级中学、大连市第二十三中学、大连市第二十四中学、辽宁师范大学附属中学、大连市旅顺中学、瓦房店高中、庄河高中、大连市实验中学、金县二中、金县三中、新金县二中、长海一中。1980 年，全市有中学 277 所，教师 1.7 万余人，学生 30 万人。全市普通高（完）中减至 107 所，其中市内 31 所。

1985年大连市部分重点中学基本情况表

表 4-5

学校名称	创建年份	始　称	主要变更情况	改现名年份
大连市第一中学	1952	大连第六初级中学	1952年9月与大连第二高级中学合并为大连中学 1985年由完全中学改为高中	1954
大连市第八中学	1952	大连第八初级中学	1956年改为完全中学	1956 重点中学
大连市第二十高级中学	1947	大连市立第一中学	1951年先后改为大连中学 1952年8月改称大连第一高中	1958
大连市第二十三中学	1948	大连县立中学	1950年改为大连第三初级中学 1958年改为完全中学	1958
大连市第二十四中学	1956	大连第二十四初级中学	1956年由大连育才学校和大连第四初级中学合并而成 1960年设高中班，改为完全中学	1960
辽宁师范大学附属中学	1952	大连第十初级中学	历称大连师专附属中学、大连师范学院附属中学、辽宁师范学院附属中学、大连第四十六中学	1983
大连市实验中学	1982	旅大市教育学院附属中学		
大连市旅顺中学	1945	旅顺市立中学	历称旅顺第一初级中学、旅顺中学、旅顺第一中学、旅大市第五十四中学	1985
瓦房店市高级中学	1914	复县县立中学校	1923年改称复县县立初级中学 1948年为辽南建国学院附属中学 以后历称辽宁省瓦房店初级中学、辽宁省省立师范学校、辽东省复县第一初级中学 1956年改为辽宁省复县高级中学 1958年改为复县高级中学	1985
庄河县高级中学	1911	庄河厅中学堂	1913年更名庄河县中学校 1929年改为庄河县立两级中学 之后历称辽东省庄河第一初级中学、辽宁省庄河县初级中学、庄河县中学、庄河县高级中学、庄河县实验中学、庄河县第二中学	1978

1981、1982年分两批将高中学制由2年改为3年。1985年,全市有普通中学261所,在校生230260人,教职工21455人,其中专任教师15045人。

附:日本殖民统治时期的“关东州”中学教育

日本殖民统治时期的“关东州”内大连中学教育分为“日本人教育”和“中国人教育”。

第一所日本人普通中学校是建于1909年的关东都督府中学校(后改称旅顺中学校、旅顺第一中学校)。1910年又建立关东都督府高等女学校(1914年9月改称旅顺高等女学校)。到1931年“九一八”事变前,共建立日本人中学校7所。“九一八”事变后,随着日本人大量移入,日本人普通中学校再增5所。到1945年日本投降前夕,“关东州”内有日本人普通中学12所,其中中学校5所、高等女学校7所,共228个班,在校生11352人,有教员339人。在日本人普通中学里有少数中国学生就读,1936—1945年10年间,大连市立、私立日本人中学共招收中国学生455名。

中国人普通中学最早建于20世纪20年代初。1921年4月,关东厅在日本人学校——旅顺中学校内设一个中国学生班,1924年4月,中国学生班析出,独立设校,定名为旅顺第二中学校,为中国人中学校。1932年4月,该校与旅顺师范学堂合并为旅顺高等公学校,分中学部与师范部。1944年有12个班,在校生500余人。

“关东州”内唯一的中国人女子普通中学——官立金州女子高等公学校开办于1939年4月,从“关东州”全境招收公学堂高等科毕业的女学生,当年有在校生102人,教职员7人。到1945年,共招收7届学生,毕业近300人,有在校生近400人,教职员32人。除4名满语教师外,全是日本人。

“关东州”日本人中学校、高等女学校采用的都是日本文部省编纂的国定教科书,并采取“地方化”“乡土化”办法,着力培养“作为帝国开发大陆的先驱者”。“九一八”事变后,随着殖民统治的进一步强化,“以满蒙为家”的教育和训练渗透到教育教学的全过程中。1941年太平洋战争爆发后,日本殖民统治当局更加快了将“关东州”“归顺于皇国之道”的步伐。于1944年起,将普通中学和实业学校统一为高等公学校,但中国人受教育人数与日本人形成极大反差。1944年,“关东州”有中国人141.2万人,日本人23万人,人口比例为6.1 : 1;1945年,“关东州”有日本人普通中学12所,在校生11630人,中国人普通中学仅2所,在校生800余人。中国人与日本人在校生之比为1 : 12.6。

第四节 中等师范与职业技术教育

1945年大连光复之初,各民主政府通过举办讲习所和在中学附设师范部(科)或师范讲习班等形式培训中小学师资。中华人民共和国成立之前,旅大市先后成立大连市立初级师范学校、旅大高级师范学校,两所学校和各市县中学附设的师范部于1949年9月合并,成立旅大师范学校。中华人民共和国成立后,大连的中等师范教育快速发展。1959年1月复县、新金县、庄河县在划归旅大市管辖前,也分别先在中学校附设师范专业班,后改建师范学院。“大跃进”时期,全市师范教育规模过快膨胀,到1960年,建起十余所简易或速成师范学校、初级幼儿师范学校。1962年下半年,经过调整,旅大师范学校和复县师范学校得以保留,市内各区办初级幼儿师范学校被撤销，其他师范学校并入保留的2所学校。“文化大革命”期间，师范教育遭到破坏。1969年4月，复县师范学校被解散。1970年，旅大师范学校恢复招生。1978年中共十一届三中全会后，师范教育得到重视。不久，复县师范学校恢复建立，旅大师范专科学校、大连师范学校、大连幼儿师范学校相继组建。同时，市委、市政府出台政策，鼓励优秀大学毕业生和选调优秀教师到师范学校任教。到1985年，大连共有正规师范学校3所，分别是大连师范学校、复县师范学校（1981年易名大连瓦房店师范学校）和大连幼儿师范学校。

日本殖民统治时期，殖民当局出于奴化教育需要，对中国人较侧重职业性教育。开设的课程主要有商业、农业、实业、工业等。殖民当局为日本人设立的职业学校，其规模和规格则高于中国人职业学校。1945年大连光复前，“关东州”有中国人职业学校7所（不含师范学校），日本人职业学校4所。1945年大连光复之初，一些企事业单位为培养急需专业人员和技术工人，办起短期的中等职业技术学校和专业学校（班）。中华人民共和国成立后，为适应经济建设对人才的需求，加快发展了中等职业技术教育。1949年，旅大地区中等专业学校（班）和技术学校（班）共有16所（个）。1958年“大跃进”时期，中等职业技术学校骤然增多，各县区创办农业中学216所。1960年，全市中等专业学校和技工学校增至111所。后经整顿，到1962年多数学校已停办或合并。1965年推行“两种劳动制度、两种教育制度”后，全市有半工（农）半读中等专业学校79所；1966年，全市有半工半读技工学校31所。“文化大革命”期间，中等专业学校和技工学校受到冲击。1978年中共十一届三中全会以后，大连市开始进行中等职业教育结构改革。1979年大连重型机器厂子弟中学改办为全市第一所职业高中。1984年创办中国第一所女子职业高中。到1985年，职业高中发展到119所，在专业设置上形成了以信息、商贸、金融、财会、旅游服务为主体的结构布局。

一、中等师范教育

民国初年至东北沦陷时期的复县、庄河县中等师范教育 庄河县和复县的师范教育始于民国元年（1912）。复县最早建立师范学校于1912年。是年，建有4年制师范学校1处，1年制师范养成所1处。此后，又建师范养成所、传习所、讲习所、教育研究所等多处，以此培养小学教员。到民国18年（1929），全县有公立师范学校2所，共有在校生161人。东北沦陷后，民国22年（1933），复县有县立师范学校和县立女子师范学校各1处。民国26年（1937），县立师范学校迁至瓦房店。民国27年（1938），师范学校改称师道学校。民国30年（1941），在瓦房店成立奉天省立瓦房店师道学校，1945年大连光复之前，有在校生450人。

庄河县于民国2年（1913），在庄河县中学校附设师范讲习科。民国6年（1917），成立庄河县立师范学校。民国8年（1919），在大孤山镇建立县立女子师范讲习所。民国13年（1924），在庄河师范学校设国民师范学校，与其他师范校（所）1～2年的学制不同，该校学制5年。民国20年（1931），在庄河镇下街建成县立女子师范学校。“九一八”事变后，民国22年（1933），庄河师范学校按新制师范招生，招3年制1个班，学生42人。民国24年（1935）、25年（1936），按新制又分别招1个师范班，共招66人。

大连光复至中华人民共和国成立后的大连中等师范教育 大连光复之初，中小学师资培训是通过办师范讲习所、在学校附设师范部（科）或师范讲习班来完成的。1945年12月，大连市教育局最先在大连市立女子中学校开办师范讲习所，该讲习所翌年并入旅大建国学院，改为该学院附设师范讲习班。1947年4月关东公署成立（统辖大连市、旅顺市、金县、大连县）后，同年9月，关东高级中学附设师范部。翌年，关东高级中学改为关东文法专门学校，设师范科。1948年3月，大连市立女子初级中学附设师范班，同年10月，大连市立女子初级中学改为大连市立初级师范学校。旅顺市立中学、金县县立第一初级中学也同时附设师范班。1949年5月5日，关东文法专门学校改为旅大高级师范学校，同年9月16日，旅大行政公署将旅大高级师范学校、大连市立初级师范学校和各市县中学附设的师范部合并，成立旅大师范学校。是年，旅大师范学校有教学班20个，在校生993名。

中华人民共和国成立后，随着国家经济建设步伐加快和中小学教育事业迅速发展，1952年成立金县简易师范学校，1953年又将其撤销。同年，应届中师毕业生全部进入高等师范院校专科学习，以培养为中学师资。旅大师范学校从1949年9月建校到1956年，共培养毕业生1953人。

1959年1月复县、新金县、庄河县划归旅大市管辖前，复县师范教育所占比重较大。1946年，复县联合中学最早附设师范班。1948年，辽南建国学院附设师范班，瓦房店初级中学改为辽宁省师范学校（1949年改为辽东省立复县第一初级中学，附设短期师范班）。中华人民共和国成立后，1951年成立辽东省立复县师范学校。1956年，复县师范学校改为中师。新金县于1949年春在县立中学校附设师范2个班，翌年改为师范部。1952年，成立新金县初级师范学校，后撤销。庄河于1948年4月在县联合中学附设师范班。1952年2月，在青堆子镇成立庄河师范短训班，后易名庄河县初级师范学校，1954年停办。

1958—1960年，师范教育出现“大跃进”，规模过快膨胀，除旅大师范学校和省属复县师范学校外，又先后成立大连简易师范学校、金县速成师范学校等7所学校，金县还开办金县师范大学。1960年，市内各区成立初级幼儿师范学校，分别招收小学毕业生100～200人。因师资、设备等条件无法适应过快发展速度，加上生源不足，一部分新生质量较低，教育质量明显下降。

1962年11月，根据中央“调整、巩固、充实、提高”方针，旅大市除保留1957年旅大师范学校和复县师范学校外，将旅顺师范学校并入旅大师范学校；金县、新金县、庄河县师范学校并入复县师范学校；长海县师范学校停办。市内各区办初级幼儿师范学校相继撤销。调整后，全市师范在校生1614人，比1957年1954人减少17.3%；比1961年6057人减少73.3%。调整中，复县师范学校由省属学校下放为旅大市属学校。

“文化大革命”期间，大连的师范教育遭到严重破坏。1966年师范学校停止招生，学生“停课闹革命”。1969年4月，复县师范学校被解散。1970年，旅大师范学校恢复招生。

1978年中共十一届三中全会后，中共旅大市委、市人民政府于1978年12月，以旅大师范学校为基础，组建旅大师范专科学校。1979年9月，重新组建中等师范学校，命名为大连师范学校。复县师范学校于1978年恢复正常秩序，1981年易名大连瓦房店师范学校。1984年新建大连幼儿师范学校。至此，相对稳定、适应小学和幼儿教育发展需要的中等师范教育办学规模和格局基本形成。市教育局确定3所中等师范学校的办学任务是：大连瓦房店师范学校，主要面向农村办学，为瓦房店市和金县、新金县、庄河县培养小学师资；大连师范学校，承担培养市内4区、旅顺口区和长海县小学师资任务；大连幼儿师范学校，为全市城乡培养幼儿教育师资。1979—1985年，大连市中等师范教育有毕业生3294名，绝大部分分配到全市城乡小学和幼儿园任教。其中1985年在校生2343名。

附：日本殖民统治时期的“关东州”中等师范教育 中国人师范教育。最早设立于1908年6月，为旅顺公学堂附设师范科。1909年5月，金州公学堂南金书院附设补习科师范科（1914年改为速成科师范部）。这是日本殖民统治当局为改造和限制当时遍布城乡的、被认为“与关东州始政以来的精神背道而驰”的私塾，同时为在农、渔村建立符合殖民统治要求的蒙学堂培养师资。这是日本殖民统治当局最早对中国人师范教育设置的机构。1916年3月，旅顺高等学堂成立，关东都督府先后将旅顺公学堂师范科和金州公学堂南金书院速成师范部并入其中，组成旅顺高等学堂师范科。1918年4月，旅顺高等学堂撤销，该校师范科改建为独立设置的旅顺师范学堂。1932年4月，旅顺师范学堂和旅顺第二中学校合并组成旅顺高等公学校，设中学部和师范部。1944年4月，旅顺高等公学校师范部改建为独立设置的旅顺师范公学校。到1944年，中国人师范教育历时30余年，其学制已从最初旅顺、金州公学堂时的1年改为5年。日本殖民统治者对中国人师范教育实行的是奴化教育，具体表现为“同化教育”。曾任旅顺师范学堂堂长的津田元德在1926年《南满教育》特别号发表的《关东州内师范教育的回顾》一文中即赤裸裸地写道：“高等学堂时代，是以同化主义为根本方针的，称日语为国语，按日本读法念汉文，不上军体与柔、剑道课，特别是不学历史。”“这些都是同化主义教育的明显特色。”

日本人师范教育。日本殖民统治初期，“关东州”日本人小学校和中国人公学堂的日本教员，都是从日本国内招聘现职人员充任。随着学校逐年增多，从日本国内招聘已难以满足需要，遂逐步转为就地培养。1920年4月，在旅顺师范学堂附设小学校教员养成部。1929年，在旅顺高等女学校设补习科乙部，培养日本小学校教员。“九一八”事变后，大量日本移民涌入东北地区，使日本人小学校猛增（20世纪30年代中期，日本人小学校在中国东北地区共有300多所，1944年增至908所），急需大量教员。1936年，“关东局”设立直属旅顺师范学校和旅顺女子师范学校，统称“关东师范学校”。旅顺女子师范学校由原旅顺高等女学校附设的专门培养小学校教员的补习科乙部改立，仍设在旅顺高等女学校内。1943年3月，旅顺女子师范学校并入旅顺师范学校，为女子部。

二、职业技术教育

民国初年至东北沦陷时期的复县、庄河县中等职业技术教育 复县职业教育学校大致始于清末民初。1911年，复州城南门外设有艺徒半日学堂。民国10年（1921），复县长兴岛建有县立乙种商业学校。此后有多所小学附设商科、蚕桑科、瓷业科等。民国14年（1925），复县苗圃蚕桑传习所改办为复县公立蚕桑小学。民国15年（1926）后，因经济不景气，职业学校大部停办。民国19年(1930)，庄河县在庄河镇建庄河县立职业(工科)学校，设纺织班、染色班。不久，又在大孤山镇建立庄河县立大孤山商业学校，设商业会计专业；在庄河镇建立庄河县立实业学校，开设裁缝班、烹饪班。此外，在复县瓦房店有一日本控制的满铁附属地学校——瓦房店实业补习学校。南满铁路贯穿复县县境中央，沿线为满铁瓦房店铁道附属地（旧市街）。1910年，日本殖民统治当局开办这所学校，对满铁青年铁路员工进行实业知识与技能教育。

大连光复至中华人民共和国成立后的大连中等职业技术教育 1945年大连光复后，随着生产的恢复和发展，一些工厂和事业单位先后办起中等技术学校和专业学校（班）。全市第一所技工学校是1946年4月成立的大连市立护士学校。到1949年，旅大地区中等专业（技术）学校（班）共有16所（个），多数学校（班）在完成本部门急需人才培养任务后即停止办学。

中华人民共和国成立后，大连继续发展中等职业技术教育。20世纪50年代初，大连铁路工厂技术学校、大连船渠青年技术学校等学校先后改称技工学校；大连市公安总局警察学校改为公安干部学校，同时新建一批学校。1952年旅大地区中等专业学校和中等技术学校计有10所。到1956年，旅大地区已对中等专业学校和技工学校分别进行统计，当年有中等专业学校6所，在校学生4855人；有技工学校6所，在校生2450人。6所中等专业学校分别是大连化学工业学校、大连水产学校、大连海运学校、旅大卫生学校、大连医学院附设卫生学校、旅大工业学校；6所中等技工学校分别是大连机车车辆工厂技工学校（原大连铁路工厂技术学校）、大连造船厂技工学校（原大连船渠青年技术学校）、大连起重机厂技工学校、东北石油公司七厂技工学校、大连通用机械厂技工学校、大连化工厂技术学校。

“大跃进”开始后，大连地区开始大办中等专业学校和技工学校。至1960年，中等专业学校增至47所，技工学校增至64所。1964年，大部分技工学校移交教育部门管理。1964—1965年，在“两种教育制度、两种劳动制度”方针指导下，全市开始推行半工（农）半读的教育制度。许多部、省、市属厂矿企业和一些事业单位迅速办起一批半工（农）半读中等专业学校和技工学校。1965年，全市有半工（农）半读中等专业学校79所；1966年4月，改成半工半读的技工学校31所。“文化大革命”时期，中等专业学校和技工学校全部“停课闹革命”。1971年后，大连铁路卫生学校、大连海运学校、旅大工业学校等部分中等专业学校才陆续重新招生。1972年部分技工学校恢复办学。

1976年以后，普通中等专业学校迅速恢复正常教育教学秩序。1977年，随着高考制度恢复，大连海运学校、大连铁路卫生学校、旅大工业学校、旅大水产学校、大连电子工业学校、旅大金州纺织学校6所学校第一批恢复全国统一招生。此后至1985年，大连体育学校、辽宁省人民警察学校、大连商业学校、旅大卫生学校、辽宁省农业机械化学校、辽宁省对外贸易学校、大连财经学校、大连市人民警察学校、大连市轻工业学校、大连医学院附属卫生学校、大连艺术学校、大连电力经济管理学校等学校或恢复建立或新建并且招生。1978年，移交教育部门管理的技工学校重新划归劳动主管部门管理。1985年，全市中等专业学校19所，在校生9070人，教师1037人。

大连的职业中学教育始于20世纪50年代末。1958年，为满足农村大批小学毕业生升学要求，县区创办农业中学216所，招生15032人。这是大连市首批创办的由政府教育部门统一管理的农业职业中学教育。三年困难时期，学生流失甚多。到1961年，全市农业中学减至49所，在校生减至3725人。随着经济形势逐步好转，1964年农业中学又发展到484所，在校生2万余人。与此同时，1958年以厂矿为主创办的具有半工半读性质的职业中学和职业学校有29所，在校生5239人。1961年中央提出“调整、巩固、充实、提高”方针后，多数职业学校停办，有的并入技工学校。1964年，针对城区有1万多名高小毕业生不能升入公办中学情况，采取教育部门办、其他部门办、民办形式，全市举办职业中学33所。1965年推行“两种劳动制度、两种教育制度”后，全市创办和改办半工（农）半读中学32所，农业中学712所。1966年“文化大革命”开始后，全部农业中学和大部分城市职业学校被改办为普通中学。

中共十一届三中全会后，1979年始兴社会力量办职业高中。1979年大连重型机器厂子弟中学改办为全市第一所职业高中。到1982年，全市共创办和改办职业高中18所（含普通中学附设职业

1949—1985 年部分年份大连市中等专业学校基本情况表

表 4-6

年度	学校数（所）	毕业生数（人）	招生数（人）	在校生数（人）	教师数（人）
1949	6	—	260	1743	—
1952	10	330	1277	4284	217
1957	9	944		5279	583
1960	45	1892	7195	15518	1203
1962	10	2996	197	2644	546
1980	12	—	—	—	—
1981	13	1656	1970	5048	787
1982	15	1546	2230	5745	931
1983	15	2014	3021	6729	987
1984	17	2329	3279	7634	1042
1985	19	2234	3712	9070	1037

说明：1.1966—1970 年学校“停课闹革命”

2.1971—1976 年有 4 所学校招收工农兵学员 3500 人

1980—1985 年大连市职业高中教育发展情况表

表 4-7

年度	学校数（所）		毕业生数（人）	招生数（人）	在校学生数（人）		教职工数（人）	
	总计	其中农业中学			总计	其中农业中学	总计	其中专任教师
1980	29	25	—	—	5242	3060	234	155
1981	42	29	—	3187	5058	1939	457	298
1982	48	30	1128	3826	6429	1626	604	392
1983	50	29	2133	4779	7968	1624	779	585
1984	81	36	3160	9613	14129	3289	1254	928
1985	119	20	2425	10737	21061	1713	2386	1486

说明：1.1984 年前学校数包括普通中学附设职业班学校

2. 表中数字不含招高中毕业生数

班的学校 10 所）；有农业中学 30 所。1984 年，创办了中国第一所女子职业高中。到 1985 年，全市职业高中发展到 119 所，当年招生 10737 人，在校学生 21061 人，教职工 2386 人，其中专任教师 1486 人。至此，职业高中在专业设置上形成了以信息、商贸、金融财会、旅游服务为主体的结构布局。

附：日本殖民统治时期的“关东州”中等职业技术教育日本侵占旅大后，出于殖民统治和经济掠夺需要，殖民当局对中国人侧重低层次和职业性教育。殖民统治初期，没有独立设置职业学校，只在普通教育公学堂开设职业教育课程。1915 和 1918 年，先后在金州公学堂南金书院和大连公学堂分别附设农业和商业补习科。在此基础上，于 1923 年同时设置大连商业学堂和金州农业学堂，其后又开设包括师范在内的 6 所职业性学校。日本殖民统治当局对日本人的职业教育十分重视，为日本人子弟设立规模和规格高于中国人的职业学校。因“关东州”内日本小学毕业生大多以升入普通中学、大学为目标，中等职业学校与普通中学相比数量不多，但学生总数多于中国学生。1945 年大连光复前，“关东州”有中国人职业学校 7 所（不含师范学校），学生总数 2237 人；有日本人职业学校 4 所，学生总数 3050 人，其中日本学生 2975 人。

除职业学校外，日本殖民统治当局对日本青年还实施补习教育和军事教育。1934 年“关东州”有青年训练所 5 所，1937 年有满铁实业补习学校 5 所。1942 年有青年学校 15 所（青年学校为 1935 年以后由补习学校和青年训练所合并成立）。

第五节 普通高等教育

1945 年 8 月日本投降后，中共旅大地委于 1946 年 9 月 5 日创立了大连光复后的第一所高等学校——旅大建国学院。到 1949 年中华人民共和国成立前，大连地区共创办高等学校 8 所，其中旅大地区（包括大连市、旅顺市、金县、大连县）有 7 所高等学校，时归辽南行政公署管辖的复县有辽南建国学校。这些院校为支援解放战争和中华人民共和国的诞生培育了大批人才。旅大建国学校从创立到 1947 年 7 月停办，在不足一年的时间里，共培训学员 1607 名。创办的关东工业专门学校、关东医学院、关东俄语专门学校等，奠定了中华人民共和国成立后大连地区发展正规化高等教育事业的基础。

中华人民共和国成立后，大连的高等教育在曲折中发展。在国民经济恢复时期，高校的主要任务是面向工农和培养俄文人才，院校进行了适度整合。在全面进行社会主义革命和建设时期，高校招生规模显著扩大，1957 年在校生由 1952 年的 4478 人增至 8815 人。20 世纪 50 年代末开始的“反右派”斗争和“大跃进”时期，普通高校教育出现冒进现象，1960 年，全市高等院校由 1957 年的 5 所增至 14 所，本专科在校生增至 19545 人，教学质量不能保证。20 世纪 60 年代初，在“调整、巩固、充实、提高”方针指导下，教育规模得以压缩。1966 年“文化大革命”开始后，无政府主义思潮泛滥，高校开始“停课闹革命”，高等教育受到严重冲击。1976 年拨乱反正，尤其是中共十一届三中全会以后，大连的高校加快恢复、整顿、改革步伐，高等教育呈现快速、健康发展局面。1977 年，中断 11 年的高考招生制度得到恢复，当年春秋两季共招收新生 3884 名。到 1985 年，全市 14 所全日制普通高等院校共有在校本专科大学生 3 万余名。40 年间，各高等院校共培养大学毕业生和研究生 10 万余名。

一、大连光复至中华人民共和国成立前的大连高等教育

自 1945 年大连光复到 1949 年中华人民共和国成立前，旅大地区（包括大连市、旅顺市、金县、大连县）先后创办 7 所高校。1946 年 9 月 5 日，大连光复后的第一所高校——旅大建国学院创立。之后，又创办了关东工业专门学校、关东电气工程专门学校、关东医学院、关东俄语专门学校、

关东文法专门学校5所学校。关东工业专门学校、关东电气工程专门学校时归东北军区领导（关东工业专门学校建立之初为市属院校，1948年5月改由东北军区领导，由大连建新公司代管），其余均归市（地）管理。1949年4月，在前4所高校基础上建立的大连大学正式开学。到中华人民共和国成立后的1950年，共有在校生1481人，教职工739人，其中教师192人。除此之外，1947年7月，在复县瓦房店创办有辽南建国学校，时归辽南行政公署管辖。

二、中华人民共和国成立后的大连高等教育

中华人民共和国成立后，普通高等院校通过调整不断规范。1950年7月，大连大学建制撤销，所属工业专门学校、医学院、俄语专门学校分别独立建校，成为大连工学院、大连医学院、大连俄文专科学校。1951年11月，旅大师范专科学校创办，1956年改称大连师范专科学校。1953年，中央第一机械工业部创办大连工业俄文专科学校，1956年改称大连外国语专科学校。除创办高校外，还有高校从外地迁至大连。1950年春，东北商船专科学校由沈阳迁至大连，8月改称东北航海专门学校，1951年5月又改名东北航海学院。1953年3月，上海航务学院和东北航海学院合并，组建大连海运学院，同年11月福建航海专科学校并入该院。到1957年，大连地区共有高等院校5所，本专科在校生8815人，学生数比1952年增长50.8%。

1958年“大跃进”运动开始后，旅大高等教育也开始冒进，办学规模大起大落。1958—1960年3年间，全地区新增大连铁道学院、大连水产专科学校、辽宁财经学院等高等学校10所。到1960年，新建院校加上原有4所学校（原本5所高校中的大连外国语专科学校1958年并入大连师专，同年大连师专改称大连师范学院，1960年又改称辽宁师范学院），14所高校本专科在校生共有19545人，比1957年增加1万余人。1962年开始，根据教育部“缩短战线、压缩规模”的指示，对1958年至1960年新建院校进行整顿，3年内撤销7所高校。1964年又增设大连日语专科学校。至1966年5月，全地区共有8所高等院校，它们全部为省、部属院校，分别是大连工学院、大连海运学院、大连铁道学院、大连水产专科学校、辽宁财经学院、大连医学院、辽宁师范学院、大连日语专科学校，共有本专科在校生

1946—1949年大连地区高等教育学校情况表

表4-8

学校名称	创办时间	变更情况	备注
旅大建国学院	1946年9月	1947年7月停办	
关东工业专门学校	1946年11月	1949年4月并入大连大学	
关东电气工程专门学校	1946年冬	1949年4月并入大连大学	
关东医学院	1947年4月	1949年4月并入大连大学	
辽南建国学校	1947年7月	1948年11月撤销	时归辽南行政公署管辖的复县
关东文法专门学校	1948年春	1949年春停办	
关东俄语专门学校	1948年9月	1949年4月并入大连大学	
大连大学	1949年4月	由上4所学校合并成立	

14836人。

“文化大革命”十年，高等教育遭受严重破坏，基本陷于瘫痪状态。其间，院校设置又有所变化。1969年，大连医学院全部搬迁至贵州省遵义市，改名遵义医学院（1978年11月，国务院批准大连医学院在原址恢复建立）。1970年，沈阳轻工学院迁至大连化工学校校址，改名大连轻工业学院。大连日语专科学校改称辽宁外语专科学校。1975年，旅大农学院成立；大连水产专科学校与辽宁省海洋水产研究所、旅大水产学校、旅大水产研究所合并，成立旅大水产专科学校。到“文化大革命”结束的1976年10月，旅大地区共有9所高校，即大连工学院、大连海运学院、大连铁道学院、大连轻工业学院、旅大水产专科学校、旅大农学院、辽宁外语专科学校、辽宁师范学院、辽宁财经学院，本专科在校生11779人。

1976年10月开始拨乱反正，全面纠正“文化大革命”中极左错误后，高校的正常秩序得到初步恢复。特别是中共十一届三中全会后，高校加快恢复、整顿、改革步伐，高等教育进入快速发展时期。1977年，旅大农学院撤销，旅大水产专科学校改称大连水产专科学校，翌年改为大连水产学院。1978年，恢复大连医学院；旅大师范学校改为旅大师范专科学校（1981年改为大连师范专科学校）；辽宁外语专科学校改为大连外国语学院；同年，大连工学院分院成立，1984年独立设置，改为大连大学，为市属高校。1983年12月，辽宁师范学院改为辽宁师范大学。1985年，辽宁警官专科学校在大连建立；辽宁财经学院改为东北财经大学。同年，世界海事大学在大连海运学院设立分校；大连工学院与中国石油化工公司联合创办石油化工学院。

1977年恢复高考招生办法，旅大市春秋两季招收新生3884名，这是继高考招生停顿11年之后首次招收新生。1978年，大连工学院、大连海运学院恢复为全国重点高校。1981年，国务院学位委员会批准，大连工学院为首批博士学位和首批硕士学位授予单位，大连海运学院、辽宁财经学院、大连医学院为首批硕士学位授予单位。1982年，部分学校对1977年、1978年两届本科毕业生首次授予学士学位。

从1945年到1985年的40年间，大连的高等教育事业经历不断改革、不断调整、不断提高的发展过程，基本建立起包括理工、海运、水产、财经、医学、师范、外语、税务、公安等专业门类在内的比较齐全的高等教育体系。到1985年，全市有全日制普通高等院校14所，在校本专科学生3万余人，博士和硕士研究生1701人，教职工6000余人。

大连工学院前身是1949年4月成立的大连大学工学院，1950年7月改为独立建制。该学院是一所隶属于国家教育委员会直属的以工科为主的多科性大学，1960年被确定为全国重点高校，是首批获批有权授予博士、硕士学位的高校，并建有研究生院。1985年，学院占地面积132.3万平方米，建筑面积37万平方米；有教职工4328人，其中专任教师1922人，在校全日制大学生7262人，研究生1122人，其中博士研究生105人，硕士研究生1017人。

大连海运学院素有“中国航海家摇篮”之称。1953年由上海航务学院、东北航海学院合并成立，同年福建航海专科学校并入该院。该学院是世界上规模最大的高等航海学府之一，1960年被确定为全国重点高校。1985年，学院建筑面积20万平方米；有教职工1933人，其中专任教师690人，在校生3230人（包括函授、夜大），其中博士、硕士研究生80人。

东北财经大学的前身是1952年8月成立的东北财经学院。1958年，与沈阳师范学院、沈阳俄语专科学校合并组建为辽宁大学。1959年8月，

1985 年大连市 14 所普通高等学校基本情况表

表 4–9

高校名称	创办时间	前身	占地面积（万平方米）	建筑面积（万平方米）	备注
大连工学院	1950 年 7 月	大连大学工学院（1949 年）	132.3	37	1960 年确定为全国重点高校 1978 年恢复为全国重点高校
大连海运学院	1953 年 3 月	邮传部上海高等实业学堂船政科（1909 年）	—	20	1960 年确定为全国重点高校 1978 年恢复为全国重点高校 1983 年联合国开发计划署和国际海事组织在学校设立亚太地区国际海带培训中心
大连铁道学院	1958 年	大连机车车辆制造学校（1955 年）	25.2	12	
大连水产学院	1978 年 10 月	东北水产技术学校（1952 年）	6.7	4.95	
大连轻工业学院	1970 年	沈阳轻工业学院（1958 年）	30.5	9.0	1970 年底迁址大连同时更名
东北财经大学	1985 年 10 月	东北财经学院（1952 年）	31.0	9.0	
大连医学院	1950 年 7 月（至 1969 年） 1978 年 11 月（复建）		22.0	4.26	
大连外国语学院	1978 年 6 月	大连日语专科学校（1964 年）	7.2	4.0	
辽宁师范大学	1983 年 12 月	旅大师范专科学校（1951 年）	42.0	12	1960 年 7 月改为辽宁师范学院
辽宁省警官专科学校	1985 年 7 月	辽宁省公安厅劳改干部学校（1960 年）	6	2.4	创建于朝阳凌源，1965 年迁至大连并改为辽宁省人民警察学校
大连大学	1983 年	大连工学院化工分院（1978 年 10 月）	6.5	1.28	
大连师范专科学校	1978 年 12 月		9.5	2.48	
世界海事大学大连分校	1985 年 10 月				校址设在大连海事大学
石油化工学院	1984 年 12 月				

辽宁大学中原属东北财经学院的财政金融、计划统计和贸易系迁至大连，与1958年在大连成立的辽宁商学院（前身是大连商业学校）合并，组建成辽宁财经学院。1985年10月改名东北财经大学。1985年，学校占地面积31万平方米，建筑面积9万平方米；有教职工1223人，其中专任教师551人，全日制本专科在校生3128人，研究生86人，另有函授生、代培生2315人。

附：日本殖民统治时期的“关东州”高等教育

1909年5月，关东都督府在旅顺建立第一所与日本国高等学校、大学预科具有同等学力的专门学校——旅顺工科学堂。1922年，旅顺工科大学升格为旅顺工科大学。到1940年，“关东州”又先后建立南满洲工业专门学校、大连高等商业学校（1943年更名为大连经济专门学校）、旅顺医学专门学校、旅顺高等学校4所正规高等学校。1942年，5所高等学校共有在校生1864人，教职员366人，中国学生占学生总数的6.5%。除关东局直辖高等教育学校外，还有具有专门学校程度的官立、私立学校4所，分别是大连音乐学校、双叶学院、大连水产讲习所、大连美术学校。这些学校规模小、学生少。

第六节　成人教育

大连的成人教育始于20世纪初。日本殖民统治时期，大连地区成人业余学校主要有日本人办和中国人办两类。中国人所办学校主要创办于20世纪20年代和30年代初，由中国爱国进步团体、工会和中共大连地下党组织创办，中华青年会、中华增智学校、中华三一学校、中华工学会等为办学主要力量，所办学校多为夜校，以业余文化补习学校为主，30年代初在日本殖民统治当局的高压政策下被迫停办。民国初年至东北沦陷时期的复县、庄河县，成人教育（称社会教育）机构主要是民众学校、平民夜校，30年代末全部停办。

1945年大连光复前，工农大众80%以上是文盲。大连光复后，人民民主政府为帮助工农大众在文化上翻身，在成人中大力开展了以扫盲为起点的识字教育。1949年中华人民共和国成立前后，大连进入扫盲识字运动高潮。到1950年，大连市、旅顺市、金县已有45257名市民和农民脱盲。到1958年3月，城乡扫盲工作基本上完成任务，青壮年人口中的文盲率由大连光复之初的80%降至4.2%。1947—1958年尚未划归旅大市管辖的复县、新金县和庄河县，也基本完成扫除青壮年文盲任务。“文化大革命”后，农村文盲复生。1973年全市继续开展扫盲工作。1977年末，各县区共扫除文盲22万人，使全市非文盲率达到96%，成为辽宁省第一个基本扫除青壮年文盲市。

中共十一届三中全会以后，成人教育得到极大发展。在农村，1978—1985年共培训农民50万人次，农村形成县、乡、村三级办学体系；在城市，1979—1985年参加各类职工学校（班）学习的人数累计达90多万人次，初步形成多层次、多种办学形式的从初、中等到高等教育的成人教育体系。

一、民国初年至东北沦陷时期的复县、庄河县成人教育

大连地区的成人教育始于清末民初，称民众教育或社会教育。民国初年和奉系军阀统治时期，复县、庄河县主要建有民众学校、平民夜校、识字团、演讲所（会）等。庄河县最早的民众学校建于光绪三十三年（1907），复县最早的民众学校建于民国3年（1914）。民国17年（1928）东北易帜后，复县设民众学校7所。民国18年（1929），

又设县立瓦房店平民夜校和复州湾煤矿平民夜校。民国19年（1930），县立各小学均组织识字团，由师生宣讲，教化民众。庄河县于民国19年（1930）末，共建有民众学校18所，“九一八”事变后停办。

1934年2月伪满洲国成立后，下令恢复民众学校。同年10月，又“训令”各省未设立民众学校的地方一律设立民众学校。复县于民国25年（1936）建有民众学校253所，庄河县于民国26年（1937）建有民众学校101所。民国26年（1937），民众学校改称民众讲习所。日伪统治当局虽号令加强民众教育，事实上却是民众学校（民众讲习所）日趋减少。从复县看，到民国27年（1938），民众学校仅存24所，民国28年（1939）全部停办，夜校则多有名无实。

二、大连光复至中华人民共和国成立后的大连成人教育

农民教育 1945年11月至1946年1月，大连市、旅顺市、金县、大连县民主政府相继建立后，在领导农民政治翻身的同时，开展了文化翻身运动。1946—1947年，各市县农村普遍兴办民校和夜校，对农民进行政治启蒙和识字教育。据1948年统计，旅大地区百万人口中有文盲28.3万人，除5万工人外，其余全为农民。1948年11月，关东公署正式提出开展扫盲识字教育。1949年3月，公布识字运动方案，要求两年内使农民识字1000个，基本扫除文盲。中华人民共和国成立后，旅大地区扫盲识字运动形成高潮。1952年、1956年扫盲识字运动又形成两次高潮。在开展扫盲的同时，陆续开办文化补习班（校），进行文化普及教育。到1958年3月，全市农村扫盲工作基本完成任务。1947—1958年，尚未划归旅大市管辖的复县、新金县和庄河县，其扫盲识字教育和文化普及教育也火热展开。到1958年，三县共扫除青壮年文盲19万余人，基本完成扫除青壮年文盲任务。“文化大革命”开始后，全市农村的扫盲识字工作受到严重破坏，致使许多原已脱盲的农民复又致盲。1973年，全市继续开展扫盲工作。到1977年末，各县区共扫除文盲22万余人，旅大市非文盲率达到96%，成为全省第一个无文盲市。

1978年改革开放后，特别是实行家庭联产承包责任制后，农民教育开始由扫盲识字转向以村干部、技术人员和知识青年为主要对象，以实用技术培训为主要内容的轨道上来。1980年起，金县、新金县、庄河县、复县、长海县、甘井子区、旅顺口区相继建立农民文化技术学校。1983年以后，金县、新金县、庄河县、瓦房店市、旅顺口区在县级农民文化技术学校基础上，先后建立中等农业技术学校（属成人中等专业学校），1985年共有在校生900余名。除县级农业技术学校外，大多乡镇和村也建起农民教育学校（班）。1985年，全市有100多个乡镇办起农民职业技术学校，1400多个村办起业余专业技术培训班。另有中央农业广播学校设立的教学班，1984年全市共有6个县区建立教学班266个，有在校生8303人。到1985年，全市参加各级各类农校和短期培训班学习的人数总计有20.3万人，占青壮年农民的17%；有专兼职农民教师3000余人，初步形成县、乡、村三级办学体系。

职工教育 1945年大连光复之初，旅大市有18万职工，其中文盲、半文盲14万余人，文盲率为77%。民主政府成立后，从1946年开始对工人和市民中的文盲、半文盲进行政治启蒙和识字教育。到1947年末，参加各类学习的职工共1.2万人。1948年11月，关东公署正式提出开展扫盲识字教育。到1951年，全市已有10万名职工，按识字1200个的标准摘掉文盲帽子，占职工文盲总数的71.4%。到1958年，按识字2000个的标准，又有13.2万名职工脱盲，占职工文盲总数的98%。至此，旅大市完成全部职工扫盲任务。为防止复盲，

在开展扫盲的同时，于1950年起开展了文化普及运动。到1958年末，全市已建立红专学校200所、职工业余文化技术学校126所，参加学习的职工21万人。同年，市总工会成立了旅大市第一所综合性职工高等学校——旅大市工人业余大学。1947—1958年，尚未划归旅大市管辖的复县、新金县、庄河县，职工扫盲与文化普及教育基本与旅大地区同步也取得显著成绩。

从1959年起，旅大市（包括已划归旅大的复县、新金县、庄河县）职工业余教育重点转向文化技术教育。1960年末，全市有各类职工业余学校141所，还有各类短期培训班、学习班，参加学习的职工35万余人。1966年“文化大革命”开始后，职工教育受到严重破坏，教师队伍解散，学校停办。直到1969年8月，大连第二机床厂仿效上海机床厂的做法办起“七二一”大学后，全市才陆续恢复职工业余教育。1976年起，职工教育开始得到恢复和发展，特别是中共十一届三中全会后，职工教育发展十分迅速。到1985年，全市有职工大学23所，职工中专25所，职工学校235所，职工培训中心58个，参加学习人数总计30万人，有专职教师3586人，各级各类职工学校累计毕结业100万人次。

成人中等专业教育。主要包括职工中等专业教育、中学教师进修教育、职工学校教育。职工中等专业教育始于20世纪50年代末60年代初。到1965年1月，旅大市获准试办20所半工半读中等专业技术学校，开设机械、仪表、电机、舰艇装置、化工、财会、水产等30余个专业。“文化大革命”中学校停办。1978年中共十一届三中全会以后，一些厂矿企业适应经济发展需要，开始兴办职工中专班，1982年后又创办一批职工中等专业技术学校。到1985年，全市已办职工中等专业技术学校25所，另有4所中专学校附设中专班。教师进修机构建于中华人民共和国成立之初。1949年末，大连教育工作者文化馆、旅大市文化宫函授学校（后改为旅大函授师范学校）成立，担负中小学教师文化进修等职责。1952年9月，大连市小学教师进修学校成立，为全市第一所成人中等专业学校。1959年，中师函授和小学教师进修下放到有关县区。到1960年前后，各县区相继成立教师进修学校。“文化大革命”期间，教师进修学校停办，1977—1978年相继恢复或重建。到1985年，全市各县（市）区共有教师进修学校10所，教职工587人，其中专职教师342人。职工学校由厂矿企业单位始建于1975年以后，1985年全市有职工学校235所。1978—1985年，职工学校主要是开展职工补习初中文化和补习初级技术的“双补”教育，弥补“文化大革命”期间的教育损失。1985年，全市青壮年职工有32.7万人文化补课合格，占应补课对象的82.6%，有20.4万人技术补课合格，大连市提前完成国家规定的“双补”高限任务。

成人高等专业教育。大连自光复后开办最早的成人高等教育机构是1953年成立的旅大市中学教师进修学院。20世纪50年代中期，全日制普通高校开始兴办函授部、夜大学，瓦房店轴承厂、大连工矿车辆厂、大连化学工业公司等厂矿企业也相继兴办工人业余大学或进修班。1958年，市总工会创办全市第一所综合性职工高等学校——旅大市工人业余大学。此后在高指标、浮夸风影响下，1960年初全市已迅速建起职工业余大学160余所。“文化大革命”开始后，成人高校机构瘫痪，学员解散。1969年8月，大连第二机床厂仿效上海机床厂做法办起“七二一”工人大学。到1976年9月，全市共办起“以阶级斗争为主课”的工人大学469所。1978年中共十一届三中全会后，旅大市教师进修学院（后改称大连教育学院）、旅大市工人业余大学等相继恢复成立；“七二一”工人大学经过整顿，1979年有36所，在校学员710人。1980年后，普通高校开始恢复和新建函授部或夜大学。1982年，高等教育自学考试办公室成立，开始自学考试教育。到1985年，全市有职工大学23所，开设40个专业，学生5000余人；普通高校开办的夜大学、函授部，广播电视大学，以及高等院校开办的干部专修课，共有学生2.47万人。成人高校共有专任教师1000余人。

大连工人大学的前身是市总工会于1958创办的旅大市工人业余大学，“文化大革命”期间停办。1979年重建，1980年5月1日更名为大连工人大学，1981年10月经省政府批准正式成立，是一所以工科为主的职工大学。1985年开设10个专业，有在校生1033人。

大连教育学院前身是1952年成立的旅大市教师进修学院，“文化大革命”期间解散。1978年5月重建，1980年更名大连市教育学院。1985年开设专业11个，有专任教师182人，脱产、夜大、函授学员2195人。

大连管理干部学院的前身是1979年3月成立的大连市干部学校，1983年11月改为现名，是市属培养工、农、商和外经管理人才的大专院校。1985年4月，国家确定为引进外国智力的15所重点院校之一，并承担培训日语专业人才的任务。1985年开设专业8个，有教师200人，在校学生1055人，代培进修生64人。

大连广播电视大学创建于1979年2月，当时为辽宁省广播电视大学旅大工作站。1980年12月更名辽宁广播电视大学大连分校，1983年9月更为现名。1985年有108个办学单位，设32个专业，共214个教学班，有专任教师192人，兼任教师178人，在校学生5607人，自学收听生2214人。

到1985年，全市有成人高校18所，另有待批成人高校4所。

附：日本殖民统治时期的“关东州”成人教育

1906年前后，日本西本愿寺俱乐部创办了音乐部和外国语研究部，是为最早创办的日本人夜学校。同年，私立大连清语学堂、大连语学堂创办。到1940年，“关东州”内日本人办成人专业技术学校共有17所，其中普及日语借以灌输“日本精神”的语言学校占较大比重。日本侵占旅大初期，由中国人办的业余学校极少，最早见于1907年9月创办的宏济日语讲习所。20世纪20年代和30年代初，随着爱国团体的建立、中共大连地下党的诞生和工人运动的发展，涌现一批以工人为对象的业余学校，这些学校教工人学文化，介绍和宣传五四运动、俄国十月革命、工人运动、共产党主张等。这些学校虽创办时间不长即先后在殖民当局高压政策下被封闭或停办，但在提高工人阶级觉悟，揭露日本帝国主义反动本质，传播马克思主义，组织爱国反帝斗争等方面，都起到重要作用。由爱国团体和进步人士办的夜学校有中华青年会夜学部、中华青年会武术部、中华青年会平民夜校、中华增智学校夜校、中华三一学校夜校、中华觉民学校夜校、中华电铁青年团夜校、中华基督教青年会夜校等；由中共地下党组织和工会办的夜校有中华工学会工人业余文化学校、中华工学会周水子工人业余文化分校、中华工学会西岗工人业余文化分校、中华印刷职工联合会工人业余文化学校、沙河口西山夜校、志成书房夜校、大连码头读书会等。上述工人业余文化学校及其分校在1927年7月大连地下党组织遭破坏后，在殖民当局分别查封中华工学会和中华职工联合会的同时被封闭。沙河口西山夜校、志成书房夜校、大连码头读书会于1933年10月随中共大连市委遭到殖民当局破坏或被查封或被迫停止活动。

第七节　特殊教育

1932年，由中国人创办了私立金州聋哑学校，实施针对中国人的特殊教育。中华人民共和国成立后，市民政部门分别于1951年和1952年建立聋哑学校、盲人学校，后两校合并。1958年学校交由市教育局管理，定名为旅大盲哑学校。20世纪80年代中期，盲聋哑教育教学进行改革，从1984年起，大连盲哑学校始办聋幼儿语言康复训练班，为初中以上盲、聋生开设按摩专业等职业技术课。1983年，大连市弱智儿童学校成立。到1985年，全市共有盲聋哑学校5所，弱智儿童学校3所。

一、盲聋哑教育

1922年12月，日本人创办私立训盲院，实施针对日本人的盲哑教育，翌年4月更名为私立大连盲哑学校。1928年12月，大连大广场寻常小学校附设聋哑教育特别班。1929年10月，关东厅厅立大连盲哑学校创办，1934年12月改称关东州盲哑学校。1937年4月，恢复大连盲哑学校名称，并增设中等部。1942年有在校生124人，教职员22人。

最早实施中国人特殊教育的是私立金州聋哑学校，1932年7月由南金书院财团法人创办于金州玉皇庙内。成立之初有在校生20人，教师2人；1942年有在校生36人，教职员4人。1945年日本投降时停办。

中华人民共和国成立后，市民政部门分别于1951年11月和1952年10月成立旅大市生产教养院聋哑学校、盲人学校。1953年9月两校合并，改称旅大市民政局社会事业管理处盲哑学校，1958年交由市教育局管理，定名为旅大盲哑学校，招收市内各区和旅顺市、长海县的盲聋哑儿童，当年有在校生350人。之后，金县、庄河县、复县、新金县相继成立聋哑学校。1965年，全市5所盲聋哑学校共有在校生647人，其中旅大盲哑学校有初中生35人。“文化大革命”期间，1967—1969年全市各盲聋哑学校均未招生。1976年以后，盲聋哑教育逐步恢复。至1985年，全市有盲聋哑学校5所，在校生758人，其中初中生71人；盲、聋儿童入学率分别为20%和41.5%。

二、弱智儿童教育

大连市弱智儿童学校建于1983年。此前，市内4区共有800余名弱智儿童分散在90余所普通小学就读。1983年9月，沙河口区教育局首先创办弱智儿童学校，即沙河口区启智学校。1984年5月、1985年9月，中山区、西岗区分别创办弱智儿童学校中山区培智学校、西岗区辅读学校。此外，甘井子区在5所普通小学附设弱智儿童辅读班。到1985年，全市共有弱智儿童学校3所，共21个班，在校（班）学生235人，有教职工70人，其中教师43人。

第二章　科　技

大连地区的原始居民早在距今5000年前即开始建造半地穴式房屋，距今3000年左右已能自己制造戈、镞、鱼钩等青铜器物，并掌握了青铜合范铸造技术。春秋战国时期，大连进入铁器时代，居民已开始掌握海水熬盐技术。在漫长的封建社会中，大连的科技事业伴随社会进步有所成就。19世纪70年代末，清朝廷在旅顺筹建北洋海军基地，随着建港和造船业的兴起，出现了近代科学技术。其时所建的旅顺龙引泉水源工程，乃是中国最早的现代城市供水工程。

人民民主政权建立后，接管了日本殖民统治时期的满铁中央试验所等3个科研机构，并开始建立新的试验研究机构。到中华人民共和国成立时，全市共有科学试验研究机构4个。

中华人民共和国成立后至1956年，为大连科技事业恢复时期。其间，相继建立了大连石油研究所、大连铁道研究所、大连卫生研究所、大连农业科学研究所、海洋水产研究所、组合机床研究所、制碱工业研究所等研究机构以及高等院校，工业和农业科研取得了明显成绩。“熔铁催化剂水煤气合成液体燃料”和“七碳馏分环化制甲苯”2项研究成果获中国科学院首届科学奖，双轮双铧犁、喷雾器、铲趟机等新式农具及化肥和农药得到逐步推广使用。1957年开展“反右”斗争后，大批科技干部、技术人员被错划为右派，致使科技事业遭到严重损失。1958年在“大跃进”形势下，科技事业出现浮夸风、盲目追求高指标情况，也取得一定成绩。1959年大连市科学技术委员会成立，全市自然科学研究机构增至11个，各县（市）区也开始建立农业和水产试验机构。到1965年，自然科学研究机构由1959年的11个发展到33个，职工总数由1959年的3892人增至6375人，其中科技人员由848人增至3178人。其间，尽管苏联撤走专家和遭受严重自然灾害情况，仍取得多项重要科研成果。研制成功加氢异构裂化催化剂，实现了航空炼油的国产化；首次在国内研制成功色谱仪——氢火焰离子化鉴定器毛细管色谱仪；首次在国内制造成功567型万吨级货轮“跃进”号；首创中国第一批机床通用部件标准。水利建设成效十分显著，共建大中型水库6座，小型水库43座，以及大中型灌区蓄水工程4处，有效灌溉面积42.6万亩。“文化大革命”时期，大连的科技事业受到严重影响，科研工作大多被迫中止或机构被撤销，导致前期科研成果骤减，但后期仍取得一些重要成果。如受控热核反应装置、固体火箭推进剂配方及燃料、东风4型大功率内燃机车、30米海上自升式平台、高精度轨道衡、10万吨级深水新港，以及农作物栽培新技术、新品种选育等重点研究与应用，都取得重要的试验性进展。

1978年全国科学大会以后，大连地区的科技事业进入兴盛时期。1979年，全市恢复和建立的科研机构剧增至114个，职工总数达10240人，其中科技人员4354人。机构的科研方向也开始转向直接为研究开发新产品、新技术、新工艺、新材料服务。1980—1985年6年间，相继建立科研生产联合体40个，有11所院校、48个科研机构、230个企业加入其中，另有6所院校、45个科研单位通过共同开发、成果转移、长短期合作研究、技术联营等形式，与490个企业达成科研生产联合项目372个。从1980年起，大连市合成纤维研究所等3个研究所开始进行扩大科研单位自主权的试点。1984年国务院科技领导小组批准大连市为全国科技体制改革试点城市，当年有15个专业研究所实行经济自主，并建立20多个新型的科技开发和服务机构，农村的科学体制改革也在旅顺口和甘井子区等地进行试点。1985年仅工业企业获市管理现代化成果就达600余项，创经济效益1.5亿元。截至1985 年，全市共有各类科研机构129个，职工总数15461人，其中科技人员7823人。科研机构中，独立科研机构63个，非独立科研机构66个。［若以第一节各类机构作统计，则全市共有各类科研机构203个，其中国家部属、辽宁省属、大连市属、县（市）区属以及高等院校、厂矿企业所属科研机构157个，1983—1985年建立民办科研机构46个]。大连地区的科学研究领域已由中华人民共和国成立初期的一般化工、机械领域扩大到现代多学科技术领域。其中，催化基础及催化技术、化学反应工程及近代化工分离技术、以色谱为重点的近代分析化学、微观反应动力学及化学激光、计算力学、精细化工、沿岸工程、水工结构工程、造船、机车、内燃机、组合机床、起重机械、重型机械、精密机械、金属材料热处理、特种钢、环境保护、低温技术、超纯气体及制备、电子技术、计算机技术、水产养殖、农业栽培及新品种培育等学科和技术已进入国内先进水平，部分达到国际先进水平。

第一节 科技机构与队伍

大连地区科技机构的建立与近代城市发展的历史同步是有，从机构类别看，大体上可分为管理机构、科研机构、开发机构等。随着科技人员人数的不断增加，科技机构也逐渐细化和完善。

一、科技机构

清末，清廷为加强东北地区海防，于光绪七年（1881）在旅顺设立港坞工程局，负责港口营建。此为大连地区最早的科技机构。1907年，日本殖民统治当局在大连建立南满洲铁道株式会社中央试验所，是其从事科学技术工作的最高顾问机构。中华人民共和国成立后，科技管理机构得到较快发展，特别是1959年以后，大连市已建立起各种类型、渐成体系的科技工作管理机构、科研机构和开发机构。

科技管理机构 第一类是科技领导小组、委员会、指挥部。20世纪成立的科学技术领导小组：50年代有旅大市技术鉴定领导小组（1959年9月5日至1963年）；60年代有大连市科学领导小组（1960年6月14日至1962年，1985年恢复成立）、新型材料领导小组、原子能防护小组；70年代有土壤普查领导小组、推广沼气领导小组、环境保护领导小组、防治地方病领导小组、防震抗震领导小组；80年代有能源领导小组、白蚁防治领导小组、石油化工综合利用领导小组、大连市技术引进协调领导小组、经济技术协作领导小组。委员会：60年代有情报委员会（1964年4月28日至1966年）；80年代有顾问委员会、农业区划委员会、水资源委员会、水土保持委员会。指挥部：60年代有歼灭战指挥部（1966年3月至12月），80年代有绿化指挥部。

第二类是科学技术委员会机构。1959年8月成立旅大市科学技术委员会，随之，大连市所属的各区及庄河、新金、长海、复县等各县也陆续成立科学技术委员会，具体领导和指导辖区内的科技工作。“文化大革命”时期，科委机构被撤销。1973年2月，旅大市革命委员会科学技术委员会成立。同年3月，成立旅大市科学技术情报研究所和旅大市科学技术交流站，为隶属于市科委的事业单位。1977年9月，旅大市科学技术协会成立，为群团机构。1980年8月，旅大市革命委员会科委更名为旅大市科委。1983年，旅大市科学技术委员会更名为大连市科学教育委员会。

第三类是部门科技管理机构。1945年以后，旅大市陆续组建各类联合公司、工厂及科技管理机构。1949年，企业一般都设有技师或技师长等专业人员负责科技管理工作。1959年8月，市有关局始设立科学技术处（科），管理本局系统的科学技术工作，厂矿在千人以上的设科委，千人以下的设科学技术小组。研究任务较重的大专院校设科学技术处。至1961年6月，全市有123个单位建立了科委。1973年，厂矿企业科委机构经过调整，保留10个。1977年，专业局、厂矿企业、大专院校开始建立健全科技管理机构。至1985年底，全市有2个委、27个局、34个总公司（公司）、8所院校、89个厂矿企业，共160个单位建立了科技管理机构。

第四类是专业科技管理机构。设立最早的是计量机构。1908年日本殖民统治时期成立了关东州度量衡检查所，1927年改称关东州权度所。大连光复后，市政府于1946年4月接收了关东州权度所，改名为大连市政府度量衡检定所，1949年3月改称旅大市度量衡检定所。其后机构几易其名并变更隶属关系，到1981年2月改称大连市标准计量局。1961年成立旅大市计量测试中心站，1977年成立旅大计量检定测试所。旅大市地震办公室成立于1974年7月，隶属市科委。翌年，机构撤销，业务移交市地震台。1978年6月，机构恢复。20世纪70年代末80年代初，各县区防震抗震机构相继成立。20世纪80年代建立的专业科技管理机构有科技干部管理处（科）、科研生产联合体办公室、计算机开发应用办公室、专利管理处。

科研机构 日本殖民统治时期，殖民者曾在大连建立一些科学研究和试验机构，用于助力其殖民统治。1945年日本投降时，大连的各种技术资料或遭焚毁或大量流失，科技事业处于停顿状态。中华人民共和国成立后，大连的科技事业在恢复中重新起步。至1985年，全市共建有国家部属、辽宁省属、大连市属、县（市）区属以及高等院校、厂矿企业所属科研机构163个；1984—1985年建立民办科研机构7个。

院、部属科研机构。中华人民共和国成立后，中国科学院、国家8个部（局）先后在大连设立科学研究所（室）17个。到1985年，院、部属科学研究所保留下来的9个，已迁往外地的2个，撤销6个。

中国科学院大连化学物理研究所，前身是日本殖民统治者建于1907年的南满中央试验所（今西岗区中山路161号）。1945年9月由苏军接管，改称中长铁路大连科学研究所。1948年11月由大连大学（今大连工学院）接管，改称大连大学科学研究所。1950年改属东北工业部，改称东北科学研究所大连分所。1952年9月改属中国科学院，先后更名为中国科学院工业化学研究所、石油研究所，1962年2月改称中国科学院大连化学物理研究所。1968年1月划归国防科委16研究院，改称1616所。1970年重归中国科学院，仍称中国科学院大连化学物理研究所。该所建立后，先后建立3个分所：1958年在兰州建立了中国科学院石油研究所兰州分所、1961年在太原建立了中国科学院煤炭研究所、1971年迁往三线新址建立的七机部42所。大连化物所主要从事应用科学研究与基础科学研究并承担国家企业重大科研项目，是国际上有影响、国内久负盛名，以化学物理研究为主的多学科综合性研究所。大连化物所的科学家有张大煜（大连化物所创始人）、郭和夫、朱葆琳、楼南泉、郭燮贤、卢佩章、张存浩、林励吾、何国钟、沙国河、袁权、杨柏龄。该所主办的《催化学报》为国家级刊物，在国内外享有盛名。

铁道部大连内燃机车研究所，前身是日本殖民统治者建于1922年的大连铁道技术研究所。1945年9月由中苏共管的中长铁路公司接管。1951年6月归属铁道部，更名为大连铁道研究所。1957年与从北京迁来的第一机械工业部机车车辆科学研究所合并，更名为铁道部大连机车车辆研究所。1959年改名大连热力机车研究所，1978年定名为铁道部大连内燃机车研究所。

另外7个研究所为中华人民共和国成立后建立。机械工业部大连组合机床研究所的前身是成立于1956年的第一机械工业部沈阳第一专业设计处，1957年迁往大连改称大连第一专业设计处，1960年更名为第一机械工业部大连组合机床研究所。化工部大连光明化工研究所的前身是1964年成立的大连化学工业公司研究所，1965年隶属化工部低温工程研究所，并定此名。化工部大连制碱工业研究所的前身是1959年成立的大连化工厂设计研究院，1965年该院一分为三，留在大连的部分改称化工部制碱工业研究所。国家海洋局大连海洋环境保护研究所的前身是成立于1959年的中国科学院辽宁分院海洋研究所，1979年在原国家海洋局东北海洋工业站的基础上扩建，改称国家海洋局大连海洋环境保护研究所。此外，还有成立于1975年的七六〇试验场，成立于1963年的核工业部大连应用技术研究所，成立于1978年的中国气象局大连市海洋气象科学研究所。

迁往外地的院、部属科研机构，一个是大连煤炭研究室（1954年10月从中国科学院大连石油研究所独立出来，从事煤炭综合利用研究），1959年6月迁往山西省太原市；另一个是大连卫生研究所（前身是南满洲铁道株式会社卫生研究所，1945年日本投降后由苏军接管，1947年11月移交给中国，称大连卫生研究所），1956年迁往四川成都市。

撤销的院、部属科研机构，分别是化工、机械、水利、数学力学、肿瘤、心血管研究所（1959年4月，辽宁省文教部与大连工学院合作组建了化工、机械、水利、数学力学4个研究所，1961年撤销；1960年7月，中国医学科学院辽宁分院在大连医学院成立肿瘤研究所、心血管研究所，1963年1月撤销）。

省属科研机构。1985年，辽宁省设在大连的科学研究所（中心）有4个，即辽宁省海洋水产研究所、辽宁省经济林研究所、辽宁省化工研究所、辽宁鸟类研究中心。辽宁省海洋水产研究所，前身是东北人民政府设立的营口技术指导站，1952年迁至旅大市，更名为大连渔业指导站，1953年更名为大连水产试验场，1959年更名为辽宁省海洋水产研究所。辽宁省经济林研究所，前身是大连甘井子区三道沟苗圃，1961年11月成立辽宁省大连经济林试验站，曾与辛寨子苗圃和旅大市农学院合并，几经变更名称后，于1978年改称辽宁省经济林研究所。辽宁省化工研究所，前身是1958年成立于沈阳的辽宁省化学石油工业局设计试验研究所，1962年10月由沈阳市迁至旅大市。1969年6月11日划归旅大市，同年11月更名为旅大市化工研究所。1980年8月归属辽宁省，定名辽宁省化工研究所。辽宁鸟类研究中心成立于1984年，隶属于辽宁省林业厅。

市属科研机构。自1949年起大连市开始建立科研机构，到1985年共建立市属科研机构32个，其中1978年以后成立的20个。它们是：大连市农业科学研究所、大连合成纤维研究所、大连市水产科学研究所、大连市轻化工研究所、大连市建筑科学研究所、大连电子研究所、大连市劳动卫生研究所、大连市农业机械化研究所、大连塑料研究所、大连市服装研究所、大连电影胶片研究所、大连食品（科学）研究所、大连市建筑材料科学研究所、大连计算机应用技术研究所、大连制盐设计研究所、大连市畜牧兽医研究所、大连市科学技术情报研究所、大连市纺织研究所、大连市锅炉压力容器检验研究所、大连市环境科学研究所、大连市机电研究所、大连市计划生育科学技术研究所、大连市中医研究所、大连市林业科学研究所、大连市计算站、大连市医药科学研究所、大连粮油科学研究所、大连市轻工业研究所、大连市能源研究所、大连市金属化学研究所、大连市金属制品研究所、大连市水利科学试验站。大连本地土生土长的著名的科学家有大连市农业科学研究所的张金厚、王逢寿。张金厚是果树专家，瓦房店人，被专家誉为“中国的米丘林”，2次获全国劳动模范称号；王逢寿是农业专家，旅顺口人，1985年获全国五一劳动奖章。

县（区）属科研机构。大连市各县（区）从1958年起开始建立科学研究所，到1985年，县（区）属科学研究所共有24个。其中庄河县3个，分别是庄河县农业技术推广中心、庄河县农业机械化研究所、庄河县水产科学研究所；新金县5个，分别是新金县农业技术推广中心、新金县水产科学研究所、新金县农业机械化研究所、新金县工业科学研究所、新金县林业科学研究所；瓦房店市4个，分别是瓦房店市农机研究所、瓦房店市水产研究所、瓦房店市农业科学研究所、瓦房店市果树科学研究所；金县4个，分别是金县农业机械化研究所、金县水产研究所、金县工业科学研究所、金县农业技术推广中心；长海县1个，即长海县水产研究所；旅顺口区5个，分别是旅顺口区农业技术推广中心、旅顺口区农业机械化研究所、旅顺口区水产科学研究所、旅顺口区科技情报研究所、旅顺口区化工研究所；甘井子区2个，分别是甘井子区农业机械化研究所、甘井子区农业技术推广中心。县（区）的科研机构大多是从事农业技术推广和水产科学研究的机构。

高等院校、企业、民办科研机构。中华人民共和国成立后，大连地区早期的科研机构均由高等院校建立。1960年，全地区有5所高等院校建立的科研机构11个，1961年至1962年精简机构时相继撤销。1978年改革开放后至1985年，有6所高等院校建立研究所（室）27个。大连地区的厂矿企业办科研机构始于1958年，至1960年有

1985年中国科学院、国务院部委设在大连市的科研机构基本情况表

表4-10

机构名称	前身	建所时间	职工总数（人）	科技人员（人）
中国科学院大连化学物理研究所	（日）南满洲铁道株式会社中央试验所（1907年）	1948年11月	1342	—
铁道部大连内燃机车研究所	（日）铁道技术研究所（1922年）	1951年6月	511	263
机械工业部大连组合机床研究所	第一机械工业部沈阳第一专业设计处（1956年）	1960年	730	405
化工部大连光明化工研究所	大连化学工业公司研究所（1964年）	1965年	684	335
化工部大连制碱工业研究所	大连化工厂设计研究院（1959年）	1965年	538	278
国家海洋局大连海洋环境保护研究所	中国科学院辽宁分院海洋研究所（1959年）	1979年	368	247
中国船舶工业总公司第七研究院七六〇试验场	—	1975年	575	452
核工业部大连应用技术研究所	—	1963年	135	43
中国气象局大连市海洋气象科学研究所	—	1978年	12	12

59 家建立科研所 60 个，1961 年精简机构时只有 4 家保留 5 个。1978 年以后尤其是 1980 年以后，厂矿企业又相继建立科研所，1985 年共有 61 家企业建立了科研所。民办科研机构是改革开放的产物，1984—1985 年，大连地区共建有属于集体性质的民办科研机构 6 个，分别是大连市金属化学研究所、大连金属成型研究所、星火电控仪器研究所、大连新材料开发公司材料科学研究所、大连市红十字会乳腺疾病研究所、大连血栓病研究所；还有属于个体性质的研究所 1 个，即大连中山慢性病防治研究所。

二、科技队伍

19 世纪中叶以前的大连，还没有出现近代意义的产业工人。清光绪五年（1879），清廷为筹建海军基地，曾派员赴旅顺口修筑船坞，当时除从德国购进挖泥船部件及从大沽船坞引进机器设备外，还从天津、上海机器制造局招募了一批技术工人，他们和本地的工人一起进行了机器设备的组装和工程的施工。由此，初步形成大连地区最早的技术工人队伍。1905 年日本取代沙俄在旅大地区实行殖民统治后，在继续建港兴市的同时建立了相配套的科研和实验机构，关键性科技工作均由日本人掌握。

1945 年大连光复后，到 1949 年中华人民共和国成立前，地方政府重新组建科研机构，并先后从老革命根据地和解放区选调 1243 名党务、行政和专业技术干部来到大连工作。又通过创办建国学院、工业专门学校、电气工程专门学校、医学院、文法专门学校、俄语专门学校，以及开办各种形式的训练班、讲习班，培训班，造就了一批技术干部、中小学教师和管理人员。

中华人民共和国成立到 1956 年，根据国民经济建设的需要，大连地区建立了科技管理体制，制定了科技事业发展政策，引进和培养了一批科技和教育人才，科技队伍迅速壮大，素质逐步提高。1957 年“反右”斗争扩大化令大批科技干部、技术人员蒙冤，使科技事业遭到严重损失。1965 年科研工作得以复苏，自然科学研究机构发展到 33 个，职工 6375 人，其中科技人员 3178 人。

1978 年全国科学大会召开，尤其是中共十一届三中全会以后，大连市的科技队伍进入新的发展时期。1979 年，大连市科研机构有 114 个，职工总数 1.02 万人，其中科技人员 4354 人。除录用本地区科技人才外，1981—1985 年还从外省市招聘急需的专业技术人员6140 人。到1985 年12 月，全市有各类科研机构 129 个，职工总数达到 1.54 万人，其中科技人员 7823 人。

第二节　科技领域与科研成果

大连科技以产业划分，包括工业、农业、港口、交通、邮电、城市建设、环境保护、医疗卫生、气象与地震、计量与标准化、广播电视等若干领域，以港口科技、船舶科技、工业科技等较为领先。大连重要的科研成果集中在上述科技领域，包括化学、计算力学、沿岸工程、金属材料热处理、焊接工艺技术等方面。

一、科技领域

19 世纪末，大连地区开始兴办修造船业，清光绪九年（1883）兴建的旅顺船坞为当时中国最大的修船厂。船舶工业科技成为大连近代科技事业的开端。

沙俄和日本侵占大连后，也陆续兴建轮船修理和造船工场。沙俄侵占大连后，中东铁路公司开始在大连兴建东清铁道机车制造所。日本取代沙俄后，东清铁道机车制造所改名南满洲铁道株式会社沙河口工场，于1914年试制出第一台货运蒸汽机车。俄、日侵占大连时期，殖民统治者在大连修筑港口、兴建工厂、开采矿山、改良农业，引进了现代科学技术，目的不过是出于侵略土地和掠夺资源的需要，并无意发展大连的科技事业。

中华人民共和国成立后，大连的科技事业真正开始起步，尤其是重工业科技处于国内领先地位。大连造船厂于1958年建造了中国第一艘“跃进”号万吨远洋货轮，大连造船业成为中国造船工业的中坚力量。

到20世纪80年代，已经拥有修船企业18个，船用配套设备企业11个。其中大连造船厂、大连4810厂、大连船用柴油机厂、大连船用阀门厂、大连船用推进器厂、大连渔轮厂等企业都位居全国同行业的前列。大连机车车辆工厂于20世纪60年代设计制造了中国第一代内燃机车，1982年设计建造了中国第一台东风4B型内燃机车，1984年设计建造了4C型和东风5型内燃机车，大连成为中国铁路机车车辆制造的主要生产基地。大连的造船工业、机车工业连同重型机械、通用机械、机床工业、轴承工业等机械工业，共同构成了大连作为全国重工业生产基地的基础。到1985年，大连地区已在工业、农业、交通、港口、城建、环保等诸多领域表现出学科及技术优势。大连工学院、中国科学院大连化学物理研究所、大连农业科学研究所等成为重要的科研机构。

大连地区科学研究的优势学科与技术及其研究机构有：中国科学院大连化学物理研究所的精细化工、催化技术及催化基础、工程化学及生化工程、色谱与现代分析化学、化学激光、激光化学及微观反应动力学；大连工学院的计算力学、沿岸工程、精细化工；大连海运学院、大连铁道学院、大连工学院、大连石油七厂的金属材料热处理技术和研究；大连铁道学院、大连造船厂、大连起重机器厂的焊接工艺技术；大连制碱研究所的制碱工艺技术、结晶化学工程；大连光明化工研究所的低温工程与低温技术；大连内燃机车研究所的液力传动技术、内燃机车试验设备及技术；大连结合机床研究所的组合机床自动线及自动化加工技术；辽宁水产研究所的水产资源增养殖技术；大连农业科学研究所的黄桃优良品种培育技术、樱桃新品种选育技术；大连钢厂的特种钢制造技术；大连造船厂的船舶制造技术、爆炸加工技术；大连合成纤维研究所的涤纶短纤维多孔纺丝工艺与设备。

作为从事应用科学研究与基础科学研究，并承担国家和企业重大科研项目的科研机构，大连化物所在催化化学、工程化学、化学激光和分子反应动力学、以色谱为主的近代分析化学等学科领域有重大突破。20世纪50年代，成功地将水煤气合成为液体燃料；20世纪60年代，研制了加氢异构化催化剂用于制取低冰点航空煤油，开发了合成氨原料气净化新流程；20世纪70年代研制了空间飞行器姿态控制催化剂，航天氢氧燃料电池和长链烷烃脱氢催化剂用于生产洗涤剂原料；20世纪80年代，成功开发了中空纤维氮—氢膜分离器，是中科院“六五”期间的重大科技攻关项目。

二、科研成果

中华人民共和国成立后，大连市取得许多科研成果。成果多集中在两个时期：1958—1964年，取得科研成果420项；1979—1985年，取得科研成果1489项。1956—1985年，全市科研成果获国家级奖257项，获国家部（委）奖232项，获省级奖499项，获市级奖667项。1978年全国科学大会召开，全市有大批科研成果受奖，获全国科学大会奖项目达185项。1985年，全市取得国家、省、市各级科研成果300项，其中获奖科研成果120项。

国家级奖项主要包括国家自然科学奖、国家发明奖、国家科技进步奖、国家新产品奖、全国科学大会奖以及国家各部委奖。大连市历年重要获奖科研成果列表如下：

大连（旅大）市获“国家自然科学奖”情况表

表4-11

获奖项目名称	年份	获奖等级	获奖单位	项目主持人
合成油七碳馏分环化制取甲苯	1956	三等奖	大连化物所	—
固体推进剂燃速理论	1982	三等奖	大连化物所	何国钟
潜水耐压锥柱结合壳强度和稳定性	1982	三等奖	大连工学院	—

说明：1.1956年为第一届中国科学院自然科学奖评比活动

2.大连化物所是中国科学院大连化学物理研究所的简称

大连（旅大）市获“国家发明奖”情况表

表4-12

获奖项目名称	年份	获奖等级	获奖单位	项目主持人
曲轴挠性加工方法	1957	—	大连造船公司	詹水晶
电线断芯探测器	1957	—	大连造船公司	朱公成
灭容加镁法生产球墨铸铁工艺	1958	—	大连造船厂	张　超
低温气密（性）检验剂	1962	—	大连造船厂	姜学清
曲柄轴颈摇臂式加工工艺	1963	—	大连造船厂	张日良
石英弹簧及其拉制技术	1963	—	大连化物所	刘兴信
泡沸石型分子筛（A型、X型）的制造方法	1965	—	大连化物所	万邦和
汽轮机叶片清洗法	1964	—	大连造船厂	田福长
船舶下水联动拆墩装置	1965	—	大连造船厂	朱乃一
火焰离子化鉴定器毛细管色谱仪	1965	—	大连化物所	朱葆琳
临氢异构化催化剂及其制造	1966	—	大连化物所	林励吾
制取超纯氢的方法	1966	—	大连化物所	卢佩章
防治柞蚕饰腹寄蝇的有效药剂“灭蚕蝇1号”和“灭蚕蝇3号”	1980	二等奖	大连医学院	—
低压铸造包内液面连续测定装置	1980	三等奖	大连造船厂	张文祥
CMC程控脉冲储能弧焊电源	1982	二等奖	大连造船厂	范懋源
灰口铸铁离子氮、碳、钛三元共渗新工艺	1982	二等奖	大连海运学院	—

续表 4–12

获奖项目名称	年份	获奖等级	获奖单位	项目主持人
电解铸造手表擒纵叉新工艺	1982	二等奖	大连手表工业公司	—
罐藏黄桃新品种“黄露”“丰黄”等	1985	二等奖	大连农科所等	王逢寿
401 锰型高效脱氧剂	1979	三等奖	大连化物所	朱光旋
长链烷烃脱氢用铂、锡、锂、硫催化剂	1985	三等奖	大连化物所	林励吾

大连市 1985 年获“国家科技进步奖”情况表

表 4–13

获奖项目名称	获奖等级	获奖单位	项目主持人
海上横向高架索干液货补给装置	一等奖	大连造船厂	郑福明
内燃机车试验台	二等奖	大连内燃机车研究所	顾懋梁
SJ–65×30、SJ–FM160e 塑料薄膜吹塑机组	三等奖	大连橡塑机厂	—
油脂浸出新技术	三等奖	大连油脂工业总厂等	—
工程结构优化程序系统 DDDU	三等奖	大连工学院	—
十万吨级半坞式船台设计	三等奖	大连造船厂等	—
DMC 柴油机测量分析系统	三等奖	大连海运学院	—
1.36 万马力远洋救助拖轮	三等奖	大连造船厂	—
电化学机械加工新工艺	三等奖	大连工学院	—
球磨机磨球新型耐磨材料	三等奖	大连工学院等	—
催化水合法生产丙烯酰胺新技术在全国生产厂的推广应用	三等奖	大连轻化工研究所	—
珍珠岩开发及其推广应用	三等奖	大连材料厂等	—

旅大市 1964 年获“国家新产品奖”情况表

表 4–14

获奖项目名称	获奖等级	获奖单位
C720F6 仿型半自动车床	二等奖	大连机床厂
C Ⅱ T Ⅲ – Ⅱ Ⅱ 型金属支柱	二等奖	大连起重机厂
J02 + 1–5 座三相异步电机新系列	二等奖	瓦房店轴承厂
特殊材料轴承	二等奖	瓦房店轴承厂

续表 4-14

获奖项目名称	获奖等级	获奖单位
5000 吨沿海货轮	二等奖	大连造船厂
4500 吨沿海油轮	二等奖	大连造船厂
铁铅铝合金电热丝	二等奖	大连钢厂
水银柱式气动量仪	二等奖	大连工学院
苯二甲酸酐新流程	二等奖	大连染料厂
MGL—99 差压流量计	三等奖	大连仪表厂
DYX—1 电容式波面信号器	三等奖	大连仪表厂
航海仪表用精密特殊结构轴承	三等奖	瓦房店轴承厂
75 吨起重机	三等奖	大连造船厂
高速工具钢板	三等奖	大连钢厂
华 —1 型电动装岩机	三等奖	大连华铜矿（厂）
高合金焊条钢丝	三等奖	大连钢厂
电工箔带	三等奖	大连钢厂
架线式小型电机车	三等奖	大连华铜矿（厂）等
猪皮修整面革	三等奖	大连皮革厂
熔融挤压法聚氯乙烯单丝及绳索	三等奖	大连第二塑料厂
合成檀香	三等奖	大连油脂化学厂
锡兰用客货车 7 种	三等奖	大连机车厂
鲸油	三等奖	大连水产公司
591 型活性染料中间体	三等奖	大连工学院

说明：1964 年 6 月全国工业新产品展览会在北京举行，旅大市 24 种新产品获国家新产品奖

大连化物所获“全国科学大会奖”情况表

表 4-15

获奖项目名称	年份	获奖等级	项目主持人
合成汽油芳烃化的研究	1956	—	彭少逸
氮化熔铁催化剂用于流体化床合成液体燃料	1956	三等奖	楼南泉
Sp—01 型氢火焰离子化鉴定器毛细管色谱仪	1964	一等奖	朱葆琳
泡沸石型分子筛（A 型、X 型）的制造方法	1964	二等奖	万邦和
从松辽煤油催化加工制取 RP—1 型液体火箭燃料	1964	—	林励吾

续表 4–15

获奖项目名称	年份	获奖等级	项目主持人
六个九（99.9999%）氩的标准测试方法	1964	三等奖	唐学渊
合成氨原料气净化新流程三个催化剂的研究	1978	—	张大煜
轻汽油液相空气氧化制乙酸和丙酸	1978	—	朱　泓
大庆重油加氢异构裂化一段法制取优质航空煤油和低凝固点柴油	1978	—	林励吾
炼厂气蒸汽转化造氢催化剂的研制	1978	—	陈怡萱
丙烯液相本体聚合新工艺	1978	—	廖世健
α－烯烃聚合制润滑油降凝剂	1978	—	徐　筠
多金属重整催化剂（3752 催化剂）	1978	—	林励吾
大型工业自动制备色谱仪	1978	—	朱葆琳
可移动的二氧化碳发生器	1978	—	邱德秋
SP–08 型多用气相色谱仪	1978	—	杨书明
硅酸盐被膜缓蚀剂的剖析试制和应用	1982	—	张玉麟
DL8100 系列电压频率变换器	1983	—	唐　军

说明：大连化物所所志未记载或者涉密的科研成果，均未载入

第三节　科技交流与科学普及

大连地区的科技交流与普及活动主要是在中华人民共和国成立后开展的。1945 年大连光复后，中共大连市委先后派人筹建了辽东技术协会、东北自然科学研究会旅大分会、中华中医学会旅大分会、中国米丘林学会旅大分会等群众团体，并开展学术活动。中华人民共和国成立后，1953 年 5 月成立了中华自然科学专门学会旅大分会（简称“旅大科联”），1956 年 6 月成立了旅大科普协会，1959 年 4 月，旅大科联与旅大科普协会合并成立旅大市科学技术协会。随着市级学会迅速发展，已有机械、化学、化工、金属、造船、医学、中医、护理、药学、解剖、防痨、微生物、生物、农学、畜牧兽医、水产、土木建筑、电机、电子、计量测试、纺织、数学、地理、物理等 24 个学会和 151 个分会，会员 1.27 万人，初步形成了学科比较齐全，有广泛群众基础的专门学会体系。“文化大革命”期间，市科协组织被迫解散，学会活动中断。1977 年 9 月，市科协机构恢复，学会活动随之得到开展。到 1985 年，大连市科协所属各市级学会、协会、研究会 76 个，会员 32514 人。

一、学术交流考察

市科协及各市级学会建立后，开展的学术交流活动主要有：召开学术会议，开展应用技术研究和管理科学研究，提出科学技术建议，开展科学考察，开展民间科技交流等。在科学技术建议方面，先后提出了能源综合利用、水资源合理开

采利用、印染废水治理、城市性质与发展方向、大连发展战略等建议；在科学考察方面，先后考察了旅顺蛇岛、“夜盗虫”发生规律、暴雨洪涝成因、引水工程、经济技术开发区、长海县等；国际民间科技交流活动主要是在改革开放以后，1985年与53个国家和837名外国专家进行了402次科技学术交流，举行学术报告会与座谈会25次。

关于能源综合利用的建议。市科协组织专家开展大连市能源消费调查，针对调查发现的大连市能源消费1979年比1953年增长5.2倍，锅炉热效率在70%以上的仅占全市锅炉总数的14%，低于50的占33.3%的问题，1980年8月市科协提出充分利用大连市一、二发电厂以及大化、大钢等厂的现有设备和余热，合理利用液化气加速城区炊事用燃料煤气化，充分利用地热和太阳能，举办沼气、热处理、热加工专业化等9项具体节能建议，得到市政府重视，1981年有些项目已在甘井子区金家街一带付诸实施。

关于大连发展战略的建议。1984年起，市科协组织有关方面的专家学者，就大连市的经济、社会、技术、人才培养等全面战略问题进行全面调查，搜集到600多个企业的资料，召开150次小型调查会和讨论会，于1985年11月形成专题报告90万字，汇编成《2000年的大连》一书，有的建议已被市相关部门采纳。

关于蛇岛科学考察。1957年，为探明旅顺蛇岛生物和地理情况，中国地理学会旅大分会提出对蛇岛进行考察的建议。1957年4月14日，由中国动物学会旅大分会和中国地理学会旅大分会的部分会员以及新华社、《人民日报》社及中央新闻纪录电影制片厂等记者共27人组成的考察队在市微生物学会副理事长、大连医学院生物系教授伍律率领下首次抵岛，对蛇岛的地理、动植物状况，特别是蛇岛蝮蛇的栖息情况进行了为期两天的考察。同年9月13日，考察队再次登岛，进一步考察了岛上的地质、地貌、气候、土壤及动植物生态环境，对岛上主要生物——蝮蛇的生物进化、历史变迁、生存条件做了详细研究。两次考察各新闻单位均有报道，并发布新闻影片，使蛇岛及近海岛屿奇特的生态环境引起国内外广泛关注。考察证实，蛇岛位于辽东半岛南端，渤海湾东部，北纬38° 57′，东经120° 58′，海拔215米。与大陆最近距离为7海里，呈不规则长方形，长约1700米，宽700米，面积0.73平方千米。岛上有植物210种，动物以蝮蛇和鸟类为主，全岛有蝮蛇1万余条。20世纪70年代以后，科考人员又有过多次蛇岛考察。1980年国务院批准蛇岛为国家级自然保护区。

二、科学知识普及

中华人民共和国成立后，20世纪50—60年代的旅大市举办了许多普及自然科学知识、生活常识、基础理论和应用技术等科普讲座。1950年12月25日，在市文化宫首次举办了以地球、太阳、月亮为题的自然科学讲座。1952年3月起，连续4个月为干部、工人举办了内容为声、光、热、电、力学、机械、雷达、原子能等自然科学知识的科普讲座。1953年7月2日至8月10日，在鲁迅公园（后改为大连动物园）举办大型天文展览。1954年4—8月，在市文化宫举办防疫知识讲座34次，并在市文化宫举办包括妇女生理卫生、月经卫生、孕妇知识、分娩及婴儿健康等方面的“妇婴展览”和“防疾展览”。同时，市物理、化学等学会为工人举办了工业生产知识的普及讲座，如机械、物理、电子、化学等知识讲座，速成制图、齿轮及工具使用讲座，光谱分析、无线电知识讲座等。1977年市科协恢复建立后，科普工作的重点是普及现代科学知识。针对企业的内容涉及电子计算机、激光技术、分子生物学、遗传工程、顺序工程、顺序控制、有色金属焊接、先进刀具、无线电技术等；在农村主要是普及微电脑应用技术。

兴办科技报刊。先后兴办《科学普及》（后更名为《大连科技报》）和《发展战略报》。1960年底首次创刊《科学普及》，1961年春更名为《科学小报》。1966年6月《科学小报》因“文化大革命”而停刊。1978年7月，《科学小报》改名为《旅大科技交流》，1979年4月更名为《旅大科技》，1981年3月又改称为《大连科技报》。1984年9月，《大连科技报》向全省发行。《发展战略报》创刊于1984年10月，1985年9月正式出版，向全国发行。

放映科教电影。1977年市科协恢复后，着手建立科教电影基地和发展科教电影网络。1977年放映的科教影片有《美国农机和农产品加工》《日本插秧机》《意大利拖拉机配套》《加拿大农业》等，内容多为工农业生产和农业机械化知识；1978—1982年放映的科教影片《红外线》《节约烧油》《太阳能热水器》《节约焦炭多炼钢》《炼油厂的污水处理》，内容多涉及工业生产的知识，其间还放映了《从小爱科学》《像不像》《奇怪的病源》等儿童科教影片。从1980年起，先后在大连钢厂、大连电机厂、大连油脂工业总厂、大连市第四建筑公司等单位设立科教电影宣传网点。同时，将大连起重机厂、大连造船厂、大连钢厂等200多个单位作为宣传基地，提供科教影片由上述单位自行放映。不具备放映条件的小工厂和单位由市科协定期派专人专机放映。至1985年末，全市共有科教电影宣传员4200人。1983年市科协举办首届科教影片放映周，播出科教影片100多部；1984年市科协举办第二届科教影片放映周，放映外国科教电影60多场。1985年以后电视取代电影，成为科教宣传的主要工具。

创作科普书刊。1979年10月16日，大连市科普创作协会正式成立。截至1985年，会员共创作发表科普读物、科普美术、科普摄影作品3000多篇（幅），科普读物在出版社出版发行86部。其中，1982年组织会员编写的《现代科技小辞典》由辽宁科学技术出版社出版，1983年与省科普创作协会合编的《八十年代工业新技术》丛书（共10册）由湖北出版社出版。组织编写的科普读物有《俄汉科学技术通用辞典》《节能一千例》《无线电遥控发电机》《装配钳工》《仪表问答》《国内外电子计算机应用实例》《现代仪器分析》等。1982年该协会受中国科协委托编绘的《花生地膜覆盖挂图》向全国发行1.5万套。自1977年起，组织会员编写的科技为农服务的图书有《国外农业新技术》《农业病虫害防治》《中国农业画册》、《养鱼问答》《农业产品贮藏及食品加工》《东北花生栽培》《化肥施用问答》《沿海农村科技文库》（丛书）等，并制作了《黄桃》《人工养殖扇贝》《地膜覆盖花生》等科学幻灯片。

农村科普活动。1951年，处于筹建时期的旅大科联即在金县八里堡村举办了农业选种展览会，此后陆续举办多种选种展览和技术培训班。1964年，市科协与市农业局共同组织农业科技人员绘制了良种培育、秋季选种、种子管理技术速成识图版28幅，编印玉米、水稻、花生、高粱、谷子、地瓜等作物选种的小册子2万多册、秋季选种技术资料1万多份，并于8月在农村进行流动展览。同年，市科协会同市农业局、供销社、市文化局、团市委联合举办了植被保护展览，参观者10万余人；在苹果集中产区复县、金县建立苹果病虫害防治网，各社队建立了虫情测报点。1978年改革开放后，各级科协积极开展“科技下乡”活动。1982年，市科协首次组织由60人组成的农业技术讲解团，先后到5县2区农村讲授农业操作技术130多场，讲解团成员有大连市高级农艺师、畜牧师、兽医师、工程师、技术员，也有从天津、北京、沈阳请来的蔬菜专家和植保专家；还组织专业人员到农机、造船、水产加工、养鸡场等企业进行现场讲授和实际操作。仅复县科协1982—1983年就举办现场讲解并进行实际操作200余次。1982年，市科协还学习四川经验在部分农村进行技术承包试点，签订技术承包合同77项，当年生产平均增产20%。此后，技术承包活动在各县区全面铺开。自1982年起，市科协与县区科协开始在农村开展科技咨询活动。1983年，金县科协选取20多个乡镇企业、25个课题，由省、市、县三级科协出面邀请72名教授、专家、工程师进行技术咨询。1985年，长海县科协邀请专家帮助20个单位解决技术课题32项，提供信息300多条，兴办工厂8家，增加经济效益340万元。1982年以来，市科协和各县区、乡镇科协利用农村集市举办“科普集市”，向农民宣传科学技术知识，提供咨询服务和技术资料。

第三章　文学艺术

清代以前，大连地区主要的文学形式有诗词文章和以口头方式流传于民间的民间文学。金代著名文人王寂，在任提点辽东路刑狱时，于金明昌二年（1191）曾寻访辽南地区并写下《鸭江行部志》，其中记录了他在复州发现的多首题壁诗，以及他写的多首吟咏大连地区的诗歌，这些诗歌和王寂的寻访记录，是迄今大连地区发现的最早的文学作品。明代，吟咏大连地区的文学作品逐渐增多，多为寻访当地的官员和流居大连的文人所作。清代中晚期，由于教育的普及，大连地区文风兴盛，涌现出一批本地的文人、学者，创造出一大批诗文作品和有价值的学术著作。1895年中日甲午战争后，大连地区出现了一批反抗帝国主义侵略、歌颂爱国志士的优秀作品。1919年五四运动后，大连兴起新文化运动，开始出现现代小说、新诗、散文、杂文、政论等新的文学形式，创造出许多具有明显反帝反封建倾向的进步作品和革命作品。1945年大连光复后，在由老解放区到大连的著名作家的带领下，兴起文学创作的新高潮，一大批文学青年崭露头角，创作出版了许多反映新生活讴歌新社会的作品。中华人民共和国成立后，大连已形成一支专业与业余相结合的文学创作队伍。进入改革开放新时期以来，大连的文学创作焕发了新的活力，各种文学门类的创作呈现蓬勃发展的好势头，达理、邓刚、素素、宋学武等一批青年作家脱颖而出，形成了在国内文坛引人瞩目的大连作家群，多部作品在国内引起反响并获全国大奖，实现了历史性的突破。

清代以前，大连地区的主要艺术形式有书法绘画、民歌小调、民间器乐、秧歌高跷、祭祀歌舞、皮影、剪纸、泥塑等。鸦片战争后，随着城市的兴起和来自国内南北各地移民的增加，京剧、评剧、曲艺、杂技等传入大连，并在此扎根。俄、日殖民统治时期，许多国外的现代艺术形式，如电影、话剧、西洋乐器、交响乐、现代摄影、现代美术等也较早地传入大连，使大连成为国内最早和最多地接受现代艺术的地区之一，掀起民族艺术与外来艺术并存的格局。大连光复后，延安等老解放区的革命文艺传入大连，迅速形成了具有广泛群众性的文艺活动新高潮，新秧歌、新歌咏活动遍及城乡，新歌剧、秧歌剧、新歌曲以及苏联音乐舞蹈等艺术形式传入大连，并在广泛普及的基础上建立了一批新型的专业文艺团体。中华人民共和国成立后，大连的艺术事业仍然保持着雄厚基础，各专业艺术团体日益正规化、专业化。戏剧、音乐、舞蹈、美术等艺术门类，均创作出一批深受广大群众欢迎的作品。“文化大革命”期间，艺术事业受到严重破坏，各艺术团体被解散。中共十一届三中全会以后，艺术事业很快得到恢复，涌现出一批在国内有影响的青年艺术家和优秀作品。戏剧、音乐、舞蹈、曲艺、杂技、美术、书法、摄影作品在各项比赛评奖活动中屡获全省和全国大奖。1980 年，在大连市第三届文代会期间，成立了大连戏剧工作者协会、大连音乐工作者协会、大连舞蹈工作者协会、大连杂技工作者协会、大连美术工作者协会、大连书法工作者协会、大连摄影工作者协会，至 1985 年，大连共有专业艺术团体 12 个，其中市直艺术团体 6 个，各县（市）区 6 个。

大连地区的群众文艺活动有着较为悠久的历史和雄厚的基础。明清时期，随着内地移民的迁入，各种民间文艺形式传入大连，当时的文艺形式主要有伴随生产的劳动号子、渔民号子，反映百姓生活的民歌小调，年节、庙会、婚丧嫁娶时表演的秧歌、高跷、鼓乐，以及烧香祛灾时演唱的具有北方少数民族特点的单鼓、太平鼓等。清代中晚期，河北的皮影、东北的二人转和内地的花鼓、龙舞等传入大连地区。俄、日殖民统治时期，随着城市的兴起和内地移民的大量涌入，民间艺术和民俗活动的形式更加丰富，每逢年节、庙会，群众自发的文艺活动成为表达群众民族意识和爱国心声的重要活动。这一时期，大连的群众文化还较早地接受了外来艺术形式，如西洋器乐、现代音乐舞蹈的影响。1945 年大连光复后，一批延安等老解放区的新文艺工作者到大连开展新文艺运动、新秧歌活动、歌咏活动，演出活动遍及城乡，出现一大批歌唱翻身解放、歌颂新社会的新文艺作品，许多厂矿企业、机关学校和农村乡镇建立了业余文艺演出队。1946 年后，旅顺和金县各乡镇普遍建立了农村俱乐部，成为国内最早建立农村俱乐部的地区。这一时期，大连的群众文化深受苏联艺术的影响，交谊舞、铜管乐开始兴起，苏联歌舞已在城市普及。中华人民共和国成立后，群众性的文化活动全面普及，各大厂矿企业和农村乡镇普遍建立了文化站、业余演出队、民族乐队、铜管乐队和美术小组，20 世纪 50 年代的大连市内就有 50 支铜管乐队。这一时期，群众文化在普及的同时又有提高，涌现出一批优秀的演出队、优秀作者与作品，在全国职工文艺会演和省、市业余会演中获得广泛好评和多项奖励，被称为“歌舞之乡”。“文化大革命”后，通过拨乱反正，肃清了极“左”思潮的影响，群众文化很快走上正轨，并进入了繁荣发展的新时期。

第一节 文 学

一、文学社团与机构

清代，金州、复州始建书院，一些文人学者以书院为栖身之所，从事文学研究与创作。金州城南金书院建于 1773 年，复州城横山书院建于 1844 年，直到 20 世纪初，两所书院一直是大连地区文人墨客的重要活动场所。

1919 年五四运动以后，大连开始出现文学团体。1920 年 7 月 1 日，以傅立鱼为首的爱国进步人士，冲破殖民当局的限制，创办大连中华青年会，编辑出版《新文化》（后改称《青年翼》）。大连中华青年会团结联络汪楚翘、安淮阴等一批作家，在《新文化》和《泰东日报》上发表了大量爱国反帝反封建的作品，在大连掀起了新文学创作的高潮。其间，在共产党人的直接领导下，

1924年大连中华印刷职工联合会、大连中华工学会成立。这些革命组织也团结了大批爱好文学的有志青年。其间，民间文学社团也相继成立，其中比较著名的有嚶鸣社、大连中华宗风学社。嚶鸣社，1921年5月成立，社长胡子晋，成员为生活在大连地区的部分老同盟会会员、民国初期的官吏及其他方面的文人学者，其宗旨是“托诸吟咏之形式，抒发风云雪月、山川草木、风土人情所见之情，时事国策所感之意”。大连中华宗风学社，1926年5月成立，社长杨櫜吾，副社长林心载、陈子勋，旨在创作所谓纯文学艺术作品，出版月刊《宗风》。

1931年“九一八”事变后，大连地区文学活动曾沉寂一时。在辽沈地区被称为“四大社”的4个文学社团之一的白光社开始以《泰东日报》为园地进行活动。而后两三年间，组织文学社团在大连渐成一种流行风尚。1933—1936年，在《泰东日报》上出现白光社、响涛社、新潮社、望洋社、清水社等55个社团。其中，以响涛社最具代表性。这个社团由大连本土孕育的一批文学上卓有成就的作家和文学青年组成。主要成员有石军、田兵、夷夫、野藜、渡沙、岛魂、禾风等人。在《泰东日报》上先后主编了《响涛》和《开拓》两个文艺副刊，发表了大量反映当时大连社会生活——特别是生活在底层的人民群众贫苦生活的作品。石军、田兵由大连文坛走向东北文坛，成为较有影响的作家。日本殖民统治大连期间，大连地区也出现不少日本人的文学社团。

1945年抗日战争胜利后，陆续成立了大连中苏友好协会、大连市文化界民主建设协进会、关东文化协会、关东文艺工作者协会（后改称“旅大文艺工作者协会”）等社团组织，这些组织团结大连地区文学界人士和文学爱好者，为扫除帝国主义殖民文化，建设新民主主义的新文化作了重要的工作。1946年8月，大连文艺研究会成立，作家罗丹任会长。主编《青年文艺》（《大连日报》副刊）、举办星期讲座、组织青年文艺创作小组，在当时产生很大影响。

1949年中华人民共和国成立后，旅大文艺工作者协会更名为旅大市文学艺术界联合会，方冰、田风先后任主席，邵默夏、王凡任副主席，大连市文学界人士和文学爱好者主要以旅大市文学艺术界联合会为自己的社团从事各项活动。“文化大革命”期间，市文联被解散。

1978年4月，旅大市文学艺术界联合会恢复。同年11月，旅大市哲学社会科学界联合会、旅大市文学学会成立。1978年12月中共十一届三中全会以后，又有很多社团相继成立。1980年6月，旅大市第三届文学艺术工作者代表大会召开，其间成立了大连市文学工作者协会、大连市民间文艺研究会。1985年，大连市职工文学艺术工作者联合会成立，下属有文学工作者协会。

二、文学创作

诗歌　古代大连地区主要文学形式是诗歌。最早有文字记载的是金代著名文人王寂的《复州道中》《自永康次顺化营》《西山石室》等多首诗歌。他在复州地区还发现多首当地官员吟咏大连地区名胜古迹和风土人情的题壁诗。明代曾巡访大连地区的监察御史温景葵写有《金州观海》《永宁监道中即事》等诗歌，形象地描绘了明代金州古城和复州永宁监古道的青山碧水、嫩柳低垂、晓烟袅袅的初春景色。曾先后于明嘉靖年间任辽东巡按的周斯盛和李辅也留有诗歌。周斯盛的《永宁监道中》，记录了大连北部山区“漠漠烽烟浩，阴阳禾黍齐”的田野景象。李辅在《五十寨早行至复州擬古》中，临摹了一幅“丧乱频惊寇，流离失种麻”的悲凉景象，在《金州道中》《杪秋永宁监道中》等诗中，通过描写“古堤衰草带寒流”的山川景色，抒发了对边关军情的忧虑。

清代中期，大连地区学风日盛、文风兴起，开始出现了当地文人创作的作品。这一时期有影响的诗人有：道光年间的多隆阿，庄河人，为东北地区满族著名学者和诗人，著有研究《诗经》的《毛诗多识》，研究《易经》的《易原》等学术著作和诗集《雯溪诗抄》《慧珠阁诗抄》等，其诗《复州十咏》《暮秋由一面山之金州长甸堡作》，对庄河、复州、普兰店、金州等地的风光和民情有形象生动的描写；徐赓臣，复州人，咸丰年间进士，钦点翰林院庶吉士，后辞官归籍，在复州横山书院讲学，著有《斯宜堂诗稿》《鸦片词四十八首》；许文运，庄河人，生于同治年间，一生未仕，隐居于庄河木耳山，著有《浒东诗钞》，其诗具有平民情怀，他所写的《饥人叹》是具有现实主义精神的一篇力作。较有影响的诗人还有庄河地区的恒龄、李克昌，复州地区的张俸、徐树年、张振纲，金州地区的乔有年、林世兴等。外地诗人有乾隆年间复州知州陈铨，写有《乾隆四十五年岁次庚子八月复州城工告成恭纪四律》，其诗格律工整，气势磅礴，刻于碑上，至今尚存，为复州地区极有价值的文物。咸丰年间的魏燮均，铁岭人，在金州幕府任职期间写有《金州杂感》《流民行》《赈灾行》《荒年叹》等深刻反映现实的作品，为大连地区现实主义诗歌的开拓者。

中日甲午战争和日俄战争期间，涌现一批强烈反帝爱国精神的诗歌。晚清著名诗人黄遵宪的《哀旅顺》，诗人李葆恂的《闻旅顺炮台失守感赋》，芳郭钝叟的《闻金州陷》，愤怒地声讨了帝国主义的侵略罪行。金州文士王天阶在《九日登金州城楼》中描绘了金州古城被战火摧残的情景，复州文士胡业顺在《登横山望五岛》中表达了痛心的感慨：“割土何人成大错，可怜破碎旧山河。”金州海防同知涂景涛在《游胜水寺》中发出了“酒酣拔剑叹汪洋，长鲸未斩心忧惶”的愤慨。金州海防同知王志修以《曲氏井题咏》为题，记录了中日甲午战争中金州城中曲氏一家为不被日军凌辱，7位妇女怀抱3名幼儿相继投井殉节的事迹，成为反映大连地区中日甲午战争题材的代表性作品。辽沈著名文人张之汉在听到阎世开不为日威胁利诱壮烈就义的事迹后，愤然而作《阎生笔歌》，歌颂了阎世开“头可断、舌可抉，刃可蹈，笔可折，凛凛生气终不灭”的“可以撑天地泣鬼神”的壮烈气节。这些作品表达了大连人民反帝爱国的浩然正气，开启了大连地区反帝爱国文化的先河。

清末民初，大连地区有影响的诗人有金州人王天阶、王永江、阎宝琛、徐通文；复州人张时和、胡业顺；庄河人刘滋楷、刘滋桂；旅顺人李义田、杨凤鸣等。日本帝国主义侵占大连后，王天阶在《读时务书文有感》一诗中便发出了“强邻环视威如虎，敌国并吞渴似鲸，火及栋梁悲燕雀，高呼唤醒是先生”的强烈呼唤。1916年，曾任奉天省长的王永江的诗集《铁龛诗集》问世，收录500余首诗歌，其诗多为感时愤世、托物见志之作，表达了作者对国难时局的忧愤，在《哀流民》《春旱》《食糠谣》等诗中，描述了当时黎民百姓啼饥号寒的生活疾苦。民国初年曾任奉天省图书馆馆长的徐通文，著有《南游诗草》《续生诗草》，为纪念中日甲午战争他还写有歌颂金州义士阎世开和曲氏一族的诗篇。复州文士张时和著有《咏复州八景》《得利赢城》等多篇吟咏复州名胜的诗歌。同一时期，访问大连的梁启超写有《舟抵大连望旅顺》《由大连夜乘汽车至奉天》《由奉天至大连道中作》等诗，发出了“虎牢天险今谁主”的感慨。康有为写有《游响水观题壁》。

20世纪20年代，受“五四”新文化运动的影响，开始出现现代诗歌。诗人宗爱光、朱枕薪、东山等在《新文化》和《泰东日报》上发表了多首反对帝国主义侵略，支持爱国运动的新诗，成为大连地区现代诗歌的开拓者。20世纪30—40年代有影响的诗人有田兵、野藜等。田兵著有诗集《沙滩潮痕》《悔筑集》，因有反日倾向被日本统治当局查禁。野藜写有多首具有象征意味的新诗，以含蓄的笔调揭露黑暗、歌颂光明。庄河青年诗人李满红在内地求学时创作的诗集《红灯》和长诗《向敬爱的祖国》，成为内地很有影响的优秀作品。

抗日战争胜利后，老解放区的诗人方冰、陈陇、李定坤等来到大连，方冰创作了反映广大人民翻身解放的新诗《一个老农的歌》《给老王》《屈死者》等，同时整理了抗日战争时期创作的《二小放牛郎》《柴堡的风波》，出版的诗集《战斗的乡村》和《飞》，产生了广泛影响。陈陇发表了充满激情的《黎明之歌》《路》《人民的献礼》《青泥洼我向你发出通告》等诗歌，出版了诗集《地球在大翻身》。

中华人民共和国成立后，大连地区有影响的诗人有方冰、韩冰野、于汪惟、钟宝亮（笔名钟锵）、高云、刘新智等。于汪惟创作了《铁树六十年把花开》《灯塔村散歌》等一批作品，钟锵出版了长篇叙事诗《双塔记》《海上渔歌》《姜海劈闸》三部诗集，工人诗人高云创作了《最新最美的画面》《船厂日出》《造船台放歌》等诗歌并在《人民日报》和国内报刊发表，刘新智创作了《安业民颂歌》《海峡横渡》，在国内产生较大影响。

中共十一届三中全会以后，大连的诗歌创作进入繁荣时期。高云连续发表了数十首抒情诗。刘新智在国内报刊发表了《出港》《从十月一日，我们在海底航行》等新诗，并出版诗集《海笛》。老红军张云晓的诗集《一个红军战士的诗》得到国内诗歌界的好评。还涌现一大批新人新作，青年诗人张秉加的《中南海书房，请你说一说》，用激情的语言写下了对毛主席的怀念，由中央人民广播电台在全国播放。诗人阿拜的《阿拜抒情诗选》在香港出版。宋协龙出版了诗集《爱恋与人生》，他与李懿合作的长诗《使者的爱恋》歌颂了援华印度医生柯棣华的光辉一生。青年女诗人任惠敏的《女儿长大了》在《诗刊》等刊物发表。

小说　大连地区的小说创作始于20世纪初，时任《新文化》主编的汪楚翘发表了大连地区文学史上第一部有影响的中篇小说《恶果》，描绘了女主人公追求婚姻自由，却被封建礼教和恶势力吞噬的悲剧。这一时期的《新文化》还发表了国内著名作家叶圣陶、王统照、李健吾的小说，《泰东日报》转载了鲁迅、郭沫若、茅盾、巴金、田汉、丁玲等人的作品，使小说广为普及。20世纪30—40年代在大连有影响的小说家及作品有：石军（原名王世浚）的小说集《边城集》《新部落》和《麦秋》，其中《麦秋》出版后遭到伪奉天警察厅查禁，他的长篇小说《沃土》，是东北沦陷时期新文学代表作品之一。田兵（原名金纯斌），发表了反映农村生活的《T村的年暮》《阿了式》《赵甲长》等多篇小说。野藜（又名也丽，原名刘云青）出版过短篇小说集《花冢》，中篇小说《草莽》和长篇小说《绿洲》。这一时期，描写情爱的言情小说比较盛行，曾任《泰东日报》编辑人、《泰东日报》论说委员的赵恂九创作了《荒郊泪》《声声慢》《梦逝》和《如此年华》等23部中长篇小说，赤灯（原名杨思曾）出版了《一百个短篇》等多部小说集；小松（原名赵树全）创作了长篇小说《无花的蔷薇》，在《泰东日报》连载100期。

抗日战争胜利后，罗丹、柳青、白朗、李定坤等著名作家由老解放区来到大连开辟文化工作，使大连成为解放战争时期国内革命文学创作最为活跃的地区。罗丹的小说《夜走飞壶口》和《模范村长》，李定坤的《民兵英雄二太监》，柳青的长篇小说《种谷记》，白朗的《为了幸福的明天》，女作家关露的《苹果园》等相继在大连发表。这些作家还举办文学讲座，辅导文学创作，使许多青年走上了文学创作的道路。大连作家冰言（原名王丙言）创作的讽刺小说《裕仁哭庙》和长篇小说《刑事》，揭露了日本统治者压榨人民、鱼肉百姓的罪行。

20世纪50年代，大连的小说创作十分活跃，解放初期培养的文学新人成为骨干，并涌现出一批业余作者。青年作家张琳的中篇小说《叶茂花红》和短篇集《旅顺口的友谊》、白晓的短篇集《情长谊深》、张福高的中篇《李明和他的苏联妈妈》，以及业余作者曲道骥、周恩惠等人创作的小说集《小钢炮和老黏儿》《平凡的人》《离婚集》《电车工人》相继在国内出版。汤凡的《一个女报务员的日记》，作为国内最早描写青年爱情生活的小说，发表后在国内引起反响。国内重要报刊围绕这部作品展开了长达两年的讨论。由于受“左”的思想的影响，《一个女报务员的日记》在全省受到错误批评。张琳、于耐寒、白晓、韩旭的小说入选中国作家协会1956年编选的优秀作品选集。高玉宝的《高玉宝》出版后，被译成20余种文字发行，在国内外引起强烈反响。1957年，一些作家被错划为右派，“文化大革命”期间，许多作家受到批判被遣送下乡，小说创作陷入沉寂。

中共十一届三中全会以后，老作家邵默夏、陈淼、张琳、王正寅等不断推出新作，达理、邓刚、宋学武等一大批青年作家迅速崛起，形成了为国内文坛瞩目的大连作家群。达理（原名陈愉庆、马大京）的小说《路障》《除夕夜》《爸爸，我一定回来》最早获得全国优秀中短篇小说奖。邓刚的《迷人的海》《阵痛》，以其开阔的视野和独特的风格得到国内文学界高度评价，荣获全国优秀中短篇小说奖。部队作家宋学武的《敬礼，妈妈》《干草》荣获全国优秀短篇小说奖。这一时期出版的小说集有陈淼的《稀有作家庄重别传》《危难之间》，邓刚的《迷人的海》《龙兵过》，达理的《亚细亚之恋》，王正寅的《落凤坡遗案》，阎德荣的《外交官》等，涌现出的中青年作家有林丹、徐铎、孙惠芬、高满堂、仇大川、沙仁昌等。由市文联主办的文学月刊《海燕》自1978年10月复刊到1985年，共出刊70期，发表作品1488篇，其中大连市业余作者的作品占58%。

报告文学 大连地区的报告文学始见于1945年大连光复后的报刊，中华人民共和国成立后日见增多。女作家安娥到大连创作了4篇反映苏联专家援助中国建设的报告文学；张琳的《火车女司机》，张福高的《人民的新旅大》，黎方之创作、邵默夏改写的《厂报事件》，20世纪50年代很有影响。改革开放以后，产生了一大批反映新时期各项成就的报告文学作品，出版的报告文学集有张琳的《五彩星光》，王传珍的《秋天的云》，杨道立的《人生之旅》，张景勋的《郭安娜》等，作家邓刚、王素英、徐铎、孙惠芬、刘永峥等都写有多篇报告文学。

散文 清末民初，王永江创作的散文作品《岷源自述》（手稿）、《丁未笔记》（手稿）记叙了自己不同历史时期的心态，抒发忧国忧民的情感。日本殖民统治大连期间，《泰东日报》曾发表野藜、田兵、石军的散文，数量不多，影响不大。中华人民共和国成立后，报刊登载的散文渐多，有影响的有邵默夏的《窗下》，发表后被中央人民广播电台配乐播放，并被译成英文、世界语介绍到国外，1956 年入选中国作家协会编选的优秀散文集。1963 年康伣的《大连之花》在《人民日报》上发表，文字优美，抒情性强，是当时少见的佳作。改革开放后，散文创作进入旺盛期，涌现一批以散文见长的青年作家：素素（原名王素英）的《北方女孩》系列散文荣获全国青年散文大赛银奖；文尔的《记安娜》、田樱的国外风光系列散文、沙里途的《东北风》、修成国的《杏红麦黄》系列散文，在国内报刊发表后得到了多方好评。老作家邵默夏还发表了《记林迁乔》，张琳发表了《红豆生南国》，邓刚发表了《下锅烂》《坚强松》，于汪惟发表了《蛇》《狗年说狗》《紫根兰》等散文。

杂文 大连地区的杂文创作始于 20 世纪 20 年代新文化运动时期。傅立鱼、汪楚翘、安淮阴、陶然等发表了大量的杂文和政论文章，笔锋犀利，针砭时弊，具有强烈的反帝反封建精神。大连光复后，不少作家都在报刊上发表过杂文。如钱醉竹的《论文化还家》《谈“沉渣泛起”》《假如鲁迅还活着》等。谢青（原名康敏庄）、杜鸿业、林针等在报刊上发表不少杂文。60 年代，王剑鸣的《唐陆贽论九弊》，余定华的《避聒与没字碑》，王凡的《不废江河万古流》等杂文，谈古论今，针砭流弊。改革开放后，报刊开辟了《星海漫笔》《蓝蔷薇》《海味斋》等杂文专栏，于汪惟、于景宁、郭兆文发表多篇杂文，于景宁在《人民日报》等报刊已发表数十篇杂文，有的作品入选《全国青年杂文选》。

儿童文学 大连地区的儿童文学兴起于抗日战争胜利后。20 世纪 50 年代，白晓的短篇小说《我和瓦夏》，李山大的《向日葵的故事》有较大影响。改革开放后，儿童文学创作进入旺盛期，形成了一支以人民教师为主力的创作队伍。滕毓旭的《儿童格言》《我是小乖乖》《有趣的动物》《绿色的梦》等多部儿歌集相继出版。尤异的《神秘的信号》等科幻小说和儿童小说由中国少儿出版社出版。宋一平的《可爱的家乡——旅大》《飞虎队演义》，于颖新的短篇小说集《斑斓少年》，车培晶的专集《神秘的猎人》，季福林的《蛇岛的秘密》等，都是这个时期有影响的作品。

民间文学 大连地区的民间文学有民间故事、风物传说、民歌民谣、谚语笑话等，自古以来，大连人民创作了丰富的具有本地特点的民间文学，以口耳相传的方式广泛流传。日本殖民统治大连期间，大连曾出版过一本日文大连民间故事集《星海花》，收集了十几篇有关大连地区的风物传说。大连光复后，1948 年，由老解放区来到大连的作家董均伦、江源夫妇在《大连日报》上发表了《元宝》《半弯镰刀》等民间故事。故事集《半弯镰刀》由大众书店出版，收有民间故事 11 篇。1956 年 9 月，《大连日报》《文艺》版发表了刘洪滔创作的以黑石礁民间传说为内容的 200 行长诗《黑石礁传奇》；《旅大文艺》和《海燕》也发表了《海盐的故事》（张琳）、《金井的故事》（邵默夏）、《黑石礁的传说》（王建郁）、《牵牛花的故事》（张书瀛原作、于汪惟改写）等作品。1980 年，大连民间文艺研究会成立，组织专业和业余作家深入民间，搜集整理民间文学作品，1983 年编辑出版了《大连民间故事》和《大连风物传说》。至 1985 年，出版的民间故事集有李志文的《千里送鹅毛》、都德滨的《蛇岛的故事》、李明的《白凤凰》。《白凤凰》获辽宁省文艺优秀作品一等奖、全国民间艺术节二等奖。

第二节 艺 术

一、戏剧

京剧　清光绪十三年（1887），河北宝坻永胜和梆子班到大连投奔旅顺水师营清毅军，以演出河北梆子为主，兼演皮黄（京剧别称）剧目，自此京剧传入大连。1894年后，旅顺、大连相继建成茶园戏楼，金州、庄河等地也陆续出现营业性剧场，京剧演出逐渐普及，成为影响最大的剧种。20世纪20年代后，大连地区的京剧班社以剧场为演出基地，有相对固定的“班底”。主要京剧班社有同乐舞台戏班、宏济大舞台戏班、福兴大戏院戏班、兴亚大舞台戏班和活动于县城乡镇的崔家班、孙家班、吴家班等，主要演员有闻子芳、盖玉亭、李和春、荣桂芬、赵鹏声、张二庄等。这些戏班以本地演员为班底，也常邀国内名家来演出。应邀到大连演出的演员有周信芳、袁世海、金少山、言菊朋、李多奎、李万春、毛庆来、张云溪、谭富英、唐韵笙、曹艺斌、蓉丽娟、吴素秋等。大连成为南来北往的京剧班社必经之地和有名的“戏码头”。

抗日战争胜利后，1947年大连成立了新声剧团，排演了阿英创作改编的《洪宣娇》、李一氓创作的《闯王遗恨》等新编历史剧以及《九件衣》等现代剧目。1953年，新声剧团与大众京剧团合并，改称旅大京剧团，有曹艺斌、周少楼、张铁华、闻占萍、周仲博、赵鹏声、刘惠琴等著名演员。在演出传统剧目的同时，还创作、改编、移植演出了《甘宁百骑劫魏营》《合州城》《菊花石》《松骨峰》等剧目，在国内享有盛誉。“文化大革命”开始后，旅大京剧团被解散。大部分演职员被遣送农村落户，部分参加了1969年旅大市革命委员会成立的革命样板戏学习班，并演出《沙家浜》等样板戏。1970年夏，革命样板戏学习班更名为旅大市革命委员会文工团。1972年，文工团撤销，又建旅大京剧团，以演样板戏为主。1976年以后，演职员陆续从农村调回，重建旅大京剧团。青年演员陈梅英、李跃先、吴晓滨等成为骨干演员。先后排演了《蝶恋花》《救救她》《合家欢》等现代戏。1982年，《合家欢》剧本获辽宁省文艺作品一等奖，同年旅大京剧团更名为大连京剧团。1984年，大连艺术学校实验京剧团并入大连京剧团，杨赤、李萍、王玉兰等青年新秀崭露头角。

评剧　1906年，“拆出”莲花落（评剧的前身）由河北传入大连。1917年，商绅曹桐轩在庄河县城建芦棚戏院，邀请唐山赵春山班演出，以评剧为主，兼演河北梆子。1920年，大连地区出现“落子”演出活动。评剧艺人孙凤鸣携孙家班由天津到大连，演出《指花为媒》《秦雪梅吊孝》等剧目，又于1922年建立岐山小舞台，改剧班名为岐山戏社，招收女徒，培养出筱彩凤、筱麻红、筱丽华等评剧演员，创造和发展了评剧女腔。20世纪30年代，岐山剧社兴盛一时，成为国内有名的评剧班社。筱麻红成为奉天“落子”最有声望的女演员之一。20世纪30—40年代，评剧班社除岐山戏社外，还有丁福堂班、海世评剧社、庆乐班和王金香班。其中王金香班除以王金香、杜小楼、筱王金香领衔演出传统戏外，还改编演出现代戏《啼笑因缘》《人道》等，在40年代的大连有较大影响。1942年后，大连经济凋敝，评剧班社陆续离开大连，滞留大连的艺人只能在县城、乡镇流动演出，聊以糊口。抗日战争胜利后，大连评剧艺人或与京剧艺人合班，或自行组织班社维持演出。大连光复后至20世纪50年代初，中华评剧社、解放评剧社、天光评剧团等演出团体成立。

中华人民共和国成立初期，旅大文联京剧团以评剧形式演出现代戏《大汉奸张本政》和《小女婿》，受到百姓的欢迎。1952年，旅大评剧团成立，建立导演制度，培养评剧人才。其间，创作演出了《夫妻合作》等剧。1953年，《夫妻合作》获东北地区第一届戏剧、音乐、舞蹈观摩演出大会集体演出奖。旅大评剧团创作演出了《春香传》《沈清传》《洪湖赤卫队》《江姐》《年轻一代》等一批有影响的剧目，主要演员有李桂荣、赵徽、鲜灵花、金秀琴、吴少彬等。1954年后，大连地区各县相继成立评剧团，一些厂矿、商店、农村的业余评剧演出活动也很活跃。至1966年，评剧演出已在大连地区普及。“文化大革命”开始不久，大连地区专业评剧团体全部解体。1972年，以原市评剧团人员为主组建了旅大地方戏剧团，演出《杜鹃山》《槐树庄》等现代剧。1977年，旅大地方戏剧团恢复为旅大评剧团，1981年更名为大连评剧团。其间，大连评剧团制作改编的《蔡文姬》《光彩的婚礼》《翠园女魂》《今宵月又圆》等剧受到观众喜爱。

吕剧　20世纪50年代由山东传入大连。1956年，旅大市职工文工队开始演出吕剧，1959年，旅大评剧团设吕剧队，将越剧《高机与吴三春》移植为吕剧，还排演了现代戏《抢伞》和古装戏《李娃传》等剧目。其中《李娃传》参加辽宁省戏剧观摩演出受到好评。1960年，旅大吕剧团成立，创作演出了《火烧凤楼》《团圆之后》《空棺记》等剧目。20世纪50—60年代，山东省各地吕剧团常到大连演出。1962年，旅大吕剧团停办，部分演员进入庄河县剧团。1979年3月，旅顺文工团成立，以吕剧演出为主。庄河县剧团和长海县剧团也经常演出吕剧。

皮影戏　皮影戏是在明万历年间由陕西来东北戍边的士兵传来的。由于皮影戏所需演员不多且易于演出，皮影戏很快就由军营传到了民间。清嘉庆年间北京附近的皮影艺人因受“白莲教”牵连，皮影戏遭禁演，导致许多皮影艺人被迫外流。其中滦州皮影艺人大量注入东北。此时山东登州皮影也跨海到辽南来演出，遂形成南北两派。北派以滦州皮影为基础，流行于复州地区；南派以山东皮影为基础，流传于金州地区。皮影戏传入大连后，与辽南地区的生活习俗、语言和民间音乐相结合，逐渐形成具有地域特色的辽南皮影戏艺术。早期大连地区的皮影班演出时都是唱“流口影”，演唱时没有剧本，都是学艺时口传下来的，在演唱和表演上粗糙、随意，也常夹带一些粗俗的语言，但唱词通俗易懂，生活气息浓厚。后来，皮影艺人学外地艺人按“影卷”演唱，皮影艺术水平有了提高。主要演出剧目有《五峰山》《锁阳关》《宝龙山》《玉石麒麟》《薛刚反唐》和《罗通扫北》等百余部作品。皮影戏班主要活动在大连农村，演员走村串户，深受广大农民欢迎。大连光复后，随着电影事业的普及发展，皮影戏没有了昔时的盛况。文化部门对这一传统的古老艺术进行了抢救性的挖掘和整理，并编演了许多现代题材的新剧目，如《白毛女》《服兵役》《将革命进行到底》。中华人民共和国成立后，编演的新剧目有《瑶山春》《芦荡火种》《饮水思源》等。1951年，复县创办皮影艺人学习班，经调查发现，仅复县地区皮影艺人保存的影箱就有43箱之多。20世纪60年代初，旅大歌舞团创作的歌曲《俺是公社饲养员》《梅花开得好》，就是吸收皮影音乐素材创作的。1980年，全地区在各县文化局登记注册的皮影戏班有16个，其中复县9个，新金县4个，庄河县3个，演出活动主要在农村。

辽南影调戏　大连光复后，复县、新金县的新文艺工作者与皮影艺人以皮影声腔为基础，吸收皮影的表演技巧创作演出了很多新戏，逐渐形成了具有辽南特点的一种新的戏曲形式。1957年开始，复县、新金县文化主管部门请姜治邦、高吉顺等皮影艺人培训影调戏演员，组成一支演出影调戏的演员、演奏员队伍。卢全利、韩振、牛正江、张柯夫、高殿品、那涛等人在剧本创作、导演、唱腔设计等方面取得成就。20 世纪 60 年代，陆续创作和演出了《养牛迷》《小保管上任》《成长》等反映现实生活的影调戏。“文化大革命”中，剧团解散，但影调戏演出活动并未停止。复县、新金县的专业戏曲工作者，移植排演了《龙江颂》《红云岗》《园丁之歌》等剧目。“文化大革命”结束后，复县成立了影调戏民间艺术团，主要演员有唐宝善、田娜、牟淑君、邢彦秀、牛正茂等，演出了许多大型古装戏如《墙头记》《意中缘》等，创作演出了《加林和巧珍》《少女泪》等现代戏，使这一新型剧种日臻完善，在国内引起强烈的反响。1983 年《加林和巧珍》剧目在全国及省、市观摩比赛中获奖。

话剧 1910—1911 年，中国同盟会会员、新剧家刘艺舟到大连演出新剧，并在大连创办“励群社”。1916 年，陈非我等新剧爱好者成立文明新剧社，演出《湘江泪》《猛回头》等新戏。受上海、北京等地“爱美剧”运动影响，1926 年，马店元、王叔祥、吕馥堂等发起成立大连爱美剧社，组织机构较为健全，成员近 30 人，是辽宁地区第一个较正规的话剧团体。20 世纪 40 年代到大连光复之前，大连地区涌现出十几个话剧团体，除协和、光明、放送等剧团为日本殖民统治当局创办以外，大多数是由青年爱好者自办的半职业化团体，如大明剧团、山下汽船剧团、火车头剧团等，这些话剧团体演出了《夜半歌声》《归去来兮》《屠户》等具有进步思想的剧作。大连光复后的 1946 年 3 月，东北文工团到大连开展文化工作。王大化、张平、于蓝、颜一烟等戏剧家演出了《日出》《我们的乡村》《祖国的土地》和《把眼光放远一点》等话剧。在他们的影响下，旅顺文工团、关东社教团、旅大文工团等新型话剧团体相继成立，演出了《抓壮丁》《升官图》《李闯王》《俄罗斯问题》《钢铁是怎样炼成的》等中外名剧。从老解放区到大连的艺术家、导演田风在任旅大文工团团长期间，创作导演了多部话剧，建立了导演制度，为中华人民共和国成立后大连话剧走上专业化、正规化道路奠定了基础。1953 年，在旅大文工团戏剧队的基础上组建大连话剧团，有田风、王成斌、黎军、田奎一、李启昌等著名导演和康桂秋、王惟江、钟吼、王会安、刘茂勤、沈政、李佩琳、安适等知名演员。话剧团先后创作演出了《雷雨》《红旗》《阿 Q 正传》《一仆二主》《文成公主》《人往高处走》《哈尔滨之夜》等 170 余出剧目。“文化大革命”开始后，大多数话剧工作者被遣送下乡，剧团解体。1972 年，旅大话剧团恢复，排演了《万水千山》《艳阳天》等剧目。1978 年后，旅大话剧团涌现出夏军、侯永生、李健仁、杜文禄等一批优秀的中青年演员，创作演出了《太平庄》《仲夏的早晨》《透过纱幕的月光》《饥饿海峡》等剧目，在省内外演出引起强烈反响，《仲夏的早晨》获辽宁省文艺作品一等奖。

歌剧 大连光复后，歌剧由老解放区传入大连。1946 年，东北鲁艺文艺四团、白山艺术学校和中国人民解放军辽南军区宣传队等文艺团体相继到大连，演出了《血泪仇》《永安屯翻身》《杨勇立功》《白毛女》等秧歌剧和新歌剧，受到市民欢迎。随后，旅顺文工团排演了《改邪归正》《钢骨铁筋》；金县文工团排演了《生产互助》《兄妹开荒》；旅大文工团排演了《白毛女》《李贵香》；进化剧团排演了自编大型秧歌剧《州民泪》；大连县文工团排演了《赤叶河》等歌剧；一些业余剧团创作演出了《金不换》《大转变》《一个女工的翻身》等新歌剧。歌剧在大连得到普及。1948 年，大连船渠的秧歌剧《二毛立功》在关东艺术活动周演出获一等奖，翌年赴北京为全国第一届文代会演出。1953 年旅大歌舞团成立后，除演出音乐、舞蹈节目外，也间或排演歌剧。1958 年，导演王成斌排演的大型歌剧《红霞》和《柯山红日》演出成功。1961 年，旅大歌舞团歌剧队成立，排演了《星星之火》《货郎与小姐》等大型中外歌剧，使歌剧事业走上专业化道路。1978 年后，大连歌舞团又排演了《江姐》《于无声处》《泪血樱花》《天涯歌女》《温暖的星光》等歌剧。

舞剧　中华人民共和国成立后，舞剧开始出现在大连舞台。1952 年，旅大文工团创作了以反映中朝人民并肩作战的战斗生活为题材的舞剧《战斗的友谊》，成为大连舞剧创作与演出的开端。1953 年，在东北地区第一届戏剧、音乐、舞蹈观摩演出会上，《战斗的友谊》主演者周广慧获表演奖。1962 年，大连歌舞团首次排演大型舞剧《小刀会》。70 年代以后，大连歌舞团又先后排演了《白毛女》《沂蒙颂》《草原儿女》等现代芭蕾舞剧。

二、音乐　舞蹈　曲艺　杂技

音乐　大连的音乐历史悠久、基础深厚。从旅顺郭家村出土的鸟形“陶笛”来看，早在公元前 3000 年左右的新石器时代晚期，大连地区就已有了简单的乐器。明嘉靖年间，大连地区逐渐成为南北贸易的重要口岸，随着大量移民的迁入，中原音乐越来越多地传入大连地区，并与地方民间音乐和社会风情相融合。清末民初，大连地区已形成兼容南北风格、门类众多、丰富多彩、特色分明的具有辽南地域特点的民间音乐艺术。近代日本侵占大连后，一些日本人在此兴办了西洋管弦乐团、音乐团、音乐学院等团体，大连成为国内最早接受西洋音乐的地区之一。

大连地区民间音乐的主要形式有民歌、劳动号子、古曲、单鼓音乐、秧歌音乐、鼓乐、皮影戏曲音乐等。民歌源远流长，以口头传唱的方式在民间广泛流传，其曲调优美、通俗悦耳、贴近生活、感情真挚。中华人民共和国成立后，专业音乐工作者深入民间采风，曾收集民歌千余首，1980 年将其中 209 首编入《旅大民间歌曲集》。歌曲集里，有反映劳动人民苦难生活的，如《打鱼人十二月》；有反映婚姻爱情的，如《盼情郎》；有反映民俗风情的，如《对花》《观花灯》。抗日战争时期和大连光复初期，又出现一批新民歌，如《打倒小东洋》《解放五更》等。劳动号子是劳动人民在生产劳动中创造的，起着协调动作、振奋精神的作用，音乐节奏鲜明，音调高亢，热情奔放，大连的劳动号子带有明显的海上劳动的特点，流传较广的有渔民号子、盐工号子、装卸号子。单鼓又称太平鼓，中华人民共和国成立前流传于农村，每逢天灾病祸，打单鼓烧香，边唱边舞，祈求太平，其曲调丰富，朴实粗犷，演唱形式有领唱、对唱、伴唱、群唱等。鼓乐（又称吹打乐）很早由山东、河北等地传入大连，清末民初已广泛流传，各地普遍建有职业性或半职业性的鼓乐坊子（又称喇叭房）。

大连光复后，由延安鲁艺师生组成的东北文工团到大连，演出了《黄河大合唱》、《歌唱新关东》（马可词曲）、《东北青年进行曲》（陈陇词、刘炽曲）等一批欢庆解放的新歌曲，并举办音乐培训班，在广播电台教唱革命歌曲，掀起群众性歌咏活动。中华人民共和国成立后，涌现出许多群众歌咏基地，农村乡镇普遍建有小型民族乐队，市内厂矿企业建有铜管乐队。20 世纪 50 年代末，市内有 50 余支铜管乐队；80 年代初，大连出现国内第一支农民铜管乐队——金州得胜农民乐队。

1946 年后，大连地区在国内城市中最早建立了新型文工团，音乐创作和演出走上了专业化的道路。中华人民共和国成立前，旅大文工团就拥有实力雄厚的交响乐队，中华人民共和国成立后在旅大文工团基础上建立的大连歌舞团，拥有郑建春、王石路、张风、韩振、郑述诚、穆传永、徐桂珠、顾振明、郑冰等一批音乐家，创作演出了《革命人》《摇篮曲》《梅花开得好》《俺是公社饲养员》《新媳妇回娘家》和器乐曲《江河水》《渔家组曲》等优秀作品，这些歌曲在国内广泛传唱，久唱不衰，歌曲《革命人》（董翔词、王石路曲）获1958年全国音乐创作奖，徐桂珠获全国音乐舞蹈观摩演出表演奖，器乐曲《江河水》被选入大型音乐舞蹈史诗《东方红》，大连歌舞团成为具有鲜明的地方风格在国内享有盛誉的艺术团体。从大连走出去的秦咏诚、谷建芬、徐沛东、杨洪基、付海晶、余吉兴等成为国内著名的作曲家和歌唱家。

改革开放后，大连的音乐创作又有新发展，涌现出一批年轻音乐家和好作品，徐志远的民族管弦乐曲《金田风雷》获全国器乐作品二等奖，徐桂珠在全国少数民族文艺会演中获优秀独唱奖，白吉珠获板胡优秀演奏奖，周长花的柳琴独奏获全国器乐比赛优秀表演奖，歌曲《唱支歌给老师听》（牟道琨词、郑述诚曲）、《我给爷爷戴红花》（晶日词曲）、《弹月琴的小姑姑》（王光池词、晶日曲）获全国少儿歌曲评比优秀奖。

舞蹈 大连素有“歌舞之乡”之称，民间舞蹈主要有秧歌、高跷、龙舞、花鼓、单鼓、霸王鞭、跑旱船等。大连光复后，受解放区文艺的影响，城乡兴起庆祝翻身解放的新秧歌运动，使秧歌等传统艺术发生了由旧到新的变化。中华人民共和国成立后，舞蹈艺术广泛普及，传统舞蹈经过加工走上舞台，同时又出现了一批表现现实生活的新舞蹈。大连的群众舞蹈在省内外享有盛誉，金州的《蝴蝶舞》《龙舞》《单鼓舞》，新金县的《花鼓舞》和大连海港的《装卸舞》等，在全国会演中广获好评。1953年6月组建的大连歌舞团舞蹈队实力雄厚，拥有张毅、邹健、华玲娣、张晓月等省内外闻名的舞蹈家，张毅等编舞的《花鼓舞》于1957年参加第六届世界青年联欢节获金质奖章，创作演出的《铁索桥》《养猪姑娘》《洗衣舞》《码头工人舞》等成为在省内外有影响的优秀作品。改革开放后，又涌现一批优秀的舞蹈作品，张毅编导的《瀑布》、刘天铎编导的《送伞》、王新鹏表演的《单人花鼓》在全国第一届舞蹈比赛中获奖，《海姑娘》《彩壁莲女》《美丽的心灵》等舞蹈作品在全省比赛中获优秀奖。

曲艺 大连地区流传的曲艺形式有大鼓、评书、相声、莲花落、快板、快书、琴书、二人转等。清咸丰年间，农村就有集资请说书先生说唱大鼓、评书的习惯，艺人来自河北、山东、盛京（今沈阳）等地。20世纪初大连市区粗具规模后，活动在农村集镇的曲艺人逐渐流入城市，外地的艺人纷纷到大连演出。20年代建成的西岗露天市场成为东北地区闻名的曲艺基地，被称为“关外小天桥”。1941年太平洋战争爆发后，曲艺活动逐渐衰落。中华人民共和国成立后，旅大曲艺团、盲人曲艺团、复县曲艺队相继成立，曲艺走上专业化的道路。除演出经过加工整理的传统节目外，50年代为配合抗美援朝、宣传《中华人民共和国婚姻法》等活动，改编和创作了一批反映现实题材的新作品。60年代影响较大的作品有王玉岭的大鼓《平原枪声》《野火春风计古城》，邵云芳的大鼓《新儿女英雄传》，董祥民的评书《灵泉洞》《肖飞买药》等。“文化大革命”期间，专业剧团一度停止活动，群众性业余曲艺演出仍时有活动。1977年，孟繁山、范仲波创作表演的相声《列车新风》是“文化大革命”结束后国内第一批优秀曲艺作品。

二人转在清同治年间传入复州地区，成为当地农民自娱自乐的一种艺术形式。清末民初，复州地区出现了有影响的二人转演员高日常、赵文义等。中华人民共和国成立后，二人转以走村串户的演出方式走入城镇，复县、新金县常有演出。1965年，复县成立以演二人转为主的曲艺队，新文艺工作者卢全利、牛正江、张柯夫、韩振等人参与了创作和排练，使二人转在内容和形式上都发生了很大变化，创作的《镶牙记》《三到刘家》《放猪姑娘》《进山》等反映现代生活的新曲目，在1965年辽宁省曲艺观摩演出中以崭新的面貌出现并引起轰动，《镶牙记》被《人民日报》《曲艺》杂志选载。1977—1983年，复县先后在省内最先推出《蓝图赞》《樱桃园》《接媳妇》《卖蟹》等新作品，在辽宁省和东北地区比赛中获优秀奖。复县二人转开始形成以革新为特征的具有鲜明时代特点的辽南风格。

杂技　20世纪初大连市区粗具规模后，就有外地杂技艺人到大连表演杂技。1918年以后，陆续有英国、日本、朝鲜、美国、瑞士、意大利等国外马戏团到大连演出。20世纪30年代杂技落户大连，流散艺人王宝田、葛学诗等以撂地卖艺的方式在西岗露天市场、寺儿沟一带演出。中华人民共和国成立后，1951年旅大市文教局将流散艺人组织起来建立杂技小组，翌年成立旅大杂技团，以大连火车站前胜利广场为基本演出场所，设“棚圈”演出（用布围圈出场地，内置长条板凳），表演节目有车技、钢丝、武术、魔术、滑稽等。旅大杂技团成立伊始，即赴鞍山、沈阳、哈尔滨、上海、天津等地演出，1952年还受命赴朝为中国人民志愿军和朝鲜军民进行慰问演出。20世纪50年代末，杂技团增加高空节目和飞车走壁表演。边玉明、葛学诗、乔金梁、金幻民、回广斗、张星显等成为知名杂技演员。边玉明的《走钢丝》《杠杆定车》等具有高超的技艺水平。“文化大革命”后，大连艺术学校培养的一批青年演员加入杂技团，崔凤云、曲舜绪、乔海滨、丛天等一批优秀的青年演员成为骨干，使大连杂技团成为省内外有名的杂技劲旅，他们将现代编导手法和音乐、舞蹈、服装、灯光等融入杂技艺术中，创造了一批具有高难技巧和高度审美价值的新节目，崔凤云等人的《水流星》，曲舜绪的《鞭技》，丛天的《软钢丝》，王传群、毕巧华等人的《转碟》，乔海滨、回凤喜的《滑稽乐器》，许淑君的《高车顶碗》等节目，在全省、全国比赛中多次获奖，《水流星》1983年获第九届蒙特卡洛国际杂技马戏大赛特别奖。20世纪70年代后，大连杂技团先后赴澳大利亚、新西兰、英国、荷兰、日本、菲律宾等国家演出，在海外赢得较高声誉。1982年大连杂技团首次赴澳大利亚和新西兰作商业性演出。

三、美术 书法 摄影

美术　大连地区古代绘画多见于古迹，营城子汉墓中的壁画，构图层次清晰、人物逼真，显现了东汉时期的绘画风格。辽金时期，金州北屏山的梦真窟石佛、普兰店和尚帽山的摩崖造像，形象生动。明、清时期的庙宇存有壁画。清代道光年间，熊岳副都统衙门移驻金州，金州遂成为辽南地区政治、经济、文化中心，曾任金州海防同知的杨桂年、王志修等人在大连都留有国画作品。清末民初，陈半丁、杨令茀、徐宗浩等许多文人墨客寓居大连，使大连一度成为国内书画流动汇集之地，齐白石、于非闇、陈半丁等曾在大连举办画展。俄日殖民统治时期，传统的中国绘画受到压制。20世纪20年代后，书画家曾组成大连中华宗风社书画部，20世纪30年代在金州成立书画益友社，不久便遭殖民当局取缔。大连人的绘画活动并未停止，出现了擅画山水、花卉的邹士廉、施懋林、刘心田、张文海、车成桂、曹世科，精于画梅的孙同九，以及以画竹见长的喜禅等一批画家。这一时期，油画、水粉画等西洋绘画也传入大连，大连成为全国较早接触西洋绘画的城市之一。刘荣枫等曾多次举办油画、水粉画、素描、写生画展。大连光复后，一些国内外知名的艺术家田风、张望、朱鸣冈、黎冰鸿、陈铁耕、刘汝醴等来到大连，与大连美术家一道营造出前所未有的美术创作氛围，群众性的美术活动得到普及和发展。1947年美术教育家刘汝醴等在大连建新公司等工厂举办美术培训班，并多次举办工友画展。1950年上海晨光出版公司出版的《工人创作画》，收入的全是大连工人创作的美术作品。20世纪60年代中期到70年代，大连美术在特殊背景下形成了专业与业余相结合的创作队伍，群众性的美术活动十分活跃，宣传画、工人画、农民画有很大发展。1973年人民美术出版社出版了《旅大工人画选》，1975年辽宁人民出版社出版了《旅大工人版画选》。金县、庄河县是国内闻名的农民画乡，农民画作者在剪纸、绣花、年画、雕刻等传统手法的基础上，融入现代技法和现代意识，创作出具有浓厚生活气息的作品，多次参加国内外举办的农民画展，并广受好评。改革开放后，大连形成了一支实力雄厚的专业美术创作队伍，涌现了一批在国内有影响的优秀作品。

大连地区的主要画种有版画、宣传画、国画、年画、油画、水彩画、连环画、漫画等。大连版画在各类美术形式中独领风骚，在工厂、农村、学校相当普及，拥有朱纯一、张家瑞、马学礼、阎峰樵、王大为、冉茂魁等一批知名的版画家，尤以工人版画享有较高声誉。从20世纪70年代到1983年，全市参加全国美展和在国内出版的版画计有300余幅。朱纯一自1957年开始先后10次登长城考察，改革开放后，伏案7年创作完成长卷版画《长城风情图》，高40厘米，长4000厘米，把数千公里的长城风情、数千年的文化积淀汇集一幅画卷上，被称为国内版画之最。大连的宣传画处于国内前列，拥有一支实力雄厚的创作队伍，晁德仁的《迎春》在1979年获全国科普美术展览一等奖，李双成的《烟雾弥漫时》获三等奖。改革开放后，大连的国画创作出现兴盛局面，温崇圣、唐玉清、马国勋、林成翰、苏国景、刘相训、傅绍友的国画作品多次入选全国美展。年画在大连流传很久，木版雕刻印刷的民间年画在清代金州、复州一带已出现。20世纪80年代后，张万臣、王大为、王慎艺等在传统年画的基础上融入了新的观念和现代意识，创作了一批深受群众欢迎的新年画。至1985年，先后有百余幅作品在国内出版发行。大连的油画在改革开放以后进入创作的旺盛期。青年画家于振立的《国殇》《老桨》，齐传玉的《沐浴》《放高升》，蔡际平的《牛》以及刘小燕等人的小型油画作品，多次参加全国美展并到国外展出。中华人民共和国成立以来，比较出名的还有连环画、漫画，画家张家瑞、李永昌、周建志、关满生、阎峰樵等人创作了《渡江侦察记》《高玉宝的故事》等多部连环画。大连报刊发表了隋军、董风等人为数不少的漫画作品，改革开放后，有50余幅作品在国内比赛中获奖并到国外展出，其中有王大为的《物控开关》入选1985年第六届全国美术展览。

书法 大连地区的书法艺术历史较为悠久，从现存的汉代墓刻、唐代鸿胪井刻石到明清两代遗留的大量碑刻、匾额和楹联中，可见千百年来书法艺术在绵延传承。清代晚期，出现了许多工书善文的书法家，如金州的隋汝龄、江毓秀、乔有年，庄河的刘永康，复州的徐赓臣等。清末到大连光复之前，知名的书法家有王永江、李西、刘占鳌、徐骏声、孙宝田等，复州地区的张运沂、张逢奎、张时宗等祖孙三代人书法艺术有很高造诣，堪称辽南书法世家。在此期间，外来莅任者王志修、吴境湖、袁保龄、左宝贵、谈广庆、吴少恩、张治、涂景涛、丁汝昌等都留下过墨迹。俄日殖民统治时期，金州人刘心田、孙宝田、曲作寅，营城子人刘洪龄，旅顺人刘家兴等书法较为有名。这一时期先后客居大连或过境到大连留有书法作品的名人有梁启超、康有为、张之汉、罗振玉、黄炎培等。1911年，梁启超由日本乘船到大连，面对日本侵略者愤而挥毫作《舟抵大连望旅顺》等诗三首。1925年，康有为到大连讲学，曾举办书法展，并留有墨迹。1926年张之汉来金州，亲书其为中日甲午战争所著的长诗《阎生笔歌并序》，讴歌金州塾师阎世开不屈从日本侵略者威胁就义之气节。中华人民共和国成立后至20世纪70年代，大连的书法活动处于爱好者自发性的分散状态。1977年，首届大连市书法展举办。1980年大连书法家协会成立，书法艺术创作进入兴盛时期，形成书法家陈正、于植元、马维勤、于培智、于涛、伦杰贤、彭过春、张德鹏、徐甲申、王克俊、张本义等为骨干的书法创作队伍。于植元的行草条幅《孙中山诗〈挽刘道一〉》、于涛的隶书条幅《白居易诗〈对酒〉》1985年在日本第二回产经新闻国际书法展上双获头奖；伦杰贤的草书《韩愈进学解》1985年在浙江省举办的兰亭书法大赛中获一等奖。

大连地区许多书法家精于篆刻，金州人李西是清末民初全国闻名的篆刻家，曾入清宫为逊帝溥仪镌刻金石，出版有《石竹山人印谱》。刘占鳌的篆刻自成一格，1928年曾在中华书局出版《承远庐印存》。1984年，大连印社成立，刘占鳌、于培智、于涛、王成晃、张德鹏的篆刻作品多次在国内获奖。

摄影 1894年中日甲午战争期间，外国新闻记者在大连拍摄了一些战争实景照片。中华人民共和国成立后，大连的新闻摄影、工业摄影、体育摄影、人像摄影都有了长足发展，涌现出用摄影作品反映旅大人民翻身解放、生产自救和政权建设的纪实照片。1946年5月为纪念五一国际劳动节举办了大连光复后第一次摄影展览。摄影艺术蓬勃发展是在改革开放以后。1980年6月，大连市摄影工作者协会成立，摄影艺术开始普及，并且形成一支实力雄厚的摄影家群体，摄影的艺术水平由记录性的拍摄提高到艺术创作的阶段，出现了许多在国内外有影响的摄影佳作。辛凯、魏秀金、尚共社、赵大鹏、李秀生、李元奇、郑永琦、姜振庆、吕同举、张凯顺等摄影家的作品在国内外影展中获奖，1978—1985年共有37件作品在全国摄影展览或比赛中获奖，1979—1983年共有9件作品在国外摄影展览或比赛中获奖。其中，魏秀金的《在苹果园里》于1979年获联合国教科文组织举办的第四届《亚洲妇女》摄影比赛一等奖，赵大鹏的《集市》于1983年获卢森堡国际俱乐部摄影展览金奖，李秀生的《螺旋》于1983年获联合国工业发展摄影展览和平奖，张凯顺的《苗岭风歌》于1983年获国际摄影联合会举办的第十五届国际摄影展览金奖（罗马尼亚）。

四、电影

20世纪初，电影传入大连。日俄战争中，随军的美国摄影记者曾在战地拍摄了一部反映战况的纪实影片，记录了日军对旅顺要塞堡垒的进攻以及日俄将领在水师营会见等场面。1906年2月，日本冈山孤儿院募金团于大连东京座举办慈善事业音乐电影会，放映一些短纪录片，这是在大连最早放映电影的记载。1907年，旅顺大观茶园租美国纪录片售票放映，成为大连第一家放映场所。日本殖民统治大连初期，根据“租借地”的特殊政策，除日本电影得到优先保护外，各国影片纷纷登陆大连。20年代，日本、欧美的电影厂在大连设立影片发行机构18家，其中有日本的东宝制片厂、松竹影片公司和美国的二十世纪福克斯公司、哥伦比亚影片公司等，大连一度成为国际电影市场。一批具有民族意识的中国电影经营者于1917年成立了中国翠华电影公司，1927年又成立了中国新生活影片公司，专门发行上海各大影片公司的影片。30年代初是大连上映中国电影最盛时期，《渔光曲》《春蚕》《大路》《新女性》《马路天使》《十字街头》在大连放映时，出现了排队观看的高潮。抗日战争爆发后，日本在大连实行战时体制，加强了对电影的管制，于1937年建立株式会社满洲映画协会（社址长春），翌年在大连建立“满映”大连出张所，实行统制分配制度，各国影片公司随即退出大连，各影院被强制上演歌颂日本战绩、美化殖民统治的影片，如《满洲建国雄姿》《军国摇篮曲》等。到大连光复前，大连有日本人经营的专业影院和兼映电影的剧院13家，中国人经营的影院5家。大连光复后，人民政府和有关部门接管了日本影院，1945年10月，苏联影片输出公司大连办事处成立，大连首先在国内发行放映苏联影片。1946年，同利公司成立，开始发行中国影片和解放战争时期东北电影厂出品的新影片。这一时期，大连还拍摄了《民主新关东》《人民的新旅大》等专题片，在大连和国内放映。

中华人民共和国成立后，电影得到普及。1949年，全市有电影院14家，并开始在厂矿、机关、学校、俱乐部放映电影。1950年，大连成立了中央电影局东北影片经理公司大连发行站（大连市电影发行放映公司的前身），对全市的影片发行放映事务实行统一管理。1953年，市文教局建立农村放映队，1956年各县区开始成立电影队，将电影普及到广大农村。1958年，大连开始放映宽银幕电影。1959年，全市有放映单位154个，全年放映90674场，观众5627万人次。“文化大革命”期间，电影业发展受到影响，放映场次和观众人数呈下降趋势。1978年中共十一届三中全会以后，电影事业得到空前发展。1980年，全市电影放映场次308099场，观众2.5亿人次，年人均观看影片56部。1983年开始放映立体宽银幕电影，1985年建成180°球幕电影院。到1984年，大连已形成普及城乡的电影网络，全市有市、县（市）区、乡电影发行放映管理部门129个，放映单位1312个（其中城镇322个，农村990个）。1985年，全市放映电影12.7万场，观众8756万人次。1949年至1985年，全市共上映影片3000余部，其中中国影片（包括香港影片）2000余部，外国影片1000余部，总放映场次3636940场，观众总计26.32亿人次。

第三节　群众文艺

一、群众文化机构

大连地区早期的群众文化组织机构始建于清末。清光绪三十二年（1906），复州城设劝学所，1918年后，庄河、金州、旅顺也相继建立民众教育馆。这些机构主要进行文化教育活动，偶尔也组织群众文艺活动。1945年大连光复后，作为国内最早解放的大中城市，大连在国内率先建立了各种群众文化机构。1949年1月，中共旅大地委决定市设文化宫，各县区设文化馆，乡村建文化站。中华人民共和国成立后，各级文化机构逐渐完善，组织和指导群众文艺活动成为政府文化主管部门的主要职能之一。到1985年，大连市有市级群众艺术馆、朝鲜族文化馆、职工文体中心、少年宫4个机构，县（市）区级文化馆14个，乡镇级文化站125个。城市街道有文化站、青少年之家40多个，厂矿企业有俱乐部280多个。主要群众文化机构有：

大连市群众艺术馆　1956年6月组建，为全国5个城市试点艺术馆之一。前身是1954成立的旅大市中心文化馆。隶属于大连市文化局。设有戏剧曲艺部、音乐舞蹈部、美术部、摄影部等，主要从事群众文艺的普及和辅导工作，编印有《旅大群众演唱》《大连群众文艺》等刊物。

大连市工人文化宫　1953年11月成立。前身是毛泽东俱乐部。隶属于大连市总工会。工人文化宫自成立后，组建了市职工文化工作队、基层文化服务队，深入到厂矿基层巡回演出，积极辅导基层工会的文艺活动，举办各种形式的文艺演出。1985 年 9 月起，工人文化宫与大连市职工文体中心合署办公。

大连市朝鲜族文化馆　1953 年成立。始称大连朝鲜族俱乐部，1981 年改称大连市朝鲜族文化馆。设有文艺部、美术部、图书资料室和业余艺校等，是大连市朝鲜族人民的文化活动中心。

大连市少年宫　1949 年 4 月成立。隶属于共青团大连市委，属市少年儿童校外教育机构。设文艺、美术、科技等教学活动部。少年宫业余艺术学校设有舞蹈、声乐、器乐和美术等学习班，多年来培养出了大批优秀艺术人才，多数被输送到专业文艺团体和艺术院校，并在国际和国内的一些文艺比赛中多次获奖。市少年宫还经常举办全市性的少年声乐、器乐、舞蹈、戏剧、美术、书法、武术比赛和夏令营等大型活动。

县（市）区文化馆　1949 年 1 月，大连地区各县（市）区设立文化馆，村建文化站。同年 3 月，中山区文化馆成立，到 1951 年春，旅顺市、新金县、大连县、庄河县、金县、复县和市内岭前区、西岗区、甘井子区及长海县相继成立文化馆。各文化馆设有文艺辅导组、美术摄影组、编辑组、图书阅览室，主要任务是组织辅导文化活动，培训业余文艺骨干。

城乡文化站　大连地区是全国最早在城市街道及农村乡（镇）、村建立群众文艺活动机构的地区。1946 年就建有农村俱乐部组织。1955 年全市共有乡镇文化站 32 个。1982 年至 1984 年，在全市农村 125 个乡镇和 5 个国营农场都建立了文化站。1984 年，城市开始建立文化室，农村涌现出数量众多的图书经营、录像放映、文化演出的文化户。

二、群众文艺活动

大连地区的群众文艺活动最早与宗教寺庙的祭祀活动、农村的集市贸易、百姓的婚丧嫁娶结合密切，每逢年节庙会，扭秧歌、踩高跷、舞龙观灯等活动必不可少。1945 年大连光复后，一批来自延安等老解放区的新文艺工作者和由延安鲁迅艺术学院师生们组成的东北文艺团到大连，组织群众开展创造新秧歌、学唱革命歌曲等文艺运动，在城乡掀起了具有广泛群众基础的新文艺运动，使大连的群众文化从内容到形式发生了根本的变化。

在 1946 年庆祝旅大解放 1 周年时，大连建国学院演出了话剧《保卫家乡》，大连女子中学演出了《兄妹开荒》，由音乐家刘炽指导的星海合唱团演唱了《黄河大合唱》等歌曲。1947 年，著名作家阿英带领华东地区文艺干部到大连建新公司，组织与辅导工人开展文艺活动，建立业余剧团，先后创作演出了话剧《悔过》《特模吕昌发》等。随后，大连船渠、远东电业等大型企业相继组建业余剧团。1948 年由作家方冰、戏剧家赵慧琛参与创作辅导的话剧《穷汉岭》，是第一部歌颂城市工人翻身解放的大型话剧，演出后在全市引起轰动，报纸以整版篇幅介绍此剧，称其为具有划时代意义的好作品。1949 年初，大连船厂的秧歌剧《二毛立功》和大连海港装卸工人创作演出的《装卸号子》代表东北工人被选调为全国首届文代会做示范演出。1948 年，大连开始举办全市性群众艺术活动周，到 1960 年已举办十一届。

中华人民共和国成立后，群众性的文化活动更加普及，各大厂矿企业和农村县区普遍建立了文化站，美术室、业余演出队、铜管乐队和民族乐队。“文化大革命”前，大连有业余剧团 50 余个，铜管乐队 50 余支，金县的音乐创作、歌舞、龙舞，复县的二人转、拉场戏，旅顺口区的歌舞、小戏，以及大连海港、大连造船、电业、财贸系统的业余文工团，枫林街道的老大娘合唱团在省内外享有盛誉，大连海港的《装卸舞》，徐桂珠的独唱《一朵光荣花》等节目参加了全国职工群众音乐舞蹈会演并获奖。金州二十里堡的女声小合唱《在村外小河旁》，获辽宁省国庆献礼优秀表演奖。《人往高处走》《红旗》《镶牙记》《跨海办学》等作品成为省内外有影响的优秀剧目。“文化大革命”期间，各厂矿文艺宣传队纷纷走上街头进行宣传，演出枪杆诗、对口诗等小型节目，并开展普及“样板戏”的群众性演唱活动。

中共十一届三中全会以后，大连地区群众性文艺活动遍布城乡。全市连续举办农村小戏调演、故事调演、相声比赛、舞蹈比赛等各种调演活动。各县（区）除了积极组织参与市艺术节等大型文艺活动外，还各自举办了带有地方民俗特色的文艺活动。瓦房店市 1983 年举办迎春同乐百花会，有 10 多个乡镇参加，主要活动内容有秧歌、高跷等民俗表，以及书法、摄影展览等，以后每年举办一届。金州区 1983 年举办百花会，至 1985 年共举办 3 届，活动内容以民间民俗表演为主，同时还有文艺比赛等形式，每届都有 2000 余名表演者参加，观众 7 万余人。新金县 1984 年举办百花节，每年的元宵节在县城普兰店举办，为期 3 天，演出各种文艺节目，并组织画展、书展等文化活动。沙河口区 1985 年举办星海文艺花会，演出 10 余场，观众多达十几万人，主要形式有文艺晚会、民俗表演及各种艺术门类的会演、比赛等。这一时期，城区组织的广场晚会、社区的夏季乘凉晚会以及群众自发的公园、广场舞蹈活动都相当普及。

第四章 书报 广电 文博 档案

大连地区的图书馆和书刊出版发行业兴起于近代。清末金州出现私人书铺。沙俄强租旅大后，在旅顺建有专供俄国人使用的普希金图书馆。日本侵占旅大后，开办了南满洲铁道株式会社调查部图书室（后改称南满洲铁道株式会社大连图书馆，简称满铁大连图书馆）。大连光复后，满铁大连图书馆由中长铁路公司大连铁路分局接管，改称中长铁路中央图书馆，1950 年由苏联驻军移交中国地方政府。1945 年大连光复后至中华人民共和国成立前，大连建有中苏友好协会图书室、旅大文化宫图书室，为对社会开放的公共图书馆。其间还创办了大众书店、光华书店、友谊书店，编辑出版了大批图书，发行到各大解放区，使大连成为解放战争时期重要的出版基地。中华人民共和国成立后，1951 年，旅大文化宫图书室与中长铁路中央图书馆合并组建旅大图书馆。“文化大革命”期间，大连地区的图书馆全部关闭。改革开放后，大连工学院出版社、辽宁财经学院出版社成立，县区、科研机构、机关学校、厂矿企业普遍建立图书馆，并建立了以新华书店为中心的图书发行网。

大连第一份中文报纸是由大连华商公议会筹资创办的《泰东日报》。日本侵占大连期间先后办报 40 余种，其中大多为宣传殖民统治思想的日文报纸，中文报纸仅有 3 种。《泰东日报》以宣传三民主义思想，反对封建礼教和帝国主义侵略作为鲜明旗帜，宣传和介绍俄国十月革命，成为大连乃至东北地区有重大影响的中文报纸。中共大连市委创办的机关报《人民呼声报》，是中国共产党在大城市中创办最早报纸之一，为后来的《大连日报》的前身。

大连广播始于 20 世纪 20 年代，时为日本殖民统治时期的大连中央放送局，1945 年日本投降后，8 月 24 日苏军进驻大连放送局，广播终止。

1946年1月由大连市政府接管，并于1946年1月16日正式播音。大连广播电台（后改为旅大人民广播电台）是继延安成立新华广播电台之后，在国内大中城市中较早建立的属于人民政府的广播电台。1973年2月旅大市广播事业局成立，1983年5月改称大连市广播电视局。到1985年，大连电视台已实现由单频道到多频道、由黑白到彩色、由转播到自办、由录播到直播等多方位突破。

大连地区共有文物古迹1082处。包括古人类遗址、古城址、古墓葬、古石刻、古战场遗址、古庙宇、革命纪念建筑物等。文物古迹的特点是：新石器、青铜时代的古迹分布较广，地域特点明显且在东北地区自成体系；汉代和辽金、明、清时代遗存较多，证明大连地区虽历经战乱，仍是东北地区经济、文化较发达地区；保留有晚清北洋水师以及中日甲午战争、日俄战争及俄、日殖民统治时期的战争遗址和具有重要历史价值的各种遗迹，表明大连在中国近现代史上占有重要地位。

大连文物发掘和博物馆兴建肇始于20世纪初期。日本侵占大连后，建立关东都督府满蒙物产馆并于1917年正式开馆。大连光复后，该馆由苏联驻军接管，并更名旅顺东方文化博物馆。中华人民共和国成立后，旅大市人民政府于1951年2月接管旅顺东方文化博物馆，并于1954年更名为旅顺博物馆。1956年，旅大市政府组织文物调查和考古发掘，并于第二年公布大连市第一批文物保护单位。1980—1982年，大连市政府组织第四次文物普查，并公布大连市第二批文物保护单位。到1985年末，全市被列为国家级、省级、市级文物保护单位34处，另有县级文物保护单位94处。

大连地区的档案构成包括清代及民国时期档案、日伪统治时期档案、苏军军管旅大时期档案、中共大连地下党革命活动档案、大连光复之后到中华人民共和国成立前档案、中华人民共和国成立后至1985年档案。大连光复之初，日伪时期要害部位和大型企业的档案均由苏军接管，20世纪50年代初苏方陆续向中国政府移交大连政务和大型企业时，几乎没有移交任何档案。20世纪50年代初，市级党政机关和部分大中型厂矿企业始建档案室。1959年，旅大市属各县及旅顺市都建立了档案馆，市内各区先后建立了联合档案室。1961年，旅大市档案馆成立，1962年5月正式开馆。1981年5月，组建大连市城市建设档案馆，为专业性档案馆。

第一节　图　书

一、图书馆

大连地区的图书馆兴起于20世纪初。中华人民共和国成立后，特别是改革开放以来，大连的图书馆事业发展十分迅速。至1985年，全市共有公共图书馆12所，高等院校图书馆18所，市属以上科研院所图书馆41所，机关、厂矿和各级工会的图书馆1400余所，市区20所中等专业学校和82所中学以及部分街道、乡村也建立了图书馆（室）。

公共图书馆　1945年大连光复后，民主政府开始建立公共图书馆。1948年5月，建立大连少年儿童图书馆，翌年改为大连市儿童文化馆，1956年更名为旅大市少年儿童图书馆。1951年6月，市人民政府将接管的中长铁路中央图书馆（原满铁大连图书馆）与旅大文化宫图书室合并，组建旅大图书馆，并于8月15日开馆。1954年，旅大图书馆改称旅大市图书馆。20世纪50年代起，金县、新金县、旅顺口区、中山区相继建立图书馆。至 80 年代初，全市各县（市）区已全部建立图书馆。到 1985 年，大连市有公共图书馆 12 所，其中市图书馆 1 所，少年儿童图书馆 1 所，县（市）区图书馆 10 所；馆舍总面积 13578 平方米，总藏书量 243.7 万册。

大连市图书馆，前身为满铁大连图书馆，始建于 1906 年，是一所藏书丰富，设备比较完善的大型综合性图书馆。1985 年，馆舍面积 5172 平方米，藏书 150 余万册，其中古旧书籍 50 万册。古旧书籍由原满铁大连图书馆藏书和大连光复后收集的罗振玉、王永江等人的藏书以及后来征集的古籍组成。被列为国家级善本（善甲）的有 847 种 11325 册，其中孤本、稀有本、罕见本 200 余种；列入国家级善乙本的有 879 种 9155 册。馆藏的明清小说、中国地方志、东北地区研究、日本问题研究、蒙古问题研究，在全国文献资源调查中被列为研究级学科文献。其中，馆藏善本小说 150 余种 1016 册；馆藏地方志书 2000 多种，有宋志、明志、清志、民国志。馆藏的清代总管内务府档案为海内孤本，是研究清代历史极有价值的史料。馆藏的部分未曾出版的满铁《调查资料》和机密档案是极有价值的文献资料。馆藏新书籍基本上是中华人民共和国成立后出版的各类中外文文献，其中社会科学方面收藏量较大，所藏的中外文科技文献具有很高的价值。

大连市少年儿童图书馆，始建于 1948 年 5 月，始称鲁迅公园图书馆。1949 年 4 月 4 日改建为大连市儿童文化馆，1956 年更名为旅大市少年儿童图书馆。1985 年，馆舍面积 1233 平方米，藏书 15.9 万册，为全市少年儿童读物的收藏中心和图书阅读辅导、读书活动的中心。

专业图书馆与基层图书馆 1985 年，大连市共有专业图书馆和基层图书馆 1500 余所。其中，高等院校图书馆 18 所，馆舍总面积 5.5 万平方米，总藏书量 434.8 万册；市属以上科研院所图书馆 41 所；机关、厂矿（工会）和学校图书馆 1400 余所，总藏书量 1310 万册。

大连工学院图书馆建于 1949 年，始建时馆舍面积不足 1000 平方米，藏书万余册，主要是日本南满洲工业专门学校留下的日文图书。1963 年建成新馆舍。1985 年，馆舍面积 1.1 万平方米，藏书 130 万册。

中国科学院大连化学物理研究所图书馆，前身是南满洲铁道株式会社中央试验所资料室，创建于 1908 年，1945 年有藏书 1.1 万册。1985 年，馆舍面积 1800 平方米，藏书 7 万余册，1360 余种，装订本 13 万余册，收藏缩微胶片 39 万页，缩微卡片 19 万张，专利说明书 45 万件。辽宁师范学院、辽宁财经学院、大连铁道学院、大连医学院、大连轻工学院的图书馆，专业性藏书丰富。

二、出版与发行

图书出版 日本侵占大连后，殖民统治当局出于扩大侵略的需要，在大连建立了占统治地位的图书刊物的出版发行机构。1945 年大连光复后，在国内最先建立了新的出版发行机构，先后建立了集编辑、印刷、出版、发行于一体的大众书店、光华书店、友谊书店。大众书店成立于 1945 年 8 月，至中华人民共和国成立前共编辑出版哲学、史学、政治理论、文学艺术等各类图书 420 余种近 200 万册。1946 年，大众书店在晋绥版《毛泽东选集》的基础上，增补篇章，出版了《毛泽东选集》的最新版本。光华书店成立于 1946 年，至中华人民共和国成立前共出版各类图书 253 种 63 万册。友谊书店成立于 1947 年，隶属于中苏友好协会，重点出版介绍苏联和东欧社会主义国家的著作和文艺作品，至中华人民共和国成立前共出版图书 127 种 86 万册。大连出版的这些图书，不仅在大连发行，还发行到东北、华北、华东各大解放区，使大连成为解放战争时期解放区重要的出版基地。1949

年7月1日，大众书店、光华书店、友谊书店的编辑、出版部门相继撤销，并入新华书店，成为独立从事发行的部门。1951年3月，成立了旅大人民出版社。1952年7月，根据中共中央东北局的批示，大连撤销了出版机构。1985年，大连工学院出版社、辽宁财经学院出版社相继成立，大连的出版事业开始了新起点。

刊物出版　日本殖民统治时期，在大连出版的刊物大多是宣传日本国策的。这一时期，在大连产生重要影响的中文刊物是《新文化》。1921年，以傅立鱼为首的大连中华青年会，为争得言论出版自由、宣传新思想新文化，冲破殖民当局的阻挠，创办了《新文化》（后改名《青年翼》），孙中山亲自为该刊物题写了“宣传文化”的题词，并发表了《大亚洲主义》一文，共产党领导人李大钊、恽代英、萧楚女和国内著名学者胡适、梁启超、马寅初、陶行知等人在刊物上发表文章，著名作家叶圣陶、王统照、李健吾等人在刊物上发表作品，刊物还发表了许多介绍苏联、反对帝国主义侵略、抨击殖民统治的政论文章。《新文化》成为新文化运动时期东北地区宣传新思想新文化的重要阵地。1928年，该刊被殖民当局封禁，傅立鱼被逮捕，后被逐出大连。

1945年大连光复至1949年中华人民共和国成立前，大连创办的新型刊物有：1946年大连民主青年联合会主办的《大连青年》，1948年光华书店主办的理论刊物《学习生活》，1949年旅大文联创办的《文艺报》。中华人民共和国成立至1985年，大连共有各类刊物28种，其中大部分为大学校刊和工业、科技、医学、海运、水产类专业刊物。1954年，旅大文联创办《旅大文艺》（后改名《海燕》）。

图书发行　大连地区最早出现的图书售卖形式是私人书铺或书店。1889年，金州出现私人开设的崔家书铺、立贤书店，专门买卖图书。俄、日侵占大连后，境内图书均由殖民统治当局控制下的书店、会社、发行所发行。这一时期，大连地区富有民族意识的知识分子和商家，为保护传播中华文化，先后开办出售中文书籍的书店50余家，但大多经营规模小，并兼营文具纸张生意。其中影响较大的有傅立鱼、王健堂1922年开办的大中印书馆，在大连销售《共产党宣言》《新青年》等进步报刊。1934年，由曲传政开办的青年书局出售鲁迅、巴金、茅盾等进步作家的作品，并一度成为具有爱国思想大连青年作家的聚会场所，后被殖民当局查封，曲传政被捕。

1945年大连光复后，日本人在大连的书店、书籍商组合、图书株式会社全部停业。中国人开办的书店仍有近30家。新建的图书发行单位有大众书店、光华书店、国际书店、友谊书店等。1949年7月1日大众书店改名为大连市新华书店，次年3月改名为新华书店大连分店。之后，光华书店、友谊书店、国际书店先后并入新华书店。至此，新华书店成为大连地区唯一的国营书店，书店不再从事编辑、出版业务，为独立从事发行的部门。新华书店下属有天津街书店、少年儿童书店、外文书店（原国际书店）、古旧书店，并在市区广设网点，各县（市）区设有分店，农村供销社建售书点，形成遍布城乡的发行网络。改革开放后，大连市新华书店进入最好时期，图书品种不断丰富，发行量不断增加。1985年，发行图书15000余种，是建店初期的20倍，年销售额1150万元，比1952年增长10倍。这一时期，随着市场经济的发展，出现了数量众多的书刊摊亭和民办书店，改变了多年形成的新华书店独家经营的局面，形成了多层次、多渠道的图书发行网络。

第二节 报 纸

大连地区最早的有文字记载的报纸是1899年由沙俄太平洋舰队军官在旅顺创办的《远东报》(俄文版)。1905年日本殖民统治者创办了《辽东新报》(日本版)。大连第一份中文报纸是1908年由大连华商公议会筹资创办的《泰东日报》。

大连光复后先后创办十余种报纸,其中有中共大连市委创办的机关报《人民呼声报》,1945年11月1日正式出版,1946年改称《大连日报》。它是中国共产党在大城市中创办最早的报纸之一。1949年前,创办的报纸还有大连市政府机关报《新生时报》(1945—1947年)、中共旅顺市委机关报《民众报》(1945—1947年)、关东公署机关报《关东日报》(1947—1949年)、金县《农民报》(1946—1954年)、关东职工总会《职工报》(1948—1952年)和由苏军驻旅大地区指挥部创办的中文报纸《实话报》(1946—1951年)。此外,还有1946年创办的专业报纸《人民警察》和1948年建新公司创办的企业报《建新》等。1949年4月1日旅大地区党组织公开后,《大连日报》和《关东报》合并,以《旅大人民日报》之名向社会公开中共旅大地区党委机关报的身份。

中华人民共和国成立后,大连改为省属地级市,由于城市等级的限制,大连光复初期创办的报纸大部分停刊,只保留《旅大人民日报》(后又先后改称《旅大日报》《大连日报》),当年日发行量5.53万份。至20世纪60年代,大连地区又先后创办了县报、企业报、专业报、院校报共25种。"文化大革命"期间,多数报刊停刊。中共十一届三中全会以后,1981年3月《旅大日报》复用《大连日报》名称,并扩大版面,"文化大革命"期间停刊的各类报纸陆续复刊,并有30余种报纸创刊。至1985年,全市创刊报纸共有近50种,《大连广播电视报》《大连法制报》《大连工人报》《现代女报》等有较大影响。到1985年,《大连日报》日发行量达到15万份。

第三节 广 播

1925年,日本殖民统治当局在大连建立大连中央放送局,开始使用电台广播。该放送局实为日本在国外制造宣传侵略舆论的重要广播基地。

1945年8月15日大连光复后,8月24日苏军进驻大连放送局,广播终止。1946年,大连市政府接管日本大连中央放送局,建立大连广播电台(后改称旅大人民广播电台),于1月16日正式播音。大连广播电台是继延安新华广播电台之后,在国内大中城市中较早建立的属于人民政府的广播电台,除播放新华社电讯,及时报道解放战争和国内外大事外,还开办了自采自编的地方新闻,围绕大连地区党委和政府的中心任务,全面及时地报道人民翻身解放、恢复生产、反奸清算、减租减息、支援前线等各方面的情况,播放了大量革命的文艺节目,说唱新书、教唱革命歌曲等。1947年,大连广播电台改称关东广播电台。1948年开设短波广播,弥补了延安(陕北)新华广播电台发射功率不足的缺陷，覆盖面扩大到新加坡、印尼、美国、巴西等国家，将国内发生的翻天覆地的变化介绍到国外，使华侨可以及时了解国情。中华人民共和国成立后，旅大人民广播电台的发射功率由1000瓦增至3000瓦，有线广播得到普及。从20世纪50年代起，各厂矿企业、机关、学校建立了有线广播。至60年代，庄河县、金县、复县、新金县、旅顺口区、甘井子区都建立起有线广播站，并开设自办节目，在农村基本形成广播网，广大农民普遍安装了有线广播。至1983年，有线广播在农村的普及率已达80%—90%。

第四节 电 视

大连电视台筹建于1970年3月，最初设在斯大林广场旅大市中级人民法院大楼顶部，1971年5月1日开始播放黑白电视节目。同年10月，迁至海拔170米的劳动公园绿山上，在山顶架设30米高的2层蝙蝠翼发射天线，发射功率1千瓦。1972年2月开播图片新闻。同年8月，成立新闻组，开办固定的新闻节目。1974年，陆续购进部分摄像设备，配备播音员，为新闻片和专题片配音；同时在演播室里演播小型文艺节目。1978年，电视发射功率扩大到7.5千瓦。1979年，在海拔185米处新架设75米高自立式电视铁塔，发射功率增至10千瓦。

改革开放后，先后从国内外引进大批先进技术与设备，摄像设备和发射传输设施不断完善。1979年与中央电视台首次合作，拍摄了第一部专题片《大连漫游》，节目在中央台地方节目中获一等奖。之后，又陆续拍摄了《海上牧场》《果乡漫步》《今日大连港》《今日大连》等反映改革开放以来各方面成就的专题片和介绍大连历史和风光的电视艺术和文艺专题片。1980年，大连电视台拍摄了第一部电视剧《师生之间》，之后又推出了《月光曲》《脚步》《赵镢头的遗嘱》和《黑十字架》等多部电视剧。大连电视台拍摄的专题片、艺术片、电视剧，多次在中央电视台和地方台播放，其中多部在全国和省内获奖。大连电视台坚持“对外宣传大连，对内介绍世界”的方针，多次派记者赴日本、德国、英国和中国香港采访，向国外传送节目。至1985年，大连电视台的技术设备、节目制作和视频信号的技术指标，跨进了全国先进行列，实现了由单频道到多频道、由黑白到彩色、由转播到自办、由录播到直播等多项突破，各县（市）区都建立了电视转播台并陆续开办了自制节目，电视在城乡的覆盖面已达到60%。大连电视台的节目设置具有明显的地方特点，除及时播报新闻外，还陆续开办了教育类、知识类、文艺类、少儿类等栏目。1985年与日本东京TBS放送局合作，向日本传送纪念反法西斯战争胜利40周年的《终战特别节目》。

第五节 文 物

大连市文物大致分为历史遗迹和馆藏文物两大类。1961年3月4日第一批全国重点文物保护单位公布，大连市中苏友谊塔入选。至1985年，大连市先后有三批文物被定级，包括国家级、省级、

市级文物保护单位共62处，其中国家级1处，省级4处，市级57处。一、历史遗迹

大连的历史遗迹数量众多，可分为古人类遗址与古城址、古代墓葬、窖藏与碑刻、古代寺庙与古代建筑和近现代遗迹与现代建筑等类型。

古人类遗址 大连的古人类遗址年代最为久远的是瓦房店市古龙山遗址，距今约17000年，属旧石器时代晚期。新石器时代具有代表性的遗址是长海县广鹿岛小珠山遗址（距今7000年至4000年）、旅顺口区郭家村遗址（距今5000年至4000年），以及庄河市北吴屯、普兰店市碧流河塔市屯、复县长兴岛三堂村等遗址。青铜时代的遗址有甘井子区大嘴子、双砣子遗址，旅顺口区羊头洼、小黑石遗址，新金县华严寺、杨树房小

大连市国家、省、市级文物保护单位一览表（1985年前公布）

表4–16

级别	名称	年代	地址（1985年名称）	公布年份
国家级	中苏友谊塔	1956年	旅顺口区列宁街	1961
省级	万忠墓	1896年（1948年重修）	旅顺口区白玉山东北麓	1963
省级	营城子壁画墓	汉代	甘井子区营城子前牧城驿	1963
省级	大连中华工学会旧址	1923年	沙河口区黄河路	1963
省级	卑沙城	东晋（高句丽占据时期）	金县大黑山	1979
市级	苏军烈士纪念塔	1955年	西岗区斯大林广场	1979
市级	苏军胜利塔	1955年	旅顺口区斯大林路	1979
市级	关向应同志故居	现代	金县向应乡	1979
市级	朱家村城址及贝丘遗址	新石器时代	长海县广鹿乡	1979
市级	上马石贝丘遗址	新石器时代	长海县大长山乡	1979
市级	双砣子遗址	新石器时代	甘井子区营城子镇	1979
市级	大荒地石棚	新石器时代	庄河县塔岭镇	1979
市级	白店子石棚	青铜时代	庄河县英烈士乡	1979
市级	石棚沟石棚	青铜时代	新金县俭汤乡	1979
市级	小关屯石棚	青铜时代	金县向应乡	1979
市级	台子屯石棚	青铜时代	瓦房店市松树镇台子屯	1979
市级	郭家村遗址	新石器时代	旅顺口区铁山镇	1979
市级	岗上墓地	春秋时期	甘井子区营城子镇后牧城驿	1979
市级	张店汉城	汉代	新金县花儿山乡	1979
市级	牧羊城址	汉代	旅顺口区铁山镇	1979
市级	鸿胪井遗址	唐代	旅顺口区黄金山北麓	1979
市级	哈斯罕关遗址	辽代	甘井子区大连湾镇	1979

续表 4–16

级别	名称	年代	地址（1985 年名称）	公布年份
市级	巍霸山城（吴姑城）	东晋（高句丽占据时期）	新金县兴台镇	1979
市级	城山石城	东晋（高句丽占据时期）	庄河县城山镇	1979
市级	得利寺山城	东晋（高句丽占据时期）	瓦房店市得利寺镇	1979
市级	复州城	明代	瓦房店市复州镇	1979
市级	一塔	辽、金代	新金县双塔乡	1979
市级	二塔	辽、金代	新金县磨盘乡	1979
市级	永丰塔	辽代	瓦房店市复州镇	1979
市级	永安台	明代	新金县赞子河乡	1979
市级	挂符桥	明代	金县三十里堡镇	1979
市级	三十里堡烽火台	明代	金县二十里堡北台山	1979
市级	和尚岛炮台	清代	甘井子区大连湾镇和尚岛	1979
市级	梦真窟	辽代	金县大魏家乡北屏山	1979
市级	小珠山遗址	新石器时代	长海县广鹿乡吴家村	1985
市级	蛤皮地遗址	新石器时代	瓦房店市交流岛乡马路村	1985
市级	北吴屯遗址	新石器时代	庄河县黑岛乡西阳宫北吴屯	1985
市级	东海坨子遗址	青铜时代	旅顺口区北海乡北海村	1985
市级	黄家亮子土城址	战国至汉代	新金县杨树房乡战家村	1985
市级	菜园子土城址	辽代	庄河县城山乡菜园子村	1985
市级	和尚帽摩崖石刻造像	金代	新金县双塔乡马屯村和尚帽山	1985
市级	羊官堡城	明代	瓦房店市胜利乡羊官堡村	1985
市级	排石烽火台	明代	瓦房店市驼山乡排石村	1985
市级	观音阁（胜水寺）	明代	金县湾里乡大黑山东	1985
市级	响水寺（响水观）	清代	金县友谊乡大黑山西北	1985
市级	天后宫前大殿（山东会馆）	清代	金县金州城内西南街	1985
市级	仙人洞庙	明、清	庄河县仙人洞乡转湘湖村	1985
市级	长春庵	清代	旅顺口区三涧堡乡土城子村	1985
市级	阎福陞故居	清代	金县金州镇拥政街道阎家弄	1985
市级	金州副都统衙门	清代	金县金州城内东街	1985
市级	张氏节孝牌坊	清代	瓦房店市许屯乡老爷庙村	1985
市级	横山书院	清代	瓦房店市复州镇	1985

续表 4–16

级别	名称	年代	地址（1985 年名称）	公布年份
市级	南子药库	清代	旅顺口区模珠礁南岸	1985
市级	石门子战场遗址	近代	金县二十里堡乡钟家村台山	1985
市级	旅顺日俄监狱旧址	近代	旅顺口区登丰街道元宝房	1985
市级	二〇三高地	近代	旅顺口区光荣街道友谊村	1985
市级	东鸡冠山北堡垒	近代	旅顺口区菜市街东北	1985
市级	电岩炮台	近代	旅顺口区黄金山东南	1985
市级	关东州厅旧址	1899 年	旅顺口区友谊路	1985
市级	白玉山塔	1909 年	旅顺口区白玉山	1985
市级	旅顺火车站	近代	旅顺口区井岗街	1985
市级	露西亚町旧址	近代	中山区胜利桥北团结街	1985

于屯遗址，庄河塔岭大荒地遗址等。

古龙山遗址，位于瓦房店市镇郊，属旧石器时代洞穴遗址。1981 年发现并发掘，从中出土了大量动物化石和一批石器、骨器，表明早在 17000 年前的远古时代就有人类在大连地区繁衍生息。

小珠山遗址，位于长海县广鹿岛中部的吴家村西小珠山东坡，属新石器时代遗址，典型的贝丘遗址。1978 年发掘。遗址堆积厚度为 1.5 ~ 2 米，分下、中、上三层，代表着新石器时代文化 3 个不同的历史发展时期。下文化层的年代距今 7000 ~ 6000 年，出土有手制陶器和打制石器；中文化层的年代距今约5000年，除出土陶器、石器外，发现方形圆角半地穴式房址；上文化层的年代距今约 4000 年。

大嘴子遗址，位于甘井子区大连湾黄海北岸半岛尖端台地上，属青铜时代遗址。1959 年发现，1985 年时尚未发掘。

古代城址 大连古城址主要有兴建于战国时期直至汉代的新金县张店城、旅顺牧羊城（亦称木羊城）、复县陈屯城；兴建于隋唐时期的金县卑沙城（亦称沙卑城、卑奢城、毕奢城，1982 年定名为“大黑山山城”）、新金县巍霸山城（亦称吴姑城）、庄河县城山山城、复县得利寺山城；兴建于辽代的哈斯罕关城（甘井子区大连湾）；元代始建的孛兰铺（新金县普兰店镇）；明代的归服堡（新金县城子坦镇）、红嘴堡（新金县皮口镇），辽代始建的金州城、复州城，原为土城，明清两代改建为砖城，为辽南地区规模最大的古城和政治、经济、文化中心，现大部分被毁。

张店城遗址，位于新金县花儿山乡张店村北，为秦汉时辽东郡沓氏县治所。而从出土文物推断，张店城应始建于战国后期，时为燕国辽东郡沓氏县治。张店城遗址为夯筑土城，分大小两座城池。20 世纪 70 年代，在大城出土有“临秽丞印”封泥、“千秋万岁”瓦当、五铢钱等文物。小城内除战国和汉代出土文物外，还有辽金文物。张店城还分布有大量的汉代墓葬，从中出土的文物除了大批彩绘陶器外，最有代表性的是鎏金铜贝鹿镇。

古墓葬、窖藏 大连地区的古墓葬，新石器时代和青铜时代多为贝墓、积石墓，以及用巨石搭建的石棚，汉代以后出现砖墓、壁画墓。汉墓数量最多，营城子、张店城、陈屯城的汉墓群都出土了大量珍贵文物。营城子壁画墓为东汉末期墓葬，结构宏大，壁画精美，是辽南地区已发现的唯一砖筑壁画墓。该壁画墓于 1931 年被发现并发掘。

大连地区发现的古代窖藏以战国后期和辽、金、元时期为多，出土有大量因战乱埋藏的钱币和遗物。其中，新金县花儿山快马厂出土有战国时期 7 件青铜曲刃短剑，金县七顶山傅家村窖藏出土有宋、金时期的钱币 1040.5 千克。

碑刻　大连地区已知最早的石刻是唐代鸿胪井刻石。刻石位于旅顺口区黄金山北麓，刻于唐开元二年（714）。刻石记载了开元元年（713），唐朝郎将崔忻出使渤海国，册封其首领大祚荣为左骁卫员外大将军、渤海郡王、忽汗州都督，次年返长安途经旅顺口刻石纪念这一具有重大意义的事件。1908 年刻石被日本侵略者盗走。1911 年日本海军中将富冈定恭在原刻石所在地重立花岗岩石碑。元代的张成墓碑，1925 年出土于金州城北，现藏于旅顺博物馆，记载了张成在元代屯田、征倭、在黑龙江流域驻防和开发等历史。明代的得胜庙碑，原位于金县亮甲店望海埚，现藏金州博物馆，记载了明永乐十七年（1419）刘江抗倭的事迹。

古庙宇与古建筑　大连地区古庙宇与宗教遗迹保存下来的主要有：建于辽代的复州永丰寺（原名宝岩寺）和永丰塔、金州北屏山古佛洞、庄河三架山千人佛洞；建于金代的新金双塔、和尚帽山摩崖造像；建于明代的金州响水寺、朝阳寺、真武庙、石鼓寺，旅顺长春庵，新金清泉寺、报恩寺、三清观；建于清代的庄河仙人洞。

大连地区古建筑及古遗迹保存下来的主要有：建于明代的二十里堡、星台等地的烽火台，金州三十里堡的挂符桥；建于清代的金州副都统衙门，复州知州衙署、横山书院，以及复州城、城子坦镇、庄河镇、青堆子镇等明清市街和古民居多处。

近现代遗址与建筑　大连地区保存有一批具有重要价值的近现代历史遗迹。

清末遗迹主要是旅顺北洋海军基地，包括旅顺大坞、南子弹库、电岩炮台，以及龙引泉（国内兴建最早的自来水设施之一）、老铁山灯塔等。

在中国近代史上，大连是 1894 年中日甲午战争和 1904 年日俄战争的重要战场之一。今存近现代战争遗迹主要有：位于庄河县明阳镇东南的花园口是中日甲午战争日军登陆地；位于旅顺口区的二〇三高地、东鸡冠山北堡垒、望台炮台等是日俄战争主要遗迹，其中二〇三高地是日俄争夺的主要战场，东鸡冠山北堡垒是沙俄重要的防御设施，望台炮台是沙俄军队临时抢修的炮台阵地。

俄、日殖民统治时期主要市政遗址有：达里尼市政厅旧址（俄）、旅顺日俄监狱旧址、日关东军司令部旧址、日关东都督府旧址、日大连民政署旧址等。

大连市内和旅顺口区还保留有多处具有重要价值的近现代建筑：中山广场建筑群、胜利桥北具有俄罗斯风格的市街、旅顺新市区建筑群、大连南山枫林街、黑石礁日式别墅群，以及在国内兴建较早的市内公园和广场等。

现存纪念性建筑有：清末为纪念在甲午战争中被日本侵略者屠杀的旅顺同胞而修建的旅顺万忠墓，大连中华工学会旧址，位于斯大林广场的苏军烈士塔以及位于旅顺的中苏友谊塔、苏军烈士墓等。中苏友谊塔于 1956 年建成，1961 年被定为国家级文物保护单位。位于旅顺口区的罗振玉大云书库旧址、肃亲王府旧址。位于旅顺口区的白玉山塔是日本军国主义者为侵华者表功而建，今为日本帝国主义侵华的历史罪证。

二、馆藏文物

1985 年，大连地区各级博物馆和文物店共收藏文物 7 万余件，其中有地方出土文物和国内外收藏文物。

地方出土文物为中华人民共和国成立后各级文物考古部门考古发掘的出土文物，总计 1 万余件，其中主要有新石器时代和青铜时代的石器、玉器、陶器、彩陶、蛋壳陶杯、青铜短剑等；汉代的铜镜、铜贝鹿镇、马蹄金、博山炉、鸱鸮陶壶，彩绘陶楼、陶俑、陶猪等；辽金元和明清时期的铜器、铁器、瓷器、古钱币等。

文博单位收藏的国内外文物，不仅数量大、种类多，而且具有很高的历史价值和艺术价值。以旅顺博物馆藏品最为突出。旅顺博物馆馆藏文物近 5 万件，有古代书画、商周青铜器以及历代陶瓷器、玉器、漆器、雕刻、货币等 20 余个类别，其中有 40 余件文物珍品被列为国家级藏品。如战国时期的青铜短剑，西汉时期的铜贝鹿镇、马蹄金，唐代黑漆春雷琴，北宋苏轼的《阳羡帖》，元代刘秉谦的《竹石图》，明代沈周的《青园图》，清代王云的《休园图》、王翚的《观梅图》、樊圻的《秋山听瀑图》等。旅顺博物馆还收藏了大量的新疆出土文物，其中有泥塑、陶器、木器、织锦、货币以及吐鲁番出土的木乃伊，唐代佛教绢画、壁画和各种文字的经卷堪称稀世珍宝。此外，旅顺博物馆和大连文物店藏有相当数量的日本绘画、书法、陶瓷器以及古印度犍陀罗石刻等国外文物。

第六节　博　物

旅顺博物馆、大连自然博物馆、大连艺术展览馆以及金州博物馆等，是大连市文物收藏的主要单位。另外，收藏文物的还有大连文物店和县区文物保管机构。

一、旅顺博物馆

历史艺术博物馆。位于旅顺口区列宁街。始建于 1917 年 4 月，时称关东都督府满蒙物产馆。此前，日本殖民统治当局于 1915 年 11 月 26 日在旅顺俄清银行旧址建立物产陈列所，1916 年 11 月物产陈列所迁址于此，并改称关东都督府满蒙物产馆，于 1917 年 4 月 1 日正式开馆。以后又多次易名。1945 年 8 月苏联驻军接管该馆后，改名为东方历史博物馆。1951 年 1 月 29 日，苏军将该馆交还中国政府。1952 年称旅顺历史文化博物馆。1954 年 4 月更用现名。馆名由郭沫若题写。全馆占地面积 25153 平方米，建筑面积 6350 平方米。主体建筑 2 层，局部 3 层，地下 1 层，砖石木框架结构。馆藏文物分为青铜、陶瓷、书画、甲骨文、漆器、珐琅、货币、石刻、竹木雕刻、织品服饰、玺印、文献档案和考古文物等，总计藏品近 5 万件，其中有国家级文物 40 余件。

二、大连自然博物馆

综合性自然史博物馆。创立于 1910 年，时称满蒙资源馆。1950 年改名为东北资源馆，1959 年定为现名。由郭沫若题写馆名。馆内珍藏和陈列的国内外种类标本 10 万余件（号），分为海洋生物、动物、植物、地质矿物、古生物 5 大部分。其中海兽标本在中国独占鳌头，66.7 吨的黑露脊鲸、52 吨的抹香鲸和 38.4 吨的长须鲸标本均为全国之最。馆内科技图书资料近 2 万册。

三、大连艺术展览馆

专业艺术展览馆。位于中山区胜利街。始建于 1902 年。由德国人设计，俄国人出资兴建，是大连地区近代欧式建筑代表作。

四、金州博物馆

地方志性博物馆。位于金县城内。始建于 1958 年，系东北地区建馆时间较早的县级博物馆。1962 年，郭沫若为该馆题写了馆名。馆舍建于 1928 年，为 2 层结构，大瓦坡式屋顶，日本殖民统治时期为金州民务会治所。馆藏地方历代文物 3231 件。

第七节　档　案

一、大连市档案馆

负责收集和永久保管全市各机关、团体及所属单位的多种门类的重要档案、资料，并向社会提供利用的文化事业单位。1962 年 5 月 3 日正式开馆，占地面积 1433 平方米，使用面积 3000 平方米。

截至 1985 年，全部馆藏 110715 卷（册、盒），包括馆藏档案 124 个全宗 87163 卷，馆藏资料 23552 册。档案起止年代为清乾隆五十二年（1787）至 1985 年。其中，旧政权历史档案、资料共 18 个全宗 9546 卷（册）（其中档案 4523 卷），革命历史档案 39 个全宗 2087 卷 33145 件（1945 年 10 月至 1949 年 9 月），中华人民共和国成立以后现行档案 106 个全宗 80553 卷（1949 年 10 月至 1967 年）。其中日本大连宪兵队、关东州厅警察部及各警察署的“纸灰”档案为市档案馆专藏。馆藏最早的档案是清乾隆五十二年（1787）的契约档案。

1981—1985 年，大连市档案馆共加工整理 46305 卷档案。“六五”计划期间，共接待查阅者 13706 人次，提供档案资料 24317（册）。仅 1985 年接待市内及外地编史修志查阅者 2170 人次，查阅档案资料 5023 卷（册）。

二、大连市城市建设档案馆

负责大连市城建档案、建设信息和有关资料的接收、搜集、整理、保管和开发利用。隶属于大连市城乡建设委员会。馆址位于西岗区高尔基路。建于 1981 年 5 月 31 日。建筑面积 2085 平方米。馆藏档案中有日本占领时期的档案资料 4734 卷，如最早反映大连城市建设的 1905 年的《青泥洼平面图》，1907 年的《大连市实测图》《大连市街新图》，1909 年的《旅顺近郊图》《关东州全图》《满洲国地图全图》等，都是具有历史研究价值的城市建设历史资料。

第五章　卫　生

大连地区卫生事业有记载的历史始于明代。据《全辽志》记载，明嘉靖四十五年（1566），在金州、复州已设主管医病的官员。又有史料记载，清乾隆年间已有赵姓中医由山东莱阳到红崖山（今庄河镇）开业行医。嘉庆元年(1796)，庄河大孤山开设的兴义堂药房，是大连地区开办最早的中药房。到光绪年间，红崖山（今庄河镇）、复州城、金州城、杏树屯、小岗子（今西岗区）都已开办中药房。

西方医学于 19 世纪末传入大连。清光绪十五年（1889），清廷在旅顺建北洋水师时，设立了大连最早的西医院——水师养病院。俄、日殖民统治时期，殖民者建立了一些医疗卫生机构，这些机构多只为殖民者服务，中国广大劳苦大众得不到基本医疗保障。1900—1919 年，大连地区先后发生过较大范围的霍乱、鼠疫、天花、伤寒等流行性疫病 9 次，其中 8 次有史料记载。共发病 4025 人，死亡 2000 余人。1930 年结核病死亡率高达 224/10 万。

1945年8月22日大连光复。11月8日大连市卫生局成立后，于11月15日开始接收日本殖民统治当局管辖的市立医院、妇人医院、卫生试验院、传染病医院、白云山诊疗所、保健馆等医疗卫生机构。同时，建立口岸、铁路检疫所，所属县区建立了县立医院。日本殖民统治时期最大的医院——满铁大连医院，于同年12月15日由苏军接管，医院更名为中国长春铁路大连中央医院，为中苏共管医院。1947年2月，旅大行政联合办事处决定成立大连医学院。同年4月3日，关东公署卫生厅成立（1949年4月改称旅大行政公署），负责大连市、旅顺市、金县、大连县的卫生管理工作。到1949年10月，旅大地区（大连、旅顺、金州）共有医疗卫生机构564所，卫生专业技术人员1488人。

中华人民共和国成立后，城乡卫生组织通过开展疾病防治活动，基本遏制了危害人民健康的流行疾病。到1965年，全市城乡医疗卫生保健网基本形成。全市有医疗卫生机构959所，其中医院94所；医院床位12681张，卫生人员16078人；千人拥有医院床位3.3张。并涌现出一批著名的中医，如人称“牟接骨”的牟仁先、谷铭三等。20世纪50年代初，始行国家工作人员公费医疗制度，厂矿企业职工免费医疗、职工直系亲属（无经济收入的父母、配偶、未成年子女）报销半额医药费的劳动保险医疗制度。1958年起，农村出现合作医疗的初级形式。到20世纪70年代，全市农村普遍建立合作医疗组织。“文化大革命”期间，大连的医疗卫生事业遭到严重破坏，许多医疗机构停办或迁往农村。

1978年中共十一届三中全会以后，医疗卫生事业得到迅速恢复和发展，全市城乡逐步健全了市、县、乡三级医疗卫生保健网。1984年起，全市城乡开始试行不同形式的公费医疗制度改革，几十年一成不变的医疗卫生收费标准开始进行调整。至1985年，全市有医疗卫生机构1203所，其中医院202所；医院床位20429张，千人拥有床位3.52张；卫生工作人员33271人，其中卫生技术人员24785人，千人拥有医生1.91人。全市形成15个医学重点专科，拥有6所医学教育机构、17所设施完备的疗养院。全市人均期望寿命达到73.8岁，比1945年大连光复前增长1.1倍。

第一节 中 医

明嘉靖年间，复州卫、金州卫设有医学官。清乾隆年间，有山东中医到庄河开业行医者。嘉庆、光绪年间，庄河、金州、复州等地相继办有中医药房、药堂、中药铺。中医亦医亦药，或游乡行医，或坐堂行医，清末已渐及城乡。俄、日侵占旅大时期，殖民统治者开始建立西医医院，对中国传统中医药进行排斥，然中国人求医问诊依然多依赖中医中药。1925年，在中医遭受殖民统治者排斥的情况下，大连的中医人相继自发建立中医界的群众团体——汉医研究会，先后建立的有大连市汉医研究会（在今中山区）、小岗子汉医自治研究会、沙河口汉医自治研究会，它们以自管自治形式，维护中医的权益。时有规定，凡在大连市区坐堂行医者，均须经汉医研究会考试合格，再到警察署备案认可后，方可执业。1942年，大连地区有中药店167家，其中市区128家，以中国人居住的小岗子中药店为多。小岗子康氏“德”字号实力最强，其中有德记西栈、德记全栈、德记福栈、大德记等中药店。大连光复前中国人建立的中医院，市区主要有大连宏济善堂（小岗子病院）、孟天成的博爱医院、杨凤鸣的岐山医院，金州有邵汉章的同济医院、陈洪全的金城医院，旅顺有刘长恩的天心医院，多为私立医院，以门诊为主。

大连光复后，1946 年市政府令行国医考核办法，汉医研究会改组为国医公会，全市时有中医 266 人。1949 年，关东公署卫生厅下发旧医营业暂行办法和考试规定，旅大地区（包括大连市、旅顺市、金县）有 151 名中医通过考试；尚未归属旅大行政公署管辖的复县、新金县、庄河县有 173 名中医通过东北行政委员会卫生局组织的考试。到 1949 年中华人民共和国成立前，旅大地区及复县、新金县、庄河县共有中医人员 757 人，中药人员 861 人，私人中药房 486 家。

中华人民共和国成立后，在国家保护中医中药的方针政策下，1950 年 7 月市国医公会改名为市中医学会，同年个体中医和药房坐堂中医开始实行联合办医，10 月 4 日，市中医学会会长谷铭三建立了全市第一家中医联合诊所——长江路中医联合诊所。随后，市区及旅顺、金县相继办起中（西）医联合医疗机构。到 1956 年旅大地区社会主义改造基本完成时，全市 95% 以上的中医中药人员实现了集体联合，全市城乡共建中医或中西医联合诊所 420 所，以大仁堂、华泰药房为首的 142 家中药房试行公私合营。国营医院先后成立中医科和中药房，吸收中医（药）人员 132 名，专科医院、疗养院、县医院也相继配备中医（药）人员，从事中医和中西医结合诊疗。20 世纪 50 年代，庄河、旅顺口、金县相继建立中医医院。1961 年 10 月，大连市中医医院成立，设床位 200 张。1962 年，新金县中医医院成立。“文化大革命”期间，中医事业遭到严重破坏。1978 年中共十一届三中全会后，全市新建或扩建中医医院6所，增添医疗设备，扩充基础设施，并开始重视培养中医人才。1985 年 7 月，举行著名老中医收徒拜师会，18 名副主任医师以上的老中医与 31 名年轻中医（药）人员签订了传授继承合同书。是年末，全市有中医 1475 人，中药人员 961 人。医疗机构有市中医医院，以及金县、新金县、庄河县、瓦房店市、旅顺口区中医院，各综合医院和专科医院大多设有中医科，农村医院及大药房设有中医中药人员，全市共有中医床位 854 张，6 所中医医院门诊人数 90.6 万人次。

一、医疗技术

旧时大连地区的中医传承以传统的父传子授、跟师学徒为主。大连光复后，国医公会定期举办中医培训班。中华人民共和国成立后，20 世纪 50 年代市中医学校和市中医学会通过举办中医师资班、普及班、进修班，培养了一批中医药人才。20 世纪 50—60 年代还编著一些中医书籍，如根据老中医牟仁先中医整骨疗法所著的《中医整骨学》，根据许存举对痈疽等外科病和皮肤病的中医治法而撰写的《许存举验方集》，以及由老中医搜集民间秘验单方整理而成的《孔抒堂医案》等。中共十一届三中全会后，中医中药人才以中医函授大学、业余大学培养为主要渠道。同时，政府鼓励老中医自带学徒。1985 年 7 月，市卫生局举行著名老中医收徒拜师会，18 名著名老中医中药人员收徒 31 名。

20 世纪 50 年代中期，大连地区始兴中西医结合诊疗。1956 年，市结核医院中医王栋国利用“虎挣散”治疗骨关节结核病人，收到临床效果，继而与西医张一忱等人合作成立了中药“虎挣散”治疗骨关节结核研究小组，对结核病进行辨证施治，取得较好疗效。1956 年，大连造船厂职工医院中医牟仁先在继承祖传的基础上发展整骨疗法，并形成《牟仁先整骨经验 2221 例初步分析报告》，刊登于《中华外科》（1958 年 11 月）杂志上，赵英奇等人依例撰写出《中医整骨学》（上）一书。1958 年，大连医学院中医曹仲和与外科西医合作成立了肠梗阻研究小组，在全国率先开展了中西医结合急腹症辨证论治研究，用非手术疗法治疗肠梗阻，并扩展至胆囊炎、胆石症、阑尾炎等，取得明显疗效。据对市内7个医院中西医结合疗法应用情况统计，1602例急性阑尾炎患者的治愈率为86%～100%；胆囊炎治愈率为85%以上；治疗肠扭转、肠套叠的疗效也颇佳。曹仲和认为，急腹症以里、实、热症为主，病机演变的规律为郁、结、热、瘀四大基本症候，依此创制了“胆道排石汤”“胆道驱虫汤”“宽肠理气汤”等方剂。1961年1月，人民卫生出版社出版了以此研究成果为内容的《新急腹症学》一书。1981—1985年，中药“生发饮”治疗脱发症、“鱼鳞汤”治疗鱼鳞病、针刺肩井治疗急性乳腺炎等疑难病症，取得显著疗效。

二、医疗机构

日本侵占旅大时期，有少数中国人开办私人医院，其中最著名的是孟天成的博爱医院。博爱医院本院设在宏济街，另在奥町（今中山区民生街）、甘井子设有分院，在大华、圣德街设有诊所。在其鼎盛时期，仅本院一处，日门诊量就达二三千人次。到大连光复前，旅大地区共有中药房486家，中医757人，中药人员861人。

大连市最大的中医院是大连市中医医院，位于大连市中山区解放路。其前身是1950年创建的旅大市医院管理处第十医院，1961年6月10日改称旅大市中医医院，1963年开始接受辽宁中医学院教育实习和培训中医人员任务。该医院为综合性医院，是中医医疗、科研、教学中心，辽宁中医学院教学实习基地。门诊除按综合性医院设有科室外，中医内科设有老年病、结石与肾病、脾胃病、肝胆病、咳喘病诊室。1985年，医院占地面积2.05万平方米，建筑面积1.1万平方米，拥有床位250张，职工总数493人，其中卫生技术人员367人，全年门诊人数63.85万人次。知名专家、教授有谷铭三、周鸣岐、李寿山等。

第二节 西 医

大连地区最早的医院是清廷于光绪十五年（1889）在旅顺设立的水师养病院。大连光复后，1945年11月8日大连市政府成立，11月15日开始接管原日本殖民统治当局所属的医院。鉴于旅大地区农村仅有极少私人诊所实际，从1948年开始建立农村乡镇（公社）卫生所（院）。至1949年10月中华人民共和国成立时，旅大地区（大连、旅顺、金县）共有医疗机构122所，其中县级以上医疗机构11所；床位925张；卫生工作人员3452人，其中卫生技术人员952人。门诊部（所）110个，其中县（市）区卫生所29所，机关卫生所4个，厂矿卫生所57个，其他诊所20个。中华人民共和国成立后医疗事业发展较快。1959年（1月新金县、复县、庄河县划归旅大市管辖），全地区城市医疗机构增至504所，其中县级以上医疗机构33所，床位6632张，卫生工作人员7029人，医疗人员中卫生技术人员4941人，有门诊部313个，联合诊所38个。同年，40个乡镇卫生所改建为乡镇（公社）卫生院。

“文化大革命”时期，卫生机构、医疗体制发生重大变化。1969年大连医学院迁入贵州省，建立遵义医学院。1970年，旅大市第一、第二、第三人民医院和市结核防治院各抽调100张床位的人员和装备，迁往昭乌达盟组建3个战备医疗队和1个结核病医院。一批城市医疗机构被迁往外地和农村，许多医疗人员被下放农村，致使城市医疗机构和医务人员数量不断缩减。农村医疗事业则有较大发展。1969年全市有乡镇（中心）卫生院131所，床位2021张，卫生工作人员2951人（其中卫生技术人员2522人）。20世纪60年代，各县区农村大队开始建立卫生所，至1974年，全市1567个生产大队中有1471个大队建立了卫生所，并实行合作医疗制度。县、乡镇、村三级医疗网初步形成。

1978年中共十一届三中全会后，大连地区的医疗事业得到恢复发展。1979年全市医疗机构525所，其中医院58所，拥有床位10266张，卫生工作人员12774人，其中卫生技术人员9541人。在58所医院中，综合性医院14所，专科医院17所，厂矿等医院27所。门诊部（所）467个。1983年农村普遍实行家庭联产承包责任制后，农村合作医疗逐渐被集体、个体、联办等多种承包办医形式所取代，涌现出个体诊所和私人医院。1985年，全市共有医疗机构1203所，其中医院202所，拥有床位20429张，卫生工作人员33271人，其中卫生技术人员24785人。市重点医院有大连医学院附属医院、市第一人民医院、市第二人民医院、市第三人民医院、市第四人民医院、市第五人民医院、市友谊医院（大连市红十字医院）、市妇产医院、市儿童医院、市口腔医院、市传染病医院、市结核病防治中心、市西山医院（精神病院）。厂矿医院主要有沈阳铁路局大连医院、大连港医院、大连化学工业公司医院（以烧伤整形外科最为著名）、大连机车车辆厂职工医院、大连石油化工公司职工医院、大连造船厂职工医院、大连钢厂职工医院。驻军医院有中国人民解放军210医院。

一、医疗机构

大连医学院附属医院 位于西岗区中山路，属综合性医院。前身是1930年由日本财团法人创建的大连赤十字诊疗所，1934年改称日本赤十字社大连病院，主要服务对象是日本人。1946年6月由大连市卫生局接管后，定名为大连市立医院。1948年，先后改称关东中央医院、关东医院。1949年大连大学成立后，关东公署将其划归大连大学为其附属医院，定名大连大学附属关东医院。1950年大连大学撤销，大连医学院独立，改称大连医学院附属关东医院。1951年1月，东北卫生部将医院更名为大连医学院医院。1960年7月，改称大连医学院附属第一医院。1969年，大连医学院附属第一医院与大连医学院南迁贵州省遵义市，大连医学院附属第二医院迁入第一附属医院院址，医院改称旅大市第二人民医院。1978年，大连医学院重建。1979年，旅大市第二人民医院更名为大连医学院附属医院，随大连医学院一起划归辽宁省卫生厅领导。1982年，卫生部决定将遵义医学院及附属医院部分人员回调大连，充实重建后的大连医学院及其附属一、二院。1985年，大连医学院附属医院占地面积1.3万平方米，建筑面积2.04万平方米，设临床和医疗技术科室35个，床位582张，职工1023人，其中卫生技术人员728人，日均门诊人数2249人次，是承担医疗、教学、科研任务于一体的全市规模最大的综合性教学医院。多年来，医院在中西医结合治疗急腹症、心血管研究、胸腹外科手术、治疗烧伤、心肌梗塞先期诊断、心脏畸形矫正手术、遗传优生、内分泌监测等方面成效显著。1958—1960年，开展中西医结合治疗常见急腹症1528例，扩大非手术治疗范围，手术率由过去的67.4%降至7.7%，有效率在90%以上。编著出版的《新急腹症学》，为中国最早的一部中西医结合治疗急腹症专著。知名专家、教授有柯若仪、郎志谨、沈忠义、雷振之等。

大连市第一人民医院 位于中山区延安路，属综合性医院。前身是日本殖民统治时期的市立医院，1949年改建为大连市立医院。1950年，为支援抗美援朝战争，临时组建为战勤医院，1953年后恢复原称。1955年，更名为旅大市立第一医院。1958年，与旅大市中苏友谊医院（苏联称红半月或红十字大连医院）合并。1968年4月和10月，先后改称旅大市友谊医院、旅大市第一人民医院。1969年10月至1970年2月，为落实“备战备荒”指示，医院的职工、装备、物资被一分为三，组建3个战备医院，分别迁往昭乌达盟敖汉旗、庄河县步云山、复县杨家。1973年至1979年，医院完成回迁，门诊部设在五一广场（今大连市皮肤病医院）。1985年，医院占地面积4.75万平方米，建筑面积2.58万平方米，设临床门诊、医疗技术科室、专科病房及物理治疗室35个，床位500张，职工830人，其中卫生技术人员615人。日均门诊人数1600人次，是担负医疗、教学、科研任务于一体的综合性教学医院。知名专家、教授有范基昌、卢洪庆、曲乃路、张志浩、何宏邦、赵尔文、刘业俭、张善洪、王永安等。

大连市第二人民医院 位于西岗区宏济街，属综合性医院。前身为博爱医院。1917年6月，中国台湾籍西医师孟天成经友人资助，在小岗子筹建博爱医院（今大连市东关街第二人民医院旧址）。1932年，又在奥町（今中山区民生街一带）建立博爱医院分院。1934年，在宏济街扩建博爱医院新馆和第二新院。1942年，在甘井子再建分院（今大连市第四人民医院住院部旧址）。博爱医院和分院总建筑面积达6200平方米、床位500张，是大连市规模最大的私营医院。1946年，孟天成将博爱医院无偿捐献给国家。宏济街博爱医院新旧馆皆捐赠给大连市公安总局，医院更名为大连市公安总局医院，孟天成任院长。博爱医院第二新院改为关东职工总会医院。1947年9月，关东职工总会医院与沙河口区诊所和一家齿科医院合并，医院改称关东职工医院。1955年，旅大市公安医院与旅大市职工医院合并，组建为旅大市立第二医院，1968年改称旅大市西岗区人民医院，1982年2月，医院划归市卫生局领导，更名为大连市第二人民医院，属综合性医院。1985年，医院占地面积2500平方米，建筑面积5400平方米，设临床科室5个，床位205张，职工364人，其中卫生技术人员293人，年门诊人数19.37万人次。同年8月，市第二人民医院增挂大连市中西医结合医院牌子，突出中西医结合治疗的特点，在外科治疗、针灸、皮肤病医治等方面有独到的中西医结合疗法。知名专家、教授有智德昌、谢宝贤、李锡光、刘英年、周波、梁彦勋、康汇源、孙悦伟等。

大连市第三人民医院 位于甘井子区千山路，属综合性医院。前身是1951年3月创建的旅大医院管理处第十一战勤医院（创建时地址在今沙河口区中山路），时为抗美援朝时期为部队服务的战伤医院。1954年6月改称辽宁省第五康复医院，成为综合性医院，开始为地方提供医疗服务。1956年6月，改称旅大市卫生学校附属医院。1969年8月，从卫生学校脱离出来，迁至原大连医学院附属第二医院院址，并改称旅大市第三人民医院。1981年，更名为大连市第三人民医院。1985年，医院占地面积5.37万平方米，建筑面积1.5万平方米，设临床科室14个，床位410张，职工698人，其中卫生技术人员533人，年门诊人数26.2万人次。医院以肿瘤防治为中心，肉眼显微手术接近国内先进水平，肺心病防治、腹外科、胆石症治疗为重点专科。知名专家、教授有谭芳地、张汉卿、姜起云、张繁友、赵亚杰等。

大连市第四人民医院 位于大连市甘井子区，属综合性医院。前身为私营博爱医院甘井子分馆。1948年6月，医院移交给大连建新公司，与裕民医院合并组成建新公司职工医院。1955年1月，医院移交地方卫生行政部门，改为旅大市工人医院。1964年7月，改称旅大市第一医院。1965年，医院交甘井子区管理，改为甘井子区人民卫生院。

1972年5月，改称甘井子区人民医院。1982年2月，医院划归市卫生局管理，更名为大连市第四人民医院。1983年8月，医院建立烧伤科，成为以治疗烧伤为重点的综合性医院。1985年，医院占地面积1.25万平方米，建筑面积5946平方米，有床位220张，职工总数412人，其中卫生技术人员312人，年门诊人数18.45万人次。知名专家、教授有孙本志、周亚姒、王萩等。

大连市第五人民医院　位于沙河口区万岁街，属综合性医院。前身为旅大市工业局职工医院，1953年创建，地址在中山区。1957年，门诊部迁至沙河口区五一广场。1958年，更名旅大市轻工业局职工医院。1968年，与原沙河口区医院及区卫生所合并，改称沙河口区人民医院，并迁至沙河口区万岁街今址。1982年2月，划归市卫生局管理，更名为大连市第五人民医院。同年7月，兼大连市卫生学校附属医院。1985年，医院占地面积1.2万平方米，建筑面积1.3万平方米，有床位350张，职工总数536人，其中卫生技术人员396人，日均门诊人数900人次。医院肛肠科为全市重点专科，采用中西医结合的方法治疗肛门直肠疾病。知名专家、教授有杜闯、王承业、夏芒、陈绍武等。

大连市友谊医院（大连市红十字医院）　位于大连市中山区三八广场，属综合性医院。1947年5月，关东公署卫生厅与苏联驻军在中山区民生街筹建大连中苏医院（苏方称红十字、红半月或新月医院），6月医院迁至中山区朝阳街。1952年，大连中苏医院迁至今中山区五五路。1956年4月21日，苏联驻军将大连中苏医院移交给旅大市人民政府。旅大市卫生局接管后，改称旅大市中苏友谊医院。1958年，医院与旅大市立第一医院合并。1968年4月，医院改称旅大市友谊医院。同年10月，又改称旅大市第一人民医院。1969年10月至1970年2月，为落实“备战备荒”指示，医院的职工、装备、物资被一分为三，组建3个战备医院，分别迁往昭乌达盟敖汉旗、庄河县步云山、复县杨家。1970年5月，中山区人民医院与旅大市第一人民医院留下的部分人员合并，并将医院迁至今址。1980年9月，医院改为大连市卫生学校附属医院。1982年1月，医院划为市卫生局管理。1982年2月1日，更名为大连市友谊医院。同年兼大连市红十字医院。1985年，医院占地面积4.9万平方米，建筑面积2.2万平方米，设临床、医疗技术科室20个，有床位400张，职工总数643人，其中卫生技术人员494人，年门诊人数41.4万人次，是担负医疗、教学、科研任务于一体的综合性教学医院。知名专家有陶乃文、初立本、于盈年、赵午光、刘恒辰等。

大连市妇产医院　位于大连市西岗区中山路，为市级专科医院。前身是1946年8月大连市妇女民主建国会接收日本殖民统治时期私立妇保科产妇科病院后改建的大连妇健医院。1954年，划归市卫生局领导，改称旅大市妇产科医院。1969年与大连医学院附属妇婴分院合并，并迁至今址。1981年，更名为大连市妇产医院。1985年，医院占地面积9500平方米，建筑面积9000平方米，设床位400张，职工总数552人，其中卫生技术人员406人，全年门诊人数22.42万人次。20世纪70年代应用中药莪术制剂治疗恶性肿瘤技术对子宫颈癌治疗效果明显。1977年莪术制剂被编入《国家药典》，获1978年辽宁省重大科技成果奖和1978年全国医药卫生科学大会奖。1981年被编入《中国医学百科全书·中医妇科分卷》。

大连市儿童医院　位于西岗区中山路，为市级综合性儿童医院。1951年筹建，时称旅大市儿童医院。1952年6月1日建成开院，1953年由中山区民生街迁至西岗区中山路今址。1981年，更名为大连市儿童医院。1985年，医院占地面积1.1万平方米，建筑面积1.0万平方米，设床位300张，职工 517 人，其中卫生技术人员 370 人，全年门诊人数 31 万人次。

大连市口腔医院　位于大连市中山区昆明街，为市级专科医院。前身是 1951 年 8 月市内 3 所齿科医院和 15 所镶牙馆自愿联合组成的大连市牙科联合诊所。总所设在中山区友好街，分诊所设在中山区、西岗区和沙河口区。1952 年 3 月，市卫生局以私办公助形式，将位于中山区天津街建筑面积 1200 平方米的楼房调拨给医院，改名旅大市牙科医院。1956 年 8 月，经市卫生局批准，医院改为全民所有制性质，并更名旅大市口腔医院。1974 年医院迁至中山区昆明街。1981 年，更名大连市口腔医院，并在沙河口区长江路建成兴工门诊部。为国内较大的口腔专科医院。1985 年，医院占地面积 3500 平方米，建筑面积 4200 平方米，设床位 30 张，职工总数 276 人，其中卫生技术人员 217 人，日均门诊人数 1200 人次。

大连市传染病医院　位于中山区长江路。1950 年 5 月 1 日，在位于沙河口区刘家桥的原大连县立医院的基础上改建而成，时称旅大市传染病医院。1957 年迁至沙河口区马栏子。1959 年迁至中山区春海街，当年建立肝炎病房。1981 年改称大连市传染病医院。1985 年，医院占地面积 5 万平方米，建筑面积 1.4 万平方米，设床位 550 张，职工总数 488 人，其中卫生技术人员 309 人，全年门诊人数 3.82 万人次。

大连市结核病中心防治院　位于沙河口区黄河路。创建于 1952 年 6 月，时称旅大市肺结核防治院。1956 年 8 月，与辽宁省第二康复医院合并，更名为旅大市结核防治院。1964 年 8 月，医院一分为二，分别称旅大市第一结核医院和旅大市结核病防治所。1969 年 10 月，院所合并，改称为旅大市第一结核防治院，院址由栾金村迁至马栏村。1979 年 11 月，恢复旅大市第一结核医院和旅大市结核病防治所的建制。1981 年，更名为大连市第一结核医院和大连市结核病防治所。1985 年 4 月，院所合并，组建为大连市结核病防治中心，院址在甘井子区栾金村，在西岗区沈阳路设有门诊部和防痨科。

沈阳铁路局大连医院　位于中山区解放街。前身是日本殖民统治时期的满铁大连医院（1909 年之前称满铁大连病院，1909 年改称满铁大连医院）。1945 年大连光复后，12 月 15 日满铁大连医院由苏军接管，后定名中国长春铁路大连中央医院，由中苏共管。1952 年底医院正式移交中国，1953 年改为沈阳铁路局大连医院。1960 年设外宾病房和外宾门诊。1985 年，医院占地面积 9.16 万平方米，建筑面积 5 万平方米，设有放射线科、神经外科、神经内科、皮肤科和图书馆等 5 个技术中心以及 13 个临床科室，设床位 610 张，有职工 1156 人，其中卫生技术人员 878 人。1985 年，门诊人数 57.56 万人次。

二、医疗设备

中华人民共和国成立之初，卫生事业经费少，财力不足以改善设备状况。1951 年购进手术台（含牙科手术台）11 架，为一次购置数量较多的记录。1958—1965 年，新购置一批医疗仪器。1965 年大中医疗设备增至 600 余台（件），其中有进口的 1000 毫安 X 线机、多用途生理描记仪（包括脑、心电、肌电等）、电子眼压计、腹腔镜等，以及国产的超声波诊断仪、光电比色计、12 孔手术无影灯、麻醉机、人工心肺机等。“文化大革命”期间，医疗设备基本停购，加之部分医院搬迁时仪器遭受损坏。

中共十一届三中全会后，医疗事业得到较快发展。到 1983 年末，全市累计投资 1995 万元，新建、扩建医疗用房 8.7 万多平方米；投资 1700 多万元，购进了大批先进的医疗器械设备。其中有纤维光束内窥镜双人双目手术显微镜、红外线及原子吸收分光光度仪、电子计算体层 X 线机等，还建立了高压氧舱。1984 年，全市共有较高水平的医疗仪器设备 67 种上千台件。

三、医疗技术

20 世纪 50 年代，大连的医疗技术处于较低水平。1962 年开始加强重点医院建设，医疗技术水平逐步有所提高。20 世纪 80 年代，大连医学进入突飞猛进发展阶段。随着诊治手段的多样化，临床医学的分科越来越细。到 1985 年，全市较大综合医院中，大内科一般分为神经、呼吸、循环、泌尿、消化、内分泌、血液等专科；医院外科一般都分为脑、胸、腹、泌尿、骨、儿童外等专科；还开设有针灸、按摩、理疗等治疗科室。在分科细化的同时，开始了重点专科建设。1981 年在第一、二、三、四、五人民医院确定重点专科 10 个，儿童医院、妇产医院被确定为重点专科医院。至 1985 年，大连市第一人民医院的神经内科、外科，大连医学院附属医院的心血管内科、外科、皮肤科，被列为辽宁省卫生厅的重点专科；中国人民解放军第二一〇医院的胸外科、脑外科、中医科、眼科、普通外科被列为沈阳军区重点科室。1983 年全市开展医疗新技术 172 项，其中 11 项达到国内先进水平；1985 年全市开展医疗新技术 315 项，其中 58 项达到国内先进水平。如大连市第一人民医院的带蒂大网膜脑移植术、大连市第三人民医院的大网膜游离术治疗手外伤缺损、大连医学院附属医院的肾移植术（一例未婚女青年肾移植后结婚并产下正常女婴）、大连市妇产医院研制的“宫颈锥形切除器”用于宫颈癌手术等。大连首创的温莪术治疗宫颈癌的有效率为 70.5%，1975 年该药被载入《中华人民共和国药典》，1981 年被载入《中国医学百科全书·中医妇科分卷》。

第三节 卫生防疫

大连地区卫生防疫始于 1899 年，起于海港检疫。俄、日殖民统治时期，在大连地区设立了一些检疫机构。1945 年 8 月苏军接管大连港后，成立大连港检疫局。1946 年 9 月，大连市政府公布《预防霍乱病暂行条例》。同年 10 月，旅大行政联合办事处成立，设卫生工作委员会，年末，成立海口检疫管理处，在大连海关设立海口检疫所，在马栏河、老虎滩、大孤山、双岛湾、小平岛等口岸设立检疫站。1947 年 3 月，大连市卫生局公布《大连市法定传染病预防条例》。1948 年，在金县石河设检疫站，对进入旅大的列车实施检疫。

中华人民共和国成立后，人民政府于 1950 年 9 月从苏联驻军机关接管了大连卫生检疫所，独立担负国境卫生检疫任务。1950 年关东海口管理处检疫所改为旅大交通检疫所，划归东北人民政府卫生部领导，同年苏军大连港检疫业务移交给旅大交通检疫所。1955 年、1958 年先后改称为旅大检疫所、大连卫生检疫所。1970 年，大连卫生检疫所等有关口岸单位并入大连海关，成立大连海关革命委员会。1972 年，大连卫生检疫所从大连海关划出，交由旅大市卫生局领导，1978 年又划归辽宁省卫生局。1985 年，大连卫生检疫所在周水子机场设检疫站，开始对国际航班实施卫生检疫。

1952 年 5 月，旅大市卫生防疫站成立。1953—1962 年，全市五县五区先后建立卫生防疫站。1958 年开始，城市街道陆续成立地段（街道）防治站。“文化大革命”期间，防疫系统基本瘫痪。中共十一届三中全会后，卫生防疫机构得到迅速恢复，城市街道和农村乡镇普遍建立防疫组织。

至1985年，全市共有13个卫生防疫站，其中市级1个、县区级10个、企业2个，133个乡镇卫生院设有防疫保健组，51个城市街道建立防治站，形成了市、县（区）、街道（乡镇）的城乡卫生防疫组织网络。计划免疫工作提前4年达到国家标准，1982年大连市被评为全国计划免疫先进市。至1985年，全市先后消灭了鼠疫、古典型霍乱、天花、白喉，基本消灭了脊髓灰质炎、钩虫病、疟疾、麻疹、斑疹伤寒、钩体病等严重危害人民群众健康的传染病，各种地方病、寄生虫病得到有效控制。

一、传染病防治

大连地区历史上有史料记载的传染病主要有霍乱、鼠疫、伤寒、副伤寒、斑疹伤寒、麻疹、乙型脑炎、流行性脑膜炎、麻风病、流感、天花、脊髓灰质炎（小儿麻痹）、百日咳、流行性出血热等。据不完全统计，1882年以后大连地区有文字记载的疫情流行有30余次。流行病发生次数最多的是霍乱，约占三分之一；其他依次为麻疹、伤寒和斑疹伤寒、乙型脑炎、鼠疫和肺鼠疫、流行性脑膜炎、流感等；发病5000人以上的7次，1万人以上的4次；死亡人数100人以上10次，其中死亡人数最多的达3300余人。

日本殖民统治大连时期发生的急、慢性传染病，在缺医少药的中国居民区中流行尤为严重，死亡率也高于日本人。

大连光复后，人民政府十分重视传染病防治，建立疫情报告制度和开展疫苗接种。1946年市政府颁发《传染病预防条例》，规定法定传染病10种，准法定传染病2种；1956年市卫生局根据卫生部《传染病管理条例》，规定甲乙两类25种传染病。到20世纪50年代中期，在全市范围内，已消灭了天花、霍乱、鼠疫等严重危害人民生命的传染病；1963年以后斑疹伤寒逐年下降。1978年，卫生部颁发《中华人民共和国急性传染病管理条例》，规定甲乙两类25种传染病。至1985年，已消灭或基本消灭的急性传染病有12种：鼠疫（1945年）、古典型霍乱（1946年）、回归热（1950年）、天花（1954年）、炭疽病（1969年）、黑热病（1971年）、疟疾（1978年）、钩虫病（1978年）、白喉（1982年）、脊髓灰质炎（1984年）、麻疹（1985年）、钩端螺旋体病（1985年）。疫情下降的有8种：痢疾、病毒性肝炎、伤寒、“乙脑”、百日咳、“流脑”、布氏病、狂犬病。急性传染病在死亡构成中已由光复前的首位降至第十位。

慢性传染病防治主要是结核病、麻风病、性病的防治。

结核病防治。1951年起，对15岁以下儿童接种卡介苗，1952年建立旅大市肺结核防治院，对病人开展不住院监督治疗，使初治排菌患者的痰检菌转阴率达90%以上，结核病得到有效控制，患病率由大连光复之初的3%～5%下降到1984年的0.27%，死亡率由1956年的80/10万降到1982年6.63/10万。

麻风病防治。1949年旅大行政公署建立麻风病疗养所，1960年与辽宁省麻风病疗养院合并，改名为大连市麻风病防治院，1984年改名为市皮肤病防治院后，采取集中隔离治疗和院外治疗与预防相结合的方法进行防治，临床治愈率达89%，此后没有14周岁以下儿童发病。1949—1985年，全市共发现麻风病人960名，其中97.5%是1970年以前发现的。大连地区发现的麻风病人占全省总数的49.7%。

性病防治。1945年8月大连地区解放前性病发生率高达8.7%。大连光复后，市政府发布《大连市政府施政纲要》，取缔、查封妓院200余家，对以卖淫为业者给予拘留、惩办和劳动改造，收到明显效果，到1949年娼妓基本绝迹。为避免性病传播，20世纪50年代初，市卫生局组织医务人员赴性病高发地区开展免费“驱梅”（梅毒）工作。1959年，在对104.2万人进行性病普查时，发现康氏反应阳性者2185人，阳性率为0.21%。经过治疗，到1964年，基本上消灭了性病。

二、地方病防治

大连地区的地方病主要有地方性甲状腺肿大（地甲病）、地方性氟中毒（地氟病）和布鲁氏杆菌病（布病）。

地甲病防治。地甲病属于缺碘性疾病，主要分布在庄河、新金、金县和瓦房店市的27个乡镇、339个村，受威胁人口66万余人。1965年，市防疫部门对北部山区部分乡镇进行过调查。1977年，在全市3个县27个乡（镇）首次开展地甲病普查，在被调查的53.2万人中查出病患1.96万人，患病率为3.68%。采取在病区人口食用盐中加碘办法，增加居民碘的摄取量，使患病率普遍下降。1979—1984年又先后对病区进行3次普查，患病率分别为1.2%、0.46%、2.05%，而1984年患病率回升主要是因食用未加碘食盐引起的。1985年采取口服碘油胶丸、碘化钾片和手术摘除甲状腺等措施，使全市平均患病率降至1.03%，7～14岁儿童甲状腺肿大率降至20%以下，碘油胶丸普及率达90%以下，3项指标全部达标。

地氟病防治。1978年8月，大连市卫生防疫部门先后在复县、新金县、庄河县的部分地区发现井水含氟量超标。1981年，市地方病防治办公室与市卫生局对5县2区的150个公社、1527个生产大队、9339个自然屯的水井进行含氟量调查，共查出病区（自然屯）63个。共调查52.23万人，平均氟中毒率为33.19%，病区水含氟量为0.2～4.5毫克/升。1982年后，通过采取国家拨款为主和集体、个体集资为辅的办法，在应改水病区打造防氟水井，实施药物除氟，安装自来水和搬迁村民等综合措施，逐步消除了氟中毒的威胁。

布病防治。布病多发于与畜牧相关的人群。1959年，市防疫站对畜牧饲养人员、兽医和屠宰、皮毛乳肉加工行业的人员进行调查，查出阳性者129人，平均阳性率为6.58%。1971年，在1478人中查出阳性率为7.3%。1982年，对12.62万人进行普查，检出感染者2823人，阳性率为2.24%，确诊病患369人，患病率为0.29%。通过采用中西药治疗法，到1984年检验有效率达95%；对中西医药物疗效不显著者改用转移因子治疗，有效率为75.5%。

三、寄生虫病防治

大连地区的寄生虫病主要有疟疾、钩虫病、蛔虫病等。

疟疾防治。1945—1960年大连地区的疟疾呈散在发生。1960年后由于防疟工作放松，疟疾发病率上升，1963年全市发病率为455.3/10万。通过实施“三根治”（抗复合根治、现患根治、全民预防根治）和大力灭蚊，1964年发病率降至143.2/10万，1966年再降至13.3/10万。1975年发病率为23.1/10万，1980年为6.7/10万，1985年只发生6例，均系外源性病例。

钩虫病防治。1934年，大连地区钩虫病感染率为39.2%。1956—1957年，通过进行钩虫病流行病学调查，发现市区感染率为21.81%，郊区为30.96%，农村为52.78%。在金县8万余名钩虫病患者中，有1600人丧失劳动能力。1955年开始，在全市采用广谱驱虫剂进行集体驱虫治疗，加强粪便管理并大力宣传防护知识。1961年，全市采用广谱驱虫剂进行集体治疗累计400万人次。1978年，全地区基本消灭钩虫病，感染率降至1%以下。

蛔虫病防治。20世纪60年代，大连城乡人群蛔虫带染率高达90%左右。1961年，据大连医学院附属医院等3所医院对4109例急腹症患者的统计，蛔虫致病者2579例，占62%。1962年，用山道年甘汞片在全市进行免费驱治蛔虫活动，共驱治126.65万人。进入20世纪70—80年代，随着卫生知识的普及、群众良好卫生的形成和经常性的防治，蛔虫感染率明显下降。

四、劳动卫生

1949年，大连市政府卫生局设工厂卫生科，1952年改称工业卫生科。后几经分合，1985年工业卫生科与防疫科合并为卫生预防处，设专人负责劳动卫生管理。对厂矿企业职业性危害进行调查研究，帮助督促企业改善劳动条件，实行定期安全卫生检查，保障职工健康。大连地区的职业危害主要是粉尘、工业毒物、噪声、高温等物理因素。

1951年，大连市开始给接触矽尘的作业工人体检。1951—1955年全市检出尘肺病人86例，其中Ⅲ期重症占50%。1963年卫生部等部门下发《矽尘作业工人医疗预防措施实施办法》，此后对矽尘作业工人定期进行健康检查成为制度。1966—1970年全市检出尘肺病人589例，1981—1985年检出1421例，其中多为Ⅰ期，Ⅱ期、Ⅲ期仅分别占0.7%和0.6%。

1962年大连市开始对接触铅、苯、汞等工业毒物的作业工人进行体检。1979年以后，大连市先后对从事高温、潜水作业以及接触噪声、振动等物理因素的作业工人进行体检。1982年起，以上工人均实行定期体检。

1983年，大连地区对存在尘、毒和物理因素危害的近600个厂矿建立了工业卫生档案。据1985年统计，全市工业毒物有240余种，接触有毒、有害毒物的作业工人有31.69万人。通过加强工业卫生管理，改善作业条件，铅作业点的合格率由1964年为零上升到1985年的67.6%，慢性铅中毒由1956年的28.7%降至1985年0.59%；苯作业点的合格率由1964年的7.3%上升到1985年68.1%，苯中毒由1956年的2.2%降至1985年的0.27%。

五、食品卫生

大连地区从1950年始在市卫生局设公共卫生科，负责食品卫生监督与监测管理。20世纪50年代，主要以预防肠道传染病和食品中毒为主，对食品销售单位、集体食堂和个体经营者进行食品卫生检查和人员健康检查。同时，对乳制品、调味品、蒸馏酒、发酵酒、罐头、饮料、熟肉制品、糕点8种商品实行常规检测，食品卫生状况不断改善。20世纪60—70年代，出台一系列食品卫生的地方性法规、规章。先后制定了冰果检验、熟肉加工、冷食加工、食品行业、集体食堂、商店等行业卫生管理标准，健全食品卫生制度。1983年，《中华人民共和国食品卫生法（试行）》（简称《食品卫生法》）颁布实施，食品卫生由行政管理变为依法管理。1985年，全市有食品生产经营单位2.43万户，从业人员11.6万人，有专业食品卫生监督人员160人。从1983年7月开始执行《食品卫生法》后，共对2465个经营单位和个人给予了处罚。1985年，对八大类主要食品进行监测3213份，冷食冷饮、肉类、调味品的合格率分别为83.13%、85.48%、85.71%，发酵酒、蒸馏酒、粮食、食用油合格率均达到100%。

六、学校卫生

大连地区于1948年建立市学生保健馆，从此时起展开学生健康检查和疾病矫治工作。市卫生防疫站成立后，设专职人员从事学校卫生工作，1981年成立学校卫生科。到1985年，全市所有大中小学校或设有医院、卫生所、校医室，或配有保健老师。

对中小学生进行健康监测始于1948年。监测资料表明，1948—1985年，全市中小学生健康发育状况良好，身高增长，体重增加。男生的身高每十年平均增长3.63厘米，女生增长3.35厘米，男生体重每十年平均增加1.94千克，女生增加1.78千克，增长值高于国内平均水平。尤以16周岁男生和14周岁女生发育为最快。1948年16周岁男生平均身高156.8厘米，1985年增至170.9厘米，增加14.1厘米；1948年14周岁女生平均身高146.6厘米，1985年增至158.9厘米，增加12.3厘米。1948年16周岁男生平均体重45.7千克，1985年增至54千克，体重增加8.3千克；1948年14周岁女生平均体重35.8千克，1985年增至45.4千克，体重增加9.6千克。

对中小学生常见病和健康缺陷的矫治包括视力低下、沙眼、蛔虫病、龋齿、脊柱弯曲等，问题突出的是近视。据1952年统计，高中生近视率为53.66%，初中生为19.87%，小学生为9.27%，1979年以后近视率呈逐年上升趋势，1985年中小学生近视率年均达19%，其中中学生高达72.67%。中小学生的沙眼发病率1980年为26.2%，1983年降至14.9%。1985年，中小学生龋齿发病率为54.2%，补牙率为28.6%。

第四节　妇幼保健

1946年8月，大连市妇女民主建国会接收日本人经营的保科产妇科病院后，改建为大连妇健医院。中华人民共和国成立后，各县区于1950年先后建立妇幼保健站。1954年，大连妇健医院划归市卫生局领导，更名旅大市妇产科医院。

20世纪60年代初，妇幼保健机构进行调整，市和县（区）共设全民所有制妇幼保健站10所、集体所有制保健站30所，共有保健专业人员134人。中山区、沙河口区妇幼保健站还设立了妇道科和儿科门诊。到1966年，全市初步形成城乡两级妇幼保健网。“文化大革命”期间，县（区）妇幼保健站或被合并或被撤销，人员被解散或编并。1976年后，妇幼保健工作开始恢复，到20世纪80年代妇幼保健工作得到较快发展。1985年，全市已有妇幼保健机构15所，其中妇女保健所、市儿童保健所、市妇产医院、儿童医院各1所，县（市）区妇幼保健院（站、所）10所。妇幼保健机构设专兼职技术人员，乡村卫生院设女医生和接生员。市妇产医院、儿童医院以及综合性医院设产科床位747张、儿科床位594张。

一、妇女保健

旧时大连地区的妇女分娩基本在家里靠接生婆接生，或由长辈中生过孩子的妇女接生。无医疗器械，以炕洞灰或炕土止血。产妇及婴儿伤亡率较高。大连光复后，土法接生的落后状况得到极大改变。1946年大连市妇健医院成立后开始培训助产士。中华人民共和国成立后，妇女保健工作得到政府重视。1950年6月，全市设保健站33个、保健分站22个、接生站198个，保健站大力培训接生员，推行新法接生。1953年对孕妇实行免费检查并进行保健指导，并制定新法接生常规和急产处理常规，为城乡接生员配备接生包和产箱。到1959年，全市新法接生率达95.33%，难产死亡率为4.66/万，死亡率比之前明显降低。“文化大革命”期间，妇幼保健机构相继解体，接生工作处于放任自流状态。1976年恢复妇幼保健机构后，新法接生重新得到普及。1978年全市培训乡村医生和接生员1467人次。1979年，全市新法接生率达98.7%，新生儿破伤风控制在0.4‰以下。1980年，全市共接生6.35万人，其中新法接生6.32万人，新法接生率达99.6%，孕产妇死亡率降至2.99/万。1985年，市内新生儿死亡率为9.48‰，婴儿死亡率为13.47‰，在国内属于较低水平；孕产妇死亡率由1980年2.99/万降至2.77/万。同时，提倡住院分娩，住院分娩率达68%，其中农村住院分娩率为48%。

中华人民共和国成立后，20世纪50年代，全市开始开展妇女病普查普治。“文化大革命”

开始后，由于妇女保健机构的解体，妇女病普查普治工作随之停止。1974 年随着各级妇幼保健机构的恢复，开展了城市以预防癌症为重点、农村以预防子宫脱垂和尿瘘（简称“两病”）为重点的普查普治工作。在 1978 年的普查普治中，共检查妇女 40.48 万人，查出“两病”患者 15.48 万人，治疗 7.57 万人，治愈率为 31%。1982 年，对全市 33.38 万名已婚的年龄至 60 岁妇女进行以预防宫颈癌为中心的妇女病普查普治工作，查出患者 7.89 万例，患病率为 23.91%，其中以慢性宫颈炎、阴道炎最多，治疗率为 90.7%。1983 年，查出子宫脱垂患者 2840 人，治愈 914 人。1985 年，对 40.77 万人进行妇女病普查普治，查出患者 9.83 万人，患病率为 24%，其中对 873 名子宫脱垂患者进行了治疗。

1956 年《中华人民共和国女工劳动保护条例（草案）》开始实施，大连市自此开始实行妇女经、孕、产、哺乳期的“四期”保健制度。“文化大革命”期间，妇女劳动保健处于放任自流状态，“文化大革命”结束后，才逐渐恢复。1980 年，对全市工交、基建、水产和商业等企事业单位的妇女劳动保护情况进行调查，发现 19.27 万名女职工中直接接触有毒物质的有 6755 人，其中有些厂矿缺乏女工卫生室和妇科医疗设施，经过整改，到 1983 年，许多单位已建立女职工浴池、孕妇休息室，拥有 200 名以上女职工的厂矿中，设女职工卫生室的有 96 处，占 26%。

二、儿童保健

中华人民共和国成立之前，大连地区没有专门的儿童保健机构。20 世纪 50 年代初期，大连的托幼机构生活条件简陋，保教人员也缺乏儿童保健的基础知识。1954 年 5 月，市儿童保健所成立，在担负小儿疾病治疗的同时，开设保健门诊，对入托儿童进行身体检查，对托儿所、幼儿园进行业务指导。到 20 世纪 50 年代末，通过举行骨干保健员培训，大中型托幼园所管理明显提高，儿童食谱已能注重营养，并讲究科学的喂养方法，星海幼儿园开展的日光、水、空气“三浴”锻炼活动开始在全市幼儿园中推广。“文化大革命”期间，儿童保健工作处于瘫痪状态。1966 年并入市儿童医院的儿童保健所于 1978 年 2 月恢复机构，当年对全市 18.87 万名儿童进行了健康检查。1979 年后，在大连机车车辆厂等单位托儿所进行早教试点，到 1982 年，全市已有 131 个单位的托儿所开展了早教。1980 年，市内 5 区 378 个幼儿园、365 个托儿所、300 个混合园所配备了专（兼）职保健医（护）人员 398 人。同年，市儿童保健所对全市 42.55 万名 7 岁以下儿童进行免费驱治蛔虫。1984 年，开展佝偻病防治工作，对新生儿出生后 14 天喂给维生素 D 进行预防。1985 年，全市共开办托幼机构 3469 所（未统计私人开办园所），收托幼儿 21.27 万名，儿童入托率 40.2%，4 ～ 6 岁入园率 77%。全市儿童已广泛接受疫苗接种，传染病发病率大幅下降。坚持儿童体检制，每年为托幼园所的儿童进行健康检查。

三、节育技术指导

大连光复前，大连地区的劳动妇女基本缺乏避孕知识。1953 年，市区各医院及部分门诊部或卫生所始设节育门诊。1957 年，县（区）各级妇幼保健站、厂矿保健站和医院产科分别成立了避孕指导门诊。1962 年，根据国家提倡计划生育的指示，各医院均设节育指导门诊，1963 年各医疗单位共建立节育指导门诊 90 余处。“文化大革命”初期计划生育工作基本停止，1972 年以后逐渐得到恢复。1976 年新年、春节期间，旅大市在国内率先举办计划生育宣传月，开办计划生育轮训班，分期分批对基层计划生育骨干进行业务培训传授技术，基本做到上环、取环、结扎、人工流产“四项”节育手术不出公社，放环、取环等小手术防治不出大队。1978 年，全市共有 49.58 万对育龄夫妇落实节育措施，节育率达86.8%。1981年，市计划生育科学研究所成立计划生育指导小组和计划生育会诊鉴定组，并组成7个小分队深入县区进行节育手术，培训基层人员。1983年，市卫生局组织143名医务人员21个计划生育手术小分队分赴各县区，做节育手术1.26万例。1985年，全市举办计划生育培训班20余期，当年放环4.7万例，取环1.3万例，输卵管结扎155例；全市计划生育门诊发展到57个，99个农村乡镇设立了节育技术小分队，育龄妇女在农村即可进行节育手术。

第五节　医学科研

日本殖民统治大连时期，日本人经营的少数医疗机构利用现代仪器设备开展医学研究活动，为殖民统治者、侵略战争服务。中国人经营的医院和诊所开展医学研究不依赖仪器设备，中医研究却颇有建树，如孟天成、简仁南、张凤书等在黑热病、动脉硬化、滤过因子合成等方面进行的学术研究均取得成果。大连光复后，卫生部于1947年建立了大连生物制品研究所（1957年该所迁往四川成都市），主要生产制造卡介苗、牛痘苗、斑疹伤寒血清等制品。中华人民共和国成立后，医疗卫生机构和专业技术队伍逐步建立和扩大，医学科研水平也有提高。尤其是中共十一届三中全会以后，各大医院更加注重健全科研机构，引进国内外先进技术和仪器设备，广泛深入地开展医学科研工作，有的基础医学、预防医学、临床医学研究已达到国家或省级先进水平。至1985年，全市有医学科学研究专门机构5所，即大连市劳动卫生研究所、大连市计划生育科学研究所、大连市医药研究所、大连市理论医学研究所、大连市中医研究所，共18个研究室，有科研人员239人。1979—1985年，各医学研究单位共承担中央、省、市、局级科研课题121项，通过正式鉴定的为60项。

一、基础医学研究

大连光复前，大连地区在基础医学研究领域取得突出成就的有孟天成、简仁南、张凤书。1922年8月，博爱医院院长孟天成（中国台湾人），于末梢血液与脾大的鼠蹊淋巴腺发现黑热病小体（利什曼小体），1934年发现12个病例。后深入到复县、周水子、盖平、熊岳等80个边远村落实地考察，弄清了黑热病流行地域和发病原因，研究成果发表于《满洲医学》杂志和《日本病理》杂志。1925—1933年，日本南满洲铁道株式会社大连总医院外科医师简仁南（中国台湾人），对病理学和法医学进行研究，研究成果发表于《台湾医学》杂志和《日本泌尿科》杂志，1940年还进行了动脉硬化实验研究。1945年，永生内科医院医师张凤书在日本《医事新志》发表了《滤过因子之合成》《关于维生素B_3（烟酸）》等论文。

中华人民共和国成立后，大连地区基础医学研究领域取得更多突出成果。1951年，大连医学院教授乔树民研究的《卡介苗的理论基础和发展中的问题及卡介苗的测验治疗价值》获东北人民政府卫生部甲等奖；大连医学院教授吴襄、吴汝康、魏曦研究的《中国正常人的血量特别注意季节和身材的变异及输血后的恢复过程》获东北人民政府卫生部乙等奖。大连市第三人民医院药师李树德解决了对抗菌素过敏的抗菌治疗。大连市第一人民医院内科医师杨凤鸣的《民族血型研究》《人种血型研究》，20世纪60年代初被英国血液病学界引用。1962年，大连医学院教授伍律与辽宁蚕业研究所等单位共同对柞蚕饰腹寄蝇药剂“灭蝇Ⅰ号”和“灭蝇Ⅲ号”进行研究，成果获全国科技大会发明二等奖。1971 年，市妇产医院医师林治青对抗癌药物莪术油进行研究，成果获辽宁省重大科技成果奖。1978 年，大连医学院教授康白在全国首次应用“菌群失调与菌群调整方法”研制成功“促菌生”，1982 年经卫生部批准投入工业生产，并获国家发明三等奖。1978 年，大连化学公司医院研制的无针头注射器，获卫生部重大科技成果奖。同年，沈阳铁路局大连医院口腔科研制的“716”固体催化剂的新合成法以及在口腔科镶复中的应用，获辽宁省重大科技成果奖。1981 年，沈阳铁路局大连医院研究的《离子选择电极对血清及尿中钾、钠、氯联合测定》获辽宁省科技成果三等奖。1984 年，市卫生学校研制的“九用听诊器”及“国人牙弓与额面形态及相关的研究”，经专家评审达到国内先进水平。同年，大连医学院牟希亚等首次建立“绿脓杆菌 MSHA 菌毛株”，以此制备的菌苗免疫动物获得广谱性高效价抗体，此为国内首创，填补了国际上绿脓杆菌 MSHA 菌毛株及其菌苗的空白，获卫生部重大科技成果乙级奖。1985 年，大连医学院教授钱振超经过十余年从事的实验肿瘤学和肿瘤免疫学研究，获国家级科学技术进步三等奖。

二、预防医学研究

1952—1953 年，大连医学院教授何琦会同大连市生物制品研究所对大连地区医学昆虫进行调查，查清了蚊种与常见蝇种的季节分布，以及乙型脑炎、肠道传染病、斑疹伤寒等传染病与传染媒介昆虫的关系，为防治疾病提供了依据。1954 年，市卫生防疫站医师周传璟对金县农村钩虫病流行病学进行调查，完成的《辽宁地区农村钩虫病感染情况的调查》在《中华卫生》杂志和《中华寄生虫学》杂志上发表，有些资料被沈阳医学院选为教材。1956 年，大连市传染病医院医师李作洲对痢疾杆菌进行研究，完成《大连市 1952—1980 年痢疾杆菌群分析及组合变化原因初步探讨》。1963 年，大连市医学院教授乔树民对东北和华北数省暴发上万例不明热患者进行深入调查研究，阐明了钩端螺旋体病流行病原学，提出了传染源、传染途径和有效防治方法，防止了该病的蔓延。同年，市卫生防疫站医师常业学与他人合作进行人工感染实验研究，首次阐述了中国东北地区存在长潜伏期间日疟原虫特殊性的研究，完成了《旅大地区长短潜伏期兼型疟的流行病学调查》。1973 年，大连市卫生防疫站检验师周德水分离出 4 株新型 RNA 病毒，证实了红眼病病因。1979 年，大连造船厂医院和市劳动卫生研究所等单位对电焊工尘肺进行调查研究，撰写的《大连造船厂电焊工尘肺 22 年动态观察》在美国波士顿召开的国际焊接学会上宣读，获国家六机部重大科技成果四等奖。1980 年，大连市卫生防疫站医师陈永禄等人的《渤海、黄海污水对人体健康影响的调查研究》，获卫生部三等甲级科学成果奖。同年，大连市劳动卫生研究所的《海产食品放射物质的调查》，获卫生部科技成果乙级奖。1985 年，大连市卫生防疫站医师柳蔼钦的《大、中、小城市特殊行业中蝇类孳生地控制方法的研究》获卫生部科技成果三等奖。

三、临床医学研究

1946 年，旅顺市立医院医师黄启章率先开展胸腰交感神经摘除术。1951 年，大连医学院外科教授叶兴杰在国内率先开展外伤性动脉瘤与动静脉瘤的直接修补手术，其论文发表于 1951 年《中华医学杂志》。同年，皮肤科教授张永圣的论文《关于旅大地区皮肤丝状菌病及病原体的研究》和《大蒜挥发性物质对病原体丝状菌作用的研究》在《中华医学报》发表。1956 年，大连医学院外科教授叶兴杰在辽宁省进行首例“二尖瓣狭窄闭式二尖瓣扩张术”获得成功。同年，大连医学院眼科教授李辰与耳鼻喉科教授杨大俊联合进行的《泪囊鼻腔吻合术的研究》、妇产科教授陈文的《人细胞核的性别鉴别法的研究》、皮肤科教授张永圣的《某些皮肤病碱性磷酶组织化学的研究》，均达到国内先进水平。1958年，大连医学院中医师曹仲和用“胆道排石汤”辅以针灸及其他中西医方法治疗胆道结石，取得显著效果并闻名中外。同年，大连医学院医师贺瑞麟等采用中西医结合“总攻”排石方法治疗肝、胆管结石，治疗方案被列入全国医学院校统编的外科学教材，论文在第27届国际外科学大会上报告交流，部分内容被译成日、英、法文，国内医学书刊上进行了摘要刊载。1963年，大连医学院耳鼻喉科实验室开展电生理研究，并与旅顺海军某部合作研制电子测听仪，投入临床及科研应用，填补了国内空白。1965年，大连医学院外科教授赵仰胜在国内较早地进行了外伤性颅内血肿非手术方法的早期诊断研究，以及“右枕经天幕松果体区肿瘤切除术及经蝶窦垂体瘤切除术的研究”，获辽宁省科学技术研究成果奖。1970年，大连市医药科学研究所药师郭永沺与大连医学院教授乔树民合作进行抗癌药顺铂的研究，临床效果可喜。同年，对抗癌中药莪术的研究受到美国、日本等国家的关注，被列入国家医药总局“七五”攻关项目。1973年，大连医学院教授柯若仪提出心肌梗塞先兆诊断标准，被广泛应用于临床，获辽宁省科学大会重大科技成果奖。1977年，大连市第三人民医院中医师周鸣岐研制的“鱼鳞汤”治疗鱼鳞病，有效率为94.33%，其论文《鱼鳞病》1981年被英国国立医学图书馆收录于《世界医学文学索引》。1979年，大连市第二人民医院开展的“中西医结合治疗子宫癌研究”，获国家重大科技成果奖。1980年，大连市第三人民医院中医师周鸣岐自制“生发饮”治疗脱发，被日本神户等地中医研究会编入《中医临床讲座》。同年，大连市计划生育指导研究所研制的GCH−1型宫腔测量器获辽宁省政府科技进步奖三等奖。1984年，大连市第一人民医院医师曲乃路开展心内膜心肌活检的动物试验，后应用于临床开展冠脉造影术，在省内首次完成经皮冠脉腔内扩张术（PTCA）。

第六节 疗养康复

大连地区依山傍海，气候宜人，环境优美，大连光复之后成为全国闻名的疗养胜地之一。

一、疗养沿革

1946年11月，为适应解放战争的需要，大连市创建了关东公安总局大连疗养院，主要接待在长期革命战争环境中积劳成疾或负伤的干部。1948年苏军驻旅大时建有3家疗养院，分别是中苏远东电业公司建立的中苏远东电业工人休养所、苏联驻军大陆军在小平岛河口建立的河口疗养院、苏军驻旅大空军在星海建立的空军疗养院。

20世纪50年代，旅大疗养康复事业发展迅速，军队和地方许多部门纷纷在大连兴建疗养院。据1958年统计，先后建有二机部大连疗养院、中国志愿军大连疗养院、中国空军大连疗养院、中国煤矿工人大连疗养院、沈阳军区八二疗养院、商业部大连疗养院、沈阳铁路局大连夏家河子疗养院、大连化工职工疗养院、大连市机械局职工疗养院、大连市工业局疗养院、大连造船职工疗养院、金县龙王庙职工疗养院等各种疗养院（所）25所，其中工会系统和大连市地方兴建和改建的21所。1959年，根据中共中央、国务院关于把疗养院交地方管理的指示，中共旅大市委将工会系统和地方所属的疗养院（所）合并为10所，分别是老虎滩职工疗养院、黑石礁职工疗养院、桃源街肝炎疗养院、旅大工人海滨疗养院、解放路结核疗养院、傅家庄第一疗养院、傅家庄第二疗养院、旅大工人疗养院，以及新金县皮口疗养所、旅顺职工休养所，共有床位2022张。同时，成立旅大疗养事业管理委员会，办公室设在市总工会。全地区各疗养院（所）从建立到1966年5月，累计收治各种慢性病、职业病等疗养人员近11万人次。“文化大革命”期间，疗养康复业受到干扰和破坏。

1978年以后，疗养康复业开始恢复重建和新建。1979—1985年，恢复重建的疗养院有老虎滩工人疗养院、大连海滨疗养院、金县龙王庙职工疗养院、煤矿工人疗养院、造船工人疗养院等；新建的疗养院有新金县安波疗养院、中国民航大连疗养院、辽宁省委老干部局大连健康疗养院、中国人民银行大连疗养院、外交部大连外交人员休养所、冶金部大连疗养院。全市形成了付家庄、七贤岭、夏家河子、安波矿泉四大疗养区，七贤岭因坐落八大疗养院而更负盛名。八大疗养院分别是外交部大连疗养院、劳动人事部大连疗养院、化工部大连疗养院、冶金部大连疗养院、邮电部大连疗养院、航天工业部大连疗养院、辽阳化纤厂职工疗养院、吉林石油管理局大连疗养院。到1985年，已开放疗养院（所）11所，占地总面积51.5万平方米，建筑总面积15.12万平方米，有疗养床位3165张，医疗技术人员713人。

二、疗养机构

辽宁省大连干部疗养院　位于沙河口区拥政街。大连地区最早建立的大型综合性干部疗养院。始建于1946年10月，先后称为旅大公安总局训练处（即旅大地委）第二疗养院、关东公安总局第二疗养院（因辽南军区在大连已有一个疗养院，对外也挂训练处牌子，故新成立的大连疗养院称为第二疗养院）。1949年4月旅大党组织公开以后，改称旅大干部疗养院。中华人民共和国成立后，改为东北人民政府卫生部大连疗养院。1961年10月，改称辽宁省大连干部疗养院。1985年，占地面积2.97万平方米，建筑面积1.76万平方米，绿化覆盖面积90%以上。设床位160张，有职工160人，其中卫生技术人员84人。该院是以治疗为主，治疗与疗养相结合的综合性疗养院。主要医疗手段是物理治疗、针灸、按摩、药物以及体育疗法、气功疗法。

大连市老虎滩工人疗养院　大连市最早建立的大型工人疗养院。始建于1948年，由中苏远东电业股份有限公司在原日本殖民统治时期高级官员娱乐场所旧址上修建，时称中苏远东电业工人休养所。1951年10月，苏联将该院移交中国，更名为旅大工人疗养院。1958年12月，与市城建局疗养所合并，改称旅大市老虎滩工人疗养院。1981年，改称大连市老虎滩工人疗养院。1985年，占地面积3万平方米，建筑面积1.03万平方米，设床位350张，有职工172人，其中卫生技术人员89名。主要服务对象是一线工人、劳动模范、先进工作者等，主要治疗循环、呼吸、消化、运动神经系统和外伤性后遗症等慢性病患者，每年收治1500余人。

第七节　爱国卫生运动

大连地区群众性爱国卫生运动兴起于20世纪40年代中期。1945年大连光复前，俄、日殖民统治者和汉奸、资本家的居住、活动区，市政卫生设施齐备，街容环境整洁，中国人聚居区和广大乡村环境脏乱，病媒害虫猖獗，疫病常年流行。大连光复后，大连人民多次开展卫生清扫突击活动，整顿室内外卫生，清理旧社会遗留下来的污秽处所。

中华人民共和国成立后不久，抗美援朝战争打响了。1952年1月，美国在侵略朝鲜的战争中发动了细菌战争，并向中国东北地区投掷细菌弹。响应中华人民共和国主席毛泽东关于“动员起来，讲究卫生，减少疾病，提高健康水平，粉碎敌人的细菌战争”的号召，旅大市成立了以市长韩光为主任的旅大市防疫委员会，广泛开展了反细菌战的群众运动，全市人民除脏乱、灭虫害、整环境、防疫病，把爱国热情寓教于卫生活动之中，全市有120多万人参加卫生突击活动，投入消杀药物50余吨，发现并消杀可疑昆虫70多批，对市民进行疾病预防注射300多万人次，防止了疫病流行。1953年3月，在市防疫委员会的基础上组建了旅大市爱国卫生运动委员会(简称爱卫会)。至1985年，市爱卫会更换6届，各届主任一直由市委、市政府主要领导担任，各县区也相继建立地区爱卫会，城市街道和农村乡镇建立辖区爱卫会，城乡居民委员会等基层单位成立爱国卫生小组，在全市形成了组织健全的爱国卫生运动网络，使大连市的卫生工作一直处于全国先进行列。

一、城市卫生

1945年12月，大连市及各区相继建立卫生队。1948年夏和1949年春，结合大规模市民乔迁新居，开展了卫生清扫、整顿市容活动，以崭新的城市面貌迎来中华人民共和国的诞生。1952年开展了大规模反细菌战运动。1953年开始每年坚持开展季度爱国卫生运动和节日前夕卫生突击活动。1954—1956年，开展了大规模的清理环境和除灭“四害”（苍蝇、蚊子、老鼠、臭虫）活动。1957年，在市区实行“五不准”规定。1961年，全市有98万人次参加除害治本，疏通自由河、春柳河河道共4300米。到60年代前，在市区广泛开展了“卫生好”“卫生之家”“卫生红旗”竞赛活动。“文化大革命”期间，爱国卫生运动活动中止，城市环境很快陷于脏乱状态。“文化大革命”结束后，城市环境卫生走上净化、绿化、美化并举的新阶段。1978年春，全市14.2万名干部职工参加了环境卫生义务劳动，当年有161万人次、3万辆车次投入环境治本活动。1981年开始，爱国卫生运动纳入城市精神文明建设的轨道。1982年3月，各行业开展了以治理环境卫生为重点的第一个文明礼貌月活动，清除脏乱地点1200多处。1983年开展的第二个文明礼貌月活动中，治理24条明沟河渠。1984年12月，中央爱卫会在全国爱国卫生经验交流会议上指出，大连市是全国12个卫生面貌变化较大的城市之一。1985年，在辽宁省各城市卫生评比中，大连市名列榜首。

二、农村卫生

乡村卫生　1953年，大连市在农村推广了全国先进卫生村金县登沙河乡北关村开展农村环境卫生改造的经验。1960年夏，市卫生局派出1218名卫生人员组成200个卫生防病队，深入农村开展饮水消毒、环境改造、防治疾病等活动。1961—1962年，农村卫生运动的重点转到防治“四病”（浮肿、闭经、子宫脱垂、营养不良）上来，先后组织8500名卫生人员下乡治病58万人次，使“四病”很快得到控制，还对90万名农村儿童进行免费驱治蛔虫。1964年农村卫生工作北关化显见成效，甘井子区磊子山村、旅顺口区曹家地村、金县阿尔滨村、新金县郑沟村等一批村屯基本达到北关卫生水平。1980—1985年，结合文明村建设活动，在金州区友谊、石河、大魏家，甘井子大辛寨子镇等乡镇涌现一批卫生示范村。

“两管五改”　中华人民共和国成立后，大连市农村经过管水、管粪的“两管”和改造饮水井、厕所、畜圈、炉灶、环境的“五改”，卫生状况得到很大改善，曾经常见的水源性传染病得到有效遏制。1980—1985年，共改良饮水井4.9万余口，受益人口157万人，占农村人口的42.8%；以农户为主兴建手压机井15.8万眼，饮用人口达58.4万人，占农村人口的18.7%。

环境改造　1954—1958年，大连市农村开展整修村路，整修院落活动，清除残墙断壁，清理房前屋后。1960—1965年开展路旁、宅旁、河旁、村旁“四旁”绿化。1980年，农村村屯环境改造开始逐步纳入乡村整体规划。

三、除灭“四害”

大连地区除“四害”活动以反细菌战运动为开端。从1950年开始，每隔一年用急性灭鼠剂和器具开展一次春季灭鼠活动，到1957年老鼠数量大大降低。从1952年开始，每年通过在积水坑洼处投药、实行烟熏灭蚊、用药物消杀苍蝇孳生地等办法，使蚊蝇发生率逐年减少。1977年，城区基本上消灭了臭虫，农村地区亦很少见。1980年，大连港率先成为全国第一个“无鼠害港”。1985年，大连轮船公司被评为全国第一个无鼠害船队。

第六章　体　育

大连体育具有较长久的历史和雄厚的基础。古代大连地区流传的体育项目有武术、骑射、游泳、游戏等。清光绪年间，清朝廷将旅顺口辟为北洋水师基地，建立了培养军事人才的现代军事学堂，聘请德、英籍教官任教，将西方近代体育作为军事训练的辅助手段传入大连。日本侵占大连时期，兴建一批现代体育设施。

1920年，爱国知识分子傅立鱼组建大连中华青年会，青年会设有体育部、武术部，培训中国青少年。1922—1932年11年间，大连中华青年会联合进步团体和各学校，以“中华”命名，连续举办了10届中国人自主参加的中华陆上运动大会（1922—1931年）和10届中华水上运动大会（1923—1932年）。运动大会参赛运动员和观众逐年增加。据《泰东日报》记载，1924年第三届大会的参赛华人团体有25个、运动员1100名，并将之称为“大连破天荒之盛举”。这一时期，涌现以刘长春、史兴隆、史兴鹭等为代表的一批国内著名的运动员。这些运动员多次代表沦陷区参加全国运动会和华北运动会，创造了国内田径、游泳等多项纪录。1932年，刘长春只身一人代表中国赴洛杉矶参加第十届奥运会，成为中国参加奥运会第一人。1933年，刘长春参加中华民国第五届全国运动会，创下100米、200米男子短跑全国最高纪录。同一时期，史兴隆、史兴陆、史兴鹭、史瑞声（女）兄妹蜚声全国泳坛。1930年，史兴隆代表辽宁省参加中华民国第四届全国运动会2次夺冠，1933年在中华民国第五届全国运动会游泳比赛中，史兴鹭、史兴陆、史瑞声兄妹大显身手，史兴鹭打破2项自由泳全国最高纪录。同年，史兴隆、史兴陆、史兴鹭于南京横渡长江，成就了中国游泳史上的创举。这一时期大连运动员创造的体育成绩在东北地区处于领先地位。

1945年大连光复后，人民民主政府大力倡导并广泛开展群众体育运动，在厂矿学校推广普及体操、足球、篮球等各项运动。1948年9月，举办大连市第一届游泳运动会和首届关东运动大会（后定为大连市第一届运动会）。

中华人民共和国成立后，大连市体育运动委员会、市体育总会和各项运动协会与产业系统体育协会等各级体育组织先后建立。1950 年，在全国首先推广《大众（广播）体操》，并在国内率先制定了中小学体育教学大纲和课程标准。1956 年建立了国内重点体校——大连业余体育学校，1958 年建立了旅大市体育学校，并陆续建立了射击、摩托车、无线电、航海、航空等运动俱乐部，各学校、厂矿企业和农村普遍建立了各种运动队。同年 10 月 5 日，旅大市举行中华人民共和国成立后第一次马拉松比赛，387 名运动员参赛。在群众体育广泛普及的基础上，各项运动水平迅速提高，涌现出刷新全国女子 100 米、200 米纪录的刘玉英，全国女子铅球、铁饼冠军石宝珠，以及陈家亮、王克斌、丛安庆、丛者余等著名足球运动员。1964 年，国家体委确定旅大市为全国发展足球运动的 10 个重点地区之一，大连第十二中学足球队获全国中学生足球赛冠军。1965 年，由大连运动员组成的辽宁工人足球队进入全国足球甲级联赛，大连市中学生田径队获全省中学生运动会冠军。20 世纪 60 年代，大连涌现出优秀田径运动员李丹、王玉珍、刘兴太等，优秀足球运动盖增圣、桑廷良、丛者余、陈文芳、孙元云、孙云山等。

“文化大革命”期间，大连的体育组织瘫痪，大批体育工作者被下放农村或改行。1978 年以后，体育事业迅速恢复，竞技体育取得历史性突破。1979 年，旅大市再次被国家体委确定为全国发展足球运动的 16 个重点地区之一。1982 年，大连市被中华全国体育总会命名为田径之乡。1984 年，新组建的大连青年足球队获全国足球乙级联赛冠军，同年晋级甲级队。

1985 年，大连市建起中国第一所足球运动学校。同年，全市参加体育活动的人口达 170 万人，占全市总人口的 40%。全市 1783 所中小学《国家体育锻炼标准》达标率达 93%，居国内前列。这一时期大连涌现的优秀运动员有：世界田径大赛第一块金牌的获得者竞走运动员徐永久，先后多次创新全国和亚洲三级跳远纪录的邹振先，优秀羽毛球运动员陈昌杰、李永波，优秀足球运动员戚务生、迟尚斌、李应发、李富胜、王长太、林乐丰、黄向东、盖增臣、朱波、贾秀全、李华筠、傅玉斌、马林等。1985 年，国家体委和教育部对全国学生体质调查结果表明，大连市青少年生长发育率平均值名列全国第一位。1949—1985 年，大连运动员获全国冠军 104 项（不含球类），打破全国纪录 97 项，获国际比赛前 3 名的 54 人次，打破亚洲纪录 10 项，打破世界纪录 14 项。

第一节 群众体育

大连地区传统的群众体育项目有武术、游泳、摔跤、放风筝、踢毽子、棋类等。近代以后，体操、田径、球类等现代体育项目传入大连。日本殖民统治时期，开始在中国人的学校设立体育课，由于设施简陋，只传授体操、赛跑等简单项目。1922—1932 年，大连中华青年会联合各界连续举办的中国人陆上、海上运动大会，使现代体育项目始由学校向社会普及，但参加体育活动的只限于学校学生和社会青年。1945 年大连光复后，各项体育活动开始在基层群众中普及，厂矿农村、机关学校开始建立足球、篮球、排球、乒乓球运动队。中华人民共和国成立后群众体育蓬勃发展，参加体育活动已经成为广大群众业余生活的重要内容。20 世纪 50 年代，全市各产业系统普遍建立了体育协会，广播体操、球类、游泳、田径等运动在基层单位广泛普及，普及率和取得的成绩在国内处于领先地位。“文化大革命”期间，群众体育陷入低谷。“文化大革命”后，群众体育很快得到恢复并有了新发展。至20世纪80年代，全市经常参加体育活动的人口达170万人，占全市人口的40%，全市人民平均寿命，由1945年前的35岁提高到1982年的男性71岁、女性75岁，高于全国平均寿命12岁。

一、学校体育

大连地区的学校体育最早开展于19世纪末的沙俄旅顺俄清学校。日本侵占旅大后，对日本人学校和中国人学校实行两种不同的体育制度。日本人学校建有游泳池、体育馆等体育设施，除开设体育课外，还设有军事课和武道课，具有明显的军事训练性质。中国人学校体育设施简陋、场地狭小，经常参加体育活动的仅限于少数运动员。1920年大连中华青年会成立后，以傅立鱼为首的爱国进步知识分子倡导德、智、体并举的教育方针，多次举办学校运动大会，推动了学校体育运动的发展。

1945年11月大连民主政权建立后，中小学体育乃有新发展。1946年11月，举办了大连市小学体育表演竞赛大会，参加运动员2000余人。

中华人民共和国成立后，大连市各级各类体育得到全面发展。大连于1950年在国内率先制定并在学校推广《大众（广播）体操》，1951年制定出《大连市中学体育教学大纲》，1952年在中等以上学校推行以校为单位的《体育锻炼标准》。除体育教学外，中小学校还广泛开展各种形式的课外活动。20世纪50年代，各学校普遍建立了田径、足球、篮球等运动队。1964年，国家体委确定大连市为全国发展足球运动重点地区之一，市体委确定了“以田径为基础，足球为重点，以学校为基地，青少年为主要对象”的发展方针，确定大连第一中学等13所中学、东北路小学等12所小学为开展足球运动的重点学校。1963—1965年，大连市少年田径队连续3年取得辽宁省少年田径运动会冠军。1964年，大连中学生足球队代表辽宁省参加全国足球比赛获冠军。1965年，大连十二中学足球队获辽宁省和全国少年足球赛冠军。1966年，市体委、教育局在中小学中确定田径重点校17所、足球重点校15所、篮球重点校12所、排球重点校6所、乒乓球重点校2所、军事体育（6项）重点校22所，形成有11个运动项目、74个重点基地的中小学体育业余训练网。“文化大革命”时期，体育教学处于松散状态。1979年，大连市再次被国家体委确定为全国发展足球运动重点地区之一。1981年，市体委、教育局选定田径、足球、篮球、排球、乒乓球、体操作为中小学体育重点项目，195所中小学被确定为重点学校。至1985年，全市重点学校已发展到302所，其中被定为省级体育重点学校的有14所。

体育活动的广泛开展，使中小学生体质显著增强，并涌现一批优秀青少年运动。大连市中小学适龄学生体育达标率在1980年为30.5%，1985年为93%。20世纪50年代，学生中涌现出石宝珠、刘玉英、商玉兰、陈家亮、丛者余、盖增圣等一批全国知名的运动员。20世纪60年代，涌现出李丹、马英、耿世英、王明华、战翠凤等一批田径、体操、游泳运动员，以及迟尚斌、戚务生、王积连、李富胜等优秀足球运动员。1978年至1982年，大连少年运动员多次在全省中、小学田径运动会上夺冠，破全国青少年田径纪录13人次，破省青少年纪录101人次，大连市少年足球队多次获全省少年足球赛冠军和全国“萌芽杯”冠军，并涌现出全国闻名的田径运动员邹振先、徐永久、王世杰，体操运动员周萍、杨戈和足球运动员贾秀全、柳忠长、马林、朱波、傅玉斌，羽毛球运动员陈昌杰、李永波等。

随着幼儿教育的普及，幼儿体育渐入正规化、规范化。1949—1959年共培训保教人员4621人。

1964年，在星海幼儿园推行被动、主动体操，“三浴”（日光、空气、水）锻炼和“三小球”（小足球、小篮球、乒乓球）活动，之后在市内全面推广。同年，大连被国家体委首批确定为足球运动重点城市后，市体委提出以小足球为重点开展幼儿体育。1981年首次举办市级幼儿小足球比赛。

高校体育得到极大发展。20世纪50年代，刘长春、白春育、宋玉泉、戴仁声等一批知名体育工作者相继到大连高校任教，加之地方选调一批优秀中学教师充实到高校，使高校体育师资力量得到充实。各高校普遍制定体育锻炼标准，建立田径、游泳、足球、篮球、排球运动队。“文化大革命”开始后，学生停课闹革命，体育教学被取消，体育设施损毁严重，活动处于停滞状态。1978年，教育部、国家体委、卫生部颁布《高等学校体育工作暂行规定》后，大连的高校体育逐步得到恢复和发展。1979年国家体委确定大连为全国发展足球运动重点地区后，大连高校随之掀起足球运动热潮，各校普遍建立足球队，并组织校际间比赛。1980年以后，东北财经大学、辽宁师范大学、大连大学都已建成2000平方米的中型体育馆。

二、社会体育

大连地区传统的武术、摔跤、棋类、钓鱼、放风筝等体育形式长期在民间流传。近现代体育传入大连后，在大连的日本人先后建立田径、体操、足球、篮球、棒球以及水上、冰上等运动协会，组织日本人开展运动。20世纪20年代，大连的公司职员、教工和为数不多的青年工人开始参加近现代体育活动和运动队。1920年大连中华青年会成立后，建起了第一支由工人组成的中青足球队，经过十年发展，到20世纪30年代初，大连已有中青、工华、隆华、华青等中国人足球队20多个，篮球运动队以业余、黑猫、飞飞等影响较大，田径、游泳、乒乓球等运动项目也有开展。大连中华青年会从成立到1934年被强制解散，先后组织10届中华陆上运动大会和10届中华水上运动大会，其借开展体育活动宣传抗日思想的爱国精神产生了深远的社会影响。

大连光复后，民主政府每逢重要节假日都组织举办以职工参加为主的篮球、足球、乒乓球、游泳、棋类比赛，农村群众体育也开始兴起。1946年，大连湾镇前关村建立了国内最早的农民足球队。1947年，金县登沙河举办了大连地区最早的一次农民运动会，10余个行政村代表队、300余名农民运动员参赛，吸引观众4000余人。1948年9月，举办了大连地区第一届游泳运动会、海上游泳大会和首届关东运动大会（后定为大连市第一届运动会）。1949年全市基层运动队已发展到150个。

中华人民共和国成立初期，大连市的群众体育活动日趋普及。至1950年，全市共有足球队84个，篮球队120个，排球队58个，乒乓球队89个。1950年中华体育总会旅大分会成立后，于五一国际劳动节、五四青年节举办了体育运动大会。1954年推行《准备劳动与卫国体育制度》（简称“劳卫制”），对学生体质状况进行调查分析。同年，市总工会成立体育部，负责全市职工体育工作。20世纪50年代，全市各产业工会共建立体育协会304个，有会员5.3万人，另外还有球类、田径、游泳等专门体育协会。1956年，市男子职业篮球队在全国篮球锦标赛中夺冠。1954—1955年，大连造船厂足球队转战山东、上海、北京等地，创18场全胜纪录。1961—1963年的三年困难时期，人民生活陷于困难境地，职工体育只限于广播体操等小型活动，市级大型赛会停办，大多体协被撤销。经济状况好转后，群众性体育活动逐步恢复。1964年，大连被国家体委确定为全国发展足球运动重点地区后，大连造船厂、大连机车厂、大连化工公司、大连铁路分局、大连运输公司、大连机器制造厂、大连工矿车辆厂等8个单位被确定为开展足球运动的重点单位。“文化大革命”期间，职工体育运动受到冷落，仅在1972—1974年举办3次市级运动会。

1978年改革开放后，群众体育运动得到恢复和发展。1979年五一国际劳动节，辽宁省总工会与省体委共同组织了“新长征”接力赛跑，南线出发仪式在大连斯大林广场举行，活动坚持了4年，1982年参加职工达20万人。1979年，市总工会体育部恢复工作。1980年，全市启动每年一度的“足球月”活动。1983年，中华全国体育总会命名大连市为全国“田径之乡”。1985年，全市启动每年一度的“田径月”活动。1979—1985年，大连市职工体育队共获全省体育基层单项比赛19项冠军，市职工代表队参加全国、省、产业系统竞赛共112项，获183枚金牌，以绝对优势获得辽宁省第二届职工运动会冠军，在代表辽宁省参加全国第二届职工运动会的132名运动员中，有110人是大连职工运动员。农民体育运动也得到极大发展，田径、足球、篮球、排球、乒乓球、长跑、拔河、游泳、武术等活动在农村广泛展开，涌现许多运动员和运动队。大连湾前关村农民足球队坚持活动40余年，1983年和1984年连续代表大连市夺得辽宁省农民足球“丰收杯”冠军。老年人体育、伤残智障人体育、少数民族体育活动也逐步开展起来。1982年，大连市先后建立运动医学学会、老年人体育协会和气功学会，举办了老年人武术、气功、迪斯科舞培训班以及体育比赛活动。市老年人体育协会还组建了足球元老队、老年篮球队、网球队、门球队。1984年，大连市首届盲人、聋哑人运动会举办。1981年市体委举办首届朝鲜族运动会，1985年举办首届少数民族运动会。

第二节 竞技运动

大连地区带有竞技性质的传统运动项目有武术、摔跤、游泳、拔河、棋类等。清末北洋水师基地在旅顺筹建时，聘请的西洋教官以田径科目训练军队，近代竞技运动由此传入大连。日本侵占大连后，陆续传入大连的竞技项目有田径、体操、足球、篮球等，最初这些项目只在日本人中开展。1922—1932年，大连中华青年会联合各学校和社会各界连续举办10届中华陆上运动大会和10届中华水上运动大会，田径、足球、篮球等活动开始普及，涌现了一批国内最早的足球队、篮球队和刘长春、于希渭、郭洁、史兴隆、史兴鹭等一批优秀运动员。

1949—1985年，大连市的竞技运动进入了兴盛时期，形成了以田径为基础，足球、游泳为重点的各项竞技项目全面发展的格局。成绩斐然的有田径、足球、篮球、排球、羽毛球、乒乓球、游泳、体操、举重、射箭、射击、武术、自行车、棋类等，涌现出一大批国内著名的优秀运动员。1964年和1979年两次被确定为全国发展足球运动重点地区，1982年被中华全国体育总会命名为“田径之乡”。

一、田径运动

1874年清朝廷在旅顺筹办北洋水师时，聘请英、德籍教官任教，田径运动作为军事训练的一种手段始由西方传入大连。俄、日帝国主义统治时期，田径运动逐渐普及并涌现刘长春等优秀运动员。刘长春在1930年中华民国第四届全国运动会上获100米、200米、400米冠军，在1933年中华民国第五届全国运动会获100米、200米冠军，在1935年中华民国第六届全国运动会上获100米冠军；郭洁在1935年中华民国第六届全国运动会上获铁饼冠军。1932年7月30日至8月14日，刘长春作为中国运动员（也是唯一的运动员）首次参加在美国洛杉矶举行的第十届奥运会，并在预赛中取得100米第五、200米第四的成绩。1936年，刘长春又代表中国参加在德国柏林举行的第十一届奥运会。20世纪40年代，随着日本侵华战争不断扩大，田径运动逐渐萎缩。1943年以后，中学生运动会已被迫停办，田径运动处于停顿状态。

大连光复后，1947年学校的田径运动教学和训练率先恢复。1948年9月17—19日，关东公署举办首届关东运动大会（后被定为大连市第一届运动会），940余名运动员参加了田径、足球、篮球和排球比赛。1949年，市妇联举办纪念三八妇女节运动大会，全市有46个运动队、1162名妇女运动员参赛。同年，市职工总会和市青年联合会联合举办纪念五一劳动节、五四青年节运动大会，为大连田径运动的发展奠定了基础。

中华人民共和国成立后前十年，田径体育健康发展，涌现出一批优秀运动员。1950年，在市教育厅领导下的市体育总会成立。1953年，市体育运动委员会成立。1956年和1958年，市业余体育学校和市体育学校相继成立，两校均设立田径班，培养出一批优秀的田径运动员。刘玉英于1953年打破女子100米、200米全国纪录，先后4次获得全国运动会100米、200米、80米跨栏冠军；石宝珠于1953—1959年连续8次获全国女子铁饼、铅球冠军；张希令于1954年打破男子10000米纪录、获全国冠军；王毅获全国女子标枪冠军，连续24次打破女子标枪全国纪录；郑仁强连续3次获全国男子铅球冠军。侯永盛、胡克恒、孙继斌、孙鼎新、毛德镇、刘兴太等也成为全国一流的田径运动员。

20世纪50年代末和60年代初，受三年困难影响，大连的田径运动一度陷入低谷，1963年以后逐渐恢复正常训练。1964年，大连高中、初中两个田径代表队双获辽宁省中学生运动会冠军。同年8月，大连市承办全国少年田径运动会，辽宁省少年田径一队、二队分获冠、亚军，省队中大连运动员占70%。1965年，由刘长春等人牵头成立大连市田径运动协会。至1966年，全市有田径运动重点中小学17所。这一时期，涌现宋元红、李丹、马英、郑连序、刘欣声等全国一流的青少年运动员。徐世满于1962年获全国男子800米冠军，宋元红于1963年、1964年连续两年获全国女子800米冠军。“文化大革命”期间，大连的田径运动陷于停顿状态，基层田径运动队训练全部终止，1972年以后开始复苏。

改革开放后，大连市全面推行《国家体育锻炼标准》和以长跑为主的冬季体育活动，1978年以田径训练为主的大连体育运动学校成立。1982年，大连市首次被全国体育总会授予“田径之乡”称号。1984年初，大连市政府将开展田径运动纳入精神文明建设轨道，规定每年4月为“田径月”。至1985年，全市有市属田径重点中小学校72所、运动员2000多名，县（市）区属田径重点学校115所、运动员3200多名，还在瓦房店市、庄河县、金县、新金县、旅顺口区的7所中学设置了田径中心，全市已形成以市田径队、大连体育学校为龙头的与市、区业余体校、田径重点学校为基础的田径训练网络。1984年，大连市少年田径代表队参加全国少年田径运动会获得（团体）冠军。这一时期涌现出的优秀运动员有：李丹、邹振先、徐永久、路红香、王世杰等。李丹于1972—1974年的全国田径运动会上先后获女子400米、800米、1500米冠军。邹振先在国内田径大赛中11次获三级跳远冠军，4次获跳远冠军，于1981年在第三届世界杯田径赛上打破世界杯赛三级跳远纪录和亚洲纪录并获冠军，于1981年在第十一届世界大学生运动会上获三级跳远冠军并打破大学生运动会纪录。徐永久于1984—1985年连续7次获全国女子5公里、10公里竞走冠军，于1983年在第三届世界杯女子10公里竞走比赛中为中国夺得世界田径大赛第一块金牌并创造了世界最好成绩，于1984年在国际竞走邀请赛中夺得女子5公里银牌并打破世界纪录。路红香于1976年获全国女子田径运动会1500米冠军，于1977年获全国田径运动会女子1500米冠军，于1978年获亚洲运动会女子3000米亚军。王世杰于1983年在中国、美国、日本、加拿大4国青年田径对抗赛中获男子跳远冠军，于1985年在第一届欧洲田径大奖赛中获亚军并获得中国第一个国际级运动健将称号。

二、足球运动

大连的足球运动始于20世纪初。1905年，日本取代沙俄占领辽东半岛后，港口陆续开放。西方国家商船的船员常在敷岛广场（今民主广场）小树林的空地踢球，这项运动逐渐引起大连青年的兴趣并开始试脚。1921年3月，大连中华青年会组织起第一支正规足球队——中华青年足球队（简称“中青队”），翌年旅顺高等公学堂等学校也相继建立足球队。1923年，大连举办历史上第一次足球比赛——全满足球大比赛，中青队是5支参赛队中唯一由中国人组成的球队。此次赛会上中青队告负，但激起爱国知识青年借足球运动图强报国的思想，此后中青队多次战胜有一定实力的英国太古轮船足球队和日本基督教青年足球队。1925年，由正隆银行职员组成隆华足球队并很快成为足球劲旅。1929年隆华队以7：0大胜日本足球冠军拓殖大学足球队。1927年日本“满铁”组建足球队（全部由日本人组成），与中青、隆华共建足球联盟，约定每年举行两次联赛，至1936年隆华队始终是联赛冠军。20年代中期，由大连工业公司工人为主组成工华足球队，历经几年比赛成为强队进而加入足球联盟，1938年在决赛中打败隆华队并一举夺冠，至1942年，工华队连续5次在足球联盟组织的足球联赛中夺冠，成为最强足球队。30年代初，中小学足球迅速发展，大连商业学堂、旅顺高等公学堂等学校已拥有实力与成人队相当的足球队。1932年由学生运动员组成的华青队，于1941年至1942年在足球联盟组织的足球联赛中力克中青、隆华、工华、满铁4支球队，连夺两届冠军。至1945年，大连中国人的足球队已发展到40多个。

大连光复后，足球运动进入兴盛时期。在1948年9月举办的首届关东运动大会上，中青队与华青队的足球表演赛吸引观众3万余人。这一时期，涌现出大连船厂（今大连造船厂）、中苏远东电业、旅大日报社、大连港、大连电瓷、中苏渔业等有实力的基层足球队，农村涌现一批农民足球队，以1946年组建的金县大连湾前关村足球队最为著名。

中华人民共和国成立后，大连足球运动得到更大发展。20世纪50年代，大连已成为国内闻名的足球城，足球整体实力居于全国前列。1951年，旅大足球队获东北区职工体育大会足球比赛冠军，之后，以旅大工人队名义访问天津、北京，取得6战5胜1平的战绩。在1951年建立的中国第一支国家足球队中，有大连籍球员10人。1952年，第一届全国足球比赛大会在天津举行，以大连籍球员为主的东北队以6胜1平的不败战绩摘取桂冠。同年，中央体训班（实际上的国家队）到大连访问，以大连工人为主组成的红黄联队以4：0的悬殊比分大胜中央体训班。1954年，大连船厂足球队迎战山东、上海、北京，以16战14胜2平的战绩轰动国内，次年又以5战全胜的成绩获全国第一届工人足球赛冠军。1955年10月，大连造船厂足球队和中央体院队组成中国足球联队，在北京迎战来访的缅甸国家队和苏联泽尼特足球队，以9：1大胜缅甸队，以2：2战平泽尼特队。在与苏联泽尼特足球队的比赛结束后，党和国家领导人毛泽东、朱德、周恩来、邓小平、贺龙接见了双方队员，毛泽东与大连造船厂足球运动员李长平亲切握手的照片被登载在全国各大报纸上。1956年，大连市足球协会成立，同年，旅大市少年足球队首获辽宁省足球赛冠军，之后代表辽宁省参加第一届全国少年体育大会足球赛夺冠，1958年，旅大市少年足球队再获全国少年足球锦标赛冠军。

20世纪60年代，大连足球运动一度陷入低潮，然仍具雄厚基础，旅大市成为为国家、省和其他甲级队培养优秀运动员后备力量的基地，为国家培养输送了大批的足球人才。1963年，旅大青年队获东北地区青年足球对抗赛冠军。1964年，大连被国家体委确定为全国发展足球运动重点地区之一。同年，大连市第十二中学足球队获全国中学生足球联赛冠军。“文化大革命”期间，足球运动基本陷入停顿，大连电机厂抓住省、市足球队解散的机会，将王克斌、陈存才、盖增君、周庆国等31名足球运动员安排进工厂，为大连足球事业储备了相当力量。1974年，大连第二十一中学足球队参加在奥地利举办的世界中学生足球赛，以5胜1平的成绩夺得金牌。1977年10月，大连电机厂足球队参加在上海举办的全国八城市工人足球赛，夺得首次全国工人足球赛冠军。

中共十一届三中全会后，大连足球运动进入一个新的发展时期。1979年，大连市再次被国家体委确定为全国发展足球运动重点地区之一，同年，大连市足球队在全国足球重点地区足球比赛中夺冠。1980年，为贯彻国家体委、教育部、团中央《关于在全国中小学积极开展足球活动的联合通知》的精神，对市级足球重新布局，并确定每年开展“足球月”活动，之后市内出现千队万人足球赛，农村出现百队千人足球赛的群众性足球运动高潮。1982年，大连市第一支女子足球队建立，当年获辽宁省首届女子足球锦标赛冠军，1983年参加在广州举行的第一届中国国际女子足球邀请赛获冠军。1983年、1984年，金州区前关村农民足球队蝉联辽宁省首届和第二届农民“丰收杯”足球赛冠军。1984年，大连队获得全国乙级联赛冠军，跻身于全国足球十强之列，重建的大连女子足球队代表辽宁省获全国女子足球锦标赛冠军。1985年，大连第六中学和第四十八中学获全国“希望杯”和“幼苗杯”少年足球赛冠军，大连职工足球队获辽宁工人运动会足球赛冠军，前关村农民足球队以全胜战绩夺得全国首届农民“储蓄杯”足球赛冠军。同年，受国际足联委托，大连市承办“柯达杯”世界少年（16岁以下）足球锦标赛（大连赛区）比赛，全国第一所足球专业学校——大连市足球运动学校成立。

中华人民共和国成立以来，大连市涌现出大批优秀的足球运动员和教练员，已成为向全国培养输送足球人才的重要基地。至1985年，大连向全国输送足球运动员1000多人次，入选国家队182人次，85人达到国家健将级标准。大连地区涌现的优秀足球运动员，20世纪50年代有王寿先、马绍华、郭鸿滨、王政文、孙福成、丛安庆、姜杰祥、邵先凯、王礼宾、李朝贵、王克斌、陈家亮、王立惟、丛者余、姜杰祥、孙元云等；60年代有盖增圣、桑延良、孙云山、戚务生、王积连、陈文芳等；70年代有迟尚斌、谷明昌、周庆国、常万诚、李应发、李富胜、张群、于景连、张义明、郭新源、林乐丰、杨玉敏、王长太、刘志才、黄向东、刘志才、许建平、臧蔡灵等；20世纪80年代（至1985年）有盖增臣、关正斌、谢德刚、朱波、李华筠、贾秀全、马林、王振杰、王军、傅玉斌、徐弢、潘廷贵、孙伟、孙贤禄、王学龙、黄崇、柳忠长等。这些运动员都先后入选国家足球队，其中戚务生、孙连璋、贾凌福、尚惠辰、孙凤玉、朱作富、郭鸿滨、李应发、桑廷良、孙云山、丛者余等已成为高级教练员，分别执教于国家、省和其他高级运动队。

三、其他运动

篮球 大连的篮球运动始于20世纪20年代。初期只在“关东州”的日本学生中比较普及。1926年，董守义（后有“中国篮球之父”之称）率天津南开篮球队来访并全胜日本各队，此后烟台、上海、奉天等地篮球队也相继来访，促进了大连篮球运动的发展。20世纪20年代末，大连中华青年会成立中青篮球队，随后有其他篮球队成立，“飞飞”“黑猫”“业余”3支篮球队成为当时大连地区的篮球劲旅。中华人民共和国成立后，篮球运动得到普及。20世纪50年代涌现出的优秀篮球队有海港、公安、市政府、电业、造船、海运学院、工学院、大连高中等，优秀运动员庞世侯、庞慧琳（女）、蔡集杰先后入选国家篮球队。1956年由造船队和公安队组成的旅大男子篮球队在全国篮球锦标赛上获得冠军。1973年，大连男子青年篮球队代表辽宁省参加全国中学生篮球赛获亚军，1979年、1985年获全国青少年“跃进杯”男篮冠军。

排球 20世纪30年代初，日本人在大连始行排球运动（9人制），30年代末排球运动始在中国人中开展。中华人民共和国成立后，9人制排球逐渐被6人制排球取代。1952年，参加全市排球比赛的运动队有82个。1959年大连市代表队参加辽宁省第一届运动会分获男、女排球赛冠军。1965年全市排球队已发展到200多个。自中华人民共和国成立至1985年，大连市先后向省级以上排球队输送了近百名优秀运动员。

羽毛球 大连的羽毛球运动始于20世纪50年代。1951年，一批来自东南亚的华侨子女到大连就学把羽毛球运动带到大连。1972年，市业余体校组建羽毛球班。1973年后，大连陆续向省和国家羽毛球队输送了陈昌杰、李永波等一批优秀运动员。陈昌杰1981年在美国圣克拉拉举行的第一届世界运动会上获羽毛球男子单打冠军，1982年与队友合作夺得“汤姆斯杯”和第9届亚运团体冠军，1983年在亚洲羽毛球锦标赛上获男女团体、男子单打金牌。李永波于1984年、1985年连续获国际羽毛球大赛男子双打冠军。

乒乓球 大连的乒乓球运动始于20世纪20年代。1922年，大连中华青年会建立了大连地区最早的桌球队。1946年大连中苏友好协会首次举办大连市民乒乓球赛，使乒乓球运动开始普及。1953年大连市举办第一届职工乒乓球比赛大会，参赛单位72个、队伍145支、运动员1015名。1959年，大连乒乓球队在辽宁省第一届运动会上获乒乓球团体冠军和5个单项冠军。20世纪60年代，大连乒乓球运动发展进入高潮。1963年旅大女队在东北三省乒乓球比赛中获团体冠军和女子双打冠军。大连籍运动员荆雨德、王正英、隋建莹（女）、刘新艳（女）先后入选国家队。隋建莹于1972年、1975年两次代表中国参加斯堪的纳维亚国际乒乓球锦标赛，1972年与队友合作获得女子团体冠军，1975年与张德英合作获女子双打冠军。刘新艳于1972年国获亚洲和亚非拉乒乓球锦标赛团体冠军， 1973年、1974年获斯堪的那维亚乒乓球锦标赛女子团体、单打、混合双打冠军。

游泳 俄、日殖民统治大连后，现代游泳传入大连。1920年7月23日，大连中华青年会在老虎滩举办海水浴典礼，标志着近代游泳运动的开端。1923年8月，大连中华青年会始办大连地区首届游泳运动会——中华水上运动大会，至1932年连续举办10届。史兴隆1930年代表辽宁省参加中华民国第四届全国运动会2次夺冠，其弟史兴鹭1933年在中华民国第五届全国运动会上再度2次夺冠。大连光复后，从1948年起，大连市每年举办一次游泳运动会。中华人民共和国成立后，群众性游泳活动得到更加广泛地开展，约占全市五分之一的人口经常参加游泳活动。1954年在大连举行的东北区游泳竞赛大会上，旅大市男女游泳队共获14项冠军、11项亚军，获团体冠军。20世纪50年代在全国游泳大赛中，大连游泳运动员韩秋霞3次夺冠、战素英2次夺冠、鲁永明1次夺冠。鲁永明1959年在全国健将级比赛中夺得400米自由泳冠军，并打破全国纪录。20世纪70—80年代，大连的张广一、刘德全崭露头角。张广一在1972年、1973年全国游泳比赛中3次夺冠、两次刷新全国纪录；刘德全1980年在4城市游泳比赛和在全国游泳锦标赛中2次夺冠，并打破全国纪录，同年在第一届亚洲游泳跳水锦标赛上夺得第二名，并打破全国纪录。1972—1984年，大连共向国家队、八一队、辽宁省队输送游泳运动员50余名。

体操　体操作为近代体育运动项目在20世纪初传入大连，最初在俄、日学校中推广。20世纪30年代，涌现出林枝本、由彩斌、刘明春、钟林权、孙重兴等一批中国运动员。中华人民共和国成立后，大连体操在全国和省级比赛多次取得好成绩。1953年姜秀芝在全国体操比赛中获跳马冠军，为国内首个跳马比赛冠军。1954年旅大市男女体操队参加全国13个城市中等以上学校田径体操运动会获体操团体冠军，王毓玫、门晓敏、夏德君分获女子全能、自由体操、男子跳马3项冠军。1956年市体操协会、市业余体校体操班成立，旅大体操运动员在全省体操比赛中获女子、少女、少男3项团体冠军和男子团体亚军。1959年市体操队成立，同年王毓玫获全国健将级体操比赛平衡木冠军，门晓敏获第一届全国运动会平衡木冠军。1962年刘养正获全国鞍马冠军。1965年大连女子体操队获全国少年女子体操冠军，裴明照获少年女子体操全能冠军和平衡木、高低杠、跳马、自由体操4项冠军。1974年杜小杰在全国体操比赛中获平衡木、自由体操冠军。1981年市少年女队获全国业余体操比赛团体冠军。1982年杨戈在全国少年体操比赛中获全能、高低杠、自由体操3项冠军。1984年少年女队获全国业余体校体操比赛团体冠军，杜卫鸽获全能、高低杠两项冠军，邵丽获跳马冠军。同年，周萍获北京国际体操邀请赛自由体操冠军、全能和平衡木亚军，在夏威夷中美体操对抗赛中获跳马冠军，后代表中国参加第23届奥运会，与队友共获女子团体铜牌。1985年高树君获全国体操比赛吊环冠军。20世纪80年代，大连向国家体操队输送了周萍、杨革、高树君等优秀运动员。

举重　大连民间长期流传着举石锁、石担等举重运动。而作为体育项目的举重运动则是在中华人民共和国成立后开始普及。20世纪50年代，大连第四中学、海运学院、大连港、造船厂、机车厂等单位先后建立业余举重队。1958年市体委组建举重集训队，同年徐明参加全国举重比赛获重量级总成绩冠军。1959年市举重队获辽宁省第一届运动会举重团体冠军，以及单项金牌4枚、银牌2枚。20世纪60年代，大连举重运动人才辈出成绩斐然，刘殿武、李金瑞、宋洪玉等运动员都先后打破了全国举重比赛纪录。1962年，刘殿武两次打破中量级推举全国纪录。1963年，李金瑞打破中量级推举全国纪录。1965年2月，刘殿武两次打破中量级全国推举纪录；3月，李金瑞又打破中量级全国推举纪录。同年，刘殿武在国际举重比赛中以149公斤成绩打破中量级推举世界纪录。20世纪70年代，青少年举重人才后来居上，取得佳绩。宋洪玉自1973年至1976年5次破全国青少年举重纪录，1977年参加亚洲举重锦标赛，以300公斤总成绩获82.5公斤级冠军，并打破亚洲纪录，又以挺举160公斤成绩夺冠，并打破亚洲纪录。杨波在1981—1982年全国少年举重比赛中获3块金牌，破1项全国少年纪录，1983年至1985年在全国比赛中9次夺冠，7次打破全国青年举重纪录。1984年市女子举重队成立，同年在辽宁省女子举重比赛运动中，刘文香、杜杰、王秋、马玉萍分获48公斤级、52公斤级、60公斤级、75公斤级总成绩金牌。

射箭　大连的射箭运动起步于20世纪70年代。著名射箭运动员有黄淑艳、宋淑贤、王连萍等。1974年，黄淑艳以1237环成绩首次打破女子单轮全能世界纪录。1978年，黄淑艳与队友再破女子单轮团体世界纪录。1983年，黄淑艳在意大利国际射箭邀请赛中又获个人双轮冠军。1973—1981年，黄淑艳还先后15次打破全国纪录，23次获冠军。1974—1978年，宋淑贤连续8次打破世界纪录，并于1980年、1981年蝉联2届罗马尼亚国际射箭邀请赛个人全能冠军。1973—1981年，宋淑贤还49次打破全国射箭纪录，获70次国内赛事冠军。王连萍于1983年获亚洲杯50米单轮赛银牌，1985年获70米双轮赛全国冠军。黄淑艳、宋淑贤、王连萍均入选国家队。

射击　1957年旅大市组建市射击队。同年，管永泉、许三妹在辽宁省射击比赛中分别获得男、女卧、跪、立射个人冠军，高捷获男子持续射冠军。1960年，市射击队获辽宁省第二届少年比赛男、女总分冠军，1963年，又获省青少年比赛亚军，1964年获冠军，1965年获团体亚军。1965年，向秀钦获第二届全国运动会女子小口径步枪60发卧射金牌，并于1966年亚洲新兴力量运动会获2枚银牌。孙盛伟自1976年至1980年3次获多向飞碟全国冠军。20世纪80年代，大连射击运动水平迅速提高，1981年共获全国竞赛金牌8枚、银牌3枚、铜牌11枚。其中，李川代表辽宁省以194中的成绩获全国双向飞碟冠军并打破亚洲纪录，1982年入选国家队后，与队友合作夺得香港国际射击邀请赛团体冠军。1984年，杨传兴在全国比赛中获移动靶标准速射金牌。

武术　大连地区武术运动有百余年历史，在全市流行的有十几个拳种。20世纪20年代，来自山东、河北的著名拳师吴振东、郭金庸、修剑痴、李茂春、刘恩泉等先后到大连设馆传艺。1919年，大连武师王茂田与河北名师郭金庸、李茂春创办南山武术研究会，这是东北地区第一个武术研究组织。1920年，大连中华青年会以强身强国为目的，建立武术俱乐部，使武术开始在青少年中普及。20世纪30年代，在大连流传较广的武术门派有通背拳、秘宗拳、燕青拳、螳螂拳等几个主要门派。中华人民共和国成立后，1951年大连市武术协会成立，在市政府统一领导下，门派歧见逐渐减少，武术训练水平不断提高。20世纪50—70年代，大连市业余体校和青少年宫分别成立武术队，并取得很好的成绩。1973年，市业余体校武术班宋修田、苗福盛、钟玉芝（女）、李红（女）等运动员参加辽宁省武术比赛获团体冠军。20世纪80年代，涌现薛仪衡、成传锐、李文贞、潘清福、严广才、于瑞浩等一批国家级优秀选手。1984年，市业余体校武术班参加全国少年武术比赛获团体亚军和集体基本功第一名。1985年，由于瑞浩执教的大连武术班获全国少年武术比赛团体亚军，集体基本功第一名。

其他项目　在中华人民共和国成立后，大连的击剑、拳击、自行车、摩托车、无线电、航海多项、航海模型、赛艇、摩托艇、航空、航空模型、跳伞等竞技项目都陆续兴起，航海、航空、摩托车等项目在各种比赛中取得较好成绩。20世纪80年代后，还逐渐涌现出高尔夫球、保龄球、柔道、健美等竞技项目。

大连籍运动员获历届全国运动会冠军成绩表

表 4-17

参赛者	赛会名称	举办时间	举办地点	参赛项目	成绩
刘长春	中华民国第四届全国运动会	1930 年 4 月	杭州	100 米	10″ 8
刘长春	中华民国第四届全国运动会	1930 年 4 月	杭州	200 米	22″ 8
刘长春	中华民国第四届全国运动会	1930 年 4 月	杭州	400 米	52″ 6
史兴隆	中华民国第四届全国运动会	1930 年 4 月	杭州	440 码自由泳	—
史兴隆	中华民国第四届全国运动会	1930 年 4 月	杭州	1 英里自由泳	—
刘长春	中华民国第五届全国运动会	1933 年 10 月	南京	100 米	10″ 7
刘长春	中华民国第五届全国运动会	1933 年 10 月	南京	200 米	22″ 1
史兴鹭	中华民国第五届全国运动会	1933 年 10 月	南京	400 米自由泳	—
史兴鹭	中华民国第五届全国运动会	1933 年 10 月	南京	1500 米自由泳	—
刘长春	中华民国第六届全国运动会	1935 年 10 月	上海	100 米	10″ 8
郭　洁	中华民国第六届全国运动会	1935 年 10 月	上海	铁饼	37.605
于希渭	中华民国第七届全国运动会	1948 年 5 月	上海	800 米	2′ 6″
于希渭	中华民国第七届全国运动会	1948 年 5 月	上海	1500 米	4′ 17″
石宝珠（女）	中华人民共和国第一届全国运动会	1959 年 9 月	北京	女子铁饼	47.93 米
门晓敏	中华人民共和国第一届全国运动会	1959 年 9 月	北京	平衡木	—
徐世满 李铁昌	中华人民共和国第二届全国运动会	1965 年 9 月	北京	4×400 米接力	3′ 18″
向秀钦	中华人民共和国第二届全国运动会	1965 年 9 月	北京	女子小口径 60 发卧射	—
李丹（女）	中华人民共和国第三届全国运动会	1975 年 9 月	北京	4×400 米接力	3′ 50″ 4
宋淑贤	中华人民共和国第三届全国运动会	1975 年 9 月	北京	女子双轮全能	—
宋淑贤	中华人民共和国第三届全国运动会	1975 年 9 月	北京	女子 30 米单轮	—
邹振先	中华人民共和国第四届全国运动会	1979 年 9 月	北京	跳远	7.75 米
邹振先	中华人民共和国第四届全国运动会	1979 年 9 月	北京	三级跳远	16.62 米
黄淑艳	中华人民共和国第四届全国运动会	1979 年 9 月	北京	女子 30 米双轮	—
王贵华	中华人民共和国第五届全国运动会	1983 年 9 月	上海	400 米栏	51′ 97″
徐永久（女）	中华人民共和国第五届全国运动会	1983 年 9 月	上海	10 公里竞走	49′ 04″

大连籍运动员获历届亚洲运动会前三名成绩表

表 4–18

参赛者	赛会名称	举办年份	举办地点	参赛项目	成绩	名次
李丹（女）	第七届亚洲运动会	1974	德黑兰	800 米	2′ 9″ 87	3
邹振先	第八届亚洲运动会	1978	曼谷	三级跳远	16.47 米	2
路红香（女）	第八届亚洲运动会	1978	曼谷	3000 米	9′ 35″ 4	2
邹振先	第九届亚洲运动会	1982	新德里	三级跳远	16.80 米	1

大连籍运动员获历届世界级田径大赛前三名成绩表

表 4–19

参赛者	赛会名称	举办年份	举办地点	参赛项目	成绩	名次
刘玉英（女）	第一届新兴力量运动会	1963	雅加达	100 米	12″ 5	2
刘玉英（女）	第一届新兴力量运动会	1963	雅加达	4×100 米	48″ 2	1
刘玉英（女）	第一届新兴力量运动会	1963	雅加达	80 米栏	11″ 4	1
邹振先	美国自由钟国际田径邀请赛	1980	费城	三级跳远	16.90 米	1
邹振先	第三届世界杯田径赛	1981	罗马	三级跳远	17.34 米	2
徐永久（女）	第三届世界杯竞走赛	1983	卑尔根	10 公里竞走	45′ 13″ 4	1
徐永久（女）	国际竞走邀请赛	1984	卑尔根	5 公里竞走	21′ 41″	2

大连市（籍）运动员获国际或地区性体育比赛冠军成绩表

表 4–20

参赛者	赛会名称	举办年份	举办地点	参赛项目	成绩
刘玉英	纪念罗申斯国际田径赛	1961	捷克	80 米栏	10″ 9
刘玉英	第一届新兴力量运动会	1963	雅加达	80 米栏	11″ 4
刘玉英	第一届新兴力量运动会	1963	雅加达	4×100 米接力	48″ 2
邹振先	中日田径对抗赛	1978	东京	三级跳远	16.97 米
邹振先	亚洲田径锦标赛	1979	东京	三级跳远	17.02 米
邹振先	美国自由钟国际田径邀请赛	1980	费城	三级跳远	16.90 米
邹振先	第十一届世界大学生运动会	1981	布加勒斯特	三级跳远	17.32 米
邹振先	第九届亚洲运动会	1982	新德里	三级跳远	16.80 米
王世杰	中日美加四国青年田径邀请赛	1983	日本	跳远	7.64 米
邹振先	南京国际田径邀请赛	1983	南京	三级跳远	16.3 米
马大庄	南京国际田径邀请赛	1983	南京	400 米栏	51″ 8

续表 4-20

参赛者	赛会名称	举办年份	举办地点	参赛项目	成绩
徐政文	第七届亚运会	1974	德黑兰	篮球	
徐政文	第八届亚洲男篮锦标赛	1975	曼谷	篮球	
徐政文	第九届亚洲男篮锦标赛	1977	吉隆坡	篮球	
郭永林	第十届亚洲男篮锦标赛	1979	名古屋	篮球	
华为杰	第二届中日美女子垒球锦标赛	1985	北京	女子垒球	
陈昌杰	第九届亚洲运动会	1985	新德里	羽毛球团体	
范　明	第五届亚洲羽毛球金锦标赛	1983	加尔各答	女子双打	
陈昌杰	第五届亚洲羽毛球金锦标赛	1983	加尔各答	羽毛球单打	
隋建莹	第十五届斯堪的纳维亚乒乓球锦标赛	1972	布罗斯	乒乓球女子团体	
刘新艳	第一届亚洲乒乓球锦标赛	1972	北京	乒乓球女子团体	
刘新艳	第一届亚非拉乒乓球友好邀请赛	1973	北京	乒乓球女子团体	
刘新艳	第十八届斯堪的纳维亚乒乓球锦标赛	1974	卡尔玛	乒乓球女子单打	
刘新艳	第十八届斯堪的纳维亚乒乓球锦标赛	1974	卡尔玛	乒乓球女子团体	
隋建莹	第十八届斯堪的纳维亚乒乓球锦标赛	1974	卡尔玛	乒乓球女子双打	
周萍（女）	国际体操邀请赛	1984	北京	自由体操	
周萍（女）	中美体操对抗赛	1984	夏威夷	跳马	
宋洪玉	亚洲举重锦标赛	1977	巴格达	82.5 公斤级总成绩	300 公斤
宋洪玉	亚洲举重锦标赛	1977	巴格达	82.5 公斤级抓举	140 公斤
宋淑贤（女）	罗马尼亚国际射箭邀请赛	1980	布加勒斯特	个人全能（双轮）	2445 环
宋淑贤（女）	罗马尼亚国际射箭邀请赛	1981	布加勒斯特	个人全能（单轮）	1247 环
宋淑贤（女）	罗马尼亚国际射箭邀请赛	1981	布加勒斯特	70 米	296 环
宋淑贤（女）	罗马尼亚国际射箭邀请赛	1981	布加勒斯特	60 米	317 环
宋淑贤（女）	罗马尼亚国际射箭邀请赛	1981	布加勒斯特	50 米	308 环
黄淑艳（女）	威尼斯国际射箭邀请赛	1983	意大利	个人全能（单轮）	1252 环
李　川	香港国际射击邀请赛	1982	中国香港	射击男子团体	2336 环
刘晓龙	第十届全日本帆板锦标赛	1983	日本	三角绕标 B 级	
谭业斌	亚太地区 F3A 航空模型比赛	1984	澳大利亚	F3A 团体	10332 分

大连市（籍）运动员获世界级运动赛会前三名成绩表

表 4-21

参赛者	赛会名称	举办年份	举办地点	参赛项目	成绩	名次
陈昌杰	第一届世界杯羽毛球赛	1979	杭州	羽毛球团体		1
陈昌杰	第一届世界运动会羽毛球赛	1981	圣克拉拉	男子单打		1
邹振先	第三届世界杯田径赛	1981	罗马	三级跳远	17.34 米	2
陈昌杰	第二届世界杯羽毛球赛	1981	吉隆坡	男子单打		3
陈昌杰	第十二届汤姆斯杯羽毛球赛	1982	伦敦	团体		1
徐永久	世界女子竞走赛	1983	卑尔根	女子 10 公里公路竞走	45′ 13″ 4	1
周萍(女)	第二十三届奥运会	1984	洛杉矶	女子体操团体		3
徐永久	世界杯女子竞走赛	1985	道格拉斯	10 公里团体竞走	104 分	1

大连市（籍）运动员打破亚洲纪录成绩表

表 4-22

参赛者	赛会名称	举办年份	举办地点	参赛项目	成绩	名次
石宝珠(女)	中苏田径比赛	1956	苏联	铁饼	48.29 米	
石宝珠(女)	武汉市运动会	1956	武汉	铁饼	50.93 米	
宋洪玉	亚洲举重锦标赛	1977	巴格达	82.5 公斤级总成绩	300 公斤	1
宋洪玉	亚洲举重锦标赛	1977	巴格达	85 公斤级抓举	140 公斤	1
邹振先	中日田径对抗赛	1978	东京	三级跳远	16.90 米	1
邹振先	亚洲田径锦标赛	1979	东京	三级跳远	17.02 米	1
邹振先	第四届亚洲田径赛	1981	日本	三级跳远	17.05 米	1
邹振先	第三届世界杯田径赛	1981	罗马	三级跳远	17.347 米	2
邹振先	第十一届世界大学生运动会	1981	布加勒斯特	三级跳远	17.23 米	1
李　川	全国射击分项赛	1981	石家庄	飞碟双向	194 靶	1

大连市（籍）运动员打破世界纪录成绩表

表 4-23

参赛者	赛会名称	举办年份	举办地点	参赛项目	成绩
赵慧华	三单位跳伞邀请赛	1965	北京	女子 1500 米 7 人集体定点	3.02 米
赵慧华	三单位跳伞邀请赛	1965	北京	女子 2000 米 5 人集体定点	2.31 米
刘殿武	中罗举重友谊赛	1965	布加勒斯特	中量级推举	149 公斤
黄淑艳	三单位射箭友谊赛	1974	济南	女子单轮全能	1237 环
宋淑贤	全国射箭比赛	1974	西宁	女子双轮 70 米	585 环

续表 4-23

参赛者	赛会名称	举办年份	举办地点	参赛项目	成绩
宋淑贤	全国射箭比赛	1975	昆明	女子双轮全能	1255 环
宋淑贤	全国射箭比赛	1975	昆明	女子双轮全能	2450 环
宋淑贤	全国射箭比赛	1975	昆明	女子双轮 70 米	593 环
宋淑贤	射箭集训测验赛	1976	北京	女子单轮全能	1260 环
宋淑贤	射箭集训测验赛	1976	北京	女子单轮团体	3706 环
宋淑贤	五单位射箭测验赛	1977	广州	女子单轮 70 米	317 环
宋淑贤	九单位射箭比赛	1978	武鸣	女子单轮团体	3780 环
黄淑艳	九单位射箭比赛	1978	武鸣	女子单轮团体	3780 环
徐永久	国际竞走邀请赛	1984	卑尔根	女子 5000 米场地竞走	21′ 41″

第三节 体育赛事

大连地区的体育运动会最早兴起于日本殖民统治时期的学校，后由学校发展到社会。除日本当局举办各类运动会之外，1922—1932 年间，大连中华青年会联合各界先后举办 10 届中华陆上运动大会和 10 届中华水上运动大会，推动了大连体育运动的发展。大连光复后，大连市民主政府每年都举办各种类型的体育赛会。中华人民共和国成立后，体育运动赛会得到更大的普及与提高。至 1985 年，全市性大型运动会共举办 5 届。大连籍运动员参加国内和国际赛事取得一些重要成绩，大连还多次举办和承办国内和国际的重大赛事。

一、大连市举办的赛事

大连光复后至 1985 年，共举办 4 届运动会。此外，还举行职工、妇女、青年、学生、老年人、盲哑人、少数民族以及田径、体操等各种类型的运动会。举办全市性足球、篮球、排球、乒乓球、游泳等单项比赛达 1500 余次，其中足球比赛达 200 余次。

大连市第一届运动会 1948 年 9 月 17—19 日，关东公署举办首届关东运动大会（后定为大连市第一届运动会），会址为大连运动场（今市人民体育场）。参加竞赛和表演的有大连市、大连县、金县、旅顺市 4 个市（县）共 91 个代表队，约 2700 余名运动员。竞赛项目有田径、越野跑、足球、篮球、排球、自行车、举重 7 个大项、30 多个单项。这次运动会创立了大连地区田径运动的各项纪录。

大连市第二届运动会 1950 年 10 月 2—3 日，为庆祝中华人民共和国成立一周年而举办。参加竞赛和表演的单位 57 个，运动员 8500 余人（大多数是集体表演运动员）。竞赛项目有田径、自行车、举重 3 个大项、69 个单项。运动会有 14 个项目打破了首届运动会纪录。

大连市第三届运动会 1960 年 8 月 24—30 日，为庆祝中国人民解放军建军节，由旅大市人民政府与旅大警备区司令部联合举办。参加竞赛和表演的单位有驻军部队各兵种和各县区民兵组成的单位15个，运动员3000余人。竞赛项目有田径、游泳、举重、足球、篮球、排球、乒乓球、环市接力跑、射击、轻机枪射击、航空模型、航海模型、无线电发报共13项。

大连市第四届运动会 1981年2—10月举行，历时9个月。参赛运动队有1614个，运动员6740人。竞赛项目有田径、体操、游泳、足球、篮球、排球、网球、棒球、垒球、羽毛球、乒乓球、举重、摔跤、自行车、射击、航海模型、棋类共17项。会上，有17人和1个接力队，22次刷新辽宁省田径运动会纪录；54人、6个接力队，103次刷新63项市田径运动纪录。

大连市第五届运动会 1985年3月10日至10月15日举行，历时8个月。参加竞赛单位350个，运动员近5000名。竞赛项目有田径、游泳、自行车、足球、篮球、排球、网球、羽毛球、乒乓球、举重、武术、摔跤、柔道、射击、象棋、围棋、国际象棋共17项。在田径、游泳、举重、射击比赛中，有3人打破5项辽宁省少年甲组和青年组纪录；59人、9个队打破51项大连市纪录。

二、参加省级以上运动会

中华人民共和国成立后至1980年，大连市体育代表队参加3次全国性运动会、3次东北区运动会、15次辽宁省各种类型的运动会，参赛3325人次。1981—1985年，大连市参加全国体育赛会1786人次，共获金牌78枚、银牌45枚、铜牌33枚；参加辽宁省体育赛会2728人，共获金牌576枚、银牌418枚、铜牌357枚。自1929年刘长春打破100米、200米、400米全国纪录至1985年，大连运动员在国内、国际重大赛事中，共打破全国纪录110余项，获国际比赛前3名41人次，打破亚洲纪录9项、世界纪录14项。

三、承办辽宁省、东北区、全国体育赛事

自1953年起，大连先后多次承办辽宁省、东北区乃至全国大型体育赛事。至1985年，共承办辽宁省、东北区赛事81次，承办全国赛事65次，如全国足球联赛、全国少年田径运动会、全国乒乓球锦标赛以及全国青少年足球、棒球、羽毛球、柔道锦标赛等。

四、承办国际体育赛事

20世纪80年代以来，大连市开始承办国际赛事。1984年，大连市承办中国青年杯国际足球锦标赛（大连赛区），参赛队有日本大学生队、埃及队和中国上海、大连、天津、湖北4个足球队。1985年，大连市承办中国长城杯国际足球赛，参赛队有中国二队、日本大学生队、中国青年队和大连队。同年，还承办了由中国与国际足联主办的第一届国际足联16岁以下“柯达杯”世界足球锦标赛（大连赛区），参赛队有哥斯达黎加、意大利、尼日利亚、沙特阿拉伯4个国家代表队。

五、国际体育赛事交流

中华人民共和国成立后至1979年前，大连市进行国际体育交流的对象主要是社会主义国家和第三世界国家，共举行交流活动13次，其中来访12次、出访1次。1954年，苏联田径队到大连访问表演，此为大连市国际体育交流之始。1957年，大连造船厂足球队出访朝鲜，是大连市体育代表团首次出国访问，取得3胜1平1负成绩。改革开放以后，大连市与外国的体育交流日益增多，范围逐渐扩大。1979—1984年，共举行国际体育交流活动22次，其中来访18次、出访4次。由于大连与日本北九州等城市结为友好城市，对日交流较频。1979年8月，旅大市少年体育代表团出访日本北九州市，参加了田径、足球、排球、羽毛球4个项目比赛；1979年7月，旅大市中学生足球队代表中国队参加在西班牙举行的世界中学生足球锦标赛，夺得第四名；1984年10月，大连青年足球队参加在伊朗举行的国际青年足球邀请赛，夺得第四名；1985年大连第六中学足球队

代表中国队参加在芬兰举行世界中学生足球锦标赛，夺得第九名。至1985年，大连市共接待外国体育团队30多个，其中有苏联国家田径队、列宁格勒泽尼特足球队、匈牙利潘久捷尔足球队、几内亚国家足球队、罗马尼亚青年足球队、乌拉圭大学生足球队、日本少年棒球队、日本高中女子垒球队、美国阿灵顿青年足球队、津巴布韦女子足球队等。

第四节 人才培养

1945年前，大连没有培养体育人才的教育机构。1949年旅大高级师范学校首建体育专业班，1950年学校改为中级师范学校，体育班学生全部转入东北师范大学体育系。这是大连有体育人才专业培养机构之始。1956年大连市业余体校建立，同年还建立了射击、航海等国防体育运动俱乐部，为军事体育教育的机构。至20世纪80年代中期，大连地区已形成以学校为基础、专业与业余相结合的体育人才培养体系。1985年，全市有大、中、小学体育教师2845名。

一、专业体育院校

高等体育专业教育 大连最早的高等体育专业教育机构是1949年建立的旅大高级师范学校开设的体育班。主要的高校体育专业有辽宁师范学院体育系和大连大学师范学院体育系。辽宁师范学院体育系建于1981年9月，前身是1952年成立的旅大师范专科学校体育专科班。学校成立之初的招收对象是小学优秀体育教师和中级师范全优生，以短期速成办法培养中学体育教师。1981年开设学院体育系，学制四年，是大连市第一个高等师范本科体育系。1981—1985年，共招收学生320人。大连大学师范学院体育系的前身是旅大师范专科学校，1978年开设体育班，学制二年，1985年改学制三年。到1985年，有二年制毕业生110名。

中等体育专业学校 旅大市体育学校，建于1958年9月，时设田径、体操、足球、篮球、排球、游泳、水球、划船8个班，学制三年，当年招生学生250名。1959年为迎接第一届全国运动会和省运会增招学员250名，全运会结束后，大部分教工并入旅大师范学院体育中专部。

大连体育运动学校，建于1978年9月，是在大连市业余体育学校基础上建立起来的中等体育专业学校。时设田径、体操、游泳、篮球、排球、羽毛球、乒乓球7个专业，1985年改设田径、体操、棒球、垒球、游泳、击剑6个专业，有学员200人。著名运动员邹振先、金铃、赖亚文、展淑萍、胡亚东、王世杰等曾在此接受了最初训练。

大连市足球运动学校，建于1985年，是在原旅大足球业余体校的基础上建立起来的中等体育专业学校，学制四年。大连著名足球运动员徐弘、魏意民、李明、王涛、张恩华等都在此接受过训练。

二、业余体育学校

大连市业余体育学校 前身是旅大市青少年业余体育学校，建于1956年5月，是国家体委在全国建立的首批10个重点体校之一。建校初期，设田径、体操、足球、游泳4个项目，学员330人，有教练员4名，部分教学任务聘请具有专长的教师担任，刘长春、白春育等都曾在校任教。1966年受“文化大革命”影响停止招生。1972年学校恢复，并增设篮球、排球、乒乓球、武术4个项目。1985年，再增设羽毛球、网球、柔道、击剑、技巧、艺术体操6个项目。1985年，学校共设23个班，学生489人。大连籍著名运动员周萍、戚文莲、李永波都曾在该校接受了最初训练。

县（区）业余体育学校 从 1962 年起至 1985 年，大连市区和瓦房店市、新金县、庄河县、长海县先后建有业余体校 10 所，学校先后培训学生数千人，国内许多著名运动员都曾在这些学校接受过最初训练。如戚务生、李华筠、迟尚斌、钟红莲出自西岗区体校；毕忠、王世杰出自甘井子区体校；徐永久、王伟雄、于明、秦秀斌、冷春惠、高诗军、曲云霞等出自金州区体校；田径运动员邹振先、郭怀云、王贵华，足球运动员贾秀全、林乐丰、谷明昌、许建平、臧蔡灵、杨玉敏、王长太、黄崇、孙贤禄、盖增臣、王积连，排球运动员赖亚文，羽毛球运动员陈昌杰等，出自沙河口区业余体校。

三、军事体育学校

1956 年，旅大市体委先后建立射击、摩托车、无线电、航海模型、航海、航空模型、跳伞、航空 8 个国防体育运动俱乐部。“文化大革命”开始后，一度停止招生。后在俱乐部基础上，陆续建立起大连市陆上、航海、航空 3 个军事体育学校。

大连市航海运动学校，建于 1958 年，其前身是市航海运动俱乐部。建校之初，设航海、蹼泳、帆板、赛艇、皮划艇、摩托艇、滑水、航海模型等运动项目。20 世纪 80 年代后，项目调整，保留蹼泳、帆板、赛艇、皮划艇 4 个项目。

大连市航空运动学校，建立于 1959 年，其前身是 1958 年建立的市航空运动俱乐部。校址在金州区吴家屯机场，占地面积 124 万平方米。

大连市陆上运动学校。建于 1961 年，由原市射击、摩托车、航空模型、无线电 4 个运动俱乐部合并成立。建校之初，设置射击、摩托车、航空模型、无线电等项目，1978 年调整为射击、摩托车、航空模型等项目。

第五节 场馆设施

大连光复之初，由于经济十分困难，体育场馆设施基本没有改善。1947 年经济状况好转后，体育经费开始专项列支。1948 年市政府拨 600 万元（关东币），修复了破旧不堪的大连运动场。

中华人民共和国成立后，大连的体育经费逐年增加。1949 年的体育经费是 13.2 万元，1959 年增至 65.5 万元。在新建体育运动场馆的同时，政府对日占时期所建的大连运动场等体育设施进行了维修和改扩建。

1978 年改革开放后，体育设施建设得到明显改善。1982 年，全市建成包括体育系统以及工矿、铁路、学校等在内的体育场地 2095 处，其中体育场 5 个，游泳池 7 个，足球场 35 个，篮球场 1365 个，排球场 205 个。主要体育场馆有市人民体育场（前身大连运动场）、市工人体育馆、大连海运学院游泳馆、辽宁师范学院体育馆、大连火车头体育场、大连机车车辆厂体育馆等。

一、体育场

大连市人民体育场 大型综合性公共体育场。位于大连市西岗区斯大林广场西南侧。前身为日占时期所建的大连运动场，建于 1925—1928 年，由日本南满洲铁道株式会社投资兴建。东西走向，占地面积 9.2 万平方米，由内场和外场两部分组成。内场占地面积 6.4 万平方米，建有跑道、黄土足球场。北看台是钢混结构，上设钢架遮雨棚，东、南、西三面依土坡建成水泥看台，可容纳观众 2 万人。田径场西侧建有钢混结构 50 米 ×21

米露天游泳池，南北走向；北侧、西侧建有跳台、跳板，储水量2400立方米，泳池四周可容纳观众2000人。外场占地面积2.8万平方米，东、西各有一块足球场。大连运动场的规模和设施代表了20世纪20年代的先进水平。20世纪30年代后场地设施年久失修。1945年大连光复后，市政府拨款600万元（关东币）对看台、游泳池进行维修。中华人民共和国成立后，先后于1956年、1976年、1979年、1985年对场地和设施进行较大规模改造和扩建，先后增设灯光、音响设备，铺设足球场草坪，加高东西南看台使观众座席增至4万个，新建48～53米照明塔4座，铺设田径场塑胶跑道，并增设大型电子记分牌、落地音响、跑道终点录像等设备，使之成为符合国家甲级标准的现代体育场。中华人民共和国成立后，大连举办的各种大型赛会和承办的国内国际重大赛事，大都在此体育场举行。

大连火车头体育场 位于中山区解放路。前身为日本南满洲铁道株式会社老虎花园（今劳动公园）东棒（垒）球场。始建于1923年，占地面积21648平方米。中华人民共和国成立后，归由大连铁路分局所属。该体育场除保证铁路系统和社会行业单位举办运动会外，还经常举行国内国际棒球、垒球和足球比赛。1985年举办各项体育运动比赛13次。

铁路体育场 位于中山区解放路。前身为日本南满洲铁道株式会社大连西山公园满铁体育场。始建于20世纪初，是大连市最早修建的体育场。时为标准的棒球场地，占地面积2万平方米，场地面积1万平方米，四周有8层水泥看台，可容纳观众8000人。中华人民共和国成立后，曾多次承办国内和国际棒球比赛。

二、体育馆

大连市工人体育馆 位于大连劳动公园北门外。原为大连市第一建筑工程公司的灯光球场，1970年改建完成后归为旅大市工会联合会。建筑面积2200平方米，设观众席1800个，适用于篮球、排球、羽毛球、乒乓球、体操等项运动。

大连机车车辆工厂体育馆 位于机车厂内。始建于1982年，建筑面积1980平方米，有观众席位2500余个，可进行球类、体操、武术等项体育比赛。

大连海运学院游泳馆 位于学院内。始建于1959年，建筑面积3100平方米，为钢混结构，东西跨度长24米，馆内场净空高11米，是可用于游泳、跳水、水球运动的现代游泳馆。

辽宁师范学院体育馆 位于学院内。始建于1982年，建筑面积2500平方米，为钢混结构。主馆东西长70米，南北宽30米，可安置篮球、排球场各2个，配备有体操设备。

第五篇　社　会

第一章 人 口

早在17000年前的旧石器时代，大连地区已有人类劳动、繁衍、生息。汉代由于政治稳定，大连地区经济发达，文化繁荣，人口稠密。辽代由于将原渤海国的女真人强宗大户强迁辽南，大连地区移民达到10万人左右，迎来人口相对密集的时期。13世纪初，由于辽、金、蒙古等连年战乱，遭受劫难的大连地区人口锐减。元代由于实行屯田戍边政策，人口迅速增加，最多时达20余万人。明初在大连地区实行屯田政策，使人口增加较多。明末由于连年战争，大连地区人口逃散，沃野千里，有土无人。清代实行招民垦荒政策后，来自河北、山东一带的百姓纷纷北上，大连地区人口再度密集。俄日殖民统治时期，大连市人口不断增加，至1944年，人口达79.6万人。1949年中华人民共和国成立，大连市户籍人口增至91.52万人。1985年，大连市户籍人口达到485.26万人。

第一节 人口规模

大连地区人口的数量随历史的变迁与发展，呈波浪式曲线上升。这种变化从另一个层面反映出大连地区在不同历史时期的人口流动及社会政治形态的不同。

旧石器时代，大连地区已有人类繁衍生息。战国时期，大连地区为燕国辽东郡所辖，人口稀少。汉武帝元封二年（前109），随着山东经大连沿海通往朝鲜的航线的开通，山东、河北一带许多汉人迁至辽东开垦，大连地区的人口逐渐增加。但是秦汉乃至隋唐时期，大连地区人口规模无典籍可考。

辽代，辽朝统治者虑女真之患，诱其强宗大户由原渤海国强迁至辽阳以南，以分其势。部分女真人被迁至今复州和金州一带，并建曷苏馆部（即熟女真）进行统辖，移民达到10万人左右。其中将原渤海国扶余城（今辽宁省昌图县八面城）的女真人迁入今瓦房店西部，此地遂称之扶州，居民称之为“扶余人”，后来“扶州”改为“复州”；将原渤海国南苏城（今新宾县苏子河附近）的女真人迁入今金县境内，称“苏州人”。

金代，大连地区处于社会相对稳定时期，由于经济发展，人口超过前代历朝。据《金史·地理志》记载，明昌四年（1193），复州和金州居民总数达13950户。13世纪初，由于蒙古与金连年战乱，大连地区再遭劫难，大片土地荒芜，人口锐减。之后，元朝统治者为开发大连地区，先后发新附军屯田于忻都察、哈斯罕关东荒地。由于实行屯田戍边政策，使人口迅速增加，时金、复州人口最多时达20余万人。

明初，大连地区由于沿袭元代旧制，设金州、复州二卫。洪武七年（1374），明朝廷确定卫所建制，卫所大体分5个千户所、5600人，一个千户所1120人。金州卫时有6个千户所、19677人，大大超出定制；复州卫时有4个千户所，大体符合定制。金州卫、复州卫的人口约占辽东总人口的20%。及至明中叶，由于实行屯田政策，农田开垦面积大幅增加，人口随之增加较多。据《辽东志》记载，复州卫有户口7640户，马队额军309名，步队额军718名，屯田军1019名，煎盐军62名，冶铁军69名，寄移民392名；金州卫有户口46625户，马队额军764名，步队额军1756名，屯田军2022名，煎盐军33名，冶铁军60名，寄移民496名。

明末清初，由于长期战乱给大连地区带来严重破坏，民不聊生。金、复州居民原约30万人，大部分由海路逃往山东或金州卫所辖长山、广鹿诸岛。渡海逃往山东登州、莱州的金、复、海、盖流民3.4万余人，逃往皮岛（今朝鲜椵岛）的流民10万多人，逃往朝鲜境内的流民2万多人。1662年，清康熙帝即位时，奉天府尹张尚贤上呈奏折称：金州至九连城一带，“沃野千里，有土无人，惟几处荒城废堡，败瓦颓垣，点缀于茫茫原野之中。”清朝定都北京后，于顺治十年（1653）颁布《辽东招民开垦则例》，鼓励民人垦荒。为配合招垦政策的推行，顺治、康熙年间，还重修城池、设置州县，落实安置，致使大连地区民人渐集，耕地逐增。到清乾隆四十六年（1781），金州、复州的人口已由清初不足千人增至11万人。道光二十三年（1843），鸦片战争失败后，为加强辽东半岛防务，清廷将熊岳副都统移驻金州，同年升宁海县为金州厅，使金州、旅顺人口显著增多。光绪十九年（1893），旅顺人口达8万人。清光绪二十年（1894）十一月甲午战争爆发，迫使众人纷纷逃难，日军在进入旅顺后屠杀中国人近2万，旅顺几成空城。光绪二十三年（1897），青泥洼一带是个小渔村，有百余户人家、人口不足千人。光绪二十四年（1898），金州人口13.95万人，其中金州城区有936户、5800人。

1949年以后，大连市户籍人口103.90万人。

1946—1985年大连（旅大）市户籍人口情况表

表5-1

年份	户数（户）	人数（人）	年份	户数（户）	人数（人）	年份	户数（户）	人数（人）
1946	206397	1039032	1960	659430	3563733	1974	889942	4325360
1947	180835	915148	1961	698218	3530005	1975	900771	4370602
1948	183994	864759	1962	715678	3561966	1976	929645	4404547
1949	192143	915198	1963	719818	3672446	1977	959600	4433937
1950	200116	973644	1964	727424	3771242	1978	998553	4483199
1951	207404	1046851	1965	735789	3852236	1979	1032747	4527756
1952	216435	1120528	1966	168632	1344601	1980	1070744	4582175
1953	231185	1214900	1967	224353	1348859	1981	1127522	4645252
1954	245468	1296450	1968	757814	3959244	1982	1191103	4717102
1955	251970	1329372	1969	801206	4054883	1983	1223310	4767765
1956	263229	1357482	1970	828815	4094266	1984	1262839	4807568
1957	376499	1426054	1971	837018	4158010	1985	1311879	4852620
1958	2429192	1540842	1972	852919	4208406			
1959	619960	3481336	1973	870919	4278053			

1957年末，全市户籍人口124.61万人，比1949年增加51.09万人。1959年1月1日，根据辽宁省人民政府决定，时旅大市辖金县、新金县、复县、长海县、庄河县5县和中山、西岗、沙河口、甘井子、旅顺5区，至年底，全市户籍总数619960户，人口3481336人。

1965年12月，金县、新金县、复县划归辽南专区管辖，庄河市划归丹东市管辖，时旅大市只辖1县（长海）5区（中山、西岗、沙河口、甘井子、旅顺）。1966年，全市户籍总数168632户，人口1344601人。1968年12月，将金县、新金县、复县、庄河县划归旅大市管辖。至此，旅大市辖5县（长海、金、新金、复、庄河）、5区（中山、西岗、沙河口、甘井子、旅顺）。至年底，全市户籍总数757814户，人口3959244人。其后数十年中，人口数量均呈稳步增长态势。

第二节　人口变动

中华人民共和国成立后到1985年，其间进行过3次全国人口普查。

1953年7月1日零时止，开始全国第一次人口普查。大连市普查结果，全市共有户数229245户，人口1208098人，人口数量比1949年底的915198人增长32%。人口增长的主要原因：自然增长。1949—1952年间，全市出生人口50259人，死亡13392人，自然增长36867人。机械增长。1949—1952年间，迁入人口279348人，迁出人口42538人，增加236810人。

1964年7月1日零时止，开始全国第二次人口普查。大连市普查结果，全市共有户数722905户，人口3725107人，11年间全市总人口净增50077人。

1982年7月1日零时止，开始全国第三次人口普查。大连市普查结果，全市有户数1157566户，人口4685727人，户数比第二次人口普查增加434661户，增长60%。

第三次人口普查与第二次人口普查对比，平均每年出生人口减少2922人。自1964—1982年间，全市死亡人口24397人，平均每年死亡1355人，与第二次人口普查时年平均死亡2022人相比，下降32.9%。

1985年，全市总人口4852620人，比1949年的915198人增长4.3倍。1985年时，大连地区农业人口2788174人，占人口总数的57.5%，比1949年增长37.9%，年均递增0.9%，非农业人口2064446人，占人口总数的42.5%，比1949年增长3.3倍，年均递增4.1%。

据1982年人口普查资料分析，人口按自然地理分布，平原地区人口约占总人口数的5.3%，丘陵地区人口约占总人口数的79.4%，山地区人口约占总人口数的15.3%。

第三节　人口构成

在1953年第一次全国人口普查中，全市按市直区、旅顺市、金县和长海县行政区划统计，人口总数为1208098人。（1）性别构成。男性为646150人，占53.48%；女性为561948人，占46.52%。（2）年龄构成。年龄结构中：不满周岁的51863人，占总人口4.29%；1周岁至6周岁的

218596 人，占总人口 18.1%；7 周岁至 12 周岁的 142682 人，占总人口 11.81%；13 周岁至 17 周岁的 116682 人，占总人口的 9.61%；18 周岁至 25 周岁的 213801 人，占总人口的 7.69%；26 周岁至 35 周岁的 175118 人，占总人口的 14.50%；36 周岁至 45 周岁的 125241 人，占总人口的 10.37%；46 周岁至 55 周岁的 85378 人，占总人口的 7.09%；56 周岁至 65 周岁的 49626 人，占总人口的 4.10%；66 周岁以上的 29674 人，占总人口的 2.46%。17 周岁以下的人口为 529260 人，占总人口的 43.81%；18 周岁以上的人口为 678838 人，占总人口的 56.19%。(3) 民族构成，全市有 15 个民族，人口最多的为汉族，共有 1174697 人；人口最少的民族为锡伯族和苗族，各 1 人。

在 1964 年第二次全国人口普查中，全市总人口为 3725107 人（截止时间 7 月 1 日零时）。(1) 性别构成。男性 1889365 人，占人口数 50.7%；女性 1835742 人，占 49.3%。(2) 区域构成。城镇人口 1529627 人，占人口数 41.06%；农村人口 2195480 人，占人口数 59.94%。(3) 年龄构成。不满 1 周岁至 6 周岁的有 802203 人，占全市总人口的 21.5%；7 周岁至 12 周岁的有 678863 人，占全市总人口的 18.20%；13 周岁至 15 周岁的有 255184 人，占全市总人口的 6.90%；16 周岁至 17 周岁的有 132750 人，占全市总人口的 3.6%；18 周岁至 25 周岁的有 444375 人，占全市总人口的 11.9%；26 周岁至 45 周岁的有 870301 人，占全市总人口的 23.4%；46 周岁至 60 周岁的有 360582 人，占全市总人口的 9.7%；61 周岁至 79 周岁的有 171520 人，占全市总人口的 4.6%；80 周岁以上的有 9302 人，占全市总人口的 0.248%；0 至 17 周岁的 1869027 人，即儿童与少年占全市总人口的 50.2%，18 周岁至 45 周岁的 1314676 人，即青少年占全市总人口的 35.3%。(4) 文化构成。全市具有大学文化的 39935 人，占人口总数的 1.07%，具有高中文化的有 87486 人，占人口总数的 2.35%，具有初中文化的有 303992 人，占人口总数的 8.2%，具有小学文化的有 1367109 人，占人口总数的 36.7%。

1982 年第三次全国人口普查时，全市总人口 4685727 人（截止时间 7 月 1 日零时）。年龄构成。0 至 14 周岁有 1241157 人，占人口总数的 26.5%；15 周岁至 64 周岁的有 3277544 人，占人口总数的 69.9%；65 周岁以上的老龄人口 167026 人，占人口总数的 3.6%。文化构成。全市有大学文化 70505 人，占人口总数的 1.5%；高中文化 440453 人，占人口总数的 9.4%；初中文化 1689319 人，占人口总数的 36.05%；小学文化 1686391 人，占人口总数的 36%。地域构成。按大连地区土地 12573.85 平方千米计算，人口密度每平方千米为 373 人。比 1964 年人口普查时的每平方千米 296.3 人，增长了 25.8%，金县、新金县、复县、庄河、长海县的人口密度为每平方千米 277 人，比 1964 年每平方千米的 211 人增长了 31.28%，市区的人口密度各有差异，中山、沙河口区人口密度比 1964 年分别下降了 5.5% 和 1.4%；西岗区、甘井子区的人口密度比 1964 年分别提高了 63.2% 和 46.3%，旅顺口区略有不同，平均每平方千米为 389 人，其中城市为 1547 人，农村 304 人。民族构成。全市有 36 个不同的民族。除汉族以外，其中人口 5000 人以上的有满族、回族、锡伯族、蒙古族、朝鲜族，超过百人的有壮族、维吾尔族、土家族和苗族，百人以下的有藏族、侗族、瑶族、彝族、布依族、白族、哈尼族、哈萨克族、傣族、黎族、畲族、高山族、水族、纳西族、柯尔克孜族、达斡尔族、仫佬族、羌族、仡佬族、阿昌族、俄罗斯族、鄂温克孜族、裕固族、京族、塔塔尔族、鄂伦春族等。少数民族分布于市属各区及瓦房店、普兰店、庄河市和长海县。

1946—1985 年大连市人口构成情况表

表 5-2 单位：人

年份	合计	男	女	年份	合计	男	女
1946	1039032	559084	479948	1966	1344601	684611	659990
1947	915148	487514	427634	1967	1348859	689853	659006
1948	864759	455795	408964	1968	3959244	1994813	1964431
1949	915198	436904	478294	1969	4054883	2047804	2007079
1950	973644	511455	462189	1970	4094266	2067251	2027015
1951	1046851	554310	492541	1971	4158010	2103027	2054983
1952	1120528	595417	525111	1972	4208406	2129228	2079178
1953	1214900	647005	567895	1973	4278053	2167374	2110679
1954	1296450	685536	610914	1974	4325360	2192451	2132909
1955	1329372	697984	631388	1975	4370602	2218846	2151756
1956	1357482	705614	651868	1976	4404547	2236437	2168111
1957	1426054	735776	690278	1977	4433937	2252627	2181310
1958	1540842	795422	745420	1978	4483199	2278235	2204964
1959	3481336	1773799	1707537	1979	4527756	2298877	2228879
1960	3563733	1816996	1746737	1980	4582175	2326850	2255325
1961	3530005	1790934	1739071	1981	4645252	2360752	2284500
1962	3561966	1808986	1752980	1982	4717102	2397005	2320097
1963	3672446	1863275	1809171	1983	4767765	2423125	2344640
1964	3771242	1911873	1859369	1984	4807568	2444498	2363070
1965	3852236	1950008	1902228	1985	4852620	2468766	2383854

第四节 计划生育

中华人民共和国成立前，大连市人口再生产属于高出生、高死亡、低增长类型。1905—1945 年，地区内各年度出生率约为 20‰～38‰，死亡率约为 18‰～25‰，人口自然增长率一段时间内仅为 8‰左右。1957 年，大连市出现首次生育高峰，人口出生率达 45.3‰，人口自然增长率达 36.7‰。1963 年出现第二次生育高峰，人口出生率达 45.7‰，人口自然增长率达 38.3‰。同年 4 月，大连市计划生育办公室成立，实行的计划生育政策是“晚、稀、少”。1966—1972 年间，在“文化大革命”影响下，计划生育受阻，全市出现第三次生育高峰。

1973 年，市政府重新建立计划生育工作机构，并把人口计划纳入全市国民经济计划中，制定了第四个五年计划期间的人口规划，对农村和城市人口自然增长率分别提出要求，人口盲目增长的态势逐步得到控制。到1977年，全市总人口443.39万人，出生人口54840人，出生率12.41‰，死亡率5.19‰，自然增长率7.22‰，计划生育率72%，综合节育率97.7%，开始走向低出生、低死亡、低自然增长的人口再生产类型。

1979年，市计划生育委员会独立建制，成为市政府的一个职能部门。1979开始，在全市推行一对夫妇生一个孩子的政策。1980年，市委、市政府推出两项重大决策：一是实行计划生育一票否决制度，二是每两年召开一次计划生育工作表彰大会。号召广大适龄婚育青年自觉晚婚、晚育，做到少生、优生。

这一阶段大连地区人口的特点：人口基数大，年龄构成轻。据1981年末统计，全市人口464.5万人，平均年龄28.6岁，年龄中位数在24岁。育龄人群比重大，人口死亡率低。16～45岁人口占总人数的53.2%，比全国高出7.1个百分点，比全省高1.1个百分点，特别是15～19岁生育后备期的妇女和20岁至29岁生育旺盛期的妇女所占比重大。此外，全市人口死亡率一直低于全国平均水平。农村人口比重大。1981年，全市农村人口为319万人，占全市人口总数的68.7%。受旧传统婚育观念影响，实行计划生育特别是一对夫妇只生一个孩子的政策面临的各种阻力较大。

1979—1985年，大连地区计划生育工作采取的最直接、最有效的手段就是实行避孕节育措施。主要采取一胎上环、二胎以上结扎的办法，并普遍建立查验制度。同时，改善避孕药具供应方法，按时送药上门，宣传避孕节育知识，逐步降低引流产率。到1985年，全市人口出生率、自然增长率分别为10.9‰、5.50‰，分别比1977年降低1.47个千分点、1.72个千分点，计划生育率、综合节育率分别为99.95%和99.52%，分别比1977年的72.00%和97.70%提高27.95个百分点、1.82个百分点。

1981—1985年，由于受1954—1958年人口出生高峰期和经济困难时期出生低谷过程的影响，5年间全市出生人口335000余人，年平均出生人口67000余人，出生率和自然增长率由1980年的13.95‰和8.38‰降至1985年的10.94‰和5.50‰。这5年是中华人民共和国成立以来大连市人口出生率和自然增长率最低的时期。尤其是“六五”计划后3年，大连市人口过快增长得到有效控制。1983年、1984年、1985年计划生育率分别为97.4%、99.94%、99.95%，计划外出生人数分别为1775人、32人和29人，基本上实现无多胎生育，人口出生率分别为14.34‰、11.05‰和10.94‰，人口自然增长率分别为9.29‰、5.99‰和5.50‰。全市人口再生产已经进入低出生、低死亡、低自然增长的类型。

第二章　人民生活

农耕社会的大连地区，人们以自给自足的生产生活方式为主。随着契丹、女真、蒙古三个少数民族的先后进入，辽、金、元时期的人们又兼容了游牧民族的生产生活方式。清末，随着旅顺北洋海军基地的建设，大连地区开始出现产业工人和商品贸易，形成近代城市的雏形和城市居民生活。大连相继被沙俄和日本侵占后，殖民统治阶级对大连地区的中国人实行残酷剥削，居民饱受压榨，生活极端贫困。

大连光复之初，国民党对大连实行经济封锁，人民生活一度陷入困难。中华人民共和国成立后，随着生产关系的变革和国民经济的发展，人民的物质和精神文化生活有了明显改善。特别是中共十一届三中全会以后，全市人民安居乐业，收入有较大幅度增加，生活水平日益提高；消费结构发生新变化，由温饱型转向精神满足型；城镇居民就业面扩大，货币工资逐年提高；人民的居住条件有较大改善，城乡生活差别缩小。

第一节 城市居民生活

人民生活水平一般用指标体系来测定。据资料显示，1953年联合国首次草拟了生活水平的指标体系，1978年又提出测定生活水平的12类指标，包括出生率和死亡率、医疗卫生条件、食品消费、居住条件、教育和文化、劳动条件和就业率、居民收入和支出、生活费用和消费价格、运输工具等。本节以此为参考，设居民收入、居民支出、居民储蓄、居民住宅4目。

一、城市居民收入

中华人民共和国成立之前，大连城市居民收入无统计。故以固定节点、局部区域的工资发放办法或初始的工资制度，略作中华人民共和国成立前工人收入的参考。

清末伴随北洋海军基地在旅顺的兴建，大连地区涌现出第一批产业工人，这些建军港和修船坞工人的饷银，是由清廷以计件方式发放的。以旅顺港挑土挖沟的工人为例，光绪八年（1882）10月，工人每挖掘1方土的工钱是1600文（合银5钱）。1890年9月旅顺船坞交付使用后，有600名工人在港作业，其中大多是中国工人，工人的月钱因工种而有不同。中国机器工匠的月钱为6～13两，木匠为4～8两，铁匠为4～6两，洋人工匠在20两左右。

大连光复之初，大连地区一度有雇佣工资制、粮食工资制、货币工资制、等级工资制、职务工资制等多种工资制并存。资本家对工人仍实行无统一标准的雇佣工资制。据旅大行政公署对大连光复前后私营企业的统计，按纯利100%计算，私营企业1945年8月22日以前，资本家实得43.5%，日本掠夺28%，职工得28.5%；1945年8月22日以后，资本家实得47.5%，职工实得52.5%，其中工人工资41.5%，奖金11%。1946年国民党对大连实行海陆封锁，在粮食奇缺的情况下，关东实业公司、建新公司等企业实行了粮食工资制。1947年6月，建新公司所属企业职员实行以苏联红军币为单位的等级货币工资制。1946年11月，大连市民主政府在政府机关、部分事业单位实行了以实物为主的供给制。

中华人民共和国成立后，大连城市居民家庭收入始有统计。1949年，全市全民所有制职工12.84万人，月人均工资收入18.8元，年人均工资收入225.6元。1950年，私营企业开始与工人签订劳动集体合同，结束了工资标准不统一的局面。1956年随着社会主义改造基本结束，雇佣工资制被废除。1965年全民职工增至44.66万人，月人均工资收入57.2元，年人均工资收入686.4元。1976年以后，大批下乡知识青年陆续返回城市，职工人数激增，1980年职工总数增至95.81万人，年人均工资收入791元。

1977年以后，职工工资先后得到三次调整。1977年、1979年全市调资人数49万人，调剂覆盖面为81.9%。1982—1983年，职工每人增加一级工资。与此同时，各单位开始实行计件工资制度和奖励办法，发放副食品等补贴，使职工收入

1949—1985 年部分年份大连市职工人数与工资情况表

表 5-3

年份	期末职工人数（人）	年工资总额（万元）	年人均工资（元）	年份	期末职工人数（人）	年工资总额（万元）	年人均工资（元）
1949	128398	2904	225	1978	693884	43114	605
1952	226729	11701	530	1980	958100	72518	791
1956	307720	21074	730	1983	1092654	89167	828
1957	319065	23655	741	1984	1124820	106464	959
1965	446629	30927	686.4	1985	1167679	131923	1143

1957—1984 年部分年份大连市城市居民家庭人均生活费收入情况表

表 5-4　单位：元

年份	收入	年份	收入
1957	230.04	1982	552.03
1965	237.12	1983	562.98
1980	119.14	1984	667.27
1981	514.36	1985	784.24

普遍增加。1979 年，全市财政用于粮油差价补贴、超购加价补贴、肉蛋禽蔬菜经营亏损补贴等支出 7467 万元。

1984 年，全地区全民和集体单位职工年人均工资959元，比1978年增长52.7%，年均递增7.5%，扣除物价上涨因素，比 1978 年增长 26.2%，年均递增 3.74%。同时，职工收入来源明显增多，非工资性收入大幅度增加。全年市财政用于粮油差价补贴、超购加价补贴、肉蛋禽蔬菜经营亏损补贴等支出 15600 万元。以粮油差价补贴为例，全市按 189 万名吃商品粮的人口计算，每人每年获得补贴 33 元；职工年人均奖金 153 元、各种津贴 96 元，分别比 1980 年增长 64.5% 和 26.3%。

1985 年，国家放开猪肉、蔬菜等副食品价格，并对城镇居民给予补贴，使居民收入水平又有提高。全地区全民和集体单位职工总数 116.77 万人，年人均工资 1143 元，比 1984 年提高 19.2%，扣除物价上涨因素，实际增长 5.7%。在全民所有制单位的职工工资总额中，奖金和各种津贴等收入 28065 万元（人均 239.3 元），比 1984 年增长 26.4%。全民所有制单位的职工年工资均突破千元，其中交通及邮电部门 1562 元、建筑业 1444 元、教育文化广播电视部门 1245 元、金融保险业 1205 元。

再者，从统计部门对城市住户的调查看（大连市城市家庭抽样调查始于 1956 年，始称职工家计调查，1985 年改称城市住户调查）。据 1984 年对 190 户城市居民家庭的抽样调查，人均生活费收入 667.27 元，比 1978 年增长 39.8%，比 1983 年增长 18.6%（扣除物价上涨因素，实际增长 11%）。据 1985 年对 300 户城市居民家庭的抽样调查，人均生活费收入 784.24 元，比 1984 年增加 117 元（其中工资性收入占 51%），增长 17.5%，扣除物价上涨因素，实际增长 4.2%。

二、城市居民消费

1957 年，大连市统计局首次对 296 户职工家庭进行调查。20 世纪 50 年代，大连市城市居民消费支出最多的是食品。食品消费支出为全部消费支出中占最大比例的消费模式大约持续到 20 世纪 70 年代末。实行改革开放后，随着货币收入逐渐增多，城镇居民的社会购买力开始显著提升。

从全市社会商品零售额看：1949年全市社会商品零售额0.76亿元，1965年为3.6亿元，1979年为7.5亿元，1985年为35.4亿元；1985年比1984年增长26.4%，扣除零售物价上涨因素，增长11.7%。

从对城市居民家庭的抽样调查看：1981年人均生活费支出为498.15元。1985年人均生活费支出738.90元，比1984年增长24.3%，扣除物价上涨因素，实际增长10.2%。

吃的消费 据对大连市城市居民家庭的抽样调查：年人均用于食品的支出20世纪50年代为125元，1960年为135元，1978年为160元，1984年为352元。

自1954年5月25日起，全市开始推行粮油供应凭证购买制。职工按轻重体力、学生按大学高中初中生分级、居民按不同年龄，确定口粮定量标准，并且不同年度有所变化。直到1985年3月，工商行业用粮一律为议价供应后，票证不再使用。人均用于粮食的消费量，1957年为165.65千克，1965年为163.5千克，1981年为127千克，1984年为132.5千克。粮食消费占食品消费支出的比重，1957年为39.8%，1984年为18.6%；细粮占粮食的比重，1977年为60.1%，1984年为79.8%。以轻体力劳动者（分1～3级）和脑力劳动者口粮定量标准为例，轻体力劳动者（2级）1955年为17.5千克、1960年为15.5千克、1964年为17千克，脑力劳动者分别为15千克、14.25千克、15千克。以城镇职工食油定量标准为例，1954年为0.45千克，1960年为0.25千克，1968年为0.15千克，1985年为0.25千克。

人均副食品消费支出占全部食品支出的比重，1984年为52.4%，比1957年提高9.3个百分点。消费结构有了明显变化。肉类消费量，1957年为4.25千克，1958年为5.4千克，1962年为1千克，1985年为15.85千克；禽类的消费量，1957年为0.2千克，1965年为0.25千克，1985年为1.3千克；蛋类的消费量，1957年为1.9千克，1965年为3.4千克，1985年为13.5千克。鲜奶、鲜果和糕点，在20世纪50年代常被作为探亲访友或患者补养身体的食品，到20世纪80年代中期已成为职工家庭的常备食品。据1984年统计，城市居民家庭年人均消费鲜奶、鲜果和糕点分别为21.4千克、63.4千克和18.3千克。1985年，城市民的食品支出占生活费用支出的比重由上年的65%降至60%。

穿的消费 俄、日殖民统治时期，大连地区城市居民以贫苦的产业工人为主，极致贫困者甚至衣不蔽体。中华人民共和国成立后，20世纪50—60年代，人们的穿着基本是灰、蓝、黑的布衣，一衣多季，且受棉布凭票供应的制约，年人均用于穿的消费20多元。进入20世纪80年代，人们开始热衷于穿着化纤、呢绒等面料的服装，并追求款式的时髦，一衣多季已变为一季多衣。1980—1984年，职工家庭年人均购买服装6.8件、呢绒面料1.9米、化纤毛涤面料8米、毛线及毛线衣裤1.4千克、皮鞋2.1双。1981年城市居民人均衣着消费支出83.23元，1984年为113.49元。1985年城市居民穿的消费支出占生活费用支出的比重由上年的19.1%升至19.7%。

用的消费 1957年，据对296户职工家庭的抽样调查，购买自行车的有4户，买手表的有5户，分别占被调查户的1.4%和1.7%；平均每百户拥有自行车13.8辆、缝纫机9.7台、收音机10.6台、手表40.1只，平均每12人中有1只手表。20世纪60年代末至70年代，自行车、缝纫机、手表、收音机被称为家庭四大件，一般家庭少有四大件齐备的。到80年代中期，电视机、照相机、录音机、电冰箱被称为新四大件，四大件开始渐入寻常百姓家。1984年，职工家庭平均每百户拥有电视机87.36台（其中彩色电视机3.68台）、洗衣

1957—1984 年部分年份大连市
城市居民家庭人均生活支出情况表

表 5-5　　单位：元

年份	支出	年份	支出
1957	213.24	1982	112.03
1965	515.47	1983	594.52
1980	230.04	1984	498.15
1981	537.24	1985	738.90

机 55.79 台、电风扇 14.74 台、收录机 26.85 台（其中立体声收音机 10.53 台，普通录音机 16.32 台）、电冰箱 0.5 台、照相机 8.95 架。1985 年，职工家庭每百户平均拥有电视机 89 台（其中彩色电视机 9 台）、洗衣机 61 台、电风扇 22 台、收录机 48 台、电冰箱 6 台、照相机 10 架。

1984 年，城市居民家庭人均商品支出为 61 元，分别比 1957 年和 1978 年增长 2.8 倍和 1.5 倍，其中平均每户用于购买书报杂志的支出 23.8 元，比 1981 年增长 42%。1985 年，用的商品支出占全部消费支出的比重由 1984 年 11.2% 升至 14.6%，其中文化娱乐商品支出金额比 1984 年增长 1.0 倍。

三、居民储蓄

1949 年中华人民共和国成立后，开始进入国民经济恢复时期，城市职工和居民生活得到改善，支持生产、参加储蓄的意识较强。1950 年末，居民储蓄存款余额 3.9 亿元关东币（折合人民币 174 万元），储蓄存款以城市职工和居民为主。1952 年，城镇储蓄存款余额增至 481 万元。“大跃进”时期城镇储蓄存款增长较快，1959 年末余额 5477 万元，相当于大连市职工工资总额的 9.8%。三年困难时期和“文化大革命”时期，市场供给紧张，城镇居民持币待购，储蓄存款无力增长。

1978 年中共十一届三中全会以后，人民生活水平日益提高，城镇居民储蓄存款明显增多。1978 年末，城镇居民储蓄存款余额 17169 万元，比 1970 年增长 1.7 倍。此后，城镇居民储蓄存款逐年递增。1981 年城镇储蓄存款年末余额 4.04 亿元，1982 年末余额 5.07 亿元，1983 年末余额 6.23 亿元，1984 年末余额 8.41 亿元，1985 年末余额 12.12 亿元。1979—1985 年 7 年间储蓄存款累计增加额 10.4 亿元，比 1950—1978 年 29 年间储蓄存款累计增加额增长 5 倍多。储蓄存款中定期储蓄比重越来越高，1985 年的城镇储蓄存款年末余额中，定期储蓄存款占 79.3%。

四、居民住宅

大连光复后，日本人和汉奸的房产全部被没收或接管。市政府共接管日本房产 423 万平方米，没收汉奸房产 11 万平方米。加上私有房产 195 万平方米，全市共有房产 629 万平方米。1946 年 7 月至 1947 年 5 月，开展 3 次住宅调整运动，按享有所有权、免租权、租用权 3 种分配形式，共为 1.6 万户贫穷的城市平民解决了住房，占全市 30% 的人口住进了“洋房”。

中华人民共和国成立后，大连市采取单位自建、自建公助、统一建设等多种形式建设住宅。1950—1957 年，新建住宅 125 万平方米，15 万余人搬进了新居，人均居住面积增至 3.9 平方米。1958—1962 年，全市新建住宅 42.9 万平方米，由于人口骤增，人均居住面积减至 2.9 平方米。1963—1965 年，新建住宅 27.6 万平方米，人均居住面积回升至 3.7 平方米。1966—1975 年，新建住宅 122.7 万平方米，人均居住面积又下降至 3 平方米。

1978 年改革开放后，面对住宅欠账过多的局面，政府每年投入大量资金用于房屋维修、危房改造和新房建设，年竣工住宅面积 100 万平方米以上，居民住宅条件得到极大改善。1979—1985 年，全市新建住宅 619.3 万平方米，为 12.4 万户居民解决了住房。1985 年，市区人均居住面积由 1978 年的 3.06 平方米提高到 4.96 平方米。总建筑面积17万平方米的春柳小区成为全省样板住宅区，总建筑面积31.3万平方米的石道街小区成为新型住宅区，总建筑面积46.6万平方米的金南路一带成为大型住宅区。

第二节 农村居民生活

一、农民收入

清朝末年及至俄、日殖民统治时期，大连地区农村居民的收入主要来自耕种土地和出卖劳动力，除少数富户外，多数农民收入较低，生活难以为继。1945年大连光复后，贫苦农民分到了赖以生存的土地。

中华人民共和国成立后，1952年政府组织初级农业生产合作社，农民由此走上农业集体化道路。1957年初级社转为高级社，97.7%的农户加入了高级社。1958年实行人民公社化后，农民在生产队参加集体劳动记工分，年末以生产队为核算单位结账分红。少数城市郊区、铁路沿线及集体企业生产队劳动日值（10分制）较高，多数纯农业生产队的劳动日值较低。1958年，农民从生产队得到的收入人均48元，1965年为58元。1977年，农民从生产队得到的收入人均94元，1958—1977年20年间年人均收入增加2.4元，年均递增3.6%。农业集体化年代，农民中除纯农业户外，还有一种居民是家里有人在国有企事业单位或集体企业上班，吃商品粮挣工资，这类家庭相对于纯农业户来说收入要高一些。

中共十一届三中全会以后，由于国家鼓励农民开展多种经营，发展乡镇企业和家庭副业，农民家庭收入快速增长。实行富民政策后，农民从集体分配中获得的收入逐年提高。1978—1980年，人均收入每年递增20%。尤其是1982年大连农村推行以包干到户为主要形式的家庭联产承包责任制，包干到户的面达80%以上，再加上其他形式的责任制，达到99%，极大地调动了农民的生产积极性。是年，农民从集体分得的收入人均148元，加上家庭副业收入人均300元以上。1983年农民人均收入468元，比1982年增加114元，增长32.2%。1984年农民人均收入523元（其中生产经营性收入460元），比1949年增长8.4倍，年均递增6.6%，比1978年增长1.5倍，比1983年增长11.1%。1978—1984年，农民人均收入每年递增16.6%。

1985年，在遭受严重自然灾害的情况下，全市农民人均纯收入567元，比1984年增长8.4%，扣除物价上涨因素，增长6.2%。从收入构成看：从集体统一经营得到的收入占61.5%，其他非生产性收入占8.6%。据对480户农民家庭住户的抽样调查，1985年人均收入在200元以下被称为贫困户的占调查户的4.4%，比1984年增长0.7%；人均收入在200～500元被称为温饱户和人均收入在500～1000元被称为宽裕户的共占75.8%，比1984年下降16.5%；人均收入在1000元以上被称为小康户的所占比重由1984年的4%升至19.8%。还首次出现收入在2000元以上被称为富裕户的家庭17户。1985年，全市77.2万户农村家庭中总收入万元以上的有8301户，比1984年增加4723户，其中纯收入万元以上的3031户，增加1801户。

二、农民消费

俄、日殖民统治时期，大连地区农民收入的绝大部分用于购买粮食及其他食品。1945年大连光复后至1958年，大连地区农民基本是自产自给的小农经济消费方式。1958—1979年，农民生活消费支出增长缓慢。1978年改革开放以后，农民生活消费支出明显增长。1980年农民人均生活费支出267.7元，1983年为340元，1985年为745.77元，比1983年增长1.2倍。

吃的消费 20世纪80年代后，随着收入的增加，大连地区农民的食品消费品种逐渐丰富。据1984年对300户农民家庭的抽样调查，农民家庭人均食用细粮比1980年增长74.3%，肉类、蛋类分别增长20.2%和93.4%。据1985年对480户农民家庭的抽样调查，农民人均用于食品消费的支出248.18元，比1980年增长77.3%。其中人均食用细粮110千克，比1980年增长1倍多（细粮占全部粮食的比重由1980年的26%升至56%）；人均消费肉类15千克、蛋类8千克，分别比1980年增长28.4%和1.6倍。

穿的消费 长期的封建社会和沙俄、日本殖民统治时期，大连地区农民穿的基本是地产的土棉布衣，俗称“家织布衣服”。农民对穿着需求的改变，突出地反映在1978年改革开放后，衣着不再被限于满足保暖需求，花样和时尚开始成为20世纪80年代的追求。1985年，农民人均衣着消费支出58.48元，比1980年增长46.9%。

用的消费 1978年，大连市每百户农民家庭拥有自行车30辆、缝纫机33台、钟表17只、收音机3台，1980年以前几乎没有电视机、收录机、洗衣机、电风扇等高档耐用品。1985年，平均每百户农民家庭拥有电视机54台、自行车124.4辆、缝纫机76架、手表215只、洗衣机13台、收录机16.3台、洗衣机27.7台、电风扇4.8台、大型家具（大立柜、沙发等）234件。许多农户还购置了拖拉机、农用三轮车等农业机具。农民在物质生活得到改善的同时，开始注重精神生活的丰富，1985年用于文化娱乐及书报杂志的消费占生活费的支出由1984年的4%升至6.9%。

三、居民储蓄

1952年，大连市在农村信用部试办农民储蓄，农村储蓄存款年末余额13万元。1958年实行人民公社化后，在“大跃进”形势下，1959年农民储蓄存款年末余额增至1500万元。1978年中共十一届三中全会以后，随着农民生活水平迅速提高，农村储蓄开始实现非人为大幅增长。到1985年，全市农村储蓄余额73037万元。

四、农民住宅

中华人民共和国成立后，大连市农民家庭的生活安定，但直到20世纪80年代初，农民居住的还多是茅草房和土坯房。随着农村经济改革的深入，农民开始以极大的热情自建或翻建住房，

1980—1985年大连市农民生活消费支出情况表

表5-6　　单位：元

项目	1980年	1981年	1982年	1983年	1984年	1985年
生活消费支出总计	267.7	324.7	310.9	340.0	388.3	514.73
其中：食品	140.0	161.9	179.5	187.4	205.6	248.18
衣着	39.8	56.4	38.9	47.5	48.6	58.48
住房	19.3	20.9	30.2	39.5	53.0	81.76
燃料	12.9	14.3	16.5	18.9	18.5	27.07
文化娱乐	8.9	5.7	4.3	5.9	8.5	6.70

居住条件明显得到改善。1985年，农民人均用于改善居住条件的支出为81.76元，比1980年增长3.24倍。农民住房过去以砖木结构为主，之后钢筋混凝土结构的住房比重不断增加。

第三章 劳 动

清乾隆四十年(1775)，复州五湖嘴(今复州湾)煤窑正式投产采煤，50余名雇工成为大连地区最早的煤矿工人。第一次鸦片战争前后，大连的旅顺、金州、复州、貔子窝一带始现油坊、烧锅、磨坊、窑厂等小规模手工业作坊，是为大连地区近代工业的萌芽。清光绪七年（1881），清廷正式确定在旅顺口建北洋海军基地，在兴建龙引泉饮水工程中出现了大连最早的自来水工人，在修建军港和船坞工程中形成了大连乃至中国最早的修造船工人队伍。1890年，旅顺船坞交付使用后，有600名工人在港作业，标志着大连地区出现第一代产业工人。大连成为全国最早出现产业工人队伍的城市之一。

1945年日本投降后，恢复生产和安置失业人员成为大连市民主政府颁布的《大连市政府施政纲要》的重要内容之一。为解决就业问题，民主政府专门设立职业介绍机构，组织失业人员以工代赈，进行军需军工生产，支援解放战争。3年共安置20万人就业，形成一次就业高峰。中华人民共和国成立后，大连地区劳动就业由劳动部门集中统一调配与管理，有计划地分配和使用劳动力。直到1980年国家打破劳动就业“统包统配”制度，实行“三结合”就业方针。从1956年起到1981年，大连市出现3次就业高峰。1956年第一次就业高峰，共招工56504人，年末全市职工总数达307720人。1958年第二次就业高峰，共招工11.2万人，年末职工总数达42.2万人。改革开放前后，大连市出现第三次就业高峰，上山下乡知识青年成为这个时期就业的主体。1977—1981年共招工351743人，年均安置7万人，其中全民所有制企业安置22.9%，集体所有制企业安置77.1%。1981年末，全市职工总数达106万人，年均递增7.8%。1982—1985年，大连市通过招工安置待业青年189523人。自大连光复后，劳动保护即得到政府重视。1947年关东公署辖下的大连市政府公布《暂行劳动保护条例》，此举在东北解放区中尚属领先。中华人民共和国成立后，以防尘、防毒、防噪声、防暑为重点的劳动保护工作进一步得到政府重视，劳动就业的环境不断改善，劳动保险和职工福利待遇日益提高。

第一节 劳动就业

一、大连光复至中华人民共和国成立时期失业人员安置

大连光复之初，社会动荡不安，大多工厂企业遭到破坏，机器设备和原材料丢失严重，生产陷入停顿，仅市内停工停产的工厂就有324家，失业83955人（不含日本工人），占全市劳动力

总数的 50% 以上。

大连市民主政府建立后即在《大连市政府施政纲要》中明确提出“恢复生产，安置失业人员”，并着手帮助大连麻纺厂等单位复工生产。到 1945 年底，有 199 家工厂重新开工，除了安排 8769 名老职工回到生产岗位工作外，另安置就业 4444 人。

1946 年，国民党对大连地区实行经济封锁，企业生产原料、燃料和口粮基本断绝，给大连人民恢复生产和解决工人失业问题造成困难。1947 年，据大连市政府和大连县政府的调查，失业工人有 50595 人，少数人回农村或去外地谋生，多数无正当职业，靠做小买卖维持生活。对此，中共关东地区党委和关东公署积极组织开展生产自救运动，恢复和发展工业生产，并采取“以工代赈”办法，建立劝业工厂、渔网厂、军鞋厂、大粪合作社、煎饼合作社等安置就业；建立中苏合营远东电业公司、中办渔业公司等企业，并恢复私营工业企业生产，安置失业人员就业。经过各级政府的不懈努力，到 1948 年末，全市职工总数为 120924 人，占全市总人口的 13.98%，当年安置失业人员就业 19325 人。到 1949 年上半年，工农业生产呈现全面发展的新局面。

二、中华人民共和国成立后劳动就业安置

1949 年中华人民共和国成立后的 30 年间，在计划经济管理体制下，大连市一直实行统一招工、有计划地分配及使用劳动力的用工制度，直到 1980 年全国劳动就业工作会议提出实行“三结合”就业方针（政府劳动部门介绍就业、自愿组织起来就业、自谋职业相结合）后，劳动就业制度始有改变。长时期的用工形式分为 3 种：固定（长期）工、短期工（临时工、农民轮换工、半日工）、合同工。

职工招聘 中华人民共和国成立之初，大连是全国经济基础较好的城市。时苏军进驻旅大，苏营企业、公营企业、公私合营企业、私营企业全面开工生产，劳动力特别是生产一线需要的熟练技术工人成为企业的急需。1949 年 11 月，旅大行政公署发出通知，动员从事农业生产的技术工人回厂就业，年底返厂就业 4182 人。至 1949 年末，全市职工有 12.8 万人。在劳动力仍满足不了生产需要的情况下，1950 年市劳动部门从外地流入的失业人员中安排就业 12250 人，1951 年组织家庭妇女就业和动员摊贩转业 37391 人。1952 年由于社会经济改组，某些行业遭淘汰，开始发生失业现象，有新失业人员 9700 人，而后 1953 年国家第一个五年计划实施，大规模的经济建设为解决失业人员就业开辟了新途径。到 1953 年上半年，大连市安置旧社会遗留下来的失业人员的工作基本结束，是全国最早解决旧社会遗留失业问题的城市之一。

1952 年以前，固定工为企业主要的用工形式。1949—1952 年，全市招收全民固定工 112293 人，年均增加 22400 人。1952 年末，全民所有制企业职工总数 22.7 万人，其中固定工约占 60%。

1953 年大规模经济建设开始后，为解决劳动力不足问题，开始从农村招用临时工或固定工。1953—1956 年招工（含调剂）179878 人，年均增加 13500 人。

1956 年旅大市出现第一次就业高峰，共招收 56504 人，其中城镇 40860 人、农村 15644 人，年末职工总数 307720 人。1958 年大连市出现第二次就业高峰，共招工 11.2 万人，年末职工总数 42.2 万人。由于大批招用劳动力，吸引农村人口向城市流动。

1960 年中央提出“调整、巩固、充实、提高”八字方针，缩短工业建设战线，1960—1963 年旅大市精减职工 16.6 万人，其中绝大部分是合同制工人。当年城镇人口还乡从事农业生产 25.7 万人。

1964 年，随着国民经济好转，全市招工 90893 人，其中长期工 14284 人，临时工 76609 人，年末职工总数约45万人。全部职工中，全民所有制企业34.5万人，其中固定工33.2万人，占96.2%。

1965年，全市职工总数仍稳定在45万人。不同的是，临时工占比明显增加，全市有临时工6.1万人，比1964年的1.3万人增加4.8万人。

1970年，大连市始从当年在校中学毕业生中招工，共招收10339人。1971年，开始在上山下乡知识青年中招工，共招收13584人。

1978年改革开放后，旅大市出现第三次就业高峰。特别是1980年国家打破"统包统配"劳动就业制度，实行"三结合"就业方针后，出现合同工、临时工、固定工多形式用工制度，劳动力就业渠道明显拓宽。到1981年末，全市职工总数超过106万人。1981—1982年，全市固定工减至41万人左右。1983年，除国家统配人员、已婚知青、退休职工子女顶替和落实政策人员外，其他新招人员一律实行劳动合同制，当年全市新招劳动合同制工人18463人。1982—1985年，通过招工共安置待业青年189523人。

除社会招工的就业制度外，大连市还阶段性地实行了企业内部招工的特殊政策。一是子女顶替，即在招工限额内可招收1名职工子女进厂工作，这项制度于1956年始行，1968年停止，1978年再度实行，到1983年招工范围缩小。1979—1983年全市共办理子女顶替74905人。二是企业自主招工，主要适用于国营农场安置农场职工子女，1964年始行。1979—1985年，企业自主招工44422人。

国家分配就业 大连地区按国家规定安置中国人民解放军复员就业始于1946年。初期按照"原籍安置"原则，由劳动部门配合民政等部门负责安置。1955年7月以"行业归口包干，统一安排"为原则，对来自城市的退伍军人按照"从哪里来、回哪里去"的办法进行分配。入伍前是学生或待业青年的，退伍后由市、县、区劳动部门统一分配；入伍前是国家机关、人民团体、企事业单位的，退伍后原则上返回原单位复职。1957年4月，将城镇复员退伍军人统一安置到全民所有制单位，纳入固定工系列。1981年，对家居农村非农业户退伍军人由各县区就地就近安排集体所有制单位。1982年10月，对1978—1980年因战、因工致残和回乡二、三等残废军人安排县属集体企业，对1977年以后因故停飞的飞行员回乡的就地就近安排县属集体企事业单位。1972—1985年，大连地区安排复员、退伍军人在城镇就业65831人，年均安置4702人，其中1985年安置2373人，1972年安置人数最多，为27197人。

大连市于1946年始办技工学校，是全国较早设立技校的城市之一。1948—1953年，技校毕业生由开办单位自行分配。1954—1979年，技校毕业生由劳动部下达招生计划指标，统一分配到全民所有制企业，为固定工人。1980年起，技校毕业生分配办法改变，可分配到全民所有制企业，也可分配到集体所有制企业。1979—1985年，大连地区共安置技校毕业生13094人，年均安置1871人，其中1985年2200人，安置最少的年份是1984年，为187人。

特殊群体就业 特殊群体包括归国华侨、残疾人、落实政策人员、非农户待业人员等。

1952年11月，旅大市开始安置归国华侨就业，其时主要是从朝鲜战争回国的归侨和从东南亚地区被迫害回国的难侨和有困难的归侨。至1953年末，市劳动部门共安置归国侨民就业82人。此后归国华侨到旅大市定居的，市劳动部门都按照国家政策规定，优先照顾安置就业。1982年，大连市安排朝鲜归国华侨就业70人。1983年7月，大连市对归侨知识分子的子女就业采取由本单位和上级主管部门安置解决办法。1985年6月，大连市招工办法规定，对归侨、侨眷、台籍、港澳同胞和外侨中国籍的子女，持侨务部门证明给予照顾。

1947年，大连市民主政府通过“以工代赈”的劝业工厂收容残疾人就业。1956年，旅大市人民委员会通过兴办福利工厂安置残疾人就业，随着福利工厂的普及，安置人数逐年增加。1956年，全市有福利厂6家、安置残疾人200人。1978年，全市有一定规模的福利企业13家，安置残疾人2008人。到1980年，全市基本实现每个街道都有福利厂。1983年起，一些大中型企（事）业单位开始自办福利厂，安置本单位职工及家属中的残疾人。1985年，全市共安置残疾人6417人。

1978年中共十一届三中全会后，国家开始拨乱反正，对历史上因冤假错案而失去公职的人员按政策给予平反，使之复工复职。1980—1984年，大连市落实政策职工共有4523人，其中复工复职的561人，办理退（离）休手续由子女顶替的3962人。农村非农业户（指农村吃商品粮的住户）职工子女的劳动就业问题逐步得到解决。1980年3月，辽宁省劳动局下发《关于安排郊区非农业户的职工子女就业问题的批复》，据此，大连市对郊区和农村非农户职工子女的劳动就业实行不进城做工、在农村妥善安置的办法。1982年，根据国务院和辽宁省政府关于严格控制农村劳动力进城做工和农业人口转为非农业人口的通知，大连市政府做出规定：城镇各单位家居农村的工人退休退职按规定招收其1名符合招工条件的农村子女参加工作时，必须将退休退职工人的户口转回农村后，方可办理招工录用手续进城做工。地处农村各单位的工人退休退职，按规定招收其1名符合招工条件的农村子女参加工作时，只能在农村就地就近安置，不得进城。1983年，大连市开始将解决郊区和农村非农业户子女就业问题与城镇待业青年、下乡已婚知青、下乡户和落实政策回城人员留在农村的子女的安置等工作进行统筹考虑和安排。是年末，全市非农户待业青年（非农户年满16～25周岁、具有劳动能力、要求就业的男女青年）8997人，1984年上半年安置3471人，安置率为38.6%。1985年1—9月，因落实知识分子政策，为在农村工作的高中级知识分子的待业子女办理“农改非”9297人。

上山下乡知识青年就业　1960年中共中央提出“调整、巩固、充实、提高”八字方针，城市企业精减职工，高校压缩招生人数，社会闲散劳动力猛增。为减少城镇人口，解决“就业难”问题，1961年起，中共中央、国务院发出动员，组织知识青年（简称“知青”）上山下乡参加农业生产。1962年10月20日，旅大市欢送首批城镇知青上山下乡。至1966年，旅大市共动员知青下乡15272人，大多安置在国营农、林、牧、渔场。

“文化大革命”开始后，高校开始停止招生，工厂企业很少招工，城镇大批知识青年就业成为重大的社会问题，1968年，国家主席毛泽东发出“知识青年到农村去，接受贫下中农再教育”的号召，于是在全市范围内掀起了大规模动员城镇知青上山下乡的高潮。1968年，全市1966—1968届初、高中毕业生有61723人上山下乡；1969—1973年知青下乡31452人；1974—1977年知青下乡人数最多，达158341人。1978年后知青下乡人数减少，1978—1980年知青下乡16385人。知识青年上山下乡运动于1980年末结束。1962—1980年大连市城镇知青上山下乡累计283173人。

知青下乡去向：大连市属县区安置254394人，外地安置28779人（盘锦6428人，本溪2864人，丹东11304人，朝阳5114人，营口55人，昭乌达盟3003人，西藏11人）。

知青下乡安置形式：1962—1966年实行“校社挂钩”，先分散插队到社员家，后到“青年点”；1974年起实行“厂社挂钩”，集体安置；1980年，旅大市统筹解决知青问题，将知青安置到县（区）和郊区的知青场（厂）队，户口和粮食关系不转；对已下乡知青，城镇户口和粮食关系转到知青场（厂）队，是年底全市共办知青场（厂）队521个。“青年点”数量最多是1978年，有3399个。

安置知青就业：1971年8月，旅大市开始从上山下乡知青中招工，当年实招13584人，其中男7771人、女5813人。1978年全市有12.6万名下乡知青难以及时安置就业，以致出现知青返城集会和游行现象。为统筹解决知青就业问题，市委多次召开知青劳动工作会议。1979年，除全民所有制企业正常招工、补员外，主要依靠单位兴办新的集体企业，即厂办集体所有制企业（全民单位办集体企业）作为解决劳动就业的主渠道，当年共安置12.9万人，其中下乡知青5.8万人，因病留城和特困回城知青7.1万人。1979—1983年，有15628名已婚知青得到安置，占应安置人数的99%。1983年1月起，大连市除继续处理已婚知青遗留问题外，又对近千名因种种原因未给予知青待遇的青年恢复知青身份。同时，采取一次补助办法安置处理病残知青近百人。1983年末，全市基本结束下乡知青安置工作。

附：日本殖民统治时期的劳动就业

劳动统制是日本殖民统治时期的劳动就业制度。

日本殖民统治大连40年间，劳动就业大体分为两个阶段。第一阶段为1905—1932年。劳动就业主要有劳动者自谋职业、民间组织介绍就业、厂矿企业自主招工等形式。第二阶段为1932—1945年。“九一八”事变后，为加快攫取中国东北地区丰富的物资资源，日本殖民统治当局急需大量廉价劳动力，而中国内地失业工人和农民大量移居东北，于是当局于1933年6月在伪满设立了劳动统制委员会，在中国东北地区实行强制性劳动统制，并将这种统治手段定为“劳动国策”。劳动统制委员会名为官民合办，实由日本关东军特务部直接操纵。1935年日本关东局和伪满政府分别制定外国工人管理规则，硬把中国人分化为所谓的“关东州人”“满洲国人”和“支那人”。从此以后，中国劳动者从关内到大连和东北地区谋求职业，未经日本大东公司审查签证，不能进入关东州和伪满洲国境内。抗日战争爆发后，1938年7月，日本殖民统治当局颁布《国家总动员法》，关东军劳动统制委员会解散，成立关东州劳务协会，对旅大地区中国工人实行统治。

“关东州”除了殖民统治当局设立的劳动就业专门机构外，福昌华工株式会社、大连职业绍介所、大东公司大连分部先为半民后为半官机构，也承担了劳动统制之职责。

福昌华工株式会社，前身叫福昌公司。1907年4月，满铁在大连港设立大连栈桥事务所，聘任相生由太郎统一掌管全部装卸、运输等业务。同年12月大连栈桥事务所易名大连埠头事务所时，相生仍为该所所长。1909年11月，相生辞去大连埠头事务所所长之职，在山县通（今斯大林路）以私人名义建立了福昌公司，包揽了大连港全部车船装卸业务。相生采用资本主义雇佣制与中国封建把头制相结合的大包工头制，初期雇佣中国工人上万人，被称为“苦力”。1911年，福昌公司建成碧山庄（今寺儿沟一带）作为华工收容所，工人称之为“红房子”。1926年10月，福昌公司被转让给满铁，福昌公司更名为福昌华工株式会社。1944年雇佣工人达35000人，其中从山东招来的贫苦农民最多，占工人总数的85.9%。

大东公司大连分部1934年成立，名为经济组织，实为日本关东军特务部领导下的监管中国劳动者进入东北地区谋生的统治机构，被中国人称为“杀人魔窟”和“阎王殿”。1937年“七七事变”

后，从华北到东北谋生的人数大减，大东公司业务日趋萎缩，机构遂于1938年解散，其在东北的业务并入伪满洲国劳工协会，大连分部由日本关东州劳务协会取代。

第二节　劳动保护

一、劳动安全保护

俄、日殖民统治大连时期，工人的劳动条件极为恶劣，而且劳动强度大、工作时间长、工资收入低。中国工人每天工作十五六个小时，由于高温作业、通风不良、照明不足、潮湿度大以及粉尘、有毒气体等危害十分严重，工人伤亡事故时有发生。时有日文报载，“埠头（海港）每年装卸1000多万吨的货物全部使用人力，在繁忙季节一天出动1.2万名苦力，每个苦力一天得搬运10吨以上的货物”，“一个工人每次要挑300多斤煤，要扛8块豆饼（每块23～23.5千克）”。据日本人所著《碧山庄》记载，1939年至1940年3月，住在碧山庄（“红房子”）内的中国劳工工伤和患病的有13756名，平均每天有伤病者37名。再以日本殖民统治时期的满化工厂为例，1940年工厂工头从上海等地骗招1400多名工人，到1945年大连光复时仅剩下30余人。

1945年光复初期，首先在重工业实行8小时工作制，建立了初步的劳动保护工作秩序。11月18日大连市民主政府成立时在社会局设劳动科，分管全市工矿企业的劳动保护工作，此后劳动保护一直被纳入政府工作范畴。1947年4月，大连市政府正式公布《大连市政府暂行劳动保护条例》，这是东北解放区最早公布施行的地方性劳动保护法规之一。中华人民共和国成立后，1950年2月旅大行政公署劳动局与大连市劳动局合署办公，内设劳动保护科。是年，全市81家公营企业中已有54家设立安全技术科（股）。到1957年第一个五年计划结束时，全市56家国营大中型企业普遍设置了安全技术科。“文化大革命”期间，旅大市企业安全机构受到严重冲击。中共十一届三中全会以后，劳动安全保护重新得到重视。到1981年6月，全市有从事劳动安全保护工作的专职干部2500人，占企业职工总数的3‰。

1950年，大连市先后开展春季、秋季两次安全大检查，此后春、秋季安全生产大检查活动延续下来。1950年还首次建立伤亡事故报告制。“文化大革命”时期，安全生产规章遭到破坏。中共十一届三中全会以后，劳动保护工作重新得到重视。1983年9月，大连市始行劳动安全监察制度。

1953年，大连市开始组织厂矿企业编制与实施劳动保护安全技术措施计划。是年，有24个国营工厂和地方国营厂矿企业投资342.34亿元（时币），安装劳动保护设备87套，改善了80多处工作场所的劳动条件。“一五”期间，国营工厂和地方国营厂矿企业共投资1273.83万元，实施1402个项目，改善了厂矿企业的劳动条件。“文化大革命”时期，安全技术措施计划的编制基本中断，直到1980年重新恢复计划编制。1980年全市有99家企业编制计划31527项，总投资1963.2万元。1981年编制计划的厂矿企业增至182家，制定项目845个，总投资额达2300.94万元，治理尘毒作业点1009个，受益者23996人。1981年1月至1984年6月，全市有23个单位的24个项目得到国家拨款，总额342.5万元。

二、劳动卫生保护

大连市劳动卫生保护的重点是防治粉尘、防止毒物、防止噪声、防暑降温等危害。

防治粉尘 大连是一个以机械、化工、轻纺等为主体的工业城市，许多行业存在着粉尘危害。大连光复初期，一些厂矿企业对粉尘危害的严重性认识不足，在恢复生产过程中忽视防尘，致使接触粉尘作业的工人患上矽肺病，死亡率较高。中华人民共和国成立后，1950年政府始将防治尘害作为劳动卫生管理的重点。1953年市劳动局帮助大连玻璃厂改进生产技术，将敞开式轮辗改成球磨粉碎，让车间变得通风换气，给操作者佩戴了防尘面罩。1958年市劳动局、卫生局又帮助该厂试验砂岩破碎加水防尘取得成功。此做法由劳动部在全国推广应用。1959年“湿式作业法”从玻璃制造业推广到机械铸造业。1965年2月，大连机车车辆厂首创“水爆清砂法”，将浇铸后的铸钢件浸入冷水中，促成砂模爆裂实现清砂。到1965年，全市厂矿企业中已有473个粉尘作业点达到国家规定标准，合格率从1960年的11.8%升至29.5%。“文化大革命”期间防尘工作受到影响，粉尘作业点的合格率下降。中共十一届三中全会后，劳动保护工作重新被重视。1979年，经对全市3379个粉尘作业点中的697个进行抽查测定，合格率为43.32%。1985年测定粉尘作业点2345个，合格1197个，合格率达51.04%。

防止毒物 大连光复初期，恢复生产的厂矿企业多是日本殖民统治时期遗留下来的，其厂房简陋设备陈旧，各种有毒物质跑、冒、滴、漏现象十分严重，又很少安装防毒设备，致使工人患上多种职业性疾病。1951年，据对大连化学工厂、染料厂等21家企业的调查，在1211名接触有毒作业的工人中，上半年有43人发生急性中毒。中华人民共和国成立后，政府即将防毒作为劳动保护工作的重点。1953年，大连橡胶厂有60多名工人急性苯中毒，市劳动局采用紧急措施，帮助企业通过侧面排风罩和“双刀刮浆法”进行治理。“文化大革命”期间，防毒工作处于失控状态。1979—1980年，市劳动局、卫生局对防毒工作进行全面调查，在全市3878个有毒作业点中选取1579个进行检测，合格率为66.8%，其中铅、苯、汞等5种主要毒物的合格率为48.3%。1982年，市劳动局等部门联合制发文件，要求有尘毒作业的厂矿建立劳动卫生档案，实行“一厂一档、一人一卡”制度，有效提升了防毒效果。1984年全市有毒作业点合格率提升至67.70%，2.4万名从事有毒作业的工人中毒检出率低至0.47%。

防止噪声 大连市治理工业噪声工作始于1973年。是年10月，大连机车车辆工厂车体车间技术人员和工人创制液压铆钉机试验成功，结束了使用风动铆钉枪产生强烈噪声的历史，不仅消除了噪声危害，而且提高工效50%。随后，该项技术在全市有铆工作业的工厂全面推广。这是旅大市有组织、有领导地治理噪声危害的开端。1980年，大连机车车辆工厂工程师研制风动砂轮机消音器成功，并推广应用到风钻、风镐和风卡上，噪声分别降低18至42分贝。1982年3月，大连市劳动局、卫生局在对65家厂矿企业的检查中发现，3972个噪声源已治理1684个，治理率达42.40%。1985年噪声源治理合格率为42.90%。

三、女工和未成年工保护

俄、日殖民统治时期，当局大量使用女工和童工，女工和童工在劳动中没有特殊保护措施，而且男女同工不同酬。1945年大连光复后，大连市民主政府在《大连市政府施政纲要》第一次提出：“实现妇女在职业上、教育上、政治上及社会上与男子享有平等的权利。”1946年11月，大连市女工就业人数3519名，占全市工人总数的6.79%。1947年4月，市政府在《暂行劳动保护条例》中首次规定：“女工应有生理休假，每月3天，生产（指生育而言）前后60天，但有特殊情形可斟酌延长，工资照发。”在政府的号召下，妇女就业越来越多，政府对女工的劳动保护措施也不断完善。据1951

年9月统计，旅大市女职工32235人（其中女职员9878名，一线女工22357名），为方便女工哺育婴儿，金州纺织厂、大连纺织厂等企业开办了31个托儿所。1960年，全市女工人数增至152457人，占国营和社办企业职工总数的30.20%。据对12家企业的调查，已全部建立幼儿园、托儿所，收托幼（婴）儿4653名，并设立40个妇女卫生室和26个女工专用浴池，凡女工人数多的车间、工段都设立了妇女更衣室。1978年改革开放后，女工劳动保护条件得到进一步改善。据1982年末统计，全市有118个单位设立妇女卫生室204个，181个单位设立妇科门诊，275个单位设有女工淋浴室，54个单位设有孕妇休息室，164个单位设有女工倒班宿舍。

大连光复初期，在铁路、船渠等较大企业和许多私营企业，有相当数量的未满16～18周岁的未成年工和16周岁以下的童工，据统计，全市共有未成年工和童工4543人，其中女工约占四分之三。1947年4月，大连市民主政府发布《暂行劳动保护条例》，规定废除封建性学徒制度，禁止使用14岁以下童工，未成年工技术成熟者与成年工同等待遇，设立技术学校，使童工免费就学。中华人民共和国成立后，国家对未成年工的劳动保护逐步加强。1950年，全市77家工厂的未成年工人数减至3455人。20世纪60年代起，直至"文化大革命"期间，初、高中毕业生纷纷上山下乡插队落户，从事农业生产劳动，市内企业极少招用未成年工。20世纪70年代，一度实行"子女顶替"就业制度，出现少数青年过早就业谋生的现象。20世纪80年代，城市16周岁以下的青少年基本在校就学，厂矿企业只招收小部分学徒工，但出现不少乡镇企业重新招用未成年工现象。1985年6月，市劳动局在招工办法中规定，新招工人的年龄在16周岁以上，招工制度更趋规范。

第三节　劳动保险与职工福利

一、劳动保险

日本侵占东北时期，大连地区工人深受日本帝国主义和资本家的双重剥削和压迫，工人如同奴隶，根本没有劳动保险。

1945年8月大连光复后，大连市民主政府深切关心工人的保险与福利。1947年4月，大连市政府在《暂行劳动保护条例》中规定，"因工受伤治疗费由厂方负责负担，受伤过重不能恢复原状，不能负担原来工作时，应由厂方给予相当扶助费"和"因工致死应由厂方给予抚恤金"等政策。1948年5月，关东公署颁布命令，将职工应当享受的劳动保险待遇列入合同内容，当年大连地区有47921人享受劳动保险待遇。1949年4月1日起，大连地区从国营的铁路、矿山、军工、邮电、电气、纺织等企业开始试行退休养老制度。

中华人民共和国成立后，旅大市从1951年1月1日起，全面执行1948年12月由东北行政委员会发布的《东北公营企业战时暂行劳动保险条例（草案）》。同年2月26日，国家政务院颁布《中华人民共和国劳动保险条例（草案）》，旅大市继续贯彻国家《劳动保险条例》。同年4月，市总工会颁布《季节性建筑工人病、伤、残、亡暂行处理办法》，明确规定，因工负伤、公费治疗，治疗期间，照发基本工资。1954年7月1日，根据中央人民政府劳动部、中华全国总工会文件精神，市劳动局与总工会发出联合通知，将原由市劳动局负责的劳动保险业务移交市总工会接办。1951—1959年，旅大市实施劳动保险的单位由88

个增加到195个，实际参加保险的职工由93207人（不含铁路系统）增加到285794人。1960—1965年，旅大市劳动保险工作处于稳定发展阶段。“文化大革命”期间，市劳动局和市总工会的劳动保险专管机构有所削弱，实行劳动保险的企业按照保险政策自行管理保险业务，直至1977年末。1978年8月1日，旅大市劳动保险工作重新恢复并得到强化。

1985年，大连市人民政府开始对全民所有制企业退（离）休费用实行社会统筹。当年有411个单位15445名合同制工人缴纳养老保险基金180万元。

二、职工福利

1945年秋，大连职工总会筹备会开始着力解决职工食堂、托儿所、医院等急需解决的问题。1947年6月，中长大连铁路职工总会创办了旅大地区第一个职工食堂；同年10月，旅大市中山区手工业渔网厂成立了第一个托儿所。

到1949年中华人民共和国成立时，旅大地区兴办的职工集体福利设施已有初步规模。据1945—1950年统计，全地区有职工俱乐部83处，澡堂145处，食堂178处，托儿所31处，图书室1处，职工医院12处。

1956年12月31日，旅大地区根据国务院通知要求，凡在市县、乡村的国营、公私合营企业、事业、国家机关、学校等单位工作的职工，冬季自行取暖的，按标准发给取暖补贴：旅大地区每人18元；其他地区每人20元。取暖时间为4个半月。1957年，旅大地区享受取暖补贴人数为210588人，支付取暖补贴总额为3855451元。1958年，享受取暖补贴人数和支付取暖补贴总额分别为277333人和4225771元。1966年2月，旅大市劳动局依照省劳动局文件要求对长期病假超过6个月的职工，离开原居住地回家休养的，也按规定发给取暖补贴。1975年，大连市全民所有制单位支出的劳保福利费为5361万元，比1963年增长36.9%。

20世纪70年代集体福利。1975年，大连市全民所有制单位支出劳保福利费5361万元。1978年改革开放后，由于提高了干部离退休和工人退休的待遇标准，增加了计划生育和独生子女保健津贴，以及提高职工上下班交通费和洗理费标准等，职工福利费支出明显增长。1979—1980年，全民所有制单位支出的劳保福利费年均11755万元，比1978年增长60%；1984年达24737万元，比1978年增长2.4倍。在开支的劳保福利费中，如扣除职工离休、退休、退职及丧葬抚恤费，人均享受劳保福利费由1978年的100元升至1984年的205元。集体所有制单位人均享受劳保福利费由1980年的93元升至1984年的125元。

第四章 民 政

民政古称“民事”，魏晋时产生“民政”概念，宋以后“民政”被广泛使用。民政在封建社会为统治者的“治民之政”。大连地区自战国末年设立郡县起，民政即由地方政府兼管。明代一级行政区划有布政使、按察使和都指挥使，分管行政、司法和军事，民政事务由布政使兼管。明前期，明廷在东北地区只设辽阳布政分司，归山东布政使司管辖。时大连地区所设金州卫、复州卫的民政事务归辽阳布政分司管辖。至清代，大连地区下属厅、州、县官衙设置户房（科），掌管民政事务。光绪三十二年(1906),清政府宣布预备立宪,改革官制,中央设民政部,这也是中国历史上首次设立民政部专管民政事务。

民政在俄、日侵占时期为统治者的“剥削之政”。沙俄、日本侵占大连期间,设有民政机构,然而民政事务中的抚恤、救灾、救济等基本中断,只有少数民间慈善团体从事些扶困济贫活动。

人民政权建立后的民政成为“为民之政”。1945年11月,大连市政府成立即设社会局管理民政事务,翌年8月改称民政局。同期成立的金县、旅顺市、大连县民主政府均设民政科。1947年关东公署成立前,市社会局担负了大量民政事务,包括接管日本殖民统治有关单位及慈善机构;废除日本殖民政权体制,调整行政区划,建立基层人民民主政权;选拔和培训基层干部,组织干部南下支援解放战争;发动群众支援前线,拥军优属及荣复军人安置抚恤;进行紧急社会救济,组织贫困者参加生产自救;禁烟、禁毒;收容改造游民、妓女等。中华人民共和国成立后,除“文化大革命”时期民政工作处于瘫痪状态外,其他时期各级民政部门担负了基层政权建设、行政区划、地名和边界管理、优抚安置、救灾救济、社会福利、婚姻登记、殡葬等诸多事项。

第一节 优抚安置

清末,朝廷颁行《恤荫恩赏章程》。中华民国时期,政府颁布《陆军平战时抚恤暂行条例》,适用于复县、庄河县。抗日战争胜利后,大连地区各级民主政府把拥军优属当作一项重要政治任务。中华人民共和国成立后,优待参加过解放战争和抗美援朝战争的军烈属成为一种社会风尚。

一、拥军支前

支援解放战争。大连光复后至中华人民共和国成立前,大连地区各级政府发动群众参军参战、生产支前,全力支援解放战争。据不完全统计,全地区(指今大连地区口径,含时未划归旅大市的庄河县、新金县、复县)在解放战争期间共动员和调出参加东北人民解放军的兵员有6.8万人;先后派出4批289名医务人员参加前线医疗救护;组织妇女赶制军服30多万套、军鞋256万双;出支前民工241.6万人次。大连汽车学校、关东电气工程专门学校为部队培养近千名装甲兵和230名无线电通信机务和工程技术人员。大连建新公司为前线生产炮弹5万余发、引信80万余枚、无烟火药5000余吨、迫击炮1200余门。

抗美援朝。大连是支援抗美援朝战争的重要基地。1950年11月27日,党政领导和人民团体代表在市文化宫剧场集会,欢送首批700余名志愿赴朝参战人员。全市人民响应共产党号召,踊跃捐款购买飞机、大炮。据不完全统计,在抗美援朝战争中,全市共认捐武器款410多亿元(东北币,下同),可购买战斗机27架,捐赠慰问金10亿多元;全市自愿报名参加志愿军的有60720人,参战民工5220人;全市组建战勤医院13所,设床位5600张,1951—1953年共收治志愿军伤员22409人。同时组织民工100多万人次、车辆12.6万辆次参加机场、铁路、公路等建设。时未划归旅大市的庄河县、复县、新金县在支援抗美援朝战争中也做出贡献。如庄河县组成8000人担架队,出汽车13辆、大车240辆、车夫500人赴朝参战,出战勤民工381560人(次)参加机场、公路建设。

二、烈士褒扬抚恤

中华人民共和国成立后，大连市根据《革命烈士褒扬条例》等条例，对在革命斗争、保卫祖国和在社会主义现代化建设事业中牺牲的革命烈士进行褒扬，以抚慰遗属，教育后代。1950年12月，对革命军人、革命工作人员因参战、公务牺牲和民兵民工因参战牺牲的，均授予革命烈士称号，其家属为革命烈士家属，给予抚恤和优待。据1954年5月普查登记，全市（不含庄河县、新金县、复县，三县于1954年8月划归辽宁省）共有革命烈士419名，其中革命军人278名、革命工作人员43名、战勤民工98名；抗日战争时期牺牲的47名，解放战争时期牺牲的133名，抗美援朝时期牺牲的239名。据1979年普查登记，全市共有烈士5667名。据1983年普查登记，全市共有烈士6258名。

1945—1950年末，对于革命军人牺牲、病故和致残者，地方政府给予抚恤。其后按全国统一规定抚恤，分为牺牲病故抚恤、伤残抚恤（曾称残废抚恤）两种。从1985年1月起，根据民政部、财政部规定，革命烈士家属原享受的定期定量补助改为定期抚恤金。享受定期抚恤金的对象为无劳动能力和无生活收入，或虽有一定生活收入但不足以维持当地一般群众生活水平的革命烈士、因公牺牲军人和病故军人家属。大连市抚恤金标准是：烈士和因公牺牲军人家属，城市每人每月35～40元、县镇30～35元、农村20～25元；病故军人家属，城市每人每月30～35元、县镇25～30元、农村15～20元。是年，大连市共有优抚对象（包括烈属、军属，残废、复员退伍军人）25.9万人，占全市人口的5.34%。

三、优待军烈属

中华人民共和国成立初期，除国家抚恤、政府补助外，农村各级政府还动员与组织群众与集体经济组织，对优抚对象实行优待。对农村无劳动力或缺乏劳动力的烈军属实行群众土地代耕、助耕，1949年旅大行政公署辖区共有烈军属4354户，代耕、助耕土地565.5公顷，1951年代耕1589户、1273.5公顷。

1956年成立高级农业合作社后，土地由合作社集体耕种，群众代耕土地改为合作社优待劳动日（工分）。当年市郊农村有烈军属5059户，其中有284户、1237人享受优待劳动日27319个，加之自做劳动日和固定收入，人均年收入88.3元，基本达到当地一般社员生活水平。优待劳动日除长海县由国家补助部分外，其他地区全由社员从生产总收入中支出。1958年秋实行人民公社化后，由生产大队继续实行优待劳动日办法。“文化大革命”期间，优待一度“撂荒”。中共十一届三中全会后，对军烈属的优待政策得到恢复和进一步落实。

1981年农村开始实行家庭联产承包责任制，自此起对义务兵家属实行普遍优待（复县从1982年实行），改优待工分为优待现金。凡从农村入伍的义务兵，不论家庭经济状况，均按当地一个整劳动力年收入三分之一或二分之一给予现金优待。所需经费多数由村（大队）公益金解决，少数从农民“提留”中解决。1985年后，实行乡（镇）统筹，合理平衡负担，保证优待金及时兑现。

四、拥军优属

抗美援朝战争爆发后至1954年前，拥军优属被列为大连市爱国公约的重要内容。各行各业对烈军属购粮、购物、就学、就业、看病、居住等实行优先照顾，影剧院、理发店、浴池等对烈军属实行免费优待，20世纪50年代的荣军招待所、荣誉军人学校、军属养老院、复员军人慢性病疗养院、光荣院，集中安置了各种有特殊困难的优抚对象。每逢建军节、新年、春节，党政领导、机关部门和群众团体负责人都到战伤医院慰问志愿军伤病员，重点走访烈军属、残疾军人。职工、妇女、青年经常给解放军、志愿军写慰问信，送慰问品，为烈军属做好事。1955 年中国人民解放军进驻旅大后，市有关部门千方百计地做好部队的粮、油、肉、菜、蛋、粮等供应，各级政府在土地、房屋等方面提供支持，帮助驻军搞好后勤生产，解决家属就业、子女入学问题。“文化大革命”期间，一些有组织的慰问活动停止，中共十一届三中全会后逐步恢复。各街道普遍建立由街道办事处牵头，商店、粮站、医疗门诊、煤场、饭馆、浴池等单位联合组成的拥军优属“一条龙服务网”。1980 年，市委、市政府与旅大警备区首次联合召开“拥军优属、拥政爱民”大会，此后，以“双拥”、“共建”（军民共建文明市）为内容的群众性拥军优属活动日趋经常化、社会化。

五、复员退伍军人和城市下乡人口安置

大连光复至中华人民共和国成立前，大连地区陆续接收安置本地参军的复员转业军人和部分外省市户籍复员转业军人 4820 名（不含复县、新金县、庄河县，以下简称“北三县”）。按照“原籍安置”原则，在城市，采取优先介绍就业和组织生产相结合的办法，给多数人安排适当工作，少数人进入军属互助工厂或接受资助而经商；在农村，分给土地、房屋，帮助安家，病残体弱者组织群众代耕。1950 年 9 月起，地方政府开始有计划地接收安置复员军人。至 1958 年底，全市（不含北三县）共接收安置复员（又称回乡转业建设）军人 21408 名，其中 90% 以上安置在城市就业。至此，1955 年《中华人民共和国兵役法》颁布前旅大地区自愿参军的志愿兵基本复员完毕。自大连光复到 1985 年，全市共接收安置复员退伍军人 14.83 万人。1959—1975 年将接收的复员军人、复员干部与退伍义务兵一起安置。从 1955 年开始，民政部门又负责安置军队的离退休干部，1981 年共安置由辽宁省下达安置任务的军队离退休干部 2181 名。到 1985 年末，全市共建军队离退休干部休养所 9 处。

1969 年 3 月，全市掀起城镇人口下乡热潮。被动员下乡的对象主要是城镇无职业闲散人员，工矿企业、机关团体和事业单位临时工、合同工，城镇无户口、无工作的职工家属、户口在城镇而工作在外地的职工的家属等。1969—1971 年，旅大市共有近 12 万名城镇人口被动员到农村安家落户。到 1971 年上半年，全市共动员城镇 26753 户、119597 人到农村安家落户。

中共十一届三中全会后，下乡人员成批上访要求回迁城镇。根据中央、国务院指示和省委、省革命委员会文件，市委、市革命委员会对在“文化大革命”期间被动员下乡的人员，根据不同情况分别作了安置处理，多数返回原来居住的城市，少数就近安置在下乡所在的县城。

第二节　救灾救济

大连地区自然灾害主要为水、风、旱、雹、虫和海潮，尤以水、风、旱雹灾较为频繁。大风与暴雨袭来，常导致山洪、泥石流暴发，毁坏良田、村庄。大连历史上如遇严重自然灾害时，官府临时赈济灾民事容或有之，而平时对贫困户进行救济则极为少见。俄、日殖民统治大连时期，既无救济机构，也无救济之举，仅中国人创办的民间慈善团体有零星施舍。大连光复后，特别是中华人民共和国成立后，中国共产党和人民政府把自然灾害救济和社会救济当成一项重要任务，倾力

做好这项工作。

一、自然灾害救济

史料记载，在清道光二十年（1840）至中华民国34年（1945）的105年间，大连地区发生重大自然灾害27次。古代官府在重灾之年曾有减免税银、缓征税粮、救济粮银之举。如清道光二十四年（1844），“秋七八月间，复州淫雨连绵，洪水泛滥成灾，当政减免地亩钱粮，赈粮3.5万多石”。中华民国16年（1927）“秋七月，复州大暴雨，复州大河、岚崮河、珍珠河河水出岸，大片农田被淹，粮食减产六成，政府减免地亩捐税”。

中华人民共和国成立后，大连地区发生自然灾害、给人民生命财产造成重大损失的有1961年、1962年、1963年、1981年的4次水灾和1949年、1960年、1985年的3次台风灾害。每遇灾害，全市党政军民皆全力以赴开展抢险救灾。各级政府坚持“依靠群众、依靠集体，生产自救，互助互济，辅之以国家必要救济和扶持”的方针，由民政部门调拨救灾款物，妥善安置灾民，扶持生产自救、重建家园，保持了社会安宁。1960—1962年，旅大地区连续3年遭受水、风、雹自然灾害，人民生命财产遭受严重损失。1961年，省政府拨给旅大市医疗专用款65万元，拨口粮和孤老幼儿生活救济款80万元，国家和省、市8次下拨大豆、豆饼、糕干粉、食糖等物资1299.75吨，全市组织4000多名医务人员建立421个康复院、166个康复班、933个营养灶，及时治病防病，共治愈患者362662人，使浮肿病基本得到控制。1985年8月19日九号台风造成的损失是中华人民共和国成立后大连地区发生的自然灾害中最惨重的一次。此次台风风力9～10级，阵风12级，伴以暴雨和特大暴雨。灾害波及7个县（市）区122个乡（镇）1489个村。倒塌损坏房屋14.93万间。农作物受灾面积31.3万公顷，其中绝收8.3万公顷，减产粮食约7.5亿千克。受灾人口314.85万人，其中死亡75人、重伤796人。因灾缺粮196万人，3600个乡镇企业一度停电停产。灾害损失总值11.4亿元，其中农业损失9.605亿元。灾害发生后，驻旅大部队抽调大批指战员助民抢险救灾。全市近百万干部群众和解放军指战员奋战在抢险救灾第一线，共出动汽车600辆、拖拉机5000辆、马车和手推车上万辆紧急施救，救出遇险灾民27453人，转移灾民16918人，清除道路倒树和积淤，恢复通车、通电、通水、通气，使停产企业陆续恢复生产。国家拨给救灾款1290万元，社会捐款29.7万元，其中用于扶持灾民生产的占三分之一。沈阳军区捐赠灾区粮食10万千克，代购粮现金14750元。国家、辽宁省下拨和市里自筹了木材、钢材、水泥、玻璃、煤炭等救灾物资。

二、社会救济

城市救济 大连光复之初，有无业游民、乞丐以及因工厂倒闭、停产而失业者71630人。刚建立的民主政府采取紧急救济措施给予救助。一是解决缺粮困难。1946年，市政府没收奸商囤积居奇的粮食7.5万千克，并组织粮商成立民食采办公司从外地购进粮食，以低价卖给贫民。组成救济委员会，派员采购粮食，救济失业工人。同时，商请驻旅大苏军司令部拨给高粱米1500吨，通过区、坊分给缺粮市民。1947年，市政府拨出35万千克粮食救济贫苦市民，旅顺市政府商请驻旅大苏军司令部拨给粮食100吨，救济失业工人和缺粮市民。二是收容流浪人员。1946年，市政府责成市社会局接管大连宏济善堂作为收容救济中心。至1948年7月，共收容安置2172人，使流浪街头者基本绝迹。三是解决城市贫民住房。1946年8月，市政府责成市民政局组成市及区住宅调整委员会，先后三次开展住房调剂运动，时称“搬家运动”。到1947年5月，有13309户、5万多人原住贫民窟者搬进了公有洋房，绝大多数给予房屋所有权（1949年后陆续收回）或给予5

年免租照顾。

大连光复至中华人民共和国成立前，政府对贫困烈、军、警、工（人）属给予定期或临时救济，1947年有此类救济对象22846户。中华人民共和国成立后，1951年烈军属改按抚恤补助办法办理；对无依无靠、无劳动能力、无生活来源和虽有劳动能力但无固定职业收入不能维持基本生活的贫民给予定期救济；因灾害、疾病、死亡、失业等而发生临时困难者给予临时救济。1953年后随着对手工业、资本主义工商业进行社会主义改造，陆续有一些倒闭企业的工人、店员成为救济对象。同时，流入城市的山东等地灾民、农民因求职不成、生活无着等也成为临时救济对象。20世纪60年代初，由于三年困难时期和大规模人员精减，社会困难户骤增。1962年城市救济人数超过2万人，1963年增至3.65万人，为史上最多。1964年后，随着国民经济逐步好转和广泛开展生产自救，救济户逐年下降，到1966年救济人数减为1.03万人。1977年以后，救济对象逐年减少。1985年末，全市城镇有生活困难的孤老、残疾人1713名，缺少劳动力的困难户574户，用于救济城镇孤老残疾人和困难户的救济款为29.5万元，其中享受定期救济的782人、18.5万元，月人均19.71元。

组织贫困户生产自救，并开展群众互助活动。群众性互助互济初为自发行动，后成为有组织发动解决困难户生活困难的有效措施。1946年1月，为解决市民缺粮问题，市政府在新年宴会上号召募捐济贫，101位本地士绅当场捐款835万元（苏军币）。同年5月，各区、坊相继成立贫民救济委员会，发动居民捐款物、济贫民。1947年9月，大连市救济募捐委员会成立，年末募捐4257万余元（苏军币）以及杂粮、布匹、棉花、药品等物资。改革开放后，群众互助与社会主义精神文明建设和发展社区服务相结合，在社会救济中发挥着越来越重要的作用。1979年以后，市内各街道陆续建立群帮（包护）小组，粮站包送粮、煤场包送煤、卫生院包治病、居委会和友邻包做饭和家务，帮助孤老户解决日常生活困难。

农村救济 大连光复后，农村困难户基本生活得到保障。中华人民共和国成立实行农业合作化后，农村困难户主要靠互助互济、政府救济和举办义仓。1953年农业合作化建立初期，实行粮食“统购统销”政策，遇灾年则由国家调配粮食救灾。1956年建立高级农业合作社后，由合作社安排困难户的生产生活，并对生活无依靠的老弱残疾社员实行“五保”，即保吃、保穿、保烧、保教（孤儿）、保葬，辅以政府救济。当年享受“五保”的有1126人，年人均供给约60元，最高125元。1958年实行人民公社化后，“五保”由公社负责，主要由社队集体安排生活和给予供给、补助，社队有困难的由政府给予必要救济和扶持。“文化大革命”时“五保”制度一度遭到破坏，直至1973年恢复。1982年实行家庭联产承包责任制后，由乡（镇）、村安排照顾困难户，政府对疾病医疗、春夏荒缺口粮和冬季缺衣被实行临时和季节性救济。1983年全市享受“五保”的人数9292人，比上年增加28.8%。同年，“五保”供给费逐步改由当地农户和乡（镇）、村企业按一定比例合理担。

此外，在农村每年青黄不接时，各级民政部门还开展春夏荒救济。遇灾年此项救济结合救灾工作进行。1962—1964年专项下拨春夏荒口粮救济款81.5万元，重点救济受灾穷困的困难户。1964年农村地区的救济面高达30%。1982年实行家庭联产承包责任制后，农民手中粮食增多，1983年不再单发春夏荒口粮救济款。大连市农村扶助严重困难户工作（简称“扶贫”）于1980年展开，1984年起，把扶贫与扶持优抚对象勤劳致富相结合，全面开展扶贫扶优工作（简称“双扶”）。1984年，扶持优抚对象21013户，有18431户达到致富标准，年人均收入424元，占全部扶持户的87.7%。1985年，9号台风给大连地区造成严重灾害，但年底仍有19686户优抚对象达到致富标准，被扶持的贫困户年人均收入为249元。

专项救济 医疗救济。1950年，旅大行政公署发布《旅大地区贫困患者减免医疗费办法的规定》，对贫困烈军属和贫民的医疗费实行减免或全额报销。1956年起，对贫困户的疾病医疗实行“救急救命，重点补助，自行就医”原则，由民政部门发给医疗救济费，贫病者自行就医。医疗救济费主要用在农村。从1983年起，对无依无靠、无生活来源、无家可归需长期住院的麻风病患者提供救助，当年拨款3570元、救济27人；1984年拨款10268元、救济30人，1985年拨款29000元、救济43人。

冬令救济。1951年，旅大市人民政府发出《关于开展冬季救济福利工作的指示》。此后每年秋季后，都由市民政局专门部署，下拨专款和商业部门拨给的棉布、棉絮票，开展冬令救济。进入20世纪80年代，将冬令救济工作纳入城乡社会救济计划，并与救灾相结合，由各县（市）区民政部门自行安排，每年12月底前发放到户。冬令救济对象，在城市以定期补助的优抚对象和定期救济的老弱残户为主，在农村主要是常年生活困难的烈军属和孤残老户。冬令救济除发给棉布、棉絮票外，在城市，1956年起增发取暖用煤，一般为每户0.5～1吨，1980年起增发冬菜款，每人3～6元；在农村，社队帮助重点困难户修葺房屋，1977—1980年修葺1470多间。1985年，冬令救济14662户、52584人，下拨国家救济款（包括实物折款）84.5万元。

精减退职老职工救济。此项救济始于1962年，对退职老职工发给原标准工资30%的救济费，当年救济19人、1200元。1964年8月起，改按原标准工资40%发给救济费，并发给救济证，当年救济人数92人、1.7万元。1966—1972年停办按原标准工资40%发给的救济证，已发证的继续领取救济费。1973年民政部门机构恢复后，补办和统一换发新救济证。1974年全市有持证者770人，全年发救济费18.24万元。之后此类救济对象逐年减少。1985年，全市有持证者587人，加上定期定量救济1586人，共发救济款47.8万元。

因公致残知青救济。1979年，旅大市根据中共中央〔1978〕74号文件规定，对1962年后下乡知青因公致残完全丧失劳动能力者发给生活费、护理费，每月发放生活费35元，护理费区别对待。家庭生活困难者按城镇救济办法，补助一人救济款（12元）；无亲属由亲友给予辅助性照顾的，发给护理费12～15元；必须专人护理的，按当地护理员最低工资标准发给护理费。因公致残知青的医疗费凭指定医院收费凭证实报实销。全年发证13人，发救济款11948元。

移民救济。1954年，市公安与民政部门组成联合工作组，对山东等地盲目流入大连的灾民进行移民动员，有52户232人被移往黑龙江省海伦县落户务农。1955年，市民政局动员并组织4700余名社会闲散劳动力前往营口、昌图地区开荒生产，大连方面安排列车专送。1960年，长海县根据上级指示，动迁各类“政治危险分子”及其家属276户、1541人迁至辽宁省建平县。中共十一届三中全会以后，此批动迁人员被落实政策，1982—1985年末陆续回迁300户（含迁出后分居户）1223人，省、市计发安置救济款30万元。1960年，旅大市接收因为修建水库迁至大连的山东胶南、掖县移民2402户，1961年至1962年7月，陆续有1026户移民返回原籍或流往外地。

外侨救济。1945年大连光复后，市政府曾拨粮款对日本侨民中的生活困难户进行救济。1946

年12月、1947年4月、1948年6月，在苏军协助下，分三批遣送日侨208206人回国。到1948年底，留居大连的日侨尚有745户、2536人，皆为在职技术人员及其家属。政府对日侨中的生活困难者，除在职的由所在单位照顾外，均与中国公民同样享受社会救济。对其他外国侨民，主要是民主德国和白俄罗斯侨民中的个别困难户，都在社会救济中给予特殊照顾。

第三节　社会福利

俄、日殖民统治旅大时期，殖民当局从未为中国人举办任何社会福利事业，只有少数地方士绅、商人创设慈善团体，开展一些恤寡、抚孤、养老、济贫等救助活动。大连光复后，人民政府先在城市后在农村逐步建立起社会福利事业机构，为城乡无依无靠、无家可归、无法维生活（简称“三无”）的鳏寡孤独、老弱残疾者提供生活和疗养场所，使他们的生活得到保障。中共十一届三中全会以后，社会福利事业得到更大发展。

一、城市社会福利

俄、日侵占旅大期间，殖民当局没有为中国人举办任何社会福利事业，而为粉饰其统治，曾允许地方士绅、商人开办慈善团体，着重救助日俄战争造成的大批孤儿和伤残者。开办较早、规模较大、持续时间较长的有大连宏济善堂、世界红十字会大连分会（又称大连道院）等。大连宏济善堂由大连华商公会会长刘肇亿等人最先创办，1906年动工，1908年4月30日落成开业。宏济善堂是通过与官方合办宏济彩票局，筹集慈善资金后而兴建，其收入的半数交予关东都督府，用于慈善事业的仅占30%。宏济善堂建成后虽有过抚恤、救助、济贫之举，然因设施简陋、条件恶劣等原因，让收容者不堪其苦甚至自杀。刘肇亿之后的宏济善堂继任者中有张本政（也是世界红十字会大连分会首席会长）、张洪五，后成为臭名昭著的大汉奸，中华人民共和国成立后在“镇反”运动中均被处死。

大连光复后，1946年3月市政府社会局（后改称民政局）正式接管大连宏济善堂，7月1日成立大连市宏济善堂管理委员会，市长兼任委员长，社会局局长任常务委员，确定大连宏济善堂为纯粹慈善团体，开办济贫、救灾、养老、恤孤、施棺、义葬等救济活动。当年收容流浪街头的残、老、孤、幼者200余人，所属医院日均为贫苦市民提供免费治疗300多人次。经费来自财产生息、各界义捐和政府补助。

1947年11月，中共旅大地委和关东公署出于发展生产、安定民生的需要，成立大连市劝业工厂。劝业工厂不同于其他企业，也非单纯救济团体，是集“以工代赈”、教育改造与安置教养于一体的救济福利事业单位，有工厂、农场、牧场、果园等。到1948年8月，工厂各项生产收入6165万元（关东币），1949年实现经费自给。1948年工厂开始收容流浪街头的鳏寡孤独者、残疾者、游民、乞丐等2172人（含1946年、1947年收容的从国民党统治区逃来的难民等）。至1950年底，5年累计收容3758人（不含紧急收容的台风导致的城市灾民数百人），介绍就业182人，资遣回籍1328人，因家庭生活好转领回的500人，死亡193人，逃跑61人；年末在厂1294人，其中残、老、孤、幼等救济对象728人，游民、乞丐等改造对象566人。

1951年2月，大连市劝业工厂更名旅大市生产教养院。它既是救济残、老、孤、幼者的福利机构，又是收容游民的改造机构。下设养老院、医院、劳动小学、幼稚园、育婴堂等教养单位，还有为教养改造服务的工厂、农场和果园等生产单位。1953年，在反官僚主义斗争中对生产教养院进行整顿。如将劳动小学并入劳动学校，实行半工半读；将机械修造厂并入冷冻机厂，习艺二厂并入印刷厂。1954年，将收容人员划分为教养、救济、改造三类，实行分类管理。

1954年9月，在旧社会遗留的游民大致绝迹，收容改造任务减少的情况下，旅大市生产教养院被撤销，成立旅大市民政局社会事业管理处。1957年12月1日，社会事业管理处被撤销，成立旅大市福利院和旅大市社会事业生产管理处，分别管理教养单位和生产单位。1958年初，旅大盲哑学校移交市教育局，精神病收容所移交卫生部门，市福利院主要管理养老育幼事业。1958—1961年，福利院累计收养孤寡老人589人、孤儿和无人照管的罪犯的子女216人。

1960年8月旅大市精神病疗养院成立，1966年8月移交西山医院。1961年12月旅大市福利院被撤销，分别成立旅大市残老福利院、旅大市儿童福利院，后均于1966年撤销。

大连市从1958年始办敬老院，时有敬老院35所。1985年增至126所，供养人数3760人，月人均生活费30元。

市区街社会福利事业自1958年发展起来。“大跃进”期间，市区民政部门陆续办起敬（养）老院和儿童福利院，收养本区“三无”孤老和孤儿。至1962年，中山、沙河口、甘井子、旅顺口4区共办敬（养）老院3处、儿童福利院2处。1963—1964年相继停办或解体，沙河口区敬老院和甘井子区儿童福利院撤销后分别并入市残老福利院和市儿童福利院。1978年中共十一届三中全会后，区街社会福利事业重新兴起。到1985年，区街创办的福利事业单位主要有沙河口区民权街道残疾人工疗站、西岗区香炉礁街道敬老院、西岗区工人村街道残疾人工疗站、沙河口区残疾儿童寄托所、沙河口区侯家沟街道敬老院、中山区联户敬老院。

二、农村社会福利

中华人民共和国成立后，大连地区农村的福利事业逐步发展起来。1956年农业合作化前，由政府对农村生活无依靠的鳏寡孤独和残疾者发给定期救济粮款；1956年后改由农业合作社给予“五保”。1958年人民公社化后，公社、大队相继建起敬老院、儿童福利院（起初称孤儿院）、精神病疗养院（有称痴呆收容所）。到1958年底，全市27个人民公社有25个建立敬老院35所，收养392人。时未划入旅大市的复县、新金县、庄河县的32个人民公社建立敬老院88所，收养1487人。1959年1月5日复县、新金县、庄河县划归旅大市后，全市59个人民公社共有敬老院106所，收养2010人。1962年，金县、复县、庄河县、新金县共有县办儿童福利院3所、精神病疗养院4所，在院孤儿、精神病患者268人。1966年上述儿童福利院和精神病疗养院先后停办，孤儿转入敬老院或由亲属领养，精神病疗养院移交各地卫生部门。

“文化大革命”期间，农村敬老院在院人数减少。中共十一届三中全会以后，敬老院重新步入正轨。1979年以后，因敬老院经费主要依靠集体统筹和院办生产收入补充，随着农村经济的发展，敬老院人均供给标准提高。1983年实现“一社一院”。1984年以后，新金县、复县办起综合性福利院，集中收养城镇“三无”孤老和残疾人。为增强孤老残疾人的体质，福利院组织他们参加种菜、养猪、养鸡等力所能及的劳动。

第四节 婚姻家庭

清代及以前，大连地区在长期的封建制度下，男女结婚唯凭父母之命、媒妁之言，没有婚姻自由，加之受重婚、纳妾、童养媳以及寡妇不可再嫁等陈规陋俗的束缚，使许多人尤其是妇女深受其害。《清律》规定，男16周岁、女14周岁，有媒证，行婚礼，即成为夫妻。俄、日侵占旅大期间，殖民统治当局无明文管理中国人婚姻。中国人中有识之士有倡导文明结婚者。中华民国时期，辽宁省民政厅于1930年颁布《限制婚龄办法》，规定凡结婚男子须长于女子，不可女大男小，男20周岁、女18周岁方准结婚，实际上规定多流于形式。到大连光复前，一些接受近代思想、受过良好教育的青年已实行自由结婚，一般城镇居民和广大农村地区仍沿袭封建包办、买卖婚姻旧制。

大连光复后，民主政府责成民政部门负责以婚姻登记为主的婚姻管理工作。1950年2月，大连市首先在干部中实行结婚登记，登记机关设在市、县民政局，翌年10月下放到区人民政府。同年5月，《中华人民共和国婚姻法》颁布，宣布废除包办强迫、男尊女卑的封建婚姻制度，8月，市区开始办理居民结婚登记。1951年7月，旅大市人民政府颁布《旅大市婚姻登记暂行办法》，开始建立起包括结婚、离婚、复婚在内的婚姻登记制度，普及婚姻登记。1955年内务部颁布《婚姻登记办法》后，大连地区婚姻登记得以从法律制度上保证了男女婚姻自由。1980年9月，新的《中华人民共和国婚姻法》颁行，规定男22岁、女20岁方准予结婚。大连地区贯彻新的婚姻法，保障公民合法婚姻。

一、婚姻登记

大连光复之初，民主政府开始保护婚姻自由，然无婚姻登记机关。中华人民共和国成立后，1950年2月旅大市人民政府规定，干部结婚须在市、县民政局登记。同年5月，中央人民政府颁布《中华人民共和国婚姻法》，8月大连市区开始试行居民结婚登记办法，当年全市有4495对男女登记结婚。1951年7月13日，旅大市人民政府颁布施行《旅大市婚姻登记暂行办法》，旅大地区城乡开始普及婚姻登记制度，登记机关设在县、区人民政府。此办法至1955年6月内务部公布《婚姻登记办法》时废止，此后按全国统一规定的办法执行。从1956年第二季度起，婚姻登记机关由县、区下放到街道办事处和乡镇人民委员会。

涉外婚姻登记始于20世纪50—70年代。大连光复后，在1946—1948年遣送日侨回国期间发现，市区有159名女侨与中国人共同生活（事实婚姻）。20世纪50—60年代初，有8名外国女性与中国男人结婚，4名中国女性与外国男人结婚；60—70年代，涉外结婚中断，其间有18名日本女性与中国人办理离婚手续回国。1978年改革开放后，涉外结婚登记逐年增加。涉外婚姻登记机构为县、区人民政府民政局（科）。1979年全市办理涉外婚姻登记1对，1985年办理16对。

1981年3月，市民政局改革婚姻登记办法：变四大节日前夕集中办理为日常随来随登；结婚介绍信改由申请登记人所在单位（相当公社级以上）或生产大队出具的证明信；结婚证统一由县、区人民政府盖章。同年12月，纠正以晚婚年龄（城市男26周岁、女24周岁，农村男25周岁、女23周岁）取代法定婚龄（男不得早于22周岁、女不得早于20周岁）、不够晚婚年龄不给登记，以及收取晚育押金等做法。当年办理结婚登记99490对，为历年最多。1985 年办理结婚登记 54335 对。

二、婚俗改革

在封建社会，大连地区婚姻习俗多受中原文化特别是齐鲁文化的影响。婚姻形式主要有“指腹婚”“童养媳”“娃娃亲”“买卖婚”“赘婿婚”“冥婚”“自愿婚”；婚嫁礼仪主要是婚前合“八字”、看“属相”、纳“彩礼”，尊崇妇女从一而终。从婚姻关系上，就能体现出封建社会妇女的社会地位极其低下。1919 年五四运动后，受新文化运动的影响，部分具有进步思想的城市青年最早冲破旧婚俗束缚，实行自由恋爱，举行文明婚礼，但封建买卖包办婚姻仍占主导地位。

大连光复后尤其是《中华人民共和国婚姻法》实施后，人民政府大力倡导喜事新办，破旧俗、立新风，部分女劳模、女共青团员响应政府号召，联合发出结婚不要彩礼的倡议，许多女青年冲破旧俗，结婚不收彩礼，渐开婚嫁新风。1952 年 4 月，市民政局以“改革旧婚礼、提倡新婚礼”为内容，致函各县、区人民政府和市妇联等有关部门，推广婚俗改革。在干部中倡导举办“节俭、新颖、庄重的革命婚礼”，招待亲友只备烟茶糖果，单位领导出席祝贺，不搞大操大办。1977 年末至 1978 年初，在全市开展“破旧俗立新风、喜事新办”宣传活动，抵制婚礼大操大办之风。20 世纪 80 年代初，城乡居民家庭生活方式、价值观念发生巨大变化，青年男女缔结婚姻关系多以工作条件、人品以及双方感情为重，经济条件的考虑减弱。婚姻习俗逐渐朝删繁就简、文明办婚事方面演变，结婚录像比较普遍，封建迷信婚俗基本被废除。1985 年 2 月，西岗区工人村街道创办大连市第一所婚前教育学校，当年有 680 名青年男女接受了婚前教育。市区街道也纷纷开办婚前教育学校或培训班，开展计划生育、生育卫生、家庭伦理道德教育。

第五节 殡 葬

清末以前，大连世代均以土葬。家境富裕的一般有自家祖茔地，死者被重殓厚葬，丧事大操大办，封建迷信葬祭活动名目繁多，穷人则多葬于乱葬岗。大连光复前，大连市区和郊区有墓地 7 处，另有沙俄、日本墓地各 1 处。日本殖民统治时期，当局在大连、旅顺所设火葬场和庙宇以及几十家殡仪商社，专为日本人殡葬服务之所。1945 年大连光复后，火葬场和市区公墓由市卫生部门接管。中华人民共和国成立后，1957 年改由市民政局接管。20 世纪 60 年代开始，由城市到农村，先实行限制土葬与提倡火葬，后逐步推行火葬，以至普及火葬。为解决火化后又土葬的问题，市殡仪馆及后建的火葬场相继开办寄存骨灰盒业务。1980—1985 年，全地区已建骨灰存放纪念堂 75 处。在推行火葬的同时，封建葬俗陋习被逐步破除。

一、土葬

清末以前，大连一直沿袭传统的土葬习俗。农村墓地多为一姓或一个宗族所有，常建在私有山（地）上，俗称“祖茔地”，此外，农村有杂姓共用的“乱葬岗”。城市有公墓，又称“义冢”，多由地方慈善团体、民间商贾出资兴建。

大连光复前，大连市区和郊区有墓地 7 处，分别是位于今甘井子区的西山公墓、马栏村公墓，以及湾家村第一、第二公墓；位于今西岗区的南石道街公墓、北石道街公墓；位于今中山区的吕家屯公墓。另有沙俄墓和日本墓，建在今中山区葵英街一带。大连光复后，日本墓地被平掉，沙俄墓地改建为苏军烈士墓。农业合作化后期，出于扩大耕地面积和移风易俗需要，政府多次发动群众平坟深葬。“文化大革命”期间，耕地里的坟墓和“乱葬岗”大部分被迁出或平掉。20世纪70年代末，农村社队又发动群众迁坟和平坟深葬。20世纪80年代初，市政府再发通告，严禁在铁路、公路、水源附近以及林地、绿化地、耕地里设墓，许多乱埋滥葬的无主坟被平掉。

二、火葬

大连光复后到20世纪50年代，大连地区仍以土葬为主，仅有少数患传染病死者等实行火化。自20世纪60年代起，先从城市后至农村，始行限制土葬与提倡火葬。1974年以后，全面推行火葬。

1964年，市区与郊区火化率为23%。“重殓厚葬”“入土为安”的旧俗是推行火葬的最大阻力。1966年内务部大力提倡火葬之后，农村县区始建火葬场，农村火化率缓慢提高。1974年全面推行火葬后，复县、新金县、庄河县平均火化率为3.9%，旅顺口区、金县分别为32%和15%。1976年，随着在建的火葬场为偏远农村创造了火葬条件，旅顺口区和金县火化率分别达到80%和71%，复县、新金县、庄河县火化率分别提高到19%、15%、17%。在推行火葬过程中，一度有人认为推行火葬是“左”的错误，致使1976年火化率有所下降。1982年，市政府加大殡葬改革力度，农村火化率有所回升。1980—1985年，全市的火化率平均为60%左右，其中1985年火化率达到84%。

20世纪50年代，全市有火葬场1处，即大连火葬场（1985年火葬场改称殡仪馆）。1966—1978年，县区先后在县所在镇等地建火葬场9处。1980—1985年，市、县（区）相继建起骨灰存放纪念堂75处，其中市与沙河口区在市区建纪念堂和公墓3处，分别是烈士山纪念堂、白云故园、台山归园。另有建于1957年的台山革命公墓。

三、葬俗改革

封建社会的大连地区，丧葬有看风水、选墓穴、搭灵棚、设祭场、雇佣吹鼓手、扎制纸牛纸马、宴请宾客等葬俗，还有人请僧道念经、超度，以金银首饰、珠宝玉器和各种模拟人物作陪葬品。葬仪过程繁杂，为死人烧香纸、摆供品，子女披麻戴孝，在丧户门口挂“岁头纸”，早午晚到土地庙送“浆水”。出殡时，“摔丧盆”“撒路钱”扬幡招魂；葬后还有“圆坟”“烧七”“烧百日”“烧周年”等葬祭活动。20世纪60年代后，在推行火葬的同时，由于大力开展殡葬改革宣传教育，以及破旧俗、立新风的社会主义精神文明建设活动，丧事越来越从简，封建葬俗陋习被逐步破除。臂佩黑纱、胸戴白花、摆花圈、奏哀乐、向遗体告别、开追悼会等形式逐步取代了旧的丧葬习俗，以骨灰盒代棺、以骨灰堂代坟地，既节省了木材、土地，又减轻了丧户负担。1985年2月8日，国务院发布《关于殡葬管理的暂行规定》行政法规，大连的殡葬改革进入法治化轨道。

第六节　收容改造

大连光复之初，游民、乞丐以及娼妓、赌博、吸毒等社会现象成为殖民统治遗留的重大社会问题。民主政府建立后，在《大连市政府施政纲要》中明确提出取缔烟毒、赌局、妓院，并采取坚决措施，收容改造游民，封闭妓院，废除烟馆，持续开展禁烟、禁毒、禁娼运动。1947年11月，经关东公署决定，成立游民收容改造机构——劝业工厂（1951年改称旅大市生产教养院）。到中华人民共和国成立后的1952年，社会丑恶现象基本被取缔，收容旧社会遗留下来的流落街头的灾民、难民、流浪乞讨人员等逐年减少，每年约有千人，比大连光复之初减半。1954年9月，市生产教养院撤销，成立旅大市民政局社会事业管理处，游民改造任务由社会事业管理处下属的市生产教养院承担。至1957年，共改造游民2000余人、妓女1000余人、烟民2万余人。1957年10月，成立旅大市劳动教养院和工读学校，分别承担原收容改造对象中的成年人劳动教养和顽劣儿童收容改造任务。1957年9月至1958年10月，先后收容劳动教养人员3940人。

1978年改革开放后，随着城乡长期封闭的状态被打破，出现农村居民向城市流动的大潮，流入城市却未能找到工作的生活困难者成为新的游民。1979年起，市民政部门开始收容流入城市、食宿无着的外地农民，以及城市里流浪街头、生活无着落者。

一、改造游民

俄、日侵占大连期间，大批居民破产、失业，流离失所。殖民统治当局办妓院、开烟馆、设赌场，制造出一批无家无业、流浪街头，或以乞讨为业，或以行窃、诈骗、卖淫为生的游民阶层。

大连光复之初，市区约有游民2000人。1946年至1950年，各级政府和公安部门分批收容1500余人。从1947 年起，游民收容改造任务由大连市劝业工厂承担。工厂实行“以工代赈”方针，实行救济与改造相结合，将被收容者分别安置在养老院、孤儿院和劳动小学，有一定劳动能力的青壮年游民被安置在所属草织厂、铁工厂、印刷厂、果园和农场，参加劳动改造。中华人民共和国成立后，绝大多数游民经过改造得到妥善安置，成为新社会的劳动者。1949—1950年，共安置或遣送回原籍约800人，其中留厂当职员16人，培养为工人干部的251人。

1951年2月，大连市劝业工厂更名旅大市生产教养院，1951—1952年共收容乞丐、职业娼妓、无业流氓、惯偷、违法青少年等200多人。到1952年底，旧社会遗留游民的收容改造任务基本完成。此后出现的盗窃、流氓、娼妓等转入正常收容。1955年成立的劳动教育所负责游民管理教育。1956年起，实行劳动改造与劳动教育分离，新成立旅大市福利厂，负责游民劳动改造，1957年10月，撤销旅大市生产教养院，先后成立旅大市劳动教养院和工读学校，分别承担原收容改造对象中的成年人劳动教养、顽劣儿童收容改造任务。1957年9月至1958年10月，先后收容劳动教养人员3940人，其中转省内其他劳动教养院1826人，留市教养2114人。

二、改造妓女

日本殖民统治时期，大连市内开有妓院，有日本妓院、朝鲜妓院，也有中国妓院。1945年11月8日大连市政府成立时，在《大连市政府施政纲要》中明确提出“保障人权，取缔妓院”。随之，日本、朝鲜妓院纷纷倒闭。1946年春，市内中国人妓院被政府明令取缔，全部关闭。妓女大部分改业从良，有的投亲靠友，少数无处投靠的由公安总局收容到马栏屯改造所接受教育改造，流浪街头的被收容到劝业工厂进行改造和安置。取缔妓院后，部分妓女一度转入舞厅、吃茶店（有的就是由妓院改业的）等处，以“舞女”“女招待”之名行暗娼之实。为此，市政府几发布告，限令舞厅、吃茶店接受审查或关停，并对雇佣女招待等登记、发证。至1947年，经数次调查整顿，多数女招待陆续改业或回原籍（包括日侨回国）。1951年全面停止女招待登记。至此，旧社会遗留的娼妓基本绝迹。进入20世纪80年代后，隐性卖淫、嫖娼现象又死灰复燃，公安机关通过“扫黄”行动，依法对此予以处理。

三、禁烟禁毒

日本殖民统治大连时期，实行鸦片专卖制，有计划地毒化中国民众，烟毒流害甚广。1945年

11 月，大连市民主政府在《大连市政府施政纲要》中发布“废除大烟馆，并杜绝鸦片来源”政令，全市烟馆随即奉令废业。同年 12 月，在西岗公学堂（今第一中学）操场，由西岗警察局当众焚毁查获的烟土 4000 余两。1946 年 2 月，市政府又以正副市长及公安、社会、卫生局局长名义，发布《鸦片麻药取缔法》，指定市立医院为戒烟医院，号令烟民登记，限 3 个月内自动戒烟（后又延期 3 个月），并宣布逾期不戒者予以严惩。流浪街头的吸毒者，被收容到劝业工厂改造；同时，公安部门加强各岗卡检查，当年共没收烟土 600 两、“福寿膏”（烟泡）5460 个，杜绝外地毒品流入。此后，为从根本上打击明戒暗吸烟民和隐蔽作案毒犯，关东公署于 1948 年 2 月、旅大行政公署于 1950 年 10 月又相继发出禁烟毒通告。1951 年 2 月成立市肃毒委员会，在全市开展群众性肃毒运动。西岗戒烟所先后办了 3 期（每期 20 天），收戒烟民 359 人，使之戒除烟瘾、检举吸贩毒者 800 余人，并协助政府逮捕毒犯 8 人。1952 年 3 月，市政府发出《关于限期缴出鸦片烟毒的通知》，全市组织各种宣传力量 14200 多人，召开各种宣传会 9626 次，分区举行烟毒犯公审大会 5 次。经过这次肃毒运动，大连市旧社会遗留的鸦片烟毒基本被杜绝。

四、改造顽劣儿童

1957 年前，大连市对顽劣儿童的收容改造与游民改造并行。1958 年 1 月，旅大市工读学校成立，为教育改造顽劣儿童的专门场所，隶属市民政局。工读学校收容的对象为有学不就或被学校开除后流浪社会，有盗窃、流氓、诈骗等行为，不够判刑又为家庭无法管教的未满 18 周岁的少年儿童。工读学校建立后，3 年共收容顽劣儿童 752 名（包括 1957 年劳动教养收容的 166 名），1960 年底在校学生 593 名。工读学校的办学方针是“以教育改造为主，生产劳动与文化教育相结合”，以学校、家庭、社会三结合的方式对顽劣儿童进行教育改造和挽救。学生半天劳动，半天学习，集体食宿，非经允许不准回家或外出。教师与学生同吃、同住、同劳动，收到良好的教育改造效果。当年工读学校学生有 30% 成为积极分子，70% 被评为“正式学生”，并有 159 人改好出校就学或就业。

1963 年 7 月，旅大市工读学校改名旅大市儿童教养院，仍为市民政局直属事业单位。除收容城市顽劣儿童外，扩大收容自由流动人口中无家可归、有家不归和回家有困难的流浪儿童，以及城市中流浪乞讨成性的儿童。当年接管和新收顽劣儿童 177 名，年末在院 119 名。此后，收容儿童逐年减少。随着改造好的儿童陆续出院，1966 年 3 月该院撤销。1979 年，重建大连工读学校，归教育部门领导。

五、收容遣送

俄、日殖民统治时期，当局未设立收容遣送机构。大连光复初期，大连市政府通过各区坊和公安派出所将大批灾难民、游民乞丐突击收容于大连劝业工厂，予以教养、改造或遣送回籍。日常救济由市民政局社会科负责。直至中华人民共和国成立后的 1952 年，收容对象仍主要是过去遗留下来的流落街头的难民、散兵游勇及其他流浪乞讨人员，以及投亲不遇或丢失路费无法回籍的过往人员，年均收容千人左右。1953—1958 年，主要收容外地盲目流入城市求职的农民，年均收容 4700 余人，以 1958 年“大跃进”时收容人数最多，达 12939 人，其中大部分被遣送回籍，遣送人数为 1.28 万人，就地安置 102 人，转交公安部门处理 56 人。1959—1961 年三年困难时期，盲目流入城市的农民和其他流浪人员大量增加，年均收容 1.2 万人。这一时期主要采取“以工代赈”的办法，组织流入农民参加短期劳动挣路费回乡。1961—1962 年被遣送回籍者多达 2.51 万人。对回籍后无法生活或全家流出不能回籍者，不少被安置到大连农村社队落户或由劳动部门安排就业。1959—1960年就地安置者最多，共安置1.18万人，约占收容人数的56%。

1978年改革开放后，出现农村居民向城市流动的大潮，流入城市却未能找到工作的生活困难者成为新的游民。从1979年起，市民政部门开始收容流入城市、食宿无着的外地农民，以及城市里流浪街头者，当年收容2913人，1985年收容3889人。1985年，收容所或收容接待站统一改称收容遣送站。

第七节 残疾人康复安置

俄、日殖民统治时期，大连地区城乡人民生活困苦，残疾人更是谋生无路、就业无门。大连光复后，残疾人生活上得到社会各界关怀，享有和正常人一样的就业、就学等权利。1957年7月，中国盲人福利会旅大市分会和中国聋哑人协会福利会旅大市分会分别成立（1959年6月改为盲人协会和聋人协会），协助政府开展盲聋哑人福利工作。“文化大革命”期间协会停办，中共十一届三中全会以后，1979年10月恢复。1983年8月，大连市残疾青年协会成立，为全国第一个肢体残疾青年的群众性组织。1984年，全市有盲人、聋哑人以及其他残疾人约7500人，其中5000人得到安置。

一、残疾人康复

大连光复后，残疾人康复工作是由残疾人组织配合卫生部门开展的。1957年，市盲人聋哑人协会（初期称福利会）成立后，与卫生部门合作，由卫生医疗机构派专业医生为残疾人诊治疾病。1958—1962年，沈阳铁路局大连医院眼科医生在市福利厂进行检查168人、治疗21人，5人见效明显；大连医学院附属医院耳鼻喉科医生在市福利厂和盲哑学校对621名聋哑人进行检查和针灸治疗，有效率70%。复县泡崖卫生所通过针灸治聋，使多年的哑人说了话。1984年，市卫生部门组织医务人员对1317名盲人进行检查，治疗白内障盲人42人，使其不同程度地复明或增视。各级残疾人组织还以俱乐部或文化活动室为阵地，开展残疾人文体活动。盲人宋美杰在1984年全国伤残人运动会上获得女子标枪金牌和铁饼银牌。

二、残疾人安置

中华人民共和国成立后，政府民政部门即安排以算命为业的盲人转业，组成旅大盲人文艺工作团，到农村巡演，盲人基本实现自食其力。1958年后，团名改称旅大市盲人曲艺团，以外出巡回公演为主，8年演出3600场，观众157万人次。1966年2月盲人曲艺团撤销，演职人员被安置到市属福利厂。

1958年起，市盲人聋哑人协会和市盲哑学校先后办班，培训盲人从事按摩业。1959年10月成立市盲人按摩诊所，1969年移交市中医医院，改为医院按摩科。

大连市从1956年开始兴办以安置残疾人就业为主的福利企业，时有市及县区民政部门所办福利生产企业6个（1958年统称福利厂），安置残疾人约200人。20世纪50—60年代，城镇盲聋哑人主要在民政部门办的福利厂就业，少数人分散就业。1958年街道、乡镇一哄而上大办福利生产厂（组）1000多个，因安置人员多不属于福利企业应安置的对象，当年全部转为街企。1957—1961年，县区先后建立盲人聋哑人教学工厂9个（后转为福利厂），集中安置盲人和聋哑人420人，加之分散就业的176人，使城镇80%青壮年盲人和90%聋哑人得以就业。农村主要是依靠社队安排盲聋哑人参加力所能及的生产劳动。

改革开放后，各级民政部门广开渠道，兴办社会福利生产企业，安排残疾人就业，出现民政部门、街道、乡镇及村、企事业单位共办福利生产企业的局面。1978年，全市有民政部门办福利厂13个，安置残疾人2086人。1980年，城镇街道几乎都办起福利厂，1981年57个街道福利厂安置残疾人716人。1982年，农村公社共办福利厂25个，少数村也始办福利厂。1983年起，大连市油泵油嘴厂率先办起福利厂，大连染料厂、大连机车车辆厂、大连玻璃厂随后相继办厂。1984年，全市共有残疾人约7500人，5000人得到安置。

第五章 民 族

大连是一个多民族频繁迁徙的地区。考古发现，早在商周时期大连地区就居住着一个以火葬为特殊葬俗且有较高文明程度的部族，与下游辽河流域的今沈阳地区的居民在文化上有着类同的民族特征。这些部民与中原地区的民族有着千丝万缕的联系，特别是与山东半岛的居民关系尤为密切。战国末年，燕国的势力扩展到辽东，许多中原的汉人来到辽南，与大连的部民融合一处。秦汉时期，大连地区的居民与中原汉族一起，创造了共同的封建文化。后来，高句丽占领辽东来到大连，唐灭高句丽后将许多中原汉人迁至辽南。辽占据辽东地区后，部分契丹人被迁至辽南。契丹政权建立后，又把部分渤海遗民迁至大连。金末元初，蒙古人开始踏上大连的土地。明末大连地区被后金占领后，满族人、锡伯人、蒙古人陆续迁至大连。近现代又有回族人、朝鲜人及其他少数民族成员先后迁至大连居住。到20世纪80年代中期，大连已成为一个以汉族为主体的多个少数民族杂居的地区。

大连地区的少数民族人口，在中华人民共和国成立前没有确切的统计数字。中华人民共和国成立后，从1953年开始，少数民族人口始有准确统计。1953年全国第一次人口普查（7月1日零时统计），全市总人口1208098人（时旅大市行政区划包括市直区、旅顺市、金县、长海县），其中汉族1174697人，少数民族13个、33401人（少数民族人口中满族最多，为30864人）；1964年全国第二次人口普查（6月30日24时统计），全市总人口3725107人（时旅大市行政区划包括1959年划入的新金县、复县、庄河县），其中汉族3586113人，少数民族21个、138887人（少数民族人口中满族为126835人；另有外国人加入中国籍107人）；1982年全国第三次人口普查（7月1日零时统计），全市总人口4685727人，其中汉族4501731人，少数民族28个、183925人（另有外国人加入中国籍者71人）。少数民族人口占总人口的比重呈递增态势，1953年占2.8%，1964年占3.7%，1982年占3.9%。少数民族人口排名居前的有满族、回族、朝鲜族、锡伯族、蒙古族。据1982年统计，大连市少数民族人口中，有满族166295人、回族11639人、朝鲜族2428人、锡伯族1795人、蒙古族1250人，其他少数民族人口皆在千人以下。少数民族人口多分布在农村，市区（中山、西岗、沙河口、甘井子、旅顺口）1478978人，5县（金县、新金县、复县、长海县、庄河县）为3206749人。分布特点是大分散、小聚居，插花式交错居住。

世居大连的少数民族各自的族源与发祥地不同，定居大连的时间有先后，但由于长期与当地汉族杂居，在经济形态、文化生活、风俗习俗等方面大多与汉族无异，也有地方仍保留独有的民族特点，如回族仍保留清真饮食的习惯。

大连的满族、锡伯族、蒙古族在清代被编入旗籍，由各级八旗组织统辖。大连光复后，人民政府始设行政管理机构，管理少数民族事务。1945—1953 年，大连市民族工作由大连市政府社会局管理。1958 年 1 月 8 日，旅大市民族事务委员会成立，继续受旅大市民政局领导。1959 年 10 月，旅大市民族事务委员会独立建制，列入旅大市人民委员会直属序列。此后又几经归民政、统战等变化，1980 年，恢复成立旅大市民族事务委员会。1984 年，大连市按照国家民族政策和大连市少数民族分布特点，在少数民族聚居地建立 4 个民族乡镇，分别是瓦房店市三台满族乡、杨家满族乡、老虎屯满族乡、金县七顶山满族乡。

1982 年大连市人口普查少数民族人口情况表（1982 年 7 月 1 日零时）

表 5-7　　　　单位：人

	总计	中山区	西岗区	沙河口区	甘井子区	旅顺口区	复县	金县	新金县	长海县	庄河县
合计	4685727	338702	268026	360262	316980	195008	944323	582264	771207	72113	836842
汉族	4501731	334023	264062	354255	311299	192654	871191	539150	757441	71955	805701
满族	116295	2659	2097	3357	4372	2165	67503	42590	11471	117	29964
蒙古族	1250	182	105	260	163	45	141	165	79	13	97
回族	11639	946	1309	1753	630	42	3703	152	2105	7	992
朝鲜族	2428	796	361	498	328	59	104	124	87	17	54
锡伯族	1795	21	22	40	33	7	1645	8	7	—	12
藏族	9	—	—	1	2	1	4	—	—	—	1
维吾尔族	48	1	2	5	40	—	—	—	—	—	—
苗族	38	4	3	9	4	—	9	1	—	4	4
彝族	13	1	3	2	1	—	—	3	3	—	—
壮族	261	34	39	45	48	24	15	34	10	—	12
布依族	23	—	—	—	9	4	6	4	—	—	—
侗族	27	3	1	9	11	—	—	3	—	—	—
瑶族	17	4	—	—	3	—	—	7	—	—	3
白族	13	2	5	1	—	—	—	5	—	—	—
土家族	15	3	2	—	10	—	—	—	—	—	—
哈萨克族	11	—	—	1	10	—	—	—	—	—	—
傣族	3	1	1	1	—	—	—	—	—	—	4

续表 5-7

	总计	中山区	西岗区	沙河口区	甘井子区	旅顺口区	复县	金县	新金县	长海县	庄河县
黎族	1	—	—	—	1	—	—	—	—	—	—
畲族	1	—	—	—	1	—	—	—	—	—	—
高山族	5	—	—	5	—	—	—	—	—	—	—
纳西族	4	1	1	2	—	—	—	—	—	—	—
达斡尔族	17	5	—	—	6	5	—	1	—	—	—
乌孜别克族	1	—	—	—	1	—	—	—	—	—	—
俄罗斯族	7	2	4	—	1	—	—	—	—	—	—
鄂温克族	1	—	—	—	—	—	—	1	—	—	—
塔塔尔族	1	—	—	—	—	1	—	—	—	—	—
鄂伦春族	1	—	—	—	1	—	—	—	—	—	—
赫哲族	1	—	—	1	—	—	—	—	—	—	—
外国人加入中国籍	71	9	15	8	1	8	3	11	—	2	—

第一节　汉　族

汉族在中华民族中历来占绝大多数。大连地区历史上虽是一个多民族杂居地区，但除个别政权统治时期，大多历史时期以汉族为多。

一、大连地区汉族起源与历史变迁

在公元前300年前后的战国时期，燕国大将秦开领兵拓疆东北，北逐东胡，东却朝鲜（古朝鲜），修筑长城，设立郡县。时大连地区属燕国新设辽东郡管辖。燕国的势力到达辽东半岛后，伴随着燕民东迁，大连的居民成分发生变化。新迁于此地的居民即为中原最早到大连的汉族。中原汉民与原当地居民杂居，逐渐融合，使大连土著部民被汉化。大连地区的考古发现表明，战国末年先进的燕文化已完全代替了大连土著文化。从族源上说，汉族的构成十分复杂，汉族在形成过程中不断地吸收其他少数民族的血液。秦汉时期，东北地区仍沿袭战国末年的行政建置，时设辽东郡辖18个县，其中沓氏县治所在今大连地区普兰店市花儿山乡张店古城的结论基本可以肯定，汶县设在大连地区之说尚不能确定。从考古发现看，除张店古城外，大连地区先后发现了瓦房店市太阳乡陈屯古城、金县大岭屯等两汉时期的古城址，在旅顺口区营城子，金县董家沟（经济技术开发区）、大魏家乡，瓦房店市太阳乡、李官乡发现了两汉时期的墓葬。其出土文物的特征与中原同时期器物基本类同，表明两汉时期大连地区的居民主要是汉族。东汉末年，公孙氏称霸辽东，吸引许多中原官吏、士子及百姓渡海至辽东，其中有到大连地区定居者，如平原王烈、邴原、管宁等。据《后汉书·邴原传》载："后原（即邴原）欲归乡里，止于三山。"所谓"三山"，即今大连市大连湾镇东面黄海中的三山岛。东晋时期，高句丽政权占领辽东，大连地区属之，时大连地区居民是以高句丽人为多数还是以汉人为多数，无明确记载。可以肯定的是，在高句丽政权统治的200多年间，大连地区仍有大量汉族人居住。

唐灭高句丽，又有大批中原汉民迁居辽东。辽初，统治者将部分东丹国民南迁至大连地区，建立复州和金州。这些南迁的渤海国遗民后来多数与汉族融合，亦有少部分加入女真族。元代有蒙古族人迁居大连，并有元朝灭宋后的“新附军”被拨至大连地区，“新附军”及其家属再加上原有汉民构成了元代大连地区汉族的主体。

明代统治者在大连设置卫所，卫所的军户基本皆为汉人，其来源一是原有的当地汉民，二是从中原各地调拨而来的汉人。卫所的军户主要从事屯田。明末辽东战事频繁，大连地区的汉族居民有部分被清太祖努尔哈赤屠杀，余者为避战乱多从海上逃往山东半岛，致使辽南地区出现“赤地千里”的荒凉景象。清初，朝廷为了重新开发辽东，于顺治十年（1653）颁布《辽东招民开垦则例》，吸引了大批山东、河北的汉民越海赴辽南乃至东北定居，大连成为“闯关东”的齐鲁汉民的首选居住地。

有调查显示，今大连市农村地区的汉族居民，90%以上是清代山东移民后裔，少数是清代河北和其他省份徙民的后裔，还有极少数是明代大连地区土著汉族的后代。至于大连市区的汉族居民，成分构成比较复杂。一部分是大连建市后先后从山东半岛或其他地区迁来的，一部分是从大连各地农村迁入的。另有近年因工作调动、外籍复员军人转业、大专院校毕业生就业等原因定居大连的。从市内居民籍贯看，仍以山东半岛汉民占多数。

二、汉族人口变化及与少数民族关系

大连地区不同的历史时期人口数量有不同程度变化，变化主体均为汉族。据《汉书·地理志》记载，西汉辽东郡18县，总人口55972户、272537人。以此计之，县平均3100户、1.5万人。大连地区如若以两县计之，则约有3万人。其他朝代因多民族杂居，故很难统计其中的汉族确切人数。1945年大连光复前夕，全市总人口190万人，至1949年10月，总人口减至135万人（主要原因是日本21万名侨民被遣送回国及国内33.6万名外来人口返籍或迁居），其中95%以上是汉族人。1953年、1964年、1982年3次全国人口普查，大连市汉族人口占总人口的比例分别是97.2%、96.3%和96.1%。1985年，全市少数民族人口有26万余人。

大连地区的汉族与当地少数民族关系十分密切，尤其是清代以后。清代满族中的汉军旗人，从族源上说，就是汉族人。清初的大连地区就驻有孔有德、尚可喜等作为统领的汉军旗人。后来清廷为了加强辽南的军事力量，下令把当地的部分汉族居民编入汉军正黄、镶黄、正白三旗。今大连地区的满族人口中，汉军旗人的后裔约占三分之二。起源于山东烟台的一支元代蒙古族都姓后裔如今也已融入汉族之中。这支都姓后裔的族籍登记曾为汉族。1985年，居住在瓦房店市阎店乡的一支都姓人改回蒙古族，而居住其他地方的都姓人仍留在汉族人中。

三、大连地区汉族的风俗习惯

大连地区的居民绝大多数是山东半岛的汉族后裔，由于辽东半岛和山东半岛隔海相望、距离较近、交往频繁，大连地区的汉族居民在文化方面与山东半岛相同之处颇多。又由于大连地区的汉族居民自清代以来就与当地满族杂居，使汉族在风俗习惯方面受到满族的影响。

在语言方面。大连地区的汉语方言与发音，与山东半岛极为相似。同时，汉语方言中又吸收了许多的满语，如“兀鲁巴秃”（温乎、刚热乎）、

“撒玛”（看）、“仄楞”（歪、不正）、“旮旯”（角落）、“哈拉巴”（猪肘子）、“疙瘩”（地方）、“隔应”（讨厌）、“秃鲁反丈”（失信、反悔）等。

在婚俗方面。大连地区的婚俗，基本与山东半岛的汉族相似。在封建社会，汉族中流行夫妻双方女大男小的习俗，当地满族婚俗也如此。清朝廷明文规定，大连的汉民不能与当地满族以及其他旗民联姻。直到辛亥革命后实行“五族共和”，才正式解除了汉、满族之间不得联姻的禁令。

在服饰方面。大连地区汉族服饰传承的自然是汉民族传统服饰，但是也不同程度地受到满族以及俄罗斯、日本民族的影响。如冬季农村地区长期流行的男性“兀拉”（用牛皮或猪皮制成的鞋），20世纪上半叶流行的女性的旗袍，极大可能传承的是满族女性的传统旗服。女性中流行的“布拉机”（连衣裙），显然是受到俄国服饰的影响。日本对大连进行殖民统治的时期，“和服”也影响到大连的部分汉族人。

在丧葬习俗方面。大连地区与山东半岛大抵相同。逝者死后3天后实行土葬。改革殡葬制度后，城乡均实行火葬。20世纪80年代以后，火葬后再土葬、搞祭祀旧俗有死灰复燃之势。

第二节　满　族

满族最早的族源是商周时期东北地区的土著肃慎人。秦汉时称挹娄，魏晋南北朝时称勿吉，隋唐时称靺鞨，五代以后称女真。金太祖收国元年（1115）女真人建立政权，国号为“大金”，金天兴三年（1234）金被蒙古汗国所灭。明崇祯九年（1636），皇太极改女真为“满洲”，改国号为“大清”。清顺治元年三月（1644年4月），清定都北京，以白山黑水为祖宗发祥之地。清代满族的主体构成是元、明时期居住在白山黑水之间的女真人。明万历四十七年（1619），后金军队在萨尔浒之战大败明军占领抚顺，又于明天启元年（1621）克辽沈继而进兵辽东半岛，满族人由此踏上大连的土地。清宣统三年（1911）辛亥革命后，“满洲”改为“满族”。

一、来源与历史变迁

大连地区的满族来源比较复杂，主要包括长白山女真（佛满洲、老满洲）后裔、八旗汉军后裔、渤海国和西夏遗民后裔，以及巴尔虎旗人后裔、随母和随“旗”改为满族者。今大连地区满族人口中，汉军八旗后裔占有大多数。

二、人口与地域分布

清雍正年间，满洲八旗兵驻复州599人、金州530人，其中有满洲八旗兵，也有蒙古八旗兵和巴尔虎旗兵。如今大连满族人中数量最多的是汉军八旗的后裔。

从中华人民共和国成立后始有人口统计时计，大连地区的满族人口在少数民族人口中人数最多、增长较快。1953年全国第一次人口普查时，全市有满族人口30864人；1964年全国第二次人口普查时，全市有满族人口126835人，比1953年增长3.1倍；1982年全国第三次人口普查时，全市有满族人口166295人，比1964年增长31.1%。满族人口增长的原因，除了人口自然增长外，还有国家民族政策改变的原因。1964年以前，许多旗人因各种原因填报自己的民族为汉族，1978年以后，根据国家民族政策，许多人由汉族改报回满族，使满族人口数量明显增加。

大连地区的满族人口主要分布在农村。以人

口普查数据为证。1964 年满族人口居住在市区的 11818 人，仅占 9.3%；居住在 5 县的 115017 人，占 90.7%，其中复县 52564 人，金县 34019 人。1982 年满族人口居住在市区的 14650 人，仅占 8.8%；居住在 5 县的 151645 人，占 91.2%，其中复县 67503 人，金县 42590 人。清代，多数按八旗方位分布在各驻防城周围，至今仍保持“聚族而居”的格局。如复州城、金州城是清代辽南的统治中心、国防要地，八旗军携眷驻防的中心地区，故八旗后裔最多。1978 年中共十一届三中全会以后，国家实行新的民族政策，在满族人口比较集中的地方分别建立了满族乡镇。到 1985 年，大连地区先后建立了瓦房店市（1985 年 1 月复县更名瓦房店市）三台满族乡、杨家满族乡、老虎屯满族乡，金县七顶山满族乡。此外，满族人口居住相对集中的乡镇正在筹建满族乡镇，包括金县石河镇，庄河市三架山乡、桂云花乡、高岭乡、太平岭乡、塔岭镇、小孤山镇，新金县乐甲乡。

三、语言和风俗习惯

满族有自己民族的语言，并在历史上创制了满文。满族的先人早在金代就创制了女真文字，满语源于女真语，从发音、构词到语法结构都具有女真语的一些特点，70% 的语汇是女真语的固有词。满族迁入大连地区以后，由于长期与汉族交错居住，受汉文化的熏陶和影响，语言和文字都发生了变化。大约在清中期以后，大连地区的满族都逐渐改说汉语并使用汉文。今大连地区的满族已经极少有人真正懂得满语和满文了，只有辽南汉语方言中还保留个别满语，如称“辘轳”为“乌拉把”，称“不清楚”为“乌拉把秃”，称“反复无常”为“秃鲁反丈”，把“街”读成“gai”，把“来客”读成“来 qie”等，留下了满、汉民族在语言方面相互融合的历史影子。

大连地区居住在乡村的满族至今仍保留一些传统的满族习俗。在饮食方面，满族人喜食黏食，如黏豆包、）年糕、黄米饭等；冬季腌渍酸菜，吃涮火锅、杀猪菜、白肉血肠等，这些习惯一直保留至今，并影响到当地的汉族和其他民族。在居住方面，满族的“拐子炕”（又称万字炕，曲尺形炕）在清末民初乃至中华人民共和国成立初期仍在农村流行。在服饰方面，从前的满洲人与明朝汉人的服装差别很大。清统一中国后，汉族人被迫改穿满族人服装。满人服装从清初到清末也有很大变化。清初无固定衣领，清末有固定衣领，民国初年衣领变高，后来又改矮。妇女的衣装四季都可称为旗袍，旗袍后成为世界流行女装之一。在婚姻方面，八旗满洲先民在肃慎末期始由群婚制转入对偶婚，女真时代又产生童婚制。天聪年间，收继婚、同姓婚、童婚等均被禁止。清代实行“旗民不交产，旗民不通婚”，满族通婚只限于旗人内部（包括汉军旗人、蒙古族人和锡伯族人），旗人不得与民人通婚，民国以后开始打破不同民族不通婚的界限，如今满、汉联姻在大连城乡皆为普遍现象。满族有早婚和女大男小结婚及父母包办婚姻等习俗，在清代也影响了当地的汉族和其他民族。甚至中华民国时期和中华人民共和国成立之初，大连地区农村仍有地方流行这些婚嫁习俗，如今落后的婚俗已被文明婚俗所代替。

四、文化教育与宗教信仰

清代大连地区涌现出一批满族作家和艺术家，且多集聚庄河。多隆阿（1806—1861），满姓舒穆禄氏，字文希，号雯溪，庄河人，道光二十九年（1849）拔贡，为东北地区满族著名学者和诗人，著有《毛诗多识》《易原》等学术著作和《雯溪诗抄》《慧珠阁诗钞》等诗集等。较有影响的诗人还有庄河人恒龄和孙同九。恒龄（1815—1873），满姓舒穆禄氏，字椿园，咸丰元年（1851）举人，著有《恒椿园诗集》。孙同九（1897—1951），原名孙世昌，满姓舒穆禄氏，其书法、国画、诗词三者俱佳，尤以国画艺术最高，国画尤长于花鸟，花鸟更长于梅花，《梅林百鸟图》为其代表作品。多隆阿、恒龄、孙同九皆今庄河县小孤山孙堡屯（原名上达堡）孙氏同宗。民国时期画家有朱纯一，1928 年生于大连市金县七顶山，其作品被国家美术馆收藏的有《雄鹰》《画龙点睛》《争重担》《延安宝塔》《秋色秋声》等。

清雍正十二年（1734），复州始设学正一员。同年，金州宁海县在孔庙明代儒学旧址建立宁海县学。乾隆元年（1736），复州、宁海县均建文庙（孔子庙）。乾隆三十八年（1773），宁海知县雅尔善在金州城创立南金书院。道光二十四年（1844），复州知州张勃倡议，由地方士绅襄助，在已升迁的顾尔马浑将军的府邸创建横山书院，时为辽南地区的最高学府。咸丰年间，复州知州王廷祯主持重修并扩建横山书院。横山书院自建院后人才辈出、科考连捷。至光绪三十年（1904）的 60 年间，考取科名 300 人左右，其中秀才 220 人、贡生 58 人、举人 10 人、进士 2 人、翰林 1 人。考取翰林的是清末大才子徐庚臣。

满族人信仰的宗教主要是萨满教。在满语中“萨满”意为“狂人”，汉译为“巫”。清代的萨满教分为宫廷萨满、民间萨满，民间萨满又有“跳家神”（家萨满）和“跳大神”（野萨满）之分。清亡后萨满教也几乎随亡。大连光复之初，表面上萨满教基本绝迹，暗地里仍有“跳大神”者为人“治病”。

第三节　回　族

回族先民主要是中西亚地区信仰伊斯兰教的各民族，在中国分布广。在回族人居住比较集中的地方建有清真寺，又称礼拜寺。公元 7 世纪中叶，大批波斯、阿拉伯商人经海路或陆路，来到中国的广州、泉州等沿海城市以及内地的长安、开封等地定居。公元 13 世纪，蒙古军队西征，西域人大批迁入中国，其中也吸收汉、蒙古、维吾尔等民族成份，因为相同的宗教信仰，使之逐渐形成一个统一的民族——回族。回族人迁入大连地区始于清代，稍晚于满族人进入大连。

一、来源与历史变迁

大连市的回族人主要来自河北、山东及京津地区。清崇德五年（1640）前后，河北沧州地区的青县、沧县的回族人迁徙到复州城居住，并于清顺治六年（1649）始建清真寺，顺治十三年（1656）建成，即回族人定居于复州的时间约在 17 世纪中叶，而定居于庄河县青堆子的时间最迟在 18 世纪中下叶（清乾隆四十年，即 1775 年）。聚族而居，尤其是同姓人聚居，是回族人居住的一大特点。据 1982 年统计显示，大连地区的回族人 70% 以上居住在城镇，以经营饮食业为主，从事农业生产的仅占 20% 左右。17 世纪以前，复州城是辽南地区的繁盛的商业中心，故成为回族人首选的居住地，以尹、戴、马、回为大姓户。清康乾年间，青堆子是辽南地区繁华的商业中心，青堆子回族人以戴、杨、常姓为多。回族人居住相对集中的瓦房店市复州城、复州湾镇，新金县城子坦、瓦窝和皮口镇，庄河县青堆子镇，其多来自河北省。居住在市内四区及旅顺口、金县的回族人，除了来自河北，还有来自山东省、北京市、天津市的，城区的回族人无大姓户，人数相对少，居住相对分散。俄、日侵占大连后，出于在大连筑港、建厂、开矿、修路需要，殖民统治者招募大批民工。恰逢此时，关内局势动荡加之水旱灾害不断，大批灾民涌向关外，其中有不少回族人。20 世纪 20 年代，大连市内回族人不足 40 户；1945 年大连光复前，市内回族人口不足130户；1985年，市内回族人口已逾千户。

二、人口与地域分布

从中华人民共和国成立后有人口统计时计，大连地区的回族人口在少数民族人口中人数仅次于满族，人口增长较快。1953年全国第一次人口普查时，全市有回族人口1929人；1964年全国第二次人口普查时，全市有回族人口9039人，比1953年增长3.7倍；1982年全国第三次人口普查时，全市有回族人口11639人，比1964年增长28.8%。

清真寺是回族人聚居的中心。截至1985年统计，大连地区共有清真寺10座，其中大连市区和瓦房店市内各1座，大连市清真寺建成于1925年，坐落于今西岗区北京街96号。另外8座清真寺均地处农村镇村，其中瓦房店市复州城镇、复州湾镇、万家岭镇各1座，庄河县青堆子镇1座，新金县皮口镇、城子坦镇西邓村、城子坦镇城复村、瓦窝镇曲店村各1座。

大连市回族人口较多居住于县（市），尤以复县为多。1964年回族人口居住在市区的3691人，占40.8%；居住在5县的5348人，占59.2%（其中复县2938人，占55%）。1982年回族人口居住在市区的4680人，占40.2%；居住在5县的6959人（其中复县3703人），占59.8%。

三、语言和风俗习惯

回族人早在13—14世纪即渐失母语，完全接受了汉语言和文字。今大连地区的回族人，仅保留少量的源自先民的阿拉伯语或波斯语的生活用语，在进行宗教活动时还使用原来的宗教用语。

回族人有自己特殊的、较为固定的风俗习惯，这些风俗习惯绝大部分来源于伊斯兰教义，大连地区的回族人同样尊崇这些习俗。在饮食方面，回族人禁食东西很多，主要有猪肉、自死动物、血液和酒。水产品也有一些不能食用，如“说鱼不像鱼的鱼”，如乌鱼、章鱼、鱿鱼、老板鱼等，各种贝类如牡蛎、蚬子、贻贝、扇贝、海螺、鲍鱼等，也是禁食之物。可吃反刍、食草的畜类，食谷子的禽类，如牛、羊、鹿、兔、鸡、鹅、鸽与鱼、虾等。至今大连的多数回族人仍恪守这一饮食习惯。回族素有讲卫生传统，加之饮食禁忌较多，故较早就有回族人开办的清真饮食店。大连市内第一家回族饭店是西域成饭店，大约在1920年开业，店址在今中山区鸿吉舞台南面的胡同；第一家回族糕点铺是义和顺糕点店，约在1915年开业，店址在今西岗区东关街有轨电车站旁。在婚姻方面，回族人极为看重的成婚条件是男女双方都是穆斯林、双方自愿结合、须有两位理智健全的证婚人共同听取男女双方自愿结合的表白。男女婚配不计较“生肖属相”，亦不相信“批八字”。举行婚礼时，必须请阿訇写“伊札布”（结婚证书）。写“伊札布”的时候，必须男女双方当事人及其父母都在场。1945年大连光复前，大连回族人只在本民族内部通婚，与外族通婚者甚少；1945年大连光复后，少数回族青年冲破婚姻禁区，出现与其他民族通婚的现象。回族人的一切喜事活动都禁止燃放鞭炮。20世纪80年代以后，受汉族婚庆活动形式的影响，大连回族人的喜事活动也有燃放鞭炮者。在丧葬方面，其他地区一样，人去世后实行土葬。死者先洗净全身，穿上36尺白布，埋入土穴中，无棺椁葬具。伊斯兰教教义认为，人来自泥土，故死后也要回归泥土。回族主张厚养薄葬，死者一般当日或翌日即下葬，最多不过三日。亡人行将入土时，由阿訇诵经。大连市回民墓地有两处，大连光复前旧有马栏屯魏氏山地回民墓地1.1公顷；十一届三中全会后，甘井子区政府新划拨1.4公顷地作为回民墓地，全市共有回民墓地2.6公顷。

四、文化教育和宗教信仰

1945年大连光复前，回族人从事文学艺术者较少，亦多名不见经传，哈鸿滨是比较著名的京剧表演艺术家。大连光复前，大连地区多数回族人接受的教育是经堂教育与儒学。回族的经堂教育是回族人的启蒙学校，多数设在清真寺内。大连回族人重视普通教育。大连光复前，大多回族人子女由在长辈资助完成小学学业。大连光复后，市区及县镇的回族子弟大多可以读到初中毕业，有条件者还能继续深造，读高中（中专）或大学。

回族人信仰伊斯兰教。回族人的日常生活与伊斯兰教密不可分。婚丧嫁娶、生儿育女、族内人之间的诉讼和纠纷、各种节日活动，都要履行宗教仪式。清真寺是回族信徒从事宗教活动的场所。大约在1640年前后，伊斯兰教传入复州城，1660年传入皮口镇，1905年传入大连市内。回族人迁居大连地区后始建立清真寺，最早建成的清真寺是复州清真寺，建成于1656年。清真寺内主持宗教活动的教职人员有阿訇、海里凡和水房师傅。在较大的清真寺内，可以有几位阿訇，小的清真寺则只有一位阿訇。大连地区的回族每年要庆祝“开斋节”、“古尔邦节”（亦称“宰牲节”）、“圣纪节”（亦称“圣会”）三个伊斯兰传统节日，此外还会庆祝法图麦会（纪念穆罕默德女儿法图麦的节日）。

第四节　朝鲜族

朝鲜族源于古秽貊人，古朝鲜国是秽貊民族在商、周、秦、汉代所建的古代国家。历经几千年历史演变，朝鲜族已成为中国东北地区的重要的少数民族之一。朝鲜族大批迁入包括大连在内的东北地区是在19世纪中叶以后。

一、来源与历史变迁

清道光二十五年（1845）以后，随着中国与朝鲜两国封禁政策松弛，朝鲜边民不再是“冒禁潜入”中国，而是大批迁入中国东北地区私垦定居。清光绪九年（1883），朝廷与朝鲜缔结《奉天与朝鲜边民交易章程》，促进了两国边民贸易，吸引了更多朝鲜移民。至宣统元年（1909）清朝廷正式颁布国籍法，东北地区的朝鲜移民猛增至21万人左右。1910年8月日本吞并朝鲜后，大量朝鲜人涌入中国东北，到大连地区谋生者急剧增加。1921年9月，大连的沙河口、旅顺等地已成为朝鲜移民的集散地。据《南满及间浑朝鲜人事情》记载，时大连市（应该是日本统辖的“关东州”）有朝鲜人488人，1930年增至1747人。1931年“九一八”事变后，日本殖民统治者决定每年从朝鲜移民到中国2万户、10万人。到1938年末，“关东州”内朝鲜族已有933户、4496人，到1945年上半年人口已增至近万人。由此可见，大连地区的朝鲜族主要是清末以后通过安东（今丹东）、奉天（今沈阳）等地，从朝鲜半岛迁到中国的朝鲜贫民和抗日人士。

二、人口与地域分布

从中华人民共和国成立后有人口统计时计，大连地区的朝鲜族人口在少数民族人口中人数相对较多。1953年全国第一次人口普查时，全市有朝鲜族人口531人；1964年全国第二次人口普查时，全市有朝鲜族人口1700人，比1953年增长2.2倍；1982年全国第三次人口普查时，全市有朝鲜族人口2428人，比1964年增长42.8%。

大连市的朝鲜族人多数居住在市区，而且比例呈上升趋势。以人口普查数字为证。1964年朝鲜族居住在市区的1306人，占76.8%，居住在5县的394人，仅占23.2%；1982年朝鲜族居住在市区的2042人，占84.1%，居住在5县的386人，仅占15.9%，与1964年相比，所占比例有所下降。

三、语言和风俗习惯

朝鲜族有自己的语言和文字。朝鲜族语系大多被认为属于中亚的乌拉尔—阿尔泰语系。朝鲜文字是拼音文字。日本侵占东北以前，朝鲜族使用的是本民族语言文字。日本侵占东北建立伪满洲国之后，将日语强加给朝鲜族作为国语，限制使用和学习本民族语言文字。日本投降后，在中共旅大市委和市政府领导下，朝鲜族语言文字得到恢复和使用。大连市朝鲜族语标准语和文字，在日伪时期到1953年，是以京畿道汉城（今首尔）方言为基础的标准语和朝鲜文字掺用汉字的文字形式；1953年以后，通用朝鲜民主主义人民共和国所通用的标准语言和文字，即以平壤方言为基础的朝鲜语标准语和纯朝鲜文字的文字形式，不再夹杂汉字。朝鲜族的语言和文字是在大连地区少数民族中保存最完整的语言和文字。

大连地区朝鲜族的风俗习惯，既有对本民族风俗的继承，也有许多与汉族风俗相同或类似的地方。从保有本民族特色上看，在饮食方面，受封建思想影响，许多旧式家庭实行老少不同席、男女不同席。朝鲜族是亚洲有名的稻作民族，故平日以大米为主食。特色食品有糯米打糕、大米面片糕等，喜食烤牛肉、狗肉以及各色风味泡菜、山野菜等。在居住方面，旧时卧室一半是炕、一半为地，中华人民共和国成立后旧俗已逐渐改变。在婚姻方面，传统婚姻由父母包办，讲究门当户对，严禁同姓婚、近亲结婚和异族婚。中华人民共和国成立后，开始打破民族界限，出现异族通婚现象。《中华人民共和国婚姻法》颁布实施后，自由婚姻逐渐取代了包办婚姻，异族男女恋爱结婚的日益增多。男女结婚时，遵从传统者要身着民族服饰。中华人民共和国成立前，大连城乡的朝鲜族均实行土葬，后与汉族一样实行火葬。

四、文化教育和宗教信仰

大连地区朝鲜族人继承了本民族能歌善舞的优良传统。大连地区流传较广的朝鲜族歌曲主要是民谣，代表性的有《阿里郎》《农夫歌》《道拉基》《插秧歌》《桔梗谣》等，广为流传的传统舞蹈有《农乐舞》《扇子舞》《长鼓舞》等。中华人民共和国成立后，朝鲜族文化艺术得到极大发展。1954年，朝鲜族人民俱乐部成立，1981年更名为大连市朝鲜族文化馆。具有民族特色的摔跤、跳板、荡秋千等体育运动或游艺项目颇受朝鲜族人喜爱。1981年6月，大连市首届朝鲜族体育运动会在市劳动公园西体育场举行，此后每两年举办一次。

1946年4月，大连朝鲜人劳动同盟委员会委员长文时贤等人在大连市内创立了一所民办学校——大连市朝鲜族学校（地址在今中山区中心小学），由小学部和中学部组成。1951年，旅大市教育厅接管了朝鲜族学校，成为公办性质的学校（校址在今中山区昆明街53号）。改革开放后，大连市朝鲜族学校已发展成幼儿园、小学、中学“一条龙”的教育规模（校址迁至西岗区）。朝鲜族学校是大连市基础教育中唯一的一所民族学校，用汉语和朝鲜语教授学生，使学生具有熟练的双语水平。

中华人民共和国成立前，大连地区的朝鲜族信仰多种宗教，包括萨满教、天道教、大倧教，还有佛教、儒教、基督教等。萨满教是朝鲜民族的原始宗教，在历史上一直起着不可忽视的作用。中华人民共和国成立后，特别是改革开放后，朝鲜族信奉的宗教开始以基督教为主。

第五节　锡伯族

锡伯族是中国东北地区一个历史悠久的少数民族。锡伯族多被认为源于古代的鲜卑，也有认为源于匈奴、室韦或女真。锡伯族最早被编入旗是在后金天命十年（1625），部分锡伯人归服努尔哈赤，被编入满洲八旗。被集中编入八旗是在清康熙三十一年（1692），科尔沁蒙古编旗时，将隶属的锡伯人编入蒙古八旗。锡伯族主要分布在今黑龙江、辽宁、吉林、北京等地，还有部分在新疆。清乾隆年间，一部分居住在盛京（包括大连地区）的锡伯人奉诏西迁新疆伊犁，屯垦戍边。西迁后的锡伯人后裔大多在今新疆察布查尔锡伯族自治县。

一、来源与历史变迁

明末清初，隶属于蒙古科尔沁部的锡伯人，被称锡伯部。清康熙三十一年（1692），朝廷将锡伯部从科尔沁部分离出来，编入满族上三旗（镶黄、正黄、正白），共编为74牛录（佐领）。康熙三十八年（1699），又将其中于伯都讷驻防的30牛录锡伯兵及其家属分批南迁到盛京地区，进入大连的锡伯兵主要驻防在复州和金州。至康熙四十一年（1702），锡伯官兵共迁入复州342名、金州159名。金县向应乡关姓、瓦房店市太阳升乡高姓，皆称其先祖来自伯都讷错草沟。大连地区今锡伯族家谱或石碑上，记载的族名有西伯、什伯、锡伯、陈锡伯（陈即旧意）。

平定新疆准噶尔等叛乱之后，清朝廷于乾隆二十七年（1762）开始陆续从各地调遣满族、蒙古族等官兵携眷赴疆驻防。清乾隆二十九年（1764），金州、复州锡伯族人调至新疆伊犁驻防的官兵99人，加之眷属，共约460人，约占盛京属地移驻伊犁总人数的10%。嘉庆二十五年（1820），金州、复州的锡伯族人有的被征调至黑龙江双城驻防，具体人数不详。大连地区其他锡伯族后裔仍多居大连城乡。

二、人口与地域分布

清康熙三十八年（1699），锡伯兵迁入复州178名，尚有不明年代迁入复州者164名，共计342名，按一丁为一户共6人测算，共迁入约2000人。同年，迁入金州的锡伯族兵159名，按上述方法测算，金州（含今新金县）共迁入约千人。由此概知，清代共有3000名锡伯族人南迁至大连地区。

从中华人民共和国成立后有人口统计时计，大连地区的锡伯族人口在1953年全国第一次人口普查时只有1人，1964年全国第二次人口普查时有495人，1982年全国第三次人口普查时有1794人。

大连市的锡伯族人大多居住在县（市）区。以人口普查数字为证。1964年全市有锡伯族495人，其中市区仅有8人，其余487人均在复县。1982年的1795人中，居住在市区的123人；居住在4县的1682人（长海县无），其中占98%即1645人居住在复县。锡伯族人较多的乡镇均为满族乡镇，集中在今瓦房店市杨家、三台、太阳升、老虎屯4个乡镇。

锡伯族人口由多到少、到由少增多，有其历史原因。从民国初年到中华人民共和国成立之初，许多锡伯族因各种原因填报自己的民族为满、汉族，锡伯的族称在大连地区的户籍簿上消失，至1964年后才又出现。1978年中共十一届三中全会以后，国家下发解决少数民族历史遗留问题的有关文件，许多过去填报为汉族或满族的锡伯族重新改报了本民族。仅1985年就一次性恢复锡伯族籍400余人。

三、语言和风俗习惯

锡伯族有自己的语言和文字。锡伯族固有的语言多被认为属阿尔泰语系通古斯语族满语支。锡伯乃鲜卑后裔，而鲜卑曾有其独立的语言，后来鲜卑人主中原后已逐渐融合于汉文化中。清代，锡伯族已接受满语和使用满文。如今只有1764年西迁到新疆伊犁的锡伯族仍保持本民族的语言和文字，地处东北边疆地区的锡伯族年长者仍有会说母语者，大连地区的锡伯族人几乎无人懂得锡伯族语言和文字。

锡伯族本有自己民族的风俗习惯，而大连地区的锡伯族由于长期与汉族等杂居一处，有些风俗习惯已无法辨别是哪个民族固有的，以下资料主要是从复州地区调查得来的。在饮食方面，锡伯人食俗带有浓厚的古代“打牲部落”的遗风，除家畜家禽外，还喜食野味。喜食猪肉，尤其是白肉血肠；喜食鞑子饭（也称鞑子粥），将牛羊肉或猪肉切成小块，与粳米或小米一起煮，掺入配料和食盐的肉煮粥，口味极香；爱喝酒，并喜欢自酿黄酒；喜饮浓茶和糊米水。在居住方面，早年以“搭马架”（或叫“马架窝棚”）为居，后逐渐盖起平房或草房。居室间壁以西为大。在服饰方面，锡伯族人的服饰与满族服饰大致相同。在节庆方面，传统节日有“怀亲节”，也称“西迁节”，因在农历四月十八日，又称四一八节，是锡伯族西迁戍边的纪念日，这是200余年来锡伯族人最为重视的节日。在婚姻方面，清代受“旗民不通婚”禁令的限制，锡伯族人不得与汉人通婚，直到民国以后才有改变。锡伯族禁止同姓通婚，而与满族及编入八旗的其他各民族成员联姻。据统计，1984年锡伯族尚无与同族通婚者，与满族通婚59人，与汉族通婚17人。流行女大男小的婚俗，年龄差三五岁甚至八九岁都有。在丧葬方面，许多习俗与汉族相同，如父母去世子女服孝期间，称为“丁忧”。清末以前复州地区锡伯族的祖坟，大多没有墓门，辛亥革命后有人始于新坟立墓门。

四、文化教育和宗教信仰

锡伯族文学中民歌占有重要地位，民间流传下来的古老民歌有《打猎歌》《萨满歌》等。大连地区锡伯族擅长诗歌者以复州城的温姓族为代表，温都尔·琪克森，清代复州城镶红旗马甲，通晓锡伯族历史，其孙温贵受其影响擅将史入诗。温姓族人还是锡伯族传统的文艺形式皮影戏的主要传承人，温洪盛创设的皮影班又称“温家班”，至今已有五代传承人。锡伯族自古是“打牲部落”，精于骑射、摔跤、打瓦、欻仔儿（满语称嘎拉哈）。锡伯族于清初被编入八旗后，即接受清朝教育。时锡伯族大多居住在农村，主要接受的是私塾教育。改革开放后，大连理工大学始设民族班，1980年民族班有锡伯族学生4人，1985年有10人。首批考入大连理工大学的学生葛俊凤成为锡伯族历史上第一位女博士。

锡伯人信奉萨满教和喇嘛教，在西屋的西墙上供奉祖先、生育女神“喜利妈妈”、佛像，还在西墙外供奉海尔罕玛玹（保佑牲畜兴旺的神祇）。

第六节 蒙古族

蒙古族的主体源于唐代的蒙兀室韦部，是东北古老的土著民族东胡的后裔。唐代时，蒙兀室韦部居住在今额尔古纳河南岸的密林中，后迁至漠北蒙古大草原。蒙兀室韦部北迁后又吸纳草原上的部分突厥人。到元太祖元年（1206），成吉思汗在漠北成立大蒙古汗国，始形成一个新的民族共同体——蒙古族。

一、来源与历史变迁

蒙古人最早来到大连地区是在金朝末年。金贞祐三年（1215），蒙古军队攻陷了辽南的海、盖、复、金四州，第一次踏上大连的土地，然转而经略华北。元世祖中统三年（1262），蒙古军队始在大连地区分兵戍守。元代，朝廷在大连地区设金复州万户府，更多蒙古人来到大连。元朝灭亡后，蒙古人基本退出大连。清代，金州、复州、岫岩（时庄河隶属岫岩）驻防的八旗兵当中，有最早归顺后金而被编入旗的八旗蒙古和后编入旗的巴尔虎蒙古，他们的后裔大部分至今仍居住在大连地区。

二、人口与地域分布

从中华人民共和国成立后有人口统计时计，大连地区的蒙古族人口在1953年全国第一次人口普查时有52人，1964年全国第二次人口普查时有530人，1982年全国第三次人口普查时有1250人。

大连市的蒙古族人市区及属县皆有分布。1964年全市蒙古族530人中，居住市区的331人，居住5县的199人。1982年蒙古族1250人中，居住市区的755人，居住5县的495人。蒙古人增加的原因是部分由满、汉族恢复为蒙古族。蒙古族人居住相对较多的是复县和金县，复县集中于阎店乡郭家村都屯、长兴岛三堂乡，金县集中于湾里乡都家店。庄河县以都姓命名的村屯有：蓉花山乡双烈士村都屯、汤家村都家沟，长岭乡广大村都家甸、由家村都家沟，大营乡红丰村大都屯、小都屯，仙人洞乡都家磨房、都家隈子。

三、语言和风俗习惯

蒙古族有自己的语言和文字。蒙古族语属阿尔泰语系东胡语族语言。巴尔虎蒙古人自迁至大连地区后，因久与满族、汉族杂居交往，渐进式学习和使用了满、汉语言和文字，清代时，尚有既懂蒙语，又通满、汉语的巴尔虎蒙古人。大连光复后迁至的蒙古族人，大多数人汉化程度已然很高。汉化较早的八旗蒙古和元裔都姓，如今已基本不通晓蒙语蒙文了。

大连地区的蒙古族因其来源不同风俗习惯也有不同。元裔都姓由于早在明代就已与汉族融合，风俗习俗与汉族无别；编入满洲八旗的蒙古人和蒙古八旗后裔受满族影响较深，风俗习惯大体与满族相同；大连光复后迁至的蒙古人大多仍保留着传统的风俗习惯。大连地区的巴尔虎蒙古后裔因长期聚族而居，虽受满族影响，仍保留许多本民族的习俗。如复州巴尔虎人过年，既不像汉族人那样“接神”“送神”，也不像满族人那样门前插“索伦杆”，与满、汉人有别。在婚姻方面，巴尔虎蒙古和八旗蒙古初入大连地区，婚姻上奉行的原则是旗民不婚、同姓不婚和不能错辈通婚和“姑水倒流”（即“姑舅亲”，只准舅舅的女儿嫁给姑姑的儿子，不许姑姑的女儿嫁给舅舅的儿子）。大连光复后，旧的婚俗已不复存在，汉、满、蒙古族已完全打破婚配的民族界限。在丧葬方面，清代蒙古族人离世后，有弃葬（暴尸荒野任鸟兽食之）、火葬、土葬三种葬法。今大连地区汉、满、蒙古族葬俗多趋于一致。

四、文化教育和宗教信仰

大连地区早期迁入的蒙古族人文化水平比较落后。清代中前期，因巴尔虎蒙古人虽英勇善战而文化教育水平较落后，朝廷准许他们参加武举考试、不应文举。直至清末嘉庆年间，巴尔虎人具备一定的汉文化水平后，朝廷才允许他们参加文科考试，取得与满、汉民族平等的考试权利。大连光复后迁入的蒙古族人一般文化水平较高，其中有的受过高等教育。蒙古族擅长文体活动，尤以摔跤、赛马、射箭技艺为高。

大连地区蒙古族祭祀习俗是归附清朝以后才有的，故以迁入大连的第一代先祖作为一姓的始祖，习俗与满族相似。

第六章 宗 教

历史上传入大连地区的宗教有佛教、道教、伊斯兰教、天主教、基督教、东正教。最早传入的是佛教，东汉时期即已传入，唐代达到极盛。道教传入于唐贞观年间。唐代大连地区形成佛教、道教共存共荣的局面。伊斯兰教、天主教、基督教、东正教则于近代先后传入大连。日本在大连建立殖民统治政权后，始在大连建立一些神社，利用神道活动为侵略战争服务。

大连地区的民众宗教信仰比较复杂。满族、锡伯族、蒙古族等少数民族早期信仰的是萨满教等原始宗教，回族信仰的是伊斯兰教，汉族最早多信仰道教、佛教，天主教、基督教、东正教传入后，也有较多信仰者。

大连地区有许多历史悠久的宗教活动场所，久负盛名的有新金县清泉寺（又称吴姑城庙）等佛教寺庙、金县响水观等道教宫观，以及大连市清真寺等伊斯兰教清真寺等。大连光复初期，全市有寺庙、宫观、清真寺、教堂、礼拜堂600余座，其中佛教寺庙194座、道教宫观391座。1966年“文化大革命”开始前，全市有宗教活动场所64处，宗教教职人员111人，宗教信徒约2万人。各宗教信徒中，伊斯兰教徒最多，约1万人；佛教和道教徒共约5000人，天主教和基督教徒共约5000人，东正教徒约有30人。“文化大革命”开始后，宗教活动停止。1978年中共十一届三中全会以后，宗教活动逐步恢复活动。至1985年，全市共开放寺庙、宫观、教堂16座，简易宗教活动场所10处。

大连光复前，大连地区已有宗教组织，皆为民间宗教团体。大连光复后，人民政府始设行政管理机构，管理宗教事务。1953年之前，大连市宗教事务由大连市政府社会局管理。1954年，旅大市人民委员会设立宗教事务处，负责管理佛教、道教、天主教、基督教、东正教事务，此间，伊斯兰教事务仍由民政局管理，直到1959年始归宗教工作部门管理。“文化大革命”中宗教活动遭到禁止，宗教事务管理机构被撤销。中共十一届三中全会以后，1979年9月恢复旅大市革命委员会宗教事务处。根据宗教政策，对冤假错案进行平反、纠正，归还宗教团体在“文化大革命”中被占用的房产。1980年10月，市天主教爱国会、市基督教“三自”（自治、自养、自传）爱国运动委员会恢复组织及活动；1981年6月16日，市伊斯兰教协会成立并开展活动；1984年12月19日，市佛教协会成立并开展活动。

第一节 佛 教

佛教是世界三大宗教之一。佛教的创立者释迦牟尼，与中国的孔子为同时期人。佛教传入汉地约在公元纪元前后，东汉传至辽东地区。

一、佛教的传入与历史变迁

佛教约在东汉时期传入大连地区。公元5世纪前后，高句丽政权统治辽东后，佛教广泛流传。唐灭高句丽政权收复辽东后，大连地区的佛教开始兴盛。新金县巍霸山城的清泉寺（吴姑城庙）和瓦房店市的宝林寺（今已拆除），皆是始建于唐代的佛教建筑，距今已有1300多年历史。明、清时期，山东及河北等地许多汉民迁徙到大连，他们多信仰佛教，在大连地区建起了许多神佛不分的庙宇。

日本殖民统治时期，大连地区的佛教组织及宗教活动完全控制在日伪当局手里。1904年，日本宗真本愿寺以派慰劳伤员和吊祭战死者为名，派100多名“布教师”到大连，在军中服役。此后，日本先后多次派遣其本土佛教上层人物到大连，在中长铁路沿线各地布教。1933年，日本佛教真宗、真言宗、曹洞宗、净土宗、日莲宗、临济宗等各宗派在关东州内大连、旅顺、金县、皮口等地建寺院和“布教所”20余座，欲以日式佛教替代中国佛教。

1936年，由中国人王志远等人在市内发起成立了佛教研究会，经常从奉天慈恩寺、长春般若寺、哈尔滨极乐寺等地请法师和居士到大连讲经说法，使大连市城乡佛教信徒逐渐增多。大连光复前，全地区的神、佛不分的庙宇最多时有600多座。大连光复之初，约有寺庙300座。大连光复后，许多僧尼蓄发还俗，很多庙宇因长期无人看管而倒塌，有的则被人为拆毁。1946年大连佛教研究会更名大连佛教总会，接收登记日本佛教寺庙、神社、神道教庙宇23所。1948年，因为一贯道头子王忠五窃权将佛教团体搞成反动会道门组织，王忠五被政府处决，该会解体。

中华人民共和国成立前，全市共有大小佛寺194座。“文化大革命”开始前，全市尚有寺庙35座，之后寺庙陆续遭到破坏。清泉寺幸得较完整保留。中共十一届三中全会以后，被占用的寺庙被陆续退还。1984年12月，大连市佛教协会成立。1985年，全市修复、重建的佛教寺庙十余座。

二、佛教寺庙分布及主要庙宇

大连光复之前，大连地区共有佛教寺庙194座，住庙僧尼715名。其中西岗区、中山区各1座，甘井子区9座，旅顺口区8座，金县33座，新金县35座，瓦房店市67座，庄河县36座，长海县4座。佛教寺庙大多分布在农村，县（市）175座，占90%以上。如今寺庙主要有松山寺、清泉寺（又称吴姑城庙）、永丰寺、涌泉寺、凌水寺、仙人洞庙等。

松山寺，位于今西岗区唐山街，因建于松山山麓而得名，是市区仅存的寺庙。关于寺庙始建年代有两种说法：一是建于清乾隆二十一年（1756），咸丰八年（1858）和宣统三年（1911）两次重修；一是历代长老口口相传，为唐五东征时留下的僧兵所建。“文化大革命”期间，庙宇被西岗福利厂占用，1972年庙宇又被全部拆除改建厂房。1984年起建有简易厂房的原址还原为宗教场所，1985年在原址复建，也是市佛教协会所在地。今为佛教女众寺院。

清泉寺（又称吴姑城庙）地处新金县星台乡葡萄沟村的巍霸山上。吴姑城，有碑文所载，建于“东汉光武中兴”，距今已有1800多年历史，保存基本完好。清泉寺坐落在吴姑城内东南峡谷中，素有“辽南第一刹”之称，是大连地区历史最为悠久的寺庙。明万历年间，寺中住持吴道姑化缘重修庙宇，扩大旧时规模。万历三十五年（1607）举行开光大典，时辽东守将、钦差大臣宁远伯、李成梁等参加大典，从这一天起，又将清泉寺称为“吴姑城庙”。寺内立有石碑，分别为明万历三十五年（1607）、清乾隆、同治年间和民国时期所立。中华人民共和国成立后，政府每年拨款维修此寺。每年农历四月初八为“浴佛节”，清泉寺都举办庙会。

永丰寺（又称大佛寺），始建于唐贞观年间，距今已1300多年，坐落于复州城外东南山冈上（今已为居民区）。辽代在寺外修建永丰塔1座。有碑文载，唐贞观十九年（645），唐将尉迟恭带兵攻略此地后，建佛殿1座，取名大佛寺。明洪武年间，僧慧到此，于古塔旁修建一座观音堂。明永乐十七年（1419），唐琮再建佛殿1座，得名永丰寺。明清两代寺庙经多次重修。1948年寺院被毁，仅留残塔。永丰塔位于永丰寺旁，建于辽代。辽灭渤海国后，将北方扶余、永宁、丰水三县部分居民迁此落户，取永宁县的“永”字、丰水县的“丰”字，命名该塔为“永丰塔”。清末复县八景之一的“永丰夕照”即指此景。大连光复后，永丰寺的古建筑群被相继拆除，仅存一座残塔。原永丰寺的遗址为今复州镇永丰小学。

普化寺，位于庄河县青堆子镇。始建于唐朝，明永乐年间（1403—1424）进行过较大规模的维修，清乾隆八年（1743），在寺的右侧建了天后宫，基于地势高低，人们习惯称宫为“上庙”、寺为“下庙”。“文化大革命”期间，寺庙遭破坏。1978年后，佛教徒在毁坏的天后宫原址上修复了普化寺。

第二节　道　教

道教是中国土生土长的宗教。道教为多神教，地方神祠所供奉的龙王、海神娘娘、财神、药神、火神等均属道教。道教传入大连约在唐代。信仰“妈祖”（即海神娘娘）是大连地区传统的宗教信仰。

一、道教的传入与历史变迁

道教传入大连地区始于唐贞观年间，最早的宫观是建于唐代的金县响水观。建于隋末唐初的唐王宫，相传由唐将尉迟恭所修，是国内唯一以唐王为主神的宫观。道教在大连地区始兴于元代，从宫观大多建于明清两代可知，明清两代道教已达极盛。元代道教分全真和正一两大派系。元末，正一派道士在庄河地区广传道法，辽东一带受其影响很大，全真派第九代道士刘太林也到庄河地区传道，在仙人洞建宫观、塑神像，广招徒众。尤其是清代，清朝廷颁布《辽东招民开垦例》，东北地区汉族人口比例上升，传播道教、兴建宫观者增多。大连光复前，全地区有宫观391座，道士478人，信徒近万人。

大连光复后，道教被视为封建迷信，宫观和神像大多被毁。中华人民共和国成立后，实行宗教信仰自由政策，大连地区的道教信徒又可进行正常的宗教活动，道士参加劳动，宫观实行自养。“文化大革命”之前，全市尚有道教宫观11座，之后宫观神像再遭毁坏。中共十一届三中全会后，政府重申宗教信仰自由政策，道教得以恢复建设。1985年，全市有（住观）乾道坤道6人，信道者数百人。

二、道教宫观分布及主要宫观

大连光复前，大连地区有宫观391座，道士478人，信徒近万人。其中，位于中山、西岗、沙河口区14座，甘井子区30座，旅顺口区57座，金县48座，普兰店市70座，瓦房店市71座，庄河市83座，长海县18座。

在大连地区诸多道教宫观中，有不少是属于祭祀海神娘娘的庙宇宫观，被称为“娘娘宫”“娘娘庙”或“天后宫”“天妃庙”。在市内及属县都建有天后宫或娘娘庙。天后又称海神娘娘、圣母、天妃，即南方沿海居民所供奉的“妈祖”。大连地区因地处沿海，许多人以捕鱼、经商为业，故信奉娘娘、龙王等道教信徒者较多。大连光复前，海神娘娘是大连地区普遍供奉的道教神祇。在391

座宫观中，有天后宫（娘娘庙）38处，从市区到属县（市）皆有，其中建筑规模最大的是位于西岗区的大连天后宫。大连天后宫地处今西岗区庆云街34号，又称东关大庙、西岗大庙，是1908年由大连华商公议会负责人刘肇亿等人倡议所建，不久又接收了善功祠（又称“宏济善堂”），后所祀者不仅有龙王，还有菩萨以及狐仙，虽名为道观，但祭祀诸神。每年农历三月廿三，是传说中海神娘娘的生日，称为“圣母诞辰”。每到这一天，大连地区的沿海渔民都要到附近的“娘娘庙”举行庙会，进行各种祭祀活动。

曾经享有盛名的还有金县响水观、天后宫、真武庙，以及瓦房店娘娘宫、庄河青堆子天后宫、仙人洞道观等，但在“文化大革命”期间，所有宫观几乎全遭损毁。

金县响水观（又称响水寺），地处金县区大黑山西北麓，始建于唐代，据寺内碑文记载，清乾隆、光绪年间及以后曾多次修葺。庙宇分南北两院，南院正殿供奉后土、女娲、观音等神像。正殿右面的一个天然洞穴，称瑶琴洞，内供老子和瑶琴仙女神像。“文化大革命”期间，响水观遭到严重破坏。1982年以后经政府陆续拨款修复。

金县天后宫（又称山东会馆），位于金县城西南隅，是由山东的船商于清乾隆五年（1740）集资建成，后经两次重修，是中国北方沿海最大的海神庙宇。庙宇为一组宏大的古建筑群。大殿正中供奉的是海神娘娘像。“文化大革命”之前，庙前戏楼已被拆毁，不久其他建筑大多被拆除。1982年时仅存大殿。

真武庙（又称得胜庙）位于金县东部的亮甲店镇，它是当地军民为纪念镇守辽东的功臣刘江所建。明永乐年间，日本倭寇屡屡进犯辽东沿海烧杀抢掠，为抗击倭寇，辽东总兵刘江在金顶山上修建了望海埚。永乐十七年（1419），当倭寇侵袭辽东时，辽东总兵刘江率军对来犯倭寇给予了致命打击。当地军民对刘江镇辽治边和望海埚抗倭大捷的丰功伟绩念念不忘，在他去世后，于正德元年（1506），在金顶山望海埚北山丘修建了得胜庙（俗称真武庙），庙内供奉刘江塑像。明清两代对此庙进行多次重修。“文化大革命”时期，真武庙遭到严重损毁。

瓦房店市娘娘宫（又称天后宫），位于三台镇石佛寺村一个小岛上。据娘娘宫内的碑文记载，明万历年间在此设港时已有娘娘宫，故在万历年之前就当建有此宫。娘娘宫占地面积约40亩，福建、浙江、山东等地的商船北上或北方商船南下，都会在此停泊，是南北航运必经之路。娘娘宫建筑群由山门、佛殿、娘娘宫、天后宫四进院落组成。天后宫早于娘娘宫，可能建于明初。在娘娘宫墙外还建有小型关帝庙和玲珑塔。“文化大革命”时期，整个建筑群已被拆除。

第三节　伊斯兰教

伊斯兰教是世界性的宗教之一。伊斯兰教创立于公元7世纪初，7世纪中叶传入中国，约于17世纪中叶传入大连地区。

一、伊斯兰教的传入与历史变迁

伊斯兰教是清代随回族人迁入大连地区而传入的。约在清崇德五年（1640），伊斯兰教传入复州城（今瓦房店市复州城镇），清顺治十七年（1660）传入貔子窝（今新金县皮口镇），乾隆四十年（1775）前后传入青堆子（今庄河县青堆子），光绪二十二年（1896）前后传入大连市内。

伊斯兰教最早传入于复县。清崇德五年（1640），河北沧州地区青县、沧县的尹、戴、马、回等姓回民迁徙到复州城居住，并于顺治六年（1649）筹建清真寺，顺治十三年（1656）清真寺建成。清乾隆三十九年（1774），清真寺重建。此后又经过几次扩建重修。至中华人民共和国成立时，复州城清真寺的建筑面积仍在260多平方米。瓦房店市其他回族人则多聚居复州湾和万家岭。约在清嘉庆五年（1800），有回族人陆续从河北青县迁入复州湾。一百余年后，1926年的复州湾已聚居回族70户、240余人，这个回族聚居之地需要一个从事宗教活动的固定场所，于是当年建成清真寺。瓦房店市（原复县）的回族人多是从复州城迁入的，民国17年（1928）建成复县清真寺，占地面积923.4平方米，建筑面积460平方米，状况保持到中华人民共和国成立后。清嘉庆九年（1804），有回族从河北沧州迁入万家岭，到1936年建成清真寺，时万家岭已有回族50户、160余人。

伊斯兰教在大连市内的传入始于1896年前后，河北沧州、天津等地有些回族人为谋生来到旅顺，因日俄战争爆发，于1905年全部迁入大连。此后又有山东德州、德平的回民陆续迁入大连。1920年，阿訇穆成林等人集资在大连西岗区建起市内第一所清真寺。1925年，居住在市内的回族人又在新起屯建起一座占地面积约800平方米的清真寺。

另有迁入本地区的回族人，择居于庄河县青堆子镇，新金县皮口镇、城子坦镇、城子坦镇西邓村、瓦窝镇曲店村，并在当地建起清真寺。

中华人民共和国成立后，大连地区的伊斯兰教活动正常进行。“文化大革命”之前，全市尚有清真寺10处，之后清真寺有的遭毁坏、有的被闲置、有的被占用，所有宗教活动停止。中共十一届三中全会后，政府落实宗教政策，将清真寺全部返还回族伊斯兰组织，宗教活动相继恢复，有的清真寺由政府拨款进行了修缮。万家岭清真寺于1984年由政府拨款进行扩建和维修，建成占地面积1000平方米、建筑面积200平方米的寺院。据1982年统计，大连市城乡共有清真寺10座，回族、维吾尔族等信仰伊斯兰教的穆斯林约1.2万人。

二、清真寺分布及主要寺院

回族人居住的特点是聚族而居。进入大连地区的回族人的聚居地及其宗教活动场所清真寺，是信奉伊斯兰教的回族人的宗教及文化中心。早期进入大连地区的回族人多聚居在复县、新金县，庄河县有少部分，一百多年后，大连市内回族人增加较多。1985年，大连地区有清真寺10座。其中瓦房店市4座，分别是瓦房店市清真寺、复州清真寺、复州湾清真寺、万家岭清真寺；新金县4座，分别是皮口清真寺、西邓清真寺、城复清真寺、曲店清真寺；庄河县1座，即青堆子清真寺；大连市内1座，即大连市清真寺。

大连市最大的清真寺是北京街清真寺。1905年居住在市内回族人筹资在今西岗区大龙街租房建起聚礼之所“者麻而台”，奠定了大连清真寺的基础。1920年天津人穆成林阿訇来到大连，集资在今大连西岗区平顺街建起市内第一所清真寺，由于回民日渐增多，于1922年在当时的新起街（今北京街）兴建一所规模较大的清真寺，1925年建成。清真寺占地面积近800平方米，大殿建筑面积120平方米，可容纳200人礼拜。到“文化大革命”之前，清真寺共历阿訇六任：穆成林、王连仲、张玉林、丁惠民、回玉珍、白云兴。白云兴1958年受聘为该寺阿訇，在市民政局和寺院所在街道办事处支持下，利用寺院闲房搞自养，成立被服厂并自任厂长，工厂于同年11月19日正式投产，使清真寺活动经费和阿訇生活费基本得到解决。“文化大革命”期间，大连市清真寺的宗教活动停止，清真寺遭到破坏。中共十一届三中全会以后，落实宗教政策，农具厂、纺织厂所占的清真寺被退还，由政府拨款进行修葺，翌年正式恢复宗教活动。

第四节　天 主 教

天主教是基督教三大教派之一，又称罗马公教，有时亦称旧教，以区别于基督教新教，中国称“天主教”。明末，天主教耶稣会士意大利人利玛窦最早来华传教。1840年鸦片战争后，天主教随着帝国主义入侵而大量传入中国，1860年传入庄河地区。

一、天主教的传入与历史变迁

清咸丰十年（1860），3名法国天主教传教士由营口来到庄河蓉花山(也称岔沟)，建教堂、经楼、钟楼，从事传教活动。此为天主教传入大连地区之始。从清同治八年（1869）主教方若望晋升奉天主教后30余年，先后有11名法国神父在庄河传教布道，发展教徒600余人。1922年以前大连市内没有天主教活动，只有日本、中国教徒6户。1922年，法国神父到大连市内的日本教徒佐藤家送弥撒，参加此次望弥撒的教徒十余人。此后，市内始有天主教活动。1926年，美国玛利诺外方传教会也派神职人员到大连市内从事传教活动，临时教堂设在今沙河口区中山公园黄河路租用的民房，教徒60余人。1926年，西安街天主教堂始建，翌年西楼建成后，临时活动于新建的西楼进行，1929年西安街天主教堂全部建成。1900年至1941年，天主教先后在庄河境内成立岔沟天主教会（也称蓉花山教会或德兴街教会）、青堆子天主教会。

中华人民共和国成立后，外国神父先后离开中国，天主教徒在政府领导下从事宗教活动。“文化大革命”期间天主教受到冲击。中共十一届三中全会后，宗教信仰自由政策得到落实，“文化大革命”期间被占用的教堂被清退，宗教活动恢复正常。1985年，大连市的天主教宗教活动场所主要有西安街教堂、三春街教堂，庄河县岔沟天主教堂（蓉花山天主教堂）、青堆子教堂，复县教堂等，其中最大的天主教堂是西安街教堂。

大连的天主教会于20世纪30年代创办一些公益事业，主要涉及教育和医疗卫生事业。西安街教会1934年创办了海星英语学校、幼儿园，均由修女任教。三春街教会1935年创办小学校、施医院，不久又设立英语学校和育婴院，据《满洲年鉴》记载，1941年医院施诊人数10285人次。蓉花山教会创办了小学校、养老院、孤儿院。

中华人民共和国成立后，大连市天主教爱国会于1962年10月10日成立。“文化大革命”之前，全市有天主教堂1处，之后天主教堂停止了宗教活动。1978年中共十一届三中全会后，大连市天主教爱国会第二届代表会议于1981年10月20日召开，通过《大连市天主教爱国会章程》。

二、天主教堂分布及主要教堂

大连市首座天主教堂是庄河县蓉花山天主教堂，最大的天主教堂是西安街天主教堂，西安街教堂也是市内唯一的天主教堂。

西安街天主教堂，又称海星堂，始建于1926年，竣工于1929年。该教堂是一座哥特式建筑，由圣堂、东楼和西楼三部分组成，结构严谨、风格朴素。教堂原占地面积2432平方米，其中圣堂建筑面积315平方米，西楼建筑面积356平方米，东楼建筑面积352平方米。西安街教堂的本堂原是美籍人，1941年太平洋战争爆发后，美籍神父被集中遣返，1943年后由中国籍代管，后由意大利籍、德国籍神父任本堂或副堂。1945年大连光复后，从1946年开始，外侨和外籍神父、修士、教徒相继回国，本堂和副堂等教职人员由中国籍神父任。“文化大革命”开始后不久，教堂即遭到破坏，教堂被街道占用，宗教活动全部停止。中共十一届三中全会以后，落实宗教信仰自由政策，1980年12月起，教堂恢复正常的宗教活动。

蓉花山天主教堂，又称岔沟天主教堂，位于大连市庄河县蓉花山德兴街，始建于清咸丰十年（1860），翌年竣工，是大连地区最早的一座天主教堂。该教堂始建时属满洲教区，首任主教为法国巴黎外方传教会的方若望。1869年，方主教在该教堂首次举行晋铎典礼，祝圣第一位中国神父夏巴尔多禄茂。其时，法国传教士外以良善自居，内则靠出租土地剥削欺压百姓。光绪二十六年（1900），辽宁南部兴起义和团反抗外国传教士的斗争，义和团以“驱逐洋鬼”为旗帜，攻入岔沟天主教堂，并放火将教堂烧毁。光绪三十一年（1905），教堂用清朝廷赔款在原址上重建，1907年建成。1929年，始有美国玛利诺外方传教会神父接任本堂。1976年教堂在地震中遭毁坏。

第五节 基 督 教

基督教是对奉耶稣基督为救世主的各教派的统称，主要包括天主教、东正教、新教三大教派和其他小教派，在中国通常指基督新教。最早来到中国的传教士是英国人马礼逊，于清嘉庆十二年（1807）来中国传教。1840年中英鸦片战争以后，基督教随着帝国主义的入侵而逐步发展起来，1896年传入大连。

一、基督教的传入与历史变迁

19世纪末基督教由西方传教势力传入大连。1896年10月，丹麦基督教路德会牧师外德劳在旅顺建立起旅大地区的第一个教会——旅顺基督教路德会。同年，丹麦基督教路德会牧师柏卫在庄河县大孤山建立了大孤山基督教路德会。此后，基督教又传入金县和新金县皮口。1910年，外德劳开始在大连市内传教，建立了大连基督教路德会。1923年，丹麦基督教路德会改为信义会。从1911年开始，美国基督教势力开始渗入大连，建立了大连基督教浸信会。在此前后，陆续传入大连并成立教会的有基督复临安息日会、基督教聚会处、基督教神召会、基督教长老会、朝鲜族基督教长老会等，还有从信义会中分离出来的基督教灵恩会，从基督教浸信会分离出来的耶稣堂（自立会）、蒙恩会等。

日本基督教在日俄战争期间传入大连地区。日本基督教青年会从1904年8月到1906年3月，随军队转战各地慰问部队。1907年8月，大连西通（今友好广场）日本基督教会正式建立。日本其他派别的基督教会也先后在大连建立教会。“九一八”事变后，在日本人山下永幸主持下，先后于1934年和1936年建立了满洲基督教大连寺儿沟教会和满洲基督教大连中央教会，下设许多分会。到1945年，大连共有日本教会12处，教牧人员14人，信徒2298人。大连光复后，外国传教士于1947年8月全部离开大连。

中华人民共和国成立后，大连基督教爱国人士成立了“三自”爱国委员会。在抗美援朝运动中，捐款东北币264万元。各教会普遍订立了爱国公约。“文化大革命”之前，全市尚有基督教堂6处，“文化大革命”之后，各基督教礼拜堂相继关闭和被占用，宗教活动停止。中共十一届三中全会后，大连基督教组织和宗教活动得到恢复。1984年大连基督教协会成立。到1985年，仅市内归还基督教房产就有7处2623.7平方米，1处规划拆除的给予了经济补偿。

二、基督教派及主要教堂

大连基督教派有信义会、灵恩会、浸信会、基督复临安息日会、聚会处、神召会、耶稣堂（自立会）、蒙恩会、长老会等，以信义会为较大派别。1945年，大连市共有礼拜堂、福音堂和聚会点91处，1966年初有5处。1985年，除长海县外（1945年有基督教聚会点1处，之后无聚会点），各区县皆有分布，有基督教信徒3000余人。历史较悠久的礼拜堂有西岗礼拜堂、金县礼拜堂、旅顺礼拜堂等。

基督教信义会的前身是基督教路德会。路德会是大连地区出现最早的基督教派，也是最大的教派，1923年改为基督教信义会。1896年，丹麦牧师外德劳在旅顺建立旅大地区的第一个教会。1899年大连籍受洗入教者闫兴纪将自家房产改作小教堂，此为大连基督教信义会最早的传教之所。1910年，外德劳由旅顺转至市内传教，建立了大连基督教路德会。1911年，经日本殖民统治当局批准，外德劳牧师在今长江路取得教堂建筑用地1705平方米，而后回丹麦筹集建堂款，加之大连信众的捐款，于1914年建成大连基督教礼拜堂，大连基督教路德会迁入，时称大连西岗基督教路德会。1914—1940年，大连基督教信义会又在院内先后建造7处房产，并设立寺儿沟、大龙街、王阳街等福音堂和2所青年会，以及小平岛、大连湾、侯家沟、甘井子等聚会点。1940年大连基督教信义会有中外教牧人员4人，教徒1000多人。到大连光复前，大连西岗基督教信义会共有8座礼拜堂、17座福音堂、6个聚会点，共有教徒3200余人。中华人民共和国成立后，基督教活动的场所逐渐减少，到1958年，除大连教会、旅顺教会、金州教会外，其他教会均停止宗教活动。“文化大革命”期间，大连基督教会全部停止宗教活动。中共十一届三中全会以后，西岗基督教会恢复正常宗教活动。

北京街基督教礼拜堂，位于西岗区长江路，是丹麦基督教路德会在中国建立的第一个正式教堂。教堂由丹麦牧师外德劳主持修建，1913年动工，1914年竣工。它是一座中西合璧的建筑，外部结构是哥特式建筑风格，内部则是中国传统建筑风格，建筑面积200平方米，1940年，建筑面积增至984平方米。教堂1920年有教徒320余人，1925年有教徒590余人。

玉光街基督教礼拜堂，位于中山区玉光街，。教堂于1924年动工，1928年竣工，时称大连圣公会教堂。它是一座哥特式建筑，占地面积1050平方米，主堂、附堂、仓库等建筑面积820平方米。1941年12月太平洋战争爆发后，日本当局驱逐了在大连的英美等国侨民，教堂由日本基督教使用直到大连光复。中共十一届三中全会以后教堂恢复正常宗教活动，每逢星期四、六、日活动，复活节、感恩节、圣诞节等节日则举行较大活动。玉光街基督教礼拜堂以其哥特式异域建筑风格，已成为大连的一道街景。

第六节 东 正 教

东正教又称东方正教，基督教三大教派之一。东正教传入中国约始于清初。大连东正教的传入与沙俄“租借”旅大有直接关涉。东正教是俄国人信仰的宗教之一，尤其在沙俄时期极为兴盛，大连的东正教信徒也主要是俄国人。

一、东正教的传入与历史变迁

1897 年沙俄强租旅大后，殖民统治当局为在侵入旅顺过程中死亡的俄国官兵建立了几处墓地，不久又在较大墓地附近设立祈祷所，在关东州陆军司令部、旅顺要塞步兵团等俄军所在地建立教堂。旅顺三里桥墓地附近的祈祷所建于 1898 年，占地面积约 30 平方米，是为东正教在大连最早的宗教活动场所。1904—1905 年日俄战争后，日军将战死后来不及收殓和埋葬的俄军尸体予以了掩埋。1912 年，沙俄政府在日本殖民统治当局的协助下找到日军掩埋的俄军墓地，并在墓地竖碑。俄国十月革命胜利后，大批白俄地主、资本家、贵族和军官纷纷逃入中国东北地区，一批教堂随之建立，并出现过去未曾有过的修道院。据统计，1920 年前后，旅大地区东正教徒最多，数量最多的年份有 2355 人，其中 97% 为俄籍白俄罗斯族人，中国籍仅 28 人（其中混血儿占 86%）。

俄国十月革命胜利后，东正教随着沙俄政权的灭亡而丧失了国教的地位，东正教上层人物在日本政府支持下，依附于沙俄流亡国外的临时主教教会，参与了反苏反布尔什维克的活动。1934 年 4 月，反法西斯同盟大连支部成立。1935 年 4 月，大连白俄事务局支部成立。1935 年，俄国设在中国的东正教会总会在大连建立俄国人墓地保存委员会。日本发动“七七事变”后，1940 年 4 月，大连日俄友人会成立。东正教会投身狂热的政治活动中，已将宗教活动置于次要地位。

1945 年 8 月苏联红军进驻旅大，对旅顺实行军事管制。因为苏军及其家属中有东正教教徒，出于信仰的需要，1947 年，驻旅大的苏军在大连南山原日本大连神社院内建立了圣亚历山大涅夫斯基教堂。20 世纪 50 年代和 60 年代初，大连的东正教教徒陆续离开大连。1955 年苏军撤离旅大后，东正教堂自动关闭。1956 年 3 月 30 日，中苏两国政府签订关于交接在中华人民共和国的俄罗斯东正教和莫斯科大主教区所属东亚教区财产的议定书。1958 年 9 月，旅大市人民委员会正式接管旅大地区的东正教会组织及其不动产。接管后，其余东正教教徒陆续返回苏联，宗教活动日渐减少，至 1966 年，虽有东正教堂 1 处，但活动完全停止。

二、东正教堂及墓地

沙俄侵占旅大后，拟在欧洲人区规划建设一所能够容纳 1200 名教徒参加活动的东正教大教堂（位于今二七广场中央），以凸显其主导和统治地位，1903 年 2 月已举行奠基仪式，后因日俄战争爆发而搁浅。据日本殖民统治时期 1931 年 9 月发行的《在俄国统治时代的大连市》记载，1901 年 11 月，东正教在大连市行政区小学校内设置的宗教活动场所仅能容纳 300 名教徒进行活动。史有记载的大连东正教教堂和墓地主要有 4 处，其中市内 2 处，旅顺和金县各 1 处，另有女子修道院 1 处。

圣天神掌米哈伊洛教堂，位于今大连市中山区捷山街，始建于 1912 年，1924 年和 1935 年经两次扩建后，教堂面积为 98.95 平方米，附属建筑物 3 处 119.89 平方米。1912—1958 年有过 6 任掌院司祭。“文化大革命”时期，教堂被拆毁。

圣亚历山大涅夫斯基教堂，位于今大连市中山区南山路，是苏军进驻旅大后于 1947 年在原日本大连神社院内所建。1955 年 5 月苏军撤离旅大后教堂关闭，财物并入圣天神掌米哈伊洛教堂。

旅顺三里桥祈祷所和墓地。祈祷所建于 1898 年，时建筑面积约 30 平方米。旅顺墓地位于祈祷所附近，占地面积 1.5 万平方米。墓地内有座高约 8 米的石碑，是日俄战争沙俄战败后，日本当局于 1907 年建造的，碑上刻有“旅顺阵亡将卒合葬碑”字样。1945 年，进驻旅大的苏军将此墓地向北扩建 1 倍多，辟为苏军烈士陵园，埋葬苏军官兵及其家属 1940 人。

第六篇　人　物

第一章　人物传略

叶旺（?—1388）　**马云**（?—1387）　叶旺，出生于庐州六安（今安徽省六安市）。马云，出生于庐州合肥（今安徽合肥市）。元末，皆参加红巾军起义，同隶朱元璋淮西旧将谢再兴长枪军，同为千户。谢再兴背叛朱元璋后，二人均未随其背叛，而是继续留在朱元璋麾下，并多次随征各地，积功并授指挥佥事。

明初，辽东仍在元朝残部的控制之下。为尽快统一中国，明太祖采取抚讨兼行的政策收复辽东。洪武四年（1371）二月，元朝辽阳行省平章政事刘益以金、复、海、盖四州归附明朝。明朝设辽东卫指挥使司，命刘益为指挥同知。五月，元将洪保保杀刘益，辽东处于战乱之中。七月，明廷在辽东置定辽都卫指挥使司（简称定辽都卫），任命叶旺、马云为都指挥使。叶旺和马云在山东登州组军整训后，率水陆大军渡海开赴辽东，在狮子口登陆。为纪念此次出师的顺利，也为鼓舞士气，二将便将狮子口改名旅顺口。明军登陆后，经过休整，设定辽都卫于金州城，挥师北上。洪武八年（1375）十月，明廷将定辽都卫指挥使司改称辽东都指挥使司（简称辽东都司），为全国十三司之一，是军事和行政的统一组织，治所设在辽阳，叶旺、马云仍同为都指挥使。同年十二月，元将纳哈出率兵3万余人进犯辽东，见叶旺、马云在辽阳有所备御，未敢进击，于是绕城南犯，越过盖州、复州，长驱南下，企图一举攻克明军在辽东的立足地金州城。其时金州城墙包砖工程尚未竣工，且兵微将少，形势十分危急。金州卫指挥使韦富、王胜处变不惊，督率金州城军民协力守城。元军围攻三月余，金州城仍岿然不动。纳哈出部将乃剌吾自恃骁勇，亲率数百骑兵直逼城下挑战，被明军弩矢齐发受伤而俘。纳哈出见状，引兵北退。纳哈出不敢按来路再经防御严密的盖州，便由城南十里外沿柞河逃遁。叶旺早已料到纳哈出将在金州战败北退，事先引兵直趋柞河以迎击敌军。其命士卒自连云岛至窟驼寨十余里沿河垒冰为墙，再以水浇，经宿凝冰，有如城墙。再命士卒将钉板隐于沙土中，旁设陷阱，伏兵以待。纳哈出率兵过境时，叶旺命炮矢齐发，伏兵四起。纳哈出仓皇北遁连云岛，适遇冰城，人马皆陷入阱中，全军大溃。此时，马云率兵从城中出击，直追至将军山、毕栗河（今碧流河，在大连庄河境），敌兵被斩或冻死者甚众。洪武八年（1375），叶旺、马云以退敌功俱晋升都督佥事。

洪武十年（1377），叶旺、马云在辽东籍民为兵，始制民屯法。由于军事上的需要，废辽东州县建置。洪武十二年（1379）六月，马云以都督佥事之衔出征大宁（内蒙古宁城大明城），叶旺继续留在辽东镇守。洪武十九年（1386），叶旺应召入京，受命为后军都督佥事。三个月后因辽东有警，仍复命还镇。洪武二十年（1387）马云逝世。翌年叶旺逝世。嘉靖初年，以二人有功于辽东，明廷命有司为之立祠，春秋祭祀。《明史》称：“旺与云之镇辽也，翦荆棘，立军府，抚辑军民，垦田万余顷，遂为永利。旺尤久，先后凡十七年。”

刘江（？—1420）　出生于邳州宿迁（今江苏省宿迁县）。原名刘荣，年轻时替父从军，故冒父名刘江。元末明初，日本沿海地区一些失意的封建武士、浪人、海盗、走私商人等，屡屡侵入中国沿海地区大肆骚扰、烧杀抢掠，沿海百姓深受其害，恨称其为“倭寇”。时金州沿海（泛指今大连地区）因屡遭倭寇袭扰，辽东海运中断，经济发展受到严重影响。永乐年间，刘江为官左都督时，曾因备倭失事被贬戴罪立功。明永乐九年（1411）三月，刘江升任辽东总兵。为根除倭患，他亲自巡视金州沿海和岛屿，于永乐十四年（1416）选定在金州腹地望海埚修筑城堡，又以金州城为中心，修建5条烽火联络线，共建烽火墩、台、架95座，并设伏兵于堡外，防止倭寇偷袭。永乐十七年（1419）六月十三日晚，望海埚斥候在侦察时发现，位于东南方向的王家山岛上有火光，并向马雄岛（今金县大李家镇城山头到青云河口一带）方向移动，马上飞报。预料到倭寇将至，刘江立即调兵遣将，严阵以待。次日拂晓，倭寇1500余名分乘兵船30余艘，从马雄岛登陆，以长蛇阵势向望海埚奔袭而来。刘江率众举旗鸣炮，明军伏兵四起，轮番截杀，打得倭寇四散奔逃。一部分倭寇逃窜到樱桃园（今柳树园）空堡，刘江采取“围师必缺”战术，三面围堡，虚留西侧之隙，待倭寇奔出，纵兵夹击，倭寇大部被歼，少数逃至海边的被明军俘虏。此后百余年，倭寇不敢再窥辽东。战后，明朝廷晋封刘江为广宁伯。刘江从此恢复刘荣名，继续镇守辽东。永乐十八年（1420）四月，刘江（刘荣）去世。成祖帝追赠广宁侯，赐谥号忠武。当地民众感恩于刘江的抗倭功绩，于明正德元年（1506），在望海埚北部的山丘上修建真武庙，立刘江功德碑。

毛文龙（1576—1629） 字振南。出生于仁和（今杭州市）钱塘县。30岁上走山海关、宁远一带，被辽统帅收之幕下，从此转战辽东，屯兵广鹿（今大连长海县广鹿岛）等岛屿，牵制后金军。历任辽东都司、游击、副总兵、总兵、左都督等职。皇帝赐尚方剑，加太保，封三世袭。

广鹿岛是时任游击将军的毛文龙进兵辽东夺取的第一岛。天启元年（1621）三月，毛领兵援助朝鲜抗后金。后金军后攻占辽东，明守城军民逃散半岛各地。受辽东巡抚王化贞派遣，毛赴辽东及其沿海岛屿招致遗民、恢复疆土，迅即率军丁200余人，打起抗金大旗。同年七月，率部首先夺取广鹿岛。此时广鹿岛的明叛将正率军掳掠妇女和牛马米粮，并强逼百姓剃头降后金。毛所部出其不意将叛军头目抓获处死，归还所抢的人财物，得到岛上百姓的拥戴，踊跃参军。后又先后收复了给店岛（哈仙岛）、大长山岛、小长山岛、色利岛（塞里岛）、獐子岛、海洋岛、王家岛等岛，所到之处秋毫无犯。辽东逃散军民纷纷投军，最多时15万余人，在册兵员4.7万人。毛文龙势力扩大后，率部奇袭并夺取镇江（今丹东九连城）。后金军反攻，镇江失守，毛又率部撤到皮岛（也称东江，位于鸭绿江口东部，今椴岛），并据此岛及广鹿各岛建立东江防线。时东江防线南联山东登莱，北接朝鲜半岛，中间旅顺、三山岛、广鹿岛及长山群岛皆属其势力范围，似一道海上长城，形成对后金军的牵制之势。时毛因功授东江总兵，以广鹿等岛屿为根据地，不断袭击占领辽东的后金军，使其西进犯明有后顾之忧，从而起到了战略上的牵制作用。至明崇祯二年（1629），毛紧守各岛八年，对后金军牵制作战数十次，迫使后金军不得不掉头向东专剿毛文龙。毛文龙的军事存在，不但迟滞了后金在辽西的军事进攻，而且保障了明朝与朝鲜半岛的海上航线的畅通。尽管如此，毛部由于孤悬海隅，与明廷布防策缺乏配合，加之自身滋长了骄奢之气，引起了明廷内部的派系纷争。毛在朝廷银饷粮秣无济时，以“开市营利”的办法自筹给养，被朝官诬为“通敌叛国，课税自肥”。崇祯二年（1629）六月，明朝廷派遣袁崇焕督师蓟辽。袁为除掉毛，以谈饷阅兵为名，将毛文龙诱骗至旅顺双岛的一处古庙中，将其拘捕，历数其“冒饷饰功”“不受节制”等12条罪状，当众以尚方剑将其斩于帐前。终年53岁。毛被杀后，明抗金力量受到极大削弱。袁崇焕后因崇祯帝中皇太极反间计而被杀。此后，明朝辽东将领相继叛降。

多隆阿（1794—1853） 姓舒穆禄，名多隆阿，一名廷鼐，字文希，号雯溪。满洲正白旗籍。出生于奉天府岫岩厅英那河畔（今庄河县小孤山镇）。幼读诗书，每试皆优。1825年举“拔萃科”第一名。其潜心于学问，无意于仕途。先在南京金山书院讲学，后就聘于盛京（今沈阳）莲宗寺书院山长。后赴山西平阳，于书院莅职。所执掌书院常座无虚席，所审取考卷的前20名学生，院试皆被录取。学问涉猎多个领域，诗作存世约200首，亦考据史学，勘正误谬，有“辽东名士”之誉。著作有《慧珠阁诗钞》《易原》《毛诗多识》《阳宅拾遗》等。1853年9月20日于山西平阳去世。

徐赓臣（1824—1880） 字韵初，号东沙。1824年8月12日出生于奉天府复州太平庄（今新金县大田镇）。幼读私塾，过目不忘，吟诗作赋，出口成章。1849年考取拔贡，朝考第一，授工部七品官。1853年中进士，钦点翰林院庶吉士，授朝议大夫。1853年，癸丑科三位主考荐其为太子（后来的同治皇帝）师，被婉言谢绝。在翰林院几年后，求改授直隶肥乡县（今河北省肥乡县）知县。1867年随清军驻守南阳，因参与谋划军机之功，升任直隶州知州加知府衔，赏戴孔雀翎。不久辞官，归隐故里。后于中原地区游历名山大川，吟诗作文。1870年重归故里，在复州横山书院（今瓦房店市复州城北）执教5年。著有《韵初遗稿》《斯宜堂诗稿》等。1880年9月18日病逝于故里。

魏燮均（1812—1889） 原名昌泰，字子亨，又字公隐，号耕石老人，又号芷，老农，别号铁民，九梅居士。出生于奉天府铁岭县。9岁入私塾读书。咸丰年间府学贡生。为晚清关外著名田园诗人、书法家、学者。一生多半以教书为业，曾结友笔耕、候补县志、考察古迹。咸丰元年至三年（1851—1853），赴金州任金州通判幕僚，其间往来于铁岭与金州之间，对清朝咸丰年间金州地区风土人情和劳动人民的悲惨生活，以通俗易懂的诗歌进行了记录和描述。《流民行》是赴金州途中的所见。“路遇尽流亡，遍是金复民。去岁被灾始，陆续及今春。络绎载道途，自旦达黄昏。三五或为侣，十数或成群。担挑黄口儿，肩负白发亲……”《金州杂咏》《荒年叹》《赈灾行》等记述了土地瘠薄、赋税重压下金州百姓的苦难生活。还抒写了金州壮美山川的大量诗歌，如《金州野望》《登金州城西楼晚眺》《登龙王岛观海》《游大赫山胜水寺》等。后入海城、辽阳、岫岩、盛京等地入幕十余年。著有《香雪斋笔记》《梦梅轩杂著》《荒史纪闻》《九梅村诗集》等。1889年逝世。

袁保龄（1841—1889） 字子久，一字陆龛。出生于河南省项城县。同治元年（1862）举人。系咸丰、同治年间钦差大臣漕运总督袁甲三的次子，中华民国第一任大总统袁世凯的叔父。同治二年（1863），曾随父至皖北剿捻。同治五年（1866）任内阁中书。光绪三年（1877）编纂《穆宗毅皇帝实录》，光绪五年（1879）告成，赏二品顶戴。光绪七年（1881），清廷决定在旅顺建立北洋海军基地，经直隶总督、北洋大臣李鸿章奏请，调赴天津委办北洋海防营务处。光绪八年（1882）十月，接替黄瑞兰出任北洋营务处旅顺工程局总办。到任后，大刀阔斧革除积弊，裁撤冗员400人，启用贤能与共，节省开支千余两，很快扭转了船坞工程的混乱局面。至光绪十三年（1887）十一月旅顺船坞交由法国公司包办，5年之余内，旅顺的诸多重大工程皆在其任上先后完成。在督办海防工程上，大胆采用西方先进技术建港修坞。在修筑拦海大坝的关键时刻，他连续40个昼夜坚守在大坝工地督工，为保证船坞工程建设顺利完成奠定了基础。在任期间，完成开挖引河、拓宽海口、疏通航道、修建码头、修筑炮台，以及建机器厂、库房、弹药库、水雷营、鱼雷营等数十项工程。还组建了机械局，成立水陆医院、旅顺电报局等服务机构。在船坞施工中不盲目崇洋，当受聘的德籍工程师善威主张烧制泥砖建坞时，他力持己见以石料筑坞，因为“砖坚必不如石”，使今日旅顺船坞历百年而坚固如初。袁保龄不仅为港坞工程立下功劳，而且为旅顺百姓着想。秉公处理了前工程局与土地业主在用地方面的争议，如数付还前任拖欠百姓的货款；在当地推广植桑养蚕，兴办学堂，推动旅顺的经济发展和民众的开化。光绪十五年（1889），他因操劳过度未及医治，病逝于旅顺任所。清廷追授为资政大夫，晋封光禄大夫，赠内阁学士，列入清国史列传。

阎世开（1853—1894）　字梅一，号绶廷。出生于奉天府金州厅南金社（史称南三十里堡，今大连市甘井子区南关岭镇）。其父阎学典一生从事私塾教育，除了授业解惑，还通过讲历史故事，对学生进行爱乡土、爱祖国教育。阎世开自幼聪明好学，长大后承袭父业，人品、学识颇类其父。1894年中日甲午战争爆发，日军于11月初相继占领金州、大连湾后，派侦察部队为进攻旅顺搜集情报。11月9日，阎世开在前去南关岭私塾房的路上被日军侦察部队所掳。日军许以重金，让其指引大连至旅顺的山川地势及行军路线。阎世开怒发冲冠，严词怒斥日军侵略行径。日军不解汉语，他奋笔疾书：“宁做中华断头尸，不做倭寇屈膝人。”日军继之以战刀相逼，他面无惧色，抓起石砚朝日寇砸去。日军恼羞成怒，次日将其剖腹残杀。时年41岁。

1895年岁首，著名诗人张之汉闻知此事，愤然而作《阎生笔歌》，歌颂了阎生“头可断，舌可抉，刃可蹈，笔可折，凛凛生气终不灭”的“可以撑天地，泣鬼神”的壮烈气节。

徐邦道（1837—1895）　名金锡，字见农（亦作剑农），号邦道。出生于四川省涪州（今四川省涪陵县）。行伍出身。咸丰五年（1855），以武童加入清军（楚军）。先后参与镇压太平天国、捻军起义、回民起义，1880年授河北正定镇总兵。1894年中日甲午战争爆发后，奉命率所部拱卫军到旅顺协守。同年10月24日，日军万余人从庄河花园口登陆，11月3日进犯至金州东部。徐邦道认为金州是旅顺和大连湾的咽喉，金州失守，旅大难保，当分兵往援金州，以巩固旅顺后路。然因诸将互不统属，各统领无人响应。徐邦道于是毅然率新募拱卫军步队3营、马队1营、炮队1营，约2000名兵力，赴金州东部石门子御敌，与驻金州练兵一起于道路设防。11月5日，日军以两个大队的兵力向徐邦道拱卫军阵地发起攻击。徐邦道指挥部下凭垒据守，进行反击，打响了侵华日军自花园口登陆后清军抗击的第一枪，击毙日军数十人，打退日军数次进攻。后因寡不敌众、给养无济，率部撤离阵地，退守南关岭一带，与日军炮战。金州城失陷后退守旅顺，当日军进犯旅顺时，又会同姜桂题、程允和、卫汝成等将领率5000余人在旅顺以北10千米的土城子、双台沟一带与日军激战，取得重大胜利。但终因无后续部队接应，退守旅顺东鸡冠山炮台，坚持到最后，于旅顺城破前夜率部退出旅顺，投奔四川提督宋庆（帮办东征事务），转战于复州、盖平、海城等地。1895年7月5日病逝于辽南战场。

刘含芳（1840—1898）　字芗林（又作湘舲）。出生于安徽省贵池县。父母早亡，自幼跟随大自己13岁的堂兄兼塾师刘瑞芬读书。1862年，随堂兄刘瑞芬先到建德（今东至县）投曾国藩湘军，后转为李鸿章淮军幕府。1875年李鸿章创立北洋水师后，负责建武库，开军械制造局，设电气水雷学堂，组编水雷营。1881年，奉李鸿章之命，筹办旅顺与威海的鱼雷营、水雷营，修建水雷土船坞。1883年，由袁保龄提名任旅顺工程局会办。袁保龄身患重病后，刘含芳主持旅顺工程局，直至1890年海防工程全部竣工。1895年11月《中日辽南条约》签订后，刘含芳奉命从山东渡海勘收旅顺诸处，目睹当年督建的海防工程尽遭摧毁，义愤填膺，痛哭失声。在旅顺期间的一次巡视中，他发现一块石刻，上刻29字："敕持节宣劳靺鞨使鸿胪卿崔忻井两口永为记验开元二年五月十八日。"据此认定刻石旁之古井即《唐书》所记"鸿胪井"。于是就此建起一座石亭，将井和刻石这一珍贵的历史文物保护，并在原刻石左侧又添镌68字记其始末："此石在金州旅顺海口黄金山阴，其大如驼。唐开元二年至今一千一百八十二年，其井已湮其石尚存。光绪乙未年冬，前任山东登莱青兵备道贵池刘含芳作石亭覆之并记。"刻石后遭入侵沙俄的破坏和日本侵略军的盗窃，日军将刻石掳至日本皇宫，在此另立一块假碑。中日甲午战争后，刘含芳告病归乡，1898年冬辞世。清廷在其死后赠内阁学士，在烟台立祠堂祭祀，列入清国史列传。

李秉衡（1830—1900） 字鉴堂。1830年3月25日出生于奉天府岫岩厅南石嘴河畔（今庄河县鞍子山乡石嘴村）。初捐资县丞。同治十三年（1874）后，历任直隶完县、枣强县知县；光绪四年（1878）后，先后任冀州知州、永平府知府、山西平阳知府。1884年，由时任两广总督张之洞举荐为浙江按察使，未到任即转任广西按察使。时值中法战争爆发，钦命督办广西龙州转运局，主持前线军需物资供应，创设医局，治疗伤员，对稳定战局起到重要作用。1885年春，法军大举进攻，广西巡抚潘鼎新兵败镇南关被革职，李秉衡受命承办广西前敌军务。他支持冯子材统帅前敌各军团结抗法，使战争取得重大胜利。光绪二十年（1894）五月授安徽巡抚。同年七月，于中日甲午战争前夕调任山东巡抚。他苦心筹划海防，力主抗战，反对投降。中日签订《马关条约》，两次上奏反对意见，被降调四川总督。中德签订《胶澳租借条约》后，他直接上奏慈禧太后无果，遂辞川都，赴居河南安阳县。光绪二十六年（1900），起用为巡阅长江水师大臣。1900年八国联军侵华，六月攻陷大沽口，他上奏自请率兵万余人北上"勤王"。出师前，发出"宁愿为国捐躯，决不怕死后退"的誓言。1900年8月9日，统率"勤王之师"，在武清县河西务与八国联军接火。清军溃败，部队退守通州城。当敌军以排炮猛轰通州城时，他佩刀立于城头指挥迎敌。不久其他将领率残兵逃遁。当联军逼近通州张家湾时，他身边除几个幕僚外已无兵勇，遂于8月11日服毒自尽，以身殉国。死后葬于河南安阳海水村南岗。中华民国以后，各类典籍均将其作为廉吏忠臣收入其中。

宋庆（1820—1902） 字祝三。出生于山东省蓬莱县。1853年入安徽亳州，任州练长。1862年接办安徽防务，统带毅军三营，为毅军之始。1865年任南阳镇总兵，驻军河南。1868年擢升湖南提督。1874年调任四川提督。1880年，宋庆奉命会办奉天（今沈阳）防务。1882年率部赴旅顺驻防，至1894年甲午战争爆发，共驻防12年。其间，督军修建陆防案子山、椅子山、二龙山、鸡冠山、松树山等炮台9座。甲午战争爆发后，奉命帮办北洋军务，率部增援丹东九连城。10月24日，日军第一军进攻鸭绿江清军防线，第二军在大连庄河花园口登陆。第一军在数日内攻破九连城、凤凰城防线，第二军第一师团登陆后旋即进犯金州，宋庆奉命率部回援金州。11 月 20 日所部及至金州城外时，金州和大连湾早已失陷，日军正向旅顺进攻。次日，他率部反攻金州失利，旅顺也已失陷，便率军退守盖平（今营口盖州）。后率部在东北与日军作战。1895 年中日《马关条约》签订后日军撤出辽南，宋庆率所部毅军驻防旅顺。1898 年沙俄强租旅大后，率部移防山海关。1902 年于北京病故。清廷以尚书衔恤，入贤良祠，谥忠勤。

隋汝龄（？—？）　字九芗。生卒年不详。出生于奉天府宁海县（今大连市金县）。道光五年（1825）拔贡。充盛京觉罗汉教习。历任祝其、赣榆（今江苏省丹阳县、赣榆县）知县，江宁府（今南京市）督粮同知。隋汝龄于江南任职后，常眷念故土，着意搜集辽东文献资料。持续 20 年笔耕不辍，于 1852 年著成《辽海志略》。全书 160 卷，分 24 门类。手抄本共 64 册。书著成后，手稿收藏在金州故居。他逝世后，生前好友李鸿章来金州探访其家属，并将《辽海志略》手稿携归，应允付梓。及至李鸿章卒，终未能付印。现存有原稿本、手抄本各异，今全集本仍残缺 4 册。

连顺（？—？）　生卒年不详。姓伊尔根觉罗。满族。出生地不详。早年随其兄镇压捻军起义。1889 年任金州副都统，统领所部练军捷胜营 3 营步兵和 2 哨骑兵，其中一部分驻防金州，另一部分驻防熊岳城和复州城。1890 年，金、复旗民绅商为他竖立“连公德政碑”。1894 年中日甲午海战后，10 月 24 日日军在庄河花园口登陆，并向金州进犯。日军为探明清军虚实和布防情况，派出 6 名间谍到金州附近侦察，其中 3 人被清军所捕获。连顺连夜审讯后，经盛京将军批准，将 3 人斩首。得知日军将进攻金州而守城兵力不足时，连顺急电盛京将军裕禄救援。在前来救援的山西大同镇总兵程之伟所部从营口南下复州后便滞留不前的情况下，连顺急电李鸿章、龚照玙请求援兵，均被拒。又向驻防大连湾的淮军统领赵怀业请兵防堵，甚至跪求增兵，均未成。在金州城危在旦夕的情况下，连顺所部捷胜营与金州军民共同坚守城池，抵抗日军。后驻防旅顺的正定镇总兵徐邦道率拱卫军步骑 3 营前至金州，连顺与徐邦道共同在金州城东石门子共同抗击日军，取得清军在甲午战争爆发后的一次重大胜利。后连顺与徐邦道一起在旅顺抗击日军。旅顺被日军攻陷后，他随徐邦道投奔宋庆。

心一（1829—？）　姓李，俗名不详，法名心一。卒年不详。出生于安徽省凤阳府寿州（今安徽省寿县）。原为清军哨官。1894 年中日甲午战争后，于旅顺黄金山下天后宫削发为僧。1898 年沙俄强租旅大后，殖民统治当局欲在天后宫一带建海军俱乐部，逼迫心一住持拆毁寺庙。心一于寺庙外堆上干草木柴，并声言，如若强拆即燃草自焚。后沙俄驻军惧怕引起众怒，遂拿出 2 万卢布作为拆迁费。1899 年，心一经募捐补缺，在教场沟西（今市场街道附近）重建天后宫。日俄战争结束后，日本取代沙俄侵占旅大，为掩盖旅顺大屠杀罪行，日本侵略者暗地里将“万忠墓”碑盗走，使“万忠墓”地失去标志，成为一片荒野墓地。1922 年，心一以天后宫住持僧名义，联合旅顺华商公议会会长等人发起重修万忠墓募捐活动。募捐活动开始后，百姓有钱出钱，有力出力，于当年在万忠墓前竖起一块高 1.44 米、宽 0.6 米、厚 0.15 米的石碑，上书“万忠墓碑”四字。从此，祭奠在旅顺大屠杀中死难同胞的活动持续至今。1950 年天后宫被拆。

吕永发（1870—？）　出生于奉天府金州厅。1905 年日本侵占金州后，他不堪忍受日本殖民统治当局和汉奸的压迫，组织起以张玉宽、乔德福等12位农民兄弟为骨干的抗日武装队伍。1906年7月26日，吕率队赴郭家屯（今北乐镇境内，1985年称谓待确定），处死恶贯满盈的巡捕王明爽。翌日又聚集27名农民，包围老虎山（今七顶山乡）日本警察官吏驻在所，放火封住大门，然后向所内猛烈射击，当场击毙1名日本警察，击伤2名巡捕。慑于吕永发的反日武装，日本警察署被迫将驻在所撤回金州。其后，吕等反日武装频频袭击日本警察所，并进入复州境内打击入侵者。1908年7月，吕率部将效忠日本、为害乡里的貔子窝民政支署差役张俊昌处死。同年8月，又率部在三十里堡大盐场击毙伪巡捕1人、伤数人。同年冬，吕永发迫于日军围剿，将队伍解散，隐居吉林海龙县。后被告密，遭日本军警杀害。

张德禄（？—？） 字德三。生卒年、出生地不详。早年学过俄语，沙俄强占旅大后任殖民统治当局的通译官。1899年，沙俄在大连湾以南青泥洼一带开港建市。张从山东、河北和东北各地招募民工逾万人，承揽开港筑路和城市建设工程，由此发迹。1900年，大连公议会（又称“洼口公议会”）成立，张当选总理。其时义和团运动在辽东兴起，商民为保自身生命财产安全，请求殖民当局保护。由于沙俄军队大部被调往平津地区参加八国联军进攻北京，旅大防务空虚，殖民统治当局于是命洼口公议会成立治安巡防队。治安巡防队由张德禄聘请青洪帮头目招募青壮年800余人组成，从沙俄军队领取枪支弹药。后沙俄当局又把旅大的教育、慈善、卫生等事业交给公议会。再之后，沙俄当局成立达里尼市公议局，任张德禄为局长，张德禄从此成为沙俄在旅大地区推行殖民政策的华方代理人。1902年张德禄创办航运公司，从事山东与辽宁间的近海运输，不久进入大连华商八大富豪之列。到1904年日俄战争爆发前，已跃居华商八大富豪之首。日俄战争结束后，张德禄被日本殖民统治当局以“通俄罪”进行通缉，并没收其全部资产。张德禄事先闻风而逃，不知所终。

潘永忠（1842—1911） 1842年1月19日出生于奉天府岫岩厅潘店屯（今庄河县大郑镇潘店村）一个农民家庭。18岁时以其忠厚朴实、正义率真的为人，被群众推举为玉皇庙会首。清末因领导庄河“西大会”（会首联庄，称“联庄会”，也称“西大会”）农民反抗征缴苛捐的武装斗争而名闻。

1894—1904年，辽东半岛经受中日甲午战争、“庚子之役”和甲辰日俄战争的摧残，城乡经济遭受严重破坏，官府却巧立名目加重盘剥，致使百姓难以生存。特别是《辛丑条约》签订后，原有赋税成倍增加，又新增税捐，群众不堪其苦，于是庄河各会首纷纷“联庄”抗捐。1909年春，潘永忠组织贫苦农民和商户2000余人，攻打砸毁税捐机构，驱赶税吏，抗捐抢粮，斗争告捷。1911年，潘永忠不顾年事已高，派人四处联络各地会首，把分散抗捐的民众联合起来，组成4000余人的队伍，于同年8月27日，以抬杆、土枪为武器，层层包围庄河县城，限令官府废除苛捐杂税。遭官府拒绝后，他下令轰开城门，率队冲进城内，包围了厅署并捣毁了议事会所，知县被迫答应了民众要求。潘在庄河起事抗捐，轰动了东三省。清东三省总督赵尔巽视庄河抗捐斗争为辽东大患，调兵镇压。9月11日，抗捐民众以土枪土炮在明阳张店、后姚屯一带与装备精良的官军激战。双方激战6天，互有伤亡。为保存实力，潘命抗捐队伍分散转移。在掩护群众转移途中，落入官府鹰犬“红会”之手。“红会”为向县衙领赏，给潘永忠戴上木枷，又残忍地将其双手钉在大车厢板上押往庄河。9月22日，潘永忠在庄河街南黄泥坑被杀害。1912年，关外大都督蓝天蔚亲临潘永忠墓前祭奠并题挽联悼念：“永世以谋生，想公生已臻老年，犹有满腔热血；忠臣不怕死，惜君死未得正命，空留一片冰心。”

隋守真（1877—？）　出生于奉天府岫岩厅西烽台（今庄河县尖山乡）。幼读5年私塾。1908年参加中国同盟会辽东支部。后回到庄河，与潘永忠发起“联庄会”，发起东北地区最大规模的抗捐斗争。

1911年武昌起义胜利后，隋守真和潘苏忠（潘永忠胞弟）提出“响应南方起义，推翻清廷”口号，以顾家岭为根据地，以自家田产地契向日本银行作抵押，购买枪支100支、弹药60箱，跨碧流河东西两岸地区秘募民军，发动起义。东三省总督赵尔巽闻之，密谋对顾家岭进行扫荡。隋守真等先发制人，提前举义。11月20日，率领民军向驻李家卧龙的清军巡防队发起进攻，打响了辛亥革命在东北的第一枪。民军首战告捷。此战史称“庄复之役”。1911年11月27日，民军在李家卧龙宣布成立中华民国军政分府，顾人宜为第一军司令，张壁为参谋长，隋守真和潘苏忠任第一军领导成员。数日起义人数增至4000多人。11月29日晨，民军进攻清缉私局及清军步四营，清军大败。赵尔巽于是采取剿抚兼施策略，一面派代表与民军谈判，一面派兵对民军实施镇压。后经多次谈判，隋守真等接受清廷赔偿民军起义军费1万银两，将民军改为保护地面巡防队。1912年1月1日孙中山就任临时大总统，1月28日首批国民革命军在尖山高丽城登陆，迅速占领宋庄、蚊子咀、盖子头、花园口等沿海阵地。后分兵两路，一路由顾人宜率领向复县进攻，一路在隋守真和潘苏忠引导下，东向庄河挺进。1912年2月3日拂晓，东路军向据守明阳的清军防营发起进攻，清军大败，庄河知县弃城逃跑。2月12日清帝宣统逊位，14日袁世凯上台，赵尔巽擢升东三省总督。赵尔巽视庄复革命军为心腹大患派兵镇压，革命军被打散，隋守真去向不明，不知所终。

连承基（1878—1913）　字绍先。1878年11月13日出生于奉天府复州（今新金县四平镇）。8岁入私塾，稍长就读于复州横山书院，1897年考入吉林巡警学堂。1901年赴日本留学，1903年于东京警官学校毕业，任奉天宪政学堂教习、吉林警察署长等职。在吉林任职期间，因营救同盟会主要负责人宋教仁和会员徐镜心，遭受株连，被解职回籍。辛亥革命胜利的消息传来，前往大连参加革命。

1912年1月14日，连承基与徐镜心、郑天楚等人率500余名民军乘船由大连出发，在山东蓬莱登陆。他们会合当地民军，攻占登州城，成立登州军政府，连承基被推举为军政府都督兼总司令。之后，他率部向山东腹地推进，民军声势大振。连承基等人领导的武装起义有力地推动了辛亥革命形势的发展，既牵制了袁世凯对南方革命力量的镇压，又对清帝退位产生威逼作用，加速实现了南北议和。后经孙中山任命为山东革命军少将总司令。袁世凯窃取辛亥革命胜利果实后，下令山东军政府遣散关外民军，将鲁军缩为旅，连承基担任鲁军旅长，后又将所部遣散。1913年3月，辛亥革命元勋宋教仁被袁世凯派人暗杀，连承基认清了袁世凯“叛共和”的真面目，密招旧部，联络已被遣散的鲁军、关外民军和津军，购置军火、重组武装，准备再举义旗，兴师讨袁。8月，机密不幸泄露，在天津被逮捕，被押往北京。在军法处，他受尽折磨，坚贞不屈，大义凛然，严词痛斥袁世凯窃国罪行。9月18日凌晨，连承基在北京城外小河沿法场被秘密杀害，年仅36岁。连承基就义后，原部下将其遗体护送回他的故乡，安葬在牌坊屯。孙中山发唁电悼念。

石磊（1889—1914）　字巨符，原名石恒岱，出生于奉天省辽阳州东新堡（今辽阳市下达河乡）。辛亥革命前毕业于盛京军校，后被保送日本士官学校深造。留日期间加入孙中山创建的同盟会，回国后任蓝天蔚新建陆军第二混成协司令部参谋。不久东北同盟分会成立，负责组织工作。中华民国成立后，蓝天蔚任关东讨袁军大都督，委任石磊为本溪湖地区总司令。在中路军总司令宁武指挥下，与清军激战于辽阳、本溪、凤城、丹东一带。袁世凯窃国专权后，石磊追随宁武在大连成立秘密组织——中国国民党革命行动委员会东北分会，出任理事，积极开展护国倒袁活动，并接受孙中山直接指挥。1914 年 2 月，宁武等人去日本东京参加改组成立中华革命党大会，石磊负责大连机关工作。1914 年 3 月，辽南革命党人获悉日本人为武装宗社党，从大连老虎滩经海路往营口运送武器，决定由石磊率 23 名志士截击此船。17 日夜，石磊等将船只和武器全部截获，当准备将截获的船只、武器运往葫芦岛途中，于金州湾遭遇日本水上警察的追击被捕，并被引渡到复州县衙。在监押期间，复县监督及狱审屡次对石磊进行劝降，均被严词拒绝。他在狱中写道："十年仗剑海上游，戮力不达死不休；国破家亡身何在，誓将热血染神州。"1914 年 10 月 16 日，石磊等 24 名革命党人被押到复州永丰塔东边的刑场。当刽子手行刑的枪响后，23 名革命党人倒下了，复县监督出于对劝降石磊心存幻想而没有对他开枪。但见石磊视死如归，只得二次下令行刑。当警备队队长来到石磊面前说"把身子转过去吧"，石磊大义凛然地说："为国捐躯，死得明白，就这样来吧！"面对敌人枪口，英勇就义。时年 25 岁。

乔德秀（1849—1916）　字芝三，号希真子。出生于奉天府金州厅营城子西小磨子村（今大连市甘井子区营城子镇内）。幼年丧父，家境贫穷，靠母亲节衣缩食入私塾读书。塾师段盛桐念其天赋聪颖又勤奋好学，免收了他的学费，使他得以坚持就学，终科岁贡生。后为奉养老母辍学，自设私塾馆授业。平生治学严谨，为人谦逊，通晓经史，能诗善文，与辽东名士多有来往，被公认为辽南名儒。1892 年前后曾赴盛京（今沈阳）讲学，因目睹时政风云变幻，便无志功名，回乡隐居。1900 年以后，目睹列强侵略中国，尤其对沙俄、日本相继侵占辽东半岛深感痛愤，认为欲雪国耻、振兴中华，必先唤起民众特别是青少年的爱国之心。1910 年春，他在西小磨子村创办金州私立公育两等小学校，自任校长。这是当时当地中国人自己创办的唯一一所学校，四乡前往就学者百余人。他不仅传授文化，更教做人道理，尤以爱乡土、爱国家教育为办学宗旨。因其宣扬爱乡、爱国思想，学校开办不到三年即被日本殖民统治当局勒令停办。乔德秀在办学之余还编写乡土教材。他搜罗古今史书，调查远近见闻，征其实，举其要，纂成《南金乡土志》一书。1931 年，以石印版在大连刊行问世。全志约 5 万余字。还著有《东北要塞鉴古录》《营城子会土地沿革概略》《忍堂治家规则》《鸿指三生录》《女箴》《芝三启蒙》及诗文若干卷。1916 年病故于原籍。

纪凤台（？—？）　生卒年不详。出生于山东省黄县。自幼随父定居海参崴，为俄籍华人。曾就读于海参崴商务专科学校。1898 年沙俄强占旅大时，任旅顺俄军首席通译官。任职期间，在俄国及中国东北、胶东之间搞贩运，短时间内暴富，成为官僚买办资本家。他与大连华商公议会（又称"洼口公议会"）会长刘肇亿通力合作，在旅顺瑞昌木材行运销大小兴安岭木材，后将木材远销到辽宁、河北、河南、山东、安徽等地，获得巨额财富。此后，纪凤台在大连和旅顺各建造一座大戏院，内设酒吧、俱乐部、赌场、舞场，供俄国军官、官吏及华人富商之用。其间，重金聘请京、津、沪及辽沈著名京剧、评剧演员到大连演出。市民称其大连戏院为“纪凤台大戏院”。日俄战争后，纪凤台随俄军北撤，返回海参崴。1917年俄国十月革命后去向不明，不知所终。

郭精义（1876—1922）　字学纯。出生于奉天府金州厅傅家庄（今大连市西岗区傅家庄一带）。少年当过学徒，后得到华商巨富刘肇亿赏识，成其助手。1905年日本侵占大连后，开设福顺成店，后又开设油坊、钱庄，很快积累大批财富。1914年大连公议会改选后当选会长。上任伊始即提出在公议会前冠以“华商”二字，赢得中国商人和市民的称赞。1920年列大连华商八大富豪第二位。1921年4月21日，日本殖民统治当局令行“金建制”，要市民以1元银币兑换7角朝鲜币，目的是掠夺华商和中国居民手中的白银。郭精义为此以商会会长名义，多次到关东厅长官处申诉民意，无果；后奔走于奉天和北京之间，恳求中国政府出面解决，仍无果。不止无果，从北京回到大连后，他反而受到日本便衣警察的暗中监视。同年10月14日，殖民统治当局又下令：凡在大连市取引所（即交易所）进行商品交易，只能用“金本位”货币（朝鲜币），禁止用银圆交易。广大华商闻之群情激愤，进行抗议，遭到日本警察的镇压。郭精义毫不畏缩，暗中指示华商不买也不卖，使日本交易所大亏其本。之后，组织20余名大企业华商代表赴日请愿。后日本天皇下令将关东州长官调回本国，撤销“金建制”令，大连市内“金”银并用。日本殖民统治当局本对郭精义靠近北洋政府不满，对其带领华商反对“金建制”令更是恨之入骨，多次派刺客对其行刺未遂。1922年，郭精义由日本返回大连后，觉身体不适和牙床出血，遂到北大山通久保牙科医院诊治。他在医院打了一剂止痛针，回家后便神志不清。后被急送铁路医院，医生为其放血检查，其血已呈黑紫色。是夜辞世。郭精义之死成一大疑案。

刘心田（1854—1925）　字伯良，号秋农。出生于奉天府金州厅。幼读私塾，3次参加童试均落榜，遂不再求取功名。致力于书法、绘画和篆刻。以刚直不阿、仗义疏财，闻名乡里。清光绪十一年（1885）夏，铭军提督刘盛休奉命驻防金州城南，城南农民害怕清军占农田扎营而断生路，惶惶不安。刘求见提督，愿献出自家土地供清军安营，请求不要占用他人田亩，刘盛休欣然应诺，并保举他为“把总”衔（武职，正七品），被婉言谢绝。1898年沙俄强占旅大，金州城尚由清廷“自行治理”。沙俄为侵占这座“孤城”，诡称“金州城内匿有清兵”，借以寻衅滋事，并在金州南山架设大炮，企图袭击城内百姓。在此危急关头，刘以身家性命担保城中并无清兵，并甘为人质留在俄营。俄军进城搜查未见清兵，只得将刘放回，全城百姓生命财产、古迹名胜由此免于劫难。1904年5月，日本侵占金州后，在金州设置民政署，经乡绅推举，刘被委任为第一民务长。刘极力为地方谋福利并多次与日方交涉，力主地方自治。1917年，金州民政署署长远藤盛部强令城内4街每10户安装1盏煤油路灯，居民叫苦不迭。刘几经周旋，历数百姓之困苦，终免除此项负担。他还为免除苛捐杂税、保存古城名胜，做出了极大努力。刘喜爱书画，所绘山水花卉与书法有多幅传世。1925年病逝，乡人集资修建纪念馆，以志其功德。后入典《金县志》。

汉纳根（1855—1925）　德文名Von Hanneken，出生于德国。陆军大尉，中国海关税务司德璀琳长婿。于德国军队退役后，由中国驻柏林公使馆聘请来华，先后任天津陆军教官兼充李鸿章军事顾问。1880 年 11 月被派往旅顺，担任海陆防工程的设计和监造。设计和建造的黄金山炮台，是旅顺最大的炮台，1883 年 6 月完工，历时 2 年零 5 个月，共耗资 18.6 万余两白银。在旅顺还主持修建了老虎尾炮台、蛮子营炮台、樵珠礁炮台、馒头山炮台等海防炮台 12 座、陆地炮台 17 座。后主持修建了大连湾炮台和威海卫炮台。在旅顺北洋海军基地建设期间，协助中国人完成龙引泉给水工程设计。1891 年回国。1894 年再次来华。同年 7 月 23 日，由天津大沽口搭乘运送清军的英国商船“高升”号前往朝鲜。同月 25 日，“高升”号在丰岛附近海面被日军舰击沉，汉纳根泅水逃命。不久应李鸿章之聘，以花翎总兵衔入北洋水师，充任总教习兼副提督。同年 9 月 17 日，中日黄海海战爆发，在北洋舰队旗舰“定远”号上与提督丁汝昌共同指挥作战，在作战中负伤，并受朝廷嘉奖。1917 年中德断交后回国。1921 年再度来华。1925 年病死于天津。

王永江（1872—1927） 字岷源，号铁龛，出生于奉天府金州厅（今大连市金县）。清光绪十八年（1892）科举考取岁贡。后就读于奉天书院。肄业后，先是设私塾并任教，30 岁起潜心研究医术，并于旅顺开设中药房。1905 年聘任为南金书院监督。1907 年出任辽阳警备学堂监督，从此踏上仕途。因办学成效显著，被东三省总督锡良誉为“奉省办警政第一人”。1910 年冬，鼠疫蔓延成灾，他受任辽阳防疫委员长，率领医务人员亲临疫区，走门串户望诊投药，很快扑灭灾疫，被保荐为候补知县，旋擢为总督府参事。1911 年改任南路巡防管带。1913 年，先后出任牛庄、海城、营口及省城税捐局局长等职。1916 年 4 月，被张作霖任命为奉天督军高等顾问，后任警务处处长兼警察厅厅长。因不徇私情、不惧权势，秉公执法，受到社会赞誉。1917 年，被任命为省财政厅厅长兼烟酒专卖局局长，翌年又兼任东三省官银号督办，仅三四年时间还清大笔积债，且节余 1000 余万元，被誉为理财能手。1920 年 6 月，任奉天省代理省长兼财政厅厅长，1922 年擢任省长。先后创办奉天纺织厂、东北大学（兼校长），修建沈海与洮昂铁路。任省长期间，与孙中山有过多次信函往来，曾为支援北伐军百万巨资起过重要作用。1923 年，曾以奉天省长身份向日本驻奉天总领事提出收回“关东州”、恢复中国主权的要求。1926 年，因反对张作霖第三次用兵关内上书无效，退出政界，返归故里，从事著述。著有《读易偶得》《易原窥余》《阴符经注》《铁龛诗草》《医学辑要》《痼疾蒙谈》等。1927 年 11 月 1 日病逝于金州。

李子明（1878—1927） 出生于山东省福山县。17 岁在烟台顺泰洋行学习商务和外国语。1899 年赴海参崴俄国商务速成学馆学习。1904 年回国后，先出任顺泰洋行协理，后赴任顺泰洋行大连分行行长。1913 年受聘沈阳裕恒德杂货代理店业务总经理。后因大连顺泰洋行分行经营发生亏损，辞职回到大连，将顺泰洋行改名源成泰杂货代理店，实行独资经营，企业扭亏为盈。1918 年因受聘英美烟草公司驻大连的全权代理商，营业额猛增，到 1920 年已成为华商大户。1921 年，日本殖民统治当局为掠夺华人资本令行“金建值”。李子明等华商组织商民罢市，号召商民与日商展开不买不卖的休场抗争，致使取引所（交易所）一度瘫痪。日本当局为此下令将其驱逐出境。他不得已到营口避难，1923 年返回大连，仍任华商公议会副会长。当选华商公议会会长后，一如既往地对日本殖民当局损害商民利益的做法进行抵制。1925 年五卅惨案发生后，与大连爱国人士组成沪案后援会，支持各界游行示威并予捐款支援。1926 年大连福纺纱厂工人举行“四二七”大罢工时，支持工人的罢工斗争。他的做法引起日本殖民当局的暴怒和恐慌，殖民当局唆使华商公议会副会长、大汉奸张本政公开发表不与李子明合作的声明，架空其会长之职。1927年夏饮恨病逝。

周文贵（1878—1928）　字义亭，出生于奉天府金州厅旅顺。早年家境贫寒，以赶马车为生。1892年到旅顺船坞机器厂当学徒。1907年移居大连小岗子（今西岗区），与其兄周文富开设顺兴铁匠炉，制造马车配件，因手艺高超、经营有道，生意日渐兴隆。1910年，周家兄弟将顺兴铁匠炉改为顺兴铁工厂，主要生产油坊机械。1911年后，顺兴铁工厂研制出螺旋式铁质榨油机和机械动力火油机、冷气榨油机（液压机），出油率成倍提高，大连和东北各地油坊争相订购。顺兴铁工厂生产规模不断壮大，分工细化为模型、铸、车、钳、铆、锻车间，1912年职工由1911年的300余人增至1300余人。周文贵成为大连名声最大的华商企业家。顺兴铁工厂生产的油坊设备，提高了中国的民族油坊业的竞争能力，打破了日本资本家在油坊市场的垄断地位。日本殖民统治当局不甘于中国的民族工业发展起来，一直企图挤垮处于鼎盛时期的顺兴铁工厂。在承受巨大压力的情况下，1912年周文贵在哈尔滨创办振兴股份有限公司，成立铁工厂，除制造油坊业机器外，兼造江轮及从事机器检修。1913年，顺兴铁工厂发展成为包括木样厂、翻砂厂、车床厂、虎钳厂、铆工厂、打铁厂等在内的较大规模的机器制造企业。1916年，东三省人民为反对“二十一条”，掀起爱国储金运动。周文贵亲赴哈尔滨参加大会，用刀砍断左手无名指，血书“储金救国，勿忘国耻”，并献现金3万元。周文贵坚定的抗日爱国决心，激起了广大民众的爱国捐献热潮。1918—1920年，旅大地区遭遇连年自然灾害。周氏兄弟慷慨拿出10万元，从东北腹地购买28节车厢的粮食，赈济旅顺灾民。1919年，周文贵从俄商手中赎回复州五湖嘴煤矿产权，开始经营采矿业，同时在大连三春町（今三春街）购地建厂，准备经营汽车和轮船制造业。日本殖民统治当局对此给予百般限制，停止煤矿银行贷款，强行没收矿权，更以武力相威胁。周文贵不为所屈，两次赴东京最高法院起诉，历经半年终于胜诉。但因终未获得轮船和汽车制造许可证，汽车和轮船发展计划终未实现。1924年周氏兄弟买下抚顺阿金沟煤矿，1926年又买下复州陶业矿权。由于日本殖民统治当局垄断了旅大地区的铁路运输业，周文贵不得已出资10万元购买4艘海轮自采自运。日本资本家见周文贵兄弟事业兴旺发展，仗势欺人强夺周氏兄弟矿权。周文贵坚毅不屈、据理力争，矿权虽然保住了，但因日本满铁拒运抚顺阿金沟煤矿的煤炭，致使存煤日多，又遭煤堆自燃，周氏兄弟损失惨重，终致企业破产。1928年周文贵死于海难。

顾人宜（1867—1931）　原名人仪，字凤彬。1867年1月25日出生于奉天府复州顾家岭（今新金县星台镇顾家岭村）。幼读私塾，习医善灸，常为群众免费治病。1900年“庚子之役”之后各地奉旨兴办团练，34岁的顾人宜经地方绅士推举，出任地方团练团总。1904年任复州聚社（今新金县星台镇）社长，并被当地庙会推举为“联庄会”会首，领导复州至庄河一带农民进行抗捐抗税斗争。1908年参加同盟会，带领“联庄会”由地方自卫走上民主革命道路。1911年武昌起义爆发后，顾人宜集合民军1000余人成立革命军，以复州顾家岭和庄河为根据地，向清军发起进攻。11月20日，指挥革命军进攻驻防在李家卧龙（今新金县城子坦街道老古村）的清军巡防队，打响了辛亥革命在东北的第一枪，并取得胜利。同月27日，在李家卧龙宣布成立中华民国军政分府，任军政分府关东第一军司令。他发布革命宣言，申明起义目的在于推翻清朝统治，受到百姓拥护，清军官吏和巡警纷纷向革命军缴械投降。革命军队伍迅速扩大，数日增至4000多人。同月29日，革命军进攻水门子（今新金县莲山），大败清军。庄复地区成为辽南革命武装的核心。1912年1月南京临时政府成立后，顾人宜由孙中山任命为关外军第一镇统，此后指挥革命军与清军防营数次交战。同年2月12日清帝退位后，率部撤至山东烟台。1918年南下广州，被任命为孙中山帅府参军兼政府咨议。1923年返回奉天，被张作霖任命为巡阅署中将咨议，翌年任奉军第一军参议。1925年改任鲁直联军督战司令。1927年因病返乡，1931年病逝。

娄子敬（1893—1933）　名安恭。出生于奉天府岫岩州光明山（今庄河县光明山乡）。幼读私塾，少有壮志。1917年，在庄河北小河沿警察所当文书，后在仙人洞警察所当队长，后转至盖平县(今营口市属盖县)万福庄小学教书。“九一八”事变后学校解散，他在光明山曹屯、邱屯建起抗日大刀会（也称联庄自卫团），自任团长。1932年秋长岭庙大刀会总部成立，任邱屯分团团长。同年12月中旬，大刀会总部接到侦察员报告，日伪军进驻太平岭土城屯（今土城子）。娄假扮商人进入土城屯，侦察日伪军部署情况，大刀会总部依据敌情做出围歼部署。半夜时分，娄率领大刀会邱屯分团与日伪军接火，日伪军不敌纷纷逃匿。此役取得辉煌战果：杀死日军靖安游击队骑兵第12联队队长等5人，伤日伪军数十人，缴获战马30余匹，机枪、步枪30余支。1933年2月，根据大刀会总参谋长鞠仁卿（后改名鞠抗捷）关于到山区开展游击战的意见，娄组织并带领500多人向庄河北部山区转移。日伪军得知情况后，立即进行围追堵截。3月，队伍历经艰难险阻过盖县边界转入长岭子照壁山屯，在此与已投降日伪军的曲子阳的队伍遭遇。为抢占华家隈子南山，娄率队与日伪军展开激战，战斗中另一股日伪军从背后冲上来。娄见两面受敌，料难取胜，于是令部队撤退，在组织撤退时中弹牺牲。

金伯阳（1907—1933）　原名金永绪，字久光，曾用名金赞文，化名杨赞文、辛永溪，别名北杨、伯阳、白杨。出生于旅顺老铁山（今大连市旅顺口区铁山镇）。1921年考入旅顺师范附属公学堂，1925年毕业后考入“满铁”沙河口工场技工养成所，不久加入大连中华工学会并选为干事。五卅惨案发生后，积极参加追悼五卅惨案死难同胞大会和游行示威，宣传五卅惨案真相和开展募捐活动。同年12月，加入中国共产主义青年团。1926年4月27日，满洲福岛纺绩株式会社（简称“福纺”）纱厂工人举行大罢工，担任罢工斗争的宣传鼓动工作，刻印、散发福纺纱厂1200名工人泣告各界同胞书等传单，向市民宣传福纺纱厂工人罢工的真相，鼓舞罢工工人的斗志。同年6月24日，大连中华工学会召开声援罢工大会，并举行声势浩大的示威游行。罢工结束后，为躲避敌人追捕，于年底北上哈尔滨，与中共北满地委接上关系，担任地委交通员。1927年4月17日，北满地委遭到破坏，金伯阳（化名辛永溪）被捕入狱。1928年在张学良“易帜”实行大赦时获释出狱。出狱后，以杨赞文为名，继续从事革命活动。1929年，在奉天（今沈阳）找到中共党组织，转为中共党员，任省委机要文书兼交通员。1931年2月当选为中共满洲省委候补委员，不久为委员，12月任省委常委，主要从事工运活动。“九一八”事变后，随满洲省委到哈尔滨。其间，组织成立哈尔滨赤色工会，发动和领导老巴卷烟厂罢工斗争，并与赵尚志等人一起组建哈尔滨反日总会。1933年夏，金以省委巡视员身份，到抚顺、大连、磐石中心县委和南满游击根据地巡视工作，并开展抗日武装斗争。同年9月18日，南满游击队扩编为东北人民革命军第一独立师。日本侵略者对这支抗日武装队伍十分恐惧，调集日伪军1.2万余人，向独立师活动的磐石游击根据地大举围剿。11月15日，当抗日队伍行至金川界汉龙湾地区时遭到敌人突然袭击。金伯阳在掩护主力撤退、阻击敌人进攻的战斗中壮烈牺牲，时年26岁。1935年，中共中央在《八一宣言》中称金伯阳是为抗日救国捐躯的民族英雄。1948年建立的东北烈士纪念馆陈列了他的事迹，1981年在旅顺建立了金伯阳烈士纪念碑。

王立功（1904—1934）　曾用名王力工、刘芳、张宗田。出生于奉天府金州厅旅顺方家屯（今大连市旅顺口区江西镇）。少年时就读于旅顺水师营公学堂。1920年毕业后考入满铁沙河口工场技工养成所。1923年12月2日，在京汉铁路“二七”大罢工影响下，与傅景阳、辛培源等进步青年发起成立满铁沙河口工场华人工学会，并担任组织部干事。1925年2月，加入中国共产主义青年团，任共青团大连特别支部青工委员。上海五卅惨案发生后，共青团大连特别支部成立沪案后援会。他积极投身于领导学生罢课、指挥工人上街示威游行、组织青年上街为遇难学生和工人家属募捐等活动。同年6月，发起成立大连中华职工见习同窗会。1926年1月转为中共党员。同年4月27日，在震惊全国的大连福纺纱厂工人大罢工中，多次深入工厂了解情况，指导工人坚持罢工斗争。罢工胜利后，到上海向中共中央汇报大连工人运动情况。之后，前往广州参加省港工人大罢工总结大会。1927年6月，受中共大连地委指派，代表大连中华工学会赴汉口参加全国第四次劳动大会。同年7月下旬，中共大连地委由于叛徒出卖遭严重破坏，他转移到哈尔滨。8月，担任北满地委书记。10月，中共满洲省临时委员会成立，当选为职运书记。由于忘我工作积劳成疾，他罹患严重肺病。1928年10月被调到上海中华全国总工会工作。1929年2月，任中共满洲省委书记，因患病无法到职，于同年3月下旬返回奉天（今沈阳）。同年6月，中共中央派刘少奇来东北接替了他的工作，调他去上海参加中央党训班，边学习边养病。同年秋，中东路事件爆发，中共中央决定他提前结业，返回东北，加强中共哈尔滨特委的领导力量。返回东北后，他发动社会力量积极支援失业工人斗争，到西丰县一带矿区开展工作。1934年于沈阳病逝，时年30岁。

侯立鉴（1891—1935）　又名侯康光，化名吴凤山。出生于奉天府金州厅侯家沟（今大连市沙河口区侯家沟街道）。1909年到满铁沙河口工场做工。1923年12月，与傅景阳等人一起组织成立满铁沙河口工场华人工学会（后改称大连中华工学会）。1925年秋，任沙河口工场华人工学会纱厂分会委员长。1926年初加入中国共产党。同年4月，任福纺纱厂工人大罢工总指挥。其间先后2次被捕入狱。出狱后，继续领导罢工斗争直至胜利。1927年7月，第三次被逮捕入狱，1930年出狱。1931年，领导重建满铁沙河口工场支部。1933年4月，由中共组织派到伪满洲国首都“新京”（今长春）从事革命活动。同年11月，转赴哈尔滨，参加共产国际组织，往返于中苏之间接送情报。因渡江受凉身染重疾，1935年病逝于哈尔滨。

童长荣（1907—1934）　字灿华，化名张长荣、张树华等。出生于安徽省湖东县（今枞阳县）。1925年8月留学于日本，同年加入中国共产党。1926年春，任中共东京特别支部领导人。1928年“济南惨案”发生后，组织中国留日学生抗议日军暴行，呼吁国人团结对敌。被日本当局驱逐出境后，在上海等地从事白区工作。1929年任中共河南省委书记兼中央巡视员。1931年3月，调任中共大连市委书记、特支书记。在任期间，以码头、油坊、满铁工厂为重点，进行革命宣传和发展党的组织工作，建立满铁工厂支部。领导三泰油坊、三菱油坊工人要求增加工资和改善待遇的罢工斗争，组织纪念五一国际劳动节和声援五卅运动等活动及集会游行。“九一八”事变后，调任东满特委书记，组织领导延吉、和龙、汪清、珲春等地农民开展减租减息斗争。创建中国工农红军东满游击队。1934 年 3 月 21 日，率部转战汪清县境十里坪山区，遭日寇重围，壮烈牺牲。1935 年，中共中央在《八一宣言》中称童长荣为抗日救国捐躯的民族英雄。

溥伟（1880—1936） 姓爱新觉罗，号锡晋斋主。满洲正红旗籍。1880 年 12 月 13 日生。第一代恭亲王奕䜣嫡孙。1898 年承袭王爵。历任满洲都统，总理禁烟事务大臣等要职。1911 年辛亥革命成功后，为了挽救清王朝，于 1912 年 1 月 14 日同肃亲王善耆组织宗社党，并拒绝在宣统皇帝退位诏书上签字，主张整兵一战，是清皇族中的复辟派。同年 2 月，投靠德国殖民统治当局，避住青岛。第一次世界大战爆发后，日军于 1914 年 11 月占领青岛，又投靠日本侵略者，妄图借日本力量复辟清室，并声言“有我溥伟在，大清帝国就不会灭亡”。同年，在日本大隈内阁和军部的支持下，宗社党在东京成立。1916 年，“满蒙独立运动”失败后，于 1922 年移居大连，筑室“星溥山庄”（今大连市沙河口区黑石礁西村），临池赋诗，广交大连诗坛、书法界文人。从此不再过问“政事”。“九一八”事变后，日本军国主义者为积极筹划建立满蒙傀儡政权，采取离间手段，一面去天津劝诱溥仪出面组织伪满洲国，一面派满铁总裁内田康哉到大连把溥伟请到沈阳，出任“四民维持会”会长，谎称要以溥伟为首建立“明光帝国”。伪满洲国成立后，一直未能谋到职位。1936 年 11 月 24 日死于“新京”（今长春）。

张敬文（1902—1936） 原名张义堂，曾用名张敬生、张瑞林、张生。出生于山东省阳谷县。9 岁随父到大连谋生。17 岁到日本人开办的印刷所当徒工。1925 年参加冯玉祥部队。1929 年加入中国共产党。同年 6 月，任吉林省德惠县陶赖昭警察署巡长，以公开身份为掩护，秘密从事党的地下工作。1932 年 3 月，任中共陶赖昭特别支部书记。1933 年 10 月，中共大连市委遭到破坏。1934 年 1 月，张敬文受中共满洲省委派遣到大连开展工作。他以大连满洲《日日新闻》印刷工人的公开职业为掩护，先后在满铁工厂、码头、印刷厂等处发展党员和建立支部。1935 年 1 月，中共大连市委重新成立后，任市委书记，同年 10 月改任组织部部长。其间，他积极组织动员党员和群众北上参加抗日联军。1936 年 1 月中共满洲省委撤销，中共大连市委直属哈尔滨特委领导后，于 4 月任中共哈尔滨市委组织部部长，对外以荣华栈老板的公开身份开展党的工作。1936 年 6 月被捕，10 月 13 日被日本殖民统治当局杀害，年仅 34 岁。

刘肇亿（1851—1936） 字子衡，又名恒源、兆伊。出生于山东省登州。自幼丧父，因家贫辍学，后到芝罘（今烟台）习商。经营东兴杂货店不久，在芝罘商界崭露头角。1878 年当选芝罘市商会议董。1898 年来到旅顺，在旅大工商界头面人物、大商人纪凤台帮助下，开设瑞祥木行。纪凤台作为沙俄驻军的首席通译官，利用职权，把兴安岭的廉价木材运到旅顺，由刘肇亿的瑞祥木行垄断经营，从而获得暴利。不久，刘肇亿结交了沙俄殖民统治当局的实权人物，从旅顺到大连开设顺发栈。1900 年，沙俄因建“达里尼”市（今大连市）

急需大批劳动力，刘肇亿看准时机，在山东、河北、河南等地招募劳工10万余人，自任大劳工头，加之与张德禄合作搞海上运输，资本迅速扩张。沙俄殖民统治时期的大连华商八大富豪中，张德禄居首位，刘肇亿列第二。1900年前后，沙俄驻军加入八国联军开赴京津地区，旅大地区防务空虚。沙俄殖民统治当局责令大连华商巨富筹建商民自治自卫群众组织华商公议会（也称“洼口公议会”），张德禄为总理，刘肇亿为协理，刘肇亿主持日常事务。公议会组织成立了千人治安巡逻队，协助俄军维持社会治安，所需武器弹药由俄军供应。公议会还为当局征税，发行地方钞票，办理华人子弟就学、医疗，为华人介绍职业，开设慈善机构。至1902年，公议会已成为沙俄殖民统治机构的组成部分，刘肇亿也成为华商风云人物。1905年日本取代沙俄侵占大连后，洼口公议会更名大连公议会，刘肇亿当选总理（会长），但日本殖民统治当局以“通俄罪”将其逮捕，后经商民保释出狱，续任总理。1907年，刘在大连发行彩票，用积聚的大笔资金创办宏济善堂、宏济医院，用于华人恤寡抚孤、育婴养老、购地义葬、扶贫济困、施诊给药、戒除鸦片，并承办大连红十字会，修建天后宫和松山寺，创办华人学堂，集资创办中文版《泰东日报》。1914年大连公议会改选，因年事已高，去职。1936年病逝于山东。

李震瀛（？—1937）　又名李泊之，曾用名李宝森、骆森、李泊智、李大汉，化名震因、振因、泊之。出生于天津，年月不详。1921年秋加入中国共产党，任中国劳动组合书记部干事。1922年8月，担任京汉铁路总工会秘书长，参与领导京汉铁路工人大罢工。1923年底以记者身份到大连，先后访问了满铁沙河口工场华人工学会、大连中华青年会等爱国进步团体，接触了中华青年会会长傅立鱼，并同工学会会长傅景阳、中华青年会干事杨志云、《泰东日报》社工人赵悟尘等进步青年深入交谈，广泛了解大连的政治、经济、文化教育及工人运动情况，宣传中国共产党的主张，指导阅读《向导》《中国青年》等革命书刊。是中国共产党最早派到大连开辟工作的领导人。翌年1月12日，将杨志云带至上海，介绍其加入中国社会主义青年团。1924年1月末，受党中央派遣再次到大连开展工作，以中华三一学校英语教员的身份为掩护，进行马克思主义宣传和组建社会主义青年团。在关向应的协助下，先后创办《民国日报》、整顿沙河口工场华人工学会、组织印刷界职工成立大连印刷职工联合会，介绍关向应、赵悟尘等加入中国社会主义青年团，建立团小组。同年5月，将关向应带到上海参加革命。1925年，在上海参加五卅运动的领导工作。1927年5月，出席在武汉举行的中国共产党第五次全国代表大会，并当选为中央候补委员。大革命失败后，以中央候补委员的身份出席中共中央在汉口举行的八七会议。同年10月，与向忠发等率中国代表团赴莫斯科参加俄国十月革命10周年活动，并作为中共代表团成员出席共产国际第九次会议，与斯大林、布哈林等苏共代表团成员联合起草了《共产国际关于中国问题的议案（草案）》。1931年1月，出席在上海召开的中共六届四中全会，会后参加罗章龙为首的“反对四中全会代表团”的会议。同年7月，因参与分裂党的活动被中共中央开除出党。不久在上海被捕。出狱后，在天津敦庆隆绸缎庄当店员。1937年病逝于天津。

宋良忱（1883—1937）　字伯权，原名作模。出生于奉天府岫岩州大孤山。曾就读于奉天两级师范学校，后考入金陵师范大学。1914出任庄河中学校长。在任26年里，始终把“教书育人”的办学宗旨放在首位，教育学生树立“国家兴亡，匹夫有责”的爱国思想。推行赫尔巴特的“五段”

教学法，为庄河教育走向近代化起到积极作用。其时庄河的教育教学质量全省闻名，素有“庄河蓝大褂队”之称（庄河中学生穿蓝大褂）。“九一八”事变后，日伪文教部编辑的教材在东北地区发行，宋良忱则坚持沿用中华书局商务印书馆出版的教材，直至1936年。庄河民众为此送他一块镌刻“有功教育”的汉白玉碑。宋良忱抵制推行奴化教育的做法，引起了日伪当局的怀恨和不满。1936年将他调离庄河中学，改任县教育局局长，旋又改任电话局局长。同年，他加入安东抗日救国会，并组成抗日救国会庄河分会，亲任会长。1937年日本宪兵队以“反满抗日”罪名将其逮捕，后送至伪满洲国陆军奉天监狱，于3月13日在奉天浑河岸边将其杀害。

魏长魁（1906—1938） 曾用名魏昌奎，魏连三、王文石。出生于山东省德平县（今山东省德州市）。15岁随父到大连谋生，在日本人办的西川印刷所当工人。1924年4月28日，大连中华印刷职工联合会成立，当选为执行委员，与他人创办进步刊物《曙光》。1925年4月加入中国共产主义青年团。1926年加入中国共产党。先后任中共大连印刷职工联合会支部宣传委员、支部书记，共青团大连地委组织委员、宣传委员。1926年4月，当选中华全国总工会执行委员。福纺纱厂工人大罢工爆发后，他发动印刷工人捐款支援工人罢工斗争。1927年4月代理共青团大连地委书记（后改为共青团大连市委书记并兼组织委员）。同年7月，因在码头开展宣传活动被捕入狱。1933年出狱。1935年赴哈尔滨到中共满洲省委工作，先后任中共哈尔滨道外区委书记、中共珠河县委组织部部长、苇河县委书记等职。1938年5月，任抗日联军第九军政治部主任。不久，率抗联第九军一部向铁力一带远征，在通河县苇子沟遭敌袭击，为掩护战友突围，中弹牺牲，时年32岁。

庞睦堂（1882—1940） 名志顺，字睦堂。1882年7月出生于奉天府金州厅大连湾（今大连市甘井子区大连湾镇）。少读私塾近十年。1898年沙俄侵占旅大后，庞家以购运羊草生意起家。日俄战争后举家迁至南关岭。1907年后，庞家在大连市西岗和东乡町（今修竹街一带）开设2处福顺义钱庄。1919年，在西岗开设顺义油坊。后庞家兄弟分家，庞睦堂分得2处钱庄。20世纪20年代初，庞睦堂在寺儿沟开设1处油坊。至此，以庞睦堂为代表的庞家兄弟已成为大连华商八大富豪之一。1923年，庞睦堂被推举为西岗商会会长，并四次连任，有“终身会长”之称。他热心公益事业。1924年，为振兴民族工商业，创办实业补习夜校。1926年，出资成立大连中华幼稚园，以解决华商子弟的学前教育。同年11月，首倡募捐设立庇寒所兼施粥场，以救济贫民。1927年冬，与东大连商会共同发起募捐，在宏济善堂前建灵柩祭奠大礼堂，为中国各地商民在大连死亡者寄柩祭奠之用。1933年，与副会长周子扬共捐1000日元，成立大连协和实业学校，用来解决大连华人子弟就读中学的困难。同年，在南关岭泉水屯兴建睦堂机制造纸厂。1936年造纸厂正式投产。1940年病故。

罗振玉（1866—1940） 字叔蕴，又字叔言，号雪堂、贞松。1866年8月6日出生于江苏省淮安县山阴城。5岁入私塾，16岁中秀才。光绪十六年（1890）在乡间私塾任教。1896—1898年，在上海办农学社，设农报馆，创办《农学报》、东文学社。清代大学问家王国维即是东文学社的佼佼者。1900年秋，任湖北农务局总理兼农务学堂监督。后任武昌江楚编译局帮办、上海南洋公学虹口分校校长。1903年被两广总督岑春煊聘为教育顾问。翌年，在苏州创办江苏师范学堂，任监督。1906年，在清朝廷任学部参事兼京师大学堂农科监督。辛亥革命爆发后，逃亡日本京都，其间编著《殷墟书契》《殷墟书契菁华》等，并由王国维协助撰成《殷墟书契考释》及《流沙坠简考释》。1919 年回国，在天津从事京旗赈灾事务。1924 年应清废帝溥仪所召，入值南书房。同年 11 月，逊清小朝廷被驱逐出皇宫，罗等将溥仪偷送到日本使馆。1925 年 2 月，陪同溥仪秘密迁至天津的日本租界地张园，后被委为顾问。1928 年末，罗迁居旅顺。1931 年，在旅顺火车站西山坡处建砖木结构 3 层俄式藏书楼，面积 300 平方米，名大云书库。内藏《大云无想经》、碑碣墓志、金石拓本、法帖、书画等 30 余万册。1932 年 3 月，任伪满洲国参议府参议，翌年 6 月任监察院院长。1937 年 3 月，辞官返回旅顺寓所，继续整理刊行所藏甲骨、青铜器、简牍、明器、佚书等考古资料。一生著作 130 多种，刊印书籍 500 多种，最有影响者为《殷墟书契》和《三代吉金文存》等，为中国近代史上国学研究颇有建树的专家。1940 年 6 月 19 日病死于旅顺。

傅景阳（1900—1942） 原名傅成春，别名傅英子，又名傅金祥。满族。出生于奉天府复州（今瓦房店市）一个小职员家庭。1915 年考入满铁沙河口工场技工养成所，1919 年毕业后分配在台车车间当钳工。其间受孙中山“三民主义”思想和俄国“十月革命”影响，逐步接受民主主义思想。1920 年 5 月参与领导工厂中日工人联合大罢工。1923 年春，受京汉铁路工人“二七”大罢工的影响，团结技工养成所毕业的 40 多名青年工人，于同年 12 月 2 日成立了大连最早的工会组织——满铁沙河口工场华人工学会，当选为会长。1924 年 6 月加入中国社会主义青年团，并担任社会主义青年团大连支部的工运委员。同年 12 月 2 日，沙河口工场华人工学会改称大连中华工学会，成为全市性工会组织，傅被选为委员长。1925 年 2 月 7 日，出席在郑州召开的中华全国铁路总工会第二次代表大会，当选为中华全国铁路总工会执行委员。同年加入中国共产党，成为大连地区最早的共产党员。五卅惨案发生后，同大连中华青年会会长傅立鱼发起组织由大连中华工学会、大连中华青年会、大连中华印刷职工联合会等 7 个团体参加的沪案后援会，在永善茶园（今宏济大舞台）组织召开五卅殉难烈士追悼大会，会后率众游行，发动全市人民捐款，支援上海人民的反帝斗争。1926 年 1 月 15 日，中国共产党大连特别支部成立后，先后担任大连特支和大连地委工运委员。1926 年 4 月，按照中共大连地委的部署，在斗争第一线领导震动全国的福纺纱厂工人“四二七”大罢工。1926 年 6 月 25 日，日本殖民统治当局以“胁迫嫌疑”的罪名将其逮捕入狱。在狱中始终坚贞不屈，据理力争。在全国各界大力援救下，1927 年 3 月 30 日，日本当局宣判将其无罪释放。以后的十几年里，他曾秘密潜往奉天（今沈阳）、哈尔滨等地寻找共产党的组织，但都未能如愿。1942 年夏，这位大连地区早期工人运动领袖之一，在奉天原大连中华工学会副委员长戚铭三家中病逝。

孙凤鸣（1881—1942） 字岐山，艺名东发亮。出生于直隶丰润县（今河北省丰南县）。15 岁投师河北省乐亭县赵寿臣班，初学旦角，后改丑角。21 岁入河北省丰润县孟光武班学戏。1912 年，在天津成立凤鸣班，以收女徒为主，与曲艺、杂耍演员同台演出“莲花落子”（评剧的前身），开创了评剧旦角以女代男的新风。女徒花莲舫、李金顺、白玉霜、筱桂花、筱麻红等名噪一时。开办“落子”科班，并亲任教师。1920 年，率班由天津到大连演出，此后将大连作为演出基地，并到上海、山东、东北各地演出。1922 年，将河北梆子《五元哭坟》改编成评剧，成为“落子”女旦出演的第一个剧目。同年，筹资在大连露天市场建岐山小舞台，将凤鸣班改为岐山戏社。所收女徒李金顺后成为奉天落子时期的代表人物，收李桂珍为徒后为其取艺名白玉霜，后成为载誉评坛的白派创始人。1934年和1935年，应日本荣利唱片公司邀请，携评剧演员筱麻红等两次赴日本灌制唱片，将中国的评剧扩大到海外。1942年病逝于兴城。

姬守先（1910—1942） 原名姬兴周，曾用名纪守先、李宏义、李晋延等。出生于吉林省伊通县。1931年就读于吉林市第一师范学校，“九一八”事变后投身于抗日救国运动。1933年12月加入中国共产党，并参加国际情报组织，被国际情报组织派到莫斯科苏联红军参谋部军事学校，接受特工训练和学习爆破技术。1934年8月回国，任国际情报组总负责人。他以上海为根据地，指挥大连、奉天（今沈阳）、安东（今丹东）、营口等城市发展组织，向各地派遣人员，开展针对日本侵略者的爆破活动。从1935年到1940年，他先后指挥爆炸、放火活动78次，其中在大连57次。烧毁周水子、大连码头日本陆军仓库的军用毛衣25万多套，粮食、食品不计其数，甘井子满洲石油株式会社仓库的6万桶石油和石蜡等，焚毁日军军用物资总价值达2000万日元。1940年8月因叛徒出卖，在上海被日本当局派警察逮捕，押解至大连关东州刑务支所（又称“岭前监狱”），后转入关东州刑务所（即“旅顺监狱”）。在狱中写下许多气壮山河表现民族气节的诗词。其中一首《满江红》写道：“国破家亡，民族恨不共戴天。掀起来，反抗巨浪，革命狂澜。武装工农几百万，抵住强敌五六年。要生存不怕斗争久，决死战。身入狱，志愈坚。头可断，志不转。看敌人气馁进退两难。铁血冲开自由路，奋勇打破胜利关。建设起中华苏维埃，死无憾。”1942年3月，被日本关东地方法院判处死刑。同年12月9日，在关东州刑务所被施以绞刑，时年32岁。中华人民共和国成立后，被吉林省人民政府追认为革命烈士。

邹立升（1913—1942） 字旭东，又名邹初东、邹关然、孙吉善等。出生于山东省福山县。1934年4月到大连码头当临时苦力，不久加入大连抗日放火团。他以打卯子工为职业掩护，不到一年就建立起秘密放火点线组织系统。1935—1937年，他指挥高绪慎、高绪清、孙玉成等人，先后在满洲油漆株式会社、日本陆军仓库、万丰洋行军用仓库、日清油坊、大连码头军用仓库等多处放火，给敌人造成巨大损失。“七七事变”后，日军将北京和天津作为进攻中国内地的军需物资供给基地。上海抗日放火团指挥机关于是决定在北京、天津等地发展抗日放火团组织。邹立升等人于1939年奉命到天津发展组织，并先后烧毁日本军需物品价值180多万日元。1939年末，他奉命调回大连，与秋世显、赵国文、黄振林一起恢复和加强已经瘫痪的大连抗日放火团组织。1940年7月，邹和妻子一起被日本警察逮捕，押解至大连关东州刑务支所。1942年3月被日本关东地方法院判处死刑，8月成功越狱，后再遭逮捕。同年12月9日，在关东州刑务所（“旅顺监狱”）被施以绞刑，时年29岁。

秋世显（1914—1942） 曾用名邹永贵、曲振声等。出生于吉林省宽城子（今长春市）。1932年11月加入中国共产党。1935年参加“一二·九”“一二·一六”学生爱国运动，担任北京大学、朝阳大学、东北大学领队。同年加入国际情报组织，接受特工训练和学习爆破技术。1936年3月，被派往大连担任国际情报组的领导工作。先后在“红房子”工人中发展10多人加入国际情报组，开展对日本军用物资的放火破坏工作。由他亲自指挥实施的放火达39次，被称为“火神爷”。1937年5月，指挥烧毁了满铁码头仓库、码头二站的纸库。“七七事变”后，1938年6月，指挥情报组成员，对码头124、126、128、130号仓库放火，烧毁了敌人大量军用物资。其中130号仓库大火烧了3天3夜，震动了整个大连。后又化装去天津、青岛等地指挥放火工作。1940年6月，在奉天（今沈阳）从事情报组领导工作，由于叛徒出卖而被捕，被押解于大连关东州刑务支所（又称“岭前监狱”）。1942年3月，被日本关东地方法院判处死刑，但临刑前已被折磨致死，时年28岁。

筱麻红（1910—1943）　原名张佩云，艺名筱麻红。女。出生于山东省，何县不详。幼年随养母学艺。1922年，跟随养父母来到大连，先在孙凤鸣的岐山戏社搭班，1924年被转卖给班主孙凤鸣。少时患过天花病，面留麻痕，然天资聪颖，学艺刻苦，各种角色和行当皆在行。1927年，岐山戏社排演了《花为媒》剧目，戏报贴出后主演突然病倒。张佩云自荐替代主演出演张五可，大获成功，班主兴奋之时称其“筱麻红”，从此便以“筱麻红”作为艺名。筱麻红评剧表演的走红，代表了评剧旦角从男到女的过渡和发展。其演唱集各家所长，形成独特风格，是“奉天落子”时期最有声望女演员之一。她出演的评剧代表性剧目有《移花接木》《义婚孤女》《占花魁》等。1931年底和1932年春，应日本荣利唱片公司邀请，两赴日本灌制唱片，灌制的唱段有《杜十娘》《白玉楼画画》《张彦休妻》等。1934年春，因争取婚姻自由，离开岐山戏社，另组戏班到东北各地演出。1943年5月病逝，时年33岁。

曹德麟（1873—1943）　字振甫。出生于奉天府金州厅。幼年聪敏，勤学好问，长大后继承父业，在乡里教书。1900年，在金州城内设立私塾馆并执教。后在金州名流刘伯良、王永江和其父倡议下，与人共同创办金州民立小学堂南金书院，并任国文教员，人称“曹大先生”。曹以倡导和组织讲学活动著称，成为享誉盛名的社会贤达。在创办私塾期间，对勤奋学习的贫困子弟给予免费入学待遇；对学习成绩优异者，慷慨解囊资助其生活费。1912年，与本乡刘启震（刘伯良之子）发起创办金州育才会，资助家贫无力升学的优等学生。1928年，金州育才会改名辽东育英会，他任首席理事长。育英会基金最初由曹、刘两家负担，后有更多社会名流和商贾巨富也予捐资。为扩大资助来源，他不辞辛劳奔走募捐，北至奉天（今沈阳）、长春、哈尔滨，南到烟台、青岛和京津等地。至1930年，共募集到奖学金22700元银圆，仅金州贫寒子弟因接受育英会奖学金而学有专长者就达百余人，如毕业于日本文理大学的著名教育家夏文运、曾任关东县委书记的曲文秀等。辽东育英会一直坚持办到抗战胜利。曹晚年任大连满洲银行华商部主任。1934年病逝。

沈得龙（1911—1943）　化名李庆春，曾用名陈远、李成华。朝鲜族。出生于吉林省饶河县。1929年加入中国共产党，任中共饶河县支部小组长。1933年加入东北抗日人民革命军总队，任排长，从事党的地下组织和宣传工作。1934年12月受组织派遣，到苏联莫斯科共产主义劳动大学学习。1939年进入苏联红军参谋部举办的无线电技术培训班学习，毕业后被派回中国从事情报工作。1941年7月来到大连，在黑石礁高砂町153番地（今黑石礁西村198号）开办了兴亚照相馆，以此为掩护开展情报工作。从1942年4月电台正式开机到1943年10月，先后在沈阳、本溪、大连、天津等地发展李振声、王耀轩等7人加入情报组，并向苏联中央当局报告了本溪、沈阳、大连日军调动情况，大连码头仓库和周水子仓库的军需品数量及存放情况，日本在关东州内实施《朝鲜人征兵制》情况以及日本在大连的军事、经济情况等。由于电波发射频繁被日本殖民当局察觉，1943年10月2日情报组被破获，8名情报人员全部被捕。同年11月末，日本宪兵队将沈得龙等4人押送至哈尔滨731细菌部队做活人试验，残忍杀害，时年32岁。

傅立鱼（1882—1945） 字新德，号西河。出生于安徽省英山县（今湖北省英山县）。1899年考取清末秀才，遂入安徽大学堂，翌年肄业。1904年以官费生赴日本留学，毕业于日本明治大学分校。在日本留学期间，加入孙中山设立的中国同盟会。归国后，历任安徽省视学、巡抚部参议。辛亥革命期间，任安徽省民军总指挥和临时政府外交部参事，参加了安徽、江苏等省的革命军事行动。国民党二次革命时，在天津日租界创办《新春秋报》，因发表激烈反对袁世凯的言论遭通缉，1913年8月逃亡大连。在大连期间，多次投稿《泰东日报》，受到时任《泰东日报》社长金子雪斋（日本人）的赏识，委任他为《泰东日报》社编辑长。任职期间，利用报纸宣传新文化、新思想和马克思主义，发表了一些抨击日本帝国主义殖民政策的文章。支持金州三十里堡农民进行反对日本资本家霸占水田的斗争。在五四运动影响下，1920年7月创办大连中国人第一个爱国团体——大连中华青年会，当选会长。1922年春，与人共办大中印书馆，秘密出售《共产党宣言》等书刊。1923年2月，创办中文月刊《新文化》（翌年4月更名《青年翼》）并出版发行。该刊带有明显反对帝国主义、封建主义，宣传新文化、新思想的倾向。1924年初，受国共合作和北伐战争胜利的影响，与沙河口工场华人工学会会长傅景阳一起，将大连中华各团体联合起来，成立大连中华团体有志联合会，并担任执行委员长。1925年上海五卅惨案发生后，被推举为大连沪案后援会主任委员，积极组织罢工、罢课、示威游行和募捐活动。还通过组织中国人运动会等文娱、体育活动，激发民族意识和爱国热情。曾任大连市役所议员、满铁嘱托等职。1926年2月，国民党大连市党部成立，被聘为顾问。同年春夏，因支持福纺纱厂工人大罢工，受到日本殖民统治当局监视和防范。1928年7月，因支持张学良东北“易帜”，被日本殖民当局诬之“排日巨头”“赤化祸根”，以政治结社的罪名将其逮捕，强行驱逐出大连。离开大连后，先在北平（今北京）创办《新中华报》，继续进行反日宣传，后到天津《大公报》任职。1945年，在天津病故。著有《大连要览》等。

张洛书（1905—1946） 曾用名张艺宾、刘景新、落人。出生于山东省广饶县。1921年加入中国社会主义青年团。1924年第一次国共合作时加入国民党，担任国民党济南市党部常委。1927年国共两党分裂后退出国民党，加入中国共产党，曾任潍县、高密县县委书记等职。1928年被捕，经营救出狱后被派往苏联学习，途中肺病复发，返回奉天（今沈阳），先后担任中共哈尔滨市委书记、奉天市委书记。“九一八”事变后，受中共满洲省委委派，接任童长荣的中共大连特支书记职务，后任市委书记。他以满铁沙河口工场、三泰油坊、三菱油坊等有中共地下组织的企业为中心，开展小型经济斗争，在斗争中发展、扩大党的组织。同时以刘景新之名，在刘家屯开设“志成书房”，作为中共地下组织联络点，介绍工人当中的先进分子加入中国共产党。1932年7月，中共满洲省委决定改大连特支为大连市委，他任市委书记。1933年10月20日，由于叛徒的出卖，日本殖民统治当局以所谓“违反治安法”的罪名将其逮捕，判刑10年，关押在关东州刑务所（旅顺监狱）。1943年获释出狱。1945年8月大连光复后，与唐韵超、朱秀春等人筹划、组织、成立了大连职工总会，担任顾问。1946年3月，被大连第二届临时参议会聘为参议员。同年3月14日病逝。

于会川（1899—1946）　原名于百恩。出生于奉天府黑山县。1921年于奉天省立第一师范学校毕业。1922年考入东北陆军第八混成旅。1927年考入东北陆军讲武堂。“九一八”事变后，在北镇、义县等地组织抗日义勇军，历任辽西抗日义勇军独立第一支队司令（后改为第一军区第三路军）、东北义勇军第一军团第十二路军司令，开展对日寇的武装斗争。1937年2月加入中国共产党。同年8月，以民主人士身份担任国民党肥城县第一任抗日县长，并将县大队改编成中共领导下的抗日武装。1939年后，历任八路军山东纵队六支队第五团团长、泰西行政委员会副主任、鲁西支队司令员等职。1945年抗日战争胜利后，调中共中央东北局社会部工作。同年11月，调任中共大连市委社会部部长、大连警察（公安）总局副局长，同时负责组建人民法院和检察机构。其间破获十多起国民党特务案件。破获国民党大连市党部在大连的地下组织，共抓获国民党特务200余人，使国民党在大连苦心经营的武装特务组织被打掉，巩固了新生的人民政权。1946年1月，任大连市地方法院第一任院长兼首席检察官，组织制定了《惩办汉奸条例》等法规和诉讼程序。签署了大连市地方法院第一号判决书，判处汉奸潘澄宇死刑。1946年5月2日病逝于大连。

关向应（1902—1946）　原名关治祥（也作关致祥），字和亭，化名关仲冰、李仕真、小关、西一、郑勤。满族。1902年9月10日出生于奉天府金州厅（今大连市金县）。1922年3月毕业于大连伏见台公学堂商科，先后在日华兴业株式会社、《泰东日报》、《铁岭公报》当职员。1924年4月，在李震瀛介绍下加入中国社会主义青年团，帮助李震瀛办《民国日报》，整顿沙河口工学会、成立大连中华印刷职工联合会。同年5月，随同李震瀛到上海大学读书，从事中共地下工作。同年12月，由中共中央派赴莫斯科东方劳动者共产主义大学学习。1925年1月加入中国共产党。五卅运动后回国，在上海从事工人运动和青年团工作。1926年，先后任共青团济南、青岛地委书记。1927年初再调上海。四一二反革命政变发生后赴武汉，参加保卫武汉的斗争，并出席中共八七会议，后任中共河南省委书记。1927年11月回上海，任共青团中央局组织部部长。1928年6月，出席在莫斯科召开的第六次全国代表大会，当选为中共第六届中央委员会委员，后又当选为中央政治局候补委员、中央军事委员会委员、共青团中央委员会书记。1930年3月，任中共中央军事委员会代理书记，主持军委工作。在中共扩大的六届三中全会上当选为中央政治局委员。1930年8月，任中共中央长江局书记。1931年，在上海因机关遭破坏被捕入狱，后经组织营救出狱。

1932年1月，到湘鄂西根据地，任中共中央湘鄂西分局委员、中央军事委员会湘鄂西分会主席、红三军政治委员，与贺龙等率红三军转战湘鄂川黔地区。1934年中共中央革命根据地第五次反国民党“围剿”失败后，与贺龙领导红三军离开湘鄂西根据地，策应中央红军战略转移，并创建黔东革命根据地。同年10月，红三军和红六军团在黔东会师后，红三军恢复红二军团番号，任副政治委员。1935年11月，奉命率红二、红六军团主力长征。1936年7月，红二、红六军团按中央决定组成红二方面军，任副政治委员。在长征途中，与朱德、刘伯承、任弼时、贺龙等一起，同张国焘分裂党、分裂红军的活动进行坚决斗争。

1937年抗日战争全面爆发后，担任八路军第一二〇师政训主任（后改称政治委员），同年9月，率部赴晋西北开展抗日斗争。1938年12月，与贺龙率部挺进冀中，同彭真、聂荣臻一起创建了冀中敌后抗日根据地。1940年2月，与贺龙率部回师晋绥，平息顽军叛乱，成为晋绥抗日根据地创始人之一。其间，先后任晋西北军区政委、晋绥军区和陕甘宁晋绥联防军政委、中共中央西北局委员、中共中央晋绥分局书记。由于长期南征北战积劳成疾，于1941年秋因肺病回延安休养。1946年7月21日病逝于延安，享年42岁。关向应逝世后，毛泽东题挽词："忠心耿耿，为党为国，向应同志不死。"

隋云莳（1892—1946） 字爱髯，又名永天、瑞云。出生于山东省莱阳县。1927年入营口的日本租界，在日本警察署当巡捕。1931年调任大连警察署警备系巡捕，1934年升任大连警察署高等系刑事，兼任大连红十字会副会长。1940年6月，他从码头工人口中得知国际情报组活动秘密后，在大连和外地逮捕其组织成员155人，只有2人有幸逃脱。他因破获大连抗日放火团活动有功，受到日本殖民统治当局的重金奖赏。1945年日本投降后，投靠国民党，任国民党大连市党部东北行营辽宁先遣军第四独立团副团长。他大肆收编敌伪特务、汉奸、巡捕、军警计150人，组织7个处、3个营、2个特务连、1个运输大队。他制造谣言，散发传单，煽动蛊惑人心，还企图暗杀大连市副市长陈云涛、大连公安总局局长赵东斌（赵杰）。其暗杀团在大连打死苏军军官1人。1946年9月17日，大连地方法院以大汉奸、特务、军事阴谋暴力团主犯的罪名，判处其死刑。

吕明仁（1916—1947） 又名吕其惠。出生于奉天省庄河县王家岛（今长海县王家镇）。1932年考入山东省立烟台第八中学。其间，积极参加抗日救亡运动，组织学生罢课。1935年在北平（今北京）加入中国共产党，在中共北方局领导下从事秘密交通工作。1937年，入延安中国人民抗日军政大学第十三大队学习。1939年赴太行山区抗日前线。1940年任中共胶东区委宣传部部长兼区委党校校长和减租工作团团长。1943年任中共胶东区第三地委书记兼军分区政委。1945年日本投降后，赴东北开辟工作。同年9月，任中共阜新地委书记兼军分区司令员。1946年2月，任中共通辽中心县委书记。后历任中共辽北省第五地委（即哲盟地委）书记、蒙汉联军政委、哲里木盟政府副盟长、中共辽吉省地委书记。在其时辽北（1946年改称辽吉）地区汉奸把头、地痞流氓、土匪各种势力纠合的情况下，发动和组织群众开展了清算、减租、土改等运动，建立人民民主政权，并组织军事力量打击国民党军队及地方反动武装，为开辟辽北地区工作做出了杰出贡献。1947年4月12日因抢救落水警卫员牺牲，时年31岁。中共辽吉省委追授他为"辽吉功臣"称号，并在辽吉省委所在地白城子立纪念碑，在齐齐哈尔修建了吕明仁烈士陵园。

吴屏周（1916—1947） 1916年6月23日出生于安徽省巢县（今巢湖市）。少年家境贫寒。青年时当过火车司机。1937年"七七事变"后，毅然离开铁路，不为敌人开火车。1938年加入中国共产党。之后，在巢湖地区开展抗日活动，组建新四军江北指挥部巢湖游击大队，建立起敌后抗日政权。1942年起，历任新四军2师军工部政委，华中军区军工部副政委。1945年日本投降后，国民党悍然发动内战，向解放区进攻。1946年12月，奉命从华中军区军工部到大连，筹建兵工生产基地。1947年5月，率大连机械工厂部分工人，在甘井子龙头山下荒僻海滩秘密建立炮弹生产工厂，并任大连建新公司裕华工厂（炮弹厂）厂长。同年9月23日，在没有可供实弹射击大炮的情况下，与引信厂厂长吴运铎等人亲自进行后膛全装炮弹爆破试验，因炮弹意外爆炸而牺牲，时年31岁。

许亿年（1880—1950） 字万亭，出生于奉天府金州厅小平岛（今大连市甘井子区凌水街道）。1903年，与兄长在大连信农町（今永和街）开设安惠栈杂货店，专为沙俄军队供应日用食品，并学会俄语。1905年日本侵占大连后，许氏兄弟在小岗子（今西岗区）开设安惠西栈杂货店，并学会日语。此后，又在小岗子建油坊、在沙河口开设安惠栈支店，在长春、安达建起经营大豆等粮食产品的代理店。1920年，许亿年正式出任安惠栈总经理，在大连政记轮船公司总经理张本政的支持下，与日本三菱商事株式会社签订经营面粉、砂糖合同，从而成为三菱商事在大连的代理商，并成为昌光硝子株式会社的玻璃和三菱商事株式会社的火油的包销商。至1927年，安惠栈的日用杂货店已遍布大连，他成为大连华商八大富豪之一。1929年，他联合西大连千余户工商户成立西大连商会，当选为会长。其时受世界经济危机的波及，企业损失巨大。1933年安惠栈重振后，在营城子建起占地33.3公顷的“万亿农园”，成为大连重要的副食品供应基地。在日本殖民统治时期，许在大连还办起了集工业、农业、商业为一体的安惠栈大企业，在大连和哈尔滨开设3家大浴池，加上油坊、银号、杂货号等，职工总数近千人，成为在大连影响较大的企业家。1950年于北京病逝。

邵尚俭（1881—1950） 字慎亭，出生于奉天府金州厅。十岁开始读书，后因中日甲午战争爆发而辍学，在其父邵云福开设的双聚兴杂货店学做买卖。1905年其父病故，杂货店事务由其兄邵尚贵、邵尚勤与之共管。1906年，邵氏兄弟在大连开店，并将“双聚兴”改名“天兴福”。1907年，邵氏兄弟抓住北满各地急需南方物资的机会，去上海采购商品贩运到长春销售，再由长春购进低价大豆回大连卖出。后以聚积资金，开设了天兴福油坊。几年后邵氏企业成为大连工商业大户。到“九一八”事变前，邵氏企业以“天兴福”命名的20余个，遍布山东和东北。邵氏兄弟成为大连的华商大户。不同的是，邵尚勤成为具有民族气节的开明绅士，邵尚俭却沦为追名逐利的日本汉奸。1927年，邵尚俭在大连华商公议会会长李子明病逝后，与大汉奸张本政结盟，成为公议会副会长，张本政任会长。张、邵任正副会长后，将华商公议会改名大连市商会，并按照日本殖民当局的旨意，让曾任日本警察署高等刑事的薛余堂作商会书记长，向商民摊派“报国公债”“报国储蓄”，令商民捐购飞机、大炮，支援所谓“大东亚圣战”，成为日本推行侵略政策的殖民统治工具。当日本殖民当局推行“金建值”遭到华商大力反对，他与张本政却大力拥护。邵的表现令日本殖民当局极为“赏识”，将其“选”为大连市议会议员。至日本投降时止，邵担任的汉奸职务已有关东州厅参事、关东州物价委员会委员等30多个。日本投降后，邵协助张本政企图把持地方政权，迎接国民党接收旅大。1946年成为国民党辽宁省旅大地区的“国大代表”。1947年4月，邵尚俭被大连地方法院以“附逆祸国罪”判处有期徒刑15年，保外就医。1950年于北京病死。

张本政（1865—1951） 字德纯。1865年12月12日出生于奉天府金州厅旅顺。幼时家境贫寒，读过4年私塾。曾随母开小杂货铺，后贩卖木炭，结识不少地方官吏及其仆役。中日甲午战争时结识了日本特务高桥藤兵尉，被重金收买，以当杂役为名，为日方窃取旅顺、大连湾等地的重要情报，得到高桥的赏识和信任。战后，随高桥在烟台经营航运业务。在日方支持下，开设德和船行。其间，以经营海运业务为掩护，秘密往返于芝罘（今烟台）与辽南各地间，窃取沙俄统治下的辽东半岛的重要情报。日俄战争期间，其轮船为日本人运输军火、粮秣等军需物资。日军久攻旅顺不下时，在关键性的二〇三高地争夺战中，他亲临前线为日军作向导，探寻俄方阵地的暗堡，为日军攻克旅顺立下"功劳"。日军侵占大连后，在日本殖民统治当局扶植下，他以最低价购买了日方接收的沙俄统治旅大时期的通事（翻译）、公益局局长、船行老板张德禄的轮船，扩大海运经营业务。1922年正式成立政记轮船公司，自任董事长兼总经理。到20世纪30年代中期，已拥有大小轮船近40艘，总吨位6万余吨。航线从国内远洋航线到南洋及朝鲜、日本各港口，成为中国航运界的霸主。除海运业务外，在大连开设钱庄、油坊、机械厂、窑矿，在青岛、龙口开设多家银行，在烟台、天津、安东等地建有专用仓库，成为日本侵占大连时期大连华商八大富豪之首。在日本殖民统治当局支持下，他先后担任大连市议会议员，关东州厅参事、关东州计划评议员、关东州兴亚奉公联盟本部顾问、大连市商会会长等各种要职40种之多，多次受到日本天皇和政府的奖赏，数次到东京受日本天皇接见。据不完全统计，抗日战争全面爆发后，张强迫广大华商为日军捐献飞机40架，募集战争经费1.5亿日元，并调集其所有轮船为日军运送军需品。太平洋战争期间，他的公司先后有14艘轮船因运送日本军火物资被盟军飞机、潜艇击沉。1945年大连光复后，组织维持会，企图迎接国民党接收旅大。1947年，张被关东地方法院判处有期徒刑12年，不久乘保外就医之机逃往国民党统治区。中华人民共和国成立后，在1951年"镇反"运动中，从天津被逮捕归案。6月10日，被旅大市人民法院以反革命罪判处死刑，执行枪决。

孙同九（1897—1951） 名世昌。满族。出生于奉天府岫岩州小孤山。1923年毕业于北京大学法律系。1927年后，历任奉天省抚松县、辽阳县第一科科长，奉天省财政厅、实业厅科长、秘书，哈尔滨特别市教育厅秘书，山西省农矿厅秘书，河北省实业厅科长等职。"九一八"事变后，到北平（今北京）参加抗日救国会东北义勇军总指挥部。义勇军指挥部解散后，在北平创办树人中学，自任校长。之后奔走于重庆、西安等地，从事抗日救亡运动。孙同九自幼酷爱书画，尤善画梅，自号"梅花学士"，有"铁梅同九"之称。青少年时多画墨梅，中年后色墨并重。在北大读书期间，常去故宫浏览历代名人书画真迹，着意研究古代著名画家的画意与技艺。为博采梅花素材，游览了孤山（今杭州西湖）和邓蔚（今苏州万峰山）等地。其代表画作《梅林百鸟图》长400厘米、宽40厘米，被珍藏在沈阳故宫博物院。他刚直不阿、不畏权贵，1934年于北平归故乡探亲，坚辞为日伪统治者作画。中华人民共和国成立后，于1950年由西安到沈阳定居。1951年病逝于沈阳。

王季烈（1873—1952） 字晋余，号君九，又号螾庐。出生于江苏省长洲县（今江苏省苏州市）一个晚清士大夫家庭。明代著名政治家、文学家王鏊的后裔。其父王颂蔚为清廷三品官，有文史考证著作多种，其母谢长达是近代著名女教育家，兄弟姐妹及后代多人为中国科技界翘楚。1894年中举，后到浙江兰溪作幕宾。两年后到上海江南制造局，先与傅兰雅合作翻译了《通物电光》一书，后将日本人藤田丰八翻译的教科书重新编写为《物理学》。1900年到汉阳制造局，受到著名洋务派重臣、教育家张之洞的器重与资助，于清光绪三十年（1904）中进士，入学部任专门司郎中。其间，主持编印《物理学语汇》等多种理化教材，并在北京创办五城学堂。1927年，王由北京迁居大连文化台（今中山区白云街）。除著述外，与罗振玉同在金州明伦堂讲学。在大连居住10年。著有《螾庐未定稿》2卷、《螾庐未定稿续编》1卷、《螾庐余稿》1卷及诗词多首。20世纪30年代脱离自然科学领域，专心于昆曲研究。组织螾庐曲社，著有《螾庐曲谈》《孤成曲谱》等。还根据脉望馆藏本校订《孤本元明杂剧》等。与刘富成合著的《集成曲谱》是其昆曲研究的重要作品。1952年去世。

喜禅（1881—1953）　法名昌庆，原名延天循，又名延培基、伯庄、东阁等。出生于山东省广饶县大延庄。1890年，举家迁入庄河鲍码屯（今庄河县石山乡鲍码屯）。14岁时在庄河兴隆寺（庄河称老爷庙）出家当了和尚。幼年略识文字，出家后又读过私塾。16岁始学画竹，专攻写意墨竹。曾云游鲁、皖、苏、湘、川、鄂等省竹乡，并在湖北黄冈竹林中搭建草棚居住年余，由此细致观察了竹子在不同季节、不同气候的自然状态，随时用笔蘸水在黄表纸上写生，对竹子的感悟力越来越强。每画竹之前，瞑目构思，成竹在胸，一挥而就，气韵生动。画竹枝，多用中锋回峰起笔，笔笔送到，使竹枝有弹力感而不雷同；画竹叶，沉着有力变化多姿，灵活自然，飘逸流畅。他的墨竹图，从立意、构图、技法到程式化的表现上，皆不因袭郑板桥等著名画家。其画竹数万幅，章法上从不重复。书法亦颇为精妙，以颜体奠基兼收各家之长。且善于左右手执笔，常以右手画竹，左手落款。熟读经、律、论三藏经典，奉行“佛在自性中，顿悟便成佛”的禅宗论点，不礼佛、不茹素，不受黄卷青灯的佛门清规的约束。在青龙山双泉寺当住持时，不拘守于佛门教法，活跃于社会各阶层。日伪政权时期，利用日伪官吏皆欲索画的心理，曲折地解救百姓的困危。1953年于青龙山双泉寺去世，葬于寺北山顶。

邵尚勤（1874—1958）　字乾一。出生于奉天府金州厅。幼读私塾，聪颖早慧。18岁开始经商，在其父邵云福开设的双聚兴杂货店学做买卖。1906年，邵氏兄弟将“双聚兴”改名“天兴福”，先后在大连、长春、黑龙江等地开设杂货店、粮栈、油坊，并逐渐由经商转向粮油加工业。1918年，在开原、海参崴、哈尔滨等地开办火磨面粉厂。至1921年，面粉产量居东北之首，拥有不动产800万元（大洋）、流动资金200万元（大洋），富甲东三省。邵尚勤生活上克勤克俭，对社会公益慈善事业却慷慨解囊。1942年，日本殖民统治下的金州遭灾后粮价暴涨，他毅然从北满运来约300吨粮食，赈济灾民。城乡百姓赠其“施济功伟”匾额。1946年，国民党对旅大地区实行经济封锁，金州城乡粮食紧缺，他牵头组织人力财力，由水路前赴朝鲜购回粮食，缓解了金州粮荒。金县人民向其颁发“开明士绅”荣誉状。邵尚勤终生经商，不重仕宦，不图虚名。哈尔滨、长春、大连等地商会多次推举他出任职务，均遭其拒绝。他告诫子女“谁若任日伪官吏，断绝父子情义”。晚年闲居故里。1958年病逝于金州。

毛达恂（1906—1959）　出生于湖南省长沙。1925年毕业于湖南省立第一师范学校，同年加入中国共产主义青年团，1926年加入中国共产党。1930年在上海等地开展地下工作。1938年回长沙开辟地下工作，先后担任中共长沙市委组织部部长、市委书记。1941年5月调任湘北特委书记。1946年调到大连，先在大连交通公司任经理，同年兼任大连市总工会组织部部长。在任期间，在原沙河口公学堂的基础上，扩建出面积达1.86万平方米的“工人之家”。1948年10月任大连市副市长，兼大连市初级师范学校校长。1949年5月任大连市市长，兼大连市识字运动委员会副主任委员、中苏远东电业公司技术学院政治教员、育才学校校长等职。同年，在他的提议下修建了一座公园和一所文化俱乐部。公园建成后，他命名为“劳动公园”；文化俱乐部建成后，他请郭沫若题写了“人民文化俱乐部”。1951 年 1 月，毛达恂兼北洋区海员工会（原为东北区海员工会）主席，其间将原日本三菱公司办公大楼改建为国际海员俱乐部。同年 2 月 1 日，苏联政府将大连港正式移交中国，毛达恂就任大连港开港后第一任中国港长（企业一长制）。1954 年，受高岗反党集团迫害调离大连港，同年冤案平反南归故里，任湖南省委统战部（一说组织部）副部长。1959 年 4 月 28 日病逝于湖南。

左友文（1909—1960）　原名左士会，化名李振声。出生于山东省莱阳县。1932 年 12 月加入中国共产党，任山东莱阳县委委员。1933 年，莱阳县委遭敌人破坏，他辗转大连开展革命活动。抗日战争爆发后，回胶东与中共组织接上关系，仍任莱阳县委委员。1941 年冬，受胶东区委派遣到大连做地下工作。翌年 6 月，主持成立胶东大连支部，任支部书记。不久，在西岗博爱市场、周水子车站、侯家沟等处建立 5 个工作点，以破烂摊和商店为掩护，传递情报和开展活动。1943 年夏，他在大连地下工作点之一的德成商店被日本宪兵逮捕。在敌人的酷刑逼问面前，他坚贞不屈，没有泄漏党组织的秘密，后经支部营救出狱。出狱后继续发展工作点，扩大党组织。在他的领导下，从 1942 年 6 月到 1945 年 8 月日本投降为止，大连支部共发展党员 60 多名，为大连培养了一大批党的积极分子。1945 年 8 月苏军对日宣战后，组织工人武装 300 多人，控制南满铁路运输线，又建立 90 余人的盐业工人武装大队。后两支武装会合，编入东北部队，参加了解放战争。大连光复后，历任中共大连市委、地委、区党委、旅大市委委员，中共旅大区委党校校长，市监委副书记等职。1960 年 7 月在大连病逝。

张悦龄（1879—1961）　又名莲溪，字乐民。出生于奉天府复州（今瓦房店市境内）。早年入读私塾，在药店学医。1899—1906 年先后入哈尔滨交涉局、奉天省垦务局、锦州府垦务局等，任司书和测绘员。1907 年应邀测绘复州全境地图，为《复州乡土志》《复县志略》成书提供了地图资料。辛亥革命前，复州地方自治研究所成立，任所长兼讲师。后当选复州议事会议长、中国同盟会复州分部部长、国民党复州分部部长、辛亥革命关外第二协协统，其间力倡民权。1913 年前往东京参加中华革命党。1916 年袁世凯复辟称帝时，组织民众成立关外临时军政府，任民军总司令。袁世凯死后，回到复州城开设杏林春药房，后改为东亚药房，又称东亚医院。“九一八”事变后，日本人多次登门请其供职，他坚辞不就。大连光复后，先后被选为安东省参议会副议长、复县支前委员会主任委员、政协复县委员会副主席。1961 年病逝。

田风（1912—1965）　原名田广生。1912 年 8 月出生于奉天省宁远州（今兴城县）。1926 年起，先后在沈阳市立小学、辽宁省立初中、北平（今北京）志诚高中读书。1934 年赴日本东亚日语补习学校学习，1936 年考入日本东京美专学习油画。其间参加中国留日学生“学联”左翼文化活动。抗日战争爆发后回国。1939 年在河北平西解放区参加八路军，主编《挺进报》画报，兼作日文翻译。1942 年调冀中军区火线剧社任导演。1945 年 6 月加入中国共产党，同年 10 月任沈阳中苏友好协会宣传部部长，12 月受命赴安东（今丹东）创办《白山》杂志，任社长，兼任白山艺术学校副校长、导演。其间创作歌剧《妻离子散》，排演夏衍的

《离离草》。1946年11月，奉令率白山艺术学校撤离安东到大连，与大连中苏友好协会剧团合并，成立旅大文工团，任副团长。1947年1月，执导的《白毛女》在大连上演，引起轰动。同年5月，任关东社会教育工作团副团长。1949年5月，排演了由苏联名著改编的话剧《钢铁是怎样炼成的》，为全国排演的第一台外国剧目。同年秋，关东社会教育工作团承担了中华人民共和国开国大典的大连庆祝活动，他出任总指挥，庆祝活动盛况空前。1951年，任旅大市文学艺术界联合会主任、旅大文工团团长。1952年文艺整风运动中受到批判。1955年5月，调至北京电影学院，先后任专家学习班和导演专修班主任，导演系主任、教授。1964年社教运动中遭到迫害。1965年1月25日于北京去世。1979年，北京电影学院党委为其平反。

何承恩（1902—1965）　1902年2月28日出生于山东省平度县。1928年来到大连，在日本人开设的窑业株式会社、南满硝子株式会社等企业做瓦工。大连光复后，于1947年进入大连玻璃厂，当上玻璃厂大窑维修瓦工。当时日本统治时代遗留下的大窑已到“衰退期”，维修任务艰巨而复杂。为保证大窑的正常生产，他每天早5点进厂，晚11点回家，整天不离大窑一步，曾冒着高温，连续24小时对大窑进行热修。他刻苦钻研技术，大胆进行技术革新，被称为“土专家”。仅1958年就创造出同行业从未有过的“小炉闸板台”等7项热修保窑经验，其中“反挂铁砖”提高工效10倍。后成为助理工程师、工段长。1954年9月加入中国共产党。1956年和1959年，先后两次被评为全国先进生产者。1965年2月4日病逝于大连。

孟天成（1882—1966）　字学孔。1882年6月18日出生于台湾省台南县。1908年毕业于台湾总督府医学专科学校，留校任助教、讲师。1910年任日本赤十字会台湾支部医院、台北医院医务嘱托。1911年到大连，先后在南满洲铁道株式会社大连医院、大连小岗子病院（亦称“大连宏济善堂”）执医，任日本赤十字会大连救护所所长。1917年，他靠友人资助，在小岗子筹建博爱医院（今东关街大连市第二人民医院旧址），自任院长兼外科医师。后于1932年在奥町（今中山区民生街）建立分院，1934年在宏济街扩建博爱医院新馆，1942年在甘井子建分院（今大连市第四人民医院原住院部旧址）。博爱医院和分院建筑面积达6200平方米、床位500张，是大连市规模最大的私营医院。1934—1936年，撰写十余篇关于黑热病的论著，发表在《满洲医学杂志》和《日本病理杂志》上，为此于1937年获医学博士学位。大连光复后，孟天成于1946年5月将医院全部无偿献给大连人民。宏济街博爱医院更名大连市公安总局医院，孟任院长。医院第二新院建成关东职工总会医院（后改称关东职工医院）。1954年公安总局医院移交大连市卫生局，孟天成调任中国人民解放军215医院院长。1966年5月24日，孟天成病逝于大连，终年84岁。

汪兆璠（1881—1966）　字悉箴。出生于奉天府复州（今瓦房店市境内）。1912年毕业于奉天中学堂。1915年入北京汇文大学。1919年赴美学习，取得教育心理学硕士学位。1922年回国。1928年起，先后任东北政务委员会机要处秘书、锦州东北交通大学副校长、东北大学文法院院长等职。1932年3月，积极倡议并创办复县高中，并任校长兼英语教师。后任奉天省立第三女子高中校长、伪满铁岭县县长、伪呼兰县县长、伪辽阳县县长、伪奉天省民生厅长。1945年日本投降后，历任辽宁省教育厅副厅长、沈阳临时高等补习学校校长、北平蒙藏学校训导主任、北京育英中学（今北京市25中学）教师等职。1966年病故。

杨凤鸣（1893—1966） 1893年11月26日出生于奉天府金州厅旅顺（今大连市旅顺口区）。1919年毕业于奉天（今沈阳）南满洲医学堂后，任满铁大连医院内科医师。1921年，与傅立鱼等人组建大连中华青年会，任副会长。1922年从日本帝国大学医学部进修回国，在满铁大连医院新建分院即同寿医院任内科主任。1931年去职，在大连小岗子（今西岗区北京街）开设岐山医院，自任院长。1945年大连光复后，倡议并建立大连医师公会，被推举为会长。1947年4月关东公署成立，出任卫生厅厅长，并停办岐山医院。1951年调任市立医院内科主任。撰有《中华民族血型之研究》《人种血型研究》等文章，被国内外血液病研究引用。"文化大革命"时期受到迫害，投井离世。后被平反昭雪。

陈永富（1906—1966) 1906年8月24日出生于奉天省岫岩州观驾山（今庄河县观驾山乡）。"九一八"事变后，联络刘子政等人秘密成立抗日武装，自称抗日义勇军（人称便衣队），成为庄河一支重要抗日武装。日军占领庄河后，欲筹建一条由普兰店途经庄河至安东（今丹东）的公路，遭到民众抗议，伪县长不顾民意，维护日军之举。1932年3月，庄河大刀会、便衣队、救国军等抗日武装自动联合起来，组成6000余人队伍，进攻庄河，活捉伪县长和日本参事官等9人。日伪官吏迫于民众压力，答应三年内不修路，事后却对参与抗议的民众进行了血腥镇压，有的被活活打死，有的被活埋。抗日武装力量被迫转移到山区打游击。同年夏，陈永富营救了被日军追赶的抗日名将李兆麟及其战友，并接受李兆麟建议，由李兆麟将其队伍收编。同年冬，他带领便衣队在长岭子伏击日军，打死日军300人，烧毁军车9辆，缴获大量枪支弹药和军用品。同年12月，他率便衣队与大刀会一起向土城子日军发动进攻，打死日军西路讨伐队队长森秀树，缴获大量武器装备和食品。土城子大捷后，日军加紧了对抗日队伍的围剿。1933年，便衣队被迫撤退到庄河北部山区，后遭日军包围，部队被打散，他率十几人突围后辗转到吉林柳河。1947年他返回庄河家乡，后迁至新金县定居。1966年6月4日病故于新金县。

潘益生（1890—1968） 原名潘日福，人称潘大武生。1890年2月14日出生于奉天府岫岩州（今庄河县徐岭镇杨树房村）。1901年加入天津戏班，拜田洪如为师，9年后成武生大科。他大胆将民间武术家的绝技运用于戏曲武打中，采用三节鞭、七节棍、双手带等武术器械，为戏曲武打增添了真实感。20世纪20年代，在京、津、沪及东北已蜚声戏坛，并远至朝鲜新义州、菲律宾吕宋岛演出。1928年，与他人在海城成立"六合班"，任管事。其时"六合班"有160余人，在辽南颇有名声。"九一八"事变后，潘益生蓄须罢演回乡务农，对伪县长所建协和剧团的相邀出演严词拒绝。1945年大连光复后，出山成立业余剧团。1959年受聘庄河评剧团，1961年入旅大市评剧团。1968年逝世。

方侃（1906—1968） 1906年3月14日出生于湖南省长少府长沙县。1934年毕业于上海医学院。1934—1944年，历任上海医学院红十字会医院防痨科医师、主治医师、科主任。1949年在美国康奈尔大学医学院毕业后回到大连，任大连医学院内科教授、肺科主任。此间开设肺科病房，并筹建旅大市结核病防治院。1952年兼任旅大市结核病防治院院长，对地区结核病防治工作做出了突出贡献。他亲自讲授医学课程，编写医学教材，培养的青年教师、医师许多成为国内防痨机构的骨干。1957—1965年任大连医学院附属第一医院院长。1955年后当选辽宁省第一、二届人大代表。

1957 年 1 月出席在印度新德里举行的第十四届国际防痨会议。1968 年 11 月 14 日病逝。

简仁南（1897—1969）　字静村。1897 年 9 月 2 日出生于台湾省台南县。1917 年入台湾医学专科学校学习。1922 年因参加抗议日本当局成立“台湾协会”的签名运动受到迫害。1923 年来到大连，在南满洲铁道株式会社大连总医院任外科医生、中国人病房主任。1924 年 6 月加入大连中华基督教青年会，任会长，兼平民学校校长，并以该会名义组织医生为农民治病。1925 年入东京医学专科学校学习。1928 年，在大连奥町（今民生街一带）创办仁和医院。1938 年，在寺儿沟贫民聚居区设立仁和医院分院。1940 年以《动脉硬化症的实验研究》为主要论文，获满洲医科大学医学博士学位。大连光复初期，将 2 所私有医院献给国家。先后任大连市医师公会副会长、市卫生局卫生科科长、市卫生局考试委员会委员、大连医学会监察委员。先后在大连临时医学专科学校、关东医学院任教。在辽沈战役中，任辽南军区大连第三批手术队队长，抢救了大批伤员。1949 年后任大连医学院解剖学教授。抗美援朝时期，参加了大连后方医院的抢救治疗。1950 年台盟旅大特别支部成立，被选为主任委员。先后当选为中国保卫世界和平大会大连分会委员、辽宁省第一届人大代表、大连市第四届人大代表、政协第十届全国委员会委员。1957 年被错划为“右派分子”。“文化大革命”中被打成“特务”，1969 年 4 月 20 日被迫害致死。1978 年 3 月被平反昭雪。

于庆阳（1944—1969）　1944 年 10 月 23 日出生于大连普兰店一个贫苦家庭。1963 年 3 月参加中国人民解放军。1969 年 3 月 2 日，参加珍宝岛自卫反击战。面对敌军猛烈的机枪火力毫不畏惧，乘敌人扫射间隙迅猛向前，用冲锋枪打哑了敌人的机枪。在再度跃起准备夺取敌人机枪时，不幸头部中弹倒下。在卫生员为其包扎时，他又跃起冲向敌人。因伤势过重，当场英勇牺牲。在这次战斗中，他打掉了敌人 2 个火力点，以自己的英雄行为实现了“生命不息，冲锋不止”的钢铁誓言。部队党委根据他生前愿望，追认他为中国共产党党员，沈阳部队为他追记一等功。1969 年 8 月 30 日，中共中央军事委员会授予他战斗英雄称号。

张学思（1916—1970）　字术卿，原名学诗，化名黄树藩。1916 年 1 月 6 日出生于奉天省沈阳县（今沈阳市），为奉系军阀张作霖第四子，爱国将领张学良四弟。8 岁入平民学堂奉天第四小学读书，12 岁考入奉天同泽中学。1931 年 2 月，14 岁赴北平（今北京）入读汇文中学。青少年时代在进步教师的影响下，接受民主进步思想，从此走出帅府。“九一八”事变后，积极投身抗日救亡运动。1933 年 4 月加入中国共产党。同年受组织派遣，入东北军 67 军特务大队从事兵运活动。1934 年经张学良保荐，入南京国民党中央军校学习，1937 年 1 月以优异成绩毕业，他谢绝留校，赴东北军 53 军任下级军官。同年 7 月中旬，赴奉化溪口，探望被幽禁的张学良。张学良与其在纸上密谈，鼓励他追求进步，抗日到底。后在周恩来、刘澜波领导下，从事争取释放张学良和兵运活动。1937 年底赴延安入马列学院学习，受到毛泽东接见和表扬。1939 年秋，担任抗大东北干部队队长。1940 年秋率东北干部队挺进华北敌后，先后任冀中军区司令部参谋处处长、副参谋长等职，为民族解放屡立战功。抗日战争胜利后，1945 年 9 月奉命率部挺进东北，先后出任辽宁省政府主席、辽宁省军区司令员东北行政委员会副主席、辽东省政府主席等职务，为东北解放战争的胜利做出了重大贡献。1949 年 4 月，奉命筹建海军学校，8

月赴苏联考察，亲选校址，聘请专家。9 月出席中国人民政治协商会议第一届全国委员会第一次会议。10 月参加开国大典。11 月 22 日，中央军委正式下达组建大连海军学校（今大连舰艇学院前身）命令，他出任大连海军学校副校长兼副政委、校党委书记，主持海校常务工作。1953 年 3 月任海军副参谋长。1955 年被授予少将军衔。1956 年 8 月被选派到列宁格勒伏罗希洛夫海军学校学习，翌年底以优异成绩毕业。1961 年出任海军参谋长，亲身参加潜艇远航，率舰艇编队远航西沙，参与组织大规模海军军事演习等任务，为人民海军的全面建设立下了不朽的功勋。“文化大革命”期间遭受迫害，于 1970 年 5 月 29 日去世。1980 年 12 月，中央军委、解放军总政治部为其彻底平反昭雪，并给予他高度评价：坚强的无产阶级革命战士，党的优秀党员，海军的好参谋长。

徐敬之（1894—1971）　又名徐源久。出生于山东省威海。1912 年从山东到大连，先后在日商三大利油坊当学徒、职员，后到三井物产株式会社当植物油料采购员，对大豆的品种、水分、含油率等了如指掌。1926 年，与人合开东和长油坊，获利颇丰。1937 年，因对日本殖民统治当局的经济统制政策不满，将大量资金转移到关内，在威海、北京、天津、上海等多地开办企业。大连光复后，他从烟台回到大连。1950 年出任公私合营联合油脂厂副厂长，亲自设计改造了干蒸机，用新的榨油法使每百斤大豆出油量由 4.5 千克增至 7 千克。1955 年用铁圈替代油草榨油获得成功，当年为企业增收 600 多万元。1956 年，他将私营油脂厂并入地方国营旅大油脂总厂。抗美援朝期间，他捐出大部分个人积蓄购买飞机、大炮，支援国家抗美援朝。他热心社会公益事业，大连光复前曾参加红十字会等慈善团体，集资创办大连育婴堂。中华人民共和国成立后，于 1953 年在大连捐资创办新华初级中学。1954 年后，先后被选为大连市第四届人大代表、政协辽宁省第四届委员会常委、大连市第四届人民委员会委员、辽宁省工商联合会执行委员，大连市工商联合会副主任委员、大连市民主建国会委员等职。“文化大革命”期间入狱 1 年。1971 年病逝于大连。临终前大部分财产捐献给社会公益事业。1978 年 3 月被平反昭雪。

金纯泰（1894—1972）　1894 年 9 月 8 日出生于奉天府金州厅旅顺（今大连市旅顺口区）。1916 年毕业于旅顺师范学堂，先后在水师营小学堂、旅顺公学堂、旅顺高等公学校师范部任教 30 年。1945 年大连光复后，参与创办旅顺市立中学，历任教导主任、校长。1947 年任旅顺教育局局长。其间，提出重修“万忠墓”主张，并积极参与旅顺市政府重修“万忠墓”工作，搜集和整理日俄侵华史料，并起草碑文。1949 年 3 月调旅大市图书馆工作，着手整理旅大地方史料。1953 年到旅顺博物馆任职。作为中国社会科学院历史研究人员，专心研究并著述旅大地方史。著有《金县志略》《旅顺古迹志》《清朝统治旅大时期》《日俄战争纪要》《日寇统治旅大时期》等。1956 年当选旅顺市副市长兼政协旅大市常委。“文化大革命”中受到迫害。1972 年 1 月 16 日病故。1980 年被平反昭雪。

杜继增（1895—1972）　原名杜有吾，曾用名杜省吾、杜省物、何仁、何林生、陈洪年、白长山等。1895 年 3 月 25 日出生于河南省杞县。1916 年在河南开封省立第一中学读书。1920 年赴北平国立高等师范学校就读。1924 年考入北京高等师范学校。毕业后，先赴山东烟台一私立中学任教，后投笔从戎，参加国民革命军，加入国民党，并参加烟台五卅后援会活动。1926 年 1 月加入中国共产党。同年 4 月来到东北，从事中共地下工作，先后担任吉长铁路线党支部书记，《哈尔滨日报》编辑。1926年12月，担任中共北满地委技术书记（秘书），北满地委改为哈尔滨市委后为市委代理书记。1927年10月，中共满洲省临时委员会成立后，被派到大连做恢复党组织工作，重新组建中共大连市委。1928年1月20日，中共关东县委会成立，担任农民运动委员，参与起草《关东县工作新决议案》。同年3月15日在旅顺被捕。1935年9月出狱，回河南开封，恢复党的关系，继续从事党的秘密工作。抗日战争期间，先后在新四军四师杞县独立大队、淮北苏皖边区新四军政治部工作。1945年抗日战争胜利后，先后在东北、江西从事水利工作。中华人民共和国成立后，曾任河南省科委副主任。1972年5月16日逝世。

詹水晶（1917—1972） 1917年8月20日出生于浙江省绍兴县。1942年到大连，在日本人开办的企业当工人。1947年底入大连造船厂，为八级车工。1956年加入中国共产党。自入造船厂后，对产品质量精益求精，12年中所加工的成千上万个高精度船用主机零件，从未出过一件废品和返工活。在第一个五年计划期间，完成了7年零8个月的工作量，被誉为“走在时间前面的人”。提出并实现重大技术革新建议20多项，其中与同台车床工人提出的“曲轴挠性加工方法”获国家发明奖。1956年被评为全国先进生产者；1959年再次被评为全国先进生产者，参加全国群英会，并当选为大会主席团成员。同年，参加中华全国总工会和团中央组织的代表团，赴苏联参观学习。1972年9月22日在大连病逝。

徐宪斋（1886—1972） 出生于山东省蓬莱县。读私塾9年。16岁到营口在杂货店当学徒。19岁在营口开办“东华泰”杂货号。1908年成为英国亚细亚煤油公司驻中国东北地区全权代理商，1912年升任奉天省总经销商。同年迁居大连，以高级洋买办身份跻身大连工商界。1913年，任国民党大连市党部委员，组织市民开展纪念辛亥革命周年大会等进步活动。1915年日本殖民统治当局将国民党市党部解散。20世纪20年代初任大连山东老乡“同乡会”会长，30年代初任西岗商会副会长。大连光复后，任大连总商会首任会长。1947年大连行政区划调整，迟子祥由大连市市长改任关东公署主席，他当选大连市市长，成为大连光复后的第二任市长。1949年因病辞去市长职务。1951年镇反运动中被判刑，1964年保外就医。1972年病逝。

杨志云（1899—1975） 又名杨念平，化名孙守和、沈儒人。出生于河北省滦县。幼读私塾6年。1913年随父到营口永茂号杂货店学徒。1919年来到大连，在福泰祥粮业代理店当店员，后因热衷苏联革命运动等时势而被掌柜解雇。1920年加入大连中华青年会。1922年春在傅立鱼创办的大中印书馆当出纳员，同年冬在中华青年会当事务员兼图书资料员。在大中印书馆阅读了大量马克思列宁主义书籍。1924年1月，随共产党人陈为人、李震瀛到上海，并加入中国社会主义青年团。后入上海大学社会系学习。1925年1月被团中央派到大连，组建社会主义青年团大连地方委员会（后团中央批准为大连特别支部），并任书记。他以大连中华青年会事务员的合法身份，经常来往于满铁沙河口工场、福纺纱厂、小坞船厂和旅顺等地，进行宣传发动和团组织建设。五卅惨案发生后，联合其他爱国团体组成沪案后援会，掀起了大连历史上第一次大规模的反帝爱国运动。1926年1月转为中共党员，与另外9名党员建立起大连历史上最早的党组织——中共大连特别支部，先后担任中共大连特支书记、地委书记。同年4月27日，福纺纱厂千余名工人举行大罢工，杨志云决定把自发的罢工斗争引导到反奴役、争自由、争人权的政治斗争中去。以大连中华工学会的名义，在“泰华楼”饭店举行记者会，揭露日本资本家残酷虐待中国工人的罪行。同年7月，邓鹤皋到大连担任中共大连地委书记，杨志云改任地委组织部部长。1927年1月被捕，未暴露政治身份，被日本殖民统治当局驱逐出大连。后赴奉天(今沈阳)任中共奉天支部组织委员。同年6月，因组织领导奉天制麻会社工人罢工被捕，承认了自己的身份并泄露了大连党组织部分情况。一个月后被日本警察署引渡给奉天军法处，在军法处和省长会审时翻供。后经大连党组织和大连中华青年会会长傅立鱼等多方营救，在张学良“易帜”后获释出狱，从此与党组织失去联系。1975年病逝于原籍。

牟仁先（1916—1977） 1916年9月4日出生于奉天省东沟县（今辽宁省东港县）。自幼随父学医。1948年到大连行医，由中苏造船公司工会资助，创立大连仁先整骨医院。1954年放弃私业，受聘于大连造船厂职工医院，任中医科主任。治疗骨折倡导“动静结合，以动为主，筋骨并重，医患协作”，并创立自己的骨折固定方法：以苦酒膏绷带加附夹板代替传统小夹板，即可塑形附体，又起到舒筋活血散淤止痛作用。他的骨折治疗法多次在市中医整骨学习班上传授经验，人称“牟接骨”，弟子不下百余人，成为辽南地区整骨的骨干力量。1958年参加全国卫生技术革命经验交流会，受到周恩来总理的接见。同年，受聘为中国医学科学院特约研究员。1977年3月20日病逝于大连。

周光（1912—1977） 原名周百根，曾用名周干民。1912年2月21日出生于河南省商城县（今安徽省金寨县）。1928年加入中国共产主义青年团，1929年5月参加中国工农红军，1930年5月加入中国共产党。抗日战争期间先后在抗日军政大学、晋察冀北方分局党校和延安中央党校学习。此间，随部队参加了“百团大战”。1946年4月，奉调大连市公安总局工作（后改称关东公安总局、旅大行政公署公安总局）。1947年，任公安总局局长，佩戴二级警衔（中将）。同年6月，国民党政府派遣“视察团”到旅大，图谋接管旅大地区。周光按照旅大地委“拖延、孤立、留难、限制、监视”的斗争方针和策略，周密组织，挫败了“视察团”的破坏活动。1947—1948年间，公安总局破获了大批敌特组织，取缔了反动封建会道门，开展禁毒、禁赌、禁娼活动，打击匪盗犯罪，使大连光复之初混乱的城乡社会治安秩序得到明显改善。为打破国民党对旅大地区的经济封锁，他领导干警大力发展生产，积极扩警、扩军，为前线筹集、储备、输送了大量军需物资和兵员。大连警察学校创建后，兼任校长并亲自授课。1948年，旅大公安总局成立（1951年改为中国人民解放军大连公安总队），任第一总队队长兼第一政委。1950年任旅大市人民政府副市长。1950年11月起，先后任东北军区公安军第一副司令员，长春市副市长、市长，吉林省副省长、省委常委，吉林省革命委员会副主任等。1977年4月病逝于长春。

阿英（1900—1977） 原名钱德富，又名钱杏邨，笔名钱谦吾、张若英、鹰隼、魏如晦。出生于安徽省芜湖县（今安徽省芜湖市）。上海中华工业专门学校土木工程系肄业。1919年投身于五四运动。1926年加入中国共产党。1927年参与发起和组织太阳社，编辑《太阳月刊》《时代文学》。1930年参加中国左翼作家联盟并当选常委，同年当选为中国左翼文化总同盟常委。1932年担任上海明星影片公司编剧，组织中国共产党的电影小组，是中国最早的电影工作者之一。抗日战争爆发后，参与组织上海文艺界抗敌协会，担任《救亡日报》主编和《文献》杂志主编，同时创作多部历史剧和现代题材的话剧。1941 年赴苏北抗日根据地，先后在新四军军部、一师和三师工作，主编《新知识》《江淮文艺》等报刊。1943 年，在苏北参加陈毅领导的抗日文艺团体湖海诗文社。1946 年任华中文协常委、华中建设大学文学院院长。1947 年任中共中央华东局文委书记。1947 年 10 月来到大连建新公司开展工人文艺活动，成立了由 10 名艺术家组成的文艺研究小组，主要从事工人戏剧、美术、音乐、舞蹈的组织辅导和理论研究，培养了一批工人美术和文艺骨干。1948 年仅从事美术创作的工人就达 500 余人。1949 年 7 月，在北京举办的全国首届美展中，建新公司的工艺美术作品被收入工农兵作品陈列室。1949 年春调离大连，先后任天津市文化局局长、市文联主席，1951 年任华北文联主席。1954 年任中国文联党组成员、副秘书长等职。有著作 140 余部，戏剧代表作有《碧血花》《洪宣娇》《李闯王》等。1977 年 6 月 17 日病逝于北京。

朱毅（1898—1977） 出生于湖北省汉阳县（今湖北省武汉市汉阳区）。曾参加过北伐战争。1928 年赴日本明治大学读政治经济专业。“九一八”事变后，弃学回国参加抗日斗争。1938 年任河南信阳县县长。任职期间，将该县 2000 余人部队及其枪支和大批物资带入新四军，使之成为李先念组建的新四军第五师的重要基础。1939 年加入中国共产党。1946 年 11 月，中共旅大地委根据东北局指示，成立地委军工生产委员会。1947 年 3 月，陈毅指示华东局组织部部长兼财委主任曾山，派华东局财委副主任朱毅率领 60 余名干部到大连，以官商合办的工业股份有限公司名义组建建新公司，从事军工生产。到 1947 年上半年，在甘井子筹建起裕华（炮弹厂）和宏昌（引信厂）2 个隐蔽工厂。同年 7 月 1 日，又接收了苏军移交的满铁化学、大华炼钢、进和、金属制品、制罐及曹达等 6 家工厂，朱毅任建新公司经理。建新公司生产的大炮弹，在解放战争时期为共产党领导的军队提供了重要的支援，做出了重大的贡献。1948 年担任军工生产委员会委员。同年 12 月参加中央军委在河北省平山县召开的第二次全国军工会议，会后受到时任党和国家领导人刘少奇的接见。1949 年 3 月，任大连建新公司建新职工研究学院院长。同年 7 月奉调中南地区工作。中华人民共和国成立后，历任中南工业部副部长、地方工业部机械局局长、中央财委重工业组副组长、三机部部长助理、国务院参事室副主任等职。1977 年病逝。

欧阳钦（1900—1978） 字惟亮，又名杨清、杨文渊。1900 年 8 月 27 日出生于湖南省宁乡县邓家冲。1919 年 3 月赴法国勤工俭学。1924 年 2 月加入中国社会主义青年团，同年 5 月转为中国共产党党员。1925 年 6 月，组织和参加旅法支部声援国内五卅运动，被法警驱逐出境，经德国赴莫斯科，在苏联红军学校学习和军训。1926 年 5 月回国后，加入叶挺独立团，参加北伐战争。1927 年，在上海开展中共地下工作。1931 年 1 月，调苏区任中央局秘书长。先后参加红军第四、第五次反“围剿”。1934 年参加长征。1935 年 1 月，率红六师保卫遵义会议。1937 年后任陕西省委书记等职。1945 年日本投降后，先后任冀察热辽解放区中央分局秘书长和土改工作团长。1948 年 7 月，调任旅大地委（后改为中共旅大区党委、旅大市委）书记。其时旅大地区由苏军实行军事管制，由于苏联和国民党政府有外交关系，共产党组织虽然掌握政权，但不能公开活动。在这种特殊的历史时期，他教育干部认清形势，遵守纪律，在政治上、思想上、组织上同党中央保持高度一致，完成了党中央交给旅大的各项任务。中华人民共和国成立后，于1950年随毛泽东主席、周恩来总理出访苏联。1950—1955年，任中共旅大市委书记兼旅大警备司令部政委。后担任中共黑龙江省委第一书记、东北协作区主任、黑龙江省军区政委、黑龙江省政协主席，中共中央东北局第二书记等职。1956年当选为中共八届中央委员。1960年10月，调任中共中央东北局第二书记、兼黑龙江省委第一书记。1978年2月，任政协全国第五届委员会副主席。1978年于北京病逝。

孙作云（1912—1978） 出生于奉天省复州谢屯（今瓦房店市境内）。1932年考入清华大学，后入研究院。1937年“七七事变”爆发后，学业中断。1938年，任北京东方文化事业委员会编辑，参与续修《四库全书》总提要。1941年任北京大学中文系副教授。1946年后，相继担任沈阳博物院研究员、沈阳博物院会刊总编辑、国立长白师范学院中文系副教授、北京大学国文系教授、北京中国历史博物馆设计员等职。1952年任河南省新乡师范学院（现河南师范大学）历史系教授。1956年任河南大学历史系教授，并当选政协河南省第四届委员会常委。曾主编《沈阳博物院筹备委员会会刊》《历史与参考》，担任《历史教学》《史学月刊》编委。著有《诗经与周代社会研究》《天问研究》等。遗著被辑为《孙作云文集》。1978年病故。

吕其恩（1911—1979） 曾用名吕志恒、吕其臣、吕光军，乳名福弟。1911年10月26日出生于奉天省庄河厅王家岛（今长海县王家镇）。1931年之前在庄河读小学和中学。1932年考入山东省立烟台第八中学。1934年在山东省益都县加入中国共产主义青年团。1935年9月，在北平（今北京）加入中国共产党，任地下交通员。年底，参加“一二·九”抗日救亡运动。1936年6月，组建中共烟台工委、市委，并兼任书记。同年10月，任胶东特委副书记、书记。1937年“七七事变”后，任胶东抗日救国军第三军副指挥、指挥。其间壮大人民武装，建立蓬莱、黄县、牟平、文登等县抗日民主政府。1938年8月，任胶东区党委组织部部长。1945年4月至6月，以正式代表的身份参加中国共产党第七次全国代表大会。同年8月，任中共胶东区党委组建的八路军挺进东北海上先遣支队司令。9月5日，率80人从烟台乘船出发，巧避美国第七舰队的追索，翌日晚抵达庄河王家岛，迅速包围了伪警察所，收缴了全部武器。9月8日，率部在庄河打拉腰子登陆，迅速控制了伪警察分驻所，翌日智取庄河城。9月12日，成立庄河县民主联合政府，并任县长。此后，率先遣支队先后解放岫岩、孤山、城子坦、貔子窝、瓦房店等地，打通了八路军由胶东向东北地区输送部队的海上通道。1945年11月，奉命率部接收安东市（今丹东市），成立安东保安司令部，任司令员，后任安东市委书记、市长兼安东省政府副主席。1950年任中共沈阳市委常委、组织部部长兼工业部部长。1951年随中国人民志愿军入朝作战。1953年以后，历任哈尔滨市人民政府市长、中共哈尔滨市委副书记、市革命委员会副主任。1979年7月18日病逝于哈尔滨。

邓鹤皋（1902—1979） 曾用名邓和高、邓洁。出生于湖南省宁乡县。1922年在北平（今北京）美术专科学校加入中国社会主义青年团，1923年转为中共党员，担任社会主义青年团北平地委委员、组织部部长，兼中共北平西城区支部书记。1926年6月，为加强对大连“四二七”福纺纱厂工人大罢工的领导，中共北方区委派任他为中共大连地委书记。在他的领导下，罢工斗争坚持100多天，迫使日本当局答应了罢工工人的基本要求，罢工取得了最后胜利。福纺纱厂工人大罢工的胜利，让他更加清醒地认识到在工人和知识分子中发展党员和党组织的重要性。1927年初，在旅顺胡家村建立了大连地区第一个农村基层党支部，创办了大连地区第一所农民夜校。还在大连市内建立起“仁和药堂”（今西岗区东风街）和“益记笔店”（今西岗区大龙街）2个党组织秘密联络点。同年4月，代表南满地区党员出席在武汉召开的中国共产党第五次代表大会，担任“五大”职工委员会秘书长。会后，任中共满洲省委筹委会书记，兼任大连市委书记。在筹建满洲省委期间，因叛徒出卖而被捕，被判刑10年。1934年9月底遇赦提前出狱，赴上海、江苏继续从事中共地下组织工作。抗日战争胜利后，任中央纵队副司令员，担任保卫中央机关的任务。中华人民共和国成立后，创办中央工艺美术学院并兼任院长。1957年后任轻工业部副部长兼全国手工业合作总社主任、石油工业部副部长，第三届和第四届全国政协委员等职。1979年7月26日病故于北京。

于希渭（1909—1980）　出生于大连金州貔子窝（今新金县碧流河乡王屯）。幼年就读于貔子窝公学堂，后于金州农业学堂毕业，在金州二十里堡普通学堂任教。1929年考入东北冯庸大学。“九一八”事变后，中断学业，回乡在复东镇国民优级学堂任教。1933年6月赴新京（今长春），先后在伪满洲国国务院民生部和协和会就职。中华人民共和国成立前赴台湾定居。于少年时就喜欢中长跑运动，每天跑步上下学。曾在城子坦火车站与火车同时出发，追跑夹心子、皮口、李屯3站，同时到达李屯站。有“飞毛腿”之称。1930年，在大连中华青年会举办的田径运动大会上，以2分的成绩创造800米新纪录。之后多次在国际运动大会上获中长跑冠、亚军。1948年5月，在上海举行的中华民国第七届全国运动会上，年过四旬的他仍以2分6秒和4分17秒的成绩，夺得800米和1500米2项冠军。一生参加国内外大赛34次，在200米、400米、800米、1000米、1500米、3000米、5000米和10英里跑比赛中，共获得50个第一名，被大连人称为“铁脚”。1980年去世。

吕振羽（1900—1980）　1900年1月28日出生于宝庆府武冈州（今湖南省邵阳市）。1926年于湖南大学电机工程系毕业后，参加北伐军。大革命失败后，在北平潜心研究中国社会和历史。20世纪30年代前期，在中国大学、民国大学、朝阳大学等校任教。1935年底至1937年，受中共中央北方局委派，赴南京与国民党当局进行国共合作抗日谈判。1936年3月加入中国共产党。1939年，在周恩来领导下从事历史研究和统战工作，并聘任复旦大学教授。1942年，任刘少奇政治秘书、学习秘书，并任延安中央研究院、中央党校特别研究员。抗日战争胜利后赴东北，历任热西地委副书记、东北人民政府文化教育委员会副主任等职。1949年10月，任大连大学校长兼党委书记。1950年7月大连大学建制撤销，调任东北人民大学（今吉林大学）校长兼党委书记。1955年调到北京工作。曾任中央高级党校兼任教授及历史教研室顾问等。著有《史前期中国社会研究》《中国政治思想史》《简明中国通史》《中国民族简史》《中国社会史诸问题》《吕振羽史论选集》等。1980年7月17日在北京病逝。

张金厚（1904—1981）　出生于奉天府复州得利寺（今瓦房店市得利寺镇）。幼读私塾，后在日本人经营的果园当工人。1948年任得利寺果树社一号园长（队长）。1953年后任得利寺生产合作社副主任、得利寺人民公社副社长。张在长期果树栽培实践中积累了丰富经验，对果树修剪有着独到见解。他修改“大弯曲半圆形”树势理论，提出“基部三主枝小弯曲半圆形”新树势理论。所创造的半圆形和披针形果树整形技术，成型快、结果早、产量高、寿命长，因之被推广到各地。他总结出来的“长远规划，因树修剪，主次分明，均衡树势，立体结果”五项原则，对恢复树势，稳产高产起到了很大作用，被苏联专家誉为“中国的米丘林”。经他培训的果树技术员有许多，仅1963年就有50多批1500多人次。曾在全国农业劳模大会上介绍苹果生产经验。《人民日报》、中央人民广播电台、《自然科学争鸣》等都刊登或播发过他撰写的关于果树技术的文章。先后5次被评为辽宁省农业劳动模范、特等劳动模范，2次获全国劳动模范称号。1957年出席全国群英会，受到毛泽东等党和国家领导人接见。1973年加入中国共产党。1981年9月15日病逝。

韩云阶（1894—1982） 原名乐升，字云阶，号毅庵。出生于奉天府金州厅。1913年毕业于金州南金书院后公费留学日本，1916年毕业于日本名古屋中等工业学校染织科。回国后从事商业活动，先后出任吉林山城裕华电器公司经理、东亚实业公司经理、亚洲兴亚面粉公司监理、华东金库金融社长等职。1922年任南北满特产联合大会总代。“九一八”事变后，韩与日本关东军参谋坂垣征四郎结识并得到赏识。1932年先后任伪满洲国黑龙江省实业厅厅长、省长。同年冬将马占山、苏炳文领导的抗日队伍逼进苏联境内，剿杀了这支抗日武装力量。1934年任伪满洲国新京（今长春）特别市市长。1937年调升为伪满洲国经济部大臣。1937年“七七事变”后，受关东军指派前往平津拉拢宋哲元、韩复榘投靠日本未果。1938年7月，率访欧使节团赴德国、意大利，宣传日本在伪满洲国发展产业的“造福”之举，并拜访了法西斯头目希特勒和墨索里尼。1940年，因贩卖粮谷被免除经济部大臣职务，改任伪满洲电业株式会社理事长。1945年8月苏联对日宣战后返回原籍，以假死之计逃至台湾，转赴日本，后到美国定居。1982年病死在美国。

曹艺斌（1911—1982） 艺名小小宝义。1911年11月21日出生于河北省高阳县。京剧名武生曹宝义（艺名小宝义）之子。9岁在上海入夏家科班练功。12岁成为职业演员，在北京、上海、天津、武汉及东北各城市演出。1953年在北京拜红生宗师李洪春为师，精研关羽戏表演艺术。同年以《徐策跑城》参加北京市专业京剧团体展览演出，获优秀表演奖。1954年9月30日与梅兰芳、杨宝森、叶盛兰、杜近芳一同参加中央及国家机关国庆晚会，在怀仁堂演出《徐策跑城》。1955年加入大连京剧团。1961年在北京拜周信芳为师。1973年调大连艺术学校任教。曾任辽宁省、大连市政协委员，辽宁省文学艺术界联合会委员，中国戏剧家协会会员，中国戏剧家协会辽宁分会理事，大连市文学艺术界联合会副主席。他的表演，感情细腻、形体规范，造诣精深。代表剧目有《斩经堂》《古城会》《走麦城》《徐策跑城》《连环套》《天雨花》等。1982年11月23日在大连去世。

刘长春（1909—1983） 出生于大连河口（今大连市甘井子区凌水镇河口村）。自幼显露出短跑才能。1923年参加中日小学生田径对抗赛，以100米11秒8和400米59秒的成绩，创造了大连小学生短、中跑纪录。1927年参加大连中华青年会举办的第六届中华陆上运动大会，创下100米11秒的大连地区最好成绩。同年12月入东北大学体育系学习。1928年7月，在于哈尔滨举办的东北大学与俄侨田径对抗赛中夺得100米、200米冠军。同年10月19日参加中、日、德三国在东北大学举行的田径对抗赛，以10秒7的成绩打破全国100米纪录。1930年4月，代表辽宁省参加中华民国第四届全国运动会，分别以100米10秒8、200米22秒8、400米52秒6的成绩获得冠军，并创全国纪录。“九一八”事变后随东北大学迁入北平，1932年于东北大学毕业。同年，日本当局许以高官厚禄，让他代表伪满洲国参加第十届奥运会。对此，他在关内《大公报》上发表声明，拒绝代表“满洲国”出席第十届奥林匹克运动会。后由张学良资助，作为唯一的中国运动员代表，参加了在洛杉矶举办的第十届奥运会，成为代表中国参加奥运会的第一人。1933年在南京举行的第五届全国运动会上，他以10秒7和22秒成绩再次夺得100米、200米2项冠军。他保持的100米10秒7的成绩在之后的国内体育比赛中保持25年之久。1942年2月至1945年5月，任北京师范大学讲师。其间被日本殖民当局以“反满抗日”罪名关进监狱，囚禁月余。大连光复后至1950年8月，先后在东北中正大学、北京东北大学、长春师范大学任教。1950年8月至1983年3月，任大连工学院教授。曾任第五届全国政协委员、中国奥委会副主席、中华体育总会常委、中国田径协会副主席、第四届辽宁省政协常委、辽宁省体育科学学会副理事长等职。著有《短跑运动》等。1983年3月29日逝世。

丛春梅（1902—1983）　女。出生于旅顺老虎尾屯。幼年家贫，未曾读书。11岁学织渔网，后随母亲以打零工为生。大连光复后，参加识字班。解放战争时期，她的4个儿子除了年幼正在读书的外，有3个参加了中国人民解放军。1948—1952年，先在福利厂做军鞋，后在被服厂做军衣。先后获得旅顺市识字模范、卫生模范、战勤模范、军属模范、优抚模范和旅大市妇女模范等称号，她的家庭被旅顺市妇女联合会评为民主和睦家庭。1952年8月加入中国共产党。后任旅顺市军属互助工厂厂长，又改任支部书记兼厂长。曾获旅大市一等劳动模范、东北人民政府军属劳动模范、辽宁省先进工作者、全国三八红旗手等24个称号。1953年4月出席第二次全国妇女代表大会。1956年11月出席全国烈军属残复军人社会主义建设积极分子大会，两次受到毛泽东主席接见。1983年5月10日病故。

张寿山（1908—1983）　原名张绪芝，曾用名张兰亭、邓新程、木荣。出生于山东省荣成县。1926年于荣成县立师范学校毕业后，自办小学校，后转至威海桥头镇、荣成龙王庙等小学任教。1939年8月在龙王庙小学加入中国国民党，10月任荣成三区区长。1942年7月，加入胶东海外各界抗日同盟总会（简称“抗盟”）。同年9月，受“抗盟”总会派遣来到大连开辟工作，任“抗盟”大连分会主任。1944年7月加入中国共产党。到大连光复前，“抗盟”大连分会共建立21个工作点，发展会员100余人。1945年8月苏军进驻旅大后，“抗盟”大连分会成立第十八集团军山东省胶东区第五支队后，任政治教导员，后任“抗盟”党总支书记。9月30日，“抗盟”大连分会先后派出3批会员进入甘井子治安队，后这支队伍成为旅大公安总局的骨干力量。1946年1月大连县政府成立后，历任中共甘井子区委委员、西山区委书记、大连县委委员等职。1948年2月任关东农民总会主任。1949年9月任旅大市合作社联合社主任。“文化大革命”时被开除党籍，撤销党内外一切职务。1979年10月被平反昭雪，恢复党籍。1983年7月24日病逝。

厉男（1916—1983）　原名厉广学。出生于黑龙江省呼兰县。1934年入北平（今北京）东北光复中学读高中，后入东北交通职业学校学习。1935年7月留学日本广岛高等师范学校。1936年

8月回国，在北平参加抗日救亡运动。同年12月于陕西省洛川镇参加中国工农红军，后入延安抗日军政大学（简称“抗大”）学习。1937年4月加入中国共产党。“七七事变”时，于“抗大”毕业，被分配到山西省五台山做群众工作。历任河北省委政治交通员、晋察冀军区第三地委书记、北方局党校教育长、晋察冀军区游击军政治部主任等职。1945年日本投降后，奉命到沈阳参与接收日伪政权。后赴齐齐哈尔市任嫩江省自卫处处长，兼公安总队队长、政委等职。1951年后，历任东北公安军副司令员、旅大市委常委、旅大市公安局局长兼公安总队政委、旅大市人民检察院检察长、旅大市副市长（兼市体委主任）等职。1954年在任市体委主任期间，旅大市承办了全国十三城市学生运动会，在他组织领导下，市人民体育场进行了整修扩建，建成一座灯光体育场。1959年，调任金州重型机械厂副厂长，后任棒棰岛修建委员会主任、大连港务局副局长。“文化大革命”期间受迫害入狱。后被平反昭雪。1979年任广州市委常委等职。1983年7月病逝。

柳国喜（1909—1983） 出生于大连普兰店（今新金县）。幼年家境贫寒，未曾读书。1947年在家乡东老滩盐场当盐工，任盐场管理委员会委员。他凭借多年从事盐工的经验，带领有20人的生产小组，对盐滩进行彻底改造，将多余的蒸发面积改造成结晶面积，使生产效率明显提高，连续两年用半年时间完成全年任务。1951年带动盐场职工制定超产计划，并把超产的40%收入用来购买“东北盐工”号喷气式飞机，支援抗美援朝。1953年，他创造“冰下抽咸”的养卤方法，打破了“杨柳不开花，三月不产盐”的冬季休工传统；他改造的“雨中抽空头白水”“雨后撇卤保盐底”等一整套作业方法，被纳入全国海盐技术操作规程。同年，在金州盐场三道湾分场采取“停池子”方法，为分场的869个池子节省压滚子人工5301个，提前7天灌上池子。1954年他被派往锦州盐场工作，经过20天苦战，使最为薄弱的天桥盐场的产量由原来全场第四变成第二，海盐质量由三等全部变为一等。中华人民共和国成立后，多次被授予旅大市一等劳动模范和全国盐业劳动模范称号，1956年和1959年两次被评为全国先进生产者。1983年9月4日病逝。

陈云涛（1906—1984） 曾用名陈衡、陈迈千、陈白潜。出生于山东省黄县。1925年在山东青岛读书时加入中国共产主义青年团，翌年转为中国共产党党员，在青岛从事团的工作。1927年春，任大连中华青年会中学教员。1929年在青岛任《民报》编辑、师范讲习所教员。1934年在《晨报》任主编。“七七事变”后，任中华民族解放先锋队蓬莱大队宣传组组长。1938年春，任山东省人民抗日救国军第三军第二路政治处处长。后历任八路军山东抗日游击队第五支队（胶东军区）交际处长、胶东军区党委海外工作部部长、情报部科长。抗日战争胜利后，受胶东区委派遣到东北开辟工作。先随吕其恩等率领的先遣队从烟台北上解放了庄河，后与李光率领的部队接收了城子坦，又率队接收了貔子窝。1945年9月，任新金县民主政府第一任县长。同年11月大连市政府成立后，出任副市长，中共大连市委、旅大地委委员。1948年，任关东公署经济计划委员会主任。后历任东北人民政府工业部企业局水泥公司经理、东北人民政府工业部建筑材料企业管理局局长、重工业部建材管理局局长等职。1956年后任建筑材料工业部副部长、建筑工程部副部长。1984年病逝于北京。

白玉江（1915—1984） 出生于山东省诸城

县。青少年时期讨饭到大连，当过徒工、瓦窑工。1945年大连光复后，被推举到民主政府工作。其时工厂倒闭、工人失业，加之国民党实行经济封锁，人民生活十分困难，实行生产自救成为当务之急。1947年1月，他在挑粪工人中倡议建立寺儿沟大粪合作社（又称“白玉江大粪合作社”），自任社长，发动群众捡粪解决生计，合作社社员最多时达到170多户。同年，他筹资创办了胜民、王家屯、春华坊3所互助小学，总称“白玉江小学”，自任校长，学生数量最多时达400人。白玉江小学是大连光复后最早建立的民办小学。1951年，白玉江小学更名华乐小学，1954年并入中山区春海小学。后白玉江入旅大市工农速成中学学习文化。1956年后，历任大连市寺儿沟区民主联合会副主任、寺儿沟区工会副主席、旅大市工会联合会部长、旅大市总工会劳保部部长等职。1984年病逝。

辛福强（1965—1985）　1965年1月7日出生于大连市甘井子区甘井子街道。1981年初中毕业后，放弃全民所有制单位工作机会，自谋职业，成为镶装玻璃个体户。4年中，共服务客户4000余家，累计行程2万多千米，并对“五保户”、军烈属、老弱病残户免费或减价镶装玻璃。他以方便百姓、重德轻利、助人为乐的实际行动，赢得了社会的广泛赞誉。1981—1983年，被评为大连市劳动模范，1983年被评为全国先进个体劳动者。1984年被评为省文明青年个体户、省文明个体户、省劳动模范。1985年中共大连市委授予他优秀共产党员称号，同年被评为全国十大杰出青年。1985年3月11日，因患胃癌病逝，年仅20岁。住院期间，有上千名各界人士前去探视。他去世后，大连市有史以来第一次为一个个体劳动者举行追悼大会。

赵禁婪（1915—1985）　原名于金兰。女。出生于旅顺黄泥川。幼年因陪同弟弟在大连唯一的中国人学校——大连中华青年会学校读书，得以有了学文化的机会。后入关求学，1935年于北京崇慈中学毕业。“一二·九”运动爆发后，参加了天津学生组织的南下请愿团。1936年考入天津南开大学化学系，后因大连日本殖民统治当局不准往关内寄学费，经济来源中断，转赴日本东京女子医学专门学校学医，1941年毕业后回国。1943年到满铁大连医院金州分院任妇科、五官科医师。1945年大连光复后，到中苏合办的中长铁路大连医院工作，任妇产科医师、科主任。其间帮助市总工会组建医院。1946年加入中国共产党。1949年5月任中长铁路大连医院中方副院长，兼妇产科主任。1955—1985年，任沈阳铁路局大连医院院长。1985年7月27日病逝于大连。

董振厚（1931—1985）　原名董振祥，出生于旅顺方家屯（今旅顺口区江西镇）。自幼喜欢唱歌且具天赋。1949年5月参军入伍，在旅大公安部队医院当通信员，不久调入部队文工队。1951年加入中国共产党。1953年调入东北公安部队文工团。1956年被保送到总政声乐训练班深造。1958年开始发表创作歌曲。1960年2月到上海声乐研究所进修，后形成自己的演唱风格。曾出国到苏联、芬兰演出，多次为电影和电视配唱主题歌和插曲。1964年获全军优秀独唱演员奖。1962年和1965年，国务院总理周恩来两次视察辽宁，时为前进歌舞团的董振厚受到接见。1966年，他以歌唱家的身份随中国民间歌舞团访问南亚、非洲的8个国家和地区。20世纪80年代后，他常深入连队，在林海雪原、边防哨卡、海岛军营、广西前线慰问部队战士。他演唱的《爱多深情多长》《枣红马听了我的话》《再见吧妈妈》等歌曲，在社会上影响广泛。1985年8月29日因病去世。

第二章　人物简介

徐挺湘（1922—1986）　原名徐挺襄。1922年10月7日出生于安徽省凤阳县。1941年加入中国共产党。1949年1月调到大连工作。1953年前，先后任大连中华医药公司黎明工厂厂长、大连化学药厂厂长、日用品工业总厂厂长、机械五金总厂厂长。1953年5月后，历任旅大市工业局副局长，中共旅大市委第二工业部副部长，中共旅大市委调研室副主任，市轻工业局局长，市物资管理局局长、党委书记，市计划委员会副组长，市革委会副主任，中共大连市政法委副书记，大连市副市长兼公安局局长、党组书记，大连市人大常委会副主任、党组副书记，中共大连市委政法委员会书记。1986年1月11日逝世。

赵成满（1906—1986）　1906年9月16日出生于旅顺（今大连市旅顺口区）。17岁到日本人开设的铁工厂学徒，后到旅顺大坞、政记公司铁工厂、西森造船所做工。1946年进入旅顺船坞工厂。1949年加入中国共产党。其间，每个月都超额50%以上完成生产任务。1949年7月，在大连工人阶级开展的“拥党竞赛”中，超额210%完成生产任务。自1946年起，先后被评为旅大劳动模范、旅大市先进生产者、旅大市特等劳动模范。1954年起连续7年被评为辽宁省劳动模范。1956年和1959年两次被评为全国先进生产者，出席全国先进生产者代表大会。1956年，作为正式代表出席中国共产党第八次全国代表大会，并在大会上发言。1986年7月23日于大连病逝。

刘德才（1917—1986）　1917年12月27日出生于陕西省三原县。1937年加入中国共产党。1970年3月调任旅大警备区司令员，兼沈阳军区副司令员。1970年3月至1977年11月，以军代表身份出任旅大市革委会主任。1971年2月至1977年11月，任中共旅大市第四届委员会第一书记。1973年7月31日周恩来总理到大连时，他汇报影响大连经济发展的问题是缺水，并提出“引碧入连”的构想。1975年“引碧入连”工程获国务院批准，10月动工。1977年11月因建“楼堂馆所”问题，被撤销党内外一切职务。1982年中央书记处批准了中共中央组织部关于撤销其处分的报告。后任中央军委生产经营领导小组顾问。1986年9月30日于沈阳病逝。

张步阁（1923—1986）　1923年3月16日出生于福建省闽侯县。1942年考入暨南大学，毕业后曾任教于省立高级工业学校、浙江大学等。1949年9月，被东北工业招聘团聘到大连碱厂工作，先后任质量、车间主任、副总工程师。1956—1959年3次被评为旅大市特等劳动模范，1956年和1959年2次被评为全国先进生产者。20世纪60年代后，提出发展纯碱、纯碱三联流程、以循环结晶解决堵塔等技术革新建议，取得30余项科研成果。“文化大革命”中被下放到金县农村劳动。1972年恢复工作，先任辽河化肥厂建厂指挥部副指挥、总工程师，后任辽河化肥厂厂长。组织指挥辽河化肥厂30万吨合成氨的技术引进和建厂、生产工程。1980年任辽宁省石油化工局副局长、总工程师。1986年11月8日于大连病逝。

史兴隆（1910—1986）　出生于大连河口（今甘井子区凌水镇河口村）。有两个弟弟（史兴鹭、史兴陆），一个妹妹（史瑞声），兄妹4人皆是20世纪30年代的中国泳坛名将。1927年8月，史兴隆参加由满铁举办的游泳比赛，获4项第一。1930年代表辽宁省参加中华民国政府在杭州举办的第四届全运会，打破2项自由泳全国最高纪录，并获个人总分第一名。同年代表中国参加在日本东京举办的第九届远东运动会，被选为远东运动会“水上三雄”之一。1933年，其弟史兴鹭代表辽宁省参加在青岛举办的第十七届华北运动会，获高级组自由泳50米、100米、400米、1500米4项冠军，并获个人总分第一名。1986年去世。

赵龙韬（1900—1987）　1900年7月7日出生于奉天府海城县。1918年参加东北军，后考入东北军讲武堂，历任东北军沈阳北大营少校连长、中校营长，沈阳东山嘴子讲武堂炮兵队长、教官。“九一八”事变后，考入国民党陆军大学十一期，结业后历任国民党师参谋长、副师长，战区兵站副监，兰州联勤第八补给区副司令。后应张学良电召回东北军，组织抗日先锋队任参谋长。1936年参加“西安事变”。1937年东北军解体后，任傅作义部北平联勤第五补给区少将副司令。1949年2月北平（今北京）和平解放后，作为起义将领参加中国人民解放军。1956年转业到大连市，任民政局副局长。1979年后任政协辽宁省第四届、五届委员会副主席，政协大连市第五届委员会副主席。1987年加入中国共产党，同年5月12日病逝。

李东潮（1901—1987）　1901年2月15日出生于河北省安新县。1931年5月参加革命，1932年8月加入中国共产党。土地革命时期，任红军五军团特务队、教导队队长，江西瑞金红军连长、红军学校六军团分校营长、校长，参加过长征。1935—1937年任军委干部团独立营营长、陕北步校八营营长等职。抗日战争时期，任八路军特务团参谋长、团长，旅参谋长，十分区副司令员。解放战争时期，任冀鲁一纵三旅旅长，冀中九分区司令，鲁中南太西分区司令员，鲁中南军区副司令员。中华人民共和国成立后，先任徐州警备区司令员兼步兵九十八师师长等职，后任旅大市副市长，中共旅大市委候补书记、常务副市长，政协辽宁省第四届委员会副主席，政协大连市第五届委员会副主席。1987年6月12日于大连病逝。

龙洙（1919—1989）　出生于湖北省武汉市。1956年起任大连内燃机车研究所高级工程师。同年主持设计了中国首次独立开发的前进型大功率干线货运蒸汽机车的锅炉，使铁路牵引能力大大提速。1957—1971年，主持设计了2000马力飞龙型内燃机车的液力传动装置、固体燃料在内燃机车上的运用、货运6000马力北京型6001机车和客运3000马力北京型机车液力传动装置的设计、试验和改进。后者是中国最早生产的等同世界先进水平的液力传动内燃机车，投入使用后成为中国铁路主型客货内燃机车。1976—1979年，与他人共同主持了内燃机车定置试验台的设计和建造，解决了试验不同轨距机车变轨距道轮设计的难题。著有《内燃机车液力传动》《福伊特L820KB510液力传动装置》等。1989年2月1日病逝。

张大煜（1906—1989）　1906年2月15日出生于江苏省江阴县。1929年清华大学毕业，同年考取公费留德，在德累斯顿大学获博士学位。1933年回国，先后任清华大学讲师、教授，西南联大、交通大学教授，并兼任中央研究院研究员。1949年任大连工学院教授、化工系主任、大连大学研究所（大连化物所的前身）副所长，1953年任所长。1955年当选为中国科学院学部委员。1977年调中国科学院感光化学所任学术委员会主任。在中华人民共和国成立初期中国天然油尚未大规模开采前，组建了石油研究所和煤炭研究室；建立了中国最早的石油、煤炭化学研究基地。主持的合成氨原料气新流程催化剂研制成果获1978年全国科学大会奖。在大连化物所的催化化学、工程化学、化学激光、微观反应动力学和色谱等学科的建立和发展方面，做出了重要贡献。是中国催化科学的先驱者之一，中国科学院大连化学物理研究所的创始人。1989年2月20日病逝。

魏曦（1903—1989） 1903年12月25日出生于湖南省巴陵县（今湖南省岳阳市）。1933年毕业于上海医学院，获医学博士学位。1947年任上海医学院微生物教研室主任、教授。1949年任大连大学医学院细菌系主任、教授。1950年大连医学院分立后，兼大连生物制品研究所副所长。1951年参加了美国细菌战争罪行调查团，任检验队队长。在枪林弹雨中搜集美国细菌战的罪证，在战地实验室内进行动物和昆虫体内各种病原体的分离检定试验，向国际科学委员会调查团提供了科学的鉴定报告。1981年在于日本东京召开的第七届国际微生物学会上所作的中国研制“促菌生”对菌群失调与菌群调整疗法的研究报告，引起震动。1989年5月病逝。

乔树民（1913—1989） 1913年9月6日出生于江苏省盐城县。1946年入美国哥伦比亚大学学习，获公共卫生学硕士学位。1947年任美国康奈尔大学医学院客座教授。后回国任兰州大学医学院院长兼教授。1950年任西北人民政府卫生部教育处处长。同年7月任大连医学院教授、教研组主任、副教务长，1980年任大连医学院副院长。1963年，东北及华北数省发生数十万例“未明热”患者，他亲自挨门逐户进行医学生态学全面调查。在一个月内，阐明了钩端螺旋体病流行的病原体性质、传播途径和防治方法，有效地防止疾病的蔓延。1989年10月3日于大连病逝。

程绍先（1929—1990） 1929年11月29日出生于大连。1943年毕业于沙河口公学堂。1949年在沙河口完小任教员。1952年于旅大师专毕业，先后任金县第四中学、旅大市第一中学教员。1955年加入中国共产党。20世纪50年代，大胆改革语文教学，丰富学生的语言知识。通过对学生籍贯的调查，从语系的特点出发，强化普通话训练，大大提高了学生的口语和书面语言表达能力。因教学成绩突出，多次获得旅大市劳动模范和省、市共青团社会主义建设积极分子等称号。1956年出席全国先进生产者代表大会，1960年出席全国文教群英会，历任旅大市教师进修学院教研部副主任、旅大师范学院中文系主任、旅大市第一中学副校长等职。1990年3月12日于大连病逝。

乔传珏（1910—1990） 字和璞。1910年5月26日出生于大连营城子双台沟（今大连市甘井子区营城子镇双台沟村）。1936年3月毕业于旅顺工科大学。1946年2月参加工作，先后任大连辽东技术协会会长、大连工业专门学校校长、关东公署副主席兼工业厅厅长、旅大行政公署副主席、东北人民政府委员、旅大中苏友好协会会长。1950—1958年历任旅大市副市长、市各界人民代表会议协商委员会副主席、市自然科学联合会主任。1958年5月被错划为“右派”。1958年9月任大连汽轮机厂副厂长。“文化大革命”期间受到迫害。1979年恢复工作后，先后任大连（旅大）市政协副主席，市第八、九届人民代表大会常务委员会副主任。曾任第五届辽宁省政协常委，第六、七届民盟辽宁省委副主委、民盟大连（旅大）

市第一、二、六、七届委员会主任委员。1990年4月19日病逝。

李一氓（1903—1990）　原名李民治。出生于四川省彭县。1925年加入中国共产党。1927年任国民革命军南昌总政治部秘书长，同年参加南昌起义。1932年到江西中央苏区，1934年参加长征。后任中共陕甘省委宣传部部长、新四军秘书长等职。1948年4月由华东调到大连，历任中共旅大地委副书记、第二副书记，中共旅大区党委第二副书记，旅大地委财经委员会主任兼大连建新公司政委（对外名义为建新公司副经理）。1949年任旅大行政公署第一副主席、大连大学校长。1953年后，代表中国参加世界和平理事会工作。1958年后，历任驻缅甸大使、国务院外事办公室副主任、中共中央对外联络部副部长、中共中央纪委副书记、中国国际交流协会会长、国务院古籍出版规划小组组长。译有《马克思文选》，著有《一氓题跋》等。1990年12月4日于北京病逝。

孙宝田（1903—1991）　字玉良，号辽海鳌翁。1903年12月9日出生于奉天府金州厅（今大连市金县）。少读私塾11年。后攻金石考古学和古字画鉴定。1929年春师从罗振玉、王季烈。1932年被荐为金州私塾汉文、书法塾师。1935年与他人共同编辑出版文史资料《益友》。同年6月亲访甲午战争中抬尸人幸存者鲍绍武，掌握了日军攻占旅顺后对百姓进行血腥大屠杀并焚尸18300余具的第一手材料，纠正了原“万忠墓”碑文“10800名口”之误。将调查的日本旅顺大屠杀事实写成史稿，编入《旅大文献征存》。喜好收藏文房四宝、古代字画、碑拓、铜器、钱币。1956—1957年将400余件收藏品捐给旅顺博物馆。著有《旅大地方轶事》《徐邦道总兵轶事》《守拙园存稿》等。1991年2月6日病逝。

吴运铎（1917—1991）　1917年1月17日出生于湖北省汉阳县。1938年参加新四军。1939年加入中国共产党。曾任新四军皖南小河口修械所子弹厂政治指导员、第二师军工科科长、淮南军工部副部长、华中军械处副处长兼华东炮弹厂厂长。1947年春组织安排在大连治病期间提出留在大连从事兵工生产，任大连建新公司宏昌工厂（引信厂）厂长，后兼任建新公司工程部副部长，协助裕华铁工厂（炮弹厂）厂长吴屏周从事炮弹厂建设。1947年9月23日，在和吴屏周进行后膛全装炮弹的爆破试验时身负重伤，治伤期间制成黑索金高级炸药。1948年秋回厂担任实验室主任，继续组织引信生产研究。1949年12月赴苏联治疗眼疾。1950年6月回国，历任株洲兵工厂厂长、中南兵工局副局长、第五机械部第三十研究院副总工程师、机械科学院副院长等职。1951年9月，作为中央人民政府政务院和中华全国总工会特邀代表参加全国劳模代表大会，受到毛泽东主席的接见，被授予全国劳动英雄称号，并当选为全国总工会执行委员。同年10月5日《人民日报》发表题为《钢铁是怎样炼成的》报道，介绍了他的事迹，从此他被誉为“中国的保尔·柯察金”。1953年7月，他的自传体小说《把一切献给党》出版。1991年5月2日病逝。

鞠抗捷（1909—1991）　原名仁卿，字元善，曾用名康节、康杰。1909年5月26日出生于奉天府庄河厅光明山。“九一八”事变后，从奉天（今沈阳）高等警官学校回乡，参加抗日队伍。1932年组织民众创办大刀会邱家沟团，后任大刀会总团——联庄自卫团参谋长，指挥庄河土城子之战取得大捷，杀死日军大佐森秀树等5人、伪军数十人。1938年加入中国共产党。抗日战争时期，先后任山西阳城中国工业合作协会晋东南事务所主任、山西太岳区工商行政管理局第四分局副局长等职。1945 年 10 月回东北，先后任安东省敌伪物资清查委员会秘书长、安东省人民政府工业厅厅长等职。1954 年调入北京，历任工业部重工业局局长、第三机械工业部重工业局局长、电机制造工业部部长助理、国家计量总局副局长。1965 年到沈阳组建中国拖拉机内燃机工业公司东北分公司。“文化大革命”中受到迫害。1975 年重新工作后，任中国计量科学研究院院长、党委书记等职。1991 年 5 月 24 日病逝。

方枕流（1916—1991）　1916 年 1 月 9 日出生于江苏省无锡（县）。1933 年在上海美商轮船公司任职员。1935 年 9 月，到上海海关总署税务专门学校学习。1938 年以后，先在上海海关“海光”“远星”等船就职，后在烟台伪海关“榆光”灯台补给船、四川海关、重庆海关等处就职。1946 年 1 月后，任上海招商局“海关”轮二副、大副，“海湘”轮船长、“海辽”轮船长。1948 年率“海辽”轮起义，由香港驶往大连，毛泽东主席特致电嘉勉。1953 年中国人民银行发行的人民币五分纸币上即为“海辽”轮图案。1949 年 9 月后，任大连轮船公司航务科长、航运处处长等职。1950 年加入中国共产党。同年被评为全国劳动模范，出席全国劳动模范代表大会。1951 年先后在中波海运公司、广州远洋运输公司工作。1975 年 7 月 1 日回到大连，任大连远洋运输公司筹备组组长、经理（高级工程师）。1991 年 6 月 12 日于大连去世。

罗烽（1909—1991）　原名傅乃琦。1909 年 12 月 13 日出生于奉天省沈阳县（今沈阳市）。1929 年 9 月与白朗结为夫妇。1928 年在哈尔滨参加革命，翌年加入中国共产党。以后领导北满革命文艺运动，分别在《大同报》和《国际协报》上创刊《夜哨》《文艺》副刊，创建星星剧团，团结大批进步文艺工作者与伪满文艺汉奸相对抗。1935 年在上海加入“左联”，任上海文艺家协会驻会秘书，上海文艺界战时服务团宣传部部长。1941 年任中华“文抗”延安分会主席。1948 年到大连任区党委文委书记，并创办关东文协（即大连文联前身），任主席。1950 年任东北人民政府文化部副部长兼东北文联第一副主席。1953 年调至北京中国作协从事专业创作。著有小说《呼兰河边》《归来》《满洲的囚徒》等。1991 年 10 月 23 日于北京去世。

陈文松（1943—1992）　1943 年 1 月 28 日出生于福建省莆田县。1965 年上海交通大学船电专业毕业后，入大连造船厂工作，历任设计员、副总工程师、副厂长等职， 1990 年 8 月至 1992 年 10 月任大连造船厂厂长。舰船工程专家、企业家。先后担任多艘舰船的建造总指挥、交船队队长和现场领导小组组长，解决了许多重大技术问题，为海军装备现代化做出了重要贡献。先后参与设计和组织建造了“0111 型”高速炮艇、“东风型”万吨轮、“051 型”导弹驱逐舰、1.5 万吨和 2.4 万吨油轮、7000 立方米运木船、2.7 万吨散装货轮等几十艘民船、战船和出口船，承接并参与组织建造了具有当代世界先进水平的 6.9 万吨化学品／成品油轮、11.5 万吨和 11.8 万吨穿梭油轮等大型出口船。1991 年获得国家科技进步一等奖、1992 年获国家科技进步二等奖，先后获国家级有突出贡献的中青年专家等称号。1992 年 10 月 8 日于大连病逝。1993 年，中共大连市委做出向陈文松同志学习的决定。中共中央政治局委员、中央军委副主席刘华清为其题词“军工楷模”。

左辉（1912—1992）　原名杨凝，曾用名杨佳福，笔名左辉。1912年11月7日出生于旅顺（今大连市旅顺口区）。1920年入旅顺师范学堂，1930年毕业后，任大连秋月公学堂教员。1934年留学日本东京美术学校油画系。1939年回国于北平（今北京）艺术专科学校任教。1945年任华北联大教授。1947年任华北大学教授。1949年在北京人民美术工作室搞美术创作，并在北京师范大学、中央美术学院任教。1977年起，任中央艺术研究院研究员。1980年应邀担任东京艺术大学美术学部客座研究员。1949—1955年，每年绘制天安门城楼毛主席画像。其作品主要创作于抗战时期到20世纪60年代，主要有《城内的眺望》《赤背老人》《老人肖像》《农民支援前线》《陈庄战斗》《太平天国军》《鲁迅在厅联成立大会上讲话》《人民来信》《在井冈山耕田》等。著有《怎样画素描和速写》《怎样画肖像画》等，译著有《中国美术史》。1992年10月4日在北京逝世。

周鸣岐（1919—1992）　1919年10月15日出生于山东省掖县。1941年受聘于大连裕隆大药房坐堂医师。1945年开设凤鸣药房，并任大连市国医公会会长。1954年赴北京中医进修学校学习。先后任大连市中医医院、市第三人民医院、市第二人民医院中医科主任，以及市中医学会秘书长、副会长等职。致力于崩漏、风湿病、冠心病、肾炎、脾胃和鱼鳞病等疾病的治疗。所撰《鱼鳞汤治病鱼鳞病》论文，1981年被美国国立医学图书馆收录于《世界医学文摘索引》。1992年10月18日于大连逝世。

沈其震（1906—1993）　1906年2月2日出生于湖南省长沙府。1923年入上海同济大学学习。1927年入东京帝国大学医学院学习，获医学博士学位。“九一八”事变后回国参加革命活动。以开设诊所为掩护，开展中共地下工作。1937年参加新四军，奉命筹建军医处，并被任命为军医处处长。皖南事变后任新四军卫生部部长。1943年到延安，任中共中央军委卫生部第一副部长。1946年下半年到上海、香港等地，为解放区筹集、输送了大量急需物资，并动员大批高级科技人员和民主人士到解放区工作。1949年任大连大学医学院院长，1950年任大连医学院（今大连医科大学）院长。1952年任中央卫生研究院院长。1956年8月，任中国医学科学院首任院长。这一时期，先后组织创建了劳动卫生研究所等8个科研机构。1955年当选为首批中国科学院生物地学部委员，曾任中国农工民主党副主席，当选第五、六、七届全国政协常委等职。1993年6月16日在昆明医学生物学研究所考察时病逝。

杨烈宇（1918—1993）　1918年8月29日出生于四川省铜梁县。1942年毕业于武汉大学矿冶系。1953年入大连海运学院任教。1964年，为大连和平铁工厂研制成功钢锹大批量等温淬火新工艺，使国产钢锹的使用寿命提高6倍以上，并打入国际市场。1977年，对中国最大高炉——鞍钢七号高炉的风口大套设计提出修改意见，并与铸造车间工人一起制作砂型和浇铸，攻克铸造技术难关。20世纪80年代带领课题组进行离子轰击渗扩技术研究，成果在全国范围内得到推广应用。1983年，首任中国第一个船机修造工程专业博士学位授权点博士生导师。著有《船机零件热处理》等。先后获国家发明专利3项、国家发明二等奖和四等奖各1项、国家科技进步二等奖1项，以及交通部、中国民航局、辽宁省科技进步和科技成果多个奖项。1988年获全国优秀科技工作者称号和全国五一劳动奖章，1990年获全国高校先进科技工作者等多个称号。1993年11月10日于大连病逝。

白朗（1912—1994） 原名刘东兰。女。1912年8月20日出生于奉天府沈阳县（今沈阳市）。1929年9月与罗烽（傅乃琦）结为夫妇。1931年在哈尔滨参加反日大同盟。1933年任《国际协报》记者。1932年开始文学创作。1935年赴上海成为职业作家。1939年参加中华全国文艺界抗敌协会作家战地访问团。1941年被选为中华“文抗”延安分会理事。1942年担任《解放日报》文艺副刊编辑。1945年加入中国共产党。同年赴东北参加解放战争。先后担任《东北日报》副刊部部长、东北文协出版部副部长、《东北文艺》副主编。1948年到大连创办关东文协（即大连文联），是大连文联的创始人之一。1950年到东北作协从事专业创作。中华人民共和国成立后，被选为第一届全国人大代表、全国妇联委员、全国文联委员及中国作协理事。著有小说《牺牲》《北斗》等及散文集《黑暗到黎明》等。1994年2月7日于北京逝世。

郭述申（1904—1994） 幼名季华，学名树勋，号耀珊，曾用名李振寰。1904年12月27日出生于湖北省孝感县。1924年加入中国国民党。1927年6月加入中国共产党，任中共京汉铁路南段区特委书记、郑州市委书记、豫东南特委书记等职。1930年3月后，历任中共鄂豫皖边区特委书记、中央鄂豫皖分局委员、中国工农红军第二十七军、第二十八军政委。参加长征，任红二十五军团政治处主任、政治部主任等职。到达陕北后任红十五军团政治部副主任、主任。1935年冬中央军委任命为红军总政治部副主任。1937年任红三十一军政委。1937年11月组建了辽宁省委和省军区，并担任省委书记和省军区政委。1939年任新四军第五支队政委，参加开辟苏皖边区抗日根据地。1941年被任命为新四军第二师政治部主任。抗日战争胜利后，先后任中共辽北省、嫩南省工委书记兼省军区政委。1949年后，调任中共旅大区党委副书记兼总工会主席。1954年后任中共旅大市委书记、旅大警备区第一政委、中共辽宁省委常委。1956年任中共旅大市委第一书记。1962年当选为中共中央监察委员会委员。1978年被选为第五届全国人大常委会委员，同年当选中共中央纪律检查委员会副书记。1982年当选为中共中央顾问委员会委员。1994年7月14日于北京病逝。

郭和夫（1917—1994） 1917年12月12日出生于日本冈山市。郭沫若长子。1941年毕业于日本京都大学工学部应用化学科。早年在日本京都大学和台湾工作。1949年3月回国。5月入大连化学物理研究所（时称大连大学科学研究所），是中国科学院大连化学物理研究所的创始人之一和中国最早从事石油化学研究的科学家之一。20世纪50年代，在国内首次开展了页岩油的成分分析工作，为中国页岩油资源的综合利用提供了重要的科学依据。创造性地发展了光氧化法制异戊二烯的新流程和轻汽油液相氧化制醋酸，完成了石蜡深度氧化制二元酸的研究。60年代，开展金属有机络合物的合成及其催化作用的研究，并取得重大进展。70年代，发展了丙烯液相本体聚合及烯烃聚合制取降凝剂新工艺。80年代，开展了以精细化学产品为目的的烯烃低聚催化剂及低聚反应的研究，倡导开展高效杀虫农药的研究与开发。1994年9月13日于哈尔滨病逝。

关永德（1941—1995） 1941年12月24日出生于辽宁省复县。1957年定居旅顺。1966年加入中国共产党。同年6月担任旅顺口区三涧堡镇韩家村党支部书记。在任期间关心群众疾苦，带领群众致富，深得群众拥戴。1974年调到区“五七”干校（区委党校前身）任教员，1984年任副校长。担任校领导后，仍坚持上台讲课，从不用公车接送，从不吃招待饭。1995 年 9 月 4 日病逝。1996 年，中共大连市委授予他模范共产党员称号，辽宁省委组织部、宣传部发出向关永德同志学习活动的号召。

苏风（1916—1995）　原名陶万荣。女。1916 年 5 月 1 日出生于湖北省麻城县。1929 年 1 月参加中国工农红军，同年加入中国共产主义青年团。1932—1933 年，先后任红四方面军总政治部宣传队队长、军委直属妇女独立营营长。1934 年转为中国共产党党员。参加了长征和西路军西征。先后任西路军妇女独立团团长等职。1941 年后，任山东纵队司令部政治指导员、山东军区保卫部及后勤部政治指导员等职。解放战争时期赴东北战场，在辽宁省公安厅、辽北省公安处任科长。中华人民共和国成立后，任辽西省公安厅科长、处长、副厅长，沈阳 112 厂副厂长，省高级人民法院副院长等职。1976 年恢复工作后，先后任旅大（大连）市卫生局副局长、检察院副检察长，政协大连市第五届委员会副主席、政协辽宁省第四届委员会委员。1995 年 12 月 30 日病逝于大连。

方化（1924—1995）　原名方德海。1924 年 9 月 23 日出生于旅顺王家店（今大连市旅顺口区龙王塘镇）。1944 年在长春满洲映画协会（电影制片厂）当勤杂工。日本投降后，在东北剧社当客串演员。东北电影制片厂（后改长春电影制片厂）成立后，开始出演电影。后转入北京电影制片厂。1956 年调入长春电影制片厂。1979 年后调入珠江电影制片厂。出演的角色正反面人物皆有，给人留有深刻印象的是其饰演的日本侵略军军官。《平原游击队》中的松井凶狠暴虐又极其狡猾，是效忠日本军国主义侵略政策的典型，被他刻画得入木三分。他因之获得中华人民共和国文化部最佳表演奖。出演的电影有《松花江上》《新儿女英雄传》《智取华山》《甲午风云》《三进山城》《艳阳天》等几十部。1995 年病逝。

任国栋（1922—1996）　1922 年 5 月 1 日出生于山西省绛县。抗日战争时期，曾任八路军一一五师测图员，连党支部书记、指导员、地委武工大队教导员。1945—1959 年曾任黑龙江省肇源县公安局局长、县委组织部部长、县长、县委书记，中共黑龙江省委农工部副部长、中共牡丹江地委第二书记兼专员。1968 年 8 月任中共丹东市委书记、市革委会副主任。1975 年 5 月任中共锦州市委书记、市革委会主任。1978 年 5 月，任中共旅大市委书记、市革委会副主任、顾问。1985 年 8 月任政协大连市第六届委员会主席、党组书记。1996 年 1 月 3 日病逝于大连。

刘顺元（1903—1996）　1903 年 5 月 30 日出生于山东省博兴县。1928 年毕业于北京师范大学英文系。1931 年 5 月加入中国共产党。土地革命时期，历任中共济宁特支书记、江苏省委沪西巡视员、陕南特委书记等职。抗日战争期间，先后担任中共安徽工委组织部部长、书记，皖东工委书记、苏皖省委书记、新四军淮南津浦路东联防司令部政治委员、参议会议长。解放战争时期，先后担任中共辽东省委副书记、旅大地委副书记兼关东公署副主席。1948 年 3 月后，调任华东局宣传部部长，济南特别市委书记、警备司令部政治委员。中华人民共和国成立后，先后任中共江苏省委副书记、代理第一书记和中共中央上海局委员、华东局委员。1976 年后，先后担任政协江苏省第四届委员会副主席、全国政协第五届委员会常委，中共中央纪律检查委员会副书记。1982 年任中共中央顾问委员会委员。1996 年 2 月于南京逝世。

许西（1918—1996） 1918 年 7 月 10 日出生于江苏省江都县。1938 年参加革命，同年加入中国共产党。历任新四军江南指挥部特派员，抗大五分校保卫科科长、新四军保卫部三科科长、盐阜和沧海军区保卫科科长、新四军三师保卫部副部长、吉江行署公安处处长、三肇专署公安处处长、嫩江省公安处处长兼齐齐哈尔公安局局长。中华人民共和国成立后，历任黑龙江省公安厅厅长、辽宁省公安厅厅长、辽宁省政法部部长，中共旅大市委书记、市长，辽宁省委委员。1973 年任大连港务局党委常委、市革委会副主任等职。1981 年以后，任中共鞍山市委书记、鞍山市人大常委会主任、中共辽宁省顾问委员会委员。1996 年 2 月 15 日于沈阳病逝。

陈庶佳（1948—1996） 1948 年 2 月 6 日出生于浙江省绍兴市。1964 年初中毕业后下乡到（宜昌市兴山县）平水公社，1969 年当农村赤脚医生。1980 年随军到大连市，在甘井子区人民医院工作，先后任甘井子门诊部和金家街门诊部主任、妇科主治医师。1988 年 11 月加入中国共产党。从医 20 多年时间，从未休息过一个完整的节假日，仅在甘井子门诊部接诊的妇科患者就达 4 万人次。还经常利用休息时间到山村、街道访诊。自掏腰包为家庭贫困的患者买补品，捐款 2 万余元帮助贫困家庭的学生就学。被患者誉为“无私奉献的好医生”，被大连市树立为时代楷模。1996 年 12 月 26 日病逝。

曾宇（1921—1996） 1921 年 11 月出生于河南省固始县。1939 年 4 月步行进入大别山区学生军团，同年 11 月加入中国共产党。1942—1945 年，先后任盱东游击队政委，华中局调查研究员，淮南区党委干事、区党委机关直属总支副书记。抗日战争胜利后，被组织派到东北工作。1945—1950 年，先后任本溪市总工会党组书记兼区委书记，安东省委驻朝鲜工作站站长，中共桓仁县委副书记兼组织部部长、县委书记兼县长。1951—1958 年，先后任中共辽宁省委农委副书记，中共辽宁省委农村工作部副部长，中共辽阳地委第一书记兼专员。1956—1966 年，先后任中共旅大市委常委、农村工作部部长，市委候补书记。1969 年以后，历任中共旅大市委常委，市革委会副主任，市委书记，大连市第八、九届人民代表大会常务委员会主任、党组书记。1996 年 12 月 10 日病逝。

赵杰（1913—1996） 原名赵正贵，又名赵东斌。1913 年 2 月 19 日出生于河南省商城县。1928 年 2 月参加中国工农红军。1933 年 5 月加入中国共产党。1936 年入红军大学学习。抗日战争爆发后，被派往敌后开展斗争。先后任八路军山东抗日游击队第四支队副司令员，鲁中一、三、四军分区司令员等职。1945 年 10 月到大连工作。面对大连刚刚光复、各种政治势力十分复杂的形势，他改名赵东斌，出任大连警察总局（后改大连公安总局）首任局长，组建了一支万余人的亦警亦军的新型人民武装队伍，摧毁了国民党大连市党部，歼灭了国民党东北海军阵地战队和“暴力团”，镇压、清剿了日伪和国民党的残余势力，卓有成效地维护了社会治安秩序，并为东北野战军提供了大批兵员和物资，为建立旅大人民民主政权做出了特殊贡献。1946 年 12 月后，先后任辽宁军区副司令员、辽北军区第一副司令员、东北军区装甲兵副司令员等职。1955 年被授予少将军衔。1970 年 12 月任中国人民解放军装甲兵副司令员。1983 年 6 月任全国政协第六届委员会委员。1996 年 3 月 3 日于北京逝世。

朱葆琳（1921—1996） 1921 年 7 月 13 日出生于浙江省金华县。1943 年 7 月毕业于浙江大学化学工程系。1948 年在美国奥斯汀得克萨斯大学化学工程系获硕士学位。回国后先后任浙江大学化工系副教授、广州华南热带作物所研究员。1954 年到中国科学院石油研究所（大连化物所前身）工作。从事气液平衡、化工数据关联等化工热力学方面的研究，所研制的氢火焰离子化鉴定器毛细管色谱仪，1966 年获国家发明奖。大型工业化制备色谱装置，1978 年获全国科学大会奖。与蒋国梁等共同研制的中空纤维膜氮氢分离器，1986 年获中国科学院科技进步特等奖。与衣宝廉等共同研究的氯酸盐电化生产阴极改造，1987 年获国家发明三等奖。与袁权等共同研究的非均分布颗粒催化剂的工程设计，1987 年获国家自然科学三等奖。著有《化工模型及模拟》。1996 年 5 月 16 日在大连病逝。

屈伯川（1909—1997）　1909 年 11 月 16 日出生于四川省泸县。1928 年考入南京中央大学化学系。1934 年 9 月赴德国留学，获化学工程博士学位。1938 年回国。1939 年 10 月到延安。1940 年 9 月加入中国共产党，同年参加筹备成立陕甘宁边区自然科学研究会，任驻会干事负责人，参与筹建延安自然科学院，任教育处处长。1944 年后，任陕甘宁边区建设厅工业局副局长、晋察冀军区工业部试验所所长等职。1946 年底到东北工作。1947 年 5 月起，历任关东工业专门学校校长、大连大学工学院院长兼化学科学研究所所长。1950 年 7 月大连工学院（简称大工）独立，被中央人民政府任命为院长、党组书记。1956 年当选为中共八大代表。1978 年后，在他的争取下，第一个培训高中级经济管理人才的基地——中美合办的中国工业科技管理大连培训中心设在大工，1981 年大工成为中国首批有权授予博士、硕士、学士学位的重点大学之一。1981 年 9 月，出任大工名誉校长。帮助大连市办起市属大学大连大学。著有《屈伯川教育文集》。1997 年 2 月 18 日于大连病逝。

黄启章（1922—1997）　1922 年 1 月 14 日出生于台湾省彰华县。1944 年毕业旅顺医学专门学校。1945 年 9 月，任旅顺市立医院副院长。1947 年起，先后任沈阳铁路局大连医院医师，旅大医管处第四、十一战勤医院副院长、院长，沈阳铁路局大连医院外科主任、副院长、院长等职。1979 年加入中国共产党。曾任全国政协第五、六届委员和第七、八届常务委员，辽宁省政协第一至四届常务委员，大连市政协第五至八届副主席，台盟第四、五届中央常务委员、台盟大连市委主任委员，辽宁省台联第一至四届会长，大连海外联谊会副会长。兼中华医学会大连分会副会长、中华医学会第八届外科委员会委员。1997 年 4 月 2 日于大连病逝。

方冰（1914—1997）　1914 年 7 月 9 日出生于安徽省淮南县（今凤台县）。1931 年参加革命。中共党员。1938 年赴延安学习，同年冬到晋察冀边区工作，直到 1944 年。其间创作了《写在断墙上》《歌唱二小放牛郎》《柴堡》等大量抗战题材的诗歌，结成《街头诗集》在敌后出版（1957 年以《战斗的乡村》为名，由作家出版社出版）。1946 年 3 月到大连，初任寺儿沟区民主联合会会长。曾先后担任中共旅大文艺工作委员会常委、副主任、市文教局副局长、市文联主席、市文化事业管理局局长等职。1957 年，任中国作协辽宁分会副主席、执行主席，辽宁省文化局局长等职。主编过《鸭绿江》和《当代诗歌》月刊。诗集有《飞》《大海的心》《西出阳关》《静静的海洋》《方冰的心》等。1997 年 7 月 7 日于沈阳逝世。

万毅（1907—1997） 满族。1907年8月8日出生于大连金州（今金县）。1930年毕业于东北陆军讲武堂。1936年后任东北军团长、旅长。参加了西安事变。1938年加入中国共产党。1939年先后参加了袭击柘汪、突袭合肥机场、夜袭宿迁城、奔袭罗圩子的几次战役。时有“不怕一万，就怕万毅”之说。1942年后任东北军副师长、代师长、师长。1944年该师编为八路军山东军区滨海支队后，任滨海军区副司令员兼滨海支队支队长。中共七大当选为候补中央委员。抗日战争胜利后，任东北挺进纵队司令员，率部进军东北，历任东北民主联军第七纵队兼辽吉军区司令员，东北民主联军第一纵队司令员、政治委员，东北野战军第五纵队司令员，第四野战军四十二军军长，第四野战军特种兵司令员等职。中华人民共和国成立后，历任中国人民解放军炮兵副司令员兼东北军区炮兵司令员、中央人民政府第二机械工业部副部长、中国人民解放军总参谋部装备计划部部长、国防科委副主任、中国人民解放军总后勤部顾问等职。1959年庐山会议后受批判，被撤职。1977年11月平反。1955年被授予中将军衔，获一级独立自由勋章和一级解放勋章。1988年被授予一级红星勋章。1997年10月31日于北京病逝。

郭燮贤（1925—1998） 1925年2月23日出生于浙江省杭县（今浙江省杭州市）。1946年毕业于重庆兵工大学应用化学系。1950年到中国科学院大连化学物理研究所工作。1958年担任中国科学院兰州化学物理研究所催化研究室主任。1961年回到中科院大连化物所工作，1979年担任中科院大连化物所副所长。1980年当选为中国科学院学部委员（中国科学院院士）。几十年来一直从事催化化学研究，并取得多项成果。合成油七碳馏分脱氢环化制甲苯催化剂研制项目，获中国科学院自然科学三等奖；铂重整及多金属重整项目，获石油部优秀成果一等奖；合成氨原料净化催化剂的研制（已工业化），使生产从国外的40年代水平提高到当时的先进水平，获1978年全国科学大会奖。在基础研究方面，先后提出了烷烃芳烃化半氢化根机理，表面“空位”对吸附和催化反应作用的概念；烃类异构化和氢解反应的类三元环机理及VIII族金属/Ti02催化剂金属载体强相互作用；氢和一氧化碳活化吸附方面的“易位吸附”和“协同机理”的新概念等。1985年率先组建了催化基础国家重点实验室。1998年6月4日在北京病逝。

毕克祯（1917—1999） 1917年2月9日出生于大连金州。1942年毕业于旅顺工科大学。先后在长春、北京、抚顺等地从事冶金生产和教学工作。1961年加入中国共产党。先后任抚顺钢厂副总工程师、总工程师兼生产副厂长、代理厂长等职。先后研制成功国内首创的“六角中空钢”，国内急需的“滚珠钢”，填补国内空白的耐热不锈钢和有特殊用途的高温合金钢等。编写有《电炉炼钢》教材。1978年后，历任东北工学院副院长、院长、顾问等职。1999年10月21日于沈阳病逝。

刘占鳌（1898—2000） 原名学魁，后以字行，号半农，斋号承远庐。1898年5月9日出生于奉天府金州厅。1925年入长春艺术专科学校国画系学习。1928年出版篆刻作品集《承远庐印存》，全集分4册，内有甲骨文、金文、汉篆等。中华人民共和国成立后，受聘大连群众艺术馆国画讲师。1956年创作的国画《大地回春气象新，山谷幽禽布佳音》，在全国第二届美术展中获一等奖。部分作品被中国美术馆、艺术馆、陈列馆收藏。书法以行草为主。国画以南宋派为主，擅长花鸟兼山水。曾任中国书法家协会会员、辽宁省书法家协会会员、大连市书法家协会理事。2000年1月2日辞世。

附　录

文献辑存

中日马关条约

大清帝国大皇帝陛下及大日本帝国大皇帝陛下为订立和约，俾两国及其臣民重修和平，共享幸福，且杜绝将来纷纭之端。大清帝国大皇帝陛下特简大清帝国钦差头等全权大臣太子太傅文华殿大学士北洋通商大臣直隶总督一等肃毅伯爵李鸿章、大清帝国钦差全权大臣二品顶戴前出使大臣李经方；大日本帝国大皇帝陛下特简大日本帝国全权办理大臣内阁总理大臣从二位勋一等伯爵伊藤博文、大日本帝国全权办理大臣外务大臣从二位勋一等子爵陆奥宗光，为全权大臣。彼此校阅所奉谕旨，认明均属妥实无阙。会同议定各条款，开列于左：

第一款 中国认明朝鲜国确为完全无缺之独立自主。故凡有亏损其独立自主体制，即如该国向中国所修贡献典礼等，嗣后全行废绝。

第二款 中国将管理下开地方之权并将该地方所有堡垒、军器、工厂及一切属公物件，永远让与日本。

一、下开划界以内之奉天省南边地方：从鸭绿江口溯该江抵安平河口，又从该河口划至凤凰城、海城及营口而止，画成折线以南地方。所有前开各城市邑，皆包括在划界线内。

该线抵营口之辽河后，即顺流至海口止，彼此以河中心为分界。辽东湾东岸及黄海北岸在奉天所属诸岛屿，亦一并在所让境内。

二、台湾全岛及所有附属各岛屿。

三、澎湖列岛，即英国格林尼次东经百十九度起至百二十度止，及北纬二十三度起至二十四度之间诸岛屿。

第三款 前款所载及粘附本约之地图所划疆界，俟本约批准互换之后，两国应各选派官员二名以上，为共同划定疆界委员，就地踏勘，确定划界。若遇本约所订疆界，于地形或治理所关有碍难不便等情，各该委员等当妥为参酌更定。

各该委员等当从速办理界务，以期奉委之后限一年竣事。但遇各该委员等有所更定划界，两国政府未经认准以前，应据本约所定划界为正。

第四款 中国约将库平银贰万万两交与日本，作为赔偿军费：该款分作八次交完。第一次伍千万两，应在本约批准互换六个月内交清；第二次伍千万两，应于本约批准互换后十二个月内交清。余款平分六次递年交纳；其法列下：第一次平分递年之款于两年内交清，第二次于三年内交清，第三次于四年内交清，第四次于五年内交清，第五次于六年内交清，第六次于七年内交清，其年分均以本约批准互换之后起算。又第一次赔款交清后，未经交完之款应按年加每百抽五之息；但无论何时，将应赔之款或全数、或几分，先期交清，均听中国之便。如从条约批准互换之日起三年之内能全数清还，除将已付利息或两年半或不及两年半，于应付本银扣还外，余仍全数免息。

第五款 本约批准互换之后限二年之内，日本准中国让与地方人民愿迁居让与地方之外者，任便变卖所有产业，退去界外。但限满之后尚未迁徙者，酌宜视为日本臣民。

又，台湾一省应于本约批准互换后，两国立即各派大员至台湾限于本约批准后两个月内交接清楚。

第六款 中日两国所有约章，因此次失和，自属废绝。中国约俟本约批准互换之后，速派全权大臣与日本所派全权大臣会同订立通商行船条约及陆路通商章程；其两国新订约章，应以中国与泰西各国现行约章为本。又本约批准互换之日起，新订约章未经实行之前，所有日本政府官吏臣民及商业、工艺、行船船只、陆路通商等，与中国最为优待之国，礼遇护视，一律无异。中国约将下开让与各款，从两国全权大臣画押盖印日起，六个月后方可照办。

第一，现今中国已开通商口岸之外，应准添设下开各处，立为通商口岸，以便日本臣民往来侨寓，从事商业、工艺、制作。所有添设口岸，均照向开通商海口或向开内地镇市章程一体办理，应得优例及利益等亦当一律享受：

一、湖北省荆州府沙市。

二、四川省重庆府。

三、江苏省苏州府。

四、浙江省杭州府。

日本政府得派遣领事官于前开各口驻扎。

第二，日本轮船得驶入下开各口，附搭行客、装运货物：

一、从湖北省宜昌溯长江以至四川省重庆府。

二、从上海驶进吴淞江及运河以至苏州府、杭州府。

中日两国未经商定行船章程以前，上开各口行船，务依外国船只驶入中国内地水路现行章程照行。

第三，日本臣民在中国内地购买经工货件，若自生之物，或将进口商货运往内地之时，欲暂行存栈，除勿庸输纳税钞派征一切诸费外，得暂租栈房存货。

第四，日本臣民得在中国通商口岸城邑，任便从事各项工艺制造，又得将各项机器任便装运进口，只交所订进口税。

日本臣民在中国制造一切货物，其于内地运送税、内地税、钞课、杂派，以及中国内地沾及寄存栈房之益，即照日本臣民运入中国之货物一体办理，至应享优例豁除，亦莫不相同。

嗣后如有因以上加让之事应增章程、条规，即载入本款所称之行船通商条约内。

第七款 日本军队见驻中国境内者，应于本约批准互换之后三个月内撤回，但须照次款所定办理。

第八款 中国为保明认真实行约内所订条款，听允日本军队暂行占守山东省威海卫。又，于中国将本约所订第一、第二两次赔款交清、通商行船约章亦经批准互换之后，中国政府与日本政府确定周全妥善办法，将通商口岸关税作为剩款并息之抵押，日本可允撤回军队。倘中国政府不即确定抵押办法，则未经交清末次赔款之前，日本应不允撤回军队。但通商行船约章未经批准互换以前，虽交清赔款，日本仍不撤回军队。

第九款 本约批准互换之后，两国应将是时所有俘虏尽数交还，中国约将由日本所还俘虏，并不加以虐待，若或置于罪戾。

中国约将认为军事间谍或被嫌逮系之日本臣民，即行释放。并约此次交仗之间，所有关涉日本军队之中国臣民概予宽贷，且饬有司，不得擅为逮系。

第十款 本约批准互换日起，应按兵息战。

第十一款 自本约奉大清帝国大皇帝陛下及大日本帝国大皇帝陛下批准之后，定于光绪二十一年四月十四日，即明治二十八年五月初八日，在烟台互换。

为此，两国全权大臣署名盖印，以昭信守。

大清帝国钦差全权大臣太子太傅文华殿大学士北洋通商大臣直隶总督一等肃毅伯爵李鸿章，大清帝国钦差全权大臣二品顶戴前出使大臣李经方

大日本帝国全权办理大臣内阁总理大臣从二位勋一等伯爵伊藤博文，大日本帝国全权办理大臣外务大臣从二位勋一等子爵陆奥宗光

光绪二十一年三月二十三日

明治二十八年四月十七日

订于下之关，缮写两份

中日辽南条约

大清国大皇帝陛下、大日本国大皇帝陛下欲缔结条约，由日本国交还奉天省南边地方，一切仍归中国管理。

大清国大皇帝陛下持简钦差全权大臣太子太傅文华殿大学士一等肃毅伯爵李鸿章，大日本国大皇帝陛下特简钦差驻扎北京全权大臣正四位勋一等男爵林董，均作为全权大臣，互示所奉文凭妥当，议定各条开列于左：

第一款 日本国将光绪二十一年三月二十三日，即明治二十八年四月十七日，订立下之关条约第二款中国让与日本国管理之奉天省南边地方，即从鸭绿江口抵安平河口至凤凰城、海城及营口而止，以南各城市邑以及辽东湾东岸、黄海北岸奉天所属诸岛屿，并照本约第三款所定，日本国军队一律撤回之时，该地方内所有堡垒、军器工厂及一切所属公物件，永远交还中国。因此下之关条约第三款，并拟订立陆路通商章程之事，作为罢论。

第二款 中国约，为酬报交还奉天省南边地方，将库平银三千万两，迨于光绪二十一年九月二十日，即明治二十八年十月十六日，交与日本国政府。

第三款 中国将本约第二款所定之酬款库平银三千万两交与日本国政府，自是日起，五个月以内，日本国军队从该交还地方一律撤回。

第四款 中国约，日本国军队占踞之间，所有关涉该国军队之中国臣民概予宽贷，并饬有司不得擅为逮系。

第五款 本约缮写汉文、日本文及英文各二份，校对无讹，署名盖印，汉文与日本文遇有解译字义不同之处，以英文为凭。

第六款 本约钦奉大清国大皇帝陛下、大日本国大皇帝陛下批准，自署名盖印之日起二十一日内，在北京互换。

为此两国全权大臣署名盖印，以昭信守。

大清帝国钦差全权大臣太子太傅文华殿大学士一等肃毅伯爵李鸿章

大日本帝国钦差驻扎北京全权大臣正四位勋一等男爵林董

光绪二十一年九月二十二日

明治二十八年十一月初八日

订于北京

中俄旅大租地条约

一八九八年三月二十七日，光绪二十四年三月初六日，俄历一八九八年三月十五日，北京。

大清国大皇帝、大俄国大皇帝欲更敦两国盟谊，互筹相助之法，为此，大清国大皇帝派总理各国事务大臣太子太傅文华殿大学士一等肃毅伯爵李鸿章、尚书衔户部左侍郎张荫桓为全权大臣；大俄国大皇帝派驻华署理全权大臣内廷郎巴布罗福为全权大臣。

该大臣等各以所奉全权之据视为妥协，商定条款如下：

第一款 为保全俄国水师在中国北方海岸得有足为可恃之地，大清国大皇帝允将旅顺口、大连湾暨附近水面租与俄国。惟此项所租，断不侵中国大皇帝主此地之权。

第二款 因以上缘由所租地段之界，经大连湾迤北，酌视旱地合宜保守该段所需应相离若干里，即准相离若干里，其确切界限以及此约各项详细，俟此约画押后，在圣彼得堡会同许大臣刻即商订，另立专条。此界线商定后，所有划入租界线内之地及附近水面专归俄国租用。

第三款 租地限期，自画此约之日始，定二十五年为限，然限满后，由两国相商展限亦可。

第四款 所定限内，在俄国所租之地以及附近海面，所有调度水、陆各军并治理地方大吏全归俄官，而责成一人办理，但不得有总督、巡抚名目。中国无论何项陆军，不得驻此界内。界内华民去留任便，不得驱迫。设有犯案，该犯送交就近中国按律治罪，按照咸丰十年中俄约第八款办理。

第五款 所租地界以北，定一隙地。此地之界，由许大臣在圣彼得堡与外部商定。此隙地之内，一切吏治全归于中国官，惟中国兵非与俄官商明，不得来此。

第六款 两国政府相允，旅顺一口既专为武备之口，独准华、俄船只享用，而于各国兵、商船只，以为不开之口。至于大连湾，除口内一港亦照旅顺口之例，专为华、俄兵舰之用，其余地方作为通商口岸，各国商船任便可到。

第七款 俄国认在所租之地，而旅顺大连湾两口为尤要，备资自行盖造水、陆各军所需处所，建筑炮台，安置防兵，总设所需各法，藉以着实御侮；并认以已资修养灯塔，以及保航海无虞之所需各项标志。

第八款 中国政府允以光绪二十二年所准中国东方铁路公司建造铁路之理，而今自画此约日起，推及由该干路某一站起至大连湾，或酌量所需，亦以此理，推及由该干路至辽东半岛营口、鸭绿江中间沿海较便地方，筑一枝路。所有光绪二十二年八月初二日中国政府与华俄银行所立合同内各例，宜于以上所续支路确切照行。其造路方向及经过处所，应由许大臣与东方铁路公司议商一切。惟此项让造枝路之事，永远不得藉端侵占中国土地，亦不得有碍大清国大皇帝应有权利。

第九款 此约自两国全权大臣彼此互换之日起举行。此约御笔批准之本，自画押后，赶紧在圣彼得堡互换。兹两国全权大臣将此约备中、俄二国文字各二份，画押盖印为凭。两国文字校对无讹，惟辩解之时，以俄文为本。此约在北京缮就二本。

光绪二十四年三月初六日

俄历一千八百九十八年三月十五日

中俄续订旅大租地条约

大清国国家与大俄国国家，愿在俄历九十八年三月十五日北京所定条约增立数款，两国秉权大臣议定如下：

第一款 按着原约第二条，租与俄国之旅顺口及大连湾、辽东半岛陆地，其北界应从辽东西岸亚当湾之北起，穿过亚当山脊（山脊亦在俄国租地内）至辽东东岸皮子窝湾北尽处止。租界附近水面及陆地周围各岛，均准俄国享用。两国各派专员，就地详确勘定所租地段之界线。

第二款 从第一款所定地段北界起，应照北京约第五款所定隙地，其北界应从辽东西岸盖州河口起，经岫岩城北至大洋河，沿河左岸至河口，此河亦在隙地内。

第三款 俄国国家允西毕利铁路（即西伯利亚大铁路——译注）通接辽东半岛之支路末处，在旅顺口及大连湾海口，不在该半岛沿海别处。又公同商定，此支路经过地方，不将铁路利益给与别国人。至中国以后自造路从山海关接长至此支路最近之地，俄国允不干预。

第四款 俄国国家允中国国家所请，允听金州城自行治理，并城内设立应需巡捕人等。中国兵应退出金州， 用俄兵替代。此城居民有权往来金州至租地北界各道路，并日常需用附城准俄国享用之水；但无权兼用海岸。

第五款 中国国家允认：一、非俄国应允，不将隙地地段让与别国人享用。二、不将隙地东西沿海口岸与别国通商。三、非俄国应允，不得将隙地地段内造路、开矿及工商各利益让给。

第六款 以上议定各款，缮立华文、俄文专条各一份，由两国全权大臣画押钤印。遇有讲论，以俄文为证。

光绪二十四年闰三月十七日

俄历一千八百九十八年四月二十五日

日俄朴次茅斯和约

正　约

日本国皇帝陛下及全俄罗斯皇帝陛下，欲使两国及两国人民回复平和之幸福，决定订立讲和条约，是以日本国皇帝陛下特派外务部大臣从三位勋一等男爵小村寿太郎及驻扎美国待命全权公使从三份勋一等高平小五郎，全俄罗斯皇帝陛下特派内阁总理大臣威特及驻扎美国特命全权大使俄罗斯御前大臣罗善，为全权委员，各将所奉全权文凭校阅，认明慎属妥善，会上订立各条款开列如下：

第一条 日本国皇帝陛下与全俄罗斯皇帝陛下间，及两国并两国臣民间，当和平亲睦。

第二条 俄罗斯政府承认日本国对韩国政治军事经济上都有卓绝利益，加指导保护监理等事，日本政府视为必要者即可措置，不得阻碍干涉。在韩国之俄国臣民，应按照最惠国之臣民一律看待，不得歧视。

两缔约国为避一切误解原因起见，彼此同意俄韩两国交界间不得执军事上措置，致侵迫俄韩两国领土之安全。

第三条 日俄两国互相约定各事如下：

一、除辽东半岛租借权所及之地域不计外，所有在满洲之兵，当按本条约附约第一款所定，由两国同时全数撤退；

二、除前记之地域外，现被日俄两国军队占领及管理之满洲全部，交还中国接收，施行政务；俄罗斯政府声明在满洲之领土上利益，或优先的让与，或专属的让与，有侵害中国主权及有违机会均等主义各，一概无之。

第四条 日俄两国彼此约定，凡中国在满洲为发达商务工业起见，所有一切办法列国视为当然者，不得阻碍。

第五条 俄罗斯政府以中国政府允许，将旅顺口、大连湾并其附近领土领水之租借权内一部分之一切权利及所让与者，转移与日本政府，俄罗斯政府又将该租界疆域内所造有一切公共营造物及财产，都移让日本政府。

两缔约国互约，前条所定者，须商请中国政府允诺。

日本政府允将居住前开各地内俄罗斯臣民之财产权，当完全尊重。

第六条 俄罗斯政府允将由长春（宽城子）至旅顺口铁路及一切支路，并在该地方铁道内所附属一切权利财产，以及在该处铁道内附属一切煤矿，或为铁道利益起见所经营一切煤矿，不受补偿，且以清国政府允许者都移让日本政府。

两缔约国互约前条所定者，须商请中国政府承诺。

第七条 日俄两国约在满洲地方，各自经营专以商工业为目的铁道，决不经营以军事为目的铁道。

但辽东半岛租借权效力所及地域之铁道不在此限。

第八条 日本政府及俄罗斯政府，为图来往输运均臻便捷起见，妥订满洲接续铁道营业章程，务须从速另订别约。

第九条 俄罗斯政府允将库页岛南部及附近一切岛屿，并各该处一切公共营造物及财产主权，永远让与日本政府；让与地域北方境界，以北纬五十度为起点，至该处确界须按照本条约附约第二条所载为准。

日俄两国彼此商允在库页岛及其附近岛屿各自所属领地内，不筑造堡垒及类堡垒军事上工作物；又两国约定凡军事上之措置有碍宗谷海峡及鞑靼海峡航行自由者，不得施设。

第十条 居住在让与日本国地域内之俄国人民，可出卖财产，退还本国；若仍欲留住该地域时，当服从日本国之法律及管辖权。至该住民经营事业行使财产，当由日本国完全保护，其有不安本分者，日本国也当撤回居住权并放逐，但该住民财产当完全尊重。

第十一条 俄罗斯当与日本国协定允准日本国臣民在日本海、鄂霍次克海、白今海之俄罗斯所属沿岸一带有经营渔业权。

前项约束，经双方同意，不得影响在俄罗斯及外国臣民在彼处应有权利。

第十二条 日俄通商航海条约，因此次战争作废，日本国政府及俄罗斯政府允诺以开战前所施行之条约为本，另订通商航海新约；未定以前，所有进口税、出口税、关章、子口税、船钞，并代表臣民船舶，由此国进彼国领土或由彼国进此国领土时许可及待遇，都照相待最优国办理。

第十三条 本条约一经施行，速将一切俘虏彼此交还，由日俄两政府各派接收俘虏之特别委员一名专司其事，彼此送还时，应由交犯国将在该国某处口岸可交还人数若干，预先知照收犯国，即由两国专派员或该员所派之有权代表员照以前通知之口岸人数，彼此交收。

日俄两国政府一俟交还俘虏完毕后，将虏犯自被掳或投降之日起至死亡或交换之日止，所有因照管：及留养该犯之一切费用细账互相交换后，俄罗斯政府应将日本实用数目中，除去俄罗斯实用数目，尚差若干，当由俄罗斯从速偿还日本。

第十四条 本条约当由日本国皇帝陛下及全俄罗斯皇帝陛下批准，从速在华盛顿互换，自签字之日起，无论如何当在五十日以内，由驻扎日本之法国公使及驻扎俄国之美国大使，各通知驻在国政府，宣布后，本条约即全部生效。

第十五条 本条约缮就英文法文各两本，分别签字，其本文虽全然符合，设有解释不同之处，以法文为准。为此两国全权委员署名盖印，以昭信守。

明治三十八年九月五日
俄历一九〇五年八月二十三日
小村寿太郎
高平小五郎
威特
罗善

附 约

日俄两国按照本口所订讲和条约第三条及第九条所载，由两国全权委员另立附约如下：

第一条 此条应附在正约第三条。日俄两国政府彼此商允，一俟讲和条约施行后即将满洲地域内军队同时开始撤退；自讲和条约施行日起，以十八个月为限，所有两国在满洲军队除辽东半岛租借地外，一律撤退。

两国占领阵地前敌军队当先行撤退。

两订约国可留置守备兵保护满洲各自之铁道线路，至守备兵人数，每一公里不过十五名之数，由此数内，日俄两国军司令官可因时酌减，以至少足用之数为率。

满洲之日本国及俄罗斯军司令官，可遵照以上所定，协商撤兵细目，并以必要之方法从速实行撤兵，无论如何不得逾十八个月期限。

第二条 此条应附正约第九条。两订约国一俟本约施行后须从速各派数目相等之划界委员，将库页岛俄日两国所属确界划清，以垂久远。划界委员应就地形以北纬五十度为境界线，倘遇有不能直划必须偏出纬度以外时，则偏出纬度若干，当另在他处偏入纬度内若干以补偿之。至让界附近之岛屿，该委员等应备表及详细书，并将所划让地界线绘图签名，呈由两订约国政府批准。

以上所增条款，当其附属之讲和正约批准时准。

明治三十八年九月五日
俄历一九〇五年八月二十三日
小村寿太郎
高平小五郎
威特
罗善

中日会议东三省事宜正约

一九〇五年十二月二十二日，光绪三十一年十一月二十六日，明治三十八年十二月二十二日，北京。

大清国大皇帝陛下、大日本国大皇帝陛下均愿妥定光绪三十一年八月初七日，即明治三十八年九月初五日，日俄两国签定和约内所列共同关涉各项事宜，兹照上开宗旨订立条约。为此，大清国大皇帝陛下简授钦差全权大臣军机大臣总理外务部事务和硕亲王、简授钦差全权大臣军机大臣外务部尚书会办大臣瞿鸿禨、简授钦差全权大臣北洋大臣太子少保直隶总督袁世凯；大日本国大皇帝陛下简授特派全权大使外务大臣从三位勋一等男爵小村寿太郎、特命全权公使从四位勋二等内田康哉为全权大臣，各将所奉全权文凭校阅，认明俱属妥善，会商订定各条款，开列于左：

第一款 中国政府将俄国按照日俄和约第五款及第六款允让日本国之一切概行允诺。

第二款 日本国政府承允，按照中俄两国所订借地及造路原约实力遵行。嗣后遇事，随时与中国政府妥商厘定。

第三款 本条约由签字盖印之时起即当施行，并由大清国大皇帝陛下、大日本国大皇帝陛下御笔批准，由本约盖印之日起两个月以内，应从速将批准约本在北京互换。

为此，两国全权大臣缮备汉文、日本文各二本，即于此约内签名盖印，以昭信守。

大清国钦差全权大臣军机大臣总理外务部事务庆亲王押、钦差全权大臣军机大臣外务部尚书会办大臣瞿鸿禨押、钦差全权大臣北洋大臣太子少保直隶总督袁世凯押

大日本国特派全权大使外务大臣从三位勋一等男爵小村寿太郎押、特命全权公使从四位勋二等内田康哉押

光绪三十一年十一月二十六日

明治三十八年十二月二十二日

立于北京

雅尔塔协定

1945 年 2 月 11 日订于雅尔塔。

苏、美、英三大国领袖同意，在德国投降及欧洲战争结束后两个月或三个月内苏联将参加同盟国方面对日作战，其条件为：

一、外蒙古（蒙古人民共和国）的现状须予维持。

二、由日本 1904 年背信弃义进攻所破坏的俄国以前权益须予恢复，即：

（甲）库页岛南部及邻近一切岛屿须交还苏联；

（乙）大连商港须国际化，苏联在该港的优越权益须予保证，苏联之租用旅顺港为海军基地须予恢复；

（丙）对担任通往大连之出路的中东铁路和南满铁路应设立一苏中合办的公司以共同经营之；经谅解，苏联的优越权益须予保证，而中国须保持在满洲的全部主权。千岛群岛须交予苏联。

三、经谅解，有关外蒙古及上述港口铁路的协定尚须征得蒋介石委员长的同意。根据斯大林大元帅的提议，美总统将采取步骤以取得该项同意。

三强领袖同意，苏联之此项要求须在击败日本后毫无问题地予以实现。

苏联本身表示准备和中国国民政府签订一项苏中友好同盟协定，俾以其武力协助中国达成自日本枷锁下解放中国之目的。

一九四五年二月十一日

斯大林

罗斯福

丘吉尔

中苏友好同盟条约

中华民国国民政府主席苏维埃社会主义共和国联邦最高苏维埃主席团愿以同盟及战后善邻合作、加强苏联与中国素有之友好关系，又决于此次世界大战抵抗轴心国敌人侵略之斗争中，彼此互助，及在共同对日作战中，彼此合作，以迄日本无条件投降为止，又为两国及一切爱好和平国家人民之利益，对于维持和平与安全之目的表示其坚定不移之合作志愿，并根据一九四二年一月一日联合国共同宣言，一九四三年十月三十日在莫斯科签字之四国宣言及联合国国际组织宪章所宣布之原则，决定签订本条约，各派全权代表如左：

中华民国国民政府主席特派外交部部长王世杰；苏维埃社会主义共和国联邦最高苏维埃主席团特派苏维埃社会主义共和国联邦外交人民委员部部长莫洛托夫。

两全权代表业经互相校阅全权证书，认为妥善，约定条款如左：

第一条 缔约国担任协同其他联合国对日本作战，直至获得最后胜利为止，缔约国担任在此次战争中彼此互给一切必要之军事及其他援助与支持。

第二条 缔约国担任不与日本单独谈判，非经彼此同意不与日本政府或在日本成立而未明白放弃一切侵略企图之任何其他政府或政权，缔结停战协定和约。

第三条 缔约国担任在对日本作战终止以后共同采取其力所能及之一切措施，使日本无再事侵略及破坏和平之可能。缔约国一方如被日本攻击不得已而与之发生战争时，缔约国他方应立即尽其能力给予该作战之缔约国一切军事及其他之援助与支持。本条一直有效，以迄联合国组织经缔约国双方之请求，对日本之再事侵略担负防止责任时为止。

第四条 缔约国之一方，担任不缔结反对对方之任何同盟，并不参加反对对方之任何集团。

第五条 缔约国顾及彼此之安全及经济发展之利益，同意在和平再建以后，依照彼此尊重主权及领土完整与不干涉对方内政之原则下，共同密切友好合作。

第六条 缔约国为便利及加速两国之复兴及对世界繁荣有所贡献起见，同意在战后彼此给予一切可能之经济援助。

第七条 缔约国为联合国组织会员之权利及义务，不得因本条约内所有各事项之解释而受影响。

第八条 本条约应于最短可能时间批准，批准书应尽速在重庆互换。本条约于批准后立即生效，有效期间为三十年。倘缔约国任何一方不于期满前一年通知愿予废止，则本条约无限期继续生效；缔约国任何一方得于通知对方终止本条约之效力。

为此两国全权代表将本条约署名盖章，以昭信守。

中华民国三十四年八月十四日即一九四五年八月十四日订于莫斯科，中文俄文各缮两份，中文俄文有同等效力。

中华民国国民政府主席全权代表　王世杰（签字）

苏维埃社会主义共和国全权代表联邦最高苏维埃主席团　莫洛托夫（签字）

关于中国长春铁路之协定

中华民国国民政府主席与苏维埃社会主义共和国联邦最高苏维埃主席团，为愿以充分尊重彼此之权益为基础，加强两国间之友好关系暨经济联系起见，议定各条如左：

第一条 日本军队驱出东三省以后，中东铁路及南满铁路由满州里至绥芬河由哈尔滨至大连旅顺之干线，合并成为一铁路定名为中国长春铁路，应归中华民国及苏维埃社会主义共和国联邦共同所有，并共同经营。共同所有与共同经营以中东铁路在俄国及中苏共同管理时期与南满铁路在俄国管理时期所置之土地及所筑之铁路辅助线而为该两铁路之直接需要者以及在上开时期所建置并直接供该两铁路之用之附属事业为限，一切其他铁路支线与附属事业及土地应归中国政府完全所有。上开铁路之共同经营，应在中国主权之下，由一单独机构办理，并为一纯粹商业性质之运输事业。

第二条 缔约国同意上开铁路之共同所有权，应平均属于两方，并不得以其全部或一部转让。

第三条 缔约国为共同经营上开铁路起见，同意组设中苏合办之中国长春铁路公司，公司设理事会，由理事十人组织之，其中五人由中国政府派任，五人由苏联政府派任，理事会设在长春。

第四条 中国政府应在华籍理事中指派一人为理事长，一人为助理理事长，苏联政府应在苏籍理事中指派一人为副理事长，一人为助理副理事长，理事会表决时，理事长所投之票作两票计算，理事会之法定人数为七人。理事会不能获得协议之各项重要问题，应提请两缔约国政府予以考虑，并以公平与友好之精神解决之。

第五条 公司设监事会，由监事六人组织之。其中三人由中国政府派任，三人由苏联政府派任，监事长应在苏籍监事中推选，副监事长应在华籍监事中推选，监事会表决时监事长所投之票作两票计算，监事会之法定人数为五人。

第六条 为管理经常事务起见，理事会委派中国长春铁路局局长一人，由苏籍人员中遴选，副局长一人由华籍人员中遴选。

第七条 监事会应委派总稽核副总稽核各一人，总稽核由华籍人员中遴选，副总稽核由苏籍人员中遴选。

第八条 上开铁路各处处长、副处长、科长及重要车站之站长，应由理事会委派。铁路局局长有权推荐上项职位之人选，理事会各理事亦得于征得局长之同意时，推荐上项人选，处长为华籍时，副处长应为苏籍；处长为苏籍时，副处长应为华籍。各处处长副处长科长站长应依照中苏两国人员平均充任之原则任用。

第九条 中国政府担任上开铁路之保护。中国政府应组织及监督铁路警察以保护铁路之房屋设备暨其他产业与货运，使免受毁坏损失与抢劫，该铁路警察并应维持铁路之正常秩序，关于铁路警察执行本条规定之职务，由中国政府谘商苏联政府决定之。

第一〇条 上开铁路仅得于对日本作战时期供运输苏联军队之用，苏联政府有权在上开铁路用加封车辆运输过境之军需品，免除海关查验。该项军需品之保卫工作，由铁路警察担任，苏联不派武装护送人员。

第十一条 经上开铁路由一苏联车站至另一苏联车站过境运输，以及由苏联领土至大连旅顺二港口往返直运之货物，应免中国关税或其他任何捐税，此项货物在入中国领土时，应受中国海关之查验。

第一二条 中国政府依照另订之协定，对上开铁路业务上所需燃煤之供应，担任充分之保证。

第一三条 上开铁路应与中国政府国营铁路，向中国政府同样缴纳税捐。

第一四条 缔约国同意供给中国长春铁路理事会以流动资金，其数额由铁路章规定之。经营上开铁路之盈亏，由双方平均分配之。

第一五条 缔约国应在本协定签字后一个月内各派代表三人在重庆会同拟订共同经营上开铁路之章程。该项章程应于两个月拟订完毕，呈报两国政府核准。

第一六条 依照本协定第一条规定，应归中苏共同所有与共同经营之资产，应由两国政府各派代表三人组织委员会议定之。该委员会应于本协定签字后一个月在重庆组织成立，并于上开铁路开始共同经营后三个月内完成其工作，该委员会之议定事项应呈报两国政府核准。

第一七条 本协定期限为三十年，期满之后，中国长春铁路连同该铁路之一切财产，均应无偿移转中华民国所有。

第一八条 本协定自批准之日生效。

中华民国三十四年八月十四日即一九四五年八月十四日订于莫斯科。

中文俄文各缮二份。中文俄文有同等效力。

中华民国国民政府主席全权代表 王世杰（签字）

苏维埃社会主义共和国全权代表联邦最高苏维埃主席团 莫洛托夫（签字）

关于大连之协定

兹以中华民国与苏维埃社会主义共和国联邦既已签订友好同盟条约，苏维埃社会主义共和国联邦业已保证尊重中国管辖中国东三省全部之主权视其为中国之一不可分离部分，为保证苏维埃社会主义共和国联邦对大连为其货物进出口之利益获得保障起见，中华民国同意：

一、宣布大连为一自由港，对各国贸易及航运一律开放。

二、中国政府同意依照另订之协定，在该自由港指定码头及仓库租与苏联。

三、大连之行政权属于中国。港口主任由中国长春铁路局局长在苏籍人员中遴选于征得大连市长同意后派充之，港口副主任应照上开手续在华籍人员中遴选派充之。

四、大连在平时不包括在基于一九四五年八月十四日旅顺协定所定之海军根据地章程效用范围之内，仅于对日作战时受该区域所设定之军事统制。

五、由国外进入该自由港经中国长春铁路直运苏联领土之货物，与由苏联领土经上开铁路运经该自由港出口之货物或由苏联运入为该港港口设备所需之器材，均免除关税。以上货物均应用加封车辆运输。由该自由港进入中国其他各地之货物，应缴纳中国进口税，由中国其他各地运出至该自由港之货物在中国继续征收出口税期间，应缴纳出口税。

六、本协定期限定为三十年。

七、本协定自批准之日生效。

两全权代表将本协定签字盖章，以昭信守。

本协定中俄文各缮二份，中文、俄文有同等

效力。

中华民国三十四年八月十四日即一九四五年八月十四日订于莫斯科。

中华民国国民政府主席全权代表 王世杰（签字）

苏联最高苏维埃主席团全权代表 莫洛托夫（签字）

附 件

关于大连协定之议定书

（一）中国政府为应苏方之提请，以所有港口工事及设备之一半无偿租与苏方，租期定为三十年，其余一半港口工事及设备由中国留用。港口之扩展或重建，应由中国与苏联同意为之。

（二）兹同意中国长春铁路由大连通往沈阳在旅顺口海军根据地区域以内各段，应不受该区域内所设定之任何军事监督或管制。

中华民国国民政府主席全权代表 王世杰（签字）

苏维埃社会主义共和国全权代表联邦最高苏维埃主席团 莫洛托夫（签字）

关于旅顺口之协定

兹为符合并补充中苏友好同盟条约起见，缔约国双方议定各条如左：

第一条 为加强中苏两国之安全以防制日本再事侵略起见，中华民国政府同意两缔约国共同使用旅顺口为海军根据地。

第二条 前条所开海军根据地区之正确界限，应依所附之说明及地图之规定（见附件）。

第三条 缔约国同意旅顺口作为纯粹海军根据地，仅由中苏两国军舰及商船使用。关于上开海军根据地共同使用之事项，设立中苏军事委员会处理之。该委员会由华籍代表二人，苏籍代表三人组织之，委员长由苏方派任，副委员长由华方派任。

第四条 上开海军根据地之防护，中国政府委托苏联政府办理之。苏联政府得建置为防护上开海军根据地必要之设备，其费用由苏联政府自行负担。

第五条 该区域内之民事行政属于中国。中国政府，对于主要民政人员之委派，将顾及苏联在该区域内之利益。旅顺市主要民事行政人员之任免，由中国政府征得苏联军事指挥当局之同意为之。在该区域内之苏联军事指挥当局为保障安全与防卫起见向中国行政当局所作之建议，该行政当局予以实行；如有争议，则此类事件应提请中苏军事委员会审议决定之。

第六条 苏联政府在第二条所述之地区内，有权驻扎陆海空军，并决定其驻扎地点。

第七条 苏联政府并担任设置及维持为该区域航行安全所必需之灯塔信号及其他设备。

第八条 本协定期满后，所有苏联在该区域内建置之一切设备及公产应无偿归为中国政府所有。

第九条 本协定期限定为三十年，自批准之日生效。

两全权代表将本协定签字盖章，以昭信守。

本协定中文，俄文各缮二份，中文俄文有等同效力。

中华民国三十四年八月十四日即一九四五年八月十四日订于莫斯科。

中华民国国民政府主席全权代表 王世杰（签字）

苏联最高苏维埃主席团全权代表 莫洛托夫（签字）

附 件

关于旅顺港协定第二条所规定海军根据地区域之境界，自辽东半岛西岸候山岛湾以南之地点起，向东方面经过石河站及邹家咀子至该半岛东岸东西划为一线，此线以南为本地区陆路之界线，但大连市除外。协定所规定辽东半岛区域西方水面下列横线以南各岛归入本地区，此横线系自北纬三十九度正东经一百二十四度四十九分之点起，至北纬三十九度二十分东经一百二十一度三十一分之点止，将两点连为一线以后转向东北普兰店方向至其以南之陆路界线之起点。辽东半岛地区东方水面，在下列曲线以南各岛归入本地区。此曲线系自陆上界线终点起，向东经过北纬三十九度二十分，东经一百二十三度零八分之点后转向东南至北纬三十九度正东经一百二十三度十六分之地点为止（附俄国五十万分之一地图）。地区境界将由中苏混合委员会在当地划定，并设置标识，必要时在水面亦设标识，届时应绘就水陆地图，附具详细说明，所绘陆上地图为一比二五、〇〇〇。所绘海上地图为一比三〇〇、〇〇〇。该混合委员会工作开始日期，由双方另定之。上述委员会所拟定地区境界之说明及地图，应由两国政府核准之。

中华民国国民政府主席全权代表 王世杰（签字）

苏联最高苏维埃主席团全权代表 莫洛托夫（签字）

关于此次共同对日作战苏联军队进入中国东三省后苏联军总司令与中国行政当局关系之协定

中华民国国民政府与苏维埃社会主义共和国联邦最高苏维埃主席团，为愿使中苏此次共同对日作战苏联军队进入中国东三省后，苏联军总司令与中国行政当局之关系符合两国间现存之友谊精神与同盟关系起见，议定各条如左：

一、苏联军队因军事行动之结果进入中国东三省后，有关作战一切事务之最高权力与责任，在作战地带于作战所需之时内，属于苏联军总司令。

二、中华民国国民政府派代表一人及助理人员若干人，在业已收复之领土执行左列任务：

（甲）在敌人业已肃清之区域，依照中国法律设立行政机构并指挥之。

（乙）协助在已收复领土内树立中国军队包括正规军及非正规军与苏联军队间之合作。

（丙）保证中国行政机构与苏联军总司令之积极合作，并依据苏联军总司令之需要及愿望，待予地方当局指示，俾得有此效果。

三、为保证苏联军总司令与中华民国国民政府代表间之联系，中华民国国民政府派中国军事代表团驻于苏联军总司令部。

四、在苏联军总司令最高权力下之地带内，中华民国国民政府在收复区域之行政机构，应经由中华民国国民政府代表与苏联军总司令保持联系。

五、一俟收复区域任何地方停止为直接军事行动之地带时，中华民国国民政府即担负管理公务之全权，并经由其军事及民政机关给予苏联军总司令一切协助及支持。

六、所有在中国领土内属于苏联军队之人员，均归苏联军总司令管辖；所有中国籍人民，不论军民均归中国管辖。此项管辖权并包括中国领土内之人民对苏联军队犯罪过之案件。此项案件如发生于军事行动地带内时，则属例外，应归苏联军总司令管辖。遇有争执之案件，由苏联军总司令与中华民国国民政府代表协议解决之。

七、关于苏联军队进入中国东三省后之财政事项，应另定协定。

八、本协定于本日所签订之中苏友好同盟条约批准时，立即发生效力。

本协定用中俄文各缮成二份，中俄文有同等效力。

中华民国三十四年八月十四日即一九四五年八月十四日订于莫斯科。

中华民国国民政府主席全权代表　王世杰（签字）

苏维埃社会主义共和国全权代表联邦最高苏维埃主席团 莫洛托夫（签字）

中苏友好同盟互助条约

中华人民共和国中央人民政府与苏维埃社会主义共和国联盟最高苏维埃主席团具有决心以加强中华人民共和国与苏维埃社会主义共和国联盟之间的友好与合作，共同防止日本帝国主义之再起及日本或其他用任何形式在侵略行为上与日本相勾结的国家之重新侵略；亟愿依据联合国组织的目标和原则，巩固远东和世界的持久和平与普遍安全；并深信中华人民共和国与苏维埃社会主义共和国联盟之间的亲善邦交与友谊的巩固是与中苏两国人民的根本利益相符合的；为此目的，决定缔结本条约，并各派全权代表如左：

中华人民共和国中央人民政府特派中国政务院总理兼外交部部长周恩来；苏维埃社会主义共和国联盟最高苏维埃主席团特派苏联外交部部长安得列·扬努阿勒耶维赤·维辛斯基。

两全权代表互相校阅全权证书认为妥善后，同意下述各条：

第一条　缔约国双方保证共同尽力采取一切必要的措施，以期制止日本或其他直接间接在侵略行为上与日本相勾结的任何国家之重新侵略与破坏和平。一旦缔约国任何一方受到日本或与日本同盟的国家之侵袭因而处于战争状态时，缔约国另一方即尽其全力给予军事及其他援助。

双方并宣布愿以忠诚的合作精神，参加所有以确保世界和平与安全为目的之国际活动，并为此目的之迅速实现充分贡献其力量。

第二条　缔约国双方保证经过彼此同意与第二次世界战争时期其他同盟国于尽可能的短期内共同取得对日和约的缔结。

第三条　缔约国双方均不缔结反对对方的任何同盟，并不参加反对对方的任何集团及任何行动或措施。

第四条 缔约国双方根据巩固和平与普遍安全的利益，对有关中苏两国共同利益的一切重大国际问题，均将进行彼此协商。

第五条 缔约国双方保证以友好合作的精神，并遵照平等、互利、互相尊重国家主权与领土完整及不干涉对方内政的原则，发展和巩固中苏两国之间的经济与文化关系，彼此给予一切可能的经济援助，并进行必要的经济合作。

第六条 本条约经双方批准后立即生效，批准书在北京互换。

本条约有效期间为三十年，如在期满前一年未有缔约国任何一方表示愿予废除时则将延长五年，并依此法顺延之。

一九五〇年二月十四日订于莫斯科，共两份，每份均以中文与俄文书就。两种文字的条文均有同等效力。

周恩来（签字）

中华人民共和国中央人民政府全权代表

中华人民共和国中央人民政府

安・扬・维辛斯基（签字）

苏维埃社会主义共和国联盟最高苏维埃主席团全权代表

苏维埃社会主义共和国联盟

关于中国长春铁路、旅顺口及大连的协定

中华人民共和国中央人民政府与苏维埃社会主义共和国联盟最高苏维埃主席团确认自一九四五年以来远东形势起了根本的变化，即：帝国主义的日本遭受了失败，反动的国民党政府已被推翻，中国成为人民民主的共和国，成立了新的人民政府；这新的人民政府统一了全中国，推行了与苏联友好合作的政策，并证明了自己能够坚持中国国家的独立自主与领土完整，民族的荣誉及人民的尊严。

中华人民共和国中央人民政府与苏维埃社会主义共和国联盟最高苏维埃主席团认为这种新的情况提供了重新处理中国长春铁路、旅顺口及大连诸问题的可能性。

中华人民共和国中央人民政府与苏维埃社会主义共和国联盟最高苏维埃主席团根据这些新的情况，决定缔结关于中国长春铁路、旅顺口及大连的本协定：

第一条 缔约国双方同意苏联政府将共同管理中国长春铁路的一切权利以及属于该路的全部财产无偿地移交中华人民共和国政府。此项移交一俟对日和约缔结后立即实现，但不迟于一九五二年末。

在移交前，中苏共同管理中国长春铁路的现状不变。惟中苏双方代表所担任的职务（如铁路局局长、理事会主席等职），自本协定生效后改为按期轮换制。

关于实行移交的具体办法，将由缔约国双方政府协议定之。

第二条 缔约国双方同意一俟对日和约缔结后，但不迟于一九五二年末，苏联红军即自共同使用的旅顺口海军根据地撤退，并将该地区的设备移交中华人民共和国政府而由中华人民共和国政府偿付苏联自一九四五年起对上述设备之恢复与建设的费用。

在苏军撤退及移交上述设备前的时期，中苏两国政府派出同等数目的军事代表组织中苏联合的军事委员会，双方按期轮流担任主席，管理旅顺口地区的军事事宜；其具体办法由中苏联合的

军事委员会于本协定生效后三个月内议定，并于双方政府批准后实施之。

该地区的民事行政，应直属中华人民共和国政府管辖。在苏军撤退前，旅顺口地区的苏军驻扎范围，照现存的界线不变。

一旦缔约国任何一方受到日本或其他与日本相勾结的任何国家之侵略因而被卷入军事行动时，经中华人民共和国政府提议及苏联政府同意，中苏两国可共同使用旅顺口海军根据地，以利共同对侵略者作战。

第三条　缔约国双方同意在对日和约缔结后，必须处理大连港问题。

至于大连的行政，则完全直属中华人民共和国政府管辖。

现时大连所有财产凡为苏联方面临时代管或苏联方面租用者，应由中华人民共和国政府接收。为进行上述财产接收事宜，中苏两国政府各派代表三人组织联合委员会，于本协定生效后三个月内议定财产移交之具体办法，此项办法俟联合委员会建议经双方政府批准后于一九五〇年内完成之。

第四条　本协定自批准之日生效，批准书在北京互换。

一九五〇年二月十四日订于莫斯科，共两份，每份以中文与俄文书就，两种文字的条文均有同等效力。

周恩来（签字）

中华人民共和国中央人民政府全权代表

中华人民共和国中央人民政府

安・扬・维辛斯基（签字）

苏维埃社会主义共和国联盟最高苏维埃主席团全权代表

苏维埃社会主义共和国联盟

国务院关于大连港口体制改革试行方案的批复

(81) 国函字 197

辽宁省人民政府、交通部:

国务院原则同意交通部和辽宁省人民政府商定的《大连港口体制改革试行方案》，望即照此执行。

大连港实行政企分开后，大连港口管理局是国家管理港口的行政机构，主要负责港口行政管理和规划建设工作，由交通部和大连市人民政府双重领导，以交通部领导为主。大连港装卸联合公司是经济组织，主要从事港口装卸等运输生产经营业务，实行独立核算，自负盈亏。装卸联合公司建立党委领导下的经理负责制、职工代表大会制，直属交通部领导。

大连港是我国大型综合性港口，担负着繁重的外贸和国内运输任务。大连港口管理局应认真加强对所管辖区域的行政管理和规划建设工作的统一领导。大连港装卸联合公司要改进经营管理，提高装卸质量、生产效率和经济效益。在当地政府统一组织和有关部门的配合下，解决好港口压船压货问题，更好地为四化建设服务。

交通部和辽宁省对大连港体制改革试点要加强领导，认真细致地做好工作，国务院有关部门要积极配合，不断总结经验，抓出成效。

国务院

一九八一年十二月二十一日

附　件

大连港口体制改革试行方案

根据国务院领导同志对大连港口体制改革的指示精神，我们就港口体制存在的问题、改革的必要性及改革的措施，进行了调查研究，听取了各方面意见，提出了大连港口体制改革试行方案。

大连港始建于一八九九年。一九四五年以前日本帝国主义侵占时期，港口设置的机构先后是满铁大连埠头局，主要负责港口航政、港政、码头库场和港区铁路设施的管理；满铁大连福昌华工公司，负责货物装卸和劳动力管理；关东州大连警察局水上警察署，负责海上和港口的治安、消防。一九四五年苏联代管大连港后，一九四九年建立了大连港务管理局，既负责港口行政管理，又经营装卸业务，形成了政企合一的体制。一九五一年一月，我国正式接管大连港，基本上沿用苏联代管期间的港口体制。一九五四年政务院颁发的《中华人民共和国海港管理暂行条例》明确规定，港务局“负责执行海港行政管理工作与业务事项，并为企业经济核算单位”，沿袭至今。

政企合一的港口体制，起过积极作用，但从整个国民经济的发展趋势看，已不适应港口行政管理和企业经营的需要。主要问题是：

一、不利于港口的行政管理和规划建设。港务管理局的领导精力往往集中于企业的工作，放松了港政、航政管理和港口的规划建设，“谋政”甚少，不能成为管理港口的权威机构，形成目前政出多门，港权分散的局面。如港区沿岸工矿企业向水域大量排泄垃圾，造成港区严重污染；中华人民共和国成立以来先后有五十多个单位挤进港区任意扩建厂房、仓库、住宅，严重地影响了港区的规划建设和生产的发展（苏联移交时港区陆域面积七点二平方千米，现已被挤占三点一平方千米，占百分之四十三）。

二、不利于按经济办法管理企业。港务管理局习惯于用行政办法管理企业，以政代企，忽视经济效果和企业的利益。企业难以独立自主地进行经营管理，企业和职工的积极性受到限制。

港口是多部门、多环节、多工种联合作业的单位，经营管理和生产业务涉及面广，整体性强。根据国务院办公厅国办发(1981)26号文件《国务院办公厅转发关于大连港生产和建设问题会议纪要的通知》的精神，对大连港口体制的改革，应本着有利于经济调整，有利于加强和改进企业的经营管理，提高生产效率和经济效益，有利于加强港口行政统一管理和规划建设，有利于安定团结的原则进行。根据上述原则，现提出如下改革方案：

一、政企分开

将现在政企合一的大连港务管理局分为两个性质不同的独立组织：一为行政组织，是代表国家管理港口的行政机关，主要负责港口行政管理和规划建设工作，并按照国家的要求，在宏观经济上协调、指导港区企业；一是企业联合组织，从事以装卸、仓储业务为主的港口运输生产经营活动，实行独立核算、自负盈亏。

行政组织定名为大连港口管理局(局级单位)，企业联合组织定名为大连港装卸联合公司（局级单位），均为交通部直属一级单位。

大连港口管理局由交通部和大连市人民政府实行双重领导，以交通部领导为主。

二、大连港口管理局的职责

港口管理局要维护国家的主权、尊严和利益。

根据国家有关政策、法令，制订本港管理条例和规章制度。其主要职责是：

1. 监督各有关方面遵守我国政策、法令和本港的管理条例、规章制度，对违反政策、法令之行为有处理权。

2. 统一管理港口行政工作，审批港区内的工程建筑，处理违章建筑设施。

3. 搜集港口经济资料，编制港口建设的长远规划和年度基本建设计划，负责审查设计，并组织实施。

4. 管理和维护港区内的航道、港池、航标和港口设施。

5. 统一管理船舶进出港、船舶登记、船员考试发证。

6. 调查处理船舶违章和海损事故。

7. 统一管理引航工作，对外轮实行强制引航。

8. 发布航海通告，维护港区水陆域安全秩序，防止污染，组织海难救助工作。

9. 征收船舶港务费和货物港务费，收取港口基础设施租赁费。

10. 审批在港区内兴办生产、服务性企业的申请，并办理注册、登记。

11. 承办交通部和大连市人民政府授权的其他事项。

三、大连港装卸联合公司的职责

1. 根据国家政策、法令和有关规章制度，在国家计划指导下组织生产经营活动。

2. 提高生产水平、技术水平和经营管理水平，加速车、船、货的周转，全面完成上级主管机关下达的各项计划任务。

3. 实行经济责任制，正确处理国家、企业、职工三者利益，调动广大职工的积极性，挖掘潜力，提高装卸质量，降低成本，为国家提供积累。

4. 开展全员教育、培训，提高职工的科技、业务和文化水平。

5. 任免企业中层干部。

6. 管理公司财产，维护机械、车辆、仓库、库场，保持良好技术状态，保证港口正常的通过能力。

7. 按期缴纳税金、利润等各种款项，按照规定缴纳港务设施租赁费。

8. 利用自有资金和银行贷款进行技术改造。

9. 参与港口建设、技术改造设计的审查和装卸工艺的选择。

10. 代理航运企业的商务工作。

11. 行使港口管理局授予的进出港船舶调度和靠离码头指泊权。

四、港区范围

按照《中华人民共和国海港管理暂行条例》的规定，根据大连港的历史情况以及港口行政管理和生产建设的需要，确定大连港港区范围为：

水域部分：从沙鱼嘴、险礁、沙砣子、韭菜碗子经大三山岛至黄白嘴所作引线范围内的海域。

陆域部分：原则上按照一九五一年苏联移交时的港界线为基准适当作一些调整。其中鲇鱼湾新港按建港时划定的区域为准。

凡属大连港港区内的行政管理工作，均由港口管理局行使国家授予的权力，集中统一管理。港区内的其他行政管理机构应执行港口有关法令和规定，并在业务上接受大连港口管理局的领导。

五、机构设置

1. 港口管理局的机构设置

大连港口管理局设党委。局机关设三部一室，港航监督部、规划建设部、经济部和办公室（见表一）。

港航监督部对外仍称：“中华人民共和国大连港务监督”。“中华人民共和国船舶检验局大连办事处”。

局下设公安局。

2. 装卸联合公司的机构设置

大连港装卸联合公司建立党委，实行党委领导下的经理负责制和党委领导下的职工代表大会制。

装卸联合公司的机构，暂设若干处室，待条件成熟时，逐步归并为若干个部（见表二）。

装卸联合公司下属七个装卸作业区、铁路管理站、汽车队、船舶队、客运站、船舶燃料供应分公司、外轮理货分公司、外轮航修厂、机械修造厂、修建工程公司、电力管理站、通信站、职工医院、技工学校、科研所、服务公司（大集体）等基层单位。各个基层生产单位是内部独立核算单位。船舶燃料供应分公司、外轮理货分公司在业务上分别接受中国船舶燃料供应公司和中国外轮理货公司的领导。

港口管理体制的改革，要遵循中央关于体制改革“决心要大，方向要准，步子要稳”的精神进行。本方案从一九八二年一月起试行，并在试行过程中，不断总结经验，进一步改革、完善。

交通部

辽宁省人民政府

一九八一年十月二十六日

国家计委关于大连市实行计划单列问题的复函

计综〔1984〕608号

辽宁省人民政府：

我们研究了大连市上报田纪云、张劲夫、宋平等国务院领导同志的《关于大连市实行计划单列的请示》，以及郭峰同志的来信。现将我们的意见函复如下：

为了进一步开发和建设大连市，充分发挥其口岸城市的作用，同意大连市从制订一九八五年计划起，在你省计划中单列。

为了做好大连市计划单列的准备，需要及早核定该市各项计划指标的基数。这项工作请你省主持，于今年上半年提出，以便在制订一九八五年计划控制数字时，大连市就能实行计划单列。划分基数中的各项具体问题，由省、市双方协商解决。大连市各项计划指标的基数核定以后，其中属于中央主管部安排的，由中央有关主管部直接安排，然后加到省的计划中，在省的名下列出大连市的计划指标。

国家计划委员会

一九八四年四月十日

辽宁省人民政府报送关于大连市实行计划单列的实施意见的报告

辽政发〔1984〕97号

国家计委并国务院：

根据国家计委意见，省计委和大连市计委共同拟订的《关于大连市实行计划单列的实施意见》，经大连市政府和省政府同意，现予报上。

为了加快大连市进一步开放和兴办经济技术开发区的步伐，省政府同意大连市政府的意见，请国家对大连市实行重庆市的办法，实行计划单列户头，并给予大连市相当于省一级的经济管理权限。

妥否，请予审批。

辽宁省人民政府

一九八四年六月二十一日

附 件

关于大连市实行计划单列的实施意见

国家计委于四月十日以计综〔1984〕608号函复辽宁省人民政府，同意大连市从制订一九八五年计划起实行计划单列。为了及早核定大连市各项计划指标的基数，做好计划单列的各项准备工作，经省、市计划部门和其他有关部门的充分协商，现提出大连市在全国计划中单列户头的实施意见：

一、关于大连市实行计划单列的范围、内容、方法和程序

根据国家计委的“复函”和五月十九日电话通知精神，确定大连市计划采取重庆市计划单列的办法。

1. 在全国的工农业生产、交通邮电、固定资产投资、主要商品购销调存、能源和主要物资的分配调拨、外贸、劳动工资、财政信贷、科学技术以及各项社会发展计划中，都将大连市视同省一级计划单位，单列户头，并享有相当于省一级计划管理权。

2. 按照统一计划、分级管理的原则，属于国家计委主管的计划，由国家计委在全国经济、科技和社会发展计划中对大连市单列户头；属于国务院其它部、委、局和各总公司主管的计划，由这些部门在全国的部门、行业计划中对大连市单列户头，在计划安排上，在国家先将大连市单列，然后加到辽宁省的计划数中，在辽宁省名下列出大连市的计划指标，不属于国家计委和各部、委、局及总公司主管的计划，原则上由大连市计委和市级主管部门自行安排，其中涉及全省综合平衡的，由省计委和省主管部门安排协调。

3. 大连市的经济、科技和社会发展计划，由市计委和市主管部门直接上报国家计委和国务院其他各主管部门，同时抄报辽宁省计委和省各主管部门，国家计委和国务院其他各主管部门将大连市的计划直接纳入全国计划统筹安排，综合平衡。计划指标直接下达到大连市计委和市主管部门，同时抄送辽宁省计委和省各主管部门。计划指标的调整，亦按同样程序审批。

4. 全国计划会议和全国性的部门、行业计划会议和各种有关的经济工作会议以及专业会议，对大连市视同省一级计划单位吸收参加，省计划会议和全省性的各种专业会议，大连市仍作为省的一个地区参加。

5. 在保证完成国家计划的前提下，大连市承担的省安排的生产建设、商品和物资的中转、代储、代供、科技攻关，科技协作任务，并为全省的对外经济技术交流提供条件。大连市同省内各市地的生产协作，产品配套关系，要继续保持和发展，不得随意中断，并根据经济合理的原则，积极发展与省内其它地区的经济、技术联合和协作，如确实需要调整某些产品的协作配套关系，应由省、市有关部门充分协商来解决。但涉及全国生产定点布局和产供销平衡的调整，应征得国家有关部门的同意。

6. 大连市实行计划单列之后，市的各项计划安排和执行情况仍应及时向省计委和省有关部门备案或报告；省计委和各主管部门亦应继续对市进行指导和帮助。

二、计划单列指标的依据和划转基数的原则

农业生产、工业生产、交通邮电、国家直接安排的固定资产投资、自筹基建、商品收购（包括外贸商品收购）、科学技术、文教卫生以及其他社会事业发展计划，原则上不划基数。但为了使国家对大连市的计划指标进行统筹安排，由省、市计委将全省及大连市上述计划指标的前三年数（一九八二年、一九八三年的实际完成数和一九八四年的计划数）上报国家计委，作为国家计委和有关部门安排大连市计划指标的参考。对地方统筹基建投资、能源的分配调拨、主要商品和主要物资的分配调拨、劳动工资、地方外汇、财政和信贷以及其他有关财力、物力分配的计划指标，应根据辽宁省的实际情况划定适当基数。划转基数的原则是：

(1) 前三年（一九八二年至一九八四年）升降变化较大的指标，以一九八二年、一九八三年实际和一九八四年计划（包括计划内的追加与减少）的平均数为基数；

(2) 前三年逐渐增加或减少的指标，以一九八四年计划为基数；

(3) 前三年基本稳定的指标，以一九八三年实际数为基数；在上述原则基础上，根据实际情况作必要的调整，由省、市双方商定。

具体办法是：

1. 地方统筹基建投资。参照一九八二年至一九八四年计划（包括省砍块分给大连市的投资和省各厅局用地方统筹基建投资在大连市安排的建设项目的投资）的平均数，商定大连市地方统筹基建投资的基数。省重点安排的碧流河水库的投资数不作为基数划转。未完工程中由省承担的投资继续安排；省安排的边疆建设投资以前三年的平均数为基数划给大连市。原由省机动财力安排的在建项目，仍按原批准的计划内容或商定的事项由省继续负责。省已超收的能源交通建设基金在大连市安排的建设项目，今后由市负责安排。

2. 能源的分配调拨。原由省燃料公司主管的煤炭、燃料油的分配、调拨，以一九八四年计划为基数（并考虑到年度内的追加和减少因素），连同压油和扣油指标一并划转，从一九八五年起改由国家对大连市直接分配调拨。省在大连市的直供单位的燃料指标仍由省有关部门，按原来的供应渠道和办法分配调拨。大连市的供电量由东电参照一九八三年、一九八四年的实际供电量，从一九八五年起直接供给。

3. 主要物资的分配和调拨。原则上以前三年计划（包括计划内增加与减少）的平均数为基础，由省、市物资局共同商定大连市的基数。国家分配的物资要从省计划中分出来，改由国家对大连市直接安排；省资源仍由省统筹安排。其中，属于生产、建设需要的，按每年省安排的生产、建设计划进行核算，根据资源多少确定分配水平，省在大连安排的生产任务大体稳定；属于维修、轻工市场和农业补助等需要的，以前三年计划的平均数为基础，省市共同商定基数，一定几年不变。

省掌握的地方汽车资源的分配，以一九八四年大连市的计划数占全省可供分配量的比例为依据，由省继续安排。其他统配机电产品和属于生产资料的工业品的调出调入，仍按过去渠道不变，具体品种与数量由省、市双方商定。

工业部门内调的工业品，以一九八四年计划为基数，并保证相应的规格、品种、所需原材料的数量和供应渠道不变，上述内容如需调整，应由省、市主管部门协商解决。

上交国家的废钢铁，将全省及大连市一九八二年、一九八三年实际上交数和一九八四年计划数上报，由国家计委分别确定辽宁省和大连市一九八五年的上交任务。

上交省的废钢铁和废有色金属，以一九八四

年计划为基数。

中央及省直供企业的产品分成，属于省与市之间分成的仍按现有办法执行；属于省与国家分成的部分，应商定一个合理比例留给大连市。由省投资、集资和省市合办的建设项目投产后的产品分成办法，按双方商定的意见执行。

4. 主要商品的分配和调拨。主要商品（包括农产品和工业品）收购、调拨计划，原则上按照一九八二年至一九八四年计划（包括计划内待分配数量，不包括计划外临时增拨数量）的平均数为基数，其中：农产品派购品种，如苹果、生猪、鲜蛋、牛皮等，按照派购任务确定基数。

粮食计划，由省粮食局与大连市粮食局协商划定基数。

5. 劳动工资。大连市的市属单位劳动工资计划（包括清退计划外用工计划）以一九八三年计划和计划调整数为基础，并考虑到一九八四年的增减因素商定基数。

6. 大中专毕业生分配。属于国家计委和中央各部分配的大专毕业生，按一九八三年国家对辽宁分配数的 8% 划给大连市，从一九八五年起，由国家对大连市单列户头。省属大中专院校毕业生及各市、地属面向全省招生和分配的中专毕业生的分配仍按原来的办法由省统筹安排。

7. 地方外汇。对国家每年分配给辽宁省的地方外汇，根据一九八二年、一九八三年实际和一九八四年计划三年平均出口商品收购额（扣除国家规定石油等十种不分成商品）大连市占全省的比重确定基数。

8. 财政收支。按省财政厅，市财政局同财政部商定的意见划转基数。

9. 信贷收支。按省、市分行与各银行总行商定的意见划转基数。

省各厅局主管的计划指标的划转，应以上原则，结合具体情况，由省、市各主管部门商定。

大连市各项计划基数的划转，应于六月末上报，以便国家在制订一九八五年计划控制数字时，将大连市的计划指标给予单列。

三、请求国家帮助解决的几个问题根据

根据国家计委计综〔1984〕608 号文件精神，省市计委经过协商，主要计划指标基数的划定，基本取得了一致意见。但尚有几个问题，请求国家帮助解决。

1. 大连市的财政，要直接与国家财政部挂钩，实行计划全面单列。在全国财政体制没有改革之前，对大连市财政应实行“核定基数，收支挂钩，定率上解，超收留用”的体制。鉴于实行财政包干以后，大连市财政支出比例太低，连续两年出现赤字等情况，请求国家按照重庆市的办法，在核定财政基数时，适当扩大支出比例，并实行超收留用的政策，原由省机动财力安排给大连市基本建设平均每年四百五十万元投资不划基建基数，请国家考虑列入大连市财政支出。

2. 为适应计划单列的需要，请求批准大连市享受省一级对外贸易的计划管理权和经营权。除经济开发区自主经营对外贸易外，属大连市的对外贸易准予按重庆市现行办法执行，成立专业进出口分公司，同国家经贸部的各总公司挂钩，直接经营大连市对外贸易业务。

3. 关于粮食销售，核定的划转基数偏低。随着大连市进一步开放，生产的发展和流动人口的增加，近两年尽管在严格控制销售的情况下，实际销售量平均还未达到十六亿斤。目前，尚有二百多个饮食业门点开不了业：食品生产用粮仅满足一半，其他工业用粮只能满足三分之一。特别在品种上，细粮比重过低，约占三分之一左右，供需矛盾非常突出。请国家除适当给大连市增加粮食销售指标外，给予调整细粮比重，增销一亿斤细粮。

4. 为适应计划单列和体制改革的需要，大连市物资经营范围相应扩大，供应量必将大量增加，请国家适当增拨周转物资，以满足品种调剂和供应的需要。

5．工业、农业、商业、金融、物价、科技、文教卫生、民政、民委、公安、司法等部门的计划，实行单列后，请国家计委帮助疏通渠道，打通关系，使计划单列工作顺利进行。

辽宁省计划委员会
大连市计划委员会
一九八四年五月三十一日

辽宁省计委、大连市计委关于报送大连市计划单列划转主要计划指标基数的函

辽计发〔1984〕299号
大计发〔1984〕233号

国家计委：

根据国家计委计综〔1984〕608号文《关于大连市实行计划单列问题的复函》的精神，省、市计委和有关部门经过充分协商，共同拟定了《关于大连市实行计划单列的实施意见》，（已以辽宁省人民政府辽政发〔1984〕97号文上报国家计委），并在此基础上，商定了大连市计划单列划转的主要计划指标基数，现报上，作为国家编制一九八五年计划时对大连市实行单列的参考。这些指标基数如无不妥，望于批复并转知国务院各有关部门。

为了从实际出发，合理地安排好大连市的生产计划，省、市计委商定，对工农业生产、交通运输邮电以及上缴废钢铁等计划指标原则上不划基数，请国家根据情况统筹安排。现将大连市一九八二年至一九八四年工农业生产、交通、邮电以及上缴废钢铁等计划指标和实际完成情况的资料随文上报。这次上报的资料，是按国家计委主管的计划产品目录整理的。属于部管产品部分，由省、市主管部门另行整理上报。

附件：1．大连市计划单列划转主要计划指标基数表（略）。

2．大连市一九八二至一九八四年工农业生产、交通、邮电及上缴废钢铁等计划指标和实际完成情况表（略）。

辽宁省计划委员会
大连市计划委员会
一九八四年六月二十五日

国家计委关于重庆市、武汉市、沈阳市、大连市计划单列的通知

计综〔1984〕1466号

国务院各部委、各直属机构，四川省、湖北省、辽宁省计委，重庆市、武汉市、沈阳市、大连市计委：

一九八三年二月，中共中央和国务院批准重庆市进行经济体制综合改革试点和计划单列以后，最近又批准了武汉市、沈阳市进行经济体制综合改革试点和计划单列。为了进一步开发和建设大

连市，充分发挥其口岸城市的作用，今年四月我委批准大连市计划单列。最近国务院又通知赋予大连市以相当省一级经济管理权限。以上四个城市，重庆市已从制订一九八四年计划起实行计划单列，武汉市、沈阳市和大连市从制订一九八五年计划起实行计划单列。现将有关具体事项通知如下：

1. 在核定重庆、武汉、沈阳、大连四个城市主要计划指标基数的基础上，国家计委和国务院各有关部门在下达分省、自治区、直辖市的长期和年度计划中，都应将这四个城市的指标单独列出，直接下达到各市，并抄送这四个城市所在的四川、湖北、辽宁三省。在计划表式上，将这四个城市的计划指标先单独安排，然后分别加到有关省的计划数中，在省的名下，列出“其中：××市”的指标。

2. 重庆、武汉、沈阳、大连四个城市的计委和其他部门向国家计委口国务院有关部门报送建议数和计划草案时，应分别抄送所在的四川、湖北和辽宁省计委和有关厅（局）。

3. 国家计委、国务院有关部门召开的省、自治区、直辖市参加的有关计划会议和其他业务会议，应同时邀请上述四个城市参加，发往各省、自治区、直辖市的文件，也应同样加发这四个城市。

4. 国家统计局、国务院有关部门、各省的分地区统计数字中，均应将上述四个城市的数字在各有关省的总数下，以“其中：××市”的形式单独列出。

5. 武汉、沈阳、大连三个城市的各项计划基数，请于七月底以前送给我们，以便转发国务院有关部门，作为制订一九八五年计划的依据。

国家计划委员会
一九八四年七月十八日

国家计委转发辽宁省计委、大连市计委《关于报送大连市计划单列划转主要计划指标基数的函》的通知

计综〔1984〕1546号

国务院各部委、各直属机构：

根据国务院办公厅国办发〔1984〕52号文《国务院办公厅关于在大连市进行经济体制综合改革的通知》精神，现将辽宁省计委和大连市计委《关于报送大连市计划单列划转主要计划指标基数的函》转发给你们，在编制一九八五年计划时参考。

附：辽宁省计委、大连市计委《关于报送大连市计划单列划转主要计划指标基数的函》及附件。

国家计划委员会
一九八四年七月二十八日

国务院办公厅转发关于大连市经济体制综合改革的实施方案的报告的通知

国办发〔1985〕44号

辽宁省人民政府，国务院各有关部门：

辽宁省人民政府报送的《关于大连市经济体制综合改革的实施方案的报告》，已经国务院批准，现转发给你们，请贯彻执行。

大连市是我国沿海的重要港口城市和拥有工业、外贸、科技、旅游等优势的经济中心城市，搞好大连市的经济体制改革，对振兴东北地区的经济，具有重要的意义。

大连市的经济体制综合改革，要在辽宁省委和省人民政府领导下进行，认真贯彻《中共中央关于经济体制改革的决定》，不失时机地把改革推向前进。在改革工作中，国务院各有关部门要给予积极的支持与指导。

国务院办公厅

一九八五年六月二十六日

附　件

关于大连市经济体制综合改革的实施方案的报告

国务院：

国办发〔1984〕52号通知指出，国务院同意在大连市进行经济体制综合改革，实行计划单列，并赋予省级经济管理权限。这是党中央、国务院继对我市实行进一步对外开放的重大决策之后的又一重要决定，对充分发挥我市的优势，进一步搞好开发和建设，繁荣辽宁、东北地区的经济具有重要意义。我们根据通知的要求制定了大连市经济体制综合改革实施方案。

大连是东北的对外门户，是我国的一个重要沿海港口城市和拥有工业、外贸、科技、旅游等优势的经济中心城市，战略地位十分重要。大连市的经济发展战略重点和目标是：依托东北三省和内蒙古东部广大腹地，紧密联结沈阳附近城市群，充分发挥我市的港口优势，发展海洋、航空以及铁路、公路运输和对外经济贸易；充分利用现有的经济技术基础，大力搞好技术引进，改造传统工业，开发知识、技术密集型产业，充分利用优越的地理条件，积极兴办经济技术开发区，创建振兴经济的新基地，并加速发展第三产业，为实现20世纪末工农业年总产值“翻两番”的战略目标，为建设繁荣的辽南经济区，为振兴东北经济和促进全国“四化”做出新的贡献。

我市的经济体制综合改革，要认真贯彻《中共中央关于经济体制改革的决定》，围绕上述经济发展战略目标，在坚持社会主义公有制和坚持有计划的商品经济的前提下，紧紧抓住增强企业活力这个中心环节，逐步建立起具有中国特色的、充满生机和活力的社会主义经济体制。即，一种能够促进经济发展和技术进步的开发型体制；一种对国内外市场有较强适应能力的富有弹性的开放型体制；一种具有较强的辐射力、吸引力和综合服务能力的网络型体制。在改革中，要坚持以下的方向：一是打破条块分割，按照经济的内在联系，发展企业、行业、地区之间的横向经济联系和技术协作，由城市合理地组织生产和流通，搞好改组联合和专业化协作，逐步建立起条块结合、城乡结合、“前沿”与“腹地”结合的经济网络，发挥大城市的交通、工业、贸易、金融、科教、信息中心等多种功能的作用；二是打破内外封闭，对内对外实行更加开放的政策，逐步建立起“外引内联”的开放型经济结构，以及对国外先进技术和管理经验进行吸收、消化、创新、转移的体系，更好地发挥辽宁、东北的“前沿”和“窗口”的作用；三是打破独家经营，发展多种经济形式和多种经营方式，使国营、集体、个体经济多层次地协调发展；四是打破两个“大锅饭”，正确处理国家与企业、企业与职工之间的关系，把企业和职工的经济利益同企业经营好坏和职工个人贡献大小紧密联系起来，真正贯彻按劳分配的社会主义原则；五是打破政企职责不分，从抓好市一级简政放权和扩大企业自主权入手，以增强企业活力为中心，实行政企职责分开，先改变职能后改变机构，探索发挥沿海城市的经济中心功能和政府职能作用的新路子。

现将改革实施方案的要点报告如下：

一、在省的领导下，实行计划单列，享有省级经济管理权限

1. 根据国务院的批示，从一九八五年起，在全国计划中，对大连市的国民经济、科学技术和社会发展各项计划实行单列户头，直接纳入国家计划平衡。属于国家计委和国务院各部门主管的计划，分别请国家计委和各主管部门单列。不属于国家计委和各部门主管的计划，原则上由市计委和市有关部门安排。计划单列后，仍须由省平衡的有关计划，请省计委或省有关部门安排和协调。省管商品、物资的调出、调入，按省、市商定的基数和计划执行。

2. 根据国家计划，全面管理大连市的工农业生产、固定资产投资、城乡建设、交通运输、商品流通、对外经济贸易、科学技术、文教卫生等生产建设和社会发展事业；在计划、财政、银行、保险、税务、物价、审计、工商行政、劳动工资、电力、物资分配、外贸外经、邮政电信、城市建设、科学技术、文教卫生、环境保护、药政、药检、专卖事业、旅游等生产建设和社会发展事业方面，享有省级经济管理权限。对基本建设和技术改造项目、建设用地、规划设计、建筑施工以及经济组织和文化教育事业单位的组建，高等教育自学考试、学历和职称评定等，享有省级的审批权。其中涉及利用外资引进技术和能源、交通建设的权限，均按中发〔1984〕13号、国发〔1984〕131号文件执行。各项事业（包括文化、政法和其他社会事业）的经费和建设投资安排也视同省级单位。

3. 凡由国务院和各部门召开的有关计划、经济工作的会议，请将大连市视为省级单位参加会议。国家有关经济部门下发给省级单位的文件、简报、资料，也请同时下发大连市，以利于加强对大连市经济工作的领导和帮助。

二、以搞好港口建设和管理为中心，改革交通管理体制

1. 认真贯彻一九八五年三月《港口体制改革座谈会纪要》，积极做好大连港下放的各项准备工作，从一九八六年起正式划转财务计划关系。港口下放后，实行“双重领导、地方为主”的管理体制。坚持下放与改革相结合，继续搞好政企职责分开试点工作，重点在于扩大企业的自主权，增强企业活力。港口管理局改为市政府的机构，行使政府职能。

2. 按照国发〔1984〕131号文件的规定，我们将大连口岸联合委员会改为口岸管理委员会，作为市委、市政府领导下的一个权力机构，全权处理口岸工作中的各项事宜（包括计划平衡、装卸疏港、政企职责分开试点等工作），组织各方协力实施。

3. 根据国发〔1985〕3号文件规定和民航管理体制改革试行方案，以大连为基地组建中国北方航空公司。并请批准对机场实行中国民航局与大连市双重领导、以中国民航局为主的管理体制。

4. 开放运输市场，实行多家经营，坚持国营、集体、个体、合营、联营以及各种运输工具一起上，并扩大地方海运船队，进一步搞活地方交通运输和装卸事业。同时，本着军民结合、平战结合、适当分工、互利互惠的原则，充分挖掘军用港口、码头、船只的能力，担负民用客货的营运业务。

三、扩大口岸外贸权限，改革对外经贸体制

1. 按照国发〔1984〕131号文件规定，大连市享有省级对外经贸管理权。在经贸部授权的范围内，可签发市内产品出口许可证、纺织品出口许可证，签发中外合资、独资企业证书和执行省级的对外贸易、劳务出口等出国团、组和人员的批准权，以及大连市综合基地外汇管理权。

2. 为了实施中央赋予我市的外贸经营权，根据对外经济贸易发展的需要，成立大连国际技术贸易公司、土畜产品、粮油食品、化工、五金矿产、轻工等若干外贸专业分公司，经营大连市产品的出口和本市所需技术设备进口业务，以及大连市企业与国外的经济技术合作事宜。

3. 根据国发〔1985〕 5号文件规定，我市自行批准建立了工贸、技贸和进出口结合的大连纺织品进出口联合公司，承担国家出口任务。并将陆续报请国家主管部门批准我市部分符合条件的大企业享有直接对外经营权。

4. 将辽宁省国际信托投资公司大连分公司改为大连国际信托投资公司，在中国人民银行大连市分行统一管理下，承办境外信托存款和投资；经批准在国外和港、澳地区发行债券、股票，借入境外外币资金；办理信托投资范围内的外汇业务，以及承办与信托投资有关的咨询服务业务。

5. 业经国家批准我市将逐步在港、澳地区和日本设立外贸机构，以掌握信息，联系客户，开拓市场，发展国际经济技术合作业务。

四、放宽政策，加快老企业技术改造的步伐

1. 我市在对外开放中要首先把老企业的技术改造抓好。根据国发〔1984〕161号文件规定，凡在老市区投资建设技术、知识密集型项目和投资额在3000万美元以上，回收投资时间长的项目，以及从事能源、交通、港口建设项目的中外合资、合作和外商独资企业，其所得税按15%征收，并适当延长合作和减免税期限。凡在老市区按国发〔1984〕161号文件规定的范围，开办中外合资、合作和外商独资经营的生产性企业，其所得税打八折计算征税。

2. 为鼓励企业搞好技术改造，除认真执行中发〔1984〕13号文件对利用外资、引进先进技术所给予的政策性扶植外，对进行技术改造取得较好效益的企业，在保证按期归还贷款的条件下，允许在还贷前提取奖励基金和福利基金。

3. 为解决老企业筹措技术改造资金问题，请国家允许我市从一九八五年起，对重点改造企业，按国家统一规定的固定资产分类折旧年限和分类提取折旧的办法提取折旧基金。并按照财政部（1985）财政字第44号文的规定，对部分欠账多又急需改造的先进骨干企业，适当减征调节税。

五、简政放权，搞活企业，改革工业管理体制

1. 根据中央有关下放企业的指示精神，对部、省管的在大连的工业企业，除国务院批准的全国性公司和军工、电力、劳改部门直接管理的企业以及大专院校附属企业外，其余均请下放给市。对未下放的企业，市可根据情况组织协调生产、协作和科技攻关。

2. 在企业下放的基础上按照专业化协作、经济合理的原则，以五十个优质名牌产品为“龙头”，以主导厂为骨干，搞好工业改组、产品扩散和企业联合，特别要发展跨行业、跨地区的经济联合，并尽快把铸、锻、电镀、热处理工艺专业化中心建立起来，逐步解决“大而全”“小而全”问题，使产业和企业组织结构合理化。

3. 要进一步贯彻落实国务院《关于进一步扩大国有工业企业自主权的暂行规定》，在计划、价格、销售、联合和内部分配等方面，赋予企业更大的权限，使企业尤其大中型企业有更多的活力；对国有小企业、城镇和乡村集体企业，要继续放宽政策，进一步放开搞活。

4. 认真贯彻中办发〔1984〕15号文件精神，进一步搞好厂长负责制的全面试点工作，在企业内部建立统一的、强有力的、高效率的生产指挥和经营管理系统，以进一步理顺各方面的关系，搞好企业领导体制的改革。

5. 工业主管部门要进一步搞好简政放权，以增强企业和基层的自主经营活力，逐步实现政企职责分开，减少层次，正确发挥政府机构管理经济的职能，管好方针政策、统筹规划、综合平衡、组织协调、监督服务。拟在二至三个行业中先行一步，取得经验，逐步推开。

六、敞开门户，搞活市场，改革流通和商业管理体制

1. 改革多层次批发体制，办好工业品、农副产品和生产资料等各种贸易中心，实行开放式经营，批发与零售结合，自营与代理结合，逐步形成多渠道、少环节的批发体制。

2. 改革城市商业管理体制，实行政企职责分开，减少中间层次，扩大基层商店的经营自主权，在实行第二步利改税的基础上，建立与完善经营承包责任制。对小型国营零售商业、饮食服务业实行进一步开放，分别实行“国家所有、集体经营”，或直接转为集体或租赁给个人经营。

3. 要加快供销社体制的改革，切实按照集体所有制的办法，总结前一段改革的经验，自上而下地办好供销社，从劳动人事制度、分配制度、社员入股、价格管理、经营范围和服务领域等五个方面进行改革。

4. 大力发展商业、饮食服务业，要坚持国营、集体、个人一起上，敞开门户，通开城乡，欢迎农村和全国各地到大连投资办店经商，可以自营、合营或联营，以加快我市商业、饮食服务业的发展。

5. 改革物资管理体制，要减少环节，简化手续，对计划内分配的大宗物资，实行直达供应，直接结算。要建立市的生产资料贸易中心，进一步开发资源，扩大进货渠道，实行计划供应、市场调节和必要的进口相结合，开放物资市场。

七、搞好人才和智力开发，改革科技体制

1. 改革科技计划管理体制，建立市科技发展基金，对重点项目实行公开招标、同行评议、择优委托、签订合同的办法，重视运用经济杠杆，以促进科学技术的发展。

2. 对从事技术开发和推广应用研究的科研单位，普遍由事业费开支改为技术合同制，实行所长负责制和项目承包制，并相应扩大自主权，增强科研面向经济的压力和活力。对从事公益事业的研究机构和从事科学技术服务、技术基础工作的机构，仍由国家拨事业费，实行经费预算包干制。

3. 进一步搞好科研机构的调整、整顿，分别不同情况，逐步改组为大企业的技术开发部、行业技术开发中心或科研型企业。各重点企业要建立和健全各种技术开发机构和配备必要的技术开发力量，以强化企业的技术吸收和开发能力。同时要发展跨行业、跨专业、跨部门和地区的科研生产联合体，促进科研、教学、生产、市场的紧密结合。

4. 大力开拓技术市场，建立多层次、多渠道的各种技术贸易形式，积极发展技术转让、技术承包、技术咨询、技术服务等技术贸易活动，以加快科技成果向生产的转移。

5. 放宽政策，促进人才合理流动，广泛推行招聘制、合同制；采取多种形式发挥在职和离、退休技术人员的作用，支持科技人员组织或参加面向社会的民办技术开发、技术服务的公司。

6. 建立大连市经济研究中心和经济技术信息中心，有计划、有目的地开展经济研究和信息收集整理，搞好经济预测、咨询、服务，发挥“智囊团”作用。

7. 逐步调整全市的基础教育、职业教育、高等教育的布局结构，搞好培训基地建设，充分利用中央和省在大连市的高等院校和市属院校，为我市的经济建设培养急需的科技和管理人才。同时，要利用大连市对外开放的有利条件，吸引国外的资金和专家发展我市的教育事业。

八、改革城乡建设管理体制

1. 加强城市的规划管理，制订并认真执行城市总体规划，使城市总体规划同城市的经济社会发展长期计划相结合，形成经济、社会、建设三位一体的综合发展规划，更好地发挥城市规划指导城市各项建设的综合作用。

2. 大力推行工程项目投资包干制和招标承包制，打破地区、部门、城乡以及所有制的界限，鼓励竞争，开放建筑市场。施工企业普遍推行百元产值工资含量包干，以及以最终产品为对象，以确保质量、安全、工期、成本、效益为主要内容的经营承包责任制。

3. 改革建筑业管理体制，把建筑业的科研、设计、构配件、施工生产、材料供应等五个部门组织起来，实行专业化协作生产。改革建设资金管理办法，由财政拨款改为银行贷款；并相应地改革建筑材料供应方式，逐步将材料直接供应给工程承包单位；建立工程承包公司，对工业交通生产性项目建设实行全过程总承包。

4. 加快勘察设计单位向企业化、社会化方向发展，逐步推行经营承包责任制。并允许社会有专长的人员开办集体、个体设计事务所。

5. 城市建设实行综合开发，无论旧城区改造、新城区建设和旅游资源开发，都要按照总体规划要求，在政策管理、规划设计、征地拆迁等方面实行统一管理。要逐步推行住宅商品化。

6. 加强大连市海滨风景游览区和各种旅游资源、设施的开发和管理，以加快旅游业这个新兴行业的发展。

九、城乡结合，一体发展，进一步健全市领导县的体制

1. 制定城乡总体发展规划，把城乡各自的优势有机地结合起来，相互补充，相互促进。尤其要发挥城市大工业的作用，带动和帮助农村发展商品生产和乡镇企业，并按“贸工农”型调整农业生产结构，巩固发展水果、水产品、畜牧、蔬菜等商品生产基地和出口基地，大力发展食品、饲料加工等工业生产。

2. 发挥城市“辐射”作用，按照经济合理的原则，逐步建立城乡结合的工业、商品流通、交通邮电、金融信息、科技文教等各种经济网络。

3. 加强小城镇的规划和建设，充分利用对外开放的有利条件，发展各具特色的小城镇，使之成为城市带动农村的纽带。

4. 搞好金县的经济体制综合改革试点工作。

十、改革计划、财税、价格、工资和金融信贷体制，充分发挥经济杠杆作用

1. 改革计划体制，适当缩小指令性计划，扩大指导性计划和市场调节的范围；市计划部门要自觉依据和运用价值规律和经济杠杆作用，集中管好指令性计划和一部分指导性计划，逐级下放计划管理权限，给企业自主安排生产和经营以更大的权限。

2. 按照国家统一规定，认真搞好第二步利改税，进一步处理好国家与企业的关系。一九八五年国家对大连市实行“划分税种、核定收支、分级包干”的财政管理体制。

3. 改革价格体系，首先全部放开小商品价格，并逐步创造条件把副食品价格放开；同时，要实行质量差价、花色差价、季节差价、批量差价。按政策允许企业自销的工业生产资料产品，可由供需双方协商定价；完全属于市场调节的产品，可以执行市场价格，随行就市。

4. 改革金融信贷体制，实行以人民银行为中心，各专业银行、各金融机构为主体，包括在适当时机允许设立相应的外资银行或金融机构的开放式多功能的金融体制。发挥金融中心的融通、筹集作用，加强人民银行的宏观控制和金融管理权限，充分发挥各专业银行、各金融机构的职能作用，大力吸收存款和筹措资金，扩大贷款范围，增加贷款种类，促进经济发展和技术进步。

5. 改革工资奖励制度。根据国家的部署，对企业逐步实行经济效益与工资总额挂钩上下浮动，企业自行确定内部的工资分配形式和多种形式的经济责任制。同时，搞好合同工和固定工改合同制，并实行考工定级试点工作。

6. 要加强经济信息网络的建设，建立健全经济信息管理、预测中心和咨询服务事业，及时发布和交流各种经济技术信息，发挥对工农业生产、技术进步和对内对外经济贸易的指导、咨询、服务的作用。

十一、上层建筑特别是行政机构改革，必须同步进行

政府机关和经济管理部门要通过简政放权，逐步实行政企职责分开，精简机构，减少层次，端正业务工作指导思想，探索中心城市管理经济的新路子。

大连市人民政府

一九八五年三月二十九日

国务院关于大连市城市总体规划的批复

国函〔1985〕64 号

辽宁省人民政府：

国务院原则同意你省《关于报送大连城乡建设总体规划的报告》及大连市城市总体规划。

大连是东北的门户，是我国重要的港口城市和工业基地，也是一座风景优美的旅游城市。今后大连市的建设与发展，都要严格按照批准的规划进行。大连市人民政府要切实加强对城市规划和建设的领导，加强城市的管理工作，认真抓好规划的实施。在大连的党、政、军各单位，都要从大局出发，模范地执行城市总体规划，服从城市的规划管理，齐心协力，把大连市建设成为经济繁荣，科学文教事业发达，风景优美，生活方便的社会主义现代化港口城市。

在规划实施中，要注意以下问题：

一、要控制市区的人口规模。到二〇〇〇年市区城市人口控制在一百四十万人左右。今后大连市的发展，不要局限于市区，要发展卫星城镇，对金县、鲇鱼湾油港、大窑湾新港区、马桥子经济技术开发区以及普兰店、瓦房店等地要进行全面考虑，组成一个既有联系，又有间隔，大、中、小城镇相结合的城镇体系。老市区不要再安排新的大型工业项目，新的建设项目原则上要安排到卫星城镇、经济技术开发区以及外围郊县城镇。

二、大连是党中央、国务院决定进一步对外开放的沿海城市之一。城市的发展要充分考虑对外开放的要求。要积极稳妥地搞好经济技术开发区的规划和建设，处理好老企业改造和开发区建设的关系。要在全市范围内进行综合部署，促进市县、城乡协调发展。市区的工业要抓好技术改造，既发展生产，又改善环境。要大力发展第三产业，为人民生活和旅游事业服务。

三、大连自然条件优越，南部滨海风景区是城市人民游憩的理想地段，要加强保护和管理，搞好绿化，保护好自然山水和植被，不得建设有碍风景的建筑物。现有的休养、疗养院一律不再扩大规模，新的建设项目要严格按规划进行。

四、要加强城市基础设施的建设。抓紧建设通往经济技术开发区的交通干道，逐步建成完整的城市道路系统。要加速城市通信、电力、供热、供气、排水等基础设施的建设，以适应经济开发和旅游事业发展的需要。

五、要搞好环境保护工作，特别要搞好大气和海域水体污染的防治。加强原有水源地和碧流河引水工程的水质保护，继续搞好节约用水，开展污水处理回收的研究工作，提高水的重复利用率。对市区内那些污染环境，用水、用电量大，严重扰民的工厂，要结合技术改造进行调整。

六、住宅和公共建筑的设计要多样化，要努力创造具有特色的建筑风格。新区要注意配套建设，为居民提供方便的服务设施。

七、近期建设规划要根据地方资金来源，分别轻重缓急，结合编制“七五”计划，抓紧制定近期各项建设的详细规划。

国务院

一九八五年五月四日

主要参考书目

一、志书类

《大连市志 · 大事记　行政区划志》《大连市志·自然环境志》《大连市志·人物志》《大连市志·中共地方组织志》《大连市志 · 人民代表大会志》《大连市志 · 人民政协志》《大连市志 · 统一战线志》《大连市志 · 工商联志》《大连市志 · 人事志》《大连市志 · 机构编制志》《大连市志 · 民政志》《大连市志 · 工会志》《大连市志 · 共青团志》《大连市志 · 妇联志》《大连市志 · 民族志》《大连市志 · 宗教志》《大连市志 · 公安志》《大连市志 · 检察志》《大连市志 · 审判志》《大连市志 · 司法行政志》《大连市志 · 军事志》《大连市志 · 人民防空志》《大连市志 · 教育志》《大连市志 · 科技志》《大连市志 · 文化志》《大连市志 · 广播电视志》《大连市志 · 报业志》《大连市志 · 档案志》《大连市志 · 卫生志》《大连市志 · 体育志》《大连市志 · 港口志》《大连市志 · 口岸查验志》《大连市志 · 水利志》《大连市志 · 公用事业志》《大连市志 · 土地志》《大连市志 · 房地产志》《大连市志·交通志》《大连市志·邮电志》《大连市志·商业志》《大连市志 · 外经外贸志》《大连市志 · 旅游志》《大连市志 · 城市建设志》《大连市志 · 环保志》《大连市志 · 财政志》《大连市志 · 税务志》《大连市志 · 金融志》《大连市志 · 保险志》《大连市志 · 粮食志》《大连市志 · 供销合作社志》《大连市志 · 水产志》《大连市志 · 粮油作物志》《大

连市志·蔬菜志》《大连市志·水果志》《大连市志·畜牧业志》《大连市志·农机志》《大连市志·机械工业志》《大连市志·纺织工业志》《大连市志·电力工业志》《大连市志·化学工业志》《大连市志·轻工业志》《大连市志·冶金工业志》《大连市志·盐业志》《大连市志·医药工业志》《大连市志·电子工业志》《大连市志·乡镇企业志》《大连市志·计划志》《大连市志·劳动志》《大连市志·统计志》《大连市志·技术监督志》《大连市志·物价志》《大连市志·工商行政管理志》《大连市林业志》《甘井子区志》《旅顺口区志》《金县志》《新金县志》《瓦房店市志》《庄河县志》《长海县志》。

二、地情类

《大连市情》《大连百科全书》《大连通史》（古代卷）《大连通史》（近代卷）《大连古镇》《日本侵占旅大四十年史》《中共大连地方史》《大连四十年》《大连五十年》《大连百年》《大连古代文明图说》《大连解放档案文献图集》《大连近代城市发展史研究》《大连近百年史文献》《大连人民反抗帝国主义侵略斗争史》《大连报史资料》《甲午旅大文献》《苏联红军在旅大》《大连改革开放 30 年纵览》《大连老建筑》《大连解放 档案文献图集》《永恒的记忆 苏联红军在旅大》《大连旧影》《大连表演艺术》《甲午 120 年前的西方媒体观察》《甲辰影像》《文化大革命时期的大连》《旅顺港建港始末》（王家俭主编）《大连文化解读》《旅大文献征存》《大连开埠建市》。

三、历史类

《史记》《汉书》《新唐书》《元史》《明史》《资治通鉴》《中国通史》《辽宁通史》。

四、编著论著

《中国历史地图集》（谭其骧主编）、《中国行政区划通史》（秦汉卷 上下）（周振鹤主编）、《中国行政区划通史》（三国两晋南北朝卷 上下）（周振鹤主编）、《中国行政区划通史》（唐代卷 上下）（周振鹤主编）、《中国行政区划通史》（辽金卷）（周振鹤主编）、《中国行政区划通史》（元代卷）（周振鹤主编）、《中国行政区划通史》（明代卷 上下）（周振鹤主编）、《中国行政区划通史》（清代卷）（周振鹤主编）、《中国行政区划通史》（中华民国卷）（周振鹤主编）、《中国地方行政制度史》（周振鹤主编）、《西汉政区地理》（周振鹤主编）、《中国历史政治地理十六讲》（周振鹤主编）、《辽东郡属县——中国东北与东北亚古代交通史》。

编纂始末

《大连简志》是以《大连市志》《大连市情》等多种大连地方史志书籍为基础资料，重新编修而成的一部志书，成书规模100余万字。

20世纪50年代社会主义新方志编修之初，倡导者胡乔木就提出：“作为一部实用性的文献，不能分量太大，分量太大引起种种不便。这是一种希望，一种又不容易达到而又必须达到的奋斗目标。”20世纪80年代初，社会主义新方志编修在全国蓬勃兴起。1984—2004年历时20年，大连市完成首轮修志工作，共编纂完成《大连市志》60部78卷册约4000万字（包括首轮修志结束后于2009年以内部书号出版的《大连市志·商业志》），县（市）区志8部约800万字。这些志书比较全面地记录了大连市的自然、政治、经济、文化、社会各方面的历史和现状，为大连近现代史研究积累了丰富资料。然而由于其体系庞大、卷帙浩繁而不便于为读者查阅使用，使志书“存史、资治、教化”的功能受到一定限制。2009年3月25日，市委召开十届八十二次常委会议，决定由大连市史志办公室负责编纂一部浓缩首轮市志内容的《大连简志》。同年4月，市史志办着手制定工作方案，拟定凡例，制订篇目和编纂规定。篇目先后改订3次，成书规模由3卷调至2卷，最后敲定为1卷。同时，市史志办决定外聘专家教授参与修志。经过8个月的前期准备工作后，同年11月27日，中共大连市委办公厅、大连市人民政府办公厅下发《关于开展〈大连简志〉编纂工作的通知》，《大连简志》编纂工作正式启动。2010年11月，外聘的9位专家教授完成全部初稿撰写工作。2012年，中共大连市委党史研究室（2010年，大连市史志办公室改称中共大连市委党史研究室，同时挂大连市地方志办公室牌子）方志部门完成初稿的初编和资料补充。2013年，进入总纂阶段。到2020年，共进行3次总纂。第一次总纂历时6年，对初稿中缺漏的资料进行多方搜集、慎重选取，补撰或重撰。第二次总纂着重规范体例，对史料进行校核、订讹以及考证。第三次总纂对全书材料作总体的、统一的、规范化的编辑，理顺结构、定型篇目，处理交叉、删繁削冗、统一文风。2021年，总纂工作基本完成，进入概述撰写阶段，同时修订凡例，确定图片及附录内容。2022年6月，志稿送交方志出版社审校，同时，市委党研室约请相关学科专家学者、部分区志办同仁审校，广泛征求意见，并根据专家学者等提出的建议及出版社的修改意见，对书稿进行修改，并于10月定稿。11月，《大连简志》终稿交付印刷厂印刷。具体写作分工：“概述”由孙颖撰稿；“大事记”由王万涛撰稿；“政区 环境”篇由王珍仁撰稿；“政治”篇由田久川、关捷撰稿；“经济”篇由张巨勇、杜辉撰稿；“文化”篇由郭铁桩、都兴智、李振远撰稿；“社会”篇由都兴智撰稿；“人物”篇由郭铁桩撰稿。孙玉、韩万学、李清军、王志洲、于厚林、汤淑君、王云、周晓菲、王佩平、陈序平等人参与了资料校核工作。

《大连简志》原定以《大连市志》为基础资料来源，在实际编纂中，因资料不足而将资料来源扩展至大连地方史志书，以及涉及大连的中国历史书籍和专业书籍。扩展资料弥补和解决的问题：一是补撰缺失内容。《大连简志》初稿是以首轮《大连市志》为基础资料撰写而成，由于首轮志缺少政府、经济总情、人口、计划生育、民主党派、外事、社科、林业、建材工业、建筑、铁路、民航、物资、规划、审计等相关内容的记述或记述不完整，致使《大连简志》初稿内容不全。由此，《大连市情》《大连百科全书》《大连通史》《大连古镇》《中共大连地方史》《日本侵占旅大四十年史》《大连文化解读》《大连人民反抗帝国主义侵略斗争史》等多部大连地方史书成为《大连简志》资料的补充。二是订讹考证史实。除大连地方史志书外，中国历史书籍和专业书籍在史实订讹和考证中发挥了作用，如《中国行政区划通史》《中国历史地图集》《史记》《汉书》《资治通鉴》。三是统一志书断限。首轮《大连市志》各卷上限为1840年，下限不一，最短的是1985年，最长的是2003年，最多的是1990年。市志作为独立分卷时，断限不一影响不大，但对于独本全志的《大连简志》来说略显不妥。因此，《大连简志》的断限规定为不设上限，以可查到的史料为源头，下限为1985年。确定1985年为下限的原因是，2005年启动的第二轮续修的《大连市志》的上限是1986年，以1985年为《大连简志》下限，可与续修的《大连市志》的断限相衔接，在时间上和空间上相互关联、形成体系。

《大连简志》在编纂过程中，得到市委、市政府领导的高度重视，也得到全市各界人士的关心关怀。其间，大连市史志办公室的机构设置、名称几经变化，历任主任杲树、王维安、李奇、李明哲，副主任夏树成、陈序平、王毅、蒋耀辉、夏国辉、赵宏对本书的出版给予了悉心指导，倾注了大量心血。执行主编孙颖在本书编纂过程中做出了积极努力，付出了大量精力。

由于编者水平有限，书中难免存在许多不足，敬请各位专家学者和广大读者批评指正。

编者

2022年10月